仇鹿鳴 夏婧 輯校

五代十國墓誌彙編

上

歷代碑誌彙編

上海古籍出版社

教育部人文社會科學研究一般項目資助（11YJC770008）
國家古籍整理出版專項經費資助項目

凡例

一、本書輯録歷代出土的葬於五代十國時期的墓誌，十國墓誌收録的下限以各國滅亡時間爲準。歷代總集、別集、方志、敦煌文書等文獻中保存的五代十國墓誌，或不屬出土文獻範圍，或另有專門的整理與研究，本書不再録文，附存目於後。誌石殘泐過甚，無法卒讀或僅存殘句者不收。

二、所輯墓誌按五代十國各政權分別編次。各政權下以誌主落葬先後爲序排列，五代部分以各朝年號編號，十國部分以國號編號。卒葬時間不詳者編列於相應政權的最後。爲便於讀者使用，據誌主姓名另擬誌題並編製目録。

三、附録輯録以下兩類人物墓誌：（一）卒於五代而葬埋時間入宋者；（二）入遼或入宋的五代十國重要人物及其直系親屬。

四、每方墓誌著録誌蓋存佚及題刻文字情況（磚誌、瓷墓誌等本無誌蓋者除外），録文盡可能據較清晰的拓本，於每篇後標注輯録出處。部分墓誌原石及拓本已佚，録文僅見於歷代金石文獻，本書據相關著作迻録；同一墓誌，各種金石文獻録文不同處，酌情出校記說明。

五、有原石及拓本存世的墓誌，録文在誌石刊刻换行處對應的文字後加」，標識行款。原石明顯誤刻文句，照録原文，並用〔〕括注正字。據殘存筆畫推補，或見載於金石著作、現存拓本已無法辨識者，相應文字

加□以示區別。疑有脱字、衍字處，出校記説明。拓本漫漶不能辨識者，用□標識；闕字較多且字數不詳處，用■標識。

六、墓誌行文中的闕空，如非待填名諱及卒葬年月日，一般敬空格式不再保留。銘文均另提行排印。

七、録文對當時常用的文字異體酌予保留原形，凡與今通行繁體字僅有細微筆畫差異的寫法均不作嚴格釋寫。

八、墓誌中出現的人物，除誌主遠祖及行文用典外，均編入人名索引。人名索引按姓名音序排列。誌主姓名前加＊標識。

九、本書收録的出土墓誌資料截至二〇二一年十二月。

目録

後梁

開平　一
開平〇〇一　楊君妻李氏磚誌　開平元年十月十七日　一
開平〇〇二　王佐及妻牛氏墓誌　開平元年十二月二十九日　一
開平〇〇三　鄭璩墓誌　開平三年八月四日　二
開平〇〇四　高繼蟾墓誌　開平三年九月二十二日　五
開平〇〇五　裴筠墓誌　開平四年三月十二日　六
開平〇〇六　石彦辭墓誌　開平四年九月四日　七
開平〇〇七　楊君磚誌　開平四年九月二十六日　一〇
開平〇〇八　穆君弘及妻張氏墓誌　開平四年十月十七日　一一
開平〇〇九　李派塍墓誌　開平四年十月　一三
開平〇一〇　紀豐及妻牛氏墓誌　開平四年十一月四日　一三
開平〇一一　鍾君墓誌　開平五年四月十九日　一五

乾化

乾化〇〇一　張爽及妻楊氏墓誌　乾化二年正月三十日　一六
乾化〇〇二　盧真啓墓誌　乾化二年三月五日　一六
乾化〇〇三　薛貽矩墓誌　乾化二年六月二十一日　一七
乾化〇〇四　孫公瞻墓誌　乾化二年十一月四日　一八
乾化〇〇五　韓恭妻李氏墓誌　乾化三年十月二日　二一
乾化〇〇六　韓仲舉妻王氏墓誌　乾化三年十月二日　二三
乾化〇〇七　李君墓誌　乾化三年十二月二十九日　二五
乾化〇〇八　張荷墓誌　乾化四年正月十八日　二六
乾化〇〇九　國礹墓誌　乾化五年七月二十五日　二七
乾化〇一〇　惠光塔銘　乾化五年十月八日　二八

貞明

貞明〇〇一　賈郃墓誌　貞明元年五月十二日　二九
貞明〇〇二　張濛墓誌　貞明二年二月十七日　三〇
貞明〇〇三　張全義妻姜氏墓誌　貞明二年七月二十三日　三〇
貞明〇〇四　李光嗣墓誌　貞明四年四月二十八日　三一
貞明〇〇五　宋鐸墓誌　貞明四年七月二十六日　三三
貞明〇〇六　崔君妻鄭琪墓誌　貞明四年九月十四日　三四
貞明〇〇七　張玠及妻李氏墓誌　貞明五年三月四日　三五

貞明〇〇八　孫偓墓誌　貞明五年四月二十四日　三九
貞明〇〇九　孫揆墓誌　貞明五年　四二
貞明〇一〇　程紫霄玄宮記　貞明六年七月二十三日　四四
貞明〇一一　張昌耀妻儲氏墓誌　貞明六年十月十五日　四五
貞明〇一二　謝彥璋墓誌　貞明六年十一月十五日　四六
貞明〇一三　儲德充墓誌　貞明六年十二月十三日　四七
貞明〇一四　秦君墓誌　貞明七年正月二十二日　四九

龍德　五〇

龍德〇〇一　雷景從墓誌　龍德元年十一月二十一日　五〇
龍德〇〇二　黃曉墓誌　龍德二年七月二十五日　五三
龍德〇〇三　任遘墓誌　龍德二年七月　五五
龍德〇〇四　崔梲妻李珩墓誌　龍德二年十一月二十日　五五
龍德〇〇五　崔崇素墓誌　龍德二年十一月二十日　五七
龍德〇〇六　蕭符墓誌　龍德三年八月一日　五八

晉・後唐

天祐　六一

天祐〇〇一　李克用墓誌　天祐六年二月十八日　六一

天祐〇〇二　畢剅妻趙氏墓誌　天祐七年正月三日　六三
天祐〇〇三　郝章及妻張氏墓誌　天祐九年十月八日　六四
天祐〇〇四　丘禮及妻武氏墓誌　天祐九年十一月五日　六五
天祐〇〇五　李敏墓誌　天祐十年四月十日　六六
天祐〇〇六　延君神道銘誌　天祐十年四月十三日　六七
天祐〇〇七　王諶及妻李氏墓誌　天祐十年十月五日　六九
天祐〇〇八　邢汴及妻周氏墓誌　天祐十年十月二十二日　七〇
天祐〇〇九　梁重立墓誌　天祐十年十月二十三日　七一
天祐〇一〇　王琮及妻張氏墓誌　天祐十三年二月五日　七二
天祐〇一一　張宗諫墓誌　天祐十三年四月一日　七三
天祐〇一二　于元□墓誌　天祐十三年十月十五日　七五
天祐〇一三　郭貞妻李氏墓誌　天祐十四年二月二十三日　七五
天祐〇一四　周承遂及妻李氏墓誌　天祐十五年十月十四日　七七
天祐〇一五　李脩墓誌　天祐十五年十月二十日　七八
天祐〇一六　孔立墓誌　天祐十六年二月八日　七九
天祐〇一七　宋君墓誌　天祐十六年十月十五日　八〇
天祐〇一八　元璋及妻尹氏墓誌　天祐十六年十月二十七日　八一
天祐〇一九　孟弘敏及妻李氏墓誌　天祐十八年二月十五日　八二
天祐〇二〇　竇真墓誌　天祐十八年十一月四日　八五

天祐〇二一　王君及妻張氏墓誌　天祐十八年十一月二十一日　八六
天祐〇二二　秦君墓誌　天祐十九年正月十五日　八七
天祐〇二三　任茂弘妻高氏墓誌　天祐十九年正月二十五日　八七
天祐〇二四　王神貴及妻崔氏墓誌　天祐十九年正月二十七日　八九
天祐〇二五　王弘裕及妻常氏墓誌　天祐十九年四月二十日　九〇
天祐〇二六　孔昉及妻孫氏墓誌　天祐十九年十月八日　九一
天祐〇二七　唐君及妻□氏墓誌　天祐十九年十月二十四日　九三
天祐〇二八　王鎔墓誌　天祐十九年十二月　九四

同光　九五

同光〇〇一　王處直墓誌　同光元年二月五日　九五
同光〇〇二　盧文度權厝記　同光二年二月十一日　九八
同光〇〇三　張守進墓誌　同光二年八月　一〇〇
同光〇〇四　趙洪墓誌　同光二年九月十日　一〇一
同光〇〇五　薛昭序墓誌　同光二年十月十八日　一〇二
同光〇〇六　邢播墓誌　同光二年十一月八日　一〇三
同光〇〇七　劉思敬及妻曹氏墓誌　同光二年十一月十四日　一〇四
同光〇〇八　趙睿宗及妻畢氏墓誌　同光二年十一月十五日　一〇六
同光〇〇九　左環及妻魏氏墓誌　同光二年十一月二十六日　一〇七

同光〇一〇 王璠墓誌 同光二年十一月二十六日 一〇九
同光〇一一 吳藹妻曹氏墓誌 同光三年正月二十二日 一一一
同光〇一二 張繼業墓誌 同光三年二月二十一日 一一二
同光〇一三 李仁釗及妻宋氏墓誌 同光三年八月三十日 一一五
同光〇一四 舍利山禪師塔銘 同光三年九月六日 一一七
同光〇一五 張君妻蘇氏墓誌 同光三年九月十三日 一一九
同光〇一六 任謹墓誌 同光三年十一月八日 一二〇
同光〇一七 崔協妻盧氏墓誌 同光三年十一月十三日 一二一
同光〇一八 李茂貞墓誌 同光三年十二月二十五日 一二二
同光〇一九 行鈞塔銘 同光四年三月十六日 一二四

天成 一二五

天成〇〇一 康贊美墓誌 天成元年七月十四日 一二五
天成〇〇二 孔謙及妻劉氏王氏玄堂銘 天成二年二月十五日 一二七
天成〇〇三 孫拙墓誌 天成二年二月十五日 一三〇
天成〇〇四 萬重慶墓誌 天成二年十月二十二日 一三一
天成〇〇五 張稹墓誌 天成二年十一月一日 一三三
天成〇〇六 許童墓誌 天成二年十一月二日 一三四
天成〇〇七 崔詹墓誌 天成二年十一月七日 一三五

天成〇〇八　劉琪妻蘇氏墓誌　天成二年十一月二十五日　一三七
天成〇〇九　任允貞墓誌　天成二年十一月二十五日　一三八
天成〇一〇　張春及妻李氏墓誌　天成二年十一月二十五日　一三九
天成〇一一　張居翰墓誌　天成三年八月十日　一四〇
天成〇一二　王言妻張氏墓誌　天成三年十一月十三日　一四四
天成〇一三　王鍇墓誌　天成三年十一月十三日　一四五
天成〇一四　張君墓誌　天成三年十一月十三日　一四七
天成〇一五　白全周墓誌　天成四年四月十三日　一四八
天成〇一六　韓漢臣墓誌　天成四年十月十五日卒　一四九
天成〇一七　韓恭墓誌　天成四年十月十七日卒　一五〇
天成〇一八　西方鄴墓誌　天成四年十月十八日　一五三
天成〇一九　崔協墓誌　天成五年正月二十九日　一五五

長興　一五八

長興〇〇一　李仁寶妻破丑氏墓誌　長興元年十月十九日　一五八
長興〇〇二　秦進舉墓誌　長興元年十一月七日　一五九
長興〇〇三　毛璋墓誌　長興元年十一月七日　一五九
長興〇〇四　嚴彦銖墓誌　長興元年十一月十三日　一六一
長興〇〇五　郭元玄堂銘　長興元年十一月十三日　一六二

長興〇〇六　李君妻聶慕閏墓誌　長興元年十一月十九日　一六三
長興〇〇七　李立及妻智氏墓誌　長興元年十二月一日　一六五
長興〇〇八　任君墓誌　長興元年十二月七日　一六六
長興〇〇九　張繼美墓誌　長興二年正月二十六日　一六七
長興〇一〇　張唐及妻李氏墓誌　長興二年三月二日　一六九
長興〇一一　王素墓誌　長興二年三月十四日　一七〇
長興〇一二　李繼墓誌　長興二年十月十九日　一七二
長興〇一三　霍則及妻趙氏墓誌　長興二年十月十九日　一七二
長興〇一四　趙美墓誌　長興二年十一月一日　一七三
長興〇一五　李德休墓誌　長興三年正月三日　一七四
長興〇一六　明惠大師塔銘　長興三年六月　一七六
長興〇一七　毛璋妻李氏墓誌　長興四年八月十日　一七七
長興〇一八　張繼達墓誌　長興四年八月二十八日　一七九
長興〇一九　王仕墓誌　長興四年十月　一八一
長興〇二〇　王禹墓誌　長興四年十一月十八日　一八二
長興〇二一　張文寶權厝記　長興四年十一月三十日　一八三

應順　一八五

應順〇〇一　顧德昇墓誌　應順元年正月二十日　一八五

清泰

清泰〇〇一　楊洪墓誌　清泰元年十一月七日　一八七
清泰〇〇二　趙裕及妻裴氏墓誌　清泰元年十一月十八日　一八七
清泰〇〇三　李重吉及妻劉氏墓誌　清泰元年十二月十九日　一八八
清泰〇〇四　商在吉墓誌　清泰二年三月二十日　一八九
清泰〇〇五　李玄墓誌　清泰二年十月二十三日　一九一
清泰〇〇六　李愚墓誌　清泰二年十一月十七日　一九三
清泰〇〇七　戴思遠墓誌　清泰三年二月七日　一九四
清泰〇〇八　宋君及妻張氏墓誌　清泰三年二月七日　一九九
清泰〇〇九　張季澄墓誌　清泰三年二月十三日　二〇一
清泰〇一〇　張珽及妻宋氏墓誌　清泰三年四月二日　二〇二
清泰〇一一　張滌妻高氏墓誌　清泰三年九月四日　二〇五

後晉

天福

天福〇〇一　路君及妻郭氏墓誌　天福元年□月廿二日　二〇八
天福〇〇二　王小娘子墓誌　天福二年四月十八日　二一〇
天福〇〇三　羅周敬墓誌　天福二年十月六日　二一〇
天福〇〇四　牛崇墓誌　天福二年十月十七日　二一一

天福〇〇五 宋廷浩墓誌 天福二年十月二十三日 二一六
天福〇〇六 浩義伏及妻程氏墓誌 天福二年十一月十七日 二一八
天福〇〇七 杜光乂墓誌 天福二年十一月二十三日 二一九
天福〇〇八 申鄂墓誌 天福二年十二月十二日 二二〇
天福〇〇九 其山寺惠公塔記 天福三年二月一日 二二一
天福〇一〇 王儔及妻武氏墓誌 天福三年四月七日 二二二
天福〇一一 郭福墓誌 天福四年二月三十日 二二四
天福〇一二 安萬金妻何氏墓誌 天福四年八月四日 二二五
天福〇一三 郭洪鐸墓誌 天福四年八月四日 二二六
天福〇一四 王化文及妻李氏墓誌 天福四年十月十七日 二二八
天福〇一五 何君政墓誌 天福四年十一月十七日 二三〇
天福〇一六 安萬金墓誌 天福四年十一月十七日 二三一
天福〇一七 張繼昇墓誌 天福四年十二月二十五日 二三三
天福〇一八 孫璠墓誌 天福五年正月一日 二三五
天福〇一九 陳審琦墓誌 天福五年正月三十日 二三五
天福〇二〇 郭彥瓊墓誌 天福五年二月十一日 二三七
天福〇二一 梁瓌及妻王氏墓誌 天福五年三月十八日 二三九
天福〇二二 李寔及妻栗氏連氏馬氏墓誌 天福五年四月 二四一
天福〇二三 崔琳及妻陸氏李氏墓誌 天福五年十月五日 二四二

天福〇二四　王建立墓誌　天福五年十月十七日　二四三
天福〇二五　孫思暢墓誌　天福五年十一月十一日　二四五
天福〇二六　潘景厚墓誌　天福五年十一月二十三日　二四六
天福〇二七　張季宣妻李氏墓誌　天福五年十一月二十三日　二四七
天福〇二八　封準墓誌　天福五年十二月二十九日　二四九
天福〇二九　權君妻崔氏墓誌　天福六年十一月十六日　二五〇
天福〇三〇　崔君及妻李氏墓誌　天福七年二月十二日　二五二
天福〇三一　李仁福妻瀆氏墓誌　天福七年二月　二五三
天福〇三二　吕知遇妻劉珪墓誌　天福七年五月一日　二五五
天福〇三三　周令武墓誌　天福七年八月九日　二五七
天福〇三四　張進墓誌　天福七年八月九日　二六〇
天福〇三五　毛汶墓誌　天福七年九月九日　二六二
天福〇三六　任景述墓誌　天福七年十月二十二日　二六四
天福〇三七　高君妻王氏墓誌　天福七年十一月四日　二六六
天福〇三八　吴藹妻李氏墓誌　天福七年十一月二十五日　二六八
天福〇三九　張朗墓誌　天福八年正月六日　二七〇
天福〇四〇　蔡君及妻周氏墓誌　天福八年正月十一日　二七二
天福〇四一　何德璘墓誌　天福八年四月二十五日　二七三

天福〇四二　劉敬瑭墓誌　天福八年七月十四日　二七五
天福〇四三　西方鄴母劉氏墓誌　天福八年十月四日　二七七
天福〇四四　梁漢顒墓誌　天福八年十月九日　二七九
天福〇四五　王行實墓誌　天福八年十一月十日　二八二
天福〇四六　韓君墓誌　天福八年十一月二十八日　二八三

開運

開運〇〇一　白萬金墓誌　開運元年八月三日　二八四
開運〇〇二　郭在巖墓誌　開運元年十一月十五日　二八四
開運〇〇三　王廷胤及妻周氏墓誌　開運二年四月十四日　二八五
開運〇〇四　吕行安及妻劉氏墓誌　開運二年十月九日　二八六
開運〇〇五　閻弘祚墓誌　開運二年十一月十五日　二八九
開運〇〇六　李茂貞妻劉氏墓誌　開運二年十一月二十七日　二九〇
開運〇〇七　李仁寶墓誌　開運三年二月五日　二九二
開運〇〇八　李實及妻王氏墓誌　開運三年二月十一日　二九五
開運〇〇九　李真及妻喬氏墓誌　開運三年九月三日　二九六
開運〇一〇　裴德墓誌　開運三年十月二十八日　二九八
開運〇一一　張榮墓誌　開運三年十一月三日　二九九　三〇〇

開運〇一二　李俊墓誌　開運三年十二月四日　三〇一
開運〇一三　李繼忠墓誌　開運三年十二月四日　三〇三
開運〇一四　李行恭及妻陳氏墓誌　開運三年十二月二十三日　三〇五
後晉〇〇一　張奉林墓誌　後晉某年十月五日　三〇六
後晉〇〇二　王萬榮妻關氏墓誌　後晉某年八月二十二日　三〇七
後晉〇〇三　石昂墓誌　葬年不詳　三〇九

後漢

天福　三一一
天福〇四七　廣城院從意大德塔銘　天福十二年五月十日　三一一
天福〇四八　劉衡及妻樊氏墓誌　天福十二年十一月二十二日　三一二
乾祐　三一四
乾祐〇〇一　鄭君墓誌　乾祐元年正月十六日　三一四
乾祐〇〇二　龐令圖墓誌　乾祐元年正月二十二日　三一五
乾祐〇〇三　夏光遜墓誌　乾祐元年二月十日　三一七
乾祐〇〇四　張君磚誌　乾祐元年二月十日　三一九
乾祐〇〇五　張逢墓誌　乾祐元年二月二十二日　三二〇

乾祐〇〇六　楊敬千及妻李氏墓誌　乾祐元年三月十一日　三二一
乾祐〇〇七　羅周輔墓誌　乾祐元年八月十四日　三二四
乾祐〇〇八　史滤球墓誌　乾祐元年八月二十日　三二六
乾祐〇〇九　潘庸墓誌　乾祐元年十一月十五日　三二七
乾祐〇一〇　韓悅及妻郭氏墓誌　乾祐元年□月十六日　三二八
乾祐〇一一　思道和尚塔銘　乾祐二年正月二日　三三〇
乾祐〇一二　張傕及妻婁氏墓誌　乾祐二年四月十二日　三三二
乾祐〇一三　尚洪遷墓誌　乾祐二年四月十二日　三三四
乾祐〇一四　王建立妻田氏墓誌　乾祐二年七月十一日　三三六
乾祐〇一五　王在璋墓誌　乾祐二年七月十一日　三三八
乾祐〇一六　董君墓誌　乾祐二年十月一日　三三九
乾祐〇一七　王瓊及妻索氏墓誌　乾祐二年十一月二十一日　三四〇
乾祐〇一八　李福德及妻馮氏墓誌　乾祐二年十一月二十七日　三四二
乾祐〇一九　邢德昭墓誌　乾祐三年四月十八日　三四三
乾祐〇二〇　李唐墓誌　乾祐三年八月十三日　三四五
乾祐〇二一　李彝謹妻里氏墓誌　乾祐三年八月十九日　三四六
乾祐〇二二　王舜墓誌　乾祐三年八月二十五日　三四八
乾祐〇二三　高洪謹及妻馬氏墓誌　乾祐三年十一月九日　三五〇

後漢〇〇一　韓儔及妻段氏墓誌　葬年不詳　三五一

後周

廣順

廣順〇〇一　康君墓誌　廣順元年四月九日　三五三
廣順〇〇二　□殷墓誌　廣順元年七月二十五日　三五三
廣順〇〇三　王進威墓誌　廣順元年九月十三日　三五五
廣順〇〇四　張鄴及妻劉氏墓誌　廣順元年十月十二日　三五六
廣順〇〇五　牛慶墓誌　廣順元年十一月八日　三五八
廣順〇〇六　李沼墓誌　廣順元年十一月九日　三五九
廣順〇〇七　王玗妻張氏墓誌　廣順元年十一月二十一日　三六〇
廣順〇〇八　李彝謹墓誌　廣順二年四月二十四日　三六二
廣順〇〇九　馬從徽墓誌　廣順二年八月二日　三六四
廣順〇一〇　劉琪及妻楊氏墓誌　廣順二年十月十四日　三六六
廣順〇一一　闞欽裕墓誌　廣順二年十月二十日　三六八
廣順〇一二　王重立墓誌　廣順二年十月二十六日　三六九
廣順〇一三　薄可扶墓誌　廣順二年十月二十六日　三七一
廣順〇一四　武敏墓誌　廣順二年十一月三日　三七二
廣順〇一五　馬君墓誌　廣順二年十一月二十日　三七三

廣順〇一六　王行實墓誌　廣順二年十二月二日　三七六

顯德

顯德〇〇一　賀武及妻段氏王氏墓誌　顯德元年正月二十七日　三七七
顯德〇〇二　趙瑩墓誌　顯德元年二月二十一日　三七七
顯德〇〇三　劉彦融墓誌　顯德元年四月二十九日　三七八
顯德〇〇四　張真及妻郭氏墓誌　顯德元年十月二十九日　三八二
顯德〇〇五　劉密及妻武氏墓誌　顯德元年十月二十九日　三八四
顯德〇〇六　安重遇及妻劉氏墓誌　顯德元年十一月八日　三八五
顯德〇〇七　牛則墓誌　顯德元年十一月十四日　三八六
顯德〇〇八　秦君墓誌　顯德元年十一月二十日　三八八
顯德〇〇九　李景蒙及妻郭氏墓誌　顯德元年十一月二十日　三八九
顯德〇一〇　曲詢及妻劉氏墓誌　顯德元年十一月二十六日　三九一
顯德〇一一　劉秘墓誌　顯德元年十一月二十六日　三九二
顯德〇一二　劉光贊及妻郭氏墓誌　顯德元年十一月二十六日　三九四
顯德〇一三　□君墓誌　顯德元年十二月二十日　三九六
顯德〇一四　陳晟墓誌　顯德元年十二月二十七日　三九七
顯德〇一五　李本墓誌　顯德元年　三九八
顯德〇一六　李重直墓誌　顯德二年正月二十七日　三九九

四〇〇

顯德〇一七　趙鳳墓誌　顯德二年二月四日　四〇二
顯德〇一八　王虔真墓誌　顯德二年二月二十一日　四〇四
顯德〇一九　石金俊妻元氏墓誌　顯德二年三月三日　四〇六
顯德〇二〇　吴譙吴涓墓誌　顯德二年四月十七日　四〇八
顯德〇二一　王柔及妻皇甫氏墓誌　顯德二年夏□月三日　四一〇
顯德〇二二　李彝謹妻祁氏神道誌　顯德二年七月十九日　四一一
顯德〇二三　蘇逢吉及妻武氏墓誌　顯德二年八月一日　四一二
顯德〇二四　韓通妻董氏墓誌　顯德二年九月七日　四一五
顯德〇二五　張仁嗣及妻郭氏墓誌　顯德二年閏九月二十九日　四一七
顯德〇二六　裴簡墓誌　顯德二年十一月八日　四一九
顯德〇二七　孟紹墓誌　顯德二年十一月二十日　四二〇
顯德〇二八　李行思及妻宋氏墓誌　顯德二年十二月二日　四二一
顯德〇二九　田仁訓及妻王氏墓誌　顯德二年十二月三日　四二二
顯德〇三〇　袁彦進墓誌　顯德三年七月十三日　四二四
顯德〇三一　蕭處仁墓誌　顯德三年七月二十四日　四二六
顯德〇三二　張君及妻趙氏墓誌　顯德三年十一月十四日　四二九
顯德〇三三　王弘實墓誌　顯德四年二月十四日　四三〇
顯德〇三四　麻周妻王氏墓誌　顯德四年九月二日　四三二
顯德〇三五　連思本及妻馮氏墓誌　顯德四年十一月八日　四三三

顯德〇三六　李從曬妻朱氏墓誌　顯德五年正月　四三四
顯德〇三七　索萬進墓誌　顯德五年九月二十二日　四三六
顯德〇三八　張君妻梁氏墓誌　顯德五年十月七日　四三八
顯德〇三九　宋彥筠墓誌　顯德五年十月十一日　四四〇
顯德〇四〇　段延勳墓誌　顯德五年十二月十八日　四四二
顯德〇四一　馮暉墓誌　顯德五年　四四三
後周〇〇一　竇禹鈞墓誌　葬年不詳　四四六

岐

岐〇〇一　李彥璋墓誌　天復九年二月　四四八

吳

吳〇〇一　孟璠墓誌　天祐十二年閏二月五日　四五一
吳〇〇二　張康墓誌　天祐十二年三月十九日卒　四五二
吳〇〇三　孫彥思墓誌　天祐十三年十月二十七日　四五二
吳〇〇四　羅氏墓誌　武義二年二月二十七日　四五四
吳〇〇五　魏贇墓誌　武義二年閏六月十四日　四五五
吳〇〇六　李濤妻汪氏墓誌　順義四年十二月　四五六

吴〇〇七　周融妻馮氏墓誌　乾貞二年十二月五日　四五七
吴〇〇八　劉君妻尋陽長公主楊氏墓誌　乾貞三年三月二十四日　四五八
吴〇〇九　趙思虔妻王氏墓誌　大和五年九月二十九日　四六一
吴〇一〇　陶敬宣妻李娀墓誌　大和六年十月十八日　四六二
吴〇一一　王仁遇墓誌　大和七年八月十日　四六四
吴〇一二　錢匡道墓誌　天祚三年二月十二日　四六六
吴〇一三　超惠大師塔銘　葬年不詳　四六八
吴〇一四　陳君妻郭氏墓誌　葬年不詳　四六九

南唐

南唐〇〇一　江延穗墓誌　昇元二年四月二十日　四七〇
南唐〇〇二　杜昌胤墓誌　昇元四年　四七二
南唐〇〇三　姚嗣駢墓誌　昇元六年五月二十三日　四七三
南唐〇〇四　姚鍔墓誌　保大三年十一月二十一日　四七五
南唐〇〇五　李君妻王氏墓誌　保大四年正月十四日　四七六
南唐〇〇六　范可□玄城銘　保大六年八月八日　四七七
南唐〇〇七　盧文進改葬記　保大九年七月二日　四七九
南唐〇〇八　范韜墓誌　保大十年二月二十七日　四七九
南唐〇〇九　馬光贊墓誌　保大十一年八月十三日　四八二

南唐〇一〇　姚承鈞墓誌　保大十二年九月十九日　四八四
南唐〇一一　徐延佳墓誌　保大十三年二月　四八六
南唐〇一二　王繼勳墓誌　保大十四年八月□十□日　四八七
南唐〇一三　□庭規墓誌　建隆元年九月九日　四九〇
南唐〇一四　何延徽墓誌　建隆四年四月三日　四九一
南唐〇一五　李景遏乳母杏氏墓誌　建隆四年五月十日　四九二
南唐〇一六　張思恭墓誌　乾德二年九月十一日　四九三
南唐〇一七　净照禪師塔銘　乾德六年正月　四九五
南唐〇一八　謝君妻王氏墓誌　開寶五年正月九日　四九六
南唐〇一九　智實墓誌　開寶六年六月二十四日　四九七
南唐〇二〇　法燈禪師墓誌　開寶七年七月十五日　四九八
南唐〇二一　戚恭妻倪氏墓誌　開寶七年十月十日　四九九
南唐〇二二　宣懿皇后墓誌　□年八月二十六日　五〇〇
南唐〇二三　姚彦洪妻徐氏墓誌　某年十二月十七日　五〇一
南唐〇二四　盧文進妻□氏墓誌　葬年不詳　五〇三
南唐〇二五　□君墓誌　葬年不詳　五〇四

前蜀

前蜀〇〇一　王君妻李氏内誌銘　天漢元年五月九日　五〇六

前蜀〇〇二　李會内誌銘　乾德元年十月十五日　五〇七
前蜀〇〇三　許璠墓誌　乾德四年六月二十三日　五〇九
前蜀〇〇四　王宗侃妻張氏内誌銘　乾德五年二月二十五日　五一〇
前蜀〇〇五　王宗侃墓誌　乾德五年十一月六日　五一四
前蜀〇〇六　晉暉墓誌　乾德五年十二月三日　五一九
前蜀〇〇七　王君墓誌　□年十一月十五日　五二三

後蜀

後蜀〇〇一　許仁傑墓誌　天成三年正月二十五日　五二六
後蜀〇〇二　孟知祥妻福慶長公主李氏墓誌　長興三年十一月二十四日　五二八
後蜀〇〇三　高暉墓誌　長興三年十一月二十八日　五三〇
後蜀〇〇四　崔有鄰墓誌　明德四年三月八日　五三二
後蜀〇〇五　任君妻崔氏墓誌　廣政四年十一月十日　五三四
後蜀〇〇六　張虔釗墓誌　廣政十一年九月十五日　五三六
後蜀〇〇七　徐鐸内誌　廣政十五年四月　五四〇
後蜀〇〇八　韋穀妻張道華墓誌　廣政十八年十月八日　五四二
後蜀〇〇九　孫漢韶内誌　廣政十八年十二月六日　五四三
後蜀〇一〇　韋穀墓誌　廣政二十一年七月二十七日　五四六
後蜀〇一一　何承裕及妻鄭氏墓誌　廣政二十六年四月二十八日　五四八

後蜀〇一二　樊德鄰墓誌　葬年不詳　五五〇

南漢

南漢〇〇一　吴存鍔墓誌　乾亨元年十一月九日　五五二
南漢〇〇二　李紓墓誌　大有元年八月十日　五五四

吴越

吴越〇〇一　熊允韜墓誌　開平二年二月十八日　五五六
吴越〇〇二　□君墓誌　開平四年七月五日卒　五五七
吴越〇〇三　俞君妻黄氏墓誌　開平四年九月二十九日　五五七
吴越〇〇四　羅素墓誌　乾化元年十一月四日　五五八
吴越〇〇五　吴歆墓誌　乾化二年十一月十七日　五六〇
吴越〇〇六　屠瓌智墓誌　天寶五年　五六一
吴越〇〇七　□君墓誌　乾化二年卒　五六三
吴越〇〇八　樂君妻徐氏墓誌　乾化四年八月三日　五六三
吴越〇〇九　余景初妻嚴氏墓誌　乾化四年十月十日　五六四
吴越〇一〇　余備妻劉氏墓誌　乾化四年十一月二十八日　五六五
吴越〇一一　王彦回墓誌　乾化五年閏二月二十九日　五六七
吴越〇一二　吴氏墓誌　乾化五年十一月二十八日　五六八

吴越〇一三　張儒墓誌　貞明二年□月　五六九
吴越〇一四　魏靖墓誌　貞明三年十二月二十七日　五七〇
吴越〇一五　司馬珂墓誌　貞明四年八月二十日　五七一
吴越〇一六　蕭章妻陸氏墓誌　貞明五年二月二十八日　五七一
吴越〇一七　劉珂墓誌　貞明五年四月九日　五七二
吴越〇一八　楊諲仁墓誌　龍德元年十月九日　五七三
吴越〇一九　方稹墓誌　龍德元年十一月三日　五七四
吴越〇二〇　任璡墓誌　龍德二年十月三日　五七五
吴越〇二一　卓從墓誌　龍德二年十月五日　五七五
吴越〇二二　羅曷妻劉氏墓誌　龍德二年十一月九日　五七七
吴越〇二三　張君妻黄氏墓誌　寶大元年五月二十四日　五七八
吴越〇二四　危仔昌妻璩氏墓誌　寶大元年八月十八日　五七八
吴越〇二五　危德圖妻徐氏墓誌　寶大元年八月十八日　五八〇
吴越〇二六　李邯墓誌　寶大元年八月二十八日　五八一
吴越〇二七　朱行先墓誌　寶大元年十一月六日　五八二
吴越〇二八　宋君墓誌　寶正元年八月二十七日　五八四
吴越〇二九　房君妻□氏墓誌　寶正二年五月十七日卒　五八五
吴越〇三〇　項嶠墓誌　寶正二年九月二十二日　五八五
吴越〇三一　洞山院住持費君墓誌　寶正三年六月十一日　五八六

吳越〇三二　虞脩墓誌　寶正五年十二月十三日　五八七
吳越〇三三　普光大師塔銘　應順元年五月十九日　五八八
吳越〇三四　恭穆王后馬氏墓誌　天福四年十二月二十五日　五九一
吳越〇三五　吳禹妻滕氏墓誌　天福六年五月二十五日　五九一
吳越〇三六　李章墓誌　天福八年二月十八日　五九三
吳越〇三七　李章妻金氏墓誌　天福八年二月十八日　五九四
吳越〇三八　霍彥珣墓誌　天福八年九月二十一日　五九四
吳越〇三九　錢君義妻殷氏墓誌　開運二年六月二十日　五九五
吳越〇四〇　袁從章墓誌　開運三年十二月二十八日　五九六
吳越〇四一　□君墓誌　天福十□年卒　五九八
吳越〇四二　陳仕安妻王氏墓誌　乾祐元年十二月二十八日　五九八
吳越〇四三　元圖墓誌　廣順二年三月四日　五九九
吳越〇四四　張車妻丁氏墓誌　廣順二年五月二十六日　六〇一
吳越〇四五　鄒朗妻陸氏墓誌　廣順二年十一月十四日　六〇二
吳越〇四六　羊蟾墓誌　廣順三年十一月八日　六〇二
吳越〇四七　俞讓墓誌　顯德元年十月十三日　六〇四
吳越〇四八　錢義光墓誌　顯德二年□月二十四日　六〇六
吳越〇四九　李訶妻徐氏墓誌　顯德三年十月十四日　六〇七
吳越〇五〇　陳綰墓誌　顯德五年五月二十二日　六〇九

吳越〇五一　錢云脩墓誌　建隆元年十一月一日　六一〇
吳越〇五二　馬思邽妻聞氏三十娘墓誌　建隆三年十月一日　六一〇
吳越〇五三　鄒知建墓誌　建隆四年二月十九日　六一一
吳越〇五四　王仁鎬墓誌　乾德四年八月二十八日　六一二
吳越〇五五　俞君墓誌　開寶三年九月十三日　六一三
吳越〇五六　趙昭文及妻朱氏墓誌　開寶四年十一月十日　六一四
吳越〇五七　羅坦墓誌　開寶七年閏十一月十七日　六一七
吳越〇五八　羊恭妻張氏墓誌　開寶九年十月十六日　六一八
吳越〇五九　童玠妻駱氏墓誌　葬年不詳　六一九
吳越〇六〇　童玠墓誌　□年九月十八日　六二〇
吳越〇六一　楊從魯墓誌　葬年不詳　六二二
吳越〇六二　唐君妻徐淑清墓誌　葬年不詳　六二三

閩

閩〇〇一　王福墓誌　乾化三年三月六日　六二四
閩〇〇二　王審知妻任内明墓誌　貞明四年八月二十日　六二五
閩〇〇三　王審知墓誌　同光四年二月十八日　六二八
閩〇〇四　王延鈞妻劉華墓誌　長興元年七月二十一日　六三三

閩〇〇五　王紹仙塚銘　通文四年三月八日　六三六
閩〇〇六　趙偓墓誌　顯德五年八月二十八日　六三八
閩〇〇七　薛廷璋及妻鄭氏墓誌　開寶七年十一月　六三九

北漢

北漢〇〇一　段實及妻武氏墓誌　乾祐四年四月三日　六四二
北漢〇〇二　張存方及妻劉氏神道銘　乾祐四年十一月十四日　六四三
北漢〇〇三　劉恂墓誌　天會五年十一月十二日　六四四
北漢〇〇四　李章及妻王氏墓誌　天會九年十月十三日　六四六
北漢〇〇五　張福墓誌　天會十年十一月十二日　六四七
北漢〇〇六　趙結墓誌　天會十一年十月二十九日　六四八
北漢〇〇七　王太惠妃墓誌　天會十五年七月二十八日　六四九

附録

附録〇〇一　德妃伊氏玄堂誌　會同六年七月六日　六五一
附録〇〇二　皇太妃安氏墓誌　天禄五年八月十七日　六五三
附録〇〇三　皇太后李氏墓誌　天禄五年八月二十三日　六五四
附録〇〇四　趙德鈞妻种氏墓誌　應曆八年四月十九日　六五四

附録〇〇五　石重貴墓誌　保寧六年閏十月十一日　六五六
附録〇〇六　劉繼文墓誌　乾亨三年十一月十五日　六五七
附録〇〇七　盧價墓誌　建隆元年正月十四日　六五九
附録〇〇八　韓通墓誌　建隆元年二月二日　六六一
附録〇〇九　智堅和尚塔銘　建隆元年二月九日　六六四
附録〇一〇　張宗禮及妻田氏墓誌　建隆元年二月十四日　六六四
附録〇一一　王守恩墓誌　建隆元年二月十四日　六六六
附録〇一二　苻彦能墓誌　建隆元年二月十四日　六六八
附録〇一三　安審韜墓誌　建隆元年五月二日　六七一
附録〇一四　邊敏墓誌　建隆元年十一月二十四日　六七三
附録〇一五　藥元福墓誌　建隆元年十一月二十四日　六七五
附録〇一六　藥元福妻楊氏墓誌　建隆元年十一月二十四日　六七七
附録〇一七　竇儼墓誌　建隆元年十二月一日　六七九
附録〇一八　姜知述及妻孔氏墓誌　建隆三年十二月二十八日　六八一
附録〇一九　楊信墓誌　乾德二年十月十三日　六八三
附録〇二〇　李元簡及妻路氏墓誌　乾德四年　六八六
附録〇二一　楊信妻白氏墓誌　乾德六年二月十九日　六八八
附録〇二二　張紹及妻程氏墓誌　乾德六年十月二十二日　六八九

附録〇二三　□公塔銘　開寶二年六月十八日　六九〇
附録〇二四　曲行殷墓誌　開寶三年正月十四日　六九一
附録〇二五　牛孝恭墓誌　開寶三年十月五日　六九四
附録〇二六　牛存節墓誌　開寶三年十月五日　六九四
附録〇二七　牛知業及妻孟氏蕭氏墓誌　開寶三年十月五日　六九六
附録〇二八　牛知讓墓誌　開寶三年十月五日　六九七
附録〇二九　安崇禮及妻高氏墓誌　開寶四年十月二十三日　六九八
附録〇三〇　吴廷祚墓誌　開寶五年二月二十三日　七〇〇
附録〇三一　張昭遠墓誌　開寶五年四月十九日　七〇三
附録〇三二　苻彦琳墓誌　開寶五年十一月十六日　七〇四
附録〇三三　竇儀墓誌　開寶五年十一月十七日　七〇五
附録〇三四　王仁裕及妻楊氏歐陽氏墓誌　開寶七年閏十月十七日　七〇八
附録〇三五　安審琦妻曹氏墓誌　開寶七年十一月十日　七一〇
附録〇三六　孫漢筠墓誌　開寶八年五月一日　七一二
附録〇三七　苻彦卿妻張氏墓誌　太平興國二年二月卒　七一三
附録〇三八　吴廷祚妻郭氏墓誌　太平興國七年十月二十七日　七一五
附録〇三九　馮繼業妻□氏墓誌　太平興國八年五月五日　七一七
附録〇四〇　藥繼能墓誌　太平興國九年四月二日　七一八

附録〇四一　孔行謹墓誌　太平興國九年十一月二十一日　七二〇
附録〇四二　錢俶墓誌　端拱二年正月十五日　七二一
疑僞
疑僞〇〇一　宮人蘇英墓誌　大寶十年五月二十五日　七二六
存目　傳世文獻、敦煌文獻所存五代十國墓誌　七二七
索引　一

後梁

開平

開平〇〇一　楊君妻李氏磚誌

開平元年十月十七日

【誌文】

大唐博州聊邑縣」北平陵[鄉]魏公坊，維」開平元年歲次」丁卯十月己巳朔」十七日辛酉。妻李」氏享年，女希娘子。」南去博州墳約一里平，」北去古塊子約七里，」西去大泊約五里，」東去大堤約七里。伏恐」山河改移，故記耳。」□□□年六月□」□□□□□□□月」十七日。

聊城繩張唐代墓地出土

開平〇〇二　王佐及妻牛氏墓誌

開平元年十二月二十九日

【誌蓋】失

【誌文】

維唐故王府君墓鋕銘并序」

夫日中則昊〔昃〕，月中則盈虧，日月上〔尚〕有虧盈，人倫豈免生」死。先代本望併〔并〕州太原郡，先祖諱，因資貶黜，流移於」此。高祖諱華，曾祖諱秀，祖諱佐。高情玉潔，諒[直]」疏通，於家有孝，於國有忠，將作名傳礪岳，永播焉名。享」年厶拾，去厶年六月終於私弟。夫人牛氏，莪莪逈秀，灼灼儀容，」以□行廉謹訓邕邕，其行也無虧四行，〔一〕婉也有脩三從。奈何姮娥返歸」蟾魄，西施韻断人間，聲沉地里，享年玖拾二，去天祐四年正月拾捌」日終於私室。長男行豊、新婦邢氏終於私弟，先占厶年月於村」西北辛地先代塋内祫祔，以有銘記。嗣子行信，新婦張氏；孫男」師謹，新婦李氏；孫男師虔，新婦薛氏；孫男李七，五内分崩，」痛割肝腸，泣血三晨，絶漿七日。夕論朝談葬礼，遂啓卜宅」兆，即用開平元年十二月廿九日壬申於澤州高平縣敦義里也」澡村北二伯步先代塋次南特置塋墳。其至也，東瞻韓王累跡，西望潛」山，南觀平原之縣，北枕秦關。恐有豈移變谷，後嗣須知是」也。穹蒼失色，愁雲翳天，其詞曰：金烏没延泉下客。

《中古隴西牛氏碑刻集録》

開平〇〇三　鄭璩墓誌　開平三年八月四日

【誌蓋】失

【誌文】

故衛尉卿僕射滎陽鄭府君墓誌并銘」

門吏前湖桂□宣諭判官朝議郎監察御史裏行裴殷裕撰」

〔一〕「也」字係補刻。

夫以圃田□□，□德名家，往諜具存，斯文不載。公諱璩，字右玉。誕膺天錫，允屬清門，來祚吾家，」克生凋緒。□□以詞入仕，帶組乘軒，矯翼長空，揚鬐巨浪，副天子之任用，分大國之憂勤，曾無」滯淹，永遂騫[翥]，公之懿美，可見皆全。曾祖諱俊，終湖州安吉縣令。祖諱詮，任湖南觀察判」官、侍御史內供奉，贈祠部員外郎。皇考諱播，儒囿飜身，公途入仕，継榮袟，疊領郡符。終于丹州防」禦使，累贈太子少師。先妣夫人沛國縣君朱氏。公始以定州主帥仰其才業，請充館驛巡官，」仍奏本州安喜尉，後吏部注授丹州録事參軍，本州請兼軍事判官。後都統李公辟充招討判官，及」移鎮振武，又請充節度推官。洎元戎遷于鄜畤，依前奏請授殿中侍御史內供奉、賜緋，充節度掌書」記。又轉充觀判官，〔一〕就加司封員外郎，賜紫。元戎以大破群妖，便請公入奏。朝廷鑒以才用，便」除丹州防禦使。既光舊履，别是恩榮。尋以奏人，改授沂州刺史，仍加御史中丞。公既及本」郡，撫以凋傷，郭邑再新，生靈盡泰。此際以路多朝客，公迴加延接，因得各到行朝，無不大誇，」感公之氣義。迩後考限既滿，郡民惜留，不放即途，朝廷就加駕部郎中、御史大夫。尋以計司」辟充推官，兼諸道催勘使，轉左散騎常侍。及催勘迴，又蒙朝獎，再授沂州，轉工部尚書。此際以徐」州占據沂郡，使司方事攻圍，收復墻池，便請公赴任。彼人知寇恂復至，黄霸再來，闔郡歡呼，如」得父母。公既獲上任，大復流庸，後使司奬以能官，具表申奏，乃加户部尚書，量留一年。迩後以」考限既深，又加兵部尚書，授磁州刺史。公知潞府將拒朝命，却歸故林。尋除光禄卿，追赴」天闕。既及輦轂，又除大理卿。便屬三湘煙塵，五領隔絶，尋奉宣諭，以至毗和。復命還朝，除忠」州刺史，以巫峽阻兵，不去上任。又除劒州刺史，到任一年，生靈大洽。其立功立事，宏贍才業之如此」也。方期永延壽筭，共贊昇平，不謂燥濕為灾，寒暄結厲，隨春華而忽謝，逐朝露而俄晞，六藥無徵，

〔一〕「觀」下疑脱「察」字。

三」豎不効。以開平二年五月十七日薨於洛陽之私第，享年六十八。嗚呼！天付才能，為時生世，位雖登」於九棘，壽不及於百年。皇家柱石俄傾，大厦棟樑忽折，舉朝共痛，九族增悲。嗣子廷規，前河南府」伊闕縣令、檢校祠部郎中、賜緋，婚吴興沈氏。次子廷範，前太原少尹、檢校工部郎中、賜緋，婚河東薛」氏。次子廷憲，未有官序。夫人姑臧郡君李氏，素彰五德，保奉三從。長女適河東裴知裕，前延資」出使巡官、殿中侍御史、賜緋。次女適進士狄福謙，應舉不第，継歲俱亡。親妹適沈氏，終解縣令。親兄」罕，終虢州弘農縣尉，有子廷休，見履宦途。次兄瑄，終鄜州觀察巡官、侍御史，有子廷傑，亦有官序。嗣」孫胤哥，次孫□哥，女孫胡子。今以開平三年八月四日權厝于河南府河南縣龍門鄉南王里，禮也。」嗚呼，以先□秦雍，且隔干戈，未祔松楸，權窆阡陌。廷規清標令器，中外所推，濟物匡君，親」朋共慶。今號天泣血，負土成墳，孝道載彰，德門斯驗。廷範操尚無貳，規畫有程，克紹家聲，不幸」庭訓。廷憲幼而穎悟，俟以飛騰，必保雍和，以供甘脆。嗚呼！雖以家以國，猶所鬱於器能，而令子令」孫，亦何偕於□□。嗚呼！舊域千里，夜泉九重，辭昭代之不迴，敘單祠之永訣。因刊不朽，用紀無」窮。殷裕獲依□□，况□親分。今將紀誦，粗荅重恩，但愧荒虛，莫盡稱讚，乃為銘曰：」

管鮑藝能，□□□□。公之超絶，煙霄自致。」隋珠照乘，荆□□□。公之重器，孰可居前。」占星認劒，暎日春露。公之瑞彩，士林莫如。」明神若欺，皇天不慭。灾流善道，殲我賢俊。」荒阡啓兮情不勝，玄闈閇兮悲難盡。公之懿烈兮有餘光，福其家兮昌其胤。」

外甥將仕郎前守大理評事沈廷威書

《河洛墓刻拾零》

開平〇〇四　高繼蟾墓誌

開平三年九月二十二日

【誌蓋】梁故渤海高公墓誌銘

【誌文】

有梁故教坊使銀青光禄大夫檢校工部尚書前守右衛將軍兼御」史大夫上柱國高府君墓誌銘并序」

朝議郎前太子舍人柱國賜緋魚袋盛延丕撰」

嗚呼！死也者，君子曰終。有梁開平三年八月十七日故教坊使八」座高公終于洛京。國喪英臣，家亡令子，家國爰萃，痛貫所知。」公諱繼蟾，字紹輝。其先雍人，始實姜姓，神農之裔，今為渤海郡。繼將」總戎，史册鬱稱。曾祖諱弁。祖諱立。父諱章，皇任左金吾衛長」史。公則長史之長子，積善奕世，忠貞之慶，得金方義〔羲〕和之氣，天」骨山峻，神姿玉耀。有孝有悌，閨門以和；有禮有義，鄉井以附。文武韜」器，風雲馳聲，秦中美少年。其人也，妙用機識，奇奉敏達，擁旄仗節者」待以果断；通聲律，尚辞藻，執樂属文者服以精能。佐雄謀大略，不有」暫寧。方將張翼翔雲，揚鬐游溟，大命不永，大病遄及，享年五十一。吁！」秦氏醫遲，賈〔晉〕君禍促，哀哉！然善始令終，可謂全矣。夫人東平郡吕」氏，德門之慶媲耳。男二人：長曰虔禹，次曰李八，永思之戚，至性過人。」主喪者令弟宣義軍元從衙前兵馬使、銀青光禄大夫、檢校右散」騎常侍、前榮王府司馬、兼御史大夫、上柱國繼嚴，貞恪有聞，仁睦遂」性，則友于之志，合敬恭之規，丞家之良，無以加也。姪男李七，女姪阿」蘇，幼且惠悟。孀姉在堂，哀泣繼夕。以其年九月廿二日大通葬于」河南府河南縣平樂鄉朱楊村，禮也。延丕夙叨」奬眷，克熟馨香，喻以綴文，難周其善。天長地久川堙阜，于何不有銘」德以誌墓云：」

金域奇姿，玉杓大用。令子所嘉，英臣之重。鑒洞商律，」志廣義方。儉必中禮，久而弥芳。位陟天班，軄揚國雅。」

光譽里閭，昌名華夏。浮搖南亘，逝浪東傾。蓄今古恨，」悽別離情。卜遠此崗，窆于斯宅。松楸滋舒，子孫光赫。」

從外甥尚虔煦書并篆盖

玉册院李廷珪鐫字

《洛陽出土歷代墓誌輯繩》

開平〇〇五　裴筠墓誌

開平四年三月十二日

【誌蓋】梁故河東裴公墓誌銘

【誌文】梁故朝散大夫權知給事中柱國河東裴公墓誌銘并序」

堂叔將仕郎前守秘書省校書郎皞撰

公諱筠，字東美，河東絳郡人。其簪組派族，備載譜諜，今則缺而不書。」祖夷直，皇任唐朝左散騎常侍，累贈左僕射。父虔餘，皇任唐朝」兵部侍郎，贈禮部尚書。公即戎曹嫡長也。唐室廣明年擢進士」第，釋褐京兆參軍、集賢校理，結綬藍田尉，依前集職。是時唐僖帝巡狩」坤維，徐公彦若為獨坐，首狀監察。中州喪乱，游衍江湖。洎襄帝即」位，除曲臺，未至闕下，拜中諫，尋遷侍御史。彈奏得儀，時以為稱職。改左」司員外，復轉庫員，兼加朱紱。尋遇遷都雒陽，拜司勳郎中。恭事」二帝，顯履三署，儒素之道，亦或庶幾。復銜命為兩浙册禮使副，泛越滄」溟，往復二載。及返君命，則唐氏亡圖，梁朝運啓，曆數」有在，革鼎從新。大梁開平二年，拜給事中。聖澤既酣，將」副時用。俄聞懸虵作眚，鬪蟻興甾，秦緩無徵，殷楹入夢。開平四年二月」二十五日薨于東周，享壽五十有六。一子小奴，年方幼學。一女醜牢，始」在齠齔。嗚呼！以尔之恭恪仁孝，操執不愆，將期大吾門祚，

慶」耀來昆，才過中年，忽茲夭奪。皇天不祐，降罰何多，痛割肝心，彼蒼」莫訴。克以其年三月十二日合祔于蘭陵蕭氏之塋，禮也。嗚呼！亳邑」丘封，北邙松檟，我家利卜，逮于千年。今則龜筮叶從，時良日吉，」用寘窀穸，永閟松扃。二十一叔皞躬奉襄事，親為誌銘，」忍毒銜哀，抆淚而紀。銘曰：」

吾門積德，期尔為特。必謂必然，肥家肥國。」名宦已彰，福禄宜長。不將不相，胡為不臧。」茫茫天道，奪之何早。不付功勳，不增壽考。」今則已矣，復何言哉。泉扃一閉，萬痛千哀。

《全唐文補遺》第八輯

洛陽市文物考古研究院藏拓

開平〇〇六　石彥辭墓誌

開平四年九月四日

【誌蓋】梁故武威石公墓誌銘

【誌文】梁故静難功臣金紫光禄大夫檢校司空前守右金吾衛大將軍充街使兼御史大夫上柱國武威縣開國男食邑三百户石府君」墓誌銘并序

從姪朝議郎尚書駕部員外郎判度支文案賜緋魚袋戩篆盖」

朝請大夫尚書司封郎中柱國胡裳吉撰」

孔目官前左驍衛長史李昭遠書」

噫！夫躔緯不能免流逸，日月不能無晦明。天之垂象，猶復虧奪，而其況於紛綸世故，衆萬相糺。是以大厦壞木，物有依憑之失；夜壑」藏舟，時感超忽之異。環迴輻凑，無得而踰；古往今來，咸壹其歎。公諱彥辭，字匡

臣。按石氏其先出五帝之初，洪源巨派，昭貫」天壤。夢符慶諜，雲龍有必感之徵；璧契祥經，神靈無虛應之瑞。《春秋左氏傳》云：因生以賜姓，胙之土以命之氏。其是之謂乎。」曾祖饒，唐左神策軍司隸、兼右威衛中郎將。纘戎前裔，起家之道忽興；啓迪後人，嗣世之光間出。祖貞，襲曾大父之職，累」遷兼御史司憲，榮能疊振，建邦將萬石君同；謀有必諧，殖貨與千户侯等。皇考盛，雄略沉毅，首冠麾下。列土外薦，名級内昇。」累遷檢校左散騎常侍、越州別駕，贈刑部尚書。兼命掖垣，既處珥貂之貴；題輿淛水，俄終署劍之榮。先是尚書公以才勇」過人，機畫邁衆，耿秉之列陣立就，亞夫之堅卧不驚。官渡餽粮，分十道而方入；齊師去旆，違七里而不知。軍志有聞，武功克備。」皇妣宋氏，追封廣平縣太君。訓擅擇鄰，戒思勝己。事吴未畢，遽焕於屏帷；相莒却還，猶堅於紡績。嬪則壺範，綽有餘裕。」公乃先尚書長子也。星辰降耀，紫髯之質早彰；旗鼓相參，黑矟之威自峻。材巨則楩柟合抱，量遠則江海通流，張飛萬人，劇孟一」國。唐中和辛丑歲，公之嫡妹以懿淑出人。」今聖上奇表積於芒碭，佳氣集於豐沛。方臻令耦，竟奉天姻，則豈比夫張玄友于，空見敵於道韞；徐吾鍾愛，止獲配於子南」而已哉。公妹即」聖上第二夫人，封武威郡君，年三十四，早亡。公中和乙巳，職宣武軍同節度副使、兼御史司憲。霸府右校，法秩兼銜，垂橐自肅於」戎容，執簡且光於烏集。其年遷首列，授宋州長史、兼御史大夫。寵分崇級，位迩中權，況參半刺之榮，復就亞台之選。光啓丙午年，轉」右千牛衛將軍、檢校右散騎常侍、亳州別駕。継專軍旅，益動風雲。樹藝無傷，晉欒鍼則嘗聞楚子；矯激不作，魏無忌則徒扼秦軍。龍」紀己酉歲，加檢校工部尚書、右威衛將軍，遷節院使。乾寧甲寅，加金紫光禄大夫、檢校户部尚書。丁巳，轉天平軍左都押衙。景福癸」亥，加檢校司空、守台州刺史。拱衛秩高，階序勢極。兩遷八座，鄭崇則嘯傲會府；一舉六條，寇恂則周旋河内。時以事殷雄鎮，行駐隼」旟。雖指路莫陳，未覩麾旄之列；而蘊化將布，已興襦袴之詠。天復甲子，授右羽林軍大將軍，轉左金吾將軍，加爵邑，充飛龍監牧使。」陳師鞠旅，既邁於威德；錫壤疏封，且隆

其班爵。公望適高於環尹，司坰復振於馬官。道契新朝，事符往制。「我梁開平二年建國之初，庶務修明，群倫思舉，有便於時教者，莫不來之。於是擢公為右金吾大將軍、充街使。」禁籞肅清，壯晨趍之列；輦轂按堵，無夜吠之音。蓂階深秘於九重，蘭錡橫臻於兩仗。可謂濟時雄度，當代英姿，鑑奪未然，智」周無際。先是公以許國之暇，官守之餘，率以浮屠氏及玄元太一之法志於心腑間。每清朝朗夕，佛諦道念。恒河指喻，儼究於」空王；真誥取徵，頗齊於羽客。而且常精藥訣，每集靈方。天外星辰，必通香火；鼎中龍虎，實變丹砂。惠周應病之仁，情極恤貧之愛，方」且更期福祐，益保延長。淮陰之設齋壇，大漢之重推轂，將申報國，適用殿邦。無何，六氣相攻，五邪竟搆，齊大夫纔憂齲齒，陽虛侯止」慮覆杯。無何，効寢針砭，力擢寒暑。一日，將甚困，因顧謂夫人曰：凡生居祿秩，不謂不貴矣；歿有班白，不謂不壽矣。但雨露之恩既厚，」君父之德未報，生平之恨，唯此而已矣。吾厩有良馬，而帑有兼金，罄進玉階，粗達臣節。言訖，奄然而息。即以開平四年七月四日」寢疾薨于延福里之第，享年五十八。夫人昌黎韓氏，義深齊體，痛極所天。感漢庭遺肉之儀，痛必越禮；許晉代拜公之日，」哀實過制。殆闔堂共惋，舉室同悲；舂相無聞，巷歌不奏。翌日，盡以付託，委從表姪前虢州司馬楊觀昌提筆奉遺表，具以騏驥金」璧之類，列於王庭，敬前命也。夫人之裔，其世族出自姬周之際。前誥所謂邘晉應韓武之穆也，於斯可見。宣子適魯，厥實」御戎，其宗派由來遠矣。況又風德清舉，懿淑昭焕，奉家道而無所不理，當庶務而皆出有餘。訓緝之方，殆若神助。執喪禮之至，舉」葬備之大，雖百其緒而迄無違者。且命斲他山之石，寫作誌狀；演摩訶之偈，鵠為寶幢。告龜筮以求通，問牛眠而演慶。松楸可待，東」武之胤遥連；塋闕至高，柳季之樵不入。輀車結軫，羈鞅所以追蹤；墻翣塞衢，蒿薤由其疊響。自近代已來，士大夫之家，葬禮」庀事之備，稀有及此者。即以其年九月四日葬于河南府洛陽縣平樂鄉朱楊村，禮也。長子昌業，年十八，守左千牛衛備身。次子昌」能，年十六，以齋郎調補，方在格限。昆弟皆神資秀爽，生知孝愛。穀也郇也，保家之道迭

興；伯兮叔兮，吐哺之仁早著。鄙無後也，真有」子哉。幼子醜漢，方迩髫齔，而啼怏之音，固近天性。長女大寶，次女小寶，皆未及笄年，而訓戒有聞。令弟朗，皇檢校工部尚書。友愛」所鍾，叶於棣蕚；爵禄之貴，均在急難。吁！今則已矣。裳吉，同里巷也。類於他宅，居為切鄰，早奉班行，實探平昔。今辱哀旨，俾當」勒銘。愧其學昧該詳，才非著敘。伯喈甚遠，難追絶妙之文；希逸誰加，空羨美終之誄。銘曰：」

肅穆宗周，英特全晉。大河千尋，靈嶽萬仞。祥雲若鋪，旭日如印。光前絶後，永永不泯。其一。邈哉偉度，瑩若澄懷。」高欺底柱，煦小春臺。蹈海巨檝，枬厦宏材。匡時命世，固無所偕。其二。戎機無前，軍法無隱。不資探簡，期必授脤。」斥候靡差，刁斗潛振。黑子九攻，武侯八陣。其三。雄姿獨高，秀氣相簇。孟仲之間，公侯之禄。六尺身軀，十圍腰腹。」時懼季梁，人欽郄縠。其四。義則無前，才實具美。祭遵文學，養由弓矢。疾足誰遏，怒飛難已。鵰鶚重霄，駒駼千里。其五。」天資全德，允文允武。祇畏國經，周旋王度。環衛有儀，神州有序。師之耳目，在吾旗鼓。其六。松桂奇姿，風雲間氣。」功業出人，煙霄得意。醉袖夜歸，朝纓曉起。雨露之恩，無所不至。其七。束帶餘閑，玄門是勉。煎金煑石，晝夜忘倦。」俾生且延，俾病莫變。周窮濟乏，不仁者遠。其八。功德甚廣，基構甚繁。以是餘慶，當福後昆。三子克荷，二女稱賢。」主祊奉祀，不絶緜緜。其九。清洛之表，素野之前。豪家貴邸，彌池相連。卜葬既就，屬詞既全。刻于堅珉，以永千年。其十。」

鐫玉册官李延輝刻字

《鴛鴦七誌齋藏石》

開平〇〇七　楊君磚誌

開平四年九月二十六日

【誌文】

大梁故楊府君墓誌銘記」

府君享年五十六，去開平四年九月廿三」日終於私第。有■」見在兒祐已為□塋葬。去□□九月廿」六日祔葬於祖塋之內。四至■」二□。恐後山河改變，凌〔陵〕谷□□，□」勒斯名，已為銘記。」開平四年歲次庚午九月丁亥」朔廿六日壬子銘記之□。

聊城繩張唐代墓地出土

開平〇〇八　穆君弘及妻張氏墓誌

開平四年十月十七日

【誌蓋】河南郡穆徵君墓誌銘

【誌文】大梁洛州河南郡穆徵君改葬合祔墓誌銘并序

監察御史前涿州范陽縣丞張峭撰」

夫玄穹之大德曰生，生之者無不欣其遂性；大道之休息以死，死之者罔不懼於長宵。若非絶」跡於多門，遊心於罔象，以身世爲行客，視泉壤爲歸途，即曷能弃榮利而若浮雲，觀變化」而如脱蜕，其誰得之，即徵君乎。君諱君弘，字仁壽。禀道而生，儲靈以降，作大儒之詩」書滿腹，調正氣而陽秋在膚。禮以檢身，儉能率下。其曾高之爵諱，祖考之風猷，別具」豐碑，略而不敘。徵君佩觿之歲，諸族稱奇。有客指梅，獨擅聰明之對；前庭跨竹，不」遊戲弄之場。洎弱冠之年，交遊不雜，在鄉里則出言成式，於動静則非禮不行。每昆弟同」遊，兒童在列，談論必闕於至道，承迎對其嚴君。至於聚彼群書，該乎百氏，忘其貧而樂」其道，經其口而綜於心。此外或命一二故人，生平親舊，以烹羊炰羔爲伏臘之費，以弋林釣」渚爲朝夕之娱，琴酒相歡，歌詠自適。常歎曰：鶴蓋盈門，權豪影附之聚，非吾之所望；」馬革裹尸，丈夫報國之事，非吾之所能也；秉纊操衡，賈豎趁勢之動，非吾之所擬也；」一擲千万，博徒淫縱之歡，非吾之所好也。惟彼四事，我無一焉。但巢林一枝，飲河滿腹，茂陵」稱少遊

之善，慎陽得黃憲之交。優遊暮年，聊以卒歲而足矣。嗚呼！處士没兮星落，」秋風勁兮蘭摧，絳幃遽掩於芳塵，丹旐載揚其啓路。以唐咸通十二年十月二日寢」疾捐背於私第，享年七十三。以是月十七日葬於幽都縣禮賢鄉别駕村之原，禮也。」夫人清河張氏，綽有慈儉，著於家聲，徵君没後二十六年而終，享年七」十三。有子二人：長曰玄嵩，次曰玄恪。惟玄恪，夫人歿三年而終，享年卌十三。惟長子玄」嵩在焉，娶瑯琊王氏，有室家之宜。有子二人：長曰奴子，幼喪其明，有聰敏之志；次曰霸孫，」歧嶷異焉。有女四人：長曰二十六娘子，次曰悟娘子，次曰憫娘子，次曰美娘子。玄嵩天」與孝思，時推博洽。常曰：惟故鄉之涿鹿，實先君之舊廬。豈松楸未列於我阡，墳壠尚遥」於他縣。誠恐幽魂不昧，遐思温序之歸；高樹有情，猶鬱東平之靡。是以重申縫斂，再」具塗芻，乃啓殯於舊塋，將返柩於新壤。庶乎存者没者，顯晦咸終；先亡後亡，形魂畢」萃。大革從權之制，用申永固之扃。且曰：或得其宜，神雖幽而必察；苟失其利，木雖拱而可」移。青烏之卜史既從，白馬之故人復至。以新朝開平四年十月十七日合葬於涿州東三里」孝義鄉河村之原，禮也。嗚呼！徵君與皇祖自先賢而歸孝義，信宿而來矣；」自咸通而開平，三紀而餘矣。可以畢嗣子終身之慘，慰徵君久客之思。惟」徵君之賢，宜有良胤；惟玄嵩之孝，宜獲殊祥。余早器穆生，與之交友，自始識面，未曾革」心。謂余曰：僕少遭憫凶，孤苦成立，瞻彼天而難申罔極，求他山而以慰服勤。如或不敘」德馨，空扃永宅，則小人得没於地，若見徵君，何辭以對？知余曾攻柔翰，薄竊時」名，敢告終天，請以為誌。銘曰：

皇天無親，常與善鄰。載誕徵君，璨若星辰。味彼」墳素，狎於隱倫。既文且質，道或彬彬。惟鄉與黨，無殆恂恂。天鑒斯昧，殲厥良人。惟薊之」□，[三]紀窮塵。惟涿之東，千載荆榛。膴膴平原，馬鬣攸遵。風悲月弔，永矣徵君。

開平〇〇九　李派塍墓誌

開平四年十月

【誌蓋】府君墓誌

【誌文】

梁故鄉貢進士李府君諱派塍，隴西[人]」也。姑臧第三房，為世甲門。祖□」□度，皇任杭州臨安縣令，祖妣范」陽盧氏。父諱亢直，皇太子左贊」善大夫。妣范陽盧氏。□父諱」□，皇蘇州華亭縣令。府君讀先」聖書，蹈昔賢行，閨門孝道，親族推美。應」進士舉，四上無成。屬時艱危，謀安就禄，」□帥知賢，署攝鄒縣主簿。逾歲，狂盜奔」襲，遇害於縣，年四十三。親朋歎憤，其如」命何。以開平三年　月　日權窆于鄒」□□□鄉，禮也。壽逾知命，無息」未婚。嗚呼哀哉！用誌于石。

親姊夫」通議大夫守尚書吏部侍郎賜紫金魚袋柳遜書」

開平四年十月　日

《孟府孟廟碑文楹聯集萃》

開平〇一〇　紀豐及妻牛氏墓誌

開平四年十一月四日

【誌蓋】梁故紀公合祔墓誌銘

【誌文】

[梁]故武順軍討擊副使俠馬將銀青光禄大夫檢校太子賓客兼殿中侍[御]」[史]□陽紀公夫人隴西牛氏合祔墓誌

銘并序」

攝鎮府參軍董鵬撰」

夫代有奇人，世襲榮爵，史册詳備，美焕古今者，唯紀氏之有焉。」公諱豊，字　，家世鎮府房山人也。昔《魯春秋》紀侯以國讓弟，携入於齊，子」孫因以為氏焉。信立節於漢初，靈振名於漢末，忠烈之道，千古一人，紀氏之」先，其來盛矣。曾祖諱奏，皇唐鎮州討擊副使、兼冀州馬步虞候。」祖諱晏，皇深州饒陽鎮遏都將、銀青光禄大夫、檢校太子賓客、兼殿中侍」御史。考諱審，皇步軍左建武將。並忠孝傳家，謙恭著譽，歲寒之操，時」論卓然。公即侍御之令子也。光承家範，顯焕門風，才略絶倫，名華出衆。」元戎聞之，擢授俠馬副將。公恭勤奉上，節操弥高。又加散將、知將」事。公益弘嚴謹，慎保初終。又加正將兼討擊副使，奏銀青光禄大夫、檢校」太子賓客、兼殿中侍御史。公榮高三命，職重偏裨，遄加奏緒之榮，顯列」[將]寮之右。方全壯節，以贊盛時，豈謂吉人，奄斯短壽。以乾符二年二月」十八日遘疾終于鎮府真定縣親事營之官舍，享年三十有八，時曰惜哉。」□[人]隴西牛氏，四德兼備，三從儼然。内外叶和，遠迩咸敬。於戲！青松既折，芳」□□萎，北堂之愛雖深，大夜之期俄迫。不幸以天祐三年二月十四日遘疾」□□鎮府北馬軍營之官舍，享年六十有二。有子二人：長曰爽，承家以孝，奉」□以忠，韜鈐之數在心，謀勇之奇指掌。」上台嘉之，署衙前兵馬使、左親騎指揮使、銀青光禄大夫、檢校右散騎常侍、」左武[衛]上將軍、兼御史大夫、上柱國，試其能也。次曰瓊，謙和保道，遊藝依」仁，光禀家聲，不踰懿範。嗣子等孝資天縱，禮過常情，奉先纔免於廬居，哀毁」僅招於滅性。以開平四年十一月四日啓先君之玄寢而合祔焉，禮」也。恐□[河]代易，陵變谷遷，故刊貞珉，用期不朽。銘曰：」

紀公之先，受氏以國。代有英賢，世高勳德。□□于公，」克承[懿]則。既領親軍，榮膺顯職。劍鏡斯沉，□□難測。」令淑承家，忠孝為式。年代綿邈，陵谷遷易。□□垂文，」風猷不忒。

公之弟昌同日葬于甲穴，姪文建、新婦天水趙氏同日合」葬于附甲之穴，故于公之側，記之云耳。

《隋唐五代墓誌匯編・北京大學卷》

開平〇一一　鍾君墓誌

開平五年四月十九日

【誌蓋】失

【誌文】

大梁故會稽郡鍾公墓誌銘并序」

夫鍾公者，越國滁州人也，名□。祖諱□，守本州都押衙。父諱□，」亦守本郡都押衙。咸通六載，年□十，奄至蒼卒，終於本郡金華」里，葬於北李山。當亡之日，公年廿有三。後因大國喪乱，遂抛故」邑，亦逐軍於他地，亦効力於干戈。初投梁主之日，仰沐」□留，特補節度押衙、兼充後博使，主務一十三年。至龍紀元年，」贊舊務同前□令□□□內並主馬務，加銀青光禄大夫、檢校」國子祭酒、兼御史大夫、上柱國。至□□□□□□登其重課，未」常敢□□□之心。後以□憂□□□□□王□□心之懇。□望」延其遐筭，欲報重恩。何□□□□□□□甚，請名醫而無」徵，豈神祇之不祐。雖服五色之□，其□□不十全枕夕。雖□□」□，忽謝於風燭。當□之□□□辛未□□月□□朔，享年六十」□九，終於偃師縣洛□鄉□□□□莊。至四月十九日葬於」□東北邙山之下。縣□洛陽□名□部。公有弟一人，名景玄，先」公而歿。有妹一人，適□氏。公之賢□高氏之女，生育四子：女子」□人，適程氏。長男知□，見今□□□東北安塋之東南地」□□□。次曰知進，方壯之日□□主□□兵馬使。公逝之後，」□□□□□□□□□□。次曰知仁，公□□□□□□□□□□歷其出身」□□□其入□之門。略敘誌銘，而為□□：」

□□□□泉□氏惟公□□有□時□佐□□正人□為所」■然大夜忽□□■事君長存忠孝體□□□□□□□之」■德令後嗣子孫知■。」■男四人■孫女一人，名小哥■」■太原郭■

《隋唐五代墓誌匯編・北京大學卷》

《芒洛冢墓遺文補遺》

《八瓊室金石補正》卷七九

乾化

乾化〇〇一　張爽及妻楊氏墓誌

乾化二年正月三十日

【誌蓋】清河郡故張尚書誌銘

【誌文】

故護國軍節度押衙檢校兵部尚書張公墓誌銘并序」

公諱爽，字居明，清河密郡人也。厥先不仕，靡可稱焉。公早」因旨甘，致干名位，雖託身宦路，談諧有闕於趨庭；而投跡和門，勞」逸無疑於汗馬。既懷堅志，果遇」良知，俻審韜鈐，益加寵顧。而又征伐未順，尋俾鏖兵，暨」領師徒，拊同挾纊。況久披鎧甲，常挂彎弧。功勞既高，心常輕」於樂毅；智謀兼遠，策未許於田單。以至勳業聲雄，名能譽」廣，有類鼓鍾之響，無同擊柝之鳴。公遂天復三年十一月廿」五日遷拜節度押衙之職，開平四年二月十五日」奏授兵部尚書。丈夫修身，不是不達耳。公奄知止足，遽」薄浮榮，未能退藏，且希清散。尋

亦」蒲主太師遺縮舊地別業，即甘棠第一之勝境。非殊金谷，罔異武」陵，既豁沖襟，深怡蕭洒。奈何五味失節，六疾兼生，神道不仁，藥石無」驗，以乾化元年十月十一日卒于陝府城之私第，春秋百齡之半。公先」娶夫人弘農楊氏，遘疾早終。再娶隴西李氏夫人，俱其禮也。有三」女三兒，女賢齊德耀二妃，兒孝等田荆陸橘。嗚呼！今則發楊氏」夫人與公合祔，乾化二年正月卅日葬于陝府東北趙莊之蕘」里。塋域創構，窀穸俻全，道衢感傷，親族垂涕。生榮歿盛，難細」述哉，聊刻貞珉，式光幽隧。其銘曰：

彫金呈姿，斲玉顯質。寶既成器，」公堪儔疋。武有七德，能入能出。文有五車，何須何必。功勳既就，」名宦兼律。盡自箭頭，非因刀筆。奈何纖壽，俄變枯骨。靈柩哀哀，」佳城鬱鬱。永訣此際，重覿無日。抉懇代情，萬不盡一。

《華夏考古》二〇一七年第四期

乾化〇〇二　盧真啓墓誌

乾化二年三月五日

【誌蓋】梁故范陽盧府君墓誌

【誌文】

梁故將仕郎檢校尚書工部員外郎守河南府鞏縣令盧府」君權塋墓誌」

從兄將仕郎守洛陽縣令賜緋魚袋文渙撰」

君諱真啓，字子光，范陽人。吾宗自後魏分南北祖，君即北祖濟」州牧尚之之十二世孫也，代緒綿遠，纓緌無隔。曾祖諱瑗，皇河南」府士曹參軍，祖妣太原王氏。皇祖考諱晝，皇齊州長史，祖妣姑」臧李氏。皇考諱得一，皇懷州河内縣令。皇妣隴西李氏，父諱自然，皇」滑州別駕。君即李夫人之嫡長。少以兩經隨鄉薦不第，從宦

授懷」州脩武縣尉。次内作使判官、守少府監主簿，次滄州□□參軍，次許」州録事參軍，次河南府鞏縣令，就加尚書工部員[外][郎]。所至咸以政」稱，尤著於糾宰之任。秉仁履義，造次不渝，處家等官司之嚴，」奉師友之敬尤篤。乾化元年五月八日遘疾終於故林石窟寺之[别]」墅，享年五十有二。君娶滎陽鄭氏，父諱孺約，皇瓊王府諮議」參軍。鄭夫人早亡，無子。姬人陳氏奉箕箒凡三十年。二子：長曰三備，」次[曰]四科，謹以自立，居喪有聞。二女：長十一女，適前大安府醴泉縣」主簿李賓；次十二女，適鄉貢進士滎陽鄭崇龜。以娶以適，咸山東」之華胄也。先君權卜先在懷州河内縣輔仁鄉敬賢里。[二][子]以年月非良，復從宜於先長官權塋之右隧，終以禮□」儀之無虧。二子以權窆之期，徵予為誌，俟其遷卜，固兹未[銘]。」

乾化二年三月五日誌[一]

《中原文物》二〇一〇年第一期

乾化〇〇三　薛貽矩墓誌

乾化二年六月二十一日

【誌蓋】故河東薛府君墓誌銘

【誌文】

□梁故開府儀同三司守司□□□門下平章事弘文館大學士充諸道鹽鐵轉運等使判建昌宮事河東郡開國公」□邑一千五百户食實封一百户[贈]侍中薛公墓誌銘并序」

從叔正議大夫尚書左司侍郎上柱國賜紫金魚袋廷珪撰」

[一] 墓誌邊側補刻：「後唐天成二年三月廿一日遷于武德縣期至鄉馮封里大塋之右。」

外兄銀青光禄大夫禮部尚書上柱國曲阜縣開國男食邑三百户孔續書并篆蓋」

薛之源流，濬發於黄帝氏，長子昌意生顓頊，孫倕為□□□□生奚仲，封於薛。十三代孫仲虺，相湯；玄孫扈，相太甲；七世」孫祖己，又相武丁。大任為文王之母，伯禽乃周□□□□□出也，三代已降，六十四侯。國滅，至楚懷王賜田于沛，復」命為薛氏。八世孫廣德，在漢為御史大夫□□□□□□□永嘉之乱，各以重名，分統所部，是為三祖。後魏秦州刺史謹，」生五子，雅範清規，標暎當世□□□□□□□□□府君則薛氏之第三房也。公諱貽矩，字瀌用，號州府君」之子也。曾祖勝，皇任大理□□□□□西李氏。祖存誠，皇任給事中，累贈禮部侍郎。妣京兆韋氏、蘭陵蕭氏，追封越國夫」人。父廷望，皇任號州刺史，□□□師。妣河東裴氏，追封晉國夫人。若夫七相五公，朱輪暢轂，靈源慶緒，玉暎蘭薰，照耀人」倫，鏘洋肉譜。自佩□□□，□嶷不群；就傅之年，神鋒傑出。謝安石驗履舄之度，許立功名；温太真聞啼笑之聲，知為英特。」及九苞得鳳，一角□□，居然國華，僉曰人瑞。道千仞之絶跡，志一飛而沖天。矯首龍津，來儀鳳穴，孤標清峙，妙味洪規。裴」楷玉山，中涵萬象；江淹彩筆，傍若無人。煙霄盡在於彀中，富貴何逃於術内。一舉狀首，擢進士第，釋褐秘省校書，轉鄠縣」□、集賢校理。尋□□拾遺、殿中侍御史、起居舍人、司勳員外職史館。旋以本官入翰林，出入再任中書舍人。平津發軔，書」□彯纓，□□神□，□□圭表。直聲折檻，峻彩乘驄，司言動於赤墀，應星辰於粉署。俄而鶴歸崑閬，鳳得椅梧，超翔金碧之」□，遐舉方壺之□。□□稱職，視草推工，綸閣兼榮，卿曹序進。洞簫詞賦，諷詠於六宮；綿竹頌聲，沉吟於萬乘。人間行」□，□□□□□；□□羽儀，覺劉□□慢。濟川有日，去國無辜，鼓栧狎鷗，含毫問鵬。人雖玷白，道實益丹。兩從左遷，再」□□署，□□掌絲綸之重，周旋冠□□之榮。造滕沃心，捫霄捧日，恢張理本，佐佑皇猷，康濟之謀，洽聞中外。自長沙徵」□□□□□，旋遷吏部尚書。未至，特拜御史大夫。任重銓衡，位崇冢宰，仄席以待，獨坐急徵，和羹固在於鹽梅，制動必□」□□□。

□天亡土德，運啓金行，崇揖讓之規模，構隆平之基業。入參帷幄，首奉經綸，魚水叶符，雲龍際會。□」□之人心允矣，王佐之事業焕然。乃陟動庸，爰登廊廟，郊天祀地，簡賢任能。當風雲草昧之秋，酌範圍天地之道，事無違」禮，動必合經，訏謨盡愜於帝心，輔弼式弘於王道。闊步於黄扉紫闥之上，游刃於銅鹽邦計之間，不廢討論，無妨譚」笑，推一心而許國，悉万慮以愛君。霖雨之滋，均霑於動植；丹青之化，畢被於搢紳。秉謙抑於廟，[一]叙敦睦於中外，不欺」闇室，弘恕下人。集衆美而代天工，履春冰而約吾道。方將砥平區夏，電掃欃槍，盡其醫國之方，竭彼致君之力。恒以戎車」尚駕，天步猶艱，未寬旰食之憂，每負素飡之戚。拱宸嚴於縣道，扈清蹕於行宫。蚤暮忘疲，駈馳遘疾。杜預沉碑之」志，徒炳肺肝；馬卿封禪之書，空藏巾笥。即以乾化二年五月一日薨變于東都表節里之官舍，享年六十有三。」聖上臨軒震悼，撫机悽凉。且曰：天不慭遺，吾將安仰。殄瘁之歎，遺直之聲，著於舄輿，動彼軍旅。即日優詔追贈侍中，仍」加賻贈。推恩示寵，崇德報功，事冠一時，禮優常等。大丈夫之致身，粲然於圖史矣；士君子之營道，焕乎於家諜矣。噫！宣孟」無後，伯道無兒，皇天不仁，從古所惑，淑人君子兹所以恐懼也。虢國夫人范陽盧氏，今河南令躅之次女，滎陽鄭氏之出」□。中外官婚，清華閥閲，著於當代，略而不書。別一子曰暎，先公而亡。暎二女，方在髫年，尤鍾慈愛。公之二」□[適]河間劉準，次適河東裴礪，並早抱移天之釁，苟存未亡之身，茹毒銜哀，煢煢在疚。惟公禀生人之秀，蹈中庸之」□，□君經國之徽猷，開物弘務之事業，九流推美，四海詠仁。而又深味道腴，旁探禪悦，植潔静精微之操，粹温良恭儉之」□。雖一日萬機，無忘香火之願；而夙興夜寐，不絶磬梵之音。厭離樊籠，每形永歎，嘗謂虢國夫人曰：尋檀忌末，作事戒終，」□之遭時，所謂過分，難期偕老，良願殑先。果因微疾，奄謝明世。又每謂門館之人曰：吾嘗慕

[一] 此句疑脱一字。

阮嗣宗門口不言人之過，」惡鮑叔牙終身不忘人之非。萋菲之言，勿及吾耳。性之褊狷，不能含容，當讓其人，而陳所自。由是尊居黃閣，静執洪鈞，人」無間言，務亦平簡，孰不曰真宰相之才具也。遘疾之前，屢有玄告，子不語恠，烏可輒書。可紀者，以丁卯年五月一日登庸，」以壬申歲五月一日捐館。前知之者，唯潭僧思遠尔。即以其年六月廿一日歸窆于絳州稷山縣甘祚鄉仁義里，從先塋，」禮也。公之外兄禮部尚書孔公續，以廷珪族本同源，義深兩巷，謂為癡叔，可揚德音。三讓不從，乃為銘曰：」

猗歟我宗，肇自黃帝。顓頊工倕，克昌厥裔。相殷相湯，濈載命世。其一。綿綿苽瓞，莫莫葛藟。鳳舉霞銷，」或隆或墜。代不乏賢，世濟其美。其二。誕生司空，寔時之雄。麟在天上，龍出人中。挐月攀桂，凌雲夢松。」其三。仙殿讎書，王畿結綬。折檻乘驄，觸邪及霤。右史持鉛，南宮卧繡。其四。迺属時選，怒飛禁林。玉堂綸閣，」東箭南金。文昌顯貫，宣室華簪。其五。消長有時，凄凉去國。載止載飛，栖梧栖棘。自審亨衢，曾無愠色。其六。」乃拜冢卿，乃執大憲。土德告終，金行肇建。天人合應，神明幽賛。其七。爰罄腹心，來咨挹讓。功德昭宣，」華夏協暢。秉鈞調元，良輔賢相。其八。方俾生人，同躋壽域。如何白駒，忽焉過隟。五緯失行，萬乘沾臆。其九。」生留大功，殁有餘德。故絳之陽，中條之側。光昭祖宗，禮賁窀穸。其十。禴祀無主，室家惟賢。達觀齊物，」□筏忘筌。公之往矣，出世生天。其十一。

《西安碑林博物館新藏墓誌續編》

乾化〇〇四　孫公贍墓誌

乾化二年十一月四日

【誌蓋】樂安郡孫府君墓誌銘

【誌文】

梁故樂安孫府君墓誌銘并序」

孫氏之先，本樂安人也。厤祀継世，以武以文，濟濟鏘鏘，從宦居職。垂於令」範，藹有厥聲。或霸業於金陵，或立朝於盛晉，咸為茂族，于今顯焉，即」君之胤緒也。其為昌遠赫弈，不可俻書，是以綿邈古今矣。」祖諱継昌，祖妣侯氏。皇考諱莒，皇妣劉氏。」府君諱公贍，字　，即先君長子也。自丱髗之立，以庭訓檢身，家法修德，温」恭是負，節操不渝。每持孝悌之名，夙蘊潔廉之行，為鄉里瞻敬，知友欽依，」所謂儉素，亦古人君子矣。由是早逢昌運，果契平生，樂道適時，雍」容而處，放逸情抱，無污襟靈。既豐家徒，寧拘名利，則開罇風月，設席林」亭，攄思浩詞，俾晝作夜，但剋逍遥之福，罔滋繫滯之心，一紹向來，當言」達士。噫乎能弘於物，必貽其美；能寛於量，須保其真。何子玉之銘，用為鑒」戒，故織荏祐祚，以在兹焉，咸公之志度也。豈意穹旻不富眉壽，俄臻疾」恙；迺致問命求醫，竟非徵効。奄從遊岱，莫返幽泉，落落之材一摧，冥」冥之魂永謝。九族哀慟，四鄰哀傷，豈知形影之難留，遽指桑榆之可惜。以乾化元年四月十三」日殁于齊州歷山縣南招賢坊之私舍，享年六十有五。夫人魏氏。有子三人：長男知密，新婦王氏；」次男防禦同押衙充副知客延祚，新婦許氏；次延福。女二人：出適王全武，次出適弭彦卿。」孫男一人招哥。女三人：嫣娘子、二姐、三姐。夫人自公殁世之後，以主祭肥家，無違禮制，能垂」誨，〔一〕用保家嗣，使在仕者恪勤守職，謙和約己。既多德義，須立昌榮，而況敏俊之才，為時推仰。佇期□」遇，必高于門。所謂積善之家，累臻餘慶矣。公自弃命，久在堂儀，今以歲道云通，日月斯吉，敬」卜宅兆，特刱松楸。則玄堂一扃，幽泉永閟，指山河於舊國，得崗阜於新塋，可謂龍蟠，乃封馬鬣。即」以乾化二年壬申歲冬十一月四日啓葬於齊州歷山縣奉高鄉去州西南五里平原，礼也。悲夫！古之不封不樹，」今則墳焉。慮年祀綿遠，陵谷遷變，故

〔一〕此句疑脱一字。

刊貞石，而作銘曰：」樂安府君，行義有聞。能修礼樂，不雜不□。出處動靜，無撓無紛。」固謂享壽，豈意遺魂。厥跡永断，其名空存。南山北河，千古崇墳。

《隋唐五代墓誌匯編·北京大學卷》

乾化〇〇五　韓恭妻李氏墓誌

乾化三年十月二日

【誌蓋】失

【誌文】

梁故隴西縣君李氏墓誌銘并序」

朝議郎前行左武長史任業述[一]」

昔顓頊之後至皋陶，子孫歷虞、夏、商，代為理人官，遂以理命氏。至殷末有微者，直」道不容，避紂之酷，逃于伊侯之墟，其子利貞食李實得全，因改理為李氏。宗源之」大，有十二望焉。縣君之先，隴西狄道人也，事著譜諜，略而不載。曾祖諱知至，」因尹縣于華陰，遂寄家焉。祖諱瑝，父諱元温，栖隱衡門，以唐季多故，有先見之明，」退而不仕。縣君風絶衆，[二]進止多儀。未總角，嘗謂其女徒曰：夫人好飾其容，未」若飾其性也。先人異之。及笄，歸于今滄州馬步都指麾使、金紫光禄大夫、檢校司」徒、前絳州刺史、昌黎郡開國子、食邑五

[一] 此句疑有脱文。
[二] 此句疑脱一字。

百户韓公恭。公氣俠五陵，才侔三傑，」識硭碭之異氣，結豐沛之英雄。自渭北起家，梁園筮仕，展玉鈐之妙，持鐵楯之能。當」太祖戡難之初，多提虎旅，莫不折衝萬里，所向無前。自唐天復初，即拜鄭州刺史、」檢校左僕射。尋以功，又拜金州。未數月而除輝郡，加司空，以龍躍之地而旌貴」焉。三年，牧鉅鹿，復又刺廣平，理有異政，民多去思。及」太祖受禪，即參預神謀，佐命鴻業，開平三年，遂拜宿州牧。四年，又除絳州刺史，加」司徒，疏封爵。于時元兇竊位，内難未平，并潞之戎，乘機侵犯，公沉謨不撓，鏖」虜深功。今上徵還，召對便殿，寵待頒錫，用激臣心。俄屬浮易帥而兵士别」委，公之指蹤，盖兹雄勇也。於戲！夫榮妻貴，美冠當時。縣君愛滿六姻，行兼四」德，愔婉而思不逾閫，柔明而道克肥家，垂譽母儀，流芳中饋。忽嬰微疹，未甚弥流，」不効三醫，遽捐百福。以乾化三年六月十八日終於私第，享年五十。令子二人：長曰」仲宣，職列禁庭，官崇八座，娶徐氏，有孫女曰胡女；次曰仲舉，前攝洺州司馬，娶王」氏，皆節制之令息也。哀子等文材著稱，武備多奇，丁是愍凶，毁瘠居制。已而日月」遷次，封樹俄營，命揲靈蓍，以寧玄寢。即以其年十月二日自彰善里之殯階遷窆」于洛陽河南縣平洛鄉之原，礼也。業名非文士，空仰芳猷，且以脂轄啓行，建旐云」往，命紀歲月，以表松阡。其銘曰：

尚矣令族，顓頊其先。代有將相，」列于東編。聲寔勳績，萬古而傳。生是柔賢，推其懿德。道作女師，」言為婦則。婉靖貞和，訓慈罔忒。國有忠臣，挺生材傑。天授兵符，」神傳將訣。不拔龍泉，平探虎穴。歸是良人，貴為内子。肅穆如賓，」劬勞主祀。慶播閨闈，香萊蘭茝。倏忽人生，吉凶糾纆。聞之前達，」究之莫得。与善無徵，玄道之惑。寒燕不節，調育所違。俄捐百福，」不愈三醫。珠沉玉碎，形氣分離。蕙風寂尔，秋暉慘然。九原新塚，」數樹寒煙。紀諸貞石，永閟玄泉。

朝請郎前守陳州南頓縣令顔子逢書

《大唐西市博物館藏墓誌》

乾化〇〇六　韓仲舉妻王氏墓誌

乾化三年十月二日

【誌蓋】失

【誌文】

梁故昌黎韓夫人王氏墓誌銘并序」

夫人姓王氏，本太原晉陽人，其先出於周靈王太子晉之後」也。豳岐聖德，不復形文，枝幹扶踈，代為名族。其迺淮流絶衆，」東晉清名，遐陸離於寰區，灝編襞於史册。祖黯，早以磊落氣」岸，奇許鄉國。父重師，少負雄節，震拔羣倫，稍起家，領戎職。樂」孫武之兵書，預期必克；學李廣之弓矢，不的不飛。遘」太祖隱龍之際，特賞精通之才，身經百戰，貴達一時，受唐崇」秩，幾以軍功。及太祖撫運中原，亟遷潁州防禦使，尋又除」拜青州節度使，旋遷雍州佑國軍節度使，加平章事。太祖」以岐隴未平，公罄招討之計，遂以忠赤遇難，尋復官昭雪。母」陳氏，早封國邑。夫人髫歲令淑，姿質端明，年纔十四，歸于今」洛州司馬韓君仲舉。君朗俊琳琅，才氣聰逸，所謂鳳凰和鳴，」雅符配合者也。夫人無何遘疾，殆經四稔，萬畫求醫，竟不瘳」間。以乾化三年九月三日奄忽長夜。嗚呼哀哉！以其年十月」二日卜葬于河南府河南縣平洛村之高原，禮也。」夫人婦道克修，舅姑稱義，何則福善徵，〔一〕天隲何速，蕣英」倏謝，芝菌俄消。古云人之浮世，若禽飛之過目，兹其甚乎？昔」柔內之芬芳，真班女之懿範；今齊眉短折，極潘岳之悼亡。龜」□有期，迺為銘曰：

〔一〕此句疑脱一字。

淮瀆大族，配韓德門。歸于嘉哲，」和鳴懿婚。倏嬰疾瘵，天道寧論。對巹之後，六稔剛柔。」粧臺錦帳，煙盡花愁。砌遺行跡，耳留婉音。夫人何處，」蓮質沉沉。寒原兆開，斯須言閉。瓊碎珠埋，銷蘭歇蕙。」昔聽簫樂，今看松苦。傷哉葬心，一掩千古。

朝請郎前陳州南頓縣令顏子逢

《千唐誌齋藏誌》

乾化〇〇七　李君墓誌

乾化三年十二月二十九日

【誌蓋】失

【誌文】

大梁故隴西郡李府君墓銘并序

從前鄧州軍事判官試太常寺奉禮郎撰[一]」

府君上望隴西郡，周朝大道老君之遺愛，唐祚帝王之胤緒，皆為品族，悉是公卿。」逐官遷任，所居而化，移榮枝於別地，分派浪於異流。須〔頊〕乃募道清閑，園林遁跡，」今為大魏人也。皇曾諱　，皇祖諱　。」府君顏皃怡怡，清性温克，修仁而蘊德行，布義而懷謙恭。於家慈孝，每敬愛□」尊卑；在里欽遊，行周旋而遠近。言議剛直，交道寬弘。親典籍於儒風，精通□□；」持經誥於釋教，了達維摩。黃孺非沾，血味天誐〔誠〕。侍養勤孝，晨暮而無」失問安；施禮敬人，晦朔而不虧參省。本冀榮家顯族，立志存忠。何期壽不延仁，」禍唯及善，因縈心力，頓失神情。從唉語以為往弃精魂，而是疾何勞志□，豈効名」醫。痛哉霜墮棻枝，風摧盛燭。去乾化三

[一] 此句疑有脫文。

年三月十四日寢疾終於家園之私弟，」盛年四十有三。公之慈尊，年侵八十，失子可哀，二目既刺一睛，雙肩空」留獨臂。公之慈母梁氏，心傷刃刻，淚隨血凝。公之兄失弟情苦，哀慟」心摧。公之嗣子蘇哥，年未若〔弱〕冠，長立□人，業墳典三史五經，習文才七」言八韻。既失天廕，不墜榮身。公之夫人太原王氏，唬天叩地，痛切心神，䫉志」枝霜，堅情守子。公之孝女妙娘子，從牛氏之門，子聟牛昭，永別撫念之深恩，」長存祭奠之半嗣。公之姪男小哥，失叔幼童，哀以可切。悲號長幼，傷慟親」族，忽因哀息骨肉議焉，兵寇未寧，深宜安葬，擇得乾化三年歲次癸酉」十二月戊辰朔廿九日丙申日吉時良，於上代之先塋備禮而葬。其塋園林舊闕，不」具壇封。伏恐年代深遠，桑田變移，故乃刊石標題，以彰今古。詞曰：」隴西德公，容皃愷愷。恩義鄉德，慈孝家風。釋經了達，儒典精通。無高無下，有始有終。」命惜不臧，存歿俱空。良時吉日，禮葬中宮。千年万歲，銘記無窮。

《山東石刻分類全集·歷代墓誌卷》

乾化〇〇八　張荷墓誌

乾化四年正月十八日

【誌蓋】失

【誌文】

大梁故尚書司門郎中南陽張府君墓誌銘并序」

堂兄將仕郎前守秘書省校書郎準撰」

公諱荷，字克之，南陽西鄂人也。曾祖液，在唐皇任宣武軍節度副使、」兼御史中丞。祖韡，皇任韶州刺史，累贈右散騎常侍。考權，皇任光禄」卿，累贈工部尚書。公即尚書第九子也。少而聰悟，有一覽數千言」之稱；長乃

純明，抱七步詠五字之作。洎隨計入貢，凡六上，登第于故」致仕司空河東裴相國之門。旋調授京兆府文學。今左僕射楊公相」國卿太常日，奏修撰、兼洛陽縣尉。內丈河南獨孤相國秉政大朝，」以公授之司憲京兆杜公[彥]林，始通籍為監察御史。入梁，除右」補闕，俄遷祠部員外郎。周歷三署，復命為尚書司門郎中。莅事條貫，」人無間言。不幸遘疾，亟嬰瘡痗。綿聯數月，終于洛之私第，乾化三年」九月廿四日也。龔生之夭天年，何其速也；子夏之言富貴，豈不聞乎。」公之妣姑臧縣君，今太府卿李保殷是其仲舅之表。公娶武功」蘇氏，即右散騎常侍、租庸副使蘊之嫡長女。早彰有德，終歎無兒。有」兄八人，皆歷宦路。唯兵部郎中、鹽鐵判官儁，早升高第，歷任清途。同」就朝班，迩十周歲。何期積釁，去歲云亡。喪紀未終，延及厥緒。季弟」價，名震甲科，位方讎校。寓寄畿邑，聞問馳來。哀痛克申，乃營于殯。以」來年正月十八日葬於河南府洛陽縣平陰鄉陶村，祔于蘇氏之塋，」禮也。嗚呼！人世可歎，薤露堪悲。若匪申詞，寧紀其事。堂兄秘書省校」書郎準，俻詳其實，因直書之。哽塞援毫，乃為銘曰：」

茂緒可嗟，私門不幸。雖曰逢時，亦由厥命。桂香柏茂，」諫署蘭臺。楊聲肆美，倏往忽來。既苻名實，興悲霜露。」軒裳曷墜，陵谷何固。軒裳未泯，陵谷慮遷。寘于貞石，」冀千萬年。

《洛陽新獲墓誌續編》

乾化〇〇九　國礪墓誌

乾化五年七月二十五日

【誌蓋】失

【誌文】

大梁故佑國軍節度押衙銀青光祿大夫檢校國子祭酒」兼御史大夫上柱國徐州下邳郡國礪銡銘」

竊以礵貫居孟州温縣殖貨坊敦化里。祖文通。父莒，有」弟二人，長弟瑭，次弟稹。先塋並在縣北三里東郭村南。」礵遭逢罹乱，繫累京都。時河南府剏建佑國軍節，礵」因茲縻職，後以寢疾身亡。有弟三人：長弟磤，職守河南」府押衙；次弟磷，官授福州長史；次弟磻。姪男四人：長姪仁」裕，次姪仁顯，次醜多，小姪禿哥。礵有男三人：長男膳，次男岳，」小男留住。孫四人：長孫六女、盧十、鄭奴、甜兒。礵夫人始平郡」馮氏，乾化五年歲次乙亥七月庚申朔廿五日甲申遷葬」於河南縣宣武店東北。因遭兵革，移住洛都，尚緣鄉里未」寧，遂此剏修塋所。刊石留記，將傳不朽之名；鐫録緣由，」播在子孫之口。自茲松栢，永保千秋，積善傳芳，長存後祀。」河南縣紫澤鄉宣武村地主楊礼。」兼造尊勝陁羅尼幢一所建立塋内。

《北京圖書館藏中國歷代石刻拓本匯編》第三十六册

乾化〇一〇　惠光塔銘

乾化五年十月八日

【誌蓋】失

【誌文】

大梁故墻西麗景門外北壁上，乾化三」年春三月，長老惠光和尚建置禪院，」至五年歲次乙亥三月庚辰朔十二日」壬申遷化，十四日焚燒，德感應舍利，」京都人衆皆頂謁。其年十月八日禮葬」於洛都當院内，故記於舍利銘記。」院主僧行堅，弟子師德，」都維那頭劉景等廿六人：王憲璋、雷師因、緤景、任師進、」劉璋、王温、李璋、張武、李邑、楊師逡、韓迢、」馬建、王昌、張厚、邊真、張立、王球、李虔、」孟裕、劉宗、卓獸、李勍、王洪、張師朗、崔惠通。」念金剛經社女弟子維那梁師智、師因、師汶、師文、」師惠、尼師全、師思、師道、師順、師堅、師太。」女弟子師智廿五人，師會、師定、師賢、師厚、師佺、師户、」師連、師進、師明、師言、師受、師信、師來、師迅、」胡氏、周氏、

卓氏、田氏、張氏、潘氏、丁氏、李氏、」翟氏、姚氏、閻氏、張氏、程氏、雷彥稠、雷彥實、薛章。」

冬三月王温書

吳興沈璠鐫

范氏[一]

《北京圖書館藏中國歷代石刻拓本匯編》第三十六册

《隋唐五代墓誌匯編·北京大學卷》

貞明

貞明〇〇一 賈郃墓誌

貞明元年五月十二日

【誌蓋】失

【誌文】

大梁故宋州觀察支使將仕郎檢校祠」部員外郎兼侍御史賜緋魚袋賈府君」墓誌

妻弟秘書省校書郎鄭山甫撰」

維貞明元年夏五月五日攝河清縣令賈公遘」疾終于縣宅，享年五十三。其年五月十二日窆」于河清縣述仙鄉楊寺村，從權也。賈氏自周叔」虞之後，春秋時有賈伯，又有華他，二人顯於秦」晉。秦末漢初，回生誼，誼之文學

[一]「范氏」兩字疑係補刻。

官爵，至今稱之。」誼玄孫迪，漢河東守，始自洛陽遷于襄陵，故賈」氏復歸也。高祖惠元，前朝嵐州刺史。曾祖嶸，秘」書。[一] 祖位，金州司馬。父洮，朝議郎、河南府户曹、上」柱國。公諱邠，文美。太原温氏夫人，前朝國子祭」酒瑄之女也，出伯仲三人，公其次也。幼有節操，」累任宰字，兼為宋州、郎官，百姓攀留，人皆欽仰。」娶滎陽鄭氏夫人，濟陰福之女也。夫人蓬首素」食，万計克歸于」大塋。山甫搦管為誌，哀而不銘。

《千唐誌齋藏誌》

貞明〇〇二　張濛墓誌

貞明二年二月十七日

【誌蓋】失

【誌文】

□梁故金紫光禄大夫檢校尚書右[僕][射]前守柳州刺史兼御史大夫上柱國張府君」墓誌銘并序」

朝議郎前行左武衛長史任光嗣撰」

粤自軒后子各以所理事為氏，有造弦弧張網羅，世掌其職，因命氏焉。其後學縱横之術於」鬼谷，遂相强秦；授韜略之書於圯橋，因匡大漢。継有賢傑，簡不絶編，自漢已降，宗族之盛，史」諜詳矣。府君諱濛，字子潤，其先清河人也。」曾諱懿，朝議郎、前陝州夏縣令。祖諱瑶，將仕郎、試右武衛倉曹參軍。」考諱頵，前鹽鐵巡覆官、試太常寺協律郎。妣皇甫氏夫人。」府君美姿儀，魁軀幹，少勤儒學，將修鄉舉。及冠，長於公理而祖仁本義，率禮蹈和，負濟物之」材，多不羈之論。今居守」魏王，昔在懷覃，將建勳業而切於求士，乃早知其名，即召居」麾下，

[一]「秘書」，父賈洮墓誌作「秘書丞」。

乃授以右職，掌其要司。及保釐洛邑，得詢其舊貫，或創以新規，咸合」廟謀，待遇日厚。魏王握六軍兵符，移八鎮旄鉞，不離」尹正大任，嘗兼國計劇司，餘三十載間，軍書要妙，民籍殷繁，皆悉委之，無不通濟。洎」太祖奄有寰區，魏王首為推戴，創宮闈以蕭制，備」法駕於漢儀，咸自」魏王獨濟其事。既支用益廣而案牘尤繁，仗其勾稽，甚省浮費，遂録其勞」上奏。以開平四年九月十三日自檢校兵部尚書轉檢校右僕射，授柳州刺史。」太祖因召對便殿，頒賜獎諭，至于再三。府君始以盡節許」主，不貪其榮，固請不之所任。嗚呼！天不与善，遘疾弥留，貞明二年正月十二日終于私第，享」年六十有一。府君極事主之道，著立身之名，潔己遜言，師善嫉惡，為世」所重，可謂歿而不朽者也。夫人汝南宇文氏，柔淑慈愛，表則閨門。子二人：長曰」恪，列河陽軍同節度副使職；次曰緯。皆孝敬友悌，禀於天性。女一人，適太原王氏，亦和門」令子也。以龜筮不便，未得附于洛陽縣清風鄉之先塋。即以其年二月十七日葬於河南縣」梓澤鄉宣武原，禮也。光嗣沐其族分，因熟徽猷，既嗣子堅其請，且不獨免於辭，而為」銘云：」

偉歟華族，肇自軒黃。望崇宗大，弧造羅張。其一。術師鬼谷，書授圯橋。相顯秦國，」傑稱漢朝。其二。世濟其美，是生英才。名揚行著，容睟形魁。其三。筮仕相府，職摠要司。」民賦兵籍，咸能理之。其四。榮列彤襜，恩隆丹陛。功佐廟堂，孝忠兼備。其五。」逝水波長，隟駒塵速。嗚呼哲人，爰啓手足。其六。九思不無，百行齊有。可比前修，」歿而不朽。其七。忽忽浮生，茫茫厚夜。于嗟府君，空遺聲價。其八。煙雲慘淡，原野蒼茫。」前引丹旐，言歸壽堂。其九。高岸匪定，深谷慮遷。爰刊貞石，餘芳用傳。其十。」

孤子緯書」

李仁瑋鐫字

《洛陽出土歷代墓誌輯繩》

貞明〇〇三　張全義妻姜氏墓誌

貞明二年七月二十三日

【誌蓋】梁故天水郡夫人墓誌

【誌文】

梁故天水郡夫人姜氏墓誌銘」

門吏將仕郎前守孟州濟源縣令崔希舉撰」

孫銀青光禄大夫檢校左散騎常侍右武衛將軍同正兼御史大夫上柱國季澄書」

門吏朝散大夫檢校尚書工部員外郎前河南府壽安縣令柱國王鬱篆蓋」

郡夫人姓姜氏，其先臨濮人也，襲吕望之昌胤焉。曾大父至于祖」考皆不仕，有鄉曲之譽，而宗族稱仁，孝悌承家，世嗣鍾美。」郡夫人少稟異相，長適同邑」今洛京留守、太尉魏王，德契和鳴，果生貴子，閨門相慶，親戚」咸和。事上克勤，居中惟敬，執謙有體，守節無違。知命之餘，奉」道尤至，時多素食，日啓清香，澄寂銘心，沉晦止足。殆乎四紀，睦于」九族，虔稟蒸嘗，靡憚寒暑。以開平三年十二月膺」祖帝絲綸之恩，授本邦湯沐之命。早嬰宿疢，每訪良醫，或」懸念為勞，即寤寐軫意。疾荼斯久，針砭莫攻，於貞明二年歲丙子」七月五日告終于洛陽縣永泰里別第，壽六十八。有子一人昌業，」弱冠入仕，歷職兩朝，官大執金，列上環衛。出刺鄭圃、沂水，主」留宣武、天平，檢校三師，階位二品。雍容雅正，肅穆威儀。沖粹在躬，」高潔貞志，守法直道，承訓義方。質表鳳毛，首冠鴈序，純」孝至性，泣血銜哀。《禮》云顔丁善居喪，曾申能問孝，而各得其旨，今」不讓焉。龜筮從長，擇用叶吉，即以其月二十三日葬于河南縣徐」婁村，明其封樹，紀以歲時。夫銘者，自名也，既美其所稱，又美其所」為，知而不明，君子恥之。是則仰聞嘉命，俾贊休聲。其銘曰：」

赫弈姜宗，綿邈太公。源派逾遠，枝葉興隆。生稟奇相，」長適豪族。既誕龜龍，是符岳瀆。每勗令子，克敂良臣。」稟訓正道，為理安人。享福以榮，終壽而貴。刻於金石，」藏之深秘。

刻字人賈玘

《秦晉豫新出墓誌蒐佚續編》

貞明〇〇四　李光嗣墓誌

貞明四年四月二十八日

【誌蓋】梁故大理評事李府君墓誌銘

【誌文】

梁故將仕郎前大理評事賜緋魚袋隴西李府君墓誌銘并序」

將仕郎前弘文館校書郎盧藩撰」

貞明三年歲在丁丑十二月九日，隴西李君終於青州益都縣汴和坊私第，」享年四十五。抱器不用，戢翼未伸，在下風者為之慘怛。以戊寅歲四月二十八日」葬於永固鄉殷鄧里，從先大夫寓殯之次。嗣子黑廝兒號于旻天，欲報罔極，□」以遺懿，刻諸方礎，庶乎深谷為陵而徽烈弥劭者也。府君諱光嗣，字子□，隴」西人也。導洪河者，知發源之淺深；瞻峻嶽者，識盤根之遠迩。豈在乎繁文飾詞，」方可以焜耀視聽，故絶筆於是。高祖諱晟，皇任唐守太尉、兼中書令、西平□，」贈太師。曾祖諱愬，皇任唐魏博節度使、右僕射、同平章事、涼國公，贈太尉。」顯祖諱玭，皇任唐鳳翔節度使、右僕射，贈太傅。烈考諱審，皇任唐淄州」刺史、檢校工部尚書。或間傑之才，濟世夷難；或英邁之智，摧兇翦逆；或杖」鉞重鎮，有恢拓土宇之効；或分符劇郡，有丕變風俗之名。故鏤鐵為契，覃[恩]」延也；設色圖形，揭旌表也；分茅祚土，綿地千里，彰貴盛也；嗚珂曳組，駕肩累朝，」示蕃昌也。彼

皆明若日月，焕如丹青，邁德儲休，鍾美後嗣。府君即淄川太」守第五子，在齠齓中，有識環辨李之異。及從師授業，則五行俱下。常志於《左氏」春秋》，伏膺窻牖，不捨晝夜，揣摩抉擿，盡得指歸，凡為學者，推其精奥。起」家以太廟齋郎，調補滑州匡縣丞，棲枳之卑，鴻漸其羽。遷太子通事舍人，次」任大理評事，加朱紱銀印。其後唐季多難，仕進者或以退藏為樂，故」府君匿跡潛穎，垂二十年。連帥聞其幹能，屬假屬邑，以均惠養，夜漁」之化，所至必洽。不幸短命，賢哲一揆。夫人清河祁氏。有子二人：長曰黑廝兒，」次曰小駞。皆端厚之性，卓然不群，有美必復，□□遠大。女四人，幼而未適。銘曰：」

大勳貴仕綿四世，積善垂芳及後裔。載生賢士若符契，」挺拔深沉杳無際。鵬翼未開忽長折，有識聞之多屑涕。」万家葬地今迢遰，他鄉寓殯壽堂閇。琢石刻詞鋪族系，」古往今來名不替。嗚呼哀哉！」

表姪將仕郎前守光禄寺主簿謝貽謀書

《秦晉豫新出墓誌蒐佚三編》

貞明〇〇五　宋鐸墓誌

貞明四年七月二十六日

【誌蓋】梁故宋府君墓誌石記

【誌文】

梁故宋府君墓誌銘并序」

夫立天地者，古聖開闢；四時八節者，陰陽運動。立國興邦，皆由良臣之輔佐。君間」氣罕測，禀性温和，録用官至司空，位列崇班，守護封壃。臣即盡力忠赤，於彭門墻下為」國捐軀，不幸身亡。今立銘石，已顯後代子孫。君貫属懷州河内縣輔仁鄉，廣平郡前宋氏之苗胤，祖」諜如後。祖諱榮，皇蔡氏。曾諱□，皇田氏。世諱武，妣

陳氏。」君立身轅門，藝超六奇，武非七德，懷金石之堅，匡輔皇闕。何圖累載征蕃，連營」平寇，豈謂彭門逆乱，忽有抽徵。偏蒙聖澤迴撫，綬加珠紫之珎，倚注如掌」之寶。嗟兮！禍從天降，灾若風來，一旦浮沉，生歸逝水，略述斯石，俟之後矣。」安居大壙，洛州河南縣平樂鄉朱陽村北原上有莊，其莊并塋地，並是准」勑恩賜。時貞明元年乙亥歲身殞，諸軍差左長劒都兵士舁靈櫬至滑州南權殯，於貞明四年」歲次戊寅七月廿六日就大塋重遷厝。孤子長男裴五，名継光；次男小哥；次男吴七。妻李氏。」

故宋府君歷任記：

君自乾寧元年六月廿日，在梁王充馬隨身廳子左一都。至」光化三年十一月內，煞蕃戎獲功，轉充右控弦弟二都散將；當年十二月，又加同十將。至」天復二年四月內，煞鳳翔軍得功，加衙前虞候；當年七月，加討擊副使；當年十一月內，」抽充親從右突陣軍將押直。至天祐元年閏四月內，加六軍討擊使、充右神武馬軍都頭。」至天祐四年二月內，捉到人馬，加散兵馬使、工部尚書。至開平元年五月內，抽充開封府散兵馬」使、充右耀德軍將都頭；當年六月內，加衙前兵馬使。至開平二年八月內，抽充護國軍衙前兵」馬使；當年十一月內，加吏部尚書。至開平三年十月內，補充□州左肋馬軍指揮使。至四年」九月內，轉充左先登馬軍指揮使；當年十一月內，抽充天雄軍押衙、充右雄勇軍將指揮使。」開平五年三月內，魏府墻南連夜斫起蕃軍寨，四月內，加□□[指]揮使、户部尚書。至乾[化]」元年十月內，抽管右匡衛第二指揮使。至二年七月內，轉充第□□指揮使；八月內，補充六軍[押]」衙，管左匡[衛]第二指揮使，加兵部尚書。至乾化三年五月內，襲趂逆臣劉重遇，至淮口捉得，」加左僕射；當年十二月內，轉充左匡衛第一指揮使。至乾化四年十二月內，抽充滑州左先鋒」馬軍都指揮使兼左開化軍將指揮使、銀青光禄大夫、檢校司空、兼御史大夫、上柱國宋鐸。」乃為銘曰：

卓犖英雄將，冥冥何所依。當年纔不惑，忽尔落沉泥。」文武超今古，於衆嘆罕希。妻男中路別，哭君知不知。

天水郡藏之撰

《洛陽出土歷代墓誌輯繩》

《北京圖書館藏中國歷代石刻拓本匯編》第三十六册

貞明〇〇六　崔君妻鄭琪墓誌

貞明四年九月十四日

【誌蓋】失

【誌文】

唐故右諫議大夫博陵崔公夫人滎陽邑君鄭氏墓銘并序」

再從姪開封府巡官將仕郎試秘書省校書郎崔棁撰」

夫人諱琪，字□秀，滎陽開封人也。其源出於姬姓，盖周厲王母弟鄭桓公」之苗胤也。蟬聯靈曳，派別枝分，歷代已來，推爲茂族。冠冕之盛，史諜備存，」固非片言可以具舉。曾祖慈，皇任左散騎常侍。祖羽客，皇任通州刺史。父」泌，皇任河南府河南邑尉，娶于清河崔氏，寔生」夫人。夫人粤在幼齡，即有淑德，金玉其質，蕙蘭其芳，宗族之中，推爲女士。」既□而歸於崔氏，叶乎鳳兆，應彼鳩居。若乃榛栗棗修之儀，蘋蘩蕴藻之」事，靡不詳明典故，律度姻親。奉伉儷之道，敦娣姒之情，以睦嚴肅恭懿，宣」明惠和。王夫人有林下之風，顧家婦亦閨中之秀。公始自筮仕，迄于」登朝，中外迭居，聲跡光著，雖自操修之德，抑由輔佐之功。厥後以從夫之」榮，領封邑之寵，魚軒焕赫，翟服輝華，人謂顯光，我益謙損。洎晝哭之後，與」其女妹俱嫠居於洛南之龍門別墅。雖衡茅之下，内則弥彰；班白之年，婦」道無曠。曹姬見稱於漢日，嚴憲獲重於晉朝，校是而言，胡足多讓。天不

祐」善，遘疾弥年，藥石備嘗，日月增甚。以梁貞明四年七月二十三日啓手足」於所居，享年六十有五。卜其年九月十四日葬于西都之河南邑伊汭鄉」尹樊村，祔諫議之塋，禮也。噫，夫人體關雎之德，抱碩人之」嗟。有嫡女一人，即分陝典午李君嶠之室也。夫人之叔曰沂，以德」望之重，居禮樂之司，奉丘嫂以敬恭，實古人之執守。藥囊起疾，應驗偶乖，」步障解圍，追思曷已。窀穸之事，悉力經營，遐徵簡編，僅寡倫擬。以棁備熟」令則，爰命斯文，矧奉三公之規，敢揚世母之範。銜悲執簡，乃作銘云：」

惟彼七姓，推乎二宗。厥生淑媛，作配明公。」[上]立貞猷，蘭芳令德。閨門軌範，中外表則。」石人既賦，黃鵠仍歌。天乎不吊，命也奈何。」伊水之南，萬安之下。高岸有變，貞珉永固。」

朝散大夫前陝州大都督府左司馬柱國李嶠書

《洛陽新獲七朝墓誌》

貞明〇〇七　張珎及妻李氏墓誌

貞明五年三月四日

【誌蓋】梁故清河張君墓誌銘

【誌文】

梁故銀青光禄大夫檢校國子祭酒兼御史中丞清河張君墓」誌銘并序

朝議郎前守陳州南頓縣令顏銖述并書」

夫其抱仁與義，蘊智兼材，實五行之秀氣，羣嶽之至靈，道在其」中，豈須居禄位之顯也。張氏裔出遼古，清河人也，近為鄄城」臨濮人。祖寬，修謹不倦，任嘉州司馬。父籍，著行鄉黨。君諱」珎，字希玉。葉茂枝蕒，仕韓相漢，族望彰灼，史筆陸離，道明克自」於光源，挺德必茱於修已。今魏王中令當唐代節制河」南時，入事旌戟，綿

寢星紀，累歷職掌，推公惟勤。奉上略無瑕玷，」以迎駕幹濟集事，尋奏聞遷兼御史中丞。旋辭公禄，遂退閑居。」氣直性端，鄉黨之所貴重；憂公愍物，風雨靡爽心原。悲夫！忽嬰」瘵，於貞明三季九月廿九日終于家，春秋七十有二。以貞明五」季三月四日葬于河南縣梓澤鄉宣武陵村里，礼也。夫人李氏」先終，迺因祔焉。有子二人：長曰震，早通經書，儒業甚至，累授密」縣主簿。次曰漸之，在髫歲時，利性勤道，日誦數千言，應童子，唐」代登科。深為相國楊公器重，因亟擢之，尋調授新蔡主簿。並孝」悌稱著，奔喪號慟過礼，鄰舂不相，靈鶴徘徊，力辦喪事，日繼血」泣。有女適京兆段廷隱。君史傳多所博通，節操形於顔色，覽《漢」書》奇汲黯公耿之明，駭卜式耕牧之志。矧言前信，顧後行，濟濟」衆多，亦莫我繼。中壽言福，雖著鴻書，器未伸之，極悲今古。銖知」聞歲久，行藏備熟其道，敢因泣請，略紀高風。於戲哀哉！迺銘云：」

軒氏令族，前史洪流。嗣乎君子，塵世難儔。防慎無失，」行義全優。詳明神識，學古身脩。不可多得，人倫之尤。」令始令終，道又何求。有子紹續，卜宅原丘。青烏傳吉，」寧億千秋。

歲在己卯，第二子晏先亡，今便祔於墳東。

《五代石刻校注》

貞明〇〇八　孫偓墓誌

貞明五年四月二十四日

【誌蓋】失

【誌文】

唐丞相梁司空致仕贈司徒樂安孫公墓誌銘并序」

鳳翔四面行營都統、金紫光禄大夫、門下侍郎兼禮部尚書、同中書門下平章事、監修國」史、判度支鹽鐵諸道轉

運等使、上柱國、樂安郡開國侯、食邑一千户諱偓，字龍光，魏郡武」水人也，故屬樂安。蓋齊大夫書之後，至晉長秋卿道恭，有子曰顗，避地河朔，後世居焉。顗」五世孫魏光禄大夫惠蔚，為本朝大儒，自時厥後，不隕其業。光禄玄孫之孫嘉之，開元年」宋州司馬致仕。有子四人：遜、適、遘、造。府君即遘之曾孫也，皇任左補闕，贈工部侍郎。」祖起，皇任滑州白馬縣令，贈右僕射。父景商，皇任天平軍節度使，謚曰康。府君乃第」五之嫡子也。統冠擢第。釋褐丞相府。僖宗幸□，孔公辟户部巡官，首狀監察、太常博」士，朱紱。自工部員外出牧集郡，歷比、勳二員外，刑、户、司封三正郎。太師崔公節鎮許、滑，兼」領租庸，署為判官，奏御史中丞。時博野、奉天久積嫌釁，密迩行在，動繫安危。僖宗」召以諫議大夫，將命和解。振儒服而冒白刃，同列皆相為戰慄，曾未浹旬，竟排兵難。又以」初平襄邸，將還舊都，兩蜀交鋒，貢輸不入。始命大臣張讀，自左綿告疾而迴，中外僉論，非」府君不可。皇帝臨軒慰勉，面錫金紫。奔一車之命，踐不測之地，夙駕載燧，復安二境。」濟大行山陵之用，昭宗郊天之費，皆府君之力也。後為同人所譖，左遷黔巫。居」二年，拜秘少、太常少卿，再授大諫，宣撫南方數鎮。時劉建鋒宛陵敗衄之後，因陷長沙。」府君自衡、永奔程，躬往慰勞，建鋒遵命，遂絶他圖。通五嶺之貢輸，安一軍之危駭。厥後以」群情所屬，付之於列校楚王馬殷，尊獎之道，朝廷至今賴焉。復命，拜給事中。每一上疏，」□引國朝故事，及黄寇犯闕，蔡人跋扈，十五年亂之根本。繇是宸衷注意，竟用為相。」明年，自户部侍郎轉中書侍郎、兼判户部。府君大拜之後，自冬□春，京畿微旱，每對敭」便殿，多軫聖慮。府君引周文掩枯骨之義，請雪故宰臣李磎。及歸葬之日，其夕大雪，」是歲豐稔。當右輔拒命，大駕東巡，一夕初幸渭橋，蒼卒莫知所詣，及決駐蹕之地，」乃自府君首謀。旋即三貢封章，陳乞請罪。批答不允，曰：街亭之敗，罪由馬謖。丞相引」過，朕乃愧焉。尋又獨諫親征，請為統帥。乃署夏州節使李思諫為副，領藩漢步騎十數」萬衆，已壓敵境，幾成大功。時有朱朴者，自《毛詩》博士拔委重任。近年以李丞相之大用，劉」紫微之抱麻，貶黜屢行，雷霆未

息。三署雖極側目，逾歲不敢措詞。得以結構宦閹，密連」磐石，既侵正道，將固深根。府君率首座徐公同署論奏，議不比肩。上旨未迴，徐公」一狀而退，府君堅執三表，終罷劇權。凡所力定中外，再安兆人，不顧一時危亡，以全」社稷大計。復為邪佞所嫉，竟竄遐荒。皇帝明年謁廟霈澤，移歸州刺史。東遷之歲，」復資大儀。其秋，轉太常卿。梁朝禪位，七詔急徵，初以御史大夫，遷刑部尚書，轉右僕」射。堅卧不行，卒全素志。府君忠孝之道，兩不虧焉。咸通以都尉叔舅秉權，府君首」率諸弟兄扶侍板輿，東避洛汭。及于公南遷，瓜葛無有免者，獨府君昆仲不掛纖」毫，時論喧然，莫不稱譽。親兄儲，咸通十五年及第，七任丞郎尚書，三移重鎮，是以季仲同」時將相，朱紫相映。登朝籍者七人，鮮矣。自國初盛詞科之後，手足迭昇五牓者，又鮮矣。繇」是棣蕚之盛、友愛之分，首出士族。府君爰立之日，仲兄方任禮部尚書，三表推讓，恩」詔不許。府君初丁先夫人之憂，居喪刺血寫佛經，苫廬前乃産芝草，悉祕其事。府」君自丁巳之後，二十年間栖心雲水，約錢朗少卿為詩酒之友，約王屋僧遁澱爲琴松之」友。或衣短褐，或泛扁舟，自匡廬遠抵羅浮，出桂嶺再之衡岳，五老峯下，創旡导之居，仙洞」禪庵，無不游歷，皆有題紀。丞相登絶頂者，自元和中李泌先生，府君繼焉。府君亦稱」方廣居士，方廣寺者，羅漢舊居，車轍原至今存焉。府君頃受道籙於杜先生。尤精釋氏，」少探玄理。有詩集一千餘首，故丞相僕射崔公為序。每一言一詠，未嘗不歌頌唐德。超」悟了達，多與南方善知識語話，或形于問答，深盡性宗。丁丑歲，自南岳拜司空致仕。明年，」沿漢北歸，遇蒲華之難，退於鄧州西界。寢疾逾月，貞明五年歲在己卯三月七日薨於淅」川院避地，春秋七十有六。家人出其遺書，乃去年六月十二日真跡，曰：久住勞人，吾欲他」去。府君自筮仕至懸車，揚歷三十九任，而乃葆光用晦，體道安貞。直以全誠，未嘗忤物。」勇於為善，不好立名。天祐之後，大臣全名節壽終者，一人而已。前娶姑臧李氏。再鄭氏，薨」於長沙，漢衡護喪先歸。長子溥，進士及第。次漢衡，娶鄭氏。長孫璨，次孫琊，娶老舅女。漢衡」其月十六日與璨扶護東歸，四月廿四日合祔燕國夫人，禮

也。文公撰五代祖墓」誌云：北據崗阜，南瞻城闕。今卜真宅，永從先塋。小子號奉遺命，泣血而書。」臨難致君，慷慨忠烈。避貴養親，昭彰孝節。辝榮樂道，沖□英哲。銷磨奸邪，」見事明澈。遠害全身，始終無缺。谷變陵遷，令問不滅。

琛書

《洛陽新獲墓誌二〇一五》

貞明〇〇九　孫揆墓誌

貞明五年

【誌蓋】失

【誌文】

唐故昭義軍節度使贈尚書左僕射孫公墓誌銘并序」

外表姪將仕郎守殿中侍御史王騫撰」

《禮》云：事君不忠，非孝也；《語》曰：見義不為，無勇也。是知勇祖於義，孝實移忠，苟一得之，」猶足稱者，而况忠孝義勇，兼而有諸，斯可謂之不朽矣。唐昭義軍節度使孫公揆，字」聖圭，樂安人也。曾祖會，常州刺史，贈工部尚書。祖公乂，工部尚書致仕，贈太尉。」考瑝，御史中丞，贈尚書右僕射。妣隴西郡君李氏。外祖故檢校司徒、兼太子太」師、累贈太師福，軒冕世族。公幼而岐嶷，長而端明，嗜學能文，言行相顧。年二十有」七，舉進士於小宗伯高公湘，甲科擢第。始聘于相國李公都户部、鹽鐵」從事，」楊公知至武昌觀察判官，相國崔公彥昭河中節度掌書記。又辟于相國崔」公沆集賢校理，授京兆府涇陽縣尉。僖宗幸蜀，授監察御史，召試翰林，遷起」居郎充職，為侍從之臣，掌絲綸之命。後數月寓直，有詔徵用責授官韋保乂。公」以時議竊竊未允，莫有

適從，乃連拜三章，極言其事，因左遷壽王友，識者韙之。越月，」授尚書考功員外郎。向者公管記于蒲，蒲人愛之，屬連帥以絳牧上請，中旨嘉」美，遂可其奏，仍加公兼御史中丞而刺焉。行春布政，民用乞留，凡五年于兹。解秩」寓居虞鄉縣，與相國鄭公綮、尚書兵部侍郎司空公圖，慕求羊之蹤，尚嵇吕之契，□」喪吾我，情融浩然。無何，徵拜兵部郎中，謝病不起。俄授中書舍人，遷大京兆。□」轂之下，嚴而不殘，奉靖陵□[軌]之儀，集襄宗告類之禮，典故備舉，職司[其]」憂，轉秋官侍郎。先是上黨為北虜逼制，時潞人殲其帥李克脩，自効嚮化。詔命宰」臣張公濬糾合諸侯，龔行天罰，奏公充招討副使，旋降澤潞節旄。大軍屯于平陽，」公以偏師赴鎮，戎羯違命，凶威脅公，將以禮儀使污之。公壯志不回，貞操弥」厲，責之以義，守之以忠，握節結纓，遂死于難，春秋四十有一。朝廷震悼，褒禮加等，」贈尚書左僕射。嗚呼！凜然之氣，可以激懦夫；仁者之心，足以動君子。其死也，有鴻毛」太山之喻，有玉摧攘袂之冤。公之履道匪躬，無愧於前古矣。夫人范陽盧氏，故宿」州臨涣令丕之女也，衣冠地望，甲于當代，先公即世。有子曰貽慶，素行修整，前開」封府尉氏縣主簿。公之季弟拙，亦以甲科射進士策，迭歷清要，任左散騎常侍。每」懷終鮮之憤，十稔退居，凡八命官，其志弥篤，親友敦迫，莫遂抽簪。先是夫人及」公藁葬于華陰縣，以梁貞明五年上章乞假，率貽慶奉引帷裳，歸於河南縣平樂」鄉上店村，合祔于先塋，禮也。談者以為非積德之素，不有忠臣以光簡編；非勁」節之風，不有令弟以竦名教。知是舉也，見為子為臣之道焉，見有兄有弟之行焉，餘」烈不泯，德音孔昭。銘曰：

自古有死，勵之者名。太山非重，鴻毛匪輕。言傷彼潞，久污」于并。慷慨臨難，孫公義聲。官効握節，賢齊結纓。不懾其志，終全我貞。令季奉引，行楸」載營。黄壚永閇，翠琰斯旌。凜英風之與生氣，懸日月而塞[寰]瀛。

私人藏拓

貞明〇一〇 程紫霄玄宫記

貞明六年七月二十三日

【誌蓋】失

【誌文】

故左街威儀九華大師洞玄先生賜紫程公玄宫記」

南華真人曰：駢於辯者，壘瓦結繩竄句，遊心於堅白同異」之間，而敝跬譽無用之言非乎？而楊墨是已。譆！失知白守」黑，弱志强骨之道，洞玄先生之謂歟？先生諱紫霄，字」體元，程伯休之裔。祖祢，本將家子。烈考誗，右神策軍管征」馬都將。齠年嚴父授以《老子經》，到愛民治國，悟繹然之理，」歸依玄真觀左街講論大德賜紫伍尊師又玄。咸通九年」七月七日披度，祖師玄濟先生曹尊師用之。先於茅山指〔詣〕」何君，傳授正一盟威籙，次授中法，蒙恩賜号九華」大師，以至詣天台葉君門下，授三洞畢法。」先生曉三洞經誥，講四子玄言，問無不知，博通史傳，辯如」河湧，詞若山横。聖帝賢臣、勳閥文士，咸所鄭重。蒙」魏王令公表薦，賜号洞玄先生。先生嘗謂」尊達問曰：若非遇大丹至藥，仙家重無疾物化，聖人不病，」以其病病，是以不病。貞明六年七月十日己亥初夜，焚修」朝拜，盖二時常儀，命沐浴竟，儼然羽化。嗚呼哀哉！春秋六」十有六。以其月二十三日壬子葬於邙山三清觀東北隅，」禮也。先生自秦入洛，受壽春太傅清河公」恩煦，生前生後，送終次第，事無巨細，一一出清河公。」先生聰晤，寧不感知。上足董道甄、董道隣、卞道化、杜道紀、」賓道符等，餰粥絶口，哀毀過禮，人神棘心。

聽四子弟子前」河南府司録參軍伏琛謹記

《洛陽新獲墓誌二〇一五》

貞明〇一一　張昌耀妻儲氏墓誌

貞明六年十月十五日

【誌蓋】失

【誌文】

梁將仕郎守太子舍人賜緋魚袋張公故夫人魯國儲氏墓誌銘并序」

朝散大夫前河南府司録參軍兼殿中侍御史柱國伏琛撰」

第四十四姪將仕郎守祕書省祕書郎賜緋魚袋張季從書并篆」

葬華逝水，翻為逆旅之人；夭壽彭殤，忽作浮生之夢。嗚呼哀哉！」夫人姓儲氏，曾祖亮，皇曾祖母許氏。祖弘，皇贈太子舍人。」皇祖母石氏，武威縣太君。」烈考賞，皇檢校工部尚書、孟州司馬、兼御史大夫。皇妣江夏郡太君」黄氏。夫人齠年穎晤，斂髮生知，肅雍之美皆推，内則之賢共仰。閲書」詠雪，多才而兼辯興亡；女德婦容，婉娩而善調絃管。雖父慈母愛，膝下之憂可知，然常為」姑故魏國莊惠夫人寵惜器重之。温太真以美玉為鏡，陳叔寶以貞金作鐶。東晉則王導、謝尚為親，聖梁則清河、魯國結援。男女無曠，婚姻」有時。是以」莊惠夫人言念形于顔色，禮適」元帥太尉魏王猶子將仕郎、守太子舍人、賜緋魚袋昌耀。鵲印呈祥，魚」軒卜吉。爰自奉」舅姑，如事父母。箴管觿燧，事無大小必請。姻親和睦，娣姒柔嘉。洎喪」姑，若南宫滔之妻，如喪考妣，號咷擗踴。奈何嚴霜隕秀，寒露欺華。遘疢」不瘳，以貞明六年十月十二日庚午奄然即世，春秋二十有一。以其月」十五日癸酉葬於河南縣宣武村，禮也。嗚呼哀哉！煙黛鉛黄，昔日之花」容影滅；雪膚雲髮，此時之菱鏡魂沉。慮變桑田，恐遷陵谷，乃為銘曰：」

閨門瑞質，貴族嘉貞。母儀令範，婦道平衡。」六親既睦，九族自榮。如賓相敬，齊桉同馨。」偕老云踈，中途壽

急。歲遇梟飛，日罹鵬集。」勿藥不神，凶風爰泣。哀感人祇，傷於出入。」皎皎寒櫝，亭亭旅松。怯霧眼草，愁雲夜風。」薤露歇咽，嵩泉氣通。千載貞魄，馨香不同。

洛陽古代藝術博物館藏石

貞明〇一二　謝彥璋墓誌

貞明六年十一月十五日

【誌蓋】失

【誌文】

梁故匡國軍節度陳許蔡等州管内觀察處置等使守許州刺史充北面行營副招討使」金紫光禄大夫檢校太保兼御史大夫陳留郡開國侯食邑一千户謝公墓誌銘并序」

前泌州軍事判官張崇吉撰」

公諱彥璋，字光遠，許州舞陽縣人耶。以土貴山靈，誕乎英粹，劍藏澧水，玉隱荆山，自古」賢良多出于草澤者耳。按謝氏即晉謝安石之胤緒耶，炳靈高潔，立德恢弘，價擅當時，」流光後葉。曾門、大父俱不仕，家傳素社，咸推讓畔之風；遐迩物情，盡播嘝流之譽。父鐸，累」從軍職，終淹絆驥之名；訓洽時機，欝有啼猿之妙。累遷至工部尚書。尊夫人崔氏，立性端」明，宛多嚴肅，擇鄰垂訓，賢淑昭彰。公即先尚書之長子也。岳瀆降祥，風雲感會，抱」拔山之氣槩，振坐樹之威名。膽志大於姜維，鬚眉麄于馬援。神戈却日，早輸戡定之勳；勇」氣凌空，久著扶摇之力。薛孤延鞍横一槊，力制鳴雷；長孫晟箭落雙鵰，編于前史。對兹」雄傑，須有慙顏。而又德義深弘，襟情坦正。公早蒙故昭義葛太尉齠年養育，丱歲趍」依，侍從征行，三十餘載，繇是口傳兵法，躬授機鈐。爰自」太祖皇帝創業之初，經綸寶位，方求英彥，廣布搜羅。葛太尉重以器能，深形薦擢。」公始當朝見，大叶天心，雲龍苻感契之徵，君臣顯

際會之兆。當」太祖皇帝一匡九合，纂嗣瑶圖，寵降渥恩，委權師旅。被犀挺劍，每出先登，涉血履腸，」恒賈餘勇。尋轉右僕射、充西京内直馬軍都指揮使。屬四方未寧，正多征伐，公統臨驍」勇，出討不廷，奮摧枯拉朽之心，奉雷電鷹揚之主。以身許國，視死如歸，累効軍功，」偏承睿奬。尋加金紫光禄大夫、檢校司空。偶」太祖皇帝晏駕之後，」今聖紹位之初，大布皇恩，褒崇勳舊。公累權騎卒，出掃氛霾，動必墻功，舉無不利。就」加檢校司徒，除鄭州刺史。褰帷布政，露冕行春，方合人謡，復降宣命，領軍征討，繼慶捷」音。遂至聖澤汪洋，宸恩注委，特加檢校太保，除河陽節度使。到鎮未及朞年，復降」勅書，充東面行營兩京馬軍都軍使。丹醪播譽，三令宣威，益壯軍聲，大洽師仵。貞明四年，」移鎮許州，飛蝗越境，猛虎渡河，況當衣錦之鄉，鬱有化風之政。其如三軍引頸，衆口傾心，」聖上以副軍情，復降綸旨，除授北面行營副招討使。再委董提之柄，益資貔武之雄。」豈期命偶灾宫，天降其禍，春秋四十有五。吁！自古英傑多無令終，然雖犯典章而冀俟昭」雪。吾皇以泣辜道至，顯降德音，凡罹國憲之臣，例許近親埋瘞。叨聯眷分，深愴」鄙懷，合罄情儀，力修塋事，即於貞明六年庚辰歲十一月十五日殯于洛陽河南縣梓澤」鄉宣武里北邙原之别墅也。先尚書及尊夫人，公娶大彭劉氏，長子舜卿，次子舜恭，」次子慶哥，次子高高，並同時附於塋域。竊慮陵谷遷變，歲月遐長，用刊翠珉，紀于不朽。銘」曰：

龍頷奇姿，虎頭高相。代産雄材，天生神將。擁旄仗鉞，衣錦榮鄉。」民興謌詠，虎越封壃。擘象多勇，扶鼇立功。物理難辯，有始無終。」寒鴈夕飛，愁雲暮起。隴色蒼蒼，人生已矣。

《北京圖書館藏中國歷代石刻拓本匯編》第三十六册

貞明〇一三　儲德充墓誌

貞明六年十二月十三日

【誌蓋】失

【誌文】

梁故檢校刑部尚書兼御史大夫魯國儲府君墓誌銘并序」

朝散大夫前河南府司録參軍兼殿中侍御史柱國伏琛撰」

將仕郎前守河南府福昌縣主簿吴仲舉書并篆」

蓋聞丹可磨而不可奪其色，蘭可焚而不可奪其馨，寒松有根，甘井有派，枝葉既秀，源流」自清。儲氏之姓，百代本宗，其來遠矣。始於夏后氏，王室微弱，七子争立，太子仁孝，潛身投」魯，以儲宫一族，自曰儲氏，以正其本，子孫後為氏焉。後漢有儲太伯及衛將軍融、齊相子」為，皆志操清白，貞廉深厚，公卿大夫，史不絶書。」府君諱德充，字継美，本輝州碭山人也。族本高强，家唯純粹，爰承堂構，夙藉徽猷，克紹前」蹤，世濟其美。故知仁者百行之宗，不隕其名，是以孔子之門三虚，唯顔回不去。君子不器，」府君之謂歟。曾祖諱亮，曾祖母許氏。祖諱弘，皇贈太子舍人。祖母石氏，武威郡太君。」烈考諱賞，皇檢校工部尚書、孟州司馬，兼御史大夫。先妣黄氏，江夏郡太君。」先考友于同氣，手足連枝，卜嗣求婚，継親祭祀。府君即」先考長子也，仙鶴高標，喦檉勁節，勝衣惠晤，轉舌能言，對日聰明，弱而不好弄。圯橋學劒，」指百鍊而每憤不平；庠舍誦書，覽六經而唯思展禮。智足以秤象，仁足以放黿，義足以衛」身，聽足以守約。加以勤儉節用，温恭守柔，厚皃深情，卑以自牧。論交契分，不獨比於金蘭；」潔白清澄，豈止同乎冰鏡。洎廣明初，中原版蕩，戎馬生郊，祆巢犯闕，四海俶擾。于時」翠華南幸，生聚流離。先考謂」府君曰：吾血属既多，汝方齠齔，尤須習武，冀保姻親，兼固寶玉。」府君有力如虎，劒可劓犀，跬步不離，晨昏定省。適會」姑魏國莊惠夫人從」夫撫寧京洛，徙家郟鄏，旋綰驍雄，累沐」渥澤，尋遷檢校刑部尚書、兼御史大夫。嗚呼哀哉！痼疢不救，以貞明六年十月二十日武」寅奄然即世，春秋四十有七。弥留之際，遺語丁寧，謂令弟曰：聖人達於性，遂於命。汝等恭」近於禮，夙夜匪懈，無墜素風。即以其年

十二月十三日庚午葬於壽安縣甘泉鄉木連村，」禮也。有弟二人：仲曰德源，内園使、光禄大夫、檢校司徒、守貴州刺史；季曰德雍，六軍諸」衛左親事都將、檢校工部尚書、兼御史大夫。並氣和皃聳，視履考祥，浴德澡身，綽有餘裕。」夫人胡氏，箴訓有儀，言容以德。嗣子二人：長曰仁顥，次曰小猪。女二人：長曰柳柳，適楊氏；」小曰女女，未偶良疋。並居喪盡禮，哀毀過人，擗踴絶漿，感于巷陌。嗚呼哀哉！乃為銘曰：」

聖土本基，前星奔魯。族号儲宫，氏因始祖。德合源流，孫謨踵武。派散當今，枝傳夐古。其一。仁」慈洽衆，孝悌承家。允恭允讓，如棣如華。謹身節用，昭儉無涯。慄慄危懼，兢兢去奢。其二。誦書」杏壇，學劒燕市。鄉閭省憂，朋友潛喜。善唯讓人，過亦稱己。氣如卜商，志同吴起。其三。篋有忠」傳，庭流孝泉。謹於君子，慎出昔賢。彼蒼不吊，福善差先。將扃蒿里，永閟新阡。其四。悽愴姻親，」悲傷行旅。慘慘踈蕪，栖栖節序。白兔晝驚，慈烏夜翥。丹旐歸來，青松换去。陵谷暗移」兮地久天長，此聲猷不泯兮万年寒暑。其五。

《東都冢墓遺文》

洛杉磯藝術博物館藏石

貞明〇一四　秦君墓誌

貞明七年正月二十二日

【誌蓋】失

【誌文】

故大梁長沙郡忠義軍左廂都押衙兼馬步使金紫光禄大夫檢校尚書左」僕射使持節宜州諸軍事守宜州刺史兼御史大夫上柱國秦使君銘誌」

夫悟幻而生者，象風雷以迅變；達明知理者，固福壽以短長。塵」夢難寤，浮華倏换。公德禀剛正，行貫堅貞。

義切持危，恩惟及物。」親戚稱其柔順，交友慕其金蘭。文擅英通，武經妙奥，功業迥振，」忠孝居先。洎精虔効用，躬事」台幢，飲冰蘗以資身，遠貯財而離己。州墻美洽，軍府欽承，處繁難」不乱規條，論機事盡合籌計。陶鑄偏垂雨露，衙班益仰」馨香。而又近降」絲綸，榮分符竹，爵禄已超於身世，聲華尚著於人寰。豈料寒暑」侵乖，風霜變異，醫方無驗，藥力虧功，悦水不流，逝川俄及。嗚呼！悲」風颯砌，慘月臨軒，家慟冤哀，人深憤歎。今以律移新歲，静選良辰，」特啓」靈車，奉歸塋室。隨丹旐以泣路，聽薤歌以傷神，永隔泉臺，無期會」聚。凶儀告畢，曠掩辞終，承後嗣以吉昌，護家門而善慶。鐫銘紀録，」永保千秋。

時大梁貞明七年歲次辛巳正月二十二日己酉立記」

將仕郎前守慶州樂蟠縣令裴郴撰」

男崇安指揮第六都頭光鄴」

子聟忠義軍隨使押衙充内副知客周延英書」

山崗頌：」崗山王氣，卜之良位。永鎮丘陵，常標福利。姻眷安康，子孫榮貴。」

墓塋一所，」東西一十三步，南北一十五步。

龍德

龍德〇〇一　雷景從墓誌

龍德元年十一月二十一日

【誌蓋】梁贈太傅雷公墓誌銘

【誌文】

梁贈太傅馮翊雷公墓誌銘并序

朝議郎前吉州司馬柱國吴澄撰并書兼篆盖」

洎乎軒轅錫姓，分派雷氏之族。遞于六國魏朝，上台掌武諡為元祖。後嗣延及六代孫為唐初武德六十二功臣中封」建國功臣球為上祖。自諡皆封馮翊郡公，同州宗黨至今不絶。球祖因襲逐番部，出静塞垣，於彼刱永安鎮。任之主首，」留禦邊陲，官任左監門衛大將軍。球有的子鍠，紹父勳績，官任峽州牧、兼亞相，遷至潁上，薨。胤及五世孫，皆榮門棨戟，」位列朝班。頃因世祖駈戎，公乃生於振武，公即諡相太尉真苗裔焉。公諱景從，字歸禮。曾祖韜，皇不仕。」祖勍，皇不仕。父文，素歷職官在振武列位之中，衆稟規儀，人欽英彦。時有昌黎韓公，常所嚮重，願娉愛女，叙結姻交，」叶契懇心，縻延東塌〔榻〕，故韓氏太夫人乃公之慈母也。内顯三遵之美，外彰四德之風，温克柔和，敏明慈惠，高堂並」雅，玉潤冰清。公因隔越鄉閡，不通音問，抱憂國致忘孝敬，堅忠赤而弃因心。故太夫人而生六子，長曰敬安，」公居弟二。弟三、弟四子敬存、敬崇，皆云亡歿。弟五子敬暉，官兼八座，覲公侍側。弟六子敬全，與長兄同處玄塞。今者」俛遵嚴誡，獲奉英裁，搦管叙公令名，濡毫述公勳業，寔愧荒拙，容易究尋。公發跡起自塞垣，重望光揚中夏，來」向不祈於筮仕，求己未輒以尤人，持冰蘖以居懷，執堅剛而趍進。北離朔漠，南詣河橋，依投諸葛大王，一見喜同神助，」登榮受寵，委重付權。諸葛云薨，果陳盡瘁。正值蔡賊充斥，方當逼遶墻池，公獨戮力遮攔，横身固護，諸葛舉家長少，」悉免悮陷兇狂。後緣唐主禧〔僖〕宗省方巡狩，命袟官參八座，忠節聞達九宵，使之董衆訓齊，自此威聲遠布。」太祖收復汶上，戈革所在，乱興墻壘，既已變更，公且向詣無所，權宜取便，奔過維陽，□或隱跡淮南。玄穹示其歸計，」遇龐司徒屯軍清口，聞葛太師駐騎安豐，必知兩失隄防，的恐中於姧計。公乃私心惻慮，握腕思謀，輕騎過淮，潛告」首帥葛太

師。然始抽退，已被粘逼奔逐，兵將伴鬪伴行，大軍方得解免。公因決意一志歸投，主上潛龍，迥加採」録，念茲順化，委用不疑。継綰外軍，累權親騎，隨征旆岐隴，迎駕抽迴，赴夏鄂解圍，陸路則趁煞淮軍，乘舟則扣江」血戰。戈甲把截，阻塞兵士，不通運粮。公與將領平章收族，勇義三千餘衆，迤邐前進，得及巴陵。求請舟舡，並不供應。還梁無便，遂詣湖南。初被縻留，猶貴通音之界。長沙帥□情旨殷勤，將遺優恩，兵遭分配，署公為柳州刺史，錫」公以妻妾弟宅。公即向主之志不迴，勤王之懇弥切，獻送□梁駿駟，歸納妻妾頒沾。抽罷柳州，責配桂府。悽悽」旅舍，悶悶遐陬，秖是仰告昊蒼，禱祝願通靈鑒，思契忠烈，克應祈求。主上一舉戈矛，荊襄兩皆順化，長沙聞之測」隱，豈敢更有縻留。公之舊管甲兵，晝時便令交割，登舟躡陸，旋遂迴還，拜彤庭而始認生全，睹君親而淚盈」兩目。主上解腰間金帶，脱著躰錦衣，激諭三軍，迥加遷奬，臨軒撫背，轉切荷恩。最初授任洛州，相次付之七郡，」皆留惠愛，悉著清通。亦赴平陽，主留大□，嘉聲美譽，纔施善政，又奉急徵。明君敘霸主興王，」聖上念輸忠竭節，舉其往効，重賞前功。委之以翊衛皇居，囑之以鎬京警察，拘心昏曉，益在防微。無何，左廂捉生忽」恣羣狂勃乱，縱火焚爇，坊市連叫，衝突水門，驚動宸嚴，敚攘士庶。公於是夜不待宣文，秖部領左右天武兩」軍，一指揮龍驤鐵騎，煞戮兇叛，勦絶頑妖。未盡三更，令聲五皷，得不觸突宮禁，實因公布良籌。次日躬領甲兵，掃」蕩夜來餘孽，静乱之功名永固，康邦之勳業逾隆。朝庭擬仗鉞藩宣，公秖望汝州防禦。葺綏凋瘵，就便求安，在任」三年，人歡俗阜。主聖又念洛京繁揔，頗思共理之臣，命公充左龍虎統軍、兼西京内外馬步都指揮使。赴任未」踰於星律，留守元帥令公專討不庭。西去東來，驍雄往迴，無時暫歇。水南水北巡警，直是忘寐忘飡。刑政令嚴，萬」户如一，施勤展効，涉歷四年。駈矻朝晡，不覺沾恙，瘖癒為患，猶强扶持。日漸困危，名公治而不差，筋羸力劣，悲身勢必」榭於明時。猶懷傾懇瞻天，遺疏尚陳戀主。表達聖聽，進止輟朝，中外聞言，無不悲嘆。公即以龍德元年」七月十五日傾薨於洛都河南府河南縣永泰里之私弟，疾卧而善終

焉，享年六十有五。禍罹哀迫，摧咽號冤，禮庭而」遽變凶庭，華室而俄為苦室。十五敬暉，恭弟問安，化作奔喪，痛苦難勝，聲恓氣咽，情無所賴，但叫何依。有子守節郎君，」躃踊時或殭仆。夫人武功郡君蘇氏，堅持節義，情實賢和，有敬有恭，蘊慈蘊惠。鍾斯哀悼，禮過毀傷，追薦齋筵，規儀」罔失。公有長子名曰公留，久陷維陽，莫知所止。公于殁世，寵澤仍頒，先宣賻贈布帛，追褒贈官太傅，銜」命馹騎，繼在道途，遺貢謝恩，次弟進發。公雖薨變，臣節不虧，顯自郡君夫人，廣布始終之道。公之生前留」旨巨細，郡君遵依，唯願冥靈，盡垂鑒宥。卜用其年十一月二十一日興諸典制，並合式儀，備禮葬于洛都北邙山金谷鄉尹村，用金錢買百姓楊環地壹拾畝，修建公塋域焉。嗚呼！天殞將星，禍鍾英彥，生榮而至尊至」貴，殁世而思德思仁，遷奉之禮既豐，刊石誌文宜備。銘曰：

軒轅錫姓，圖譜明傳。六國魏朝，詵相一源。唐初武德，建國功宣。遞于有梁，氏不厥焉。公自幼歲，」智性迥然。舉止進修，皆斅其先。尊獎王室，忠力居前。行古人行，譚君子言。生無二過，怒不再遷。」八郡為政，無黨無偏。忘家為國，不飲不眠。六十有五，危恙所牽。不起沉痾，神歸逝川。君父義重，」命使臨軒。追崇褒贈，禮典周旋。焚黃告弟，顯布靈筵。紹子胤孫，保固千年。哀謌向動，輀車登阡。」□葬北邙，金谷扃泉。刊于貞石，毫翰紀編。來静梁朝之禍亂，去為方外之遊仙。

《北京大學圖書館新藏金石拓本菁華（1996—2012）》

龍德〇〇二　黃曉墓誌

龍德二年七月二十五日

【誌蓋】大梁故江夏黃府君兆

【誌文】

大梁故積善先生墓誌銘并序」

扶風竇夢徵撰」

先生□黃，諱曉，字象初，江表人也。文士進思之嗣孫。少負才華，」聿脩祖德，從先人入洛，與公卿子弟結紵衣之交，英髦之倫也。」已孤，東遊廣陵，遇妖乱，扶姊携稚，去危就□，孝慈之行也。北來」營丘，會藩后禮儒，貢士求薦，有不敏於公試者，一曰詩，二曰賦，」先生兼濟之，仁義之府也。道不行，乘桴浮於海。屬東牟太守，接」高陽酒徒，縱飲三百杯，平交二千石，登山臨水，枕麴藉糟，陶陶」然，不知老之將至。晚歲徵為東郡從事，尋移職歷山，遂謀家焉。」昔紵衣之交者登廊廟，台星坼而張華歿；不敏於公試者出瀛」洲，宣室召而賈誼還。姊既孀，終養之以孝；稚仍長，竟訓之以慈。」乞墅羊曇，登樓王粲，先生瞑目無恨矣。平生著詩數千首，」身後机硯罇俎之外無長物。衵於身必誠，遺於家者積善，故以」為謚，不亦宜乎。昔蔡中郎誄郭有道，余無愧焉。先生享」年六十有九，大梁龍德二年歲次壬午正月壬午朔三日甲申」壽終于齊州歷山縣奉高鄉黃臺里私第。七月己卯朔二十五」日癸卯，孤子彥文遵治命，卜葬於歷山縣奉高鄉黃臺里，禮也。」銘曰：」

先生没世，其道肥家。寡妻執喪，衾不至斜。先生終身，」其名激俗。執友來吊，芻有之束。千日却醒兮頹乎渌醽。」噫！酒徒醉魄，長夜冥冥。百夫莫表兮哀哉黃鳥。吁！」詩客吟魂，芳辰悄悄。時惟青陽，歲二日兮猶持壽觴；」節應白藏，秋一葉兮已落朝霜。濟水之濱，歷山之下，」誰氏遺塵，黃君新墓。

《濟南歷代墓誌銘》

濟南市博物館藏石

龍德〇〇三　任遵墓誌

龍德二年七月

【誌蓋】失

【誌文】

樂安任遵墓銘并序」

弟登仕郎守許州録事參軍監西京水南倉造撰并書」

樂安任遵，字逢吉。贈太子太傅璉之曾孫，太子中舍」藻之孫，同州馮翊縣令本之長男也。自童丱專尚儒」學，勤苦勵志，長爲聞人。天祐元年秋應進士舉，不預」薦，感慨發憤，因而得疾。其年拾壹月伍日啓手足於」白波發運之廨舍，享年貳拾有叁。嗚呼！少俊篤學，爲」人聰慧，不幸短命，聖人所嗟。生平業儒外，深慕老氏」高上之理，每日凌晨，冥目燕坐静室中，誦道經數過，」乃課諸文詞。臨終時有語囑家人曰：心素好道，今願」往茅山，必若謝世，請以冠褐斂。於是從其治命焉。哀」哉！六極則無壽，四窮則無耦，力文等於不學，儒冠卒」於道服，豈脩短之數定而福禄之報淺耶。終其所欲，」亦可太息也。以龍德壬午歲秋七月葬於河南縣中」梁村任氏故阡，祔壬穴之後，禮也。謹爲銘曰：」

性好學而不遂其志，命終蹇而不試其藝。」繼世無子，干名無第。慕彼虚无，」若有冥契。嗚呼哀哉！

私人藏拓

龍德〇〇四　崔柅妻李珩墓誌

龍德二年十一月二十日

【誌蓋】失

【誌文】

梁故隴西郡君姑臧李氏夫人墓誌銘并序」

四房弟將仕郎前守秘書省校書郎充集賢殿校理慎儀撰」

《春秋》叔孫穆子對范宣子，以世禄非不朽之義，蓋有謂之辭也。夫以立德、」立功、立言為不朽，則世禄之設，抑其次焉。何則？積善餘慶，所以綿長也。承」先祖，供祭祀，所以風詠也。具兹道者，其有屬歟。」夫人諱珩，字垂則，隴西成紀人也。門胄之來，甲于當代；史氏攸述，推為冠」族。曾祖幼公，皇唐杭州刺史。祖元裔，京兆府奉天縣令。父賁，弘文館校書」郎，累贈秘書少監，娶唐故光州刺史范陽盧公鐸之女，生」夫人。夫人識稟柔婉，言行昭宣，逮乎工容，動遵典法。初笄二歲，室于今」工部尚書、西都留守副使清河崔公梲。清河公藏器蹈仁，含華挺秀，詩言」禮立，自得先規，行古居今，實光上地。夫人事舅姑勤於夙夜，」睦娣姒尚於謙沖，婦禮孔修，家道允正。清河公唐景福二年癸丑掌」綸誥之重，以因爵之貴，封隴西縣君。梁乾化三年癸酉拜户部侍郎，進封」郡君。衣纓之盛，琴瑟之諧，咸期考祥，用叶偕老。而□□何□，半桐已凋。以」貞明四年戊寅冬十有二月十有四日遘疾終于東京利仁坊之官舍，春」秋五十有五。有子三人，幼而不育。一女，適范陽盧麟，故中書舍人、賜紫金」魚袋，頃歲先夫人而逝。別子二人：長曰崇素，後夫人二歲卒于」東京；次曰崇吉。女一人，適故懷州判官趙郡李穎之子。噫！以」夫人之德，配清河公之貞，宜有以享矣。其德也，肅雍均養之稱焉；其」貞也，恭默聿脩之節焉。和鳴徒叶於載占，能敬俄悲於舉食，率是道也，何」期不融。先以未偶通年，權厝于開封府浚儀縣黄溝鄉之趙村。至龍德二」年壬午十有[一]月二十日，清河公貳職居守，遂命崇吉奉」夫人之喪，祔[于]河南府壽安縣甘泉鄉連理村先塋，禮也。祖述芬芳，其」在通博，承命實録，固謝當仁。雖言無愧容，而詞不宣美，謹為銘曰：」

變彼懿範，昭哉德音。典禮是則，人倫所欽。好合敬待，」映古榮今。式尔侯族，光乎士林。萊婦鴻妻，見稱前史。」率行可偕，配位非擬。將窮石穸，旋歸蒿里。盛美遺芳，」豈能刊紀。

《北京圖書館藏中國歷代石刻拓本匯編》第三十六册

龍德〇〇五　崔崇素墓誌

龍德二年十一月二十日

【誌蓋】失

【誌文】

梁故清河崔府君墓銘并序」

外兄將仕郎前守許州舞陽縣令李專美撰」

府君諱崇素，字遵禮，即今工部尚書、西都留守副使清河公之別」子也。曾祖從，唐淮南節度使、檢校尚書右僕射，謚曰貞。祖安潛，太子」太師，贈太尉，謚曰貞孝。若夫高門華胄，世德家聲，凛然清風，有自來矣。」尚書娶諸舅唐故弘文館校書郎蕡之女，累封隴西郡君，亦以鼎甲傳」芳，居四族之盛。府君幼彰歧嶷，長實端貞，麗冠玉之姿，挺得毛之」秀，俊邁明敏，衆謂奇童。洎弱冠則教禀義方，性弘孝悌。雖時處困約，好」問之道逾堅；或跡履艱危，視膳之勤弥篤。李夫人鍾愛之念，若己」生之子。立身事親之行俻矣，觀國榮家之譽振矣。何戬穀之不驗，尋丁」先夫人之憂，以是懷均養之恩，踰毀傷之制。俄纏微恙，遂構沉痾。即以」大梁歲在庚辰二月十日卒於東京利仁里之官舍，春秋二十有一。凡」搢紳親戚，聞者莫不悲痛焉。時以年月未良，尚在權窆。」府君弥留之際，謂所親楊氏曰：唯恨履戴有虧，天不我壽，固此夭折，今」不得為尚書子矣。他後若先夫人遷奉，願歸骨於大塋。方」寸悶絶，言終而逝。復以龍德二年十一月二十日侍先夫人之喪，」歸祔于河南府壽安縣連理

村先域，禮也。於戲！生恨短折，不得盡人」子之忠，孝之大也；歿願歸骨，不敢忘祖宗松楸，禮之至也。向非吉」人君子，孰能臻此？專美與府君情敦内外，分契平生，切感甯家育」孤之恩，深慕羊氏讓封之義。願言匪報，存亡遽乖，既歎逝以思人，欲効」愚而頌美。將旌懿德，俾勒貞珉，執筆銜酸，乃為銘曰：」

惟我外族，昭宣搢紳。積善垂慶，實生令人。博聞强記，」温故知新。肅肅令儀，蓁蓁孝友。無禄早終，彼蒼寡祐。」居喪過制，寢疾弥留。恨戀人子，願歸松楸。有孝[有]禮，」賢哲所優。自古之人，其誰不死。傷我舅氏，情鍾令子。」珠碎纏悲，蘭凋殞思。有生之苦，孰甚於此。玄扃掩恨，」翠琰流芳。嗚呼永訣，難問穹蒼。

《北京圖書館藏中國歷代石刻拓本匯編》第三十六册

龍德〇〇六　蕭符墓誌

龍德三年八月一日

【誌蓋】失

【誌文】

梁故左藏庫使右威衛大將軍金紫光禄大夫檢校尚書右僕射蕭府君墓記銘」

從叔朝請大夫守左散騎常侍柱國賜紫金魚袋蘧撰

孤子處謙書」

府君諱符，字瑞文，蘭陵人也。後徙居咸秦，籍梁代之遐宗，寔聖朝之右族，華軒貴仕，弈葉重」□。曾祖沔，皇任御史中丞、彭州刺史。祖濬，皇任饒州刺史。父元，皇任蘇州別駕。府君即蘇臺」之長子也，弱不好玩，長實多才。洎緫角從師，摳衣就業，儒術優柔之學，戎韜秘妙之方，咸若生知，悉」由天授。庚子歲，雄傑輔會，賢俊遭逢，認白水之真人，識紫雲之異狀。尋從」太祖皇帝赴鎮浚郊，特荷奬期，而継奉委遇，遂奏授銀青光禄大夫、

檢校國子祭酒、」兼御史大夫、充馬射兩軍判官。其後每從征營，聯下壁壘。」太祖以府君器度詳敏，經度無差，奏加右散騎常侍、充滑州都粮料使。纔踰星歲，俄却」召歸。奏轉左常侍、充諸軍都指揮判官兼行營都粮料及賞設等使。因出征河朔，攻下鎮定幽滄，奏」加檢校工部尚書，依前充職，盖疇庸之殊特也。後進討并汾，收克澤潞，奏加刑部尚書、充昭義都粮料」使，檢轄帑藏，綿歷星灰。俄授宿衛判官，盖唐襄帝内難之後也。旋則迎扈輦輅，巡幸伊瀍，因授洛京」都粮料使。三歷歲序，偹顯恪勤。後以宋亳諸倉積年敗事，軍儲所切，委用良難，因授都粮料使。於是」校覆整理約貳拾餘萬，既著厥効，奏加兵部尚書。在宋五年，軄任弥著。爰遇太祖皇帝受禪，西幸洛陽，禁衛六師，千乘万騎，隨駕勘給，尤難其人。既及神京，即授在」京都粮料使。星紀六換，績効明彰，乃授以河北都招討判官兼行營都粮料使。寒暑四載，奉」詔追還。鳳歷歲，欲制置解縣池場，委以使務，招商納搉，將及期年。」今上龍飛，奬用勳舊，降徵詔除授右衛將軍。既陟通班，俄踰再歲，後以國朝實録，初」議纂修，下詔百司，各令編紀。府君以壯歲効用，迄于耆年，征伐事機，無不目覩，矧以」贍敏之性，敘述罔遺，吮筆修詞，既精且偹，乃紀述三軸，應命進呈。」聖旨稱奬，宣付史館。旋降優詔，授右威衛大將軍、檢校右僕射。尋又除左藏庫使。且」乎武經既達，文筆仍修，可謂全才，雅資其昌運也。晉大夫以壺飧從徑，尚得論功；漢丞相以」漕輓應期，孰能比德。若兹懿績，宜奉殊恩，杖鉞登壇，當在宸旨。俄以疾恙，枕」席七年，藥餌無徵，迨于危惙。然而憂國之旨，報主之心，言發涕流，神遷業著。俄以龍」德二年歲在壬午七月十八日啓手足于延福里之私第，享年六十有四，識與不識，痛惜咸同。以癸」未年八月一日窆於河南縣金谷鄉樵穀村之源，禮也。夫人王氏，封瑯琊縣君，宜家之譽，焕于九」族。有子四人：伯曰處謙，前任青州博昌縣令，字人之政，聞於衆多，承家之規，播在遐迩；仲曰處珪，鳳」曆軍變之際，殁于京師；叔曰處鈞，前貝州長史；季曰處仁，前國子四門博士。皆義方禀訓，孝友立身，」各抱器能，用諧寵禄，可謂芝蘭騏驥也。女四人，皆以賢淑之稱，播于姻親，勳貴

之家，來委羔鴈。」長女適故鄆州牛太師長子知業，弟二女適故龍驤軍使梁司空長子昭演，弟三女適」故景州刺史衛司空長子崇遠，弟四女適魏王外姪孫孟仁浦，皆高門之嘉聟也。」府君自入仕迄于季年，四十四載矣。俻歷繁重，咸著勤勞，忠孝之規，慶祚當在。迭享貴仕，其惟」後昆，令嗣三人，継榮斯在。洎聞自經家禍，尤迫孝思，將顯前脩，願刊貞石。乃號泣相」訴曰：奉事有日矣，希述遺芳焉。遽以宗派無踈，情眷有異，敢違來請，聊抒斐詞。乃為銘曰：」

忠孝懿範，文武全才。君臣相遇，委任難偕。甄獎之命，寵禄斯來。其一。贊晝」任重，飛輓功高。從于征伐，著此勤勞。履曆崇秩，踐揚大朝。其二。賢妻處内，」令嗣承家。孝慈有裕，慶祚無涯。百福鍾集，千載輝華。其三。洛汭神都，邙□」峻峙。卜用於兹，哀禮俱俻。不朽之芳，載于斯記。其四。

《北京圖書館藏中國歷代石刻拓本匯編》第三十六册

晉・後唐

天祐

天祐〇〇一　李克用墓誌

天祐六年二月十八日

【誌蓋】晉王墓誌

【誌文】

唐故河東節度觀察處置等使開府儀同三司守太師兼中書令晉王墓誌銘并序」

門吏節度副使朝議郎前守尚書祠部郎中知制誥柱國賜紫金魚袋盧汝弼奉命撰」

直乾下亘，夐属金膏，洪潤之靈，寔有所謂，不徒方流載玉，川媚孕珠。時有應世出圖，澄波啓運，則英雄誕焉，」聖賢出焉，育彼鴻休，粹茲丕祉者也，又何必郊麟穴鳳、健龍靈龜而為瑞哉，惟」我晉王，是應間異。王諱克用，字翼聖，隴西成紀人也。以象河命氏，與磐石聯枝。自四代祖益度，薛」延陁國君、無敵將軍。曾祖思葛，統國襲爵，霸有陰山。祖執儀，皇任陰山府大都督、三軍沙陁都知兵馬使、兼御」史中丞。烈考國昌，皇任左龍武統軍、檢校司徒致仕，飾終追加太保。噫！夫大功大名，垂慶垂裒，必顯綿遠，以纂」忠勳。故在憲宗時，有若都督，戮力王家。在懿宗時，有若統軍，龔行天討。在」僖宗、昭宗時，有若晉王，奮志提戈，夷兇衛社。名標圭臬，

為天下先。三世蟬聯，九朝盛美。」王承是徽懿，生特英邁，以匡合力，為社稷臣。兩復乘輿，再殄祆孽。抑揚峻袟，踐履密封。初自雲州刺史、」兼御史大夫，以統軍請老，表王代將部族。朝廷遂命檢校左散騎常侍，仍以代州建鴈門軍，王兼鴈」門節度留後。未幾，王親率賦輿，西破黄巢賊於長安，以功正授鴈門節度使、檢校兵部尚書。旋又就加檢」校左僕射，尋復詔拜河東節度使、檢校司空。勤王奉寵，繼晉文三命之尊；剪葉策勳，全唐叔疏封之重。」自司空加司徒、平章事，歷太保、太傅。以解陳州圍，再襲敗黄巢於宛句。迨兖州傳賊首於闕下，推功校最，以」王為先，遂加檢校太尉，仍兼侍中，進封隴西郡王，真食五百户，兼賜鐵券，錫號　　功臣。後以破」邠州王行瑜功，册守太師兼中書令，封晉王，揔食弌萬户，真食一千五百户。衮舄既臻，戎輅之車益重；笳簫爰」設，玄珪之命攸崇。故齊履就封，只帶帝師之號；荀池浴日，止昇中令之榮。未有兼列真王，仍開全晉者也。初」王自作牧雲中，登壇并部，歷官相府，猶侍鯉庭。《詩》賦《緇衣》，夾輔同榮於五教；圖形麟閣，標奇對列於一時。道」盛兩全，事光千古。加以禮樂恭己，忠孝飭躬。修職貢以教臣，府無虚月；謹庭闈而侍膳，行茂肥家。自銀印青」綬，累袟進律，至儀同弎司。及雲中太守、亞丞相，累官錫命，至正三師、真上宰，為列國王。皆不以冒寵虚」恩澤，悉以忠力元勳，再三君命而後受也。至於在統軍左右，時率師破賊，雖神武英雄，傑立於世，亦不擅」己自任，必禀命而行。故天下凡言為子為臣之道者，皆折衷於王也。唯是睦鄰赴難，急於奉漏沃焦。故鄰」壤有不叶者，莫不賚其弥縫，聽之闕決。黄巢偽紀，改為金統；襄邸竊號，改為建貞。天下莫不軌從，唯王首以」□破。迄今朱温僭簒，唯王之土不易於吾唐之風。乃知與唐之所以王者，盖唐礼盡在於此矣。嗚呼！唯浮」休之理，雖三皇五帝，亦不能踰於數者，盖天之限也，故達人亦知命焉。況命世英雄，其來也有謂，其去也」豈徒然哉。属今之世，先昭皇帝為賊之弑，一旦天下墜塗□□，鴻圖琁祚，未有嗣焉。而王方以壓」境制敵，寢疾半稔，弥留之際，封域怗寧，万彙群心，率然有付，傳於令嗣，信天命有歸耶，雖彼帝王者，又

焉得輕」擬諸盛烈哉。以天祐五季戊辰正月二十日薨於路寢，享年五十三。王之弟四人，官氏之次，悉列於」豐碑。小君三人：長沛國夫人劉氏，無子；少魏國夫人陳氏，亦無子；次晉國太夫人曹氏。皆以賢淑令嘉耦，嚴」慈育慶門。即今」嗣王令公，實」晉國太夫人之自出也。嗣王之兄、今昭義相公名嗣昭，乃王之元子也。嗣王之次，親弟二十三」人，具名列於後：存貴黠戛、存順索葛、存美順師、存矩迭子、存範醜漢、存霸端端、存規歡郎、存璲喜郎、善意、」大孬、重喜、小孬、住住、神奴、常住、骨骨、喬八、外端、小惠、延受、小住、寶珍、小珤。」於戲！惟盛德者其嗣遠，其繩繩之勢，雖河帶淮清，未足語其綿邈也。王以己巳歲二月十八日歸窆于」代州鴈門縣里仁鄉常山里，祔于先塋，礼也。夫刊石命紀，將表其封。不以飾辞，固當直筆。汝弼遊」王之門，居客之右，恩雖特厚，文在失華。奉命以書，敢為銘曰：

日星之靈，河嶽之英。鍾兹弌德，」降彼弌清。承家善慶，體國忠貞。義方稟訓，氛祲再平。封官一品，樹屏三京。真王封國，」叶力推盟。未除國耻，倏歎天傾。傳于令嗣，寰海俟寧。風飋陵樹，永仰英聲。

王道源書

《晉陽古刻選（隋唐五代墓誌）》

天祐〇〇二　畢罰妻趙氏墓誌

天祐七年正月三日

【誌蓋】獸面無文字〔一〕

【誌文】

〔一〕誌蓋四周刻詩一首：「四望悲風起，野雲南北飛。孤墳荒草里，月照獨巍巍。」

唐故畢府君夫人趙氏墓誌銘并序」

竊聞道本沖寂，大覺乃傳不二之門，尼父聖賢，臨逝川而」[起]悲嘆。生如隙影，瞥若電光，人於万象之靈，於愛何〔河〕漂而」復没。粵有東平郡畢府君諱釗，曾祖諱善德，高祖諱□。」君好浄雲山，遨遊頤性，厭囂逐寂，避世歸天，春秋六十有二，孤」垧卌餘年。趙氏王母，孀居積歲，禮偹三從，春秋八十有三，頃」歸家矣。嗣息相承，貫居澤州高平縣豊溢鄉魏莊村明」城里之人也。亡男宗，新婦田氏、倪氏。亡男小興。次男武，新婦」王氏。亡男全興，嗣琮，新婦王氏。息唐興，趙八、叔殷，終於思室。」男喜，去年九月終於思室。男虔，季德右慶，少虧嚴訓，觸」事靡知，齡過知士，自責虧仁，新婦李氏。男浪猪、老妣、星潛，」晝夜忡忡。今舉神柩，再矚光明，重啓窀穸，合附靈臺。維大」唐天祐七年歲次庚午正月壬辰朔三日甲午固遷祖塋。」先在神農鄉神農里團池店南一逹之東。其勢也，潛龍聖地，」紫氣盤旋，安墳於掌。哀哀父母，掬育劬榮〔勞〕，欲報之恩，號天罔極。」生事以礼，死葬為周，目子礼終，合附偹矣。後恐嵌谷隕易，山河變」移，時更代革，金石可銷，海變桑田，子孫何監，刻石為銘，乃為」詞曰：

傳哉英賢，有德有言。鄉邦取則，遠近稱傳。」望如椿壽，金釗之堅。仰之不足，頃日歸天。

《高平金石志》

天祐〇〇三　郝章及妻張氏墓誌

天祐九年十月八日

【誌蓋】失

【誌文】

唐故太原郡郝府君墓銘并序」

府君諱章，其先太原人也，周公之苗裔，因官赴任，為潞人焉。公家」代轅門，斆弘羊之心計；行猶敦質，習魯儒之後風。迩不能繼於祖」先，處末寮而久移歲，敘職任衙前副將。頃因離乱之後，猷在」軍門，上疏請停，願居私室。時遇天祐三年丙寅歲十二月十九日郡府」變更，弃梁歸晉，黎旦禍發，奄弃斯晨，享年六十二。」祖諱愬，性好武功，志專戎幕，守職衙前，官及御史。」府君夫人張氏，去廣明元年庚子歲六月十一日終于私弟，享年」廿八。嗣子四人：長子謙，任意東西，杳無肖〔消〕息；」次三子閔七、四子初郎少亡；次二子宣，幼有節操，長而端」貞，唯積孝忠，每悲往事。改昔年之淺土，合祔祖塋；記」今日之懃懃，刊石萬古。繼姨母李氏，女德娘子，孫子」善德等繼宗嗣也，共議以天祐九年壬申歲十月八日壬午禮」葬于府城西南五里狐隱塬上。時恐年代深遠，靈谷變移，」故烈石為銘。其銘曰：」

魂歸逝水兮魄散荒塬，杳冥泉路兮秋風暮天。」子孫去愛兮血淚連連，壽短長兮天道常然。

浙大墓誌庫

天祐〇〇四　丘禮及妻武氏墓誌

天祐九年十一月五日

【誌蓋】失

【誌文】

唐故河南郡丘府君夫人墓誌銘并序」

祖代河郡人也，〔一〕因官流派於潞州大都督府，上黨人也，其後子」孫不絕。夫日月朗耀，尚有虧盈；人世浮華，

〔一〕「河」下疑脱「南」字。

豈逾生死者矣。」高祖諱平，曾祖諱志。府君諱礼，充衙前討擊使、兼宴設軍」副兵馬使。君以煒燁孤秀，挺特不群，量深滄海，氣禀風」雲。奈河〔何〕地不藏寶，天喪德仁，享年六十有三，於光化三年」十月十六日終于私弟。夫人武氏，武陵郡人也，宿蘊母儀，」天姿令淑，蕙問川流，神芳蘭郁，去天祐三年九月十一日終于私室。」嗣子審言，仁義謙恭，忠良孝悌，寢食不違，崇其葬禮，」乃召良工。新婦苗氏，幼從箴誡，長訓閨闈，共崇孝禮，」啓舉無虧。孫男福哥、万友。于以天祐九年歲次壬申十」一月乙巳朔五日己酉合祔於潞府城西五里原，禮也。」其地勢東連高望，西枕漳川，南瞻炎帝，北接靈山。」後恐天覆地載，海變桑田，永存不朽，刊石銘焉。其詞曰：」邈邈府君，邕邕夫人。若魚若水，如主如賓。其一。」落葉不復，川流匪迴。終天永畢，合祔泉臺。其二。」嗟乎嗣子，至孝殊常。遷安禮畢，不負穹倉〔蒼〕。其三。

浙大墓誌庫

天祐〇〇五　李敏墓誌

天祐十年四月十日

【誌蓋】失

【誌文】

大唐故府君李□墓誌銘

高祖渭州隴西郡義陽王諱□真之後嗣，自官■築土□，乃為序曰。府君諱敏，□龍豪傑，井邑賢良，枝葉■姻忠信準繩於鄉黨。春秋天命八，終於大夜。夫人□淑質邕容□□□□花，□芳馨於蘭桂，□箴戒於□□。年不惑有三，終於私室。而六子□：長曰元則，新婦程氏，孫男三人，重安□醜漢年幼。仲元謹、元温早亡。□曰元發，新婦郭氏，孫男三人，重□，新婦郭氏；重賓、鐵兒。次曰元祐，志忠志孝，貞□居身以謙讓爲懷，在信以修身爲

務。年成弱冠，无福空殂。新婦張氏，招彰素範，菀順成家，陳詩禮以人，〔一〕溢謙和而立得。時發花葉，往值霜報。孫一人小鬧。小弟元裕，新婦王氏，挈房守□□府。改娶夫人楊氏，□□□怡，風骨卓然。行標人孝，爲邦縣之□探，押六曹之務要。春耳順有一，疾染沉殮。夫人□氏，霜凝霧□，□净冰容，桂影流芳，瓊姿菀約。頃因罹乱，骸骨散殤。而生二子，元約、元哲。詞閨珪璋，德謟冰雪，弱冠之年，花顔□喪。新婦郭氏、魏氏，□改醮。孫男二人，皈兒、趙七。改娶夫人傅氏，生一子陳八，未成侁□。兄諱剻，□爽英彦，朋儕共欽，末親有甘旨之能，行有曾參之志。時知天命有一，大限□終。夫人任氏，生二子，趙八、趙九。弟□，新婦苗氏。昆季等孝思□□，竭力盡心，修身慎行，以養其親。新婦曰言行點，琴瑟有規，貞操不□，□□□美。失其尻則招而置之，得丹幹遷而厝之。有其詞者存其後，無其□者祔其先。昆季商議和會，舉於葬禮，一塋三穴，同袷祔　人。扶護而來，人〔入〕於新□西南四□玉藏。墳高五尺，壙深丈五，栢木爲椁，禮置有宜。旹天祐十年歲次癸酉四月癸酉朔十日壬午會葬於銅鞮東一十七里莊一里豈源，禮也。地推形勝，□□膏腴，東觀長謝之路，曰車馬而開闃；西望闍梨之神，有毫光之瑞相。南□峻□，連龍樹之煙雲；北控大川，□漳河之秀氣。其墳也，□代稱美，傳世無窮，□□□之□榮，而天地而永固。□恐陸易位，山谷變移，故刊紀文，以□厥美。其□□：

嗣子悲兮守空堂，□□悲兮堪断腸。黄泉一掩千秋□，□□□□□□□。

《八瓊室金石補正續編》卷三九

天祐〇〇六　延君神道銘誌　天祐十年四月十三日

【誌蓋】失

〔一〕此句疑有脱文。

【誌文】

唐故延府君神道銘誌并序

夫以金山萬仞，猶重貴於先崩；玉嶺千尋，為慶珍而有墜。人□□□，□數難逃，聖質天姿，□免生死者矣。府君□高之苗裔，延□之胤緒。自後因官，傳芳天下，於忻州定襄縣蒲子鄉臨河里□池村泊葉。大王父諱恭，皇考諱存。府君挺生河漢，禀氣峥嵘，志列冰霜，德抱荆玉。將為壽同龜祀，命比彭齡，豈期五十有七，忽魔來纏，乃於天祐九年三月六日掩歸岱岳。清河郡夫人張氏，雍容雅質，潔明玉以澄心；柔惠風清，掬寒潭而比德。乃去天祐四年十二月卅日殂歸逝水。孟男重周，仲男重會，季男重立，小男四四。唯仁唯孝，玉偹封樹之儀；不儉不奢，珠辦吴丘之禮。悲心薤露，泣洫〔血〕肝摧，想尊塋而未餝，匪寢食以徘徊。新婦黄氏、趙氏、楊氏、王氏，天然婉麗，淑質凝姿，彰婦道於家庭，播箴規於郡國，偹盡如賓之禮，無虧舉案之儀。叩地叫天，早運〔違〕嚴蔭。至孝等攀號僻踊，長乖垂訓之恩；洫〔血〕淚盈襟，永絶養親之戀。生事之以禮畢，死葬之以禮終。今乃宅兆龍堽，遷尊奉祖。嗟曰珠沉漢水，玉謝荆山。嗣子孝道曾習閔騫，思育養之劬勞，昊天罔極，遂召龜筮，取天祐拾年歲次癸酉肆月癸酉朔拾叁日乙酉，厝神於本村西北三里，買地壬上，而為禮也。其地四神偹矣，東臨段母滹水，霧集龍吟；西接砌壁神湯，雲攢虎嘯；南望靈巖磊落，朱雀盤旋；後連聖洞峞峯，玄武鬱暎。朝含瑞色，暮戴祥光，子孫興於千春，榮禄綬於萬代。伏恐山河改變，歲月遷移，刊石記之，乃為銘曰：

孤標凛朗，獨弃群星。未容遐壽，降喪所迎。魂遊岱岳，魄逐幽冥。兒女號咷，遷尊勝塋。

《定襄金石考》卷一

天祐〇〇七　王諶及妻李氏墓誌

天祐十年十月五日

浙大墓誌庫

【誌蓋】失

【誌文】

唐故王府君墓鋕銘并序」

夫生死者，古之常道也；□□者，凶儀之禮也。府君」者，族望太原郡人也。因周文王之苗裔，周武王之胤緒，其後子孫，」因官逐任，□於潞州壺關縣壺口鄉好牢村置□家業者矣。」高祖諱婁，夫人張氏；曾祖諱德，夫人李氏，享年不永。府君諱諶，」府君□以玉閏，六藝明臻，煙□美唯士之□，雲領茂公王之子。感嘗□」之易悲，覩荒郊兮哀慟，傷□□之年，惟享年七十有二。去天祐四年為」大男發往魏府，去十二月魏府身亡。又去天祐五年六月廿日得」子聟張郎□得葬塋，却到本村張□□畢，報答恩幸。夫人」李氏，三從克偹，四德無虧，何期奈何，忽染□疾，救乃無方，□于太」□，享年七十有三，去天祐九年九月四日私全。夫人有孟子元貴，」身充魏府馬軍都頭，去天祐五年□□□州鎮終室。新婦」宋氏。在外仲子元方，新婦李氏；季子元遷，新婦楊氏；」小男元順，新婦閻氏。痛泣高柴之血，悲抽鶱苗之心，雖無哀□」之勞，嗟號罔極。孫男□皃在外，孫男牛八、牛九、牛什、牛十一，小孫男」牛十二。主葬者元方等遂克天祐十年歲次癸酉十月己巳朔」五日癸酉祫祔于村北一里半祖塋之內。其原元也，左帶黃山」峭崿，右望洪龍石婁，□□府□雲龍，北□三江連池聖」郎。後恐祔陵谷變，改易桑田，故標刊石于前，□為□記者矣。」□其詞曰：

哀哉府君，奄歸泉路。玉碎昆罡，」殊此祫祔。泉門一閇，千秋万古。

天祐〇〇八　邢汴及妻周氏墓誌

天祐十年十月二十二日

【誌蓋】唐故邢府君墓誌之銘[一]

【誌文】

唐故成德軍衙前兵馬使深州饒陽鎮遏使銀青光禄大夫檢校國子祭酒」兼殿中侍御史上柱國河間郡邢公夫人汝南周氏合祔墓誌銘并序」

夫生著徽猷，歿垂遺範，死而不朽，道貫於斯。公姓邢氏，諱汴，字迴派，其先」河間人也。昔周文王之子封為邢侯，子孫因為氏焉。代有英賢，世榮軒冕，青」□俻載，故簡於兹。其後因官逐封，今為趙國鎮陽人也。曾祖諱佚，字適」□。皇不仕，門傳清德，代播薰風，放志遺榮，超然自適。祖諱儀，字光表。皇攝」冀州棗强縣令，才高濟俗，業茂經邦，政成言偃之琴，功盖尹何之錦。考諱」諒，字秉之。皇不仕，英聲遠布，令問孤標，雅遵高尚之風，大享期頤之壽。公即」顯考之令子也，敦儒履行，好古多奇。俄属時艱，早膺公舉，始署鎮府逐要、兼」山場務判官，試其才也。公榮膺仕進，妙達公方，殊精夙夜之心，頗得强能之」譽。又遷山場將，尋加經略副使。公以恭勤庶事，逈異常倫，凡所經心，克著成」□。又遷山場務都知官。公服勤職業，益効公忠，居身唯嚴，莅下唯簡。又」遷深州饒陽鎮遏使，加衙前兵馬使。公自膺美命，累積忠勞，式兹防」遏之方，愈叶戒嚴之道。奏授銀青光禄大夫、檢校國子祭酒，兼殿中侍御史、」上柱國，酬其勞也。公漸高禄秩，允稱雄才，忠於主而利於民，功既高而名益」振。爰以從公之年已至，匪懈之力難加，俄遵致仕之文，乃具乞骸之請。上以允兹」誠意，遂以

[一] 誌蓋四周刻詩一首：「劬勞實報難，樹静風寧止。□養告長天，泣血已三年。」

優閑，直謂古人，見於今日。既臻上壽，奄迫大期，兩楹之夢俄興，二」豎之灾已結。以天祐九年九月廿九日遘疾終於鎮府真定縣北常安坊之私第，」享年七十有九。夫人汝南周氏，徽柔立性，令淑凝姿，閫則閨風，遠迩咸敬。不幸」以天祐六年四月十八日遘疾，先公而殁焉。有子四人：長曰瓊。次曰震，節度駈使官、」兼都鹽倉專知官，早亡。三曰輦，才機敏達，風鑒超群。孝行忠規，早振鄉閭」之譽；公才令望，光符卿相之知。上聞之，署使院駈使官、知職員事。四曰」岩。女三人：長適隴西李氏，次適靳氏，三適清河張氏。嗣子等號天罔極，哀毁」異常，營先纔免於廬居，酌事克遵於古制。爰以送終之義，禮葬為宜，虔」□青烏，敬遷玄寢。以天祐十年十月廿二日合葬於鎮府平山縣望仙鄉」□北原先塋，禮也。恐年代遐邈，陵谷變更，敬刊貞珉，以表休烈。銘□：」周文之子，啓國於邢。因封命氏，代播芳馨。降生于公，世敦清德。」盡孝於家，全忠於國。玄穹不吊，早喪令人。鏡沉劍墜，難問蒼旻。」盛矣承家，賢哉令子。咸重公才，方膺貴仕。禮從大葬，義重送終。」□眠吉兆，龜卜叶從。陵谷屢更，松楸何有。貞石刊銘，光昭不朽。

《北京圖書館藏中國歷代石刻拓本匯編》第三十四冊

天祐〇〇九　梁重立墓誌

天祐十年十月二十三日

【誌蓋】失

【誌文】

唐易州上谷郡故梁府君墓誌銘并序

原夫人昏默未形，爰依大道，龍龜既啓，始敘吉凶。漸著君親，乃陳孝悌，生以温清色養，殁以封樹蒸嘗，人貴令終，其來遠矣。梁氏門風祖職，此不備書。蓋以星朔既淹，子孫蕃衍，因官得地，而居此焉。曾祖諱希幹，不仕，

素為文業，曾苦鑽研，厭宦辭榮，閒居畢世。祖諱甫平，亦不仕，慎守公方，克敦儒素，外符忠政，內力孝慈，在邦而於人有和，居室而與物無競，年隣耳順，遂終壽焉。皇考諱重立，字顯英。性唯貞謹，言凛樞機，温鑒而良彥取裁，博達而顓蒙受旨。羽儀朝市，綱紀人倫，可謂德似玉而長温，行如松而不朽。年逾知命，石火忽臨，以天祐七年正月十二日乃於永樂坊之私第而告終矣。夫人武功蘇氏，郡中之良族也。笄總之歲，禮赴移天；耳順之秋，風燭長別。痛茲覆水，傷彼斷弦。府君有嗣子三人：孟曰思景，□陽軍押衙、充孔目官；仲曰思恩；季曰思度。押衙昆仲幼懷聰敏，長有博聞，蘊季子之詞華，抱安仁之才器，筐篚密職，丹蕚列班，孝盡旨甘，讓敦手足。押衙與弟昊天罔極，何日忘之，荼蓼纏心，鋒針刺骨，晨昏難及，喪薦竭修。押衙昆仲以乾坤既就，龜筮叶祥，以天祐十年癸酉歲孟冬月己巳朔二十三日辛卯於易州東北隅一里半易縣□山鄉梁村之右本塋之禮葬也。其勢乃前臨易郭，後倚燕山，左近昭王之祠，右接荆卿之廟，東西遐迥，形勝可觀。良恐海變飛塵，山成朽燼，垂文記祀，傳以後昆者歟。銘曰：

乾剛坤柔，有勞有休。人倫始終，難逃去留。嗣子而昊天不報，甘養而叩地無由。府君兮金玉君子，逝水兮萬古千秋。

《古誌石華》卷二五

天祐〇一〇　王琮及妻張氏墓誌

天祐十三年二月五日

【誌蓋】失

【誌文】

唐故王府君袷祔墓誌銘并序

府君太原郡人也，周文王之後，」承晉獻公之胤焉。乃武乃文，薰蕕不雜。後因官長子，隨任」不還，紀歷春秋，纘成基緒。高祖諱明，曾祖諱海，祖」諱山。府君諱琮，府君性憫仁慈，謙恭適道，每以不貪」為寶，唯將知足為恒。遁迹知時，播尋變理，吟謳時歲，冀望」長榮。豈為電影難留，魂隨夢蝶，享年七十二，去光化二載」四月七日歿於私地。夫人張氏，母儀夙著，範婉馳芳，芙英出」水之秋，蟾輝盈浦之夜。箴誡傳班姬之善，閨庭習曹氏之」儀。豈為石火須臾，焰隨風燭，享年六十五，去乾寧元年十二月十二」日歿於私室。又取和氏夫人，同崇啓舉。嗣子三人：孟曰虔」福，齡年卌二，先歸泉路；仲子虔章，佐輔柳營，年卌五，遭於白刃，先歸」地府；季子虔貞，號天叩地，躃踴崩摧，淚洒過高柴之泣血。」新婦張氏，晨昏礼敬，侍養無虧，恒泣血於繐幃，不修容質。」女樊郎婦。孫有三人：佛護、䦨兒、□兒。孤子虔貞等扶靈啓柩，」杖策九原，諧筭青烏，龜叶卜課，於天祐十三年歲次丙子」二月丙戌朔五日庚寅祫祔于丹城北原二里，剏買新塋平原之」禮也。其塋東觀龍袖，勢欲騰空；西涉慈雲，古□不絕；南覩丹」國，長子來迎；北倚嵐岑，隱而來覆。後是時也，暄風蕭瑟，霞際」玲瓏，瑞氣凝空，愁雲滿野。後恐年代超忽，桑田改移，故刊」石為銘，以記千齡。其詞曰：

丹城澧霧收，恃怙殗荒丘。昔日英」雄絕，今向九泉遊。鵶噪荊榛暮，猿嗥悲隴頭。夕陽難」再覩，夜月永長流。

《北京圖書館藏中國歷代石刻拓本匯編》第三十四冊

《山右冢墓遺文》卷下

天祐〇一一　張宗諫墓誌

天祐十三年四月一日

【誌蓋】失

【誌文】

唐故南陽郡張府君墓誌之銘并序」

夫戴天履地，暮息晨趍，曜昃川流，朝榮夕落，恤想人世，瞬息光陰而矣。」府君諱宗諫，字仁讜，河内脩武人也。其先寔軒轅之胤緒，凉主之遺」苗。濟漢毗吴，恢梁翼晉，股肱帝業，柱石皇猷，將相公卿，僃昭圖諜。」晉司徒華公九世孫待問，長慶中爰自憲府，問俗平城，因為馬邑人也。」祖祢以河洛間睽，罔知宦序。父興順王，母河東賈氏，志態閑逸，不事」公王，遁跡丘園，早沉幽壤。府君幼而令黠，長亦謙恭，孝敬敦淳，和叶忠信，」勤劬生務，基業豐餘。往復関河，潰〔饋〕運資貨，時衝炎澇，疾瘵縈纏，」雖召秦醫，難逃晉豎，以天祐十年正月十九日終於天寧私室，春秋六十有」二。親戚哀慟，行路傷嗟。夫人天水趙氏，含辛撫幼，忍楚持生。長子吴十七，早」年殤逝。次子敬習，始娶太原王氏，頃掩泉冥，継迎邯鄲趙氏。[孫]男三人：首」曰十六，□□緇門，未登戒品；次曰常住，曰僧住，並揚揚惠黠，落落通靈。一女」適濟陰董氏，幼承風教，怡順舅姑，禮敬齊眉，名聞鄉邑。府君之嗣子敬習」寬舒南北，儉素居家，追遠之情，祭葬事切，器翫華麗，衾櫬鮮明。以天祐」十三年[歲][次][丙][子]四月乙酉朔日葬於軍城之西北隅五里馬邑縣殄胡鄉和戎里」息馬之□原。前臨秦壘，後倚桑乾，東濬長川，西瞻廣陌，塋兆□列，父祖」咸遷。既卜佳城，旋臨窀穸，親眷悲悼，禮事爰終。恐時代遷□，陵谷更」變，刊□貞石，紀勒銘焉。其詞曰：

□□□□，三光迅流。」人生瞬息，榮耀何求。太行有路，巫峽□□。經營未遂，」衰耄將秋。二豎見逼，百味難瘳。寂然沉默，悄尔冥幽。」青山戢戢，白水攸攸。枌榆森森，松栢颼颼。

《北京圖書館藏中國歷代石刻拓本匯編》第三十四册

天祐〇一二　于元□墓誌

天祐十三年十月十五日

【誌蓋】于府君銘

【誌文】

唐故于府君墓誌銘并序」

府君于姓，其先代江夏郡人也。軒皇之祚胤，錫姓封」侯，受宦此地。先祖諱賢，□□清高，書在先塋碑碣。曾」祖諱君德，才高行遠，名播四方，信義謙恭，馨香海内。」府君諱元□，藝通寰宇，志略超人，□□雅揚，共談美德。」不幸天祐七年五月十六日謝世，春秋六十有三。夫人趙氏，」思往年琴瑟，痛苦纏眠；念昔日同衾，情如刀割。孤霜七」載，撫育女男，謝氏之風，母儀有則。去天祐十三年九月」一日得疾終於私第，春秋六十有八。嗣子二人：長曰敬德，次」曰敬武。若雙珠並鷃，兩驥齊馳，善修彤盧之六均，巧製烏號」之初月。今乃考妣俱喪，孝行無雙，泣竹卧冰，古之虛唱。女一人，」適王公。新婦王氏，並承嚴訓，侍養無虧，暮省晨參，□□□」姑之禮。孫男三人：長曰彦威，仲曰盛兒，次曰翁兒。看如□」中之寶，愛似衣内明珠。既失翁婆之恩怜，空增想望。□□」天祐十三年丙子歲十月十五日葬於汾城西南五里。■」年深代隔，故立兹文，乃■：

君之德也，今古無疇。文武雙美，」禮樂全修。嗣子忠孝，大□□□。栽松植栢，永保千秋。

《三晋石刻大全・吕梁汾陽縣卷》

天祐〇一三　郭貞妻李氏墓誌

天祐十四年二月二十三日

【誌蓋】失

【誌文】

唐故夫人李氏墓誌銘并序」

太原郡郭君，先代出自姬姓之後，王季之胤嗣也。高祖諱，曾祖諱，祖諱翰。父在」堂，名貞。為其子曰：吾年九十，聞子之健，須与吾預修葬儀。母李氏，天祐四年」歿於私室，春秋七十有四。男三人：孟曰元禎，轅門授職，位至大夫，解職居」閑，未帰故國，新婦傅氏；仲曰元謹，幼從師教，長慕忠良，頃自干戈，隔於鄉」外，新婦魏氏；季曰元敬，見充天雄軍節度押衙、充驍勇馬軍指揮使，」金紫光禄大夫、守羅州刺史、食邑三千户、檢校尚書左僕射、兼御使〔史〕大」夫、上柱國。元敬壯年入仕，歷踐班員，万機不異於蕭、張，六藝俱超於信、」越。以家以國，盡孝盡忠。輔弼晉王，股肱唐祚。新婦田氏，知從天得，礼」自生，〔一〕孝行為先，無虧終始。養女四人：一人侍於崔家，一人適於孫氏，一人侍於王」家，一人適於張家。出嫁從夫，貞賢難疋。孫男六人：天德、張八、楊什、留九、謝留」、韓七。如初生之松桂，未琢之玫瓌，吐氣發言，皆合今古。元敬与田氏新婦」相謂曰：時逢唐祚興廢，南北争張，甲馬雲屯，戈鋋未弭。聞身壯健，何得」不謀孝事。遂帰故園，七百餘里，暫解兵權。於天祐十四年歲次丁丑二月庚辰」朔廿三日壬寅宅兆於潞府城西堯城西北原，礼也。恐山成碧沼，海變桑田，乃勒」石記名，要精厥美。東觀大禹，西接頂峯，南望羊頭，北臨三峻。其詞曰：」

李氏夫人，卓尔不羣。母之賢誓，子之出塵。揮戈却日，箭發如雲。」効文効武，立功立勳。匡扶晉主，欲定乾坤。驟帰故園，報母重恩。」瑩塼作室，築土成墳。著鄉黨之榮顯，播四海之傳聞」。乃刻石而為記，茲萬代之長存。

《西安碑林博物館新藏墓誌彙編》

〔一〕「生」下疑脱一字。

天祐〇一四　周承遂及妻李氏墓誌

天祐十五年十月十四日

【誌蓋】周公夫人李氏墓誌銘

【誌文】

唐汝南郡周公故夫人隴西郡李氏墓誌銘并序」夫人太上之後裔，玉葉金枝，李氏興焉。公祖諱潭岅，」父諱君亮。械社先營之内，身任盤龍冶務爐前押官，周」公名承遂之謂也。故夫人隴西郡李氏則第五女也。」夫人令淑有聞，母儀夙著，心仁愛於諸子，性柔奉於所」天。寔可謂軌範宗親，光榮□史，富壽斯短，懿德唯[馨]。」周公達理，仍假道銷。夫人爰因微瘵，救療無方，鸞鳳」雙飛，慘然失伴，去天祐十四年十月十六日終于大夜，」夫人春秋六十有四。只有子一人，名神旺，亦當務爐」前押官，並仁孝成身，允文允武，穿楊之美，七步詩」章。礼娶郭氏。有女二人：長適西河郡任氏，次適」蘭氏。有一人孫名觀音留。神旺等皆以哀纏五内，」痛貫六情，欲報深恩，號天罔極。今取天祐十五年」十月十四日葬於井陘縣陰泉鄉盤龍冶北一十里，買」得陘裏村東李行[同]地，周家將充葬地，卜墳千秋」永固。噫！德不延乎，[壽]筭良可。恐後桑田改變，隨谷」遷移，故勒一方之石，□為銘記。詞曰：」汝南周公，文王之宗。家傳勝美，八代門風。」夫人先謝，玉碎池□。[孤]墳悄悄，異徑神通。」悲風慘切，月照長[空]。

《中國考古學會第十五次年會論文集》

天祐〇一五　李脩墓誌

天祐十五年十月二十日

【誌蓋】隴西李府君銘石

【誌文】

■墓誌銘

■州北平縣令將仕郎試左内率■田超撰」

□生死者■達人觀之，則一明晦而已■」□□安危之慮者，誠□然也。大唐數鍾頹運，海内□騰■」□□不固臣節，僭跡日其憑淩諸藩。北平王志在維周，情深■」常全隣好，冀息姦萌，乃厚幣卑辭，以誘其意，故於銜命，每難其■」威名，來客中山。數歲□王待遇之恩極矣，乃就使燕庭□焉■」逆狀昭然，公常抗言，有不順之色。及守光登偽位，公遂死之。昔顔■」寇廷，竟罹寃辱，以此為比，未足多讓。公諱脩，隴西成紀人也。公始■」字，洎有室之歲，□鋒□百家之流，無所不至。其座上娛賓，軍前■」□湧緩頰盪飜□□□□□横之器耳。婚于瑯琊王氏者。公沉兇■」然夫人孀□□痛銜□□□名家之子也，動率典刑，雅道自防，見重□□其□□」德母儀之■哭終年哀無時既公遇害之歲■」□長曰僧哥■兒早亡。上台惠卹■」■次于幕中。於戲！公昔不□逆■」■知其□以天祐十五年十月廿日夫人乃■」□□安■無□□□超叨懿戚，偹熟芳猷，□□鄙詞，」□□其善，銘以誌之。銘曰：」

□□本枝，儒林秀幹。行瑩霜□，□□霄漢。詞吐横辯，心包□□。」□□□□□，使于叛臣。奮不顧人，□能忘身。憤彼兇逆，□□□□。」□此哲人，□□名節。犯難酬恩，□□夭折。勒銘幽泉，千古□□。

《隋唐五代墓誌匯編・河北卷》

中國國家圖書館藏拓

天祐〇一六　孔立墓誌

天祐十六年二月八日

【誌蓋】失

【誌文】

大唐魯國郡孔府君墓誌并序」

將仕郎前秘書省校書郎蔡廷若撰」

府君諱立，其先乃鄒魯聖人，垂教立世，二千年之運祚，五十代之流芳，」即其後也。」曾祖諱端，祖諱誼，考諱昉，皆矜持道行，鄙諸浮華，身」□在於人寰，心每馳於真境，鍾秀胄胤，資慶門宗。」府君即先府君第四子也。母孫氏，柔明令範，婉□門風，楚」宮之賢德可追，曹室之箴規復出。高堂養壽，舉族□□。□三人：孟」曰信，前守滑州司馬。仲曰謹，不仕。並以性質淳和，行藏□□，□□□嚴而」□□幼少，率勤儉而約彼家庭。季曰謙，右厢教練使、都鹽麴使、知」支度事。拔俗異禀，佐命殊才，契魚水之相須，值風雲之玄會，居然」國器，終秉時權。府君懽承附萼，孝極事親，常懷友愛之間，」自得融和之趣，戚屬翳重，交□歎降。於戲！神道時依，壽不我與，□□」於田前凋落，增悲於肱被同□。天祐十三年□月□日疾終，春秋享」年卅四。娶天水郡□□。□□人，名□，娶□氏。女一人，□□□。取天祐十」六年二月八日葬于魏州永濟縣栢社鄉西林村先塋之次，禮也。廷若」受恩門館，俾述銘辭。其銘曰：」

勞生息滅，道之達言。貴為人也，行乃守焉。行苟斯著，人實推先。」府君平昔，是美所傳。□□□禄，家風照燭。獨逝泉壤，何無壽禄。」慟過鴒原，悲連親屬。□諸翠琰，永遺芳躅。

《海岱考古》第十二輯

天祐〇一七　宋君墓誌

天祐十六年十月十五日

【誌蓋】宋公遷銘

【誌文】

大唐故宋府君墓誌銘并序

天以清氣得名，地以濁成刑，人以玄氣靈焉，四蛇二麗，遷變不常。先西河郡人，承亞父翁之敘，因官品焉，簪纓遠近，葉居高低，今散為靈石縣人矣。曾諱勖，祖諱儒。考諱憲，妣王氏。昆季五人：長弁，新婦李氏；次政，新婦任氏；次晟，新婦弓氏；次義，新婦楊氏。先□宋府君，因官立名儔，以謙稟志，平直居懷，公葉相傳，名彰寰宇。行以兩行之信，坐應十鄉之團，儀貌鑒鏘，言辭悄悄。今者未達，奈何春秋八十有一，天禄已終。去天祐九年自願造文柏細槨一口，身□門□。□□□閻氏，四德無虧，三從有志，采葉南陌，中饋北堂，誨示勤心，生繼兹益。罕得良年身邁，昊天難報，思其葬禮，順天之道，為身年耄，為孝竭力也。嗣子二人，手足長在後世，孟者行謹，仲者行段。新婦二人，孫氏、何氏，成家有禮，恭孝齊心，佳存參問之期，後有畢姑之德。府君有二女，長曰適寧，中曰適王，宗皆高門貴族，乃武乃文。孫男二人：長字獺子，次曰乘兒，李五□大□。孫女九人：長曰適□，中曰適侯，次曰適楊，住師、清姑、小姑、大昭、師師、小眲。長幼和睦，上順下從。以天祐九年壬申歲正月遂造生槨一口，即在目前，後或天命不達，遷葬於靈石縣介休鄉西宋村住宅西南一百步以來。其地南眺介袖，北望龍泉，西觀秦廟，東睹白牛之泉。其水一截，或沉或流，此乃伏恐桑田變改，水陸更移，年代況乃不同，陵谷即多遷異，琢石泉門，幽記於右。後去天祐十六年十月十五日遷葬。其頌曰：

來何因，去何緣，玉菟西移逝九泉。寂寞不知何處去，無形無影不回還。男女號逃何時見，空想生存在目前。千

秋万歲永長別，孤墳壟上伴霞煙。

其文自書

《靈石碑刻全集》

天祐〇一八　元璋及妻尹氏墓誌

天祐十六年十月二十七日

【誌蓋】失

【誌文】

唐故元府君墓誌銘并序」

夫元氏之宗，裔苗托拔，上望河南，累代英賢，備書史册。其後胤緒，逐任分」流，至于潞州大都督府上黨縣永豐鄉，子孫興焉。曾祖諱　，祖諱惠進。」府君諱璋，名傳百行，學贍九流，高卧雲煙，遨遊不仕。享年卌有八，已」龍紀元年九月三日寢於永夕。夫人尹氏，幼閑婦礼，長備母儀，訓子段〔斷〕機，」筵賓截髮。豈謂逝川東注，風燭難停，享年七十有二，已天祐十五年十二月」九日奄於斯室。嗣子弘審，廉節守身，謙恭入仕，處衆而信行無爽，在公而」文物有談，充節度衙前十將，兼通判官。次男弘實，小男弘紹，右静勝軍。並絶」漿泣血，五内分崩，叩地號天，無所追及。新婦吴氏、陳氏、孫氏，無虧婦礼，不爽」規儀，悲薤露已逢晹，歎秋霜之落晛，恨絶事姑之道，更無晨省之門。孫男」延勳，次男延暉，〔一〕充涿州隨使討擊使。次男留留、僧留等，並已竭誠瀝懇，選」匠搜能，破産傾資，同脩葬事。已天祐十六年己卯歲十月廿七日辛」酉啓葬於府城西南五里大營之野。其地

〔一〕邊側補刻有「新婦牛氏、新婦王氏」。

西限堯土，東狹龍山，南古」赤帝之壇，後倚玄邕之勢。山河作固，丘壠為牢，八卦俱分，四神咸偹。」既安松栢，永託郊原，伏慮代變人遷，難憑馬鬣，故茲刊石，述而」為銘。其詞曰：」

懿哉元氏，流派在茲。行存千古，言出九思。運催大智，天促人師。」巡寰生滅，往而堪悲。其二曰：」

啓葬郊丘，愁雲入暮。魂兮何處在，松檟但蕭蕭。

《秦晉豫新出墓誌蒐佚續編》

天祐〇一九　孟弘敏及妻李氏墓誌　　天祐十八年二月十五日

【誌蓋】失

【誌文】

有唐故成德軍東門親事兵馬使宅内鞍轡庫[專]知官銀青光祿大夫檢校太子賓客侍御史上柱國平」昌郡孟弘敏夫人隴西李氏合祔墓誌銘并序

鄉貢進士盧泳撰」

夫輝山照水，為間代之奇姿；刦日衝星，迺明時之利器。則芳流竹帛，價溢縑緗，雅属當仁，惟公謂矣。」公諱弘敏，字修遠，其先平昌人也。自周公華裔，魯國靈苗，枝葉相承，風神間出，弓箕不墜，英傑挺生。三皇五帝之」時，公卿継美；興亡戰伐之後，儒學傳家。或居侯伯之間，或在[帝]王之位，綿分史籍，益振殊名，令範芳猷，此莫」備載。曾祖緒，平盧軍節度押衙兼御史大夫。祖平，隱居不仕。考文德，節度都迴圖錢穀都知官。」皆以命世雄才，匡時重器，决勝含機之妙，早在彀中；扶危仗順之謀，素標術内。靡不雲間日下，青」眼白眉。府君即列考之長子也。丹青儁彦，冠盖英聰，窮二雅之風騷，富三冬之學業。自綺紈之歲，及齠」齔之

年，宗禮樂以成師，清名不墜；禀階庭而受訓，令躅長存。聲名益譽於儕流，遠迩咸欽於問望，乃策名霸」府，筮仕王庭。於天祐五年三月十日擢授東門百人將，雅膺刈楚之求，克赴招弓之命。公事」君無讒，懷風雷應變之機；臨事不□，定石席無移之操。俻彰績効，顯異儕倫。於天祐九年六月二日轉授□」□虞候。當武帳龍旌之右，居華資顯袟之間，苟非其人，不可妄付。公折旋俯仰，縱横盡叶於威儀；」開口發聲，譚笑無非於經濟。於天祐十年八月十一日轉授東門散將。當魏道武虎變之隄封，漢世祖龍飛」之分野，當兹上列，須命通才。公雅操孤風，横前絶後，尚淹豹變，久滯鵬摶。天祐十一年六月廿日又授」東門討擊副使、池潭都監官。若非公以謀偕首出，動必身先，即曷赴僉諧，膺兹妙選。雖遷鶯鴻漸，未展」其器能；而野鶴沖天，俾問其變化。天祐十四季六月廿一日遷授東門親事兵馬使、宅内鞍轡庫專知官。弥」彰事主之功，益勵勤王之業，實為當今獨步，曠古無雙。講武則馬上塵飛，平差往哲；論文乃席間霧卷，」下視群英。仰之者如軒鏡庖刀，望之者若靈蓍神蔡。時以群袄未滅，唐運道銷，雖銜列土之恩，久」曠通天之命。我后以承本朝制命，旋加銀青光禄大夫、檢校太子賓客、侍御史、上柱國。既捧絲綸」之命，弥光宗族之榮。驄馬銀章，益焕庭闈之貴；繡衣蘭省，永芳藩閫之資。其或持聘四方，折衝千」里，幅裂瓜分之際，鯨吞虎噬之秋。公居秦返璧之謀，何稱往代；入宋登車之對，罔繼高蹤。恒抱義以戴仁，」每揚清而激濁。本冀永延遐壽，齊彼仙年，嗟隟駟以難停，歎藏舟而莫住。日中月半，虧盈之大數寧逃；雷動」風行，閃爍之浮生可類。以其天祐十六年十二月十七日寢疾殁於鎮府永樂坊之私弟，年卅。夫人隴西李氏，」故節度押衙、平山鎮遏使之女也。閨庭頗叶於周詩，令淑光標於女史。方拘荼蓼，哀瘵不任，相次寢疾，於天祐十」七年十月四日殁於永樂坊之私弟。姊適故節度衙前兵馬使楊璋，即故東門討擊副使、宅内染坊都監官之子」也。鏘金雅韻，凄清凋叶於宮商；凌雪貞姿，秉節罔

辭於霜霰。姊早慕竹軒，幼棲寶地，達三乘之生滅，智刃恢弘；分□」業之色空，心源浩渺。於深妙寺住持院宇，考課継文，為至教之津梁，迺佛門之規臬。妹適鎮府逐要賈燁，□□山縣令、防禦兵」馬使之長子。珪璋令胤，杞梓名門，抱達人君子之風，體動静安危之理。沖襟磊落，清濁不撓於心源；節操堅貞，喜慍罔形於顔」色。次妹適東鹿縣令、防禦兵馬使李思業，即親從左廂都押衙、都迴圖商税使、檢校尚書右僕射、侍御史、上柱國之長子也。」驪頷明珠，藍田瑞玉，宣風百里，遐欽馴稚之謡；布政一同，雅有去蝗之化。有子二人、女二人：長曰守振，見充東門義兒，辯同弃菓，智」邁刻舟，雖當佩韘之年，頗有成家之慶。次曰守謜，兼女二人，俱幼。並以銜哀茹恨，泣血絶漿。府君幼而不群，長而好學，」世嗣為裘之美，家傳積善之風，實為鷹揚盛時，鶚立當代。迴顧而珠明玉潤，蕙馥蘭芳；援毫而雪落霜飛，鸞」迴鵲返。其或携賓東閣，接客西園，花徑春深，陪躅者金聲才子；軒窻月滿，侍讌者鳳藻詞人。恒飛盖以忘疲，顧倒屣而無」倦。不意旋悲風燭，遽隔人寰，俄為岱□之魂，已断涉洹之夢。悲纏里巷，痛叢蘭之忽凋；涕結宗親，傷貞玉之斯折。今者龜筮告」吉，窀穸云期。長子守振取天祐十八年二月十五日遷府君夫人之柩葬於石邑縣泜水鄉趙陵村，祔先塋之禮也。庶使封樹」凋落，陵谷推移，篆金石以流芳，振英規而不朽。泳才微學寡，調下格卑，考拙思以徒窮，紀殊名而不盡。乃爲銘曰：」

琳瑯重器，瓌玉奇姿。士林懿範，明代箴規。凌顔轢謝，閲禮敦詩。優游顯級，頡頏華資。昴宿鍾靈，河精孕粋。」蘭菊弥芳，昆吴益淬。峭拔三峯，晶熒五緯。英傑冠時，風猷出世。車纓滿路，簪履盈門。名芳青史，貞比蘭蓀。」鏘金嘎玉，奕子傳孫。麟走晴田，鳳翔秋漢。價溢天球，名超日觀。命世英奇，標時儁彦。皓月鋪霜，澄江瀉練。」輔佐君子，女史良規。行揚麟趾，道叶螽斯。椒花麗藻，柳絮清詞。克修婦道，動叶母儀。松椿減筭，龜鶴銷齡。」盃無延壽，枕失長生。宗親結恨，里巷傷情。雲愁遠嶽，煙慘孤旌。薤露難留，風燭莫住。玉碎珠

沉，鸞歸鳳去。」二豎灾時，兩楹夢處。刊茲貞珉，芳音永固。

《隋唐五代墓誌匯編·河北卷》
《京畿冢墓遺文》卷下

天祐〇二〇　竇真墓誌

天祐十八年十一月四日

【誌蓋】失

【誌文】

唐故洛州河南郡竇府君夫人墓誌銘并序」

皇祖諱幹，皇考諱意，府君諱真。先宗虵縈武公之胤緒，因官」逐任，寄家於魏，歇絶年深，今為朝城縣人也。府君英髦博雅，識達多聞，聰」□士以深交，信義心於益友。不求榮禄，惟慕清閑。或命儒官，時遊精舍，」與名僧而話道，追達士以傾罇。風月優遊，林泉賞翫。奈何福乖禍湊，疾」篤運窮，致董藥之不靈，使秦醫之失診。春秋六十有四，寢疾，去天」祐十八年二月十四日終於魏府家之私弟也。前婚張氏，歲不盈深，正當」桃李之顏，俄逝風燈之壽。公乃儀懷嗣業，息保延家，再託良交，重逑」善媛，與隣黨隴西李氏爲親。嗣子一人，延嗣。姪男二人：延威、郭□。」晉主徵奇，榮官輔□，□充馬軍指揮使。女育三隻：長女十一娘，適王氏高門；」次女盡適良家，偕登顯立。夫人與兒女持孝，號天泣血，那堪毁滅。」頃奉葬儀，崇塋掩袝。卜得天祐十八年歲次辛巳十一月壬午[朔]□」日乙酉葬於先塋之後。其墳菜堤，東靠引勢而龍蹯；古原曹疃，西」瞻聳樹而雲生。南望廣陸寬平，玉篳筵階北附。歲遠海竭山平，」礱石鐫名他尔。辭曰：

嘻嗟府君，舉止風雲。交朋出衆，」見解超羣。何圖殞落，四海驚聞。又辭曰：

府君舉止」多風雅，誰為淪亡今日下。露滴郊原秋草梢，行人泣血相逢灑。

《新中國出土墓誌・河南壹》

天祐〇二一　王君及妻張氏墓誌

天祐十八年十一月二十一日

男■」

【誌蓋】失

【誌文】

唐故王府君墓誌銘并序」

府君□開封府前昭義軍□□討擊使、充襄垣鎮□官、銀青」光禄大夫、檢校太子賓客、兼監察御史、上柱國、□□郡王□。」是周姬之□□，□子進〔晉〕之苗裔，□□公之後，因官□任，分派九州，是」潞州大都督府襄垣縣人也。□□者■者」□□□之期，凈名疾□方□國，□志於□朝。夫■悲顏回乃」逝川之歎，人如□□電影，須臾一□之□■高祖諱　，」曾祖　，王考諱敬，王妣李氏。府君諱■天祐十五年」二月十三日歸於私第。夫人張氏■去天祐十■日歸於」□壞。府君乃神儀出衆，□□早□，■早隨」於風燭，■聞於謝」則將為□□彭■何啚■瘁」則有祀子■張郎婦，新婦李氏，孫男吴七、□兒、吴九，習」曾參之孝道，□□子之恭勤，■天祐十八年□□辛巳十一月壬」午朔廿一日壬寅□□□於襄垣縣西北三里□□平原之野。其地也，」東觀彰水，西眺長途，□□鹿■倚□□之嶺」。其兆也，左青龍兮右白虎，前朱雀兮後玄武，■金錢銀」錢買墓。其詞□曰：

噫嗟府君，□□□□。公忠王□，」□□軍門。於□□□，於衆不□。□□□土，禍及□門。至孝罔□，」感動

□□。光明再覩，祫祔亡魂。泉臺一閉，万古千春。

中國國家圖書館藏拓

天祐〇二二　秦君墓誌

天祐十九年正月十五日

【誌額】秦府君墓銡名〔銘〕

【誌文】

唐故秦府君墓誌名〔銘〕并序

■壠〔隴〕西郡。維天祐十九年歲次任〔壬〕午正月壬朔十五日丙申，先代翁婆考妣，伏惟住居洛州臨洺縣里仁鄉通遐坊□□秦暉遷奉，澤〔擇〕得時辰，先伐〔代〕墳向在臨洺縣西南，去城三里。南望玉參崗，西望三文□，北望獨山寺，西北趙家河及塔院，東大官道。先伐〔代〕公□還，夫人張氏。阿伯宗，伯母干氏。皇考諱恭，妣劉氏。生二子，長子□暉，次子□威。女小保。孫万迴，新婦畢氏。阿歸、阿保、牛兒。新陳。弟二，新張氏。中寺東有宅，東至邊判官，南至成度，北至張倉官，西至堦。後□武安縣買致居，東至賈判官，南至李迺，西至張侍□，北至堦。伐〔代〕深遠，井□變更，遂刻石為記，名章不□。

《京畿冢墓遺文》卷下

天祐〇二三　任茂弘妻高氏墓誌

天祐十九年正月二十五日

【誌蓋】任公夫人高氏墓誌銘

【誌文】

唐故代州刺史任公尊夫人高氏墓誌銘并序」

昭義軍節度副使朝散大夫檢校右散常兼御史大夫上柱國賜紫金魚袋姚崇休撰〔一〕」

[高]之得姓，[始]自齊太公，食菜於高，因以為氏。尊夫人門修」儒素，世襲簪纓，雍和為族緒之宗，德行乃風規之表。及笄之」歲，適于令門，婦道禀於生知，母儀贍於天副。卓然之」子，昆季五人，莫不懽奉慈嚴，敬祇甘滑。長曰圖，」皇歷典郡；次曰回，皇累字人；三曰圜，副起復於重藩；四曰團，」遵抑奪於雄府；五曰囧，方晦居於禮製。唯二女早帰娉於」德門，皆以才業馳聲，軌儀臻譽，[擅]濟國肥家之美，蘊輝今」暎古之能。內外諸孫，訓勗無怠，男即著功於習學，女唯」勵志於賢明。積善弥隆，餘慶果驗。」尊夫人每精調攝，常保乂寧，寢興遽爽於朝昏，毉治空勞」於藥餌。輔德之契，何縱誕而無徵；福善□言，豈流芳而寡信。」信天祐十六己卯歲十一月十四日薨于潞州子城之公第，享年六」十有九。壬午年正月廿五日合祔於汾州西河縣文信鄉上」文里。崇休幸連戚屬，早熟聲輝，無愧荒虛，敢申紀述。銘曰：」

惟道素光，惟名夙彰。詩禮並茂，德行齊芳。喜□容動，」怒不氣傷。恢廓之量，万頃汪洋。令子才謨，[超]然間[代]。」別有風[範]，□因訓誡。郡謌政美，邑稱民泰。贊佐之能，」藩方是賴。矧茲懿問，何曠脩齡。奄歸大□，當固泉扃。」逈野摧岳，長空墜星。紀于貞石，千古垂名。

《三晉石刻大全・呂梁汾陽卷》

《山右石刻叢編》卷九

〔一〕「常」下疑脱「侍」字。

天祐〇二四　王神貴及妻崔氏墓誌

天祐十九年正月二十七日

【誌蓋】失

【誌文】

唐故王府君墓誌銘并序」

夫王氏之宗，周初啓姓，太原首望，裔胤諸方。其道也仙藉芳」名，其利也融銅作寶，累朝英傑，斯不偹宣。宗嗣派流，分枝從」宦，至于潞州大都督府上黨郡城，子孫興焉。曾祖諱　。」祖諱公亭。府君諱神貴，性本優游，行唯端肅，弓裘作業，禮」樂成家。享年六十有八，以天祐七年八月廿三日寢于永夕。夫人」崔氏，懿範早彰，令儀夙著，義諷殷雷之什，德芳葛藟之榮。」豈謂歲不我與，逝川東注，享年七十，以天祐十五年正月廿二日」壽終私室。嗣子仁建，養親廉謹，侍主忠懃，恒揚君子之風，」□偃小人之草，充節度衙前兵馬使。新婦解氏。孫男敬銖、」敬能、敬崇，未全指教，忽爽□憑，泣血號天，追思莫際。□侍」以禮，奄偹泉儀，捐弃家財，同修葬事，乃以天祐十九年壬午」歲正月廿七日啓葬於府城西南五里平原之野，刱立塋」園。其地堯壇右暨，長溪左旋，南瞻火帝之鄉，後倚長豈之」位。四神必偹，八卦咸全，丘壠為牢，山河作固。尔乃卜其宅兆，方」託歲寒，益造玄堂，冀安松栢。伏慮人遷代易，馬鬣無憑，刊石鐫銘，以俟」千古。其辭曰：

懿哉王氏，分派雄州。日月催逝，身去名留。」瑞色同慘，隴雲增愁。泉門一閇，万古千秋。又曰：」

卜宅得平原，藏金向九泉。四神皆守護，䰟魄自安然。

天祐〇二五　王弘裕及妻常氏墓誌

天祐十九年四月二十日

【誌蓋】失

【誌文】

唐故王府君墓誌銘并序」

府君諱弘裕，字廣美。其先太原人也，本周靈王之苗裔，是晉」司徒之宗源，後以因歷宦途而居潞府者矣。」府君曾祖瑜，祖昉，父渙，並以忠貞輔國，孝義承家，已於前銘倫陳」芳盛。府君明逾樂鏡，量廣黃陂，包武略以致君，時推茂業；抱」文機而贊主，衆仰雄能。以廣明元年奏轉銀青光禄大夫、檢校侍御」史，莫不居官莅職，竭節酬恩，每陳匡救之規，盡是安民之策。親朋」欽重，侯伯傾知。比望更俟寵昇，別迎光大，何期疾纓二」豎，藥滯千方，難逭大期，魂歸冥寞。去中和二年五月十一日終於私弟。」夫人常氏，姿貞珪玉，行茂椒蘭，宜家之美譽尤彰，徙宅之賢能迥」立，六親仰則，九族欽風。比望瓊樹長春，蕣華永茂，何期忽遭罹乱，弃」蕩城隍，命逐霜鋒，魄隨雲散。去天復元年八月十三日終於私室。」府君五子：長珣，天祐九年亡；次福郎，幼亡；次喜郎，幼亡；次審瓊；次審琪。孫男六人：長守恭，次守謙，」次張九，次憨兒，次張十，次小憨。孫等並姿神表異，風骨標奇，皆雖齠齔之年，咸」禀溫良之善。審琪與兄審瓊，幼失天廕，長殁元昆。春秋之薦祀空陳，」攀思莫狀；定省之恭勤永隔，惟恨終天。琪即守職轅門，瓊乃閑居嘯傲。頻經」兵火，孝道難申，今則卜筮叶從，乃營葬事。故於天祐十九年四月廿日葬於府」西南五里之原，并合祔亡兄嫂於塋内。其塋川原秀異，神位俱全，是藹鬱之」佳城，乃興隆之吉地。但慮時代更變，國邑遷移，故勒貞碣，以為銘曰：」

偉哉府君，王侯所倚。江海成量，珪璋作器。」方將直道，別迎勳貴。天喪賢良，俄歸逝水。」淑善夫人，志貞為

美。動合閨儀，言閑詩禮。」何期一旦，釰鏡俱毀。合祔茲塋，千秋記矣。

天祐〇二六　孔昉及妻孫氏墓誌　天祐十九年十月八日

【誌蓋】失

【誌文】

大唐故魯國郡孔府君樂安郡孫氏夫人合祔墓誌銘并序」

將仕郎試秘書省校書郎蔡茂辭撰上」

粵若國封集慶，邑里儲休，或昭著士風，顯揚婦道，雖逝歿難逃於大化，豈音徽遽泯於芳塵。」苟非鏤彼他山，表于閟寢，則聲猷胤胄，曷傳不朽者哉。」府君諱昉，聖裔流芳，玄風毓德，綽有餘裕，延于後昆。曾祖諱　，祖諱誼，烈考諱端。咸」履太平之運，沐浴淳風，遺跡囂煩，矜持道德，形存聚落，思入煙霞。府君三葉承休，一宗致美，」温恭植性，禮樂資身。馭家而名重孝慈，接友而誠推信義，乃勤乃儉，示教垂規。以大順二季」五月十八日寢疾終于永濟縣私舍，享年四十有六。即以　月　日葬于貝州永濟縣栢」社鄉西林村，祔先塋之次。樂安夫人族係源流，其來蓋遠。大者乃帝王基業，稱盛於」六朝；次者則將相冠裳，迭興於列國。派分九土，家偶兩河。曾祖諱　，祖諱　，烈考諱鈞，」皆虔修素節，以歷清時，悉究典墳，游情儒雅。或以閨庭多故，戎馬方興，因鄙宦名，不昇仕禄。」夫人生在慶門，裔傳高族。功容言德，四者之備推；敏惠柔明，六親之咸仰。是從笄歲適于」魯國孔公，允叶先近，瑞此良宗，孰侔合姓之榮，誰並宜家之美。芳淑春煦，貞苦寒生。洎乎婦順」揚名，内風振譽，弥隆體律，日勵兢脩。以中饋蘋蘩，職靡乏於閨壼；肅雍婉孌，情更睦於宗親。」敬事舅姑，義敦長幼。及遵

魯國公之禍舋，哀極未亡，梁木先摧，高梧半落，鉛華」委弃，禮制斯終。積邁年光，倏及耄齒，属衰羸之漸逼，勉筋力之自持。常以志篤孝慈，訓」嚴家務，孜孜夙夜，寧暫捨諸，校類時倫，孤絶懿行。是宜更延上壽，寔曰明神，何期福善」之言，徒示聖人之教，竟悲號於内外，俄慘沮於閨庭。即以天祐十八年十二月二日寢疾」終于元城縣北歸善坊之私弟，享秊七十八。魯國公有子四人：長曰佶，朝議郎、守」滑州司馬；孟曰謹，將仕郎、守德州長史；仲曰謙，天雄軍右教練使、知支度、金紫光禄大夫、」檢校司空、兼御史大夫；季曰立，早歎逝殁。女四人：長適郭氏，早亡；次適高氏；次適張氏；次適蘇氏，早亡。」支度司空幼熟庭訓，綽有公才，知書而已在華年，幹事而尤彰積歲。豁澄明之雅抱，肝」鬲全窺；挺磊落之奇姿，峯巒聳列。紹襲餘慶，振發清門。乙亥歲，以魏人患樂土之未」安，苦偽庭之臨制，願戴英主，以便斯民。丹誠既達於汾陽，旆旆俄臨於鄴下。洎今」大王兼是三鎮，逮茲八年，轉戰平兇，枕戈卧甲。府城自兵火之後，儲蓄皆空，力困一方，師」屯十万。遂使時衣日食，供餽無虧；悦士酬功，賞宴靡闕。但繫軍國之給費，悉能經構以」不僁。非司空别負殊才，迥鍾奇見，誓竭忠義，仰奉霸圖，將成致」主之勳，首建經邦之策。不然者，曷集大事，以荷明恩。其贊德論功，已馳内外，縱」踈毫治墨，豈暫稱揚。滑州司馬、德州長史雖適譙居，早分秩序，俱以秉持事行，禮接」交朋，榮被家門，譽傳鄉黨。唯滑州司馬與諸弟早丁内憂，皆少孤，以預世務，承」樂安夫人撫養之外，訓授詩書，推勤儉之風，諭温恭之道，俾其謹守，無怠執持。及乎上肖」祖先，各顯仕位，蓋出夫人賢明聖善、教誡保安之義也。既夫人飲膳乖和，攝」調爽候，司空洎滑德長馬乃疚懷軫慮，焦思勞神，靡上藥之不求，有名醫之悉訪。精」窮攻治，潔禱靈祇，徒竭人子之誠，莫去膏肓之寇。容儀宛尔，神魄潛飛，盡室哀摧，五情」痛裂，難追慈廕，永隔幽明。繇是重啓壽堂，載新吉兆，塗蒭俻物，戚属咸臻。即以」天祐十九年十月八日祔葬于魯國公之墳，禮也。噫！芳猷懿範，没齒遺名，非紀刻之長□，」慮音塵之遽歇。茂辭跡叨門館，俾盡褒揚，諒匪文辭，但遵指命。其銘曰：」

万物俱生，人實為貴。在修名德，乃超群萃。松篁比堅，芝蘭襲氣。魯國平昔，禀□□□。」樂安氏族，懿範柔風。兆符吉禮，適我良宗。賢淑貞静，婉娩雍容。垂則垂訓，婦言婦[功]。」逝浪難停，藏舟豈固。相率夜臺，同晞朝露。寂寞郊原，凄凉封樹。浮世睽辭，徽音布濩。」承襲令子，有後榮家。邦土上佐，門弟光華。都城忽别，旌旐逾賒。琢石褒美，年祀無涯。

《海岱考古》第十二輯

天祐〇二七　唐君及妻□氏墓誌

天祐十九年十月二十四日

【誌蓋】失

【誌文】

唐故唐□[君]夫人　墓誌銘并序」

夫日中則昃，月盈則虧，日月上有虧盈，人倫豈免乎生死。」望在兖州魯國郡西公之後，玉樹分枝，或因逮運殊方，」子孫因而継此為潞州上黨人也。高祖諱用，考諱琮，」忠信正直，[德][厚]高明，非不言，[一]非道不行。兒傳千里」之姿，諒納百世之慶。衰容抱疢，奄從風燭，享年七十五，」終於私地。夫人長習母儀，敬親傳孟母之名，愛子有」擇隣之德。奈何天不積善，禍及清貞，[則]以終於私地。」[孤]子新婦，號天叩地，泣血絶漿，即以天祐十九年壬午之歲」□月廿四日庚午日合附於府城西南約三里平原之地。」有男唐立，新婦韓氏，孫男小[哥]，孫女十六，小姊□。」東連百谷，西接章賓，北望三山，南[遠]松柳。慮田成碧水，海變倉山，今古人[悉]，勒之貞石。」乃為詞曰：

[一]「非」下疑脱一字。

三端有典，六藝無虧。小男孝養，恭敬」礼備。万物家肥，睦睦夫人。享年□室，秦晉為親。」西薗苑如桃李，東閣每每招賓。同歸幽室，」□古千春。

《秦晉豫新出墓誌蒐佚》

天祐〇二八　王鎔墓誌

天祐十九年十二月

【誌蓋】失

【誌文】

■同三司守太師兼中書令鎮州大都督府長史上□□■」■

■大夫檢校禮部尚書兼御史大夫賜紫金魚袋盧質撰」

■校尚書□部郎中兼御史中丞賜紫金魚袋任□書并□□」

■二□□。居無何，賊起，黄巢兵經」■涉險，九州版盪，唯玆全趙，□□安邦。一百五十年間，中外」■有□有恒，不僭不濫，相承四世，光輔十朝」■有□。及其叔世□□□□於□，姧邪得伺其便，雖為常數，良」■山發源，始於□□，至于□代，乃有太原瑯琊，分彼二流」■」■之□也。[顯]忠力於邦家，[揚]捍蔽於■」■等州觀察處置等使、金紫光禄大夫、檢校太傅、同中書門」■封二百户，贈太師，謚曰忠。在」■山□□□□□鬱為盛□。□銀青光禄大夫、檢校尚書左」■命□，累贈司空、司徒、太尉、太傅。在」■三□□□□封人臣之[極]」■皆踵前脩，考終令□，□曰忠穆。」■」■中□□年，遂授鎮州兵馬留後。來年起復，真拜繼世焉。以」■太原郡開國子，食邑五百户。在疚畢喪，非公事」■相□，信睦交修。中和五年，加開府」■檢校太保，封常山郡王。文德元年，又昇太傅」■封□百户。□順元年，就加檢校太師。未幾，授澤潞邢」■[五][年]□□□書令，進封北平王，增

爵共六千户，實封」■賜敦□□定久大功臣。來年又册拜太師，增爵一万」■遠圖。無何，事背防萌，衆迷逐末，納羈新於」■由兹一□乱構，兇徒毒流王氏，屠害全族，殘」■」■夫人隴西李氏，父李全義，皇任檢校工部尚書」■不越旬日被害」■守侍中。次曰昭□□□□□□□部落都知兵馬使、檢校太保，皆」■推官李■」■懷□惡，六經大□，何止於救患卹鄰，五下」■前□□□□□□符習」■天祐十八年秋八月六□□□□公舍■」■代□□□而終。賊男處瑾，□父自立，處球□煞其兄。十九年平」■以□□□□幽冤，盖明義舉。今以青烏□吉，丹旐有歸，■」■十二月廿□日■趙國夫人合葬於真定縣新市鄉廉頗里壽陽崗，祔于」■」■府。螫手之蛇，反噬之虎。梟鏡興祆，恩義□負。全族盡亡，」■□師一興，飛走無處。逆首就擒，属封尋撫。衅血□□，申冤告□。」■。

《八瓊室金石補正》卷七九

《唐文拾遺》卷四六

傅斯年圖書館藏拓

同光

同光〇〇一　王處直墓誌

同光元年二月五日

【誌蓋】唐故易定祁等州節度觀察處置等使檢校太師兼中書令北平王太原郡王公府君墓誌銘

【誌文】

大唐故興國推忠保定功臣義武軍節度易定祁等州觀察處置北平軍等使開府儀同三司檢校太師兼中書令北」平

王食邑五千户食實封三百户太原王公墓誌銘并序

節度掌書記朝請郎檢校尚書禮部員外郎柱國賜緋魚袋和少微述」

噫！壇早登於南鄭，授鉞專征；火不照於甘泉，防秋有策。蒼生父母，元首股肱，豈素王之一字能褒，《洪範》之九疇可紀。且」措天聳勢，躡緱嶺以從周；與海通波，卜淮源而自晉。出桐栢以流慶，吸銀篁而上昇，固蔕興隆，兹為始祖。」公諱處直，字允明，并州晉陽人。曾祖諱仁俊，贈司徒。不沾時名，咸仰國器。祖諱全義，贈太保。瑞吐三芝，香摇」八桂，望重而陳榻難下，胤長而于門預高。列考諱寮，神清而華表翹風，鑒徹而菱花照膽。蛟龍得水，非復池中；」鳴鶴興言，宜歸日下。不有英特，胡以感賢。公即太保之元子也。公禀申嶽而生，應蕭星以出，才兼將相，」皃焕丹青。致之以家肥國肥，贍之以天爵人爵。頃以家居帝輦，譽滿國朝，天子方切旁求，正迴乃睠。旋屬」公之元昆忠肅公榮膺寵寄，出臨是邦。忠肅公以藁臺屹於前，涿水横於後，統中山之重，居大國之間，假以鴒原，」制兹勍敵。乃具表聞天，奏公易州刺史。民穿五袴，政洽六條，聲績遐彰，綵綸復出，授祁州牧。易民有語，奪」邵父以何之；祁庶興謡，恨廉公之來暮。四人懷戀，兩郡攸同。公初綰馬步都知兵馬使日，以中原逐鹿，」聖主蒙塵，强臣擅舉於干戈，諸夏咸憂於吞噬，思而護境，莫若訓兵。由是三令五申，無敢犯者；十羊九牧，悉皆去之。軍」旅纔精，燕趙起釁，夾攻覆背，二十万餘。公與忠肅公當半揚威，登先示勇，前後不過萬卒，南北大破二師。」乾寧歲，忠肅公猒世，復贊猶子太尉六載。公以元昆奄謝，竭力弥深。無何，光化年庚申歲，兔苑胤兵，朱」温犯境。公奉猶子之命，統師前戰。自旦及午，未决勝負。公即冒紅埃，衝白刃，戰酣而天昏日暝，苦鬬而」劍缺弓殘。以鄰封困城下之盟，十道縱連衡之勢，公身被數鏃，量力而退。猶子太尉慮有九攻之患，誰先二」子之鳴。事出蒼黄，路馳阡陌，以至守陴動泣，累卵同危，共憂磐石之基，即落他人之手。及公戰罷來歸，即比屋」連營，且悲復喜。民知有主，城保無虞。朱温懼我公燒齊牛之秘策，縛吕虎之威聲，歃血而

盟，論交以去。乃軍府」官吏列狀詣闕，乞降新恩。昭皇以公救無哭秦，圍能解宋，四年五月授節，就加檢校尚書左僕射、太」原縣開國男。衣唯浣濯，食匪珎羞，救時垂傅説之霖，憂國灑袁安之涕。天復三年秋，加檢校司空。寵下煙霄，秩高水土。」未幾，又加司徒、中書門下平章事。宛居侯伯之尊，復在陶鈞之地。天祐元年，加太保，進封太原郡王。屢降皇華，疊」褒清望。至四年，加太尉、兼侍中。持國璽之榮，隔雲屏之貴。六年，加開府儀同三司、檢校太師、兼中書令，進封北平王，食」邑五千户，食實封三百户。勳名益振，位望弥隆。公不獨手注《春秋》，緣情體物之盛，實乃普弘三教，深入九流。能」終捨於孟明，復先尊於郭隗。是得蓮紅暎幕，運刀筆者阮瑀、陳琳；柳翠遮營，屬櫜鞬者廉頗、李牧。每以鳴蛬促夜，戴勝」催春，即念機杼之勞，感耕耘之苦。時或農谹東作，旱暵西郊，乃冒炎天、去高盖，虔肅敬、禱靈祠。奠酒未乾，油雲四合，而」急迴馬首，即已頓龍髯。長吏屢陳飛走之祥，疊聞稼穡之異。公曰：儻有蜚為灾，田盡分歧而何益；但荒鷄卷舌，」禽無似雪以寧妨。時盈郊列肆，輿人相聚而謌曰：我有户兮夜不扃，我有子兮不為丁。田疇結實春雨足，烽燧沉光秋」塞寧。若非琬琰留德政，万古之人何以聽。於是螭首龜趺，鼇擎一朵，龍章藻麗，鳳吐千詞。至十八年冬，首謂其」次子太傅曰：吾雖操剸未退，但情神已闌。況當耳順之年，正好心閑之日。若俟眸昏齒落，方期避位懸車，慮廢立之間，」安危是患。即五湖之上，范蠡豈遂於遨遊；三傑之中，留侯不聞於獨步。成其堂構，襲以門風，勉而敬之，斯言不再。」太傅感其嚴誨，涕泗交流，雖欲勞謙，誠難拒命，其年遂立。秦南山四皓，慶不及於子孫；漢東門二踈，榮止聞於身」世。唯公之清譽，千古一賢矣。公乃歸私第而習《南華》，爇奇香而醮北極。行吟蔣逕，春草生而緑□池塘；」坐酌融罇，餘花落而香飄户牖。於戲！膏肓起歎，脩短難移，琱弓影落於盃中，喘陌聲喧於床下。以廿年正月十八日薨，」享年六十一。慘動風雲，悲纏遠迩。公娶博陵郡夫人崔氏、豳國夫人費氏、楚國夫人卜氏，並先」公而終。復娶隴西齊國夫人，疾以奉藥，薨乃事喪。有子八人：長曰郁，新州團練使、特進、檢校太保；次曰都，宣力啓運」功臣、起復雲麾將軍、檢校太尉、兼侍中、上柱國、太原郡開國侯、食邑一千户，即楚

國夫人之子也；次曰鄯，光禄大夫、」檢校司徒、守左驍衛大將軍；次曰郇，光禄大夫、檢校司徒，早亡；次曰邠，金紫光禄大夫、檢校刑部尚書；次曰邾，銀青光」禄大夫、檢校左散騎常侍，早亡；次曰郴，檢校右散騎常侍，早亡；次曰鄍，檢校太子賓客、左千牛衛將軍。有女五人：長女」早亡；次適幽州中軍使周紹弼，早亡；次適北京留守李存紀；次披剃；次在室。明年二月五日葬於曲陽縣敦信鄉仰盤」山之内，楚國夫人、博陵郡夫人、豳國夫人並祔於穴。公素尚高潔，遐慕幽奇。觀夫碧甃千巖，春籠万」木，白鳥穿煙之影，流泉落澗之聲，實遂生平之所好。今府主侍中虵断兩頭之時，已彰陰德；楊穿百步之外，」別著文詞。雅為社稷之臣，式稱山河之主，相門有相，代不乏賢者歟。故能選彼龍崗，成兹鶴吊，畢大制而遺言□」偹，固夜宮而靈魄自安。尚慮三峽舡中，或懸峭壁；千年石上，難認佳城。銘曰：

入掌鴻鈞，出臨巨屏。帷幄運□，」鹽梅在鼎。其一。　緱嶺從周，淮源自晉。水闊山高，果隆後胤。其二。　生符大昂，譽滿皇州。高褰衛幕，塵清鴈□。其三。」解印懸車，東門二疎。嘯長夜静，詩成雨餘。其四。　倏短難移，膏肓不起。山落□陽，川傾逝水。嗟乎嗟乎，」浮生已矣。其五。　葬往兮青岑，俄悲兮古今。猿鳥兮風起，松蘿兮霧深。晨露零兮憂君淚，夜月懸兮報國心。」營畔依依愁細柳，隴間寂寂掩鳴琴。千里行人共興感，樹樹甘棠鋪舊陰。

《五代王處直墓》

河北省博物院藏石

同光〇〇二　盧文度權厝記

同光二年二月十一日

【誌蓋】失

【誌文】

唐故翰林學士銀青光禄大夫行尚書兵部侍郎知制誥上柱國范陽縣開國□」食邑三百户盧公權厝記并序」

朝議郎守中書舍人柱國賜紫金魚袋□□撰」

公諱文度，字子澄，范陽涿人也。考乎氏族，則神農炎帝之祚胤也。暨十三代□□，□」派繁衍，具諸簡籍，今莫得備述。然其祖祢間，遁時者則有神仙，濟世者則有將□，□」知是於積功累行所鍾者也。又分南北二祖，其實一宗焉。公乃北祖第四房□□。」曾祖諱綸，皇任河中朔方副元帥參謀、檢校户部郎中，累贈□□。烈祖諱簡能，皇」任駕部員外郎，累贈司徒。顯考諱知猷，皇任檢校司空、□□□□□，累贈太師。」公即太師第二子也，幼則奇骨異表，壯乃博識强記，平生□□□□□者，覽之如夙」習。出言成章，落筆如流，一時儁彦，莫之與京。一舉擢進士上第，□□□宏詞殊科，當」時品流，無不開路者。釋褐秘校，次任小著作，旋戴豸冠，□升□□。俄遷左樞小諫。□」蹉榷以赴，已知勃□之勢，不可得而□也。未幾北飛，仍服銀艾，轉左史充職。朞月，遷」小績知制誥，加以金組。俄為右司正郎，司言之稱，喧於中外，紫微真秩，兩加成命。」尋乃首冠玉堂，猗歟猗歟，天臨筆硯之澤，於斯一何盛哉。陟民部、戎曹二侍郎，依前」視草。時以貢籍之重，論者僉其才可，乃拜春官，振滯汲才，頗叶於公議。然有唐三百」年，無盧氏主文闈者，公始闢之矣。俄轉右轄，一入禁苑，十有五年，揚歷三署，華顯」十資，所謂稽古之人也。洎右轄歸南宫，兼判二銓，加馭貴之階，開五等而食邑。」復為五兵侍郎，佐丞相，顯史筆，仍總選部東銓事。同光初，王師收復中原，六合混一。是」時内制缺官，復詔入掌誥，密勿之地，平闚霄漢。無何，盃影疑虵，床聞鬭蟻，竟為二」豎之所困。同光二年正月十六日薨于福善里私第，享壽五十有二。公之先代松」楸，寄長安萬年縣小趙村。噫！是歲不利，乃權卜河南府河南縣梓澤鄉，厝于宣武里。」嗚呼！以公之軒冕内外，德行文學，無出其右也。公之龍章鳳姿，清言雅道，無得」而踰焉。夫如是，乃文儒之間氣也。何天與其才，不與其壽，惜乎哉！外族清河崔氏，累」追封晉國太夫人。公兩娶清河崔氏，其繼

室者，封本邑縣君，皆姻不失其親也。無」子，悲哉痛哉！公令弟文紀，守尚書兵部侍郎，友于孝敬，雖古有姜被、田荊之行，不」可同日而言。今則龜筮式從，牛眠薦吉，克以同光二年二月十一日銜痛護公之」靈窆于□□之里，禮也。嗚呼哀哉！急難之情血泣，請紀公之履行。曄夙敦事素，捧」是命不敢固辭，乃銜悲雪涕，以抉蕪纇，粗俻刊勒，乃為銘曰：」

盧龍大族，穹崇天祿。望高百氏，慶垂多福。粤有時榮，萃于王庭。器分卞玉，」德動陳星。飛入禁署，手批天語。十寵官資，半生出處。名潔地高，」傑出□□。俄□不□，□□□□。故里未歸，貞魄何□。爰新宅兆，權卜松扉。公之令弟，」痛傷肝肺。敬恭□事，呼天灑地。郟鄏帝鄉，山高地良。神兮棲此，胡為不臧。

《隋唐五代墓誌匯編·洛陽卷》

同光〇〇三　張守進墓誌

同光二年八月

【誌蓋】失

【誌文】

有唐故兗帥清河公墓誌銘」

夫英賢降代，運氣相承，雄傑佐時，風雲自契。公姓張，諱守進。姓因食邑，生祥」以命氏也。本黃帝之胄裔，別分派於河東，故公河東人也。門傳武策，家」襲弓裘。入仕冠年，歷班劇職。後遷八座之榮，次加左右揆之任。累授平□兩州刺」史。撫御疲俗，控押勳高，特轉司空，又□太保，授滄景等州觀察處置等使。浄」邊陲，塞上咸服遐方；除苛政，頑胥頓興禮讓。又遷青州節髦，官轉太傅，同中」書門下平章事。全□押海，韓將軍受七十餘城；後併封疆，張太傅領」五州之地。未間朞年，又遷兗州節制，加開府儀同三司，官轉太尉，餘」勳如故，食

邑一千五百户。統四州之上郡，非極品以難封。」祖王父建容，皇不仕。祖王母竇氏。時屬太平之世，不事王庭。」列考從義，皇河東節度押衙。考母趙氏，性堅執操，行著公方。」公夫人一人，鄭國夫人班氏，性稟貞玉，行擬喬松，謙等趙姬，志同姜氏。」公姊二人：一人適劉氏，一人適王氏。妹一人，適劉氏。並清賢雅」澹，令淑温和。公子四人：長子德兒，次子滿兒，俱幼年入仕，皆目」夭殤；弟三子敬賓，長而有相，封京牧以稱材，官轉尚書右」僕射、司空顯職，又充如京副使；弟四子敬嗣，幼而聰惠，舉措」英奇，天然鋭氣，神情必可，繼承祊嗣。女公子二人：一人適米氏，」一人方歲，孝行齊舉，貞烈雙修。公天地神氣，山海英靈，若非」應五百運之雄材，曷以受二十年之兵帥。豈謂嶽摧峻嶺，海涸鯨鱗，」將星忽墜於長天，碩德俄歸其厚夜。己卯歲十一月九日薨于斯地，」享年五十。至甲申歲八月　日卜宅於郡東北屬邑龔丘縣万歲鄉葛石里，奉」勑禮葬。是日也，青鸞顯兆，白鹿呈祥，悲雲繚繞於荒郊，愁霧朦朧於旐」域。將陳懿德，難求至理之功；聊紀清賢，幸傳芳而不朽。

銘曰：」

九三應至，五百爰來。經營大器，陶鑄高材。擎天中柱，輔國上台。」重鎮三遷，相府雙開。何降天禍，使鎮山摧。賓吏痛切，黎庶悲哀。」朝宣葬禮，追贈良材。□勒貞石，萬古無頹。

《山東石刻分類全集·歷代墓誌卷》

同光〇〇四　趙洪墓誌

同光二年九月十日

【誌蓋】失

【誌文】

唐 故天水郡趙府君墓誌銘」

前萊州軍事衙推鄭延卿撰」

公諱洪，字浩川。其先以建國為家，拳祥演姓，德標愛日，智刊棨山，繼世傳」勞，不可具載。曾罕　，祖　，父　，並不仕。皆抽簪遁世，積學韜光，」孝悌承家，謙和處衆。公即　之子也，幼而俊悟，早在戎行。以天祐五年加」開封府同節度副使、充左羽林軍左制勝第二都頭、銀青光禄大夫、檢校」左散騎常侍、兼御史大夫、上柱國，乃勤心竭節，累獲功名。以天祐九年九」月加平盧軍節度押衙、充左崇順步軍指揮使、銀青光禄大夫、檢校刑部」尚書、兼御史大夫，有和衆治軍之法，無臨戎怯敵之機。以天祐十年加檢」校户部尚書、右僕射，蓋以尤精豹略，善業龍韜，革一聲而三陌全超，金兩」發而五營揔静。其那倏短有數，禍福[無]常，一候既失於乖和，四代俄鍾其」減折。雖秦醫妙藥，難迴三豎之灾；然晉卜良占，未免三尸之苦。以貞明元」年六月十一日遘疾没於相州，享年五十有二。夫人武昌郡程氏，亦名郡令」族之後也。有子一人思謙，前攝懷州長史，乃温奇秀美，卓尔神儀，雲間早」有其龍名，門上果無於鳳字。每以悲催感咽，思結寒泉，疚心恒切於窀穸，瘠」體常憂於嗣典。以龜筮累不叶吉，洎同光二年甲申九月十日葬於青州益都縣」孝行鄉諸王村堯神里也。是日素車轜轜，紅旐翩翩，親姻感慟其悲風，兒女」攀號而麗〔灑〕血。延卿言無辯頰，文有愧心，奉請難違，直書銘曰：」

趙公之德，其譽弥彰。劒精伏虎，箭妙穿楊。」威而不猛，柔而能剛。倏短有數，没于異鄉。」筮時叶吉，葬歲同光。孤遺追慕，仰訴旻蒼。」蕭蕭樹遠，壘壘墳長。刊石成字，以紀無央。

《山東石刻分類全集·歷代墓誌卷》

同光〇〇五　薛昭序墓誌

同光二年十月十八日

【誌蓋】失

【誌文】

大唐故朝請大夫守右」散騎常侍致仕上柱國」賜紫金魚袋薛公墓記」公諱昭序，公累年疾疢，」藥餌無徵，於同光二年」歲次十月十八日在敬」愛寺事故，時年六十七，」其月二十五日開營〔塋〕合」葬。」

孤子引弟書」

元從劉楚夫妻勾當

《秦晉豫新出墓誌蒐佚續編》

同光〇〇六　邢播墓誌

同光二年十一月八日

【誌蓋】唐故邢府君墓誌之銘〔一〕

【誌文】

唐故邢府君墓誌銘并序」

府君父諱恕，字寬仁，其先邢州南和縣人也。因任黨陽縣令，遂置別業，」即今高平縣北邢村是也，後又於縣南龍曲立莊而居焉。」祖代等或則褰帷問俗，或則製錦臨人，至於髯參短簿之中，悉有謹」恪廉平之譽。簪裾繼襲，爵祑交光，烈盛事於豐碑，布芳聲於」銘記。府君諱播，字楊芳，守右金吾衛倉曹參軍。莫不忠貞」冠世，孝友承家，流善譽於寰中，散馨風於海內。豈期脩短分定，天」喪賢良，因染沉痾，奄歸泉壤。去天祐六年四月廿

〔一〕誌蓋四周刻詩一首：「劬勞實報難，樹静風寧止。□養告長天，泣血已三年。」

二日終於避難山窑，」春秋七十六。夫人趙氏、李氏，並浄同貞玉，操比寒松，愛慈迥表」於母儀，德行更彰於女史。何圖蕣花易落，電影難停，大限將」終，相次傾逝。府君棣蕚四人：仲曰真，先亡；季曰滔，先亡；次曰玗，近亡。」嗣子二人：長曰偱，先亡；次曰演，旨授鄧州菊潭縣令。因以」皇綱失馭，大國凌移，退就鄉閭，眠嘯雲月。尋遇府相垂念，」幕吏留情，堅蒙獎提，署攝端氏縣令。可謂恩匄貧庶，惠及」疲民，公方獨掩於前賢，政化迥高於時彦。因緣解印，自樂樵耕。」旋沐再賜携持，請攝高平主簿，貴親别墅，遺遂安家。忽以」大阮喪傾，益思孝道，生事禮畢，死葬猶賒，輒命著龜，」卜皆叶吉。故於同光二年十一月八日葬父与叔玗同塋，在高平縣南莊」北百步之原也。切恐時更代變，海覆山崩，刊此貞碏，以為銘曰：」

哀哉府君，行唯終始。六藝咸精，三端悉備。叔善夫人，志貞為美。」操並松筠，馨同蘭茝。何期一旦，釰鏡俱毁。合祔兹塋，千秋記矣。

《三晉石刻大全·晉城高平卷》

同光〇〇七　劉思敬及妻曹氏墓誌

同光二年十一月十四日

【誌蓋】唐故彭城劉公墓誌銘〔一〕

【誌文】

唐故大同軍節度衙推彭城郡劉府君与曹氏夫人合祔墓誌銘并序」

按謚族譜陶唐氏之後，漢有校尉向公，後漢丞相珎公，魏有鳳閣侍中禕之，」晉相王司馬伯莊，梁有廷尉孝綽，又

〔一〕誌蓋四周刻詩一首：「鄉鄰慘愴送聲哀，四望愁雲悶不開。天色朦籠塵霧合，千秋万古奄泉臺。」

兵部校尉子玄，皆其裔也。迩後枝分葉散，継」美傳芳，名諱寔繁，不能具紀。祖諱文晟，祖母焦氏。生四子二女：男長曰志忠，次曰志」清，小曰志恒。女長曰五姑，次曰六姑。府君即先君季子也，諱思敬。德重嵩衡，」屹屹而峯巒崇峻；量弘滄海，澄澄而波浪弥深。莫不文辭九能，藝全三略，抱忠心而贊」主，藴孝行以榮親。洎從艾服之年，退歸耕釣，處園林而放曠，与鄉耆以優遊，冀誦金」石齊齡，龜松等筭。頃者歲當荒落，時值多艱，遘群盜以侵凌，俄百年之奄逝。去天祐六」年八月九日終於高許村之私弟，享年八十。夫人曹氏，乃令望名族也。三從夙著，四德弥」香，訓子同孟氏之風，誡女示班家之範。嘉猷未盡，早奄夜臺。去天祐四年歲次丁卯四月」朔廿一日先君之二年終于私弟，享年六十有七。生四子：孟曰瑭殷，仲曰瑭暉，季曰」瑭賓，小曰福郎。即今至孝瑭殷喪主也，行高顔、閔，德邁祥、宗，有調絃彩服之嘉聲，著泣」竹卧冰之至道。初婚新婦楊氏，次婚王氏，生一子曰全晏。初婚新婦鄭氏，次婚趙氏，生一子」曰謝留。噫！夫久因多難，戎馬生郊。三十餘年，不住紅旗白刃；九州四海，連綿虎鬭鯨」吞。每念先人，早奄淺土。今逢」聖運，每思追遠之懷；既遇明時，大舉慎終之礼。以同光二年歲次甲申十」一月乙未朔十四日戊申遷祔尊卑廿五喪於洺州永年縣万頃鄉高許村，附莊」之西南一百二十步，朔塋安厝。」東連洺水，南至古河，西接長崗，北瞻崇塚。川多異氣，地接名封。窀」穸之儀，皆遵古典；豐儉之礼，不越常規。感行路以悲嗟，每臨棺而啼噎。山高」海闊，世雖值以明時；日去月來，事要彰於貞石。其銘曰：」

偉哉劉公，赤帝遺宗。法直望郡，名遷大同。」將期永壽，如椿如松。豈如露彩，俄逐悲風。」至孝瑭殷，每思遺愛。遷奉數喪，名流万代。」刊石鐫銘，風猷俻載。海竭松枯，芳名永在。

《永年碑石志》

同光〇〇八　趙睿宗及妻畢氏墓誌

同光二年十一月十五日

【誌蓋】唐故趙府君墓誌石銘〔一〕

【誌文】

唐故趙府君墓誌銘并序」

夫天水趙氏之仙人，自得少昊之苗裔，大業之胤緒。討為趙明公之後，房從子孫因」官逐任，到處生涯，起置薗林，便為桑梓。貫居澤州，賦稅高平，户係景雲敦義」里也，管屬修村，松栢相亞。高祖諱買，婚鄭氏。曾祖諱諒，婚李氏。父諱」睿宗，夫人畢氏。亡叔諱師實，婚王氏。亡兄諱行章，先充縣司佐史，婚王氏。」亡兄諱璠，婚李氏。亡弟敬良，婚李氏。亡弟敬福，婚王氏。亡弟敬儒，婚邢氏。亡弟」僧寶，幼年未婚。亡姪青兒、萬郎、邢九、顯郎。府君高道不仕，養志丘園，為」間世之賢良，作人中之端彩。風姿貫古，韻格孤標，流美譽於四方，播英聲於」一邑。比望松椿永固，龜鶴齊年，何期二鼠魂催，魄隨落月，去庚申年十一月十九日壽」終於私弟，春秋七十有五。畢氏夫人，令淑有聞，風姿無比，皃越神仙，質同蘭蕙。何」天之修短，遽隔難量，去丁卯年正月五日因遭兵火慟脅，遂致壽終，享年六[十]」八。嗣子敬安，見充縣司押司録事，妻武氏。阿嫂邢氏。弟敬賞，新婦浩氏。姪男□□」、三猪、明郎、高五、長壽、萬友。敬安考妣崩背日長年多，兄弟數人，惟留二子。恒」虧五孝，養闕冰魚，難申乳捕〔哺〕之恩，未報懷躭之愛。親情會合，骨肉儔儀。」兼為累值欃槍，頻經戈戟，纔遇金雞，

〔一〕誌蓋四周刻五言詩兩首，其一：「玄泉開隧道，白日照佳城。一朝若身此，千載幾傷情。」其二：「蒿裏誰家地，松門何代丘。百年三万日，一別幾千秋。返照寒無影，窮泉凍不流。俱然同物化，何處欲藏舟。」

放其大赦。乃卜宅兆以吉祥，選就良辰，遷」啓舉□。□同光二年歲次甲申仲冬之月十五日己酉，遂去宅後百步已[來]」先祖塋内，安其祥域。其塋乃地中勝地，鳳嶂龍嵦。左附韓君之廟，右有丹」河之源；前望金門之眺，後倚朗公之山。乃為歌訣：

冠帶懸高作天柱，官國功」曹如覆釜。伏尸横卧似龍頭，傳送相連正甲授。大墓如龜數十重，小墓如」床沉更起。如知生氣接長山，沐浴勾陳來不止。可憐申酉百嵦連，可愛寅卯」長千里。養男鎮國坐天堂，幼女長添玄武水。青龍踴躍看江池，白虎昂藏」蹲又起。諸山鬱鬱復來朝，乾山漸漸稜層起。鄰前交應是横嵦，五年必出」明經子。朱紅孝弟滿龍庭，穀麦資財積如市。四神八將重復重，御史三公九城」裏。慮恐年深歲久，海變桑田，勒石刊珪，乃為銘誌。

《大同新出唐遼金元誌石新解》

同光〇〇九　左環及妻魏氏墓誌

同光二年十一月二十六日

【誌蓋】故丹陽郡左公墓誌銘

【誌文】

□故金紫光禄大夫檢校尚書右僕射守柳州刺史兼御史大夫上柱國丹陽郡左公墓誌銘并序」

將仕郎前守閬州晉安縣主簿張樞撰

姪男持念大德繼真書」

夫天地晦明，乃日之啓閇；陰陽昇降，由息之往來。是知三盜同歸，萬彙俱禀，日月顯虧盈之數，人倫有盛」衰之期。霜葉露花，故為常矣；隟駒風燭，諒可傷哉。故仲尼興川上之悲，聲伯有夢中之泣。雖不封不樹，理」實

契於淳元；而以松以楸，事乃苻於往典矣。」公諱環，字表仁，丹陽其郡也。左氏其來遠矣，昔仲尼修《春秋》而丘明傳焉，其姓斯著，為代所貴，焕乎前」經，千載不泯，即其□□。曾澄，守金州刺史。祖文仲，豐州刺史。父師唐，守亳州團練副使。歷代清顯，皆列」土茅，咸有令名，為時所重。積善餘慶，貽厥子孫，派遠源長，根深葉茂，傳陳氏之家法，高于公之德門，継有」英賢，紹其宗嗣者也。」公龍章鳳姿，虎頭鷰頷，冰玉潔操，水鏡澄心。幼則敦詩書，閱礼樂，未嘗戲弄，卓尔不群。及長則文武兼通，」忠孝雙備。黄憲之陂澄萬頃，靡有撓時；嵇康之松勁千尋，曾無變色。洎乎筮仕，立績」王庭，通變識時，養舒合度。當」梁東平王定難之際，仗鉞臨鎮之初，公即同陟艱危，共立勳業，雖居軍旅，罔異賓朋，每於宴筵，獨多」嘉奬。上常謂從事曰：為吾心腹，作我爪牙，惟左公矣。是年即壃境雖清，撫遏斯重，須求英俊，以委轄」司，尋奏遷左馬步都虞候。命之纔下，人已皆從，威聲霜飛，令行風偃，内外清肅，姧回屏除，咸謂得人，」無爽公舉。上思酬厥績，何稱其功，即乃奏論，□降」恩命。尋授金紫光禄大夫、檢校尚書右僕射、守柳州刺史。丹霄頒命，皂盖揚風，雄名振而獸已去山，」隼旆張而珠光歸浦。雅苻令望，頗叶群心，正切藉才，來光赴郡，風雲共濟，情契與深。」至乾寧四年十二月三」日寢疾薨于汴州安業私第，享年四十五。嗚呼！功成名遂身退，天之道也。公乃早婚於鉅鹿郡魏氏」夫人，即鄆州別駕長女也。當公分符之年，錫邑号曰鉅鹿縣君，從夫之貴，盡在於斯矣。」縣君令淑素著，賢行早聞，爰自笄年，以配君子，常偹如賓之敬，寧虧舉案之儀。嚴潔粢盛，祗奉」禋祀，以至閨門雍睦，鸞鳳和鳴，四德具彰，九族咸奉，光于内外，悉禀箴規。縣君自懷柔順，未常聞喜」慍形於顏色。心同珪璧，投烈焰以弥寒；操並松筠，凌嚴霜而益茂。奉事喪祭，曾無倦焉。」公有子三人，有女三人：長曰昭遠，銀青光禄大夫、檢校右散騎常侍，端莊植性，礼樂持身，因銜」命遐藩，殁於王事。次曰昭迪，苦志螢光，將期鵬化，因從傳癖，遂至疾纏，殁於學院。其次曰庭訓，事于今河南」齊王令公，累遷劇職，継主重難，今掌喪事，即其子也。女一人適于右龍驤軍使張彥威，

次女適于右千牛」衛將軍趙彦能，其子聳偕終王事，不盡天年；其次女適于絳州護軍裴敬思，各有兒女二人，俱在[襁]褓。」縣君以慈愛為志，撫念疚心，孀女外孫，並育於家，咸至長立。縣君常謂庭訓曰：惟人與義，始曰順孫，卹」幼字孤，継我長世。於是哀戚無輟，疾疢斯纏，有加無瘳，歿于洛陽永泰里，甲子畢于壬午歲，享年五十六。」即以甲申歲十一月二十六日自汴州遷於洛陽，祔于河南縣金谷鄉尹村，禮也。庭訓早從義方，素秉純孝，」每於奉甘旨，候顔色，雖往哲志孝，無以加也。洎丁凶舋，不與生焉，以日継時，長洒高柴之」血；從荒至毁，幾裂曾參之頭。大事斯營，命余為誌。樞伏以歲寒分異，交契情深，雖慙荒蕪，不獲辭讓，敬」從其命，乃作銘云：」

維嶽之靈，維人之英。如金之利，如松之貞。如玉之潤，如水之清。勳從乱著，才為時生。」功成名遂，身逐波傾。其二。令範垂風，其惟鉅鹿。柔順肥家，賢淑殷福。操[並]芳蘭，瑩同寒玉。」雲掩月沉，天青水淥。其三。子孫詵詵，惟門之盛。棠棣韡韡，惟家之慶。濟濟鴒原，兄愛弟敬。」手足是傷，急難徒詠。其四。抑有三女，素蘊賢行。秋水月圓，春桃露净。俱從德門，形端影正。其五。」継世令子，惟餘哲人。秉心志孝，竭力致身。缾罄罍恥，毁形喪神。松楸既植，塋域斯陳。」泉扃永閇，瘞于貞珉。

韓重鐫字

《河洛墓刻拾零》

同光〇一〇　王璠墓誌

同光二年十一月二十六日

【誌蓋】失

【誌文】

唐故金紫光禄大夫檢校司空左驍衛大將軍兼御史大夫上柱國太原郡王公墓誌銘并序」

鄉貢進士李瑶撰」

公諱璠，字大珪，汴州雍丘人也，秦安平君翦之後。曾祖諱崇遠，」皇任工部尚書，皇妣李氏。祖諱現，皇任鄧州別駕，皇妣」張氏。父諱寧，皇任襄州義清縣令，皇妣盧氏，公即夫人生也。」公碧緑傳家，簪纓継踵。值中原喪乱，四海沸騰，黄巾竊犯於京城，白馬」專平於氛浸。英雄奮起，仕族呑聲，父子相認於七星，夫妻唯藏於半鏡。」公見機而作，順命承時，遽脱儒冠，俄就武略。始与河南尹清河」公一時相遇，共話丕圖。尋破梟巢，依帰鳳詔，元勳疊膺於旄節，公即累袖於藩宣。况洛汭傷殘，久罹兵革，坊肆悉成於瓦礫，宫闈盡變」於荆榛。公密副鈞情，廣開心匠，運工力役，完葺如初。尋昇水土之」資，復陟飄飖之列。公深懷貞退，高卧雲泉，慕陶潛謝袟之風，得潘岳」閑謌之理。既諧遐壽，實謂吉人，以同光二年五月十七日遘疾終于洛」陽彰善坊私第，享年八十一。以其年十一月二十六日擇地於河南縣」平樂鄉朱陽里北邙之原，禮也。婚楊氏，生一子，名延鍇。幼而聰敏，長有」器能，自校書郎除偃師縣主簿，深懷厚雅，頗襲前脩。公丹穴靈姿，紫」淵異禀，藴曼倩三冬之學，傳武侯七縱之謀。早展長材，久居劇要，凡於」臨莅，衆悉推能。嗟呼！歲不我與，日月逝矣。白首俄急，黄壤何帰，既從筮」於蓍龜，遂卜鄰於蒿里。山移海竭，難追英敏之蹤；谷變陵遷，須勒貞珉」之説。乃為銘曰：」

既分混沌，始立乾坤。万物變化，皆帰此門。其一。」紅顔孰改，華髮誰匀。如川東注，往而不春。其二。」□色鬱鬱，松韻蕭蕭。狐為鄰里，月作朋僚。其三。」瑞雲入洞，寒玉□□。清名重德，永閇玄閈。其四。」既刊翠琰，標題不朽。將鎮夜臺，天長地久。其五。

同光〇一一　吳藹妻曹氏墓誌

同光三年正月二十二日

【誌蓋】失

【誌文】

大唐故贈尚書左僕射長沙吳府君夫人譙郡曹氏墓誌銘并序」

門吏將仕郎守監察御史崔匡撰」

夫人之先，譙郡人也。自周分封，春秋時振鐸之後，派遠流長，胤緒不」絕。曾祖諱珪，祖諱　，皆歷州縣官，至有政績。父不仕，妣安」定梁氏。積善餘慶，克生令淑，夫人即第三女也。乾寧初，歸于故僕」射長沙吳公。遠祖芮，秦為鄱陽縣長，至漢封長沙王，五世嗣封，史載」其事。祖諱據。父諱毗，皇任江南西道觀察推官、將仕郎、試大理」事，〔一〕累贈户部郎中。積學為文，一時知名，雖不躋貴仕，而慶鍾于後。」妣河東裴氏，累追封河東郡太君。故僕射卓立于代，夙負時才，歷」踐華省，繼登崇顯。自工部尚書乘軺浙水，始泛滄溟，不幸舟檝有風」濤之厄，不達錢塘，尋贈尚書左僕射。夫人纔過笄年，迥稟淑質，聰晤」殊常，公遂娶焉。所謂鳳皇于飛，和鳴鏘鏘，叶懿氏之占也。婦功婦」容，合於古訓，家道益盛，母儀不忒。而不降永年，不待禄養，沉痼積日，」良藥靡効，以同光二年四月十六日終于洛都洛陽縣永泰坊之私」第，享年四十有二。有子三人：長女適彭城劉襲吉，前邠節推、朝散大」夫、檢校户部員外郎；次女婢婢，俟終喪制，求令器以從焉；男馮七，官」名昭嗣，年將志學，令勤肄業，見補右千牛備身，為筮仕之階。光業爰」在髫年，即蒙訓育，及至長立，尚難

〔一〕「大理」下疑脱「評」字。

便以歸宗。蓋諸外甥幼年，未任」家事，豈唯骨肉戚，兼幼叨衣食之恩。俟馮七有成立，期勝負荷之」道，上興堂構，漸振宗門，免違顧後〔復〕之言，可都似績之望，竊惟」血懇，敢離卑心。嗚呼！日月難停，龜筮叶吉，啓厝將舉，佳城已開，哀」痛銜酸，詞不述。以同光三年歲次乙酉正月甲午朔二十二日乙卯」葬于河□縣平樂鄉朱陽村塋莊。銘曰：」邈彼邙山，下見洛川。奄歸幽壤，遽起新阡。諸孤號殞，」季第哀纏。目断松檟，淚落墜埏。歲月咸吉，宅兆不遷。」偉歟僕射，厥後興賢。

將仕郎試秘書省校書郎第光業書

《北京圖書館藏中國歷代石刻拓本匯編》第三十六册

同光〇一二　張繼業墓誌

同光三年二月二十一日

【誌蓋】唐故河陽節度觀察留後清河公墓誌蓋

【誌文】

唐故河陽留後檢校太保清河張公墓誌銘并序」

將仕郎前尚書屯田郎中充河南府推官賜紫金魚袋唐鴻撰」

政有六條，資乎養理；武有七德，本於惠和。一則保生聚而贊憂勤，一則閱詩書而敦禮樂。驗其閫域，畢閱於為子為臣；」究彼端倪，悉歸於以忠以孝。然而龔黄著美，未通於簡練訓齊；孫吴立名，詎聞於撫綏煦育。兼濟兩全之道，見於」太保公之懿也。公諱継業，字光緒，清河人，今」川守太尉令公齊王之嫡長子也。其苗裔出軒轅之胤，張羅之後，感張星而生，因以為氏，羅即黄帝第八子也。得姓之盛，世」為令族。自兩漢以降，七葉傳

芳，名相賢侯，忠臣義士，逮晉魏之後，宗派益繁，疊有聞人，焕於良史，故略而不載。公之」大王父諱璉，累贈太保。曾祖母朱氏，累封趙國太夫人。王父諱誠，養太素之名，秉天和之粹，劍鋒閉匣，玉璞」藏山，積靈源者欲其至廣至深，崇德岳者俟其至高至峻，此其志也，豈徒然哉。入」聖朝，累贈尚書令。祖母任氏，累封秦國太夫人。先妣姜氏，以柔順之德，播雍睦之風，肥家允叶於六親，訓子」不忘於三徙，累封天水郡夫人。年号天祐，歲當甲子，昭宗皇帝遷市朝文物，宅于東周。時公始妙齡，抑有休問，既」彰官業，仍振軍聲，累遷環衛將軍、六宅使，相継兼左右僕射。尋轉統軍、英武天威軍使，俄拜司□、右衛上將軍、大内皇墻使。」堯水忽降，禹功未宣，天厄漢圖，運僭新室。公以為無砥礪則匪石之心莫展，避羅網則長纓□志不伸，默蘊沉機，何妨立」事，授鄭州防禦使。齊王令公與物如春，化人以德，聲高洛汭，理洽殷民。惟彼圃田，鄰于京邑，衆思良牧，以泰有生。稟」訓自于鯉庭，行惠彰於熊軾，除苛去暴，息役恤孤，千里同歡，一德咸有。論者曰：子産之政，無以加也。爰自檢校司徒領鄆、宋」兩鎮留務，力行儉約，所畏知者清；嚴設隄防，不陷人以法。戎庶談頌，遐迩乂安。旋自藩維，言歸定省，鄙千秋之畫地，慶荀爽」之聚星。俄丁郡夫人内艱，泣血嬰疾，居憂得禮，執喪有聞，士君子所稱言，孝道備矣。奪情授六軍副使，出為淄、沂二州」牧。彼土崇儒師古，祖義本仁，兵興已來，為日斯久，春誦夏絃者廢惰，横經重席者寂寥。公每於參断之餘，軍農之暇，將魯」堂金石，以權其俗；奏齊國簫韶，以娱其人。俎豆復興，禮讓相勸。識者曰：文翁之化，孰以過焉？首尾三載，改亳州團練使，俗富」土饒，地雄財厚。其織紝也，盡星石璧梭之巧，郡侯則澣衣濯冠；其豪傑也，皆豹胎鷰胜之珎，郡侯則簞食瓢飲。身如玉」潔，心比冰清，蝗出境而獸渡河，麥秀歧而穀同穎。由是擢拜河陽留後。初，齊王令公已三鎮懷孟矣，州人飽」公之譽，熟公之名，咸曰我王之令子也，我境之福星也。加以詳鄭、亳之政績，聽淄、沂之詠謌，仕者憂不得踵其門，」農者慮不得耕其野，工者踴躍於百廛之市，商者鼓舞於四達之衢，帷袂而迎，繦属以望。雲矗胡蘇之岸，雷喧杜預之橋，

撫」疲俗則害馬先除，静戎旅則佷羊必戮。愛如冬日，凛若秋霜，威惠兼行，德刑並舉。」今上奄有神器，纂嗣丕圖，朝万國則疾若建瓴，集諸侯則勢同偃草。東漸西被，北走南馳，聲教所及，車書一混，將歸」皇邑，仗我元動。時琛賮未殷，帑藏猶闕，大則宫廟郊禋之費，羽旄干戚之容，小則玉輅威儀，」乘輿服翫，不煩帝力，罄出家財。虔肅紫宸，迎奉清蹕，法物之盛，前古所無。絡繹繽紛，昭灼炳焕，羅」細仗於廣陌，轉重瞳而偏觀。外自皋畿，内及禁掖，土木盡輝於綈錦，鸞凰競下於雲霄，使吾皇知天子之」尊，時王之力也。上嘉是懿績，首議明恩，尋拜守太尉、中書令，復兼河陽節制。仍自大魏，改封全齊，」異姓之褒，當代稱美。不易專留之務，俾分共理之權，地則三墻，境纔兩舍，鷄犬之聲相接，山河之勢不遥。欲使榮家，勵其報」國，豈待祁奚之舉，雅知羊祜之清，識魚水之諧和，見君臣之際會。無何，遘疾於理所。三陽莫辨，誰人興起蹷之神；」六合至寛，何處問迴生之草。時屬大駕巡省，駐蹕孟津，上藥名醫，道路相望。人之薄祐，適逢傾謝之期；天乎不」仁，奪我慈惠之長。自孟昇疾入洛，翊日薨于私第，享年五十三。上以齊王鍾念既切，傷慟必深，賻贈周隆，」詔勑開諭。以為孔門哲士，不免請槨之悲；晉室勳臣，亦有還臺之痛。示以愛身之道，俾消掐掌之寃。即以同光三年二月二十」一日歸葬于河南縣徐婁村先郡夫人塋之南隅，禮也。娶解氏，封鴈門郡夫人。族契潘楊，禮傳鍾郝，閨閫整肅，蘋藻精」豊，訓撫諸孤，盡臻古道。噫！公為政之優，立德之茂，而不登顯位，不賦永齡，宜降善祥，流于弈世。夫人生六男：長子曰季澄，」今任右威衛大將軍。第二子曰季榮，太子舍人；第三曰季昇，國子太學博士，並銀印朱紱，皆先公而逝。第四子曰季荀，著作」佐郎。第五子曰季鸞，度支巡官、大理評事。第六子曰季宣，千牛备身。皆玉苗争秀，珠顆鬪圓，杜蘭輝而各有馨香，杞梓盛」而終歸梁棟。仲弟繼祚，今任左武衛大將軍，禀生民之秀，有國士之風，羽儀擅丹穴之奇，名字叶四方之詠。樹分荆悴，蕚謝花孤，」人琴之念何追，手足之哀莫贖。齊王令公以鴻久參賓友，謬列門欄，念託跡以既堅，在屬詞之無愧。於戲！前代有陵谷高」深之歎，於是乎

勒銘；先聖有東西南北之言，不可以不誌。敬嚴命，〔一〕輒述蕪詞，仰丹旐以酸辛，伏翠珉而嗚咽。銘曰：」開國之始，流源裔長。感星之瑞，與聖同彰。軒昊已降，簡編抑揚。高光之後，簪紱芬芳。」粵有人傑，興於巨唐。挺生令子，同贊明王。名惟魏丙，化作龔黄。」于洛之汭，于河之陽。政明令肅，俗泰民康。天何不仁，人何不臧。奪我小令，搢紳共傷。」□念絶席，衆驚壞梁。草無朝露，風有白楊。不朽之譽，千齡益光。」

外生女聟左藏庫副使朝散大夫守太府少卿柱國賜紫金魚袋王鬱篆盖

河南府隨使押衙兼表奏孔目官銀青光禄大夫檢校國子祭酒兼御史大夫上柱國趙榮奉命書

《洛陽新獲墓誌》

同光〇一三　李仁釗及妻宋氏墓誌

同光三年八月三十日

【誌蓋】失

【誌文】

唐故西都右廂馬步使銀青光禄大夫檢校司空守左武衛將軍同正兼御史大夫柱國隴西李」公墓誌銘」

前攝耀州館驛巡官將仕郎試秘書省正字龐緯撰」

曾祖諱慕勳，唐守平州刺史，累遷檢校左散騎常侍。祖諱全忠，唐幽州節度使、檢校太尉。」父諱匡威，唐幽州節度使、檢校太師、兼中書令、范陽王。代著殊庸，門傳盛烈，積功累行，流于後昆。」公諱仁釗，字顯之，乃令公之弟二子也。鸞鶴羽儀，松篁節操，文苞五色，武盡六韜，逍遥禮樂」之源，偃仰詩書之府。温恭道著，孝悌生知，

〔一〕「敬」下疑脱一字。

汪汪万頃之弘襟，岌岌三峯之秀玉。人推國器，衆伏時才，」謂孔融懷挺拔之規，謂馬援蘊恢弘之道。尋屬未寧國步，奄遘家艱，高柴毀慕之情，曾子銜哀之」禮。待終天性，無意求生，實孝子居喪之事備矣。洎終禮制，義在箕裘，負大志以進身，秉壯心而干祿。」光化四年，汴帥以公英儀越衆，勇敢出人，遂補署廳子弟六都頭，奏授銀青光禄大夫、檢校刑」部尚書，兼御史大夫、柱國。將領多暇，韜略有聞，彎弧而秋月初圓，杖劍而寒霜斂色，凡居大敵，皆顯」殊尤。偽梁開平元年，轉授内直弟三都頭、檢校兵部尚書，累遷當軍十指揮都虞候。揔鎋一軍，肅清」衆士，少長有禮，貞信是資，雅符鴻漸之程，莫測鷹揚之勢。偽梁乾化元年，授雍州諸軍步軍教練使、」檢校尚書右僕射。訓齊師旅，屏絶驕豪，蔑聞逗撓之名，常播公勤之譽。偽梁貞明二年，轉授右廂馬」步使、檢校司空。継處繁難，弥光績効，貞廉莅事，畏慎馳芳。强者懼而弱者安，遠者來而近者悦，鄽閈」不撓，父老咸康。我朝同光元年，即聖主龍飛之日也，廓清宇宙，再造乾坤。天」下郡縣之名，悉從舊制，遂首建西都焉。奉命改授西都[右]廂馬步使，六街風靡，」雙闕鏡清。當明朝求士之秋，乃君子立功之日，既盡善也，〔一〕又盡善矣。是知士元英邁，殊非百」里之才；陶侃風神，定是三公之器。奈何未申才業，遽属沉痾，郭玉驗之四難，秦緩惡之二豎。以三年」八月二日終，春秋四十有七。精靈已矣，義行昭然，覩之者無不驚嗟，聞之者咸皆痛惜，蓋倏短之定」分，寧今昔之可忘，蘭薰則摧，玉貞則折。風燈易断，發感慟於交朋；逝水難追，益辛酸於幼長。人生到」此，天道寧論。京兆夫人宋氏，志尚閑和，性惟賢淑，禀四德之具美，致六姻之所嘉，禮不爽於」蘋蘩，道靡虧於箕箒。遽悲夢幻，早掩泉臺，永傷奉倩之神，久動安仁之詠。今以其年八月三十日合」葬于京兆府萬年縣黄臺鄉張弋村，禮也。四野荒凉，扇悲風於永夜；九原泠落，傷暮草於高秋。嗣子」彦貞，攀慕無由，哀號罔極，特將

〔一〕「善」，疑為「美」之訛。

重事，命以小才。慙無賦雪之文，仰贊如蘭之德，冀刊貞石，爰紀」清風，地久天長，永旌懿行。其銘曰：」嶽降英靈，為世而生。膺我嘉運，顯我休明。内剛外柔，武緯文經。謙謙禮讓，落落神情。其一。」幼居喪制，終始無異。屏絶郊園，罔思禄仕。親戚敦勉，交友評議。道在箕裘，志堅慶嗣。其二。」遂持壯節，出贊明時。會當侯伯，命以英奇。彎弧見志，仗劒無疑。誓清國步，永致家肥。其三。」継揔繁難，累親師旅。信義可嘉，肝腸必露。白日難誣，赤心自負。不爽殊功，無忝所舉。其四。」職遷西雍，績効弥芳。道隆畏慎，德懾豪强。令問令望，如珪如璜。但觀鵬舉，莫測鷹揚。其五。」幸會中興，遭逢聖日。好爵嘉名，神姿瑞質。搏擊是期，煙霄在即。忽縈寒暑，遽染痼疾。其六。」人之殁矣，天道何如。精魂已去，懿行猶居。幼長痛悼，聞見欷歔。心悽日泫，蕙歎芝枯。其七。」月冷鐏前，苔封池畔。遺烈鏘洋，芳塵蕭散。琢石銘□，研詞詞讚。陵谷雖遷，徽猷永焕。其八。

《西安碑林博物館新藏墓誌續編》

同光〇一四　舍利山禪師塔銘

同光三年九月六日

【誌蓋】失

【誌文】

大唐舍利山禪師塔銘記并序

弟子攝高平縣令將仕郎前太子校書王希朋撰」

禪師俗姓劉，法号大愚，本潞城縣人也。自丱歲歸空，依年授戒。始」講律於東洛，復化道於西周，惠解無倫，敏聰罕類。五言八韻，人間之哲」匠詞疏；返鵠迴鸞，海内之名公筆淺。加以輕清重濁，上惑去疑，達五音」之玄門，明四聲之妙趣。凡閑智藝，世莫能加，著述書篇，流傳不少。固」得皇都道侶，欽湊如麻；赤縣衣冠，敬瞻

若市。後因父母傾歿，葬事」將終，身披麻紙之衣，志隱谿巖之畔。遂於峽石山洞中，發願轉大藏」經，□□諸經陁羅尼五十餘部，各十萬八千遍。又刺血寫諸經，共三十卷。」并造陁羅尼幢，以報劬勞之德也。其後則不拘小節，了悟大乘，道契」佛□，德符禪性。洞曉色空之義，圓明行識之門，為法海之梯航，作」人天之眼目。而又因上黨重圍之後，於高平遊歷之間，猒處城隍，思居」林麓。衆仰道德，咸切邀迎。時有僧及俗士王希朋与縣鎮官寮」住下檀僧共請於舍利山院。果蒙俞允，棲泊禪廬，才不二年，俄」構堂宇。問道□客，霧集雲臻；參學緇徒，磨肩接踵。其郇名揚」□夏，聲振王侯，須見皈依，遽聞迎命。於天祐十八年四月八日蒙」府主令公李郡君夫人楊氏專差星使，請至府庭，留在普通院」中。貴得一城瞻敬，莫不冬夏來往。禪伯滿堂，無非悟道之人，悉是」慕檀之士。師乃堅持絶粒，供養專勤。奈何去同光元年九月廿三」日，化緣□終，□疾遷滅，坐□浮世，體不壞傷，精一之行轉明，凡百」之□□□。春秋七十四，僧臘五十五。莫不上感侯伯，下及官寮，」闔城之道俗悲攀，擁路之僧尼泣送。旋歸山院，益動門人。小師覺玉」等，痛法師之恩，無階可報；念師資之道，有失依投。覲」尊親於法堂，二年儼若；起靈塔於翠巘，不日將成。安厝有期，聊」申序述。嗚呼！以禪師性行孤特，意識玄明，平生利濟之心，曩日慈」悲之便，徵諸往事，萬一難陳。含毫强名，輒為記矣。

門人靈鑒，」院主覺玉、覺明、覺元、覺海、覺□、覺□、覺□、覺□、覺□、覺照、覺塵、覺儒、」覺□、覺通、覺玄、覺忠、覺姓〔性〕、覺智、覺□、覺□、覺直、覺寂、覺幽，」同光三年歲次乙酉九月辛卯朔六日丙申建造。匠人明真、楊密。」

覺靈、覺希、覺瓌、」覺賨、覺瑩、覺豐、」覺實、覺常、覺宗、」覺嵩、覺降、覺達、」覺朗、覺依、覺□。」

住下四邑尊幼君子」等同為建造，永」保休寧，」國泰人安，法輪」常轉。

《高平金石志》

同光〇一五　張君妻蘇氏墓誌

同光三年九月十三日

【誌蓋】失

【誌文】

唐銀青光禄大夫檢校尚書右僕射兼御史大夫上柱國清河張公故夫人武」功蘇氏墓誌銘并序」

將仕郎檢校尚書屯田員外郎守河南府司録參軍賜緋魚袋王禹撰」

蘇之源流，其來夐遠。周時有蘇公為司寇者，策勳盟府。武王錫温、懷十二邑，實」為蘇田。厥後派析枝分，華宗貴胄，代濟其美，史不絶書。漢徙山東大族於京兆，」是為武功人焉。」曾祖諱証，皇任嵐州長史，贈太僕卿，曾祖妣安定郡君梁氏。祖弘靖，皇任」天雄軍節度使，贈兵部尚書，祖妣蘭陵郡君麴氏。烈考濬卿，皇任河南府」密縣令，先妣夫人天水趙氏。夫人即密邑君之長女也。儀範有聞，柔明」禀粹。蘭芳玉潔，早慶於金閨；率禮蹈和，動循於彤史。纔逾笄年，遂適」僕射清河公。公器量深沉，機權奥妙，冲澹雅苻於君子，操修迥契於古人。武冠」當年，擅顏高之弓矢；道隆晚歲，詠潘岳之閑居。公即故懷州刺史太保公」之冢子也。太保公，」齊王令公親仲弟也。始平郡君馮夫人，僕射公之先妣也。」閨門貴盛，輝映一時。當」齊王節制洛師之始，太保公分揔兵戎，控臨河上。時密邑大夫為孟州糺，」以是得議姻好。及納采叶吉，結褵稱□，睦族流芳，肥家著譽，養舅姑以孝」敬，接娣姒以雍和，令淑之規，中外所美。繇是僕射公推敬之道，每如賓焉。」矧復懿德馨香，徽猷婉娩，恭順既臻於婦道，仁慈式見於母儀。方保遐齡，遽」終大數，遘美疢而經歲，餌良藥而不瘳。闔類隟塵，潛隨閲水。俄以同光三年夏」五月二十三日歿於洛陽章善里之私第，享年五十。即以其年秋九月十三日」葬于河南縣梓澤鄉宋村，從先塋之原，禮也。有子三人：長曰鐵哥，次曰劉奴，」季曰嬌兒，並禀訓義方，脩身家檢。丁是

荼蓼，悉處苫廬，哀慕無時，煢煢在疚。」僕射公情深伉儷，義切絲蘿，悲冥寞之不迴，悼聲光之永謝。將安窀穸，載樹」松楸，慮谷變陵遷，庶刊石紀事。特迴重旨，猥及非才。禹以忝跡」門欄，備詳規範，請編素行，諒無愧辭。搦管悲涼，謹為銘曰：」

武王錫邑，司寇開基。起家襲慶，間世標奇。是生淑人，」爰配令德。中外推賢，閨門表則。養舅姑兮叶婦儀，」育稚孺兮形母慈。結沉痾兮不達醫，逐逝波兮無復追。阡陌新兮白」晝昏，窀穸設兮玄夜分。安壽堂兮閉貞魂，留懿行兮慶後昆。

《全唐文補遺·千唐誌齋新藏專輯》

千唐誌齋博物館藏石

同光〇一六　任謹墓誌

同光三年十一月八日

【誌蓋】失

【誌文】

唐故任府君墓誌銘」

夫任氏之宗，裔苗帝嚳，望出樂安，累代英聰，斯不備載。因官從任，別派分」枝，至于潞州大都督府上黨郡□，子孫興焉。曾祖諱幹，祖諱興，各懷仁信，上下」謙和，何逝天年，運斯早喪。府君諱謹，智異人倫，德標時彥，處衆而温恭」無爽，公私而文物有談。奈何運屬兵荒，逝波齊注，享年七十，已同光二年五月」廿七日壽終私宅。夫人栗氏，三從有備，四德無虧，待賓聆截髮之名，訓子有」段（斷）機之喻。年四十一，天祐五年七月廿九日歸於永夕。次迎夫人王氏，令儀夙著，」懿範早彰，訓示兒童，咸成重器。年五十七，天祐十六年六月十八

日殁於泉壤。嗣」子彦玦，志存孝道，恨絶旨甘，難酬乳哺之恩，掩有煞身之痛。次子彦回，幼從」誨示，長履宦途，懷節操於軍衙，顯忠勤於流輩，充使院要藉。緬思尊」抱，泣血絶漿，分□五情，號天僻地。女苑郎婦、新婦韓氏、新婦王氏、孫女四」寶、外生女六兒等，各懷忠孝，共俻葬儀。以同光三年歲次乙酉十一月八」日啓葬於府西五里大塋之野。其地勢望四維，形威廣野。伏慮山河」易變，人世遞遷，刊石為銘，斯而永固。」其辞曰：」

懿哉任氏，名振潞州。倏尔人世，風燭難流。」子孫悲慟，俻葬荒丘。幽泉既託，万古千秋。

同光〇一七　崔協妻盧氏墓誌

同光三年十一月十三日

【誌蓋】失

【誌文】

崔氏范陽盧夫人墓誌之銘并序」

朝議大夫守禮部尚書上柱國賜紫金魚袋崔協撰」

夫人北祖大房范陽盧夫人，大唐庚子歲，未及笄，歸迎伉儷，乃清河」小房氏。夫人承嫡，出適」我家爲冢婦，淑雅和明，於百氏鼎甲之族，休婉肥家，超敻懿範，天賦無比。」夫人曾祖諱服，皇任太原府晉陽縣令，累贈司空。祖諱詞，皇任登州刺史，」累贈太保。父諱沆，皇任擢進士第，聲逾泗磬，疊歷清華，終左庶子、金紫。」夫人」先妣鄭夫人，先考諱助，兖州節度使次嫡女。夫人嫡仲季三人，」元適清河小房崔氏謙，女弟一人在家疾終。夫人秖協親姨妹也，有」三子，皆襁褓不育。夫人頃歲以協丁外艱，哀疚奉禮過性，侵」盡婦道，遂構疾亟甚，醫藥不功，未逾月，偕与協」先妣太君同權事河中府臨晉縣北上王村。屬中原多事未定，道路杳隔，」及後唐未振起已

前，邈是四十餘年，遷舉歸」先原不得。今遇本姓歲月良便，天下已平，遷奉」先妣太君神櫬歸」先原河南府偃師縣亳邑鄉祁村里，因奉」尊之行禮也，又遂其斯舉，此終大幸也。時」後唐同光三年歲次乙酉十一月戊子朔十三日壬寅。協与」夫人結琴瑟之道，互致敬相從之分，釋氏云乃多生相善，布施歡喜，今世」契夫婦之遇。然脩短不圓，只得七八年間，舉桉齊眉，絲蘿增茂，天不我福，」俾余一生孤飛。今則榮護」先妣太君來歸福地，始卒之履，浮生極禎遇矣。協今躬親修建祥勢，」塋域平坦，他年之幸，幸必穴同，哭叫不應，淚徒逗盡。玄堂清廣，靈崗秀安。」敘事不多，以書其實。銘曰：」

夫人來歸，姻不失親。處世之寶，輝山潤濱。不遂偕老，」吞恨難倫。先原如畫，吉歲良辰。福利之域，周為四隣。」他時祔此，共慶萬春。

《洛陽新獲七朝墓誌》

同光〇一八　李茂貞墓誌

同光三年十二月二十五日

【誌蓋】蓋面無文字

【誌文】

大唐秦王謚曰忠敬墓誌銘并序」

鳳翔節度推官朝議大夫前守尚書禮部郎中柱國賜紫金魚袋薛光序撰」

竊以盛纂宗周，榮膺」命氏，邈惟往古，考彼前書，盖彰保國之誠明，迥振匡君之義烈。編于」帝属，列彼儲闈，紀玉諜以騰芳，嗇金枝而表慶。位崇良輔，名冠諸侯，煞白馬以為盟，降」丹書而示信。分茅建社，錫壤開壃，進階祑而踐鳳池，圖儀形而標麟閣。功齊五霸，道契八元，實謂」傑出明時，挺生聖代，為一人之心膂，作群后之規

繩。王貫隴西郡，大鄭王房，名茂貞，字正臣。」曾祖　，皇任深州刺史、兼御史中丞，曾祖母天水郡趙氏。祖鐔，皇任左武衛大將軍、檢校尚書右僕射，贈右」金吾大將軍，祖母清河縣太君張氏。父端，皇任右神策軍先鋒使、金紫光禄大夫、檢校刑部尚書，贈太尉，」母燕國太夫人盧氏。親兄茂莊，皇任山南節度觀察處置等使、檢校太尉、兼侍中，贈太師。親姪繼筠，」皇任邕府節度觀察處置等使、檢校太保、同中書門下平章事，贈太尉。親姪廓，皇任原州刺史、充本州防禦」使、檢校太保。元和中，以鎮陽肆逆，主帥不臣，王遠祖獨以博野一軍率先向化。帝嘉効順，遂隸于」秦。爰降嶽靈，生於貴族，叶殷箕而禀異，符漢昴以呈祥，名勒景鍾，勳標盟府。治國而早探金」版，提師而夙究玉鈐，揮戈而白日再中，拔劒而飛泉湧出。遂得傳書圯上，擅價山西，斬叛帥而復汧岐，」平狂鑾而清邛蜀。而後益彰全節，遐振雄名，逐大憝於関中，尋安宮闕；迎聖君於劒外，」再整廟朝。累殄姧臣，継平不軌，遂致嚴祠堂於隴坻，樹碑篆於岐陽，播美千年，傳芳億」祀。兵符相印，禀義方者何啻十人；皂蓋彤幨，禀庭訓者動踰百數。金家七葉，未是殊榮；楊」氏五公，難方盛事。不改二十年之正朔，永固一千里之封壃，無愧史官，可光帝載。然後遵」睿謀於全晉，誓復宗祧；除僭位於大梁，重明日月。留侯借筯，果禆創業之君；謝傅」圍碁，允贊中興之主。俄新景祚，終覩休期，遂乃上叶皇明，疊頒帝澤，爰加謚號，焕彼侯門，慶」及子孫，迭居將相。登壇杖鉞，不離舊履之山河；継踵聯榮，亟自聖朝之光寵。不料棟摧廣厦，星殞長空，俄」聞罷市之悲，咸起逝川之歎。王享年六十有九，同光二年甲申歲四月十一日薨於鳳翔府私第，三年乙酉歲十二月二十五日遷」葬于寶雞縣陳倉里，歸祔于先考大塋。王秦國夫人彭城郡劉氏。長男　，見任鳳翔隴州節度觀察處置等使、兼鳳」翔尹、檢校太尉、兼中書令。次男　，見任彰義軍節度觀察營田等使、檢校太傅。次男　，見任原州刺史、充本州防禦使、檢校太」保。次男　，次男　，次男　。長女出適柳氏，次女出盧氏，又次女出適盧氏，又孫女出適裴氏，又次女出適郭氏，又」次女出適路氏。嗚呼！幸契雲龍之運，將榮魚水之歡，奈何夢奠兩

楹，災生二豎。胡香罕驗，靈草無徵，」俄掩重泉，遽歸大夜。從軀長而擇地，法馬鬣以成墳，丹旐臨風，素帷戒路。惜哉柱礎，永葬郊原。光序謬以」荒蕪，獲承指命，頌元臣之翊戴，誠愧彩毫；述列土之徽猷，詞慙黃絹。銘曰：」懿彼英雄，生于昭代。動叶機權，凜然氣槩。高步區中，馳聲海外。社稷元臣，藩維盛觀。剪除大盜，」翊贊明君。躬親矢石，義激風雲。西征蠻蜑，東掃妖氛。搢紳所仰，朝野必聞。保國明誠，承家至孝。」整肅軍師，撫綏將校。恩極投醪，謀深減竈。揮戈却日，拔劍飛泉。承天柱礎，分國土田。兄弟垣翰，」子孫旌旃。翠華返正，黃屋言旋。鴻私追謚，册命自天。山河表誓，土宇旌賢。六親黯尔，九族潸然。」嗚呼良輔，永閟松阡。

《五代李茂貞夫婦墓》

同光〇一九　行鈞塔銘

同光四年三月十六日

【誌蓋】失

【誌文】

大唐嵩山少林寺故寺主法華鈞大德塔銘[并][序]」京左街敬愛寺講維摩經沙門賜紫虚受撰」

夫真如不變，假澄湛以彰名；俗諦有遷，因去來而立号。考真」俗而雖異，詢性相而何殊，是知生滅之途，古今恒式。若夫性本神」咨，道唯天與者，即嵩山少林寺故鈞大德之謂也。大德法諱行」鈞，俗姓閻氏，鄭州陽武人也。始自髫齔，便鄙諠譁。年十有四，」捐俗慕法，依止嵩山會善寺西塔院法素禪師。為和尚執」持瓶烏，旦暮焚修，誦《法華經》，勵堅固志，三度寒暑，一部終畢。」其師深器之，遂與落髮。迨年滿，受具於本寺瑠璃壇。自後」遊講肆，習毗尼，屢易炎凉矣。然志在諷誦蓮經六千部，遂」卜居石城山。檀越信士欽承道德，崇重行藏，於廣明庚

子歲，」請住少林寺。乃曰：末法住持，無先像設。由是召募有緣，葺脩大」殿，首尾三載，締構悉成，而遇釋門澄汰，遂從毀廢。後值再」開佛法，重勵身心，復立殿堂，兼塑佛事。矧以一自住寺，罔輟」諷經，供養衆僧，星霜四紀。興慈拯物，臨壇度人，戒德馨香，」道風遐敻，士庶寫葵藿之敬，僧尼傾歸仰之心。能事既周，」化緣又畢，於同光三年七月廿日示滅，春秋七十八，僧臘五十九。」本寺門人等依西國法荼毗之，薪盡火滅，收其灰骨，起塔」於寺之東北隅，禮也。落髮弟子弘省，不遠百里，命余敘」其懿行。辭避不已，乃作銘云：」

真如不變兮世諦推遷，迷滯流轉兮達悟幽玄。釋宗碩」德兮幼慕金仙，住持嵩嶽兮載誕圃田。兩脩佛殿兮不」移乎地，長諷蓮經兮如一其志。供僧臨壇兮聲譽遠被，」化終示滅兮今昔同致。崇寶塔兮寺之隅，播芳塵兮期罔墜。」

落髮弟子伯數人等」

寺主弘泰、勾當脩塔弘省、典座弘緒、弘幽、」弘起、弘昉、弘皋、弘超、弘遇、弘惠、弘悟、」弘深、奉明、弘粤、弘宣、弘釗、弘遷、」弘讓、弘志、弘雅、弘鑒、弘史，法孫欽緣書，已上同建塔。」

同光四年歲次丙戌三月壬辰朔十六日壬申建」

■博士侯建鐫字　造塔博士郝温

《北京圖書館藏中國歷代石刻拓本匯編》第三十六册

天成

天成〇〇一　康贊美墓誌　天成元年七月十四日

【誌蓋】失

【誌文】

唐故金紫光禄大夫檢校司空前左金吾衛將軍兼御史大夫太原郡康公府君墓誌銘并序」

曾祖　，檢校工部尚書。」祖琮，檢校司徒。」父懷英，檢校太尉、兼中書令。」夫圓盖澄清，兆乎陰晦；方輿曠遠，數有廢興。曜靈豈墜於輪環，望舒未銷乎圓缺，」何可比於草木人倫之類乎。悲夫！康公諱贊美，字翊聖。天滋秀異，生于貴胄，室」滿榮光，人驚異器。齠齔之歲，所翫尤殊，識辨之年，習業逈異，寶之可類於掌珠，命」之必為於國礎。及于丱歲，以父蔭齋郎出身，授弘文館校書。妙年端謹，聲」振簪纓，孔融之辯自然，甘氏之材逈秀。擢恩授秘校，兼錫銀章。而且性蘊」孤高，心思俊傑。念孔門之禮異，終愧前修；歎戎列之家風，實多故事。乃脱頳綬，除」銀青光禄大夫、檢校右散騎常侍、左監門衛大將軍同正、兼御史大夫，仍委永平」軍補充極職，兼衙内馬步軍都指揮使，時年弱冠有一。娶平盧軍節度留後范陽郡盧」太保庭彦弟三女，亦甲弟名家，簪紹盛族，光榮貫世，休慶誰同。而尚未逾年，」睿澤忽降，又除檢校工部尚書。清明自重，操行可佳，為人瑞貫於一時，作世珎邁」於前古。遂就加金紫，仍轉秋卿。雖縻職於雄藩，豈淹驥足；在聲光而已振，難息超」騰。遂除授尚書左揆、守商州刺史、兼御史大夫。肅一境之風煙，」堯天自碧；静四郊之壃土，舜日空懸。人謌何暮之謡，俗播來蘇之化。方當」政理，旋降大禍，持孝節之匪虧，報劬勞之未泯。靈芝夕見，異鳥辰窺，志道」不假於走飛，奇事自聞於」天子。未逾星紀，便貶渥恩，起復檢校司空、除淮西刺史。二天舒慘，心迎」送之匪同；一帶波濤，遞歡謡之不盡。又以梁朝多事，國步時艱，藉其勇幹之才，遂」俻翊垣之列，却復金紫，仍授執金。續又充内職，轉近禁庭。纔度周星，便縈」微恙。遂謀休退，入雒求醫，冀就痊平，專欲徵拜。不為秦工不驗，扁鵲無徵，綿歷」歲時，轉至沉篤。及于太歲在丙戌六月二十三日薨于雒陽，享年三十有三，葬于」北邙，禮也。時公妻胤子二人：長女蔡哥，八歲；次男汴哥，四歲。悲夫！皓月空沉，零花」艷息，痛纏手足，哀動鄉閭。引丹旐之

冥冥，去歸有路；展繐帷之杲杲，精魄難留。由」是濬悲斯方盛，哀乎殞落，慙非碩鼠之才，强諧吮筆；敢並屠龍之志，輒構斯文。[而]」為銘曰：」

偉哉奇士，卓然不群。為國之祥，為時之珎。惠留赤子，功贊」明君。何遽凋謝，誰踵前勳。」

鄉貢進士房濬撰

天成元年七月十四日左街内大德令儼書并篆

賈顒鐫

《北京圖書館藏中國歷代石刻拓本匯編》第三十六册

天成〇〇二　孔謙及妻劉氏王氏玄堂銘

天成二年二月十五日

【誌蓋】失

【誌文】

唐故豊財贍國功臣光禄大夫檢校太傅守衛尉卿充租庸使兼御史大夫上柱國會稽縣開國伯食邑七百户孔謙夫人劉氏夫人王氏合祔玄堂銘并序」

朝請大夫守左諫議大夫知匭院事賜紫金魚袋上柱國蕭希甫撰」

欒布哭彭越，漢皇不以為非；李勣哀單生，太宗不以為罪。義之所在，理亦無嫌。昔者天寶末，禄山自燕薊犯順，」四海沸騰，首尾六七十年。逆者帝、大者王、小者侯，跨裂土壃，各各自有，以是地産翹俊，不復得出境而仕矣。直至天祐初，洎」偽梁世亦然也，以故公隸轅門而進焉。天祐十二年，魏帥楊師厚卒，梁人以賀德綸守之，兵動事變，德綸不能制。梁」使劉鄩督軍急進，已不及矣。魏人曹廷隱如河東，請援于莊宗。旬日，勒步騎數万

自太原至。德綸既失守，都指揮使□」行誨率全城軍民詣館瀝懇求為主。莊宗時為晉王，將固興復之業，且以天授人與也，遂許之，則皆」公始預謀而致於此。自是之後，劉鄩屯洹水，提六七万衆，晨夜直抵河東，至楡次迴，歷宗城，夾漳水，與周太師德威並道而」進。劉鄩入貝州，息兵數日，至莘縣跨河而營，與周太師三十里隔大堤相拒，連日求戰。當是時，兩軍至十餘万，梁人得一城，北軍」擊之；莊宗降一縣，則南師寇之。膏血塗地，鋒刃匝野，兵食馬草，盡出公之心計耳。旋大戰于莘縣冠氏間，北師勝，南」寇敗走。莊宗以大捷後不虞其復為患也，遂歸太原覲先太后。梁人伺我之無備，遣王瓚率衆北渡，夾楊村河」築壘，以窺魏城。莊宗聞，遽自河東還。先是，公言於帝，使孫岳造船為浮橋，至是將備矣；」公又潛遣其兄佶密市荊笆五百扇般送朝城。及莊宗次楊留，盛寒，河冰流槎，一夕凍合，乃鋪荊笆進軍，遂獲楊留北鎮。後」進屯景店，其北築城曰德勝，公盡取魏之縣邑户口田畝桑柘人丁牛車之籍帳，役使以力，徵斂以平，强者不敢附勢，弱」者得以兼濟。吁！茲時也，連歲大兵蹂躪，魏之四十三邑，其無民而額存者將十城，負瘡痛而偷蠶墾者才三十餘縣。」莊宗潛龍時，兼幽鎮與晉魏，且四節度只取於鄴民，餘無所資，唯器械而已。公恒以五六騎往來於德勝，皆夜行晨入。」郭侍中崇韜計事於莊宗前，至其治人，必悉選良吏為令尉，使法嚴以整，守財勤以廉。止一食無三四味，不取於公家，」皆其二兄或出入利息，或服勤耕稼以資之。癸未歲正月，莊宗入鄴都，將從人望，乃以是年四月建」大号、復皇祚，天子旌旗、仗衛法物、中外羽儀至此皆備，則公先使前臨河尉韋可封監護製修之，已三年」于茲矣。中興初，閏四月收鄆州，俄而梁將王彥章襲取我景店寨，莊宗自澶州入德勝，其粮料蒭蒿，悉輦以內，」向所全者，粮十五万，草十万，其餘悉焚之，皆公之先儲積也。我師與梁兵對岸，東下楊留、馬家口，臨黄相距，日日戰不絶，則比」前之費，又倍甚矣。十月四日下中都，九日收汴城。公自鄴赴行在，十一月從入洛，明年五月以本官歸班，遇讒也。八月進封爵，」遷為租庸使。莊宗享國日淺，遽定中區，以有大功於生民，遂怠於庶政。於是小人乘間，媚乱熒惑，宰相

傜位偷貴，諫」官鉗口冒禄，俾我莊宗無節使之意，大侵民力，四海怨叛，以至於失天下。天成元年，」有道主馭寰宇，初無罪公之旨，至是以人情歸咎於公為殘虐之所，則不能違也。四月十四日終于都市，」臨刑無懼色，解衣不變容。嗚乎！臣事君，能致君於堯禹之上，乃其道也；如不至，則以身殉之，亦其事也。流於千古，」復何愧哉。二年正月廿七日，公兄佶使其子惟貞、姪惟熙等自洛城東護喪歸鄴都永濟縣百〔栢〕杜鄉西林里，塋于」先祖玄堂側。曾祖諱誼，祖諱端，俱高尚閑居不仕。皇考諱昉，前任德州平原縣令，贈渝州刺史。母孫氏夫人，」贈樂安縣太君。公諱謙，字執柔。始娶劉氏夫人，次娶王氏夫人，早卒。後娶滎陽郡鄭氏，則今縣君也。二子幼卒，子惟貞嗣。公」歷職天雄軍節度押衙、右教練使、魏博觀察孔目官、都鹽麴使、支度使、都排仗使、租庸副使、租庸使；歷官相州長史、右武衛大將軍、」衛尉卿；檢校官兵部尚書、右僕射、司空、司徒、太保、太傅；歷階朝議郎、銀青光禄大夫、金紫光禄大夫、光禄大夫、特進；勳授柱國、」上柱國；爵封會稽縣男，進封伯；食邑三百户至七百户。嗟乎哉！富貴儻來，脩短定分，其間榮悴禍福進退，能懸料預萌」者幾人耶，公可謂得死所矣，抑又何悲。左諫議大夫、賜紫金魚袋蕭希甫嘗於」莊宗經綸時為霸府從事，盡見公之竭誠耳。余以為終始一致，畢力匡佐，若獲以事治世，庶幾其大有」功，因敢直書幽壤而激事上矣。銘曰：天成二年二月十五日葬」

事親以孝，事□以順。剛直貞幹，沉密温潤。昔在下位，守以周慎。至于大官，靡不忠盡。」自古陵谷，豈無灰燼。生而節全，歿以身殉。丹旐翩翩，歸于鄴京。黄髮故老，白頭二兄。」始時赴闕，欣欣送行。今日還鄉，哀哀哭迎。嗟嗟中饋，有淚無聲。何不凋落，孰不歡榮。」官号三師，位為九卿。無悔無咎，有勳有名。謂之得死，不足傷情。賀者吊者，勿喧勿驚。」窆于舊里，從先人塋。

中書省玉册院鐫字官宋元賓鐫

《北京圖書館藏中國歷代石刻拓本匯編》第三十六册

天成〇〇三　孫拙墓誌

天成二年二月十五日

【誌蓋】唐故尚書工部侍郎孫公墓誌

【誌文】

唐故朝散大夫守尚書工部侍郎柱國賜紫金魚袋樂安孫公墓銘并序」

表姪朝議郎守尚書刑部郎中柱國賜緋魚袋王鶱撰

孤子鄉貢進士晝書」

噫！行客歸人，乃昔賢之達理；榱崩棟折，寔前代之懷材。豈宜休馬之辰，復有殲良之歎。九原」何作，多士增欷，追是芳猷，屬在明德。公諱拙，字幾玄，武水樂安人也。世濟文行，織」于簡編，餘烈遺風，輝圖耀諜。曾祖會，盧常等五州牧，累贈吏部尚書、宣州觀察使。祖公乂，盧」饒等五州牧，工部尚書致仕，累贈太尉。考瑝，前御史中丞，累贈司空。妣隴西縣君李氏，追封」國太夫人，故司徒、太子太師致仕、贈太尉福之長女。公即司空之第二子，李夫人之嫡胤」也。生知孝友，代襲公忠，非禮不言，抱義而處。舉進士，擢第甲科，解褐户部巡官、秘校、京兆參」軍、直弘文館，由相國孔魯公緯之奏職也。相國裴公贄任御史中丞，慎選屬寮，必求端士，以」公藹有直聲，且肖前烈，奏授監察御史。時屬天倫在疚，人事都忘，竟不赴職，時論不可，復拜」察視，俄遷右補闕。公以艱運方鍾，直道難措，因乞授河南府長水令，仍增命服。秩滿，復奏」授殿中侍御史。尚以天步多艱，官守無設，因踰年不赴任。僉謂公峻潔自持，閨門有守，不」膺斯任，孰曰當仁。復拜殿中侍御史，臺中四任，悉謂兩遷，難進之規，且復誰儗。俄拜禮部員」外、户部員外。再乞任登封令，就加檢校禮部郎中，琴韻簫然，曲肱如樂，民知畏愛，吏不忍欺。」聲聞京師，復加檢校考功郎中，不改其任。俄入拜司勳員外郎，雖秩在清華，然志思及物，又」出宰汴州浚儀令。咸謂惠物亟伸，掌綸未陟，曷明繼世，豈試諸難，爰授職方員外郎、知制」誥。歲滿，

正拜中書舍人、金紫。出使浙越，復命之日，改左諫議大夫，俄遷左散騎常侍。公性」多舒坦，不顧清華，因乞留司洛京，已便攄適。時論以久稽殊寵，合陟貳卿。擬命將行，又堅乞」授西都留守副使，因加檢校禮部尚書。莊宗之纂復中興，奔覲朝闕。未幾，拜」工部侍郎。將伸蘊蓄，共贊昇平，天乎不仁，命抑其道。以天成元年歲在丙戌五月十二」日薨于洛城税舍，享年六十有九。以明年二月十五日穴之于河南縣平樂鄉張楊里，從」先大夫於九原，禮也。娶夫人扶風竇氏，封本郡縣君，諱回故左散騎常侍愛女也。內持四德，」外洽六姻，非止令儀，實謂賢德。嗣子晝，心全孝道，志在保家，仰奉訓慈，專營大事。以騫」且同外族，夙奉明知，宜授刊銘，俾敷實録。但拘淺學，難避属詞，追感無涯，謹為銘曰：」

古人有言，道存不朽。禄既無貪，義豈忘守。四讓繡衣，」三臨墨綬。實沃皇情，以蘇黔首。時論允歸，承家典誥。」白獸為鐏，金貂為帽。皆公峻履，時俾要道。史有可編，」言誰詎造。伊洛分司，雍京副倅。孰謂好求，寔由易退。」莊宗纂紹，奔覲居先。子牟懷戀，楊僕祈遷。爰抛渭灞，」竊復伊瀍。輿論充斥，華資是銓。爰貳冬卿，將思行己。」始罄沃心，已拘暮齒。卧未浹旬，疾侵腠理。玉折何追，」蘭枯驟委。兵革已來，搢紳多故。言從九原，悉皆無路。」公之考祥，視禮有素。付子傳孫，無虧霜露。

《北京圖書館藏中國歷代石刻拓本匯編》第三十六册

天成〇〇四　萬重慶墓誌

天成二年十月二十二日

【誌蓋】大唐故萬府君墓誌銘〔一〕

〔一〕誌蓋四周刻詩一首：「四望悲風玘〔起〕，野雲南北飛。孤墳荒草里，月詔〔照〕讀〔獨〕巍巍。」

【誌文】

唐故萬府君墓誌銘并序」

粤以玄黄初泮，属陰陽於万化之原；禮樂既萌，託生死於二儀之上。是」知沿流悲愛，罔究其程。爰有萬氏之宗，裔苗黄帝，姓分豪族，望」指東平，積代英賢，斯不偹載。其後滋蔓，逐任從官，至于潞州大都」督府，子孫興焉。祖諱　，曾祖諱寧，府君諱重慶。幼而慠禄，禮以成家，」四人之業不亡，三益之朋果敢。享年八十有五，壽諧人筭，禄罄天年，以同光」二年六月廿二日寢于永夕。長男弘珂，為人端莊，約身廉謹，奈何天不擇」善，促彼良人，年四十二而傾逝。嗣子弘玘，孝悌成家，恭勤是茂，父兄奄」弃，分潰煩冤，幸得慈親，晨昏跪養。母親侯氏夫人，三從克偹，四德」無虧，年壽從心，預修前路。臨途奠爵，告父形言，迥野卜居，終是□」去。年華未罄，虚而為盈，由此觀之，益何傷嘆。新婦張氏，侯，[一]孫男敬」崇、敬珣、万合、遥喜、喜哥已上纏思撫養，未荅殊恩。伏聞生即侍」之，殁全葬禮，向空灑淚，共偹泉儀。乃以天成二年丁亥歲十月廿二日丁」酉啓葬于府西五里，刱造大塋之域。其地西依狐郢，東挾蓮溪，後限」玄嶺之高，前望炎皇之嶠，四神必固，八卦咸令。卜此良郊，永安」松栢，山河作固，丘隴為牢。仕慮代易人遷，難憑土木，于斯刊」石，□侯歲寒。其辭曰：

萬氏之宗，門風盛美。」瑩净英姿，馨香閭里。生滅之由，還同磨蟻。」金骨漳川，其來久矣。

浙大墓誌庫

[一]「侯」下疑脱「氏」字。

天成〇〇五　張積墓誌

天成二年十一月一日

【誌蓋】失

【誌文】

故朝議郎前峽州司馬柱國清河郡[公]墓誌并序」

祖考慶，兄潤，天成二[年]九月十八日張積酉時歸世，其日丙寅。」

蓋聞三才肇啓，遂分清濁之儀；五運推遷，爰順幽明之道。是使」雲飄湘浦，露泣松門，趙岐猶紀於逸人，庾亮終悲於喪玉。故朝」議郎、前峽州司馬、柱國、清河郡公，挺志風雲，立身敦素。南金東」箭，莫以齊衡；鬮月嵇松，難堪並駕。人中龍貴，時流或仰於」宋纖；林内瓊枝，衆望自欽於王衍。而況詞鋒剸象，智箭穿」犀，遠公終美於劉虬，鶖子逾慙於摩詰。白雲千片，比」道德以尤高；皓月一輪，喻神儀而更朗。悲夫！陵谷易變，丘」井難常，殲良之歎斯興，委哲之哀俄激。水奔百越，寧分再返之」期；鶴去三清，詎有千季之望。世子知魯等泣麻增感，灑血凝哀，」軫風樹於一時，痛遺形於万古。鯉庭罕對，空思尼父之言；」蘭室猶存，莫止王褒之淚。是以爰開厚壤，用作神居，地卜青烏，」墳鑿馬鬣，經營不匱，疊甃多奇，晏若穿山，宛如構宇。隴雲朝覆，」疑繐帳以仍施；野鳥時鳴，訝哀聲而尚慟。而以天長地久，道阻」人離，宜頌美於芳齡，冀鐫功於異代。豈獨燕然之碣，將同峴首」之碑，用紀輝猷，録於貞石。敢辭鄙陋，而勒頌云：

大道不遷，」浮生易往。倏若奔電，疾同返掌。逝莫能問，神唯可仰。古聖斯混，」圖云攀嚮。爰有令德，清風逾孤。荆山美玉，漢浦神珠。門承簪組，」學奥文儒。雲鶴比性，官宦難拘。張翰齊名，陶潛並價。龍在人間，」鶴飛日下。踐奥求真，凝玄患假。德義共推，儀形素雅。薤露難久，」瓊林易摧。俄如夢断，欻若風迴。墳壙是

葺，窀穸□開。名留玉篆，」影沉泉臺。鐫功不朽，古往今來。
天成二年歲次丁亥十一月」壬子朔葬於河南縣平樂鄉杜郭村。
記銘：長子知魯，次子殿前」承旨知浦，次子知晏，次子知巡；孫十七、保全、自璘。遇重朔出。

《北京圖書館藏中國歷代石刻拓本匯編》第三十六册

天成〇〇六　許童墓誌

天成二年十一月二日

【誌蓋】疑爲道教符文

【誌文】

唐故銀青光禄大夫檢校工部尚書兼御史大夫許公墓誌銘」

終南山處士周穗文」

公諱童，字幼知，光州固世〔始〕縣人也。出高陽，自姜姓四岳之後，武王封其□□」洪胤也。曾以遇世離失之家代，罔記名諱尔。祖霧，仕唐銀青光禄大夫、檢校刑部尚書、」兼御史大夫。父度，光州軍事押衙，娶隴西李氏。上二世塋榆，並在光州固世〔始〕縣。公即□」之長子也。幼懷驍氣，長傳鈐經，始逢黄蔡雲釁，便領干戈征伐。善謀運策，達以」通機，屢報主以全忠，乃臨戎而受使。後移滁州綰將，次剖舒州管軍。便值本州倪」司空忽撥煙塵，再蔽淮潁，潛施密計，入向偽梁。公既計禄事君，固是陪蹤循意。于乾」寧元年主師亳社，旋奉宣頒，抽在夷門，超擢忠武。二載，偽梁祖收下營丘，継加恩」奬，充登州步軍指揮使。續報留本軍，改為青州寧撫指揮使。公以久馳鐵馬，□染」霜髮，漸覺衰殘，欲祈閑廢。私心然切，公論未容，乃補青州牢城指揮使。得替，又」差登州馬步使。公備鑒曲斜，洞窮詞□，既無憾口，足播嘉聲。又轉馬步軍都教」練使。公累經重事，悉免敗名，靡成松栢之堅，忽告露霞之速，以丁亥年歲次戊」子十一月二日疾亡於正寢。公嫡娶瑯琊王氏，簪裾大

族，禮樂明家。雖有令男，餘馨」□後。又娶青陽郡胡氏，門縣樂善，心□弥貞。不契隨亡，愧留續迩。公有子四人，〔一〕□」仕好職，悉媾强姻；有女四人，各禀我嚴，並配良胥。長子節度押衙、前登州□□」□□□，□懷德美，顯紹弓裘，實謂鳳毛，遂成麟跡。持孟文卿之毁製，啓□」□□之首丘，以良晨擇之吉土，走既全於發故，慶必應於迎新。穗學昧□□，」文非□筆，盖遵下請，敢敘鄙詞。銘曰：

□□□得，名且惠崇。何殲本禄，斯有立命。」□□□閉，□與泉通。敘言實簡，保□無窮。」

布衣人劉思逸書

匠人王進鐫

《蓬萊金石録》

天成〇〇七　崔詹墓誌

天成二年十一月七日

【誌蓋】失

【誌文】

唐故中書舍人清河崔公墓誌銘并序」

中散大夫守尚書兵部侍郎柱國賜紫金魚袋王權撰」

公諱詹，字順之，其先清河東武城人也。曾祖稱，皇任尚書户部員外郎。」祖偵，皇任商州防禦判宮〔官〕、殿中侍御史内供奉，贈尚書户部員外郎。」父承弼，皇任河南府士曹參軍，贈尚書户部郎中。皇妣滎陽鄭氏，封滎」陽郡太夫人。公鼎甲大族，時無與比。天資穎晤，生知孝謹，志學强記，時」論所推。天祐四年，故相國于公主

〔一〕「子」字係補刻。

文，精求名實，公登其選，首冠群英。釋」褐授秘校，轉河清尉、直上〔史〕館，副時相之知也。始通籍為監察，亦由執憲之」奏署。守官律己，静而有立。遷右補闕，復為殿中，歷起居舍人。俄以本官充」翰林學士，兼錫銀章。敏速之外，出入慎密，弥得長厚之譽。公以禁林華」重，貞素匪便，尋求解職，拜禮部員外郎，乃南宫清資，叶文行之美。俄轉户」部郎中、知制誥，掌綸二年，咸歎淹抑。此年夏，乃正紫微之秩，仍加金紫。」未幾而夙疢遽作，以其年六月二十八日奄然于綏福里之私第，享年六十」五。娶范陽盧氏，北祖第二房，亦甲族之婚也。有子二人：長曰叔則，未履宦」序；次曰延業，先公之一年終，公之疾亦由痛念之致也。女一人，適范陽」盧冕。公昆季四人：長兄荷，官終禮博；次曰藝，見任司業；次曰謌，狀頭及第，」結綬而卒。皆雍睦仁孝，内外推敬。公以其年十一月七日歸祔于洛陽縣」陶村里之先塋，〔一〕禮也。嗚呼！夫立身行己，乃士流之常也；力學干禄，乃」富貴之基也。公之立身，不失其常矣；公之力學，不失其基矣。雖遊華顯，」深藴器業，而未及於富貴者，得非命歟。權之室，公之甥也；公之仲兄狀」元，權之同年也。在親緣之間，乃敢紀述，靡慙詞拙，乃為銘曰：」天鍾秀氣，代生哲人。家推孝悌，道著貞純。謹默獨立，」文行兼臻。統冠科級，超逾等倫。爰履宦途，俄昇朝籍。」出掌綸閫，入參禁直。繼踐殊榮，咸推舉職。三署揚名，」群情仰德。古之所恨，人琴俱亡。今之所歎，脩短靡常。」逝川莫返，大夜何長。刻之貞珉，永播餘芳。」

親姪儒林郎前守鄭州中牟縣主簿延美書

《中國國家博物館館藏文物研究叢書·墓誌卷》

〔一〕誌文未記葬年，按墓誌撰者王權署結銜「中散大夫守尚書兵部侍郎柱國賜紫金魚袋王權撰」，《舊五代史》卷三八《明宗紀》四：「（天成二年四月）以户部侍郎王權爲兵部侍郎。」卷三九《明宗紀》五：「（天成三年七月）以兵部侍郎王權、御史中丞梁文矩並爲吏部侍郎。」知誌主葬於天成二年。

天成〇〇八　劉琪妻蘇氏墓誌

天成二年十一月二十五日

【誌蓋】失

【誌文】

故武功縣縣君蘇■墓銘記」

前鄧州觀察巡官■侍兼御史大夫楊觀光奉命撰」

故武功縣縣君蘇氏■」故泰寧軍節度使、開府儀同三司、檢校太尉、同中書門下」平章事、大彭郡開國公、食邑五千户、贈中書令、謚武節侯」弟之嫡婦。夫見任泰寧軍節度行軍司馬、檢校工部尚書、使持」節梧州諸軍事、守梧州刺史琪之正室也。故縣君淑德遐揚，」賢和瑩異，事上禮合□□□，敬夫儀等於齊眉。可謂心比石」堅，質凝玉瑞，曹大家應慙□訓，謝道韞寧類多能。昔稱閨秀林」風，雖傳讚頌，以今並古，□以偕焉。何期命婦明時方聞享福，」忽差頤養，倏致疾侵，枕席三四秋，行年五十七，藥真醫極，効絶」所徵，丙戌年正月十三日終于營□□市街私弟。鸞藏曉鏡，月落」夜泉，清波無西復之期，荒野卜權安之兆。六親咸嘆，九族含悲。」長子遂清，雍州兵馬都監、檢校尚書右僕射。淚唯拉血，思□□之無由；」□慕慈顔，念断機之嘉訓。今奉尊命，以恐喧幽聽□」■之郊，擇丁亥天成二年十一月二十五日權厝于青州益縣永固鄉。」■周后土，禮備凶儀，刊石亦紀于歲年，敘事罔同于墓」■讚，勿惜載焉。」

前守太僕寺主簿孫沼篆頂

前攝萊州司馬楊贊書

《全唐文補遺》第九輯

山東淄博拿雲美術博物館藏石

天成〇〇九　任允貞墓誌

天成二年十一月二十五日

【誌蓋】樂安郡任公墓誌銘記

【誌文】

後唐故銀青光禄大夫檢校工部尚書守鄭州都粮料使兼御史大夫任」府君墓誌銘并序」

將仕郎前太子校書楊潛撰」

府君諱允貞，字表則，故金紫光禄大夫、檢校刑部尚書、知鄭州榷税迴」圖茶鹽都院事、守別駕、兼御史大夫、上柱國濤之長子也。婚繁氏，令淑有」聞。生二子：長神保，婚張氏；次子賢奴。太夫人潁川荀氏，叔長弟姪，榮保」於家。太夫人慶集北堂，侍膳甘脆，孝風和順，与先考在世訓令無差，」昆季協從，聲價揚外。府君幼擅文筆，聰惠過人，弘計經度，靡不通」濟。洎及弱冠，遽鍾家艱，繼踵在公。自前唐天復二年入仕，相次主」張係省、鹹鹾，泉貨贍國，經費利潤。以至梁朝，綿歷星紀，鬱有名」稱，美伏輩流，職列上軍，官任榮王府長史。爰值後唐主同光初祀，收復」河南，顯崇帝業。遇太守夏公典牧當郡，以府君清白立譽，奏」授鄭州都粮料使、檢校工部尚書。執理奉公，事無不當。同光三載，軍國禍」難，郡城驚搔，灾變及身，横遭傷害。親戚泣血，知朋茹歎，至於巷陌，悉懷」悲嗟。嗚呼！積善求徵，善何不應；崇福延壽，壽何促焉。而乃生滅云」常，著斯法教，古今代榭，非此一朝。北堂方慶於晨昏，南陌俄新於」壘塚。依然曩事，邈尔高蹤，衆謂追思，深可痛惜。府君生於鄭」州中牟縣迎賓里，享四十有五，以同光四年三月廿七日啓手足於豊」定曲私第。季弟前絳州司馬、知省司迴圖務鈞，次列宦□，相」繼主持。孝愛居家，懷橘有譽，信義於外，断金立名。襄事卜宅，窀穸」禮備。以天成二年歲次丁亥十一月戊申朔廿五日祔葬於先塋之」側。潛叨承□眷，略而述敘，恐陵更改，紀于翠石。其銘曰：」

卓哉高士，鬱尔聲華。義揚於外，孝保於家。謂昇顯貴，」名實可誇。何促於壽，遽逐西霞。身葬新壠，譽振天涯。

《北京圖書館藏中國歷代石刻拓本匯編》第三十六册

天成〇一〇　張春及妻李氏墓誌

天成二年十一月二十五日

【誌蓋】唐故張府君墓之銘記〔一〕

【誌文】

唐故張府君夫人李氏墓誌銘并序」

爰以道生於一，平分二儀，後有三皇，始及五帝。宣尼立教，焉免生」死沉淪，大雄顯覺之尊，一歸涅槃之路。且夫張氏，起自軒轅皇」帝之後第五子，清河房也，不立先代之諱。」府君諱春，比是府□人也，去同光四年三月一日凶遘私室，筭齡六十九。」夫人隴西郡李氏，去天祐五年十二月十有六日凶衰，筭逝四十九。長男」繼洪，親仁有直，孝養無違，不避道途，以供甘旨。次男繼遠，立身謹節，」禮義超昇，妙習丹青，常親儒墨。長男新婦李氏，三從畢備，四德無虧。」孫男妹兒，次孫男望哥，孫女榮子、壯丹、朝哥、鬧哥，並是府君[之]」親房也。長女十一娘，適王家，於家有孝，侍奉無遺。次女十二娘，事申家，」淑聞四德，禮有三從。長男繼洪、繼遠等□遭凶舋，俱喪二親，於」後唐天成二年丁亥歲十一月戊申朔廿五日壬申於府西三里剏建」玉堂，安置塋域。[東]連會府，西接伴豈，南望太行，北觀御嶺，其墳八卦相」攢，四神俱備。有次男新婦李氏，去今年三月廿七日謝世，亦隨尊喪出」殯。委明□的，繼紹門眉，挻石為銘，乃述詺曰：」

〔一〕誌盖四周刻詩一首：「慘色連孤月，悲風鏁夜臺。人生只聞去，逝水不曾迴。」

吉凶之兆，生死為常。隟車漸發，合附尊堂。痛連心髓，五內情傷。」琢石□遠，委明安祥。」又訟曰：」
生事之禮，死[葬]厚儀。大□設祭，以表無虧。六姻□□，四隣傷悲。」此時一別，後[會]難期。

天成〇一一　張居翰墓誌

天成三年八月十日

浙大墓誌庫

【誌蓋】大唐故內樞密使清河郡張公墓誌銘

【誌文】

唐故內樞密使推誠保運致理功臣驃騎大將軍守右驍衛上將軍知內侍省事上柱國清河縣開國伯食邑七百户張公墓誌銘并序」

前華清宫使太中大夫行內常侍上柱國賜紫金魚袋楊希儉撰」

前静江軍監軍使正議大夫行左監門衛上將軍上柱國崔若拙書并篆」

夫佐明君，平大難，樹大勳，生有令名，殁流懿範，閲行狀之殊跡，訪衆多之美談，疇庸既敘於旂常，盛德合鐫於貞誌，則」張公其人也。公諱居翰，字德卿。軒轅流裔，清河派分，代有英聲，世多間傑。曾大父處厚，威遠軍判官、承奉郎、內府令、賜緋魚袋。秉操」不回，莅職清簡，謹巡備於畿甸，分甘苦於連營。大父弘稹，御苑判官、朝散郎、內府丞。高情檜聳，雅志霜明。長卿文詞，於斯流譽；釋」之敷奏，在我不忘。父從玫，直金鑾承旨、朝請大夫、內給事、賜紫金魚袋。出宣帝命，入奉天顏，軺車哥美於皇華，金」章輝奂於丹禁。朝僉子貴之命，澤及幽壤之榮，贈內侍。太夫人弘農縣君楊氏，蘋蘩著美，蘭茝貽芳，佐賢每執於温柔，訓子必」聞於忠孝，遂致肥家之慶，咸資聖善之風。公內藴融明，外韜清鑒，静遵素履，動播香名。今則不録鴻漸之由，顯標灼然之跡。」僖皇幸

蜀歲，授容南護軍判官。時邊徼不寧，中原方擾，蠻越恃遠，道帥豪强。護軍命撫巡管徼，公一一示諭，遂致駱越怗然，五嶺梯貢。職罷」朝覲，當昭皇乾寧中，綸誥交馳，通奏闐委，授學士院判官。檢己慎默，惴惴小心，操履執恭，上寮屬意。樞密院承旨六員，必擇」慎密兢莊、不嚚不撓、不漏禁中語、不徇私結外交，皆以識見端明、文筆敏當者，方膺兹選，以公授第六廳承旨。恪懃于職，夙夜在公，俄」錫金章，資之清俸。周五稔，幽薊〔身危〕〔厂危〕，僉難其人，輟於繁重之中，加供奉官、内侍，俾之監臨。公談諧温茂，和氣青春，節帥劉公甚相景重，每」酌事體，訪以軍機。公曰：大王雄名已振，武略適宜，朝廷倚若長城。今也幸同王事，在鄙夫每欲操蠡酌海，豈可以愚料賢。以此撝謙，故」相款洽。考限將滿，洶洶軍情，皆曰來者難量，豈捨我慈惠之師，即瘁苗望膏澤，不可得也。於是戎帥抗表，連營扣閽，朝僉既俞，將校欣感。」時强臣跋扈，政自閑東，執政隨風，曾無匪席。陰魄將同於幾望，履霜遂至於堅冰，鹵路馬以無嫌，戮近臣而專勢。僞命及幽州，燕王劉公指」日謂公曰：請無他慮，已有權譎。公曰：不然，鄙夫叨受聖私，謬忝監撫，慙無殊異，以竭臣誠。今朝廷有綴旒之危，臣下務偷生」之便，主辱臣死，别無他圖。若大王拯君親之急，糾勤王之師，即雖死之日，猶生之年。願大王以社稷為謀，無以鄙夫挂意。燕帥曰：臨難」不忘死，我何人哉！遂安置公及監軍判官吴廷藻等于大安山，譎以他圖，以應僞命。周歲，軍情再請監撫。於是燕王外營控扼，請」公知軍府事，兼築羊馬城。公勸將卒，不月而畢事。南枝勍敵，北禦烏桓。因請再与晉主歡盟，重有交聘。潞州先為南軍所得，病我腹心，」遂請公統師三万，會晉王收下壺閑，二鎮同盟，誓清國耻。尋又汴軍再舉，重攻潞城，疊壘屯雲，喧聲震地。時潞帥李令公不幸適丁」荼苦，公晝夜警備，勞瘁數旬，因請墨縗從事。外圍日急，彼軍相謂曰：餓虎在檻，將冀烹屠。公与潞帥多方枝梧，百計抵禦，下防地道，傍」備雲梯。衆無五千，粮唯半菽，士雖憔悴，不替壯心，皆戎帥推誠，公之盡力。僅之周歲，方遂解圍。嗣晉王方在苫廬，勉從金革，統雄」武之將，救累卵之危。表裏合攻，夾寨奔北，僵尸擒馘，皆勍敵之驍勇也，遂壯我軍

聲，熠彼逆勢。晉王決南征之謀，乃承制授澤潞監軍」使，委軍府之政。八年制置，三面隄防，重治戈矛，再儲軍實，以備資助也。王曰：國耻家冤，不忘朝旦，澤潞咽喉之地，須以力爭。天贊良圖，」一舉而勝，須賴舊德，同濟艱難。公曰：大王世立殊勳，代平禍亂，袚宗社之耻，啓中興之期，救九土之阽危，拯生民之塗炭，孰」不仰望大王如慈父母也。既收魏博，復壯幽燕，將俟過河，須有制置。蕃漢人情曰：若不正名，恐失人望。昔漢光武將平赤眉銅馬，四七之」將堅勸進之誠，遂從高邑之事，故事明白，可遵舊典。於是蕃漢揔管諸將勸進於魏都，遂登皇極。中興唐祚，改号同光，景命重新，規」繩從舊。遂命公綰司密勿，佐我皇猷，進位特進。上將建靈旗，親臨偽境，於是命公曰：偽將段凝統師十万，將逼鄴城。朕須乘」虛過河，卿与魏王繼岌堅壁警備，無失機宜，故以此相委。上遂渡楊劉口，与今上直掩中都，破敵衆十万，活擒驍將王彦章，」鑾駕遂入汴城。駐蹕月餘，駕幸東洛。下賞勳佐，命之制詔。公赴職，授推誠保運致理功臣、驃騎大將軍、右驍衛上將軍，封邑七百户。三」年，公以密務繁重，陳力不任，乞歸田畝，再詔不允。四年孟夏，上奄弃万邦，今上登極，改号天成。公朝見請罪，」上慰勉久之。言念曩昔，備歎辛懃，嗟憔悴之容，許退休之便。尋離東洛，再返舊京，重奠松楸，復傷喬木。公歎曰：自離故國，三紀于兹，辛」苦艱難，濱於九死，豈謂今日，復得生還。方期放志雲山，棲心道釋。無何，三年春，河魚所攻，山芎無効，沉綿及夏，有加無瘳。遂命次子延貴曰：」我四[體]不支，將期旦夕。我自銜命河北，尋即社稷陵夷，幸偶聖期，清雪國耻。一塵一滴，無益高深，虛荷寵榮，若負芒刺。」先聖知其畏慎，今上洞察愚衷，獲保首領，得殁于地，須寫將盡之懇，以感聖澤之隆。汝務主轄司，不謂不繁劇，府主」太保冰雪居懷，嚴明條令，人無苛政，歲有豐穰。汝宜恭守憲章，勿以慢公失職。延貴嗚咽承命。疾亟涉旬，四月廿七日薨于長安私第，享年」七十一。府主清河公驛奏，上覽表，軫悼增歎，賻贈加等。以其年八月十日葬于長安縣龍門鄉巒村，祔于先域，禮也。公以」謙沖是守，慎默為基，金鍊不灰，玉焚寧熱，是故履兹多難，泰然坦懷。《易》曰：山在

地下，謙也，故六位無咎。若山附於地，剥也，剥之不已，災及其」身。公守斯道，永保終吉。夫人敬氏，平陽令族，有嬀傳芳。遠祖侍中，平難於中宗之世。先考司武，立功於代朔之陲。夫人苑」桂儔芳，沼蘋取法，克配賢德，正治家風，以公之勳業，封平陽郡夫人。有子四人：長曰紹隱，紫綬金章，皆因勞而受寵；彤庭丹闕，以直道」而進身。次子曰延貴，隨侍河北，展効燕中，慕鄧禹之攀龍，笑之側之策馬。擢鋒挫敵，賈堇父之雄；書策賞功，息馮異之樹。鄭侯子弟，多從漢」皇；凌統孤兒，亦哀吴主。雖先皇之慎選，亦公之推誠。尋爵從征之勞，兼委腹心之任，授刑部尚書、亳州團練副使。間歲殊尤，」詔知軍州事。今上以元老告退，詔延貴侍養，輟於委任，以慰孝心。仍詔西都留守清河公付以要務，冀便公私，乃」聖人之以孝垂訓。次子紹崇，礼樂飭身，然諾執性，連榮棣蕚，皆從鑾輿，或將飛騎以陷堅，或帥勇夫以跳壘。獎敘酬勞，授檢校騎省常侍」直殿。幼曰延吉，温清餘暇，學礼學詩，器質端和，宛有令聞。尚書昆季以希儉叨先公眷獎，常奉周旋，欲以勳銘見請潤色。且」鋪舒景範，丹彩殊庸，則必屬在詞人，咨之奥識。豈伊常調，造次欽承，游刃不在於族庖，運斤合歸於匠伯。儻不分肯綮，重有圬墁，徒自貽」譏，適堪取笑。陳誠疊讓，終是確乎，濡毫襞牋，辭不獲已。銘曰：

乾坤未泰，雲雷尚屯。天降哲后，岳資賢臣。謨謀廟略，佐佑」明君。欃槍掃蕩，妖孽披分。國耻既雪，王道攸倫。中興景祚，下武繼文。逢時聖哲，際會風雲。功成告退，悃款宜陳。」先皇晏駕，今聖御宸。嗟我元老，弥歷艱辛。詔從遂性，辭返渭濱。留侯解組，鄂公紗巾。方探道素，將渡靈津。疾興晉夢，疊怛越人。短」長定數，付之天均。胡嗟朝菌，孰羨靈椿。既辭旦宅，常游天真。窀穸兆契，佳城卜鄰。沉碑或阜，峴碣或淪。書勳銘誌，永庶不泯。」

天成三年歲次戊子八月癸酉朔十日壬午誌」

安敬實鐫字

《西安碑林博物館新藏墓誌彙編》

天成〇一二　王言妻張氏墓誌

天成三年十一月十三日

【誌蓋】失

【誌文】

故清河郡君張氏墓銘并序」

右街內殿文章應制歸真大師賜紫匡習撰并書」

伏聞西天大[聖]，光銷雙樹之間；此土宣尼，夢掩兩楹之內。廢興二路，皆屬有」相之門；衰盛兩途，俱入無常之境。光陰不駐，寒署〔暑〕移遷，辰聞歌吹於東鄰，□」聽哀悲於西舍。庭花正笑，值風雨而凋零。不期灾生於繡户朱門，禍發於畫」□香閣。清河郡君張氏夫人，豪族令望，早彰松竹之貞；骨秀神清，動」合宫商之韻。三從迥美，四德昭然，書云君子好求，時稱詩人之詠，鸞鳳和鳴」之美，雙桐二劒之歡。夫君竭忠建策興復功臣、金紫光禄大夫、檢校司」徒、守右龍武統軍、兼御史大夫、上柱國瑯琊王公名言，轅門上士，」明代高賢，懷匡君濟國之謨，負佐主安邦之術。累承渥澤，頻」沐天波，未分烈土之榮，已有擎天之勢。比冀年齊鶴筭，壽等龜齡，」何期日落紅樓，珠沉赤水。於唐天成三年七月二十一日忽尔嬰」[疾]，至二十四日終於洛陽天門街龍武軍內，年六十有一。哀哉！桐鳳半枯，龍」□隻在，子泣高柴之淚，夫懷空室之悲。其年歲次戊子十一月壬申朔」十三日甲申呈，禮也。男有四人：長男名延福，[早]亡，次男名延美，次男名」延壽，次男名延環。並乃長立，榮國榮家，文武兩全，忠孝雙美。女三人：」長女適前守虢州湖城縣令會稽郡謝仁規，次女適前守虢州别駕清河」郡張承遇，次女未適。並以承慈訓，動合女經，婦道昭然，内外□美。」[長][孫]男名大黑，次孫男名小廝兒，並乃神清骨秀，動合珪璋，最鍾□□之」□，俄失[賢]慈之念。匡習久忝」司徒煦念，有異常倫，既奉言及，敢不遵依。力赴」

□□，輒為銘曰：」
清貞清德，如松如筠。似珪絶點，比玉無塵。」衆美衆善，能順能柔。六親盡仰，九族寡儔。」清河淑女，瑯琊□□。子榮郡号，夫作重臣。」游雲易散，紅日難停。□霽風擺，瑞草霜零。」□齊鶴筭，不盡龜齡。黄泉一扃，永别千生。」公堂令□，虚几空迴。寂寂寶鏡，重重塵埃。

《北京圖書館藏中國歷代石刻拓本匯編》第三十六册

天成〇一三　王鍇墓誌

天成三年十一月十三日

【誌蓋】失

【誌文】

唐故檢校司空工部尚書致仕王公墓誌銘并序」

內弟舊蜀通議大夫尚書户部侍郎柱國滎陽縣開國子食邑五百户賜紫金魚袋鄭藝撰」

表姪孫舊蜀朝議大夫檢校尚書吏部郎中前行邛州安仁縣令兼御史中丞柱國賜紫金魚袋韋昭序書」

公諱鍇，字鈞化，太原人也。其先駕鵠辭周，翼龍匡晉，孝有冰魚之感，書傳行扇之名。故以胄緒相連，波瀾不絶，允歸」令胤，継此英猷。高祖翊，皇任御史大夫，贈户部尚書，謚忠惠公。曾祖倉，皇任湖南觀察使，累贈潞州大都督府、」太尉。祖敬仲，皇任處州刺史，累贈太傅。皆以德行仁義，著於本朝。先君寡言，舉孝廉上第，以儒學吏」術，終於京兆府雲陽縣令，累贈司徒。德優位下，宜集祉於來裔。娶於滎陽郡夫人鄭氏，追封魏國太夫人，生」公，即故金州刺史、中書舍人瑴之女。初，先君之捐館也，清塵未遠，儉節弥昭，産薄十金，家徒四壁。國太夫人以」諸孤未立，貽訓擇鄰，迺符外族之祥，遂濟高門之慶。公實為嫡嗣，幼孤强學，發於文章。未就鄉舉，

則故相國張公」濬、陸公扆、裴公贄、王公溥皆許其大成。李右丞渥主貢籍，選中甲科，益振時譽。相國崔公胤入相，釋褐拜弘文館校」書郎。天復三年，除充故知制誥鄭公撰使蜀封王，辟公倅其事。明年甲子改元天祐，遇」昭宗大駕遷都，中原無主。公與故三司副使、相國張公格並以家冤未雪，國害方興，同請蜀王，不歸梁王，俟」唐祚中興也，盖濬、溥皆為朱温枉所屠害。因署為節度推官，同掌文檄。清談亹亹，或排仲祖之鋒；書記翩翩，多聘元」瑜之筆。至天祐四年丁卯，聞朱温簒弒，遂成開國，與同列偕入翰苑，編録盈笥。轉御史中丞，遂入輔焉。自戊辰拜相，」至乙酉，凡十八年，轉僕射、司空。握中必勝之機，可謀霸國；胷内相吞之候，必則陰符。洎玉弩將驚，珠囊已裂，鈐結須」防於姦佞，顛危竟昧於扶持。同光三年乙酉，大軍收蜀，隨例歸唐。時相上言，遂致陵州之命。即治未朞，乃授」代赴闕。天成三年戊子，以檢校司空、工部尚書致仕，從堅請也。其年七月二十八日寢疾薨于長安里第，享年」六十八。以其年十一月十三日遷葬于華陰縣積善鄉王桃里，祔先塋，禮也。公朗然秀出，含章挺生，可謂昆仲間」白眉矣。初，公屬文，國太夫人孜孜指導，果捷高科。博覽群書，尤精《左傳》。文無加點，筆不停毫。自幼迨于今歲，著」述二百餘卷，行於世矣。公以世道多艱，年齡已邁，逍遥里第，常躬寫於佛經；減省庖廚，每静論於禪理。又有卓」壚名妓，蜀國妖姬，常因美景良辰，多覩開筵命客，莫不舞疑迴雪，歌駐行雲。植竹栽松，刱名園於濯錦；風亭月觀，」構幽致於浣花。布施為後報之緣，歡娱盡平生之樂，遽聞羽檄，遂爽風期。噫！古之碩賢，享高位上壽者衆矣，未若」公繼鍾患難，備歷險夷，全首領而殁，可謂全福，報應昭焉。今陝州行軍司馬王公宗壽，即舊蜀之嘉王也，」上表乞遷葬故主、偽太后、偽諸王。伏蒙」聖恩，皆賜俞允，命大鴻臚卿王瓊臨吊，册贈順正公，賜玉帛有差，其誌文即公偽度支副使、今陝州察判蘇名梲」所撰。有遺恨者，方謀改卜，北返華陰，望巴蜀之三千，指關河之百二。猶云負荷，決在來春，理命具存，音容如在。」故東都留守渢、宣州廉使凝、丞相溥，皆公再從叔也。公長兄退，雲鴻不下，天爵逾高。介兄韜，卓有風規，

偏」精詞翰，始蘊登龍之志，終乖展驥之程。仲兄岵，皇任偽蜀尚書左丞，如脂如韋，且值遭逢之便；畏首畏尾，果昇省」署之資。季兄懿，生禀端貞，位居冢嫡，空抱不侯之恨，難揚濟代之名。公悲比鄧攸，恨同庾信。孤昇雖云義息，且」曰承家，既非得鳳之祥，頗起續貂之誚。堂姪晏、親姪昱、炅，皆敏材慎行，積祐成人，有以見綿祚之無窮也。一女早適」河東薛鋼，亦先公而終。今夏因繼謁，公忽手授以忠惠公傳，若屬意於紀述。迨今感悟，遂傾菲才，備熟行藏，」焉能辭讓。芳塵易歇，浮世難留，不刊趙掾之文，誰辨滕公之墓。乃為銘曰：」烈烈華基，綿綿洪緒。鳳不時翔，麟非世覯。降靈山岳，篤生台輔。德隆偏霸，功傳下武。其一。」恭恭令嗣，濟濟大勳。推忠致主，積慶超群。文兼四美，謀著三分。弛張舟驥，際會風雲。其二。」道之否泰，熟喜熟戚。五運環周，」三正遞隔。赫矣皇祚，乃協民憶。玉燭時和，金牛瑞息。其三。」壽祉皆極，功德備焉。興亡有數，禍福相沿。沉沉壟日，漠漠郊煙。允鑱玄石，將表大賢。其四。」

孫南史，姪孫南薰、南勝、南華、南金

《唐史論叢》第二十九輯

天成〇一四　張君墓誌

天成三年十一月十三日

【誌蓋】唐故張府君墓誌銘記〔一〕

【誌文】

唐故府君墓誌〔誌〕并序」

〔一〕誌蓋四周刻詩一首：「石犬何曾吠，幽人也不言。凜名鐫銘記，萬古鎮靈前。」

清河郡人也。張府君因官逐任，到於上黨縣永」政鄉西申村，去府一十里。高祖諱　。曾祖諱然。」當世父諱恭，於天祐元年十一月廿日歸於思世，」年七十有八。母連氏，於天祐元年十二月十日」歸於思世，年七十有三。伯父諱忠，歸於思世。阿母」申氏，歸於思世。當世男六人，弟一諱貴，於天祐元」年七月廿日歸於思世，年五十。新婦常氏，於天祐」元年十二月歸於思世。見在兄弟四人，弟一諱殷，」弟二諱玠，弟三諱珪，弟四諱安。新婦荀氏，新婦」雷氏，新婦程氏，新婦王氏。孫兒虔暉，孫兒公順，孫」兒温，孫兒公礼，孫兒女哥，孫兒留住，孫兒小住，孫」兒黑女。孫子留五，孫子留六，孫子曾兒，[一]孫子泥猪，」孫韓五，新婦桑氏，新婦解氏，新婦任氏。」於天城〔成〕叁年歲次戊子十一月任〔壬〕申朔十三日甲」申已經合祔至中也，後記先祖潞城縣善政鄉上」故記之丘里河拜村。諸房姪孫弘楚、仙貴、謹敬、春」遇，孫思旬、重積、思存、思瓊、思霸、思虔，永記後會。」

罰〔劉〕思温

浙大墓誌庫

天成〇一五　白全周墓誌　天成四年四月十三日

【誌蓋】失

【誌文】

□□定難軍節度押衙銀青光禄大夫檢校國子祭酒兼御史」□□南陽白公墓誌銘并序　　牛渥撰」

[一]「兒」字係補刻。

公諱全周，字普美，即唐禮部侍郎居易之後。因官流散，子孫」異鄉焉。曾祖，妣。祖，妣。父文亮，皇不仕，妣京兆宋氏。」公世聯高望，累代門榮。父自河東樓蕃監咸族萍泛，聿來秦」土，初□銀郡，及於白婆村，娶宋氏焉。有子三人：長曰全德，不仕；」次曰公；幼曰全立，在軍守職，先公早亡。後來於德靜鎮永居，」繼多子孫，廣置莊産。公累於定難軍朔方王門館，仕」節使數政，倫歷辛勤，兼主迴啚重務，助其府庫，贍以軍人。蒙」朔方王獎酬公幹，累授職牒，自討正兵馬使至于節度押衙。已」通歲紀，不幸福消禍積吉凶來，求藥命醫，殊無瘳差，於天成四」年戊子歲二月五日卒于鎮之私第，享年六十有一。嗟乎！隟光」何久，風燭難留，俄頃之間，掩及冥寞，痛兮鄉里，號泣親疎。娶沈」氏、秦氏二妻。有子六人：長曰友遇，在軍乘馬。次曰友琅，不仕，主」持迴易，亦贍軍用。幼曰友進、友超、僧胡、僧福，皆孝悌傳名，見聚」庠館。女七人：長曰適郭氏，次曰適賀氏，次曰適趙氏，次曰適任」氏，次曰適劉氏，次曰適賈氏，次曰適喬氏，幼曰小姑，盡懷四德，」□蘊三從。以其年四月十三日葬于鎮西迷渾河西豊義鄉太」□□□原下，附先塋之禮也。命傳不朽之季，已光後世之孫。其銘曰：」□□□□，家道興榮。聯綿後嗣，永著芳名。久歷衙庭，累為顯級。」□□□□，□家有寘。妙選高閑，夜臺斯上。□然冥寞，永哉高豈。」□□□□，□□□□。千秋萬歲，音容莫追。

《党項西夏碑石整理研究》

天成〇一六　韓漢臣墓誌

天成四年十月十五日卒

【誌蓋】失

【誌文】

大唐故東頭供奉官銀青光祿大夫檢校左散騎常侍左千牛衛將軍兼御史大夫上柱國韓公墓誌銘」

前賓貢進士周渥撰」

公諱　，字漢臣，昌黎郡人也。大唐故興國推忠功臣、」檢校太保、守左金吾衛大將軍致仕韓公之弟二子也。」其為人也，出則忠君，入則孝父，潔正修己，」清貞作心。誠文武之全才，實偉奇之碩器。幼則彰」識環之智，長則著衣彩之名。是以別沐國恩，結親」皇室，每戴雲天之澤，近為侍從之臣。豈謂禍」福無門，死生有命，未變毛於鬢髮，忽纏疾於膏肓，未」驗秦醫，終為顏夭。洎天成四年十月十五日事故也，年三」十六。初任左千牛衛將軍，次任東頭供奉官、檢校左散」騎常侍。初婚故西都留守王相之長女，乾化五年九月」三日亡也。次婚右金吾衛大將軍兼街使　之長女」也。生二女，長者七歲，次者五歲。噫乎哀哉！陰發陽」樹，春往秋來，一夭一壽，父子俱摧。玉藏碧岫，珠落」泉臺，世上之崇宗雖在，人間之靈魄不迴。鴒原泣躍」心皆痛，鴈序悲呼眼未開，因而為銘曰：

神資偉質，」天与奇才。其宗既懿，其德不迴。玉壺瑩彩，」水鏡無埃。大將之孫，名家之子。鶴雛九皋，」龍駒千里。詩書是敦，文武俱美。筆下鳳飛，」匣中蘊靈。曳裾內署，結媾皇庭。行生枝葉，」言作丹青。忠直為主，精誠許國。良乎其有礼信，」焕乎其有法則。芳跡銘岷，万古何極。

《千唐誌齋藏誌》

天成〇一七　韓恭墓誌

天成四年十月十七日卒

【誌蓋】失

【誌文】

[大]唐故興國推忠功臣光禄大夫檢校太保守右金吾衛大將軍致仕兼御史大夫上柱國昌黎縣開國伯食邑七百户韓公墓誌銘」

前賓貢進士周渥撰」

夫於天者兩耀三星，在地者四溟五嶽，致其瑞則為英傑，降其神則作哲賢。時清而佐主以文，世濁而匡邦」以武，莫不應五百年之景運，扶一千載之休期。彰万民咸賴之猷，諧八表具瞻之慶，竊謀偉器，何代無人。」而今昌黎郡韓公，上禀昴精，下為人瑞，度如金玉，節若冰霜。才誇猿臂之才，相著龍章之相。」器宇藏珠韜之訣，心臺秘金匱之書。威姿而長劍倚天，雄氣而蒼鷹截海。若言崇德，則華山」有天上之峯；又語光儀，則玉樹非世間之物。揮霜刃而電旋天際，彎月弧而鴈泣雲頭。臨鎮握符，」則傳五袴三農之頌；統戎當陣，則多六奇七略之謀。頃者天祐之初、天復之末，國步多難，」皇綱欲傾，大澤横虵，中原失鹿。眉赤者，豺狼共戰；巾黄者，龍虎相争。烏兔光昏，乾坤色慘。此時也，」公奇籌出衆，勇氣超羣，潛資白水之神謀，先識金陵之王氣。攻城掠地，左縱右擒，亟登」上將之壇，威建梁王之國。北定邢、洺之境，西平邠、慶之區。至若我皇鴻業中興，寰瀛一統，旋」龍旂於汴水，定金鼎於洛都。稱公以佐國丹誠，慶公以事君忠孝，拔新平之守」鎮，授内署之執金。此際公染此疾瘳，致其榮寵，類張留侯之歸里，同范丞相之泛湖。」皇帝乃垂君父之恩，逈賜莊田之老。公是昌黎郡京兆人也，諱恭，字智謙，故前漢齊王」之苗裔也。來從魏晉，比至隨唐，能著崇宗，永傳令望，或為將為相，或作侯作王。」曾祖諱彦昇，皇任太保，曾祖母鄭國太夫人柳氏。祖諱璉，皇任司徒，祖母陳國太夫人鄭氏。父諱漸餘，」皇任司空，母陳國太夫人謝氏。公初任梧州刺史、檢校尚書右僕射，次任鄭州刺史、檢校尚書左僕射，」次任金州刺史、檢校前官，次任單州刺史、檢校司空，次任邢州刺史，次任洺州刺史，次任宿州刺史、檢校司徒，」次任絳州刺史，次再任宿州刺史，次任邠州節度使、檢校太保，次再任邠州節度使，加興國推忠功臣，」次任守右金吾衛大將軍兼街使，次任守左金吾衛大將軍致仕。娶隴西縣君李氏，乾化四年六月十」八日事故。次娶清河郡夫人張氏。長女早亡，未出適。長男仲宣，充邠州衙内都指揮使、銀青」光禄大夫、檢校

刑部尚書。婚徐氏，生一女。仲宣貞明五年十一月亡。弟二子仲舉，初授左千牛衛將軍，次授東」頭供奉官、檢校左散騎常侍。初婚故西都留守王相之長女也，乾化五年九月三日亡。再娶右金吾衛大將軍」蔡公之長女，生二女。仲舉天成四年十月十五日亡也。弟三子仲昭，前邠州衙内親隨指揮使、銀青光禄大夫、檢」校左散騎常侍、行邠州長史。弟四子仲英，前邠州司馬，天成元年六月廿四日亡也。弟二女適左神捷都指揮王司」空之長子、前守遂州司馬。弟三女結皇姻。弟四子任歸德軍行軍司馬、檢校司空。公洎乎天成四」年十月十七日薨于寢室，年六十七也。嗚呼哀哉！皇家軫慟，侯室切傷。大樹摧兮碎色，」長星落兮無光。彩鸞飛兮彩鳳去，天麟隱兮天驥藏。松桂忽殘於素雪，菊蘭已敗」於寒霜。栢為阡兮蒿為里，泉有臺兮山有崗。可惜哉！公德弘清儉，性處温良，」質質而威儀可酌，彬彬而動静有常。不以目迴羅綺，不以耳聽絲簧，其名可頌，」其德可揚。讚曰：

三才肇建，万物相萌。君由天降，臣自嶽生。稟陰陽氣，炳星宿精。」如龍之起，如鳳之鳴。卓尔韓公，寔有英德。武鄙孫吴，文嗤旦奭。一輪月明，」百丈松直。妙筭匡時，忠誠輸國。其勳兮大，其智兮深。瓊枝紫桂，瑞玉祥金。」寬仁成性，礼樂潤心。魏徵之鏡，傅説之霖。才善扶持，名表啓沃。東定楚齊，」西平秦蜀。恤物安民，移風易俗。位尊去驕，榮滿知足。蕭曹難比，管晏不同。」三尺長劒，六鈞大弓。百夫之特，万衆之雄。刻鐫岷石，千載留功。

《全唐文補遺・千唐誌齋新藏專輯》

千唐誌齋博物館藏石

天成〇一八　西方鄴墓誌

天成四年十月十八日

【誌蓋】失

【誌文】

大唐故東南面招討副使寧江軍節度觀察處置兼雲□榷鹽制置等使光禄大夫檢校太保樂安縣開」國伯食邑七百户西方公墓誌銘并序

公諱鄴，字德勤，青州樂安郡人也。案西方氏之裔，其」來遠矣。本黄帝之子孫，盖設官於諸國，古人重質，因所居而氏焉，即南宫、北宫、東門、西門之儔也。世傳勳」德，門尚雄豪，匡虞舜而贊唐堯，自成周而及炎漢，逮夫魏晉，以至隨唐，英奇継代以相生，冠冕連襟而不」絶。咸以文經武緯，開國承家，勳庸或載於貞珉，善美或標於信史。曾祖希顒，海州東海縣令，夫人李氏。」祖常茂，薊州玉田縣尉，夫人張氏。父再通，挺生時傑，克守家風，属以巨寇興妖，中原版蕩，謂儒雅安能」濟國，非武藝不足進身。遂擲筆以束書，乃成功而立事，終於定州都指揮使。公即都軍之第三子也，生」而有異，幼而不羣，桓温之骨狀非凡，相如之氣概弥大。鬚眉磊浪，將並轡於伏波；宇量弘深，更差肩於叔」度。年七歲，始就鄉學，窮小經。十八入大學，覽《春秋》大義，及攻文辞，曰：書足記姓名而已。又學擊釼，曰：釼不」學，一人敵，學万人敵耳。時莊宗皇帝方舉義旗，力扶王室，雖河朔已寧於生聚，而梁」園尚阻於化風，莫不淬礪干戈，招延豪俊。是時，公以良家子應慕，莊宗皇帝 一覩夌曾之貌，」遽驚奇異之材，遂委雄師，日親龍馭。夾洪河而對壘，欲近十年；臨巨孽以相馳，俄經百戰。公素探」經史，宿蘊縱横，每於料敵之謀，常中必成之術。其或兩軍相望，」三皷未鳴，公乃奮忠節以示威，擁輕袍」而掉戰，弓開月滿，箭發星飛，騎躍追風，釼輪秋水，對敵望塵而駭目，連營効命以爭先。奇功既絶於當時，」聖澤逈逾於常品，

恩旨稠沓，錫賚殷繁。爰自冠貂，以至提釖，皆是衆推猛烈，人服公忠。及平蕩妖巢，」以功補奉義指揮使、檢校尚書右僕射。撫士而千夫咸悦，莅官而七德恒修。今聖上九五飛」騰，百六開泰，嘉之義勇，錫以竹符，時三蜀初降，五州未下，乃詔公為夔州刺史。公以一旅之衆，涉万里」之程，方展密謀，遂降堅壁。尋加綏撫，顯示恩威，三巴之風化大行，九有之聲華益振。詔以公為夔州節」度使、檢校太保，就建旌節焉。公益勵壯志，思報國家，兵不黷而民不殘，令自行而法自正。吏絶姦」猾，盜去萑蒲，和氣昇而癘氣消，冤聲寢而頌聲作。俄而歸、峽送款，忠、萬投誠，施州輿櫬以來庭，蠻徼梯山」而入貢。聖上情寬宵旰，義重君臣，優詔連綿，輝華輦轂，實大朝之右臂，乃千里之」長城。公以受國恩深，為治心切，腠理爰滯，膏肓忽臨，霜葉將飛，風樹難止，以天成四年夏四月二十」二日丑時薨於夔州公寢，春秋三十有八。屬纊遺命，自國及家，老幼懷悲，道路增感。」聖上思慕忠烈，若喪股肱，特輟常朝，俾彰厚禮。以其年十月十八日靈綒自夔州達于」京師，將卜葬於河南府河南縣平洛鄉朱陽里，禮也。太夫人劉氏，爰禀殊秀，誕生哲人，令子云殂，」心焉如疢。長夫人天水郡伊氏，次夫人隴西郡李氏，並藴純和之德，咸彰令淑之名，梧桐半□，琴瑟不御。」長子王哥，次子吴留，次子榮哥，次子四哥，長女小姐，次女姝姝，並處童稚，將屬象賢，天垂不幸之文，奄此」凶喪之苦。長兄元太，次兄元簡，次兄元景，弟繼恩，早彰令問，克備友于，乍罹手足之悲，俱甚急難之痛。嗚」呼！天降荼毒，与賢愚而共等；邦失英彦，乃今古以相嗟。況公禀氣沖融，操心正直，於家克孝，在國能忠，守」信於人，接士以禮，宜其壽考，以安生靈。何期忽遘短期，遽終天禄，悲悼不已，乃作銘云：」

軒轅令胤，間世相生。匡堯德具，佐舜功成。祖宗継踵，軒冕相承。爰有餘馨，」是生賢德。立志高強，進身挺特。所謂伊人，邦之楷式。捐軀事主，克著軍功。」躬當矢石，大播威風。於家能孝，在國能忠。三峽仗節，五郡臨民。教化遠布，」蠻陬率賓。上天遘禍，殲我良人。寂寂孤魂，杳杳山水。自秋徂冬，方達帝里。」宅兆云卜，

喪事合禮。東岳程遥，北邙霜彫。瀍澗咽咽，松風蕭蕭。孤塚欲閇，」魂兮是招。長辞聖代，永閟重泉。奇功有託，貞珉以鐫。魂兮一去，千年万年。」

當月二十四日巳時續贈太傅。」

前鄉貢進士王豹撰

前國子監明經王汭書

修鎮國橋都料閻斌鐫

《北京圖書館藏中國歷代石刻拓本匯編》第三十六册

天成〇一九　崔協墓誌

天成五年正月二十九日

【誌蓋】失

【誌文】

唐故銀青光禄大夫門下侍郎兼工部尚書同中書門下平章事監修國史判國子監事上柱國清河縣開國伯食邑」七百户贈尚書右僕射追封開國公謚恭靖崔公墓誌銘并序」

正議大夫禮部尚書致仕上柱國贊皇縣開國男食邑三百户賜紫金魚袋趙郡李德休撰」

粤若天體剛而垂象，或因象以儲賢；帝守位以聚人，亦資人而成績。是則祥開應昴，蓋臣起豐沛之鄉；功贊慕羶，才子」得高辛之族。以今况古，良有屬焉。」公諱協，字司化，清河人也。炎帝乃姜姓之祖，子牙實崔氏之先。泰嶽肇其繁昌，積石疏其綿遠。營丘之後，世濟公侯；皇」唐已來，弥為鼎甲。故太常卿、贈太師諱邠，曾祖也。吏部尚書、贈司空諱瓘，王父也。楚州團練使、贈司徒諱彦融，列考也。」調正聲以諧神人，敷藻

鑒以主衡鏡，典方州以揚教化，襲吉德以啓鎡基。乃祖乃宗，令問令望，世有明哲，顯于鈞台。昔」考父循墻，爰生達者，于公議讞，果兆高門，可謂信而有徵矣。」公即楚州之嗣子。先鄭國太夫人，故兖海節度使鄭公助之女也。德洽箴頌，道脩言容，澣濯罔墜於素風，芣苡允鍾於」良胤。公稟曠時之秀氣，膺累葉之純熙，既契黄中，乃光名教。在佩觿之歲，誠有禮容；殆加冠之年，居」然國器。知老氏之關鍵，得夫子之日月，言必楷模，性亦深阻。當時君子曰：此天下奇才也。由是廊廟之望，扶摇之程，自」兹而發軔矣。乾寧初，昭宗皇帝以文柄授隴西李公擇，而」公以進士登甲科，周室漸稱其多士，舜旌爰得其賢才。以奥甚碩儒，明超計相，釋褐校書郎、度支巡官。志慕鸞凰，言可」褒貶，結綬渭南尉、直史館。白筆可以繩愆糺謬，皂囊必以獻可替否，遷監察御史、左補闕。螭階記事，允屬端人，雉省握」蘭，咸贊文稱，擢起居舍人、户部員外。洞究公方，周知圖籍，登吏部員外、户部郎中，賜緋魚袋。將以轄會府，歷左司郎中；」俾其肅神州，任萬年縣令。封駮之規，簡求所重，除朝散大夫、給事中，賜紫。侍從之貴，僉矚為難，拜左散騎常侍。八議緩」死，仁愛之事也；七德貞師，廓清之端也，昇刑部、兵部侍郎。出入名曹，騰凌峻望，資其題品，遂録銓衡，領吏部侍郎。遇」先君之怨，報不豐之言，直在其中，已之無愠，黜太子詹事。才必過職，吏不敢欺，復領兵、吏部侍郎。」國朝中興，憲法再舉，拜御史中丞。伯夷之賢，典兹三禮，后夔之德，諧彼八音，陟禮部尚書、太常卿，藉其餘刃，兼判上銓。」今皇帝下武承基，允文敷德，櫛沐之道，既濟艱難，小大之神，咸已砥属，而猶想非熊而獲英佐，思上帝以賴良弼，式示」旁求，乃膺爰立。天成二年正月十一日，制授中書侍郎、平章事，仍加男爵，户封焉，旋兼判國子祭酒。三年三月」十七日，又進門下侍郎、平章事、兼工部尚書、監修國史。建皇極，凝庶績，君子勤禮，小人盡力，萬物荷其埏埴，九歌詠其」功德，固太常脩於紀述，非曲筆所能刊勒者也。四年二月，天子自汴還雒。二十七日，」公扈蹕至澒水驛，忽構厲階，遂沉台耀，享年六十有六。」聖上痛阿衡之云亡，歎邦國之殄

痒，輟萬機而廢朝，掩重瞳而墮淚。至止之日，命國子司業鄭鵬致祭私第。文武百辟，」列吊靈筵。宣賻粟麦布帛，數皆盈百。詔贈右僕射，考行定謚曰恭靖，追封開國公。俾散騎常侍張文寶敘」其茂實，碑于阡壠。以明年太歲庚寅正月丙寅朔二十九日甲午歸葬于河南府偃師縣亳邑鄉祁村里，禮也。嗚呼！依」日月之輝，執造化之柄，盛德穆若，餘烈爛然，生榮没哀，既貴且壽，天之報施善人也，不亦宜乎。」公和而不同，文而有禮。風神魁岸，可以懾單于；談論縱横，諒能悲鬼谷。嘗自方於管、樂，果致身於伊、皋。至於履歷著芳」猷，光輔捍大患，此梗槩而言之，不能徧舉也。」公婚北祖大房范陽夫人盧氏，鼎甲名門，綽有淑德。穠華早落，禮法空存。父沆，踐登上第，履歷清資，德」望弥高，皇任左庶子、金紫。母滎陽夫人鄭氏。有子三人，長曰壽光，娶第二房范陽盧氏。」父程，皇任兵部侍郎、平章事，贈禮部尚書。母清河國夫人，亦門内從妹也。次曰馬馬，幼曰体工。有孫曰檜夫。」皆挺秀含華，象賢禀氣，居喪之禮，有加於人。遠日將赴於先原，貞石願言於實録，以德休於」相國道惟神契，義即同年，策杖而興，泣血以請。但齒當衰晚，心殆藝文，覩令胤之深誠，非復克讓；敘」故人之溢美，無乃未周。載為之銘曰：」

大樸既散，列宿麗之。大象既執，通賢輔之。二八已後，五百為期。才難如此，國尚可知。」清河崔公，泰嶽之胤。質禀星精，家傳相印。氣勁霜雪，道懷忠信。嵇樹千尋，丘墻數仞。」宗伯試可，時君遂良。昇臺歷省，為龍為光。嘗謂負鼎，何如釣璜。爰陟重位，乃輝巨唐。」歸全先人，卜吉舊里。佳城之中，豊碑對起。荒草愁雲，流年逝水。深谷徒變，」徽烈無已。」

從表姪鄉貢進士李光緯書

《洛陽新獲七朝墓誌》

長興

長興〇〇一　李仁寶妻破丑氏墓誌

長興元年十月十九日

【誌蓋】蓋面無文字

【誌文】

故永定破丑夫人墓誌文」

綏州軍事判官大理評事張少卿撰」

三才啓序，二聖垂明，既分天地之形，爰烈乾坤之像。是有」徽音弘遠，淑德播揚，慧婉早著於宮闈，賢明素彰」於里館，即今永定破丑氏也。夫人以元魏靈苗，孝文」盛族，天麟表瑞，沼鳳騰芳，金枝継踵於三台，玉葉姻」聯於八座。而况三從順道，四德奉親，崇婦禮以宅方，備母」儀而敷訓，可以千鍾慶壽，百禄宜家。冀隆晝戟之榮，」光顯朱門之貴，夫分虎竹，子掛龍韜，美譽之名，超」今邁昔。夫人方以閨庭納慶，香閤承榮，何遘疾之無」懲，奄從風燭，魂隨逝水，魄逐川波，慟結子孫，悲纏兒女。於」是選擇異地，脩飾靈宮。蕃漢數千，銜哀追送。風雲」於是失色，山嶽為之昏曚。固刊石以留名，則雕銘而不朽。」其詞曰：

偉哉懿範，禀質英靈。才高謝雪，」聰辯蔡絃。六親風靡，四德蘭馨。方隆家國，顯耀兒孫。」何縈疾瘵，醫藥無懲。大限俄至，將没幽冥。堂留舊影，」室泛殘燈。一歸長夜，永閇泉門。

男彝瑨、」彝震、彝嗣、彝雍、彝玉、彝戀、彝璘」

長興元年歲次庚寅拾月辛卯朔拾玖日己酉

《新中國出土墓誌·陝西叁》

長興〇〇二　秦進舉墓誌

長興元年十一月七日

【誌蓋】失

【誌文】

唐故秦府君墓誌銘并序」

蓋聞媧皇剖孕，宗族派流，生死輪迴，葬之以礼。」府君□同州郃陽郡人也。大秦二十四帝」之胤緒，嬴公之苗裔。築長城之後，己姓」之依。貫居上黨縣，鄉号雄山，湖泑之里西火」村，土居莊東鷄鳴嶺下先祖塋内祔葬，高、」曾二祖已立銘文，不繁再序。公諱進舉。王」母元氏，父諱君捷。夫人杜氏。府君享年六十有」二。夫人志已從心，不幸俱喪人世，德也道芳，松桂可」務，家侔母志断機，曹娥之不異。嗣子定真，妻王氏。」男孫審言，新婦賈氏；女孫六人。强俻寃以為」終如之礼，金堂玉櫬，立斯記畢。爰以長兴元年歲」在庚寅十一月庚申朔七日丙寅祫祔於本塋甲地。」其墳也，東連葛嶺，寶靈為左翅，右倚雄峯司空」寺之金地。前有金鷄之嶺，馬跑神泉之水，後拔抱羊」之山聖廟，危危鳳勢，莊東二里浩沙溝，四神俻矣。伏恐」年移代改，海變桑田，刊石標名，永為不朽之記。

《西安碑林博物館新藏墓誌彙編》

長興〇〇三　毛璋墓誌

長興元年十一月七日

【誌蓋】失

【誌文】

唐故特進檢校太保前守左金吾衛上將軍兼御史大夫上柱國滎陽郡開國侯食邑一千户毛公」

前攝金州防禦巡官將仕郎試大理評事劉羽撰」

聞天道幽玄，夫星辰之與日月；地理博厚，唯山川之與江河。本焕耀以難窮，處載擎而不測。」府君諱璋，字玉華。其先祖即魏侍中毛玠之祚胤也，文武相紹，枝葉相傳，洎自隆乎〔平〕，迄于唐」矣。皇曾祖諱讓，即侍中十五代孫也，仕唐為左神策軍使、金紫光禄大夫、上柱國。皇祖」諱言，任潁州汝陰縣令、朝散大夫，賜緋魚袋。府君以龍頭表相，鷰頷封侯，卓犖英雄，崢」嶸柱石。乃文乃武，為邦家經濟之才；立義立仁，禀意氣相交之道。公爰自雄藩立節，横」海從軍，執信輸忠，捨逆從順，擁旗誓衆，持檄歸明。莊宗皇帝奬以忠貞，許其英傑，旋敷」睿澤，遽議甄昇，乃垂湛露之恩，遂奬勳崇之德。府君初任貝州刺史、金紫光禄大夫、使」持節。是以冰壺比潔，松桂呈姿，以三軍為赤子撫綏，以庶民為父母慈愛。乃遷博州防禦」使。尋鍾家禍，起復除遼州刺史，兼轉太保。當以奪情典郡，康福疲民，尤明去獸之能，益著」還珠之美。遽遷為鎮國軍節度使，乃分茅列土，擁節臨戎，分一人宵旰之憂，救兆庶瘡痍」之苦。是以風行草偃，雲屯雨施，盡掩前規，深為後則。又以皇帝委之韜略，出領甲兵，輟自」三峯，收其全蜀。然後使蕭、張之計，運韓、白之謀，下三川而猛若風駈，收數郡而疾如席卷，可」謂美矣哉，盛矣哉！是以皇帝酬其武幹，奬以勳勞，乃降天恩，尋加制命，又遷静難軍」節度使，兼加使相，食邑七百户。爰從戰伐，遂陟殊權，持斧鉞之威，秉鈞衡之令。嚴肅内外，峻」若於秋霜；撫恤軍民，煦同於春日。又遷安義軍節度使，加食邑一千户。澄清列鎮，威惠三軍，」宣千乘之雄權，揔七兵之要律。忠扶社稷，高議雲臺，旋承紫詔之書，遠赴皇王之命。」又遷右金吾衛上將軍，榮班寵任，首冠朝行，分威於玉殿之前，步武於金門之裏。功歸」第一，美譽無雙，百辟欽風，諸侯避位。又遷左金吾衛上將軍。其年遽縈疾瘵，遂至沉痾，盃中」之蛇影不除，床下之蟻聲尤甚。是以轉弥困篤，遂至寢終，既興頹岳之悲，寧息壞梁之歎。於」天成四年己丑歲七

月五日薨於洛陽私弟，享年四十八。國夫人姓李氏，其先祖漢將軍」李廣之後胤也。夫人謹奉蘋蘩，順其婦道，温恭継世，令淑[傳]家，敦詩不愧於共姜，執禮肯」慙於孟氏。當以主領孤幼，不墜家風，德掩前賢，貞推後哲。府君有子九人：孟曰廷美，西頭」供奉官、銀青光禄大夫、檢校工部尚書、兼御史大夫。仲曰廷翰，西頭供奉官、檢校左散騎常」侍、兼御史大夫。叔曰廷誨，季曰廷魯，皆敦詩禮，克茂弓裘，並寵陟於班行，普甄昇於爵禄。」府君以長興元年庚寅歲十一月七日葬於徽安門外十里之原杜澤村，左臨瀍水，右控榆」林，前對周畿，後闞王屋。佳城鬱鬱，碧樹蒼蒼，謹鐫石以紀勳，乃勒文於泉户。銘曰：」

挺生府君，卓立不群。囊括宇宙，氣稟風雲。松筠秉操，霜雪弥分。令問夙著，」邦家必聞。千里驥蹄，九霄鵬羽。天子推貞，諸侯允許。仗鉞臨戎，携戈奉主。」竭立殊勳，然分茅土。鏤鼎銘鍾，超今邁古。數臨岳牧，三統戎旃。去思來暮，」頌美歌喧。冰壺逈潔，水鏡孤懸。文房士播，武庫人傳。十年半面，一日九遷。」世許功勳，朝稱令哲。比永扶天，何其楝折。山河色閉，乾坤慘結。隴樹佳城，」孤風朗月。谷變陵遷，雄名不滅。」

將仕郎試秘書省校書郎王勳已書

鐫字董知榮

《北京圖書館藏中國歷代石刻拓本匯編》第三十六册

長興〇〇四　嚴[彦]銖墓誌

長興元年十一月十三日

【誌蓋】失

【誌文】

唐故西京留守押衙前右厢馬步使金紫光禄大夫檢校尚書右僕射左武衛將軍兼□」史大夫[上]柱國嚴府君墓誌

并序

將仕郎前秘書省校書郎房遂撰」

鯤鵬出水，志在万里；松檜聳嶽，蔭彼巨峯。其誰有之，即馮翊郡嚴公之謂也。」父諱濤，皇任興元府節度副使。公諱彦銖，字信玉，其先馮翊人也。稟志孤高，素懷□」略，挫伏波之鋭氣，摧去病之雄鋒。勳著盛時，官崇清列，中外瞻禱，衆所欽風。長男弘進，」次男弘朗，並材唯謹敏，侍膳晨夕。將期永保貞規，俟光休烈；豈謂彼蒼薄祐，風樹」銜哀。以天成四年十一月二十九日終於私弟，春秋七十有二。公素稟義方，夙彰及物。」豈意嵇康令德，杳歸冥寞之風；馬援襟□，□□□□之苦。幸趁」門宇，獲奉華招，忍淚銜□，□述前■」：

鵬翔巨海，碧浪洋洋。爰從覆載，遂育賢良。」間生英哲，光予後唐。志唯松操，業務恢張。」忠貞許國，孝道弥彰。具瞻軌範，名播家邦。」羣倫之分，志最清强。懷仁蘊德，孰可比方。」何期風樹，殞我宏綱。二子□□，一女斷□。」家聲慘默，慟彼穹蒼。冀安幽□，」永保玄堂。滄□□改，浩劫奚量。」尊靈永別，万世難忘。」

長安縣布政鄉是也」

長興元年庚寅歲十一月庚申朔十三日壬申記之

《大唐西市博物館藏墓誌》

長興〇〇五　郭元玄堂銘

長興元年十一月十三日

【誌蓋】郭府君銘

【誌文】

唐故郭府君玄堂銘并序」

郭氏之先，出自於始□之其祖，太原人也。世世含生，人最為靈，生」則卜居為聖，死則宅兆為先，生事之以禮，葬之以禮。嗣子」友順等，是以將金為土，寶墮渥哀，修飾塋域，安置墓田，備□□」禮，題之如左。曾祖並烈前史。府君諱元，松筠之□，鏡劒俱□。」夫人同郡武氏等，坤德美於六親，母儀光乎九族。育子一人，諱」從實，在外亡歿。再娶夫人壠〔隴〕西郡李氏。嗣子二人，長□已終，諱□，」娶婦安樂郡任氏。育子一人，幸存，上文村任敬芝家入門。次男友順，」鄉黨英賢，郡邑領袖。娶新婦天水郡趙氏，已終，邕希有洛」□之容，訓子有東隣之望。育子二人，長曰幸璋，充州城角手。次男」□□□□一心慕道，割愛辞親，授具依年，看經進業，一■」□□□娶京兆郡田氏，育子二人。次弟三男幸滿，次幸通。再」娶南□郡劉氏，無子，殁故。再娶同郡張氏，無子。幸璋新婦劉氏，」育子小名十五。女三人：長曰婆女，次婆連，次婆奴。幸滿新婦任氏，」育子小名什六。友順每思育養，罄捨家資，各抽暑服，衆醵」寒衣，同謀葬禮，以代甘旨。乃擇長興元年歲次庚寅十一月」庚申朔十三日壬申葬於汾州南鞏村東北二里自己地内，東去敬」云一里。其地乃東望抱腹高豈，西視久葱平原，南顧温水，北看子」夏之山。左引龍懽普雨，右有供慶尋常，前至弓村而能定」戈鋋，後有文侯而公卿不絶，先代祖考遂吉葬于壚。」思日月玄遠，改隔桑田，玉石題名，永保歲宅。」其銘曰：」

遠祖英俊，古今傳説。府君美德，三端無闕。」嗣子號天，肝心摧竭。泉堂一閅掩荒郊，孤墳獨守千秋月。

《三晉石刻大全・呂梁汾陽卷》

長興〇〇六　李君妻聶慕閏墓誌

長興元年十一月十九日

【誌蓋】聶氏墓誌

【誌文】

唐代郡李使君故聶氏夫人墓誌銘并序」

夫人字慕閏，姓聶氏，太原人也。其先遊俠刺韓之後，世出崆峒，遷家朔代，今為代郡人也。晉宋」以降，賢彥繼有，可略而言焉。祖諱亮，立性孤標，為人倜儻，執孝以事父母，持信以結友」朋，宗族歸仁，鄉黨稱悌。及孤，每歎其先□□食禄，不逮其親，乃不仕，退耕於野。值世乱盪，」□豐歲不能自給，因農隙聚室相謀曰：□貧而求富，莫若歸農。則又農有水旱，所謂農不如」工，則又工有成敗，所謂工不如商。乃經營四方，貨殖九土，不日不月，家財万金。惠及宗親，利兼鄉黨，」寔謂富而可求也。父諱和，謙謙居采，繼先父之業。不廢千家之貨，使精百氏之」書，事佛宗儒，濟貧扶苦。嘗語里人曰：古人有言曰，為富則不仁，為仁則不富。何哉是言也？若」以富而下人，何人不重；以富而敬人，何人不親。何哉是言也！鄉中之人曰：子負大才，何不登仕。公曰：」嘻！子何見事之□，今滿天氛祲，匝地兵戈，當世乱而穀者，君子所耻也。吾無仕矣，以全長幼」之節。夫人即公之長女也。幼守閨儀，長從姆訓，温柔植性，為親戚所重。與」使君鄰里鄉黨之族也，笄而應鵲巢之詩，合鳴鳳之兆，歸於李氏。既入他姓，承事」舅姑，舅姑以慈，和敬宗親，宗親以睦。及丁舅姑之喪也，如考妣焉。恒敬」長，慈於下，勤□□之衣，修蘋藻之薦。從夫歷職邢方，又遷鎮陽務。□天成二年」忽縈疾，遍召良醫，有加無減。去當年二月廿九日終于鎮府關禎坊之私第，□□□」十八。天成三年正月十九日權窆於石同村。永朞詔受本郡太守。嗟呼！」夫人承事舅姑，和順親戚，從微至著，向四十春，不得見□侯□榮，信矣夫，命也。」夫人有四子三女。長子曰德□，娶孫氏，任洛京牛羊務使。次子德釗，娶賈氏。次子」德鋒，娶安氏。次子德□，娶楊氏。有三女，孟季二女曰比丘尼，為性惻慈，居心孝敬，」年將齠齔，了達虛空。知四代無依，覺□果有託，志求清静，不樂浮華，住持資」□蘭若。仲女適當州軍事判官吳彥瑤室也。」□徙以牧郡朞年，卜尋塋

域。□長興元年十月十三日發諸孝子自鎮府扶護」夫人神櫬歸鄉，十一月十九日葬於鴈門縣周劉村，禮也。其先代墳圍距平田村[北][去]」二十里。乃述為銘，銘曰：」

仁者必壽，夫人不壽。不壽伊何，書胡妄多。修短有常，福禄[無]□。」辞世不恨其俄歸，承家喜傳其令嗣。各有良能，俱負壯志。上和下□，」敦書閱史。食禄則君君臣臣，居家則父父子子。女弃榮華，心歸釋氏。□嘆□之□[坤]，」樂金蓮之富貴。見邪則嗔，聞法則喜。旦夕不忘，始終如是。封樹□畢，龜筮合□。」四棺五槨，前壠後崗。星臨兮月照，青松兮白楊。

《隋唐五代墓誌匯編·山西卷》

長興〇〇七　李立及妻智氏墓誌

長興元年十二月一日

【誌蓋】失

【誌文】

■李府君墓■并序　　天會十一年十二月十二日重舉墳圍[一]」

■隴西郡人也。自顓頊帝後，案先世之□」■之胤嗣，累継崇勳。」■曾祖諱　，翁諱　，□[諱]立。」□□義重，匪求榮禄之名；□蘊仙風，養性」丘園之志。以奄私弟。祖婆□准殁後踰年，」並不申詞。故亡妣智氏，[享]年五[十]有九。去天成四年」正月八日癉瘵纏身，藥餌無禎，[終]于正寢。隣春」不想，内外咸悲。尊婆段氏見存。

[一] 此句係改葬時補刻。

嗣子重進，」新婦武氏。女三人：孟女嫡韓氏，仲女嫡任氏，季女」嫡任氏。並恭傳孝養，訓誨班氏之規；節食孤貞，禮」有曹家之敬。至孝等与婆、阿姊、新婦同義，卜其宅」兆，□棺槨，惟聞膝下之泣，盡驚雷之淚。旹長興」元年歲次庚寅十二月庚寅朔一日庚寅為考妣葬在」汾州城西約二里。於張　邊買地貳畝，内封圍一所，敬」皮龍崽平原，禮也。慮恐海變桑田，井邑遷移，歷世年」多，刊斯貞石。其詞曰：

寂寂孤魂瘞九泉，居世幼〔幻〕化記如殫。青青松栢」荒□外，長辞　別至暮天。李府君記。

後於郭　邊左前，□畝二分買宅圍，去莊五十已來也，葬吉。

《三晉石刻大全·呂梁汾陽卷》

長興〇〇八　任君墓誌

長興元年十二月七日

【誌蓋】失

【誌文】

唐故任府君墓誌銘并序

府君者，西河郡人也。始自混源，榮派玉葉之芳；後跡□□，盛列金□□之胄。皆彰德葉，累継崇勳，幾曆歲久之深，□顯子孫之後。考諱公慶，妣太原郡王氏。長孫從實，早已亡歿，不追年月。見次子全立，冰清玉潔，量比寒松，於□□有正直之規，□眷故有傳禮□義。新婦隴西郡李氏，立身貞潔，禀性柔和，三從有韻，四德無過，□女乃嚴□曹氏，訓子乃捲賓□。嗟呼！潛□□疾，□謝□儀，旹天成二年十月六日終於私室。見在次子，早立行德。長孫洪文，英賢秀氣，德量弘深，臺鏡雙波，光流郡邑。名播四海，響振八方，三端有備，六藝能分。見在新婦太原郡武氏，出恭入敬，四德無虧，禮儀比曹家之能，□同顔氏。孫女婆心，早已殞逝。兒□大孫小心。

男女、新婦等少□□□，今身無託。哀號擗踴，悲泣動天。欲報之恩，断腸隳裂。義□嗣子，卜兆乾心，刱□新田。時長興元年歲次庚寅十二月庚寅朔七日丙申葬在洪折村南。西有紫微之嶺，北有□塵之崗，崗原，禮也。嗚呼！俯窺卧龍，遠瞰□榮。子孫猶恐桑田□革，墳隴隳陵，遂刊石爲文，敘爲銘誌。詞曰：歎堂堂兮念德，存耿槩兮忠貞。敬賓朋兮好友，播遠近兮咸摒。思□□兮失蔭，獻寒笋兮□□。從此别兮泣血，恨逝水兮長澒。

《三晋石刻大全・吕梁汾陽卷》

長興〇〇九　張繼美墓誌

長興二年正月二十六日

【誌蓋】失

【誌文】

唐故金紫光禄大夫檢校司空知河陽軍州事兼御史大夫上柱國清河郡張府君■」

門吏登仕郎前守河南府新安縣■」

公姓張氏，諱継美，字光緒，世爲清河郡人。其先本自軒轅第五子揮始造弦，寔張■」爲氏焉。厥後雜沓胄緒，焕爀英賢，代不絶人，史皆有傳。秦丞相儀、漢留侯良、魏將軍■」公即其後也。曾祖諱璉，累贈太保。王父諱誠，累贈尚書令。本枝蕃■」之榮，於斯爲盛。列考諱敬儒，皇任汝州防禦使、右羽林軍統軍、博州刺史，累■」氣，神授英謀，應數而生，推忠以立。安民著譽，政早擅於方州；保大垂名，功已紀於策□。□□□」策，於國有稱。先妣盧氏，范陽郡君，追封河南郡太夫人。《詩》詠采蘋，主祀能脩於法度；《禮》□□」則，保家克正於閨門。不有母賢，焉生子貴。公即博州太尉長子也，銅鈎貽慶，石印傳芳，爰自佩」觿，便爲令器。慎静植性，敦

厚寡詞，和而不同，謙以自牧，鬱爲人瑞，夐襲門風。十三，一子授秘書省校」書郎。纔踰幼學之年，已居校文之列，追其所履，甚有可觀。尋轉司農寺丞，仍加命服。進秩增階，紆朱」拖綬，少年之稱，爲時所榮。後累歲以伯父太尉齊王位極勳高，事殷權重，選之心腹，領以爪」牙，遂改補右職，管衙内親軍。三令五申，雅得畏威之道；六韜七略，深知制撫之能。既而轉檢校左散」騎常侍，尋遷檢校刑部尚書，相次轉檢校右僕射。德行益新，勤勞久著，綽有寬裕，聞于」大君。詔下，除右金吾衛將軍。侍從崇資，警巡密職，洎居近衛，咸謂當仁。秩未缺，又授右衛」大將軍、兼左藏庫使。在朝言朝，每輸忠於盡瘁；在庫言庫，罔失職於奉公。復以」太尉齊王摠天下兵兼十二衛、領河南尹已四十年，時論輔佐之才，無出於公也，准宣授河南府」衙内都指揮使。周旋奉事，夙夜在公，虔稟宸嚴，克勤王事。于時朝廷以太尉齊王兩朝」舊德，三紀元勳，俾壯洛邑之威權，再兼孟門之節制，求之共理，期在得人。制勅除檢校司空、知」河陽軍州事，兼峻階資。聖主優恩，德門盛觀，諒彼同王之貴，更踰隔座之榮，聲政既彰，」功名甚爀。適值太尉齊王抗表因退，移鎮許田，纔降旌旄，尋啓手足。公以哀殞之後，情理」不居，輕禄位於明時，重谷神而不死，怡然自樂，于兹四年。惜乎才智挺生，春秋富有，不見歸山」之馬，遽隨過隙之駒。以天成五年正月二日疾薨于洛京河南府墻西南之第，享年四十有一。噫！所」不待者年，所不者壽，〔二〕人皆有死，奚速如之。即以長興二年正月二十六日祔葬于河南府河南縣平」樂鄉徐樓里官莊村先代之塋，禮也。令弟繼達，檢校司空，今守右驍衛大將軍、食邑五百户。爰」從入仕，亟振芳猷，秉節操而松茂三冬，包器量而陂澄萬頃。官非地進，位是材升，洎踐班行，蔚有」問望。而自哀纏同氣，禍構陟岡，追慟悲摧，以晝繼夜。宗族稱孝，鄉黨稱悌，其斯之謂與。由以襄事」未終，孤姪軫念，興言及此，形于戚容。妹一人，適今左龍武軍將軍魯國

〔二〕「不」下疑脱一字。

儲德雍，封清河縣君，女功兼」備，婦德夙聞，自同五等之封，益耀六姻之貴。公先婚長樂馮氏，即故許帥中令習之孫女也；再娶」濮陽吴氏，即故工部尚書藹之女也。並賢和垂範，柔順德名，先於良人，俱辭」聖代。有子四人：長曰季康，使蔭授國子廣文博士，立性甚謹，出言有章，及纏何怙之哀，頗動因心之」孝，杖苴而起，倚廬以悲。次曰趙五，次曰小哥，次曰四哥，或髮纔髫，或齒未齔，號慕之性，曉夕罔極。息」女四人，長者未笄，少者始步，差肩而立，頓首號號，聞者痛心，不能已矣。延昇也門庭下客，筆硯」無功，强引鄙詞，直書懿績。銘曰：」

高門啓祚，異代降祥。銅鈎垂慶，金印傳芳。爰從伯父，齊魏封王。逮及列考，」博汝分壃。本枝盛大，弈葉寵光。其誰所繼，我公最良。分憂洛下，共理河陽。」有功於世，胡壽不長。松阡寂寂，泉路茫茫。俾刻貞石，永記玄堂。」

孤子牙牙書并篆盖

鐫字人韓延遇

《洛陽北邙古代家族墓》

長興〇一〇　張唐及妻李氏墓誌

長興二年三月二日

【誌蓋】失

【誌文】

大唐故金紫光禄大夫檢校尚書右僕射使持節衛州諸軍事守衛州刺史」兼御史大夫上柱國張府君并隴西李氏夫人合祔墓誌銘并序」

君諱唐，字温玉。望本清河，世居衛土，苗裔相承，衛人也。先代」諱清，祖諱□，並不仕。皇考諱寧，仁孝成家，謙恭立己，鄉黨咸推於」分義，不仕，已奄於幽泉。至天成四年四月　日，因子之勲，奉」□贈左散騎常侍。皇

妣冀氏，追封平陽[縣]太君。府君即常侍之[子]也。」倜儻奇材，經綸宏業，當世抱風雲之氣，事」君懷金石之心。董衆平兇，每著[簞]醪之詠；[掌]分符竹，常聆五袴之謠。本」冀[壽][等]松鶴，不期纏綿疾瘵，守任二載，以天成四年十二月中薨於汲郡衙」內，春秋六十有四。夫人李氏，柔儀播美，令德傳芳，孝可聞於姻宗，禮可」榮於家眷。奈何榮枯失准，衰盛有期，遐壽不終，絲蘿早墜。有子四」人：□曰延超，天雄軍[節]度押衙、充共城鎮遏使兼勾當稻[田][務][事]；」仲曰延嗣，弱冠之年，不幸夭亡；□曰延祚，前攝相州户曹參軍；□[曰]」延翰。並以絶漿叩地，皆陳刺骨之悲；泣血號天，共切崩心之痛。今乃靈□」叶吉，神告休徵，離苗郭之祖塋，於高原之就域。今於百門山西卜得」塋闕。其塋也，地傾离巽，山壓艮乾，垂崗勢匝於□週，氣象交騰於」墳側。莫不□資罄費，為陳合葬之禮也。以長興二年歲次辛卯三月己未朔二」日庚申遷祔儀畢。□後乾坤移改，山海覆傾，勒石記銘，以刊詞曰：」

英雄太守，衣錦難[比]。文武雙美，忠孝可推。芟夷狂孽，」奉主無虧。揚名海內，万古難遺。□□李氏，□□可□。」三從罔失，四德周[旋]。賢明早著，□□難干。芳譽夙彰，」馬后何□。天之降禍，此禍唯偏。雙劍俱缺，鸞鳳歸泉。」哀哉孤露，泣血號天。□葬儀終，千年万年。

王夫人太原郡□□王□□□□子□四人□□

《新中國出土墓誌・河南壹》

長興〇一一　王素墓誌

長興二年三月十四日

【誌蓋】唐故王府君墓誌銘記[一]

[一] 誌蓋四周刻詩一首：「愁雲慘兮風烈烈，兒女悲啼淚如血。白楊林下少人行，孤墳獨對長空月。」

【誌文】

唐故王府君墓誌銘記并序」

原夫無而忽有者，生也；有而忽無者，死焉。生之者榮，事之已義，死之已終，則有」府君者，并州太原郡人也。是三皇之苗裔，五帝之因依，遂為因官逐任，分散他州，」置潞府襄垣縣長樂鄉礼教坊人也。見今五房。高祖諱林，靈在古韓州北一里，夫」人　。曾祖諱清，夫人張氏，靈在圍內。府君諱素，才准貫同，得及盛時，孝友成」家，桀心奉義。已天祐三年十二月六日終於私弟，享年七十有一。夫人常幼從箴誡，德」鈐閨風，操質懷伏釖之名，頡頏著断機之美。已同光三年正月廿五日殁於私室，享年」八十四。亡兄二人：長兄元謹；次兄元重，充押司録事，已天祐四年十一月十日終於私弟，享年卌一，新」婦樂氏，年卅五。亡弟春春，天祐三年十一月終於私弟，新婦傅氏。嗣子二人：一人元實，新」婦李氏；孫男彦温，新婦衛氏；玄孫乞住、小住。一人元真，新婦連氏、張氏；孫男彦賨，新婦」韓氏；玄孫黑猪、小猪；孫男彦球，新婦連氏、李氏；次孫彦珠，新婦楊氏，玄孫黑欜。嗣子」等宿夜悱懈，寢食難安，披髮悶离，號天罔極。遂乃別穿塋穴，再覩舊儀，棺」凝鮮，〔二〕凶儀隘路。時已長興二年歲次辛卯三月己未朔十四日壬申用葬於城北一里」祖塋之側平原，禮也。崟祥天福，臺号義烏，盡八極之高原，忻暢四維之平朗。」四神必被，五岳來朝，穀將臨本位之豈，華盖鎮卧龍之地。東觀隴岫，班公聖跡已」常存；西接召鄉，甘羅而千秋不墜；南連朱雀，清漳而万古東傾；北倚龍豈，五陰山而」相引。旹乃卜其宅兆，罄竭家資，六姻奠祭於墳前，社邑畢儀於瓊壤。伏恐山河改」變，家國遷移，後世継依，刊石為記。其詞曰：

貞哉府君，乃武乃文；德名不朽，万古千春。」又詞曰：

〔二〕此句疑有脫文。

逝水東流日影斜，墳臺安處是靈家。欲知腸断添愁恨，片片悲雲對暮鴟。

《三晉石刻大全·長治市襄垣縣卷》

長興〇一二　李繼墓誌　長興二年十月十九日

【誌蓋】失

【誌文】

唐故李府君墓誌銘并序」

夫河分九曲，源引一枝，海納百川，滔流万里。盖軿還」馮浪，體無別宗。其李氏，隴西丞相直□座〔祚〕胤」也。因官逐任，遂為潞人，貫上黨五龍鄉東故縣」村，故壺關舊邑。府君諱継，府君性本温和，□」唯質真。志勤耕鑿，躬苦丘園。頃因時疾，以」天祐元年七月一日終于私弟，享年六十八。夫人」□□，天祐二年掩殁，享年六十八。志等絲羅，親開」□□。□□諱文通。嗣子八人：長行直，早慕軍戎。次上□，」□□□甘養號浩，夙懷英聞，長善才能。」次□府□廿餘年，中于逝殁。次□方，次□章，次」醜奴，見在男虔友、行謹。新婦□氏、牛氏，亡新」王氏、巫氏。孫五人：彦暉，新婦程；次彦崇，新婦王；」次□兒，新婦牛氏；次三女；次王十。嗣子等長兴二年」歲次辛卯十月乙卯朔十九日癸酉村東一里□□□」虎橋之域，後娥豊之嶺，東九龍之神水□。

《西安碑林博物館新藏墓誌彙編》

長興〇一三　霍則及妻趙氏墓誌　長興二年十月十九日

【誌蓋】失

【誌文】

唐故太原郡霍府君夫人趙氏合祔墓誌銘并序」

寒暑盛衰，仁之常性，日月虧盈，天之常道，人」之生死，亦不異乎，寧無悲歎矣。」祖諱巖，考諱雍，府君諱則。」府君不幸先亡。夫人趙氏，於天成四年九月」廿七日下世，享年八十有四。」有男一人，名儼，新婦王氏。□女四人：長女七娘，適」嫁焦郎；次女八娘，適嫁董郎；次女卅娘，適嫁宋」郎；小女四十娘，適嫁高郎。有孫男二人，長名滔，」次曰名。壙於館陶縣遵隗鄉北呼延村私第，」今取長兴二年十月[十]九日遷葬於代塋。」去館陶縣十五里，去淺口二里，去莊一里，東去御河」一里平原，禮也。其詞曰：」公之禮行兮，既光且美。奈何□蒼，」福無善矣。玄堂永閇，千秋□□。

《邯鄲運河碑刻》

長興〇一四　趙美墓誌

長興二年十一月一日

【誌蓋】唐故趙府君墓誌銘記[一]

【誌文】

辛卯年唐故墓銡銘記并序」

原夫無而勿（忽）有者，生也；有而勿（忽）無者，殞焉。生之者，葬送之以儀；去之者，哀」葬之以禮。即有府君者，伏羲之後，瑞（顓）頊之苗裔，乃是秦州天水郡、潞府」襄垣縣人矣，今貫居縣邑，户屬長樂之鄉。祖代邯鄲，因寓到此，」住居城郭。高祖諱超。曾祖諱古，夫人李氏。皇考諱美，才」雄貫國，得及盛時，孝友誠家，鄉閭播嘆。

[一] 誌蓋四周刻詩一首：「愁雲慘切風烈烈，兒女悲滞淚如血。白楊林下少人行，孤墳獨照天邊月。」

已天祐二載三月十七日」殞於私弟，享年六十三。夫人劉氏、和氏，幼從箴誡，長習閨儀，」操質有伏釰之名，頡頏著断機之德，享年卅八，殞於私室。弟僧環，」同光二年正月廿七日殞於私室，享年廿七。嗣子僧璠，門傳積善，孝行」恭謙，常存奉侍之儀，每有遵誡之禮。悲哀罔極，號泣動天，寢寐無」依，精魂失序，遂習儒風之道，教傚及曾參。塋域別開，吉辰遷厝，方乃光明再覩，重建」新塋，選擇良時，葬送歸於吉地。長興二載十一月一日甲申壬上安墳，去家二里。其勢也地」稱天福，臺号義[烏]，盡八極之方圓，稱四維之平暢。東連青龍一帶，講日月之盤旋；西」接鸞崑白虎，遠臨之應瑞；南臨漳水朱雀，如烏噎之聲；北倚巍峯玄武，霸」公卿之位。可以四神俻足，五嶽來朝，姻親[賵]賻於葬庭，社舍畢儀於墳壤。伏恐山河遷改，家」國變移，後代子孫，刊石為記。乃為讚曰：

卓哉府君，乃武乃文。德名不朽，万古千春。

嗣子僧璠，新婦張氏；孫男李九、胡兒、小胡、胡三、胡四；」孫女三女、仙姑

《三晉石刻大全・長治襄垣縣卷》

長興〇一五　李德休墓誌

長興三年正月三日

【誌蓋】大唐故李府君墓誌銘

【誌文】

唐故禮部尚書致仕贈太子少保趙郡李公墓誌銘并序」

朝散大夫守右散騎常侍柱國賜紫金魚袋楊凝式撰」

文林郎前守鄭州原武縣主簿李光愿書并篆盖」

公諱德休，字表逸，趙郡贊皇人也。皋陶佐舜，即啓其宗；老子生周，載隆厥緒。綿漢歷魏，迄」于巨唐，間出英

賢，道濟文武，布在簡册，此不殫論。曾祖元善，襄州録事參軍，累贈司」空。曾祖妣博陵崔氏，累追封博陵郡太夫人。祖絳，皇任山南西道節度使，累贈中書令，在」憲宗時，由翰苑秉鈞樞，獻替公忠，時推第一。祖妣范陽盧氏，累封豳國太夫人。考璋，皇宣」歙池等州觀察使，累贈太保，克荷基構，鬱為藩籬，令範素風，以貽厥後。妣范陽盧氏，累追」封燕國太夫人。生五子，公即太保第五子也。乾寧初，春官侍郎李公擇下登進士第，」昇甲科。丞相判鹽鐵，辟為巡官，試祕校。改京兆府渭南尉，拜監察御史，轉右補闕、殿中侍」御史，稍遷侍御史，勳柱國。徧歷三院，高綴七人，動振清聲，静修吉德。天祐初，國步多」難，周鼎未安，公以先見之明，拂衣遐舉，且省仲兄於中山。主帥王公倒屣迎之，奏充」觀察判官、檢校金部員外。尋加禮部郎中，賜緋。又改吏部郎中、兼中丞，遷左常侍、兼大夫、」上柱國，賜紫。每属中山易帥，軍民闕守，即命公權領府事者前後十餘。」莊宗皇帝萬方既戴，百揆重興，鄴宫之剏行臺，以公權知御史府事。此際法駕」未俻，朝綱未整，公篤行故事，不失軌物，朝庭賴之。拜太中大夫、守御史中」丞，銓鏡百吏，黜陟之最。兼判吏部侍郎，改正議大夫、兵部侍郎、贊皇縣開國男、食邑三百」户。復除吏部侍郎，遷禮部尚書，判左右丞事，五禮既墜而復舉，六職有條而不紊。年俯耳」順，志在辭榮，上疏求解去，即以本官致政。四五年間，紓衣縞帶，或遊或息，晏如也。悉兹五」福，窮彼三樂，何善如之。長興二年八月二十四寝疾薨於延福里之第，享年七十有四。以」明年正月三日乙酉歸葬於河南府洛陽縣清風鄉積潤里先塋之次，禮也。薨之翌日，」天子廢朝，詔有司贈太子少保，賻以布絹百段、粟麥百斛，君臣之分盡矣。嗚呼！以」公之風流儒雅，宣慈惠和，克孝於家，克忠於國，生且榮，死且達，適來時也，適去順也，又何」成恨於風燭哉？公娶滎陽鄭氏，封本郡夫人，故丞相鄭公畋之女也。有容有德，先」公而逝，今同穴焉。如夫人欒氏，亦幹於家。生一子欽魯，好學慕善，必継家聲。三女：長方笄，」二幼，居喪之禮，人有聞焉。凝式親即表甥也，分即忘形也，覩令子之襄事，述丈人之」遺烈，愧在不周，敢有文飾。謹為銘曰：」

鼎甲之胄，聖賢之後。趙郡清顯，士林標首。儀為鳳穴，瑞為天酒。」間氣偉人，無代不有。穆穆李公，摛華桂宮。漸陟丹地，弥振清風。」時即不利，道實未窮。賢侯下榻，水淥蓮紅。天地開泰，雲龍際會。」執法霜飛，承恩雨霈。貳卿八座，有功有最。制度盡張，搢紳斯賴。」俄及懸車，逍遥二踈。膏肓構疾，手足啓予。清洛聲咽，白楊影孤。」千秋万祀，不泯此勒石之書。

《隋唐五代墓誌匯編・洛陽卷》

長興〇一六　明惠大師塔銘

長興三年六月

【誌蓋】失

【誌文】

潞州紫峯山海會院」明惠大師銘記」

原夫真乘不泯，為□無形，逈具峭拔之機，超然物外，」即有我大師者也。大師父諱舉，俗姓顔」氏，家本儒門，是瑯瑘臨沂人也。幼懷聰穎，姓〔性〕自不」群；每厭塵繁，志求出離。遂於燕臺鶴林寺鑒律師」為師，從緇落髮，獲具足戒。後涉江浙，徧倣名能，」廣乎知見，乃遇監官，得傳心印。因卜掛錫，北度淮洪，」途至潞彰，人順道化，遂詣黎城縣松池院，棲心禪觀，」為衆開堂，可三兩載，復飛仗〔杖〕錫。又至淥水山，廣彰法」眼，為衆啓禪，人遇指南，奔赴如市。度僧一十七人：崇昭、玄誡、」玄□、玄□、玄静、玄寂、玄□、玄□、玄□、玄□、玄相、玄廣、玄□、玄□、玄□、玄□、玄□。度尼三人：□意、超果、超惠。並散在羅空，住」持傳譽。時有潞州節度使李蠙，嚮重瓊音，遥欽善價，」三曾具請，願俱府城，自捨俸資，刱修延慶院一所，命」師住持，傳通法眼。師於乾符四年，有人報師云保」廣賊寇欲害於師，宜速迴避。吾久於生死，心不」怖焉，若被所誅，償宿債矣。其年正月

十三日，果如所」報。命隨寇忍，氣逐風燈，怡色如存，復無污。天有祥瑞，」焕曜明帝，主乃知傷道人矣，遂勑謚明惠大師。」茶毗訖，小師崇昭等捧舍利奉命持建斯塔，兼賜」陰院檀越張井里等村田土係税一十四畝。四至為界：東至相」州林慮縣大磈硊石為界，西至七里嵸大崖下，南至」大崖，北至大崖下為界，充海會院地土。准勑依例」蠲放名額土田。此乃聖主仰重，朝治〔治〕歸心，播十方」而異香遠聞。於是乾符年而有闕記字，表而再敘行」録。厥為頌曰：

他方菩薩，此地化緣。靈塔侵漢，」永鎮名山。真形無住，示見人天。來時無所，」去□索然。

旹長興三季六月　日王暉捨手刊之

《三晉石刻大全·長治市平順縣卷》

長興〇一七　毛璋妻李氏墓誌

長興四年八月十日

【誌蓋】失

【誌文】

唐故昭義節度使相國毛公夫人隴西郡夫人李氏墓誌銘并序」

前静勝軍節度推官將仕郎試大理評事兼監察御史張師古撰」

將仕郎守太常寺奉禮郎葉嶢書」

伏以擊鍾鼎食之榮，列岳分茅之貴，必有令室，潛扶正人，然後能保其家肥，荷其」國寵，錫魚軒以著德，封石窌以旌賢，慶被雲來，崇兹閥閱者，則有」故昭義節度使、相國毛公夫人隴西郡夫人李氏。其人也，源長派遠，族顯行高，在周揚柱史」之名，至趙赫將軍之望。迨乎漢魏，將相不絶，世載其英，史皆稱美。」曾祖寂，皇任

撫州刺史，贈司徒，曾祖妣弘農郡君楊氏。祖陟，皇任左監門衛大將軍，」祖妣清河縣君張氏。烈考文靖，顯妣郭氏。皆善著當時，風傳後代，或文學獨步，或武略」出人，或撫俗以褰幃，或濯纓於環衛，勳庸不泯，聲光具存。」夫人幼而柔順，長而孝慈，比及笄年，鬱有淑問。遂適」相國毛公，時謂鳳凰于飛，和鳴翽翽，相敬可儔於前哲，雍容作範於後人。事上以恭，執貞潔」勤勞之道；處下以禮，守惠慈嚴正之規。故能享夫之榮，成家之美。伏況」相國天生雄傑，神授機謀，佐」莊宗以龍飛，扶聖朝而虎踞。功深草昧，道著權輿，故得四佩魚符，三臨雄鎮，民歌杜母，」帝号直臣。所謂功格皇天，聲傳區宇，官崇將相，位冠侯封，摠彼洪勳，具載青史，蓋」夫人內助之力也。遂感鳳書褒德，綵詔覃恩，錫以官榮，加之郡號，乃封隴西郡夫人，以光」懿行也。奈何天不憖遺，忽遘沉痾，有加無瘳，情識奄奄，名醫上藥，竟無所徵。俄以長興三年七」月十七日薨于洛京揚善坊之正寢，享年五十一。即以長興四年八月十日歸葬于河南縣平樂」鄉杜澤原，祔于」公之玄室，禮也。有子十人：長曰庭蘊，檢校工部尚書，為華州衙內都指揮使，頗精學問，幼有」令名，不幸遘疾，先歸逝水。次曰庭美，檢校工部尚書，為前西頭供奉官。次曰庭翰，檢校左散」騎常侍，亦為前西頭供奉官。次曰庭誨，次曰庭魯，皆天鍾正氣，特禀異儀，事親不憚於勤勞，」守職益聞於忠謹。昭宣令譽，焕耀德門，實可繼於弓裘，竚更昇於」寵渥。已下五人並幼。有女一人法燈，專慕佛門，不樂富貴，遂七歲就寺，」一心出家。有孫二人，」十二哥、婆姐，並生禀瑰奇，幼而岐嶷，可謂華族令嗣，洪宗貴胄歟。次子以」夫人忽遘凶迍，奄弃孝養，痛深荼蓼，感極劬勞。願紀」風規，特刊琬琰，泣編」素行，見託菲才。師古謬忝獎知，固慙文學，仰聆」懿實，勉緝荒虛。謹為銘曰：」

周道將微，杜史匡佐。趙國方盛，將軍名播。魏文命相，實惟忠良。漢武命將，」實惟鷹揚。代有賢俊，著在簡書。忠孝藂集，積善有餘。遂生淑女，焕耀德門。」媲比君子，慶及兒孫。夫秉旄鉞，身封爵邑。冠絕古今，中外

無及。外助謀猷，」內正閨闈。婦道母儀，風規之本。次子孝敬，過乎古人。集斯懿績，勒于貞珉。」

玉册院鐫字官韓重

《北京圖書館藏中國歷代石刻拓本匯編》第三十六册

長興〇一八　張繼達墓誌

長興四年八月二十八日

【誌蓋】失

【誌文】

唐故金紫光禄大夫檢校司空右驍衛大將軍兼御史大夫上柱國清河縣開國子食邑五百户張公墓」誌銘并序

鄉貢進士申光遜撰」

公諱繼達，字正臣。入仕之始，梁季帝賜名昌遠，後莊宗皇帝即位，公以名與廟諱同，遂改」斯名耳。其先本自黄帝有熊氏，以張弓矢立功，因以姓焉，故世為清河郡人也。厥後苗裔相承，軒裳沿襲，勳」名顯爀，何代無奇人者歟。秦相國以頰舌見稱，漢留侯以機籌著譽，派流累世，皆出偉人。止啼則魏殿將軍，」博物則晉朝丞相，蟬聯簪組，歷代簡册，未有絶其華緒者哉。曾祖諱璉，累贈太保。王父諱誠，累贈」尚書令。將相傳家，英賢弈世，搢紳之盛，難可比倫。烈考諱敬儒，皇任汝州防禦使、右羽林統軍使、博州」刺史，累贈太尉。星分瑞氣，嶽誕英姿，藴沉機則衛、霍連衡，奮妙略則韓、彭並轡。實謂見危致命，憂國亡家，偉」哉是功，焕乎後世，故昭令悳，以示子孫。先妣盧氏，范陽郡君，追封河南郡太夫人。婦道克彰，母儀」顯著，賢明知禮，懿戚有聞。薦榛栗則不怠於王公，主蘋蘩則無虧於祭祀，嘉順之道，莫得細而論之。」公則博州太尉第二子也，幼而歧嶷，長且不群，卓尔精神，超然器度。訥言敏行，寡無辱己之譚；閱禮敦詩，鬱」有承家之範。年十七，一子授檢校尚書祠部郎

中、賜紫金魚袋。少年之盛，莫甚於斯，遽膺臥錦之榮，顯被紆」金之寵。迨至二十，伯父太師齊王覩其英儁，知有機鈐，乃謂公曰：汝幼習武經，粗諳向背。此官」乃國家清袟，汝實難稱耶。遂補充軍職，捴領衙内親軍。公於是動旹之機，握兵之要，舉不失職，賞不失勞，」夙夜在公，無怠於王事。上乃聞其盡瘁，二十一，除授檢校國子祭酒、左驍衛將軍同正，仍轉階級。是」年，太師齊王又以畿甸年豊俗泰，慮戎庶不務晏安，要静封疆，須憑偵邏，遂補公充諸縣遊弈使。」繇是磨礱心劍，調正身弓，肆之以威，行之以令，浹旬之内，遠肅迩安。二十四，授檢校兵部尚書、左驍衛將軍」同正。二十六，檢校尚書右僕射、左武衛將軍同正。二十九，轉金紫階，加左僕射、右武衛大將軍。三十，加清河」縣開國男、食邑三百户。疊沓渥恩，聯綿霈澤，門族益彰於華貫，周行顯播於芳猷。其盛也，歷崇資，由」揆路；其峻也，為近衛，躡清階。仍被鴻私，遽加爵邑，不有全德，安踐斯榮。是知惟器與名，不可以假人者」也。三十三，授左金吾衛將軍。式道持麾，警夜巡晝，統勾陳之衛，擁蘭錡之兵，綽有聲光，彰乎勤恪。三十四，又」進封并加食邑。其年，轉授右驍衛大將軍，相次又加水土之袟。龍綸疊降，鳳綍交馳，非恵門則何以」受其榮，非令望則無以被其寵。公每承恩命，深切知歸，或謂賓朋曰：余今之華顯者，盖」太師齊王餘慶所加也。其常勵志虔心，望隆家報國矣。在坐罔不歎伏斯語者哉。公素有鄧艾之機，藴于」公之志，願光後嗣，以續前勳。其郍天不降全，有貴無壽，悲哉迅速，俄逐逝波。以長興四年三月三日遇暴疾，」啓手足于河南府墻西南之私第，春秋三十有七。嗚呼！隟駒難繫，喬木易摧，石火流而電影沉空，薤露晞而」槿花墜雨。所傷者不考終命，所痛者卒遘大朞。周行士林，聞之者無不悲酸零涕。即以其年秋八月二十八」日歸窆于河南府河南縣平樂鄉徐樓里官莊村先代之塋，禮也。元兄諱継美，檢校司空、知河陽軍州」事。天産英姿，神傳秘略，順而不詭，仁而有嚴。玉冷惟貞，松寒益茂，保其節槩，可謂貫四時而不改柯易葉者」也。於家惟孝，於國盡忠，所嗟不享天年，無禄早世。姉一人，適前龍武將軍魯國儲德雍，封清河縣君。蘭」藴芳姿，桂芬淑譽，女工婦恵，皆有其稱者焉。公娶崔氏，封博陵縣君，

即故隴牧太保第三女也。清門稟訓，」華裔傳芳，處閨幃行君子之風，當制變有丈夫之度，矜孤撫幼，不可論其慈愛者乎。女一人，纔及齠齔。猶子」四人：長曰季康，蔭授國子廣文博士。情惟雅澹，性甚柔龢，詩禮有聞，箕裘不廢，孝養之道，未嘗怠於晨昏；已」次三人，皆亞肩而長。尋為公無其嗣子，遂以四哥一人而繼蒸嘗。猶女四人，二人及笄，二人尚稚，皆幼經」孤露，常切悲號。禮制纔終，凶釁俄起，覩茲淪喪，得不痛哉。光遜也幸以謏聞，獲依大廈，既奉」尊命，不暇堅辞，謹以拙文，直書懿範。銘曰：」

乾坤初闢，軒后垂慶。爰張弓矢，因為氏姓。流芳後代，顯彰榮盛。作相封侯，贊賢翊聖。」蟬聯華裔，降及巨唐。承基誰也，傑立齊王。榮連伯仲，遠振聲光。逮于烈考，作牧名方。」惟公挺生，鬱懷令則。杳密寡詞，恬和静默。踐歷清華，顯揚家國。列爵封官，雅符全德。」喆人其萎，良木俄摧。電光易没，逝浪難迴。淪亡皆有，少盛堪哀。以刊貞石，永記泉臺。」

門吏攝左金吾衛長史徐守素書

《書法叢刊》二〇〇六年第二期

長興〇一九　王仕墓誌

長興四年十月

【誌蓋】失

【誌文】

太原郡王府君墓銘誌」

自上祖因官逐任而生此焉。曾祖　，祖父諱」信。府君諱仕，□長興二年辛卯正月五日殗殁於」魏府天雄軍興唐府臨清縣□□清化鄉，殗歸私第，」春秋七十有二。於東南三里有祖代塋域。府君夫人」虚□□□□□泉臺

□□孫氏見存生世。從子三」人，□□□□。長子鄭□，因於兵仕，歿在營中。計女三」人：長女□□，適裴郎中。次二女，□歲早亡。□□□□」出適鄭郎。有侄二人：長曰近貴，次曰近澄。女侄□當」□室，朝暮無□。遂乃□其時日，禮殯歸塋。□□□之」思咸奔，送終之矣。去長興四年歲次癸巳十月」□□□五時戊申用□時」金門閈，故記下泉塋。

《臨西碑刻》

長興〇二〇　王禹墓誌

長興四年十一月十八日

【誌蓋】唐瑯邪王府君墓誌銘

【誌文】

唐故朝議郎檢校尚書屯田員外郎前河南府長水縣令賜緋魚袋瑯琊王君墓誌銘并序」

前攝河南府長水縣主簿將仕郎試秘書省校書郎李鸞撰并書」

爰自立一成宗，貫三為祖，表天下之攸注，迺聖中之所分，裔推王風，始定為氏。」府君諱禹，字端己。曾諱秘，祖諱倚，父諱庾。佐一同三語之任，膺秩宗獨」座之資，時代雖遥，聲光克播，演諸前慶，流於後昆。」府君神彩雲融，形儀嶽立，守器乃百川赴海，懷仁如万物迎春。筆妙換鵝，詞清」吐鳳，綽有令譽，鬱為嘉賢。於大唐天祐二年起家，以處士徵，除授許州扶溝」縣主簿。逾歲，以養親解任。次權理緱氏，徵督有方，首畢無倦。故齊王於天祐」八年尹正洛京，以表」上聞，降即真命，兼錫銀章。奄丁母憂，不俟考秩。府君母清河張氏，奚[駐]」月輪之美，但留風謝之悲。除缺，授檢校尚書屯田員外郎，守澠池縣令，化洽三」善，路懃拾遺，惠溢鄉閭，請留星歲。次權攝本府司録參軍，既標千里之姿，誠為」一府之望。旋加朝議郎，仍錫真命。次守長水縣令，民懷綏撫，感

若神明，繼」歷官資，皆成考績。何期當」皇朝之至鑒，遽阻憂賢；云天道之孔明，胡虧福善。至長興四年三月二十九日」遘疾奄終於洛邑之第，享年五十有二。噫！夫川波自注，難為逝者之悲；樑木方」施，須有壞乎之歎。府君夫人清河張氏，即故齊王親弟諱全恩之女也，」故齊王之親猶女也。雍柔立世，令淑成家，先于府君之終也。府君有兄四」人：三人早謝於世；一人諱麓，居江州長史，先年歿矣，子一人勞謙，雖未居官，亦」有聚螢之志。有姊三人：長適張氏，次適潘氏，並謝於世，次早謝。有子十人：三人」早喪；嗣子居貞，次子居吉，次子小虫，次子四哥；長女一人，適前河南府文參」高溥，去歲今年，俱謝於世；次女二人。嗣子居貞，守謙義方，持愿文囿，攝少府」監主簿，有美稱焉。自鍾荼毒，苟息朝昏，柴毀居喪，龜從叶吉，即以癸巳歲長興」四年十一月十八日祔葬於河南縣平樂鄉杜翟里，禮也。嗚呼！泉宮永閟，無期」白日之輝；松隧長開，已畢青烏之兆。鸞文非精達，忝孰徽猷，塵」府君之佐榮，奉遺嗣之交請，恐遷陵谷，俾就刊鐫，為其銘曰：」

皇區碩德，遐布休聲。承宗傑出，紹範爰成。仁敷政道，風散芳名。」月虧日昳，玉折山傾。遺嗣號絶，通于昊天。龍分草野，鶴吊松阡。」長扃美德，永固重泉。芳弭萬祀，紀勒貞堅。

《北京圖書館藏中國歷代石刻拓本匯編》第三十六册

長興〇二一　張文寶權厝記

長興四年十一月三十日

【誌蓋】大唐故尚書吏部侍郎墓誌銘

【誌文】

唐故中大夫守尚書吏部侍郎充弘文館學士判館事柱國賜紫金魚袋張公權厝記并序」

從表姪孫前滄景等州觀察支使將仕郎試秘書省校書郎盧價撰」

公諱文寶，字敬玄，清河人也。考乎氏族，乃黃帝軒轅之祚胤也。分郡望十六焉，暨于今十八代，」枝派繁衍，布

諸簡編，莫可具載矣。然其祖祢宗族間，有遁時神仙焉，有濟世間傑焉，有墜鵲忠」孝焉，有埋輪正直焉。文學則有構賦兩京，聰明則有辯亡三篋，默識則有斗間見神劍，清貞則」有郡罷乘折轅。其清河望者，即漢太子太傅留侯良之後，於族緒中乃禮樂昭彰，軒裳綿遠為」最也。公曾祖諱澈，皇任同州防禦使、檢校左庶子，贈司空。烈祖諱斯干，皇任京兆少尹，贈」給事中。顯考諱顗，皇任中書舍人、權知貢舉，累贈刑部尚書，公即尚書長子也。皇妣天」水趙氏，累贈天水郡太君。外王父諱蒙，皇朝御史中丞，夫人即中丞之弟二女也。公」弓冶傳榮，芝蘭禀秀，素藴賢人之操，早為君子之儒，究典墳則學乃生知，論文章則才推天賦。」白虹挺氣，涅之而不緇；上善澄心，撓之而不濁。忠甲足以事主，行葉足以蔭身，將家肥而贊」國肥，修天爵以取人爵。公纔踰冠年，再鍾家難。逮服闋，多伸於五侯之知，是捨以一枝之桂。」初從事入官，以試大理評事充河中節度巡官。玉帳不移，金臺又陟，序轉授河中節度推官，兼」殿中侍御史。紆朱綬，佩銀魚，盖為席上之珎，兼藴幕中之畫，是遷簪履，疊降絲綸。至同光元」年，莊宗皇帝赤伏符興，渡江龍化，爰從蓮幕，首奉蒲輪，擢拜尚書屯田員外郎、知制」誥。盖建官惟賢，知人則哲，潤色之功既著，稽古之力獲伸矣。俄正本曹郎，依前三字，兼賫金拖」紫，揮翰演綸之稱，由中及外，昭然是乃。尋拜紫微，爰冠西閣，踐貳卿，除小司寇，旋就加佐丞」相預史筆，後珥貂冠司文柄。俄陟戎曹、吏部侍郎，皆貼弘文判館學士。所謂光揚貴仕，遍踐華」資，馳聲歷試之間，養望具瞻之地。長興三年冬，朝廷以將命難才，乘軺兩浙，爰經巨浸，乃遇」洪濤。榜人别以舟航，騶騎遂臨吴越，雖國命宣傳而不失，而僕人没溺者甚多。既竭忠誠，」復濟靈海。公因懼載沉之勢，又傷不吊之寃，遂致疾生，俄成夢坐。以長興四年九月十四日」啓手足於青州開元佛舍，享年五十七。呼嗚！公之戴仁抱義，積行累功，既陟班行，莫非華顯。」洎八遷優游南北省，無一任不居文字官，盖鴻筆麗藻之所致焉，乃斯文歷任之為重耳。噫！必」□位尊四輔，壽享百齡，何期方返脩途，遽歸厚夜，親踈共嘆，朝野皆悲。公娶滎陽鄭氏，外」舅諱光廷，皇任吏部郎中。

有一子，小字金臺，齋郎出身；一女曰三超。夫人物故後，有姬人魏氏，」号懿和，及侍巾櫛人別子共三人：曰小楊，曰十兒，幼曰未名；一女曰綸娘子。公之先代松楸」在咸秦，今以諸郎君幼年，有仲氏遠地，鄭夫人權窆在蒲中，合祔未果。今以其年十一月三十」日權厝于河南縣平樂鄉朱陽里，禮也。嗚呼哀哉！今奉郎君之命，請價論譔其文，且惟昔歲之」大恩，願竭今辰之拙思。既遵重命，安敢固辭，雖抉荒蕪，深慙漏略，銜哀抆涕，粗偹銘云：」

清河泉源，留侯祚胤。代有名揚，門推行進。卓尔賢良，生于」我唐。凌霜節行，隱霧文章。婉畫賓幕，優游鳳閣。八任司文，貳卿序爵。方期」登庸，因復朝宗。俄悲夢奠，咸痛輟舂。遠日既良，連崗可久。永安貞兆，」更鍾有後。

《洛陽新獲墓誌》

應順

應順〇〇一　顧德昇墓誌

應順元年正月二十日

【誌蓋】失

【誌文】

唐故光禄大夫檢校司徒前守右驍衛上將軍兼御史大夫上柱國吴興顧府君墓誌銘□□」

將仕郎前守弘文館校書郎韋咸貞撰」

公諱德昇，字□□，吴興□□□自分宗開族，恒出奇才，積德累功，偹載前□。□威□於東晉，姓氏」□□；

□□□於我唐，不絕令望。曾祖斌。祖詠，皇贈左贊善大夫。」□□□，皇贈右監□□□將□。」公即先□君之長子也，生知聰敏，長復温和。當射策之前，嘗□□□；及弱冠之後，□□武經。□□」敵之謀，□□□之勇。而且幼逢多事，常歎早孤，家既乏於近親，身遂寄於外族。於本朝天復年間，」公之舅故許帥長樂王中令節制□金州，以公縱横智勇，倜儻器能，欲□□□□之忠，」遂委以爪牙之旅，撫之猶子，不謂曰甥。尋則奏授銀青光禄大夫、檢校左散騎常侍、兼御史大」夫。復又出居鎮壘，入掌□權，奬酬亟换於六卿，遷陟旋踰於百揆，後曾董衆，載有殊功。又」奏授金紫光禄大夫、檢校司空。天祐丙寅歲，權知房州軍州事。尋授檢校司徒、守房州刺史。庚午歲，」故長樂王中令分閫許田，登壇瀷水，復求贊佐，共致肅清，又署公為衙内馬步都指揮使，仍薦」權□州刺史。自是踰年，乃退戎務。俄承命澤，入踐朝班，自右威衛將軍，明年，又加光禄大」夫，封吴興縣開國男，食邑三百户。疏爵分封，遷階馭貴，振聲猷於羽衛，彰勳績於雲臺。又遷」□左牛衛大將軍。未數年間，改授右衛大將軍。至同光年中，守左領軍衛上將軍。荐副」□恩，顯居上列，□啓□以敬重，□遐迩以傾瞻。及」天成皇帝叶兆庶□□，喜四方悦服，爰覃霈澤，以慰遠藩。訪將命以乘軺，且難才於專對，□」□宰則詢於輿議，又以敷陳，果降允俞，仍加寵秩，即授公右驍衛上將軍、充」宣賜静江軍節度使官告國信使。向周歲曆，方復京師，」君上倚注攸深，朝列傾附方至。後以偶違腠理，告退班行。因自□以求醫，遂安□以□赴，一」辝請謁，五變天凉。今冬來則舊疾忽加，衆藥無驗，夢不還於長夜，壽靡固於遐齡。即於長興四年冬十」一月十日薨于京會節里第，享壽六十有五。公幼登禄仕，久踐官資，揔戎有果断之籌，事」上盡公忠之節，治郡克揚於惠化，居朝抑振於清名。方属明時，更期」大任，不意忽驚逝水，起歎摧梁，搢紳聞之，靡不興愴惜之恨也。公歷職内外，踰三十年，官」在三公，禄居二品，封妻至于列郡，廕子至於登朝，佐國榮家，俱盡善美矣。」夫人彭城郡君劉氏，蕙蘭芬德，鸞鳳膺祥，自配賢良，能和親族，式顯肥家之道，共聞治内之規。宜」焉石窌分封，信是彤管貽美。方

歡偕老，遽歎未亡。有男一人，曰彦浦，朝散大夫、行通事舍人，幼習詩書，」長唯端謹，早承基廕，累授官榮，尋遷袟於清班，已命服於朱紱。先婚琅邪葛氏，生孫男」一人曰渥，廕補太廟齋郎；孫女一人，名翁憐。葛氏早亡，再婚隴西李氏。舍人□」晨昏而勤養，不匱孝心；洎荼蓼以纏哀，克恭襄事。罄竭家力，營奉遠期，爰契龜從，是遷龍旐，即」以應順元年正月二十日葬于河南府洛陽縣清風鄉高村，禮也。嗚呼！天不惠鑒，」國喪忠賢，聞薤歌者，畢至悲涼；喻風□者，寧忘歎息。今舍人以咸貞獲承厚奬，幸彰」英猷，俾竭荒蕪，以紀勳烈。固不足盡書善美，將庶幾粗記歲時，但愧直詞，有污貞石。銘曰：」

稟天正氣，唯人至靈。降生賢德，為國之禎。道弘仁義，理盡公清。嘉彼達士，」綽有令名。藴武兼文，匡邦列職。董衆平姧，撫戎叶德。是剖郡符，爰酬勳績。」好爵荐加，休聲無斁。亟游禁衛，久踐崇班。載承明命，出論遐藩。倏周星歲，」方返輶軒。遽纏疾疢，便卜高閑。忽夢二童，俄悲轉燭。龜筮叶從，松阡已築。」積善有徵，後昆臻福。永其歲年，無移陵谷。」

外甥前耀州司馬張知遠書

《隋唐五代墓誌匯編·洛陽卷》

中國國家圖書館藏拓

清泰

清泰〇〇一　楊洪墓誌

清泰元年十一月七日

【誌蓋】失

【誌文】

大唐故楊府君墓銘誌并序」

先祖本望弘農郡，枝葉散布，胤流天下，因官」逐任，届於今也，於魏州朝城縣有義鄉觀臺□，子」孫居焉。祖諱　，考諱泰，身諱洪。皆有文」武，德藝超群，於家孝道□全身。如斯君子，奈何」旻天降禍，万藥無方，□□太原□□歸於」逝水。府君■日終於」私室。有男■女」一娘子，娉与■在」其塋地東■至」張家墓墳。今擇得清泰元年甲申歲十」一月七日舉靈柩所居住處宅西北城□□二」里永定坊周佺地内創安墳殯之。兒女」等罄力遷殯，對靈泣淚，酸哽難□。恐後桑土」設移，水□不定，然乃刊石鐫銘，以彰万古。詞曰：」

嗚呼府君，□□□功。□□□遵，□□□聞。」早終延命，泉臺故人。良年赴吉，後世標銘。

《山東石刻分類全集·歷代墓誌卷》

清泰〇〇二　趙裕及妻裴氏墓誌

清泰元年十一月十八日

【誌蓋】失

【誌文】

唐故趙府君墓誌銘并序」

夫堯時蓂顯茂，噫凋換之倏然；舜日開祥，奈暑寒之瞥尔。則」審容華易老，天道難留，古往賢明，俛仰不暇。趙氏其先也，公奭」之本枝，文王之貴胤，食菜於邑，因為氏焉。雄望天水，分輝」上黨。曾祖諱緒，祖諱武，並慕於丘園，養素不仕。」府君諱裕，珪璋盛德，瑚璉方仁，實經濟於當時，振聲名於歷代。去」天祐十六年六月廿三日遘疾終于私弟。夫人裴氏，三從備載，四德殊」情，秋日居懷，寒雲挺操。恭承父訓，早揚詠雪之才；敬受夫

規，因」致肥家之譽。去長興四年九月七日寢疾没焉。」嗣子二人：守瓊、守殷，並温和立節，孝友推誠，務農業以奉烝嘗，」存忠信而睦鄉黨。新婦郭氏、張氏，長女王郎婦，次女令狐郎婦，咸」以夙夜恭勤，温清舅姑。孫女婆怜、迎兒，悉乃傾心盡禮，力祔葬」儀。卜宅兆於郊坰，報劬勞於庭育，以清泰元年歲次甲午十一月丁」酉朔十八日甲寅葬於城東三里㓞致營平原，禮也。東連紫岫，西接」鳳城，背倚崖峩，前含隱奧。慮山河改革，日月徂遷，勒之」貞銘，冀表他後。其詞曰：」

孝哉可難，敬惟父母。生事禮全，葬終得所。

浙大墓誌庫

清泰〇〇三　李重吉及妻劉氏墓誌

清泰元年十二月十九日

【誌蓋】唐故隴西李公墓誌銘

【誌文】

大唐故金紫光禄大夫檢校司徒行亳州團練使充太清宮副使上柱國兼御史大夫贈太尉隴西李公墓誌銘并序」

中大夫行尚書考功員外郎柱國臣李慎儀奉勑撰」

翰林待詔朝散大夫行太府寺丞臣權令詢奉勑書」

若夫孝者德之本，死者人之終，顯敦行於純深，繄秉心於慷慨，邈英風而不朽，凜生氣以如存。臣子之道」適全，貞諒之誠允塞，見危有立，知憤激於當年，樂善無徵，竟凄凉於千載者，則推之於故亳州太尉」公矣。公諱重吉，字保榮，今皇帝之長子也，母皇后劉氏。公少韞令問，夙欽奇」表，含五行而挺秀，聞兩社以開祥。象載舟中，笑蒼舒之飾智；蟻封穴外，稽沛獻之成占。講陣勢於常」山，鈞兵鈐於渭水，奉過庭而嗜學，審中律以通音。虎頭

共仰於封侯，猿臂咸稱於飛將，威而不猛，樂且有」儀，禀自天資，昭符國器。明宗皇帝方羈汗馬，始兆潛龍，式壯軍行，高陳勇爵。初署公為成」德軍節度押衙、充衙内右廂排衙軍使。天成元年，明宗皇帝登極，授銀青光禄大夫、檢校工」部尚書、兼御史大夫、上柱國。二年春，加檢校兵部尚書、充匡衛步軍都指揮使。其冬，扈從」乘輿討朱守殷，公首至汴上。環城傳堞，帶断布以先登；擐甲執兵，抉懸門而直進。明宗面」加褒錫，以賞殊庸。三年夏末，詔公統領本軍兵士攻討定州，至其城下，殺戮契丹，告捷中朝。特降」勑書手詔及頒賚銀器繒帛等，仍宣賜青氊帳、紅錦戰袍，旋命捧聖軍使曹晟沿路」奬諭，賜鐵甲一副、御馬半馹、槖駞二頭及羊酒湯藥等。歸闕賞其功，除檢校尚書右僕射。」明宗皇帝展祀圜丘，詔公為整衣冠使。燔柴盛典，陪乘深榮，親惟尚於可尸，愛有隆」於貽厥。禮畢，加檢校左僕射、充殿前控鶴都指揮使。寵增百揆，職摠六閑，捧白日以傾心，侍」清塵而接武，譽光麟趾，望逼犬牙。明宗皇帝俯厭萬機，將臨大漸，權門擅柄，藩邸弄兵，禁營」之組練争陳，武庫之戈矛莫守。公躬嚴鋭衆，親禦兇威，摧鋒克萃於天衢，飛矢免驚於」君屋。恩賜御衣一對、玉帶一條，旌致力也。其後幼主據位，讒賊挺灾，曾輕引進之恩，且惑矯誣之説，夾輔」寧施於材幹，讒嫌相務於間離，去拱極於本枝，奉頒條於出牧，遂以公為亳州團練使、檢」校司徒、充太清宫副使。於是敷惠和之政，篤廉讓之風，變慘為舒，待布行春之令；感今懷昔，不逢」祀夏之期。洎奸慝構言，中外疑貳，以今皇帝望尊冢嫡，道冠親賢，懼合應於廢昏，遂肆行於」惡直。及歸昌啓瑞，昧爽戒期，纔興投袂之師，已潰如林之旅。於是執事者乃奪公珪符，拘于宋郡。左右」勸以奔避淮泗，無蹈禍機。公以今皇帝曾非本心，獨沮群議，及辱居縲紲，壯志不回。於是」對衆而謂曰：若以主上嘗懷大計，素蓄先機，天地神祇，必所知鑒。乃指茶甌而誓之云：擲甌」於地，如不碎者，則主上之德可明，猜忌之情見枉也。乃舉而投之，略無傷缺，聚立觀者，莫不」歎息，斯則昭昭之感有動於穹旻，款款之誠罔違於顛沛也。及京師播越，群黨憑凌，王子思歸，空緘永訣；」將軍下世，誰恤沉冤。尋罹非罪，年二十八。

公夫人劉氏，故均州刺史知遠之女也，封彭城縣君。俻容德」之規，諧好合之美，事舅姑以婉聽，潔蘋蘩以敬恭。危禍之中，併命凶孽。聖上痛深天性，念切」國禎，緬馳道以震心，慟維城而揮涕，追懷增欷，遐迩銜酸。建旆分憂，終鬱子牟之戀；翦桐無戲，未階唐叔」之封。其年夏四月，上舉哀，輟視朝三日，俻禮册贈公為太尉。於是下明詔，命有司」議奉蒭靈，始遷藁葬，仍遣控鶴指揮使李重謙往亳州監護改卜。以公無子，因宣重謙為喪」主焉。清泰元年十二月十九日以公及夫人劉氏合葬于河南府洛陽縣青風鄉高村里，禮也。惟」公炳靈積慶，資事効忠，生雖限於有涯，義足彰於不泯。驥鳴東道，方躋逐日之程；鵬運南溟，忽墜垂天之」勢。嗚呼！禮成同穴，恨咽重泉，列雙表之巖巖，掩佳城之鬱鬱，悲纏會葬，感極望思。爰」詔下臣，陳兹勁節，敘事多虞於漏略，幸絕愧辭；直書聊紀於徽音，敢刊貞石。謹為銘曰：」

氣稟中和，孝惟尚德。植操自持，當仁是則。圖功有立，臨危不忒。名動古今，道光家國。」誰其兼者，公實宜之。多才多藝，聞禮聞詩。推誠偘偘，敬事孜孜。嘗登勇爵，早奉靈旗。」伐叛臨戎，教忠主器。屯否斯構，艱難盡瘁。懸旆心摇，淩霄翼墜。劒折倚天，戈投散地。」志無後悔，冤深左遷。途窮靡惑，甌擲弥堅。甘期玉碎，羞將瓦全。雖死之日，猶生之年。」念惻宸嚴，痛均凡百。贈典載加，寵靈於赫。義貫金石，勳藏竹帛。思顯英猷，允敷玄澤。」喪移譙郡，塋啓蘅皐。哀凝笳皷，奠溢牲牢。原隰雲慘，松檟風號。貞魂永斷，信史攸褒。

《河洛墓刻拾零》

清泰〇〇四　商在吉墓誌

清泰二年三月二十日

【誌蓋】失

【誌文】

大唐故光禄大夫檢校司徒前使持節冀州諸軍事冀州刺史兼御史大夫上柱國清河郡商在吉墓誌銘」

維司徒，北燕薊門人也。曾祖諱咸唐，皇曾効職涿州馬步使。祖諱元建，」皇守職幽州節度押衙。父諱在吉，皇光禄大夫、檢校司徒、前使持節冀州諸軍事、」冀州刺史、兼御史大夫、上柱國。況司徒天生異氣，神授英姿，芬芳而玉樹迎春，瑩澈而」冰壺向曉。惟忠惟孝，光累代之徽猷；成允成功，播四方之雅譽。幾曾齊分旗鼓，大振戈鋋。南過」黄河，駈汗馬而十年血戰；北安紫塞，静胡塵而久鎮砂場。既標三覆之名，方授」九天之命。蒙」莊宗皇帝初授興元都指揮使，兼知軍州事。莫不訓戎有略，撫俗多方，常懷置□之規，每」抱□冰之誡。去天成元年十一月内，正授集州刺史。自後以陳儀」□□，獻壽丹墀，每蕴赤心，上裨」皇化。去天成二年正月内，伏遇」□宗皇帝無幽不燭，有感皆通，凡抱忠貞，皆榮爵祑，又加檢校司空。敢不一心奉」國，□□弘恩，唯堅冰蘗之心，上荷乾坤之造。又伏遇」明宗皇帝思於勤舊，念及班寮，既垂雨露之恩，皆沐」雲天之施。至天成四年三月内，又蒙除萬州刺史。纔臨郡政，迥致人謡，遠彰去獸之名，别顯來蘇之」化。至長興元年四月内，又加檢校司徒。便属以蜀川作孽，劒嶺屯兵，數州皆陷於賊圍，一己獨帰於」□闕。家携万里，恨無縮地之方；夜越千山，堅立」朝天之志。既論忠孝，須議奬酬。至長興三年二月内，又蒙除授冀州刺史。可為黄陂」廣潤，樂鏡高懸，三秋之明月當空，一郡之生民自樂。至清泰元年七月内，又加光禄階，一分符竹，」□曆星灰，既考榮名，却帰上國。司徒於清泰二年三月二日夜，忽覺心腹有疾，藥餌」無徵，遂乃哭别」明時，甘帰大夜。舊日之衣冠尚在，太守何之；當時之弓劒空懸，將軍已逝。今則聊書」德業，豈盡勳名，故勒貞珉，以記他日。讚曰：」

忠孝立功，今古難同。一心拱極，万里朝宗。掌中白刃，屏外清風。天地將變，其名不窮。」

曾祖諱咸唐，皇涿州馬步使，夫人　郡　氏。祖諱元建，皇幽州節度押衙，夫人彭城郡劉氏。」父諱在吉，皇光禄

大夫、檢校司徒、前使持節冀州諸軍事、冀州刺史、兼御史大夫、上柱國。」夫人隴西郡李氏，早亡。夫人清河郡縣君張氏，夫人彭城郡劉氏。」兄在本，前萬州司馬。長男守遠，内殿直、銀青光禄大夫、檢校太子賓客、兼監察御史、武騎尉。次男守密，前冀州長史。」小男守蕘，前任武泰軍司馬。姪守殷，六軍押衙、銀青光禄大夫、檢校太子賓客、兼監察御史、武騎尉、充侍衛勾押官。」

大唐清泰二年歲次乙未三月二十日記

地南北卅一步，東西廿一步

《北京圖書館藏中國歷代石刻拓本匯編》第三十六册

清泰〇〇五　李玄墓誌

清泰二年十月二十三日

【誌蓋】唐故隴西李處士墓誌

【誌文】

故隴西李處士墓誌銘并序」

將仕郎守河南府士曹參軍弘農楊弘礪撰并書」

蓋聞元氣未分，大道已兆，爰資剖判，式序陰陽，是於覆載之間，無出神仙之事。繇是」瀨濱降瑞，蒙谷分祥，或乘鯉以皷洪濤，或御風而冲碧落，則有鍊形易色，餌朮採芝，」欻然而便届層城，瞥尔而俄觀真境。載籍偹述，此不殫論。又有脱略公卿，曠蕩賢智，」巢許自安於箕潁，夷齊但樂於首陽，無彼逸人，豈曰清世。即有處士李公，或」云諱玄，竟不知何許人也，每稱言多曰弟子。其物表也月融顥素，其談論也河注波」瀾，唯公得之，世詠其美。葷茹靡誠，冠簪何施，交結之中，尤尚儒墨，介然穆若，」誰與之儔。自廣明庚子前，嘗在闕内，有時則長遊

闤闠，有時或靜處丘樊。野鶴孤雲，」去而無跡，洪鍾浮石，扣非常音，挹湛湛則自知淺深，度蒼蒼則足分遠近。當」僖宗幸巴蜀之始，公方暨岷峨，因奉詔書，遂拜旒冕，」帝乃與之為友。後又昭宗方福兆民，正安京鎬，亦累降徵命。公屢杖」天闕，敬而謝之，曰名穢我身，位累我躬，笑楚笥之神龜，美漆園之野鴈。是以飛章晦」跡，深入白雲，拈藜一枝，不離輜重，屑瓊滿器，以為糗粮，必欲覿安期於蓬壺，訪浮丘」於緱嶺。洎居瀍洛，又三十年，每恨四照匿華，五才輪馭。雖貯偷桃之志，猶虧種杏」之期，未了玄功，愧躋木羽。然曉長生之術，且迷久視之山，恒歎厥躬，尚隨單影。以」至纏災構疾，伏枕經旬，遠駕頓於促途，長筭屈於短景。金莖花在，不見仙容，玉」漏箭空，徒悲朽壤，於清泰二年乙未歲十月十一日去世矣。悲夫！故人也一竿青竹，」死而節高，萬頃黄陂，盡且不濁。然壽年之實數，人莫得知，但相識深分者，往」往見說貞元時經目之事，以此循度，享齡百餘歲矣。五福皆獲，片善罔遺，長」身無妻孥，屈指非瓜葛，唯主爨女僕名曰善娘。」朝列上寮，知心不少。」今府帥以公昔流聲響，遽撲衝飈，」賓席之間，又偶仁者，送終斯備，卜宅有宜，即以其月二十三日葬于河南縣龍」門鄉南王里，禮也。吁！生平道侣，遠近居人，或陳賵賻之儀，或動凄凉之色。嗚」呼哀哉！陸機成賦，歎深落落之姿；潘岳臨文，倍愴纍纍之壠。貞魂不昧，終」天何言，水石如存，封樹寧泯。斯文既陋，其理可傷，刊勒尤精，問望弥遠，一置玄堂」之下，一立孤墳之右。不慙荒薄，乃作銘云：」

紅輪初昇兮露彩晞，紅輪纔中兮俄西虧。」人生存歿兮秪如是，蒿里佳城兮增傷悲。

私人藏拓

清泰〇〇六　李愚墓誌

清泰二年十一月十七日

【誌蓋】大唐趙郡李公墓誌銘

【誌文】

唐故特進尚書左僕射上柱國趙郡開國公食邑二千户食實封貳伯户贈司徒李公墓誌銘并序」

翰林學士將仕郎守尚書比部郎中知制誥賜紫金魚袋張礪撰」

蓋聞高明定位，三台騰拱極之光；博厚流彩，五岳聳擎天之勢。必有賢傑，以乂邦家，運陰陽舒慘之權，合禮樂質文之變。惟精惟一，著能事於巖廊；有始有終，」標懋功於篆素。鍾是全美，不其偉歟。公諱愚，字子晦，趙郡人也，周柱史伯陽之後。珠流璧合，亹曳蟬聰〔聯〕。西京則唯廣與陵，俱為良將；東漢則前通後固，悉是」名臣。晉少傅楷，有子三人，居於趙之平棘，封斯壘，時人謂之三巷李氏。戴仁抱義，累相重侯，代不乏賢，世濟其美，公即西巷之十六代孫也。曾祖諱如林，皇」太學博士，累贈尚書右丞。祖諱遵甫，皇應進士舉，累贈兵部尚書。烈考諱瞻，皇協律郎，累贈太子少傅。皇妣清河張氏，累封鄭國太夫人。公月角山庭，泉清」玉潔，幼彰奇骨，衆謂神童。屑瓦製碑，撞鍾講義，賦詩三百首，著文五十篇。逮乎加冠，已稱鴻筆，貞方守節，介特不群。瀚海鯤鵬，六月一息；渥洼騏驥，萬里前程。」于時靖恭楊贊禹拾遺，糜職營丘、海岱之間，聲華藉甚。公嚮其德，不遠謁之，既及賓次，投文一編。初見篇題，已多驚異，洎披詞旨，愈甚嗟稱。雖季長之接鄭」玄，伯喈之迎王粲，無以過也。他日謂公曰：如子之德行文學，若求試于春官，必登上第。然一舉則不顯子之譽，二上則屈子之才，兩造廣場，必成殊事，自此」仕宦，必極于台輔之任矣。公乃携家入秦，欲觀光於上國。次三峯，属奸臣劉季述廢」昭宗皇帝於別宫，挾德王以篡位。公即日投長書諷華帥韓公建，及交譚，不覺膝之前席，因憤激泣下，遂謀興復。及」昭宗之反正也，命中使賫詔獎韓公之忠勳，韓公具以本末言於天人。尋欲上表慰薦，兼贈遺甚優，公並堅讓不受，此所謂一言定國也。雖仲連辤趙主之」賞，何以加焉。遂負笈東下，寓止于鄭之陽武縣。室唯環堵，家絶斗儲，飲水自歡，棲衡毓德。邑中豪富欲以濡濟者多矣，公礭乎抗志，恬然燕居，未□濫受人」之惠

焉。粵二年，遷都洛邑，公始隨鄉薦，投試春官，再赴廣場，爰登上第。明年首登宏詞科，牓下，授河南府參軍。秩滿，屏居伊闕之別墅，嘯吟煙月，賞翫琴罇，」有終焉之志。無何，為偽梁後主所知，除秘書省著作佐郎，不獲已而拜命。于時相國趙公光逢監修國史，精選館職，甚難其人，遂奏請公直史館。踰兩月，授」左拾遺。因上封事三十條，並關政要，頗益時風。尋轉尚書膳部員外郎，賜緋魚袋，充崇政院學士。未幾，復頒金紫，又加司勳員外郎，依前充學士。發言皆直，所」謀必忠，遂為權臣李振所排，出為陳許觀察判官、檢校都官郎中、兼侍御史。踰歲，移授唐鄧觀察判官。自兵革已來，勳臣守土藩方，雖有律令，斷決悉不舉行。」公既列賓筵，仍司獄訟，輕重皆循於法，大小必盡其心，兩府刑清，四人悦服。當」莊宗與偽梁對壘之際，已嚮公之聲猷，佐佑大臣相謂曰：一朝平偽室、收中原，共訪李公，顯將委任。及克復梁園之日，適當詢訪之間，公進納本府符」印，詣行在所。纔見公之姓名，立召見，仍令近臣安慰，則公之德望為時所重也如此。洎車駕歸洛，尋授尚書主客郎中。未踰時，宣召以本官充翰」林學士。歲序一周，復以本官知制誥，依前充職。每遇禁直之夕，侍中、樞密使汾陽郭公崇韜召公讌語，以吴蜀竊命，文軌未同，矧彼巴邛，尤崇昏亂。」公曰：國家興復，唐祚威振華夷，若出闕下之偏師，糺閞西之義旅，入劍閣，取錦城，如縱棹尔。汾陽公深然其言，即以上奏，遂決徂征。以皇子魏王充」都都統，復命汾陽公充都招討使。上以兵者不祥之器，不得已而用之，雖藉武威，亦資文德，乃命公帶翰林學士，點檢一行招諭文檄。及王師之問」罪也，闕下止出萬人，會合閞西諸鎮之兵，賞罰嚴明，號令齊一，兵不血刃，人安其居，文告所加，靡然向化。纔入劍閣，偽蜀主飛牋乞降。及戒成都，則君臣銜璧」與櫬，請命于軍前，上將解縛焚櫬，接之以禮。是日，以中軍入成都，其偽蜀兵尚十餘萬，軍器山積，秋毫不犯，一夫不戮，實賴公之婉畫也，皆如公之宿謀」焉。在蜀，正拜中書舍人。及師還，屬」明宗嗣位，宣充翰林學士承旨，又命權知貢舉，衆推直道，咸謂得人。加尚書禮部侍郎，依前學士承旨。又遷兵部侍郎，依前學士承旨。尋封平棘縣開」國男，食邑三百户。

以公久掌絲綸，俾均勞逸，除太常卿。視事之後，以並無廨署，奏請添修，半歲之中，廳事及廊宇，莫不宏敞。長興二年春，拜中書侍郎、同中」書門下平章事、集賢殿大學士、上柱國，進封開國子，加食邑二百户。外諧人望，中簡帝心，允符輔相之宜，雅稱鈞衡之任。公以周孔之教，皇王」前規，傳寫既多，紕謬必甚，遂奏取石經本，命通儒并注校勘，盡除訛舛，靡不精詳。仍命工人雕諸印板，非唯廣其儒道，實亦邁彼前脩。兼於刑名，倍更詳審，不」捨有罪，不濫無辜。仍命百司，各寫《六典》，人存政舉，道不虚行。轉門下侍郎、平章事、監修國史，進封開國伯，加食邑二百户。又加金紫光禄大夫，依前門下侍郎、」兼吏部尚書、平章事、監修國史，進封開國侯，加食邑三百户。又加尚書右僕射，兼門下侍郎、平章事、監修國史，進封開國公，加食邑三百户，食實封壹伯户。敦」勉史官，修成」《莊宗朝功臣列傳》三十卷上進。尋加特進，依前尚書右僕射、兼門下侍郎、平章事，充太微宫使、弘文館大學士，通前食邑二千户，食實封貳伯户。清泰元年」冬，以公久秉化權，議加優禮，遂遷尚書左僕射。公連年抱疾，再表退休，繼降詔書，不允所請。僶俛從事，力强趍朝，竟至弥留，俄悲殄瘁。即以」清泰二年九月十四日薨于洛城惠和里第，享年七十。上聞而痛惜久之，廢朝兩日，賵賻有加，詔贈司徒。即以是年十一月十七日葬于河」南府伊闕縣何晏鄉王眘定里別墅之南原，禮也。著文三十卷，内詩及制誥因兵革多致散失，有賢胤嗣，必能編聯。夫人張氏，累封衛國夫人，言容以」德，箴管有儀，周旋動合於禮文，輔佐顯符於詩説，齊眉之道，偕老不渝。有子四人：長曰鈞，自幼游學於外，已踰二紀，不知所從；次曰鎔，安國軍節度推官、試秘」書省校書郎，乃故相國天水趙公鳳之奏辟也；次曰鐸，秘書省正字；次曰鑾，應進士舉。皆神清骨秀，秉哲象賢，蘭蕙將玉樹相輝，龍翰與鳳雛交映。趍庭問」禮，早知為子之方；簟枕懸衾，曲盡事親之敬。洎鍾大故，幾至傷生。一女適河東裴峻。公儀形玉立，器度泉渟，天縱文章，生知俎豆，心無適莫，智俻圓方。明」允篤誠，鄭子産之行己；骨鯁忠亮，汲長孺之為人。加以練達憲章，詳明禮法，澄不清而撓不濁，磨不磷而涅不緇。擊水化鱗，

搏風厲翼，名高日下，譽播寰中。齊」珠含千里之輝，趙璧擅十城之價，難進易退，藏器待時。聲華不炫而自高，爵禄不求而自至。公之居諫署也，獻可替否，激濁揚清，飛章屢伏於青蒲，及霤頻」斟於白獸。公之參禁職也，唯理所在，應變無方，嘉謀動沃於君心，良藥每痊於時病。公之為賓佐也，高譚理道，獨振頹綱，兩藩皆致於刑清，萬井」咸推□政舉。公之在南宮也，握蘭擅美，起草推工，不疑償金，人稱長者，魏舒幞被，衆号純儒。公之居内署也，思若湧泉，文如摛錦。敷揚帝道，合三代」之典謨；潤飾王言，成一家之訓誥。而又静陳廟勝，遐復坤維，運籌而千里潛符，傳檄而百城自服。公之掌文柄也，平衡有則，定鏡無私，盡收崑岫之」琳瑯，靡漏會稽之竹箭。公之司太樂也，考擊玉磬，調暢朱絃，六律和而丹鳳來，八風順而百獸舞。公之為相輔也，規天矩地，通幽洞微，振拔滯淹，徵搜遺」逸。歷代之舊章畢舉，一時之闕政咸修，練達禮儀，詳明律令。稷嗣君之創綿蕝，永作規程；張廷尉之議玉環，衆推平允。校勘經籍，恢廓儒風，發言皆繫於弥綸，」立事唯圖於遠大。加以清通簡要，謨明弼諧，謝安石之奇才，終居廊廟；和長輿之峻節，雅稱棟梁。貴而能貧，卑以自牧，喜愠不形於顔色，清白可遺於子孫。」當代名臣，有國賢相。嗚呼！天明地察，福善禍淫，何積德以如斯，而考祥而未俻。自居重任，常抱沉痾，優恩俾解於台司，異禮旋昇於揆路。深知止足，懇上」封章，明詔未俞，高情莫遂。藏舟易失，方尋莊叟之言；過隙難追，奄促留侯之壽。俄徵夢奠，永歎閱川。」天子廢朝，禮官表行。其生也，公台極致；其殁也，賻贈殊常。生榮殁哀，於是乎在。礪道懸鵬鶚，學謝麟牛，通家曾異於孔融，入室謬同於顔子。遽分幽顯，」永隔音徽，敬抒菲才，仰書懿範。隨武子之家事，寧有愧詞；郭林宗之人倫，諒無慙德。銘曰：」

中丘降粹，大昴垂芒。應期間代，生賢誕良。落落瓌姿，汪汪雅度。履孝資忠，經文緯武。開西擅價，日下馳聲。蘭薰雪白，」玉潔泉清。擢第春闈，歷官諫署。百步穿楊，一言悟主。入參禁職，出踐賓階。道直衆忌，政舉民懷。錦帳含香，金門視草。」秩應星辰，詞成典誥。高譚廟略，遐取坤維。獨見先定，奇謀在兹。禮樂

迭居，風猷藉甚。渭水熊非，傅巖象審。如鏡鑒物，」如舟濟川。有典有則，無黨無偏。功就台司，榮參揆路。未及遐年，俄纏大數。禮優表行，恩極輟朝。雲日黯黯，草樹蕭蕭。」馬鬣□封，牛眠吉地。永閟玄堂，千齡萬祀。

《乾陵文化研究》第十三輯

清泰〇〇七　戴思遠墓誌

清泰三年二月七日

【誌蓋】唐故譙郡戴公墓誌銘

【誌文】

唐故特進太子少保致仕贈少傅戴公墓誌銘并序」

門吏翰林學士朝議大夫守尚書工部侍郎知制誥賜紫金魚袋和凝撰」

門吏將仕郎前守安州應山縣令楊弘正書」

粵以鴟夷功大，泛扁舟而不迴；疎傅位尊，出東門而長往。此乃明虧盈之道，知盛衰之源，生立殊庸，歿留懿範，」其能繼之者，唯故少保戴公則其人也。公諱思遠，字克寬，其先譙郡人。本宋戴穆公之苗裔，後因官于碭山，」遂為單州碭山人也。自洪源引派，巨幹疏枝，代產英賢，出為嘉瑞。漢侍中以該通邁衆，奪席彰名；晉高士」以趣尚不群，破琴擅譽。尔後門風愈盛，祖德弥隆，圖諜備存，簡編斯在。曾祖諱政，皇任碭山縣令；夫人吳」郡朱氏。祖諱榮進，皇累贈尚書左僕射；夫人潁川郡許氏，累追封沛國夫人。父諱重讓，皇任銀青光祿大」夫、檢校左散騎常侍，累贈司空；夫人武威郡段氏，累追封韓國太夫人。于公積善，終開高大之門；畢萬成占，果」啓番昌之胤。公即贈司空府君之長子也，禀重厚之氣，負奇傑之才。忠孝兩全，鄙王陽之偏見；文武兼

俗,」誚盧植之虚名。中和初,值土德中微,金精方熾。乘風破浪,因興慷慨之言;攬轡登高,遂有澄清之志。旋乃」委身戎事,効質和門,初継領於偏師,後擢升於上將。郄中軍之臨敵,不廢敦詩;羊都督之理戎,無妨緩」帶。其減竈曳柴之計,擁砂拔幟之謀,動必中規,謨無遺筭。後以軍功,累遷單州刺史、檢校司空,又歷左右羽」林兩統軍,加檢校司徒。牧民有術,御下多方,外揚簡惠之風,内藴寛明之德。疲羸蘇息,咸知太守之功;禁衛」肅清,盡伏將軍之令。又累遷晉華洛防禦團練、三郡刺史,加檢校太保,又轉保義、横海兩節度使,加特進、」檢校太傅,進封譙郡開國侯,加至食邑一千户。官崇論道,任重建牙,善政弥新,芳猷益著。勸農務穡,黎」元遵佩犢之規;分少絶甘,士卒感投醪之惠。旋又入司緹騎,復綰禁兵,俻輸警夜之勞,愈勵拱辰之節。」又累遷鎮國、宣化、天平、威勝四節度觀察留後。天成初,授武定軍節度使,加食邑五百户。民瘼盡去,政」聲洽聞,布仁和而風滿東陽,彰感瑞而珠還合浦。下車之日,則來暮興歌;罷郡之時,則去思結恨。凡周」旋五紀,綿歷數朝,四領方州,七臨巨鎮。此外登壇受命,仗鉞徂征,所理則草偃風行,所攻則雷駈電卷。功已」成矣,榮已極矣,然後拂衣高蹈,皷缶遺榮,連傾告老之誠,竟遂懸車之請。尋加太子少保致仕。方諧養素,」正樂含華。無何疊起奠楹,灾生夢豎。以清泰二年八月十七日薨於洛京惠和坊之私弟,享年七十有六。」天子震悼,賻吊有加,輟視朝一日。旋追贈太子少傅。先娶夫人吴郡朱氏,早亡;後娶夫人太原郡王氏,早亡,皆」進封郡君,而並和柔著譽,婉淑標容,道雖叶於好仇,志莫諧於偕老。又再娶夫人成陽郡孟氏,進封郡君,」閨闈擅秀,桃李騰英,殲良遽歎於天窮,執禮寧聞於夜哭。弟思義,早亡,金紫光禄大夫、檢校尚書右僕」射;次曰思瑾,早亡,銀青光禄大夫、檢校國子祭酒,而並克揚士範,俻顯時名,荆枝暫慶於聯芳,棣蕚尋傷於」易落。次曰思安,銀青光禄大夫、檢校户部尚書,價高三驥,道邁八龍,在原方切於急難,哭廟豈勝於哀慟。」長男懷玉,早亡,銀青光禄大夫、檢校刑部尚書,雖登顯仕,不享遐齡,徒云其德象賢,終歎華而不實。次曰」懷超,金紫光禄大夫、檢校司空、

康州刺史；次曰懷溥，前横海軍節度行軍司馬、光禄大夫、檢校司空、兼御史大夫、上柱」國、譙縣開國男、食邑三百户；次曰懷傑，將仕郎、前守河南府王屋縣主簿，並承家令器，幹世長才，自鍾風樹之」憂，罔極蓼莪之痛。姪懷昭，銀青光禄大夫、檢校左散騎常侍；次曰懷德，銀青光禄大夫、檢校國子祭酒、兼御」史大夫；次曰懷衍。孫光弼，殿直、銀青光禄大夫、檢校户部尚書；次曰光昱，殿前承旨；次曰光被、光贊。或念賭」囊之訓，孺慕尤深；或思傳硯之恩，涕洟無已。即以清泰三年二月七日葬公于河南府伊闕縣歸善鄉府下」里之原，禮也。於戲！冥冥夜壑，莫固藏舟；杳杳重泉，永傷埋玉。式揚休烈，乃作銘云：」

大昴鍾粹，維嵩降祥。誕此良帥，光于我唐。才謀倜儻，氣皃昂藏。周旋履歷，雜沓恩光。」門嚴啓戟，績耀旂常。令問令望，如珪如璋。賢哉丈夫，允矣君子。得天之道，窮物之理。」功成而休，漏盡而止。志傲松喬，跡追園綺。方養耆年，俄隨逝水。五福俱全，一時無比。

《洛陽新獲墓誌》

清泰〇〇八　宋君及妻張氏墓誌

清泰三年二月七日

【誌蓋】失

【誌文】

唐故宋府君墓誌■」

原夫青山渌障，終歸散□之□，碧■」□□今賢□郝抛去留焉。君諱■」高辛之苗裔，殷湯之胤緒。由是子孫■」曾諱　，祖諱　，考諱　，名達定體■」大塋，有往不議。伯敬福，叔敬璋。君守■」已居朋越衆，在庶無非品行於人，襟懷志孝■」兵馬使。去長興三年二月三日歿於私弟，享年四■」清河張氏，三從有備，四德無虧，秉貞

志以立身，□□□□」婦禮。不固鶴年，殗歸大夜，去長興四年二月四日□□□□，」守年六十有一。弟　，弟。君有嗣子三人：長曰□□，□」聰有異，語論無階，在樂部之清奇，對王侯之恩寵；次□」□；次□□。長新婦馬氏，次新婦李氏，次新婦田氏，不終侍奉，」早弃人倫。孫女曹八、留住、姜三、姜四、姜五。並以生事愛敬，」死事哀戚。卜其宅兆而安厝之，以清泰三年二月七日合葬於郡」城西南万户鄉龍興莊王重實邊，買到地一十二畝，剏立墳塋。□」塋前瞻碧障，却望清川，鶴覆龍□，□安新域。今恐郊□□□，」海陸遷騰，刊石斯銘，使旌千古。銘曰：

覩幽魂兮□□□，」千行淚□□□血。愁雲起兮影徘徊，悲風動兮聲慘□。□□□」神識□□，泉悄墳圍對孤月。夜臺一掩無曉天，今□流□□□□。

《三晉石刻大全·吕梁汾陽卷》

清泰〇〇九　張季澄墓誌

清泰三年二月十三日

【誌蓋】唐故清河公墓誌之銘

【誌文】

唐故金紫光禄大夫檢校户部尚書前守右威衛大將軍兼御史大夫上柱國清河縣開國男食邑三百户張公墓誌銘并序」

門吏中大夫尚書兵部侍郎柱國賜紫金魚袋弘農楊凝式撰

弟季鸞篆盖」

昔者黄帝第五子葳事於代，因而命氏，乃公姓系之始也。於是良推漢傑，耳号趙王，盛族嘗續於貂冠，前列實光

於鵲印。廷尉治」獄，天下無冤；御史埋輪，京師所憚。博物丞相，平吴功茂於晉朝；持麾將軍，破虜勳高於魏室。尚書令以專對而命袟，博望侯因」乘傳而開封。累朝之賢哲寔繁，弈葉之功名継踵，不可勝紀，無復備陳。曾祖誠，累贈太師、尚書令，遵養為志，高尚不迴。鄧」禹流芳，教子實標於世法；李通垂範，訓家不讓於官庭。曾祖妣累贈秦國太夫人任氏，叶盛德之齊眉，彰令名於截髮，和」柔婦道，慈愛母宜。爰有大勳，彰彼令嗣。祖全義，皇忠武軍節度使、檢校太師、尚書令、食邑一万四千户、實食〔食實〕封一千一百」户齊王，册贈太師，謚曰忠肅。天上星精，人間月角，應五百年之期運，伸九万里之扶摇。武緯文經，兵機廟略，格皇天者伊尹，光四」海者周公。使賢任能，陳師鞠旅，列鎮而悉遵正表，連營而咸負威聲。累進三公，頻兼十乘，拱北極而位昇元輔，保東郊而化洽」疲民。承煨燼之餘，再修天苑；闢荆榛之所，復創神皋。近闕遠來，刑清令肅，四十載難儔政績，千万祀不泯功名。蓮府嘉賓，悉」是枚皋之德；柳營列校，咸聞起翦之威。於是赫赫炎炎，孫孫子子。祖妣天水郡夫人姜氏，和順叶德，婉娩垂芳，總鍾氏」之禮容，擅郄家之法則，元勳齊體，盛族宜家。忠肅公乃建豊功，旋伸内助。仰彼先代，爰興覆翼之祥；洎及」高門，愈顯維嵩之慶。克揚懿範，實誕忠賢。皇河陽節度觀察留後、檢校太保継業，即公之顯考也。擢本千尋，弘」襟萬頃，早叶承平之運，挺生特達之姿。自齊王每總齋壇，皆司留事。知子之道，事父之規，忠孝克全，寛猛相濟。褰」帷汶水，咸謌共理之能；求瘼圃田，皆詠頒條之最。旋臨曲洧，尤覩攀轅，伯陽祠嘗濬化源，杜預橋猶聞政績。幄中三令，堂上六」奇，象先之稱弥彰，訓子之方益勵。佐洪勳而實資劉驥，居德門而首冠荀龍。先妣郡夫人鴈門解氏，《詩》」推邦媛，《禮》著家肥，敷四德以傳規，處六姻而承範，琴瑟合奏，鳳凰和鳴。既光鞠育之勞，實顯嗣續之慶，三從之盛，猗歟偉歟。」公諱季澄，字德清。爰從丱歲，咸謂老成，齊王於保抱之中，識儁達之性。洎乎七德俱備，四教克修，叔文不墜於風流，懷範必興於」門祚，藹然休譽，亟踐崇資。詔徵授銀青光禄大夫、檢校左散騎常侍、右武衛將軍同正，兼御史大夫。敷

奏詳閑，風神整肅，就」列之榮罕比，起家之拜斯崇。轉檢校工部尚書、左監門衛將軍，改右衛將軍，加檢校户部尚書，拜金紫光禄大夫、右威衛大將軍。屬」先太保即世，難抑因心，幾至滅性，茹荼之痛何極，絲綸之命旋臨。遽奪苴麻，俾從金革，爰授起復雲麾將軍，餘如故。遇」莊宗晏駕，公恭陳警衛，禮畢橋山，進封開國男、食邑三百户。服闋，落起復，階官勳封並如故。公資忠履信，積行累」功，克懋端修，動彰難進。尊主安民之道，運籌決勝之機，咸自家傳，迄光世德。而又昆弟間各揚名稱，悉務矜持。逸少」揮毫，俱有换鵝之跡；陳琳仰詠，孰侔飛兔之文。公自列彤庭，累居環衛，克振令望，咸仰雄稜。」明宗睠注弥深，嘉稱每切，公堅辝貴位，唯事燕居。知止之時，比踈傅而何其壯也；遺榮之際，期陶令而不亦宜乎。」四聰俻熟乎前脩，□齒屢思於延賞，欲縻好爵，終避優恩。於是静處林泉，忘機軒冕，或」討論經史，或賞翫琴罇，訪玄域以怡神，散廪儲而布惠。而又歸心釋氏，抗跡人寰，彩繪蓮宫，崇修貝葉，孰偕」趣尚，咸服清高。穹蒼不賦其遐齡，奄穸倏沉於偉器，搢紳共歎，親戚咸悲。於清泰二年歲在乙未」七月二十日疾終于洛都永泰里之私第，享年三十有八。即以清泰三年二月十三日葬于河南府河南縣金谷鄉徐婁」里，祔于先塋，禮也。檢校太保、右驍衛上將軍継祚，即公之仲父也。大護正音，長離上瑞，六律叶」禮神之奏，九苞呈應運之祥。矧乃武以揚威，文惟設教，襦袴洽行春之詠，機鈐參緹騎之崇。有惠化以臨人，有」勳庸而許國，政以正立，功由公聞，實間代之英髦，挺一心於忠孝。而以謝囊垂誡，阮巷敦情，咸列崇班，莫比分」封之盛；俄悲長夜，遽違十起之慈。公仲弟前度支巡官季鸞，杞梓宏材，琳瑯重器，令宜令問，聞禮聞詩。繇是」朝野所欽，公卿共仰。頃自從師之際，便諧捧檄之榮，爰奉相筵，嘗參邦計。芝蘭玉樹，既顯瑞於堦」庭；威鳳祥麟，佇來宜於表著。允契必復之兆，實彰餘慶之基，唯詠友于，罔分優劣。夫人渤海郡高氏，即」故左神武軍統軍、檢校太保允貞之女也。琴瑟斯和，蘋蘩奉職，比謝家之才辯，同王氏之神情，以配」英賢，爰資令淑。生子一人元吉，髫齔之歲，岐嶷有聞，將紹弓箕，克光閥閲。公之慶盛榮華，曠代無比，或

銘」傳鍾鼎，或勳列旂常。外戚則秦晉貴封，内屬則潘楊華族，迄今赫弈，不其偉歟。今令弟季鸞以手足銜哀，幽明遽隔，闕」松門之追痛，悲棣蕚以彫零，將啓玄堂，永銘黄壤。以凝式嘗遊館闥，早熟徽猷，佩觿已覩於」龍章，就列俄陪於鴛序，緬懷眷待，固異等倫。今則過隟興嗟，藏舟是感，徒追事素，永曠」音容。慙非温潤之才，但務摭實之紀，敢辭來請，乃作銘云：」

猗歟華裔，肇自軒皇。列宿命氏，上天降祥。跨趙則耳，霸漢唯良。邈彼先世，慶流源長。門承耿光，代有令胤。」嘗續貂冠，爰明鵠印。持麾在魏，博物居晉。善継家聲，英髦益振。埋輪可憚，治獄呈功。書失專對，河源必窮。」煇煌貴胄，嗣續良弓。焕在惇史，穆如清風。半千之運，實誕忠肅。克儉克勤，受天百禄。宜民宜人，降是遐福。」子子孫孫，公侯必復。逮于顯考，實象其先。惠化克洽，功名茂宣。隆中三顧，圯上一篇。鍾彼盛德，箕裘以傳。」堂堂乎張，君子是式。觸類而長，其宜不忒。在家必聞，往踐乃職。祈父宿衛，顯顯令德。潘楊華族，秦晉貴封。」勳在盟府，銘傳景鍾。紛綸姻婭，炳焕音容。九族既睦，和鸞雍雍。竹林斯崇，棣蕚兹盛。追彼踈傅，慕其陶令。」堅辞寵榮，志切安静。知足常足，逍遥遂性。散財濟衆，愈振其名。于何不壽，奄奪遐齡。龍韜機略，鷰頷宜形。」天不憖遺，葬乎泉扃。人之云亡，莫問穹蒼。慘慘玄崗，蕭蕭白楊。逝川已矣，大夜茫茫。垂範後昆，永銘遺芳。」

前河陽隨使押衙銀青光禄大夫檢校國子祭酒兼監察御史柱國郭興書

《洛陽新獲墓誌》

清泰〇一〇　張珽及妻宋氏墓誌

清泰三年四月二日

【誌蓋】大唐故清河郡墓銘記

【誌文】

大唐故東北面都榷鹽制置使銀青光禄大夫檢校司空兼御史大夫上柱國清河張公墓誌銘并序」

忠正軍節度推官將仕郎試秘書省校書郎申文炳撰」

文炳竊覽前史，見魏文帝有言曰：夫人生有七尺之形，死為一棺之土，縱使富且貴，固不足多尚，唯立德揚名，可以」不朽。誠哉是言，所謂達理悟道者也。公諱珽，字美宗，河北鄴人也。其先實軒轅之胤緒，黄帝之子，生而有文」在其手，左曰弓，右曰長，因封河内，遂世為清河張氏。洎秦及漢，降晉与唐，代生偉人，名光汗簡，徵諸溢美，」詎可輕談。曾祖諱瓌，皇許州别駕。祖諱環，皇邢州長史。列考諱勸，皇不仕，韜光林谷，遁世漁樵。平子四愁，」靡形諷詠；啓期三樂，自足優遊。先妣廣平程氏，截髪馳名，断機示訓，公紀方思於薦橘，林宗俄感於置蒭。」胡不享於年齡，而早弃於孝養。公弱不好弄，事皆生知，負倜儻之遠謀，挺英豪之逸操。富經術為己任，設氣」義為身基，恒思高會風雲，豈肯久事筆硯。時南北對壘，朱、李尋戈，公乃韜臂辝親，弃繻自誓，遂」間道適長沙，委質於楚王扶風公麾下。王一見，壯其應對，知其必為用也，遂拔自偏裨，委之領袖。公家之利，知」無不為，因奏授檢校兵部尚書，加階銀青光禄大夫。及明宗皇帝副寓縣之樂推，揖翠華於寶位，王以」公言泉若湧，理窟自深，遂令貢玉帛伸會禹之儀，慶魚水達戴堯之志。時中書令安公執万機政事，為四海具」贍〔瞻〕，榮一人則尺蠖坐可變蛟龍，辱一人則滄海立能致枯涸。雖權勢若是，而黜陟無私，嘉公有濟活之才，折衝之辯，」遂留奏為東頭供奉官，轉授尚書左僕射。既居捧日之班，竊慶從龍之便，步武禁闈，周旋歲時。一日，執政」中令謂公曰：子雖迩攀鱗，未足展驥，勉於操蘊，勿歎滯淹。俄而除延州節度副使，加授檢校司空。公出倅藩條，」首冠僚佐，奉婉畫而映罇俎，裨善政而增袴襦。不幸主帥彭城公以暴疾捐館，公既權軍事，慮啓戎心。且緣」境接犲狼，地當邊徼，金湯匪固，士卒甚驕。遂施權譎之謀，且振賞刑之令，無煩魯柝，罔惜寶金，

自是中外安堵」焉。不踰旬，慰諭使馳馹至，上錫詔嘉勞之。及替歸雙闕，才面重瞳，又授東北面都榷鹽制置使。公以局司浩」穰，莞榷繁殷，何常不夙夜奉公，潔廉在位。語制轄，則境越一千里；言利羨，歲出百万緡。賴公心計甚强，脂」韋不染，連成兩課，皆集上都。今皇帝繼體御乾之二載也，獲罷所任，有逸額錢絹鹽十餘万貫疋碩。」上於朝見日，顧問鹽鐵張丞相有何課最，丞相以羨剩敷奏，上甚嘉納之。不意淫生六氣，効寡十全，將刮」骨以誠非，縱易心而無及。孰謂藥非瞑眩，竟緣疾在膏肓。月墜中河，莫揖祖洲之草；舟藏夜壑，俄飛岱岳之」魂。徒興埋玉之嗟，竟叶夢蓍之兆。以清泰三年正月一日啓手足於洛京安衆坊私第，享年五十三。嗚呼！風折楩柟，」秋在而不留蒼翠；霜摧蘭蕙，春窮而無復芬芳。想節概而若存，痛儀形而奄謝。時論以公既集責海之」利，必隆列岳之恩，而數召灾并，時不我與。是知薛宣必相，誰曰偶然；李廣不侯，亦足賦分。公先娶西河宋氏，」懿淑外彰，賢和中積，繄六親之所重，諒四德之兼修。化石非難，万里恒嗟於契闊；下機未及，九原遽奄於容華。」生子二人，女二人，先公一紀而卒。即以其年四月二日合葬於河南縣金谷鄉石樓村，禮也。長子沼，檢校工部尚書、湖南節」度押衙。精彼韜鈐，使〔便〕於弓馬，方蓄從戎之勇，旋貽過隙之悲。娶武昌程氏，先公四年鱗次而亡。次子浚，前守河」南府參軍。先人後己，内智外愚，躭翫詩書，佩服仁義，俊掩一飛之鳥，名偕千里之駒。自公有疾也，寢食殆」忘，櫛沐將廢，凡開粥藥，必自煎調，不見齒，不解帶，踰兩月而如是。美哉，誠亦人子孝道之勤盡矣。娶始平馮」氏，即故魏府節度副使蒙之女也，頗閑規範，能事舅姑，不爽和鳴，允符嘉耦。長女適魏郡申氏，早以疾亡。次」女適平昌谷氏。公再婚彭城劉氏，玉映騰芳，鳳鳴叶兆，無掇蜂之譖訴，有刦鮓之嫌疑，兔絲方託於女蘿，鸞影」旋孤於舞鏡。生子一人，年才及悼；女一人，適武功蘇氏。文炳入洛之年，坦床見問，一聯姻好，八變星霜。抆淚濡毫，莫紀」冰清之德；題棺乏思，慙無紙貴之辞。其銘曰：

祥雲靄空，奇寶出地。作時之休，為國之器。禮樂生知，弓冶」不墜。智略神授，公之特異。薄財厚義，敦信累仁。交結金石，操執松筠。材貌落落，文質彬彬。抑揚懿範，公」難與倫。受王侯知，為朋友敬。爵禄自致，利名不競。水土賜袟，浹洽承命。伊何及斯，公懋其行。降年不永，為疾所縈。」俄罹鬼瞰，奚与命争。龍乳得地，馬鬛是營。黯愁雲兮不散，期白日兮流名。」

將仕郎前守棣州渤海縣主簿張瑨書

《秦晉豫新出墓誌蒐佚續編》

清泰〇一一　張滌妻高氏墓誌

清泰三年九月四日

【誌蓋】失

【誌文】

唐故渤海縣太君高氏墓誌銘并序」

中大夫行尚書都官郎中知制誥柱國李慎儀撰」

夫人姓高氏，渤海人也。曾祖諱璆，皇任飛龍副使。祖諱枚，皇任賀州刺史。父」諱仁裕，仕于左神策軍，為打毬行首。少以恭恪稱，洎職左廣，時承平且久，」上之遊宴，侍從之列，莫不慎擇。至於鬪廣場，羈駿足，奉清塵於馳驟之際，對」天顔於咫尺之間，莫不許其趫幹敏速，動由禮意。僖宗朝廣明中，使於淮」南，徵上供征賦，戎帥高駢以公之材足以為牧，奏授楚州刺史。政術有」聞，以疾即世。太君妣清河崔氏，父諱懌，皇任河東節度判官。太君適清」河張滌，累官州縣，退居外地，後至雍京，時相見知，擢委職秩，歷官至蘇州別駕。」昭宗自岐陽迴，將議東遷。乞假先往華州，至滻水，為群盜所傷，因至殞逝。時兵」寇相接，道路甚艱，諸子奔赴其所，遂權

厝于藍田縣。後還長安，歸葬先塋。及」乘輿幸洛邑，諸孤無所寄託。長子恭胤，頃年十二，除授朝議郎、蜀州司倉參軍、」柱國。諸弟皆幼，太君勵之以孝悌，勉之以勤脩。恭胤習小學，師楷隸之法，旋入」翰林院，累膺恩渥，歷職三紀，始自藍綬，至于金章，凡一十三命。晨夕之下，」就養無違。資序已崇，榮祿偕及，乞迴天澤，以慰慈親，於是特恩封」渤海縣太君。恭胤清泰元年遷大司農，列于通籍，光寵既孚，誠為輝暎。屬」太君遘疾，恭胤親視煎調，衣不解帶，禱祠齋醮，知無不為，孝子事親，於斯見矣。」太君以清泰二年七月十九日終于洛京彰善坊之私第，享年六十有九，」恩錫賻贈布帛粟麥。太君親妹適故司空閻湘，有子曰光遠，職居翰林，官」鴻臚少卿。恭胤弟曰恭美，經任密州輔唐、金州西城二縣主簿。次弟曰廷礪，守」職彭門。女一人，適左領軍衛上將軍王陟，封清河郡君。恭胤有子五人、女四人，恭」美之子二人，廷礪之子三人。太君勞謙以稟性，純慈以撫下，居家以柔婉見」推，事夫以莊敬有裕。愛育諸小，姻私式瞻，婦道母儀，足以為則。恭胤等銜恤在」疚，暨光遠稟尊夫人遂及之旨，稱家有無，以奉襄事。以清泰三年歲次丙申」九月丁亥朔四日庚寅葬于河南府河南縣平樂鄉朱楊村，禮也。慎儀与」楚州使君之崔夫人聯中外之娍，事舊稠疊，自幼而知太君之懿德，審」恭胤之至性。緬懷陵谷，揮涕而書，幸無愧辭，俾及悠久。其銘曰：」

表海華胄，銘座諸甥。世載其德，莫之與京。從夫婉敬，誨子嚴明。」秩昇封縣，祿養農卿。義辭寄鮓，遺切嘗羹。藏舟既遠，逝水俄驚。」煢煢孝友，相顧哀鳴。」

孫子郭僧奉命書

《北京圖書館藏中國歷代石刻拓本匯編》第三十六冊

後晉

天福

天福〇〇一　路君及妻郭氏墓誌

天福元年□月廿二日

【誌蓋】失

【誌文】

晉故清河郡路公郭氏夫人合祔誌[銘]并序

夫子李□撰」

公不得諱字，始自周之胤緒邗應，路氏之穆也。其先自清河郡公之後也，本」貫桑梓河內温縣人也。後因罹乱，遷於洛陽，子孫祖〔相〕継不絶焉。」曾祖不得諱，皇不仕，夫人不得姓氏。」祖亦不得諱，皇不仕，夫人不得姓氏。」父亦不得諱，皇不仕，夫人不得姓氏。」公即次子也，節行堅貞，神姿肅肅，早負能之術，〔一〕尤彰今古之名。好樂林泉，逍」遥不仕。錢鏗之壽考難比，慕道之其命如何。去光化元年五月十三日寢疾，奄」歸泉夜，春秋三

〔一〕此句疑脱一字。

十九。夫人郭氏，父不得諱，太原郡公之女也。早著閨儀，名光令」族，箴誡習於孟母，令範繼於陶家。守孀嗣三十有五春，中外親姻，咸仰重德。」去清泰元年正月十六日，奄[終]天壽，享年七十有七，權葬在城東。今年月」日利便，改葬於」洛京城西南。於河南縣龍門鄉南王村所買得百姓任詮田地壹畝叁分，造」塋壹所，以將合祔。四至並是任家，兼外於[任]家地内出入。嗣長子敬章，娶」李氏。次子敬温，未有姻婚。各德行謙恭，禮□謹奉，為人有邕和之譽，立志多」無争之名。心愜衆情，身堅孝道，即以」天福元[年]□月廿二日自」洛京城□□□神櫬歸於上件所買到任家地内，永固玄宫[之]礼焉。恐後」年移代革，谷變陵遷，乃刊貞珉，用旌不朽。」其詞曰：」

裔傳周室，枝派清河。仁風上善，晉代其英。」緯哉盛族，紹繼周姬。時因夢奠，寒暑偶虧。」赴泉臺之夜永，覩人世之無歸。卜兆平原以安厝，」鐫題姓名而已矣。

《秦晉豫新出墓誌蒐佚》

天福〇〇二　王小娘子墓誌

天福二年四月十八日

【誌文】

玄堂經生塚術：其靈幽冥，以此為極。」陽覆陰施，[天]道之則。五精變化，」□魂之德。子孫興盛，諸灾永息。」河東節度押衙、充都鹽麴使、銀青光禄大夫、檢」校工部尚書、兼御史大夫、上柱國郭知密敬為」故瑯琊郡王氏小娘子，時大晉天福」二年歲次丁酉孟夏月十八日庚子，於」晉陽縣界赤橋社龍山之原安立」塋域。千秋万歲，永附山川。故記。

《文物》二〇一八年第二期

天福〇〇三　羅周敬墓誌　　天福二年十月六日

【誌蓋】失

【誌文】

晉故竭誠匡定保乂功臣特進檢校太保右金吾衛上將軍兼御史大夫上柱國長沙郡開國公食邑一千八百户食實封一百户贈太傅羅公墓誌銘并序」

朝請大夫行起居郎充史館修撰柱國殷鵬撰并書」

夫天地肅物，松栢猶或後凋；郊藪呈芳，芝蘭焉能長秀。故老氏有必摧之歎，仲尼興不[實]之悲，衆木低而梁棟傾，嚴」霜重而祥瑞去，物之有矣，可得喻焉。公諱周敬，字尚素。其先顓頊之胤也，封於羅，以國為氏，地連長沙，因家」焉，公即長沙之後也。曾祖讓，皇檢校司空，累贈太師，封南陽王，娶宋氏，封越國太夫人。祖諱弘信，皇天」雄軍節度使、檢校太師、兼中書令、長沙王，累贈守太師，累封趙王，謚曰莊肅。娶趙國夫人吕氏，先薨，又娶吴國夫人」王氏。為時之瑞，命世而生，倜儻不郡〔群〕，英雄自許。有唐之末，大盜勃興，鎮守一方，廓清千里，上則忠於社稷，下則施」及子孫。烈考諱紹威，皇天雄軍節度使、守太師、兼中書令、鄴王，贈守尚書令，謚曰貞莊。天地鍾秀，山河孕」靈，下筆則泉湧其文，横戈則雷震其武。惠惟及物，明可照奸，曠古已來，罕有其比。貞莊有子四人：長廷規，天雄軍」節度副大使、檢校太傅、駙馬都尉，少薨，贈侍中。次周翰，義成軍節度使、檢校太傅、駙馬都尉，亦少薨，贈侍中。次周[胤]，」前保大軍行軍司馬、檢校兵部郎中、兼御史大夫、柱國、賜紫金魚袋，早歷通班，繼為上介，綽有器業，可奉箕裘。公即」貞莊公弟三子也，性禀淳和，生知禮樂，早失天廕，幼奉母儀。秦國夫人劉氏，即故兖州節度使、太師[公]之弟三女」也，肅雍無比，柔順有聞，示以愛慈，加之訓導，遂令諸

子悉著美名。時梁乾化初，公之次兄方鎮南燕，公時年」九歲，秦國夫人歸寧於兖州太師之宅，遂命侍行。至闕下，梁末主宣召入内，對敭明庭，進退有度，上甚」器重之，遂授檢校尚書禮部員外郎，仍賜紫金魚袋。自此恒在宫禁出入，扈從乘輿，與皇親無間。侍立」冕旒，多備顧問，無非辯對，深恰宸衷，上尤奇之。其年秋七月，歸南燕。甲戌秋七月，公之次兄薨於滑州之公府。」上聞訃奏，乃謂近臣曰：羅氏大勳之後，宜賞延。遂命公權知滑州軍州事、檢校禮部尚書。冬十月，上表乞入覲。十」一月，至京師朝謝畢。翌日，有制授宣義軍節度使、檢校尚書右僕射。年方十歲，位冠五侯。甘羅佩印之初，未為少」達；王儉登壇之日，已是老成。十二月，至自京師。乙亥春三月，鄴中構乱，河上屯兵，况處要衝，属兹征伐，事無巨細，」公必躬親，道路有頌聲，軍民無撓政。丙子春二月，移鎮許田，加檢校尚書左僕射。是歲，公年始十二，作事可法，好」謀而成，政絶煩苛，人臻富壽。忽下徵黄之詔，俄諧會属之期，戊寅秋七月，朝于京師，有詔尚主。公拜表數四，辭不」獲免。遂授檢校司空、守殿中監、駙馬都尉。壬午冬十月，出降普安公主。傅粉何郎，晨趍月殿；吹簫秦女，夜渡星橋，一」時之盛事難儔，千古之清風盡在。癸未春三月，除光禄卿。冬十月，唐莊宗收復梁園，中興唐祚，属當郊祀，無失職」司，遂封開國侯，加食邑三百户。至明宗纂紹之初，除右金吾衛大將軍、充街使。秋九月，轉左金吾衛大將軍、充街」使。執金在彤庭之前，佩玉向丹墀之上，仕宦之貴，無出於斯。上以公久居環衛之班，頗著警巡之効，至戊子二月，」有制授匡國軍節度使，加檢校司徒，仍賜耀忠匡定保節功臣。下車之後，布政惟新，福星爰照於左馮，暖律又來於」沙苑。庚寅夏四月，上以圓丘禮畢，慶澤溥行，就加檢校太保，仍降璽書。其年冬十一月，朝于京師，除左監門衛上將」軍。九月，轉左領衛上將軍。辛卯夏六月，轉左武衛上將軍。癸巳三月，除左羽林統軍。甲午春，加特進階，封開國公，食邑二」百户，改賜竭誠匡定保乂功臣。丙申九月，唐廢主以汴師北征，命公以所部禁旅巡警夷門。公英断不回，至仁有勇，」當危疑之際，立鎮静之功，浚郊之民，于今受賜。今皇帝并門鳳舉，

洛水龍飛，力願推崇，首來入覲。上嘉其懿効，旌彼」殊庸，遂除右金吾上將軍。美哉！出揔藩宣，入居嚴衛，外則作疲民之藥石，内則為天子之爪牙，文武兩班，踐揚將遍。」物禁太盛，古之有言，壽年未高，染疾不起，以天福二年七月二十七日薨於汴州道德坊之私第，享年三十有三。嗚呼！皇天莫」問，徒云輔德之言；大夜何長，共有殲良之歎。上聞所奏，惻怛哀慟，輟視朝兩日，厚加賵幣，贈太傅。君臣之義，終始克全。」公以己丑歲五月梁普安公主薨於同州，後再娶東海郡徐氏夫人，即故東川節度使太師弟五女也。蕙質蘭姿，懿德令範，」孰念孤鸞之歎，自傷黄鵠之歌。公有姪延□，見任閑厩副使，即魏博副大使、侍中之子也。璧玉□□，器度弘□，□□在□，人欽□□。公亦三」子四女：長子延賞，守太子舍人。次延緒，次延宗，皆禀庭訓，悉紹家聲。龍駒鳳鶵，得非天性；良金瑞玉，自是國禎。終天懷風樹之悲，」踣地有蓼莪之痛。長女適郝氏，次適婁氏，二女方幼。諸子皆普安公主之出也。公主静惟閑雅，動有規儀，休聲首冠於皇□，淑」德克彰於婦道，帝王之女，無以過焉。公性不好弄，幼善属文，嚴毅而至和，温恭而難犯，言惟合道，動不違仁。張充一變之年，已功成」名遂；□□□□之日，乃善始令終。以丁酉歲冬十月六日安葬於洛□縣之原，禮也。孤子延賞等泣告鵬曰：公之履行，為衆所知，公之勳」庸，歷代罕比，若非故舊，孰能縷陳？鵬列親表之間，受顧念尤最，難避狂簡，輒勒貞珉。序不盡言，乃為銘曰：」

積慶之門，挺生奇傑。入覲堯庭，出持漢節。十乘啓行，万夫觀政。宵旰無憂，袴襦入詠。」英華發外，清明在躬。惟忠惟孝，立事立功。滑臺去思，璧田來暮。藹然休光，綽有餘裕。」摛繡文翰，傅粉容儀。承顔紫禁，飛步丹墀。門盛七葉，禄逾万石。外冠時英，内光帝戚。」歷事累朝，荐逢多難。動有成功，舉無遺筭。秋敗芳蘭，地埋良玉。山雲晚愁，林風夜哭。」王孫一去兮不復還，陵園草色兮秋黄春緑。

洛陽縣清封鄉積潤村

《北京圖書館藏中國歷代石刻拓本匯編》第三十六册

天福〇〇四　牛崇墓誌

天福二年十月十七日

【誌蓋】失

【誌文】

晉故牛府君墓誌銘并序」

夫天地初泮，分二氣於中元；烏兔輪迴，運死生於無始。覩斯前兆，焉免去來。爰有牛氏之」姓，殷王之苗裔，宋微子之榮宗，知帝代之興衰，陳九籌於西伯。文王聽命，封一郡於」東州，後有牛公，官至司寇，食禄隴西。元勳商胤，累代雄稜，其後分枝，因官流派，至于潞州大都督府」上黨縣西原里，子孫興焉。曾祖諱勳，祖諱武。府君前守節度押衙、充觀察孔目官、銀青光禄大夫、」檢校工部尚書、兼御史大夫、上柱國諱崇。昆季二人，家傳儒業，代継簪纓，懷玉石之貞心，抱歲寒之節」操。生逢明代，弼輔無私。享年七十有一，以長興二年四月十日寢于永夕。仲弟郢，懇心靡仕，」但慕耕耘，輸貢王租，志圖家備，純和德行，撫育無私，高下咸欽，親姻共美。夫人楊氏，素藴」閨風，早彰令淑，三從克備，四德無虧。家處義方，訓誡從美，忽鍾構禍，早奄泉扃。育二子、愛女一人：」長男守節度押衙、銀青光禄大夫、檢校左散騎常侍守貞，早年歷任，門播清風，以酒為娛，慕道為樂，」六姻咸美，四友欽風。仲子守衙前兵馬使守謙，弱冠從職，輔讚無遺，敦行謙恭，公庭播美，家」傳孝義，温清無虧。花蕚一人，適於傅氏，門傳淑女，皃比芙蓉，礼節無虧，馨風迥播。何期天不賞」善，釁禍失身。孫男五人：孟孫延蘊，守衙前討擊副使；仲孫延韜，季孫延私、僧哥、佛保，」天生惠性，幼慕群書，誦習以時，學無費業，壯心厲志，思哲齊焉。嗣子守貞緬思」尊祖，旦暮奚安，玉骨金軀，未歸塋闕，遂与姻親同議，詮擇名師，揀覔良原，卜宅安」厝。恐移時運，人世幾何，特造玄堂，將申葬禮。以天福二年丁酉歲十月十七日丙申祔葬」于城西南七里，

刱置靈塋。其地東限鳳闕，西倚龍罡，南望炎峯，北連壯嶺，四神克偹，」八卦咸全。丘隴牢，〔一〕山河作固，卜斯良野，永託尊靈。伏慮代易人遷，奚憑作記，名山」刊石，永俟他年。其辭曰：」

懿哉牛氏，周顯名動。洪範九籌，世代絶倫。」文王見聽，邑号封君。隴西分派，流易漳濵。

《秦晉豫新出墓誌蒐佚續編》

天福〇〇五　宋廷浩墓誌

天福二年十月二十三日

【誌蓋】失

【誌文】

大晉故光禄大夫檢校司徒前房州刺史兼御史大夫上柱國廣平郡宋公」墓誌并序

門吏前房州軍事判官將仕郎試大理評事兼監察御史王文秀撰」

夫玄穹錫度，運列宿以膺臣；恢燾形儀，俾分苻而佐后。厥攸盛觀，實迺焕焉；刊頌貞珉，斯可」偹矣。」君孕姓綿遠，圖諜具標，矧胤緒以傳芳，故寧盡於本末。」曾祖　。」祖真，皇任封州刺史、檢校司空。」父瑶，皇任天德軍節度使、檢校太師、兼中書令，贈魯國公。」君諱廷浩，字漢源，即河東人也。家継勳庸，門傳閥閱；祥苻五百，運應半千。而乃禀松桂貞姿，抱金石」雅韻。言干典籍，顔示温恭，容皃何啻於潘安，風流豈殊於張緒。加以虎頭異相，猿臂奇能，善張飛馬」上之能，得李廣箭頭之術。」莊宗帝以君心勇鋭，以君行忠貞，特任親臣，委權禁旅，補奉聖指撝使。每傾輸壯」節，恒撫遏雄師，共紂梁祅，同興唐祚。奬之勤瘁，酬以竹苻，除石州刺史、

〔一〕此句疑脱一字。

檢校司空。」君威而不猛，政而不寬。露冕臨民，褰帷問俗，能除姧吏，善易訛風。瑞麥分歧，嘉禾合穗，千里著息肩」之詠，一方聞鼓腹之謌。年限既深，除移遽至。士庶相顧曰：太守有牧民之政，若不留舉，何更」舒蘇。方議攀轅，已聞上路。耆艾積戀，疲羸慕賢，截耳鐙於馬前，迴旌旗於郭外。既達」天聽，須徇民心。乃降星車，重頒綸誥，讚殊功於史册，紀美政於貞珉，再任石州刺史。」時遇莊宗晏駕，明帝御極，爰念舊勳，特加新寵，除授良州刺史。次任」沁州，加檢校司徒。次任原州，次任房州。君剛亦不吐，柔亦不茹，四十年修身，五六」朝事主，効赤節即朝霞失色，罄清誠即秋水潛輝。或富而不驕，或貴而不溢。每習古人之行，益敦君」子之規，每懷仁義趍時，常以謙和向物。昨房陵解印，梁苑朝」天，值鄴寇以猖狂，方剪除於獫狁。聖上深思委用，付以檢巡。君比期竭節輸忠，」報君親之煦育，平姧殄逆，表臣子之勤劬。豈期天不祐仁，世何容惡，俄乖防詐，遽致失」機。於丁酉歲建未月二十七日薨於汜水，享年四十有一。嗚呼！明珠忽碎，玉樹何摧，」朝野痛心，親族隕涕。聖上嘆其盡赤軫以全公，出中使以頒宣，錫金帛而吊問。仍」加追贈，顯耀親族，故乃盛業弥芳，功名不墜。君娶夫人隴西郡君李氏，莊宗之公主」也。椒宮異彩，月殿芳姿，顯揚四德之規，益禀三從之訓。有子四人：長曰喜喜，次曰最醜，次曰彭彭，次」曰胡胡等，皆學同鮑謝，孝並曾顔，名未振於朝端，行可超於時輩。有女五人：長曰智嚴，素親」禪理，早慕善緣，因披釋氏之衣，遽悞僧門之戒。次曰石十，次曰喜娘子，次曰小喜子，次曰住住等，雖」聞幼稚，克俻工容。有姪貳人：長曰延朗，前涇州別駕；次曰延韜，前良州司馬。君即以其年十」月二十三日安神於河南府河南縣伊汭鄉中梁里新創之塋。在禮也，匪奢匪儉；於時也，乃」盛乃光。嗚呼！正在壯歲，又屬明朝，方追五馬之榮，比換雙旌之寵。雖継嗣之道，保家為」元；在事主之中，致身是本，□□見君向公盡忠之節也。文秀早將幽明，謬贊」仁賢，方陳報補之誠，俄失依棲之道。今□□□□命，難議免辝，才雖愧於荒虚，事且俻於刊勒。」銘曰：

偉哉奇人，匡邦正臣。忠貞罕□，勳貴難倫。名行孤高，英雄獨美。潔白如霜，」廉清似水。朝野推賢，藩垣仰德。內作股肱，外為規則。方□魚符，將遷龍□。忽注逝波，」俄沉謝月。輴車儼儼兮風斂塵，玉鐸珊珊兮阡陌新。天長地久兮已復已，□安兆宅兮」福後人。

《華夏考古》二〇〇三年第四期

天福〇〇六　浩義伏及妻程氏墓誌

天福二年十一月十七日

【誌蓋】唐故浩府君墓誌之銘(一)

【誌文】

唐故浩府君墓誌銘并序」

夫二儀元旨，應合三才，孕靈盤古媧皇，傳之後裔。」貫稅澤郡，戶寄高平鄉神農團池村人也。曾祖諱貞，」祖璋，府君諱義伏。以府君文傳七步，武透九圍，」蘊事可能，在里閭之最首。庚年七十，命掩坰泉。夫人程」氏，容儀端皃，撫幼子以多能；處舍難過，治家廷之無失。」享年六十，定歸泉夜。嗣子一人福，新婦王氏。[長]女」李郎婦，次女劉郎婦，次女張郎婦，次女郭郎」婦，女王郎婦，女畢郎婦。孫男天留，新婦宋氏。天」福二年歲次丁酉十一月庚戌朔十七日丙寅祫祔村」南二里，卜其宅兆，永固玄堂，慈順里也。其地勢平如堂，」四望俱全。東有長崑而掩，西連遠岫而遮；」前望玉案高源，後倚烈山大嶺。恐後桑田改」變，山谷更移，琢石題文，傳於後嗣。」尊祖俱沉在墓中，神魂長鎮嶺花峯。」唯願親靈垂擁護，兒孫享祭万春冬。」一哉吾君，百福生存。義重賢子，孝

(一) 誌蓋四周刻詩一首：「世路何□苦，悲聲上傲〔徹〕天。黃金权入櫃，永別隔千年。蔟□□天路，□傳□□□。九泉誰□□，鄉曲□□并。」

有其孫。

《高平金石志》

天福〇〇七　杜光乂墓誌　天福二年十一月二十三日

【誌蓋】失

【誌文】

晉故左諫議大夫致仕杜公石記」

杜氏之先，唐萊國公如晦之胤也。公即萊公八伐〔代〕孫。」公諱光乂，字啓之。公外氏滎陽鄭氏也。公幼而岐嶷，」長實辯材。洎十九登弟，即道州歸尚書門生也。自後」累遷華級，繼陟清曹，出入承明，踐歷建禮。尋遇」先公太尉之薨，公以疾，遂不終喪紀。然閑居歲久，故」絶宦進之門。後唐再立，遷公工部郎中。俄拜左諫」大夫致仕。直至于終，猶請俸給。俄以疾苦所縈，以」天成二年六月九日終于洛京會節方〔坊〕之故第也。」公以處身正白，不雜於時，没世無兒，人所共歎。」有弟前新安縣令昉，竭力扶護，以報慈顏，敬奉」負荷，上答憐憫。以天福二年十一月二十三日」歸祔于京兆府萬年縣洪原鄉龐村李」夫人之舊寢也。〔一〕同文叨縣〔聯〕棣蕚，早沐」慈流，抆淚書紳，謹勒貞實〔石〕。

時晉天」福二年十一月二十三日堂弟同文述并書

《西安新獲墓誌集萃》

〔一〕「二年」二字係補刻。

天福〇〇八　申鄂墓誌

天福二年十二月十二日

大晉故金紫光禄大夫檢校户部尚書右千牛衛將軍兼御史大夫上柱國魏郡申公墓」誌文

朝議郎秘書省著作佐郎充集賢校理張沆撰」

【誌蓋】失

【誌文】

公諱鄂，字秀封。其先本自周武王克殷之後，太公受封於齊，故其源出於姜姓，封尚父於」中國，其後氏焉。晉吏部尚書鍾，即公二十一代祖也。始自西晉，家于洛濱，公即河南」府緱氏人也。曾祖固清，皇任襄州襄陽縣令。祖弘雅，皇任金州司户參軍。烈考知誨，」皇任懷州武德縣丞。士元屈佐於鳴琴，梅福無心而徇禄，纔終考秩，嘉遁林泉。公即武」德第三子也。公始齔之年，遇黄、蔡之亂，丁家艱，且耕且學，舉孝廉不第。以刀筆受唐丞」相陸公扆深知，一見若傾盖之舊，釋褐授潞州上黨縣主簿。秩滿，退居舊業。值梁氏革」政，命福王友璋節制西楚，奏公銀青光禄大夫、許州長史，知留邸事。唐莊宗皇帝反」正，中書令霍公改節于徐，奏公檢校工部尚書。洎明宗踐位，太師夏公自許遷鎮于」遂，素嚮公淑慎濬密，遂表公授刑部尚書，委留邸事。旋屬董璋據左蜀之險，吞鄰道」之兵，俄而夏公遇害於巴蜀。明宗皇帝召公，引見便殿，為之洟涕，特拜右千牛衛將」軍。少主即位，覃勸進之恩，制加檢校户部尚書，加階金紫。公以時方多事，謝疾退」居，不交世務，閇閞寂慮者將四五載。以天福二年六月二十六日遘疾捐館於東都延福」私第，享年六十有三。即以十二月十二日合葬于河南府緱氏□縣芝田鄉故縣村，祔先」塋，禮也。先妣太夫人隴西李氏，以公幼慕典墳，早孤撫育。慮沆研之酷志，則暗徹蘭」膏；俻豐潔以迎賓，則曾傷鬢髮。允繄内訓，不廢令名，太夫人之力也。公婚天水趙氏，」先公即世。公二

子：長曰文炳，一舉中進士第，歷河陽推官，尋轉支使，以侍養除鄆州」鄆城縣令，婚清河張氏；次曰文緯，應進士舉。公居敬行簡，修身踐言，謙光照灼於士林，」行葉馨香於朝籍。而喜善如不及，處闇無所欺，事上以恭，接下以禮，自奉以儉約，交遊以」始終，則又為一時之標的也。於戲！公之壽踰耳順，不為夭矣；公之官列環衛，不為不」達矣。而時方紛擾，未展宏圖，將為命耶，將貽慶於後耶？觀其保家之令嗣，則駟馬高蓋之」門，可翹足而待，有以知積善餘慶矣。沆顧惟闒茸，早荷慈憐，嗣宗降友於阿戎，郭泰曲」容於子厚。猥承見託，追敘平生。痛伯牙之絃，知音永失；清孺子之酒，寄奠莫從。抆涕濡」毫，謹為銘曰：

釣渭清濱，嵩高降神。維師尚父，生甫及申。鷹揚豹變，暢轂文茵。華宗啓胄，」茂德垂仁。其一。貽慶裔孫，允文允武。學優則仕，義以為櫓。負米途遠，帶經志苦。三虎八龍，」重規疊矩。其二。爰偶知己，擢才効官。捧檄動色，視膳承歡。車前踠驥，棘上栖鸞。黔黎懷惠，」人忘凋殘。其三。梁氏禪唐，親賢仗鉞。延請恩重，晨昏志切。璧田上佐，銀青峻列。奉以周旋，」曾無玷缺。其四。遂寧連帥，傾盖論心。堅辞上介，仰荅知音。府城告變，杞梓摧林。我公入覲，」寵被纓簪。其五。言踐班行，入居環衛。珩珮清響，鵷鸞華綴。志尚閑逸，耻奉權貴。謝病杜門，」優遊卒歲。其六。倏嬰舊恙，砭藥無功。皆善其始，獨全厥終。嵇松阮行，素履清風。印興王氏，」門大于公。其七。先遠有期，眠牛兆吉。緣嶺旌表，滕公啓室。陵遷谷變，金材玉質。劫盡有窮，」永標茂實。其八。

男文緯書

《秦晉豫新出墓誌蒐佚》

天福〇〇九　其山寺惠公塔記

天福三年二月一日

【誌蓋】失

【誌文】

沂州其山寺故寺主惠公塔記之

伏以道寂真常，不□淪没；浮生夢幻，寧免昇沈。故寺主幼託空王，長遵戒法，參禪好道，早達玄機。因訪名山，便謀駐足，時大唐同光二年六月十三日卜居其山寺。古基□□，刱結茅茨，□□精舍，遠邇檀信，皆仰清規。苦節内持，聲□外□，□住十載，影不出山。□十二年，方付遺□□堂心切望佛□□□，事有津涯，偶縈疾苦，□年□五十二矣。至新朝天福二年三月二十七日遺囑分明，奄忽遷化。皈道自恨衰朽，痛切無依，再備茶毗，□旌遺德。建崇塔□，永表虔誠，□現世之良因，期未來之善果。

時大晉天福三年歲次戊戌二月一日戊寅朔建立

寺主僧皈道、典座僧惠寬、都料宋□□□

光緒《費縣志》卷一四

天福〇一〇　王儔及妻武氏墓誌

天福三年四月七日

【誌蓋】失

【誌文】

故竭忠匡國功臣金吾衛將軍金紫光禄大夫檢校尚書左僕射兼御史大夫上柱國太原郡王儔墓誌」

將軍河東太原人也，元事」太祖武皇帝，及嗣主中興唐祚莊宗皇帝。至」明宗皇帝駕幸汴州，天成三年歲次戊子八月十三日於梁園私弟無疾而終，伏枕」安眠，猶如夢往。於當年十一月二日卜吉地修塋域安葬於北邙山前。」將軍春秋五十五，歷四十年，志學求師，弱冠入仕。方唐祚凌夷之際，遇」莊皇撥乱之秋，獨乃遊説諸侯，馳騖天下，既處行人之任，常傾為主之心。或應聘於」四方，不辱君命；或成平於兩地，自合歡盟。既推佐命之

勤，遂」賜功臣之号，官崇左揆，位貴執金，紀功而已上淩煙，命矣而俄歸逝水。」嗚呼！為臣竭節，事君盡忠，方受國恩，没身而已。」適夫人太原郡武氏，河東石州人也。大晉三年歲次戊戌正月十五日於」洛京清化坊私第染疾而終。夫人天生令淑，雅合箴規，三從之義無虧，四德」之風早著。夙懷貞順，晨昏而孝養舅姑；素蕴賢才，琴瑟而順成家道。男婚女聘，」終無憂累之容；夫唱婦隨，婉有齊眉之譽。義光九族，和悦六親。春秋七十有五，霜居」十有一年。久抱沉痾，多方治療，秦毉無効，二豎為災，節及上元，奄歸大夜。」嗚嚱！年餘不惑，望保遐齡，方登壽域，風燭難停。有愛子三人，皆教以義方，受之庭訓，」家傳閥閲，代習箕裘，為人而至孝盡忠，從順而上和下睦。父義母慈之道，罔墜」門風；兄友弟恭之情，聿修祖德。今者卜當吉兆，重啓故塋，法陰陽之大道，合」父母之葬儀。棺槨之規，爰遵於《易》象；封樹之制，取則於《禮經》。骨委松丘，俱保安於金」匱；魂歸夜臺，常固護於玉堂。至於乃子乃孫，福延善慶，伏願」天長地久，永播徽猷。銘曰：」

三才既立，二儀交泰。陰陽禀氣，天地覆載。一。天生人瑞，乃為物軌。」不僭不濫，盡善盡美。二。夙懷淑德，素抱賢才。蘋蘩主嗣，琴瑟和諧。三。」勞我以生，休我終期。有始有卒，殊途同歸。四。齊歸逝水，附葬重泉。」窀穸爰修，幽靈安然。五。邙山屹屹，洛水洋洋。塋居吉兆，世代隆昌。六。」

大晉天福叁年歲次戊戌肆月戊寅朔柒日甲申附葬。」

長子見任東頭供奉官名允光，弟二子前任孟懷等州觀察推官名允貞，」弟三子見充威勝軍節度隨使押衙名允義。有女一人張郎婦，疾疢早亡。」長新婦滎陽郡鄭氏，弟二新婦安定郡曲氏，小新婦清河郡張氏。孫子等」奴子、瓊娘子、仙哥。」

其塋地南北長肆拾伍步，東西闊叁拾伍步，其地元於地主申崇處買到。

天福〇一一　郭福墓誌

天福四年二月三十日

【誌蓋】失

【誌文】

大晉故郭府君墓誌銘并序」

粤以物玄虛境，終期入於崦嵫；人處浮生，乃盡歸於泉壤。似雲中」之電掣，如石内之火光。時來而莫住須臾，運去而難停晷剋。爰有郭」氏之姓，雄望太原人也。其後宗枝因官從宦，來斯潞封，構弟」宅以生涯，茸菌林而頓跡，爲上黨五龍鄉苗村人矣，子孫興焉。」祖諱秀，祖婆王氏。府君諱福，敦仁敬讓，鄉黨推賢，与朋」友交，言而先立信。豈謂壽限有期，以天福四年二月七日忽染」微痾，終于私弟。夫人崔氏，母儀令淑，閨訓早彰。奈何風燭不停，」咸漂逝水。有嗣子弘簡，性便踈逸，不利不名，懃□□於東臯，鄀」家業於南畝。又切常供甘旨，晨省夕□無虧，長侍二親，陪全忠孝。」聚〔娶〕新婦常氏，夙彰五彩，遐著三從，上能奉事於尊，下亦訓從於子。孫」男常住，次男小住，並乃孝誠遠譽，義讓早聞。猶是同選郊坰，而安遷厝。」墳去村東北二里，有其勝地，□穩川上。德合陰陽，時宜良順。墳地」東觀班墓之岳，西望炎皇，南顧百聖山祠，北望五龍之岫。時也青陽」届候，律膺仲春，取是月下旬啓乎大事。于是凋〔彫〕塼琢石，磨瑩而万」古長昌；築堠修圍，安固而千秋不壞。伏恐年代永遠，互變丘陵，」以彰他日之憑，故立貞石之記。以天福四年二月三十日舉啓終」畢，刊石銘文。聊命彩毫，而爲詞曰：

英哉若人，與窮終始。」□□□□，哀號孤子。

《西南大學新藏墓誌集釋》

天福〇一二　安萬金妻何氏墓誌

天福四年八月四日

【誌蓋】失

【誌文】

[大]晉洛京故陳留縣君何氏墓誌銘文并序」

夫光禄大夫、檢校司空、使持節均州諸軍事、前守均州刺史、兼御史[大]」夫、上柱國安万金」

竊聞朝烏夕兔，尚不免於虧盈；深谷崇陵，亦難逃於遷變。矧乎」[五]行兼濟，四大相須，禀陰陽寒暑之期，處榮辱死生之數，可謂盡善盡美矣，[□]」此者永安宅兆。縣君姓何，太原郡晉陽縣人也。」自長興元年十月日除授告縣君陳留何氏諱　。」曾晏，應州别駕。祖海，代州司馬。父重度，河東軍押衙、充節院軍使。」母彭城郡劉氏夫人，無邑号。右伏以」縣君鍊玉為心，黄金比德，貞松雪静，諒韞蘭芳，將期壽同龜鶴，椿栢齊堅，」何圖染疾纏綿，禄歸地庫。即已」己亥歲天福四年六月二十五日終於洛京水北景行坊宅斯室，年六十五[□]。」此謂哀笳互奏，起慘慘之悲風；丹兆〔旐〕將行，痛沉沉之落日。何圖天命有終，俄」歸大夜。又継兒女等，男五人、女二人：」哀長子元審，授索葛府官，新婦王氏。」哀次子元進，右蕃内殿直、銀青光禄大夫、檢校國子祭酒、兼御史中丞、驍」騎尉，新婦史氏。」哀次子元超，忠勇功臣、銀青光禄大夫、檢校左散錡〔騎〕常侍、兼御史大夫、充」護聖右弟三軍弟三指揮弟五都副兵馬使、上柱國，新婦何氏。」哀次子元福，殿前丞旨，新婦張氏。哀次子韓留。」長女十三娘，外侍石；次女十四娘，外侍梁」等。並哀號擗踴，孝比高柴，泣血絶漿，爰崇備礼。今於己亥歲天福」四年八月四日壬寅殯於洛京西北北邙山上去京二十里河南縣平洛鄉張」楊村，選買得地五畆，立塋安厝，永顯後代。其地東西闊三十步，」南北長四十步，[又]東觀古道，西眺道，前瞻望見土嶺，後倚龍崗。」初以四神俱

備，五福來祥，後恐桑田改變，丘盡壠平，刊誌標題，乃為詞曰：」

晉陽縣君，克己為仁。謙謙厚義，孝敬□門。又詞曰：」

穆穆夫人，貞志[立]身。三從偹體，四德居鄰。哀哉長夜，櫝納珠珎。」泉門一閇，再復無因。又詞曰：

金風兮慘然，玉露兮漫漫。夜臺明月，」□□[崗]前。嗟乎哀哉，[言]以盡[矣]。

故陳留縣君何[氏]墓誌銘記

《隋唐五代墓誌匯編·洛陽卷》

天福〇一三　郭洪鐸墓誌

天福四年八月四日

【誌蓋】故隰州刺史郭公誌銘

【誌文】

晉故推忠靜乱克定功臣光禄大夫檢校司徒使持節隰州諸軍事行隰州刺史兼御史大夫上柱國太原縣開國伯食邑七百户郭公鐸銘并序」

前隰州軍事判官將仕郎試秘書省校書郎康贊撰」

詳夫上天垂象，俾日月以騰光；厚地捧靈，使山河而孕秀。可大可久，昏寅迭照於華夷；不騫不崩，今古齊居於宇宙。其」或儲精英彥，降氣賢豪，通命世之奇才，作清朝之元輔，則其公也，無得名焉。公諱洪鐸，字聲遠。露冕遥源，墜」刀餘派。秉流播美，終遠汎於仙舟；治郡稱良，乃先期於竹馬。緬惟胤緒，實曰番昌。曾祖諱弼，字匡政，不慕榮名，每躭」遊翫。丘園醉卧，知否泰之程期；山水閑尋，得逍遥之旨趣。祖諱偉，字仁範，守鄭州文安縣令、將仕郎、試大理評事。詩」吟袁豆，賦述長門，然居展驥之資，竟阻搏鵬之勢。父諱順清，字崇化，幽

州左都押衙、銀青光禄大夫、檢校尚書左僕」射、兼御史大夫、上柱國，贈左威衛大將軍。風神偉異，氣皃恢奇，雖懷謹愿之心，每執謙沖之操。貞廉義列，當惟」洎於一門；積善崇祥，更貽休於數世。公即將軍弟三子也。幼多敏晤，長乃剛强，潛萿背水之謀，闇蓄登」山之志。天祐初，值寰中擾乱，遂歸燕主。英雄伏衆，果毅出群，周旋既識於機籌，擊伐俄成於勝捷。未即」歲餘，受義兒指揮使。俄值燕主將謀簒弑，公孝於家、忠於國，惡聞如是，乃歸太原，因投」莊宗皇帝，時未即位，梁室稱尊。君臣既輯，父子同心，誓指山河，願復家國。旋授匡衛指揮使，加銀青光」禄大夫、檢校右散騎常侍。公遽受異恩，弥添壯節。周營夜立，披介胄以霜寒；衛幕朝巡，戢驍雄而草」偃。洎從莊宗皇帝開基河朔，剏業山東，凡經行陣之間，盡遂縱擒之計，以功又遷馬前直左」弟二指揮使。至同光元年，乃平梁室，盡滅兇徒，歸牛馬於山林，混車書於夷夏。」莊宗皇帝曾因朝罷，宣公上殿，以手拊公背，謂公曰：卿實忠勇，朕變家為國，由卿力焉。遷馬前直左弟一指」揮使。至二年，超加檢校左僕射。至三年，補充隨駕左右奉宸都指揮使。值」莊宗皇帝晏駕，明宗皇帝登朝，以其有勳於前朝，加金紫光禄大夫、檢校司空，授涿州刺」史，賜竭忠建策興復功臣。公到任後，完堅壁壘，撫育疲羸，吏不枉於六條，人盡謡於五袴。天成三年，又值定」州節度使王都叛逆，勾引契丹，蹂躪邊陲，俘擒士庶。公潛敷偵邏，密運籌謀，因施孫武之機，大獻曹仁之捷，煞」賊衆千餘人，奪牛馬數千頭疋。上聞之，嘉奬不已，所賜優給，不可盡録。四年初，又轉授瀛州刺史、檢校司徒。」公下車之後，招携户口，添置賦租，恤物安民，光前絶後。及罷任後，歸朝之日，兒童惜別，父老遮留，爭攀」國平之轅，競卧君房之轍。清泰初，以有遺愛於瀛州，授隋州刺史，加光禄階，兼緒封太原縣開國男，食邑二百户。」公到任後，益敦信義，尤示慈仁，高飄逐扇之風，大降隨軒之雨。未即歲月，俄至豊饒。洎」我后乘乾二年，攻討魏府，充四面義營都部署，板築諸寨、長連城，兼充五龍橋寨主。以其有功，進封開國子，」食邑五百户。明年，授深州刺史，進封開國伯，食邑七百户。公未到任，逆壘俄降，國朝大賞勳勞，改授」

隰州刺史，兼賜推忠靜乱克定功臣。公到任後，盡求瑕瘼，迴布化條，鰥孤荷字育之恩，疲瘵抱來蘇之慶。」俄而公寢疾，疊以表乞退休，上終不見允。二豎既處於膏肓，三世竟無於徵効。四年，薨于正寢，」享年六十有八。皇帝聞之，頗愴聖情。是日也，雲愁水咽，霧慘風悲，凄凉遍滿於街衢，號泣喧闐」於市井。義夫貞婦，如銜苦楚之冤；幼子孤兒，似失依投之所。以其年葬于洛陽縣清風鄉高村里平洛原。」夫人天水郡君，質唯婉麗，性實柔和，雅同林下之風，靜得閨中之秀。有男勳，在殿直班，儀形磊落，器」量恢弘，仁慈善継於門風，忠孝可承於餘慶。有女三人：長適懷德軍節度使潘氏之長子，仲曰」寧哥，季曰乂哥，方居乳哺，未曰成人。嗚呼哀哉！公之勳業，公之德行，不可以殫録也。贊業不雕虫，才非」夢鳳，叨依館宇，濫獲知憐。既命紀於勳庸，實多慙於漏落，靡量幽拙，敢作銘云：」

偉哉大晉，有此異人。風姿拔衆，膽氣絶倫。謙而有光，其儀不忒。致主成謀，為民作則。」孰能發譽，何以立功。於家稱孝，在國推忠。素蘊貞廉，聿修仁義。不染是非，詎貪名利。」始惟獻捷，終致殊勳。超今冠古，緯武經文。位處百城，光揚四海。牧彼烝黎，迴鍾慈愛。」欻然傾逝，實怨穹蒼。不垂福祐，禍此賢良。青山積愁，白日無照。谷鳥偕啼，路人相吊。」笳簫嗚咽，贈送駢羅。車徒聯属，金張孔多。爰卜丘墟，卧牛惟泰。一閇玄闥，千秋万載。」

天福四年歲次己亥八月己亥朔四日壬寅誌

鄉貢進士郭逢吉書

《秦晉豫新出墓誌蒐佚》

天福〇一四　王化文及妻李氏墓誌

天福四年十月十七日

【誌蓋】失

【誌文】

大唐故鄭州原武縣令京兆王公墓誌銘并序」

前原州防禦推官將仕郎試秘書省校書郎强道撰」

公諱□，字化文。其先文王少子高之後也，肇自周室，分封畢郊，流芳則晉國大夫，傳慶乃」□□公子。秦漢之始，因命氏焉。時有蘭陵侯悼，即公之三十七代祖，輝華簡册，焕赫圖諜。」□□□□唐御宇之年，軒冕相襲，盛矣。曾祖諱定，進士及第，考功郎中知」制誥，轉諫議大夫，贈禮部尚書。祖諱仲周，進士及第，任利明台三州刺史、國子祭」酒、□□州刺史。父巘，任河南府密縣令。有子五人，公處其長，器宇沖和，風」□□□，幼彰孝悌，長乃忠純，負理物之宏才，抱濟時之盛德。黄陂浩渺，比識量以何偕；嵇」□□峨，方貞直而尚遠。公自唐大中中以文章自試，鄉里見推，匪由中鵠之科，便」歷栖鸞之秩。初任宿州臨涣縣主簿，三年佐理，闔境安寧，去群吏之姧回，俾□司而整肅。」卓然令望，赫尔嘉猷。相次任澤州陵川縣令，公以寬猛相濟，恩威悉行，政布一同，」□施百里。琴堂暇日，或調子賤之七絃；花縣春時，别種淵明之五柳。聲光益著，仁教顯揚。」至咸通中，任鄭州中牟縣令，魯侯舊地，鄭伯遺封，雖驥足未伸，而牛刀尚屈。戴星苦節，求」瘼問俗，奉公罔倦於駈雞，潔己俄觀於去獸。至中和三年，任鄭州原武縣令。值陳蔡興兵」之後，屬生民積弊之秋，公則以職親人，惟德施化。逋亡者霧集，姧匿者冰銷，瘡痍」頓見其痊除，疲瘵尋聞於蘇息。□秩將滿，須卜解龜，百姓請留，表聞天聽，述」公之善政，舉公之葺綏。國家以赤子是憂，皇情曲軫，尋加俞允，旋」降綵綸。時公兩奉□□，六周星律，修其五教，務以三時，上分」天子之憂勤，下撫黎元之凋瘵。飛蝗越境，□鳳來庭，事乃異於古今，名亦光於竹帛。方期」安乂，别□徵求，豈知遘以沉痾，遽歸長夜，隟駒莫駐，薤露俄悲。以景福元年歲次」壬子二月二十四日終于滑州私第，享年五十有八。夫人隴西李氏，唐故」滑州節度使李諱福之猶女也。規繩娣姒，衡

鏡閨門，四德聿修，六姻咸順，馳婉淑於婦道，」垂貞[範]於母儀。而逝水難追，永言東注，夕光何促，先報西沉。以光啓二年二月十七日早」終，春秋四十有五。夫人與公神櫬自滑州扶護至原武縣舊宅權厝，至」晉天福四年十月十七日合葬於滎澤縣廣武鄉崇德里廣武原，祔先祖之塋，禮也。有男」[二][人]，□□郎，前守耀州富平縣令、兼監察御史洮。六龍擅價，三虎馳名，聲華早冠於」□[朝]，□□□□於劇邑。才兼八斗，行等四科，未報劬勞，空思罔極。卜宅之兆既畢，孝終之」□□□，□□公之才智未窮，不謂脩短有數，雖歸冥録，不泯芳塵。道譽乏擲金，功」□[琢][玉]，□□□□，□敢□辭，濡毫但愧□荒虚，刻石實慙於藻思。盡搜淺拙，聊述」□□。□□：

□□□□，誕□英哲。偉器倜儻，盛名昭烈。」□□□□，克紹家風。有寬有猛，乃清乃通。」□□□□，□□蒿里。爰刊翠珉，用旌佳美。

《北京圖書館藏中國歷代石刻拓本匯編》第三十四册

《河陰金石考》卷二

《中州冢墓遺文》

天福〇一五　何君政墓誌

天福四年十一月十七日

【誌蓋】失

【誌文】

大晉故鷄田府部落長史何公墓誌銘并序」

《易》曰：知生而不知死，德而不喪，知存不亡名，其唯聖人乎。繇是知榮禄」有仗之期，生死而無究竟之路，則知壽有短長，榮無久固也。」公諱君政，家本大同人也。公主領部落，撫弱遏强，矜貧卹寡。家崇文」武，世襲冠裳，傳

孝悌之風儀，紹恭儉之禮讓。分枝引派，不可究源，皆」繼簪纓，拖金拽紫，盡為侯伯，各有功勳。公不幸忽染時疾，藥療無」醫，去長興三年十二月一日於代州橫水鎮終於天命。夫人安氏，星姿」降瑞，月彩呈祥，行美芝蘭，德彰閨壼。忽以身縈疾[疢]，[藥]療無」徵，須臾莫返香魂，倏忽而俄辞白日。以天祐年四月十九□在京宅內。」有男五人：弟二隨駕兵馬使、充左突騎十將，天祐年十二月廿四日，從」莊宗帝於河南胡柳陂為國戰効身終敬周；弟三隨駕兵馬使、充左突」騎副將敬千，同光年四月廿三日身終，封墳殯在庚穴；長男北京押衙、充火山軍」使、銀青光祿大夫、檢校工部尚書，兼御史大夫、上柱國敬文；次隨駕右倚」征軍指揮使、銀青光祿大夫、檢校右僕射、兼御史大夫、上柱國敬方；」次隨駕左護聖弟一軍副兵馬使、銀青光祿大夫、檢校工部尚書，兼御」史大夫、上柱國敬超。新婦三人：長安氏、次康氏、次康氏。孫男九人：」從榮、重進、小哥、韓十九、憨哥、小廝兒、小猪、小憨、王七。」新婦宗氏，重孫兕兒。長男敬文等俱以義烈門風，孝傳井邑。□」以年匪順，靈壙不遷。今就吉辰，方塋窀穸。即以天福四年十一」月十七日葬於陽曲縣連帥鄉相輔村[北]聖地遷合祔置新塋」平源，禮也。其銘曰：」

厥有奇仁，迥標風格。名重珪璋，智匡郡邑。一任長史，累[遷]榮祿。盡[喜]來珠，」咸謌去獸。安氏夫人，星姿降質。疾構繐幃，身終蘭室。賢男賢女，有□有□。」晨昏[參]問，冬夏溫清。卜其宅兆兮廣塋葳事，烏兔助墳兮旌其孝志。」刊勒貞珉兮樹德遺芳，地久天長兮百千万祀。

《隋唐五代墓誌匯編·山西卷》

太原市純陽宮藏石

天福〇一六　安萬金墓誌

天福四年十一月十七日

【誌蓋】失

【誌文】

晉故均州刺史光禄大夫檢校司徒兼御史大夫上柱國開國男食邑三百户安府君墓誌■」

前衛州軍事衙推將仕郎試大理評事趙普撰并篆書」

蓋聞天地之間，人最為貴，方圓動静，一像乾坤，高縣日月以照臨，大納江河而灌漑，」七星九曜，五嶽四時者矣。公諱万金，字寶山。其生也，上禀於德星；其長也，才包於」六藝。弓開似月，紛紛而射落妖星；釰擲為龍，矯矯而却迴瑞日。勇能嚼彘，力可拽牛。」夜思晝行，豹略始因於玄女；左擒右縱，龍韜元受於黄公。昔從武皇，破黄巢」而定紫塞；久權兵柄，擎愛日而滅妖星。明宗念以夙勳，除受嚴州刺史。憐其」碩德，特委魚符，留伴飰於天庭，未許歸於本郡。再承寵渥，除受貝州」刺史。百姓謌其來暮，一人蔚其去思。興農佩犢之謡，喧喧四海；恤寡矜孤之」惠，藹藹八紘。清泰二年，除受均州刺史，露冕而六條清静，騫〔褰〕幃而千里愷康。賞罰既」行，闔境之奸邪黜竄；恩威並布，一方之疲弊舒蘇。曾諱德昇，銀青光禄大夫、檢校」太子賓客、故鎮武馬軍指揮使、索葛府刺史。箭射九烏，聲震四海，入陣而六鈞弓硬，」臨戎而丈六戈輕。祖諱重胤，銀青光禄大夫、檢校工部尚書、静塞軍管内都遊弈」使、索葛府刺史。撫綏封疆，四境之夜無吠犬；翦除姧盜，千里之杜絶兇渠。皇諱進」通，銀青光禄大夫、檢校尚書右僕射、守應州别駕、索葛府刺史，長興二年贈司空。正」清如水，顯令譽於八紘；恩惠如膏，展驥足於千里。妣曹氏，長興二年贈鹿邑縣太」君。公即司空、太君之愛子也。公本自稷契之苗裔也，始因周平王治國，六蕃來」侵。將軍奮釰一揮，万夫膽碎；操戈直指，八表晏清。上旌功勞，乃命氏族焉。公即」將軍二千年後玄孫也。初索葛府刺史，遷馬軍左第二軍使，遷昭義軍左遊」弈馬軍指揮使，遷塞寧軍使，遷右先鋒指揮使，遷昭義軍衙隊指揮使，遷」昭義軍在城及守禦左右厢都指揮使，後除嚴州刺史。前後指揮使七處，刺史三」任。先婚何氏，長興元年十月内封陳留縣君。生男二人：長元進，内殿直、銀青光禄大」夫、檢校

國子祭酒、兼御史中丞〔丞〕、驍騎尉；次延超，銀青光禄大夫、檢校左散常侍、兼」御史大夫、武騎尉、護聖副兵馬使。女一人，事梁家。次室米氏，生子一人元審，」前索葛府刺史。次室王氏，生子一人元福，殿前承旨。次室張氏，生子一人韓留。」次室趙氏，生女一人，事石家。公於天福二年五月奉宣令往西京，請見」任刺史俸禄，就便養老。其年十月内忽縈寢疾善終於私弟，享年七十六。於十一月」戊辰朔十七日甲申与陳留縣君遷祔于河南縣北邙山張楊里伯樂原，〔一〕禮也。普叨」忝姻婭，幸沐嘉招，慙非黄絹之辭，獲刊翠珉之上。銘曰：」生我兮天地，毓我兮二儀，天生天煞，天地之宜。俾我七權兵柄，荷堯雲之靄靄；受予」三携郡印，感舜日曦曦。〔二〕無由戀具聖代，不為頓隔明時。北邙山上，永表旌麾。

《洛陽出土歷代墓誌輯繩》

天福〇一七　張繼昇墓誌

天福四年十二月二十五日

【誌蓋】失

【誌文】

晉故光禄大夫檢校司空兼御史大夫張公墓誌銘并序」

門吏太中大夫守禮部尚書柱國賜紫金魚袋致仕弘農楊凝式撰」

公諱繼昇，字德素，清河人也。曾祖諱璉，累贈尚書左僕射。曾祖」妣沛郡朱氏，追封楚國太夫人。祖諱成

〔一〕按天福二年十一月庚戌朔，十七日爲丙寅；天福四年十一月戊辰朔，十七日爲甲申，知安萬金葬於天福四年。

〔二〕「日」下疑脱「之」字。

〔誠〕，累贈太師。祖妣樂安郡」任氏，追封秦國太夫人。先考諱全恩，累贈檢校太保，守懷州刺史。」先妣始平郡馮氏，封太君。本張氏之先，出軒皇之胤，生子而異，其手有文，左弓」右長，因而命氏。戰國而下，兩晉已還，儀、良以籌策匡邦，鬱為卿相；飛、耳以干戈」衛社，盡作侯王。鑄銅渾而衡僅通獲，神筇杖而騫稱奉使。史無停綴，代有奇人，」粤自前朝，尤光茂族。」公即懷州史〔使〕君之弟三子也，幼而勵業，長乃從戎，劒耻學於一人，書每嗤其十」字。五公貽慶，且殊王母之白環；千里為期，何必華山之緑耳。」公初任太子舍人，賜緋。次任銀青光禄大夫、檢校工部尚書。次任金紫光禄大」夫、檢校尚書右僕射、左領衛將軍。次任金紫光禄大夫、檢校尚書左僕射、左領」衛將軍。次任光禄大夫、檢校尚書左僕射、左神武將軍。次任光禄大夫、檢校司」空、行左神武將軍。上古之秩，司空以平秩為重；西京之謀，亞相以弄印為尊。雖」異真銜，亦非輕受。公侯未復，方慊於下僚；陵谷遽遷，俄悲於逝水。先娶清河郡」儲氏，肥家有譽，淑德素彰，不幸早亡，人皆追歎。後婚宋城郡葛氏，封縣君，以駕」鶴之仙才，配鳴珂之貴胄。半開半落，桃李芬芳以無言；一宫一商，琴瑟諧和而」合奏。六姻推美，四德咸昭，事長撫孤，禮無違者。」公以天福四年十月十一日啓手足於洛京之私弟，享年四十有四。子一人歲」哥，尚幼。親姪季弘、諸堂姪皆孝敬承家，端良有譽，佇登貴仕，克振德門。姪女二」人，一人出適牛氏，皆稱令淑，配于君子，播在閨儀。卜天福四年歲在己亥十二」月二十五日窆於河南縣梓澤鄉宋村，遷儲氏亡夫人祔之，從于」大塋，禮也。諸郎君以凝式早依南巷，久荷殊私，懷舊悲凉，臨風慘怛，將刊貞石，」猥訪謏才。載惟畢大之言，深媿不孤之託。略為銘曰：」

丹旐悠悠兮出故闕，雙輪軋軋兮指防山。慕通人之薄葬，」非前代之開阡。年月日時俱吉兮，天長地久兮無後艱。」

將仕郎前守嬀州録事參軍劉珙書」

鐫字人韓延密、」賈知遠

《洛陽出土歷代墓誌輯繩》

天福〇一八　孫璠墓誌

天福五年正月一日

【誌蓋】樂安郡公孫氏墓銘

【誌文】

檢校尚書左僕射樂安郡公孫氏墓銘」伏以樂安郡公孫氏諱璠，家本亳州成武縣安樂里」人也。曾祖父皆歷轅門，職烈非輕。公因巢乱世傾，」凌亳邑，始從清河公故」齊王至此。洎乎都國荆榛，瓦礫坊街，隸從職於河」南府衙前直左袖，蒙」恩累忝官資，檢校尚書左僕射、兼御史大夫、上柱國，」階次銀青，管左隨身將。曾當重用，累歷艱難，」上命無不輕詶□也。嘉善坊中有宅，河南洛陽寄莊。」幼娶清河張氏為妻，年及六十六而先喪，置墳於河」南縣界伊汭鄉自本莊西南角至莊基三十步。生男」建興、建勳、建鄴、建崇、建高。長女二人，皆娉嫁而先終。」幼累成家三十餘口。公年八十有一，染輕疾而喪，時」當己亥歲春二月九日。□庚子年春正月一日，次子」与中男遷奉与張氏同葬。銘曰：」為仁端謹，立性剛强。濟辦事緒，其名益彰。」丱歲從戎，匡輔侯王。有忠有孝，能柔能剛。」六尺之軀，神皃堂堂。乃文乃武，難可惻量。」八十有一，輕疾而亡。」

時遇大晉天福四年歲次己亥十二月丁酉朔三十日丙寅建

《文物》二〇〇七第六期

天福〇一九　陳審琦墓誌

天福五年正月三十日

【誌蓋】故穎川郡陳公墓誌記

【誌文】

故洋州衙内指揮使陳府君墓誌銘」

古者葬之中野，喪期無數，不封不樹，後[世]易之，棺周□衣，土周於槨，士」封四尺，公卿有等，若覆屋焉，若斧形焉，今馬鬣之封謂也。府君姓陳，」諱審琦，皇任洋州衙内指揮使。其先舜帝之後也，周武王封子滿於陳，」妻以元女，因而賜姓，府君即子滿五十□代孫也。曾祖名簡，皇任」潤州別駕。祖諱譚約，皇任贈司空。」父皋，皇任武定軍節度使，追贈太子少師。道乃生知，智唯神授。頃者時」逢逐鹿，運契從龍，殊功既出於群倫，懿績遂標於簡册。三提郡印，兩秉」節旄，凡經所理之邦，盡協來蘇之譽。」母清河郡夫人張氏，即燕國公之曾女也。兄審球，鳳翔馬步軍都指揮」使。第審瓊，右千牛衛將軍。妹二人，皆歸釋氏，勑賜紫衣，長号崇」教大師，法稱超聖；次号清演大師，法稱超明。府君婚汝南郡周氏，即」太原名將之女也。子二人：長曰璘，見充西頭供奉官；次曰延朗。女一」人妙勝，年未及笄。府君幼而學禮，長即勞謙，彎弧穿百步之楊，下筆」入七分之木。爰從成武，便樂從軍，雖三令五申，不爽趍庭之訓；而龍」韜豹略，每懷匡國之期。尋屬少師傾謝盛明，府君沉」綿艱疚，」三年泣血，未省破顏；十日成歌，唯憂失禮。雖云即遠，長誓終身，」覩天爵以無心，望冥鴻而遂性。昨者方聆詔旨，欲議官榮，未霑」萬乘之恩，忽構兩楹之夢。神針莫愈，良藥難醫，指蒿里以云歸，望黃泉」而獨往。大晉天福四年歲次己亥正月二日疾終于洛京私第，以天福」五年歲次庚子正月戊寅朔三十日丙申葬於大塋」故少師之左。震早依門館，傛諳君子之行藏；既奉染濡，難避小才」之虛淺，顧惟承命，非敢飾辭。銘曰：

昔者苗而不秀，有顏子淵。」今也苗而不秀，有君子焉。其一。何斯玄穹，靡祐令德。雖賦其軀，」不授其翼。其二。魂氣昇天，體魄歸泉。棣蕚朋友，泣涕漣漣。其三。」粤彼新墳，青山之隈。其孰為鄰，千古悠哉。其四。」

從左街内殿持念大德比丘惠圓書

私人藏拓

天福〇二〇　郭彥瓊墓誌

天福五年二月十一日

【誌蓋】失

【誌文】

晉故銀青光祿大夫檢校右散騎常侍右內率府率同正兼御史大夫上柱國郭府君墓誌銘并序」

前攝宋亳單潁等州觀察推官將仕郎試大理評事佘渥撰」

前攝太常寺奉禮郎將仕郎試秘書省校書郎吉昌胤書」

郭氏府君乃前唐安邦樂翊定難功臣、檢校司空、左監門衛上將軍弘素之玄孫也。其高祖曾征南蠻有」功，標名在京兆府東北鳳政原七十二功臣數內，碑記見存。今京兆府昭應縣靈口店南原上墳莊見在。茲年」勑賜私門立戟，乃烏頭閥閱，迄今存焉。高祖乃天授雄謀，神傳韜略，負拔山之英槩，懷背水之沉機。憂國奉公，資」忠秉義，加復門敷綵戟，位重功臣，繼露冕之嘉猷，襲約閑之慶祚，蟬聯世祖，蔓延子孫，皆負奇能，羽翼昭代，」汪洋續嗣，至于公焉。公諱彥瓊，字隱光，京兆府萬年縣洪固鄉冑貴里人也。曾王父諱權，皇任檢校工部」尚書、右領衛大將軍，曾王母清河張氏。祖王父諱元弼，皇任朝議郎、安州別駕，祖王母弘農楊氏。」烈考諱師直，皇任檢校左散騎常侍、右驍衛將軍同正，年未從心，奄鍾禍釁。先妣天水趙氏，年將耳順，遽喪」遐齡。繼妣清河張氏，皆母儀克耀，懿範流芳，外傳肅敦之規，內保宜家之則。公即皇考之令子，乃先妣趙」氏之所降也。仲弟漢温，前攝磁州長史。季弟仁魯，翰林待詔、將仕郎、守殿中省尚食奉御、賜緋魚袋，孰謂方居職」任，倏短有期，未及立身之年，俄遘癈床之禍。公年纔弱冠，娶于彭城劉氏，乃左龍虎軍押衙、檢校右散騎常侍」允實之長女也。劉氏爰自初笄，嬪于公焉。故得行著蘋蘩，禮芳閨壼，懷母儀於截髮，全婦道於齊眉，繼誕承」宗，累生良胤。加以

内親無隱惡，外族無怨讎，揚令淑於三從，播賢和於四德。公有子二人、女八人：長子庭美，攝秘書」省正字，不幸早亡。次子宸，守職翰林待詔、朝散大夫、前太僕丞，早婚新婦河内司馬氏，乃右神武大將軍□」之長女也。有女孫二人：長曰堂哥，次曰平哥。新婦司馬氏忽於天福三年七月十九日遘疾終於東京望仙坊」僦居之第，尋殯于東京東北之權儀。長女、第二、第四及第五女鐵牛兒，次至第七、第八女，共六人，或未離乳哺，或」將及笄年，相次淪亡，難盡編録。第三女先娉堂後官、晉州别駕清河張仁嗣，其第三女年三十四，不幸早亡。」第六女見適堂後官、右監門衛將軍同正太原王愿。皆貞白進身，公清立事，秉筠篁之節操，持霜雪之」威容。美夫公選東床，所為冰清与玉潤也。公乃門承勳閥，代襲弓裘，性抱貞純，情懷摭實。修於身而藴於德，卓」尔奇仁；皃思恭而色思温，儼然君子。爰自幼年入仕，歷任内司，不苟進於階緣，但循環於資品。始自前唐官」告院守職，光化二年，初任度支巡檢官、銀青光禄大夫、檢校國子祭酒、兼監察御史。次任永州長史，次授泉州」長史，並依前充職。頃遇唐昭宗皇帝遷都郟鄏，扈從鑾輿，尋居洛京，綿歷三紀。後以前唐季末，受」禪歸梁，公以舊職不移，新恩顯著，遂轉充官告院院官。復遇唐祚中興，莊宗皇帝入洛，顯承宣命，」職處舊司，仍遷陟知官告院事。次加檢校右散騎常侍、兼授處州長史。次任右衛率府副率同正。次轉左清道」率府率同正。後於清泰元年，次授右内率府率同正，守職舊司，累遷寵命。公自弱冠之歲，將及從心之年，授□」重之官資，守四十載之職禄，當苛〔荷〕難重，履歷數朝。洎乎革故鼎新，未有不霑恩渥。盖以傾心莅事，潔志公途，」致應承以無遺，在功名而益播，顯隆盛績，偹著嘉聲。及遇大晉開基，重新日月，公以辭榮告老，解職退」閑，尋奉允命，克全終始。後於天福二年月惟夏初，大晉皇帝巡幸兔薗，建都梁苑，孝子宸職當待詔，」扈從宸遊。慮違養以時多，恐辭親而日久，遂於當年冬初迎待二親到于東京望仙坊僦居之第。方忻奉」色，纔喜承顔，孰謂樹欲静而風不停，子欲養而親不逮。以至天福三年十月二十八日，公忽嬰疾恙，綿歷經時。眷惟貞亮之」姿，宜保延洪之壽，豈意灾生二豎，

釁遘三彭，遽至弥留，鍼砭莫効。尋於天福四年歲次己亥三月癸卯朔十四日丙辰」即世，享年六十有九。孝子扆自丁荼苦，毀瘠過儀，類高柴泣血之情，同曾子絶漿之志。纔終卒哭，遽降」明恩，顯奉宣追，令復舊職。然未全於禮制，遂扶力以支持，雖赴公參，每思遷奉。遂於洛京祖塋之東一里已」來，別卜塋地，而乃選就良便，扶護靈櫬，歸至洛陽安喜門外東北隅五里已來，即以天福五年歲次庚子二月丁」酉朔十一日丁未啓葬于河南府河南縣平樂鄉杜翟村里之平原，禮也。親婦司馬氏亦自東都同時遷舉，」祔葬於塋內。時也春山色慘，烏啼濛密之蘗，煦日光愁，花泣朝晞之露。恭以孝子扆禮勤厚葬，情切送終，將陳」封樹之文，欲敘藏山之誌。如渥者才虧鸚鵡，詞乏鳳凰，捧命再三，讓不獲已。濡毫纂録，但愧荒虚，紀實」之餘，而為銘曰：

三才備兮万彙昭彰，英傑生兮為國禎祥。惟郭氏之名族，著勳業於」皇唐。祖封功[臣]兮樂翊安邦，門傳閥閲兮代襲軒裳。朱紫相承兮浹洽，子孫流胤兮汪洋。公之」繼嗣兮鬱有餘馨，幼居職禄兮輝煥門庭。事上兮常思竭節，處下兮惟慕忠貞。既辭榮兮告老，」□□□以□情。豈大限兮遄速，奄遐壽於泉扃。洛水之北兮定孤墳，邙山之南兮葬歸魂。□□愁兮雲慘慘，」□□□兮□□昏。□陵谷兮易變，勒貞石兮長存。紀遺芳於万古，編盛德於家門。

《隋唐五代墓誌匯編・洛陽卷》

天福〇二一　梁瓌及妻王氏墓誌

天福五年三月十八日

【誌蓋】失

【誌文】

晉故商州長史安定梁府君墓誌銘并序」

前攝河南府文學李芝撰」

府君諱瓌，字楚臣，涇州安定人。自昔因封立氏，食菜承宗，古往今來，非唯一姓。後漢」大將軍竦，則府君之三

十代祖也。迩後門傳閥閱，世継軒裳，青史具標，此難偹載。」王父諱實，高尚不仕，祖母天水趙氏，皆早即世。列考諱慶，弱冠從軍，壯年陷敵。」五兵未戢，方謀授柄之權；二豎皆藏，俄促下泉之魄，遽染疾而終。先妣太原王」氏，亦相次而没。府君即先君之第五子也，少而好古，長乃披書，移孝資」忠，刬揚家諜，有隱無犯，雅有父風。始在梁朝，知華州進奏。及銜命遠藩，」宣諭稱旨，特授銀青階、檢校工部尚書、守商州長史，餘如故，朝庭賞功也。」粵自貞明初，迄于同光末，為一方耳目，勾千里梯航，事主事君，盡善盡美。」方期大用，遽染沉痾，難齊松栢之堅，忽驚霜露之隕。至後唐甲申歲七月一日終於洛」京中州私第，享年四十九，用其年十一月十三日歸窆于河南縣平洛鄉杜翟村。」夫人琅耶王氏，前秦丞相猛之良族也。松蘿久附，方論偕老之期；麻苧興悲，俄□半」凋之恨。三子皆泣淚成血，絶漿改容。親戚勉之曰：毁不滅性，謂無後也。遂漸抑哀摧，」迨至服闋。長子德浚，顯荷基構，爰襲弓裘，嘗充陝虢進奏官，又遷邠寧後院使，歷銀」青階級，假兵部尚書。每謂通材，咸聞立事。娶沛國朱氏，前晉襄陽太守序之源流也，」為君子之室，有淑女之風。孫兒鐵牛。次子德昭，銀青光禄大夫、檢校國子祭酒、前安」州進奏。公忠奉上，友愛承家，淹留暫滯於鵬飛，拏矍終期於豹變。娶弘農楊氏，漢樓」舡將軍僕之枝派也，早亡。孫兒妹哥。第三子德乂，見充三司通引官、銀青光禄大夫、」檢校太子賓客。列脂膏之務，作喉舌之司，待陟亨衢，無詞屈跡。噫！先夫人以」府君未及中年，俄隨朝露，目視諸子，益加撫焉。朝出晚歸，每動倚閭之念；断機擇里，」深勞勸學之慈。暑往寒來，僅二十載。一日，忽有言曰：吾年六十四，不為無壽；子孫五」人，不為無後。時天福五年正月一日寢疾而終，用其年三月十八日啓」府君之塋合葬焉。諸子等拊膺擗地，停喘言情，思陟岵陟屺之詩，痛罔極劬勞之感。」請為紀述，用載年華。芝藝實荒虚，才非敏贍。灰中藏火，曾無比晝之勤；沙裏淘金，」粗有一專之苦。勉辱來命，謹作銘云：」

人生一世，乎不百年。有遐有夭，何後何先。若言禍促，若以福延。」顏回何折，盜跖何綿。其一。欽哉梁公，君

不恨死。有職有官，有妻有子。」壽雖不長，後還昌祀。魯國臧孫，無過於此。其二。英雄胄胤，卓犖儀形。」生知禮樂，長習書經。於家盡孝，為官畢清。勿為無福，夫貴妻貞。其三。」兒孫雨淚，親戚雲奔。閃閃丹旐，邙邙古原。夫人王氏，□葬玄門。」貞珉是勒，垂譽後昆。其四。

從表姪前攝弘文館校書郎李□□書

《千唐誌齋藏誌》

天福○二二　李寔及妻栗氏連氏馬氏墓誌

天福五年四月

【誌蓋】唐故李府君墓誌銘記

【誌文】

故大唐隴西郡李府君墓鋕銘文并序」

夫天玄象，〔一〕著日月以明文；地立九州，散人倫於中表。」高祖諱佐，夫人連氏。曾祖諱慶，夫人馮氏。府君諱」寔，夫人栗氏、連氏、馬氏。靈日懍懍，賢良英英，間氣修心」未達於六通，道覺以成於四果。君春秋五十有　，奄辞世」□。夫人顏如桃李，淑態邕容，修果未達，享年，終於私」室也。有嗣子一人重謹。遂剋得天福五年歲次庚子四月丙申」□日丙申，為當世翁婆及考妣重開上祖共三世，葬於帝土」□□里新安營一所。其地勢也，東連白虎之長壟，西望甘」□□古跡，南觀漳水，北倚名山。是日也，列珎羞在荒郊之也，」□□奠於林壙之前，兒女號呼，親姻慟哭。遷厝終畢，」嗣子一人重謹孝供甘旨，善侍尊親。新婦崔氏。孫男三」人：長孫神福、次孫小兒、三兒。歌曰：

〔一〕此句疑有脫文。

其一：肅肅賢人，娥娥鳳質。⌋花落莊臺，詞沉硯筆。其右盤白虎，左□青龍。

《三晉石刻大全·長治襄垣縣卷》

天福〇一三　崔琳及妻陸氏李氏墓誌

天福五年十月五日

【誌蓋】失

【誌文】

故鎮定管内都榷鹽制置使金紫光禄大夫檢校尚書左僕射兼御史大夫上柱⌋国崔府君墓誌銘并序⌋

夫生能立事，死能揚名，時祭有主，宅兆俻礼，能全是者，則人之深幸也。苟非道符⌋先哲，行契神明，即難全斯事；既全斯事，即露華風焰，曷足可悲。公生死喪葬，⌋俱得其所，盖德之徵矣。公諱琳，字藏美，本東萊侯十九代孫大房連之胤也。⌋曾祖諱旨，兖瑕丘令。祖諱　，邢内丘令。考諱覿，魏貴鄉令。公唐中和元年辛丑歲⌋生，風儀挺秀，神彩高逸，抱忠貞之性，負幹濟之才。初莊宗在鄴，命公為冠氏⌋尉。尋遷近職，權博平縣事，改授堂邑令。考滿，遷永濟令。公自冠氏解印，民截⌋鐙請留，及堂邑字人，麥兩歧呈瑞，鑿井得甘泉共汲，揚威乃羣寇銷蹤。上甚⌋嘉之，疊降優賚。同光初，公以材器自如，清濁靡間，因授邢州都孔目官，次遷鄴都⌋前職、曹州司馬。天成初，授萊蕪監使、檢校刑部尚書。解印到闕，公以世儒，乞就⌋文資，因授朝散大夫、檢校駕部正郎，行汴糺。袟未滿而家鍾禍，於是埽舊里，⌋居倚廬，公摧裂殆。[一]無何，未終喪制，宣命疊降。公表辭不獲，因授三司都勾，⌋加銀青、檢校大戎，次轉檢校右揆。又遷密院都承旨、檢校左揆、右領軍衛將軍。出充⌋義武軍節度副使、權易定事，轉金紫。罷任，授都榷鹽使。主綰二年，以疾告退，⌋寓止趙州。無何，以天福三年戊戌歲秋

[一] 此句疑有脱文。

七月六日終于寓止，時壽五十有八。公自掌鍊」金，榷責海，糺梁苑，副中山，累居近密，頗著功庸，立事既多，載筆奚盡。公」始娶吴郡陸氏，早亡，續娶遼東李氏。李氏夫人，公任副車時，於公署疾歿，時」壽五十。有子三：長曰隱，前定曲陽令，娶弘農楊氏；次憲，前鄆鉅野簿；少子」幼。有女四：長適董氏，次適王氏，並在室。隱自趙城側扶護公櫬，以二夫人合葬於相」州鄴縣西南西陵鄉樊村里，礼也。時大晉天福五年庚子歲丁亥朔十月五日丁」酉。謹敘銘云：

焕然才氣，卓尔英髦。一棲鸞棘，三屈牛刀。其一。」德風散漫，惠化光揚。甘泉表應，歧麥呈祥。其二。」妙精籌畫，洞達操持。出權貳節，入勾三司。其三。」綰樞機之近職，為梁苑之外臺。鍊山富国，責海豊財。其四。」仁而有勇，清而復通。鑒欺秋月，操奪寒松。」方奇崛之立事，何癯瘵之臨躬。欠二年不及下壽，奈短焰遽至隨風。其五。」四野慘凄，三子哀慕。稱家有無，盡礼遷祔。」剖此貞石，閟之幽户。無疆之休，用光千古。其六。

《文化安豐》

天福〇二四　王建立墓誌　天福五年十月十七日

【誌蓋】失

【誌文】

大晉故推誠奉義匡運致理功臣昭義軍節度澤潞遼沁等州觀察處置等使開府儀同三司使持節潞州諸軍事行潞州刺史檢校太師兼中書令■一千户贈尚書令琅琊韓王墓銘〔一〕

韓王姓王氏，諱建立，字延績，遼郡榆社人也。后稷之苗胄，王黽之後，武王克商，追謚五族，以為王□，□□冠

〔一〕誌題據雍正《山西通志》卷五九補。

蓋，莫可殫述。曾祖諱秋，贈右散騎常侍。祖諱喜，贈左散騎常侍。父諱弁，贈太保；母高氏，追封渤海郡太君。並著家聲，方鍾餘慶。王即太保子也，生而岐嶷，始事明宗皇帝，勳高列校，累假冬卿。洎牧埜張旗，版泉插羽，厭歌聲於北里，享禴祭於西隣。明宗皇帝自銅臺登寶位，天成元年丙戌，授檢校司徒、充鎮州兵馬留後。春，超授檢校太傅、成德軍節度使，不登熊軾，便擁龍旌，彰乎異寵也。三年春，徵入拜尚書右揆，判三司事、中書侍郎、平章事、集賢殿大學士。上以王秉鈞仗鉞，改賜本進德鄉爲將相鄉，榮耀桑梓也。是冬，出授檢校太尉、同平章事、平盧軍節度，封開國公。五年春，上郊祀禮畢，改元長興。以上黨名區，明皇舊地，令褰宸帳，是付鸞書，更峻大貊。元年，□崇掌武，堅陳章疏，因遂高閒。四年癸巳，明宗皇帝俄厭萬幾，王乃方居丘園，畢陳哀薦，盡臣節也。來年潞王入洛，改清泰元年，徵出授天平軍節度、兼中書令，抑高節也。及數窮土德，運旺金行，今聖皇帝懷其故人，乃降新命，除授平盧軍節度使。天福二年五月，封臨淄王。三年夏，進封東平王。五年春，降聖節入覲，頗悦宸襟，授太師、兼中書令、昭義軍節度，進封韓王，仍部遼、沁二州，以光晝錦。暮春二十四日離京，聖上御明德樓祖送，百辟郊外綴班餞別。由是再鎮壺關，重清潞水。無何，忽嬰微疾，漸見沈痾，至五月二十二日戌時，有大星殞於府署，遂命賓介緘其遺章，諷諫猶陳，始終永訣。是夕，啓手足於正寢，歸從先人也。聖上悼彼元臣，流於殊澤，贈尚書令，疊降使臣，累加祭贈。王娶于秦國夫人田氏，有令子一人守恩，少乃遷歷内史，三任符竹，金紫光禄大夫、檢校司空、守衛州刺史，即故燕王周太師之子聓也。任衛州，徑申省侍，忽遘艱憂，乃成家之偉器也。女一人，出家，法名妙惠，賜紫，號嚴因大師。孫子七人，並衛牧子也。長繼榮，授金紫光禄大夫、檢校尚書右僕射、行儀州刺史、充韓王衙内都指揮使，弼贊台庭，涵濡睿幄。其次者或廕而授官，或幼而未字。女孫七人，並衛牧子。長孫早亦出家，法名智超，賜紫，號妙果大師。其次悉在髫年，未有適。王有女弟一人，適楊氏，不仕。王享年七十，生於辛卯，薨於庚子。昔當臺鉉，預刱墳塋於榆社之西。冬十月十七日，至孝衛牧扶護歸於所

造石室，禮也。志鵬叨承再命，〔一〕聊述徽猷，比夫馬史麟經，以書萬一。銘曰：

瑯琊韓王，命世雄傑。群后衡鏡，天朝圭臬。海苞德量，山峙勳烈。巨鼎洪鈞，真封瑞□。聖君方重，昭代何别。捧日雲飛，擎天柱折。一人悲悼，多士慘切。既指青鸞，孰陳□□。國恩具降，葬禮斯設。龍返滄溟，鳳歸丹穴。輝前映後，鎔金鑄鐵。親戚官常，子孫□□。又曰：

天禄高兮與壽長，錦衣粲兮歸故鄉。帶河礪岳兮有盟誓，萬古千秋兮騰聲芳。

光緒《榆社縣志》卷九
《全唐文補編》

天福〇二五　孫思暢墓誌

天福五年十一月十一日

【誌蓋】失

【誌文】

大晉故孫府君墓誌銘并序」

若夫生事以禮，是往哲之宏規；死葬從儀，況前文之備紀。爰自肇分二氣，□啓三才，標」□□於上玄，極四維於下土。寒來暑往，遞今古之無窮；葉落花開，喻死生之未已。地水火風之」質，可謂瞥然；松椿龜鶴之齡，無由比矣。厥有青州樂安郡孫府君者，軒轅皇帝之苗裔，」高辛之胤緒也。洎乎全吴霸業，降晉傳芳，鶴唳冲天，表延賓之意重；金聲擲地，留善賦之名」雄。礪牙洗耳之聲，韜潛所及；暎雪窮經之譽，編簡而彰。寄宦飄飄，流派清漳之右；因兹駐泊，」安家赤狄之傍。高祖諱　，曾祖諱　，祖諱重理，鄉貢五經。府君諱思

〔一〕光緒《榆社縣志》記撰者名「陳通」。

暢,職至衙前討擊」使。幼年入仕,守法奉公,歷職遷名,從微至著。其郁偶縈瘡瘵,醫救無門,享年五十有三,卒於私第。」夫人郄氏,早□膏肓,終於寢室,頃因兵革被覆,丘墳靈櫬從茲不知處所。夫人趙氏,德協母」儀,道全女訓,三從有譽,五可無虧。不謂疾疢旋臨,奄終遐壽,享年六十有五,歿於寢室。嗣子景璘,」在家處長,舉措謙和,秪慕清閑,不拘職役。新婦李氏,軒盖名家,素全令德,能伸孝道,遜順姑」嫜。次子景球,職至衙前兵馬使、銀青光禄大夫、檢校太子賓客、兼監察御史、武騎尉、充使院錢局案前行。器局」不群,行藏迥異,處雄藩之上職,兼掌劇司;在英彥之高談,悉揚清問。言閑故實,行罔澆浮,下」筆迴鸞,緣情吐鳳。新婦首婚顧氏,舉桉齊眉,晨昏禮偹,芳肌若雪,内外傳風,春秋二十有三卒。」再婚顧氏,蓮開柳拆,綽約神資,無親戚之非諱,有解圍之妙智,春秋二十有六卒。今婚新婦李氏,」婉娩華姿,雍容淑懿,箴規夙著,婦禮能周。孫男昭琬,新婦李氏,次男昭翰、昭敏、胡兒、小僧,」嗣堅。孫女會娘。□□年已過,或弱冠有餘,臨途彰問絹之言,深夜顯辯琴之惠。已上皆號」天泣血,擗地灰心,願罄家資,咸欣安厝,時以天福五年歲當庚子十一月十一日合祔」於本莊西北七里屯留縣□泉村左側平原也。斯地東鄰蕭寺,著光遠之佳名;西」廁頂山,有馬神之廟宇。面太行之背韓国,垅脉不同;榮嗣子以耀門風,誠非虛耳。□」慮遷移,歲月無憑,指示兒孫,因敘其由。鐫為銘曰:」

偉矣祖宗,乃文乃武。大限既終,英雄匪固。」廓落乾坤,分明日月。自古自今,有生有滅。

《北京圖書館藏中國歷代石刻拓本匯編》第三十六册

天福〇二六　潘景厚墓誌

天福五年十一月二十三日

【誌蓋】滎陽郡潘公墓誌銘記

【誌文】

晉故左監門衛上將軍致仕滎陽潘公墓誌銘并序」

公諱景厚，字敦美。本滎陽人也，自數代家於洛京，遂為洛人焉。姓氏之由，」皆因食菜分封所得，其昔周与晉，列位封侯，勳在景鍾，焕乎遺册。」曾祖礭，不仕，棲高蹈林泉。考嚴，嘗任榮王府長史。」公即半刺之長子也。幼不好弄，長而志學，性本淳和，終踈仕禄，樂道頤神，」寔少微之真人也。然慶毓偉人，福儲良裔。長子環，早懷義勇，慨然有經濟」之志。時當多難，果值」明君，継立戰功，乃韓彭之儔也。爰自偏裨，果分符竹，皆有異政，別著軍功。」自齊州防禦使除懷德軍節度、金州管内觀察處置等使。」帝惟念功，先除」公之袁州長史，後加檢校尚書左僕射、左監門衛上將軍致仕。方以就弟」騰芳，懸車養性，豈意忽縈美疢，遽謝」明時。於天福五年正月七日殁於」汴京之私弟，享年八十有五。金州連帥雖膺」起復，尋貢章表，乞替殯葬。」聖上孝理，俯允哀切，可謂忠於国而孝於家，事生送終之禮俻焉。以」十一月二十三日葬於河南府偃師縣亳邑鄉土南里首陽原，禮也。次子」琦奉」天子命使，臨壙設祭，哀榮禮盛，行路感傷。銘曰：」

懷德積慶兮樂天真，誕厥令子兮為大臣。」分符擁鉞兮顯疇績，揆路懸車兮降綵綸。」今既云亡兮俻」恩禮，誌於墓銘兮千万春。

《書法叢刊》二〇一五年第五期

天福〇二七　張季宣妻李氏墓誌

天福五年十一月二十三日

【誌蓋】失

【誌文】

大晉故隴西李氏夫人墓誌銘并序」

文林郎前守懷州獲嘉縣主簿胡熙載撰」

清濁既分，陰陽式序，二姓繫婚姻之道，三星遵伉儷之期。必冀松桂齊芳，芝蘭並秀，何謂」半榮半瘁，一升一沉，莫伸偕老之心，遽失宜家之慶。夫人即今檢校太傅、守右驍衛上將」軍李　之第三女也。太傅夙彰令德，早蘊貞規，抱公忠而歷佐數朝，處重難而久參」環衛。曾臨劇郡，飲泉之譽弥清；銜命遐方，專對之才首出。經邦之任，絶席之尊，帝澤」君恩，方深倚注。夫人端莊秀出，聰惠生知。撫朱絃而偏熟秦箏，唯疑神助；標麗質而全殊」越豔，綽有仙姿。纔及簪笄，禮適故大河南尚書令齊王之孫季宣，乃故特進、檢校太保、」河陽軍節度留後諱業之子。太傅以曩歲故交，有金蘭不渝之分；先王以昔年際會，保」松栢後彫之心。尋綴密親，早居懿分，後以階緣志切，倚附情深，續劉、范之舊風，同國、高之」嘉援。疊仲慶美，重敘姻聯，當時而衆所推稱，追古而諒難儔比。含章穆穆，已光柔順之名；」鳴鳳喈喈，克叶賢和之德。遐徵禮幣，則有玉鏡臺；次列環奇，則有合歡扇。選東床之彦士，」配南國之妹〔姝〕容，實曰好仇，真為嘉偶。先王首佐唐朝，在僖、昭之際，逮于鼎革，立渾、郭」之勳。至莊宗克振宗祧，重光帝室，保釐洛汭，垂四十年，追復本朝，継三百祀。連綿十」鎮，統冠四方，撫士如傷，愛民若子。每臨之地，則去弊除姧；所理之方，則還淳返古。致父慈」子孝，兄友弟恭，老安少懷，家肥國泰，盡善盡美，著在策書，此不可備述也。年及壽考，寢疾」而薨。先太保志氣恢弘，宇量沉默，言必稽古，動合機先。厲不測之容，立難犯之令，孝惟」直諫，忠乃忘身。爰自牧民淄沂，去虎鄭亳，皆敷美政，盡布化條。其後歷汶上睢陽，主留懷」孟，偶未正節鉞，俄歎壞梁。季宣即先太保之第六子也，頗親詩禮，逈著謙恭，秉志不回，」操心有節，將侯鴛行之寵，且居鴻漸之資。青史猶新，必復公侯之位；令名積善，克承基構」之功。故夫人絳樹騰芳，瑶林挺秀，雅奪飛瓊之質，遠超弄玉之真。榮自德門，歸于茂族，而」能和睦娣姒，整肅閨門。每循必請之言，但守不踰之戒，事上榛栗以敬，懷衆婉娩以從，不」尚喧華，多務謹静。必覬室家慶賴，琴瑟諧和，永奉蒸嘗，不虧紹嗣。豈謂身縈疾疢，厄在膏」盲〔肓〕，藥石無痊，殞謝俄迫，以天福五年歲在庚子二月七日變故於

洛京私第。六親哀慟，九」族淒涼。念阮氏之迷津，莫逢花皃；想恒娥之奔月，杳隔芳容。所恨者，別鶴同悲，孤鸞易感。」莊周垂誡，空慕於昔賢；安仁悼亡，徒吟於清什。情多惻惚，涕若綏麼。即以其年十一月二」十三日遷葬於河南縣永樂鄉徐婁村，附」先太保塋，禮也。永辭畫閣，積恨難銷，長秘玄宫，香魂莫返。熙載叨居芃葛，早熟門墻，輒吐」蕪詞，聊敘懿德。謹為銘云：」

桂魄垂精，瑶臺降靈。香芬羅幌，蓮對雲屏。芳如蘭茝，華如桃李。懿彼淑人，」配于君子。蕣英易殞，栖鳳難留。朝霞夕露，閱水悲秋。髣髴紅顔，依俙玉步。」眇邈追思，貞魂何處。銀釭欲謝，素月將沉。空堂闃尔，莫忍徽音。馬鬛封成，」牛崿路促。刊紀垂休，以防陵谷。

《芒洛冢墓遺文》卷下

傅斯年圖書館藏拓

天福〇二八　封準墓誌

天福五年十二月二十九日

【誌蓋】失

【誌文】

大晉故渤海郡封公墓誌銘并序」

曾聞兩曜彪天，上其虧缺；五嶽鎮地，寧免崩摧。」況乃人乎，何逃脩短？惟身歸泉壞〔壤〕，名感謝於」聖時者，但渤海公也。惟從周裔，家本漢臣，萬樹花」發芳蘂，七步成章於子建，皆公遠祖之德也，更不具載。」祖諱成。考諱述。公諱準，先公弟三子，前攝降〔絳〕州」長史。幼攻文筆，長尋武畧，禮讓温和，鄉閭敬美。忽因瘇」瘵，湯藥無徵，享年七十六，去長興二年十月三十日終矣。」有兒女等同力安葬在千秋之地，永安也。夫人曹氏。有子」五人：長子延暉；次子庭隱，前攝同州司馬；已次子庭迅；二子」少亡。各懷逯氏之譎，抱曾子

之才，甘旨不虧，德以傳於千」里。有女三人等，行處斷腸，無時蹔止，數追福延僧，未知」何託。此乃罄其家資，俻以安葬，於天福五年歲次庚子十」二月壬辰朔廿九日庚申於興唐府廣晉縣孝義鄉大王」村恩愛里之先塋也禮葬。其墳東有金堤爲青龍，」西枕洛陽道爲白虎，前臨鄽固爲朱雀，後靠龍樓爲」玄武，於中土厚水深，堪充久矣。恐後年代綿遠，陵谷變」移，難明姓字，故勒詞文，年光不朽。

封庭隱撰

劉審贇寫鐫

《新中國出土墓誌·河北壹》

天福〇二九　權君妻崔氏墓誌

天福六年十一月十六日

【誌蓋】失

【誌文】

大晉故博陵崔氏夫人墓誌銘并序」

鄉貢進士穎至撰」

姪女聟將仕郎試太常寺協律郎王鏻書」

蓋聞一氣判而萬物作，肇有人靈；三代興而九伯隆，稍開姓氏。或因地，或因官，或因居，或」因号焉。先王茂典，罰惡而咸欲誨民；哲后永圖，賞善而皆能割地。大則千里，周封吕望於」營丘；小則一城，齊食丁公於崔邑。則其先也，因為氏焉。其後深根固蔕，綿瓜瓞於千秋；同」源異流，導崑崙於九派。强吞雄據，聖人之大寶頻移；傑出間生，盛族之英才不一。」銘題座右，漢稱子玉之賢；兵貯胷中，魏耀伯淵之策。瞻奮甘泉之藻思，

聲振齊朝；皎申北」部之威風，名高唐世。門傳盛德，代有奇人。曾祖諱　，妣　氏。高祖諱叔律，」妣李氏。皇考諱環，妣左氏。夫人左神策軍都知兵馬使、充步軍軍使、銀青光」禄大夫、檢校工部尚書、兼御史大夫、柱國之長女也。卿雲上瑞，夢月殊祥。桃李當春，耀夭」天之淑質；松篁拂雪，聳落落之貞姿。奉蘋早學於蒸嘗，能全婦道；采葛每親於繁冗，甚有」女工。爰自妙年，備兹令德。段氏之蕙心高邈，不視凡夫；孟光之蘭抱清貞，待其良」配。遂適於權氏，禮也。夫人事舅姑同於日嚴，接娣姒懷於夕惕，」鬼神歆其饗祀，中外播其温恭。加以奉梁鴻而盡心，如承大祭；敬」郤克而有禮，似對嚴君。關雎才可以同群，維鵲實欣於共處。祥鸞彩鳳，和鳴自保」於千齡；瑞玉明珠，吉夢雅符於九子。夫人所生七男：長男令詢，娶何氏；次」男令詵，娶李氏；次男令詡，娶韓氏；次男令諤；次醜漢，早亡；次男誼，娶丹陽左氏；次男令謹，」不仕。二女早亡。並風神俊邁，器宇宏深。高陽之苗族雖傳，八龍何貴；渤海之于門斯闢，駟」馬可期。騏驎有逐日之蹄，非徒洼水；圭璧負連城之價，蓋出藍田。」夫人道足肥家，神宜降福，方將陳鍾列鼎，享榮養於高堂；何其隟駟道飆，促」遐齡於玄夜。享年五十五，於大晉天福六年九月二十八日薨於洛京積善坊私第。嗚呼！」大塊載□，達士每□於冉冉；逝川閱水，聖人嘗歎於滔滔。生死之期，盜跖與顔回齊致；夭」壽之數，老彭與殤[子]□終。若拘大道之場，皷盆者獨能拔俗；如在有情之域，泣血者自可」激人。况夫人懿行素高，芳猷夙著。疾生无妄，冀成積善之徵；藥莫有瘳，飜作禍盈」之事。是以孝子割鳲鳩之愛，返哺增傷；剛夫興舞鏡之悲，離群更苦。内外想文成之術，重降」香魂；里閭思太一之功，却迴仙魄。情不可極，時且難逢，乃建佳成，言歸真宅。」遂於天福六年十一月十六日葬於河南縣金谷鄉焦谷村。其地也，帶」龍樓於東道，氣勢自雄；控熊耳於西厢，崗阜甚壯。南望而川原掃霧，日月貞明；北瞻」而叢薄含風，煙霞半天。實為福地，何必南山，於是告馬鬣之成功，望牛山而屆路。」靈轜動軔，孰無卧轍之心；幽隧及泉，誰没殉身之志。生前之母儀内則，既已肅人；歿後」之谷變陵遷，宜存刻

石。嗚呼哀哉！謹為銘曰：」
上天降氣，明月垂精。崔夫人稟，崔夫人生。有禮有法，私門和平。宜夫宜子，」聖代顯榮。降年不永，何人不驚。墳於金谷，地迩玉京。千秋万歲，賢母之名。

《千唐誌齋藏誌》

天福〇三〇　崔君及妻李氏墓誌

天福七年二月十二日

【誌蓋】失

【誌文】

大晉故崔府君墓誌銘并序」

若夫肇分開闢，交馳於六氣四遊；初立混元，遞運於三微五德。四」瀆壓於坤岫，八嶽拱之穹旻，故得礼義行焉，君臣立矣。厥有生死，」洎乎悲歡，彰流別於七政之中，顯存没於八荒之外，則有清河郡崔府君。」軒轅胤緒，流派於狐衘城中；及扇嘉猷，遺跡於天台山側。祖諱以悦。」府君守職使宅軍虞，[一]氣蘊純和，言唯典切，立行則松筠並操，論仁則金石」推堅。風燭難停，石火之光莫免；隟尘易落，去留之狀何逃。享年　，去長興」四年九月廿四日終於私室。夫人李氏，淑質邕容，奇姿婉娩，龜年不固，終」歸倫〔淪〕落之期；鶴筭非延，難免斷腸之苦，去天福六年二月廿日終於私室。」嗣子万貴，承父名蔭，守職如前，抱文武則今代無倫，懷信義則前賢莫並。」新婦李氏，門連貴戚，身継令名，一家承篤睦之規，九族抱協和之慶。」孫男彦珣，新婦趙氏；妹適侍楊郎；次男劉五；小男大

[一]「虞」下疑脱「候」字。

驚；玄孫罨靫。」見在婆婆張氏。次男重茂，新婦田氏，孫男小哥、福哥。次男重進，」守獵討擊使，新婦皇氏，孫男支兒。已上並同申孝道，共處悲哀，皆洒」血以號天，悉㩮〔摧〕心而擗地。思以時風不永，歲月俄遷，是選良辰，重安宅兆，以」天福七年歲次壬寅二月十二日丙申葬於府東七里。其地東依小嶽，西倚大都，」北顧三山，南窺五聖，永為昌子榮孫之地、肥家吉族之鄉。慮□改□歲」華，遷移歷數，故刊茲石，用之為紀。銘曰：

東流逝水何時盡，西落」金烏没又生。惆悵古墳□□□，春風秋月永為隣。

晉城博物館藏石

天福〇三一　李仁福妻瀆氏墓誌

天福七年二月

【誌蓋】失

【誌文】

大晉故虢王妻吴國太夫人瀆氏墓誌銘并序

從表姪孫攝節度判官兼掌書記檢校尚」書水部員外郎賜緋魚袋毛汶撰

夫人望重華族，德光清範，稟綵裳之挺質，曜霞帔」以降神，四德咸推，六行兼著。柔明表則，温凝之婉淑難偕；仁智才能，雅順而雍容罕比。」褒頌而益慙荒斐，執毫而奚讚徽猷，粗述賢和，莫盡其美。即夫人乃故虢王之」貴室，今元戎相國之令親。景曜垂祥，月華表瑞。効葛覃之美構，二南標婦道之成；樛」木矜寬，[一]六義著子孫之盛。一自榮登高户，寵適勳墉，彩雲之五色詔書，頻來仙鳳；」万乘之重重綸旨，繼踵王臣。光列國之殊勳，益侯門之盛德，而乃榮昇國号，貴適」賢王。抱英規而舉善推能，樊妃價寝；蘊高節而揮謙純孝，鄧氏聲沉。由是

〔一〕此句疑有脱文。

碧綱攢光，紅牋」曜彩。鳳藻龍綸之寵，焜耀宗親；寶軸珠品之榮，益隆門望。比其壽齊椿桂，歲茂松」筠，何圖忽遘斯疾，針砭匪驗。膏肓之雙童據胃〔肓〕，青囊之百藥無徵，魄散煙霞，魂歸逝水。」嗚呼！疾雷秋葉，隙影風燈，嗟浮世以如流，痛人生之似夢。即去天福六年三月五日終」於府城私弟，其享也年六十。有男五人：其嗣承彝殷，節度使、檢校太尉、同平章事，英威」遠振，惠化昭彰，外遏蕃渾，内安黎庶，為國朝之柱礎，作邊垣之景星；彝謹，管内蕃漢」都指揮使、檢校司空、兼御史大夫，早負氣能，益彰武勇，飛鏃無虧於百中，臨敵克就於」捷；〔一〕隨使馬步軍都教練使、檢校尚書左僕射、兼御史大夫彝氳，武略超群，才謀特異，蘊」摧兇之茂績，抱通變之宏規；彝超，故節度使、檢校太傅、兼御史大夫；彝温，故隨使左都」押衙、檢校右僕射、兼御史大夫。女四人：長曰適李氏，見充馬步軍教練使；次適劉氏；次」適梁氏，先夫人早亡；次曰適梁氏，志願高閑，不趍官路。自鍾荼苦，俱增泣血之悲；毁質」摧形，益抱哀號之痛。今則將臨宅兆，已卜松楸。莫不霧慘長空，風悲草樹，六親傷慟，」九族心酸。即去天福七年二月　日祔葬于烏水河之北隅、端正樹之東側。汶伏念世」依勳宇，顯受煦慈，弥增仰戀之心，徒灑潸然之淚。汶叨蒙寵命，悚愴尤深，但禀」指蹤，罔避冗散，臨牋濡染，益抱淒凉。其銘曰：

貴為王室，榮陟國封。賢明罕並，」邁古超今。紫殿頒恩，皇庭降寵。寶軸金牋，帝恩殊重。三天克備，」四德彰明。謙勤奉禮，顯著嘉聲。忽縈小疢，大夜云歸。親屬慟泣，」行路哀啼。婉娩雍容，如珪之德。作程垂範，英聰之質。百行昭著，」三英罕倫。澤勻九戚，惠普六親。愛女令孫，悲悽殞咽。恨間慈顔，」終天永訣。逮下經心，惠澤不忒。舉善薦能，夫人之職。恩容漸遠，」淚積交流。將安宅兆，克赴丘墟。攀恩戀德，悲咽纏綿。鐫石鏤銘，」永記千年。悲哉！膏肓之疾遽侵，日月之符難尋。逝川之水何速，隙」駒之影忽沉。至孝哀兮殞妣，

〔一〕此句疑脱一字。

親族痛兮，〔一〕柩輅漸遠，〔二〕異香烟兮組帳空深。」八頌爰求，良時難易。棘人盈衢，雙輴將適。玄丘莫尋，辰華悽惜。」烏水河兮去渺茫，端正樹兮煙羃羃。春草緑兮怨望，春雲愁兮飄颻。」嗟幽泉兮永訣，勒貞石兮徒傷。事覩存兮陵遷谷變，名不朽兮地久」天長。

天福〇三二　吕知遇妻劉珪墓誌

天福七年五月一日

《中國藏西夏文獻》第十八册

【誌蓋】故彭城劉氏夫人墓誌

【誌文】

晉故彭城郡劉氏夫人墓誌銘并序」

鄉貢進士陳拙撰」

粤稽古昔，肇判胚腪，天法乾而地法坤，陶甄萬彙；陽稟日而陰稟月，運序四時。晝夜繇是無恒，寒」暑於焉不息。所以死生之位列，脩短之數分。至理既然，其誰可逭。逮萬斯載，咸一其悲。或乃存而有」聞，殁兮可紀，俾内則之風不泯，中和之譽克彰者，其在」夫人歟。」夫人姓劉氏，諱珪，號至真。其先出豢龍氏之苗裔，厥後遷徙汶陽，今為汶陽人也。曾祖諱光，皇」任登州黄縣令。」祖諱道，抱好尚之志，遂不仕焉。」考諱貞，皇任鄆州園林使、銀青光禄大夫、檢校國」子祭酒、兼御史中丞，妣潁川陳氏。」夫人即中丞之長女。陰精構質，坤德儲

〔一〕「痛兮」下疑有脱文。
〔二〕「柩」上疑有脱文。

休，秀異標於始孩，婉淑彰於既長。承順由其天性，靡看」趙郡之書；功容稟彼自然，匪授曹家之訓。四德聿脩，百兩宜遵。爰以簪笄之年，式納皮馬之弊〔幣〕，歸于」東平郡吕公，名知遇。公即故光牧尚書諱環之令子焉。以積德累功之基，荷其出如綸之澤，累遷至」邢洺磁等州制置榷鹽使、金紫光禄大夫、檢校尚書左僕射、兼御史大夫、上柱國。洎」夫人告虔榛栗，盡敬舅姑，非唯叶鳳凰之鳴，抑亦慶螽斯之羽。律娣姒以禮樂，令高門有穆」若之風；教子孫以詩書，俾士搢揚灼然之譽。雖桓少君之德行、蔡文姬之辨才、謝道藴之賢明、」鍾夫人之鑒識，亦不足加也。比謂壽山永固，寒栢長青，何期夢奠兩楹，疾生二豎。盡元化五禽」之術，胡獲小瘳；用景純九卷之方，弥成大漸。即以天福五年庚子歲十二月五日啓手足于萬年縣安」上街之私第，享年六十八。噫！不登上壽，遽逐逝川，違乎偕老之文，决彼終天之別。附佳城於汶水，方」且阻艱；卜吉土於秦原，靡無不利。即以七年夏五月一日窆厝於長樂原北之權，禮也。」夫人之子曰名継旻，將仕郎、前守磁州長史。黄陂度量，緒柳風姿，一鶚棲於士林，獨鶴翻於文囿。清」辭落紙，麗若春華，和氣襲人，煦如春日，誠可謂積善餘慶之所及也。女長曰蘭，適前豳州司馬」琅琊王公諱廷裕，不幸早逝；次曰芝，適前金州進奏官、銀青光禄大夫、檢校左散騎常侍，兼御史大夫、」上柱國河南祝公名翔，或守性柔和，各契桃夭之旨，或立身夷雅，皆推玉潤之名；次曰蕙，以幼慕真如，早」從披落，法號堅能，講《般若經》為業。孫兒七哥、女五哥，以其母早亡，皆」夫人親鞠之撫之，是彝是訓。長史自遘倚廬之禍，弗忘陟屺之懷，泣血迨於三年，絶漿踰於七日。孝」誠所感，梟烏為之輟巢；哀毁過常，里人為之罷社。載念欲奉盡先之敬，上醻」罔極之恩，宜敘述其芳猷，而摭揚於懿行。盍憑鴻筆，奚属鯫儒，實以拙素叨鮑叔之知，夙忝孔融」之待，遂臨鉛槧，直録見聞。銘曰：」

懿哉劉氏，淑德令名。厚坤孕秀，皓月儲精。門高汶水，郡茂彭城。眷乎家諜，具載芳聲。」爰自笄年，歸于君子。奉上以恭，使下以禮。關關雎鳩，采采芣苢。諒藴賢和，式苻詩旨。」閨閫肅肅，子孫振振。情深費祖，愛極軻親。

乃聞既長，乃見立身。慈訓之善，孰能比倫。」方享遐齡，遽縈美疢。著卜成妄，藥攻靡應。蘭敗國香，鸞孤皎鏡。傷悼之情，荀潘可並。」欲返故鄉，其如路長。乃從龜筮，權葬牛崗。松楸既樹，宅兆斯康。祐茲良胤，永保昌吉。

《陝西省考古研究院新入藏墓誌》

天福〇三三　周令武墓誌

天福七年八月九日

【誌蓋】失

【誌文】

故竭忠建策興復功臣光禄大夫檢校太傅使持節前蔡州諸軍事蔡州刺史兼御史大夫上柱國汝南郡開國伯食邑七百户周公墓誌銘并序」

前義成軍節度館驛巡官將仕郎前攝河南府巡官試秘書省校書郎張廷胤撰」

敘曰：庖羲没而神農舉，耒耜爰興；炎帝殂而軒轅生，金木由作。則冬穴夏巢之代，一變於古風；圓首方足之徒，再明」於書契。暨唐虞已降，周漢隆興，文物畢備於寰中，禮樂乃覃於域外。或有功王室，積慶私門，上則遺美簡編，用光祕閣；下則」勒名貞石，俾焕玄扃。伸自家刑國之功，叶資父事君之道，冀存不朽，其在此乎。」公諱令武，字允和，涿州范陽人也。本姓姬周之裔，曾祖諱　，高尚不仕。祖諱詢，高尚不仕。考諱佺，職至幽州節度押衙、盧臺」軍使，贈檢校尚書左僕射。母清河張氏，追封清河郡太夫人。公家世北居燕甸，烈考歷職薊門，古先以開國承榮，後胤乃因」封命氏，皆祖枝傍茂，姓派遠流。襲慶魯公，代濟匡扶之業；分榮漢相，世符締之勳。〔一〕

〔一〕「締」下疑脱一字。

此則略而書之，不可偹而載也。公早抱雄」圖，壯明奇策，勇槩悉由於天受，威□不假於神傳。然有志四方，罷掃一室，遂策名戎府，建軄藩維。前唐天祐初，劉氏之王燕」邦也，公雅尚韜鈐，素明術略，書釰克光於祖德，弓箕不墜於家聲，竟署軄盧龍，分管士仵。昭王替國，樂君終別於燕臺；項羽」失圖，韓信須歸於漢主。時唐莊帝居三晉也，將謀復宇，整切用軍，覩公有孫吴之才，委公領爪牙□任，詎勞階級，唯務」得人。尋署河東押衙、右鐵林厢指揮使，超授金紫光禄大夫、檢校尚書右僕射，兼御史大夫、上柱國。公即竭力為臣，奮心事主，當」刱業開基之際，著南征北討之功。戰伐既多，位匪虚受，俄又轉右鐵林都指揮使、檢校尚書左僕射。攀龍鱗而附鳳翼，許仲康釰」氣凌空；訓虎旅以練熊師，曹景宗弓聲徹漢。夷袄戡難，動合機鈐。同光元年冬，梁運才終，唐祚初啓，掃欃槍而寰宇無事，混」車書而華夏畢同，玉律資和於舜朝，金鏡重明於漢道。莊帝以公勤勞王室，左右皇家，經綸八極以□心，濟活兆人而合德。顧南」陽之耿鄧，錫号旌功；酬西漢之韓彭，進官表績。授協謀定乱匡佐功臣、檢校司空，餘如故。仍領禁軍，未離扈蹕。黄石公素書」在目，每作箴規；田穰苴兵法居心，常為模楷。迩後莊皇晏駕，明帝承祧，念沛中之□人，罷分七萃；捧」堯庭之新命，出擁一麾。天成元年，除蔚州刺史。地控邊陲，境聯蕃籍，妙得和戎之策，深明撫士之方。下車日新，布政斯遠。天成」二年，改賜竭忠建策興復功臣、檢校司徒，除復州刺史，仍封汝南郡開國男，食邑三百户。改号疏封，歲月頻加於茂績；列官任土，夙宵」思報於皇恩。公化俗誠堅，治民志切，教去華而務實，勸賣劒以買牛，刑政交施，風聲愈振。長興元年中，有詔指公罷朝」象闕，就綰魚符，轉檢校太保、宿州刺史、兼本州團練使。泗水連封，臨淮接境，是人物殷繁之處，乃舟車畢會之鄉。公上副」□條，下蘇凋瘵，民即謌於襦袴，吏絶犯於絲毫，舒慘數年，風俗一變。解印赴闕，止未踰時，又捧明恩，別分」□寄。應順元祀，除絳州刺史。清泰元年，進封開國子，加食邑二百户。郡處六雄，位光五馬，盗賊去而十縣豊泰，暴虎渡而千里乂」□。邵伯棠陰，又繼當時之善政；孟嘗珠浦，復傳今日之清名。

天福元年，主上之登極也，寰海息肩，方隅絶警，是崇德報功」□□，乃頒綸出綍之秋，念公久有勳庸，又除博州刺史。公將辞輦轂，即邸襜帷，旋降制書，俾統禁衛，改除右神武統」軍。秉象笏於金殿，密迩龍顔；樹牙旗於御營，不離鳳闕。當歲，轉左神武統軍。天福二年，有勑於新澶州」截牽牛之渚，建杜預之橋，不日而成，自公之力也。主上嘉茲勤効，特示獎酬，轉檢校太傅，進封開國伯，加食邑二百户。天福」三年，自統軍出除蔡州刺史。桑中可詠，所歷俱同；陌上成陰，与往無異。在任日，屬疊生安陸，事起師戎，唯此汝陽，實當衝要，黑矟」与彤弓並進，戰車兼駉騎交馳。送去迎來，不失勤劬之節；輸忠納款，弥堅愛戴之情。仍充彼軍儲，給兹賑廪，部下不勞於撓督，軍」前已覆於逆城。賴公悉力傾心，多方設法，凡資國計，盡出家財。尋罷郡朝天，獻功就列，」主上知其忠盡，諭而久之。天福六年秋，九有來王，八表通賮，鑾輿省方鄴下，委公巡警梁園。常輟寢以廢飡，但忘家而憂國。未經」周歲，詔至闕庭，馬伏波之功庸，寧稽拜將；班仲宣之志操，祇待封侯。無何，夢遘兩楹，疊生二豎，忽違耄歲，奄謝」□時。即以天福七年壬寅歲五月十四日薨於東都私弟，享年六十九。今龜筮叶從，良日有卜，便取其年八月九日遷神櫬葬於西」京河南縣平洛鄉朱楊村，從吉兆也。渤海郡夫人高氏，閨儀有則，母道克彰，桓少君之重夫，良可比也；顧子通之敬婦，實亦宜然。罔違」前哲之謀猷，雅契古人之糟粕。公有男五人：長曰霸崇，故充殿直，先公而殞，綿歷年祀；霸明，見充殿直；霸欽，前蔡州衙内都指揮使；霸」能，前山南東道觀察支使；霸饒，前蔡州別駕。皆禀義方，盡明詩禮，倣陳寔之子，例號三君；同鄧禹之男，各習一藝。有女六人：長適」武都符氏；次適莊帝皇子，亦先公而亡；在室女妹妹、不弱兒、不羡兒、蔡娘子等，言行諧和，舉止貞順，潔白禀閨房之」秀，清明資林下之風，並著和柔，能遵家法。嗚呼！公五轉兵權，六提郡印，事累朝而險夷備歷，挺一心而終始不渝。名位」益崇，階爵尤峻，被寵渥數代，非温暖一身。長男頃列於朝行，次女早通於戚里。殊勳茂績，實顯赫於鄉閭；」遺事故風，更輝華於耆舊。標儀雖泯，刊勒具存。廷胤文墨小儒，簪裾後進。師涓坐上，徒矜濮上之音；夫子門

前，難問斐然」之作。盖以謳吟肆業，敢將紀頌為辭，聊述芳馨，謹為銘曰：」偉矣明公，周王之裔。英賢代生，祖宗翊世。志在韜鈐，心通書計。有則有儀，多才多藝。其一。」早領貔貅，夙攀鱗翼。忠勤素稱，夷險偹歷。功振天庭，名宣砂磧。歲寒自凋，終始無易。其二。」繼捧皇恩，疊分符竹。貴而且德，滿而不覆。衿暖疲民，暄生寒谷。美哉史書，其善可録。其三。」八覲龍樓，常司虎旅。訓齊軍門，綱紀戎府。秀拔神情，汪洋氣宇。事留旂裳，績著衛羽。其四。」官列星辰，位尊保傅。方當盛時，俄殞泉路。令問長存，姿容漸故。聖皇聞之，噫与賵賻。其五。」嗣子哀號，□埏□□。□光已銷，草木微落。賓鴈□□，秋風索索。葬□伊何，郊隧魂□。其六。

《洛陽出土歷代墓誌輯繩》

天福〇三四　張進墓誌

天福七年八月九日

【誌蓋】故清河郡府君墓誌銘

【誌文】

故金紫光禄大夫檢校司徒行耀州團練使兼御史大夫上柱國清河郡張公墓誌銘并序」

鄉貢進士王虚中撰

前復州司馬馬令圖奉命書」

若夫運兵鈐克扶于上者，功歸佐命；提郡印不矜其下者，名冠頒條。是知衛霍之才，天鍾於」□緯；龔黄之政，化洽於謌謡。彼之則互有嘉聲，此之則咸標懿績，殊勳盛烈，孰得兼歟，即」太守清河公之謂矣。公諱進，其先清河人，以漢相留侯為祖，遂遷陳州南頓縣人也。」曾祖諱璉，祖諱麟，烈考諱崇遠，皆不仕。公自居稚齒，志在四方，及

長弱齡，神資七縱，舉巨」翼於丹霄之上，構宏材於大厦之間。仍值歲換廣明，疊生酆鎬，猰㺄摩牙於龍闕，翠華避狄」於龜城。而惑兆庶倒懸，九圍紛擾，兩曜之氛埋璧彩，四郊之霧集兵車。時梁祖講武藩維，」專征閫外。公方懷梟勇，果遂壯圖，尋屬櫜鞬，得參軍旅。而又亟經戰伐，益著功庸，東殲徐」鄆之魁渠，南殄荆襄之群惡。及收河朔，大下燕山，咸推斬馘之能，屢陟軍階之級，此略而不」盡書也。洎天猒有德，政歸大梁，爰命中涓，特縻好爵，寵錫銀章之綬，榮霑騎省之資。疊歷周」星，又頒殷誥。開平四年，轉左崇武弟二都頭。至乾化二年，加右平敵指揮使，又加左懷順轉」十內衙。專以夾馬之雄，冠以控鶴之位，不離數任，皆董鋭師。至龍德二年，授右廣勝軍使。未」幾，改左右雄威都指揮使，賞用命也。暨市朝將變，天道多艱，素靈夜泣於軹塗，碧落光瑤於」伏鱉。時河圖灊出，土德肇興，莊皇乃握乾符，開湯網，鏡清華夏，澤霈舊臣。且百里奚間」虞事秦，徒稱多智；陳曲逆亡楚投漢，别有歸心。依前舊職。仍值宫車晏駕，先帝受終，」明宗纂堯禹以承基，應天人而改卜，將臨寓宇，溥降蓼蕭，言念忠良，出宣符竹。天成初，授洺」州團練使。蒸黎凋弊，仰惠化以來蘇；庶草蕃蕪，非德風而不偃。後昇揆路，兼佩金章，尋隆伯」禹之班，不易六條之郡。秩滿，轉鄭州防禦使。優游列岳，备著聲華，履歷數朝，尚淹飛翥，特假」封功之号，别崇五教之尊。罷守隼旗，入司環衛，遷左衛大將軍。上以汧隴居邊，羌戎密迩，」欲委控臨之用，須求經略之才，暫輟拱宸，代勞禦寇，領隴州防禦使，又移授耀州團練使。長」興四年，夏臺作梗，命公為西面行營都虞候。到經月踰，病遘膏上；未遑解印，遽迫藏舟。於」長興四年五月十七日薨于寨所，享年六十五，是窆于圃田。公凡三娶，前婚李氏，次婚楊氏，」先公即世，後婚尚氏。石窌開封，瑶琴合韻。高梧擢翠，昔悲半落之名；逝水奔流，今注同歸□」路。於大晉天福七年八月九日改葬于洛京洛陽縣三川鄉上官村，合祔歸新塋，禮也。左帶」伊流，東瞻緱嶺，斯為吉地，果叶佳城。有女四人：長適李氏，次適華氏，」一則幼辭人代，一則早」悟佛乘。嗣子惟岳，殿直、銀青光禄大夫、檢校右散騎常侍、兼御史大夫。情鍾過隙，嘗懷負米之」心；至瑑他山，以顯揚名之孝。

新婦馬氏，著宜家之譽，德偹周詩；修敬夫之儀，名標良史。虛中」才非紀述，學謝討論，謬書無媿之詞，勉副由衷之請。庶使陵移高岸，長存不朽之蹤；代謝四」時，永頌太丘之美。謹為銘曰：

昔在軒皇，下啓于張。允文允武，輔夏戴商。」根深蒂固，派遠源長。惟公挺生，繼族傳芳。爰從筮仕，便屬蒼黄。弓開繁弱，」劍佩干將。亟經戰陣，累佐明王。入衛環列，出守四方。馬期逐日，材忽壞梁。」系曰：

代逢晉兮運之新，月臨酉兮歲直寅。金風動兮鴈來賓，時既利兮會良辰。」牛崗與馬鬣兮，叶吉以□㳷。」

東自至，南自至，西至石，北至雍。地主衛存。

私人藏拓

天福〇三五　毛汶墓誌

天福七年九月九日

【誌蓋】滎陽郡毛公墓誌之銘

【誌文】

大晉故定難軍攝節度判官兼掌書記朝議郎檢校尚書水部員外郎兼侍御史柱國賜緋魚袋滎陽毛公墓誌銘并序」

押衙兼觀察孔目官銀青光禄大夫檢校户部尚書兼御史大夫上柱國牛渥撰」

公諱汶，字延泳。家居鞏洛，族本王京，派盛苗豐，昇朝顯貴。而况桂枝皓簡，皆聯於鴈序鵷行；彩」筆金章，盡佐於元戎相國。久參夏府，兩世光暉。曾祖瑩，皇任朝散大夫、檢校秘書少監、兼」御史大夫、上柱國、賜緋魚袋，妣高氏。祖貞遠，皇任儒林郎、守京兆府萬年縣令、柱國、緋魚」袋，妣崔氏。父崇厚，皇任定難軍節度觀察判官兼掌書記、朝請大夫、檢校左散騎常」侍、兼御史大夫、上柱國、賜紫金魚袋，妣巨氏。公即先常侍之愛子也，家傳儒雅，代」繼簪裾，承貴胤之芳榮，顯華軒之令望，冰霜潔己，松韻操身。早登虎幄之門，」聲揚外閫；不

滯鵬搏之勢，美播丹霄。公始自乾化元年，故號國王覩兹直氣，」委贊巡屬，職倅雕陰，官及評事。累易寒暄之節，俻觀明敏之才，暫歇郡城，來親」府塀。至貞明三年，先王署攝當府節度推官，方拘賓幕，深達理道，斷决昭然。職分之」餘，硯席兼著，逈超流輩，不墜家風。於長興二年，又遷花幕，改轉階銜，辟命迎筵，請知牋」管。朱衣銀印，皆自於侯伯敷揚；粉署華資，盡沐於天波帝誥。官崇上佐，貴列」夏臺，繇是筆亞陳琳，言欺子貢。英通巧智，嘲吟之士子何偕；章檄詞能，吏理之賓寮」罕比。以斯賢彦，孰可齊焉。清泰三年，即今府主初紹洪勳，榮聯河岳，又伸迎揖，請判」軍戎。雖訓練之機繁，兼掌檄之無曠。匡持大府，數十載之筆陣文鋒；翊輔」王門，幾千般之干天頌闕。因傳聲價，遂顯高名。不幸偶此違和，遽縈小疚，」奇方莫驗，良藥何痊。俄奄謝以歸泉，人寰是弃；忽終天之墜世，隟影難留。慭以哲人，」嗟兮薄壽。於天福七年七月十四日卒于府之私弟，其享也五十有二矣。我元戎聞斯」殂歿，悲悼流啼，輟軍務繁機，衣素服令式。娶清河張氏，先公早亡。嗣子二人，」長曰文贍，次曰文璨。方及束髮，俱在庠門，泣血號天，絕漿叩地。哀摧骨肉，恨聚會」以無由；痛迫親姻，感追思之戀德。以其年九月九日俻葬于朔方縣崇信鄉綏德」里峻陵原之禮也。時乃風高葉墜，霜勁蘭彫，窮秋生慘淡之光，苦霧結颼飅之」色。渥素熟公業，久視强能，命以微才，紀斯盛事。其銘曰：」

家傳令望，世紹簪纓。皆為傑俊，盡播芳名。生居洛汭，族茂連臺。華資貴胤，咸歎奇哉。」始佐魚符，重參虎帳。落落宏詞，澄澄偉量。匡持大府，翊輔旌旃。文同賈馬，行比曾顔。」粉署為郎，朱衣焕爛。薦自鈞恩，榮承天眷。偶縈衰運，巨至違和。針毉寡驗，忽措沉痾。」大夜忙呑，神靈滉飀。哲士淪亡，人兮慘愴。可嘆浮生，流如舉瞬。石火難停，風燈易泯。」冪冪煙霞，哀哀薤露。訣別容光，何因再遇。緬以年深，陵傾阜改。勒石標文，千春萬載。」

押衙楊從溥書

都料娥景稠鐫

天福〇三六　任景述墓誌

天福七年十月二十二日

【誌蓋】大晉故西河任公墓誌

【誌文】

有晉故兵部尚書西河任公墓誌銘并序」

前攝秦州清水縣主簿將仕郎試太常寺協律郎任珪撰并書」

嗚呼！公姓任氏，諱景述，字美宣。其先出軒轅皇帝之胤裔也，始建侯于任城，因地而命氏。子孫牧于」汾州，望在西河，厥後徙居京兆，今為京兆人也。本枝継盛，棠推水薤之名；厥胤弥昌，昉著文章之稱。」代揚其美，史不絕書。曾諱　，祖諱　，考諱存閏。公器局深沉，識度弘遠，幼稟義方之訓，長有」老成之風。非禮勿言，作事可則，心筭乃窮微盡數，福輿則抱智懷仁。生知公才，天与直氣，不以勞神」苦思為發身具，終以資忠履信為筮仕基。落落然，真構厦之材；鬱鬱然，無息肩之地。奇才未展，恨依」繞何枝；孝道純深，乃仕不擇禄。遂委質公室，就列虎門。晉昌節使彭城掌武察其言，觀其行，置之」肘腋，付以簿書，期自下以昇高，乃潔道而晦跡。厥後康相國莅政，委公依然。掌繁揔之司，上下」無怨；聯行綴之内，容止可觀。抑又清河少師奉詔梁朝，保釐咸鎬，從其長而捨其短，器其度而」善其才，乃任以腹心，冠之左右。擢公為留守都孔目官兼管步奏將，仍奏授銀青光禄大夫、檢校」左散騎常侍，兼御史大夫、上柱國。洎客省清河太保權留守事，公悉心罄慮，日有所陳；極力盡」忠，言無虛發。留守仰其明敏，重以强能，乃奏授教練使，遷工部尚書。未朞，又奏授右廂馬步使，遷」刑部尚書。務在警巡，職司刑憲，剖鷄定詐，不愧前脩；鞭絲辨疑，每有先見。俄遷授右都押衙。值兩蜀」構逆，大國興師，大晉先皇帝邸下龍潛，臣於王室，奉辝伐罪，拜將登壇，移玉帳之籌，進金牛之」路。公轉粟流輸，弘

濟艱難，衆議舉行，軍儲不爽。及還公室，尋獲奏章，遷判都莊宅營田、三白渠河」院事。府庭之務，不亦重乎；職任之權，斯為美矣。決渠降雨，不愆農事之期；棲畝餘粮，無爽公田之盛。」值甲午歲，國朝多事，軍府危疑，相國王以征伐不迴，司局以首領多闕。兩衙袖職，莫得其人；左」右轄司，悉虛其位。公訥言敏事，在邦必聞，留守乃委以兼左右都押衙、左右厢馬步使，遷刑部」尚書。舉領提綱，赳赳於牙旗之下；片言折獄，明明於侯府之中。才了〔子〕十人，雖聞舊史；權兼七務，罕擬」當仁。居藩屏之中，實於斯為盛。公深才偉量，高槩不群，素有高門大宅之志，然而事親盡節，能」捨榮取義，其在公歟。洎禮畢送終，志常隱約，嘗謂執友曰：大丈夫仕不及二千石，安能老之將至，」碌碌而但循堦乎？自兹宦路灰心，軍門滅志，非雲霞不足以結賞，非山澤不足以論交，遂累貢讓辭，」懇謀休解。元戎藉其英毅，壯彼軍容，闕有所須，進無不補。雖餘事獲允，而極職難辭，又任左都押」衙。更經數載，遷兵部尚書，階勳如故。當膽壯心雄，已思靜退，及齒危髮秀，倍猒駈馳，既獲替人，因而」斂跡。雖陶先生之解印，不乏田園；痛馮子敬之白頭，竟為郎署。天福七年龍集壬寅寢疾，八月一日」啓手足于私第，享年五十有九。娶太原王氏，婉娩承家，肅雍垂範，内外仰謙和之德，始終恢令淑之」名。輕謝道韞之雪詩，未盡善也；踵張茂先之女誡，生而知之。有子一人，曰繼崇，風神秀拔，器度恢弘。」空谷白駒，不足方其駿；九皋鳴鶴，不足擬其聲。曾任西頭供奉官，曉踏螭頭，平視煙霄之路；朝親」鳳扆，躬承日月之光。雖家風不墜於箕裘，而人事難踰於否泰。娶扶風馬氏，婦容令德，金瑩玉貞，婉」然林下之風，卓尔閨中之秀。有女五人：長曰增嬌，次曰添嬌，次曰千嬌，次曰勝嬌，次曰小勝。或長而」及笄，或幼而在繦，藹然淑質，以綽有遺妍。嗟乎！賢不賢，性也；遇不遇，命也。夭遂之事同期，脩短之數分」定，人生到此，天何言哉。即以其年十月二十二日葬于京兆府長安縣義陽鄉小郭村，禮也。嗣子繼」崇窮咽倚廬，號咷滅性，慮以遷其陵谷，懼以泯其聲塵，遂命以抽毫，俾紀之茂實。珪叨聯宗派，偹熟」徽猷，結氣銜悲，跪為銘曰：」

軒后垂裔，建侯于任。因封錫氏，自古迄今。枝分脉散，蒂固根深。德惟善政，文耀詞林。」代有其人，芳不絶史。公之禎祥，孝之終始。懷土事親，捨彼取此。進不擇禄，仕惟鄉里。」歷職侯府，授秩宰庭。八座循陟，七務權并。成人之美，惟德是馨。保兹延譽，退養遐齡。」俄因膏肓，啓乎手足。蟬蜕何恨，牛崗叶卜。子孫泣血，丘壠埋玉。積善餘慶，世膺多福。

《風引薤歌：陝西歷史博物館藏墓誌萃編》

天福〇三七　高君妻王氏墓誌

天福七年十一月四日

【誌蓋】瑯瑘縣君

【誌文】

□晉竭忠建策興復功臣銀青光禄大夫檢校司徒使持節開州諸軍事守開州刺史渤海高公夫人瑯瑘」郡縣君王氏墓誌銘并序

夫人乃瑯瑘之大族，祖祢因官徙家北門，今為延安人也。乃周太子」之苗裔、秦將軍之源流，或以體皃堂堂，入漢家之廊廟；或以風神穆穆，掌晉室之鈞衡。文章則四」子馳名，貴盛則五侯出郡，若兹華族，詎可殫論。曾祖諱　，皇任衛國軍右都押衙、檢校司空。王父諱」懷遷，皇任衛國軍左都押衙、檢校司空，累贈太尉。烈考諱思殷，皇任虢、惪州刺史、檢校司徒。或聲氣如鍾，」或鬚髯似戟，振驍雄於鴈塞，遺軌範於侯藩。乃父則時屬梁太祖大啓霸圖，廣羅英物，属鞬麾下，請命」轅門。自黑槊以知名，運長矛而入敵，屢彰殊績，頻命剖符。陷陣摧堅，已播開張之勇；觀民設教，復徇廉范之能。」既懷慶善之心，果誕優柔之女，夫人即先司徒之愛女也。生而聰惠，長而淳和，抱澗中挺秀之姿，有雪後不凋之」操，藹然四德，彰乎九宗。年十三，渤海公以健羨名家，欽崇

淑質，畢俻委禽之禮，精行奠鴈之儀。爰」自親迎，及於廟見，舅姑皆忻於授室，鄉閭盡賀於宜家。渤海公即故雕陰之帥一毛、〔一〕延安王之猶」子。枝分於炎帝，脉散於太公。洎秦漢已來，梁隋之後，朝万方者，有時亦有；佐一人者，無世不無，筭此華宗，本難」徵引。先侍中之鎮北門也，是梁國受禪，晉水起兵，九州之戈戟連天，四海之烟塵匝地。自河中寇我，」命公統戎，大開鄜畤之疆，屢破蒲津之衆，以功奏授禧州刺史。碧油紅旆，已羅乃祖之門前；皂盖朱輪，又」列嚴君之部内，淳風大扇，赤子皆殷。屬後唐莊宗皇帝詔命儲君，揔領諸將，徵兵華夏，薄伐金」方。命公部領鄜延兩道兵馬同赴劍門，既覆梟巢，却歸鳳闕。尋除渠州刺史，未終三載，已洽一方。」其如明主之徵黄，虚謙蒼生之挽鄧。改授梁州刺史，仍加竭忠建策功臣。六條布扇，万井穆清，在」官而不受饋魚，歸闕而潛令留犢。授開州刺史，方服惠化，未及浹旬，便值西川節度使孟知祥」瞰二江三峽之波濤，恃九折七盤之巇崿，大駈甲兵，來取郡城。天王振旅以未遑，渠帥攻圍之轉急，既」殫兵力，遂陷賊庭。兩頭之消息不通，十載之危亡莫測，聖主雖嘉於忠節，私門難遏其悲心。夫人」以公迴自成都，遂封石窌，著先妍之繡服，駕軿軋之魚軒。嗟夫！壽也難躋，德兮空盛，未盈知命，」已夢涉洹。徒勞扁鵲之醫，不起晉侯之疾，以大晉天福七年終於延安之私弟，享年四十有六。即」以其年冬十有一月歸葬于延州膚施縣三交鄉盤龍里祖陵之側，礼也。儉無逼下，奢不傷生，」滿野鄉人，執紼者兼隣五十；四方會事，送葬者何啻十旬。秋風颯颯以添悲，流水嗚嗚而似咽。有子四人：」長曰紹鑾，次曰紹嵩，未盈壯室，欻歎逝川；次曰紹廣，次曰紹綸，皆驥子龍駒，龜文鳳質。元昆以往尋」慈父，直造錦江；仲弟以雅有奇才，曾栖玉帳。猶以空苞純孝，未展怒飛，方求井裏之魚，滿袖江南之橘，」未報劬勞之力，俄鍾風樹之悲。於戲！夫人始自御輪，逮於屬纊，婦節而深堪比玉，夫賢而不假讓金，四隣」皆羨於齊眉，九

〔一〕「雕陰之帥」疑爲「雕陰帥之」之訛。

族不聞其反目。暨渤海公西川出守，十載未歸，用嚴肅以御家，以猜嫌而約己，奉」姑以恭敬，教子以義方。直饒孟母之賢，曹家之法，校之懿德，彼有腆顏。深虞日月推移，山河改變，恐馨」香之墜也，命濡染以紀之。謹為銘曰：

粵有大姓，出自宗周。秦朝將相，江左風流。時分茅土，」代襲弓裘。果生淑女，歸我通侯。其一。百兩陳庭，三星在户。方寸恬和，性靈廉素。舅姑鍾愛，」宗親景慕。玉映冰清，規行矩步。其二。夫憑熊軾，婦駕魚軒。政事簡要，歌詠喧繁。開江剖竹，惠養黎元。令行數日，」人已懷恩。其三。賊臣舉兵，攻我速甚。王師未來，邊城遂覆。佳聓不還，閨門摶肅。霜後見松，火中知玉。其四。脩短有數，」□智難逃。誕生孽子，真得鳳毛。雲霄程遠，鄉曲琴高。絶漿攀慕，嘔血哀號。其五。兆契牛眠，祥符龍耳。奢異傷生，」□乎天礼。颯颯悲風，嗚嗚流水。勒石紀之，後天不已。其六。

天福七年歲次壬寅十一月辛巳朔四日甲申記

《延安古代紀聞》

天福〇三八　吴藹妻李氏墓誌

天福七年十一月二十五日

【誌蓋】大晉故隴西郡李夫人墓誌銘

【誌文】

晉故隴西李氏夫人墓誌銘并序」

文林郎前□河南府長水縣主簿崔禹文撰」

夫軒裳貴胄，禮樂清門，不有令人，孰彰厥德。夫人隴西李氏，家傳族望，世襲文儒，」或嘗列班行，[或]情高物外，源流寖遠，不復具載輝榮。曾祖延叟，皇任尚書屯田郎中。祖」約，皇不仕。父□□，前左金吾衛長史。夫

人即長史之女也，挺生柔順，早著賢能，婉娩」令儀，工容雅度，奉上以敬，撫幼以慈。玉樹庭前，比興無慙於賦雪；青綾障下，討論必解」於義圍。言叶典經，動依禮教，唯以温恭接物，不將才地□□。□□□珠，宛然至寶；卿雲」甘露，別是殊祥。爰自笄年，適聘賢彥。故工部尚書、贈左僕射吴公諱藹，字秀川，昔」仕梁室，荐歷周行，早以鴻名，尋昇顯列。聯綿省閣，□極搢紳，事雖振於簡編，位未登於」宰輔，奄辭昭代，遽隔明時。以至中外吁嗟，文武嘆詠，苟非□行，詎□嘉聲者歟。」公情深偕老，志在和鳴，何期鶴筭不終，鸞鏡云缺。夫人□居孀□，□播清風。梧桐半」枯，徒有哀摧之恨；蘭蓀不改，終全芬馥之名。理内有方，貞節□□。孟□擇鄰之志，俾在」親仁；陶家截髮之傷，無妨接士，盖庭闈之訓誨也。有子二人：長曰昭□，任御史臺主簿；」次子盧八，方居稚齒，遽逐逝波。將慶德門，無先令嗣。唯臺簿侍御□蔭承榮，琢磨有」立，時稱驥足，咸曰鳳毛。頃自千牛倫身，授秘書省正字，次任畿邑，復拜憲臺。鴻將漸陸」之程，鵬俟摩霄之勢，比榮綵服，永養慈顔。於戲！風樹難停，隙駟不返，俄鍾艱疊，莫報」劬勞。夫人以天福七年二月六日寢疾終于洛京永泰里之私第，享年四十有五。」時侍御方隨鑾輅，偶在雀臺，請□歸京，躬侍藥餌。景公遇病，已在膏肓；□子發哀，」徒傷肝腦。痛深泣血，殆至絶漿，毁不自勝，杖而後起。卜陶公之吉地，得滕氏之佳城，既」定遠期，將安幽穸。晉天福七年歲次壬寅十一月辛巳朔二十五日乙巳歸葬於河南」縣清豐鄉杜澤村之塋，禮也。詞慙淺陋，學謝該通，幸契階緣，猥蒙請託，直書方誌，用紀」塋丘，輒抒銘曰：」

玉在璞兮，其色含章。珠在川兮，其媚騰光。蘊兹苻彩，惟人是方。」厥有賢德，挺生明時。蕣華禀韻，桃李呈姿。祥鸞應瑞，威鳳標奇。」月皃花容，何彼穠矣。熛灼才行，輝焕軒裳。芬馥之望，孰可比量。」難期寢疾，遘此禍殃。前旌指路，窆以高墹。千齡万代，惟蕃惟昌。

天福〇三九　張朗墓誌

天福八年正月六日

【誌蓋】失

【誌文】

晉故慶州刺史光禄大夫檢[校]太傅兼御史大夫上柱國清河縣開國男食邑三百户張公墓誌銘并序」

門吏前攝慶州軍事衙推將仕郎試大理評事丁拙撰并書」

公諱朗，字德明。清河郡人也，近世徙家於徐，又曰彭城人也。曾祖諱巒，贈工部尚書；曾祖妣扶風郡馬氏。祖諱幹，贈檢校户部尚書；」祖妣南安郡單氏。先考諱楚，贈檢校尚書右僕射；先妣天水郡莊氏，追封太君。張氏之先，即漢安昌侯之」胤也。洎醴泉分派，芝蔓傳芳，或麟角稱奇，或龍頭顯貴，克隆禄位，互列徽章。而況望孤高，門風清雅，迄于當代，」繼踵尤多。」公即右僕射之第三子也，生而有異，長乃多奇，習玄女之沉機，得黄公之妙略。由是釰埋豊壤，氣高貫於斗牛；璧産荆岑，光」遠凝於霞彩。公以晨昏道切，敬愛心專。有臨渭之基，且非釣」國；居卧龍之藪，全異邀名。遠近播以徽猷，鄉黨重其高潔。乾化年中，朝庭知公忠宜佐」國，孝有傳家，遽下詔書，遐頒星使。初授徐州蕭縣鎮遏使，次遷徐宿海等三州遊奕使，遽遷衙隊都頭，再遷曹州」馬步軍都指揮使。迩後或□□紫禁，或出佐雄藩，雨露方濃，官資屢改。龍德中，属以衛州作梗，」宵旰增憂，於是大展戈矛，命公討罰。公揮戈賈勇，奮釰請行，纔運長謀，俄觀陷壘。捷書方奏，」皇澤已臨，未解兵符，兼提郡印，尋授衛州刺史。旋属」莊宗皇帝龍興晉水，鳳翥洛郊，始自本州，遽朝」天闕。同光初，再授衛州刺史。迩後以王師破蜀，儲貳登壇，詔授行營先鋒橋道使。俄以金牛剖剋，司馬公自」□動高；畫皷聲□，淮陰侯因兹名振。既而雲棧煙斂，錦水波澄，」□□□□□□之新命，初授蜀□□縣制置使，遽遷興州刺史。後属」明宗皇帝

□□□宇，應□開基，□別龜城，來朝鳳闕，初授□州刺史，次授龍虎大將軍，次遷登州刺史。清泰年中，」朝庭以□□方□□□□□興戎壘■」■公□□激憤，驚□增感，衛□□□□堰，李陵以之破虜，蟾蛛未滿□」■三□□□迴心共□尊於百□。次兼北面步軍都指揮使，桑乾河畔，□」□□□，□口山前，高張大旆。遇胡兵之□□□□□□□□，□□齊馹，烏鳶已殄，熊□既舉，豺豕爭奔，自此一掃狼煙，□清鴈」□。次授代州刺史、兼蕃漢馬步軍□□候。次屬」大行皇帝應天受禪，□□□基■貝州□□使□□左羽林□□□□」天福四年十二月十三日，遷□□州刺史，□□也。■」公以□□六月□□寢疾千里■」天俄■。以天福□年三月■」■七十有四。先□隴西□李氏□□，夫人四德有□，五□□□，化■」□□□百□不一而□是禮外■而官■門■」□□之□豈才□□□□行高習弓裘■」人一人■」萊子斑衣，爰□五■域□奉藏■虧於■一人□□□□□」□□里朝■」■一人■一人■尹氏，前蔚州刺史。一人出適吳氏，一人出適□氏，鄜州□」■君子□□哲人。親孫□人光義，□□□□。親孫女二人：□哥、□哥，皆□」■迤□，卜天福八年歲在癸卯正月六日葬於伊闕縣□□□川村，遷李氏亡夫人」川■」■作□□□著在前史，□□刊誌鐫碑，傳乎後代。苟非■香■」■門□□□旆而承寵，栖大廈以增慚，斬衣未効於捐軀，挽輅俄悲於失□。■」■不及□，折寸木以量天；罔窮綿□，□秦甌而酌海。寧度渺溟，聊抉斐詞。謹為銘曰：」

□□□□，□□□□。聖主賢臣，春蘭秋菊。公□□□，□及□□。名□□□，」□□□□。□□□□，位登玉□。民□昭蘇，事無淹抑。慘舒既在，生死長存。」□□□□，□□□□。魄逐逝波，魂遊岱岳。追想高風，天涯地角。

《東都冢墓遺文》

北京大學圖書館藏拓

天福〇四〇　蔡君及妻周氏墓誌

天福八年正月十一日

【誌蓋】失

【誌文】

晉故銀青光祿大夫太子左庶子致仕上柱國濟陽蔡府君墓誌并序」

前六軍推官鄉貢進士李匡堯撰」

府君諱■，京兆人也。昭義節度掌書記振，大王父也。清河張氏夫人，」曾祖母也。□州沁水縣令虛舟，王父也。清河張氏夫人，祖母也。尚書工部郎中，」烈考也。博陵□氏太君，先妣也。公由明經及弟，三禮登科。牓下，除授慈州呂香」縣令。次任絳州太平縣令，□□年，良留三年。次任絳州曲沃縣令。唐乾化三年」末，授華州華陰縣令。公又河中府冀王請攝鄭縣令，又攝河中府永樂縣令。後」除晉州録事參軍，在任三年，良留三年。次除國子《毛詩》博士。天成三年，恩賜朱」紱銀魚，宣□充寧江軍節度使西方鄴旌節官告國信使。天成三年，差」□崇元殿□莊宗皇帝寶册，加朝散大夫階。兼守太常博士，加朝議大」夫階。長興二年，集賢相公李愚請考試進士九經、五經、明經，除國子司業、檢校」尚書金部郎中，加中大夫階，次加太中大夫階。清泰元年，檢校尚書駕部郎中，」加通議大夫階，宣差册鳳翔節度使李從曮為西平王禮衣冠劒使、都」管押鹵簿儀仗使。長興三年五月，奏待制，請於國子監雕刻九經書印板，仍」宣天下，永為楷模，以定妍醜。天福四年致仕，除授銀青光大夫、〔一〕太子左庶子致」仕、上柱國。公先娶周氏、張氏二夫人，並淑令德，各抱志貞，周氏

〔一〕「光」下疑脱「禄」字。

夫人先公而歿。」有二子：長子仁□，明經登第，初任絳州曲沃縣主簿，次任昭義長子縣主簿，次」任河南府□寧縣主簿，次任大理評事，次任陝州平陸縣令，在任終之。次子明」濟，齋郎出身，初任同州司户參軍，次任河南府告城縣主簿。公以天福七年十」月十五日寢疾薨于東都綏福里第，卜明年正月十一日歸葬於新安縣龍澗」鄉王村里」府君之塋也，以周氏夫人合祔焉。公以文行忠信，立身立事，平生多矣。布衣歷」官，朱紱昇朝，自將仕郎階，至銀青光禄大夫、太子左庶子、上柱國勳焉。事」十二朝之」聖主，歷五十年中宦名，□哉良哉。匡堯與公之分最熟，久要早期，想□」手於混明，念追游於長樂。是以實録銘□，以□超群。銘曰：」白楊蕭蕭兮悲風起，落日暝暝兮寒雲□。東北邙兮西熊耳，年之吉□」月之利，地久天長，千秋万歲。嗚呼！蔡府君永□佳城於此。

《隋唐五代墓誌匯編·北京大學卷》

《東都冢墓遺文》

天福〇四一　何德璘墓誌

天福八年四月二十五日

【誌蓋】南陽郡何公墓誌之銘

【誌文】

大晉國故夏銀綏宥等州觀察支使將仕郎試大理評事賜緋魚袋南陽郡何公墓」誌銘并序

表弟攝銀州營田判官將仕試秘書省校書郎王倗撰」〔一〕

〔一〕「將仕」下疑脱「郎」字。

公諱德璘，字光隱。家多積慶，代足名人，德水長深，靈源不竭。曾祖敏，皇任泰」州軍事衙推、將仕郎、試太常寺奉禮郎，妣平盧郡曹氏。祖遂隆，皇任朝」議郎、守京兆府功曹參軍、兼大理評事，妣弘農郡楊氏。考子喦，皇任」儒林郎、守夏州醫博士、試太常寺奉禮郎，妣太原郡王氏。公父賢母德，」禀和氣而生。公性實温恭，心能穩密，出身入仕，歷職授官，咸以器材，皆從」勤効。梁開平二載，先太尉以公世紹勳風，少年可畏，許以前途，始補衙前」虞候，継職軍門。後唐同光三年，故虢國王在位，以公継之家代，習以方書，」藥有十全，功傳百中，特署州衙推。天成四年，先王改署觀察衙推，尋奏授」右監門衛長史充職。清泰元年，今府主紹位，以公博贍三毉，恭勤兩政，遷署」節度衙推，兼銀州長史。公以見知殊厚，遷陟漸高，謙退益多，兢畏尤甚。府主」深益知之，頻所嘉歎，遂奏授觀察支使、將仕郎、試大理評事，仍兼朱紱，兩□」節槩，俾稱才能。公職列賓階，位親籌幄。沉機妙畫，皆成有國之規；忠論讜言，□」□全家之道。其或民有迫切，公不隱藏，凡藥石以上聞，必春膏之普及。由是連」朝継夕，承密論於從容；贊理傾心，益群情之歎伏。何圖皇天不祐，白日喪賢，堪傷」構厦之材，俄積逝川之嘆。晉天福八年二月十四日逝于府之私弟，其享五十有六矣。」公昏清河張氏，母儀婦道，絶後光前。嗣子二人：長曰紹文，藝可承家，術多濟世，」□□禮讓，為衆所推。府主委而用之，賞其忠盡，署以觀察衙推、兼綏州長史。」次曰紹倫，幼年未仕。有女一人，適韓氏。生知四德，大合六親，號天泣血，哀毀痛極。以其年四」月二十五日倸葬于朔方縣崇信鄉綏德里張吉堡之右，禮也。所謂積善之家，必有」餘慶者也。於戲！自古皆有死，没而有令名，又何患於喪乎？倗感公恩，私悲」淪逝，勉强揮毫，書公之實。其銘曰：

古猶今也，代有名臣。猗歟何公，高蹤少卿。」忠義立性，聰敏為人。天何不吊，鍾禍于身。丈夫平生，重其節槩。公之操脩，輝暎千載。」盡瘁於主，公忠於代。高岸徒遷，佳名永在。今則青烏叶兆，白馬臨喪。去彼西□□，」□於万鬼鄉。大野蕭蕭兮万籟悲，孤魂嶕嶢兮藏日輝，重泉冥寞兮一去何時歸。」□□荒郊兮黯望，佳

城悄悄兮松依依。」

表外甥押衙■

天福〇四二　劉敬瑭墓誌

天福八年七月十四日

【誌蓋】彭城郡劉公墓誌之銘

【誌文】

大晉故定難軍節度副使光禄大夫檢校太保兼御史大夫上柱國開國男食邑三百户彭城劉公墓誌銘并序」

觀察孔目官檢校户部尚書兼御史大夫上柱國牛渥撰」

公諱敬瑭，字瑩夫，其先即唐代宗皇帝之賓臣晏相六世之雲孫也。盛而富國，貴乃傳家，流動」績以昭彰，散派源乎未泯。迄今与祖，百有餘年；本既咸秦，苗兮統萬耳。曾祖禎，皇任銀青」光禄大夫、檢校太子賓客、兼監察御史，妣弘農楊氏。祖士清，皇任定難軍散都頭、充魏平鎮遏使，」妣滎陽鄭氏。父宗周，皇任定難軍節度押衙、知進奏、銀青光禄大夫、檢校右散騎常侍、兼御史大夫、上柱國，」妣西河藥氏。公即常侍之冢嫡也。公奇姿岳峻，偉量江沉，綽有令名，鬱為人瑞，幼」則嘉其象智，長乃志抱雄心。入仕轅門，立身戎府，莫不征遊南北，禮騁東西。立事立勳，」惟公惟政，迴光祖德，益耀子孫。公始自唐乾符四年小親台砌，便主煙亳，歷數任之旌麾，」授子弟，遷虞候。至廣明年及中和歲，故兩鎮令公王斯本貫，榮耀鄉閭；兼先太尉繼」紹山河，董臨節制，皆覩公神情慷慨，器度泓澄。於大順初、景福末，已聞英俊，肘腋指呼，累」從油幢，百戰巢寇。既清氛祲，帝復宮闈，遷挾馬都，權補軍中右職。天祐二年，改補門槍節」院軍使。相次沭天波，自監察御史位至貂蟬。梁開平

二年，署四州馬步都虞候。雖揔繁司，急難」辦濟，臨財不苟，莅事克清。故虢國王覩以忠信，偹諳直氣，諫無從而忤旨，事不規而觸鱗。」開平四年，補充左都押衙官，即及於右揆。乾化元年，重修城壘，固護軍州，板築左廂，數旬功就。」旋即奏聞天闕，恩命加公金紫階，銜秩亦遷于水土。次年，充管内馬步軍都知兵馬使。三年，授檢校司」徒、守銀州長史。貞明五年，階昇光禄，仍增大彭縣開國男，食邑三百户。龍德元年，除右監門衛大」將軍。至後唐同光三年，以宥州地屬衝要，民整彫殘，若匪得人，孰為綏撫。故虢王輟其綰衆，權」請知州。朞年六月内，恩渥遐敷，正臨郡印。自六年之為理，而久著於嘉音；既交代於魚符，復陪」筵於罇俎。以長興四年朝廷玷謗，軍府重圍，先太傅牒請權兵，把截四面，師徒抽退，士庶獲安，」廣運良籌，具難述耳。清泰二年，即今元戎秉政，求舊徵賢，請攝貳車，同參王事，次陳章奏，恩渥弥隆，」允正倅戎，荐加保傅。大晉明皇嗣聖，普示新恩，府主太師例以奏聞，又頒恩寵。實可謂官崇禄峻，譽遠」延齡。忽構違和，俄辭昭代，以天福八年三月五日終于府之私弟，其享也八十有三矣。夫人曹氏，公之令室也，婉順」淑質，婦道賢明。夫人李氏，先公早亡。嗣子四人：長曰彦能，歷職至散兵馬使。文武雙偹，孝敬兩全。季曰」彦頵，見守節度押衙、充器仗軍使。智揚盛府，德紹勳門，懷通變以侍旌幢，整羽儀恒親鈇鉞。次曰彦」温、彦柔，皆謙恭著美，禮義承家，昆季二難，剛柔一志。女三人：長曰適孟氏，次曰適張氏，小曰適白」氏，芳年窈妙，不幸先終。咸灑涕以絶奬〔漿〕，恨追思之莫及。以其年七月十四日偹葬于城東濁水嶺」高崗之禮也。渥素熟公之德行，兼覩直道匡扶，不鄙柔毫，紀斯盛事。其銘曰：」

雄雄氣槩，熠熠英姿。忘家去難，与國分麾。世親旌戟，代繼門風。匡扶十乘，位列三公。」幼逐公侯，長承官宦。南北東西，隨軍屢戰。翊輔洪鈞，聲華已聞。無傾祖德，不墜家勳。」智乃功圓，性惟俊邁。履薄臨深，滿盈是戒。爰自魚符，倅臨虎帳。落落胷襟，澄澄偉量。」久贊元戎，名傳帝闕。位重年尊，無虧忠節。俄構微疾，遽違昭代。

靈既通明，神兮不昧。」賢姬泣恨，令子摧傷。終於孝道，永保延芳。逝以哲人，天兮慘異。勒石標勳，光乎後嗣。」

押衙楊從溥書

石匠娥景稠鐫

《中國藏西夏文獻》第十八册

天福〇四三　西方鄴母劉氏墓誌

天福八年十月四日

【誌蓋】失

【誌文】

□晉故夔州節度使西方大德母彭城郡太夫人劉氏墓誌銘并序」

□以麗水□□，□□□□，作□□於千載，表祥瑞於無窮。尚□□□之工■吉□□□也。■」太夫人之先，乃彭城郡人也。□軒□之裔，唐堯□胄於夏后之世，其後有劉累■豢龍氏■」後有晉□士會負罪奔秦，□伯其賢，以興□秦而取之。其處□為劉氏，謂士會之子，別族■」炎漢而王天下，刑白馬為盟□□□之姓也。曾祖□，祖信，俱以兢□□□□□以□□為□□□□□□□」仇讎，晦跡□水，全真□道，宛有□□，□乎後人。父弘敬，勇氣貫時，英聲□古，文高荀謝，武□韓彭。□□」射之剄强，耻□儒之柔弱，遂從戎率，屢立奇功。自下昇高，從微至著，終於貝州刺史。」太夫人即使君之長女也，神情穎晤，姿質□□，四德早兼，三從克偹。端惠足以□齊□□之□□□□□林下□□」是閨中之秀。年二十，適西方氏。貞順立節，婉娩内和，臨下以慈，事上以孝。整家風而不□，修婦道以□□，胡可比焉，」□以為也。断織立誡，孟軻之志遂堅；截髮迎賓，陶侃之名益臧。賢而有異，謙以自莊，為親族之規模，作里閭之」楷□。爰生貴子，為國良臣。於天成二年七月内弟三男鄴授夔

州節度使，以子蔭而受彭城郡」太夫人之号。荷寵益恭，居家克理，崇神敬佛，懼法畏威。人有何辜，天降灾禍。弟三男鄴薨於」夔州。未幾，長男太終於魏博。今歲，次男景殂於洛京。」太夫人痛割肝心，悲攢骨髓。年齒衰邁，病疾縈纏，醫藥無徵，俄逐逝水。即以天福八年九月五日薨於洛京大渭」化之私弟，享年八十有六。有男三人：長男太，不仕，新婦郭氏；次男景，西頭供奉官，新婦」劉氏；次男鄴，夔州節度使，新婦天水郡夫人伊氏。有女二人：長女適李氏，早亡；次女□」張氏。孫男七人：長孫男偉，新婦張氏；次孫男□，新婦尹氏，亡而未再婚；次孫男峯，新婦□氏；」次孫男懿，新婦段氏；次孫男煦，婚安氏而未迎娶；次孫男□，年方長立；小孫男□哥。孫女四人：」長孫女適牛氏，次孫女適蔡氏，次孫女適張氏，小孫女合得，年七歲。俱以情深□愛，義重■」摧，難名冤塞，號天叩地，無所追及。敬選良辰，共成禮葬。以其年十月四日卜葬於河南縣朱陽村之■」靈轜既發，縿幕仍張，悲慘感於路，〔一〕痛傷動於姻戚。門生故吏，皆懷悽愴之情；里□街衢，□有□□□□。追□」不已，乃作銘云：」

一：唐堯祚胤，大漢華宗。枝分葉散，派别源同。多歷年所，克紹家風。爰有令□，允□厥□。」二：生此賢女，韞藉芳名。□□許娉，□絃心明。性氣婉約，□皃端貞。適彼□□，女□□□。」三：淑德俱偹，婦道克全。理家忠謹，□□周旋。是生哲人，國之俊賢。□□□□，□□□□。」四：承蔭荷號，受養居尊。□和□□，□□恒存。三子俱歿，一母傷□。因卧成□，□□荒原。」五：諸婦號天，衆孫泣血。大□□□，實□□□。卜葬塋兆，隣春□□。□□□□，□□□□。

《洛陽出土歷代墓誌輯繩》

〔一〕此句疑有脱文。

天福〇四四　梁漢顒墓誌　　天福八年十月九日

【誌蓋】晉故左威衛上將軍贈太子太師安定郡梁公墓誌

【誌文】

晉故左威衛上將軍贈太子太師安定郡梁公墓銘并序」

門吏中大夫守秘書少監柱國賜紫金魚袋劉皞撰

鄉貢進士王夢奇書并篆」

悲夫！滔滔逝川，隨晝夜而長邁；苒苒浮世，繫脩短之定期。當巢穴之時，籩豆未設；暨棟宇之後，封樹漸營。俻其哀送之儀，盡以孝思」之道，尚懷罔極，猶或如疑。」公諱漢顒，字慕傑。其先咎繇，其宗仲衍，或開國於安定，或授封於夏陽。自成周歷炎漢，尊而為伯，褒以為侯，枝葉滋蕃，源流廣大。著」七序以顯志，彰五噫而避榮，継有嘉聲，尤難俻載。」曾祖諱璟，皇任忻州長史。祖諱恩，皇不仕，累贈國子祭酒。考諱弘武，皇不仕，累贈左散騎常侍。」公星辰禀慶，山岳含貞，挺端儼之姿，受純和之氣。生而有異，見滿室之神光；幼而不群，絶同儕之戲豫。性惟廉儉，言合規謨，纔及佩」觽，便思筮仕。中和己亥歲北京事」武皇，念其恭勤，選居近侍。彎弧挾矢，漸出於輩流；夜寐晨興，更先於耆宿。自癸丑至甲辰，從」武皇綴行仵，奔逐黃蔡，收復邠寧，屯師渭橋，入覲京闕。以其親信，多處監臨，脱患難於梁園，共迴還於晉壤。久涉艱險，」擢任偏裨，奏授銀青光禄大夫、檢校太子賓客、兼監察御史、上柱國，累主軍都，俻精訓練。其後入薊門，定振武，收澤潞，下邢洺，歷數」十年，經幾百戰，凡有征討，無不從行。累蒙奏授檢校工部尚書，兼御史大夫、上柱國，継充右護衛都知兵馬使、兼本厢第一指揮使。」武皇顧命，莊宗統臨，録其舊功，委之重任，授檢校尚書左僕射、充散都頭廳直都指揮使。平夾寨，下

全燕，鎮定會盟，魏」博歸命，兩軍對壘，繫日交兵，無一去不為前鋒，無一迴不為後殿。殄平大敵，宗社中興，各敘功勤，普行爵賞。同光二年，由散」員都指揮使改授協謀定乱匡佐功臣、興聖宫押衙、充右龍武弟五散都頭廳直都指揮使、金紫光禄大夫、檢校司徒、使持節濮州」諸軍事、守濮州刺史、兼御史大夫、上柱國、安定縣開國男、食邑三百户。公下車求瘼，布政安民，闔境謳謡，咸推惠愛。中原雖」定，西蜀未賓，爰命帥臣，專行問罪。於時改授光禄大夫、檢校太保、充西面行營馬步都虞候。公申嚴法令，整肅軍戎，劒閡險」巇，閣道遼遠，彼衆守隘，我軍皷行，如虎兕之奔，决蛛蝥之網，成都已定，王師凱還。康延孝構逆漢中，窺謀蜀地，」公承命攻討，專統貔貅，兇黨就擒，捷音屢奏。時屬」莊皇晏駕，明宗御天，褒其積功，遷諸重鎮。天成元年五月，授依前光禄大夫、檢校太保、兼御史大夫、充忠武軍節度觀察留」後，仍進封開國子，食邑五百户。許田韓鄭邊鄙，號鄶密鄰，地阨山川，民素獷硬，揭干為擄，弦木為弧，迭相侵攘，舊難控禦。以」公勳高戰伐，志在撫綏，示以恩威，明其刑賞。或望風而屏跡，或懷德以悛心，黎庶熙蒸，邊界清肅。天成元年十一月，遷授協謀定乱」匡佐功臣、静難軍節度、邠寧慶衍等州觀察處置管内營田押蕃落等使、光禄大夫、檢校太保、使持節邠州諸軍事、守邠州刺史、兼」御史大夫、上柱國、安定縣開國子、食邑五百户。邠郊土田瘠薄，山澗崎嶇，户口貧虚，租賦繁重，舊於税額別配折科，」公則俻録上聞，乞輸正色。官獲徵斂之易，民無迴易之難，疑高圉以重臨，謂公劉之再化。天成二年，進封爵邑四百户，」改賜耀忠匡定保節功臣。三年，得替歸闕，擢在通班，授特進、檢校太傅、右威衛上將軍，跡躡彤庭，躬陪」郊祀。長興元年七月，改賜耀忠匡定保節功臣、威勝軍節度、鄧唐隨郢等州觀察處置等使、特進、檢校太傅、使持節鄧州諸軍事、行」鄧州刺史、兼御史大夫、上柱國、安定縣開國伯、食邑七百户。穰侯舊地，杜母故墟，道路榛蕪，山林幽暗，公親行勸諭，徧加招」安，流亡者襁負而來，游墮者戮力而作，以至餘粮棲畒，行旅讓衢。袟滿歸京，官復環衛，時推宿德。命以懸車，自庚寅本官守」太子少師致仕。至丁酉，皇晉隆興，洪恩普降，

再加緒録，又列朝行。復授特進、檢校太傅、守左威衛上將」軍，仍示優饒，留司京洛。天福七年八月，就加安定郡開國侯，食邑三百户。至當年十月二十九日薨于清化坊私弟，享年七」十有三。焕乎功濟皇家，名耀青史，三歷重鎮，任乃非輕，累冠通班，位亦極重，既福且壽，善始令終，舉世榮之，為人足矣。」公有二細君：夫人清河張氏，性惟慈愛，道叶惠和，鵲巢之譽既高，母訓之風不墮。天成四年二月進封清河縣君，先」公而亡。夫人天水趙氏，肅雍令德，柔順貞規，閨房以清，宗親以睦。天福五年六月進封天水縣君，恭勤祭祀，鞠育兒孫，身葺」家資，親營葬事。公有子四人：長曰光弼，早承蔭緒，職列内庭，補西頭供奉官、銀青光禄大夫、檢校國子祭酒、兼御史中丞、上」柱國。立性撝謙，莅事勤恪，常自和同謹愿，衆謂乎富而無驕；及聞夭喪咨嗟，共歎乎秀而不實。先公而亡。禮婚京兆田氏，亦」已早亡。弟三：曰繼玭，次公而亡，二曰繼璘，次曰繼珣。幼女六哥。長子孫曰守徵，並雖童稚，各有秉持，至孝在心，好學不倦。供」其中禮，備以送終，以天福八年十月九日葬于河南縣平洛鄉朱陽里，禮也。戲欷！輴車既往，松邃長扃，想巨寢兮桑田，刻貞石而表」紀。暤久依門館，累廁屬寮，承命而難議堅辭，懷感而稱美書事。其銘曰：」

圓盖之覆，方輿之載。奔馳兩曜，須臾万代。桑田已變，陵谷焉在。恍兮曈曨，惚兮晻曖。」仲衍垂休，皋陶遺令。受封夏陽，顯望安定。廟食洪勳，世濟傳政。赫矣靈源，大哉著姓。」滔滔逝水，苒苒浮生。禄位之重，石火之榮。碧幢去世，青史揚名。賢室令胤，叶兆卜塋。」前臨清洛，後枕北邙。永安窀穸，垂慶吉昌。悠悠獵獵兮迴素帳，冥冥寞寞兮奄玄堂。」子子孫孫兮朱輪紅旆，蕭蕭颼颼兮青松白楊。」

一娘子張氏，二娘子吴氏，久承恩寵，立位年多，各有一男，列名前項。知客王氏、六哥妳子張氏。」都勾當塋事元從押衙、知客、銀青光禄大夫、檢校工部尚書、兼御史大夫、上柱國王廷翰。」同勾當元從押衙王虔、張實。

天福〇四五　王行實墓誌

天福八年十一月十日

【誌蓋】失

【誌文】

大晉王府君墓誌銘并序」

夫二儀初啓，三才肇分，出姓之根基，序人倫之奇瓌，爰有王氏」之姓，上望并州太原郡人也。承周公文王之胤緒，繼后稷之裔苗。」其後宗枝因官流派兹府，子孫兴焉。祖年遠，謹不具録。府君諱行實，」心懷十善，性偹五常，推六藝以兼明，叶二端之具顯。雖居幻世，深敬」釋門，達水月之無堅，悮風燈之不久，享年十七有八〔一〕。去天福八年七月」九日寢疾所縈，終于泉夜。夫人馮氏，兹和著美，訓示無差。咸因癧」瘵所鍾，春秋六十有四，去同光二年十月一日殁于私第。再娶安氏，賢」能是志，素本名家，秦晉諧和，六親共美。春秋卌有二，去天福七年十」二月十一日，豈為身染微疴，逝流相次。長男彦珂，新婦李氏，次男彦瓊，」新婦劉氏，並乃早齡辭世，以固玄堂。嗣子彦澄，去奢去侈，從己從人，鄉」黨傳孝悌之風，州府播清貞之譽。幼迎新婦劉氏，絲蘿盛芳，忽掩」泉夜，未諧再偶。次僧住。孫男牛兒、福順。府君適女翟郎婦，次賈郎婦。」子孫同申孝道，要表訓育之恩，共迎郊坰而安宅兆。墳去城西北約」里，剏置塋城〔域〕，啓乎大禮。時也玄膺届候，律及仲冬，取是月吉晨而」安遷厝。其墳東觀山寺，西覩漳濱，南望佳城，北連崗阜。四望既隆，不」犯神煞，芊原逈野，八卦宜焉，垢壠一封，享于万代。作遐年之旌表，約後胤之」增榮，神道有靈，固應潛監。以天福八年十一月十日舉啓終畢，聊命彩

〔一〕「十七有八」，疑為「七十有八」之訛。

毫，」而為詞曰：

懿哉王氏，名振潞州。倏尔人世，風燭難留。子孫悲慟，」倫葬荒圻。幽泉既託，万古千秋。

《西安碑林博物館新藏墓誌彙編》

天福〇四六　韓君墓誌

天福八年十一月二十八日

【誌蓋】失

【誌文】

晉故韓翁墓誌并序

高祖諱礼，祖婆常氏。」蓋聞有死有生，自混沌之若此；或悲或樂，處浮世以寧」逃。古哲今仁，賢愚之莫脱。爰有韓氏之姓，望本」南陽郡人也。厥後宗枝因官流派，來兹潞封上黨，頓」跡生涯。祖諱武，享年七十有二，天福八年十月八日皈於私」室。祖婆婆王氏，享年六十有三，清泰二年六月」二十日身亡。再娶婆張氏，享年五十有二，天福三年八月二」日身皈泉壤。再娶婆張氏。叔翁諱琮，享年六十有八，天」福六年二月□□日■氏。府君諱□，享年三十有」九，清泰元年■皈□泉室，因商在外未取到。夫人」迪氏，霜居十載，撫養幼□無虧。長孫思進，新婦趙氏。」次孫思榮，新婦郝氏。■女李郎婦，次女王郎婦。孫」女李郎婦。玄孫■是後胤連塋，同申孝」道。其塋城〔域〕西南約十■接岳神，西掎高津，南望陽」豈，北覩□□。其塋也■竣，勢應難有，遂彫鐫琢」石，■而■閉□將□而千□永固。時天福八年癸」卯歲十一月乙■日壬寅舉啓終畢。聊命彩毫，而為讚曰：」

懿哉韓氏，難尤徵比。合祔之時，混同文軌。」經文緯□，付子傳孫。葬兮以禮，万古千春。

開運

開運〇〇一　白萬金墓誌　開運元年八月三日

【誌蓋】大晉故南陽郡白公墓誌銘記

【誌文】

晉故竭忠佑國功臣金紫光祿大夫檢校司空使持節懷州諸軍事懷州刺史充本州河堤使兼御史大夫上柱國南」陽縣開國男食邑二百户白公墓誌銘并序」

公諱万金，本岱川北鮮卑山之陽居其族，聞公之族有大白家者，即漢之南陽郡白水之後也，以其族巾幘冠」帶，韋錦錯雜，法令禮儀，漢之太半所呼，然吐渾即其本。公幼徙岱川界應州封屬內，以騎獵牧馭為業。值」中朝皇綱失緒，虎踞鯨吞，藩邸争衡，十有餘主。公以武皇帝潛龍太原節度使日，方圖嗣紹密切，旋張」輕騎雲奔，朝隱暮見，乃至岱川北，近蕃諸族所伏者皆以為□□焉。公於天祐二年牧務中落於」武皇所擒，令乘駿至太原。武皇明發奥機，恢於象業，凡圖用以義為心，公遂蒙收在□男院。始年十」八，於中軍□□郎□□□□□□有■左監門衛將」軍文德，公之祖父■氏，公之祖■及此也。」夫人隴西郡君李氏■公之長子。」次女妻潁川太守南陽何公之次子■□平□」幻難抱忠孝以為□□。始自■將，□」為軍頭勾當，在大軍有■」緣，轉充金槍指揮第二軍■」指揮使，其軍■至左□」一軍都虞■次□」隨機而應■州牧」承命□陣伐□□□因兵■以軍都指揮」使，充行■討使■歲九月」■大■」■」五■去回邪□」□義為■不罔猜」近密，公在其□□□■」靈駕上下□万■乃以□」被詔赴朝■」少主皇帝親命六■抑有□之」患藏於心腹，公竟沉重病，亦深昧■於軍前，」享年六

十四，歸葬於洛陽北邙山公[redacted]參□□」隼旟，名當職字，從公之歷於艱阻，承公之[redacted]」君父主母指諭，紀於事端，刊珉勒記，永於墓銘，時開運元年八月三日。銘曰：」

偉哉白氏，卓尔英雄。弓開鴈断，劒撥雲空。千征万戰，無往不功。」四十六載，榮我漢宗。主軍作牧，頗扇仁風。勤於奉事，□□□□。」家鄉北狄，罔知所遷。公之將殞，告于從官。願葬洛陽，□□□□。」選於吉地，歸穴邙山。嗚呼澗水，流咽潺□。勒於墓石，□有□□。

《隋唐五代墓誌匯編·洛陽卷》

開運〇〇二　郭在巖墓誌

開運元年十一月十五日

【誌蓋】失

【誌文】

晉故承務郎守耀州富平縣令太原郭公墓誌

進士殷希甫撰」

噫！事有可知而人生，事有不可知而没世，人盡榮可知而諱没世，故命有可」定而人不能營，生有損折而人盡畏，生則死本，死則生元，動継玄元，致乎生」没。生則存名於竹帛，死則刊鑿於金石，則有故富平宰郭公，諱在巖。其先并」州太原人也，」唐汾陽王尚父五代之孫。公之曾祖也，任東都河南府福慶縣令，諱鎔。公之」王父也，任光禄少卿，諱師簡。公之皇考也，任滄州乾符縣令，諱重。京兆太夫」人韋氏，公之皇妣也。鴻臚少卿在徽，公之亡兄也。潁州司馬在微，公之次兄」也。河東裴氏，公之夫人也。太廟齋郎孝殷，公之長子也。孝豊，公之次子也。長」女適晉鳳翔兵曹參軍李仲誨，即公之聟也。幼女在室焉。公即滄州乾符縣」宰弟三子也，生

而歧嶷，長乃魁弘，幼襲家風，壯而入仕。加之逈脩祖德，期仕」進於天朝；遠繼弓裘，著聲光於州縣。」唐光化二年，初授虢州弘農縣主簿，偽開平元年，又授汴州封丘縣尉。佐寮」有譽，咸稱栖棘之鸞；糺職彰名，且屈漸鴻之任。乾化四年，又任沂州費縣令，」同光三年，又任淄州鄒平縣令。懿績孤標，處處詠淵明之政；清廉獨異，重重」謌子賤之風。長興四年，又授邠州三水縣令。惠流三載，化洽一同。公賦自充，」曉夕不喧於獵鵲；私家蓄，〔一〕清貞何止於釜魚。洎」晉天福六年，又授耀州富平縣令。纔□莅事，已顯政能，既蘇疲瘵之民，益振」强明之宰。公以疾疢弥留，以天福八年十一月十六日歿於富平任所，春秋」七十矣，以明年十一月十五日歸葬於雍州萬年縣義善鄉鳳栖原之舊塋」焉。夫人裴氏，出自華宗，夙承榮慶。豈謂輔仁爽驗，俯厚地而難追；積行無徵，」仰高天而靡訴。嗣子孝殷、孝農〔豊〕、幼女等聞雷絕氣，淚栢將枯，勒銘石以告神，」思問天而撫櫬。略陳梗槩，豈盡清風，聊敘徽音，庶傳」不朽。其詞曰：」

宰君之域，」尚父故塋。南瞻秦嶽，北瞰帝城。洪勳令緒，佐」國衣纓。良時吉土，送往傷情。天長地久，百代垂名。

《文博》二〇一四年第六期

開運〇〇三　王廷胤及妻周氏墓誌

開運二年四月十四日

【誌蓋】失

【誌文】

大晉故竭忠匡運佐國功臣橫海軍節度滄景德州觀察處置管内河堤等使充北面行營步軍左右廂都指揮使特」進

〔一〕「家」下疑脱一字。

檢校太師使持節滄州諸軍事行滄州刺史兼御史大夫上柱國太原郡開國公食邑三千户食實封一百户贈侍」中王公墓誌銘

鄉貢進士蘇畋撰」

夫列宿呈祥，孕人靈於下土；明王顯瑞，苻至德於穹旻。如其道致雍熙，功除禍乱，必資文武，以定興衰。爰生」間世之才，以助隆平之化。公諱廷胤，字紹基，并州太原人也，即晉司徒導之良嗣矣。世本京兆，因歷任兹地，遂」累世居焉。曾祖宗，皇興元節度使、檢校司空、守金吾衛大將軍、充街使，贈太傅。術邁武侯，勇欺關羽，警蹕每聞於忠」力，鎮臨恒著於詠思。祖處存，皇易定節度使、檢校太保、兼侍中，贈太師。自唐龍紀年，主上蒙塵錦水，返政」玉京，諸侯之間，獨有盛績，特頒宣於鐵券，乃仗節於中山。然歷遐年，如新罔墜。叔祖處直，皇易定節度使、檢校太」師、兼中書令，贈守太師。統戎功大，作鎮名高，感藩后之欽崇，得黎民之輯悦。父鄴，皇晉慈隰等州節度使、檢校司空，」贈太保。聲傳四海，望振九重，淮陰之智略克先，郄縠之詩書更盛。公即其子也，自幼以鄉曲鄭重，豪俠聞知，讀書」足記於姓名，講武唯堅於夙夜。鳶肩鸞頷，然禀奇姿，廟食雄飛，素懷本志。况乃名堪療病，箭可穿楊，負龍韜豹略之籌，」精金匱玉鈐之訣。風雲每看，察勝敗於斯須；城寨常攻，定孤虚於掌握。洎以榮聯帝戚，世本侯家，河東故先晉武」皇帝諱克，是公之親舅氏也，莊宗皇帝是公之親表兄也。莊宗開拓國祚，平持僞梁，以公親族之中稱其」孝勇，遂抽擢委任，充馬前直都指揮使、兼貝州刺史。因而侍從，令綰貔貅。自北徂南，衝霜冒熱，莫不逢城須下，遇寇必」摧，付以郡城，委之兵柄。於天成元年，除授忻州刺史。及莊宗奄有天下，公勳烈獨然。後明宗皇帝大契寰瀛，帝」求碩德，以公雖霑國分，素有令名，藉以宏材，崇其勳舊。於長興二年中，授密州刺史，次加司徒。長興四年，又授」澶州刺史。以公荐分符竹，誦顯袴襦，又授隰州刺史。應順皇帝登臨寶位，當年加轉太保。清泰皇帝既遵人望，選」任元良，尋授相州刺史。大晉故

天福皇帝龍飛晉野，建號洛陽，在倚注恩偏，搜羅澤被。去天福三年，遇范延光作」孽於銅臺，君上付之以甲馬，充魏府行營中軍都指揮使、兼貝州防禦使。權其鋭旅，運以沉謀，不勞於築室返耕，俄」示於牽羊輿櫬。旋授相州節度使，加太傅。覩黎民息念，社稷推功。當安重榮將發亹端，在朝庭正懷猜議，思其隣道，」須託忠臣。自後果據趙封，凌侵魏闕。知公能安士卒，洞曉軍機，遂移鎮中山，先作其巨屏，擊巢之遽覆，獲清廟」以再寧。賞此忠勤，又分茅土，授横海軍節度使。又遇今皇帝重新日月，重以股肱，於天福七年，加太尉。至天福八」年，授幽州道行營右廂都指揮使。將平黠虜，冀静中原，戈甲纔興，戎王已遁，盖公之威武也。於開運元年，改授太師，」充北面行營步軍左右廂都指揮使。公所臨劇鎮，最控遐邊。先為獫狁奔衝，青丘接援，虔劉我生聚，侵毁我壃封。」公每扼腕傷懷，痛心疾首，竭力血戰，盡命忘家，手足結於胼胝，介胄生於蟣虱。煞犬戎之人馬，數目何知；奪車帳於川」原，蹤横[莫]間。公自唐天祐伍年終開運元年，七典郡符，三分節制，唯勤戮力，奉事七朝，内外兵師，遍曾疊領。」公以匡邦衛社，送往事居，雖舅犯、夷吾，未可儔比，殊功善政，曷可備書。公娶沛郡夫人周氏，班姬讓德，馬后慙名，」門傳千室之風，行著三從之美，不幸早先薨没，痛慕難追。次娶清河郡夫人張氏，子房之後裔也。清範傳於閨」壼，懿行馥於蘭蓀，断機垂孟母之規，重士播陶家之德。有子五人：長曰昭敏，任横海軍衙内都指揮使、銀青光禄大」夫、檢校工部尚書，兼御史大夫、輕車都尉；次子昭懿，任横海軍中軍使、銀青光禄大夫、檢校太子賓客，兼武騎尉；」次子昭煦，任横海軍節院使、銀青光禄大夫、檢校國子祭酒，兼騎都尉；次子昭素，任横海軍山河使、銀青光禄大夫、」檢校御史中丞，兼武騎尉；次子合子，見無所任。衙内已下皆早聞詩禮，不墜箕裘，深抱古人之風，大播今時之美，」悉公与夫人教誨也。公姊一人，適趙殷圖，任太原府西尹。妹一人，適楊廷顔，任龍門鎮遏使。俱增妙行，咸振」芳猷。弟廷裕，任河東鷹揚軍使。方□仕進，頗顯奇能，歎亮玉之先沉，恨苗而之不秀。公當任浮陽日，專出巡城，退」還公署，覺氣疾忽□，因漸至彌留。主上遍宣

醫治，莫能差愈。乃謂諸子曰：吾名已光於聖朝，榮又及於親」族，念幻泡石火，□□難逃。所憂者醜虜由伍，淮夷尚熾，國恩未報，壯志俄銷。遂命紙筆作遺表，敘事纔終，奄然」瞑目。時開運元年秋九月二十三日薨於浮陽所任，享年五十有四。諸子攀號，郡邑悲慟，戎藩罷市，軍國輟」朝，□主慘顔，羣寮墮淚。累加勑祭，尋追贈侍中。自□□□□□□護，於開運二年四月十四日卜宅兆，与」周氏夫人合祔於西京河南縣平樂鄉杜澤村北邙原也。諸子恐世□禩深，岸移陵變，令畋紀標」厚績。抉罄短才，用刊貞珉，以旌不朽，乃為銘曰：」厥有靈彦，光扶化圖。執殳荷戟，為王前驅。性懷忠勇，貌蘊謙恭。變家成國，静難除兇。」足印龜文，首標月角。族貴門高，瓊枝帝蕚。嵇松千丈，黄陂万頃。藩郡勸農，疲民集整。」威懾戎夷，德傳中夏。破趙降魏，安邦定霸。聖代難留，勳庸罔歇。名焕丹青，魄隨煙月。」霧翳長川，風颾古邑。列士停鑣，行人竚泣。其坤默默，其水涓涓。松丘一閉，永謝千年。

《北京圖書館藏中國歷代石刻拓本匯編》第三十六册

傅斯年圖書館藏拓

開運〇〇四　呂行安及妻劉氏墓誌

開運二年十月九日

【誌蓋】失

【誌文】

大晉呂府君墓誌并序」

粤以默默溟涬，濳移生滅之程；悄悄陰」霾，大顯存亡之本。浮生一世，石火由同，夫子歎川」上之流，周公造嗣宗之禮。府君者，河東郡人也。」其後宗枝，因官流派，至于潞州大都督府上黨郡」城南店上居止，

子孫兴焉，〔一〕斯不偹矣。高祖　，曾祖　。」府君諱行安，六十有一，去長兴四年正月廿五日歸於私地。」夫人劉氏，享年五十有一，去長兴五年二月七日終於私」地。嗣子一人敬唐，新婦程氏；孫男洪延，娶董氏；次男和」五，次男憨兒，玄孫女滿堂，已上並事共崇葬儀，以開運」二年乙巳之歲十月甲子朔九日壬申祔葬在店西南大」塋之内。伏慮人遷代變，土木奚憑，將俟他年，于斯刊石。

浙大墓誌庫

開運〇〇五　閻弘祚墓誌

開運二年十一月十五日

【誌蓋】大晉太原郡閻公墓誌

【誌文】

大晉故鎮寧軍節度副使光禄大夫檢校司空兼御史大夫上柱國太原縣開國伯食邑七百户閻公墓誌銘并序

乡貢進士王虚中撰」

夫古之君子，今也哲人，愧當年而功未宣，疾没世而名不顯。矧乎自天降命，繼族匡君，笑巢由」晦跡於市朝，慕珪組圖榮於富貴。克揚芳績者，非英才令德，其孰能播於美歟。」公諱弘祚，字德餘。其先太原人，近祖徙家汶陽，今為鄆州人也。昔在姬朝，命族爰興於洪緒；下」分晉室，疏封遂易於華宗。居漢魏之間，方崇祖德；歷隨唐之際，罔墜家聲。經文緯武者，枝葉漸」繁；食菜調梅者，圖諜未泯。自遐陟邇，代不乏賢。曾祖諱少均，任黄州别駕。夫人侯氏。祖諱」佐，任海州太守。夫人張氏，追封清河太君。或展驥居官，或褰帷按部。良工未

〔一〕「焉」字係補刻。

鑒，埋利器於豐城；」大厦將興，選宏材於幽谷。考諱實，皇任天平軍節度使、檢校太師，累贈太原王。三夫人：長」曰徐氏，韓國太夫人；次姜氏；次孟氏，封平昌郡君。袟冠三師，榮居十乘。時逢此否，扶禍乱而拯」頹綱；道合雲龍，匡聖明而開有國。功傳青史，事載丹碑，此略而不備述矣。公即太師第」十子也，長自綺紈，蔭從門構。宛駒未習，難淹千里之程；穴羽纔生，便具九苞之彩。洎東周多難，」大道中微，虵未斬而壘蔟四郊，龍欲戰而運潛九野。莊皇乃尚屯師旅，仍據并門，覃墨」制之殊恩，録英賢之洪胤，授公金紫光禄大夫、檢校工部尚書。後丁太師之憂，守制終年，」方寸不乱。明宗初臨大位，方俟急賢，繇是覃德音，下綸詔，徵勳後，赴闕庭。纔面天顔，」入參鑾殿，以公授東頭供奉官，兼加右撲華資。主上念切元臣，澤及方面，將求雋彥，可使遐」藩，以公為東川加官使副。至歸朝，轉左僕射。迩後以頻奉皇華，并汾犒宴，遠將暑服，雲應」頒宣。大朝之方舞朱干，封豕之遽興夏土，或委公延安飛輓，或委公鄧國轉輸，固得士不言」勞，軍懷宿飽。及明宗晏駕，至清泰僭朝，告哀於四藩，饋舟車於兩郡。既復兹命，又賞厥」庸，差令點檢内酒坊事。公毫髮無私，夙夜匪懈。仍逢大晉方啓霸圖，有將星忽殞於東」齊，致宸扆須懷於震悼，以公為青州吊贈使。知公出壃有禮，臨事幹能，乃分水土之官，尋轉」糺轄之職，以遷司空，改授西京右軍巡使。公清而率下，嚴不煩刑，外安鄽閈之户，内屏姧回之」輩。袟滿，轉供軍作坊使，庶事允修，百工咸理，見括羽者成美，知從革者必良。罷揔繁司，出參雄」閫，移澶州倅。公之在任也，清如水，譬若蘭，寬猛足以馭疲甿，才術足以贊賢帥。未諧列鼎，便迫」藏舟，以開運二年五月二十日終于澶州私第，享年五十。卜當年十一月十五日令子扶」護靈櫬至西京河南縣平樂鄉杜翟村，與彭城縣君合祔，禮也。背倚邙丘，前流洛派，既龜從」而告吉，期牛卧以思封，果契佳城，永安神寢。兄九人：長兄弘鐸、次兄弘信、次兄弘熯、」次兄弘遇、次兄弘倫、次兄弘讓，六人早逝矣；次兄弘儒，前西京副留守；次兄弘魯，前鄆州行」軍、守興州牧；次兄弘矩，前開封府別駕。弟弘威，前棣州厭次縣令。或任倅雄藩，或榮分郡」印，居

題輿而欠次，當製錦以推能。比賈氏急難，名且倍於三虎；異荀家昆仲，跡更超於八龍。」有子六人：三人早逝；長男希遜，新婦張氏，先已亡矣；次男希贊，小男壽之。有女五人：」長適陳氏，次適王氏，三人尚稚。次男希贊在此勾當塋奉，號籲告天，孺慕泣血，將臨遠」日，請撰斯文，庶防深谷之遷移，以俻貞珉之刊勒。辭不獲免，謹作銘云：」

閻氏著姓，晉侯興族。派決洪河，枝踈建木。門啓苴茅，名鐫金玉。」貽厥後昆，慶茲弘福。爰生令哲，欠贊垂衣。官分水土，業繼弓箕。」鵬程將運，驥足忽疲。松扃一閉，千載何期。」

勾當元從押衙劉蘊

《秦晉豫新出墓誌蒐佚三編》

開運〇〇六　李茂貞妻劉氏墓誌

開運二年十一月二十七日

【誌蓋】晉故秦國賢德太夫人墓誌銘

【誌文】

晉故秦國賢德太夫人墓誌銘并序」

鳳翔管内觀察支使朝議郎檢校秘書少監兼御史中丞柱國賜紫金魚袋魚崇遠撰」

曰若稽古，厥初生民，時維有邰有娀，育稷育契，莫不形天命於始兆，啓神明於遂通。所謂嚴祀潔躬，武敏履而百穀播；清源濯質，乙卯」墮而五教敷，斯則非常之母而誕非常之子者矣。於戲！古風去遠，信史空存，與其傾耳而博聞，曷若拭目而廣視。至乃禀聖善之弘」德，降崧高之正神，六親奉家道之嚴，五福享人倫之盛者，則於」故秦國賢德太夫人見之矣。夫人姓劉氏，岐州人也。翼善傳聖之皇胤，隆准龍顏之世孫，本枝敷蔭於銅池，源派通

流於銀」漢。為人圭表者，代有其士；作國柱石者，史不絕書。疏之則墨妙筆精而莫殫，譚之則更僕命席而難訖。張家葬地，貴顯未多；王氏」淮流，衰凌何速，其宗族光大也如此。曾祖諱思冲，祖諱翱。或天台訪道，抗跡煙霞；或陽歧隱居，拂衣軒冕。遯世無悶而自尚，塞門」不仕以養高，優哉游哉，聊以卒歲。考諱岳，皇鳳州防禦判官，贈左散騎常侍。木仁為本，玉德在躬，縱横尚約長之辭，捭闔究先生之」術。落㲎毛而知時事，翦鶉首以識天心，爰叶力於五虵，遂揚名於一鶚。亨衢不待，良圖雖爽於尊榮；陰德所憑，餘慶乃鍾於淑媛。」夫人即常侍愛女也，珠明掌上，冰澈壺中。剪髮侵膚，孝恐傷於長意；學文師古，對不屈於兄言。道韞篇章，彼何為者；憲英才鑒，胡可」比焉。髫丱之年，有相者奇之曰：此女後當祇見貴人，誕生貴子。是時」先王地稱强國，武蓄勝兵，屬土運之綴旒，據金方而投袂，感平王之遷洛，踵穆公之治秦。長轂高鋒，南取漢中之地；深根」固蔕，北通綿上之山。由余懷德以匪躬，杜宇畏威而蹶角，磊磊落落而稱盟主，濟濟鏘鏘而顯霸圖。微竇融之保河西，蟻封五郡；鄙隗囂之據」天水，鴟義二邦。加以富貴及親，晨昏致養，無周家宰寄袍之苦，異丘吾子嘆樹之悲。中庸動合於儒經，内治聿修於陰教，恭循往制，」妙選良家。夫人奉姆訓而四德彰聞，志女功而六義丕顯，卜叶莫京之兆，禮遵必敬之文，百兩既歸，三月乃奠。懿夫内言外」言而執誡，左佩右佩而服勤。采沼沚之蘩，祭如神在；慈旨甘之味，養盡曰嚴。宜其天與國香，時生人傑者也。今」鳳翔節度使秦王即」夫人長子也，識環禀異，當璧符祥，世家濟美於九功，辰象降全於五事。彤弓旅矢以作翰，金璽盭綬以為王，其事」君也盡忠，其事親也盡孝，翼翼勵承顏之道，兢兢慎唯疾之憂。夫人既榮且安，方壽而樂，豈比夫扇枕温床而貧窶，累」鐫列鼎而感思者耶。矧復歷朝覃恩，光揚盛典；暨乎皇晉受命，蟬聯徽章。天福三年，進封秦國太夫人。五年，加號」秦國賢德太夫人。葳蕤綵綸，涣汗湯沐，母以子貴，何其盛歟。故忠武軍節度使從昶、前邠州行軍司馬從昭、前鳳翔衙内都指」揮使繼暐，皆子也。仁者安仁，孝乎惟孝。雲間五鳳，固為希世之祥；座上八龍，悉是承

家之寶。長女適盧氏，早世；次適鳳翔節度判官」韓昉；次適鳳翔節度推官張居遜。《詩》稱穠矣，禮重絢兮，華姻合厭癋之音，嘉選得孚尹之潤。其宗親廣大，孫息衆多，載譜諜以猶繁，」寫琬琰而寧備。嗚呼！百年之限，世雖大同；七旬之期，人且罕至。苟生有殊行，殁有異聞，縱爽壽於期頤，亦冥符於陰騭。載詢事實，可」得言焉。先是天福八年癸卯歲夏陽九發其咎徵，蝗旱徧于區宇，七曜仍臨於秦分，天灾愈酷於齊民，人多餓於翳桑，俗無資於乾椹。」夫人見聞疾首，動息疚心，悵然謂其親戚左右曰：饑饉寖深，星辰方至。儻陰譴可謝，時沴可禳，願以衰老之身，塞其庶民之責。異乎」旨意，形於禱祠。時夫人雖年俯縱心，而體亡宿疢，几杖未嘗御，針石無所施。忽一日，焚修退居，恍惚思寐，狀如熟寢，奄然而」終，即其年十月八日也。本其至誠，契若得請，享壽六十有七。嗚呼哀哉！嗚呼哀哉！惟」王孝以因心，毀將滅性，昊天罔極，觸地無容。絶曾子之漿，孺慕曷已；泣高柴之血，創鉅難勝。」天子悼心於朝，王人奔命於路，撫問相繼，吊賻有加。仍以茅社之崇，金革之重，務從順變，旋奪至情。夫人以開運二年乙巳歲」十一月二十七日祔葬于先王宅兆，禮也。稽其行狀，揔而記言，蓋優柔慈顔，煦嫗和氣，居尊高而善下，享榮貴以誡盈。中外」仰之如天，親踈赴之若海。依奉能仁之教，誦持大乘之文，習玄觀以神凝，扣真空而響答。其生也弘福蔭物，其殁也遺德在人。彼空桑」化石者，異則異矣，安可等級寄言哉。竊以祖序賢明，誌銘幽顯，藏之厚地，垂於終天，豈伊謏聞，所堪辱命。誠以崇遠早塵幕」吏，幸預門人，薄伎推於愛忘，懿行知其詳審。譔論所付，遜避非宜，雖勉副於指呼，終退慚於漏略，齋心稽首，謹作銘云：」

夫人氏族，肇自聖皇。夫人門地，隆于霸方。我鄉我里，夫王子王。富貴薰灼，福祉繁昌。救時屯沴，誓命禱禳。」天意若曰，母躬善當。恍惚奄弃，感通昭彰。音容雖逝，功造不亡。吾王巨孝，哀不勝喪。」吾君至德，情亦過傷。吊恤如禮，抑奪有章。青烏告吉，丹旐啓行。霜露思苦，笳簫恨長。雲愁斂色，日慘韜光。」穹隆馬鬣，

巉嶙龍崗。卜宅歸祔，慶後無疆。

鳳翔府功曹參軍孟居業書」

鳳翔節度押衙銀青光禄大夫檢校尚書右僕射兼御史大夫上柱國孫福鐫字

《五代李茂貞夫婦墓》

開運〇〇七　李仁寶墓誌

開運三年二月五日

【誌蓋】故隴西李公墓誌之銘

【誌文】

大晉綏州故刺史金紫光禄大夫檢校太保兼御史大夫上柱國李公墓誌」銘并序

銀州防禦判官齊嶠撰

公諱仁寶，字國珎，迺大魏道武皇帝之遠胤也。自」儀鳳之初，遷居於此。旅趨輦轂，便列鵷鴻，或執虎符，或持漢節者，繼有人也。以唐中和之歲，」國家多難，聖主省方，又聞骨肉之間，迥禀英雄之氣，長驅驍鋭，却復翠華，厥立奇功，」果邀異寵，遽分茅土，遂賜姓焉。七八十年，四五朝矣，山河遠大，門族輝華，莫可比乎，孰能加」也。曾祖副葉，皇任寧州丹州等刺史、金紫光禄大夫、檢校司空、兼御史大夫、上柱國拓拔副葉。」祖重遂，皇任銀州防禦度支營田等使、金紫光禄大夫、檢校太保、兼御史大夫、上柱國」李重遂。考思澄，皇任定難軍左都押衙、銀青光禄大夫、檢校工部尚書、兼御史」大夫李思澄。公渾金重德，遠大奇材，風神雅而緒柳一株，器度廣而黄陂万」頃。體唯温克，性本善和，訢公之讜直難同，治乱而經綸少比。天邊一鶚，誰知鶱」翥之程；雪裏孤松，可辨歲寒之操。鬱為時彦，宛是人龍，高持謹愿」之風，顯著忠貞之譽。故號王覩其節槩，舉以才能，遂署職於軍門，

頗」彰勤績；俄分符於屬郡，甚有嘉聲。莫不洞曉魚鈐，深明葛陣，行驅隼旆，坐」鎮鵰陰。張堪任蜀之年，尤同善政；侯霸臨淮之日，可類清名。朝庭以久立邊功，爰」加寵命，布龍綸於碧落，降鈿軸於丹墀。累轉官資，継頒爵秩，位崇保傅，權」計慘舒。而又逢存亡進退之機，知榮辱成敗之理，求歸別墅，獲替府城。朝辭鵲印魚符，暮」入雲峯煙水，自怡情性，獨縱優遊。張平子月下秋吟，陶静節籬邊醉卧，功成名遂，無」以比焉。方思綺季連衡，株松等壽，豈意忽縈疾疢，便困膏肓。問神之心緒徒施，」洗胃之功夫漫誤，重泉忽往，逝川不迴。嗚呼！皓月韜光，德星沉彩，即於開運二年十月」二十八日薨于坂井舊莊，其享也七十二矣。蘭臺之馨香空在，鼎鍾之問望猶新。」莫不内外悲傷，家邦痛惜，九蔟灑闌干之淚，六親興摐鬱之懷。諸夫人目断幽」津，遽失和鳴之響；兒女等愁生白晝，莫聞庭訓之言。結戀何窮，重泉永隔，即於」開運三年二月五日祔葬于先祖陵闕之側也。□雲淡淡，如資愴恨之容；春草」萋萋，似動悲凉之色。今以唯虧夢筆，固昧知人，素無黄絹之辭，兼白眉之譽，貴遵」請託，聊敢染濡。其銘曰：

勳績早著，德望弥高。明彰露冕，惠若投醪。」孝敬誰同，忠貞少比。價擅龍須，名光鳳尾。善驅五馬，能撫專城。靄然令問，」鬱矣嘉聲。時謂棟梁，民謌襦袴。頗賴居房，何慚叔度。功書竹帛，身退園林。」事同往哲，年過從心。方樂優遊，忽縈疾恙。良藥無徵，重泉可愴。長天墜月，」太華摧峯。露沾香蕙，風折喬松。内外興悲，親姻聚泣。隟駒影微，逝川波急。」令嗣痛裂，九蔟凄凉。遺愛徒在，列宿韜光。夢幻堪嗟。世輪不測，聊刊貞珉。

【誌蓋】失

開運〇〇八　李實及妻王氏墓誌

開運三年二月十一日

《中國藏西夏文獻》第十八册

【誌文】

唐故李府君夫人墓誌銘并序

伏聞人生在世，可以風燭並石，榮光託化於人，旋又沉於世路，事以難承」久，事須載銘言，表千代之相連，認万古之宗血。府君」隴西首望，留派盛時，乃太上老君從〔徙〕宮〔官〕分支於路〔潞〕州上黨郡□八」諫鄉北玉村榛梓人也。高祖諱叔卿，夫人何氏。府君諱實，」夫人王氏。伏以祖者聞〔文〕傳七步，武透九圍，藴事可能，在閭里之最」首。伏以祖外皃端難並，南國虛言於生路，撫安是孫童之受育。」府君氣弘廣大，德亮罕聞，六藝可以俱全，在三端之並立。」夫人容儀端皃，撫皃女以多能；處舍難過，治家庭之無失。具載骨肉等：」長男思温，新婦王氏，並已少年俱喪，祫祔祖塋之內。次男思進，新婦和氏。長」女的事宋郎，再娉郭郎。小女的事劉郎。孫男乞德，孫男外皃。府君昆」季三人：弟武，先亡，新婦程氏改娉別處。弟讓，充上黨縣宰，盡終，新婦游氏。」姪長庶子彥貞，新婦王氏。的姪廷詮，新婦閼氏。次姪小廝皃，小姪大大。哀子思進」等思生前之掬育，未展孝誠；想没後之深恩，昊天罔極。遂乃卜問良日，選」擇吉年，擇得開運三年二月十一日遷葬於祖塋內丙地安厝。其塋也，四望」全强，東連天池之領，西照鑾峯之豈，南望秦閼炎帝，後倚土地」神堂。府君去開運三年正月內帰於私地，享年七十有四。夫人」去長興四年十月內帰於大夜，享年七十有一。伏恐山河改變，靈谷」遷移，故刊石為銘，已留後記。」左有青龍來加，右有白虎來祥，前有朱雀開延，後有玄武擁護。

《施蟄存北窗碑帖選萃》

開運〇〇九　李真及妻喬氏墓誌

開運三年九月三日

【誌蓋】晉故李府君夫人墓誌[一]

【誌文】

晉故李府君墓誌銘并序」

粵以玄黃初泮，注生死於万化之原；形相才分，遂陰陽於二儀之上。逝波東注，兩曜西流，由同磨蟻之」程，復見巡環之理。爰有隴西李氏，帝嚳裔苗，累代英賢，斯文具載，其後胤緒別派分枝，至」于潞州大都督府上黨郡，子孫興焉。祖諱　。府君諱真，智異人倫，德殊時彥，處衆而謙恭無」爽，在私而長幼有□。不事□□□居朝中。奈何不延遐筭，促彼善流，同露槿以□矚，嘆秋霜之落晛，」享年五十有□，已開運三年[五]月廿四日終於私第。夫人喬氏，生知懿範，長習規儀，訓尔兒孫，咸」同重器。享年六十有九，已開運[二]年十二月十二日寢于永夕。長男守榮，享年廿有六，已長興三年六」月廿九日歿於幽邃。次男守興，交□□知，學親儒墨，幼從誨示，長立規模，享年廿有六，已天福」三年四月十九日相次邅迴，俄歸窀穸。新婦王氏，孝行方傳，邕知有則，奉上之儀罔忒，侍姑之」道寧虧，奈何禍降家庭，歿于泉壤。孫男延壽，緬思尊抱，大禍併侵。正當齠齓之年，未」辯東西之事，依仗舅親廕緒，全承鞠養之恩，方漸成人，難酬栢訓。今則竭誠瀝懇，破産傾資，」選匠搜能，將脩葬事。勾當葬人遠房姪琮，女李氏崔郎婦，以開運三年歲次丙午九月戊」子朔三日庚寅啓葬於府城西南七里大塋之野。其地西依堯土，東望長途，」南占火帝之峯，後倚玄崑之勢。四」神必[備]，八卦咸全，川澤為牢，山河作固，

[一] 誌蓋周邊刻詩一首：「兩釖沉泉路，東流不再迴。悲風生隴樹，夜月照明臺。」

卜茲良野，永託郊坰。伏慮」代變人[革]，奚憑土木，於斯刊石，將俟他年。妳子馬氏。」其詞曰：」
卜茲宅兆，遷厝神豈。管公來祐，孫賓助祥。」聲名穩奧，前後低卬。分枝胤嗣，世代榮昌。

《秦晉豫新出墓誌蒐佚續編》

開運〇一〇　裴德墓誌

開運三年十月二十八日

【誌蓋】大晉故裴府君墓之銘〔一〕

【誌文】

晉故裴府君墓銘并序

夫三千運動，典案上古之根基，□化□□風吅」立於天下。府君者，蒲州河東郡人也。伏羲之苗裔，□[公]之[遠]孫，因官逐任，派流」潞州上黨縣崇義鄉苗村為桑梓，松栢相婭。府君□根方解，□君之□」□後為阿舅年禄蒲柳，無人侍養，遂念已孤，迺剋已供侍阿舅□□。」府君諱德，為兩縣之襟襴，作一郡之領袖，逈秀過人，古今難有。一生」不沉枕席，時疾非侵，偶逢兵革，非所喪身，荒乱之際，權殯田坰，」享季六十五終。夫人劉氏，匀匀芳姿，世間難比，蘊德為人，孟姜」稱美，能撫六親，追遊隣里，享季六十一，終於私地。朝子楊六，」先已少亡。次子審虔，一□獨力，名超五孝，德備四恭，念慈母之孤」遺，憶先亡之少父，號泣上天，聲□動地。新婦劉氏、龐氏，雖已」不覩慈顏，常持孝行，恭敬無虧，理必備於三從，又乃能□」四德。孫男延祚、延琛、仏奴，為人極力，定省無虧，晨省朝昏，趍庭」有問。新婦苟氏、宋氏、玄孫伴叔等哀纏五内，痛慣〔貫〕肝心，祫祔兮」用報上嚴之德。厥以開運三年歲次丙午十月戊午朔廿八日乙酉」去村東二里甲地置祖塋。四望前觀百聖，世代傳名；後」

〔一〕誌盖四周刻詩一首：「世路何病苦，袁〔猿〕聲徹上天。黃金权入櫃，永别格〔隔〕千年。」

倚玄崟，今時罕有；東限龍袖，号曰硯；西接拒川，大」通南北。其塋四臨聖地，曩世堪安，必出有德有」信之人，子孫不絶。恐後年移改代，海變桑田，刊石」留名，迺為記。其詞曰：

相逆黄金入九泉，孤墳安」處到秋天。冤魄不知何處去，刊石留名記歲年。

開運〇一一　張榮墓誌

開運三年十一月三日

浙大墓誌庫

【誌蓋】失

【誌文】

晉故張府君墓誌并序」

夫張氏先望清河漁明，帝嚳之苗裔，承燕公之胤緒，」繼元伯之遠孫，忠良贊佐於當年，朱紫[茂][延]於積代。因官歷」任，逐□安居，今為潞州襄垣縣醴泉鄉直陽村人矣。祖考諱宗，祖妣」董氏。奇封[墜]跡，白屋潛形，不親桂影之榮，乃就釣耕之務。府君諱」榮，欽承派序，禄[慶]家門，敦崇懷君子之風，寬猛立紀綱之志。豈」謂霜風結恙，秋日成灾，砭刺不瘳，珠沉幽壤。以開運三年七月三十日」喪於私地，享年七十有三。夫人馬氏，葛覃比咏，令淑咸聞，不幸穹旻，早」傾私室。即有季子彦暉，謙恭夙俻，孝友時稱，恩重推梨，義深同氣。將」為三荆永茂，長保鶺鴒，豈料忽断鴈行，凋瘵手足。新婦皇氏，昔同殂」殞。嗣子彦存，家居煢秀，播譽時英，倜儻無綢〔儔〕，才能有俻。新婦馬」氏，邕容俱美，節行並修，恭良而微侍貞名，祀宗祊而剋勤終始。」孫吴十六，立性聰敏，幼奉獎恩，亦彰辯李之能，每受」過庭之訓。嗣子彦存謂先日雖哀毁罔極，孝子」之情，而遇歲月方通，得崇遷奉，于開運三年歲次丙午十」一月戊子三日庚寅葬於村西南，禮也。其地東連龍澤，西」接奇峯，南臨□□之長溪，北倚巍峩之遠岫。恐□波遷□，」海竭山崎〔移〕，刊珉石以傳芳，勒功名之□□。□詞曰：

卓哉」英賢，累代昭然。日月遄運，俄遘幽□。□□□盛，子孫綿綿。

《臨西碑刻》

開運〇一二　李俊墓誌

開運三年十二月四日

【誌蓋】大晉隴西郡李公墓銘

【誌文】

□晉故隴西□李公墓誌銘并序」

■萊觀察推官將仕郎弘文館校書郎楊敏昇撰」

夫継勳襲爵、少昇貴位者，能有幾人；主寵家□、□□□物者，實□□矣。其有天潢流潤，雲葉傳華，卓尔令名，靄然」國器。張慕先之博識，尚愧未萌；杜元凱之英謀，猶為寡昧。天奪壯志，何乃速乎。黄壤雖沉，清風豈泯。悲夫，禍福寧」問賢愚者哉！公諱俊，字　，河東太原府人也。唐明宗皇帝之孫，晉故南陽太師之子。皇考諱從璋，任」威勝軍節度使、檢校太師，封洋王。以軍功匡大□，以忠孝立家邦，定欃槍於革命之時，効英勇於中興之際。」莊皇再造，已振威名；明宗嗣昌，顯旌高節。一扶景運，□頒藩宣，政聲歌廉范之謡，勳績邁韓白之略，施仁及」物，慶保子孫。皇妣京兆郡夫人田氏，以懿範播閨閫，以母儀標女史。□芝朱草，産為昭代之祥；楚璧荆金，出」作明時之瑞。誕于賢哲，光彼德門，公即太師長子也。弓能落鴈，劍可剸犀，幼在皇闈，長親紫殿。龍樓」侍寵，早歷職於諸司；虎帳承榮，位頗隆於清切。敦詩閲禮，抱義懷仁。三尺腰懸，獨有四方之志；六鈞在臂，遡窺萬」里之程。爰自起家，□□□祑。天成二年，授六宅副使、銀青光禄大夫、檢校右散騎常侍。雀扇展開，步舞向丹墀之」列；鑾輿□從，清塵隨碧落之班。三年，遷綾錦使，加左散騎常侍。長興元年，郊堙

禮畢，涣汗流恩，轉六宅使，加檢」校工部尚書。官隆八座，榮顯一時，勵臣節以弥堅，願忠貞而益異。二年，上以公早推勇捍，素習韜鈐，將嚴宿衛」之師，須委腹心之寄，宣補右捧聖弟四指揮使。整齊戈甲，訓練驍雄，將侔指□，覬伸効用。三年，以王侯之子，軍旅」位卑，復授宫苑使，加檢校兵部尚書，晝司宫禁，夜肅警巡。時上寢疾，將期□□，□至晏駕，所管乂寧。少帝」承祧，倍加寵遇。未朞，潞王赴國，寶祚俄移，復示新恩，仍於舊貫。清泰元年□□以公久縻内職，頗屈雄程，選自」宸衷，遷于環衛，授右金吾衛將軍。□□朝天，曉逐鴛鴻之列；執金儼□，夜嚴貔虎之營。尋屬晉祚俄興，」先皇剏業。天福二年，太師薨變，尋□苫廬。三年，授起復雲麾將軍，継歷哀誠，懇堅辭讓，帝命非允，就洛留司。」秋落起復，檢校尚書左僕射、右威衛大將軍。四年，除授封州刺史，皂盖朱幡，已顯分符之貴；褰帷撫俗，尚遥共理」之心。五年，轉授□□刺史，加左僕射，頻駈晝隼，累位頒條，志奉九重，但瞻雙闕。六年，先皇弃國，」今上承基，□□□□朝，首膺渥澤，授博州刺史。上以前朝皇戚，寵厚元勳，言念博閑，稍遥宸極，遂移」鳳誥，别委魚符，除授虢州刺史，加金紫光禄大夫、檢校司空。公自到任，值歲虫蝗，出己俸而濟飢民，寬政刑而」□瘵□，□□□化，惠及疲羸。開運□□移授商州刺史。開防六里，聖委□綏，貴顯百城，君恩所囑。公無何不」親政理，□用失人，盖由福去灾來，乃致情移志變。罷替歸闕，旋就休閑，頓□浮華，棲心玄圃，屏笙歌而爇炷，断」酒肉以恒齋。初披戴於焦尊師，次受畢法籙於劉若拙。九霞真帔，常□五夜之□；三洞靈書，法畢一時之籙。忽尔」玄穹降禍，事匪由人，遽至身終，沉于泉壤。即以開運三年秋九月二十六日夭終于洛京立德坊私弟，春秋三十」□三。□松百尺，不能遏迅急之風；皓月九霄，豈可免盈虧之數。七賢共逝，千載同悲。公先婚陸氏，早亡。後婚」□河郡君張氏，即故□州節度使温之女。有弟三人：長曰興，性唯高逸，志鄙宦途，訪慕林泉，不□干禄；次曰直，早」□禁職，遽歷朝行，將舒雲漠之程，漸近煙霄之列，任左領軍衛將軍；次曰泰，襟懷豁達，氣量恢弘，著□□□，永」□王室，任西頭供奉官。

有子八人、女七人。長曰欽叡，任商州衙内指揮使。次曰欽贊，任虢州司馬。餘或在齠年，」或居丱歲，悉遭哀制，咸處喪儀。將軍司徒与昆季同謀遷奉，共俟送終，竭家力以修塋，罄資財而舉事。即」以當年冬十二月四日殯于伊闕縣□□□□下里之高原，即公之塋也。公蘊文蘊武，唯謹唯恭，啓閤求賢，」虚懷待物，見不平而發憤，遇義勇以開博。至於詩酒琴瑟，管絃絲竹，軍前馬上，今古□倫。然雖佩魚符，未□龍節，」平生之貴，亦乃足乎？敏昇□□朱門，曾伸棲託，今叨清顧，□異□□，空悲」昔日之恩，徒紀此時之石，捧承佳請，但愧荒虚。乃為銘曰：」仙源靈派，皇室令孫。生知禮樂，神付温恭。其一。巍巍美皃，凛凛形真。有忠有孝，蘊武蘊文。其二。」□□中興，明宗繼位。朱邸承榮，清門顯貴。幼乃英果，長全忠義。蘊略苞謀，懷材抱器。其三。」□歷諸難，數遷州職。佩玉朝君，執金拱極。累佩魚符，頻登熊軾。卓有政聲，靄然芳跡。其四。」年華正盛，聖歷方□。□抗禄位，就洛跧藏。頂冠披褐，静室焚香。籙傳三峒，帔曜九光。其五。」福去禍來兮人豈期，釁起於家兮情可惜。悲夫壯歲兮忽沉泉，痛彼藝能兮無處覓。」伊水河西兮刱孤壠，嵩少來□兮紀□石。谷變陵移兮誌永存，地久天長兮人共□。

《隋唐五代墓誌匯編・洛陽卷》

開運〇一三　李繼忠墓誌

開運三年十二月四日

【誌蓋】失

【誌文】

大晉故右監門衛大將軍李公墓誌■」

蓋聞金烏玉兔，尚不免於虧盈；峻谷崇陵，亦難逃於遷變。況□生世，虚幻化哉。雖有聖賢，不無生滅。嗟乎」君子，奄逝明時，安厝玄堂，直書墓誌。公諱継忠，字化美。乃祖乃考，為帝為王，即後唐」太祖武皇之孫，莊宗

皇帝之姪，安義太師韓王第三子也。祖諱克用，父諱嗣昭。故同光中改昭」義為安義軍，以避諱也。其於君父，開天闢地，建業興邦，盛德鴻勳，存于國史。母晉國太夫人弘農楊」氏，世傳令淑，代仰貞賢，德貫母儀，譽高嬪則。昔年薨逝，合祔於鴈門郡西[七]里武皇陵園之後。碑樓」廟皃，松栢依然。公昆季八人，長兄曰繼儔，檢校司徒、澤州刺史；次曰繼韜，檢校太保、安義軍節度使、同中書門」下平章事。弟五人：長曰繼達，檢校司空、安義隨使馬軍都指揮使；次曰繼能，檢校司空、相州刺史；次曰繼襲，檢」校右僕射、潞府左司馬；次曰繼遠，檢校右僕射、安義隨使馬步軍都虞候；次曰繼鎔，檢校右僕射、潞府右司馬。皆」以各承蔭緒，並列勳榮，不幸盛年，相次淪没。諸姪十餘人，或名聯内職，或養性鄉閑，偕刊碑銘，此難備」録。公以枝連帝葉，派接天波，乃武乃文，唯忠唯孝。年未弱冠，名掛宸扆，擢授驍衛將軍，光乎侍」省。二十一，受檢校工部尚書、充安義節院軍使。二十三，受檢校右僕射、充義感馬軍指揮使。二十五，受檢校左」僕射、安義中軍使、兼知衙務事，時天祐末矣。二十七，受檢校司空、充安義左厢馬步使，時同光初也。三十□，」受檢校司徒、北京皇城使，時天成初焉。三十五，受河東行軍司馬，時長興末矣。三十九，受鎮州行軍，時清[泰]」初也。時以」大晉高祖明德皇帝龍飛并朔，鳳起晉[陽]，登寶位於洛京，尋遷都於梁苑。伏蒙聖造，録以舊」勳，念竭[家]財，曾助軍國，錫功臣之懿號，授符竹之寵榮，輝發危條，俾芳枝葉。四十一，受輸忠奉國功臣、光禄」大夫、檢校太保、使持節單州諸軍事、單州刺史、兼御史大夫、上柱國、隴西縣開國子、食邑五百户，時天福二」年矣。況乃單父名高，琴臺地重，自昔□任，非賢不居。四十三，受右神武統軍。光乎位列勾陳，職居環衛，肅」嚴貔虎，上捧君親。尋沐睿慈，受隰州刺史。輟六軍之重寄，遷五馬之崇榮，一州謌來暮之謡，六邑」抱去思之詠。四十八，受澤州刺史。而況高都重地，天井要閧，自古典臨，莫非英哲。公自臨所任，獸去珠還，咸」謌五袴之謡，盡仰二天之化。四十九，受右監門衛大將軍。方親鳳扆，日近天顔，何二豎之」為灾，奉百[藥]而無効。以開運三年八月八日劇薨於汴京崇夏寺西私第

矣，春秋五十一。留語於洛陽」營殯，遺表進過於小男。聖上□悼以輟朝，羣公驚悲而奔吊，宣頒贈賻，溢砌盈庭，恩及存亡，」實□□盛。公前婚武威郡安氏，柔德有聞，早年亡殁。今河東郡夫人賈氏，才高道藴，德邁文姬，類陶母之」延賓，比軻親之訓子。名揚四德，譽合六宫，婦道母儀，可為龜鏡。公育男六人：長曰全節，前沂州長史；次曰」全盛，前澤州内袖；次曰全明，故單州衙内指揮使；次曰全朗，早悟真空，披緇奈苑；次曰全遇，前澤州衙内指揮」使，銀青光禄大夫、檢校太子賓客、兼侍御史、武騎尉，近蒙聖造宣補殿直；次曰全渥，前澤州山」河軍使，遺表進過，將俟國恩。繼以哀纏，持孝私室。嗚乎！太嶽崩焉，良木摧焉，夫人恨絲蘿無」託，孤子感風樹益悲。即以其年十二月四日奉殯於洛陽縣清風鄉安仁里高村之原矣。於是左接」河陽太師塋域，右依」明宗皇帝徽陵，前臨秦王少帝之墳，後近清泰雍王之墓。恐以時移代遠，頹彼佳城，禮」刻誌文，直標銘曰：」

公之祖考兮為帝為王，公之昆季兮如琳如琅。」唯公禀性，氣皃堂堂。唯公勳業，盛德揚揚。」二豎為灾兮其夢非祥，百藥無徵兮以至薨亡。」遺言安厝，歸於洛陽。唯言儉殯，無越於常。」洛都東北兮徽陵之傍，鄉号清風兮山号北邙。」翔崗塋域兮殯此賢良，千年万歲兮地久天長。」

其墳塋周迴地共四頃七十畝，東至河陽太師墳，南至大道，西至路，北至路。

《秦晉豫新出墓誌蒐佚》

開運〇一四　李行恭及妻陳氏墓誌

開運三年十二月二十三日

【誌蓋】晉故李府君夫人墓誌〔一〕

〔一〕誌蓋四周刻詩一首：「墳樹草欺邪〔斜〕日落，断洪〔鴻〕飛處汲風愁。雲連樂慘哀聲發，苦痛人和泣淚流。」

【誌文】

晉故李府君墓誌銘

太平鄉善業村劉超買地二畝。」

府君諱行恭，玄元皇帝之苗裔，胤封江下王，後為上黨太守，葬在城西北二十里，」塋廣捌畝。其後子孫流迸，逐便東西，於潞城縣西四十里封仁村有地宅焉。因」官歷任，來至黎城縣東北七里白巖山下元村，廣務田薗。高祖墳在村西」□一里。曾祖諱季宗，改葬村東甲地。府君冠年英桀，禮樂立身，名係轅」門，太原守職。伏自先皇委注，補充五院都頭，為國忠懃，於家孝敬，加」以邊隅寇乱，磁隰未寧，奉勑剪□□□姧黨。已天祐十四年終於」彼地也，春秋六十有一矣。夫人本東陳村，乃陳氏之女也。夫人以芝」蘭秀異，如芳桂之貞。已同光元年八月五日忽因寢疾，奄弃高堂，」享年六十有四矣。去開運三年丙午之歲十有二月丁巳朔二十三日己」卯，遂別卜塋兆，改葬於村東一十五里皇后嶺西。其地勢也，南山嶷」嶷，地北平平，左望長途，右連幽谷。有嗣子有四：孟子重興，仲子重」裕，頃因不幸，早奄泉臺；次子弘，小子彥珣。女有二：長女宇郎婦，笄」年及侍，出娉西鄰；小女惠通，七歲出家，依年授戒，名聲高遠，道」德幽深。有新婦二：牛氏、馬氏。孫男有四：福榮、福超、小師、惠清。」□孫男高留范。新婦有二。孫女有八：豈郎婦、郭郎婦、劉郎婦、小劉郎」婦、張郎婦、小師姑、謝郎婦、八姑兒。內外姻親，同修葬事。

《三晉石刻大全·長治市黎城縣卷》

後晉〇〇一　張奉林墓誌

後晉某年十月五日

【誌蓋】晉故清河郡張公墓誌

【誌文】

晉故金紫光禄大夫檢校司徒嵐州刺史清河郡食邑七百」户兼御史大夫上柱國張公墓誌銘并序」

蓋聞神道感通，人功自著；源流冀表，斯文顯明。曾、祖、考，並」皆不仕，逍遥遂性，落天寓時，惟襲韜光，爰繼宗嗣。」公諱奉林，孝道日積，功幹時逢，運偶莊宗皇帝，初嘗」累德之因，尋領重權之次。天祐　年，權主金槍扈衛都」指揮使，尋又至同光　年，轉授正金槍扈衛廂都指揮使。」未逾數歲，便遇明宗皇帝罔鄙微勞，顯降」睿澤。天成元年，除授豐州刺史，尋又除鎮武正副使。纔終秩」替，尋便歸朝，恩渥愈深，亟奉殊寵。後至清泰年，」除授嵐州刺史。將經歲序，疾疢忽興，藥餌無徵，永終遽至，公」春秋六十有八，薨于私第。禮贈盈門，人言如玉。婚于　郡」薛氏。夫人德行播實，内則表貞，烝嘗聯宗，宜尔益盛。」三男二孫六女：長男敬千，次男彦韜，次男彦詔；長孫兒厚殷，」次孫兒厚賓；長女適薛氏，次女適白氏，次女適薛氏，次」女適楊氏，次女適安氏，次女適王氏。内外哀涕，遠近悲摧。」卜宅云諧，遷葬定吉，遂於十月五日葬河南府河南縣金」谷鄉張村，殯于」神靈，永扃窀穸。想他年之海變，記今日之貞珉。其詞曰：」

紀功記定，銘德居陰。」重書狀實，千載斯尋。

《考古》二〇一三年第四期

後晉〇〇二　王萬榮妻闞氏墓誌

後晉某年八月二十二日

【誌蓋】失

【誌文】

晉故隴西郡夫人闞氏墓誌銘并序」

前淄青登萊觀察推官將仕郎前守弘文館校書郎楊敏昇撰」

延州長興延慶禪院僧惠進書」

夫二象始分，三才已別。稟氣含靈之内，形影相須；遷移寒暑之中，短長斯繼。大夜逝川之歎，露華風」葉之悲，今古皆然，賢愚豈免。顔子智而周物，筭不延長；籛鏗性乃顓濛，壽而遐永。豈非博厚，盖自前」修。隴西郡夫人閑氏，即同州馮翊縣人也。其先春秋時未詳所出，蜀將鎮國大將軍、荆州都督」羽之後也，因徙隴西，乃郡焉。遠則龍逄逆鱗，次則雲長戰勇，其後代生俊哲，世不乏賢，具載簡編，此」不繁述。皇考前同州司馬諱　，英奇邁古，朗秀超今，參郡佐之上寮，著州鄉之美稱。及於罷秩，」志樂林泉，猒爵禄之浮華，慕優閑之高逸，不再位事，至於終年。皇妣太夫人天水趙氏，長自名」家，聘于豪族，德流胤嗣，慶及子孫，即郡夫人司馬府君之女也。郡夫人智因天縱，惠乃神資，」五色卿雲，自是長空之瑞；九苞靈彩，本為丹穴之祥。皓質無雙，濃華獨異，生而自秀，長乃不群。洎及」笄年，適于前鎮國軍節度使致仕司徒王公。司徒王公匡時振譽，佐國成功。」玉殿承恩，貴戚光連於帝室；金門示寵，推誠位列於藩宣。虎節雖持，龍樓每覲，動政聲於二華，」顯惠愛於三峯。公以位望穹崇，恐妨賢路，尋求休退，乃就懸車。則竭力扶天，盡心翊主，凡」於著美，悉自家肥。郡夫人有女一人，男一人。女即唐明宗皇帝妃也。皇太妃九天」仙態，都苞麗質之中；三洞靈儀，盡統元精之内。貞姿絶代，異克傾城，奪越水之煙光，容超西子；比晉」文之寵侍，美過南威。峨山之空説雲飛，洛浦之虛聞雨散。加以智匡邦國，賢贊宫闈，九重之注意偏」隆，萬乘之安危斯託。及明宗宴駕，嗣帝承基，首膺禮册之文，實貫古今之盛。今上自」臨寶曆，聖澤頻仍，輝華晉室之聯姻，焕耀唐書之史録。郡夫人有男任内園使、權洛京大内」巡武德等使、金紫光禄大夫、檢校尚書右僕射、兼御史大夫王延福。地靈標秀，天爵垂祥，傳詩禮於」清門，咸推高格；歷班資於紫禁，衆仰英材。爰自起家，便昇峻秩，瓊樓入侍，常親鳳扆之傍；寶殿趨」朝，每近龍顔之側。

累遷内職，益厚渥恩。乃忠乃孝之心，不移全節；藴武藴文之藝，寧測前途。方」慶晨昏，忽茲鍾禍。婚隴西縣君李氏。郡夫人理家之要，布惠之餘，訓子義方，則卜鄰截髮；穆親和眷，」則匀帛散金。至於厩養之徒，僕使之恩，煦如冬日也。梁氏之二門三后，比盛猶虧；王家之同日五侯，」方斯未貴。其於内外親屬，悉乃光榮。郡夫人自遘疾已來，日漸一日，藥石備至，所患匪瘳，遽至膏肓，」奄辝昭代，即以六月二十一日終于洛京思順方〔坊〕私弟。嗚呼！好花易落，秀木先摧，嗟急景以逡巡，」歎逝波而迅速。凶問達闕，悲慟宮庭，愁雲布而九族哀，泉户深而六親痛。即選八月二十二日喪于」河南縣平樂鄉朱陽村北□之□原，郡夫人塋也。郡夫人芳容永榭，素質難窺，芙蓉帳裏尚香」殘，鸞鏡臺前塵已滿。□夫浮生若夢，□免如流，桃開柳岸昔追遊，孤壠荒郊今掩跡。兒號女哭，添牽」素幕之愁；哀挽悲歌，引動丹旌之旐。敏昇學慚畫虎，藝愧雕龍，承重命以須遵，顧拙材而何補。只憑」實録，非敢飾詞，乃為銘曰：

其一：」門族方盛，室乃資賢。慶鍾於□，德實自先。芳容宛美，麗質凝然。抱柔和氣，」藴懿範焉。其二：婦禮生知，母儀□□。禀慈順風，苞堅貞固。松老益青，竹寒弥茂。」不侫浮華，唯勤儉素。其三：姻連帝室，戚接皇闈。貴盛斯極，謙謹不違。禮親無倦，」論道忘疲。遽成匡救，蓋自家肥。其四：方正盛年，忽茲遘患。藥餌乏徵，膏肓遽絆。」隟影難停，逝川興歎。魄往泉臺，魂留几案。其五：光容永榭，形彩寧窮。」寶鏡塵生兮人不照，金鴨香殘兮帳已空。北忙〔邙〕原上兮凄凄夜月，洛水河邊兮慘慘朝風。」勒石鐫銘兮永存斯紀，谷變陵移兮不泯高踪。

《千唐誌齋藏誌》

後晉〇〇三　石昂墓誌

葬年不詳

【誌蓋】失

【誌文】

故晉朝散大夫宗■

公諱昂，字敖曹，其先趙人也。本帝嚳■州樂陵郡人也。公即樂陵之裔冑■固深。厥嗣無墜，幽蘭生谷，雖■河東賈氏。顯考諱審，字正■冰清之譽，劉氏之經籍■其識高聚■

光緒《益都縣圖志》卷二七

後漢

天福

天福〇四七　廣城院從意大德塔銘

天福十二年五月十日

【誌蓋】失

【誌文】

大晉汾州廣城院歿故院主大德墖記

□夫衆聖垂範，墖厝遐敷，大果小乘，貴軀凡骨，闍維窆葬，有旌記焉。院主大德俗姓楊氏，弘農人也。僧諱從意，□貫當邑生涯矣。四歲諄善，志慕禪宫，苦□從師，依年具臘。精專六節，不犯聞疑，弼輔辛勤，鄺匡金地。師殁，承□掌握年深，繩准僧徒，紀綱梵宇。旋抽盂賄，時命良工於情鳴堂繪圖聖像，畫清浄法身一壁、七俱胝一□、金剛藏菩薩一軀、西樓羅漢一尊，兼素帛妝、□畫數軀聖像，盡竭己有，不撓他人，生造墚□，薦勳往路。於天福十一年丙午歲，年八十一，示疾蓮宫，於六月十八日蟬蜕逝矣。法眷長幼，孝荅師資，依禮荼毗，安神師側。聊刊貞石，銘俟年代。

撰記兼書念《法華經》僧惠澄

旹天福十二年歲次丁未五月乙酉朔十日甲午建造

同學：院主僧從徹，上座僧從賑，念《法華經》僧從讋，講《百法論》《上生經》僧從彥，知供養主僧從現，從筏、從嶰、從顯、從收、從頡、從直。宗胤：門人僧紹鑒，典座僧紹宗、紹□、紹臻、紹伯、紹讀、紹英、紹筠、紹逵、紹衣、紹澄、紹清、紹琪、紹貞，沙彌紹明、紹貴、紹□、紹密，童子興兒、最要、小兒、小見、閏閏、和和、小兒、胡子、三兒、四郎、小山、胡臺、三哥。行者伊敬厚。

鐫字都料焦重福

《汾陽縣金石類編補遺》卷三

天福〇四八　劉衡及妻樊氏墓誌

天福十二年十一月二十二日

【誌蓋】大晉故劉府君墓誌銘

【誌文】

大晉故劉府君墓誌銘并序

堂伯長男雍七次東自有莊田并塋域，亦在從庚。」

上代諱朏，銀青光禄大夫、右金吾衛將軍、司農卿，曾任一十八正刺史。已次諱晉，曾」任魯郡乾封縣令，兼兩任録事參軍，俯一命也。次諱垣，曾任懷州録事參軍，即」刺史之子也。祖諱昭。考諱衡，前攝少府監主簿、將仕郎、試太常寺奉禮郎。本貫」期至鄉朱村人也。因遭事焉，於大義鄉苟村別買置莊田。以清泰元年王六月八日抱」疾身亡，時年知命有六，權殯一十三年。又妣樊氏，南陽郡人也。以天福十二年王八月廿」二日身亡，紀年從心有一，即其年歲次丁未十一月辛亥朔廿二日壬申合祔于莊」西塋内壬穴。其塋東去右軍約三里，西去陸村一里半，南去南苟村二里，北去朱」村二里。長子李七，將仕郎、前試太常寺協律郎，新婦郄氏。次子李八，將仕

郎，試」秘書省校書郎，新婦鄭氏。次子陁奴，鄉貢三傳，新婦齊氏。次子五娘，鄉貢學」究，新婦長孫氏。嫡孫公兒，次孫楊七，次孫厞厞，次孫妙哥，次孫豆豆，次孫蛹蛹，次孫」賽哥。李七等奉為考妣太行選石，鐫為宗裔之珍；名匠分花，鏤得圓方之」軌。兹亡考者，常遵四教，每重三才，為上代継業之休，作後世勳庸之美。寔謂門」傳孝悌，望襲簪裳，無念尔祖之風，千齡不朽者也。當以在生之日，晨昏不闕，奉」養無虧，五男五婦之勤，二長二親之禮。况以事死事生之道，金石難同；敬天敬地」之祥，聖德豈並。是以乾坤之内，惟人最靈，禀四氣以成形，納陰陽而為質。」體同轉燭，豔色須臾，若水上之浮漚，忽生忽滅。只如尫劣者如霜覩日，〔一〕榮盛」者似嫩葉逢春，霜遇日而自鎔，葉逢春而色翠。高岸為谷，深谷為陵，日落自古」沉西，人亡至今首北。而今安厝已後，明發不寐，有懷二人。《孝經》曰：春秋祭祀以時，思之」寒暑變移，益用增感。《詩》曰：孝子不匱，永錫尔類。其是之謂乎。是日也，松風起韻，」鶴瑞來翔，悲慟玄英，淚班雪際。頌孝子：傷神孝子哭聲悲，淚落偏霑野客衣。」誰為感天來助哭，遶墳唯有白鸞飛。頌妣：罷掃嬋娟况未深，至今猶自哭聲頻。」只緣兩豎為殃苦，忽取姬姜赴杳冥。頌考：性含冰翠皓然霜，服得儒流自遠方。」秋月夜吟成五字，也曾明代獻君王。今乃卜其宅兆，地限太嶺，勢穩懷覃，遞承劉累之」苗，世号彭城之域，後限紫陌，傍倚長途，東去莊七十餘步。又唐棣之花，芳蕚葦」葦，盡在方厢。懷州武德縣大義鄉歸仁里北荀村男李七等慮恐山河改變，世界傾危，」子孫抛弃於外鄉，荏苒未歸於故里，故鐫此銘記為據。

撰文并書人鄉貢三傳申鼐

《新中國出土墓誌・河南壹》

〔一〕「霜」上疑脱一字。

乾祐

乾祐〇〇一　鄭君墓誌

乾祐元年正月十六日

【誌蓋】失

【誌文】

■」□□□吉，世為京兆人。於先自周宣王封母弟桓公友於鄭，列在《春秋》，是為鄭國，至□□」[時]韓滅鄭，後代子孫[以]國為氏。曾祖伯茂，皇任□[州]安邑縣令，累贈工部尚書，雖生歎下」僚而殁貴仕。祖綦，皇任尚書都官郎中，名動清朝，舉高蘭省。父煦，皇任虢州軍事」判官，克政令聞，著乎當代。公儀形蕭散，時号神仙中人；名蹟風流，人為煙霄□□。釋褐」□定州曲陽縣令。徵清譚於麈尾，不減政聲；縱授賜於蒲葵，終無穢德。俄□□州安□」[縣][令]、兼監察御史。未餘月，擢授録事參軍，相次授相州録事參軍，糺鍩外司，政□□[播]。又除」[開]封府陳留縣令，復選授扶溝縣令，就加登仕郎階。公憂民不逯〔逮〕，化物忘疲，雖聞德合神」明，[但]見病在骨髓。公於寢疾中謂親友曰：我聞宰邑是天下之重任，黎庶是君□之赤子，」急之則民力不逮，緩之則國賦不充。吾常觀往哲宣風，前賢布政，掇善積者百□□□，」興讟者十有七八。余今日雖位不登華貫，名不踐清資，得處於季孟之間，死無恨□。□」手足之夕，顧謂家人曰：公平生韋絃是戒，冰蘗居懷，滿袟有顔氏考詞，居任有五家」縣譜，亦非讓於古人矣。尔等敬立家道，無玷士風。周歲而構寢疾，即以乾祐元年戊□」歲正月一日薨于開封府俊〔浚〕儀縣界之私弟，享年六十一。哀慟親族，悲纏閭里。公外清河」崔氏，□婚隴西李氏。有男一人衍，進士擢弟，婚樂和李氏。有女三人：長適王氏，次女褚氏，最」小王氏。有孫三人，並皆幼稚：一人長孫翟八，

一人孫女婆心，小孫男摟哥。今則妳婆呂氏、」衍新婦并親隨魏延祚自汴州扶護神櫬至濟源東界，万計捃拾，力營大事。」即以大漢乾祐元年歲次戊申正月一日辛亥朔十六日丙申葬於孟州濟源縣沁東鄉」集賢里之北原，禮也。公之處世，不尚華飾，唯務清簡，宦遊三十年，事官六七任，而」家無承帛之妾、食粟之馬，抑亦□古賢之遺美矣。若匪刊削，恐墜聲猷，儻」更稱揚，慮煩□舌，是用聊□□記歲年，庶谷變以陵遷，共天長而地久。銘曰：」

谷口名流，康成華裔。不泯清風，重生英器。釋褐一同，」彈冠百里。州縣之職，大夫之位。出入粉闈，□遊丹地。」陰德何愆，不能至此。夢叶膏肓，病在骨髓。子路禱神，」阮瞻無鬼。世德具存，家風不墜。握筆屬辭，幸而無愧。」

堂□□□□府士曹參軍鄭□□篆字額并書

《邙洛碑誌三百種》

乾祐〇〇二　龐令圖墓誌

乾祐元年正月二十二日

【誌蓋】失

【誌文】

大漢故鴻臚少卿金紫光禄大夫檢校兵部尚書兼御史大夫上柱國龐公墓誌銘并序」

將仕郎前平盧軍節度巡官紇干德覃撰」

原夫金仙垂教，難停過隟之光；若士留言，易感繫風之景。□以周末示逝川之歎，漢初興薤露之歌，□」乎是言，哀哉孰免。而或英髦命世，忠孝□時，將宣德業之名，須假揄揚之頌，乃書實録，用紀家諜者也。」公諱令圖，洺州肥鄉縣人也。得姓於前□冀州刺史龐胤徽之後，積世矣。」曾祖諱和，皇不仕。祖諱□，□□仕，娶滎陽郡鄭氏，即漢光禄大夫冲之遐裔也。淳兹婉約，令淑罕」儔。自公初登省署，乃追贈□□□善，鄭氏追封滎陽郡

太君。贊善素敦家法，衆所伏膺。」有子三人：長曰令佺，前安國軍押■氏，不謂相次疾疢，前後悉終。有男一人，名守貞，懷州修武主簿。」次曰令謹，銀青光禄大夫、左散騎常侍，貂蟬是貴，爵秩唯高，娶任氏，即漢舍人任座遠派也。非敦舉桉，」□後畫眉，不幸羸痾，連綿傾喪，俱附葬於大塋之右。有子一人，名守真，累遷至祁州司法參軍，娶中書」郡邊氏，即漢邊孝先之胤緒也。有子一人，年十歲，小字姤子。並出德門令望，文苑芝蘭，自罷掾曹，獨資」蘋藻。公即贊善弟三子也，幼而英睿，長乃不群。始議從知，即授郡牧簡署，攝磁州糺曹。旋赴薦章，」即正授忠武軍録事。至唐明皇天成元年，躬進表章，尋就加賜緋銀印，提綱有譽，又加監察御」史。三年，又加殿中侍御史。至四年，又加朝議階，尚書虞部郎、中山節判。至長興元年，以功就加尚書工部員外」郎。當年赴闕，詔加銀青階，工部尚書、左威衛將軍、樞密院副承旨。朞年，又以功加刑部尚書、汶陽節判。」至清泰二年，詔授司農少卿。至天福二年，加户部尚書。至八年，又加兵部尚書。重疊承雨露之恩，」霶霈授絲綸之寵，官崇三品，位歷四朝。頡頏班行，抑揚事行。既及罷任，得志歸閑，因適畿」封，欲棲別業。豈料三彭結舋，二豎成災。嗚呼！醫藥無徵，即以天福十二年丁未歲十月二十四日薨於三」鄉縣之旅舍，享年六十有五。號天而骨肉哀□，叩地而親族傷慟。公先娶汝南郡周氏夫人，貞莊」顯譽，温潤馳芳，不幸先於公之二十七年以疾終於鄉里。公後以家臣是念，塚宰疚心，纔畢喪儀，再」娶河東郡霍氏夫人。復以糟糠得侶，琴瑟重調，方委蒸嘗，以修祭祀，不謂又先於公之一十五年亦寢疾終於」鄆州私弟。有子二人：長曰守素，秀而不實，早終於故土；次曰守訥，初任陝虢察推，漸遷節度小計，不幸亦先於」公嬰疾殁世。婚見任西京留守隴西李太師相公□□女，但自好通秦晉，道洽潘陽，制未闋除，亦因疾」亟而殞。賓館已亡於荆玉，蘭堂又失於芳蓮，有淚如丹，無蹤若化。有女一人，年始八歲，小字七姐。」公有女七人，盡比神仙之列，皆彰蘭芷之馨，謝氏樓前，堪為女伴；婕妤席上，宜鬪文才。長適張氏，仕至東齊右」職。次適徐氏，青丘小計、尚書兵部員外郎、殿中侍御史、賜

紫。驪珠出海，韭玉離崗，揮夢筆於雄藩，曳長裾」於會府。次適張氏，早斷鷄於易水，今隔寇於胡塵。次適李氏，鴻臚寺丞，方駕鵬摶之勢，見聞鶴唳之音。」次適高氏，弘文館校書郎，朱絃峭韻，白璧貞姿，暫游芸閣之資，即赴省闈之任。次適王氏，見任殿直，琳」瑯瑞器，杞梓宏材，匪朝伊夕，承綸受渥。次未從人，方居孩幼。非才超於國器，即德邁於人龍，盡出」高門，皆承餘慶。嗣子力竭於安厝，東床共俻於殯遷，但緣鄉國是遥，大塋尤遠，徒拉臨喪之淚，未諧」帰葬之期。即以乾祐元年正月二十二日卜窆於洛京河南縣平樂鄉朱陽里，同罄送終之禮，俱伸永訣之儀。所」慮谷變陵遷，時移事易，欲刊翠琰，命及靡才。辝既罔及，是為銘曰：」

天生碩德，時誕宏材。秩昇九棘，位佐三槐。入奉彤墀，出敷淳化。非贊唐堯，則裨黄霸。」仕崇三品，官歷四朝。八元望重，十乱功高。考限既周，志謀貞退。□遘羸痾，奄斯傾背。」鄉閈是遠，且卜權宜。佇將力辦，袷祔同帰。紀善銘功，刊石不朽。□谷變以陵遷，」記天長而地久。

前攝左金吾引駕仗判官張光胤書

■陳千鐫

《千唐誌齋藏誌》

乾祐〇〇三　夏光遜墓誌

乾祐元年二月十日

【誌蓋】失

【誌文】

大漢故齊州防禦副使銀青光禄大夫檢[校]尚書左僕射兼御史大夫上柱國譙郡夏公」墓誌銘并序

鄉貢進士王虚中撰」

公諱光遜，本先譙郡人，近祖徙家青丘，又移貫焉。帝顓頊之分苗，姒伯禹之錫系，洎乎列國，寖」廣英風。姬文受命之秋，華宗孔熾；沛祖入関之後，貴胄益繁。□易古今，間生賢哲。根盤鼇背，蔭」圍木以天長；派激龍門，導遐源而谷濬。前烈於焉而有德，啓令嗣者莫京；後昆豈可以無人，構」崇闈者必大。道光族緒，事煥簡編，不欲罄而述也。曾祖諱相，皇任登州長史，夫人鄭氏。」祖諱存，夫人張氏。父諱魯巖，梁皇任銀青光禄大夫、檢校尚書左僕射，晉贈太子洗馬；夫」人劉氏，追封彭城縣太君。公即洗馬之長男，故遂府太師之猶子也。承貽謀之慶，傳」積善之門，生乃在於綺紈，長必隆於弓冶。尋干戈之事，衆許梟雄；習禮樂之規，未嘗自伐。故梁」掌武彭城公是公之諸院初從舅也，方開宜社，待築齋壇，念公有翹楚之能，賞」公以拔茅之薦。潛思采顧，始奏銀章，仍遂起家，特縻好爵，授銀青光禄大夫、檢校左散騎常侍、」兼御史大夫。尋值中原鹿走，武庫劒飛，莊皇駕戎輅以吊民，梁主輕寶符而喪」國。既寧有截，大啓霸基，浦降明恩，俄昇憲座。轉工部尚書、兼攝孟州司馬。榮分典午，」位列冬卿，戒懷而時雨罔愆，莅事而秋毫莫犯。罷司避□，迺換乘輿，天成元年，改授汝州別駕。」利解全牛，才淹展驥。在公無玷，韞之以藍岫瓊輝；視物□明，動之以寶匣菱彩。才終上佐，擢入」通閨，拜東頭供奉官，居侍從之班，處清華之級。峩冠結帶，優游久踐於丹墀；振鷺鏘」鸞，出入幾經於玉曆。遄離中禁，忽上亨衢，加氈毬副使、檢校尚書右僕射。上國分司，」□雄傑而作貳；文昌設象，仰端揆以居先。是獎忠良，顯酬勞績。晉少主之臨寶」□，膺乾受禪，出震承祧，輟環衛之天官，覃絲綸之帝渥。命玆俊乂，寵亞廉車，改齊」□□禦副使。將歷玆途，奈拘屯運。羽書交聘，慮列郡以多虞；隼旆徂征，痛疲民之何治。方思委」□，□降恩榮，欲令權知軍州事，遷檢校尚書左僕射、兼充本州巡檢使。公迺察俗無」□，□訟有断。夜嚴刁斗，絶暴客以扣關；曉振威風，見兇徒而屏迹。洎逢有漢，得替歸」朝。聖上念闕軍廚，出斯公帑，旁求幹蠱，密奉皇華，委充華州和粂斛斗使。躬馳」宸翰，届及遐藩。事正計於轂中，病忽纏於膏上，未遑復命，遽奄重泉。遂於

天福十二年十」月八日終于華州卸館，享年五十。家宰等扶護至洛，欲於乾祐元年春二月十日葬于西京河」南縣平樂鄉杜郭村，禮也。夫人張氏，故漢州使君之女也，蘭有異香，玉温饒潤。瑶琴撤弄，」對别鶴以空悲；藻井慵窺，痛高梧之先殞。弟三人：孟曰光胤，晉故兖州牢城都指揮使，力戰」賊城，殁於王事；仲曰光贊，見任西頭供奉官；季曰光祚，學究及第，見任襄州鄧城令。」唐〔堂〕弟二人：長曰光鋭，前任左金吾衛大將軍、充街使，食邑三百户；次曰光懿，前任陳州項城」縣令。或職在禁庭，或榮登科第，一則執金而馭貴，一則製錦以字人。嗤賈虎無斑，名且超於」往彦；敎卞龍生角，事可踵於良規。男一人，早歲而亡矣。女六人：四人而先逝，一人許適」青州副車男安氏，一人尚幼。嗚呼哀哉！公方欲雄飛，不延遐壽，身遂榮於數紀，禄」未享於千鍾，縱有餘馨，奚能偹録，將鐫恡璞，託述斯文。虚中學昧生知，才非夢得，稟」命而心憂若醉，含毫而思拙多遲。閱汲冢之書，敢言刊勒；指邢山之碣，恐漏隄防。虔奉」嘉召，謹為銘曰：

我族著姓，自禹疏宗。姬炎將盛，源派潛通。世襲冠冕，」門啓勳風。間生賢哲，乃紹英風。其一。爰仕大朝，早推餘刃。列職禁庭，身依虞舜。」亞内貴班，權廉使印。未復皇華，忽辭昌運。其二。」南眺嵩兮右倚瀍，舊無壠兮新有阡。薤赴歌兮苔作錢，龜言吉兮牛自眠。其三。」悲風慘兮哀古楊，白馬鳴兮下峻崗。神安寢兮日既臧，慶後人兮多福昌。

《邙洛碑誌三百種》

乾祐〇〇四　張君磚誌

乾祐元年二月十日

【誌文】

大漢故張府君墓銘誌并序

夫人倫之道，以父子為先，生死□□□□□□□」序孝子之行也，悌友能而神理察，罔極無涯；孝行終而」天地

明，終天永畢。書銘鑿記，為亡者之□魂；美德憑文，」為孝子之福祐。事府君之德也，文傳海內，武播寰中，□」□□□□□□之勢也。東□□水，西□太行，南當」■過同■」■」■」■郎婦、梁郎■」■孫兒新婦句氏、郭氏、張氏，重孫楊留」■貝丘鄉董固村漳濟里，東去貝州廿五里，」西去廣宗縣卅五里，南去臨清縣卌里，北去冀州一百廿里。」乃為銘曰：

為人忠節，立性剛柔。智惠方便，德行圓周。」文能擲地，武勢猿猴。門多積善，万代不休。」

乾祐元年仲春辛巳朔十日庚寅敬記

《故宮博物院藏歷代墓誌匯編》

乾祐〇〇五　張逢墓誌

乾祐元年二月二十二日

【誌蓋】故大漢清河張公墓誌

【誌文】

故大漢清河張公墓誌銘」

前攝成州軍事判官譚用之撰」

蓋聞山澤通氣則雷雨作，日月運行則寒暑生，陰陽之代謝□□，歲序之悲」□何避，事歸感應，理叶自然。」公諱逢，望本清河，生於孟水。壯矣堂堂之皃，偉哉落落之姿，逸□自強，高」尚不仕。詩書執禮，盡謂南有嘉魚；言行應機，不曰魯無君子。括囊□咎，擇善」而行，依俙泗北丈人，髣髴山中宰相。操弓受矢，本為自賢，懷寶迷□，□□不」敏。洎物不終壯，天惟顯斯，難迴馬蹶之灾，莫救牛哀之禍。長空星殞，□□□之已」哀；碧嶂電收，在聖人之何免。於孟州洞澗里之私第，享壽七十二。隣春□□，巷」童不歌，識者謂之絕絃，

聞者以之失節。娶河内逯氏，早亡。生三女：長適□□，□」適劉氏，次適何氏。子孫兟兟，不獲備載。日月之照，先後有常；風雨之飄，疾速□□。」再娶太原郭氏。以乾祐元年歲次戊申朔二月乙卯二十二日壬寅葬於孟州河□□太」平鄉洞澗里郍羅村之禮也。公受氏於帝嚳之後，炎漢之賢良挺秀，□唐」之簪紱相高。顯著湜〔緹〕油〔紬〕，逈標圖諜，至今閞右碑表相望。遠祖因官徙家閞内。」曾祖元豊，祖志贇，並隱德含耀，抱一守中。」公即志贇之長子也，幼而好學，不耻下問，宗族稱孝，執友稱仁。二手六身，善聞□」稱美；十年半面，强記者推賢。不誡不勸，有始有卒，陰德不昧，百福其宜。有子」三人：長子匡義，歲寒然後君子仁歟。婚劉氏，早亡，生一男程五；再婚房氏，生一女□□。」次匡美，將仕郎、前守文州司户參軍，烏臺入仕，公幹有聞，合君子之樞機，屈蛟龍」之變化。婚景氏，早亡；再婚郭氏，早亡，生一男小程；再婚馬氏。次匡凝，不幸短命，」葑菲其下。婚聶氏，生二男，長子三程、次四哥。用之得与諸虎相善，見託為文，伊」忍恨以揮毫，實含酸而序事，惟慙漏略，不稱彫鐫。銘曰：」

堂堂張公，世有英風。為漢之傑，乃趙之宗。二：世有不仕，君子知止。山中宰相，天上處士。」三：爰求養性，不若知命。懷寶迷邦，何人不敬。四：疊經禍乱，全真不散。曷有所思，」道之云遠。五：逝水東傾，日返其盈。百年既邁，五福斯榮。洞水之陽，太平之鄉。」封樹之壠，窀穸之光。子孫兟兟，杞梓争秀。鄉黨稱美，兄弟為友。陵遷谷」變，天長地久。刻此貞珉，永傳不朽。

《五代石刻校注》

乾祐〇〇六　楊敬千及妻李氏墓誌

乾祐元年三月十一日

【誌蓋】失

【誌文】

□故□州刺史弘農楊公墓誌銘并序

公爰自弱齡，便敦忠信，雅敷國器，克著嘉猷，繼遠祖正□□□」將軍之苗裔也。將軍亦經天有術，事上無私。征南越之立大功，旬秋不泯；振西閑之標異事，万古猶芳。□□□」後同休，子孫共美者矣。公始諱敬千，字表忠，因與晉高祖御名連敬，遂單諱千。公本勝州人也，□□□□」仕。父諱約，字昭儉，官至大監。蘊令問令望，仗忠信以作戈矛；亦不侈不奢，修禮義以為甲冑。痛其不終遐筭，天喪」哲人。母清河郡太君，令淑立名，賢和耀世，孝感則江泉自湧，神靈則旱暵弥彰，疾恙不聞，早歸長夜。公自」武皇録用，從微至著，俻列勳庸，下堅臣子之心，上答君親之義。至莊宗中興本朝，因剳事於天平帥隴西中」令揔戎。時值契丹集醜類以為祆，向中原之作孽。上與中令以公為肘腋，以公為腹心，俾令掩殺戎夷，」盟會部落。聚四方之虎將，大滅腥膻；領百万之雄師，立清寰宇。尋昇補公為右突騎副兵馬使，次補充汴州拱衛」指揮使，又轉授拱衛第二指揮使，又准宣授龍驤都虞候。時公之所事中令，已紹中興之嗣位也。尋又轉」昇匡化軍副都指揮使。公忠貞冠世，義勇過人。矢石交時，每身先於士卒；功名利□，長己後於他人。君上以」公為忠臣，以公為列士，時值汴州朱守殷作叛，鑾駕親征，公臂之以利鏃長□，救之以噬臍嚙腹。上乃嘉」其雄傑，受以殊恩，轉授汴州馬軍都指揮使。尋昇授內外馬步軍都指揮使兼巡檢事。公歷承宸睠，繼受」寵□，及鑾駕歸京，雄師守汴。上顧以重難之任，求以奇特之臣，遂委公以劇權，付公以重事。則終不以驕」人為務，終不以害物為心。上又降鴻恩，加之清秩，授銀青光禄大夫、檢校尚書右揆，遥授宜州刺史。未越半載，」加檢校尚書左揆，行景州刺史，次授登州刺史、都督登州諸軍事。是時明宗晏駕，少主臨朝之初也，公任當」滄海，威扇皇風，施惠愛以及人，蘊忠良之事上。頗彰異政，人〔又〕降殊恩，加金紫階、檢校水土。又值清泰」龍飛，以公舊有勳績，罷郡登州，授遼州刺史。乃晉高祖將霸業

之初也，王師繼踵，馹騎交馳，當君子豹變」之時，誠聖主龍飛之兆，公乃多方迎接，盡瘁供須。洎我高祖大闡堯風，高懸舜日，公又授光禄大夫、行復」州刺史，進封弘農縣開國男、食邑三百户。公益彰忠孝，漸著廉勤，上贊皇猷，下蘇黔庶。又進封國子、加食邑」二百户、忠力協贊功臣，授衛州刺史。恰值君上巡幸，駕入鄴都，公乃盡節盡忠，展臣下之禮；罄家罄實，副」主上之心。於澶頓間，報君親義。公累承國寵，五任專城，民謌來暮之風，化洽去私〔思〕之譽。政唯除瘼，道切」安貧，玉有潤而瑕莫侵，松有貞而雪寧犯。旋又罷郡，入鄴朝君，忽染不安，頃求治療，遂投章表，乞歸洛陽。纔及道」途，聞高祖晏駕。及少帝嗣位，駕入夷門，公纔似和平，亦謀詣闕，尚未平愈，又授少帝進封開國伯，〔二〕食」邑二百户。公之勳銜，忠力協贊功臣、光禄大夫、檢校司徒、兼御史大夫、上柱國、弘農縣開國伯、食邑七百户。公」繼事數朝，連綿五郡，始終不變，中外無私，以百姓心為心，以四海事為事。攻城破敵，秦黨父不敢争鋒；訓卒勵兵，」晉先軫焉能効命。公神機鋭略，不足比倫，上可以翼戴一人，下可以廓清四塞。一何天不福善，殲我良人，殄滅」我國家，傾覆我宗社。嗚呼！哲人萎矣，泰山頽乎，難停隟裏之駒，易滅風中之燭。於開運元年甲辰歲十月十六」日薨於汴州安業西坊私第，享年六十三矣。公娶李氏女，封隴西郡君。自公薨弃，奉子居孀，日往月來，俄經數」歲。而後噫嘘□染，情迷夢奠之間；疾革縈纏，奄逐逝波之下。享年六十一，至丁未歲七月廿四日薨於洛陽惠和坊」所在殯宫。故司徒神櫬去丁未年十月廿一日自梁苑扶護至洛陽，於徽安門外權且安厝，遂命占蓍告地，已吉」相原。今卜得河南縣平洛鄉杜澤村，買到属省袁可珣莊。至漢乾祐元年戊申歲三月十一日合祔葬訖。嗚呼！善始」令終，得祔於九原之野；名留影殁，愛遺於五郡之風。公十三子：長曰仁廣，前攝青州長史，早敦忠信，夙藴謙和，

〔二〕此句疑有脱誤。

一」則為士子之箴規，一則作人倫之龜鏡。次子仁壽，前衛州衙内指揮使、銀青光禄大夫、檢校太子賓客、兼監察御史、」武騎尉，情田豁達，心鏡强明，侍親則惟孝惟忠，承家乃克勤克儉，行敷古道，言合時機。三子仁勳，職列鳳庭，□」遊鶏省，得立身之旨趣，明事主之路歧，忠孝兩全，官榮八座。不意魂遊岱嶺，魄逐逝川，人生之自有短長，天道之」本無憎愛，今亦祔葬於塋所。四子仁遇，前徐州左司馬；五子仁誼，前復州司馬，幼親詩禮，長紹弓裘，皆明化俗之機，」盡秉知人之鑒。六子仁玘、七子仁璲、八子仁珪，俱未仕，甫從丱歲，迨及冠年，事父母則終始無渝，敬長幼則朝昏不」憚。九子小和、十子三和、十一子羅羅、十二子山驢、十三子牛兒，已上五子，皆石藏美玉，蚌剖明珠，未分鸑鷟之形，尚」假嬰兒之号。長女適上谷侯氏，盛年而亡。二女伴姐，亦七歲而夭。嗟夫！玉貞易折，蘭芳早枯。小女儀容冠世，豔拽凝」春，年尚幼沖，未分南北。憲也智慙短綆，學謝長□，敬聞命以再三，難陳讓於數四。强搜鄙陋，少讚嘉猷，雖非綺靡」之詞，聊紀歲年之事。含毫染翰，乃作銘云：

乾象高廣，坤德下玄。日烏月兔，岱嶺逝川。在覆在載，」有往有延。幽兮曷測，冥兮孰宣。狂狄作擾，公往盟師。和會傳命，掩戮尋時。渠魁獻馘，叛衆傾旗。」制彼祅氛，長戈一麾。百骸歸壤，九泉無日。魂遊於岱，真書於室。冥冥其像，巍巍其質。髯踈鷰頷，」□□虎骨。璉器易傷，霜鋒俄缺。寃□難留，風燈焰滅。寂寂默默，寥寥□□。靈兮寃兮，終天永訣。

《千唐誌齋藏誌》

乾祐〇〇七　羅周輔墓誌

乾祐元年八月十四日

【誌蓋】失

【誌文】

故太中大夫檢校尚書虞部郎中行司農少卿上柱國賜紫金魚袋羅公墓誌銘」

攝司農寺丞俞鑁撰」

鴈門郡羅公諱周輔，字國華，鄴人也。世盛弓裘，長親儒墨，冠而入仕，仕即從軍。自僞」梁末，初任博州長史。雖郡在遠方，而官居上佐，冀當履踐，始躡亨衢。次任義成軍節」度巡官，別太守之旌麾，奉將軍之罇俎，不有才術，焉當選求。其後屬」唐明宗皇帝奄有寰區，大興文武，將隆」帝業，首正儲宮。公以德行弥高，清廉素遠，旋被」新澤，特列群英，於天成三年，授太子中允。至長興三年，授殿中丞。清泰二年，授著作郎。洎至」晉高祖皇帝應運開基，求賢禮士，公以鬱有令譽，喧於周行，又辱」渥恩，荐昇宮禁，於天福四年，授太子少詹事。佐親賢之任，今古尤難；守詩禮」之規，周旋豈易。其後以東垣罷袟，西洛帰家，田園未遂於散金，簪紱重榮於佩玉，至天福九」年，授司農少卿。其間或進階加勳，轉官命服；或高山奉職，列嶽虔祈。或使于四方，則」南長沙而西迴鶻；或暫求民瘼，檢水旱而去虫螟。不唯壯我皇綱，抑亦分其」帝慮，直為永隆天禄，大繼家風。爰自天福十二年，忽遘沉痾，漸加羸輟，尋醫」未暇，易簀俄聞。至其年五月九日，因避獫狁之患，終于南禪玄理精舍，享年四十五。」至乾祐元年八月十四日卜宅帰葬於河南府河南縣伊汭鄉尹樊里。曾祖鐸，皇任澶」州刺史、檢校司徒，曾祖妣清河郡張氏。祖諫，皇任博州刺史、檢校工部尚書，妣太原」郡王氏。烈考倫，皇任泰寧軍節度副使、金紫光禄大夫、檢校刑部尚書、兼御史大」夫、上柱國，妣彭城縣太君劉氏。公乃劉氏之長子也。公娶河東裴公□女，早封郡君。」公長子守素，少而未仕。次子團哥，尚幼。長女智朗，悟俗出家。次女適河間俞鑁，不幸」短命死矣。次女適汾陽郭維贊。次女二人在處。皆孔庭禀訓，趙室承規，絶漿何啻」於七朝，泣血將踰於一載，悲號不日，追念何窮。鑁也謬忝属寮，況叨末娍，雖塵□緒，」且昧文章，承命再三，不敢堅讓，直書其事，用紀變

□。謹為銘曰：」

弓裘貴胄，簪組相輝。挺生俊乂，累佐盤維。方隆景運，忽遘沉羸。正罹多難，」俄弃明時。終于精舍，過隟難追。葬於伊川，逝水堪悲。刊石萬祀，芳名不隳。

《新中國出土墓誌・河南叁》

乾祐〇〇八　史漶球墓誌

乾祐元年八月二十日

【誌蓋】失

【誌文】

故泰山郡府君史公之誌銘

攝相州司法參軍將仕郎試祕書省校書郎封翺撰」

噫！夫天賦人壽，人壽天然，或短或長，俱有定數；乃高乃下，未免終期。則故相州別駕、」銀青光祿大夫、檢校太子賓客、兼殿中侍御史、雲騎尉史君諱漶球，字瑞光，貴族名家，良胤」令嗣，英姿磊落，志業縱横，才力兼人，聲華冠世。拾〔始〕屬風雲際會，事莊皇龍潛於」并汾，居重職於紫庭，偹□功於朱邸，旋以魚水叶契，致莊皇虎踞於洛陽。上以佐命元勳，」擢為上州長史。到職而星霜數換，推功而政績□高。以此聲能，又昇官秩，遐陟題輿之位，」爰彰治中之名。安陽之清級崇階，優□稱□；黎庶之安家樂業，記咏何窮。律己修身，」蓋約君侯之大用；成功立事，方濃雨露之殊恩。何天憖於令人，致君忽遘其所苦，卧」漳濱而風光變色，息風化而小大悽聲。君於天福十二年四月十八日謝於相州安陽縣可封坊」私弟，享壽五十有五。曾諱禕，不仕。祖諱筠，不仕。考諱益，任瀛州刺史。君婚故開封尹李」侍中長女，先疾殁相州私弟，享壽五十有二。君有子二人：長弘度，前

任兖州龔丘縣主」簿，婚夏津縣大令隴西李侍御之長女；次子弘恕，未仕，婚故相州貳車康司空之長女。」有女三人：長適張氏；次適見任永興太守郭太尉，序封郡号；小女幼悟空門，早依仏」教。君前松楸在潞州潞城縣西鄉黄碾里，今以地遠，未辦歸塋，且卜殯居，暫陳安厝。」今擇得乾祐元年八月廿日於相州安陽縣大同鄉王村里權儀。孝子等幼受義方」之訓，長承覆育之恩，遽違省定於朝昏，俱極哀號其天地。兼慮寒來暑往，」事逐將移，固勒貞珉，用記旅櫬，遂辱示命，乃付刊編。翩抱甕愚才，挈」缾小器，濫承厚顧，謬紀前脩，固無盡善之功，徒有愧為之志。乃為銘云：」

落落器宇，習習德風。渾金朴玉，斬馬屠龍。一。志氣遠大，識見孤高。掃除兮未」□一室，飛鳴兮唯在九霄。二。風雲際會，心膂弼諧。致莊后兮中建，振唐代」兮再開。三。累昇重職，屢贊雄藩。政績高著，聲稱昭宣。四。方安黎庶，」忽卧漳濱。二豎纏兮針藥莫及，百骸殞兮風燭逡巡。五。玉折委地，蘭枯向春。」何不照兮皎日，遽貽戚於令人。六。魂化唯聞，芳名尚存。衆追痛而誠切，」俱□莫以□傷。遠日斯至，大事爰興。勒貞□而不朽，記悲期而可憑。

浙大墓誌庫

乾祐〇〇九　潘庸墓誌

乾祐元年十一月十五日

【誌蓋】失

【誌文】

漢大鄴都永濟縣太平鄉洪道里潘公墓銘并序」

周文王之胤也，恢弘帝業，焕耀皇圖，棣蕚方留於富盛，」淳善仍用於顯榮，故得枝葉常芳，九州俱被。府君是」

螢〔滎〕陽郡人也，曾諱　，祖諱　，三世不記。府君諱庸，氣懷英」靈，制過傑俊，行蘊青史，□纔白衣。有三子一女，婚媾教訓」十全。享年六十有二，因疾即世。夫人王氏，三從俱被，四德柔康，」事舅姑盡其敬，事親姻終其孝，享年八十有三，因疾即世。」次男太，德邁英雄，忠貞自許，為國為家，同牧皆□，」享年」三十即世。長男□，幼成尊訓，無失和方，家道康安，身名不顯，」娶焦氏文〔女〕，姬姓也。次男襄，娶賈氏。長女適盖氏。六子，娶婦許氏、孫」氏、劉氏，不幸染疾即世。次子超，□父母之婚媾，娶張李氏之侍養子，」新婦不幸早亡，再娶劉、趙、張、薄、趙為婦。三女：長適裴氏，少女適牛氏，」次女適王氏。故得父教母訓，鄉閭共美，篳户雖芳野墅，珪門不羡朱人。」遂乃畧露皇天，別闢扃户，兒孫聚會於先墳，悲號泣淚於祖墓。」擇得乾祐元年戊申之歲十一月丙午朔十五日庚申合附。墳去莊約一」里，前枕金河似月鈎，後看兩界曲堤頭，東望張橋五六里，西邊官路」達揚州。其文曰：

皇天渺渺，哀戚依依。遷奉思惟，然可興悲。」神櫬何在，良辰吉期。子孫八人，聊為墓誌。又詞曰：

悲風脩脩，」慘霧冥冥。跡下魂魄，上林松栢。

孫鄉貢三禮延韞撰

《新中國出土墓誌・河北壹》

乾祐〇一〇　韓悦及妻郭氏墓誌

乾祐元年□月十六日

【誌蓋】韓公墓銘

【誌文】

大漢国故韓府君墓誌銘　郭夫人合附并序記之耳〔一〕」

府君者，昔先汝南郡人也，食邑於彼，因以氏焉。後以枝分葉散，泉」源派流，九土之中，其裔一也。於顯德二年乙卯歲十一月乙未朔二日丙申。〔二〕」皇曾諱　，皇祖諱昌，名継大寮，職居討擊。」皇考諱贊忠，任相州刺史，風資五袴，道益重襦。二神喜同塋域。〔三〕」府君諱悦，以世祖簪纓，家傳閥閱，早昇宦路，守任貝州司户參軍。為人」雅澹，挺拔之出衆超時；處性謙恭，峭直之踰今邁古。義路長而秦」川豈遠，學海深而楚水奚寬。吐嘉言即夷甫慙詞，懷博問即張華恥識。文」房奥而洪筆大，武庫寬而神畧高。嗟呼！落落干雲之石，偶尔崩頹；森森浹漢之松，」頓然凋朽。不幸天福八年三月三日終於私弟，享年七十。男泣羔柴之血，女断石」牙之漿。夫人太原郡郭氏，素質姘婷，顔容窈窕，無闕蘋蘩之禮，永終喪制」之儀。公有兄二人：長曰，官居烈士，位至三台；次曰，官居百里，製錦一同。育子」六人：長曰震，見任天下鹽鐵孔目官，諸道曆任不叙；次曰守勳，次曰廷隱，次曰廷睿，」次曰廷訓，幼曰廷遜，俱未仕。以服勤無憚，奉親有方，夏扇冬温，以全孝敬。育女二」人：長曰，適於劉氏；幼曰，適於蔡氏。夫人與男等營備葬禮，罔失其儀。乾祐元年□」月十六日殯於莘縣修善鄉依仁里。前崗後阜，勢有盤龍，此一方之異景，足以嘉祥。」後恐青山變海，緑野為江，刊石鏤銘，以彰遠代。歎曰：」悲歟哲人斯逝，痛哉梁木壞乎。一旦高天永別，千載厚地長居。

《山東石刻分類全集·歷代墓誌卷》

〔一〕「郭夫人合附并序記之耳」句係補刻。

〔二〕「於顯德二年乙卯歲十一月乙未朔二日丙申」句係補刻。

〔三〕「二神喜同塋域」句係補刻。

乾祐〇一一　思道和尚塔銘

乾祐二年正月二日

左街講論大德守澄撰

將仕郎試秘書省正字崔虛己書

【誌蓋】失

【誌文】

陝府夏縣景福寺故思道和尚重修塔銘并序

竊以理智凝然，真空清浄，三常妙用，十号圓明，點惠燭於昏衢，起慈心於苦海。寃親普攝，凡聖齊收，五乘既貫於羣生，三藏統包於教理。宏張覺路，大啓玄門，金文演解脱之音，玉偈讚無爲之法。人天共仰，道俗同遵，咸知生死之源，頗喻無爲之本。即我和尚俗姓師瑯琊氏生，丱角出家，三十成道，夏縣人。和尚道高安遠，德邁琳生，爲檀越之福田，作如來之法眼。深達了義，久證菩提，自然變易之身，曠劫超凡之德。同塵不染，悲濟有情，現大神通，無妨自在。山中採木，風雨送來；寺内看經，龍神護助。崢嶸鹿苑，巍峩鷲峯，一方之瑞色長新，四野之風光景麗，名聞寰宇，譽滿帝都。去□德二年十二月二日示滅。其時也，祥雲貫日，天樂横空，異香遍於蓮宫，甘露盈於衆木，靈禽噪樹，異獸啼嵒。悲風飄凡聖之衣，血涙洒人天之目，盡歎無生無滅，皆嗟有去有來。門徒弟子，哀慟難攀，如喪考妣。空深歲月，幾歷星霜，寶塔隳殘，無人再葺。比丘志德出家當寺，學業諸方，持念《法華經》，聽習《中觀論》。覩師遺跡，遂發志誠，勸化羣賢，重興祖塔。一言道合，盡自迴心，擺脱塵機，同親盛事。捨財而三事體空，施物而三輪清浄，非上智無以發深誠，非哲人無以崇斯善。日月昏而復朗，林巒變而再榮，可以添川境之殊祥，可以壯法門之嘉瑞。平觀禹國，坐眺鹽池，千株之寒柏侵雲，万嶺之嵐峯掛月。幾多英信，歸

心□玉石之堅；數縣良能，懇意給孤竹之行。殊因告滿，郢伎休工，冀靈聖之照明，願神祇之鑒祐。況守澄也謬爲釋子，深味儒功，因閑暇於禪關，偶苦辛於螢牖。披書積學，雖無閱市之名；揣拙成文，粗有奪袍之志。今則既承懇□，難議堅辭，遂罄荒蕪，聊爲記述。誠有慚於漏落，實無俻於徽猷[一]。乃叙銘曰[二]：

先師聖德，神通自然。迥超三界，而出四禪。慈悲願廣，覆蔭鄉川。恒爲燈燭，永作舟舡。重修寶塔，勢聳雲烟。如山不動，似海深囦。恩霑沙界，福利人天。遐邇歸依，万歲千年。

乾祐二年正月二日建

大漢陝州夏縣陽公鄉景福寺重建故思道和尚塔衆邑人記

承務郎、前守夏縣主簿權知縣事張廷煦，將仕郎、守夏縣主簿朱光輅，隨使右教使充夏縣鎮遏使鞏信，銀青光禄大夫、前衛州司馬吴光權，將仕郎、試大理評事薛延希，前定州司馬康守信，將仕郎、試秘書省校書郎吴□□。

修塔邑維那頭趙弘進，副維那趙弘遇，都維那布衣三命王文通，南吴村維那謝景瑭、李頊、程彦暉、張行實、張逢、侯温、張仁遇、吕彦柔、薛温、楊思厚、曹延密、許思厚、王温、吴仁謙、吴仁緒、張延義、趙思柔、陳積、王思温、吴洪武、牛行思、韓彦球、紐延遇、張思益、牛贇、楊思藴、周温、馬延昭、史延密、張思厚、賈延密、張逢、張思柔、蘇詮、李彦暉、張延福、劉温、劉文遇、王敬思、郭瓊、郭達、郭彦温、裴彦柔、尉廷密、郭思柔、衛思温、張知柔、馮澄、張思玫、趙彦暉、李實、吕頊、張審、楊延義、楊詗、李志成、張重遇、張普進、楊文鋭、張顒、尉思進、傅審、朱達、張柔、王禮、趙遷、王彦瑭、介行恭、張暉、楊行周、楊暉、張彦暉、張重、張儒、吕温、張景厚、劉瑭、劉思厚、馮行實、馮暉、牛

[一]「無」，《山右石刻叢編》作「莫」。
[二]「曰」，《山右石刻叢編》作「云」。

重遷、張遇、張弘進、楊温、陳祐、常延徽、李行存、陳敬思、吕敬思、陳延福、張雅、王彦温、劉達、張仁密、曹遇、劉彦温、孫蓋[一]、孫延支[二]、賈文瑞[三]、張文禮、韓顒、史延通、趙延福、藥彦思。

邑外施主閻詮等五十人。女弟子武氏、崔氏、李氏、薛氏、陳氏、謝氏、李氏、張氏、孫漸能、牛暉。

修塔都料張紹榮、弟知遠。鐫字馬延義。畫人張弘信。

寺主右街講經大德守嚴、左衛〔街〕講論大德守澄，塔院主重辯、匡因、僧詞超，修塔主業《法華經》僧志德。

乾祐二年歲次己酉正月乙巳朔二日丙午建

《金石萃編》卷一二一

《山右石刻叢編》卷一〇

乾祐〇一二　張傕及妻婁氏墓誌

乾祐二年四月十二日

【誌蓋】漢故清河郡張公墓誌

【誌文】

大漢故[將]仕郎試大理評事前守萊州萊陽縣令張府君墓誌銘并序」

姪男保義軍節度掌書記朝議郎試大理司直兼監察御史賜緋魚袋胤撰

前少府監丞楚鑾■」

[一]「孫蓋」，《山右石刻叢編》作「孫益」。

[二]「孫延支」，《山右石刻叢編》作「孫延艾」。

[三]「賈文瑞」，《山右石刻叢編》作「賈文端」。

蓋聞天清地寧，運陰陽而分四氣；河長嶽峻，窮造化以鎮三才。稟之則有智有賢，違之則至冥」至晦，得其純粹，不亦寡歟。公諱傕，字巨卿。本軒皇之苗裔，留侯之子孫。晉室司空，先後未偕」於博物；開元丞相，古今罕並於宏才。雖源派之流漸多，而祖宗之旨即一，不能盡矣，略得言焉。」公曾祖諱安，祖諱鑄，父諱新，皆紹冠冕，並襲箕裘，高門而不墜家門，積慶而自多餘」慶。父作子述，兄友弟恭，光茂本枝，益有年祀。公曾祖母、祖母、母，良家好合，大族通昏。織」紝組紃，善睦夫家之黨；中饋内則，偹勤孔氏之言。垂裕後昆，無以尚也。」公郡望出自清河，蓋因家世職官於汾晉，又為太原人。公未弱冠，聞詩聞禮，如琢如磨，」考其敝而慮其終，依於仁而游於藝，温清不闕，忠孝自資。時遇」唐莊帝龍飛沛野，虎視中原。左股右肱，曾匡三傑；攀鱗附翼，非止一人。方覃作解之恩，」遂付象雷之任。於同光元年，除授邢州内丘縣令，秩滿赴闕。至唐明帝，又授太」原府太谷縣令。才終考秩，旋丁先府君憂制。倚廬枕塊，殆絶曾子之漿；稽顙茹荼，亦繼高柴之血。喪」紀祭禮，曲盡始終，送往事居，無忘愛敬。唐少帝方在藩邸，知公才能益己，」術可理民。列罇俎之間，縱光右席；養瘡痍之俗，須委正人。遂於長興二年，奏授貝州武城縣令。」秩滿，晉高祖登極，又授萊州萊陽縣令。公四任墨授，二紀年華，俾三年有」成，無一日不葺。其中攝宦，此猶不書，每涖公途，略無瑕玷。公平生好納賓客，匪雜交遊。」樽酒不空，妙得孔融之性；詩書自樂，屢興梁竦之詞。自罷任膠東，寓泊青社。旋屬虚危結釁，」象魏陳師，閇在闤闠，不無憂憤，果當送款，遂出重圍。胤以猶子之心，荷戴天之事，再聚血屬，復」居洛城。公雖及艾年，比亦無恙，偶丁厄運，忽染沉痾。即以開運三年歲次丙午十二月」二十三日壽終於洛陽中州私弟，時享年五十有七。嗚呼哀哉！公事行合古人，信義敦」君子，弟兄不私有，骨肉無異財。何圖不享頹年，未登貴仕，奄断風燭，忽歎逝川。公有愛弟」二人、妹一人，皆先公而没。公有男，才及殤。長女先適汝南周氏，亦先公而殞。次女見適郝氏。諸」院姪男女，此不遍紀。胤爰從幼歲，躬獲」侍行，既道有污隆，固辭無枝葉。今以乾祐二年

歲次己酉肆月甲戌朔拾貳日乙酉并故妻氏」夫人靈櫬合葬於河南府河南縣梓澤鄉梓澤里故發運僕射府君之塋，禮也。庶使為人子者」孝，感霜露者悲，濡筆淚襟，謹為銘曰：」天地初分，皇王肇起。乃有賢哲，為時佐理。佐理誰人，軒轅子孫。」譽高往古，福留後昆。其一。公之宗祖，我之門户。珪璋特達，歲月云暮。」源流漸多，繼世伊何。聞詩聞禮，如琢如磨。其二。唐帝中興，沛人從事。」受禄銅章，遷官棘寺。罷守琴堂，枕塊居喪。繼高柴血，絶曾子漿。其三。」府君涖官，縣民獲福。作善有餘，惟日不足。賓客盈門，報義施恩。解陳蕃榻，拂孔融樽。其四。」運有邅迴，時當貫革。魏闕興師，營丘搆隟。懷意西歸，寧忘禱祈。復聚骨肉，終出重圍。其五。」天豈無知，仁惟積善。大限不留，隟光如電。風燭難停，長波自傾。唯餘志節，不見儀形。其六。」鴻鴈聯行，鶺鴒著美。生前有名，没而無耻。少男既殤，長女亦亡。空垂涕泗，莫盡悲涼。其七。」欲拱松楸，已定窀穸。細草芊芊，清風羃羃。元昆之靈，愛弟之塋。俱安吉地，後代承榮。其八。

《新中國出土墓誌·河南叁》

乾祐〇一三　尚洪遷墓誌

乾祐二年四月十二日

【誌蓋】失

【誌文】

■佐聖同德功臣寧江軍節度夔忠萬施等州觀察處置兼雲安榷鹽制置等[使]」■[步]軍都指揮使光禄大夫檢校太[傅]使持節都督夔州諸軍事夔州刺史兼御史大」■國河[内]郡開國公食邑三千户食實封五百户贈太尉尚公墓誌銘并序」

□乾坤垂覆燾之恩，日月布照臨之惠，聖人[敷]清净之化，賢良施匡合之謀，其功高，其德廣，其道」至，其□□。□以万物信焉，八方仰焉，億兆順焉，天地則焉。噫！忠臣義士，雄傑英豪，來則助淳教以」□□□，□□辟昭

代而歸河嶽，固得雕鐫金石，載列芳香，庶存不朽之名，永播無窮之績，今之「■茲乎。公諱洪遷，字□□，實河內人也。伏羲氏之苗裔，蟬聯厖緒，玉派金柯，□「■者□□景述之，相承問望，威聲甚偉，勳業弥高，大姓强宗，迄于今矣。曾祖諱□「■。祖諱淑，贈武衛大將軍；祖妣成氏，追封鴈門郡太君。皇考諱慶，贈太子「□贊善大夫，累贈光禄卿；皇妣張氏，追封清河縣君，累贈太夫人。公即光禄弟八子也。「□風標□拔，氣禀雄稜，讀玉韜金櫃之書，襲八陣五材之妙，旋呈武伎，入仕和門。及「莊宗履臨區中，平持天下，血戰十載，無陣不經，大憝既殲，盛功斯立，爰昇右揆，以賽前勳。暨「明宗登朝，竭力王室，継以雲天之澤，超資水土之官，不有良能，孰當異渥。值大晉□□，「復付兵權，當先皇統禁衛之軍，委我公在爪牙之任。尋從麾旆，來赴唐期。時屬「北塞飛塵，中原多事，烏獋肆毒，羣匈遽陷於神州；鑾蹕難停，六轡縈縻於鬼磧。生靈失主，□「宙倒懸，唯我一方，晏然無事。公知大寶歸漢，至德承乾，翼輔龍飛，劍揮鯨浪。氛霾「既静，重新日月之光；禮樂還興，復覩唐虞之化。上疇茂績，乃錫徽章，授忠貞佐聖同德功臣、寧「江軍節度、夔忠萬施等州觀察處置兼雲安榷鹽制置等使、充侍衛步軍都指揮使、光禄大「夫、檢校太傅、使持節都督夔州諸軍事、夔州刺史、兼御史大夫、上柱國、河內郡開國公，食邑三「千户，食實封五百户。皇都肅静，禁旅整齊。胡伯始之中庸，四方仰德；周亞夫之董制，七國□□。□「□雍壘不庭，梟巢作梗，上乃震怒，勞我王師，命公充西面行營副招討□。□□□「□，已析骸賁弩之貧；鋭衆鷹揚，□决剋必擒之勇。無何，台□□座，天墜將星，卒聞□□□□□，□「□應兩楹之夢。嗚呼哀哉！公乾祐元年八月八日薨於所統軍寨，享壽六十三。聖上■「□涕輟朝。五營亡冬日之恩，万乘失長城之寄，遽下天澤，致祭贈官。夫人鄭□「郡王氏，蘭帷積慶，淑順儀芳，夙彰內助之規，益著睦親之譽。男三人：長曰□□，充懷州□□□「□揮使、銀青光禄大夫、檢校尚書右僕射、兼御史大夫，信義於人，雄姿卓立，□七星而振□，□□「□以呈能，作明主之忠良，紹嚴父之勳業；次曰守忠，西頭供奉官；次曰守恩，西頭供奉官。「妹

一人，適趙氏。姪男[彦]從，充護聖指揮使。女五人：長康郎婦，次劉郎婦，三孫郎[婦]，四王郎婦，小[在]□。新」婦　氏，新婦　氏。孫男進榮，前西班弟二番小底。長男等自遠扶護□□歸北京，□」年歲次己酉四月甲戌朔十二日乙酉葬於太原府晉陽縣桐珪鄉豊全村[西]□，禮也。豈開隧□，」墳悶佳城，一時之氣皃雖沉，万古之雄聲不墜。愚也文乖夢錦，才豈凌雲，□□王儉之辭，徒□」褚淵之美，推讓不及，謹述銘云：

河岳孕粹，英豪誕生。榮分虎印，貴擁□□。□威遠布，韜略□□。」名題竹帛，功号忠貞。爰設沉機，扶持大漢。鑾蹕將征，犬戎竊竄。北闕鳳□，□溟鯨爛。位列□□」，聲齊十乱。中夏才定，西陲負恩。天子一怒，將軍鑿門。精師電逝，銳騎□□。□□休動，□□□□。」□□□□，灾我賢傑。疾染骨肉，魂辞□闕。將星忽墜，天柱摧折。匣失青□，□□□月。□□□□，」□□□□。彰五材美，旌七德全。風吟□□，松□□□。唯兹勳□，□□□□。

《晉陽古刻選・隋唐五代墓誌》

乾祐〇一四　王建立妻田氏墓誌

乾祐二年七月十一日

【誌蓋】漢故秦國太夫人墓誌(一)

【誌文】

故秦國太夫人墓誌銘并序」

進士王鵬撰兼書」

太夫人姓田氏，本出北平。敬仲□陳適齊，綿歷九代，享有齊國，蟬聯冠盖，史諜備詳。遠祖因宦遷于河東，代為

(一) 誌蓋四周刻詩一首：「三代幽冥葬此圍，神靈潛隱幸光輝。玉顔一掩黃泉下，万古千秋不再歸。」

沁州人矣。即」有唐故騎將田□璋府君之長女也，生而挺秀，長而閑和，詩人宜詠於鵲巢，君子是求於燕尔。爰適于」明宗皇帝佐命功臣故昭義軍節度使、贈尚書令、韓王王公。王代天業茂，致國勳高，一秉洪鈞，六分巨鎮。金鍾」鏤德，玉□流恩，顯彰内助之功，壘致賞延之澤，累封魏國夫人。朱輪華轂，霞帔寶冠，雖許史金張，莫之比也。□天福」庚子歲，韓王薨於位。太夫人盛傳箴誡，躬薦蘋蘩，處曹氏之絳紗，佩義成之紫綬。有令子一人守恩，[即]今」太師相國洛川居守也。初，公韞孫吴之秘略，韜管樂之奇才，班資雖列於南衙，定省不離於上黨。俄屬」中朝失御，黠虜乱華，拘天子於龍堆，噬生靈於虎口。公乘時奮發，嘯聚英豪，[雪]晉皇六合」之寃，扶漢祖千年之運。乾綱乍正，兑澤宜頒，是用授公特進、檢校太尉、昭義軍節度使，母進封秦國」太夫人，斯則教以義方之所致也。高祖以東封，未暇西顧，爰咨寶臣，用□聖慮。是用」公帶平章事，移鎮邠郇，來暮去思，溢於輿論。太夫人頻承鳳綬，正[耀]魚軒，方期襲慶於」高堂，豈謂纏災於痼疾。公嘗藥侍膳，假寐忘飱。漸覺弥留，泣聽理命，誡之以奢侈，訓之以忠貞。又曰：沁水遼山，」吾之故土。寤寐增想，神魂必帰。屬纊才終，輀車勿滯，祔姑享廟，尔知禮焉。天福十三年戊申歲正月二十二日薨」于新平公衙之正寢，享年六十六。聖情軫悼，賻賵有加，存歿恩榮，斯為至矣。相國備陳孝禮，虔奉」遺言，自邠及遼，二千餘里，權殯于先王墳闕之右，不敢違命也。及高祖猒代，嗣主承祧，固奪」孝情，堅下優詔，是用公為起復鎮軍大將軍、依前静難軍節度使。尋以再降新命，俾綬舊都，是用」公檢校太師、永興軍節度使、行京兆尹。適遇逆黨干紀，王師吊民，輟尹正於咸京，付居留於洛邑，是用」公為西京留守、行河南尹。公雖承渥澤，弥切孝思，乃卜良辰，遷帰玄宅。即以漢乾祐二年己」酉歲七月壬寅朔十一日壬子於遼州榆社縣將相鄉崇勳里合祔于先王塋域，禮也。有女一人，早慕」空門，法名妙惠，奉勑賜紫，号嚴因大師。有孫一十一人：長孫継榮，授光禄大夫、檢校司徒、遼州」刺史；次継安，西京衙内都指揮使、光禄大夫、檢校司徒；次継全，衙内副指揮使、檢校尚書左僕射；」次継朗、継倫、継業，並檢校吏部尚書；次継昇，檢校刑部尚書、行邠州司馬；次継勳，檢校刑部尚書、懷州」別駕；次継美，檢校刑部尚書、濮州長史；

次進喜、洛喜，幼而未仕。女孫七人：長孫年幼離俗，」法名智超，奉勅賜紫，号妙果大師；次孫適前昭義軍節度使、太尉相國清河公男衙内指揮使希讓，秀」而不實，忽夭芳顔；其次悉在齠年，未有所適。玄孫三人，玄女孫一人，並在襁褓。嗚呼！」太夫人全齊胤秀，婺女流光，名高將相之門，寵極絲綸之命。母儀顯著，淑德昭宣，掌珠榮」處於鳳池，貴息皆崇於爵秩。丹旐而終還故里，玄扃而歸祔先王，存歿道光，哀榮禮備。雖辭」明代，有何恨焉，聊紀芳蹤，用傳不朽。銘曰：

賢哉夫人，母儀勿忒。門傅將相，家崇道德。子孫」□慶，言行作則。忽返仙鄉，辭我王國。惟彼居守，孝思最深。詠蓼莪兮泣血，陟屺岵兮摧心。」□露雰霈兮謝昭代，鳳凰于飛兮歸舊林。感一時之盛事，流千載之芳音。

《晉陽古刻選·隋唐五代墓誌》

乾祐〇一五　王在璋墓誌

乾祐二年七月十一日

【誌蓋】失

【誌文】

大漢故忠勇佐國功臣金紫光禄大夫檢校司徒護聖左第二軍都」虞候兼御史大夫上柱國王在璋」

蓋聞非禮律勿動，非典教不言。凡聖尊卑，自古同於風燭；賢愚」貴賤，迄今類於電光。天上有玉石千層，仙衣拂而猶盡；人間有金山」万仞，赫日爍而亦銷。桃洞與五岳延齡，運窮而悉歸塵煨；蓬島共四」溟浩渺，勢盡而皆變桑田。凡處人倫，孰能免矣。即有瑯琊府君王公，乃」子晉之後裔也。公諱在璋，本貫幽州人也。三代尊諱不記所任。」公少習弓馬，日進兵機，存一勁之竭忠，絶四夷之兇醜。長携戈戟，櫓」撲欃槍，展効輸忠，事無不克。便乃煞身報主，濟難則疋馬單槍；罄」節辛勤，佐輔則一呼百諾。英雄操志，毅勇振聲，在轅門而數十年

間，」轉官職而累蒙委任。公婚廣平郡君宋氏，松筠貞操，桃洞仙姿，吐」氣蘭芳，發言玉潤。三從已畢，四德偕聞，居家推孟母之賢，訓子」播擇隣之美。那期鴛鸞閣上，倏忽而一去一留；花竹庭前，俄頃而」半榮半樹。公有愛子一人，小名三姐哥，幼而不仕。有女一人，」適護聖左第二軍第五都指揮使穆彦章。」公本冀長匡帝座，至理邦家，何圖疾痒〔恙〕俄侵，求醫」無効。以天福十二年五月十九日染疾，至六月十日」終於汴州私弟，時年六十。即以日月瞬速，逝水濡流，遂剋」良辰，卜其宅兆，歸葬於河南縣杜澤鄉　里之塋域也。今」則將期幽壤，薤露悲歌，奉送靈魂，歸於北首。是以刊其貞」石，用紀輸忠，略敘勳資，以彰懿德。」

以乾祐二年七月十一日記葬

浙大墓誌庫

乾祐〇一六　董君墓誌

乾祐二年十月一日

【誌蓋】失

【誌文】

大漢故董府君墓誌銘并序」

夫以自古坤今，日月運迴，生死遷遞榮枯，凡紀人倫熟沉倫者矣。」府君在縣，名逸九州，躬藏一室，憎誤志望。滑州隴西郡，董氏之先宗，」自得顓頊之苗裔，皋陶之胤緒，李老君之子，因承董筠公之後」為董姓。祖諱慶，抱義懷仁，潛君〔居〕不仕，因官至此，祖代相承，南董」村龍岫里也。祖婆郭氏，淑女持名，齊眉立義，遂孕産英奇。」府君去庚辰歲五月十三遘疾，付家私長子，捨財産於空門。」夫人郭氏，夫人保合巹之信，懷結綬之□，□女□□而男有」哽咽，自去於乾祐二年四月十日中〔終〕於私室，享年八十有六。府君兄」弟三人：長府君，

姊妹二人。府君嗣子三人：長子昇，早執耕釣，夙」慕典憤〔墳〕，久居郡城，儒風大行。仲子懷烜，沐澗院出家，法名惠真。」氣懍瓊環，生知塵，〔一〕年方丱歲，捨父出家，已就戒珠，早年遷化。」次賓。嗣子新婦二人：長男新婦楊氏，次男新婦王氏。玄孫六人：長孫」知謙，次孫吴七，次孫郭八，次孫郭作，次孫馮六，次孫小厮兒。嗣子等憚〔殫〕」資保財，卜兹良日，以乾祐二年己酉歲孟冬月庚午日安神」於上黨縣崇義曲南董村北一里半。其也〔地〕乃曰東至五龍之」高嶽，西至万里之長川，南瞻毗境望羊頭，北闕隣封限荒□。」□銘：

子孫善慶，貴俟他年。世代榮華，千秋万古。銘記。

《三晉石刻大全·長治市長治縣卷》

乾祐〇一七　王瓊及妻索氏墓誌

乾祐二年十一月二十一日

【誌蓋】失

【誌文】

大漢故上黨王府君墓誌銘并序」

府君姓王氏，諱瓊，其先太原人也。洎系自緱山，派分淮水，和門令德，弈葉重光。」或飛鳴騰芳，佩刀垂裕，積善隆於千祀，餘慶鍾於後昆，國史備記，家諜」無爽。祖考逸於閑雅，樂彼優游，鄙策名委質之勞，任鑿井耕田之性，免」貽巧宦，以遂冲襟。府君爰契尚賢，聿遵先訓，韜光晦迹，務實去華。非」急急以求榮，但怡怡而養素，忘懷北闕，寄傲南牕。日居月諸，務安仁之春税；」春生夏長，營元亮之田園。器不假人，道齊良士，譽稱鄉曲，孝

〔一〕此句疑脱一字。

感姻親。方且教」[東]子孫，敦睦兄弟，罔臻遐壽，遽歎摧齡，寢疾終于上黨。夫人索氏，晉室」華宗，梁朝茂族。堪則任隆太守，政及遺黎；靖則位列通侯，功存良史。資於來裔，」適我宜家，治内甚明，由衷罔失。閨壼早覲於晝哭，歲時徒詠於寒泉，鞠育諸」孤，始終守義，克叶恭姜之志，諒偕文母之賢。豈期忽至深痾，俄悲永夕，以乾祐元」年七月十九日終于上黨。以乾祐二年十一月二十一日遷府君神柩祔葬于長子門」西原，禮也。式遵同穴，匪昧所天，青鳥共卜於佳城，白鶴聯飛於善地。有子三人：孟曰繼」榮，前澤州商稅使；仲曰繼能，不仕；季曰繼澄，前天平兵馬使。並荀龍擅美，賈虎騰聲，」友于保田氏之荊，孝思慕陸生之橘。劬勞是念，罔極增哀，俱形毁瘠之容，咸切茹荼」之苦。新婦梁氏、新婦崔氏、新婦常氏，皆事姑盡禮，順長居心，靡愆四德之規，深」篤三從之義，箴誡是慕，號泣何階。長女適杜氏，早亡；次女適前澤州商稅使趙氏。」俱幼禀母儀，長全婦道，昭明懿行，焕燿清門。孫紇兜、馬留、馬三、馬六，女孫馬」四、馬五等，或將及齠年，或未離襁褓，緬承遺慶，必待其昌。」府君頃自弱，〔一〕即逢多難，盖陰施而陽報，然善始以令終。仰叙」徽猷，敢陳誌頌。其辞曰：」

猗歟始祖，系自靈王。時惟有後，代亦其昌。根深蒂固，源濬流長。」乃孫乃子，為龍為光。府君無忝，歸趣有方。深明倚伏，用晦行藏。」匪遊宦路，罔涉名場。松竹凝韻，蘭菊秘香。降年不永，惟命靡常。」遽悲已矣，倏歎云亡。靈車晚出，素繐寒張。遵彼同穴，陟兮高崗。」拱木宿草，靄霧霑霜。

《秦晉豫新出墓誌蒐佚續編》

〔一〕此句疑有脱文。

乾祐〇一八　李福德及妻馮氏墓誌

乾祐二年十一月二十七日

【誌蓋】大漢故李府君夫人銘〔一〕

【誌文】

大漢故沁州刺史金紫光禄大夫檢校司空兼御史大夫上柱國李公墓誌銘并序」
公姓李氏，諱福德。本成紀人也，因官家於代北，又為應州盆谷人。其先堯理官咎繇之後也，因」官命族，自木踈宗，列在國經，藏於家諜，世資碩德，代有奇人。顯祖諱慶，本以酋」豪，閑於騎射，良弓勁弩，黑矟琱戈，陳守塞之謀，勵勤王之節。列考諱鐵，聿修」家法，綽有父風，屢以軍功，亦司戎柄。公即其子也，早懷明略，夙負壯圖，多以殊勳，」登於好爵。始初資歷，難可殫論。長興四年，轉先鋒指揮使，導衆前鋒，臨敵制勝。以清」泰二年，轉左厢先鋒都指揮使，摧堅陷陣，斬將搴旗。至天福二年，加授諸道先鋒、左」右厢副都指揮使、賀州刺史。遥剖郡符，仍司禁旅，士雖忻於挾纊，民猶渴於褰帷。」天福三年，加授檢校司空、深州刺史，乃加推忠静乱威略功臣。恩洽百城，政行千里，務黄」霸米鹽之利，光任棠水薤之規。秩滿行春，星言入覲，難淹良牧，復領再麾。」以天福七年，授沁州刺史。簡自帝心，聿求民瘼，乱繩斯理，五袴尋喧。任罷綿田，家」於上黨。方期就日，忽歎流年，以乾祐□年十月八日寢疾終于家，享年六十四。」夫人武功縣君，大樹華宗，當熊令族，爰叶和鳴之義，果隆積慶之門，号自夫尊，澤由」天降。何榮落之不定，而脩短之有期，遽染沉痾，倏悲厚壤，以開運四年三月二十八」日寢疾，先公而終。以乾祐二年己酉歲十一月二十七日遷公神柩同祔葬」于壺關門東北原，禮也。

〔一〕誌蓋四周刻詩一首：「愁雲慘兮風切切，兒女悲啼淚成血。白楊樹下少人行，孤墳惟對長空月。」

青烏獻兆，白鶴呈祥，共契佳城，用光同穴。娘子扶風」馬氏、娘子始平馮氏、娘子安定胡氏，並茹荼增感，含酸悼懷，訝雙魂之莫」招，指九原而長往。有嗣子九人：長曰知遠，西頭供奉官、檢校刑部尚書、兼御史大夫；次曰訓，」前沁州商稅使；次曰進，前沁州衙内指揮使；次曰信，北京隨使散都頭；次曰大留、韓五、」小韓、明郎、再明等，皆金莖擢秀，玉樹分輝，咸思罔極之恩，莫報劬勞之力。長女尼」大德妙威，次女米郎婦，次女閻郎婦，次女尹郎婦，次女尼智明，小女美美，常住、重」喜、敬怜、喜娘兒、胡女，並失其天廕，痛彼泉扃，俱切哀號，咸深感慕。新婦許氏，」早亡。新婦孫氏、新婦傅氏、新婦王氏，皆夙承箴誡，咸極孝思，泣想舅姑，如蹈湯火。孫」大客作、小客作、楊十、楊十一，女孫十一姐，皆始經懷抱，悉奉鍾憐，亦以因心，仰依」先德。公久彰懿範，多著功庸，將敘徽猷，合陳誌頌。謹為銘曰：」

咎繇垂裔，伯陽疏宗。積功累行，鏤鼎鳴鍾。迨及於公，為光為龍。」握兵作牧，禁暴勸農。褰帷示化，露冕見容。政成貳郡，聲烜九重。」秩罷綿山，家於上黨。方竭扶摇，偶虧頤養。倏尔摧齡，勢如返掌。」丹旐云啓，九原長往。風凄寒木，露霑宿莽。乃子迺孫，心留目想。

《洛陽新獲墓誌百品》

乾祐〇一九　邢德昭墓誌

乾祐三年四月十八日

【誌蓋】失

【誌文】

故大晉光禄大夫檢校尚書左僕射行司農卿上柱國河間縣開國男食邑三百户贈太子賓客邢府君墓誌銘并序」

前隰州軍事判官文林郎試大理評事王成允撰」

若夫帝以百揆代天工，河以九曲帶地紀，懋功崇德，疏爵之位，尊列命卿，治粟之官，重換丹青」而騰懿範者，公其偉歟。府君諱德昭，字乂遠，其先河間鄚人也。昔邢侯失國，命氏于邦；漢相謫」居，因家著望。洪賓撫軍於後魏，子才佐運於北齊，咸國史之名臣，實周公之祚胤，世功官族，」代有人焉。大王父唐故忠武軍司馬、贈僕射諱，紹開德門，貽厥令緒。大父故右神武統軍、贈」司空　，纂戎前烈，垂裕後昆。嚴考故左武衛大將軍、累贈太保諱朗，韜略傳家，英雄冠古，故」能耿光文武，濟美忠貞，載誕象賢，允符積慶。公即太保嫡子也，禀精粹於星辰，襲徽猷於」鼎胄。軀龍麟鳳，表千年王者之祥；禮樂詩書，資百代義方之寶。騏騮得路，杞梓凌雲，總角補太」廟齋郎，弱冠調洛交簿，次坊州司馬，尋加銀青光禄大夫、絳州司馬。丁先君太君之憂去職，絶」漿七日，泣血三年。服闋，徵賀王府長史，護邸才高於劉沈，升堂寵異於張昭。歷左右監門衛將」軍，轉左威衛驍衛將軍，改左龍武軍將軍，累加金紫光禄大夫、檢校秋官尚書，兼亞相、上柱國。」俄下詔曰：公鐵石無猜，星霜藉甚，宜等冠軍之號，用旌拱極之勞。可光禄大夫、檢校右僕射、」右監門衛大將軍。既比三公，爰登九棘，換太僕卿，用正人也。未幾，國朝以可汗來王，覃恩絶域，」敷求稱旨，式奉皇華。僉謂公當仁，轉衛卿、檢校左僕射，充奉化威軍册禮使。公九天握節，萬里」乘軺，宣暢龍綸，復朝象闕。帝嘉丕績，賞不踰時，拜司卿，錫爵開國男，食邑三百户。豈張侯西」邁，虚存博望之名；陸賈南迴，獨美太中之命。若乃信義推於寰海，忠孝篤於君親，治家克嚴，立」身以正，廉慎而遠耻，敬讓而居高，所以多士之準繩，人倫之龜鏡。出入三紀，周旋八朝，歷官一」十四，凡三佐郡邑，一贊磐維，六典禁軍，三至惟月，清白遺於有後，始終處於無過。考是懿行，垂」于令名，斯謂不朽矣。方當發揮王度，承弼帝謨，而夢奠神驚，佳城晝見。以天福九年六月八日」寢疾啓手足于東都相國之佛舍，春秋五十有八。可謂峯摧巨嶽，星隕長霄，中外痛嗟，邦家賻」吊。惟帝念勤勞於王室，降漏澤於泉扃，義感良臣，式敦故事，詔贈太子賓客。粵明年二月」十七日遷護于洛陽之北郊。公初婚夫人劉氏，故鄜州節度副使、

檢校司徒珣之長女。次」夫人韓氏。並華貫清門，先公早世。又娶夫人吉氏，進封馮翊郡君，故右僕射、行絳州長史諱韜」之女。閑睢配德，石窌封賢，如賓欽邦媛之儀，睦族闡家肥之法，蘋澗方期於偕老，栢舟俄慟於」殲良。矧復幹自強明，仁弘慈育，竭粧奩而嫁孤女，輟服膳以奉靈輴。以大漢乾祐三年四月十」八日窆于洛都北原朱陽里，元夫人彭城劉氏祔焉，禮也。青烏審兆，白鹿呈祥，煙埃沮慘於松」阡，鳥雀增悲於薤露。有子三人：長曰仁鄴，任絳州垣縣簿；次曰仁寶，補孝挽郎；幼曰仁矩，齠年」未仕。並龍鸞禀秀，珠玉擒華，克循孟子之規，藹耀臧孫之後。有女一人，適吏部尚書、將作監烏」昭遠之子告成縣主簿允忠。《詩》美齊魴，《傳》稱懿鳳，淑順推從於曹訓，雍容自洽於謝吟。至孝等」以窀穸將歸，慮高深易變，爰陳景行，俾誌貞珉。但夢乏祥禽，莫述生金之字；才虧幼婦，徒追瘗」玉之心。退讓不已，謹為銘曰：」

肅肅正卿，挺生全德。鴻漸圖南，勾陳拱北。象河爵里，」承家許國。善始令終，其儀不忒。朱陽原兮河洛濱，」丹旐歸兮封樹新。勒芳猷於幽礎，存萬古兮千春。

《北京圖書館藏中國歷代石刻拓本匯編》第三十六册

乾祐〇二〇　李唐墓誌

乾祐三年八月十三日

【誌蓋】失

【誌文】

隴■君墓誌」

蓋聞人■有五行之里，尚書英賢，道」和魚水，家□孝悌。本貫安義人也，充澤州」節度押衙、国子祭酒、兼御使〔史〕大夫、前任陵川鎮」遏使、後上天井関使尚書諱楚，字。母楊氏，先已遷」葬在此。有男唐，因考為官，流移澤

郡，柱〔住〕州東店」上橋東北面買地構宅已安，見充城瑝老人。李諱唐，」今已生前安厝塋域，并上代塋並在州南約五里已來」田家莊七十步是大塋。南至古塋，北至道，東至界石，西」至北陵谷。有子延祚，享年四十有二，掩皈遊水，墓在」丙上。弟季，塋在甲上。唐喻於生前□塼藏石，今擇」得乾祐三年歲當庚戌八月十三日聊葬，已顯從來」上代。妻王氏見在，新婦張氏，滴〔嫡〕孫黑子栝。」恐子孫不弁〔辨〕，特召良工，故刊貞石，恐年移丹」陵，海變桑田，以俟他日記。

賣地主孫實，男孫建。保」□□兼是東璘〔鄰〕西至：田鳳充保人夫子并牙人，王豊保人，王周■。

《臨西碑刻》

乾祐〇二一　李彝謹妻里氏墓誌

乾祐三年八月十九日

【誌蓋】失

【誌文】

大漢故沛國郡夫人里氏墓誌銘并序

攝節度推官劉夢苻撰」

蓋聞陰陽渾同，二儀之形因辨；玄黃判位，三才之道始彰。內分清濁之精，□蘊融和之氣，植梧桐而」並秀，騰鸞鳳以雙飛。一則上應乾儀，一則下苻坤性，或六藝以飾己，或四德以俻身。價齊麗水之」金，美並崑山之玉者，即故沛國郡夫人，稟此異氣而生焉。父皇迷訛移，任延州水北教練使兼南」山開道指揮使。勇義兼身，機鈐出衆，處轅門之清給，立部族之强名。劒揮潭底之龍，箭落雲中之鴈，寔為」國器，夙振家風。本貫延州金明縣北界。妣拓拔氏，夫人容皃敦美，礼樂柔和，既為德行之人，方產賢明之女。我故」沛國郡夫人，即教練使之長女也。夫人月滓陰精，霞分異彩，合三星而降惠，成四德以俻身。令淑早彰，雍」容著美，窻下而花生彩線，鏡前

而雲起香鬟。辯可解圍，文能詠雪，纔及破瓜之歲，礼諧合巹之盃。時朔方王」以業霸河西，塵清塞上，為子契和鳴之美，行人俻納采之儀。自適王門，久榮昌運，曾祖皆聯於將相，伯叔咸」列於土茅。貂服昭彰，盛公侯於甲弟；蟬冠掩映，列朱紫以盈門。事光簡册之書，名貴凌煙之閣，」焕乎竹帛，不泯聲光。夫見任綏州刺史、檢校司徒李彝謹，即追封韓王之次子也。行堅金玉，譽比芝蘭，敦詩」書礼樂之名，藴温潤謙和之敬。自臨千里，布政六條，民無瘵以可求，化有恩而及物。隨軒雨潤，逐扇風清，如」楊續匪受於饋魚，似敬祖不燃於官燭。光前絶後，獨振徽猷。夫人水玉交歡，賢明合宜，處内則規章匪失，」處外則骨肉和平。儉素為心，温恭抱謹，實為兔絲附秀，樛木垂芳，梧桐轉茂於清陰，琴瑟方調於雅韻。」奈以短長無定，榮樹有期，沉疴既染於膏肓，妙術難諧於響應。葉催秋露，花墮春風，徘徊孤鏡裏之」鸞，凄切痛雲中之鴈。即以乾祐二年九月十五日薨于綏州私第，享年五十有四。痛深五□，哀切六親，人民罷」市以興嗟，骨肉號天而動泣。有子五人：長曰光琇，守職節度押衙、充綏州衙内指揮使、檢校右散騎常侍、兼」御史大夫。貞松挺操，秋月含輝，於家懷孝悌之心，莅事有公清之節。即娶破丑氏之女。次曰光璉，守職綏州都」知蕃落使、檢校國子祭酒、兼御史大夫。玉瑩寒光，山高聳翠，有文武兼才之美，抱仁信及物之情。即娶蘇氏之女。」次曰光義，節度押衙、充馬軍弟二都軍使、檢校右散騎常侍，兼御史大夫。清白有聞，貞廉無染，執硯之仁慈既藴，奉」菫之孝道應全，咸為継體之人，盡保成家之者。即娶楊氏之女。次曰光璘、光琮，皆不仕。七絲雅韻，三秀靈苗，藴」王湛隱德之才，抱狄嗣顯名之譽。咸以哀毀過[制]，涕泗交併，樹欲静而風不停，子欲養而親不待，信有之矣，不期」然乎。有女三人：長適野由氏，次適蘇氏，皆以婚成伉儷，礼配玄黃。秋霄永而圓月虧，春風急而好花落，遽[辭]□」日，皆奄黃泉。次曰喜娘，幼處閨窻，未諧匹偶。念女蘿之獨秀，傷棣蕚以凋零，人間未及於問名，泉下已歸於閅罡。」短長命矣，噫亦痛焉。於是地選邢山，川如淯水，正乙酉乙卯之位，當甲子甲午之阡，植孔樹以參差，構玄堂之深邃。即以乾」祐三年八

月十九日光琇等自雕陰護引夫人之靈葬于夏州朔方縣儀鳳鄉奉政里烏水之原也。夜臺永閇，幽隧難」尋，寒松瀝瀝以生風，野草萋萋而泣露。夢荇才非倚馬，學愧雕虫，難為撫掌之嗤，强副指蹤之命。乃為銘曰：」乾坤育性，融和蘊精。合浦珠瑩，崑山玉貞。無為罕測，大□難名。淬明月魄，我夫人生。其一。」抱婉約情，禀雍容質。神降瓊樓，花藏金室。委禽問名，佳期納吉。榮比鴛鸞，聲諧琴瑟。其二。」恩沾私室，貴顯王門。龍旌虎節，玉季金昆。貂蟬滿座，將相盈軒。乃文乃武，令子令孫。其三。」祖列雙旌，夫榮五馬。分葉於堯，霸基于夏。清儉懸魚，賢明讓鮓。政理名光，揚春和寡。其四。」方期貴盛，忽染膏肓。鴛衾失緒，鸞臺罷粧。青絲減翠，金鴨鎖香。術無百中，藥悮千方。其五。」難返幽魂，奄帰玄闕。兒女哀號，軍民哽咽。九族悲傷，六親慘切。哀極於心，淚継之血。其六。」既辭靈帳，須卜昏庭。簠簋俻設，黍稷咸馨。松風暗響，薤露愁聽。蔓草縈骨，懸窆泉埫。其七。」恨切窮荒，痛深幽隧。白日長辭，玄堂永閟。德行追捜，言詞匪媿。刻紀燕然，千秋万歲。其八。」荒郊慘澹兮愁雲連，野草萋迷兮凝寒煙。人自老兮烏飛兔走，名不朽兮谷變陵遷。其九。」

押衙充隨使孔目官楊從溥書

石匠劉敬萬鐫

《中國藏西夏文獻》第十八册

乾祐〇二二　王舜墓誌

乾祐三年八月二十五日

【誌蓋】失

【誌文】

大漢故天平軍節度副使光祿大夫檢校司空使持節封州諸軍事封州刺史兼御史大夫上柱國瑯琊縣開」國伯食邑

七百户王公墓誌銘并序」

前鄉貢進士王光乂述」

公諱舜，字匡時，太原人也。其先周之胤緒，晉之華胄。長淮始渡，導輔相於南朝；」大魏□興，肅來儀於北土。深源遠派，弈葉聯芳。語風流則代習文章，論貴盛則」里名冠□，氏族所自，莫之与京。公即有唐中書令珪之後也。曾祖儔、祖逵，並高」尚，皇不仕。公皇考　追贈右庶子，皇妣温氏追封太原縣太君，有晉之茂」典也。克慎厥德，貽慶子孫。公初勵職後唐明宗帝霸業之初，」動干戚之舞，興斧鉞之誅，怔作解之恩，布惟新之令。公早參密侍，屢進」嘉謀，夫天秉陽而地秉陰，式符理道；雲從龍而風從虎，乃与類行。尋授」右監門衛將軍、充樞密院都承旨，預於時政，簡自宸襟，湛千古」於胷中，聚八紘於掌內。皇猷允塞，墜典咸甄，越小大邦君，蠻貊」師長，罔不欽于成憲。俄属鼎悲龍去，臣泣弓遺，嗣主承祧，凝旒」正殿。宣為公曰：朕自纂臨大寶，罔或逸寧。簡黜澆浮，延納忠直。不忘一日二日，旌功念德，唯汝克勤左右，宣力皇家，允荅殊勳，宜覃霈澤。去清泰元年，授護國」軍節度副使。下車皆問，蠹弊先除。纔罷職，兵纏大名，蠶食上國，委之饋轉，充□軍須。」大晉高祖武皇帝改授秦州節度副使，夷落而不遑南牧，臨邛而常懼西征。後將□」滑臺，監修堤堰，經度而盡知其要，板築而俄集厥功。尋授守封州刺史、義成軍節度」副使、權知軍州事。著功庸而高疇昔，再迴白馬之津；以爵秩而未優崇，尚遠銅」魚之任。遂連改兖宋鄆等州節度副使，皆權知軍州事。民無回匿，吏去苛私，戒」嚴而師律唯貞，襟帶而邊鄙不聳。洎羣狐盜國，四海沸騰，城隍不濬於寸功，□□」無傷於一户。沉機先見，妙用入神，冰雷不可以久沍，天地豈可以終否。漢祖鼎新華夏，」詔問公職業，欲起而大之。無何夢逾洹水，玉碎嵇峯，然猶道蹇於時，位不稱德。」於天福十二年十一月五日忽遘疾，十四日薨於開封府利仁里私第，享年五十」有三。以當年十二月十　日權葬於河南府揔監司。公星辰降瑞，河岳」炳靈，精剛之氣貫斗牛，偉闊之量吞江漢。顯

忠至孝，毓德韜華，翼翰」累朝，孰可比其盛也。公列考未幾再迎太原郡温氏太君，德茂庭闈，道」光圖史，鞠育諸子，愈於群家。公故能卒振才業，享國重寄。有弟四人：長曰廷讓，」守職河東，早光殊稱；次曰廷訓，糾繩隴右，克著能名；次廷誨、廷浦，並署華資，皆期勇」進。有子二人：長曰守凝，次曰二哥，咸鳳室傳文，鯉庭受學。及居喪盡礼，枕塊絶漿。」公再娶沛國朱氏，昭融淑德，可著於縑緗；彰灼令儀，詎資於保傅。有女四人：」長適韓氏，次適許氏，乃以崇延胤嗣，榮荐德門。今者歲道爰通，方諧改葬，」啓佳城之鬱慘，感風樹以纏悲。兆卜青烏，俯嵩高而瞰清洛；形瞻舞鳳，屹天柱而背」北邙。隱伏之狀，實佳地矣。公先夫人崔氏，早殞，又娶清河張氏，先終。以漢乾祐三年」歲在閹茂八月二十五日庚申同葬於河南縣梓澤鄉宣武里新塋，礼也。嗚呼！王佐」才高，朝端望重，犀渠鶩領，迭更藩屏之權；蒼璧黄琮，俄失禮天之器。但以光乂」如椽乏夢，靈渚無徵，豈足闡揚馨烈而盡善矣。爰旌摭實，乃為銘曰：」

神生峻極，天縱英風。中原失鹿，上國從龍。載弢弓矢，底定華戎。參兹密勿，惟帝念功。」翼戴盛明，皇猷充塞。迭佐六藩，克宣一德。位以才昇，福唯天錫。允執厥中，其儀不忒。」公之捐館，罷委諸難。劒飛武庫，星落江干。壠平月皎，露白松寒。不旌功業，後嗣何觀。

《秦晉豫新出墓誌蒐佚三編》

乾祐〇二三　高洪謹及妻馬氏墓誌

乾祐三年十一月九日

【誌蓋】失

【誌文】

唐故高府君墓誌銘并序」

後漢〇〇一　韓儔及妻段氏墓誌

葬年不詳

【誌蓋】韓公墓銘

【誌文】

大漢国故韓府君合祔墓誌銘并序」誌銘者，銕人生之異幸，標三代之德風，并接上古之根」基，享子孫之孝思。府君者，神農之後，廣陵人也。因官延」任，隨寢雲遊，流派務業，連枝相承。至彼潞州上黨縣八諫鄉玉泉里中和村，」置立田薗，松栢相婭，宗枝不絕。高祖諱　，尊婆李氏。曾祖諱元宗，」夫人門氏。府君諱洪謹。府君者英姿挺秀，門傳愷悌之風，家顯」□貞，德播鄉閭，於縣内為押司録事。豈為身縈癉瘵，」□靈藥而無徵；石火瞥然，俄歸冥而大夜。享年八十有三，終」□[私]地。夫人馬氏，習孟母之規則，外諧九族之談，三從必備，四」德無虧。享年七十有七，終於私室。弟太，新婦張氏，女王郎婦。嗣」子三人：孟子重玘，縣中差科司，新婦璩氏；仲子重千，新婦和氏；季」子重誨，新婦馮氏。長女和郎婦，次女韓郎婦，小女元郎婦。兒」女等哀哀扣地，七日絕漿，不飡甘美。孫兒仁謙，新婦裴氏；仁超，」新婦程氏；任九、小福、楊五、楊六。孫女和郎婦、賈郎婦、喜孃、望」兒、錦兒。孝等造其棺椁，聊申膝下之恩；祫祔明靈，用報上嚴」[之]德。厥以乾祐三年歲次庚戌十一月甲子朔九日壬申村南一里」天□立於大塋。其地四望也，東占龍峯千岫，青」龍田田；西臨堯舜神崑，白[虎]雄雄。前有龍泉硤水，諸〔朱〕雀」攢攢；後跳〔眺〕炎皇聖跡，玄武後垂。其墳四神俱足，八將」無虧。曩世墳安，子孫累代興隆，宗枝」不絕。恐有山河改易，海變桑田，刊石標名，乃」傳後記。

《秦晉豫新出墓誌蒐佚續編》

府君者，昔先汝南郡人也。因官於魏，遂為魏人。源派流遠，服冕乘」軒，玉壇垂千古之名，金丸顯万年之貴者尔。」皇曾諱　。皇祖諱昌，授當道討擊使。」皇考諱贇忠，任相州刺史，珠乃復生，虎能自去。」府君諱儔，以幼踐書帷，長謀宦路，蘊七謝詞華之藝，包三張入洛之名。道既深而軒冕榮，德既重而官資雅。初任貝州青陽縣主簿，」次任衛州汲縣令。以牛刀任小，遠彰千里之才；製錦方殊，以益万家之譽。」自登高任，頗著昇華，後乃諸道守官，不能一一實録。不幸天祐十八」年七月八日歿於私弟，享年五十有一。夫人段氏，艷姤桃容，顔如淑態。三從過及，」四德有餘。不幸於天祐十一年十月十九日奄辞人世，〔一〕時也兒女號泣，親戚悲啼。育子」一人廷誨，守將仕郎、試秘書省校書郎。今則選擇良辰，推求吉日，殯於莘縣」修善鄉依仁里。此一方之勝地，足有可觀瞻；四面之人煙，時聞路語。長道咫尺，大」澤匪遥，疑令是馬鬣之形，不即是牛崗之嶺。後恐海變山移，人遷世改，」追搜往事，不可記名，故乃刊石鐫題，用明後代之尔。」

賢哉盛士，高氣不羣。嗟其殞墜，矩□□□。

《華夏考古》二〇一三年第三期

〔一〕「十九日」三字係補刻。

後周

廣順

廣順〇〇一　康君墓誌

廣順元年四月九日

【誌蓋】失

【誌文】

大周故沂州刺史會稽郡康公墓誌銘并序」

鄉貢進士李緘撰」

康氏之先，文王之胤，擁殷民而建社，疏相土以開封。大有巡功，受湯沐於泰山之下；小有述職，列」朝宿於渭水之濱。世濟其名，史無停筆。越自二霸，逮乎六雄，本祖德之嘉名，乃子孫而為氏。」烈考諱晟，銀青光祿大夫、檢校工部尚書，充朔州馬軍軍使，兼御史大夫、上柱国，贈太子右」贊善大夫。先妣王氏，追封太原郡太郡〔君〕。激情風烈，淑性蘭薰，雖偕老以同歸，實下僚而可歎。」有子四人，長子十德，充代州山河軍使；次子進德，充鳳翔牢城都指揮使，皆先公而亡。公即」贊善之中子也。少便□馬，壯曉陣圖，遂發跡以從軍，乃奮身而佐命。天祐季年，莊宗」皇帝之潛龍也，心同鐵石，志靜煙塵，破大憝於中原，振雄名於敵国。遂起家為右武

安軍弟」一都將虞候，賞其勞也。俄又□奉聖弟三都副將。相次□昭化弟三都副兵馬使、鐵笠子弟」二都軍使。明宗朝，又遷契丹直指揮使、捧聖弟四指揮使、繡州刺史、捧聖右弟三指」揮使、捧聖左弟三指揮使、捧聖右弟二指揮使、捧聖左弟二指揮使、捧聖右廂廂主、捧聖左」廂廂主、二十捧聖左右都指揮使。不嚴部五，不樂兵書，方略自合於天然，權變皆符於神授。」未幾，拜曹州牧。下車而化，不待浹辰，政有條綱，人稱蘇息，右獄空迷於寒草，荒原盡闢為良田。」大晉初，□遷易州刺史，封會稽縣開国男，食邑三百户。地居食菜，位列通侯，若非汗馬之功，」曷拜雲龍之澤。相次又遷商州刺史、衍州刺史、階州刺史、房州刺史。大漢初，又遷沂」州刺史，改賜忠貞佐聖功臣、金紫光禄大夫、檢校太保、使持節沂州諸軍事、沂州刺史，兼御」史大夫、上柱国、會稽縣開國伯、食邑七百户。歷守專城，始終若一，何通明之入妙，致化洽以」如斯。方厲鷹揚，忽悲露謝，以廣順元年二月二十九日寢疾薨于梁京私弟。用其年四月九」日帰葬河南府河南縣平樂鄉朱陽村□先夫人祔之于大塋，禮也。嘻！以公之温良恭儉，明」允篤誠，□□摧堅，有臨□制勝之義；移風易俗，有撥煩理劇之才。雖行高於人，亦寬而容衆。」享年六十□，□□□□。□□□舟，遽悲幽人之歎；中河墮月，俄興聖主之悲。婚太原郡」郭氏，先公而□。□有□□，閑□□□，容止不欺於闈室，齋莊如見於大賓。早弃流年，今同邃」穴。有子一人晏瓊，前後歷任六州衙内指揮使、銀青光禄大夫、檢校太子賓客、兼殿中侍御」史、飛騎尉。藍田玉潤，□□珠明，□庖膳以養親，無踰體裁；揔州兵而禦侮，甚著能名。受遺命」以不渝，居大喪而有制。有女二人：長適清河張氏，次適隴西李氏。皆幼而婉約，長乃雍和，在」家則比德於碩人，出降乃騰光於君子。次女其夫不幸早亡，遂出家為尼。又娶瑯琊符氏，封」郡君，亦先公而亡。後又娶弘農郡夫人楊氏，調護宗族，訓誨閨門，兒女皆類於腹生，遠近咸」稱於賢會。遽纏晝哭，永歎朝霜。有季弟一人進欽，前沂州元從都押衙、銀青光禄大夫、檢校太」子賓客、兼監察侍御史、武騎尉。有姪一人晏崇，前沂州衙内都虞候、銀青光禄大夫、檢校太子」賓客、兼監察侍御

史、武騎尉。有堂弟三人：長曰元信；次曰君海，充内殿直；季曰重俊，充右廂」小底弟四指揮、守闕十將。有妹一人，出適曹氏。有堂姪二人：晏琦、婆兒等。舉族同居，將及百口，」念流波之不返，盡擗踴以增欷。緘輒以非才，上陳遺烈，深媿中郎之筆，難窮有道之風。乃」為銘曰：

先君之靈兮去不歸，陰堂之奥兮無復開。孝子之情兮永隔，顧隴樹以心[摧]。

《洛陽市文物考古研究院藏石集粹·墓誌篇》

廣順〇〇二　□殷墓誌

廣順元年七月二十五日

【誌蓋】蓋面無文字

【誌文】

大周故晉州義勝軍都指揮使銀青光祿大夫檢校禮部尚書兼御史大夫上柱國贈光州[刺][史]□公墓誌銘」

前攝房州房陵縣令將仕郎試大理評事李昭文述」

夫生滅之理，修短之期，貴賤賢愚雖有差，生老病死不能免。有壽考焉，有夭折焉，故昔賢」興過隙之言，先聖起在川之歎者哉。公諱殷，字得臣，睢陽宋城人也。曾祖寔，不」仕；祖妣潁川陳氏。祖匡[範]，不仕；祖妣扶風馬氏。考存，不仕；妣陳留何氏。公即存」之子也。幼負老成之器，長懷終鮮之志。入仕轅門，敦詩悦禮，抱倒屣投轄之義，」延賓朋接待之儀。洎發宦途，以飄榮路。府君時嚴衛軍主張司徒」名播羆統禁軍，剖符虢郡，公乃投跡而事□，署隨使都押衙。太守」遷房牧，到郡委□□焉。天道有漢，曆數歸周，万國駿奔，唯并門不軌。瑯瑘公」侍中臨鎮晉州，命[公]充隨使都押衙，仍監麴務。後勅授銀青光祿大夫、檢校」禮部尚書、兼御大夫、〔一〕

〔一〕「御」下疑脱「史」字。

上柱國，又充金興鎮遏使。又充晉州在城都巡檢使，旋[罷]」授左廂馬步都虞候。瑯琊公奉國專心，戡難志切，將清國步，權集義」軍，以拒并門侵境，授公為義勝軍都指揮使。忽為勁弩中其面焉，□謂腠理疾作，五藥無功，幽泉遽扃，辛亥歲三月一日啓手足于晉州崇德坊」之私弟，享年五十有五。贈光州刺史，恩賜絹三十疋，羊酒有差。府君□□」裨校，立于轅門，生著軍功，歿居列岳。而自平陽扶護，用廣順元年七月廿五」日葬於虢州弘農縣鄰義鄉新□里，禮也。公娶清河張氏。有子三人：長」曰光祚，娶新婦柳氏；次曰會哥，次曰三哥。女大姐。孫男二[人]：[曰]大奴，曰慈消。」孫女一人，曰婆嫌。公壽[考]有數，名位可稱，所痛者未畢[將]圖，空存遺美。」悠悠丹旐，指阡陌之荒凉；黯黯玄宮，□英靈[於]永遠。[昭][文]夙通分義契襟情，奉諸孤[勤]請，□心述府君精脩之德，詞不盡□，□紀銘云：」

稟秀山河，挺生英俊。孝友内著，忠信外彰。履曆宦途，毗贊有方。」抑揚職業，民□吏藏。幼懷武略，征戰壃場。方期極位，爵祑延昌。」統之義勇，遽失隄防。百藥無効，腠理靡及。遄歸大夜，奄謝明時。」路阻先塋，禮遵權卜。吉地叶從，靈壙斯属。蕭衰封樹，寂寞芳塵。」永留實録，刊在貞珉。

《新中國出土墓誌・河南貳》

廣順〇〇三　王進威墓誌

廣順元年九月十三日

【誌蓋】失

【誌文】

蓋聞乾像含輝者乎，坤星稟應者矣，乃二儀之得全，致一耀之有缺，即」故僕射。本汾州平遥縣安故人也，姓王氏。翁諱元直，不仕。父諱敬璋，不仕。僕射諱進[威]，」字德和。母成氏。故僕射負業李庭，披書孔邑，以文則

推鏗金而逸翰，以武則致射」虎以為榮，揮毫不悦，舉札無威，後不可極，惔不可奈，其初也。後乃從唐師相里」太師於陝府任使，其年，蒙主人太師台造，賜本道保義軍進奏使兼官授銀青」光禄大夫、檢校工部尚書、兼御史大夫、上柱國。後於京内中州南門裏西壁製」得地宅。又天福元年，主人太師移鎮晉州，蒙准職授建雄軍進奏使。有長男光贊，」於周朝蒙聖慈宣旨，賜西頭供奉官。次男光乂，授孟州長史。一留京輦，兩綰」進司，成一代之清規，揚万古之休問，其勳也。享年五十有三，遂以患值林鍾，難」舉婆人之念；殞當夷則，悲動曾子之心，其歿也。以廣順元年七月十二日弃代，」擇得九月十三日入葬，乃於京西北河南縣金谷里尹村王彦琦家買到營地」四畝，其擇兆也。而乃前吞洛汭，面華嶠之駢闐；後控孟津，背九皋之[烜]赫。東倚」邙山，通鼇極之並景；西連霍嶺，接湯岫之近隣。繇是春山寫望，秋水凝情，其景」也。乃布珎換錦，載玉興陵，建金谷之中原，壯銀河之夜永，其宅也。洎三虎八龍，」謀孫翼子，簪即交暎，軒裳疊委。慇懃劉昺之名，悵望張衡之誄，小山尚在，大樹」何歸。燕沉一客，秦哭三良，念王子之碁皷，空還舊疊；想丘生之經籍，已付何人。鴈」沼波瀾，空聞怨咽，兔園臺榭，秪見荒凉，其別也。今則虞氏開阡，滕公入室，大夜」冥寞，九泉超忽，休復揚旍，空知執紼，楫墜今時，舟藏此日，其入葬也。一之繼久，」万以淵深，表懸像之無隱，並寶月之不沉，其誌也。而八斗知慙，四科奚取，天長」地久，咸同不朽之規；古往今來，無復沉石之措。乃為銘曰：」

澟澟君子，堂堂氣驍。英懷迥位，傑出郡寮。威猛無敵，柔軟能調。」善有弘德，惡來自消。仕主一侯，權兼兩印。海表□喧，寰中名振。」享之良祐，納為中信。忽翳明時，刻石寶運。彫之神道，鎮此幽冥。」雄吞陰趣，赫弈仙兵。隱軫金闕，閑華玉京。卜其安厝，孀悲泣路。」思而滴血，想而吐哺。將遠明靈，漸遥德譽。鐫刊于今，用標永固。」

維大周廣順元年歲次辛亥九月庚申朔十三日壬申誌」

故僕射王進威亡男攝孟州長史光乂、」阿叔敬全、阿舅李知進、小舅李韓奴、外甥攝孟州司馬趙□□、」長男西頭

供奉官光贊、小男三哥、孫小廝兒、外婆安氏、妻李氏、」小姨李氏、長女萊哥、季哥、小姑兒、四姐、新婦范氏、新婦郭氏。

《隋唐五代墓誌匯編·洛陽卷》
中國國家圖書館藏拓

廣順〇〇四　張鄴及妻劉氏墓誌

廣順元年十月十二日

【誌蓋】失

【誌文】

維大漢國清河郡張府君夫人彭城郡劉氏祫祔墓誌銘」

昔者軒轅皇后偶因閑步宵中，徐行簾外，有星隕地，光」耀庭前。后乃恍惚，神魂降孕，月滿而生一子，掌有張字分明，帝乃遂賜清河」名郡，因封氏焉。奉使彰於博望，凡前王後帝，治郡佐都，軒黄之祚胤，」流漢代之孫也。曾諱政。府君諱鄴。府君以孝悌成家，信忠輔國。」才輕八斗，不讓曹植之文；弓笑六鈞，未許顔高之武。性直而何殊破竹，」心卓而更勁寒松。本冀東溟比壽，南岳齊肩，胡不萬年，以天福四年十二月」二十七日終，享齡六十八歲。娶劉氏夫人，以明珠戒，姿清當代之閨風，礼婦人倫之軌則。斷」機訓子，賢更勝於軻親；剪髮筵賓，義重過於陶母。笄年便曉於三從，齠歲早」明四德。年纔二八，適清河張氏，禮也。本擬同傾淥酒，共治朱絃，針砭無効，自終嫠」禍，慟哭連朝，不忍悲嗟，難任哀痛。慶流後裔，兒女五人。長子身亡；次子師遇，婚」梁氏。女三人：長女十一娘，適韓氏；次女十二娘，適周氏；次女十三娘，適王氏。身亡日時逢喪乱，」今遇昇平，考妣喪來一十三周，骸骼權墳兩處，遂乃葬事。於廣順元年歲次辛亥」十月庚寅朔十二日辛丑合葬於澶州頓丘縣千秋鄉趙樓村平原里先塋之後，禮」也。慮恐時移革變，墳隳平高，刊石紀芳，存乎記銘：

粵惟始祖，軒皇得姓。」玉葉無比，金枝莫並。百代傳芳，千秋垂慶。世世公侯，俄然泣淚。一門佳城，三千」其歲日。人天大惡，秖有殂薨。身如雷電，命若風燈。陰陽造」化，寒暑交騰。日來月往，時時無盡。天長地久兮人不恒。」東至金堤一里强，子孫興盛出軍王。西至沙河逾七里，今後年年多富貴。」南至舊城十里州，傳名後代有公侯。北去德清十三里，此是安塋富貴地。

《京畿冢墓遺文》卷下
《隋唐五代墓誌匯編·北京大學卷》

廣順〇〇五　牛慶墓誌

廣順元年十一月八日

【誌蓋】失

【誌文】

大周故隴西郡牛府君墓誌」
祖翁諱慶，字　，夫人陳氏。考諱洪實，夫人張氏。見在男延祚。」伏聞哀哀父母，長我劬勞，天地厚高，報効莫及。家以素衣從」宦，務本為宗。或与人語，自出情自矣。琰敷□和，情絶夫」染，每以順慈亡下。府君三代當州，世謂本貫，多於纏〔廛〕」肆為業也。以受市官數載，迴移〔易〕新市及諸行鋪等，於」今不絶。享年六十八，去天復二年九月四日私弟。」夫人陳氏，伏為仕馬離乱，於今不覩尊儀。有考享受〔壽〕」七十有二，去乾祐三年二月廿五日私弟。今有男延祚」与妣張氏，今擇得廣順元年辛亥歲十一月己未朔八日丙」寅合附尊靈於澤州西北約三里已來，於自己莊西南約」一里已來，自己地内卜其塋域，其地並自至，合附尊靈。今去新」□内市門南西面居住，買地構宅以安。故刊貞珉，以俟他日」□。乃為銘曰：」

仰天付地，思父念母。如山岳奔，一去何覯。」[久]承訓誨，昔時靈武。于今墓追，千〔迁〕葬[是][與]。」見存母張氏，女王郎婦，男延祚，」新婦李氏，孫男張五，孫女胡娘兒、大姐、二姐。」哀歌辞：」號泣子孫悲，哀哀月夜啼。」黄金雙入櫃，地鑠万年期。

《秦晋豫新出墓誌蒐佚三編》

廣順〇〇六　李沼墓誌

廣順元年十一月九日

【誌蓋】隴西郡李府君墓誌銘

【誌文】

周故中散大夫檢校尚書户部郎中國子毛詩博士柱國賜紫金魚袋隴西李公墓誌銘并序」

門吏鄉貢進士劉晦撰」

公諱沼，字潤之。其先隴西成紀人，漢上郡太守廣之裔也，後世徙家河朔，今為饒陽郡人焉。大」王父諱華，皇不仕。王父諱遷，贈大理司直。考諱球，累贈右諫議大夫。而皆拂衣林壑，守道丘園，」隱耀潛光，屈壯圖於當代；積仁累德，鍾多福於後昆。妣彭城劉氏，追封本郡太君。公即大諫」府君之長子也。次曰瑾，無禄早世，先公而殁。公家傳清白，世襲丘墳。唐長興中，三史及第，」起家深州樂壽縣主簿，從鴻漸也。秩滿，補國子四門博士，轉太子右贊善大夫，錫銀印朱綬，贊」導儲闈，綽有令裕。未幾，充順國軍節度判官，假省銜憲秩以寵之，參佐藩侯，不吐不茹。尋加金」紫，旌其能也。入為國子毛詩博士，太學之中，号為耆德。周廣順元年九月八日寢疾終於洛陽」思順坊之私第，享年六十，卜其年十一月九日用大葬之禮窆於河南縣伊水鄉諸葛里。嗚呼！」公幼而好學，長而不羈，聲音如鍾，髭鬢若畫，朱絃無以諭其直，定鏡無以方其明。體皃矜嚴，器」宇沉厚，信於

朋友，孝於閨門。非聖之書，靡所閑慮；無益之事，略不經心。雖臧獲童稚，未嘗見懈」怠之色。古人稱正其衣冠、尊其瞻視，儼然人望而畏之者，於公見□矣。其律身行己，有如此」者。公群從昆弟，濟濟八人，十年之間，零落俱盡。公字孤撫幼，咸得歡心，飲寒食飢，曲盡能」事。其友愛仁慈，有如此者。晉朝天福之歲，公之仲氏居相位也，權寵之盛，時無比焉，從而附」離者甚多，公獨端嘿自處，不以苟進為懷。及相國之遇害也，從而得罪者又甚多，公獨恬」澹忘憂，不以非禍所累。淑人君子，伏其見機。其防微慎獨，有如此者。漢朝乾祐之歲，東南數州，」水旱為沴，分命庭臣，往加巡覆。公奉命從事，累當是行，均其地征，恤其人隱，民受其惠，吏不」忍欺。其益民便國，有如此者。單州金鄉，古之劇邑，邑之令長，政非循良，叶勢作威，折人手足。有」詔以公為制使，往按鞫之。公罔避勢家，不畏强禦，臨事能断，嫉惡若讎。浹旬之間，盡得其」罪，具獄上奏，朝庭嘉之。其貞幹强明，有如此者。國之帑藏，洛都稱雄，四方貨財，半聚於此。」監守之任，舊難其人，以公臨之，時議為允。至止之後，盡革前非。其滅私徇公，有如此者。嗚呼！」以公之才、公之道，凡臨一官、莅一事，曷嘗不遺愛在人。厚德及物，引而伸之，可以兼濟天」下。而不躋貴位，不享永年，皇天無知，殲奪良善。噫！時不幸歟，公不幸歟。夫人清河張氏，封」本郡縣君，賢明罕對，懿淑無儔。始自笄年，聘茲名族，母儀婦道，無得踰焉。嗣子一人昉，登進士」第，解褐秘書郎。剋遵庭訓，深有父風，策名桂宮，歷官芸閣。朋儕之內，咸推仰之。居喪盡哀，動必」合禮，皆公慈導之所致也。猶子五人：長曰達，前深州軍事判官；次曰曉，慶州合水縣令；次曰」晙，前華州鄭縣令；次曰旿、曰晌，尚幼。並明珠玉潤，雪白蘭薰，咸揚竹巷之名，不墜羅囊之訓。積」善餘慶，信而有徵。晦齠齔之年，門闌託跡，自幼及長，受公重知，敦鄉曲之情，垂兒姪之愛。此」而不感，何者是恩，天高莫問於浮生，地厚難勝於永恨。小蓬銜哀襄事，見託斯文。感亡念存，心」骨俱碎，濡涕揮翰，敬作銘云：」

泰山其頹，哲人其萎。玉碎貞質，塵埋令儀。掩佐時之才業，」成終天之別離。嗚呼李公，何痛如之。夜漫漫兮

風動帷，」月黯黯兮露霑衣。逝川兮不返，靈魄兮何歸。伊水鄉兮諸葛里，」龜筮叶從年月利。望北闕之崔嵬，枕南山之迤邐。嗚呼李公，」閟玄堂於此地。

表弟將仕郎試大理評事前守亳州城父縣主簿周延範■

《偃師碑誌選粹》

廣順〇〇七　王玗妻張氏墓誌

廣順元年十一月二十一日

【誌蓋】失

【誌文】

清河郡■氏墓誌并序」

前涇州觀察巡官王德成撰」

粤以靈椿得歲，西成易變於風霜；智水利人，東注難停於晝夜。榮落既拘於定數，」古今詎脱於彝章，垂令問者居先，獲遐齡者為上。其有閨門積慶，流慈愛於子孫；風」樹纏悲，展孝思於祖妣。非夫母儀兼著，子道偹臻，襲断織之嚴規，契班衣之素」願，即何以因親之戒，守内則之紀綱，從子之榮，授明朝之綸綍，生標其異稟，没」□其盛儀者哉。清河郡太君張氏，即累贈太常少卿王玗之妻，泰寧軍節度副」使筠之母，其先本京兆韋曲人也。曾祖弘，祖益，名高許史，族本淆函，尚淳厚之古風，鄙」輕肥之末俗，皆高尚不仕。自周漢已降，嗣胤繁，〔一〕代有賢良，史稱焕赫。父知章，唐昭」宗御宇也，充鹽鐵轉運副使。負經濟之才，力資邦用；鍾英靈之氣，庇及家謀。」是時四海塵清，八方風偃，邊庭執贄，江佐琭奇，常充溢於門欄，悉依歸於權勢。太」君始笄之歲，綽有閑

〔一〕此句疑脱一字。

澮之風，略不挂於懷抱。旋屬灾生丹陛，賊号黃巾，遂□」萬乘於川林，滅兆民於釖戟。重門甲第，隨灰燼以無遺；玉季金昆，没戈誕（鋋）而不」返。于是徙家於汴，即今之上都，乃適於累贈太常少卿。恭承舊訓，爰結良因，奉」姑舅於高堂，服勤夙夜；睦宗親於異族，涉歷寒暄。生長女適河間俞氏。次子即今」泰寧軍節度副使。季女適單州都粮料使侯氏。咸彰令譽，今削繁文。無何，累贈」少卿先太君而亡，于今九年矣。嘆桃李之半凋，先歸有恨；念弓裘之已継，後事無憂。」洎乎終喪，不改夙願，常素服蔬食，禮佛誦經。晉開運元年，封清河郡太君。」今朝乾祐元年，又封清河郡太君，皆從副使品秩序進也。至乾祐三年八月十二日遘疾終于」東京道德里之第，享年八十有五。終遺其語曰：我以内典是依，尔以儉葬為戎（戒）。副使于是自究」解官，奔赴喪事，念當罔極，痛切至誠，哀號咸動於四隣，孝感弥先於百行。泣高柴之血，何止三□；」絶曾子之漿，尋餘七日。即以明年十一月廿一日扶護祔葬於河南府河清縣長泉先少卿之塋。嗚呼！」狂風乍扇，祥雲忽散於遥空；赫日方臨，甘露寧留於寸晷。今則宗族畢會，時日告通，背隨岸之」煙嵐，長辭舊里；對邙山之隴樹，永閇長泉。白楊蕭颯兮寒日斜，黃壤深沉兮悲風起。天長地」久兮芳猷不泯，陵遷谷變兮訣別難尋。叨在下流，誠非博學，載承重旨，俾述前修，退讓靡〔一〕，」乃為銘曰：

荆山藴玉，麗水生金。至柔為性，内則咸欽。婦道爰成，母儀是正。宗親克和，家門□□。」從其令子，授其進封。絲綸赫赫，雨露重重。大保遐齡，終乎上壽。會葬有期，良時無咎。汴水家遠，邙山路□。」沉沉黃壤，颯颯白楊。絶漿泣血兮鄉□□□，叩地號天兮風雲慘惻。陵遷谷變兮令問弥彰，万歲千秋兮慈顔永□。

《隋唐五代墓誌匯編·北京大學卷》

中國國家圖書館藏拓

〔一〕「靡」下疑脱一字。

廣順〇〇八　李彝謹墓誌

廣順二年四月二十四日

【誌蓋】失

【誌文】

故推誠翊戴功臣金紫光禄大夫檢校太保使持節綏州諸軍事綏州刺史兼御史大夫上柱國李公墓誌銘并序」

從表姪節度判官朝議郎試大理評事賜緋魚袋郭峭撰」

昔後魏威振朔陲，聲揚諸夏，控弦之士動逾十万，食魚之客何啻三千。參合陂中，頻有經天之氣；榆」林塞外，常觀夾日之祥。尔後懾服羣豪，通和列國，平北之功勳益著，圖南之謀略潛施。動必應機，舉無遺」筭，保全大魏，吞併中原，立事建功，光前絶後。故得家留餘慶，代不乏賢，枝派相因，英雄間出，果於唐」祚，又降奇才。尋遇國步艱難，人情叛乱，值劉琨之夜舞，當樊噲之横行。公先代首合師，〔一〕誓除姧賊，」安一人於反仄，領十道之車徒。重立皇綱，始自公之先祖，今乃略而述之，不可盡也。公諱彝謹，字令謙。本鄉」客之大族，後魏之華系焉。曾祖諱重建，皇任大都督府安撫平下蕃落使。曾祖妣破丑氏，累贈梁國太夫人。祖諱思□，」皇任京城四面都統教練使，累贈太師。祖母梁氏，封魏國太夫人。烈考諱仁福，皇任定難軍節度使，累贈」韓王。妣瀆氏，封吴國太夫人。公即韓王弟二子也，爰自加冠，便謀入仕，非賢不舉，唯善是求，操心而有始有」終，儉己而何憂何懼。遂得箴規衙事，標表戎行，家門傳可久之風，軍府起從長之論，外為手足，内作腹」心。[或]事匪合宜，蹤龍鱗而亦犯；直而不撓，在鷄口以争先。而乃仗信安人，傾忠事主，常居左右要籍，諮謀□□。」□□中權，出臨属郡，府上有去思之意，綏州傳來暮之言。寔謂民戴二天，時謡五袴，朞年之内，闔境晏然。」□□[勸]課耕業，

〔一〕此句疑脱一字。

修崇廨署，減俸財而添濟，勉工役於劬勞。雖土木暫興，致金湯永固，作山河之襟帶，為壃境之」□□。而況此州適當大路，山水發道流之思，輪蹄通泉貨之源。逢彼正人，理兹名郡，隨軒致雨，扣火迴風，感應屢彰，古」□□異。喜怒不形於容色，豈讓於顔子淵；絲毫盡繫於心神，有同於諸葛亮。不意兩楹入夢，二豎纏灾，猶於卧」□之間，大布行春之化。府主大王以鴒原軫念，鴈序興懷，遣三代之良醫，鍊十全之上藥。其郝嚴霜遍地，難存」□□之姿；落日欹山，莫住桑榆之景。時廣順二年壬子歲正月十七日薨於綏州正寢，享年五十六。府主大王忽聞□」□，□過哀號，縮地里以無方，叫天閶〔閤〕之不及。良久而嘆曰：吾之一身，如折一臂。哲人云亡，吾不濟矣。公六年為政，万户承恩，法絶」煩嚴，事惟平允，邵伯之棠陰勿伐，張公之麥秀長聞。遍尔鄉閭，如喪考妣，莫不千門罷市，万壠輟耕，瞻日月以蒼黄，視山川之」黯慘。卜其年四月二十四日歸葬於夏府朔方縣儀鳳鄉鳳正里烏水原之禮也。青烏叶兆，白鹿呈祥，契千載之休」徵，鍾五靈之殊應。公婚沛國郡里氏，先公而亡。賢而舉案，和以肥家，比希蘭蕙同香，豈料梧桐半死。次婚下邳」郡祁氏，能修四德，善睦六親，恒依禮以事夫，曾著書而誡女。男五人：長曰光琇，守職綏州衙内指揮使；次曰光璉，」守職綏州左都押衙；次曰光義，守職節度押衙、充馬軍弟二都軍使；次曰光璘，守職押衙、充元從都軍使；次曰光琮，不」仕。皆以温恭約己，忠孝流芳，修文傳賈馬之蹤，講武踵孫吴之跡。女三人：長曰，適野由氏；次曰，適蘇氏，先公而亡；」次曰，在室，亦先公而亡。可謂容欺朱粉，節過松筠，或歸王鄭名家，並是金張盛族。昆季四人：長曰彛温，守職隨使都押衙；」次曰彛超，皇任定難軍節度使、檢校太傅，亦先公而亡。皆以情通讓棗，理絶分荆。麟鳳龜龍，揔作明時之瑞；珪璋琮」璧，俱為異代之珎。慶唯襲於一門，官盡分於五籌。賈生榮顯，虚留三虎之名；荀氏風流，徒説八龍之貴。公」本從釋褐，至於中年，授霸府職資者八，承大朝綸綍者三，凡經轉遷，不可勝紀。公克明且哲，善始令終，曾臨陣」以忘身，常見危而致命。修心慎行，常恐墜於家風；執法奉公，不忘尊於王室。倐短之期到此，哀榮之分必然，生也無涯，」論之不及。峭早依門館，偏忝恩知，誠慙鼂脛之才，莫述龍頭之德。辝不獲已，寧無媿乎。乃為銘曰：」

代有英特，賢生朔方。家傳將相，道契皇王。分符共治，托土開壃。視民若子，惘物如傷。事昭千載，功立一匡。添[人][襦][袴]，[作][國]金[湯]。」橋無白虎，里絕飛蝗。言詞譻譻，容皃堂堂。珠蘊川媚，蘭標國香。文山高恃，心劍深藏。施恩春雨，出令秋霜。志同[韓][白]，[政][比][龔]黃。」法唯拔薤，境不爭桑。勿矜功大，能謙道光。榮連後魏，貴系前唐。德澤流霈，仁風扇揚。名彰忠孝，譽著賢良。[徵][民][不][辭]，[牧][守]□□。」何負天地，須摧棟樑。薤露歌咽，松阡夜長。塵飛碧落，水泛滄浪。六年遺愛，万代不忘。永存淚碑，勿剪甘棠。」

節度押衙充隨使孔目官楊從溥書

都料匠劉敬万鐫

《中國藏西夏文獻》第十八册

廣順〇〇九　馬從徽墓誌

廣順二年八月二日

【誌蓋】失

【誌文】

故鳳翔節度行軍司馬光禄大[夫]檢校司空兼御史大夫上柱國扶風郡開國侯」食邑一千户馬公墓誌銘并序

前鄉貢進士王覃撰」

馬氏之先，時義大矣。策名趙國，方徵誕姓之基；胙土邯鄲，載驗承家之始。援則功」宣武力，立銅柱於南荒；融則業肆儒術，垂絳紗於東漢。洎乎歷代，至于巨唐，乃公乃」侯，為將為相。昔太宗御寰宇也，革去前弊，鼎新大業，納百揆於樞機，懸九流」之衡鏡，武得文守，念茲在茲，則我遠祖丞相舉賢良之策也。武皇起河」朔也，雲雷尚屯，龍虵方作，媧天缺而未補，鼇柱傾而載安，原始要終，自家刑國，則」我烈考驃騎參幃幄之謀也。公諱從

徽，字順美，驃騎弟三子。曾祖」曰降，宗族之盛，以佐命功，唐史有傳，此不復書。公生則不群，長而好古，慕項」籍之學劍，當敵萬人；壯永貴之投書，恥為博士。時莊宗洗兵海岱，誓衆并汾。」神劍一麾，晉鄭之三軍隕首；白旄戴秉，商紂之前徒倒戈。奄有中夏，大賚四海。以」公肅衛之効，授銀青光禄大夫、檢校兵部尚書，擢居近侍。越天成、長興，居」明宗之世也，假右僕射，領羽林將軍，祑兼憲臺，勳崇柱國。未幾，加金紫，轉左揆，授」左千牛衛大將軍，鍾家難解職。起服雲麾將軍，命祑空土，錫爵男服，食邑三百户。」清泰初，加爵一等，增户七百，遷右領衛。自天福至乾祐，晉、漢之代也，録舊德，進階」二品，拜左千牛衛上將軍，擢材能，益户九百。除滄州行軍司馬，避家諱不赴。尋改」平盧、永寧二鎮行軍，並赴朝謝而已。自兹分陝，界于上京，兵柄之難，非人不」换，拜保義軍行軍司馬。金行失御，炎靈改卜，常山滹水，猶屯伏莽之戎；隴坻秦亭，」□聚萑蒲之盜。俾安三輔，允賴全才，徙為鳳翔節度行軍司馬，賜開國侯，封一千」□。先庚後甲，三令五申，貞師律以御戎，化人文而成俗。方考嘉績，俄嬰美疢，朝露」難挹，閲水成悲。以乾祐元年五月四日薨于位，享年四十有五。越大周廣順」二年八月二日乙酉遷葬于壽安縣連理鄉任村管，禮也。婚史氏，累封陳留」郡夫人，以王謝高門，適金張華冑。懿範令德，家邦必聞，再疏石窌之封，方襲魚軒」之貴。嗣子二人：孟曰繼業，仲曰繼敏，如珪如璋，俱為國器，良弓良冶，各紹家聲。女」四人：長適韓氏，次適李氏，叔為尼，季尚幼。大家禀訓，主中饋而得昌宗；宿業生知，」資勝因而希妙果。惟公中和毓質，上善怡神，仕撥乱反正之君，懷盡忠補」過之道。既善其始，亦令其終，期日月之留遷，防陵谷之移變。俾刊翠琰，用播清風，」慙非幼婦之辭，敢誌滕公之墓。其銘曰：」

馬服命氏，弈世其昌。伏波仕漢，丞相輔唐。佐命中興，嘉謀孔彰。入居環衛，出護藩」方。天不憖遺，人之云亡。公之去兮朱軒繡軸，公之來兮唅瓊賵」玉。美櫝成行兮永閟佳城，貞石刊辭兮長存令名。

《洛陽出土歷代墓誌輯繩》

廣順〇一〇　劉琪及妻楊氏墓誌

廣順二年十月十四日

【誌蓋】失

【誌文】

周故樞密副承旨銀青光祿大夫檢校兵部尚書兼御史大夫上柱國彭城劉府」君墓誌銘并序

長子文林郎守虢州弘農縣令仁濟撰」

前攝太常寺郊社署令常令顗書」

劉氏出陶唐之後，累以御龍事夏孔甲，載籍始著，厥族漸昌。炎漢之興，矯秦之弊，大」封同姓，以廣維城，裂土分壃，遍於天下。魏晉已降，周隋迄今，或以儒術顯盛名，或以」武功登貴仕，徵諸簡策，實我族為望矣。先府君諱琪，字潤之。先代沛國人，避亂」徙家於鄴，今遂為大名府人焉。曾祖諱霸，祖諱約，皆以高尚不仕。」父諱貴，皇任萊州司馬，母魏郡邵夫人。先府君即萊州之子也，百鍊不銷，」千尋直上，清濁無撓，通介有常。以禮樂為身文，以經綸為己任，喜愠之色不見於容，」是非之言不出於口。唐朝中否，梁室僭稱，開戰伐之場，塞貢舉之路。漢陽趙壹，爰」拜計吏之名；鑾府郝隆，遽就參軍之号。仕大名府，假户曹掾。唐莊宗皇帝即位於」鄴，擢居樞密院，授將仕郎、徵州司馬。天成中，累遷銀青光祿大夫、同州長史、兼御史」大夫、上柱國，又改青州別駕。晉室受命，轉檢校工部尚書。俄轉朝議大夫、檢校尚」書工部郎中、行開封府考城縣令、兼侍御史。卧錦仙曹，調絃帝甸，慘舒是任，寬」猛相資。勸一方游墮之民，咸勤耕稼；招四境逋亡之衆，盡復鄉閭。政績有聞，旌酬旋」[至]，轉檢校尚書兵部郎中。秩未滿，徵入為樞密副承旨，復授銀青光祿大夫、檢校」兵部尚書、兼御史大夫、上柱國。不幸以漢乾祐元年正月三十日寢疾歿於」東都道德里私第，時年五十五，以是年二月八日權窆於金義

門外。」先妣楊夫人，大名府人，家世官族，故貝州節度判官諱璘第二女也。瑤瑟含音，瓊花」不豔，秀出閨門之內，挺生闈壼之中。雅尚和柔，不好戲笑，禮法冠鍾王之右，文章□」□謝之先。洎乎榛栗有歸，蘋蘩是奉，非圖史之言，不出於口；非織紝之事，不經於□。」衣絶綺紈，食無粱肉，宗親以睦，家道益肥。豈圖瑞露難停，卿雲易散，」[綸]紼未封於大國，鉛華遽委於重泉，積善有徵，斯言或妄。以唐長興二年閏五月二」十八日寢疾，先府君而逝，時年三十一。即以大周廣順二年十月十四日自」東都奉先府君之靈与先太夫人合葬於洛京河南府河南縣平洛鄉」杜郭村，禮也。府君又娶弘農楊夫人。有子四人：先夫人生二人，長曰仁[濟]，」即弘農縣令也；次曰仁濬，前曹州南華縣主簿。再娶楊夫人生二人，弘濟、允濟。□」□哀哉蒼天！自我先考妣違養之後，於今多歷年矣，每至追尋遺跡，想像」慈顔，血淚空垂，心骨俱碎。今則再營封樹，別卜丘墳，崗阜連延，川原平曠。敬徙旅窆，」遷祔新塋。雖送終之道無虧，而欲養之心何及，哀慕號泣，謹為銘曰：」陟屺陟岵兮增傷，人有父母兮我亡。去日如馳兮苦長，終天飲恨兮難忘。」丘壠新遷兮北邙，松栢羅列兮成行。靈車儼若兮路旁，安神於此兮庶子」孫之必昌。

《千唐誌齋藏誌》

廣順〇一一　關欽裕墓誌

廣順二年十月二十日

【誌蓋】隴西郡故關公墓誌銘

【誌文】

有周故幽州盧龍軍右教練使開府君墓誌銘并序」

將仕郎守貝州歷亭縣主簿張濯撰」

府君諱欽裕，字貴德，幽州歸義縣人也。著姓之始，列仙是宗。蜀國成功，羽擅將軍之号；漢」室登仕，臂高博士之名。析派漸長，清流益濬。公纔當對日，已失所天，鄉土困兵戈之秋，家」諜忌祖考之事。幼負奇志，動有臧謀，属唐祚凌遲，周藩强盛，等百雉之違制，謂五大之在」邊。繕甲治兵，以吞併之在我；恃險興馬，量撥乱之由人。漸廣訓齊，思濟驍果，公投巨石，繫」長繩，試於軍門，登諸戎籍。以寡敵衆，制勝之道全；排難解紛，奉上之忠富。以功累奏遷右」教練使、銀青光禄大夫、檢校右散騎常侍、兼御史大夫，從賞典也。先甲行令，肯避乎宫人；參乘」設官，乃錫從天子。公以元戎不軌，諸子非賢，琮、琦欠友悌之稱，譚、尚結干戈之釁。行之惟」艱者陳力，利有攸往者就安，避地旋别於兵園，樂天冀養於情性。其愚難及，雖可継於古」人；福善無徵，因幾復於載籍。於廣順二年五月二十六日啓手足於福善里之公署，享年」七十有八。卜其年十月二十日歸葬于河南縣伊洛鄉幹村，禮也。崆峒迢遰，難思種玉之」田；郟鄏坦夷，永息定鼎之地。婚勃海高氏，治内以柔順，睦親以惠和，慶方叶於家肥，恨□」纏於神往。嗣子六人：長曰謙，娶京兆郡田氏。次曰嶼，前娶汾陽郭氏，早亡；復婚南安焦氏。任」幽州良鄉縣令、匡國軍館驛巡官。次曰瓊，娶瑯琊王氏。次曰彬，娶清河張氏。當胡馬南牧」之時，僅同懷土；洎越鳥營巢之處，不得同飛。次曰通，娶天水趙氏，與三長兄早即世。或蹈」□高節，畏桎梏於冠冕之中；或蓄之多才，張黼黻於文章之内。生美玉者崐岫，敗蘩[蘭]」者秋風。次曰勳，娶清河張氏。幼推岐嶷，長而温恭，以不事筆硯為英風，謂長守富貴為高」論，必從微至著，宜自迩陟遐，冀因人以奮身，遂擇木以託跡。」相國隴西公典磁州，置於馬步都虞候，審於五聽，畏在四知，裨」良牧之政刑，生闔境之謌頌。」河東薛公鎮同州，充知客押衙，從」宣命也。序賓以禮，備進退俯仰之容；事上以恭，挺正直純朴之性。今」相君方[篤]地征，用廣兵賦，思之洛邑，頗盛殷民，委之以户部□官，興利除害，去私徇公。居」倚廬之庭，克著絶漿之事；擇眠牛之地，今成縣窆之儀。謙之長子曰永，次曰節；二女長適」樂安孫氏，次適清河張氏。嶼

之子一人，曰遠。瓊之子四人，長曰式，次浦，次鎬，次玘；幼女一人，曰趙留女。彬」之子二人，長曰鉉，次胤。通之子，長曰丘，次曰望翁；幼女一人，善留女。高于公之門，共弘基」址；分婺女之氣，咸尚英華。載□□□，□□□□。嗚呼！公戴仁抱義，原始要終，時不來，何記」□以非至；道既在，俄晦跡為閑□。四水□之中天，五福斯獲上壽。太山成夢，北陰講書，既」□難駐於踆烏，卜兆唯占於青鳥。濯雖塵官□，本異詞人，爰承請託之言，恭稟祖述之事。」俾刊貞石，用誌新阡，僶俛抽毫，謹書銘曰：

丘隴風生愁雲起，薤露歌飄咽流水。」執紼人，送葬士，泣涕相看指蒿里。嗚呼！」高岸為谷誌於此。

《河洛墓刻拾零》

廣順〇一二　王重立墓誌

廣順二年十月二十六日

【誌蓋】大周故贈太師王公墓誌銘

【誌文】

大周故贈太師王公墓誌銘并序」

節度掌書記將仕郎試大理評事劉戴撰」

王氏之先，出畢公之胤，其後畢萬授封於魏，至末胄稱王，因而命氏，靈源自遠，茂族」其昌。離、翦在秦，咸稱上將；基、昶於魏，實号良臣。五侯譽播於漢朝，三良名垂於晉室，」史無停綴，代有其人。公諱重立，字霸元，徐州滕縣人也。曾祖璆，不仕。曾祖母彭州劉氏。祖」坦，不仕，累贈太保。祖母清河張氏，累封魯國太夫人。父佶，不仕，累贈太傅。母南陽韓氏，」累封燕國太夫人。公即太傅之長子也，稟志孤高，為人淳厚，得老氏和同之性，達仲尼」用捨之機。常以爵禄可辭，唯務高尚其事。或則開獎詡之逕，自樂優遊；或則閉子陵」之關，方甘隱遁。厥疾

俄遘，既無悞於杯蚍；急景難留，終有悲於隟駟。即以梁唐天祐十」五年十一月七日終於故里，享壽六十二，累贈太師。公有弟一人，先從朝露。夫人汝南周氏，」累封晉國太夫人。芝蘭有秀，桃李無言，從夫之榮，生未開國，以子而貴，没乃分封。公有」子一人，即今推誠奉義同德翊戴功臣、武寧軍節度、徐宿等州觀察處置等使、特進、檢校太師、」兼侍中、行徐州大都督府長史、上柱國、太原郡開國公、食邑五千户、食實封一千二」百户晏。英才傑出，異質挺生，抱猿臂之貞姿，得鷰頷之奇表。自奮身汗馬，發跡」轅門，継以戰功，累昇裨將。當」晉祚之末也，群胡犯闕，神器無歸，」帝圖斯艱，大盜移國。」太師侍中乃瞻并汾之王氣，舉陝虢之義師，憤雜虜之乱華，佐」英主而定霸。及漢祖之有天下也，尋分戎閫，継列侯封。逮」周王之御寰中也，移鎮平陽，觀風徐土。袟兼内署，非唯蟬冕之尊；榮返故鄉，寶耀錦衣」之貴。積善垂慶，既承有後之基；揚名顯親，俻極崇先之寵。即以」周廣順二年十月二十六日遷」先太師，奉先夫人祔之，從大□禮也。杜氏之葬，既得祔於西階；樗里之墳，終無當於武庫。謹為銘曰：」天開之祚，弈世其昌。綿綿不絶，久久弥芳。弥芳伊何，哲人實多。再生賢傑，」作鎮山河。歸故里兮改葬，依連崗兮開阡。陵一閉兮千古，神永安兮万年。

《山東石刻分類全集·歷代墓誌卷》

廣順〇一三　薄可扶墓誌

廣順二年十月二十六日

【誌蓋】失

【誌文】

□□平軍右武俻弟三都軍使銀青光禄大夫檢校左散騎常侍兼御史大夫武騎尉」薄公墓誌并序

登仕郎前守汝州軍事判官尹克鶴撰并書篆」

悲夫！衛鶴□軒，靡造長生之境；藤城開日，徒為不朽之年。枝分樹」号衆香，脉散江横九派。公諱可扶，字保用，睢陽人也。公三代不仕也。」梁太祖開基之後，魏朝啓運之初，委若周勃，用如韓信，授天平軍」本動。上則秉將軍之命，中則取太子之風。禄未及時，寢疾逝矣，享」年四十有三。娶京兆郡田氏，明三從之義，保六親之和，事夫則舉桉」稱賢，誡女則著書垂法。以寢疾權葬許州長貰〔葛〕縣，禮也。享年五十有」四。胤女一人，嫡清河大族也。胤子三人：長昌嗣，龍捷左弟六軍弟五指揮弟五」都將虞候，娶晁氏，先亡，次娶趙氏。次子昌頊，守忠武軍節度押衙、銀青光」禄大夫、檢校太子賓客、兼監察御史、武騎尉。執節大朝，藩維馴幹，修」文禮則臣以事君，篤親愛子之事父。娶周氏。次子昌進，不仕。見胤」子胤孫：伴姨、吴七、伴哥、醋茶、吴八、吴九、吴十、姐奴。」嗟呼！草□水清兮北邙山上，刊塼勒石兮子孫重葬。其」年再卜大周廣順貳年歲次壬子十月二十六日祔葬於洛京河南縣」金谷鄉佛如村，俻大禮也。卜地之日，青烏來赴，白鹿呈祥。一代支親，九」族榮顯。不度斐然，乃為銘曰：」

濟濟多士兮卧北邙山西，堂堂威儀兮」名□華夷。葬土依卧兮日月可照，」封□□宜兮乾坤普知。

塋地四畝三角，地主冀彦章。

《新中國出土墓誌・河南叁》

廣順〇一四　武敏墓誌

廣順二年十一月三日

【誌蓋】失

【誌文】

大周故宿州苻離縣令武府君墓誌■」

前建雄軍節度掌書記朝散大夫試大理司直兼殿中侍御史王璹撰」

公諱敏，字德美，太原晉陽人也。洪河演派，紀方濁而達圓清；建木盤根，聳千尋而蔭」九野。胄胤克光於家諜，英奇迭美於信書。大王父昭，王父清，皆肥遁抗情，遵養晦跡，」馬游有鄉里之譽，顏回無禄仕之心。烈考儔，生負壯圖，歿揚令德，富貴每輕於脱屣，」恩華終錫於漏泉，累贈左監門衛將軍。公則將軍之嗣子也，九[伐]律度，百錬鋒鋩，諧」和真理世之音，剸割盡投虚之利。謝安未起，咸知拔俗之才；祖瑩早年，便蘊不群之」器。屬唐莊宗將圖大業，方樂偉人，一見奇之，御署太原府交城縣主簿。鴻」漸資始，鸞栖共嗟，式逢開創之朝，遽奮騰翔之翼。俄授嵐州静樂縣令，風」生百里，化洽一同。秩滿，授隰州隰川縣令，吏不敢欺，民皆胥悦。次任潞州襄垣縣令，」寬平致理，魯恭但美於當時。次任單州單父縣令。清静撫人，子賤復生於今日；廉勤」自許，終始不渝於昔時。秩滿，授宿州苻離縣令。入境問疾苦，下車肅權豪，逋逃盡復」□耕桑，狡猾咸遵於法度。課最尤異，貧弊頓蘇，雖考秩已終，而留戀不捨。公抑其頡」□，方就燕安，韓稜未陟於亨衢，聲伯遽徵於妖夢。以漢乾祐三年七月十一日啓手足」□苻離縣之私弟，享年六十有六歲。」[夫]人太原王氏，先公二年而亡。貴胄承榮，德門襲慶，柔儀懿範，玉潔蘭芬，從夫自叶」於和鳴，為母實貽於令胤。孟子守珪，幼親黌館，長隸和門，方期於用之則行，終嘆於」苗而不秀。仲子若訥，任徐宿等州觀察判官。季子若拙，隸晉帥牙門校。皆珪璋稟質，」蘇酪馳名，逈弘開物之謀，俱積肥家之望。長女適瑯琊王氏，次女適彭城劉氏，織紝」盡妙，澣濯無奢，咸從傅姆之規，俱得宜家之道。唯仲子若訥荆藍擅價，燕趙標奇，儒」林克振於聲華，侯府早膺於維縶。霜露所感，窀穸是思，以大周廣順二年十一月三」日卜葬於河南府河南縣平洛鄉杜櫸里，以先夫人王氏祔之，禮也。龍崗盤屈，馬鬣」悠揚，如開滕氏之佳城，實契孫家之貴兆。璹詞源甚涸，學圃尤荒，幸叨仲子之交，同」列將軍之幕，見託撰述，深愧踈蕪。謹為銘曰：」

玄黄儲結，愚智平分。智者伊何，苻離令君。其一。」踐行履言，本人祖義。清白律身，方圓任器。其二。」寒暄遷

厲，脩短難期。濟洹有夢，易簀興悲。其三。」生負奇名，歿存昌裔。安此佳城，千秋万歲。其四。

《全唐文補遺·千唐誌齋新藏專輯》
千唐誌齋博物館藏石

廣順〇一五　馬君墓誌

廣順二年十一月二十日

【誌蓋】失

【誌文】

唐故馬府君銘記并序」

夫以二儀啓象，有始有終，才分清濁之儀，■」生位，故乃運移寒暑，世不長居。晦朔往來，倫■」催人生老，換物故新，孰相凡倫，奚能兑生死□■」府君先宗，承軒轅之苗裔，顓頊之胤緒，繼續宗嗣■。」始因官寄住，流浪東西，所在生涯之為桑梓，貫居□□□，」鄉係龍門，里号故城覆馬村。並承高祖松栢，積代土居，□□」子孫，祭嗣不絶。高祖諱德，夫人劉氏。曾祖諱誠，曾祖夫人揚氏。□」祖兄軍佐府君唐賓，夫人孫氏。府君之靈，性禀温和，」亮忝懷深，於家孝道，鄉黨咸欽。府君夫人及先亡新婦申」氏之靈，素清寒志，潔白粉儀，和柔惬衆，隣巷欽依。府君阿姊」元郎婦。嗣子三人：長男重進，次男重訓，小男重晏。大新婦王氏，」第二新婦申氏，第三新婦開氏。嗣女五人：大姐申郎婦、三姐劉郎先」亡；見在三人，二姐常郎婦，妹楊郎婦，妹五姐在室。嗣孫七人：長孫」守禎，新婦張氏；次孫合住、常九、住兒、小住、僧兒。孫女五人：牛郎婦，」在室女小錦、綾綾、乞女、綵綵。男泣高柴之血，女灑曾子」之悲，思養育之恩，號咷難盡。其墳也，東有官國之位，」西連馬安，北俱穀將之崖，南望進揚之山。其墳也，有四神俱備□。」

廣順二年歲次壬子十一月癸丑廿日乙卯■

《隋唐五代墓誌匯編·山西卷》

廣順〇一六　王行實墓誌

廣順二年十二月二日

【誌蓋】失

【誌文】

周故王府君墓鋕銘記并序」

夫府君者，并州太原郡人也，即与沂州琅耶不異也。先宗自得」周文王之苗裔，周武王之子孫，因王為姓，遂承王龜公之後也。祖因官」上黨，隨任潞城，於禪窟村置莊，在弘信里為仁焉。高祖諱　，不仕。」曾祖諱　，不仕。氾上村東乙辰地安厝訖。父諱良覲，不仕。夫人秦氏，今」同遷癸穴而厝之。府君諱行實，身如玉樹，性似冰壺。其敏也，閱市念」書；其惠也，應機而變。加以外踈名利，内保性珠，除人我衆生之心，□□」悲喜捨之行。享年耳順有七，以季冬廿日終于私弟。夫人路氏、韓氏，並」生從令族，選自良家，幼聞桃李之馨，長有珪璋之譽。路氏芳年四十有二，」以孟秋廿四日終于夫室。韓氏芳年不或有五，以仲春廿一日終于夫室。有弟」文誼，享年知命有八，以孟春八日終于私弟。夫人扈氏，早亡。再娶衛氏，同崇」葬禮。庚氏。〔一〕有嗣子六人：孟曰歸鄉，早亡；仲曰延嗣，早亡；季曰延密，新婦□氏，並心」懷罔極，志切崩摧，將酬乳哺之恩，先念劬勞之苦；次曰張七，幼曰胮兒，」小曰猪猪。有女牛郎婦、小女子。有姪曰謙，姪女苗郎婦、宋郎婦。孫男李八，孫女花」兒、四兒、三姐、四姐，姪孫劉六等。孤啼輟社，幼泣傷隣，同嗟暴露於丘園，」共崇遷厝之禮。以廣順二祀壬子歲季冬二日甲申遷神於村西一里辛地而安」焉耳。其至也，東連廣武，西接仰觀，前視壺川，北臨神水。時恐

〔一〕「庚氏」二字係補刻。

山川更改，陵谷」變移，故刊石為記。詞曰：精靈府君，令淑夫人。百行永播，十訓恒新。其一。」□□長夜，惸惸雙神。似珠如玉，隨例為塵。其二。哀哀孝子，慘慘愁雲。栽松蒔栢，終始千春。

《西安碑林博物館新藏墓誌彙編》

顯德

顯德〇〇一　賀武及妻段氏王氏墓誌

顯德元年正月二十七日

【誌蓋】失

【誌文】

大周故賀府君墓誌銘并序」

在昔周宗列胤，嬴邑開封。統馬正以勤王，既蕃既息；霸鶉郊而命氏，」乃公乃侯。故其祖德家風，輝今暎古，詳諸舊史，此不復書。洎乎大」幹分枝，長源析派。府君本貫懷川人也，因官逐任，至于潞州，子孫」興焉。祖諱　，祖母趙氏。府君諱武，」性遵巢許，行継曾顏，積德貽孫，韜光遁世。芳蘭易歇，甘醴難留，惟得」志以無愆，諒婦全而可保。以廣順三年閏正月二十九日寢疾而終在於私室，」享年七十有五。夫人段氏，松蘿託質，琴瑟調音，方洽于飛，忽悲」永缺，以天福七年八月六日先終。次迎夫人王氏，采蘋主祀，舉案如賓，」適徵同穴之情，俄起逝川之恨，以長興四年六月内先終。」嗣子再榮、再遇，夙遵慈訓，敦習義方，恭謙譽播於鄉閭，孝悌名光於宗」族。自鍾荼苦，爰歷歲寒，尤形泣血之誠，弥見因心之道。」新婦王氏、成氏，柔和自禀，婉順内彰，承家甚

謹於蒸嘗，奉養克勤於」定省。長女李郎婦，次女論郎婦，孫男合德，孫女必兒、五姐、六姐等，」雙珠並耀，群玉聯珎。翔螽羽之兟兟，既繁且盛；鶩龍駒之蹀蹀，惟迩能遐，其」後必昌，於斯可覩。子孫等慎終崇議，竭力陳心，卜彼延平，安乎宅兆。」顯德元年歲次甲寅正月丙子朔二十七日壬寅葬于府西南七里初基之塋，遷」二夫人祔之，禮也。其地東連紫盖，青龍之隱隱藏形，西接羊腸，乃」是白虎之處，南占羊頭峻嶺，顯祥朱雀之門，北倚三山，是為玄□」之瑞，四神俱備，八卦咸全。庶披仰之無窮，永名聞而不朽，乃為銘曰：」

箕山達士，濮水賢人。隨流守道，晦跡同塵。高齊物理，自樂天真。」保終保壽，何屈何伸。衣衾式舉，松栢為鄰。玄宮一閟，萬□□□。

晉城博物館藏石

顯德〇〇二　趙瑩墓誌

顯德元年二月二十一日

【誌蓋】周贈太傅晉故中書令天水趙公墓誌銘

【誌文】

大周贈太傅晉故推忠興運致理功臣特進中書令弘文館大學士上柱國天水郡開國公食邑三千户食實封伍佰户天水趙公墓誌銘并序」

維顯德五年歲次戊午十月戊寅朔十七日甲午改葬於還義鄉[一]

鎮國軍節度判官朝請大夫試大理司直兼殿中侍御史崔遜撰并書篆」

[一] 此句係改葬時補刻。

有唐再造之季運也，王室如燬，群后離心以罔歸；天道無親，兆民崩角而靡告。晉高祖皇帝發號施令，起於潛躍之間；開國承家，力定艱難之」業，實有良輔，同匡聖謀。其生也，禀嵩岳之靈，運機籌於幃幄；其歿也，感台星之坼，摧梁棟於廟堂。積德累仁，功成身退，垂名於不朽，延慶於」後昆，即太傅令公其人也。公諱瑩，字光圖。其先天水人也，因祖祢徙家於華陰，又爲人焉。少昊之源流，伯益之苗裔，造父之逢周室，穆王之賜趙」城，因爲氏焉。自戰國已還，暴秦之後，涉兩漢而歷三國，南陽下邳廣其居；越二晉而經六朝，金城淮安分其系。其後代襲冠冕，世濟英豪，祖」德家風，光前絶後，此得略書其美矣。大王父諱溥，累贈太子太保。曾祖母南陽郡太夫人郭氏，追封汧國太夫人。王父諱孺，累贈太子太傅。」祖母太原郡太夫人温氏，累封莒國太夫人。烈考諱居晦，贈太子太師。顯揚先祖，早傳世禄之榮；將興吾門，預知堂構之盛。先妣彭城郡太夫人」劉氏，追封秦國太夫人。感懸鈴之夢，必誕偉人；得浮磬之精，果鍾令胤。公即太師之第三子也。弱不好弄，知者謂之神童；生而有文，識者謂之人」傑。壯室譽高於鄉曲，彈冠名動於京師。江東俊人，伏其致君之略；河北才子，許其經國之謀。天成初，晉高祖皇帝歷試諸難也，方摠親軍，兼領」戎鎮，聘以羔鴈之禮，延於罇俎之間，三接恩深，一言道合。自陜郊而移汴水，臨滤川而鎮孟津，魏郡建牙，并門仗鉞。十年入幕，從容可以論政」經；六鎮從軍，折衝足以陳兵要。及龍飛晉野，一人應受命之符；鳳翥洛郊，四海慶卜年之運。公力匡宗社，首預經綸，即日登庸，爲時爰」立。天福丙申歲冬十一月，制授推忠興運致理功臣、金紫光禄大夫、守吏部尚書、同中書門下平章事、監修國史、上柱國、天水郡開國伯、食邑」七百户。以天縱之才弘燮理，豈有喘牛；以廟勝之略定欃槍，但聞歸馬。翊萬機而執人柄，熙庶績而代天工，啓沃勳崇，弼諧道著。上以鎮撫閑」内，委在蕭何；尹正邦畿，任先張敞。癸卯年四月，授晉昌軍節度、雍耀等州觀察處置等使、特進、檢校太尉、兼中書令、京兆尹、兼三白渠使，進封」開國侯，加食邑二千户，食實封壹佰户。公下車而軍民咸悦，出令而桴鼓不鳴，刑禁屢空，風俗一變。開運

二年五月，移授鎮國軍節度、華商」等州觀察處置等使，雙旌並列，五馬齊駈。渤海理繩，父老悦迎於龔遂；會稽衣錦，鄉閭喜拜於買臣。吏畏其威，不驚夜犬；民觀其政，罷飲晨」羊。盡闢污萊，重斲里閈。上以寄分清穰，必資鉤拒之能；任在保釐，須仗股肱之力。三年六月，拜開封尹、管内河堤使。於是日親鳳扆，時[奉]龍綸。優」賢養人，無太簡太密之譽；抑强扶弱，有盡善盡美之名。畎澮無虞，隄防永固。大君注意，再命爲霖，百辟具瞻，重觀補衮。其年冬十二月，授特進、中」書令、弘文館大學士，加食邑三千户，食實封伍佰户。時屬少主在位，罔遵馭朽之言；直臣立朝，不納弼違之諫。公志欲連衡稷卨，並駕夔龍，慮不」得成輔相之功，致雍熙之運，重疊上表，堅確辭榮。敦諭再三，不獲已而承命，盖避讒間之釁也。始則恩歸元老，賴舟檝以濟川；終則政在强臣，見巖」廊之充位。是故諂佞之徒得進，權倖之門廣開，賞罰有私，中外懷怨。□致不羈之虜，潛興猾夏之祆，鼙鼓相聞，寰區大駭。上有詔授大名帥、駙馬」都尉京兆杜公專北伐之柄，付上將之權。公素知都尉非千夫長，無萬人敵，有魏絳和戎之志，寡樊噲請行之言，必不能開八陣以摧兇，奮」六奇而决勝。别舉良將，用滅匈奴。上不納極言，罔追前制。公退朝而論曰：統軍旅之事，非社稷之臣，邦家之危，亡無日矣！都尉既揔戎律，」廣會兵車，戈鋋纔起於鄴臺，旗旆方臨於趙郡，穹廬之種，已繞恒山，背水之營，傍臨中渡。胡王擁左袵之異類，重圍我師；都尉挫中權之」威聲，深懼彼衆。一千里不通輓粟，十万軍果見投戈，四方諸侯稽顙於酋長，萬乘天子歸命於虜庭，神器於是播遷，生靈以之塗炭。論者曰：」[雖]天之曆數，亦由不納公選將之謀使之然也。公履此危時，終能遠害，罷黄樞之貴，從紫盖而行。一陷龍沙，五更鳳曆，馬如羊而不入厩，金如粟而」不入懷。胡王詔赴幽都，將期大用，賜以良田廣宅、玉帛子女，皆辭讓不受，即秉心可知也。公爰從解褐，逮至經邦，兩秉台衡，荐持使節，再爲大尹，」屢益真封，録勳賜功臣，累階至特進。貴必知懼，寵必若驚，有功德於時，無毁譽於世。搢紳仰其令範，鍾鼎傳其芳名，猗歟偉歟，美矣盛矣。」公恥於去國，遂遘沉痾，驗桐君之藥録無徵，得扁氏之醫術

莫愈。嗚呼！天不憖遺，人之云亡，以廣順辛亥歲六月十五日薨於幽州私第，享年六十」七。泰山其頹，梁木其壞，釋耒於耕者，罷相於春人，遠迩銜哀，如喪考妣。胡王痛惜，有詔褒崇，贈太子太師，錫之秘器，殮以公衮，賜絹布各一百疋，」米麵緡錢等倍於前賜，差使致祭於靈前，命嗣子易從扶護轜車達於京輦。我國聖明文武仁德皇帝悲傷聖念，歎失賢良，奔走」王人，疊加賻贈，仍命三師之秩，俾慰九原之魂，特示殊恩，追贈太傅，哀榮之禮俻矣。以顯德元年二月二十一日葬於華陰縣爲霖鄉寺南村，禮也。」青烏叶吉，白鶴吊哀，傍臨楊震之墳，似近要離之壠。掩珠皛而藏玉鴈，儉葬雖無；乘白馬而駕素車，送喪皆至。九族悲蒿里之奠，千人感薤露」之歌。公先婚南安郡夫人焦氏，次婚濮陽郡夫人吴氏，進封魏國夫人，皆先公而亡，今並祔焉。垂内則而早保家肥，主中饋而夙成邦媛，所謂靈芝」薦廟，不保長榮；芳蘭蔭墀，固當早敗。公有子四人：長曰易則，前尚書刑部郎中、賜紫金魚袋；次曰易從，前秘書省秘書郎、賜緋魚袋；次曰」易知，前秘書省校書郎；次曰易禄，前弘文館校書郎。並博聞强記，礪節砥名，于家將慶於高門，吴氏不乏於季子。人謂之玉昆金弟，信不虚」言。有女一人，富道韞之才，生知箴誡；弘絡秀之德，長有言容。適右拾遺桑坦，即晉相魏國公之長子也。公自策名委質也，具善始令終，」之後或雲臺畫像，或煙閣圖形，間代之名，國史具載；垂裕之慶，家譜俻書，此不可殫論矣。遜譽愧四英，才非五儁。早逢聖代，曾趍北闕上」書；今奉賢侯，且逐西園飛盖。遇天子祭高禖之日，是星郎主襄事之期，見託斯文，直書無愧。謹爲銘曰：

民厭唐德，諸侯叛離離。〔一〕」天啓晉祚，萬國樂推。幸逢聖祖，爰舉義旗。君唱臣和，千載一時。穆王賜城，造父得姓。氏族傳榮，衣冠更盛。有誰間出，唯我中令。」作相封侯，佐時執政。或持虎節，或駕集〔隼〕旟。黄

〔一〕此句疑衍一「離」字。

龍望府，白鹿隨車。理繩無比，衣錦難如。表則雙闕，出入中書。醜虜鴟張，少主虎視。」不納忠言，誤擇戎帥。諸將投戈，一人失位。不保皇家，遂遷神器。公之去國，遠害全身。公之歿世，抱義戴仁。胡王之寵，褒崇罕倫。」聖朝之澤，賻贈咸陳。不享遐齡，早終淑媛。玄寢同安，貞魂俱戀。葬歸鄉兮嗣子主喪，塚象山兮邑人皆羨。播勳名兮地久天長，紀歲時兮陵遷谷變。

《大唐西市博物館藏墓誌》

顯德〇〇三　劉彥融墓誌

顯德元年四月二十九日

【誌蓋】失

【誌文】

大周故將仕郎檢校尚書庫部郎中守太子左贊善大夫賜紫金魚袋彭城郡劉公墓誌銘并序」

前涇原渭武等州觀察巡官將仕郎試秘書省校書郎王德成撰并書」

粵以君子耻當年而功不立，没世而名不彰，盖前代之褒稱，固丈夫之事業，將書摭實，其在兹乎。」夫山河降靈，賢傑誕生而資始；天地積數，英奇代謝以告終。公諱彥融，字子明，本燕人也。」曾祖諱晏，皇不仕。祖諱霸，皇任薊州玉田縣令。父諱清，皇任平州刺史。姓氏之來，圖諜偹載。」有唐之御天下也，國步雖康，邊烽未滅，思韓彭為上將，控燕薊為北門，乃時君委平州史〔使〕君之」戎事也，遂代為燕人矣。公即平州史〔使〕君第二子也，皇母太夫人田氏。公抱崆峒之器，直道居懷；」繼閥閲之門，雄風凛物。自尚幼之歲，播成人之名。旋屬鄉國纏灾，番胡肆醜，人子廢詩書之訓，諸」侯擅征伐之權。公忽喟然嘆曰：為儒遵前聖之言，懷土本小人之志。遂遊學於千里，次從宦於」兩京。長興三年，故同帥趙公奏授同州馮翊縣主簿。清泰元年，遷同州録事參軍。

故相國安公」之鎮蒲津也，知公蘊幃幄之策，非州縣之才，天福二年，乃奏請授河中府管内觀察支使、試大理」司直、兼監察御史。三年，轉加兼殿中侍御史，賜緋魚袋。五年，轉加檢校尚書虞部員外郎、兼侍御」史。其年四月，又奏授陳許蔡等州觀察判官，賜紫金魚袋。七年，又奏兖沂密等州觀察判官、檢校」尚書户部員外郎。其年十一月，轉加檢校尚書職方員外郎。蜀先主之顧孔明，將圖霸業；齊桓公」之求管仲，盡委事權。開運三年，除授滑衛等州觀察判官、檢校尚書屯田郎中。乾祐元年，轉加檢」校尚書庫部郎中。廣順元年，屬先皇帝奄有之初，以公屈陪臣之職次，頗換檀榆；允執政之敷」陳，許朝旒冕，徵拜太子左贊善大夫。東宫得路，方施贊導之謀；北闕安居，兼遂養頤之性。無何，」逝波難駐，落景易沉，針醫不救於膏肓，邦國遽嗟於殄瘁。以顯德元年二月二十六日遘疾啓手」足於洛陽修善坊之私第，享年六十有六。嗚呼！生則登清朝而躋上壽，没則述餘烈而刊貞珉，」可不謂立其功而揚其名矣。公寬而不紊，質而有文，愛敬盡於君親，信義篤於相友。至於任□」古之力，膺縻爵之求，治賦租，聽獄訟，未嘗不以均勞逸、審曲直為務，造次顛沛，無踰是焉。宜乎啓」于公之門，庇臧孫之後。娶夫人東平康氏，情牽偕老，恨属未亡，執婦道以宜家，擇善隣而訓子。長」女適清河張氏；次子懷德，補太廟齋郎，念鍾天性，孝禀生知。曾參纏風樹之悲，莫伸敬養；原涉立」墓廬之節，冀答劬勞。即以其年四月二十九日扶護葬於河南府河南縣平洛鄉杜」澤村，禮也。時日告□，山川叶吉，壓龍崗之氣象，附」鳳闕之基扃。望桑水之鄉園，難追往事；卜邙山之宅□，永閇貞魂。德成譽愧」國華，親聯宅相，搦管而悲辛莫遏，臨棺而見託□□。賦梁苑之繁華，早慙末至；紀」渭陽之德業，孰謂當仁。退讓靡從，乃為銘曰：」

天道資始，三才纔生。爰降賢傑，式壯寰瀛。」十連交辟，萬乘知名。談推罇俎，貴列簪纓。」士著前言，成功者退。物拘定理，高舉者墜。」大鵬作化，鳴蜩自蛻。皇天無知，哲人不諱。」慶延令子，孝鍾德門。追思茹慕，擗踊煩冤。」吉兆已卜，北邙之原。貞魂永寄，杜澤之村。」恩重劬勞，念深罔極。望絶晨昏，禮終窀穸。」霧慘郊

《千唐誌齋藏誌》

圻，風號松柏。萬歲千秋，銘于貞石。

顯德〇〇四　張真及妻郭氏墓誌

顯德元年十月二十九日

【誌蓋】大周故張府君墓誌銘[一]

【誌文】

大周張府君墓誌銘并序」

夫天地為鍾，金石堅而尚猶銷爍；陰陽作炭，松栢貞而」亦有凋零。蓋為万物廢兴，遄逝則寒來暑往；□」年修短，奔馳則雨驟風飈。洎乎榮謝難兆，死生莫」逭。厥有貝州清河郡張府君者，軒轅皇帝之苗」系，曰老之胤緒。上代因隨官蔭，流派於衛城中，廣扇」家猷，俻聆殊異。高祖諱謹。府君真，夫人郭氏。」不事公卿，惟便商賈，為人則溫恭允塞，在家則儉約」固窮。厥後疾賸心腸，病纏骨髓，巫咸之術無効，扁鵲」之針罔瘳，享年　，殁於私室。夫人郭氏儀夙」俻婦道，睦全從子，方貞順名，彰三徙而擇鄰以教。其」奈身縈疾疢，壽匪遐齡，享年　，歸於私室。男進，」處身清約，禀質中和，修椁則罄家資，辦葬事則盡」其力。長男進，新婦廉氏；次男暉，新婦王氏；次男立，新」婦楊氏；小男庭誼，新婦牛氏；小男庭美，新婦賈氏。姪」女子閏歌，姪男吾六、吾七。女，孟郎婦。其地於百姓李」榮賈買值，東靠郭城，西看古縣，南依大阜，北拖洪溪。」顯德元年拾月貳拾玖日值造買到。銘曰。

《大唐西市博物館藏墓誌》

[一] 誌蓋四周刻詩一首：「芬埋荒草里，月照獨危□。兒孫腸断處，流淚血相和。」

顯德〇〇五　劉密及妻武氏墓誌

顯德元年十月二十九日

【誌蓋】失

【誌文】

大周故劉府君墓誌銘并序」

昔者唐堯鳳翥，分世胄以惟先；漢祖龍興，散宗枝而益大，繇是馳芳復古，振望中」華。孝子良臣，歷歷青緗之内；乘軒服冕，揚揚絳闕之前，咸有令聞，鬱為著姓。」府君遠祖，系族彭城，近代因官，徙居上黨。皇考諱贇，皇妣趙氏。息機藏器，高談混」俗之規；媚水輝山，但匿迷邦之寶。府君諱密，即其嫡嗣也。弱不好弄，長而多能，懷倜儻之材，」將期刈楚；贍縱横之術，罔遂干時。爰屈跡於亨途，乃策名於轄務。既而功由志立，職以勞遷，充」右厢馬步院勾押官，授衙前討擊使。恪居吏道，慎守彝章，未嘗奸去舞文，詎釁叔魚之獄；必」也見利思義，每還陳重□金。久而弥芳，戒之在得。洎乎年踰耳順，疾迫膏肓，垂理命以無虧，啓歸」全而靡失。嗚乎！春秋六十有二，以清泰元年十二月十四日終于家，權窆府西南。今以顯德元」年十月二十九日改葬于戢黎鄉故楊馬步莊南一里初基之塋。其地左窺雉堞，右顧漳」源，掩暎松阡，何虞塵擾。平延蒿里，自叶龜從，克致吉昌，由兹宅兆。」夫人武氏，尊賢尚敬，主祀惟勤，優柔寔繼於□姜，禮教動殊於鍾郝，撫孤惸而訓獎，彰聖」善之音塵。方俟大年，俄迴永夕，春秋六十有九，以廣順三年十一月十五日終。以顯德元年十」月二十九日祔葬府君之墳，禮也。男敬習，學精書計，業紹弓裘，將約己以奉」公，諒陟遐而自迩。感深霜露，恒匪懈於聿修；事葺基扃，弥有光於負荷。新婦裴氏，」頗專中饋，尤見内和，貯蘭茝以芳香，采蘋蘩而蠲潔。」女五人：長不出適，次適武」氏，次適蔡氏，次適王氏，次適李氏。皆聞琴敏妙，詠絮清奇，倶諳坦腹之賓，必偹婉容之義。」孫女

一人，曰劉女，綺紈尚幼，閨闥遵儀，推賢罔謝於緹縈，嗣慶寧踈於絡秀。」府君謙而受益，巽以行權，隸繩愆糾謬之司，明挫鋭解紛之理。灰楮用智，以雪活為心；揲鼠稱詞，以哀」矜繫念，故赭衣絶濫，丹筆無欺。陰德所延，啓高門而期定國；善人是賴，崇貴位而待升卿。比夫蒙莊隱於」漆園，枚福潛於吴市，較其趣向，彼或慚顔。有始有終，在生平而既顯；不刊不述，於没世以何稱。輒敘徽猷，乃為銘曰：」濟濟多士，翹翹錯薪。用非其所，屈亦何伸。懷才卷智，抱義敦仁。」踠彼高足，迷乎要津。勤公奉上，庇族和親。雖違素望，克播清塵。」光同隟駟，壽謝靈椿。于嗟丘壠，煙墅相隣。

浙大墓誌庫

顯德〇〇六　安重遇及妻劉氏墓誌

顯德元年十一月八日

【誌蓋】失

【誌文】

大周故護國軍節度行軍司馬金紫光禄大夫檢校司徒兼御史大夫上柱國武威縣開國男食邑三百户安公墓誌銘并序」

前鄉貢進士穎贊撰」

夫死者歸也，可尚者手足無傷；葬者藏也，所貴者祭祀不輟。其或遵彼周儀，若雙龍之再合；刊諸燕」石，俻百代之所疑。即知義方垂教子之規，陰德積貽孫之慶，考之今古，惟公有焉。」公諱重遇，字継榮，鴈門人也。銀青光禄大夫、檢校尚書右僕射、兼御史大夫諱弘璋之孫也，金紫光禄大夫、」檢校司空、兼御史大夫諱福遷之子也，推忠致理佐命保國功臣、河中護國軍節度管内觀察處置等使、開府儀同」三司、檢校太師、兼中書令、行河中尹、

上柱國、汧國公、食邑二千五百户、食實封三百户諱重誨之弟也。生於貴門，少有奇志。文武之」道，尹翁標雙美之才；然諾之誠，季布擅百金之譽。同光元年，起家為邢州長史，鴻漸之勢，識者知其」摩天矣。明宗繼統，成務思賢，難兄内舉以無疑，聖主搜揚而罔間。天成元年，加檢校尚書右僕」射，授安國軍節度行軍司馬。道光初席，德道邁列藩，〔二〕俄辞幕府之中，遂廁諸侯之内，旌别淑忒，何期」明哉。天成三年，授洛州團練使，加金紫光禄大夫、檢校司空、兼御史大夫、上柱國。長興元年，改授鄭」州防禦使，轉檢校司徒，餘如故。教化風行，似出芝蘭之室；謌謡玉振，雅符正始之音。古所謂吏不敢」期〔欺〕、民知所措者，斯之是也。天子以為良二千石，繇是鬱然有擁旌之望耳。無何，明皇有悔，輔臣」貽覆餗之殃；宗子承祧，郡守入勾陳之衛。清泰元年，命公為武衛將軍。公以時移事改，志屈道窮，」隨百谷以朝宗，罷談涇渭；逐四時而成歲，但慕松喬。無恥具臣，自為君子，晉漢二代，名隱十年。歷成」德、河陽、護國三任行軍司馬，封武威縣開國男，食邑三百户。有以見欲寡其過矣，有以見優游卒歲」矣。如斯而已，豈非賢哉。大周受命，先帝好賢，蒲輪將降於九霄，薤露俄悲於一世。於廣順元年」九月四日寢疾終于西京福善坊私弟，享年六十有一。哀聞洛水，尋興罷市之悲；信到圃田，即起輟」舂之念。若使承國家之枕倚，展胷臆之謨猷，可以踵黄霸之芳蹤，繼魯恭之高躅，仰裨聖政，丕」變古風。人之云亡，孰不惋□之者乎。公婚劉氏，封彭城縣君，有德有容，宜家宜室，先公三載殁」于舜城。長子前鄭州衙内都指揮使、銀青光禄大夫、檢校工部尚書、兼御史大夫、上柱國崇禮等，次」子崇□，次姪崇文，次子崇貞，次姪崇勳，次子崇義、崇智；天養姪女見侍羅氏，前任右驍衛將軍延魯；長女」見侍張氏，任棣州團練使延翰；次女見侍王氏，任右屯衛將軍継昌；次女見侍康氏，前攝徐州節度」推官琳；次姪女先侍李氏，次女見許

〔二〕此句疑衍「道」字。

苻氏，長子新婦高氏等，奉」公理命，敬事無遺。卜宅兆於河南縣平樂鄉朱陽村，以彭城縣君祔葬焉，即顯德元年十一月八日」也。經云孝子之事親終矣，此之謂乎。夫顯親揚名，期於不朽，勒石表墓，宜屬多才。冀丹青其出處之」蹤，用皷吹其卷舒之韻，以防為谷，令歎非常。薄才既辱於」見知，滯思勉伸於撰述。庶使琮璜發彩，如假石於他山；蘭蕙吐芳，若乘風於空穴。敬為陳信，謹作銘」云：

海邊留舃，赤玉熒煌。宮中剖腹，太子元良。神仙胤嗣，義烈暉光。爰生英哲，」用讚君王。公之祖考，翼佐武莊。有功有德，盟府攸藏。公之同氣，顯值明皇。」咎周之際，謀無不臧。伐紂之後，立不易方。天下瞻仰，海內稱揚。使民嚮化，」致主垂裳。知公有作，內舉含章。爰從上佐，首讚金湯。旋策共理，克奉如傷。」洛波澄湛，鄭圃芬芳。連枝既折，[良]□乃亡。遂拋郡印，來踐朝行。罔求聞達，」但務周防。晉漢二代，出入十霜。罇壘自守，優游不妨。惟周受命，得士者昌。」將隨馹騎，去佐皇綱。天奪其壽，今也則亡。所懷者德，罔念者鄉。牛崗應兆，」馬鬣當陽。有子嗣續，有孫蒸嘗。千秋万歲，永宅于邙。重曰：」

公齊體兮縣君，公同穴兮良辰。雙魂安兮莫分，四維去兮無親。

鐫字人翟攻

《千唐誌齋藏誌》

顯德〇〇七　牛則墓誌

顯德元年十一月十四日

【誌蓋】大周故牛府君墓誌銘[一]

[一] 誌蓋四周刻詩一首：「四野悲風起，哀雲南北飛。孤墳荒草衰，有〔月〕照獨峞峞。」

【誌文】

大周故牛府君墓誌銘并序」

原夫洪荒宇宙，恢廓滄溟，因二氣以靈真，自陰陽而變化。」是以三才幹運，四緒吹移，既生既滅之常，寧免去留者」矣。厥有牛氏之姓，望本隴西郡人也。其後宗枝因官逐」任，至于潞府，置地宅以生芽，葺菌林而頓跡。祖諱　，祖婆。」府君諱則，敦仁性讓，鄉黨吹賢，与朋友交，言先立信。」夫人王氏，德和九族，行滿四憐〔隣〕，儀芳孟母之風，禮偕曹家之則。」嗣子唐，温恭立姓〔性〕，孝悌成家，不是〔事〕王侯，隱居纏〔廛〕市。新婦」栗氏，三從畢偹，四德無虧，憐〔隣〕里欽風，皆傳婦道。女王郎婦、」栗郎婦。孫男小廝兒，孫女四姐。」嗣子唐寧孤乳懇之恩，竭力養親之奉，今則罄竭家財，」選擇良辰，同偹葬事。去顯德元年歲次甲寅十一月辛未」朔十四日甲申大葬于府西南約三里，刱置大塋。其墳」東連郡邑，西接漳河，南望炎帝，北倚玄豈。四神」俱偹，八卦咸臻。刊石銘文，乃為詞曰：」

天清地寧，品物流形。於唯府君，稟此真靈。仁以之擇，」德以之馨。連城潔白，照乘晶熒。言皆合道，何必窮經。」貞不絶俗，何必獨醒。松直鬱鬱，鴻飛冥冥。高無物累，」用匪時并。既屈賢路，將臻福途。深歸宅兆，永閟泉扃。」草抽書帶，山横□□。遺芳懿行，歷歷堪聽。

《中古隴西牛氏碑刻集録》

顯德〇〇八　秦君墓誌

顯德元年十一月二十日

【誌蓋】秦君墓誌

【誌文】

大周安國軍洺州永年縣太平鄉依仁里秦村。」天平軍節度押衙、充節院使、兼隨身軍使、充平盧軍馬直都指揮使、充隨駕右威和弟五指揮使、充左威和弟五指揮使、充左興順」弟九指揮使、充左興順弟二軍弟四指揮使、充鎮州屯駐權五指揮都部署使、充鄴都右校練使、兼隨使廳頭軍使、兼衙」內都部署使、銀青光禄大夫、檢校左散騎常侍、兼御史大夫、上柱國秦思温。翁諱言，父諱章。」夫人吴氏，生五男一女：長男忠勇功臣仁美，次男忠勇功臣仁訓，次男曹州司馬仁緒，次男仁協，小男迎哥；女大姐，適」散都頭王郎。仁美等新婦：馮氏、崔氏、潘氏。孫女招翁、孫女小招翁；孫男王哥，次孫伯喜。妹女子姑，適焦氏。」弟思謹，洺州司馬，妻劉氏。長男仁壽，次男興兒，小男十哥。長女二姐，適劉氏，次女三姐，適韓氏，」女八姐，女九姐，女十姐。姪男討擊使仁晏，妻成氏。次姪男仁乂，新婦張氏。姪女妹子，姪女伯來姐。孫女四姐，」孫男轂鹿車。姪男勝兒。西莊，沙河縣仁義鄉普通村，去東莊一十五里。」叔賓，男義軍左弟一副兵馬使延嗣，妻王氏。男二哥，女大勝，適劉氏，次女小勝，小女迎兒。」次男延卿，妻趙氏。男留九，女阿四，女阿五，女阿六。弟思貞，妻尹氏，女阿兹。」叔母劉氏，男千，妻孔氏。孫男黑兒，次孫阿□，女阿七，小女阿三。」次男延超，妻李氏。孫男韓留，孫女五姐。老姑弟四適李氏。」夫興君霸國者忠臣列士，榮家顯祖者孝子孝孫。非良臣者，不盡其忠；」非孝子者，不竭其力。今有長沙郡秦公者，」綰軍一十度，征營四海之中；守職三十餘秋，經歷九州之內。遷延歲月，」朝代頻更，時遇清平，暫歸私假。覩丘薗之寂寂，意上徘徊；想」父母以依依，情多慘愴。乃於大周顯德元年十一月二十日安厝」先亡於中路鎮東四里之平原上祖營〔塋〕中，重修壙域。其勢也，」東連漳浦，青龍引一帶之洪波；西望太行，白虎上千峰之翠頂。前臨廣」郡，北靠邢臺，乃六神具足之方，是四瑞俱全之地，可以永傳旌戟，代繼」轅門。故將志孝之心，答効先亡之德。然乃尋功日下，求石雲間，」刊千秋不休之名，勒万古長存之字。徒彰異日，已俟他年，後紀清强，」乃成頌曰：

其一：」巍巍峻德，杳杳深功。惟清惟直，乃孝乃忠。扶天竭節，事父盡終。」山川可逝，姓名不窮。其二：」扶輪事主，負米獻親。兒孫忠勇，旌戟榮門。氣量卓絶，精神不群。」長存枝葉，永受公勳。

《唐研究》第八卷

顯德〇〇九　李景蒙及妻郭氏墓誌

顯德元年十一月二十日

【誌蓋】失

【誌文】

大周故李府君墓誌銘并序」

府君諱景蒙，原李氏之先，盖皋陶之後，垂名不朽，厥胤弥昌。吏隱周朝，降」猶龍於苦縣；將兵漢室，傳射虎於藍溪。乃致列鼎鳴鍾，連柯弈葉，鏘金冠玉，映古」輝今，歷代已來，斯宗益盛。洎乎族分隴右，望布関東，遠祖因官，是為上黨人也。」皇考諱　，昭義青山軍使，皇妣暮〔慕〕容氏。神藏利器，雙鋒久瘞於星文；勢阻雄飛，」一鶚竟勞於羈紲。式昭有後，爰啓貽謀，府君即其次子也。髫齔抱成人之智，梗柟呈」出衆之材。雲起封中，本殊俗態；桐焦竈底，自振清音。既而戎府策名，和門隷職，系本道使」院，充觀察司前行。顯著幹能，頗彰勤績，見得思義，寶以不貪，守法奉公，潔乎無玷。天」池未到，疲巨力以何言；岱嶽俄歸，奪貞魂而莫返。嗚乎！春秋五十有九，以長興四年十月二十」一日疾殁于私室，權窆府東祥鹿鄉大塋之丙地，今以顯德元年十一月二十日改卜甲穴而」葬之。其地也左依臺嶺，右顧城樓，四神既於方圍，〔一〕百福宜臻於嗣續。府君娶夫人」郭

〔一〕「既」下疑脱一字。

氏，仁慈訓育，謹敬敦和。投杍匪疑，但務断機之教；躍魚可食，必推還鮓之賢。正」就養於蘭垓，忽奄悲於蒿里，享年六十有九，以廣順元年五月二十九日終。今亦以顯德」元年十一月二十日祔葬府君之墳，禮也。長子胡子，早亡。次子思鄯，囊錐露穎，巖」電騰輝，從佩韘之年，屈執鞭之事。亟登班列，屢掌繁難，治粟廉平，克豊□□。失禾」朕兆，方俟遷升，嗟美疢之頓縈，歎逝川之奚復。春秋四十一，以乾祐三年□月十六日疾終，今」以顯德元年十一月二十日殯于大塋之庚地。次子思鄯肯降堂構，高襲世規，守温清之」勤，豈慙風樹；保急難之分，仍継棣華，寔匪懈於奉先，獨聿修於追遠。」新婦孔氏，主推馨之祀，恒采蘋蘩；凝不易之姿，更踰松柱。孫男四人：妹哥、鬧哥、」三哥、五哥，超光逸足，本自龍媒。孫女一人順姐，照夜靈珠，吐從驪頷。於是咸伸」傾竭，共寘哀榮，期異代以稱揚，刊他山而表記，摭其茂實，乃作銘云。詞曰：」

儵忽鑿竅，混沌移情。羲和聳轡，氣母騰精。光陰互變，世數相生。衰隨物盛，」□襲功成。彼人之逝，如水之傾。於惟賢哲，獨禀清英。心懸藻鏡，表挺珠衡。」因時用智，處晦潛明。雖無顯位，亦播芳名。流年奪景，至樂銷聲。魂歸幽壤，」□叶佳城。壠樹寒白，郊雲暮平。根深蒂固，子貴孫榮。永傳徽範，莫之与京。

顯德〇一〇　曲詢及妻劉氏墓誌

顯德元年十一月二十六日　　浙大墓誌庫

【誌蓋】失

【誌文】

大周故登仕郎試大□評事■」　　寄褐趙■」

公諱詢，字叔謀，本燕中人也。昔晉穆侯子成師封於曲沃，遂命氏焉。公則漢□」曲謙之後也。英名烈望，功克振於前□；自葉流根，德乃芳於後裔。焕乎簡諜，此」不備書。曾祖諱述，曾祖妣劉氏。祖諱行周，前行德州安德縣令，累授朝」散郎、試大理司直，兼監察御史。蓄包丁之餘刃，屢屈剖鷄；振董恢之威聲，咸挺去」虎。既彰善政，乃誕英奇，公即侍御之次子也。幼稱家瑞，長号國華，挺□」俗之才，負不群之氣。故州縣重難之職，誠〔試〕攝尤□；生侯參佐之僚，匡禆悉遍。莫非」自持冰蘗，□染脂膏，辭金畏於四知，讓玉存乎兩寶。於天福初，貝州節度使瑯」琊王公以公政能潔□，□可安民，乃奏授博州户曹參軍，同□肇之舉謝」譚也。噫！夫位以德興，官唯才稱，公德弥高而位弥下，才益大而官益微者，」亦猶蠖自屈以求伸，處□卑而待□。□□□生澗底，終成構厦之材；豈期蛟」在池中，翻歎枯鱗之事。於天福六年四月□□□以疾終于□□，享年三十八。嗚呼！」芳蘭易敗，甘泉先竭。同仲尼之司寇，方□□□；如賈□之□□，遂沉英俊。與」公之清名善價，即異代同風，信不虚矣。公婚劉氏，有齊眉之好，無反目之」虞。方堅偕老之心，俄起未亡之歎。□忽悲於龍去，鏡空慘於鸞孤。杞婦哀深，已慟」崩城之哭；湘娥怨極，俄奔同穴之期。於開運三年六月二十二日寢疾終於鄴」都之私弟，享年三十五。扶護歸洛，以顯德元年十一月二十六日祔葬於洛陽」縣懸象鄉南陶里，禮也。有子二人：長曰咸恕，次曰□□。並居喪合禮，稟訓有方。」若合璧之含華，如雙珠之韞□，辭偕吐鳳，書可换鵝。率其禮而蹈其謙，進德也；依」於仁而游於藝，居業也。□以輕財如糞土，重友比金蘭，所以□蓋如雲，門庭若」市。《易》有承家之象，《書》稱肯構之基，竚聞一日九遷，何止万里。有女二人：長適王」氏，陷虜不還；次於大名府南貞元寺出家。一則於三從而盡節，可驗貞□；□則」□救七祖生天，自明法□。長子　，自置琴動感，拜象興哀，佳城爰卜於」□□，吉日乃從於龜兆，用彰至孝，須刻貞珉。惟衆文謝天生，學慙日就，忽奉」□終之旨，謬承以顯之心。嗚呼哀哉！敬為銘曰：」

□□□後，代郡為先。家諜國史，暎後輝前。剬鷄刃穎，去虎威宣。」□□餘慶，式誕英賢。生乃不群，長而好德。内孝于家，外忠于國。」□□佐僚，真榮掾職。高位不登，下僚沉匿。鏡光沉兮孤鸞悲，」□□動兮雙鸞歸。卜佳城兮從吉兆，利子孫兮永光輝。

《全唐文補遺·千唐誌齋新藏專輯》

千唐誌齋博物館藏石

顯德〇一一　劉秘墓誌

顯德元年十一月二十六日

【誌蓋】失

【誌文】

大周故朝散大夫左千牛衛將軍同□勒留中書劉公墓誌并序」

將軍諱秘，字太初，大名冠氏人也。擾龍命氏，逐鹿承家，德被當時，世襲餘慶，東吴則角立鴻」基，西蜀則鼎跱丕業。至于功高補衮，政洽分茅，才贍百函，學通萬卷者，豈可勝道哉。曾祖　，」祖弈，識量非常，知機特異，想繁華於前代，慮倚伏於後昆，乃養素林泉，怡情琴阮。荷衣蕙帶，」自高巢許之風；藜杖蒿簪，逈得逍遥之趣。考規，節操不群，容儀出衆，留心官路，顯紹英聲，起」家授左金吾衛長史。將軍則長史之長子也，受性清明，修身中正。洽兒童之戲，則知俎」豆之儀；事庠序之師，則悦揖讓之禮。深明儒術，洞曉詩書，豊文而舒錦争奇，著詠而燃櫻比」麗。鄴都七子，實謂重生；魯國四科，真同再出。未果策名桂籍，乃為郡主見知。時」晉清河相公杖節鄴城，深垂禮待。將軍以固窮陋巷，守道俟時，慈母年高，空堅色」養，將求甘脆，遂不擇禄，投筆充左教練使、兼都孔目官。洎乎移鎮，乃便隨軒。數郡政聲，皆固」匡佐，陳貞白之節，輸公謹之誠。

綽有令名，聞於宸聽，以乾祐元年自外職除堂後官、左」千牛衛將軍同正。立志推公，出言有度，為阿衡之肘腋，實鑪冶之楷模。執事」三朝，歷年七載，致時隆休泰，政著均平，震澤敷而宇宙咸春，雷聲殷而昆虫遂」性。赫赫焉，煌煌焉，其功不可極也，而將軍預焉。至於退食之後，奉慈服勤，晨省昏」定，冬温夏清，未嘗暫忘於頃步之間也。縱穎考叔之純孝，老萊子之綵衣，方之蔑如也。及乎」喜懼之年，就養之時，冠裳不脱，飲食不變。洎風樹興歎，毁瘠過禮，六親勉之，方飲水食粥焉。」斯所謂於國忠，於家孝。聲光籍甚，積善無徵，兩楹入夢於當年，二豎潛形於靈府。良」藥無効，沉痼弥留，以顯德元年六月二十二日終於東京私弟，春秋四十有六。母弟光程，」次曰　。八龍讓美，三虎齊名，事長以順，庭無間言。妻胡氏，四德兼修，三從克備，式光內則，顯」致家肥。生子四人：長曰　，立性孤高，為儒慷慨，究《易》則神人授墨，為文則仙客傳珠，爰歷廣」場，頗揚聲聞。次曰　，顯名昭代，擢弟神童，擅岐嶷之知，著英奇之譽。次曰祐之，次曰宜哥，」或業黌堂，或不離懷抱，漸識義方，必成公器。女一人，適王氏，不幸早亡。美哉！功名顯於時，胤」嗣昌於後，立身之道昭矣，克終之義備焉。臨終顧命曰：吾家素儉，乃尔攸聞。予啓手之後，喪」事宜約，哀悼宜節，殯于西京。諸孤敬治命，以其年十一月二十六日殯於洛陽」縣象鄉南陶里，禮也。親朋畢集，奠爵盈塗，風傳薤露之聲，山蹙龍虵之勢。祝龜啓繇，宛符白」鶴之祥；群鳥成墳，必叶青烏之相。旁栽松檟，永蔭夜臺。嗚呼哀哉！

乃為銘曰：」

擾龍得姓，逐鹿開基。功馴九色，化備四夷。嘉名斯立，」景福攸宜。傳芳青史，流譽豊碑。洪業迭興，丕圖不絕。」西蜀隆平，東吴胥悦。或陟巖廊，或分旄節。世襲簪裾，」代生英傑。乃有遠胄，克紹家聲。為儒温雅，游藝縱横。」文華舒錦，句麗燃櫻。衣冠仰德，宇宙知名。器宇難量，」情田莫測。投筆藩方，立身正直。爰降渥恩，俾匡埏埴。」道邁五常，志去三惑。方增倚柱，式賴循良。沉痼忽遘，」哲人云亡。宅兆於此，松梓成行。不

隨陵谷，」□固玄堂。

顯德元年十一月二十六日書終故記

《河洛墓刻拾零》

顯德〇一二　劉光贊及妻郭氏墓誌

顯德元年十一月二十六日

【誌蓋】失

【誌文】

大周故金紫光禄大夫檢校尚書右僕射左監門衛將軍兼御史大夫上柱國劉公墓誌銘文」

朝請大夫守宗正丞柱國郭玘撰」

劉氏之先，帝堯之後，夏則顯御龍之号，殷乃立封豕之名，在秦居侯爵之芳，有晉處納言之」位。洎漢室應運，太守臨藩，葵心奉君，蒲鞭示吏。其後汝南徙居於梁國，肥鄉本属於廣平，騰」芳則代不伐〔乏〕賢，胤族乃世繼其美。公即唐中書舍人林甫之後也。曾祖勤，皇不仕。祖」奕，皇不仕。考倚，累贈太常少卿。外李氏，追封本郡太君。公諱光贊，字顯國，本大名府」冠氏縣人也。幼知禮樂，神授聰明，戲則為碑，智過秤象。洎乎成立，爰負變通，有子張爵禄之」心，務蕭何刀筆之譽，乃入仕於本鄉公府也。鏗鏘立事，謹儼奉公，嫉惡若仇，見善必舉，名價」既高於故里，行藏俄擢於省庭。自天成年至開運歲，安陽計兵食，白馬料軍儲，邢臺兼都竅之」權，洛汭揔麴糵〔蘖〕之務。雖數歷脂膏任，而俱揚冰蘗名，聲光漸峻於强能，委寄轉資於難重。至戊」申歲，授渦口都商税使。職未二年，官加三品，就除右羽林軍將軍，階兼金紫。昔縻省署，玉未」偶於三朝；今列天庭，鵬已摶於万里。秩滿適洛。周初，復除左監門衛將軍，官檢右揆。」哲后宵衣旰食，一日萬機，念稼穡之艱難，務供輸

之均濟，乃擢幹士，遽檢疲民。公即」奉命南燕也，盡歷鄉川，普觀禾黍。清通是執，絶胥吏之愛憎；舒慘得儀，分農家之苦」樂。事將復命，殃出不期，於癸丑年孟冬十有二日因浴暴卒於滑州荷恩禪院浴室，享年六」十六。用甲寅年仲冬二十六日歸葬於洛陽縣玄象鄉南陶里。嘻！公之忠孝過人，剛柔莅事，」舉直措枉，見賢思齊。始以書筭立名，加以言行積德，五司繁重，兩陟通班，平生不昧於心誠，」畢壽果非於疾疢。公先娶汾陽郭氏，先公而謝，今則同歸。次娶太原王氏，初」授本縣君，次加本郡君，賢和治下，柔順睦親。舉桉事夫，踵如賓於上古；貞明誠女，可垂法於」後人。有子一人，早任古城尉。晉祚既衰，鬼方恣盛，上國乃胡笳之地，中原為戎馬之郊。郡城」有蹂踐之憂，士庶負塗炭之苦，乃陷塞外，莫遂生還。有女四人：長適曲氏，不幸早亡；次適白」氏，次適高氏，皆從三道顯，德四光前，孤鴻雖無依，壯志不可奪；其次適曹氏」閨闈秉訓，令善」叶儀，在家不怠於女工，出聘無虧於婦節。有外甥五人，或立身弓劍，或酷志文章，盡疑構厦」之材，俱有出囊之鋭。玘屢承請揖，言撰斯文，慙無吐鳳之詞，直紀如龍之美。銘曰：」

巍巍上古，濟濟賢良。山河孕秀，日月騰芳。」林茂枝本，脉散源長。代繼其美，將軍道光。」幼負奇才，長修令德。彈冠公府，揚名故國。」一列省庭，五司重職。金石為心，脂膏不惑。」爰昇朝籍，行綴勳賢。位居三品，官由兩遷。」朝趍北闕，亦使南燕。惟壽有恨，非仙莫延。」膏肓不兆，疾疢不瘳。方寸不乱，神魂去焉。」代惟周兮盛矣，歲直寅兮宜然。月建子兮稱利，」塋卜崗兮光前。走烏兔兮天長地久，刊貞石兮千年万年。

《千唐誌齋藏誌》

顯德〇一三　□君墓誌

顯德元年十二月二十日

【誌蓋】失

【誌文】

大唐故府君墓誌銘

維大周顯德元年歲次甲寅十二月辛丑朔二十日庚申，懷州武德縣■州清河■君諱■供奉■巡檢使■新婦劉氏，新婦石氏，嗣子長男■次男■次姪永興。長男新婦李氏，次男新婦□氏。長女□□□，次女□□。孫女子□姑，次孫女子不憐，次孫女姪兒不秋，曾聞壽涯修短，稟靈台而□□；其分■千歲爲遥齡，郡路一□夫□爲促世，盖一至■彭城郡劉氏夫人，忽□□席，救撩（療）無詮（痊），何期不■知身如■它後難■置墓■南二里東南黄蘆■射犬古城約三里■河□二里，其塋地一□，東至□□，南至賈□，西至□□，北至■父業地■妙剋■龍虎■子孫■。

《古誌石華》卷二六

顯德〇一四　陳晟墓誌

顯德元年十二月二十七日

【誌蓋】失

【誌文】

周晉陳府君墓鋕銘并序」

夫三才運動，興按上古之根基；姬化無窮，胤緒□□□」天下。府君者，許州穎川郡人也。伏犧之苗裔，隨□□」遠孫，因官逐任，各處生涯，不帰松栢，迺派流於□」閑縣壺口鄉治梁里也，南陽護村為桑梓。高祖」諱成，曾祖諱恭，府君諱晟。府君謙謙雅」亮，秀逸過人，懷十抳之儀風，含九流之重義。何圖」患禍忽臨，俄帰大夜，享季八十有六，厥于私地。夫人」董氏、李氏、璩氏等，秉絲蘿之一志，德風教之三從。」逝水波淪，

灑溺紅蓮之皃，享年，相次終於私室。嗣子」再遇、再寧等，哀纏五内，痛貫五情，强備奠儀，以為」袷祔。新婦段氏、王氏、李氏等，晨省無虧，偹霑五孝。曾」孫邵通，身乞親侍，趍近旌麾。曾孫邵琮、邵斌、邵貞、七兒，」孝婦楊氏、賈氏、賈氏、常氏，玄孫添兒、摇瓶、庬兒，於」顯德元秊歲次甲寅十二月辛丑朔二十七日丁卯卜」其宅兆而安厝之，德合大明，選於甲上竁葬安墳。」其地四望也，東隈岳氏二聖，觀国崖峩，西望仙泉，斑天覆護，前」瞻黄臺峻嶽，屹屹而絶頂寒雲，後倚白虎長崗，西臨馬」□聖井。四神俱偹，八將全然，勒石為銘，用彰不朽。其」詞曰：

刊石標名諱，栽松記歲秊。流名於後世，万古迄今傳。

《施蟄存北窗碑帖選萃》

顯德〇一五　李本墓誌

顯德元年

【誌蓋】隴西郡李府君墓誌銘[一]

【誌文】

■故李府君墓誌并序

府君諱本，是故太尉□」□□孫，比是澤州晉城縣人也。因河陽故丁相公補充散兵馬使，」□□次補充石牓寨將。考妣潁川氏。生男二人：長男名澄，小男延保。生女二人：」長女張郎婦，小女劉郎婦。□□諱周，後因尹相公補充感化軍元從兵馬使、兼懷」州都莊宅□使。婚韓氏，生女一人，郭郎婦。因置薄莊田，在懷州武德縣

[一] 誌蓋四周刻詩一首：「兩臉〔劍〕埽泉路，東流不□迴。□□□□□，□月照泉臺。」

期至鄉鹿宿」村，連莊地土約壹拾伍頃，東至□村界，西至義溝村界，南至水運莊，北至聶莊村界。」後又相次於義溝村置得莊□□□伍頃，□□連莊，東至西湯邑村界，西至烏傿村莊，」南至官道，北至官道。弟兄□□二人，積代美名。後弟与新婦相次亡没，遂合殯在先祖」塋内。弟兄等並是志孝志行，盡節盡忠，居家有共被之義，事君有替主之功。武能」射虎，文乃聲鍾，六藝則□於南北，勳名則□於西東。長男澄，不仕。婚張氏，生男」二人：長男知鄴，小男知朗。生女二人：長女申郎婦，小女秦郎婦。弟延保，見充」孟懷營田耕戰軍副巡將。前婚崔氏，」不幸早亡，生男一人名知顯。生女三人：長女」馮郎婦，中女字五姐，小女字六姑。後婚馬氏，生男二人：長男曹兒，小男小」曹。男澄等並是碧海三山，青冥一鶚，德行則超於十哲，藝學則過於」九流。孫子知鄴，見本州兵馬使、兼知万善酒務。婚劉氏，生男二人：長男字」武四，婚殷氏，小男武六。生女一人，字恭□。小男知朗婚朱氏，不幸早亡。生女一人，字」不□兒。侄男知顯婚趙氏。孫子知鄴□，並是有文有武，立性温恭，恒親分」椹之宗，常抱卧冰之道。不幸父母亡没，不入先塋。遂去顯德元年甲寅之歲」别置新墳，在莊東一里已來，東去祖塋三百餘步，塋四面並屬自己土田。其」地用良師選擇，地帶平亭，謂將來助瑞氣芳盈。今乃刊石為記，流」□万古。□構詞曰：

兹地平穩，堙修塋墳。沁河前望，太行後存。其一。」□脉並□，万家合宜。子孫榮霸，世代保綏。其二。

《全唐文補遺》第九輯

顯德〇一六　李重直墓誌

顯德二年正月二十七日

山東淄博拿雲美術博物館藏石

【誌蓋】隴西郡李將軍墓誌銘

【誌文】

周故金紫光禄大夫檢校刑部尚書左武衛將軍兼御史大夫上柱國隴西郡李公墓誌」銘并序」

朝議大夫檢校尚書户部員外郎河南府穎陽縣令兼殿中侍御史王彝訓述」

玄元大聖祖之胤，」唐明宗皇帝之孫，」故武勝軍節度使、贈太師、洋王諱從璋之第三子，諱重直，字表正。驥子龍駒，騰驤罔測，金」枝玉葉，光彩難名。幼号神童，長推英物，敦詩閲禮，惟孝惟忠。控六鈞弓，非當落鴈；佩三尺」劒，何止衛身。凛凛宏材，亭亭奇表。纔途弱冠，即仕」禁庭。入親」旒冕之嚴，常承其寵；出達絲綸之命，所至皆安。將欲執干戈，衛」社稷，長城千里，膏雨一方。韓信登壇，豈同諸將；亞夫被甲，不拜」至尊。初授護國軍衙内都指揮使、銀青光禄大夫、檢校左散騎常侍、兼御史大夫、上柱國，」次授檢校工部尚書，次授西頭供奉官、檢校禮部尚書，次任右千牛衛將軍、依前檢校禮」部尚書，次任左領衛將軍、金紫光禄大夫、檢校禮部尚書，次任右武衛將軍、依前金紫階、」檢校刑部尚書。環珮鏘鏘，門庭赫赫，岸虎乃敖曹之氣槩，天麟為徐氏之精神。出入」累朝，踐揚崇秩，鴈行雍穆，鵬翅開張。固合鍾鼎傳勳，用垂不朽；節旄受寄，以至無窮。誰謂」星隕長天，舟移巨壑，不遇迴生之草，倏摧構厦之材。痛此」王門，失兹公器，」朝行鬱結，行路傷嗟。粤以顯德元年歲在甲寅十月二日疾薨于洛京之私第，享年三十」二。即以次年乙卯正月二十七日葬于河南府河南縣甘泉鄉中良村，依」先王之塋，禮也。」妣京兆郡夫人田氏，隔屏聽治，克成善果之賢；畫像垂名，早顯日磾之孝。兄孟曰故檢校」司徒、商州刺史諱重俊，仲曰前右金吾衛長史重興，季弟西頭供奉官重泰。兼金珽玉，維」熊維羆，鄙荆樹以何分，恨槿花之又落。」公娶故密州刺史孟公之女，累進封平昌郡君。蘭薰雪白，松茂竹苞，方期開國之榮，遽起」帷堂之哭。有子六人、女三人：長遂顒，次遂貞，其餘並丱歲。俱當稚齒，皆禀義方，可嗣弓箕，」必諧琴瑟。乳母范陽盧氏，適人不願，誓終鞠養之心；垂老堪哀，永抱孤惸之歎。嗚呼！百年」待盡，脩短難言，五

月為期，禮儀斯在。彝訓獲叨密分，得敘遺風，有懷漏略之慙，罔罄刊鐫之」美。徒多零涕，謹作銘云：」度沙胤序，維嶽神靈。材標巨棟，勢拂青冥。未踰壯室，迭膺秉律。」官重嫖姚，功期混一。忠孝相傳，宜享遐年。短長繫命，俄歸下泉。」下泉冽冽，喪予英傑。」喪予英傑兮堪哀，福彼子孫兮無絕。

《秦晉豫新出墓誌蒐佚》

顯德〇一七　趙鳳墓誌

顯德二年二月四日

【誌蓋】失

【誌文】

大周故金紫光禄大夫檢校司徒使持節單州諸軍事單州刺史兼御史大夫上柱國天水郡開國侯食邑一千户趙公墓誌銘并序」

前攝齊州防禦巡官鄉貢進士劉德潤撰」

夫山之高有其崩，海之深有其竭，木之榮有其朽，草之盛有其衰，是知賢愚貴賤，在死生之數齊尓，悲哉！公諱鳳，字」國祥，冀州棗强人也。其先黄帝苗裔，因封於趙，遂為氏焉。自後勝則履珠表其貴，衰則畏日顯其名，遁則為忠」臣，歧則為高士，條分葉散，源遠流□，□□鮮惠，懷黄佩紫，覽國史，考家諜，不可勝紀也。曾祖諱貞，皇不仕，夫人」王氏。祖諱素，皇不仕，夫人鍾氏。考諱彦章，皇銀青光禄大夫、檢校工部尚書、冀州别駕、兼御史大夫、上」柱國，贈太子右賛善大夫。妣崔氏，贈博陵郡太君。公即長子也，學九天之法，讀百王之書，幼為神童，長為猛士，」虎頭犀額，鳶頷虬髭。染翰則崩雲，揮戈則却日，拔劒則斬蛟煞虎，彎弓則落鴈號猿，文武相兼，古今莫比。初童子及」弟，再修三傳業，仲尼之經、丘明之傳，莫不研精覃思，索隱鈎深。詣貢闈，數上不捷。於

是乎鄙鷰雀之群，有鴻鵠之志」焉，能折節別望稱心，斅班超之擲筆也。有晉闢統之年，去事鎮州節度使安鐵胡。公早蘊沉機，未蒙録用，無」以申其志，無以立其功，遂潛奔投北朝皇帝。起家銀青光禄大夫、檢校尚書右僕射、兼御史大夫、上柱國、充幽州」閣南巡檢都指揮使，量其材，當其任。因警巡有功，轉招收都指揮使。則有索鐵伸鈎之士，搏虎拽牛之□，誘掖多方，」自遠咸至，遂致國之多兵也。又加金紫光禄大夫、檢校司徒，餘如故。改充右羽林都指揮使。既遣管軍，將謀大用。屬有」晉負義，法駕南巡，為東路都部署使。至南朝，因除授宿州團練使，食邑三百户。遠駈熊軾，初授魚符，能整」肅於三軍，善撫綏於百姓。便值戎王歸國，漢帝臨朝，雖遇覃恩，例為偽命。非次除授河陽節度行軍司馬，加食」邑至五百户。月限已滿，得替還京，又授右龍武軍將軍，加食邑至七百户。方居顯列，俄鍾外艱，思欲報之恩，」□盡哀之禮。相次又丁内艱，雖居苫凷之儀，可勝金革之事。奪情除授起復雲麾將軍，餘如故。轉右千牛衛大」將軍，加天水縣開國男。值漢室漸微，周朝重霸，四方多事，一人掛懷。奉宣差充宋亳宿單潁五州」□□使，加天水郡開國侯，食邑一千户。所為萑蒲聚盜，黎獻為灾，致五郡之無虞，得万家之樂業。能名已播，爰」■抽赴闕，除授單州刺史。早明政術，惟務清通，或峻法深文，或勸善懲惡。其俗也勁，其民也頑，急之則例抱」□□，緩之則自□□敗。既當重位，豈惬高懷。尋得替入見，因聖旨不樂，於廣順三年十二月五日終於旅館，」享年四十有一。嗚呼哀哉！碎陸機之珠，折嵇康之玉，不返逝川之水，難停過隟之駒，信有之矣。嘗遺言曰：死以速朽」為妙，受唅之後，切須火焚。至時紅焰高，黑煙盛，感有野鵝施於上，悲鳴不已，一投火而斃，一洒血而飛。路人見之，」無不殞淚。嗟乎！何有比〔此〕異也。公娶夫人樂安孫氏，早值用兵之時，因有隔闊，別娶夫人彭城郡」君劉氏。皆簪裾令族，鍾鼎名家，能訓子以断機，常敬夫之舉案，池方魚比，鏡忽鸞孤。有弟二人：仲曰譯，員寮」直弟三番行首；季曰璘，銀青光禄大夫、檢校太子賓客、兼監察御史、武騎尉、前單州衙内指揮使。可謂逐」日名駒，倚天利刃，秉文兼武，履

孝資忠，則知佩金龜、戴蟬冕有日矣。有男五人：長曰咸雍，次曰咸明，並是」左番殿直；次曰小字二十五，次曰霸孫，幼曰姪喜哥，並早解親師，兼能擇友，明射御書數，守宣慈惠和，」若繼家風，全憑令胤。有女四人：長曰榮姐，次曰興姐，次曰迎新小娘子，幼曰姪女羅姐。房弟翼。」元從孔目官康翩，自隨」旌旆，累換槐檀，感出生入死之恩，誓粉骨捐軀之報，玄穹可鑒，丹懇難申。越明年，改廣順為顯德元年。至」二年歲次乙卯二月庚子朔四日癸卯，与衙内同部署扶護」靈櫬，卜吉地葬於洛京何〔河〕南縣梓澤鄉宣武村，禮也。噫！雲慘遥山，風悲古木，仙客之玄鶴來吊，故人之白馬臨喪。」於是愛弟璘生事之以禮，死葬之以禮，有始有卒，念兹在兹。德潤器乏青雲，才非白地，偶承」見託，俾述斯文。雖則時然後言，敢以直書其事，乃為銘曰：」

公為人兮英雄，治編民兮清通。懷不憤兮人佞，思欲立兮軍功。」[天]柱折兮雲霧空翳，梁木壞兮鷰雀何依。路人覩兮掩泣，野鳥鳴兮不飛。悲夫！」卜宅兆兮卦已吉，歎佳城兮蒐比〔北〕歸。哀哉！」

莊主郭再榮。東老□廟宣武皇帝，南万安龍門山泰山府君廟，北伊洛瀍澗孝文皇帝，西金水河隨樓」焦穀村。

《北京圖書館藏中國歷代石刻拓本匯編》第三十六册

顯德〇一八　王虔真墓誌

顯德二年二月二十一日

【誌蓋】失

【誌文】

大周瑯琊王公預修墳墓誌銘并序」

歎曰：鄧由無子，謝太傅之興嗟；夏嬰蹶滕，佳城鬱之知命。今古情異，志」緒略同。寄澤州樂院教隊舞小兒行首王虔真者，本潞州上黨」太平鄉人也。皇祖使院押司官景良之孫，皇考師礼之子，母曰裴氏。先」自天成三

祀，因教詃〔絃〕曲調悞府主顏，將家至郡居矣。洎乙卯歲，已二」紀也。然本無子，唯生二女：長曰常郎婦，次曰張郎婦，俱值早終。今養外甥」女蘇兒，年方十二。王公性直而質，心淳乃和，雍睦於時，敬愛叶」衆。人欽雅淡，邦嚮寬慈，慕善而好道歸真，崇礼而助揚空教。年已五十」九。新婦馮氏，温柔不僭，綽約凝神，好尚安貞，氣含中正。眉分柳翠，瞼」對蓮紅，養性無貪，處家廉儉。年已五十五。然或夫婦道話之外，論及無」兒，雖修善之福隆，且終始而難測，況其乏嗣，孰主喪儀。乃預買墳塋，先」修棺塚。狄太守之典郡，尚起生祠；李義陽之綰師，亦通預祭。而況乏嗣，豈」不宜焉。今於顯德二年歲次乙卯二月二十一日起甎藏于澤州晉城西北」三里五十步，置墳域也。吁！人之生也，善始令終；物之生也，唯栢与松。覩」王公之預脩，感神道之矜容，願垂福壽，以仗陰功。誌云：」

王公夫妻，皆慕善道。無貪無欲，有忠有孝。」与衆謙和，於時寡好。城隍相重，朋儕願老。」一郡推賢，尊卑可保。今無胤嗣，預修塋域。」危身不危，惑心不惑。覩此堪傷，誰為借力。」天可愍念，地可怜惜。況依佛教，又參知識。」財施僧貧，義添利益。神道至明，玄冥必測。」皇天無親，是輔有德。變惡從善，迴凶作吉。」永保遐齡，虚開窀穸。雖立墓誌，乃刊貞石。」

其地与當州左厢百姓張温同買到長樂鄉子州北莊税户張崇自己白地一段，准錢」□□文。其地取中心為界，各收一半。東西闊一十三步，南北長廿一步。東邊王虔真為」□，□□張温為主。東至要礼塋地，西至張温，北至古墳，南至張崇地畔。

《全唐文補遺》第九輯

山東淄博拿雲美術博物館藏石

顯德〇一九　石金俊妻元氏墓誌

顯德二年三月三日

【誌蓋】失

【誌文】

大周故北京飛勝五軍都指揮使銀青光禄大夫檢校司空兼御史大夫上柱國贈左驍衛將軍石公妻河南郡太夫人元氏合祔墓誌銘并序」

朝散大夫行左拾遺直史館趙逢撰」

夫結褵配賢夫，師女訓，正家道於内；承家教，令子奮仁勇，書戰勳於册；没世有良嗣為郡守，護輤車以」歸，較其享遐齡、具豐福如太夫人者鮮矣。夫人姓元氏，懷州成懷人。自垂髫值唐季離乱，家没」於兵革，遂養於叔舅，叔舅復早世，孤養於舅母。族譜世系，与家俱喪，故莫得詳焉。太夫人及笄之歲，」柔明之譽，盈於鄉里，將軍府君聞其賢淑，乃納徵而授室焉。府君名金俊，朔州神武川上方城人」也。幼善騎射，習司馬兵法，長与豪俠遊，牛馬谷量，世為强族。初委質事唐代祖武皇帝，以勇幹分」主衛兵，甚見親用。洎莊宗皇帝復讎於梁室，按兵於孟津，積軍旅之勞，累遷銀青光禄大夫、檢校」尚書左僕射、兼御史大夫、上柱國、充北京飛勝五軍都指揮使。凡下堅城，攻堅陣，謀無不臧，動無不剋，」臨戈矛畏之若神，撫士卒慕之如父。明宗皇帝以府君貔貅良將、豐沛故人，制授資州刺史。對」曰：臣生於朔漠，本以弓馬自効。夫人性少則剽果，遂袛金革，歷事三帝，幸蠲敗軍失律之釁。今已老」矣，支體獲全，矧不達為政，豈敢以方州為累乎？願復丘園，守先人墳壠為樂矣。上不奪其志，錫賚」加等，優詔許之。以長興七年六月二十一日遘疾卒於太原之私第，享年五十八。天福四年，贈檢校」司空。八年，贈左驍衛將軍。嗣子今義州太守仁贇，以天福三年十一月七日卜遷於西京河南縣平洛」

鄉朱陽里，從吉兆也。太守，府君第三子，素以勇敢忠義聞於時。當晉高祖潛躍之際，以宗屬授突」騎右第三軍指揮使。及刺京邑，累遷至興順右第一軍都虞候。天福七年，安從進叛於漢南，掠我樊、鄧，」太守與監護陳思讓首破從進於唐州花山，大殲其黨。從進獨以身竄，鼻辛脅息，閉關自固。洎大軍守」之，不朞月而城潰，始由太守拉瓜摧牙之力矣。晉高祖嘉其功，授興順左第三軍都指揮使。復以」戢兵之効，帝念攸隆，九年，授護聖左第六軍都指揮使兼維州刺史。十二年，遷護聖右第四軍都指」揮使兼連州刺史。乾祐元年三月，遷護聖左第二軍都指揮使。六月，授推誠翊戴功臣、金紫光禄大夫、」檢校司徒、德州刺史。廣順元年七月，改授檢校太保、義州刺史。凡至理所，屏强暴，恤孤惸，非常賦不妄」録，非故罪不妄刑。暴客知禁，苛吏自循，戍卒忘歸，邊戎咸竦，故二郡之民不易俗而化。太祖皇帝尚」不嚴之理，厚乃睠之恩，將被寵靈，遽丁艱疚。三年正月三日太夫人薨於義州官舍，享年八十三。」太守茹荼銜疚，護喪歸洛，以顯德二年三月三日祔葬於先將軍司空之塋，禮也。初，太夫人之養」於外氏，傷幼丁荼毒，洎至成人，言無先唱，容常慘如，針縷鞶囊之績，夙夜自勤。洎歸將軍府君，彰內」助之風，繁克昌之胤。雖太守建隼列郡，太夫人常以嚴正訓之，太守亦如童孺增畏。是故天子降」璽書，始封樂安縣太君，進封河南郡太君，改封河南郡太夫人，從子貴也。嗣男三人：長喜子，次三留，未」幼學之年，咸遇疾而夭；次義州太守。女三人：長適耿氏而早世；次字歸鄉，纔成童兒殂殞；次審貞，幼猒」□勞，遂圓頂委身於薄伽梵，功行具修，為真釋子。孫男八人：長公山，次婆兒，皆早世；次懷德，右番殿直；」次懷密，前義州衙內指揮使；次懷忠，前義州衙內都虞候；次懷義，前義州子城使；次九哥，不育於襁褓；」次小廝兒。孫女五人：長適太原王氏；次字瞻瞻，年始笄；次字寵寵，未笄而逝；次美美，次喜喜。咸能禀嚴」勵之訓，執孝敬之道，鳳跱鸞蹌，風流霞舉。惜乎没者不得成蹊於瓊林珠樹，繼莫京之緒，亦可悲哉！太」守与逢敦後凋之契，以懸窆有日，命家老列狀於僕，請為誌銘。僕不能文，但以昔年任蘭臺郎，求假適」義州，獲昇堂拜太夫人，

親慈懿之風，熟貞良之德，乃縱筆直紀官婚而已。至於惇序姻族，惠恤臧獲，」立嘉言，積善行，非作傳不能周敘其事。勉抽鄙思，乃作銘云：」

覆載為器，造化為權。萬物遷革，暑雨祁寒。圓首方足，貴其兩端。既富且壽，人之所難。」猗歟夫人，繁茲令族。夫贈將軍，子為郡牧。八十三年，享斯豐福。以古方今，罕齊芳躅。」懿行弥著，閨門克昌。乃子乃孫，為龍為光。浮休之速，于何不常。喟然嘆息，貞淑云亡。」孝子孝孫，柴毀骨立。□慕之慟，血繼其泣。祔彼先塋，歸於京邑。欲報之恩，終身何及。

《北京圖書館藏中國歷代石刻拓本匯編》第三十六册

顯德〇二〇　吳譙吳涓墓誌

顯德二年四月十七日

【誌蓋】濮陽郡吳府君墓誌銘〔一〕

【誌文】

故朝議郎河南府澠池縣令賜緋魚袋贈起居舍人諱譙男金部郎中知制誥賜紫金魚袋贈工部侍郎諱涓吳府君墓誌銘」

吳氏出於義興，本其世也，旅於畎次，因而家焉。越彼祖宗，咸茂」文術，或才高位下，或得道失時。消長則然，污隆斯在，矧夫江左，代」有其人。曾祖諱儒，守秘書省校書郎。祖諱璹，常州司馬。」考諱譙，河南府澠池縣令，賜緋魚袋，贈起居舍人。公諱涓，義方」有訓，侔於昔人，克繼斯文，深達至道。自進士及第，至贈工部侍郎，

〔一〕誌蓋上刻：「改葬後不及更置銘石，遂於側邊別添字一百三十二字，故留記之。」

碑」而銘之，此不紀也。且曰：公之少也，純而敏，耿而和，卓然如不群，湛然」能容衆，事父竭力，有聞於家。公之長也，恭而安，謹而達，退者誘而」進，屈者引而伸，事君盡忠，有聞於國。則士風士行，為人鏡耳。養」慈親陳氏以孝，待夫人盧氏以義，穆弟泳以友，撫子璨以慈。故宗黨既」稱其孝義，又稱其友慈。公累歷清途，不葺居第，以先公未葬，」恒如忘焉。爰覬左遷，用畢初志，于時百執咸閱公之文曰：冥兆未修，已」八年矣；今或失之，又八年矣。人事時事，良可悲哉。厥志不逞，遇疾卒于僦」第。會泳守禹城，璨攝蒲臺，皆主葬也，唯盧氏執喪，罔克就次，傷而不吊，車」蓋盈衢。噫！公之純孝秉義，敦友抱慈，不得壽享几杖，何圖壯捐紳綬，」私役未集，誰知其勞。吁，奈如命耶！以大晉天福四年五月二日」權殯于國之東。是年十一月五日泳洎于璨成葬事焉，迎」府君之神于京畿，返先公之柩于猷次，窆于禹城縣北宣美原。用刊」密石，復誌其銘，直而書之，懼再告也。銘曰：」

百越英人，大晉遺直。所至者道，所據者德。允升諫省，復參密職。」旋典綸綍，焕乎翰墨。縈然孝心，繫于罔極。厥志不逞，其疾□亟。」生也多聞，咸欽博識。歿而絶跡，人將安則。神兮奔馳，誰與匍匐。」逮乎急難，能竭其力。轜車啓行，輿人慘惻。卜穴連崗，其儀不忒。」濟川冰合兮寒波塞，歷山日暮兮愁雲黑。飛寃漠漠兮何所歸，」宣美高原兮佳城北。

【誌側】

先於天福四年仲冬」五日卜葬於禹城縣」宣美原，禮也。後以頻」年水災，浸漬」靈櫬，今遂於齊」州西南二十里獵」山前，長清縣東界」首和平鄉徐保」村買趙知平地，」改葬兼祔焉。時」大周顯德二年」歲次乙卯四月己」亥朔十七日乙卯。」男朝請大夫、試」大理評事、前行」鄆州壽張縣令、」兼監察御史泳」重鐫故記。」孫文林郎、前守潞州長」子縣主簿璨，」孫善郎。

《濟南歷代墓誌銘》

濟南閔子騫祠藏石

顯德〇二一　王柔及妻皇甫氏墓誌

顯德二年夏□月三日

【誌蓋】失

【誌文】

大周贈太尉瑯琊王公墓誌」　　朝議郎秘書郎直史館扈載文」

世德之謂顯，粹靈之謂英，垂裕之謂賢，享報之謂福。斯四者，疇能兼之，其惟」贈太尉瑯琊公乎。公諱柔，字來遠，豳國華池人也。皇祖烈考，並貞晦不仕。伊王氏之先也，[系]」于周，盛于漢，鐘鼎于魏晉，袞冕于隋唐。雖五行有金木之遷，三統變質文之用，而公[侯]」之位，代有其人，竹素之名，世無遺紀，斯可謂氏族之著、世德之顯者耶。周人豳土，后稷所興，遺」風泱泱而在民，舊德熙熙而寖俗。西北凉秋之勁，山川右地之雄，精氣所鍾，惟公載誕，斯所」謂賢傑之生、粹靈之英者耶。惜乎賦天之才而不賦壽之考，為世之賢而不為時之」用。幽蘭九畹，隱深谷以無聞；建木千尋，朽靈谿而不出。優遊下國，慷慨雄圖，寢疾而終，」年方壯室，言之可為太息也。然則嘉遁者賢人之操，積善者賢人之資，晦而後彰，斯為令德。今」彰德軍節度使、檢校太尉、兼侍中饒，字受益，即公之長子也。神生峻極，氣稟崆峒，七星武典」之光，五偉雄金之性。負傑出之畧，濟之以孫謀；有生知之才，資之以義訓。動無悔而雷豫，謀」不訾而風行，奮庸當草昧之秋，投袂起玄黄之野，故能荷靈慶，建大勳，佐興王，登貴仕。苴」茅土壤，盟帶礪於侯封；秬鬯宗彝，薦烝嘗於祢廟。漏泉之澤，式慰於孝思；執燧之祥，果」苻於吉夢，斯所謂垂裕之賢、享報之福者耶。次子邠州别駕順，早亡。」公[娶][安]定皇甫氏，累贈衛國夫人。閨壼之德，宗属範焉；椒蘭之美，女史頌焉。洎纏寡鵠之悲，」獨□□□[哺]。而」侍中孝由心至，豊厚養於庭

闡，」夫人訓以慈深，享令名於家國。陔蘭方茂，風樹先驚，閱水不迴，昊天何訴。以天福十二」年秋九月薨于東京私弟，享年七十二，權窆于近郊樊氏之舍。蓋惟積德厚者其」慶遠，濬源深者其流長。夫如是，則」太尉之德存于生，鍾于嗣，介享贈典，可謂厚矣；」侍中之功著于時，貴于國，振發洪緒，可謂長矣。封樹之象，蓋取諸大過；合祔之禮，不改」於周公，古今之通制也。即以顯德二年夏□月三日合」太尉、衛國夫人之葬于西京河南縣谷陽鄉，禮也。悲風蕭蕭，佳城鬱鬱，高岸」兮深谷，千年兮白日，貞魂來兮安此室，斯銘在兮期永吉。銘曰：」

御天風兮排列星，涉銀潢兮朝玉京。月為珮兮霓為旌，公之魂兮遊太清。」燧泉扉兮窆玄紼，掩佳城兮藏白日。殷之棺兮夏之塈，公之神兮安此室。」敞高門兮容列駟，生貴臣兮為令嗣。鍾其勳兮鼎其位，公之德兮昌永世。」兆青烏兮占守龜，署長阡兮洛之涯。葬有識兮墓有碑，公之名兮終古垂。」

彰德軍節度使、檢校太尉、兼侍中王饒，妻蔡國夫人劉氏新婦」

此是寶山石

《隋唐五代墓誌匯編·洛陽卷》

顯德〇二二　李彝謹妻祁氏神道誌

顯德二年七月十九日

【誌蓋】失

【誌文】

故綏州太保夫人祁氏神道誌　　綏州軍事判官將仕■」

夫人祁氏者，晉祁奚之後也。家傳忠孝，世本温恭。父諱□□，□」守清廉，閑居不仕。夫人即公之長女也。幼而令淑，閨訓每聞，」纔及笄年，適從李氏。李氏者，故朔方」韓王之次子也。既事夫有齊眉之道，養姑全婉娩之風，備四德」而宗族和，守三從而中外美，于是三十餘稔矣。不幸舅姑薨」逝，禮制三周。後即從夫分茅，崇家八載，抱螽蜇而無妬，懷葛藟之有」遷，承富貴則不驕，約令儀而甚雅。至思撫育，愿懿箴規，致琴瑟之素調，遂」親戚之愛敬。冀延遐筭，共保靈椿，豈鳳鸞之欻分，值梧桐之半落。三年被服，」粧閤塵埃，信蓬髮以蹤横，志灰身而杜閾，日持齋戒，晝夜持經，未及五祀將」終。何乃神祇虧損，疾為二豎，徒召秦醫，忽遭夜火，俄臨以四月二十四日殞逝。在」世六十有三，榮貴五十餘歲。雍容而時世難比，賢行而古往郗儔。男光璘，」閲禮敦書，通明爽俊，若高柴之泣血，如曾子之絶漿。但以禮不踰時，而乃卜其」宅兆，既揀良日，明具專臻，方遷柩車，赴於窀穸，以乙卯歲七月十九日禮」葬于府城北鳳政里烏水河北原端整樹東之側。德扶恭蒙」傳誨，令草誌文，但慙短拙之詞，難播盛榮之貴。嗚呼！乃為銘曰：」

夫人閑雅，令淑有儀。發言可則，舉趾成規。關雎既愈，」葛藟常繫。佳聲播遠，俟聘為妻。僶俛德行，柔和於内。」孝養舅姑，慈仁弟妹。為侯弃國，不衣繒綵。灰心持經，」終身無改。於欷何常，天道豈亡。賢同肹母，列等恭姜。」家風流慶，壽禄不藏。貞清永播，獨掩高崗。沓沓冥途，」振振四德。侚位從南，終居埽北。時兹顯赫，年深静默。」粤以至堅，珉石刊勒。

顯德〇二三　蘇逢吉及妻武氏墓誌

顯德二年八月一日

《中國藏西夏文獻》第十八册

【誌蓋】失

【誌文】

故漢開國佐命匡聖功臣特進守司空門下侍郎平章事監修國史上柱國武功郡開國公食邑二千户食實封四百户蘇公墓誌銘并序」

門吏朝散大夫檢校尚書屯田員外郎前澠池縣令兼監察御史王昭懿奉命撰」

公諱逢吉，字慶之，京兆武功人也。皇任荊南節度使、吏部尚書，累贈太保滌，大王父也。沂國夫人、贈齊國」太夫人河東柳氏，曾祖母也。皇任考功郎中，累贈太子太傅沖，王父也。范陽盧氏贈衛國太夫人，祖母也。」皇任安國軍節度判官、贈太子太師悦，烈考也。滎陽縣君、贈楚國夫人鄭氏，先妣也。裔苗顓頊，家世武功，簪裾」則水廣流長，榮盛則柢深難朽。自家形國，積慶累功，將隆開泰之基，是降星辰之瑞。公即太師之長子也。」生而有異，幼乃不群，戲遊而衆目神童，仕學而夙成王佐。爰當稚齒，鍾以外艱，嚴事宫師，肅承家法，既弓」箕之克肖，遂羔鴈以盈門。時漢高祖歷試諸難，作藩分陜，恭行聘禮，委掌軍書。公起家入陜東幕府，應招」弓也。揔孔璋之筆硯，奉文舉之罇壘，簪玳瑁而履真珠，愈頭風而捐腳氣。次授許州、宋州二記室，轉省銜，加朱紱，」酬婉畫也。梁王右席，魏主西園，貼蘭省以芳儉筵，錫銀章而光衛幕。尋改大名少尹，又授河東察判、檢校正郎。未」改星霜，忽遘荼毒，即太師之大艱也。公仁慈孝友，篤愛純和，鍾此憫凶，幾將滅性。水漿不入，終孝子之悲」摧；欒棘居懷，盡詩人之哀思。服闋，奏職河東戎判，復賓資也。時以北戎肆暴，入寇隄封，劉琨清嘯以無功，李牧堅」城而不暇。漢祖以犬羊桀黠，施展七擒；公以罇俎咲譚，折衝千里。既成戡定，式降渥恩，幕府賓從，優」加有等。公賜金紫繒綵對衣，酬前勛也。其後以奸臣内構，醜虜復興，腥羶盈趙魏之郊，氈毳滿康逵之内，大盜」移國，陸海群飛，衆懷巢幕之虞，共有瞻烏之望。漢祖夙符推戴，克賴匡扶，駈除既屬於沛公，圖籍必歸於蕭」相。授公開國佐命匡聖功臣、中書侍郎平章事、集賢殿大學士。從駕至京，加户部尚書，轉左僕射、門

下侍郎」平章事、監修國史，增加井賦。旋以鄴臣拒命，大駕省方，七旬既格於苗民，三面遂開於湯網。省臺已復，鸞」輅言旋，綏懷允計於大君，畫策亦資於賢輔。鄴城平矣，公之力焉。舜干方舞於兩階，隋帳尋歌於二豎，」即漢皇崩矣。公雲龍叶契，君父情深，幾增梧野之悲，莫挽喬山之駕。嗣君紹統，録以元臣，錫爰田井邑」之封，旌送往事居之節。開〔闕〕輔之内，三鎮扇祆，嗣主以示德不悛，稔惡弥盛。於是上將激憤，賢輔矢謀，斬帥傾」巢，相次殄覆。有制加司空，酬廟筭也。三公位重，九德勳高，已崇浴鳳之榮，更陟鳲鳩之秩。尋奉」勑攝太尉行事，册皇太后禮。父天母地，旌一人孝治之風；玉册金輿，掌大禮敬親之典。時漢祚臨」季，周室將基，諸侯潛會於商郊，君子夜謀於曹社。公將身許國，見危盡忠，大厦已傾，豈一柱之可擬也。既」而天地反覆，人事蒼黄，致命殉君，言所不忍。太祖皇帝知其盡節，事出姧臣，垂湛露之恩，給洛陽之」第，卹孤幼也。公先婚滎陽鄭氏夫人，後婚太原武氏，封越國夫人，皆先公去世。從夫有秩，肥家著稱，魚軒適」荷於朝榮，穠李俱悲於薤露。有男四人：長黑哥，蔭敘國子監丞；次波斯；次二哥，次三哥。綽有才冠，聿修祖風，鳳雅」鸞鷁，俱抱雲霄之勢；謙高卑下，無勞喬梓之規。女一人，尚幼。漢太后賜金冠霞帔，幄珠自瑩，蘂蘭有薰，容工克」稟於女儀，耿介聿資於天性。公之諸幼，遭斯喪乱，誰何撫循。前司門外郎晏，即公從父之元昆也。撫從佩韘，」誨以義方，鄧攸何嘆於無兒，郄鑒唯欣於吐哺，字孤猶子，情無間焉。而今而後，在家必達，在邦必達，一日千里，開」國承家，公之諸孤，良可畏也。公昔赴弓旌，嘗奉罇俎，洎開基構，便掌鈞衡。必欲伊尹佐湯，程嬰立趙，使生」靈再造，彝廟永安，追太古之淳風，致中和之仁壽。天不與善，豈不恨哉。乾祐三年十一月二十二日薨於」嗣君之側，時年四十二，遂權厝於東京城之北。嗚呼哀哉！司門外郎情敦玉季，念極鴒原，与嗣子等思就」良辰，以營儉葬。以遠祖松楸先在京兆，近代塋域亦在并汾，一則開輔遥睽，一則郊圻阻隔。今卜京邑，義有」旨焉，盖將仲甫之墳，隣以國僑之墓，遂自東京与越國夫人同至於此。弟崇吉，前許州半刺，早亡。才高位下，履」信資

忠，鴈行方戛於煙霄，唐棣半凋於花蕚。今改睢陽之旅櫬，就洛下之新塋，即於顯德二年歲在乙卯八月乙〔丁〕」酉朔一日丁酉葬於洛陽北原金谷鄉尹之里，禮也。邙山之曲，清洛之陽，中得佳城，宜符石槨，既叶烏占之兆，是」安馬鬣之封。昭懿識昧土肝，學非肉譜，早依門館，猥被生成，將筲斗之見聞，敘鼎鍾之勳業。所冀千年」偶聖，長留作礪之功；深谷為陵，永記生之字。〔一〕申乎一慟，銘之九原，嗚呼哀哉，謹為銘曰：」

九天鍾秀兮孕三才，維岳降神兮會雲雷。扶持至化兮廓氛霾，調和庶品兮作鹽梅。淳風煦物兮陟春臺，」贊揚皇靈兮重譯來。疊起蕭墻兮始禍胎，膚受姧萌兮首乱階。物謂何先兮必有開，鼎新革故兮坼中台。」黑霧周身兮去不迴，白首同歸兮竟堪哀。貞冤今葬兮北邙限，列樹松楸兮永閟哉。

《洛陽出土歷代墓誌輯繩》

顯德〇二四　韓通妻董氏墓誌

顯德二年九月七日

【誌蓋】失

【誌文】

彰信軍節度使曹單等州觀察處置等使韓通故隴西郡夫人董氏墓誌銘并序」

節度推官將仕郎試大理司直兼監察御史王玭撰」

前少府監丞將仕郎試秘書省校書郎楚光祚書」

夫積慶庭闈，騰芳壼奥，未簪笄珥，虔遵聖善之規；載詠鵲巢，獨擅肅雍之敬。良由」胎教，不墜姆儀，即今太傅

〔一〕此句疑脱一字。

故隴西郡夫人其美也。夫人姓董氏，和順成家，貞專立性，」儼中閨而凜若，探内則以煥然。舉善進賢，擬樊姬之無妬；地寒壽促，符鍾琰之深知。香濃而」芝吐六莖，譽美而玉含十德。爰自繫纓去室，告廟侍姑，信張家之識陳平，徐氏之歸王濬。」由是鸞鳳比翼，桃李成陰，感明君必敬之文，契君子好求之趣。采蘩奉職，睦族含仁，靡」渝活淡之容，宛是閨房之秀矣。而又恩流娣媵，禮束筋骸，正人倫之大綱，叶公侯之齊體，」主烝嘗而罔倦，曆寒暑以弥勤。方疏命婦之封，是表勳臣之貴，豈期忽縈沉痼，頓促遐」齡。烏過目前，浮生若此；水流川上，逝者如斯。家人泣别於鉛華，兒女痛傷於骨髓。所痛者，值」太傅去清邊鄙，未復雄藩，辭白日而暗謝忠良，赴夜壑而遥伸訣别。悲哉！殁於曹南」公衙之正寢，享年四十三。於是太傅遽聆告訃，不覺慘悽。乃曰：吾履鋒恒守於三邊，長」聞斂枕；躍馬將行於千里，誰為牽衣。荀璨悼亡，誠難再得；管寧歎逝，恨不雙全。方營卜宅之」儀，未弭揮戈之役，付之愛子，葬彼慈親。又曰：吾憂國步未寧，亦私門絶想矣。」夫人有子二人：長曰衙内都指揮使守鈞，婚李氏。飲月純精，决雲利器，王思遠之懷冰度暑，」陸惠曉之抱鏡臨人。加以有德者親，非禮勿視，正君臣而資孝行，讀周公孔父之書；挫」强暴而羡忠勲，獵樂毅相如之傳。共欽少貴，偕曰老成。次曰守素，方處童蒙，良多清秀。有女」二人：長曰八師，次曰九師。偏鍾美愛，頓失慈憐，香銷一握之蘭，淚滴千行之血。兒女等弥堅」盡孝，慟怨閔凶，顔丁尤善於居喪，萊子肯虞於滅性。杯圈不飲，靈物告休，來吊鶴於凶庭，得」卧牛之吉地。何殊丹雀，豈辭銜土之勞；尤似神仙，共感設瓜之惠。嗚呼！宜備送終之禮，永安」不待之親。以顯德二年歲次乙卯九月七日卜葬於洛水之北、邙山之東，其實曰」河南府河南縣平樂鄉杜澤里，禮也。白楊秋草，縈苦霧以何多；丹旐素幡，摇淒風而不定。玭」叨為幕吏，謬齒文儒，既奉命抽毫，乃直書其事。謹再拜而銘曰：」

家傳懿範，德備閨房。聖善鍾慶，蘭桂齊芳。姆儀不墜，婦道從長。」天生淑女，宜疋忠良。其一。爰自初笄，聘

於高國。無怠肅雍，不矜顏色。」柔順肥家，公侯貴德。女史騰芳，千年作則。其二。能修榛栗，善侍舅姑。」三從規範，百拜楷模。賢一女子，配大丈夫。告虔主祀，不亦宜乎？其三。」和順積中，專貞自顧。命婦因夫，自天垂露。石窌覃恩，金璋延譽。」焕爛庭闈，進賢無妬。其四。擇乎將相，宜尔室家。生男異寶，有女穠華。」無輕姪娣，靡縱驕奢。優游淑善，杜絶回邪。其五。婦既賢兮夫其良，」圖地久兮與天長。五神不集於靈府，七魄尋拋於玉房。辭公侯於白日，」痛兒女於寸腸。遊東岱兮邐迤，近北邙兮淒涼。掩泉臺而赴夜壑，」卷丹旐而樹白楊。環珮之聲寂滅，死生之貴光揚。已矣乎！」聖賢知命，乃曰是常。

《北京圖書館藏中國歷代石刻拓本匯編》第三十六册

顯德〇二五　張仁嗣及妻郭氏墓誌

顯德二年閏九月二十九日

【誌蓋】失

【誌文】

大周故朝請大夫左領軍衛將軍同正柱國清河張君墓誌銘并序」

前鄉貢進士李穆撰」

天子宅九有，家四海，不賴夫股肱輔相，則庶事匪康，彝倫是斁。財成啓沃，資乎相君，」天子乃負扆凝旒，責成功於輔相。輔相所以固宗社，調陰陽，撮萬機，揔百揆，亦有」其佐，以助相君行代天之業，則丞相府有堂後之職，是其任也。或兼授於典午題輿之」命，同正於環尹亞卿之資；或紆墨綬而宰齊民，出相府而通閨籍。得人斯授，非才不居。」清河張君諱仁嗣，字廣鋭，以幹事貞廉，寔在茲職。張著姓也，或出或處，世有奇人；且公且侯，」代無虚位。綿綿濟美，此不殫書。將仕郎、守華州華陰縣令文用，曾祖也。中大夫、行同州別駕、」上柱國、

賜紫金魚袋叔真，祖也。朝散大夫、行宣州別駕、柱國邵，考也。京兆郡田氏，妣也。自曾」至考，所傳者忠恕道，所遺者清白業，弓冶不墜，習以為常。故君生即弘仁，長而懿行，神錐」纖而秘穎，太阿利而韜鋩。謙柔則不離須臾，所以見稱鄉黨；孝悌則罔違顛沛，所以載穆閨」門。雖天理自然，抑亦餘慶所及也。梁貞明初，君始筮仕，即効職於文昌南宮，授將仕郎、」守密州司户參軍，俄遷寧州司馬充職。洎唐明宗以燔柴展禮，類帝禋宗，君時」亦得掌行其事。圜丘禮畢，授深州別駕充職，旌其勞也。居無何，相府以堂後之職，寔裨」台鼎，正員有缺，甚難其才。以君名推一時，譽在衆口，遂副當仁之選，允諧具美之稱。不數」年，莅事有能名，大為相國所知，遂遷授晉州別駕充職，仍加柱國。歷晉及漢，授邠州」別駕充職。復遷朝請大夫、左千牛衛將軍同正。又遷左監門衛將軍同正。迨至民人謳」舜，夷夏歸周，我太祖皇帝務在擇人，急於求理，以君久事相府，獨有令聲，授左」領軍衛將軍同正。君周旋三紀，踐歷五朝，動若畏於四鄰，居不欺於闇室。食期於飽，不」事兼珍之味；家期於給，匪求潤屋之資。道非直不經於心，事非公弗談於口，《詩》所謂其宜不」忒，《書》所謂直哉惟清。宜乎享期頤，躋眉壽，何福善之竟昧，而降年之詎長。以廣順」二年夏四月」有九日終於私家，春秋五十有五。先娶汾陽郭氏，富有令儀，來為內則，方展齊眉之敬，先」臨就木之期。次婚太原王氏，載善肥家，頗昭前美。有子三人，長曰光振，翰林待詔、朝議大夫、」行司農丞；次二人，並促齡夭謝。女五人，一稚齒，四從夫，皆朝露易晞，蕣華蚤落。惟長子光振」哀煢在疚，孤藐成家，尊養繼親，負荷遺構。先是灼龜不利，稾葬於東京之西北隅。即以顯德」二年閏九月二十九日遷神於洛都西北杜翟村，以汾陽郭氏祔之，禮也。嗚呼！玄景運周，」四時飛電，人生如寄，一旦浮雲。是以仁者惜冉冉之流年，必汲汲於為善，及乎瞑目，雖死猶」生。惟茲張君，力行靡倦，誌於墓石，無愧斯言。銘曰：」

猗歟夫君，詢美且仁。淑慎厥德，懷柔抱純。懷柔維何，能敬於仁。抱純維何，」弗渝其真。吁嗟君兮，不永斯

壽。始遇蘧年，旋啓曾手。生也不臧，曷用長久。」死而且穀，曷俟鮐耇。歲在單閼兮月建丁亥，爰卜宅兆兮得其爽塏，」朽壤窮泉兮萬齡千載。」

顯德二年歲次乙卯閏九月丙申朔二十九日甲子建

《邙洛碑誌三百種》

顯德〇二六　裴簡墓誌

顯德二年十一月八日

【誌蓋】大周故裴府君墓誌銘〔一〕

【誌文】

大周故裴府君墓誌銘并序」

奥〔粤〕以玄黄初泮，注生死於万化之源；形相才分，禀陰陽於二儀之上。逝」波東注，兩曜西流，由同磨蟻之程，復見循環之理。爰有河東郡裴氏，」累代公侯，名標史籍，貴胤宗枝，分輝上黨，至於祥鹿鄉石槽村，子孫兴」焉。曾諱杲，祖諱素，府君諱簡。松檜奇姿，珪璋異器，抱古人之」節操，持君子之風規，可謂社邑咸欽，鄉邦播美。何期不終遐壽，遘」疾縈纏，享年八十有四，以天福八年九月十七日寢于窀穸。夫人晉氏，」懿行穹崇，母儀芬馥，訓子克遵於軌範，成家顯著於規繩。取奉」義深，鞠育情厚，惠合閭里，仁及眷姻。舉桉方榮，皷盆旋愴，享年」三十七，以丙寅歲十二月内因兵火虜隔，莫知存亡。次婚衛氏，風姿顯著，」質態難雙，賢和而隣巷欽風，敦睦而婚親讚善。時運流速，日月」難居，享年六十有四，以天福五年五月十四日染疾終于私室。兄暉」性味清

〔一〕誌蓋四周刻詩一首：「殘月照幽墳，愁凝翠岱雲。淚流何是痛，腸斷復銷魂。」

虛，情深慕道，璞玉之高名遠振，渾金之美望遐彰。冰」蘖居心，雪霜礪志，何期忽染膏肓，針藥無驗，享年六十，以廣順三」年三月十二日殁于私第。孫男福兒，年未弱冠，已定婚儀，擬卜良辰，」旋興悲愴，以開運三年九月二十日染疾殞逝。嗣子延周，政直不群，」廉隅有倫，守分而誡非犯物，養親而不倦晨昏。房兄思會，新婦温氏，」兄嫂賈氏，新婦郭氏，孫男虔，新婦韓氏，次孫瓊，新婦郭氏，」次孫榮，新婦董氏，次孫守貞、六兒、八兒、京兒、三兒、七兒、九兒，」女孫劉郎婦、王郎婦、三姐兒、梁郎婦、趙郎婦、程郎婦、」喜喜、師姑等，並懷義順，夙蘊孝慈，痛天傾而地陷，同泣血」以絶漿。生則事之，殁修泉禮，罄捨家財，同為葬事。以顯德二年」乙卯歲十一月乙未朔八日壬寅祔葬於府成（城）西南約一十五里。其地西依堯」土，是白獸之所居；東望牛山，乃青龍之正位；南視炎黄之嶠，」見朱雀以翱翔；北眺三豈，據玄武之隱跡。四神俱備，八卦咸全。刊石」于斯，乃為詞曰：

懿哉裴氏，偉矣芳名。言開理道，動合規繩。」人悲殞逝，時傳德馨。葬之良野，万古千齡。

《西安碑林博物館新藏墓誌彙編》

顯德〇二七　孟紹墓誌

顯德二年十一月二十日

【誌蓋】失

【誌文】

大周故孟府君墓誌并序」

夫三才之中，万物之内，以人為貴，唯德是依，郍輪迴天壽」之期，致寒暑交侵之限。至於東生西没，有虧盈大小之程；」廣海高山，有枯竭深崇之際。浮生之瞬息之間，愚智仙凡，」莫能兑矣。曾祖諱　，祖諱佐，府君諱紹。」府君者，清河郡人也。以忠貞立己，孝悌傳家，懷湯火」有義之恩，抱日月無私之鑒。比隨鶴壽，俄逐波傾，於廣

順」二年三月廿二日終，〔一〕享年八十有四。夫人董氏、房氏，以齊眉奉主，」以断織訓男，方懷松竹之貞，而逐幽泉之路。有子二人：長」曰佺，於家有法，治事無私，昆季推共被之名，兒姪著」推梨之義。新婦趙氏、劉氏。次子呈，新婦周氏，以塤箎是合，昏」晝為恭，上供舅姑，下合兒女。有女四人：長適劉氏，次適孫氏，次」適郭氏，次適孫氏。今以時年並泰，道路交通，再啓舊螢〔塋〕，大崇」新壙於莊北約一里。其地也，東至龍灣之地，西接泉源之河，南」指皇城，北臨廣陸，舊塋平原之禮也。思危學闕盖燈，識非」辨鼠，忝始憐之既厚，辝拙訥以尤難。恐後去來多代，陵谷變」遷，刊石奉邀，謹為名〔銘〕曰：

卓哉府君，博石〔古〕仁人。」責我以厚，責彼以磷。忠貞是主，道德為親。百年有限，」九土沉身。今逢吉日，再啓荒秦〔榛〕。重營宅兆，万古千春。」

顯德二年歲次乙卯十一月戊子朔二十日甲寅

浙大墓誌庫

顯德〇二八　李行思及妻宋氏墓誌

顯德二年十二月二日

【誌蓋】大周故李府君墓銘記〔二〕

【誌文】

大周隴西郡李府君墓誌」

盖聞運啓三才，布芳苗於遠代；晦明二曜，流盛蔟於遐年。是以門」継謙恭，家傳凱悌。李府君曾祖邕穆，翁父

〔一〕「廿」字係補刻。

〔二〕誌蓋四周刻詩一首：「壠樹寒無色，郊雲重不飛。尊親留此地，車馬欲何歸。」

讓和，歷代相承，上黨[人]」也。府君翁諱弘實，父諱敬貴。府君諱行思，而乃抱信懷仁，敦詩厚礼，鄉儻〔黨〕」播志貞之美，閭隣傳碩量之名。不圖晦影遷移，享年六十，顯」德元年三月十[一]日歸世。妣靈宋氏，三從早俻，四德昭彰，擇隣」懷孟氏之風，育子蘊班家之譽。享年六十有四，忽染纏痾，日施」藥餌，顯德二年五月三日掩歸於世。長男延習，次男延年，小男延貞，並已趍庭受」訓，問礼承顔，繼嗣无虧於指蹤，奉孝有聞於順則。女比丘尼鑒琛，剃落於勝」願寺內，幼别浮華；具戒於清浄禪宮，長修律行。長男新婦閻氏，次男新婦郭氏，小男新婦」王氏，咸已淑順早光於九族，柔儀逈播於六姻，箴戒傳芳，閨睢人詠。長男孤子等孝」誠內感，奉礼心慇，選擇良時，吉晨袷祔。莫不鶴飛唧塊，助寂寂之哀聲；鳳撫靈」丘，感冥[冥]之愴戀。其墳也，前臨大澤，後靠長源，西連漳水之郊，東望龍山之坰。但爲江」瀆有揭〔竭〕，岳□无形，砯石記年，聊爲辞曰：

乾坤之內，孝先爲最。霜笋何施，冰魚難再。」母休嚙指，父絶庭誨。孝感其情，温凊永偉〔違〕。孤男聲悲，孤□情咽。薤露和風，高柴泣血。」卜兆良晨，葬于堎闕。刊石凋鐫，紀其年月。

孫子[團]兒、伴哥、[寵]留、四留、延哥，孫女昧兒、小姐」

維顯德二年歲乙卯拾貳月乙丑朔二日丙寅故記

《大唐西市博物館藏墓誌》

顯德〇二九　田仁訓及妻王氏墓誌

顯德二年十二月三日

【誌蓋】大周故田府君夫人銘〔一〕

〔一〕誌蓋四周刻詩一首：「荒草微微起暮云，寒郊閑閑不來人。堪傷九族哀離處，每歎孤禽野吊頻。」

【誌文】

大周田府君墓誌銘并序」

粤若烏走兔飛，轉紅顔而頃剋；寒來暑往，移白晝以逡巡。榮枯盡屬」於慘舒，貴賤皆歸於起謝，痛傷薤露，今古如然。曾祖天雄軍節度押衙鈞。」祖天雄軍節度押衙、稻田務使審志。府君仁訓，齊公子之後，是東齊王十一代孫，」本衛州恭縣人也。性樂丹青，好遊泉石，中年別土，上黨成動。少蘊靈機，迥得仙」家之妙；長精神筆，苗開聖胤之風。寫像圖真，在處則恩承侯伯；端山邈水，居高」則頌美緇黄。汎煙霞於洛孟之間，功名顯著；踈雲水於并汾之上，才行推明。迩」歷鴈門，遐瞻石窟，兩訪五臺勝境，罷遊諸夏靈蹤。一入壺關，[終]揚名姓，作首則」功匀寺院，為標則力徧宮城。本冀永耀人風，長光郡府，豈謂□鍾天禍，魄散泉」扃。於顯德二年四月十九日，七十有二，終於私第。夫人王氏，蘭房育德，桂[室]呈姿，叶雅」望於崇門，継令猷於盛戚。訓子揚孟母之譽，美過諸鄰；解圍彰謝氏之風，名光」九族。本望華堂襲慶，丹臉長芳，豈期天壽永終，魂銷暗隟。去天成三年七月九日，」三十有七，終於家第。有子四人：長男前平盧軍司馬延瓌，英標挺世，亭亭之阮竹千」尋；俊乂光時，浩浩之黄波万頃，天資妙繪，神授奇功。次子延敏、延美、延賓，並著才能，」例弘壯節，畫得僧瑶之妙，圖成雇〔顧〕凱之神。長新婦常氏，次新婦郝氏，次新婦」秦氏，名光女史，望重母儀，肅奉姑嫜，敬尊娣姒。加以尊卑雍穆，少長平和，孝」行高彰，德風遐被。各盡終天之敬，咸周卒地之勤，効泣笋以無因，慕獻鱗」而莫遂。今則噬合天道，兆契年通，特卜嘉塋，刱兹神闕，於顯德二年歲次」乙卯十二月乙丑朔三日丁卯合葬於府城東三里。其地也，左連碧岫，右注清」漳，前枕五龍，後欹三壠。四顧既多於王氣，二靈宜瘞於玄宮，欲保於」地久天長，莫若於銘動刊石。詞曰：」

黄泉難返，白日易移。百年有限，一謝無期。陰陽合節，天地交儀。鑿土成壙，壘石為基。」其一。山補四維，地

連九牧。道合幽邃，噬通嘉卜。松栢披雲，子孫食禄。勒石銘勳，將期後□。」

孫男翁留、遥兒、悦悦，孫女大姐、三姐、拾得、姐兒

《隋唐五代墓誌匯編·洛陽卷》

顯德〇三〇　袁彦進墓誌

顯德三年七月十三日

【誌蓋】失

【誌文】

大周故輸誠効義功臣光禄大夫檢校太保前行寧州刺史權知階州軍州事濮陽郡開國侯食邑一千户袁公墓誌并序」

公振武人也，諱彦進。曾祖璠，不仕。曾祖母張氏，生祖諱殷，一子曾為本州將吏，遷至左都押衙。祖母薛氏，亦」生一男。父諱宗慶，少仕武皇，幼從戎伍，軍功継立，相次遞遷，充鐵林指揮使。至天祐三年正月二日栢鄉」陣殁，終身王事，至天福八年十二月日奉勑贈左監門衛將軍。母王氏，与父同□，礼娶之妻，相次滅亡，亦」与父同時追贈太原縣君。公當父殁之時，年才十四歲，奉莊宗皇帝詔旨，充保衛小底。公年十九，母与礼」婚康氏為妻。妻父諱行儒，幼事明皇，殁身軍陣，更無兒女，亦絶弟兄。妻母徐氏，唯生一女，經十年，絶継後」昆。至唐末晉興，龍蹲虎踞，當玉石難分之日，在英雄未辦〔辨〕之秋，事勢咸歸，軍心多易，即數營將首，皆忘其家，」悉於清泰三年六月十九日塗嘆於河内耶。公自後頗經任使，累歷艱辛，每臨大敵之時，皆立功於陣所。至」大晉天福初，制超授檢校工部尚書。又二年四月十九日，准宣自奉德衙隊都軍使轉授指揮使，同年月」轉授檢校刑部尚書。公又至四十五歲，再娶楊氏為妻。妻父諱敏，邢州人也。妻母宋氏，只生一女，儀容美麗，」處世温

柔。荆玉難藏，獨有輝華之色；驪珠易隱，迥超出室之光。公飲之芳妍，堅慕求矣。娶生四子，二已長成。」至開運二年正月一日，加弘農縣君。又至乾祐元年，再加弘農郡君。長子名繼忠，字仁節；次子名繼文，字智」通，皆前寧州衙内指揮使及衙内都虞候，各授銀青光禄大夫、檢校太子賓客、兼殿中侍御史。二子住哥、四」哥，皆幼小耳。長子礼婚王氏為妻，妻父諱瓌，任鳳州防禦副使，妻母高氏。次子亦礼婚定楊氏為妻，妻父諱」保孫，前右千牛衛將軍，妻母佐氏，並居門蔭，未經迎礼，公身已薨。又至晉少帝，胡塵競起，華夏未寧，常領禁」師，以静邊鄙，每於陣所，無不成功。至八年八月日，轉授忠貞保衛功臣、護聖右第六軍都虞候、檢校户部尚」書。又至開運元年七月日，轉授殿前散員散指揮使、左右廂都虞候、檢校兵部尚書。同年，授武衛都指揮使。」同年十一月日，轉授護聖左第五軍都指揮使、使持節勳州刺史。二年六月日，轉授右護四軍都指揮使、檢」校尚書右僕射。同年十月廿六日，轉授左第四軍都指揮使。又天福十二年，大漢初立，方構丕基，委以兵權，」特加渥澤。九月日，改授忠貞佐聖功臣、右第三軍都指揮使、檢校司空、使持節饒州刺史、濮陽縣開國男、」食邑三百户。同年十二月日，超授左第二軍都指揮使。又乾祐元年正月日，漢少主登先帝之位，覃及遠」方，賜臣下之恩，皆露草木。公三月日轉授右廂都指揮使、檢校司徒、使持節果州防禦使、開國子、食邑五百」户。二年九月日，轉授左廂都指揮使、檢校太保、使持節閬州防禦使。又廣順元年，大周丕構，肇啓鴻基，既」肆赦於寰中，乃覃恩於臣下。公知難而退，欲離將權，心以言而口未言，首雖免而身未免，三月日，加金紫光」禄大夫階。同年四月日，改授輸誠効義功臣，除左驍衛大將軍。公得其無事，樂在班行，猶奉勑牒，同征魯」地。三年三月日，除授寧州刺史。公到郡未朞，大周奄弃，少主登位，又加爵祑。顯德元年二月日，加開國伯，」食邑七百户。同年八月日，轉授光禄大夫、濮陽郡開國侯、食邑一千户。二年五月日，罷郡歸闕。六月十七日，」朝參未及兩旬，又委兵柄，令於川界權任階州。公平生節儉，常誡貪叨，五德之中，絶於奢逸，三惑之内，酒樂」難迷，自幼及耆，

坐論知足。方當葺理，以贊明時，忽二豎來纏，覺三魂去爽，其於針藥，無能及焉。享年六十」五，顯德二年十一月二十二日薨於階州。長子繼忠知之傾喪，自遠奔扶，歧路毀身，不泯殘息。至鳳翔府，有」知判孔目官張紹節、在衙都部署閑從誨等，嘑天叩地，護從轜車，雖食旨不甘，且聞樂不樂，同隨神櫬，歸於」洛京。乃命良師，擇其塋域，依周公之礼制，倫方伯之威儀。旟旐啓行，薤輅相次，至顯德三年丙辰歲七月辛」卯朔十三日癸卯葬於河南縣宣武鄉。乃為銘曰：」

皇天無親兮惟德是輔，高而不危兮以長守富，昔龔遂到兮别布六條，今袁公來兮民謌五袴，公之德也。」擊長虵陣兮公有奇作，百戰百勝兮血流溝壑，肅静邊壃兮戎犬不侵，唐晉漢周兮摠圖凌閣，公之功也。」臨危不變兮忘家忘身，自執剅斸兮知偽知真，稟帝代命兮何悋百世，心懷鐵石兮罔懼三分，公之忠也。」併食亡身兮不顧全生，齊君焚券兮□□知名，推梨之士兮情猶未讓，断金永弃兮史册難輕，公之義也。」陟岵詩言兮幼稟義方，南陔篇述兮不闕於墻，五起視枕兮知衣厚薄，三牲日煞兮公意非良，公之孝也。」玄宮一閇兮古栢蒼蒼，逝水東流兮波注茫茫。魂魄杳杳兮骨肉空念，嘑咷咽咽兮日月無光。迴首繐幃兮」凝神不語，重泉之下地久天長。」

顯德三年七月十三日記

前攝寧州軍事衙推韓桂撰

孔目官張紹節書

《北京圖書館藏中國歷代石刻拓本匯編》第三十六册

顯德〇三一　蕭處仁墓誌

顯德三年七月二十四日

【誌蓋】失

【誌文】

大周故光禄大夫檢校司徒行右金吾衛將軍兼御史大夫上柱國蘭陵縣開國男食邑三百户贈」漢州防禦使蕭公墓誌銘并序」

從姪前鄉貢進士士明撰」

公諱處仁，字正己，蘭陵人也。因封錫姓，先君襲慶於殷商；繼别為宗，相國世家於閑輔。然乃王公迭貴，百代」何知；氏族居高，万民所望。枝葉芳於史諜，軒冕焕乎人倫，則為時之偹詳，故斯文之可畧也。曾祖諱濬，」唐饒州刺史。祖諱元，蘇州别駕。父諱符，歷仕唐、梁二朝，自河北道招討判官，累遷右威衛大將軍、左藏庫」使。因家於洛陽，終於所任，贈右金吾衛上將軍。母瑯瑘王氏，累贈本郡太君。有子八人，四男四女，咸縻好爵，各」適名家。公即執金之第四子也。幼而孝悌，長而廉貞，立姓〔性〕端莊，執心果毅，尤便弓馬，雅好詩書。十」七蔭千牛偹身，二十授四門博士，復選沁水主簿，後除通事舍人。至晉祚始構，皇圖未安，洛下興妖，」鄴中連禍，公監臨討伐，次第盪平，轉西上閤門副使。其後安陸畔援，常山俶擾，公又承前監」護，刻日掃除，轉東上閤門使。次又復收襄陽，轉四方館主、兼衛尉少卿。後以壃埸未寧，獫狁多故，公監臨步」騎，固護邊陲，至於太原，出於大漠，東西千里，首尾十年，累轉官階，継有錫頼。後除坊州刺史，下車而政治，不言而」化成，吏伏其清通，民感其惠愛。及奉詔帰闕，將整行軒，百姓遮留，不得去者旬日。公避其美名，迫於」王命，單騎而出，乃得赴朝。其奉上牧民之効，有如此矣。復授左武衛將軍、檢校司空。至」我周太祖皇帝，加食邑，除涇州節度副使。」嗣皇帝詔還，授魏府節度副使。皆御衆有術，舉職不疑，盡佐治之方，得貳車之體。雖居藩翰，尚屈才能。」詔還，授右金吾衛將軍、檢校司徒。俄以江表不庭，淮夷作梗，」天子櫛風沐雨，親馭六軍，命公為前鋒兵馬都監，用其能也。公感激忠勇，訓齊師旅，驍騎所至，其」鋒莫當。自秋及春，継立勞績，以」聖上駐蹕壽春，命

公攻取滁州。鎧馬才臨，江城莫守，遂入北郭，及於大逵。」公以捕逐遺寇，為流矢所傷而没，」即顯德三年二月八日也，享年五十有四。哀動仕伍，悲感行路，」皇帝撫几興悼，聞鼙改容，念敵盡而云亡，歎功成而不見。贈漢州防禦使，賵賻之數，加於常等，旌忠盡也。」公三娶，夫人皆清河張氏，咸以蘋藻有儀，言容合度，懿行成於内則，箴訓輯其家法，並先公而終。二子：長曰守勳，懷州武陟」簿，教稟義方，性合孝道。有求之恨，既類顏丁；如斬之情，復侔縣子。少曰守彬，先從公南行，執事左右，靡瞻何怙，罔極終」天。雖卞盱之忠孝萃門，垂名死寇；念灌夫之勇果出衆，有志讎吴。宣補西頭供奉官，継功閥也。一女適襄州節度」副使康長子懷正，婉娩有聞，賢淑播譽，絲枲承於姆教，肅雍著於婦德。於戲！以公之臨事倜儻，接物温恭，孝行」振於家門，義勇冠於軍旅，卑以自牧，嚴而不猛。絶甘分少，得撫士之仁；仆表決漏，見監軍之令。宜介景福，以保大勳，命也」如何，彼蒼莫問。惜哉！以其年七月二十四日奉神柩歸葬於洛京河南縣平樂鄉樂善里之原，以三夫人祔焉，禮也。士明」以早預宗盟，得詳履行，俾譔名實，所難讓辭，盖取録其見聞，豈足徵於紀述。亦在勳勞不朽，有殊冥寞之君；陵」谷或遷，庶識忠良之宅。嗚呼哀哉！乃作銘曰：」

皇祖有慶，垂譽無極。代生人傑，世濟令德。載誕我公，邦之司直。累朝受寵，四方宣力。仁孝作程，」忠貞是則。不競不絿，有嚴有翼。見危致命，忘家利國。扈從平吴，為王前驅。啓行莫當，剋敵如無。」勢同破[竹]，聲若摧枯。志取未畢，禍出不圖。傷公奈何，哲人云殂。念此在此，天乎命乎。」我后念勳，惟家是恤。恩録有後，贈逾常秩。封崇既加，禮命非一。哀動行路，寵驚私室。死生有所，」輝光無疋。春辭兮南鄙，穸窆兮東周。背邙兮面洛，一壑兮一丘。有恨兮何平，有志兮何酬。」茫茫兮原野，慘慘兮松楸。重壤兮永閟，九原兮誰遊。

鄉貢進士石惟忠書

《北京圖書館藏中國歷代石刻拓本匯編》第三十六册

顯德〇三二　張君及妻趙氏墓誌

顯德三年十一月十四日

【誌蓋】大唐故張府君墓誌銘

【誌文】

■清河郡張公墓誌銘并序

前攝□州長史楊贊撰并書」

■自■之盈縮，是曰清河公□□異鄉■」■鄉張村人也。□□□□門■」■梁祖之位□□郊禋内■」■旋□禮葬。□□□□省職■」■明宗登御，省司海授，國恩特轉官資，加授銀青光禄大夫、檢校右散□」常■上柱國男廷裕□□昂行，幼居偏侍，早立紀綱之志，夙彰敦孝之心，晨暮□」■道□頻上而知□□，□額增盈；後白波而為木場，材無弃物。懷川護虜，軍□無給□□□」■山貢□以濟邦之利，■掌持鐵冶，久駐凌雲，□勾三星，俾終一政，省□皆獲□□□□志」□於□□□□。母□□□郡趙氏，早抱貞孀，久懷素節，而至享年八十有九。自顯德二年□□」歲十月二十九日辭□□□□年三月二十七日丙□□於洛京河南縣金谷鄉尹村□主楊温地内□」東西□二十五步，南北長二十三步，四至並屬地主。其男廷裕方□孝制，未□公□□□忽尔□□□」□□□年七月十日殞逝。其男也生前□職，継属京畿，榮達三十餘年，壽命五十有九□□□」罪■慕，於宣武陵邊建修塋所，本期大願克奉尊□□□」■嵩岳會仙之境。□男廷裕比則親躬汶上，扶護靈櫬，何期自及□□罔求」■公有在世長女清河郡君，令淑有聞，賢德俱美，適於彭城公故」□□保■英雄，久從軍旅，□將之累叨郡□，□勳之□敘及門，」乃有右□。次女清河縣君，四德素聞，三從有備，適於太原公故孟司徒□公子也。早事」禁庭，久居班列，名位夙彰於朝要，渥恩俄降於閨孀。乃公有二女□□□□」公卿，皆封□

号。是日同齊□力，共報劬勞，乃命良師云通歲便決以□□，改葬合祔□□□□」■光祚遊□行途，徑□故里，豈俻顯張之禮，寧為享告之儀。潛竊開墳，包藏□物，」歷幾多之□□，□處之閑河。是避艱難，□懷嵰嶮，是假親屬之力，獲安旅跡之魂。今則以奉良辰，合祔於」■三年丙辰歲十一月十四日坤時掩閇於郊原也。故男廷裕有先亡新婦姓顏□□□」■早世不□□田。昨□娶天水郡趙氏，同於歲月日時，先期禮葬，今則亦同此日合祔」□□顏新婦之墳。故男廷裕有在世再婚新婦姓王，洛京人也，素懷□道，夙著温和，□□□」□□□□有齊眉之德。乃有腹生子一人，小名□哥，□是清河之的胤。□子方在□□□□□」□□□之節，何停哀苦之悲。故男廷裕有在世的女一人，小名□□，年十四，是故顏新婦之□」■未越笄年，■負罔極之苦■」■曰：

□□□□，□□□躬。杳杳無蹤，古□□□。今□□宗，□求□□。出離□□，□□□□。□□□□，」□□□□。□□□□，永保□名。□□□□，□□□空。□□□□，□□□□。□□□□，□□□□。」□□□□，□□□□。□自□□，□□□□。□□□□，□□□□。聞禮□□，□□□□。□□□□，」■。

《隋唐五代墓誌匯編·洛陽卷》

顯德〇三三　王弘實墓誌

顯德四年二月十四日

【誌蓋】失

【誌文】

大周故王府君夫人墓誌銘并序」

若夫覩二曜之昇沉，流年似箭；察四時之代謝，浮世如漚。是知豪貴也，默」受於輪迴；貧賤也，寧逃於倐短。爰有王氏之宗者，承后稷之苗裔，文王之」胤緒也。自王龜之後，古今相衡，榮貴難儔，皆彰忠孝之名，盡抱松筠

之節。其」後子孫，因官流派上黨，眷屬興焉。曾諱　，祖諱琮。府君諱弘實，弓裘襲慶，禮」樂成家，守廉貞以無違，執謙恭而罔怠，庶機體物，以道安懷。奈何歲月難居，逝」波易往，享年八十有二，以顯德二年九月六日寢疾終於私室。夫人許氏，儀容婉約，」性行温和，侍姑孝感於泉魚，治家賢彰於訓育。享年未幾，倏值重圍，俄遘疾以」終身，逐逝波而東去，育子一人。次迎甄氏，閨儀顯著，質態難雙，藴德行以成家，俻」恭從而訓子。享年三十有七，以天祐十三年十二月十七日縈疾殁於永夕，育子一人。次」迎張氏，敦睦姻親，和諧隣里，慈愛而一家讚善，孝敬而九族欽風。享年七十有一，以開」運二年五月二十三日染疾終於永夜。嗣子二人：長曰彦珣，政直無欺，廉隅有俻，守善」而情非犯物，養親而不倦晨昏，捐禄宦以無真，體希夷而是實。婚楊氏。次曰彦瓊，」識量難雙，英奇獨秀，處衆有謙和之譽，奉上無懈慢之心，孝友於家，廉隅約己。」婚崔氏。女一人，適韓氏。孫男三人：長曰繼榮，婚新婦郭氏；次曰繼恩，婚張氏；次曰繼璘，」婚周氏。皆天然惠性，夙藴温恭，事上不爽於無違，孝悌弥芳於敦睦。彦珣痛風樹」而難逢就養，思刻木而莫覩再生，与弟及孫同為葬禮。天傾地覆，徒勞泣血以絶」漿；卜兆安塋，但罄家財而竭力。以顯德四年歲次丁巳二月己未朔十四日壬申祔葬於府」西約三里平原之野。其地東連紫府，伏隱青龍；南眺碧峯，翺翔朱雀；西臨大道，平」濳白虎之形；北倚三山，聳拔玄武之位。四神俱俻，八卦咸全，丘壠為牢，山河恃固。伏」慮時遷代革，谷變陵移，刊石於兹，用旌不朽。乃為詞曰：」

懿哉王氏，周帝良宗。秦漢立德，累代奇功。府君潔白，心唯淳實。」廉平誡子，肅家如一。光陰難駐，電流雲成。劬勞恩重，號天寧訴。」存唯温清，没全禮制。丘墳一固，嗣芳千歲。

顯德〇三四　麻周妻王氏墓誌

顯德四年九月二日

【誌蓋】周故太原郡王氏墓誌

【誌文】

故太原夫人王氏墓誌銘并序」

將仕郎試秘書省校書郎左華撰」

太原夫人王氏，即故青州長史震之長女，本東京雍丘人也。生而婉」麗，長乃幽閑，儀並九包，體同十德。容過燕趙，香越蘭蓀，能吟詠雪之詩，解審」絕絃之曲。洎及適娉，益見雍和，無乖為婦之儀，曲盡如賓之道。」夫僕射麻周，匡衛軍授討擊副使。榮通秦晉，美極絲蘿，克從龜策之」徵，果叶鸞凰之好。本望同歡共老，齊體終年，不期鶴別瑶琴，鸞孤菱」鏡。年未及於耆艾，魂先返於幽冥。夫人腸痛火燒，淚悲泉湧，食終」忘味，言發酸心，直侵蒲柳之年，始染膏肓之病。水上之浮漚莫久，雲中之飛」電難停，語言不□，魂魄俄逝。以大周顯德四年三月五日疾終於河陽私地，享年」七十有六。以日月未利，權堂儀焉，即以其年九月二日於河陽縣為霖鄉元」和里莊之西南卜塋葬矣。」司空先德僕射河東喪逝，榆次墳園，以兩地未通，無門合祔。」夫人有子三人：長曰洪千，控鶴右弟二軍都虞候、効忠保節功臣、金紫」光禄大夫、檢校尚書左僕射、兼御史大夫、上柱國、上谷縣開國男、食邑三」百户。幼而有異，長乃多奇。効叔敖之斬虵，別彰陰德；傳紀昌之射虱，迥」有神功。洎主雄師，繼平叛黨，手携霜刃，身挂鐵衣，未迎九錫之榮，已播七擒」之略。夫人病篤，深有遺言。時以天墜梟毛，兵臨淮甸，書未來於八表，」帝親御於六師。司空扈從」鑾輿，討伐城壘，忽窺訃誥，深動悲號，屠裂肺肝，哽咽朝暮。紀信方當於」主難，王戎不見於母亡，乃令長男具於葬事。」次曰洪進，北京馬直副兵馬使，心堅鐵石，性禀松筠，

[走]必挾輈，勇能拔幟，免冑」赴敵，臨陣亡軀。」次曰再遇，□捷左弟一軍弟二指揮弟二都軍將，勇猛超群，機謀動衆，已聞三捷，」猶滯九遷。嗚呼！」夫人之懿行芳猷，難窮刊勒；門代之嘉名碩德，莫盡鋪舒。華也業類編苫，才非織錦，」叨承見請，敬述銘云：

幼生異相，長有芳容。勤敬父母，承稟姑翁。」魂逐逝水，蘭起香風。卜葬此地，[紀][述][難]窮。

《山陽石刻藝術》

顯德〇三五　連思本及妻馮氏墓誌

顯德四年十一月八日

【誌蓋】失

【誌文】

故大周連府君合祔墓誌銘并序」

夫生之有限，滅以無形，唯勒石旌[名]，[可]彰遠世者矣。」曾祖忘諱。祖諱存，祖母郭氏，早年身歿，荏苒未通遷奉，」今同時合祔也。府君諱思本，上黨故縣村人也。」府君孝義傳家，禮樂成性。風姿挺特，通明而鄉黨推賢；儀儼孤」標，行解而公私贊美。貞同阮竹，操並嵇松，聳寒峭以光生，負秋」雲而色翠。修仁勲志，育德成勞，遘疾無痊，於天福三年七月十六日終於府」城私弟。夫人馮氏，當代名家，門傳令望，淑德早彰於盛族，箴規夙著於蘭」房。禮行素高，垂謝家之風詠；訓儀清遠，揚孟母之芳猷。不期疾染膏肓，秦」醫無効，於顯德四年正月十四日歿世。有嗣子一人，名重瑨，居府故南市街西面，素」有宅舍。公幼勲孝道，長負才名，藝冠古今，聲光里巷。泣笋有孟宗之志，」德可動天；悲堇彰劉氏之名，行推當代。有女聟申榮，志懷金石，氣抱忠良，」半子之禮節無虧，盡敬之哀儀不失。女申郎婦，內全四德，外和六姻，曹家」之訓譽遐揚，謝氏之芳音遠被。新[婦]田

氏。孫男小喜、三喜、胡醜，外甥男喜哥。」公靈遷兩世，祭盡一生。取顯德四年丁巳歲十一月癸未朔八日庚寅於府城西」南七里䂓買塋闕。東至郝家莊約二里，西至狐領□三里，南望黑蘆布約三里，」北至官道，陳合祔禮也。故得白兔應瑞，丹鶴呈祥，葺幽壤為宮庭，安」明靈於郊墅。慮年深日遠，地改天移，乃勒石銘勳，以標不朽之耳。其詞曰：」

生之有德，殁以紀功。長垂事跡，不泯靈蹤。厚地可隔，昊天永窮。神飛幽壤，骨鎮玄宮。」愁雲色慘，悲風韻咽〔咽〕。煙鑠魂微，泉開路紀〔絶〕。松栢不凋，子孫無歇。前殁英雄，後豊忠列。

《西安碑林博物館新藏墓誌彙編》

顯德〇三六　李從曮妻朱氏墓誌

顯德五年正月

【誌蓋】失

【誌文】

故鳳翔節度使秦王贈尚書令李公楚國夫人高平朱氏」墓誌銘并序

朝散大夫試大理評事行秦州成紀縣令兼監察御史許九言上」

粵若衛人興詠，莊姜推賢德之名；周道克隆，文母預功臣之數。豈不以閑閑」叶美，灼灼擒華，彰懿範於一時，飛英聲於千古。自天鍾秀，何代無人，則」我故楚國夫人之謂也。夫人梁祖嫡孫，冀王長女。王即帝之長子也，」諱友謙，字　。處親賢之地，力贊經綸；當禪代之時，首分茅社。初司留於陜服，」後節制於蒲津。旋属季弟臨朝，嗣君失德，懼奸臣之構乱，思轉禍以圖安，觀三」氣於晉陽，瞻烏送款；求援師於陳寶，插羽論親。果因協比之謀，克就中興之業，書」諸信史，載在豊碑。母燕國夫人張氏，生本將家，稱為賢婦，贊梁室惟新之

兆，」宣王門內佐之風，國人咸賦於鵲巢，帝澤遂封於石窌。夫人之兄」　　，並蠅頭學贍，鯉腹書精，爰從問禮之庭，皆[奉]」專征之任。貂皮蟬翼，裝冠冕以臨民；虎節龍旌，擁貔貅而制敵。或登壇於」左輔，或推轂於許田，三載交門，萬石當世。先秦王素稱霸業，奄有關畿，」四海仰之為真人，諸侯奉之為盟主。後秦王以地居冢嫡，任在股肱，方[作]」翰於回中，兼握兵於岐下。五緵百兩，親迎有期，納吉問名，御輪無爽，結援寧同[於]」鄭忽，捧匜孰媿於懷嬴。夫人誕自皇闈，育于朱邸，幼則謝公庭際，詠飛」絮以稱奇；長則齊主宮中，破連環而震譽。言足以中規矩，行足以睦宗親，才」足以助弥綸，智足以辯邪正。揔是具美，歸于令門，致允叶於一方，非尋常之四德。」蘋蘩筐筥，無違祭祀之儀；絲竹宮商，洞曉鏗鏘之妙。始号高平縣主，改封」楚國夫人。祖為帝而父為王，兄為相而弟為將。夫乃霸君之子，身為賢王之」妻，享富貴以無雙，治閨門而有法。嗟乎！青天甚遠，痛偕老以莫諧；隻翼堪」傷，抱沉痾而不起。未畢三年之制，已縈二豎之災，兼之以盜據城池，公行剽」掠，因兹駭愕，遂至弥留。大漢乾祐二年己酉歲六月七日殂于鳳翔府私第，享」年五十一，權殯于中堂之奧室。有子一十三人：曰永濼、永吉、永義、永忠、永幹、永粲、」永嗣、永浩、永勝、永嵩、永固、永載、永濟。女七人：長適蘭陵蕭渥，次適高陽許九言，」次適供奉官趙延祚，次適左龍武統軍趙匡贊，次適前鄜州節院使焦守珪，兩人」幼而在室。潁川郡夫人蔡氏，中郎遠裔，太守名家。叔隗儻來，我則推賢而」讓善；孟子云卒，此乃繼室者何人。且以骨未化於重泉，時已經於一紀，痛心疾首，叩地」號天。大周顯德五年歲次戊午正月　日，用大禮葬于岐山縣鳳棲鄉，祔」秦王之新塋也。昔日鳳凰之卦，式叶同心；此時松檟之墳，別封偃斧。良有以也，何[足]」道哉，慘行路以若斯，閟英魂而已矣。九言門館下吏，儒墨承家，偶趍」上國以立身，幸忝真王之擇聟。今則方拘十室，無由伸臨穴之哀；雖奉八行，[不]」郝之〔乏〕碎金之作。多慙漏略，勉副指蹤，罔憚斐然，强為銘曰：」

帝王之子兮王公之妻，富貴莫二兮今古莫齊。智可照姸兮才堪助[理]，」行必合道兮言且中規。金石絲竹兮悉窮其妙，織紝纂組兮罔違其道。」柔良内積兮無爽和鳴，賢善外彰兮式調窈窕。顔如蕣英兮未及中年，」痛彼殲奪兮遽溝沉綿。不醫不卜兮願從下土，有始有卒兮庶叶終[天]。」郡号辛勤兮率勵諸子，菲食薄衣兮送歸蒿里。」英魂烈魄兮宅此佳城，萬古千秋兮識兹名[氏]。

《隋唐五代墓誌匯編・北京大学卷》

《唐文續拾》卷七

顯德〇三七　索萬進墓誌

顯德五年九月二十二日

【誌蓋】失

【誌文】

前攝歸德軍館驛巡官鄉貢應士崔去非奉」命撰

故太尉墓誌」

粵天配冬夏，生成肅殺在其中；人禀陰陽，温良恭儉拘其表。曁乎形影附，[一]激濁揚清。日月東西，無遠近而」不照；水鏡鑒潔，何姸醜以難分。是知會揔三元，運成四大。慕其寵辱，可正於人紀人綱；建彼」公侯，方顯於立言立事。奇才異術，經」國化人，懸爵禄於中原，釣英雄於四野。」大周有故輸忠保節功臣、彰信軍節度、曹單等州觀察處置等使、光禄大夫、檢校太尉、使持節曹州諸軍」事、行曹州刺史、兼御史大夫、上柱國、京兆郡開國

[一] 此句疑有脱文。

公、食邑一千五百户索公墓誌，諱万進，字德翔，本貫并」州清原縣府御鄉程曲里人也。公之曾諱景蕘，不仕。」
祖諱継昭，終於太常卿。父贈侍中，諱自通，字得之。一承」天澤，六鎮山河，竭節推誠，銘鍾鏤鼎。公之外氏姓
曹，兼連國戚，瑩奉俱畢，禮偹哀儀。公乃顯」習箕裘，素精騎射，加以平田獲走，寒空接飛，比再立於金人，而更
遷於銅柱。公之夫人成氏，心同葛藟，志」異絲蘿，孝以顯於婦儀，慈又彰於母愛。公言語倜儻，神彩嶷然，天縱
多能，人皆率服。天成三年十月内，公」授忠正軍衙内都指揮使，侍從尊親，聯綿鎮戍。時属長興末運，清泰俄
臨，遽忝」皇恩，令守内職。未逾星歲，復綰戎旃。向安陸以征行，衆推勇幹；滅淮夷而剋定，獨立全功。而又
漢」水一澄，滹沲幾静，青丘愈下，平棘無虞。北杜飛狐，自得九天之理；南填白馬，誰參六巳之謀。每有見危，
無」不授命，傾心向日，遇敵擎天，縱竭忠勤，難酬造化。可謂盈床鈿軸，遍體金瘡，不要」君以剪鬚，奉撫軍而吮
血。祇如陽城陣上，曾陳必死之心；真定府中，又解倒懸之患。降及」周室，起自澶泉，公部領兵師，方敵獫狁。
此際人情未一，國步多艱，」帝乃密賜勾抽，公即急來應副。公自貝州領手下五指揮人馬一程至滑州詣行在，尋
時草」見，親奉聖謨，委以傳宣，果然定疊。共致一人警蹕，万姓悦隨，劉子陂中揮白刃而」殘兵解甲，慕容城下
控彫弓而逆黨全平。以此酬勳，建隼淮西之岸；再承」玄造，遷觀兖海之風。尔後坤軸無摇，乾綱不墜。方期
保聚，忽染沉痾，子乃端心求醫，公亦」不倦服藥。又賜節越〔鉞〕，令赴延安，雖荷皇恩，抱纏綿而不赴。復頒」
綸誥，委任曹南，所苦未平，特容卧理。當官半載，得替六年，万計醫治，一無痊損。豈料秦針失准，□藥」無徵。
雖即居閑，不住宣賜。公於顯德五年七月二十三日疾殛，遺囑未盡，至二十六日夜子時薨」於東京，享六十歲，
積得二万一千六百餘日。有二男，皆拘禁職。長曰延勗，西頭供奉官副都」知；次曰延昌，西頭供奉官。女三
人：長曰，已從史氏；次曰，許定白家；小者在室。言猶動口，氣已隨風，雖品」彙万端，而死生一貫。《書》
曰：命者性之始，死者生之終，唯此兩途，於何不有。」大孝曰哀哀父母，生我劬勞。中心藏之，何日忘之。三十

日權厝在堂，選日於西京河南縣平洛鄉朱楊」村立契買李洪安户下祖業地壹拾叁畝，東西南北，並目至其地，不計年代，剩少在内，上澈清天，下□黄」泉，永充索氏之墳闕耶。葬於九月二十二日。准地價錢伍拾貫文，都計伍万金。敢不宿陳簠簋，致敬幽」靈，俎豆豊而玄滜斟，薤露喧而貞石刊。去非一依門館，八换炎涼，凡是表牋，無不」應副。承兹請命，罔敢讓辝，但罄謏才，乃為銘曰：

其一：氣禀星辰，量弘江海。」傑出唐朝，力扶周代。忠孝既全，功名可愛。刊石書勳，千秋万載。其二：一拘戎律，」幾歷塞垣。南平百越，北静六蕃。見危致命，服冕乘軒。美之為美，玄之又玄。其三：」為君為臣，以感以慰。正属雄圖，忽嗟蟬脱。推義而行，不患無位。善始令終，功成名遂。」其四：左社右稷，安土樂天。明資法令，洞曉方圓。渾然一氣，配以三元。酬勳未了，」歸逝何遄。其五：許國之忠，自天之祐。抱此三無，贊成九有。碩德弥彰，雄名不朽。」日往月來，天長地久。

軍將李承義奉處分書

《秦晉豫新出墓誌蒐佚》

顯德〇三八 張君妻梁氏墓誌

顯德五年十月七日

【誌蓋】失

【誌文】

夫人姓梁氏，河東平遥人也。祖考以桎梏衣冠，囹圄禄位，人盡為貴，我獨知難。莊叟畏犧，楚不能相；許由洗耳，堯不能君。耕釣不慾，寵辱莫及，所謂德成而上，樂在其中。塲繫白駒，碁非健羡；霧藏玄豹，竟得宴如。譚笑於秦，則仲連復出；偃息於魏，則干木更生。頗揚上士之風，懸在後人之口，永光野史，勿墜家聲。

男抱才良，指鯉庭以垂訓；女高令淑，徵鵲巢以申明。夫人之賢，繼以從夫之教，醴泉既出，寧共派於百川；靈芝忽芳，不同根於蔓草。而自非〔笄〕寇〔冠〕婚媾，謂嫁曰歸，玉為德兮無瑕，石匪心乎豈轉。晏子之婦，未足齊眉；鮑宣之妻，何可接席。蔑聞妬忌，惟集柔良，克符淑女之詩，竟展婦人之德。為婦人之道也如此。粤當授室，咸謂宜家，勤勞常預於雞鳴，恭謹靡聞於叱狗。佐□執禮，右佩忘疲，善事舅姑，若尊父母。稟上之道又如此。示子以信，不妄談鄰里之豬；教子以廉，未省食鹽池之鮓。葴子以事主，動引王陵之親；勸子以治人，每舉崔實之母。為母之道又如此。有子二人：長曰師訓，年十三於太原六祖禪院受業於長老和尚，不臣天子，不友諸侯，實無玷於佛筌，永見輝於僧史。次曰穎，字德星，娶劉氏，大周廣順元年授郢州刺史，次授懷州刺史，次授安州防禦使，先於夫人三載終於位。魂游蒿里，應追陟屺之章；骨委佳城，莫拜甘泉之像。有女二人：長於太原常樂坊蘇家院授業，免於浮世，終四德以從夫；但向空門，求半偈而成佛。次歸寵氏。有姪三人：長曰紹鄴，次曰紹斌，次曰紹璘。有孫永德，字抱一，尚周晉國長公主，初授和州刺史，次授貴州團練使，次授泗州防禦使，次授武信軍節度使兼殿前都指揮使，次授義成軍節度使，次授鎮寧軍節度使兼殿前都點檢、檢校太尉。夫人每教之曰：攀龍附鳳，富貴以來，憂國如家，忠貞莫忘。其或命當授鉞，任處鏊〔鑿〕門，宜深金匱之謀，用立鐵碑之効，勿使李驍騎偏擅解鞍，勿使霍嫖姚獨稱辭第。又曰：□臨藩翰，勉卹蒸梨〔黎〕。佩勃海之牛，深横勸課；却安定之馬，足範貞廉。勿使照乘虛珍，偏還合浦；勿使棲梧瑞質，獨見瀛川。為祖之道又如此。惟顯德五年夏四月侵疾彌留，終於澶泉之公宅，享壽八十有一。冬十月七日遷葬於洛京新安縣國川鄉狗村，從其兆也。太尉清河公以去非忝居載筆，特諭為銘。詒彤管於人間，母儀難限；期貞珉於泉下，祖德彌光。銘曰：

夫人兮素積善，積善兮可聞天。何難得乎九□，不容滿乎百年。一。何若木之瑞，不與嫦娥並肩。何太華之巔，

獨□□女登仙。二。忽同過隙，永歎逝川，念菫澤之悄悄，勞蒿里以綿綿。嗚呼哀哉，永悶〔閟〕黃泉。三。

大周歲次戊午十月七日

節度掌書記將仕郎大理評事馮〔馬〕去非撰

民國《新安縣志》卷一四

顯德〇三九　宋彦筠墓誌　　顯德五年十月十一日

【誌蓋】失

【誌文】

大周故開府儀同三司太子太師致仕蔡國公贈侍中宋公墓誌銘并序」

前攝穎州穎上縣令高弼撰

軍將高繼昇奉處分書」

公諱彦筠，其先河南人也。周武王封微子於宋，厥伯邑於商丘，因而氏焉。人龍之善價爰高，去獸」之嘉聲更遠，弓裘不墜，胤嗣弥昌。王父諱績，贈光禄卿，祖母王氏，贈瑯琊郡夫人。」烈考諱章，贈太子少保，皇妣張氏，贈清河郡太夫人。公即少保之長子也。弱冠從軍，壯年」立効，初從梁朝，將攻取幽州，陷其南壘，豎直繩而示勇，越断布以登陴。尋授滑州徵武都」頭，後遷左崇衙指揮使。聞敵必喜，馭衆惟嚴，遠迩知名，行藏有異。遂擢授楊劉口戰棹都指揮使。」拒鯨鯢於碧浪，教樓櫓於洪河，雖宗懿〔慤〕之長風、王濬之巨舫，未可加也。後充夾馬都指揮使，累功」遷宣武軍内衙都指揮使。莊宗允膺曆數，大有寰區，記以姓名，嘉其忠赤，遂超授神捷都」指揮使。時西蜀未賓，王師出討，命公為前鋒都指揮使。先下釖門關，相次於東西」兩蜀降下

綿漢等四十餘城。大軍方至成都，乃授維、渝兩州刺史。明宗皇帝應天馭極，法」地承祧，特念忠勤，詔歸畿
甸。尋授虢州刺史。二年，改授武州刺史，禦北狄也。清泰初，命掌」禁軍，充嚴衛右厢都指揮使、兼和州刺
史。續除授萊州刺史，下車求瘼，入郡搴幃，吏不敢欺，民知」其惠，政成赴闕。天福二年中，張從賓屯兵汜
水，擬犯梁園。晉高祖皇帝命以近臣，」宣於便殿，令權虎旅。尋破梟巢，乃授汝州防禦使。方歷周年，就加
匡國軍節度使，授代赴鄴宫」朝覲。便值安從進鴟張峴首，蟻聚襄陽，恃漢水之狂濤，結常山之逆黨。朝庭
以」公頻經戰伐，洞曉機鈐，命公充副招討使。攻下逆城，便授武勝軍節度使、特進、檢校太□。經二年，」就
加建雄軍節度使。平陽士庶，頗聞來暮之謡；穰宛生靈，甚有去思之詠。俄而承詔歸」闕，旋命持節授保義
軍節度使。才到棠陰，方思布政，忽聞星使，又遣禦戎，遂命衛鎮於滄、貝、邢州巡」檢，至漳河，拒迴契丹。晉
少主親至黎陽，詔赴行闕。從駕還京，再授鄧州節」度使。二年，詔赴闕，授北面行營諸道步軍都指揮使，從
元帥杜公拒戎王於滹川。時戎馬」控弦者數十万，滹水泛濫，王師不得渡，糧運俱絶，元帥已降，公猶力戰，戎
王慕其忠節。尋」换麾幢，移授静難軍節度使。值漢祖龍飛，旋歸象闕。忽逢晏駕，遂乞懸車。至」周高祖皇
帝統極，徵起充左衛上將軍，示優恩也。今上皇帝嗣位之初，公以身名」早遂，年齒漸高，堅乞挂冠，方容致政。
請老於唐虞之代，怡情於汝洛之間。火發崑山，美玉莫全於」光彩；霜飛寒谷，芳蘭難免於凋零。於顯德五年
□月十日薨於伊川之别墅，享年七十有八。國人」罷市，天子輟朝，何期金石之人，亦欠松椿之壽。公先婚夫人
張氏，早亡。次婚夫人」戴氏，早亡。次婚夫人劉氏，早亡。今夫人李氏，河洲播美，令淑有聞，既虧偕老之名，
但負孀居之苦。」公有弟彦勳，充客省副使、金紫光禄大夫、檢校尚書左僕射，婚隴西縣君李氏。公有長子崇」
義，充東頭供奉官，監護南征，没于王事。朝庭嘉其忠勇，追贈左衛將軍。婚新婦張氏。男可言，」九歲，授殿
直，盖旌其父之功也。何積功累德，傳子及孫，有如是哉。即以其年歲次戊午十月十一日朔戊子日與先亡」夫

人張氏、戴氏、劉氏祔葬於洛京河南縣北邙之原，禮也。公早陳勇略，累踐藩垣，惟務貢輸，仍多崇信，齋僧數」百万，造寺七十餘。生有令名，没無長物，忠孝既全於當代，真空亦悟於將來。弼學異通儒，才非健筆，輒敢紀於貞」石，勒彼殊功，盖表直書，謹為銘曰：」

閼伯古封，殷湯舊号。傳子傳孫，惟忠惟孝。代有偉人，時推雅操。弱冠從軍，壯年立効。搴旗陷陣，」冒刃登陴。彎弧落鴈，拔劎剸犀。惟思探虎，豈待聞鷄。首摧薊北，先破巴西。建隼渝江，還珠汝海。」馮翊政殊，虎牢功大。戰伐頗經，麾幢頻改。勳列旂常，名光鼎鼐。既逢歸馬，□□□□。□□□恙，」俄至薨殂。風悲雲慘，罷市□□。邙山北顧，誰不欷歔。

《北京圖書館藏中國歷代石刻拓本匯編》第三十六册

顯德〇四〇　段延勳墓誌

顯德五年十二月十八日

【誌蓋】京兆郡段司徒誌銘記

【誌文】

大周故山南東道節度副使銀青光禄大夫檢校户部尚書兼御史大夫上柱國京」兆郡段公墓誌銘并序

將仕郎試秘書省校書郎左華撰」

公諱延勳，字德高，太原人也。其先鄭共叔之後，因而氏焉。漢則太尉」穎〔潁〕建平戎之功，晉則太守灼荷守方之任，代為著姓，世濟通人。源浚流長，」本固枝茂，福垂後裔，信而有徵。公始自射蓬，迥彰符彩，漸及探穴，鬱」播英風，鸞凰自致於煙霄，騏驥寧偕於步驟。洎明宗御極，已歷官」常；及晉主乘乾，頗著聲績。比年莅事，終日勤王，果自階昇，終期鴻漸。」初授西頭供奉官，累轉内諸司副使，稍遷翰林使。周太祖之撫運

也，尋奉」宣旨白波護戎，未期，授河陽貳職。纔云罷秩，爰降明恩，授襄州節度副」使。峴山幽景，同追致酒之歡；漢水名區，共布理人之化。未迎分竹，俄夢涉洹，」藥絶靈丹，命歸幽壤。以大周顯德伍年八月二十二日疾終於襄州官舍，享」年五十有一。謀就業塋葬，乃法僧荼毗。曾祖貞，祖震，並天爵自高，時英」莫比。考詮，守汾州別駕，推稱題輿。公即別駕之長子也。公先娶夫人」隴西李氏，後婚夫人渤海冀氏，又婚夫人彭城劉氏。三英並粲，九畹騰芳，莫」測短脩，皆先殂謝。即以其年十二月十八日歸於洛京河清縣河陰鄉長刀村，朔卜」塋祔葬，禮也。公有男四人、女一人：長男允恭，女曰汴姐，男允能，即冀氏夫人所生；」次男允審、伴哥，即劉氏夫人所生。於是牛崗卜地，馬鬣封墳，隴起愁雲，樹凝慘色。」華也才非吐鳳，學比鏤冰，見請再三，莫能避讓。不度荒拙，敬述銘云：」

門傳令族，世繼簪裳。瓜瓞蔓延，源派流長。四子有後，三英早亡。」職居陪貳，疾入膏肓。青烏選地，白兔呈祥。卜此祔葬，地久天長。

《河洛墓刻拾零》

顯德〇四一　馮暉墓誌　顯德五年

【誌蓋】蓋面無文字

【誌文】

周朔方軍節度使中書令衛王故馮公墓誌銘」

朔方軍節度掌書記朝議郎試大理司直兼監察御史賜緋魚袋劉應撰」

噫！夫分類錫形，同玄稟氣，圓為盖而方為輿，英作賢而鄙作愚。勞我佚我以無窮，其名不朽；來時去時而有

限，此理難明。五」虎交馳，四虵侵耗，懷三毒而役夢，走二豎以巡環。風樹增悲，壞梁興歎，弗能逭也，寔在兹乎。王諱暉，字廣照，鄴都高」唐人也。瑞叶狻猊，祥臻鸑鷟，葆盖顯齠年之異，龍泉彰弱冠之奇。運偶搏牛，可鬪蒙輪之勇；時逢探虎，堪争拔距之强。夾九」曲以傳名，為十八寨行首；佐累朝而用命，經千百陣立功。權輿也頻綰軍戎，累更郡枚〔牧〕，長虵散而虧七縱，猛虎去而」順六條。洎朝庭問罪於西蜀，王為大軍先鋒，獨運奇謨，取小劒路入，偷下劒門關，其時迥振聲名，咸推績効。」迩後南越波濤之路，北穿砂磧之程，備歷辛勤，嘗經險阻，職列從微而至著，行藏自下以昇高。晉天福戊戌歲，白麻加光禄」大夫、檢校太保，授滑州節度使。守慎無渝，廉平有素，政塞衆民之口，聲騰大國之衢。己亥春，靈武清河太尉事故，千」門疊起，一境灾纏，深邊染患以思醫，聖主開壇而擇將。當時制命，改轉功臣，兼加食邑，除靈武節度使。」王之到任也，沉機護塞，設法蘇民，來万里之梯航，服四郊之種落。俄更五稔，斗變一方。天福有六辛丑歲，恩命改功臣，」加檢校太傅。播美勤王，垂休莅職，動宸嚴之企望，集庶俗以攀留。晉少主開運乙巳杪秋，」麻制加特進、檢校太尉，移鎮邠州節度使。離邊也制置極多，積粮草一百万；赴任也貢獻不少，進駞馬五六千，并人馬衣甲」器械全。未幾，詔衛新平，入統禁旅，侍衛步軍都指揮使、北面行營先鋒馬步軍都指揮使。雄藩戀德，鳳闕欽風，」揚李枚〔牧〕之佳聲，振趙奢之美譽。丙午中春，降麻加開國公，移鎮河陽節度使。軍權正係，藩翰方臨，民嚴化理之條，士」肅清通之令。其年，瑯瑘太傅在朔方，不諳蕃漢事，有失軍民情，玉石俄焚，煙塵驟起，遽見飛章告急。朝野僉曰：能安」彼俗者，非王不才。勑可，再授朔方軍節度使。偏師摠領，十道齊徵，潼關出而意氣高，玉塞趍而山河迥。仲秋」中旬十有三日，蕎青嵦之險路，破玄化之狂戎，煞破万餘人，血流數十里。承勝王沓届於府庭焉，孤城解難，衆庶咸」安，鄉村勵其耕農，堡障迴其戍守。丁未，直綸恩加檢校太師。邊庭肅静，寰海沸騰，弥堅奉國之心，固守全家」之節。戊申歲夏初，漢高祖加同中書門下平章事。功勳轉重，問望濳隆，昴星更耀於台星，鶴塞

恒清於鴈塞。其年季」冬，加兼侍中。戴蟬冠而道亞，棲虎帳以名高，達識彀中，沉謨術内。乾祐二年己酉，漢少主加兼中書令。洪濛德重，猶」龍礜振於九圍；瀲灩池深，浴鳳光凝於五色。廣順元年辛亥，周高祖降册備禮封王，加推誠奉義同德翊戴功臣、開」府儀同三司、檢校太師、兼中書令、陳留郡王，食邑七千五百户，食實封一千五百户。七元闇敗，三盜明侵，既蒲柳以難任，且」金玉而何守。壬子年五月二十五日薨於公署，享壽五十九矣。癸丑夏末，贈衛王。嗚呼敘實，翠嶽傾而神傷；哽咽言真，驪珠」碎而日慘。王中山郡夫人王氏。男孟曰繼勳，癸丑年沽洗月亡，朔方軍衙内都部署使、金紫光禄大夫、檢校司徒、榮」州刺使，同時陪葬。男美，銀青光禄大夫、檢校太子賓客。仲曰繼朗，丁未年三月二十五日亡，朔方軍節院使、銀青光禄」大夫、檢校工部尚書，同時陪葬。季曰繼玉，癸丑年夷則月亡，朔方軍節院使、銀青光禄大夫、檢校左散騎常侍，同時陪」葬。男醜兒。次曰繼洪，乙卯年七月廿八日亡，攝朔方軍節度推官，同時陪葬。次曰繼昭，朔方軍子城使、銀青光禄」大夫、檢校國子祭酒。長女師姑兒，出家，癸卯年十月十四日亡，同時陪葬。次曰三姐，未適他門。次曰捨慈，出家證惠大師。」夫人杜氏，癸卯年七月十三日殞，同時祔葬。男繼遠，朔方軍衙内都部署使、銀青光禄大夫、檢校刑部尚書。女惠明，出家寶」懿大師。夫人馬氏，無子。王阿姊，適王氏。男令豊，朔方軍右馬步都虞候、銀青光禄大夫、檢校太子賓客、兼侍」御史、飛騎尉。堂弟延塞，行靈州左司馬、銀青光禄大夫、檢校太子賓客、兼侍御史。蘭室家增慶，世禄推賢，常敦舉案之謙，」每切過庭之訓。同牢固禀，合巹弥彰，騰潤色於崙豈，鑠精光於麗派。蘭芳露殞，桂茂霜凋，俄傾半嶽之峯，適墮中河之月。」王南陽郡夫人賈氏，顯德四年丁巳八月十五日傾逝於靈州官舍，享年五十二焉，同時祔葬。男於休，西陲襲慶，南陽孕靈，」類董卓之儀形，愛謝玄之器度。經綸有智，通變多機，匪膺間代之才，曷處超倫之事，推誠翊戴功臣、朔方軍節度、靈環等州」觀察處置管内營田押蕃落度支温池榷税等使、金紫光禄大夫、檢校太傅、兼御史大夫、上柱國、陳留縣開國男、食邑三百」户。長女大姐，次女

二姐。次男說，銀青光禄大夫、檢校太子賓客。次女醜姐，次女迎弟。太傅以父母及諸骨肉」封樹紀跡，誌銘流芳，俾陵谷變而長標，使天地恒而不泯。顯德五年　日卜葬于邠州新平縣臨涇鄉禄保村。爰」取龜謀之吉，仍觀馬鬣之宜，桐闇冀就於玄扃，玉匣將臻於夜壑。應沓承旨顧，敢怠搜羅，旌烈績於繁文，載鴻猷於」翠琰，懷兹罔極，厥勒銘焉。其銘曰：」

乾坤孕靈兮集禎祥，奇運會合兮降賢良。龍虵未辯兮風慘切，海嶽競摇兮日蒼凉。玉鈐金匱兮韜兼略，寶馬鐵衣兮」劒與槍。皂盖重移兮絛綱振，碧油累换兮惠愛彰。遠朝鳳闕兮傾進奉，荐臨鶴塞兮積倉塲。雄摧北虜兮安士庶，勇懾」西陲兮走梯航。福隆滄海兮弥厚禄，貴躍荀池兮極封王。室家多慶兮增邑號，象賢襲世兮擁兒郎。大地時至兮皆須」盡，百年數窮兮勢不長。三十餘載兮日在位，五十有九兮人云亡。峴山德化兮咸涕泣，田門簪履兮洞悲傷。新平倚郭兮古」豳國，禄保限山兮臨涇鄉。封册焚告兮生且異，賵賻哈襚兮事非常。言下莫窮兮論鳳彩，筆頭難盡兮紀龍光。功勳鏤」鼎兮流万古，史籍標名兮散八方。挽鐸玲玲兮飄屓紼，佳城鬱鬱兮對牛豈。埋魂委骨兮空黯澹，鶴來鸞去兮競飛翔。松風」冷落兮嘯寒月，夜臺蕭索兮閇穸堂。生前殁後兮福渺渺，古往今來兮事茫茫。累功積德兮述不盡，門庭襲慶兮勢無疆。

《五代馮暉墓》

後周〇〇一　竇禹鈞墓誌

葬年不詳

【誌蓋】失

【誌文】

■公曰：不能遇時，則當遠害，或出或■身者，寧從污染，能保家者，不使顛隮。儻偽■物盡張於虎口，公星行草

莽之内，途■如神異乎。晝伏宵行，扶老携幼，既免奪攘■入梁，尋佐沂州軍事。其後積年不調，累邑■唐、晉二朝，歷鄧、安、同三府觀察支使，鄭州■取才與令相戾，曾無苟求，老於陪臣，亦其■成家，法度是循，宗親所睦，婦道垂裕，母儀■儀為翰林學士、尚書禮部侍郎，儼為中書■卯仲夏月，遇疾於都輦，聞于■之疾，嗚呼哀哉！至八月二日終于鄭州■河内村，即北邙之原也。■眠吉土，宿草蒼茫而變白，新松蕭索而■朝廷得失，不妄發於樞機，每歎曰：詩書■卷而懷之，至於垂白。又曰：既不獲用於■贍，德行俱優，仕宦詳明，談議宏博。春秋■公亦節儉於身，止以温飽為足，拜慶之■得全者鮮。公壽及耄年，富於義■立身揚名，光□祖祢，致■寘書齋，緗帙空存於手澤，凄涼□省，■浩淼兮徧區宇，功名雜遝兮□簡編■。

《芒洛冢墓遺文三編》

岐

岐〇〇一　李彥璋墓誌　　天復九年二月

【誌蓋】大唐故隴西公墓誌銘

【誌文】

唐故衛國軍節度使充延丹綏等州觀察處置使開府儀同三司檢校太傅同中書門下平章事□□□隴西郡開國伯食邑二千户李公墓誌銘并序」

門吏節度判官朝議郎檢校尚書主客員外郎兼侍御史柱國賜緋魚袋姚乾光□」

於戲！道冠羣雄，位躋貴士，體國休戚，作時安危，其惟」李公乎！公諱彥璋，字東美，」鳳翔節度使、岐王茂貞之孫，」中書令、静難軍節度使繼徽之子。」公以」尊翁僖宗代立戡難之功詔賜國姓，祔大宗正之属籍，自是稱隴西李氏焉。」公嶽降祺祥，星垂靈炳，爰自丱歲，達于壯年，識量恢弘，器局豪邁。常謂親知曰：吾雖不達孔宣父之書，深」愛黄公石之略。苟或功不鏤於彝鼎，名不振於寰區，孰能稱大丈夫哉？雖處偏裨，嘗負志氣，自以為吕蒙屈身」於行伍，韓信羈旅於風塵，會陟亨衢，豈為喪道。大順中，山南節度使楊守亮恃山河之固，倚兵賦之饒，狼顧一方，」奴視四境。朝廷患焉，乃詔岐王討之。公於此際，始建殊勳。不久事平，朝廷録功，乃授檢校工」部尚書、階州防禦使。至綏葺之日，以地連蕃虜，久罹傷殘，思致阜俗，無先廉静。乃勵清節，去煩苛，勉農

桑，省刑獄。」以畏以愛，且歡且康，雖黃霸之典潁川、隱之頃臨交趾，無以加也。拓拔思諫藉亡兄之餘業，有鄜夏之全土，擅興師旅，」侵掠鄰封。岐王親董全軍以制之，至於帳下貔武，連營驍鋭，一皆委焉。公由是戮力之事，知無不為，涉旬而」兇黨遁亡，數郡而俶擾蕩定。乃奏加左僕射，移刺衍州。旋以有事於奉天，又署公為行營馬步都指揮使。法令」齊肅，軍令整嚴，不施鞭貫之威，自得鼖鼙之壯。事剋，又改授寧州刺史，左僕射如故。凡三理大郡，咸著政聲，職貢聿」脩，課第居最。其間屏奸邪、恤惸獨、遠珠玉、流惠慈者，非屈指能數哉。復以涇原節度使張珂臣節虧失，殘虐荐臻，」為邊城之患。詔委鳳與邠舉兵伐之，又奏公充行營都先鋒指揮使。公精練兵甲，顯示誠信，且招且」討，以令以恩，不日而克涇焉。未朞月，鄜、夏相持，戈革屢作。邠令曰：欺鄰弄敵，猶可逭矣，以卑凌長，夫何捨哉！吾欲仗全師」攻不義，如何？」公曰：君臣父子之道，雖三尺童子，不可去身。今鄜為逆賊所凌，殆將窘迫，儻不為應援，是謂惠奸。」邠令遂親董師徒，來赴鄰難，又以指揮之務付焉。我師晝臨，彼衆宵遁，得不謂明誠貫於白日，義烈形于赤心，豈可」成不陣之功，解重圍之困哉。中令録公上奏，加檢校司空、守延州刺史、充本州防禦、安塞軍等使。承苛政流庸之後，申」寬仁厚澤之恩，輕賦租，息工作，闢榛鹵，布耕耘，即日而流亡漸復，朞年而襁負盡至。由是士庶相謂曰：延安久厄塗炭，無」望蘇舒。自公鎮臨，僅成富庶，雖文翁、杜母之化，豈得同日而語之。又就加司徒，餘如故。尋屬東平悖逆，舉兵内向，」聖駕幸于岐陽。公曰：吁嗟！君親困辱如是，臣子勠力之時。乃斬馬誓衆，傳檄諸侯，千里之間，戈甲相望。於是」岐王、邠令累具聞奏。帝念其忠孝，詔改安塞軍為衛國軍節度使，仍就加太保，兼以綏丹二郡割隸焉。時」鄜州為汴寇所竊，據彼城池，公以强弱有時，變通在我，遂權修歡好。然則外示恭順取信，内則訓練為謀，將決万全，俟」其不意。於是戈鋋一舉，壁壘盡平。凡歷五大陣、十小敵，斬將擒生，納降坑衆，不可悉數。賊平後，以鄜居朔野之襟帶、鎬京」之管籥，土疆豐厚，輿賦殷優，乃讓長兄太保鎮之。勞謙之道，孝愛之美，固雜沓於家諜國史矣。

洎國朝淪陷」賊庭，皇都逆豎占據，甸服之内，蝟聚蜂屯。巨寇將有窺覘邠鳳之志，乃於奉天城實兵仗，蓄粮儲，深池壕，堅」城壘。岐王乃命中令為六道行軍司馬，署公為六道都指揮使。奉天城自德宗巡幸後，雉堞壯觀，士卒驍鋭，雖賊泚與巢」之盛，數年間終不能侵犯。公督勵將卒，申明賞罰，不及一旬，遂剋堅壘。屠賊萬餘衆，斬將百餘級，奉天置守宰，振旅而」還。屬大君鍾平陽之酷，劇寇襲石頭之僭，海内無復朝廷之命矣。岐王遵先天子絹書寄託，恭行制命，乃承」制加平章事。未幾，復加檢校太傅、兼侍中，餘如故。方深繄倚，遽遘沉痾。以天復八年十一月廿五日薨于位，享年五十三。以明年二月十」□日卜吉于臨真縣豐義鄉盤龍里之北隅。夫人潁川郡君陳氏、滎陽郡君鄭氏，咸俻四德，悉禀三從。有女二人，年方幼稚。弟彦逢，彦」昇、彦謙、彦迺、彦逵、彦琥、彦珪、彦穎、彦鉞等，始末匡佐，盡著勳庸。次子延賞、延威、延實、延諗、延晟、延奉、延祚、延僅、延扆、延鏚、延」昌、延錫、延順、延疇、延真、延偘、延安、延楚、延遵、延厚、延信、延會、延卿、延新等，皆推忠孝，悉秉重難。公理命之時，召長子丹州防禦使、」檢校司徒延瑀以為嗣。公天鍾上才，神輔忠烈，事業韜略，精明政術，有孝敬法於家，有匡扶形於國。弥留之際，方寸無撓，自軍府」大要，私門微事，無不覼縷於遺旨矣。旋蒙岐王、邠令特煩簡命，爰降制書，解數郡之焦熬，成一方之休泰。今司徒公早擅武經，素明」政理，雅得象賢之譽，克符承紹之榮。扶毁瘠以遵理言，抑哀摧而奉先訓。以乾光久佐府幕，俻熟英風，託以菲詞，直紀勳績。銘曰：」

猗歟盛烈，克紹門閥。忠事君親，雄吞逆孽。殲褒拒命，成岐大節。功業蹤横，鼎彝昭晰。三連剖竹，一陟師壇。龔黄接武，」廉白差肩。幾清鯨浪，幾滅狼煙。心期戮卓，志在誅玄。義解鄘圍，機收塞壘。虜以宵遁，延惟信委。變虐成仁，迴乱為理。」俗態熙熙，淑聲鬱鬱。業業雄圖，光光霸略。俄軫逝川，旋悲夜壑。藩垣孰嗣，元子是託。永繼勳庸，足安冥寞。

仇鹿鳴 夏婧 輯校

五代十國墓誌彙編

下

歷代碑誌彙編

上海古籍出版社

吴

吴〇〇一　孟璠墓誌

天祐十二年閏二月五日

【誌蓋】失

【誌文】

□天祐十二年歲次乙亥閏二月壬辰五日■」□馬軍都指揮使金紫光禄大檢校■」柱國孟璠誌銘并序」□明主王時忠臣，定乱■」光後代属于故平■」瑯瑘郡王氏■」山河每著■」河■」■鳳」■班揩」■狂兇蕭」■誠專綰」■青史名光」■田單子俊吹嘘武」■為世上嘉祥九幽」■述而銘曰：」

□□□□，□□□雲。量包河嶽，儀彩分明。容□□落，」□□□□。□□□□，□□□□。其一。□□有忠，無諂無惡。墮鴈鳴號，斬蛟龍鍔。」□□□□，□□□□。一帶山河，盡曾開拓。其二。孝敬奉上，恩威臨下。」□□□□，□□王化。定難金批，擒兇鐵馬。清譽標書，神儀入畫。其三。」□□□□，□義徇人。心唯倜儻，志在清勤。千征為主，一世榮身。」玉函金□，寵□頻新。其四。大國喪賢，中宵翳月。擎天柱隳，匡時肘折。」君既傷儀，臣唯洒血。淮北江南，流傳英烈。其五。

《北京圖書館藏中國歷代石刻拓本匯編》第三十四册

吳〇〇二　張康墓誌　　天祐十二年三月十九日卒

【誌蓋】失

【誌文】

唐故張府君墓誌」

前睦州館驛巡官鄉貢進士朱德孫撰」

府君諱康，字德堯，清河郡人也。漢室高門，晉朝茂」族，枝葉遍流於江左，簪裾不絕於人間。或修文以」佐時，或崇武以匡難，自今及古，何代無人。曾祖諱」宙，昆山縣令，賜緋魚袋。祖諱夔，鹽鐵蘇州院官，祖」妣吳興郡姚氏。考諱愿，淮南監軍院十將，妣博陵」崔氏、潁川陳氏。府君即愿之第四子也，淮南節」度醫院散兵馬使、銀青光禄大、檢校國子祭酒、兼」御史中丞、上柱國。長兄實，不仕。次兄符，鎮海軍節」度孔目官。次兄信，州軍事衙推。妻陸氏。男二人：長」曰修本，次曰胡子。女三人：長女明氏，次女王氏，小」女年未及笄。府君性本柔和，家惟孝悌，冀千齡」之永福，豈二豎之為灾。享年五十，以天祐十二年」三月十九日終于私第。殁未越旬，葬于江陽縣道」化坊。嗚呼！生死不恒，光音若箭，骨肉號慟，鄉里悲」哀。遂刻貞石，乃為銘曰：」

家傳儒術，胤習武經。珪璧方潤，椿松折齡。」德雖顯著，魂何杳冥。千秋万歲，窀穸長扃。

《揚州博物館藏唐宋元墓誌選輯》

吳〇〇三　孫彥思墓誌　　天祐十三年十月二十七日

【誌蓋】失

【誌文】

唐金紫光禄大檢校司空使持節黄州諸軍事黄州刺史上柱國樂安縣開國男食邑三百户孫彦思墓誌并序」

將仕郎前守黄州武昌縣主簿張簡如撰」

公其姬姓也，与周同祖，是吴主權十九代孫矣。爰從國祚數窮，宗枝星散，或遊宦路，或隱山[谿]。」迄至周隨，家于京洛。降及唐代，因避安史之乱，旅寓合肥。其於家風世德，令問芳猷，擁朱軒」服紫艾者，不可勝紀。曾祖儔，皇承奉郎、舒州宿松縣令。祖璉，皇登仕郎、襄陽縣令。考迺，」皇將仕郎、温州司馬。公即始平郡馮氏之生也，弱冠中婚于太原郡王氏縣君。竊以」縣君女工婦禮，玉潔蘭薰，雍睦絲蘿，唱隨琴瑟。三從俻著，已膺封邑之榮；四德具聞，早顯肥家」之譽。公幼尋經典，長值干戈，四海多艱，中原無主，是以捐文習武，許國忘家。自始及終，從」□至□，擁驍鋭數千之衆，匡淮海三十餘年。本自貂蟬，昇于曳履。尋從僕射，便拜司空。亦」曾掃妖孽於句水之濱，亦曾討煙塵於青河之口。凡為徵發，莫匪身先，七縱七擒，皆憑豹略，成」□□□，[盡]著麟臺。天祐癸酉歲，竊值湘潭忽興寇盗，黄寧偶失於防守，烏合遂縱於奔衝。闤闠」□空，鄉閭略盡。王庭選公為黄州制置使，分憂志切，奉國心專。版築城池，興修廨署，」招安户口，勸課農桑。甲戌歲，承昭皇御札，就拜當州刺史。乙亥歲，又承制加樂安縣」開國男，食邑三百户。本謂福海長深，壽山永峻，豈料懸弓露影，鬬蟻聞聲，潛為疾疢之端，便作」沉痾之苦。非不尋方肘後，求療秦中。其奈二豎縱横，難為面得；三彭勇躍，不受筋懸。於天祐丙」子歲五月十三日薨于公署，其年五十有二。比謂泰山峻而難崩，何期蟾桂圓而易缺。秦雲斷」處，叫天路以寧迴；楚水分時，泣夜泉而安及。有子一人曰智榮，年二十有三。孩孫一人曰惠兒，」年六歲。嬰孫二人：長曰態兒，年四歲；次曰通兒，年二歲。比恒山之四鳥，永訣難勝；似巴峽之孤」[猿]，長號不絶。縣君以齊眉義重，結髮情深，劍恨龍分，琴悲鶴去，莫不抱棺氣咽，撫臆心□。」□傍松封，豈覩平生之日；悲臨逝水，唯傷永

別之魂。今則選以良辰，卜其宅兆。輀車不駐，長辭」□路之間；蒿里將臨，永閇泉扃之下。當年十月廿七日葬于潤州丹塗縣信義鄉石門村石門」□□地，用錢　貫文，於　處買得。其地之廣也東西五十五步，南北四十五步，以為」塋域之所矣。嗟乎！歷陽地陷，已作平湖；遼海波乾，終為古岸。不刊滕公之石，何記王果之崖。□[謬]忝詞人，竊叨屬吏，五言是業，四字非攻。蒙命微才，得陳俻述。□□銘曰：」

渺覩前言，深窮茂族。周代分枝，吳朝建國。虎踞石頭，龍分鼎足。」地響金聲，窻明雪燭。文武相參，冠冕相續。惟公堂堂，官崇行篤。」光継前蹤，不隳往躅。或綰兵權，或為郡牧。謀深韓白，政比龔黃。」赤心奉國，苦節勤王。修興廨署，版築城墻。懸魚譽遠，去獸名彰。」志懷恭儉，節守温良。凡為舉措，盡體規章。年雖知命，髮未白霜。」人無金石，壽有短長。忌鵂興詞，疑弓得瘵。」二豎生狰，三彭紛絬。」何佛不求，何神不拜。顏子命終，宣尼夢恠。至藥無徵，名醫不差。」泰山其頽，梁木其壞。風燭難停，夕陽倏邁。身歿幽冥，魂歸上界。」已抛世路，將奄泉臺。三月而葬，三年而哀。抱棺氣絶，撫臆心摧。」長歸幽壤，永葬瓊瓌。丹旐前去，陰風後催。魚燈雖照，泉扃不開。」□罡已往，萬古□□。人生至此，□□□□。

《隋唐五代墓誌匯編·江蘇山東卷》

吳〇〇四　羅氏墓誌

武義二年二月二十七日

【誌文】

維武義二年歲次庚」辰二月己卯廿七日庚申」府從安厝，母親春秋」陸拾有柒，忽染疾亡。」義莊郡羅氏夫人，生子」二人：長男小名張三官，」名珎；女子一人，娶於施氏。」本居湖州烏程九流鄉」曹竈之東原居住。」為緣本州刺史」高率配供輸不及，遂」至天祐九年七月內陪領」母親投於樂土，何其不」幸。用錢買得南社羅十舅」山

原之地，已為万代之墳墓。」弥手業作窑燒主人」劉贇竈。」此年熟米一斗一百文。

吴〇〇五　魏贇墓誌

武義二年閏六月十四日

【誌蓋】失

【誌文】

吴故左龍威軍先鋒馬軍指揮使鉅鏕郡公墓誌銘■」

右街慧照寺譚論法師道弘述」

粵興亡在數，人莫改焉；盛衰計時，士匪惻矣。故身有患，何逃去」尔。鉅鏕公諱贇，潁川人也。即唐相國文貞公之後，世為貴□。」其系族顯赫，此盖不書。曾祖諱僅，皇任絳州録事參軍。祖諱□，□」任汝州別駕。烈考諱平，弃筆從戎，受忠武軍節度押衙。」鉅鏕公天授英明，神資妙略。提三尺之白刃，幾静氛埃；竭一□□」赤誠，継安宗社。洎先武忠王起軍金斗，巨展義旗，」公綿歷星霜，久親紅旆，收孫破趙，力戰身争，致國霸主昌而」匡大業。公累遷美秩，旋捧絲綸，授左龍威軍先鋒馬軍指揮」使，銀青光禄大卿、檢校尚書左僕射、左驍衛將軍、兼御史大、上柱」國、守黄州長史。嗚嚱！榮禄及親，人綸所重。福壽俱至，在世幾何。」公偶縈疾疢，砭醫莫療。俄嘆逝川，竟乖色養。已武義二年夏六月」十二日薨于吴國右街贊賢坊私地，享年五十有八。公娶」清河張氏，貞潔霜明，慈嚴日至。慶鍾令胄，光継德門。長子承嗣，左」軍衙前虞候、充左龍威先鋒馬軍指揮弟三都副兵馬使、銀青光」禄大、檢校國子祭酒、兼御史中丞、上柱國，氣義無雙，忠孝邁古。外」摧鋭旅，内罄綵衣。次子承規，右軍衙前十將、充左龍威先鋒馬軍」指揮弟二都都虞候、銀青光禄大、檢校國子祭酒、兼侍御史、上柱」

國。季愛心濃，悌尊俱美，日承嚴誨，問礼無虧。當我公疾□」之中，躬陳孝道。霜刀暗割，雪刃潛剜，血染衣紅，匪聞告苦。其□□」不憖遺，俄乖顯効。一女曰蘇婆，年當襁褓，未諧丱角之春。用其年」閏六月十四日葬于江都縣同軌里金匱山之後，歸于禮也。」蛙量琯窺，文慙班馬。敢書其事，紀已桑田之變。銘曰：」

德業光被兮派緒弥長，生榮禄養兮寵澤殊光。」既壽且福兮奄年高堂，慶流令嗣兮千載無疆。

《揚州博物館藏唐宋元墓誌選輯》

吳〇〇六　李濤妻汪氏墓誌

順義四年十二月

【誌蓋】失

【誌文】

□□□義贊明功臣□左右拱聖軍統軍光禄大卿檢校太傅□□□」□上柱國趙郡開國伯食邑七百户李濤」故妻潁川縣君汪氏墓誌銘并序」

□吏將仕郎前□□□□□書」

■年齊□童子踦執干戈，衛社稷■」■胄，代有□人，後居潁川，而為望焉。皇■」皇王父諱□，皇考諱□，朝議郎。■」皇曾祖王母許氏，皇王母趙氏，皇■」縣君。因長史守官句水，遂■」祖官，有家諜焉。有嗣子五人，或職■」咸曰老成。有女四人。■」縣君自許嫁之年，便歸太傅，■」户簾垂，不以奢侈為意，緑窻■」太傅縱宏謀而殄長虵，□巨槊而■」分茅歷陽，剖符吉水■」縣君乃於故唐天祐二年承■」齊之貴也。於大吴順義四年十月■」私第，享年五十有二。以當年十二月■」□□禮也。嗚呼！松欲秀而風折，樹■」問，親族凝恨，中外痛心。既■」□將防於谷變陵遷。■勒■」或□嗣□■酸茹歎，染筆■」

人生百年，惟榮與貴。■」關雎顯德，麟趾傳芳。■衣■嬰肌，人已云亡。薤露日晞，歌悲□□。」行潔閨闈，事光簡牘。其□如□，其人如玉。霜殞秋蘭，風驚曉燭。懿範空存，感傷親族。」■，白草□□，黄雲結愁。五尺荒墳，千秋□□。

《北京圖書館藏中國歷代石刻拓本匯編》第三十六册
《淮陰金石僅存録補遺》

吴〇〇七　周融妻馮氏墓誌

乾貞二年十二月五日

【誌蓋】失

【誌文】

大吴乾貞二年歲次戊子十二月壬寅朔五日丙午故汝南郡周融府君杜陵郡夫人墓」誌銘并序

盧山戇者尹待舉撰」

夫人姓馮氏，祖諱秦，父諱賞。夫人在室之日，端儀女質，令淑閨姿，桃芳葉，[一]茝蘭穠」艷。鳳凰生於指下，如欲飛鳴；素帛起於機中，自成紋綵。幼處杜陵之室，四德雅兼；」長娉汝南之門，三從畢志。官姑禮備，伯叔情殷。四十八九年，断疵於纖粟；一万七千日，無」乖闕於毫芒。三世奉恩，子姪男女。蓋以良人先逝，憶悒成癥，情地莫寬，可謂貞介。有」男女等四人：長男曰延福，早亡；新婦蔡氏，孀居；有孫彦珠、彦珪，各就成立。次男曰延」寳，新婦殷氏，早亡；有孫盧兒、陶堅等。長女曰十三娘，娉于黄氏，早亡。次女曰十四娘，已」受當

[一] 此句疑有脱文。

州將門潘氏禮幣，未出門。尊伯在堂，玉号宣。長姪三人：大郎、四郎、五郎，可」謂三龍，榮光家道。夫人娣姪，先是兩人。伯母慈和，先逝一紀。夫人立性謙克，處尊如卑。不」幸香蘭便催，秋露雖謌，世緣無已，其奈人命有期。微失攝和，遽聞沉瘵，顰愁伏枕，扁」鵲無方。以當年十月二日終于閨房，享年六十有八。子孫號慟，姪娌哀悲，鄰不忍聞，孝義如此。」以其年十二月五日葬于東北山故阿家塋側，土名日營源。是日也，雲愁哭處，霧掩哀崗，車」拂松頭，轝排山末。人生及此，終始難如。長姪大施葬禮，寸結哀腸，來扣雲関，請撰銘誌。其銘曰：」

自古兮丘壠，生存兮送亡。一遞兮一往，又何兮悲怔。山吉兮四向，水利兮八方。是日兮歸壙，安穩兮玄鄉。」

嗚嗚兮泉客，悲慘兮松柏。君信兮往來，我信兮魂魄。天長兮地久，月終兮日側。刻石兮不朽，万千兮長隔。」

嶽前野人錢光隱書

匠人夏鄴鐫

浙大墓誌庫

吴〇〇八　劉君妻尋陽長公主楊氏墓誌

乾貞三年三月二十四日

【誌蓋】失

【誌文】

有吴太僕卿檢校尚書左僕射舒州刺史彭城劉公夫人故尋陽長公主墓誌銘并序

將仕郎前福州閩縣丞危德輿撰[一]

夫甘露降，醴泉生，則知顯國祚，讖明朝，使四方服我聖君。度其時甘醴應瑞叶祥，乃長公主焉。公主則弘農楊

[一]「危德輿」，《唐文拾遺》作「危德興」。

氏、大吴太祖之令女，國家閨室之長也。太祖以劍斷楚虵，手揮秦鹿，建吴都之宮闕，復隋氏之山河。功蓋鴻溝，變家為國，編史載籍，其可盡乎。是知玉樹盤根，聳金枝而繁茂；銀河通漢，瀉天派以靈長。將符碩大之詩，必誕肅雍之德。太后王氏坤儀毓秀，麟趾彰才，既諧興慶之祥，乃産英奇之女，即尋陽長公主也。公主蓬丘降麗，桂影融華，稚齒而聰惠出倫，笄年而才名穎衆。既明且哲，早聞柳絮之詩；以孝兼慈，夙著椒花之頌。國家詳觀令淑，用偶賢良，敦求閥閱之門，須慕裴王之族。我彭城大卿代承勳業，世茂英雄。先君首匡社稷於吴朝，尋擁麾幢於江夏。繇是王恭鶴氅，迥出品流；衛玠神仙，果符僉議。蓋標奇於秤象，遂應兆於牽牛，潛膺坦腹之姿，妙契東床之選。我公主輜軿降於天漢，鸞鳳集於閨門。在内也則班誡曹箴，克修女範；配室也則如賓舉案，罔怠婦儀。奉蘋藻以恭勤，佩茝蘭而芬馥，常遜言而撫育，每恪謹以事親。寬恕則僕隸不鞭，娣姒則仁明是敬。星霜寢換，慈愛無渝，助君子之宜家，實諸侯之令室，皆公主之賢達也。而況敦睦氏族，泛愛宗親，不以宮闈之貴驕人，不以奢華之容傲物。既而榮光内外，道合鸞凰，感吉夢於熊羆，肇芳華於桃李，育男六，育女六。長子曰匡祚，受鎮南軍節度討擊使、撫州軍事押衙、銀青光禄大卿、檢校國子祭酒、兼侍御史、上柱國。貌方冠玉，才藴鏗金，雅承慶於鯉庭，叶好逑於虎帳，乃娉于撫州都指揮使、司空太原王公之愛女也。王氏以綵闈襲美，蘭閫傳馨，克奉孝慈，肅恭禮敬。次曰匡業，試秘書省校書郎。光融氣秀，瑜潤德清，纔親秘閣之風，益顯侯門之美。聘雄武統軍、潁川侍中之愛女，即陳氏焉。雖通四德之規，未展二儀之禮。次曰匡遠、匡禹、匡舜、嚴老，並幼而岐嶷，志定堅剛，蘭牙即俟於國香，驥子佇追於駿足。長女年當有字，容謂無雙，娉婷融蕣槿之英，婉孌叶絲蘿之詠，適柯氏。柯氏受右軍討擊使，詩書立性，禮樂臻身。鄧艾盡〔畫〕營，必弘遠大；劉琨夜舞，定建殊功。次女納鍾氏禮，鍾氏器重珪璋，材親廊廟，入仕纔趍於宦路，登龍必履於朝庭，任洪州南昌縣主簿。喜氣雖通於銀漢，雲車未會於鵲橋。次女四，並天資柔惠，神授沖和，瑞分瑤蕚之華，慶禀瓊枝之秀。苟非公主義方垂訓，秉範整儀，峻清

問於聖朝，著聲光於玉闕。則■以順義六年中春，太僕卿自洪井副車袟滿，皇恩降命，除郡臨川，隼旟方耀於章江，熊軾俄臨於汝水。入境已聞於静理，下車頓肅於山川，四郊而襁負還鄉，万井而飛蝗出境。豈止懸魚著詠，佩犢推名，可以與杜邵齊肩，共龔黄並轡。公主同駈繡轂，内助政經，佐褰帷露冕之功，賛察俗撫民之化。或發言善諫，則蕙馥蘭芳；或静慮澄機，則珠圓月皎。俾連營將士，皆欽如母之瑶〔謠〕；比屋黎民，咸戴二天之恵。豈料霜凋瓊樹，月墜幽泉，祥雲易散於長空，彩鳳難留於碧落。嗚呼！鬒髮方盛，蕣顔未央，俄夢蝶於莊生，忽貽灾於彭矯。爰從寢疾，遽致高〔膏〕肓，腠理難明，欻歸冥寞。何期天道，曾不憖遺，以順義七年七月廿六日薨于臨川郡城公署，享年三十八歲，箕箒二十二春。悲乎！自有古今，不無生死，奈其修短，禍福難裁，何神理之微茫，曷榮枯之倏忽。我太僕卿以鸞分隻影，劒躍孤鳴，痛哽襟靈，韻悲琴瑟。自是政行千里，聲徹九重，别擁旌旄，去迎綸綍。奉親王之傳印，寵亞前朝；承聖上之優恩，榮超太古。公主擢叢福地，傍揖魏壇，而大卿亟赴名邦，正臨灊嶽。諸子以情鍾陟屺，恨切茹荼，哀號而泣血崩心，踊擗而柴身骨立。吁嗟遐迩，駭歎人倫，里巷為之輟舂，士民為之罷社。則以乾貞三年二月二日符護靈柩，以其年三月廿四日窆于都城江都縣興寧鄉東袁墅村建義里莊西北源〔原〕，式建封樹，禮也。舉朝祭奠，傾郭塗蒭，送終之禮越常，厚葬之儀罕及。所謂■乎。我彭城公代著八元，家傳五鼎，榮駈貔虎，坐擁櫜鞬，據康樂之城池，播廉公之襦袴，則何以名光傅粉，譽振傳香，偶良匹於龍宫，見起家於鵲印。不有懿戚，曷光令猷，所謂類以相從，合為具美者也。德興識學荒蕪，躬承厚命，直旌厥德，焉敢讓陳。乃為銘曰：

赫赫太祖，聖歷符祥。厥生令女，貴異殊常。二儀合運，四德賢良。金枝玉葉，蕙秀蘭芳。降于侯門，彭城劉君。奪瑶圃玉，遏巫山雲。宜家慶國，襲美垂薰。尋陽公主，中外咸聞。鸞鳳雙儀，遽愴分飛。人間永别，冥路旋歸。陰雲颼颼，夜雨霏霏。泉扃一閇，無復閨闈。

《古誌石華》卷二五

《唐文拾遺》卷四八

吴〇〇九　趙思虔妻王氏墓誌

大和五年九月二十九日

【誌蓋】失

【誌文】

大吴國威敵將軍光禄大卿檢校司徒使持節海州諸軍事守海州刺」史充本州團練使兼御史大憲上柱國天水縣開國子食邑五百户趙公名思虔」夫人太原縣君王氏墓銘并序」

團練衙推掌表奏將仕郎試秘書省校書郎孫霽撰」

有吴大和五年歲次癸巳八月乙巳朔二日丙午，太原縣君王氏疾殁于海州官」署，享年四十一矣。以其年九月甲戌朔二十九日壬寅葬于當州朐山縣朐山鄉，禮也。」縣君皇曾祖諱謐，不仕。皇祖諱裕，不仕。皇考諱茂章，攝淮南節度」副使、宣州觀察使、特進、檢校太保。母梁氏，封安定郡君，早亡。」縣君即其長女也。及笄，適司徒天水趙公。公事君忠節，佐」國功名已顯於竹帛間，此不備載矣。始刺袁州，」縣君即封太原縣君，從夫貴也。生男一人，小名羔兒，未能御也。生」女一人，小名陳八，未及笄焉。縣君在家之時，生知孝敬，」從夫之後，衆仰肅雍，不侮慢於孤貧，不驕矜於富貴。奉蘋藻」以精潔，誡兒女以貞廉，接姻戚以柔和，御姬妾以整肅。丹」青女史，祥瑞閨門，故得公敬之如賓，期於偕老。無何筭促，」遽以疾終，悲傷倍撓於肺懷，葬奠必循於故典。兒女」皆絶漿泣血，茹痛銜哀，慈訓使然，孝道至矣。於戲！」生也如夢，死也如歸，死生雖念於殊途，今古寔為於」常事。但慮歲時深遠，陵谷變遷，俾貞石以勒名，任窮塵」而化骨。霽幕吏也，奉命揮毫，乃為銘曰：」爰有淑氣，鍾于貴宗。誕生貞質，配合英雄。」鳳凰和鳴，絲蘿相託。既偶家肥，遂從夫爵。」蕣華未謝，薤露俄晞。幽冥莫測，魂魄何歸。」荒草茫茫，悲風凛凛。万古千秋，永安玄寢。

《中國國家博物館館藏文物研究叢書·墓誌卷》

吴〇一〇　陶敬宣妻李娍墓誌

大和六年十月十八日

【誌蓋】吴故隴西李氏墓誌銘

【誌文】

大吴尋陽陶公故夫人隴西李氏墓誌銘并序

知左右軍簡詞將仕郎守秘書省校書郎郭松撰□書」

大和甲午歲建酉月二十有五日朝散大卿、檢校尚書右僕射、守大理卿、通判左右軍公事、柱國、賜紫金魚袋陶公敬宣」夫人隴西李氏寢疾終于都城私第，享年二十有九。以是歲冬十月戊辰朔十八日乙酉葬于江都縣界長樂里，禮也。」夫人諱娍，字惠容，其先凉武昭王玄成之後也。姓分苦縣，道濟群生，有子有孫，允文允武，世享榮禄，門益蕃昌。」曾祖諱思勍，唐涿州刺史。祖諱仲方，唐潞州大都督府右司馬、檢校兵部尚書。考諱承嗣，皇淮南節度」副使、特進、檢校太尉、使持節楚州諸軍事、守楚州刺史、充本州團練使、兼御史大憲、上柱國、隴西郡開國公、」食邑二千户，贈鴈門節度使。母沛國朱氏，累封本郡太君。皇考太尉韜略縱横，胷襟豁達。弱冠，屬唐」之季年，以豪俠之氣、詞辯之用，應命於晉王，時鎮太原，後復稱唐。累遷至領將。兩以戎機，入奏都下，召對便殿，詞旨詳明。」僖宗佳之，暨迴授汾州刺史，再除洺州刺史。值青齊作乱，渝晉之盟，遂統雄師，出討逋孽。簉兖鄆之地，擁步騎万」餘，号令霜明，攻必克俊。時太祖武皇帝龍興淝水，奄有江淮，威讋鄰封，聲振天下。嚮風」慕義者，不可稱紀。公洞識時數，推誠於多事之秋，遂引戎旃，咸歸太祖。太祖以英特」見遇，置之初筵，每贊奇謀，決勝千里。迨武皇晏駕，烈宗紹立，時有巨逆，弑主虐人。及」齊王奮發大忠，誅平兇黨，參厥籌畫，公惟冠焉。尔後事機，多賴英断。旋除楚州刺」史，奬茂績也。到郡撫惸獨，遏豪强，草偃德風，民歌善政。適蘇疲俗，

遽染沉痾，」中年雖謝於明時，慶胄皆登於朝貴。今朝散大卿、檢校尚書右僕射、守鴻臚卿、柱國、賜紫金魚」袋匡祚，朝散大卿、行尚書水部郎中、雲騎尉、賜紫金魚袋匡祐，皆夫人之兄也；將仕郎、試大」理評事、賜緋魚袋匡禪，即夫人之弟也。荀龍賈虎，一酪一蘇，能克紹於良弓，盡昇榮於顯位。」夫人即掌武之弟三女也。幼遵師傅，長實貞莊，法内則之言，有関雎之德。賢和允著，仁孝」外彰，既偹女功，旁資惠性，音律得文姬之妙，篇章齊道韞之才。佳配是求，高門斯得，笄年」歸于陶公。公乃故淮南行軍司馬、武昌軍節度使、知歙州團練觀察處置等使」事、特進、檢校太尉、同中書門下平章事、尋陽郡開國公、食邑三千户、贈太師、封楚國公，謚惠，公即太師之」弟四子也。太師在太祖取威之際，領貔虎之師，副心膂之用，戰無不捷，圖」必有成。爰立大勳，尋遷巨鎮，屬郡黎元樂其化，連營士卒懷其恩。慶溢閨門，是生秀茂。」月卿為人也，閱禮樂，敦詩書，厚德冠於品流，文翰垂於簡牘，不以動貴傲物，不以才智驕人。」顯陟清途，兼倅二廣，剖判無滯，聲稱日新，益振家風，大美時論。」夫人爰從合巹，頗叶宜家，蠲潔蘋蘩，雍睦伯仲。恒守如賓之敬，不虧中饋之儀，」鏘鏘和鳴，灼灼垂訓。有子五人，女二人，皆有才有藝，如圭如璋，鶱翥之程，霄漢可致。」夫人適臻多福，殂在妙齡，期頒彤管之榮，將駕魚軒之貴。無何疾疢，俄遘纏綿，盡藥石之名公，歷」暄涼而不驗，以至薤凋濃露，蓮敗秋池。月卿傷奉倩之神，愛子泣子臯之血，庭除以之慘沮，親戚以」之悲摧。輀車將赴於玄宫，懿美是刊於翠琰。松早緣末職，偹熟德門，雖紀遺音，深虞漏略。謹為銘曰：」

李氏之源，其濬且澈。垂及後昆，唯英与哲。仁德無際，功勳不絕。是生淑女，克播貞烈。其一。」爰託高門，配乎賢德。秦晉疋敵，鸞鳳接翼。宜彼室家，不渝閫閾。女功婦容，流之法則。其二。」能遵詩禮，嚴奉蒸嘗。寒暄靡倦，筐筥斯張。命何夭促，疾遘膏肓。類紅蘭兮息茂，同曉月兮沉光。其三。」吴江北涘，蜀嶺東傍。青烏告吉，白鶴稱祥。寒風蕭瑟，冬日蒼茫。卜玄宫兮在此，期千載兮未央。其四。

吴〇一一　王仁遇墓誌

大和七年八月十日

【誌蓋】大吴太原王公墓誌銘

【誌文】

大吴金紫光禄大卿檢校司徒行光禄卿使持節潁州諸軍事潁州刺史兼御史大憲上柱國太原王公墓銘并序」

前攝池州團練巡官文林郎前守右領軍衛倉曹參軍楊德綸撰」

公諱仁遇，字望卿，潁川人也。即自肇啓鴻濛，姬祖文王之裔矣，而後喬荆引翠，巨壑分源。奮鋼戈而顯扈金龍，載光秦室；」應寶運而剋生銅馬，爰革漢圖。諒彼華宗，代有賢傑。公風雲鋭氣，鵰鶚奇姿。浩蕩襟靈，五夜之黄陂浸」月；忠貞節操，千秋之青桂凌霜。而由世習五戎，□親三學，見丘明文武之道，藴張儀辯静之才。爰自弱齡，即懷强智，」值封疆多難，遂適江淮。旋属」吴太祖龍躍淝川，鷹揚淮甸，務求英佐，誠切權謀。既當一見奇材，擢居三院職列，時則文德初歲也。及」太祖横戈宛水，仗鉞廣陵，凡稍繫於機微，必委公之籌畫，俻觀忠赤，深寄腹心。至景福二年，制授」光禄大卿、檢校國子祭酒，充衙前虞候。尔後亟彰勞効，疊轉職名，於天復二年八月，制授檢校右散騎常侍。以」公近事深聞讜議，昇陟多見越資。至天祐二年，驟加工部尚書，轉充通引官。至四年五月，以汝南周公統師蘇臺，以」公為之監撫，俾掃外寇，務委良能。公夙叶時機，頗彰勤績，洎迴戈甲，復轉授檢校兵部尚書，尋又轉檢校右僕」射，充排衙揔管。公自此率多承命，專往四方，究形勢於邊隅，認奸迴於風物，雅膺廟筭，継沐寵遷。至十」年十月，轉授右排衙使。十二年四月，轉左排衙使。公才能天授，器度時推。籩豆絲篁，晝制而自明舒卷；饋籠銜」璧，乘機而常有變通。至十六年二月，轉司賓轄。繇是唐傾神器，」吴變丕圖，於武義元年仲夏月，授英武殿使。至順義二年季春月，轉客省使。時朝庭以博陵崔公久牧壽

春，將」徵入衛，既迫邊防之險，須資警禦之才。公□彼監宣，示之畏愛，軍民貼尔，□邑依然，爰逮潁川鍾公而交代。」至六年，自右揆轉檢校司空。公形神魁偉，器量弘深，凡有征行，必兹監署。而自討除安陸，收復南康，於饋運而」靡憚風霜，冒矢石而益堅誠赤，頗喧朝論，屢奉褒稱。至乾貞元年季冬月，加金紫光禄大卿、守右監門」衛將軍，尋授檢校司徒。時」上以大丞相東海王心勞庶務，力竭四朝，宜分師旅，以建牙旗，列土疆而貴名位，爰持玉節，出鎮金」陵。以大和三年孟冬月，」上御正殿，優詔我公為金陵營屯馬步諸軍判官、兼就加使持節潁州諸軍事、潁州刺史。公徑赴所」職，氣合元勳，可謂金石同堅，魚水相得矣。豈意纔親蓮署，始貿芳春，俄爽節宣，遽纏風恙。而」東海王猥陳奏議，蒙恩許就闕求醫，曾未痊瘳，又加授任。至五年仲夏月，詔授行光禄卿。公自嬰」微疢，將歷四秋，軀覡罕憑，針砭無療。嗚呼！窮陽有數，大限難移。以大和七年歲次乙未六月甲子朔十一日甲戌薨於」江都府江陽縣布政坊私第，享年六十有七。以其年八月十日葬于都之西北江都縣興寧鄉馬坊村山之陽，」禮也。曾祖融，皇唐任朝散大夫、行陳州司馬。祖坦，皇唐任銀青光禄大夫、檢校左散騎常侍、吉王府長史。」考瑀，皇唐任武寧軍節度推官、銀青光禄大卿、檢校工部尚書，妣天水趙氏夫人。公先婚博陵崔氏，將」□紀而亡。再娶苻風魯氏，未朞歲而亡。後又娉彭氏，封隴西縣君。男四人：長曰延卿，雄才卓犖，峻節魁梧，籌庸方」襲於弓旌，壯志遽罹於禍釁，年二十二而亡。先守左軍討擊使、充右軍衙前虞候、銀青光禄大卿、檢校國子祭酒，婚渤」海高氏。次曰延浩，忠貞奉」主，孝敬承宗，抗大節而有國有家，抱雅器而聞詩聞禮。將期顯煥，俄奄風燈，年二十四而亡。先守殿前承旨、銀青光」禄大卿、檢校國子祭酒，婚彭城劉氏。次建業，次建榮，並智高秤象，譽重詢縑，詩書亞張仲之流，敏惠預孔融之列。足光」門閥，克紹家勳，方在齠年，未居職守。女六人：長十一娘，適滎陽鄭氏，先守通事舍人。洎衔恩漢國，流」釁中途，先數日而逝。次十二娘，不幸早亡。適富春孫氏，見守左軍討擊使、充歙州進奏官。次十三娘，早亡。先適陳留謝」氏，見守右軍衙前摠管、充廬州防

遏黑雲指揮第一都虞候。次十四娘，適隴西李氏，見守右軍討擊使、充隨從步軍第」□指揮，實職都知兵馬使。次十五娘、十六娘，未及笄期，皆在于室。孫女翁喜。噫！人稟三才之中，處六合之内，不」可教者，門崇身貴，不可保者，自始及終。公名煥清朝，慶承大族，官居五教之列，位光千里之榮。」令子咸襲於斑階，愛女悉從於儁傑。洎乎泯鍾漏之夕，舉紱纊之辰，上則」萬乘優加，次乃三台賵賻。以至卜其宅兆，護從靈轜，縞素多軍幕官寮，執紼盡朝庭親族。生□」之盛，曷繼斯焉。德綸謬以匪才，辱之哀託，不慙蕪蘱，輒紀徽猷。乃再拜奉命，為銘曰：」嵩少應靈，河隍胤族。雲逐龍澌，風生虎谷。化行千里，祥臻百福。五教是資，八宏克穆。其一。」英華貿尔，霜霰俄侵。桑榆景暮，鍾漏聲沉。風馳夜壑，月側寒林。塗芻曉動，曙慘凝陰。其二。」露濕銘旌，雲横繐帳。荆璧潛姿，驪珠集藏。郭淚[嗟]零，田歌罷唱。蘿翳青廬，墳高白象。其三。」峒連巴蜀，地控淮揚。雲屯霧繞，乳噴泉香。玄山聳壯，丙水延長。輝華萬代，慶襲無疆。其四。

《北京圖書館藏中國歷代石刻拓本匯編》第三十六册

《續修江都縣志》卷一五

吴〇一二　錢匡道墓誌

天祚三年二月十二日

【誌蓋】大吴故錢府君墓銘記

【誌文】

大吴故右軍散□□□□□隨從步軍第三指揮副指揮使銀青光禄大卿檢校工部尚」書右千牛衛中郎將兼御[史]大憲上柱國吴興郡錢公墓誌銘并序」

前攝壽州都督府文學鄉貢進士元震撰」

公姓錢，諱匡道，字佐明，其先吴興人也。宙，皇曾祖也。寬，唐太師，皇祖。先越王霸後，并前數」代，皆有追贈。先越王諱鏐，世父也。大吴匡時保定功臣、宣義軍節度使、滑鄭潁等州」觀察處置等使、知饒州軍州事、特進、檢校太尉、兼侍中、同中書門下平章事、使持節滑州」諸軍事、滑州刺史、上柱國、吴興郡開國侯、食邑三千户，謚曰肅諱鏢，皇考也。隴西郡君，」皇妣也。金陵營田副使、司徒李公諱仲仟，皇外祖也。今越國大王，從父兄也。頃者肅公」自唐朝覆餗之初，与兄同霸南國，扶危定難，靡不居尤，衆然其能。尋授數郡，後治苕川，盛」績愈彰，官居太傅。杭越之民皆相謂曰：且智仁勇三者，天下之達德也，唯我太傅兼有之。」他日為王之嗣者，非此而誰？王諸子皆憚之。既在猜嫌之地，遂流管蔡之言。公聞之，乃仰」天而歎曰：我深懷吴起之悲，不唯忠孝之心未畢施於世，歸全之[塗]又復如何？所宜避地」而已矣。遂倅子靈擇國之計，慕羶而輔之。我高祖宣皇帝一見，自謂為得杞梓之秋也，」乃大用之。故生有將相之榮，殁有謚封之美。公即肅公之長子也。十五而仕，十八而」耦，故池州團練使李公太保汶，即公孺人之父也。公自近弱冠已來，每言曰：祁午副」奚之舉，我必効之；趙括辱奢之名，吾不為之。英雄絶伴，卓犖不群，機鈐之外，博習文章。歷」宦始自千牛衛長史，終于此官。以天祚二年十二月廿八日壬子卒[于]都城私第，享」年廿有二。嗚呼！顔淵夭折，伯道無兒，共歎皇天無知，清風莫續。有弟廿三人，除匡時長史已」下及幼亡外，見五人，長曰匡德，右軍隨從步軍弟三指揮第五都都知兵馬使。鬱矣桓生之」骨，宛然荀氏之龍，佇繼良弓，永光大業。次曰匡義、匡禮、匡晋、匡霸等，馬史麟經，猶當披閲；孟[珠]劉」驥，不愧時名。姊妹廿九人，除近故長子先適故李公司徒之孫弘敏及幼亡外，諸妹見十」人。次適故右静江統軍、同平章事吕公之孫懷恪，皆在仕。次許嫁江夏黄氏，明州使君、太」保之子也。次許[嫁]宣州觀察判官、司空東海徐氏名景遜，故鎮南軍節度使宣公之子，」今齊國殿下之姪也。次許嫁周氏，德勝軍節度使、太尉令公、汝南王之孫也。餘妹或」居襁褓，或始髫年，皆興難繼之哀，寔切感隣之痛。公幼閑射御，夙[標]

忠貞，□也不夭，苗」而不秀，雖留名於青史，實飲恨於黃泉。以天祚三年丁酉二月十二日葬于江都府江都」縣同軌里，禮也。於戲！厚也茫茫，佳城鬱鬱。中親良友，誰無孫楚之辞；相室」皇家，抑有宣尼之慟。震也謬塵樽俎，頗歷歲年，受寵顧以攸多，接高風而最熟。既承」嘉命，得以直書。昔日弥縫，匪異載波就海；今辰讚頌，何殊捧土培山。將導悲懷，乃為銘曰：」

維嶽降神，高門之嗣。始欲興邦，何啚即世。痛哉惜哉，寡妻無子。又曰：」

日當壬子，歲在丙申。天乎不幸，殲我良人。如可贖兮，人百其身。」

東西貳拾步，南北壹拾伍步。」

天祚三年二月十日鐫記

《揚州博物館藏唐宋元墓誌選輯》

吳〇一三　超惠大師塔銘

葬年不詳

【誌蓋】失

【誌文】

有吳鄂州黃龍院故超惠大師塔銘并序」

大師法諱晦機，姓張氏，南陽人也。少師順陽□□□□□」■之大德□□」■界□山受請□」■黃龍山。天祐初，鄂州秦公」■衆焉。洎天祐■」■太師奏陳□□□天。上問■」□□□□□禪師。本無■」□□□□示疾而逝齡□□三■」□□□國張公舁弟■師□□□」□□□之寺基也。前於□中□□□幣□□□」□□遂於其年孟秋十五日□□□□其送□□」■府尊之時□□□□□□院□□」□□□□過等追泣■旨□□□」■乃刊■」

□□□□乾■人各□□」■」■。

吴〇一四　陳君妻郭氏墓誌

葬年不詳

《江漢考古》二〇一六年第四期

【誌蓋】失

【誌文】

■六，故光禄大卿、檢校司徒、使■」■同正、上柱國陳公，唐■」■郡郭氏夫人疾終于金陵府私第也，享■」■顯爵崇勳，史諜標載，故略而不紀，疏之■」■祖諱寤，□□□，考諱澂，妣姜氏■」■即為許州人也。夫人以蘭菊芬芳，松筠貞■」■三□□行□□□史書，習書史，懿範堅■」■太保匡君□贍定難功焉，仰之以七德六韜■」■修短以難，乃奔動榮而奄逝。有男四人：長曰令■」■奉親，志誓殺身報國，弓裘襲慶，爵禄騁動，授以左■」■指揮使、檢校尚書右僕射、□池州刺史。次曰令宣，授金陵■」■夭折。次曰令■王行■」■盧■令城■」■氏，即□軍指揮使■子也。次適張氏」■長子也。次適王氏■武軍都統、太尉相國之長子也。次適■」■使、太尉相國之次子也。夫人自先太保即世，從■」■古□柔淑遷播□□誠■人乎。■」■夫□靡曠温清，□行□□供承■時□是□衣■」■冰魚而寡驗，微侵腠理，迨入膏肓，藥祀■纏五内於」衷懷■儀，優贈倍殊，聿加常等。□尋■宅■辰■」葬于江寧縣丹陽鄉梅頂崗西南原，去府城一十二里□□□之北，禮也。可□□」□□逝，從■峯岫以彎環，克子孫而昌盛。乃書銘云：」

□□兮□□，□□兮白玉。德行兮□□，柔順兮□□。」□□兮□□，□鳳兮深谷。太原兮□□，潁川兮□□。」□□兮□□，榮盛兮親族。浮世兮□□，芳□兮□□。

《金陵碑刻精華》

南唐

南唐〇〇一　江延穗墓誌

昇元二年四月二十日

■團練衙推孫□丕撰」

【誌蓋】失

【誌文】

大唐青陽制置使司徒江府君墓誌銘并序

嗚呼！天地之形，獨憂崩陷；日月之質，竊慮滿盈。若非道契虛無，理通寂滅，孰泯短長之歎，須」拘生死之期。朝菌靈□□□弘□西□□□□自■我司徒事」主公忠，於家孝悌，德禀冲■力未衰，齒髮尤壯，纔纏」美疢■明時，乃致■」□主興■。兒孫號殞，親族■，□理□究。於有唐昇元二季歲次戊戌」二月己卯二十五日癸巳辰時薨于青陽■府君姓江氏，諱延穗，字義光。其先濟陽」人也，晉元東渡，□于宛陵。皇考諱芳，□□鎮海軍節度押衙、鹽麴院使、都倉鈐轄，清」列洪勳，門□祖德，載于家諜，此不繁云，薨年五十六。皇妣李氏，婦德母儀，柔姿淑態，具述」先府君墓誌，享年□十七。並終於潤州私□，□□□丹徒縣寶盖山之陽。司徒即」先府君之長子也，間世英姿，衆□良■」先齊王豹變，委以繁難；尋屬」今天子龍飛，付之綰轄。歷職則從微至著，立功則積少成多，四十年勤苦奉公，」三百户酬勞」懋績。自禮部右袟昇金紫，司鹽鈿□□□盈，□□上□。

□手提制印，身作福星，自鎮臨城，頻」蘇疲瘵，法不乱舉，刑不浪効。桑賦田租，自然審辨，如神□聖，未省咨嗟。庭絶鵲喧，門無犬吠，」一同政化，百里清風。公道既平，民曹□静，□馳朱庭，譽美新都。正在忻忻，俄鍾慼慼，三」彭遘禍，二豎興灾，五教纔臨，九泉俄迩。福星奄耀，鸞鏡沉光，遺表素牋，遠通」霄漢。是乃□□□辭云■」制詞□□□下布■弟延義，左軍充職，監轄銅官，場鎮在權，富壽當路，」生靈□泰，□□和平，娶□□制置副使曹僕射女。司徒首婚汝南縣君周氏，淑德有聞，」貞姿□□，歸于翠□，良佐勳家。先司徒五年登于逝駕，殯于上都鍾山之右。有」男陸人：長曰弘道，職□左軍，咸彰神武，將軍器皃，文質堂堂，婚故羅城使許僕射女。次男弘」□，□職□□親衙佐贊指揮當直，都幕分構，不廢旨甘，自光忠孝，婚左軍都押衙、守黄州刺」史何太保女。次男弘裕，名□右軍，職居當直，赤心奉上，勵節親衙，亦為二龍，同匡久要，婚」娶故相國李公孫女。次子弘晊，殿頭高品，監察群寮，外贊天機，内承」聖□，□宣□露，手付絲綸，親侍龍樓，不離宸扆。次曰弘智、添哥，藴積礼儀，將調羽翼。」有女二人：長曰十四娘，出嫁左宣威軍都知兵馬使張氏；次曰十五娘，年始在笄，未離懿親。」司徒継室亦汝南縣君周氏，天界真姿，人中令節，名親上國，信重小君。有男一人，幼而不養。」司徒國將委用，人賴㾜痳，夢蝶不還，弔鶴斯切。以昇元二年四月二十日左軍衙前押衙、青陽」制置使、光禄大卿，檢校司徒、行右領軍衛將軍、濟陰縣開國男、食邑三百户府君江氏，年五十」有五，葬于上都江寧縣梓桐□，禮也。嗚呼！痛埋天地之英靈，哭□曹劉之器量。余」才藝荒蕪，謬承青眼，命述斯誌，有辱貞碓，海變陵移，終□仰□。銘曰：」

奇哉英傑，降跡于唐。王兮委任，出鎮青陽。明逾樂鏡，□□秋霜。□愛□□，」黎元樂康。福星忽墜，民庶蒼惶。玄関永□兮難問，青山■」松風切，千万年兮永離别。唯將貞石刊勳名，□□陵變■。

《新中國出土墓誌・江蘇貳》

南唐〇〇二　杜昌胤墓誌　昪元四年

【誌蓋】大唐故京兆杜公墓銘

【誌文】

唐故朝■」杜公墓誌銘■」

公諱昌胤，字■」土，代為荆人■」皇湖南院出■」吴左監門衛■」君言行修謹，■」今上是有唐■」爰務旌賢■縣■」撫下以■太■」子■因■」今上■」■其■」氏傳上■以有文。□王□□□訪□」義□□公，公即■學《易》，研覈疏義□□□凝，一夕」學■其極。余推之□□□□其涯□」公■曰求名干禄■」■千歲，入國■」□□□春■厥」■行大理司直，賜緋■秋」■丙申■出宰百里，盖非■」■之郡■為人，寬猛相濟，■」■丁酉歲，就加虞曹■」■永□縣。其年秋■人情翕然，如去■」□□静恭若一。孰知天■太保公聞之，□為■」□命其子促□人取歸□□□和諸■奈何□不可移□身■」一日戊申，終于江寧府□□□□教坊■庚子歲奉■」權窆于上元縣金陵鄉澧湖里□□□。公前娶□氏，生■不幸■氏，」生二男一女。女曰□感，男曰廷、曰貞。貞自襁褓■以義■之」□□為人師，及其終也，□太保公哀悼□□，幾不勝■有如」斯者也。知余生平素與公善，乃命紀公□，奉勒■累」敬仰，銘云：」

靈椿古栢，孰與其壽。瑞露卿雲，於何非有。其一。□□□□，□□□□。」彼美令德，遐不黄耇。其二。維年己亥，厥月丁丑。□□□□，□□□□。其三。」幕府之陽，澧湖之右。揲策灼龜，□于吉□。其四。□□□□，□□□□。」永□□長，君子之柩。其五。大聖垂範，□□□□。□□□□，□□□□。其六。

南唐〇〇三　姚嗣駢墓誌

昇元六年五月二十三日

【誌蓋】唐故南安姚府君墓銘

【誌文】

大唐故右軍散押衙左天威軍第七指揮使銀青光禄□□□校司徒右領軍衛將軍□□□□□」姚府君墓銘并序」

將仕郎守大理評事中書門下兼直史館孫峴撰」

府君諱嗣駢，字霸臣，其先南安人。虞帝之後，餘慶所鍾，綿綿萬嗣，古推茂族，代為名家。賢傑間生，古□□」繼，載之譜諜，炳若丹青。厥後因宦徙家，府君即晉陵人也。曾祖諱暢，仕唐殿中侍御史，追贈□□□」衛將軍。王父諱鎬，仕唐行亳州長史，追贈右監門衛將軍。考諱崇，屬土運中否，天厭徵求，□□□□，」唱義建號，遂參于武帳。仕吴，累遷官水土，旋遥授宿州刺史。己卯歲，轉授吉州刺史，政簡於時，又遷□□」軍隨使都押衙，追贈開國男，食邑三百户。母太原王氏，封太原縣君，進封縣太君。賢淑著□，慈□□□，」育成令器，克襲家聲。自進封之命，蓋從府君之貴。府君即鎮海都校之次子也。元昆諱□，右□□」兵馬使、銀青光禄大夫，不幸早世。府君嗣慶，稟性惇直，質氣倜儻，沉謀罕測，實自生知。軍事洞精，□□」神授。敦詩閱禮，射馬射人。時皆許之，每相謂曰：養子當如姚氏。其揚名如此。自唐乾寧□後，□□□□，□」隸和門，荐履戎資，益表奇節。洎吴宣帝開國之後，順義三年，丁先公之憂，扶護東歸，□□■」革無避，苫凷難居。朝庭署右職寵之，欲漸其用也。時」主上聿持衡柄，府君曲預指顧。或入參親旅，出莅劇邑，南豊遺愛，分寧布惠。遷任京幾廣□□□□□，」平賦均田，利民資國。累授左右散騎常侍、工部尚書、右千牛衛中郎將，以賞勤焉。尋以□□□□□□□」鎮，實資列校，以贊戎機。大和五年，遷充壽州右黑雲指揮使。明年，兼右廂馬步都虞候，

□□□□□□□□」重，貞幹尤多。入則訓練師徒，出則戒嚴烽候。敵疆既肅，比户用安。丕績升聞，朝奬爰及，□□□□□□□」散押衙、左雄武軍先鋒指揮使、右千牛衛將軍，尋轉兵部尚書。軍旅之任，輯睦有方。士卒□□，□□□□，」寔謂百夫之特，當先二子之鳴。天祚三年，授尚書左僕射、右領軍衛將軍。主上集□□□□□□」陟之命，建都建業，改元昇元。以吴之宫闕為東都，左右金吾使為左右巡使。將俾警察，□□□□，□□」遂行，徽章兼降，遷左天威軍第七指揮使、兼東都左巡使、檢校司空。誘善如流，去惡若掃，□□□□，□□」以清。二年，上以運復宗枝，禮成郊祀，中外品列，浹洽恩華，轉檢校司徒。三年，□□□□□□□」乃要衝之所，盛屯甲士，思委良將，差充上淮巡檢都部署。克修邊備，遠振威聲，常思樊噲□横□，□□□」主之薄伐。既踰朞歲，爰值班旋。五年，歸東都，戎職如故。府君常自言曰：我國家興復，□□□□□」一，中原失主，尚染羊塵。百戰亡身，固甘馬革。余之勇槩，不讓他人。嗚呼！大器已彰，令圖方遠，而□□□□，」焉可力争，如露朝晞，胡為能久。倐纏美疢，莫驗良醫，玄報適誣，猒世何速。以昇元六年閏三月□□□□」疾終于東都懷德坊之私第，享年五十。娶河東衛氏，不幸早世。繼娶衛氏，又納太原王氏，皆□□□□□。□」□相從偕老，不期嫠居永慟。令季四人：曰駥，福昌殿使、檢校尚書右僕射、兼御史大夫；次曰□，□□□□、」檢校尚書右僕射、兼御史大夫；曰驥，殿前承旨院副使、檢校工部尚書、兼御史大夫，乙未歲暴卒；次曰馴，」□壽王衙通引官。皆推揚國器，充被朝恩。棠棣之華，於兹為盛。女兄一人，早嫁于太原王五□□□」人，嫡隴西李公郎中。有子七人：長曰承禮，留守衙前虞候；次承智、承祚歟承泰，早世；次曰承道、承□、□□，」或已居職序，或尚在童丱，義方成訓，善慶可知。有女三人：長歸于峴，次二人俱在弱齡，將及笄年，當□□」族。有諸姪諸孫，悉播令問。以松楸有地，旌旐告行。其年五月二十三日葬于江都府江都縣興寧鄉贊□」坊先塋，禮也。且大丈夫處世，患禄不及親、仕不及貴、才不遇時、惠不施下。今府君甘旨畢臻，色養

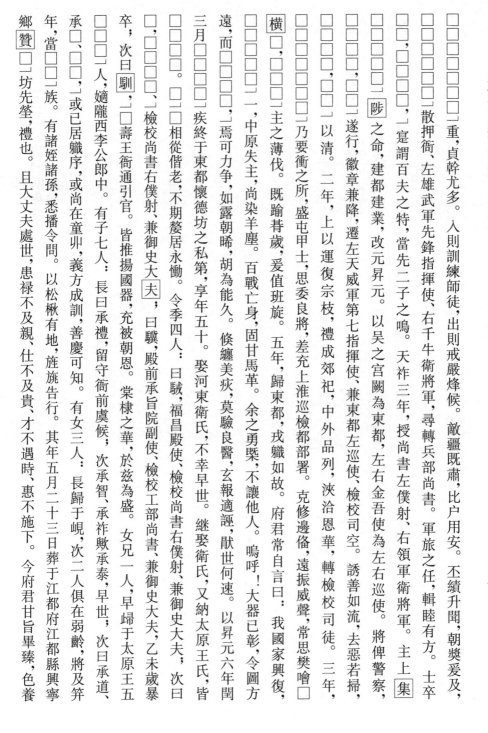

□□，」可謂禄及親矣；自偏裨之任，分旗鼓之權，可謂仕及貴矣；以通變之略，歷繁重之寄，可謂才遇時矣；□□」□俗，善撫鋭師，可謂惠施下矣。其所不足者，莫登上壽，未揔百城，弃綵衣於高堂，掩泉臺於昭代，□」知者傷嘆久之。峴早熟世交，晚叨嘉選。辱嗣子見託，幸勒貞珉。銘曰：

嫣水之後，實為華宗。□□□□，」垂裕穹隆。古今相繼，圖史無窮。方知積善，代有英雄。府君生德，克襲門風。如飛電兮擊劒，象圓月兮彎弓。器度□□，」□謀變通。繼臨大邑，異政唯公。歷更列効，英威罕同。入分巡務，出遏邊封。東夏而盡欣去暴，北旅而何敢興戎。□衣再□，」棣蕚推恭。理家盡孝，許國懷忠。方堅勁節，將圖大功。忽膏肓兮遘疾，俄電露兮告終。下□□□，□□」□衷。嗚呼！□□□衬，龜筮叶從。永存銘紀，如對音容。

《揚州博物館藏唐宋元墓誌選輯》

南唐〇〇四　姚鍔墓誌

保大三年十一月二十一日

【誌蓋】失

【誌文】

唐故静海指揮都知兵馬使兼監察御史馮翊姚公墓誌」

公諱鍔，字子明，享年二十有七，於乙巳歲仲冬月十五日遘」疾奄終。曾祖諱制，東洲都鎮使、檢校户部尚書。」祖諱珪，知西面兵馬事、檢校工部尚書。皇考諱裕，」吴左軍押衙、充静海指揮使、兼東洲静海鎮遏使、檢校」吏部尚書。妣李氏，即故句水廉使之女也。公乃先使」第二子，祖宗之盛德輝焕，鼎鍾家門之高風，馨香遠迩，」故不更備載矣。公幼有奇節，長無濫為，年未及」冠，即掌戎仵。先使於諸子中偏嘉惜之，而自侍從」今使季父司

空，更移雄鎮，開拓狼峯，鹽鐵之場監」殷繁，軍庶之營居綿廣，乃兼充都鎮都虞候，布畏」愛可知矣。公之昆仲數人各主轄契闊，雖痛纏」手足而莫面別離。公娶朱氏，生子二人，俱在髫齔。於」戲！顧脩短之命，在今古難移，於吉善之門，何松椿易」折，孰不悲哉。以其年當月二十一日葬于都鎮東」北，禮也。謬奉」高請，敬而直書，以紀松楸，俟于陵谷，謹誌。

南通博物苑藏石

南唐〇〇五　李君妻王氏墓誌

保大四年正月十四日

【誌蓋】唐故太原郡王氏墓銘

【誌文】

唐故太原郡王氏夫人墓銘

鄉貢進士鄭承遠述」

夫人太原名族也，徐郡即家也。簪纓疊茂，鍾鼎相傳，大則公侯匡扶聖祚，小則麟」鳳羽翼昌期，慶集後昆，光殷百世。父諱卿，泰寧軍節度押衙、檢校工部尚書，勳勞顯」振，遐迩具瞻。母天水郡趙氏，令淑有聞，坤儀益秀。夫人生符異彩，賢特靡群，《詩》」閱采蘩，好求君子。洎乾寧初年，出適為故隴西太保之室也。公以兵權在手，英」略挺時，岸上風開，寰中譽布，而復知進退，存亡孤，虛向背，舉則不失於威勢者，其為」聖人歟？器利荆鍾，勇加破竹，官之帝保，步陟煙霄，實謂功成，俄從朝露而矣。」夫人德叶螽蟖，情同煦日，恩均娣姒，令肅閨門，事舅姑而弥專，諒蚤夜而匪暇。著茲」懿範，廣示人倫，庶幾為母之流，悉倣于此也。以保大三年十二月十八日微疾終于」廣化鎮寢舍，享年六十六。有男延禧，充廣化鎮遏使、沿江裏運水軍指揮使、鈐轄諸」務事。氣宇深

沉，精神磊落，學通稽古，術妙鈐經，藴文武之全才，占忠孝之雙美。弓裘」不墜，位望踰新，笑畢萬之無兒，同臧孫之有後。娶前昫山縣令彭城劉氏女，邕和貞」雅，禮則優閑。孫男廷規，右軍衙前揔管，賢哉回也，不幸早亡。婚海郡右威勝指揮使」陳氏女，有重孫男壇護、女壇女。次孫男廷戩，未仕。女孫十一娘，適泰郡永寧宅鈐轄」使馬氏男，殿前承旨。女孫十四娘，適東都都羅城使張氏男。女孫十七娘，在室。」女十三娘，適龍威指揮教練使夏氏男，留守衙通引官。莫不風雲際會，桃李成蹊，」盛過王謝之家，貴下金張之價。魚水交處，蘭麝相蒸，根深源長，信之有也。餘諸骨肉，」並在先太保琬琰鐫銘。夫人以保大四年正月十四日葬于永貞縣廣化後江」鄉附葬塋所莊上，禮也。夫人幼承嚴訓，箴誡昭彰，為女孝也如是，為婦順也如」是，為母慈也如是，舉三者，百行可知也。於戲！封樹既臻，銘誄得無設乎。由是奉采緘」示家狀，以予為誌。才非吐鳳，事昧生知，承命抽毫，直紀年月。銘云：」

太原名族，徐邦上賢。冠劍馳譽，問望克宣。祖考赫弈，竹帛相傳。」而今宇內，孰更為先。聿生貞質，洞顯門風。蘭芬秋圃，花灼春藂。」箴誡為珮，德行攸隆。內無險詖，關雎可同。年將有字，素範弥彰。」潔齊寒玉，操敵脩篁。規循寅暮，服勤蒸嘗。猗歟彤史，自此重光。」《詩》稱伉儷，《易》量剛柔。位辟仙島，貴疋公侯。鳳食竹實，雲從龍遊。」經綸天地，偕老為儔。恩流娣姒，訓及子孫。忠惟事主，孝乃敬尊。」謙和知己，節慎語言。書諸紳帶，永示後昆。魚軒休視，大夜云歸。」嘉城吐霧，荊玉藏輝。悲風切切，壠樹依依。爰鏤貞石，式播芳規。」

前寧國軍節度討擊副使歐陽暉書

《揚州博物館藏唐宋元墓誌選輯》

南唐〇〇六　范可□玄城銘

保大六年八月八日

【誌蓋】失

【誌文】

■玄城銘」

右街道門文章大德主祈謝章奏賜紫陳希聲述」

□□□□年太歲戊申七月戊申朔十九日丙寅上清法師南陽范君可」□□□□□□□□都城紫極宮之道靖，春秋七十有一。是歲中秋八日，藏」□□□□□縣建康鄉方山前，禮也。懿哉上士，躰道隱顯，自我君子，乘時」□□□□□。如雲如龍，情狀莫測；若蘭若桂，芳貞不同。託形受生，其來非報；」□□□□□，其去非空。即知汗漫之程，誰測變通之道，斯則」□□□□容德、生滅去來之旨也。」法師氏自陶唐，姓封晉邑，名高相越，德邁豢龍。祖考隱倫，世居建」□，□□[之]慶，惟賢是生。九歲，依于玄德大師智明先生楊君匡翼，」□□□，詣淮[甸]逍遥大師問政先生聶君師道，披戴相次，三洞經」□□□□□師門，道性圓通，仁風播淑，虚襟接物，和炁流人。教法指歸，若」□□之赴會；言行端美，如衆卉之春融。天祐初」□□□□即朱方重師□守，尋鎮秣陵，築室延□□以副教佐師闡揚武」■建□寵頒章，□昇皇□正，昇元元祀」■旌玄真懿號。其餘履歷道職，提揔玄綱」■之瞻礼接踵。是歲中元節，謂弟子曰：吾期至矣。宜」□□□禮，不□□□□有日。言訖沐浴，間日而逝，膚色柔潤，尸解之至也。」■」■五入。■子上清三洞法師高朗昭、賀朗然，継」■」□聽■辭，文愧不倫，稽首銘曰：」■之者生。氣象既兆，孕之者靈。天挺」■神降仙才，輔教之卿。龜鏡吾宗，」□□□□。□□其誰？問政先生。度師惟誰？尊稱智明。」□□□□，□□□□。旭日轉影，真駕迴程。國人瞻仰，」□□□□。秦□曲□，天□盤縈。松檜陰森兮陵谷秀，」■。

師孫正一道士高惟正勾當

太原王萬宇造

《金陵碑刻精華》

南唐〇〇七　盧文進改葬記

保大九年七月二日

【誌蓋】失

【誌文】

唐故范陽王盧君改葬記」

夫《穀梁》緬服，《戴記》如斂，改卜之禮，其來久乎。故」范陽王塋域先在江寧縣丹陽鄉大亭里，自窆」於此，多有後[艱]，相地之人，俱云不吉。小殿直副」指揮使從業，即王之弟九子也，以」先王宅兆未利，神靈靡安，罔極居之情，夙夜□」嘆，再謀龜筮，以卜改遷。」皇上以輔國舊臣，連姻朱邸，更茲幽室，特霈」鴻恩，賜錢伍伯萬，仍令近臣監護。遂於保大九」年歲次辛亥七月□申朔朔日辛酉移葬於開」元鄉蒲干里，宋國夫人合祔焉，彭城長縣君祔」於東南隅，[次]隴西縣君祔於東北隅，次彭城縣」君祔於東隅。男欽明殿使從胤、小殿直副指揮使」從昭、滑州長史從吉，別於大塋之西南擇吉地而葬」焉。止於命世雄才，匡時[茂]□，蕙馥蘭馨之」美，鳳鳴龍幹之名，各誌貞珉，此不載述。庶乎年」代敻遠，陵谷變更，咸知京兆之阡，永認祁連之」跡。

時保大九年歲□□亥七月二日辛酉記

《金陵碑刻精華》

南唐〇〇八　范韜墓誌

保大十年二月二十七日

【誌蓋】大唐故范司空墓誌

【誌文】

大唐故范司空府君墓誌銘并序

前攝撫州臨川縣主簿試太常寺奉禮郎葉雲撰

范府君者，建州浦城縣人也，越丞相范蠡十六代之孫也。祖諱容，逈世英奇，宿習文武，名高德重，舉世咸聞，簪紱垂芳，才能昡古，若麒麟表瑞，比鸑鷟呈祥，遷授□州衙推。祖母徐氏，冠國名家，膺時令族，傳芳女史，彤管標名，慶襲閨庭，光垂戚里。父諱漢，剋之功，[一]人間罕媲；桓桓之勇，世上難儔。受京告充建州浦城四界指揮使、臨江鎮使。母乃令淑賢門，纓裾達士，代承勳蔭，葉紹弓裘，彭城劉氏之愛女也。司空閩主莅祚，守歷資階，充浦城左先鋒將。忽遇時妖吴播叛跡，為望天負地之輩，作蜂屯蟻聚之徒。而司空測彼狼心，聊同蠆尾，據臨符竹巖寨，自言恃險憑危，靡□存亡，□依天塹。司空餼犒師旅，奔赴收擒，似火燎絲，如湯潑雪。吴播潰散，閩主賞功，相次轉遷上左厢虞候。止庚子年，越兵十萬侵剋建州，并重圍浦城西巖，在巖南門四月餘日。司空行披將律，坐閲兵書，料敵摧兇，詎移分寸。驅昆陽之戰象，突騎交鋒；同常山之陣地，杜聞奔穴。越兵大敗，擒戮甚多，殷主賞功，□充保勝西巖指揮使。止壬寅年中，高皇詔諭，割職信州，充左先鋒實職指揮使。止癸卯年，遷往江州，充左神威軍第三指揮使。止甲辰年，剋復建州，差權征行。僅於建陽戰敵殷軍，肯饒王濬，下視唐彬，豈在□沙，無慚滅竈；動如天助，戰似神□。潛謂時來，人吉命達。殷軍敗散，境土謐寧，却自部領驍師，收破西巖洞寨。又下建州，於水陸兩路戰退殷軍，漸逼州城，下寨圍繞。却赴劍州，收破城壁。便上建州，共奪水南大寨，數破殷軍，又攻建州城壘。剿彼兇醜，殄滅妖訛，粗立軍功，彌增課績。聖君激勵，賞典頻行，稍異常流，安同諸將。輸

[一] 此句疑脱一字。

忠竭節，心原瑩浄於朝霞；　罄展劬勞，勁節堪偕於雪竹。　尋歸京闕，濬受皇恩，賞賚尤多，旌獎非少，□遷殿直指揮使。　止丙午年，大發兵師，克復福府。　奉敕遷出充浦城静邊保勝弓弩等諸指揮使，防禦地方。　止戊申年，却歸撫州，充□□軍在城諸指揮軍使職、右軍散押衙、充昭武軍在城諸指揮都軍頭虞候、金紫光禄大夫、檢校尚書左僕射、行右監門衛將軍同正、兼御史大夫、上柱國諱韜。　娶臨江鎮判官張郎之愛女九娘。　娉娉麗質，西子重生；婉婉奇姿，□□掩態。　楊花頌美，柳絮詞妍，不幸早亡，迨逾十載。　司空有弟四人：　弟勝，□制置虞候。　弟皎，□秩銀青、左散騎常侍。　二人閑，五弟名鎮，□弟名訓，各有男女。　有姊一人三娘，嫁黄大夫名澹。　有妹二人，一妹嫁張氏名斌，一妹五娘嫁周勾押名曜。　姊妹各有男女，具繫職秩。　司空有男五人：　長男名仁聿，□福□□護駕散指揮使，戴仁挹義，韞德懷才，閩主寵憐，異於倫等。　爰於建水擊刃，少亡。　娉黄鄴女。　有男孫二人，一名文顯，一名文祚。　次男仁通，在閩受俸充神武軍右弓箭指揮□軍頭虞候、檢校禮部尚書。　婚浦城章太傅弟大衙使女十二娘，有一女孫廿一娘，嫁吴衛都司男章氏，早亡。　□醮東□夏官張和進女□娘，有一女孫名僧藝。　第三男名仁珣，受憲銜銀青、左散騎常侍。　婚章琛女六娘。　有男孫二人，名助郎、詔郎。　第四男名仁遇，受横戈柱日，□手擎天，將略軍謀，光前絶後。　輸忠立孝，譽播寰中；　果毅賢豪，名居衆上。　受俸□充永安軍静邊第一指揮、控鶴都主兵副兵馬使。　婚黄績女三娘，芙蕖綻沼，芍藥含春，貌若冰清，顔如玉瑩。　動循四德，媚合千嬌，孝事公姑，益光閨壼。　有女孫一人，名婆女。　第五男名仁衛，旭日初昇，□官乍扇，脩文習武，布義行仁，受俸在撫州左長劍指揮，受初職右散軍將。　婚撫州牧守危太傅孫□□危光毅愛女十一娘。　有男孫一人，名鄒虞。　司空有女三人：　長女六娘，顔如蕣英，志方松竹；　言馨蘭茝，德并珪璋，嫁周氏名冲。　次女七娘，夜月含輝，池遵□蕊，神情綏慢，止趣㛹娟，言有箴規，顔無慚閱，嫁浦城鄭都衙男名贄。　第三女九娘，調態殊倫，真淳異世，女□□禮，素有規程，性善情柔，迴無儔侶，嫁笥後將黄懷男仁用。　司空天機神智，未罄襟懷，異榮深謀，猶藏□□。　永作雄部

之柱礎，恒為聖主之股肱，俟静狼煙，肅清邊鄙。無何，未遂善願，神罔矜撼，疾逆膏肓，欻沉□□。□唐保大八年庚戌歲十一月廿六日疾薨於撫州子州城南門外私第，享年六十歲。本府官具表奏□□□□□慘龍顏，穹昊何嗇，殞我良將。拾年二月廿七日卜葬於建州浦城縣敦信鄉仁風里本土庚向之□□。□□□□之山川，人間卓絶；猿嘯鳳栖之境域，區内應無。而又夢筆臺存，越王城在，地連勝岆，兆合乾□。□□□□□□孫，代生雄傑，豈在重呵神蔡，再問靈蓍，吉叶千齡，永昌萬祀。嗚呼！生為死本，來為去期。遽□□□□□□□雲幸緣萍梗，寓寄藩籬。雖路隔仙凡，而屢趣軒扆。時銜悼念，倍切悲傷。諸昆尚書命予□□□□□□□□雕龍，直筆聊書，未盡善美。乃為銘曰：

一：岳瀆挺神將，名列劇辛臺。伸手捧日月，啓口喝風雷。□□□□□，□□□□哀。從今一别去，無復更迴來。二：寶劍長歸匣，斛弓不復彈。辭世乾坤静，歸時宇宙安。設帳含□□，□□□□□。□□威風在，凛冽射人寒。三：降世誠非久，都來六十年。喝兵揮羽扇，稿陣劃金鞭。威棱□聖念，□□□□□。□□□□□，□□却歸天。四：爰從三島降，來助大唐君。定亂施神武，清平展□文。器宇凡仙隔，神儀□□□。□□□心主，三軍雨泪流。杜聞排戰陣，永絶講良儔。枉棄明□禄，深牽聖上憂。若非歸紫府，應是□□□。□□□□□，□□□衣煙。英魂騰碧落，神櫬掩黄泉。真宰猶垂泣，明君堪憶賢。欲期逢後會，過□□□□。□□□□□，□□□早春。枉為泉下客，睽阻上清人。聖主之時瑞，邦家喪國珍。三邊如警急，誰為静煙塵。

《福建文博》一九八九年第一期

南唐〇〇九　馬光贊墓誌

保大十一年八月十三日

【誌蓋】失

【誌文】

□□鎮南軍節度副使光禄大夫檢校太傅兼御史大夫上柱國扶風馬公墓銘并序」

將仕郎守江州文學胡仁□□」

馬氏□□也，興文則懸紗海北，建武則立柱天南，騰芳而金玉華宗，擅價而王侯貴族。源流」繼體，威莊苻嶽瀆之祥，高祖封孝威王諱禎，曾祖封景莊王諱元。積慶垂休，武文應」星辰之瑞，祖父封武穆王諱殷，伯父封文昭王諱範。昭隆家世，啓拓邦畿，英雄堀起於」許田，龍虎騰驤於蓼水，廓開四鎮，霸定三湘。枝葉相傳，楚王嗣立，乃武穆第三子。公即」楚王長子，諱光贊，字保圖，昆仲二人。母樂安郡君孫氏，保大十年壬子九月十四日疾薨于」鍾陵。公麟鳳仙姿，風雲間氣，備忠貞而許國，全孝悌以承家。定霸争雄，自得黄公之術；」兵機將略，早傳玄女之苻。講書而坐上星沉，論劒而罇前月落。開襟接物，不遺狼服之徒；闢館」延賓，未怠虎靴之客。加以世分茅社，門慶旂裳，知時先項託之年，入仕早甘羅之日，香囊未」解，鈿軸俄分。比唐同光二年甲申歲，是時伯父文昭王朝覲歸迴，公年五歲，授銀」青光禄大夫、檢校太子賓客、兼監察御史。長興四年癸巳，其年十四，轉左散騎常侍、兼御史」大夫。清泰初年乙未，其年十六，轉遷工部尚書。天福二年丁酉，其年十八，授湖南大都督府軍」牒，充突騎指揮都虞候。四年己亥，年二十，遷副指揮使。五年庚子，年二十一，改授尚書左僕射，」右親衛馬前弓箭指揮使。八年癸卯，年二十四，轉左銀鎗指揮使、金紫光禄大夫、檢校司空。十」年乙巳，其年二十六，授静江軍節度隨使都押衙、鈐轄内外諸軍事。十二年丁未，年二十八，轉」檢校司徒、武平軍節度都押衙、在城馬步樓櫓戰棹諸軍使。開運六年庚戌，其年三十一，授武」平軍節度副使、知朗州軍府事、檢校太傅。方求致理，正慕移風，欲改怙乱之鄉，頓换昭蘇之化。」豈謂人心佷戾，俗態澆訛，蒲鞭□□於兇頑，農器難銷於劒戟，須憑斬伐，始静妖氛。公情本」好生，心唯樂善，揖迴郡印，自取清途。獲於犲豕之牙，得免噬吞

之禍，保全尊幼，脫離憂危。特[降]」詔恩，來歸大國。保大十年壬子八月朝」覲，改授鎮南軍節度副使、光祿大夫、檢校太傅、兼御史大夫。再遇」聖明，重申侍奉，乃傾忠孝之道，用答君父之恩。何期良木先摧，嘉[苗][不]秀，[纔]聞」染疾，散募名醫，針灸難及於膏肓，福利無憑於請禱。保大十一年癸丑夏四月□日三更時」壽薨于官舍，春秋三十有四。」聖主輟朝，父王痛割，歎盛□而若此，拋左右以何忙。其年八月十三日歸葬于江寧」縣鳳臺鄉建德里庚向正穴之地。」恩賜營奠，禮贈過□，謚邵州刺史、左領軍衛將軍。」先娶武平軍左親從指揮使王司徒長女，封瑯瑘縣君。女一人，道生，六歲；男一人，伴弟，八歲；□」人，蘗叉，二歲。壬子三月二十四日朗陵長下先公五日而逝。嗚呼！蘭折香銷，月沉光滅。鶴[辭]」華表，空追遺鳥之悲；劒渡延平，但切化龍之恨。仁傑早奉王旨，趍事台庭，雖祇承未」歷於星華，且始末粗經於聞見。不留刊勒，恐墜芳猷，輒抒蕪蕘，用紀英烈。乃為銘曰：」

瀟湘烈國，武穆膺數。六十餘年，廓清封部。間生楚王，歸佐唐祚。爰有我公，紹其令緒。」盡忠盡孝，兼文兼武。位亞三台，[名]高四輔。風燭難留，逝波不住。纔始疾霑，便□□[路]。」蒼松茫茫兮悲復悲，黃泉杳杳兮去復去。不於石上記□終，誰認王孫□□□。

《南方文物》二〇〇七年第三期
私人藏拓

南唐〇一〇　姚承鈞墓誌

保大十二年九月十九日

【誌蓋】失

【誌文】

唐故内門承旨銀青光禄大夫檢校工部尚書兼御史大夫上柱國姚府君墓誌銘」

京兆韋煥撰

河南芮德雄書

太原王廷浩刊」

府君諱承鈞，字子平，保大十二年歲次甲寅夏五月二十九日遘疾殁于」京師私第，享年三十有五。以其年季秋月十九日葬于江寧縣鳳臺鄉小郊村梓桐山之陽也。」曾祖諱制，東洲鎮遏使、檢校左散騎常侍。皇祖諱珪，静海都鎮使、檢校兵部尚書。」皇考諱匡裕，静海指揮使、都鎮遏使、檢校吏部尚書，妣夫人李氏。府君之先也，」世典東疆，物土静理，洎乎後胤，食禄猶然，今即生于彼土也。府君禮樂之家，孝悌之子，」當生有異，與衆不群，咸稱杞梓之材，盡謂瑚璉之器。善於弧矢，曾穿百步之楊；尚以籌謀，素有」六韜之術。英奇若是，先考嘉焉，於是申補右軍散將，時大和四載矣。冀期鴻漸，俟振鵬」程，益稟義方，轉加恭恪。洎七年，改右軍衙前揔管，准制遷静海指揮第二都都軍頭虞」候。纔親戎仵，衆中揚賈勇之聲；既助邊威，境上有望風之懼。尋以國家旁求俊彦，用副僉諧，」爰罷邊陲，旋歸上國，奉制遷右軍散十將、充左龍捷指揮副兵馬使、銀青光禄大卿、」檢校國子祭酒、兼監察御史、上柱國。仰承天澤，益著忠誠，改品袟以昇隆，始才能而漸」展。昇元初，烈祖高皇帝聖運應數，土德中興，廣布殊恩，爰叨慶澤，改右軍衙前」十將，賜袟兼轉殿中侍御史。頗增光顯，甚勵勤劬，唯務治兵，曾無暇日。三年，祀天成禮，」雨露再霑，改右軍衙前虞候、充龍衛軍左雲翼弟一指揮弟一都實職副兵馬使。揣循」覆育之恩，終荷昇平之化，於是遠方來貢，四海晏然。寔當偃武之時，正覩用文之際，固宜知」道，是用改途，乞侍階蓂，免於細柳。六年，授閤門承旨。戎衣纔脱，御香先得，以」□身紫殿，初開玉砌，固當於植足，大光門閥，寔快平生，為美若斯，行善所及。

旋值」高皇晏駕，今上乘乾，纂成大禹之功，復下如膏之澤。保大元年，授檢校右散騎常侍、兼」御史大夫，爵秩屢遷，聲華遠播，門庭赫奕，車馬駢闐。十一年，國家選用賢良，舉振淹滯，」□茲藏器，足副上心，用是加恩，踰次甄奬，轉檢校工部尚書、充内門承」旨。班行所貴，親戚咸歡，皆言大國爵人，悉是選賢任德。恭荷天命，欲報鴻猷。執」期藍玉難全，芳蘭易殞，偶斯遘疾，遽止沉淪，反席未安，夢奠已驗。府君娶徐氏，封東海」縣君，即曹王之次女也。克敦孝行，夙蘊賢和，外彰女史之文，内播治家之法。男四人：孟」曰繼文，學業將就，懷志頗高，早聞別李之知，以蘊題橋之操；仲曰順哥，叔曰王孥，季曰勝哥，或」□襁褓，或始齠年，既承積善之門，盡是保家之主。女二人：長許同寮壠〔隴〕西李内門之長子也，孝」敬有聞，蘋蘩可奉；次女年方總角，言漸解圍。有弟承釗，操心奉主，體物無私，習百王之書，曉九流」之述。承銓為人雅重，立性慈和，既聞筮仕之禎，佇俟策名之慶。於戲！生既有時，死固有地，達人悉」能知命，府君得不其然。苟世禄之不隳，有子孫之可繼，獲歿牖下，復何傷乎？焕智不及」於色絲，才實卑於吐鳳，幸叨下請，得以直書。庶彰不朽之名，用表喪賢之地，恭辞不逮，」乃作銘云：」敦孝治家，秉直事主。動静合常，威儀中矩。克儉克勤，允文允武。譽滿當時，名傳千古。其一。」美秀獨異，慈惠難倫。解驂贖士，投轄留賓。敦詩閲禮，去華任真。朝庭所貴，朋友稱仁。其二。」量同巨海，心若盤石。立德不回，執信豈易。箭發穿楊，詞能奪席。欲繼餘芳，孰堪踵跡。其三。」梓桐之陽，嶺秀原芳。江寧之鄉，身葬名昌。勒石是紀，幽邃為藏。君子万年，永保無疆。其四。

《金陵碑刻精華》

南唐〇一一　徐延佳墓誌

保大十三年二月

【誌蓋】失

【誌文】

大唐國永貞縣徐常侍墓銘

法海鈞士寂常撰」

吁！日居月諸，晦明定矣；興存有亡，人倫數矣。今此府」君，五美真人，四科繼飾，性同金玉，學贍經綸，不佐王侯，」不忘家節。公諱延佳，東海郡徐氏之子。祖守，徐州長史。」父欽，任吴朝散騎常侍。公娶王氏為助祭，柔和克倫，箴」誡傳芳，而誕七子二女，皆才繼曾顔，名勝八□，然性相」近，習相遠也。元子承誨与弟遇及諭，脱屣于時，不臣不」禄，泛舟養性，因利富家。仲子承隱与承煦，學通文武，善」達機權，不失臣節，守職永貞。季子承議、承朗，孝同魚笋」之流，未遠趍庭之禮。見有三院新婦，盡詩禮名家，朱紫盛」族。女一人早事舅姑，夭隨雲駕；一人未從箕箒，潔白閨」門。孫男匡祚、匡祐、十郎，並氣懷瑚璉，仁孝紀綱。孫女二」人，笄年富禮。府君外肅儒風，内皈釋氏，弘十善，持八」戒。得夢兩楹之日，臨終言曰：吾歸弥勒院也。嚮年六十」一，於甲寅歲仲夏十二日辝家人而不返，留琴書而莵」然。諸子九月枕塊，停柩於家，承聽如在。禮至乙卯歲仲」春，玄窆江濱鄉菓園之内。車轝駁轞，緇素汍瀾，馬韉禮」周，龍壟永閈。命余紀實，質而不文。銘曰：」

日月晦明，人倫生滅。府君仁孝，剛柔□列。家門嗃嗃，七子貞節。」文行忠孝，明代賢哲。山有崩摧，樹高忽折。大夢難留，慈顔永別。」封樹禮行，簠簋奠徹。識念何之，言歸兜率。

《揚州博物館藏唐宋元墓誌選輯》

【誌蓋】失

南唐〇一二　王繼勳墓誌

保大十四年八月□十□日

【誌文】

■」〔一〕

■人也。其■至隋唐，累世名德，冠冕蟬聯不絶，國史家諜，莫不」■人仁之□，□枝百世，昭穆□□。若夫離、剪佐時□乱，定功於前；□□輔主濟民，垂名於」■土■大功業，近則我祖有之也。別宗因地，始封閩王，諱審知，族人」■太祖。四世之親，因之追贈。故桂州陽朔縣令、贈司徒諱玉，公之高祖也。司空、贈太師、中書」■曾祖也。守泉州刺史、贈侍中、追謚武肅諱審邽，皇父也。福建管内三司發運副使、檢校司徒、」■皇考也。崇國太夫人宋氏，妣也。公大昴炳靈，祥麟叶趾，弱齡襲爵，寅亮秉躬。」我顯祖光宅閩區，功格東表，漢封三越，奕世重熙。修貢職方，不替獻命。中間赤符未集，作帝自娱，」■哲人，振振公族。□復閩隸殘孽，乘釁肆兇，公能□平指期，戴天□□，果見□殲猾豎，大刷耻讎。」■邦家，疏□□命。□蕩□□，□□飛□，加服九章，踐登三事。高陽□里，繁盛昔時，行部晉□，遺愛」■保大四年，諭順祐之理，稽筮遷之□，賓融適變而動，公臆断有焉。帝嘉其誠，允答高秩，拜」■加特進，賜推忠効節奉聖功臣，食邑□千户。戴蟬珥貂，入□帝闈，功冠羣后，位隆鼎司。五」■池州都團練觀察處置等使、守池州□史。秩滿，考成績□狀，居奏課之最，再命陟庯，不替厥位。」■崇國太夫人奔問至，自傷行役，版輿□奉，陟屺增望，劬勞永思。忽焉哀驚，迨將絶息，羸病扶杖，」■能興。万石君純行篤孝，人皆擬倫焉。卒哭告祔，金革從權，起復

〔一〕墓誌誌題、首行及銘文末段殘泐，據《全唐文》卷八七五陳致雍《左威衛大將軍瑯琊太尉侍中王府君墓誌銘并序》知誌主名繼勳，首行所殘文字爲「公諱繼勳，字紹元，瑯琊臨沂人，因家爲泉州晉江人也。其先自秦漢至隋唐」。按《全唐文》此篇輯自《永樂大典》存録陳氏《曲臺奏議》。誌石雖因漫漶，文字有闕損，但大體與《全唐文》同，個别字句稍有不同。有較大出入者僅一句，誌文作「致雍昔同嚴助州鄉入見，嘯甫獻替，早□亮跡，合紀殊庸」，《全唐文》作「致雍昔與嚴助同鄉入見，諸任在列，仰覿亮迹，合紀殊庸」。

視事，共治七載。宜民宜人，無怨」■，惠政誕洽，庶績咸熙。歸朝，拜左威衛大將軍，屯守期門，率厲士校。玉顏鑒物，温言煦春，遇」□大夫有禮，與小人有恩，器度□□，□□不佚。兼以書善楷妙，經誥墨迹，餘暇手寫，好學不倦，為善」■稱。招禮耆儒，弘廣經義，通□□訓，隆諸子弟。堂構斯盛，由公負荷，有此之賢，如此之親。嗚呼！天不」□遺，哲人其萎，享年四十有五，以保大十四年七月十二日薨于京師崇禮坊私第正寢。」皇上撫几增悼，廢朝□日，詔鴻臚護葬，司儀視禮，賵賻加等。啓殯，謚曰敬，禮也。以其年八月□十」□日葬□□□安德鄉安宜里，往日卜窆於此，即先夫人青陵原合祔，禮也。嗚呼！祖庭撤奠，遷柩」□紼，素□委以曳輀，雲□□而蔽□。笳□悲鳴，霜風慘冽，世嗣號而踊絶，虞歌挽以紆行。嗚呼！既葬」■不見，親賓拜■仗回而下■踈林，歸軒空蓋。公娶清河郡夫人崔氏，」舊朝□國胤族□□□，秀發景胄，訓承大家。□□賢才，維則是效，裴王宗族，作嬪可偕。不幸先公而」■夫人鄭氏，往歲名推賢淑，翼贊宫闈，玉度有輝，蘭儀誕茂，作儷于王□□□」□□也。長男曰□嗣，池州中軍使，顯居右職，是司鼓□，□□□以聽軍聲，陳旌旆以鞠□旅。□昔□□，」今為具臣，仁□之行，天誘其衷。端己厲俗，勤節苦學，寡欲■人必待舉。次男」曰傳憲，次男曰傳勗，並冠而未仕，就賢親師，進德修業。吾門以□，□在兹乎。有女二人，長有適人，為」婦之端。次未笄，既喪父天，殆無所怙，箴管右佩，婉惠其容。致雍昔同嚴助州鄉入見，嘯甫獻替，早□」亮跡，合紀殊庸。拂琬琰以增悲，愧簡頌而鄙略，敬為銘曰：

大哉甌閩，雄冠百越。皇皇我祖，」昭昭丕烈。景胄流芳，維公則哲。弱齡襲爵，守命邦節。伊昔故土，猾豎肆逆。放弑我君，盜據我國。世祚」中零，厥心否塞。潛運神謀，大翦兇慝。泉山紆盤，秀出高峙。大荒東流，禹策攸紀。帶海一隅，膏壤千里。」疇昔賞功，作牧於此。崇徽九命，踐登三事。戴珥貂蟬，帝闈入侍。守郡池陽，風化大治。兩地甘棠，」猶詠蔽芾。執親之喪，杖寢在廬。漢文權制，墨衰外除。□避金革，起剖虎符。期門總

旅，警衛」宸居。□□□備，文武不墜。分袂藏書，永錫來嗣。師禮耆儒，論道說議。階軒柱楹，墨迹猶記。偉哉」□子，□儀堂堂。蟬冕照面，玉顔生光。蘩蘭■緬邈■傷。玄堂一閉兮冥寞■。

《新中國出土墓誌・江蘇貳》

南唐〇一三　□庭規墓誌

建隆元年九月九日

【誌蓋】失

【誌文】

■公墓誌銘并序」　布衣彭□撰」

■興謝，雖今古以難逃；一曜昇沉，在壽夭而必定。苟」■是□達人。公諱庭規，字正謀，廣陵人也。仁孝著」■久。□蘊不群之操，早持強仕之風，令範嘉聲，象賢」■。祖强，不仕。考慶，右軍都知兵馬使、檢校工部」■。妣遂氏。公□尚書之第三子也。剛腸無撓，純善」■內典以修心，覽古書而擇行。而自幼趣天闕，長」■，正直則繩墨合宜，廉慎則冰泉讓潔，所以繼縻好爵，」■風。自初階以歷至守游擊將軍、行尚書省主事、武騎」■。力不虛投，職非濫進。清名美譽，皆標表於朝行；守法」■遇於省列。夫人胡氏，本自名家，素彰婦道，賢行」■和過班室之儀，令淑之姿，比方無已。有子三」■次曰匡澤，皆繼門風，並居省署；既全通於詩禮，」■於箕裘。次子匡濟，不仕。女十三娘子、孫女十四娘子，」■未曾出適。公以建隆元年五月二十九日疾終」■享年五十有六。以其年九月九日歸窆於金陵江寧」■鄉□信里，以從其礼也。山秀川媚，永安穩於貞魂；地」■别延□於令嗣。□久欽雅望，早熟芳猷，深愧斐然，」■已，乃為銘曰：」

□□不仕，公□衆美。致□庇人，偏能去己。其一。內典崇修，浮」□□□。□□□賢，為人標表。其二。心唯樂道，性本任真。天不」□□，□喪□□。其三。吉日良時，將卜玄寢。地久天長，芳名不泯。其四。

《金陵碑刻精華》

南唐〇一四　何延徽墓誌

建隆四年四月三日

【誌蓋】失

【誌文】

唐廬江何府君墓□并序

南山逋客鄧子沖撰」

廬江何氏也，關內□源，江左支息，即有府君之」祖諱堪。屬中原□□廬陵郡樟樹小戍，因而家焉。」考諱□□，習進士業不弟，豫章鍾王辟為從事，因佐王之長庶，守于」潯□。」府君諱延徽，字庭詔，即從事之次子也。幼懷壯志，長有士風，酷傳後素」之能，深入移神之妙，即為潯陽守鍾公署軍事衙推，尋署太常協律」郎，攝彭澤縣尉。府君雖不食國禄，嘗蘊大隱之操。潯陽郡人」咸曰：何君養素慎靖，五十年間未嘗於塵土〔士〕雜交，真負昔賢之槩。」深為江人篤敬。無何暴疾，雖醫而終，享壽八十。以建隆四年癸亥歲四月」三日葬于德化縣德化鄉□南社，祔于」從事之塋，禮也。府君婚江夏郡黃氏。有男二人：長曰松，隸衙職，事」于大貂朱公；次曰脩，習父之風。有女五人：長事客副知荆儔；次事」居人畢瑤，早亡；次事攝文學陳素；次事使院胥長王德；次事軍將劉」嗣。皆號擗盡孝，逾於曹〔曾〕顏，慮其陵遷，請之為誌。」

森森長松，潺潺流泉。」白雲淡蕩，迴阜盤旋。」何君一葬兮在斯原，」誌之幽壤兮千万年。」

長男孝子松書

《唐末至宋初墓誌目録》

上海博物館藏拓

南唐〇一五　李景遏乳母杏氏墓誌

建隆四年五月十日

【誌蓋】失

【誌文】

唐百勝軍節度使江王乳母尚書杏氏墓銘并序」

觀察巡官掌表奏將仕郎試秘書省秘書郎賜緋魚袋楊弼撰」

夫宮掖之職，慎擇惟難，苟非其才，諒不虚授。況乎膺大君之命，正」諸母之稱，上蠲鞠育之勞，下資乳哺之欲者，非復拔乎其萃，又焉能」預其選焉。尚書杏氏，臨川郡人也。幼失其家，忘祖考之諱。及長，以柔順」專良之性聞於內。時烈祖元敬皇太后方柬求淑媛，入奉公宮，亦」既召見，果協聖旨。自是委任親信，莫之與京。及王慶誕之辰，卜士負」之，保母受之，継而食者，非尚書而誰歟。既迺襁褓之寄特隆，歧嶷」之姿日就，欣欣奉教，盛稱於宮壼間。旋属元敬上僊，王方毀齒，念」劬勞之莫報，唯慈乳之斯在，哀敬之道，逾於老成。洎元宗孝宣皇帝」嗣位之十年，俾王出閤涖事。邸第斯啓，簿領寔繁，雖本之以天縱」之明，濟之以日新之德，曾無留滯，動稱上心。而尚書復以夕惕若」厲之規，伐善矜能之戒，迄用諮誨，未嘗惜言。及王建旆南康，閫寄尤重，」憂勤助理，又倍於前。孝宣皇帝聞而嘉之，賜号尚書，用旌其賢德也。宜」乎登期頤之壽，慰親賢之心。無何風恙驟

攻，針藥靡効，建隆四年癸亥」三月二十一日終于虔州之府第，春秋五十。王之追懷感慟，迨不勝哀。」及將大殮，執事者議其服之降殺。王曰：此酌在人情而已。夫恩之重者，」禮必異數。故魯昭著練冠之制，即其義焉。吾將行之，豈必多惑。繇是識者」伏其達禮。以其年夏五月十日辛酉卜葬于郡城之東南光福舍利院側」王妃盧氏之塋次，禮也。王復謂執事者曰：且高岸為谷，著在前經；劫灰」□池，聞諸方士。匪刻貞石，曷誌幽阡。於是承命直書，深慙不典。銘曰：」

□有淑媛，實家臨川。幼失族黨，長迷派源。自挺孤操，人無閒言。宜哉」□后，求賢得賢。惟王誕生，與民作則。實覃實訏，克岐克嶷。乳哺之勤，教」□之力。微此專良，孰稱其職。元皇繼嗣，載念連枝。外崇傅訓，内建母儀。」□從邸第，出鎮封陲。朝夕諮誨，其心靡衰。惟帝念功，載揚玄造。旌以」前勞，錫之美号。既荷殊寵，實思上報。孰謂柔明，溘至何早。王情所屬，造」次誰同。哀從中起，禮自外崇。長存教育，永慟音容。魂銷夜壑，淚灑悲風。」既卜良辰，乃營吉土。梵刹旁睨，嚴城北顧。松栢交蔭，崗巒密護。俾刻貞珉，」永識幽户。

攝州文學知書籍錢晏書

歐陽壽鐫字

《北京圖書館藏中國歷代石刻拓本匯編》第三十七册

南唐〇一六　張思恭墓誌

乾德二年九月十一日

【誌蓋】失

【誌文】

□故閩武■張府君墓誌銘并序　文并書」

黃扉既闢，方□□葉之華；□□□□，爰起壞梁之嘆。悲夫！府君諱思恭，字□」元，其先清河人也。王父諱□□，贈司空。王妣吕氏，累贈桐國太君。皇考」諱居詠，順天翼運功臣、守太弟太傅，謚曰懿。皇妣任氏，累封西河縣君。」府君即懿公相國元子也。維岳降神，公台毓粹。其生也，丹穴五色；及長也，」豫章七秊。氣岸穹隆，聳芰巖而無際；識度宏遠，渺江漢以何涯。昔者義祖武」皇帝革命造吴，與國戡難，權總戎律，手握鈞樞，控禦四維，恢張兩曜，眷惟良輔，」宜得兼材。懿公相國以英毅之奇，聰明之悳，由踠驥足，方竢雄飛。自兹始佐」行臺，仍居蓮幕，旋分竹使之重任，乃光令子之嘉猷。府君因即假途，遂參」軍廣。烈祖孝高皇帝嗣秉吴政，潛龍在齊。四方慕義之英髦，駿奔而至；隣國」馳盟之專介，繼踵而來。時以府君聞禮聞詩，允文允武，容止儼若，詞説豁如，」遂淹鯤化離雲之裎，終屈束帶立朝之職。尋屬曆數有在，黃運中興，革藩服」之舊規，立朝廷之新制，威儀肅睦，典故貞明。洎乎燔柴圓丘，致饗宗廟，升」降導從之禮，□委之於府君。由是累遷館驛使、客省引進使、福昌殿使、閩」武殿使。侍龍虎以稱貴，崇水土以旌賢。承旨三朝，繼陳寵之周密；馳聘四」國，富陸賈之交通。故能入親天子之光，出護將軍之旅，時論允若，帝心矚」饜。比期禦侮邦家，追蹤鼎鉉，克協高門之慶，雅符大昴之靈。無何天不憗遺，疾」生腠理，□□□□，壽也其終。以乾德弍年太歲甲子秋八月七日庚戌遘疾歿」于武定坊□□，□秋五十有九。其年秋九月十一日甲申卜葬于江寧縣大隱」鄉■内政始婚彭城劉氏，早亡。繼室弘農楊氏，令淑有章，慈」□□性，内助之□，□□六親。有子七人，賈虎騰芳，荀龍擅譽，行優顏閔，望重珪」璧；竚履□□，□邁前烈。三女：長適天悳軍左第十一指揮使、司空柴君克戎之」季子曰崇

儒；次皆妙齡，已播令問。噫！府君之生也，託質將相之室，策名」堯舜之朝，移孝資忠，本仁尚義。翱翔禮樂之府，優游歌酒之鄉，富而不驕，敏而」好學。胡不登於上壽，諒難問於彼蒼。中庸宗字受知，猶子致禮，爰俾敘實，用」誌玄宮。雖强操觚，孰能具美，勉而揮涕，敬為銘云：

於穆相門，是生令」臣，□禮天之珪璧，應拱極之星辰。襲慶皇皇，等九苞之威鳳；立朝諤諤，」□□角之祥麟。言動無違，舉必符於禮樂；抑揚有度，道克冠於搢紳。故得」□□延祥，慶自流於枝葉；皇家尚德，寵必異於彝倫。如何彼蒼，殲我惟良。雲」□澹兮積愁色，日遲遲兮凝冷光。奚福善之攸忒，遽哲人之云亡。將遂封於」□□，卜元吉於牛堽。惟貞魂之可息，俾厥後之遐昌。

《金陵碑刻精華》

南唐〇一七　净照禪師塔銘

乾德六年正月

【誌蓋】唐故净照禪師墓誌銘

【誌文】

■街奉先禪院净照禪師塔誌銘」

■郎守尚書工部員外郎知制誥雲騎尉賜緋魚袋張洎撰」

■自時厥後，弈葉■因越生死，海□」■净照禪師之■清，祖考不仕□□」□□法■見東南，遂浮□□」□誓■成」本無■道」富為■之■一言密契」於心■師首率」門人■」元宗■契■」皇上■師，了諸師之□□□□□□眼，能辨大」事，宜■精舍■净照師名復」崇兹懿■海之□茂林秋■，其會如」林。師嘗■大德□□絲□於如來藏中□□與可得，悟」之則■其□□，後來皆如此■弘道在」人，慈■於夜壑，以乾德丁卯歲

□□□□越己巳歲季冬」月二十■曰：□□□寂，□□有終，□□有□，吾將示滅，汝等諸」子，善■而化□□四十□□□□六十九年。王以失其棟梁，」四主■七■以明年」正月十■于江寧縣□□□□里□□□□二里」遵道■法輪」作大■於如來」正根■佛■法嗣」■見託，□□獲已，謹作」銘□：

■千■將墜」■甘」■暢」■有■」■。」

右街僧判官、翊教大德■」監院僧子朋、維那僧行□、典■德等」親教弟子僧一百廿七人，長曰義宗、侍者第信、義顯。」

姚慮、吳貞□鐫

《新中國出土墓誌·江蘇貳》

南唐〇一八　謝君妻王氏墓誌

開寶五年正月九日

【誌蓋】失

【誌文】

唐故太子洗馬會稽謝公夫人太原縣太君王氏墓誌銘并序」

鄉貢進士廖儼述」

嗚呼！夫人鍾淑茂之氣，挺肅雍之德，而年不及中壽，命將霑一邑，遽弃」孝養，奄忽殂落，可哀也哉！」夫人其先太原人，因官遷籍，今為臨川人也。祖諱　，父諱誠，皆抱器忘」名，安貞下位。夫人即誠之長女，年二十歸于」先府君。王謝連□，有自來矣。昔」先府君侍庭闈，睦親族，夫人竭其誠敬，奉之周旋，副笄」助祭，垂四十載，未嘗不夙興夜寐，潔粢豐盛，故鄉黨稱其孝焉，親戚慕」其義焉。去歲先府君之寢疾捐館，」夫人傷悼齊

體，加於常等；撫愛諸孤，愈於曩日。無幾何冬至，率諸婦、宗」婦致時祀之奠，嚴尊祖之禮。倏遘沉痼，苦於風痃，雖金石之藥迭進，禱」祀之懇繼至，曾不少痊損焉。春秋六十有六，以辛未歲冬十二月六日」終于都城之私弟。自始疾至于終，才一旬矣；及金泥鈿軸之及門，即歿」世之七日也。凡中外之赴弔者，皆惋憤失聲，信乎其能為人也。以明年」正月九日遷窆于鳳臺鄉先府君塋之東偏，禮」也。有子四人：伯曰光襲，早卒；仲曰光符，內法物庫使；叔曰光弼，季曰光」業，皆未仕。女三人：長適王氏，次適廖氏，次適李氏。初，法物奉」命而西，夫人方康强；及夫人委化而去，法物始迴復。其」年之內而二親繼喪，此又甚可悲也。法物常謂余曰：夫風樹之」感，古人所同；隟駟之光，逝者何及。所恨嘗藥之際，不在侍疾之列；屬纊」之時，不聞啓手之語。終身之痛，胡可勝耶，欲報之恩，昊天罔極。吁！出身」事主，自孝移忠可也。異日立功名，揭碑板，庶慰其明靈」焉。卜地告吉，先遠有期，以衢忝辱諸親，偹覩」懿實，懼彼高岸，俾刊貞石，此孝子之事親終矣。銘曰：」

帝城之南鳳臺東，崇豈茂隴連閟宮。」孝子順孫兮哀以送終，千秋万祀兮居于此中。

《金陵碑刻精華》

南唐〇一九　智實墓誌

開寶六年六月二十四日

【誌蓋】失

【誌文】

■行饒州別駕武騎尉故智府君」■　穎川陳敘為撰」

■于□子，厥族乃分，歷諸近世，曾少達者。綿」■多事■知福為禍先。府君諱實，字」■人也。曾祖諱康，祖諱昭，考諱貴。」■水以攄懷，託琴樽而肆樂。妣彭城」郡■先志，能保大和，優游城闕之間，踈」■而居，或酣醉以經旬，或杜門而終月。」■野鶴無羈，難拘世網；孤雲出岫，但」■慮者獨我。心雖叶道，命且拘時。偶為」■之上佐。開寶五年十二月授饒州別駕。乍」■宣，遽從淪謝。明年四月二十四日寢疾」■之第，享年八十有五。當年六月二十四日葬」■田村建康里。夫人吴郡朱氏，」■有稱，潔素無擬，先府君十三年」而殁，■袝于□，禮也。福不及善，伯道無兒；慶但鍾身，喬公」有女。□□□水關第二指蹤都頭郄漢賓。次適永興市茶務官陳」□忠。次適□□軍左右廂都指蹤使、國城都城都檢校使、左監門」衛大將軍、光禄大夫、檢校太尉、食邑三百户皇甫繼勳。」太尉以敬穆□，當其存而盡養；操心抱義，送其終而盡哀。唯僕久」處交知，懇□言託，固求紀述，以勒貞珉，因而操觚，且為誌曰：」

懿□別乘，善而藏器。昔其少時，遠名遠利。」迨乎暮齒，去巧去智。光不可掩，禄亦自至。」有壽是臻，委化無瘁。馬鬣其封，千齡無既。

《新中國出土墓誌·江蘇貳》

南唐〇二〇　法燈禪師墓誌　開寶七年七月十五日

【誌蓋】失

【誌文】

故唐右街石城清凉大道場法燈禪師墓誌銘并序」

蘭陵釋省乾撰」

粤白雲無心，寒松有韻，淡淡閑當於迥漢，青青鬱鎮於高嵓，物」以之然，道亦何隔。則」我禪師智自天然，性不群比，洞万物以為道，海百川以為懷，出」興利人籌盈，折床以之於後。」禪師諱泰欽，魏府人，周氏，祖父閥閱。師少蘊生知，不慕榮顯，十」歲投千佛院大智禪師出家落彩，十七開元寺琉瓈壇依神海」律師受戒。自迩神識灑落，不習經論，便慕參玄，杖策雲山，遍扣」諸祖。大和中，來遊江外，詣臨川崇壽，契大智藏導師心要。自後」止廬山蓮花洞万歲庵，情閑道高，人仰弥遠。即南都静安雙林」禪院嚮道請振大音，次居上藍禪院。」主上欽德，遠詔歸京。始住龍光，終居石城清凉大道場，錫号法」燈禪師。開寶七年六月二十四日申時示疾，奄順世緣，俗壽六」十五，僧臘四十八。小師監院文相等一百五十人哀痛無已，參」徒、弟子、仕俗万千泣送，儼全身於江寧縣鳳臺鄉小茭里，依教」建窣堵波，俾旌懿行。銘曰：」

白雲無蹤，秋潭影中。」我師示迹，道濟虚空。」來匪從兮何滯，去無方兮皆通。」出没大悲兮弘至妙，儼窣堵波兮該無窮。」門徒弟子兮哀罔極，千古万古兮松清風。

開寶七年歲次甲戌七月丁未朔十五日辛酉」記耳

《新中國出土墓誌·江蘇貳》

南唐〇二一　戚恭妻倪氏墓誌

開寶七年十月十日

【誌蓋】失

【誌文】

□故北海戚府君夫人樂安郡倪氏墓誌」　哀孫■」

家君行年二十九而祖喪，又一万一千三百二十八日而妣亡，□□」致毀而君毀焉。或曰：氣有聚散，適有來去。生之時，死之日，□□□」壽，殤子之夭□也。豈况嚮考終極孝養，外盡其敬，内盡其哀，□□」制禮，不可過者乎？是以□若起於苫凷之上，議喪期也□□太[夫]」人倪氏諱□，其先漢揚州刺史諺十三代之嫡孫，皇朝蘇州□□」巡官漢章之長女。母陸氏，東晉二陸之裔，本家蘇州，乃□方□□」□子也。未及笄，姆教織紝組紃之工，婉娩聽從之德，箴於閨□，□□」□遂聘于戚府君諱恭，為琴瑟三十有三載。所天即■」□□道。長曰承玘，次承皋、再誠、士衡。女一人曰□，適孫氏。無何□」開寶七年甲戌越正月五日甲寅，壽八十二，膳飲不輟，晨省□□」瞑目長往。嗚呼！太夫人未亡之日，長者少者，蒙其鞠育，屬纊□□，」聞者親者，傷其□媛。以其年前十月一十日，道遠不克合葬，□□□」□□鄉之東原，禮也。嗟乎！會葬□外姻，送終唯長子，將祭於□□」罔極之孝，思上堂不見，俄瞻望於冥莫，用之始□而失我□□□」□□進士，累上不第，□於知命，常慮報移恩之晚，幸揚名於□□。」□□未刜」□□□終，時不我與，天乎罔念。噫！風樹同悲，亦哭□無，□□□□，□」□□□，金石永固，識之封鬣。謹為誌云：」

代閲人兮浩茫茫，年華電轉逝飛光。塵波□淪■」□□百□幾長。彼孝心之無已，濟夫人之■」□□□兮龍崗，告龜筮兮不克。違奉□□兮■」□而死葬。既天望而地藏，哀哉杳杳不□□。

《新中國出土墓誌・江蘇貳》

南唐〇二二　宣懿皇后墓誌

□年八月二十六日

【誌蓋】故吴宣懿皇后墓銘

【誌文】

■」

■臣■」

■」■行■」■為所謂乃■」後■讓□當□吴■」■教軌範■」■」土運■謂嘉□克享修齡，」以建隆二年■享齡春秋七十有一。」主上念□之餘，詔有司率用」加等，奉■曰宣懿■至六轡咸倫，五」輅斯陳，■以其年八月二」十六日■江寧□□陽□□□□□□石□□止，馬鬣俄」封，露往□來，孰有寒泉之■，奉」制直書■」

猗□□德，昔嬪帝室。□□其□，□□□□□。感訓浹洽，」芳賢澤溢。善始令終，良由得□。□□□興，」時移世別。味道養和，含章履潔。□□□□，神祐貞節。」□□之時，果逢聖哲。□□□□，太常定謚。」□□官□，允符宣懿。爰構玄□，□□□□。万祀千秋，」無慙銘紀。」

將仕郎守祕書省校書郎■臣陳德寧」奉制書

■文秉刻字

《新中國出土墓誌・江蘇貳》

南唐〇二三　姚彦洪妻徐氏墓誌

某年十二月十七日

【誌蓋】唐東海徐夫人墓誌銘

【誌文】

大唐國右軍散兵馬使充静海指揮使兼都鎮遏使屯田鈐轄使把捉私茶鹽巡檢使東海」都場官銀青光禄大夫檢校

禮部尚書右千牛衛將軍員外置同正員兼御史大夫上柱國」吳興姚公夫人東海郡徐氏墓銘并序」

義豐屯田都院判官朱延著紀上」

粵若元化區分，埏鎔萬類，雖賢愚異禀，而泡幻一同。矧茲寒暑遞遷，春秋迭換，念隟駒之何」速，嗟逝浪以遄飛。繇是聖人興蓼莪之文，大士著苦空之論，盖彰厥理，式序其由。」夫人家緣上國，軒冕中朝，令望弥高，風猷素遠。曾祖諱容，字表儀。祖諱宗，字德衆。俱仕唐，」歷宦清途，史諜家譜，焕然明具，故不繁載。考諱球，字茂荆，仕吳，歷官左押衙知江陰鎮縣事、」黑雲長劍兩指揮都虞候、沿江遊迹使、金紫光禄大夫、檢校尚書右僕射、兼御史大夫、上柱國。」夫人即令第四女也，處鍾愛中最，為淑慎中規。年十五，適于」吳興公。其先始祖於姑蘇，蟬聯位望，為代所稱。其後枝分派引，從宦過江，佐唐吳二朝，歷」官四世。鎮東陲江海之奥府，静邊鄙，安民庶，務耕桑。復竭家財，贍義勇將士一千人，設官吏，」列將校，上佐國家，已安邊地。司煮海積鹽醝，峙山岳，專漕運，副上供，此公家世之績業也。」夫人既偕齊體，允篤賓敬，克執婦道，柔順利貞。積善成家，雍睦親黨，履坤順義，致家肥之論，故」《易》著牝馬之貞，《詩》有關雎之詠，其在茲乎。夫人生五子：長承鉅，知東洲鎮事；次承鐻，當直都」都軍頭；次承欽，當直都十將；二子尚居幼稚。六女：長適陳氏，次適席氏，次適程氏，次適王氏，二女稚」齒。夫人孜孜撫訓，惕惕居懷，致忠孝之道成，貞和之風立。鬱成一家之規範，与衆所欽，六親所則。」東西兩鎮家事内外僅三百口，公以邊防警遏，戎庶事繁，無暇留心室家。以」夫人貞幹恭和，訓齊不二，家道翕然，而匪有隳紊，公敬之以嘉賓，重之如家寶。本冀」椿松等壽，金石方堅，無何遘疾弥留，禱祈不應，縱神醫上藥，復何救焉。竟於其年十月二」十日終于静海都鎮官舍，享年三十有八。以其年十二月十七日葬于静海都」鎮管下永興場王鐸鋪界新河北、永興場運鹽河東二百步，以安玄寢。」公含悲茹歎，兒女等哀毁咽絶止。吉日葬禮畢備，復慮桑田之變，故銘其委之。延著不」敏，幸久依門，承命恭謹，敢讓其拙，故直書其辞：

有赫華宗，乃鍾淑德。窈窕容儀，芳華宛則。「親睦厥柔，黨規厥式。含章可貞，齊體爰克。「繁詠伊何，無失其職。婦敬伊何，以怡其色。「幹家之風，明標大《易》。忽染微恙，俄悲過隟。「筮彼玄宮，是遷斯宅。舉世皆有，其孰不亡。「容華麗而方盛，逝水去而何忙，驚埋玉而地厚，將刻石兮天長。

《南通市出土、五代十国期墓誌紹介》（《福岡大学研究部論集 A：人文科学編》第五卷第二期）

南京博物院藏石

南唐〇二四　盧文進妻□氏墓誌

葬年不詳

【誌蓋】清河郡宋國君墓銘記

【誌文】

■「□□正尔君之位，改■「藻以弥□，止於懿範■「隨逝水以難留，巫峽神容■「之正寢，享年六十有五■「內嬪致奠，中使護喪，即以其年■「國君風神婉麗，容止優閑，動叶母儀■「范陽王情深伉儷，悼切生平，請終偕老之期■「都軍頭、檢校司徒從謙。次東頭供奉官、檢校■「校兵部尚書從顥。次左天威第六指揮副指揮■「右僕射從胤。次東頭供奉官、檢校兵部尚書■「安州長史從筠。早亡，今附葬於塋之西南隅。次前安州司■「次適祠部員外郎、史館修撰渤海高越。次律大德■「官、檢校兵部尚書徐延勛。次未適。而皆陸氏龍■「金玉奇名，簪笏已昇於「丹地；蕙蘭芳性，絲蘿早託於清門。俱興罔極之悲■「露寒，江山暮而松風冷。青烏相宅，爰當虎踞之郊■「

祥禽鳴鳳，嘉魚躍魴。傳稱懿□，□□□□。□□□□，「懿範遐彰。爰有淑女，異代聯芳。□□□□，□□□□。「神峽降靈，仙波孕粹。道蘊之才，□□□□。□□□□，「佳人奉贄。居中靡忒，履順無虧。□□□□，

□□□□。」賢踰衛女，德邁邢姨。鵲巢詠美，□□□□。□□□□，」秦醫徒尔。妖興素棕，皃奪穠李。□□□□，□□□□。」流動英王，哀纏胤子。輀車輓□，□□□□。□□□□，」馬鬣封丘。蒼山樹慘，碧落雲愁。□□□□，□□□□。

《江寧出土歷代墓誌考釋》

江寧博物館藏石

南唐〇二五　□君墓誌

葬年不詳

【誌蓋】失

【誌文】

■」

文林郎前守歙州司士參軍掌表奏張匡濟撰」

■永嘉之季，夷狄乱華，洪源本枝，靡不散」■遷□。文武之道，代不乏賢，家諜祖風，莫可具紀。」■陽縣太君。府君卓出奇姿，挺生威武，負氣絃直，」■乙巳之歲，始筮仕于合淝。當龍虵起陸之時，是寰海稱」■皇，佐命昌期。府君識運祚有歸，知神器斯□，」■險阻，每見先登，蠻蜑畏威，士卒懷惠。有膽勇為」■」■張霸業，預控遏之嘉謀，鐵石其心，寒暑無忒，遂得徽猷克」■左右殿直、捧宸等軍軍使，兼右街使，授光禄大卿、檢校司」■緹騎，復拜魚符。天祚丙申夏六月，授知歙州軍州事□」■使持節歙州諸軍事、守歙州刺史。自尔□□部□檢□」■我唐之□代，府君以戴」■加授雄武統軍□□清河縣開國男、食邑三百户，不離」■昇元戊戌秋八月，朝庭以方思録舊，適在得人□」■詔欣然，曰：三年為郡，政直無苛；一日歸」■丹墀」■宣威軍諸軍都虞候，加檢

校太保、行右領軍衛大將軍，官次允□」■弥堅，時謂英豪，人欽□梅。內隴西縣君李氏，雍睦」■於肥家，而自頃年，俄悲早卒。有子六人：長曰彥洪，位右軍」■銀青光禄大卿、檢校工部尚書、兼御史大憲、上柱國，娶」■□馬第二指揮都知兵馬使、銀青光禄大卿、檢校國子祭」■[曰]彥□，□右軍討擊副使、充左右宣威軍小直都都虞候、銀青」■隴西李氏。次曰彥潛、彥澴、彥溶，未冠而並風神倜」■適毗陵秦氏名處謙。次十二娘，適龍安蔣氏名建」■美，□□□女，既冠適人，或已仕於戎轅，或早歸於佳援。暐□」■達和以□寢疾，偏徵名藥，一無所瘳，大夜重泉，□」■未諧素□，以至於斯。汝等勉力圖功，無」■是年□月廿五日薨于臺城官舍，享」■攢於京城之南隅，梓桐之西阜，南」■村洪茂塘源，禮也。嗚呼！功名之盛，人誰不圖，壽考」■府君乘時立身，見機奉義，位高太保，年及縱心，歷官秩[三]」■可貴歟，誠可貴歟！長子彥洪將思刊勒，泣送佽封，爰」■表揚孝子之心，唯賢者能之。匡濟內顧諛」■之□，庶幾遵稟，敬述銘言：」

■芳猷，府君之光兮孰可與侔。其一。」■以寧，□華有赫，府君之功兮書于史策。其二。」■日月□暮，清風穆如，府君之德兮光彼簪裾。其三。」■哲人斯喪，府君之薨兮莫不悽愴。其[四]。」■迴□，□水周旋，府君之終兮千年万年。其[五]。

前蜀

前蜀〇〇一　王君妻李氏内誌銘　天漢元年五月九日

【誌蓋】失

【誌文】

大漢左雄霸軍使瑯琊王公夫人故隴西李氏内誌銘并序」

鄉貢進士劉贊撰并書」

夫人姓李氏，其先奉天人也。」曾祖端，皇姓宋氏，前朝追贈官爵，存於史策。」祖今鳳翔秦王，受姓於僖宗皇帝。」父今皇朝駙馬都尉、前天雄軍節度使、守武」泰軍節度觀察處置等使、檢校太傅、兼中書令、食邑」五千户隴西郡王。夫人則」令[公]之次女也，母曰普慈公主，」皇帝之愛女也。夫人稟冲和之氣，降神仙之」質，珪璋比德，桃李同芳，友愛之間，聰惠特」異。及笄，適」左雄霸軍使、金紫光禄大夫、檢校尚書左僕射、左威」衛將軍同正、兼御史大夫、上柱國瑯琊王公。公則」故通王太師之次子也，兩朝聖裔，榮冠當時。」和順謙恭，顯然淑德，盡如賓之敬，立内則之」□。方在韶年，忽縈沉疾，醫藥無驗，俄歸下泉，好月西」傾，□波東去。以天漢元年五月癸丑終於文翁坊之」私弟，享年一十有九。丁巳葬於華陽縣星橋鄉清泉」里之塋，禮也。僕射撫棺長慟，淚血交灑，懼陵」谷遷改，請為誌焉。辭讓不從，乃作銘曰：」

乃宗乃祖，克聖克賢。雅範芳姿，介潔嬋娟。」歸魂蓬丘，掩骨松阡。刊之貞石，永閟重泉。

前蜀〇〇二　李會内誌銘

乾德元年十月十五日

【誌蓋】失

【誌文】

大蜀故安國奉聖功臣前黎州刺史隴西公内誌銘并序」

左街内殿講論大德賜紫沙門可脩撰」

夫淳元本素，分造化以法自然；大道流謙，順陰陽而資有象。繇是五行運啓，八卦兆先，天覆」無私，君臨有截。是乃膺時以德始也，顯尔禎祥；濟世以能終也，倏然雲雨，厥惟」隴西公之謂矣。公諱會，本邠州辛平人也。」先祖諱寧，不仕。考君諱政，任邠州節度押衙、充西北面華池都遊弈使、檢校工部尚書。」沉毅有聞，雄謀顯著。筠篁挺操，松桂欝貞。榮盛當時，芳猷冠世。公天縱英靈，神資貴氣。」少勤儒室，見敦詩閲禮之能；長握兵符，有禦衆揔師之德。深沉量度，曠蕩機籌，美玉不藏，必」從器用。首効職於故唐朝左拱宸第一都，都知兵馬使李諱祐，公之昆長也。棣蕚連榮，庭荆」雙茂。光從武幕，顯歷轅門。初補拱宸軍正將，次轉授安國奉聖功臣、左神策軍正將。」始榮鴻渥，漸陟清階，彎弧而鴈落雲心，撫劒而蛟沉水底。克彰忠烈，迥布韜鈐。積壘殊功，屢」加爵秩。次轉拱宸軍先鋒兵馬使，授工部尚書。厥後捧命防邊，屯軍左蜀。旋遇」先皇帝潛龍日下，伐叛龜城，公同舉義旗，收復城壘，張減竈曳柴之術，展沉沙堰水之功。」果遂殊勳，寵膺擢用。次授行營部領使，轉加刑部尚書、守左驍衛將軍。既承將領，旋肅邊封。」星歲未逾，又轉加吏部尚書、充左拱宸第二軍都知兵馬使。尋奏

請左拱宸第一軍使祐加」檢校司空，授東廳少尹。祑加俸禄，官貴鳲鳩，統翼翼之曹，贊明明之化。公自拱宸軍使相次」加左僕射，除授黎州刺史。任重六條，聲揚千里。懸魚表政，去獸彰仁。紅旆雖威，貞廉是潔。伏」遇土德衰謝，金行肇興，蜀主龍飛，明皇霸業，公轉授右武衛將軍。寵登朝」籍，光顯階勳，錫德頒恩，九遷八拜。次轉右領軍衛大將軍，復授金紫光禄大夫、檢校司」空、守右衛大將軍。洎乎」高祖武皇帝晏駕，詔差天雄軍宣告使。公兵權三十許年，官歷二十餘任，分」符布襲、黄之惠，恤戎同父母之心，股肱」帝王，相傳魚水。必謂長居昭代，永贊清時，豈期梁棟斯頹，魯莊夢起，神情無昧，枕席弗」縈。貢遺章，陳屬纊之詞；告朝列，瀝含珠之懇。嗚呼！」公以乾德元年七月九日薨于華陽私第，春秋六十有六。風雲慘切，朝野悲嗟。以其」年十月十五日葬于靈池縣强宗鄉惠日里。凶儀費用，錫自官司。空載鴻名，永辞白日。」夫人北海郡唐氏，故秦州節度衙推諱通之女，蒙恩進封郡君。柔儀夙著，令德早聞，既」頒命婦之榮，光示從夫之貴。一自孀居鍾禍，哀苦綿心，琴瑟恩忘，絲桐韻絶。有男三人：長曰」重遇，前攝秦州司馬；次男光遠，小男光進，早沐鯉庭之訓，幼彰懷橘之風。洎凶舋所鍾，形服」殘毁。有三女：長女適左雄鋭軍厢虞候賈彦鐸，次女適右義勝軍厢虞候王忠誨，小女笄年，」未從適配。並光門閥，悉契箴規，機巧工容，莫能備紀。可修藝慙碩學，業謝生知，重遇等請撰誌」銘，直書其事。嗚呼哀哉！乃為銘曰：」

奇哉哲士，閒世挺生。神鍾貴氣，天縱英明。朗然人瑞，顯尔國貞。金堅玉瑩，」焕矣斯呈。其一。冑裔崇門，松姿筠節。氣皃昂藏，心志忠烈。劍鑠流泉，弧彎初月。」名德比方，八元三傑。其二。昔銜詔命，摠帥七軍。匡扶堯舜，掃盪妖氛。恩承雨露，」祐賞功勳。名朝丹禁，步躡五雲。其三。德叶清時，榮分符竹。日焕隼旟，風生彩戟。」聖澤方隆，天禍來陟。楹夢可悲，逝川不息。其四。爰憑龜筮，迥選山崑。前標金櫃，」後枕玉堂。轜車岌

岌，彩翬昂昂。人生于此，長奄郊荒。其五。」

左街寧蜀寺僧匡筆書
陳宗實鐫字

《成都出土歷代墓銘券文圖録綜釋》

前蜀〇〇三　許璠墓誌

乾德四年六月二十三日

【誌蓋】失

【誌文】

大蜀故光禄大夫檢校太保使持節臻州諸軍事守臻州刺史上」柱國高陽縣開國子食邑五百户許君墓誌銘序」

前梓綿龍劍普等州觀察判官朝散大夫檢校尚書刑部郎中兼侍御史柱國賜紫金魚袋毛文徽撰」

□諱璠，字韜光，蔡州汝陽縣陽安鄉泉陰里人也。世本淮西，□」諱倩，昔自雄藩，常居顯職。考諱楚，歷職都知兵馬使，累官檢校□」部尚書。有子四人」，公即第二也。頃自中和年中，唐室亂離，寓縣搔擾。洎從軍旅，遂别」鄉閈，始自山東，俄抵荆渚，禆附廉使，揔綰師徒，累因戰功，備分」寵命。唐朝授銀青光禄大夫、檢校刑部尚書、兼御史大夫，尋授涪」州刺史。既詳兵法，仍達政經，克布六條，復謌五袴。尋以中原版蕩，」四鄙紛紜，南北無家，東西有國。頃歸霸主，爰至」蜀都，允協昌期，榮膺渥澤。復授臻州刺史、檢校太」保，封開國子，食邑五百户，資忠履孝之身揚名。公靡尚浮華，好從」簡易，遺榮樂道，善始令終。以乾德四年歲次壬午五月庚辰朔廿」八日丁未終於成都府華陽縣萬秀坊之私第，享年六十有九。即」以其年六月庚戌朔二十三日壬申葬於成都府華陽縣普安鄉」沙坎里卧龍山，禮也。茂實懿行，並在外誌序銘。嗚呼！大化莫窮，浮」生已

矣，緬惟人事，吁□悲哉！男承韜、承誨、承釗、承瑤，女十一娘、十二」娘等，號訴不天，摧殘殞地。太師臨潁王以悼深手足，痛極肺肝，既閟」佳城，復為銘曰：」古往今來兮丘壟纍纍，有生有死兮人事堪悲。」令始令終兮素履無虧，謀孫翼子兮福善為宜。」落日悠悠兮悲風蕭蕭，平原莽莽兮佳城迢迢。」幽室一以閉，千載不復朝。

《北京圖書館藏中國歷代石刻拓本匯編》第三十七冊
民國《華陽縣志》卷三一

前蜀〇〇四　王宗侃妻張氏內誌銘

乾德五年二月二十五日

【誌蓋】大蜀明德夫人內誌銘

【誌文】

大蜀故秦國夫人追封明德夫人清河張氏內誌銘并序」

門吏朝議郎前守尚書水部員外郎柱國賜紫金魚袋周蕁撰」

述夫為元臣之伉儷，貴已□於搢紳；冠命婦之班行，寵又踰於娣姒。其生也，封高國號，出履戟門；其歿也，万乘流恩，九天帰賵。齊體」既堯元漢傑，趨庭又三虎八龍，□以騰光於圖諜之間，抗跡於賢家之右，於斯為盛，誰曰不然。國夫人姓張氏，遠祖源同軒后，首剏弦弧，」當是著功，由斯得姓。自留侯相漢，至西晉收，凡十代相承，皆居貴□。晉太康中，收為蜀郡太守，子孫因而家焉。曾祖緼，則收十一代孫，」唐憲宗朝歷位至彭州刺史。祖遷，□任汝州別駕。嚴考顯先，□□書省秘書郎。國夫人則祕書之少女也，承祖父之明訓，生禮樂之名家，」習以溫和，篤於孝敬。讀惠姬之誡，動作清規；懷道韞之才，□□□唱。女工悉備，筆法兼精。笄年歸于

我瑯耶公魏王。公以兩朝」宿德，一品崇勳，翊贊高皇，創業於艱難之際；匡□□□，□衣於繼統之時。昔以豐沛扈隨，爰收三蜀；今以股肱委任，克定四方。」始則鯤躍洪溟，終以鵬飛迥漢。初至眉、雅二千石，旋□□右執□。□擁節旄，累為元帥，極人臣之貴，處廊廟之尊。昔自許昌，本宗田氏，早蒙」先聖，錫姓瑯耶。每朝鳳闕之前，長列鴈行之首，此又婁敬□□漢祖，徐勣之附神堯。國夫人皆以舉桉情深，結縭義重，家法則何」曾莫比，門風則石奮焉如。四十來年，共和□而罔失；二三百口，敦慈愛以咸均。由是睿澤相仍，皇恩曲被，前開國於東越，後改封於西」秦。內則夫人布禮教於家，外則魏王著忠貞於國，所以威望遠聞於異域，功庸獨出於中朝。豈比夫娘子軍中，空恃戰爭之事；夫人」城上，徒矜禦捍之勞而已哉。方當福蔭子孫，運逢堯舜，珠珎滿目，錦罽盈□，□宇重樓，連延華第，奇芳嘉樹，掩映名園，信金穴以悠哉，覺銅山之」蕞尔。誠宜禄齊神岳，壽等靈椿，豈期美疢相縈，良醫不効。祇知往日丹書之□□□，不謂今辰酒漬之藤難遇，何輔德之太謬，何福善之無徵，大」夜不迴，重泉永去。緬惟國夫人□由覺路，早悟玄機，敬奉金仙，欽崇玉□。若非法□惠雨，共相逐於花臺；是必月帔星冠，將存神於貝闕。信異」境之攸往，何浮世以能留。以乾德四年六月廿四日寢疾薨于成都府成都縣净德坊龍池里之私第，享季六十四。骨肉號咷，尊卑悽慟，六姻出」涕，九陌不歌。皇帝爰降王人，厚頒布帛；太后幾宣教令，屢輟□□。梵夾將佛像員來，蘭饌與椒漿競至。至其年十二月廿九日，又降」恩制，追封明德夫人，備册禮於明庭，頒鴻恩於美謚。焕然異寵，生泉路之光輝；蔚矣嘉猷，具綸闈之翰藻。求諸倫疋，何以尚兹。國夫」人三男一女，長男承綽，次男承肇，季男承遵。長男承綽，左静遠第二軍使、檢校司徒，曾充北路行營招討衙隊指撝使。早從戎旅，備究韜鈐，器度」則止水涵空，節操則□松帶雪，頻經征討，尤積勤勞。次男承肇，忠貞佐命宣力功臣、右龍捷第一軍使。今上在儲宮日，曾充□隊、開府儀」同三司、檢校太尉、前□□州定戎軍團練使，又充駕前馬軍都指撝使，繼作第三招討馬步都先鋒使，復為第一招討副使，旋充駕前清道」

使。官資積累，寵□□□，□□成百戰之功，理郡布六條之化。安康問罪，兇渠面縛於軍前；褒國擁兵，鄰寇魂飛於境內。□□□則風□□□，撫」疲民則雨潤枯苗。□□欒貞□之曳柴，運機而决勝；韓延壽之閈閣，息訟以移風。故得頃在先朝，推為□牧，丹禁降□□之命，九隴刊」德政之碑。況銅柱□□業素高，□□之風標愈峻。每虚懷而接物，長減俸而濟人。梁孝王之平臺，群儒星集；孫丞相之東閣，多士雲趨。窮八法以」弥精，覽九流而罔倦，加以博物□□於國產，知音不讓於蔡邕，極銅儀玉律之精微，辨風角鳥情之要妙。國夫人□□疾之際，則侍奉□□；」國夫人及薨逝之時，又哀毁過禮。尋復專焚檀炷，虔寫竺書，援毫而每祝爐煙，泣血而□和硯水。盖以申不匱之懇，報罔極之恩。□□□□時以」來，干戈相継，其在良弓之子，難為行道之人。大哉王孫，乃能如是者也。季男承遵，懷忠□義匡佐功臣、右龍捷第四軍使、檢校太傅，亦曾充」今上青宫日衙隊，又充招討衙隊指撝使，□任蜀州静塞軍團練使。勇能射石，謀擅揚沙，器宇恢弘，風神秀異。當佩觿之歲，泛覽詞林；及弱冠之」季，曉暢軍事。七德咸備，六藝俱通，常撫士以投醪，□□□而比餅。西園娱玩，閑同七子之遊；煙閣儀形，貴處群英之列。至如丹麾問俗，兩載分憂，」通商惠工，彰善癉惡。自下車之後，有袴興謡；至罷祑之□，攀轅積戀。將知善政，俻覩高碑，其在柔毫，胡可殫紀而已。一女夙承教導，動合軌儀，性」行温恭，容止端□。年十八，属于右匼蹕第一軍使、檢校太□、見任嘉州團練使、兼水路都發運使顧在珣，則故武德軍節度使、吴興公彦朗」之子也。論氏族則國高並貴，語冠裾則將相俱榮，克致□□，□修婦式。於是乎聞于先帝，遂封瑯耶郡夫人。爰自和鳴，將期偕老。天長」地久，衹知瑶草恒春；日往月來，不覺蕣花先墮。去乾德二年□□□□□逝，今嘉牧自傷失儷，常賦悼亡，星霜雖度於頻年，志節不聞於再娶。所」恨朱輪軋軋，亦呈二鹿之祥；玉鏡熒熒，空舞孤鸞之影。況復專城□□□□□□，□□則貴而能貧，莅事則威而不猛。大辯若訥，憂公如家，」招延而衆士知帰，漕運而千艘不滞，今之人也，何以加焉。此盖■諸子以義□，□愛女以法度。私門之内，鼎食者數人；列郡之中，符」

竹者幾處。嗚呼！至明者，桂魄尚難遏於虧盈；至大者，天地猶莫袪於□□。□則良辰叶卜，□□□期，嗟我明靈，歸於丘壟。以乾德五年二月廿五」日安厝於成都府成都縣文學鄉成均里□南原，禮也。國家禮備□□，葬加常等，□□□駱驛，賻襚稠重。洎乎貴主親王、侯門」相座，送終則康莊填噎，設祭則簠簋縱□。□露哀哀，起悲風於素幕；□靈去去，結愁色於荒郊。魏王念歲月之漸遥，覩音容之莫及，望銘旌」而迴腸欲断，送輤車而雙□恒濡。令■相与友于，追思聖善。高堂寂寞，痛懷橘以何因；玄宅蒼茫，歎陟陔而無所。摧裂思告面之日，號慟」當疑慕之時。慮伏臘相催，□□□□，文詞不朽，是勒貞珉。蕘才耻□蓉，簪叨玳瑁。早乖三策，不如白馬將軍；空究一經，有類瘦羊博士。敘擇鄰」之德，已愧寡聞；陳泣像之情，□□□□。勉膺重命，乃作銘云：」

大哉邦媛，淑哲温恭。帝軒□胤，漢傑之宗。因弧得姓，唯秦是攻。玉宜烈焰，松稱嚴冬。其一。遠祖朱輪，専城玉壘。爰析洪源，」遂留錦水。益茂芝蘭，更繁桃李。□□于門，果生宋子。其二。煌煌蕙質，婦我元勳。閨門肅睦，寵禄紛紜。女工具美，婦德咸聞。」繼封國號，冠世超群。其三。賢哉□王，功庸難疋。爵位弥高，韜鈐第一。授鉞相継，和鳴罔失。□致歌謡，曾無憍逸。其四。家有令子，」仰紹清風。早承嚴訓，並立殊功。有勇有義，自西自東。八龍可比，三虎攸同。其五。方在齊眉，將□偕老。池館花穠，樓臺月好。」怡暢平生，優游懷抱。長□子孫，永延壽考。其六。福善何昧，美疢相仍。石函不至，藥酒無徵。□□□駟，遽逐風燈。諸子泣血，」上台撫膺。其七。里巷不歌，行人墮淚。宮闈歸賵，宸居降使。薤露□□，銘旌數字。簠簋雲屯，芻□□□。其八。靈輀軋軋，玄宅沉沉。」悲風何苦，幽壤何深。雲煙慘澹，松櫝陰森。哀哉存殁，俄成古今。其九。嗚咽泉聲，幽愁鶴唳。蒿□□□，夜臺永閟。陵谷雖遷，」音徽不替。歷歷誌銘，千秋万歲。其十。」

門吏前静塞軍團練推官朝散大夫檢校尚書刑部員外郎兼侍御史柱國賜緋魚袋裴光晉書

《成都出土歷代墓銘券文圖録綜釋》

前蜀〇〇五　王宗侃墓誌　　乾德五年十一月六日

【誌蓋】大蜀瑯琊王公魏王尚父墓誌

【誌文】

大蜀故扶天佐命匡聖保國功臣開府儀同三司守侍中兼中書令修奉太廟使弘文館大學士判度支上柱國食邑一万四千户食實封六百户魏王贈尚父秦」雍梁三州牧謚景武瑯琊王公墓誌并銘

太中大夫守中書舍人上柱國賜紫金魚袋段融撰」

夫龍虎嘯騰，必有風雲之冥會；高光争伐，是資英傑之經營。須仗忠賢，乃彰睿聖，當取威而定霸，方應天以順人。」我高祖武皇帝運協千年，德侔兩曜，首提義旅，遂啓雄圖，奄有坤維，盡苞井絡，寰海允歸於獄訟，人神克洽於謳謌。乃作樂於成功，方制禮於治定，御極十有二」載。今上皇帝耿光下武，體聖繼文，守成規而代照貞明，熙帝載而允釐庶政，在宥六年矣。當草昧之締構，創王業之艱難，非睿智無以掃蕩欃槍，非勳賢無以廓」清宇宙。天祚大蜀，生此純臣，属之於公矣。公諱宗侃，字德怡，許昌人也。係本田氏，舜皇苗裔，齊國子孫，孟常延客之英，司馬兵法之胤。功名並著，冠冕相承，苽」瓞具分，葛虆弥遠。祖考早終於禄位，堦庭嗣継於弓裘。惟公幼習韜鈐，壯通機警，因効誠於高帝，立戡難之忠勤，勳業隆崇，雄威挺特，爰錫國姓，俾緒皇親。崇班」首冠於諸王，盛德逈尊於帝族，因彼君臣之義，更加父子之恩。婁敬材謀，漢祖定封為劉氏；李弘奇偉，周武賜姓於宇文。既編玉諜之榮，特茂本枝之秀，今之」寵遇，事契古賢。公材為時生，位由藝進，雄勇早通於擊劒，機權靡待於觀書，當擇主以展能，遂得君於先帝。雲龍相會，漢王恨晚遇淮陰；魚水交歡，玄德喜謁」見諸葛。其於委用，彼實多慙。先皇帝牧守利州，以公鄉里故舊，果敢推能，破陣運籌，皆合符契。及先皇帝移軍閬苑，首預征

行，洎定取蜀之謀，同議開基之」策。曹參泗上，願濟美於沛公；鄧禹南陽，贊成功於光武。乃礪兵訓卒，伐叛除兇，動合機宜，靖專忠孝。唐朝尋授先皇帝永平軍節度使，益壯威聲，弥恢志略，軍事□」振，遠迩歸投，繕甲聚粮，誓除妖孽。時丞相韋公昭度准唐朝詔命，統師討陳、田之罪，與先皇帝同受詔旨，皆在蜀城之下。公運其材智，勇冠諸軍，轉寨圍城，連□」继捷。賊勢窮蹙，開壁請降。先皇帝不犯秋毫，坐收全蜀，公之力焉。既克都城，疇其勳効，遂於景福二年十一月奏授公雅州防禦使、檢校右僕射。爰施惠□，□」洽謳謌，報政陟明，罷郡歸府。至乾寧四年正月，正授左厢馬步使。昔時都候，今實執金，式遏奸邪，頗著威令。至光化元年九月，奏授公眉州保勝軍團練使、檢校[司]」空。褰幃問俗，拔薤蘇民，三載政成，課績稱最。至天復元年五月，再授右厢馬步使。累陟金吾之任，頻司緹騎之榮，雄儁曾号於蒼鷹，嚴肅僅同於乳虎。京畿謐静，□□」屏除，非唯為國分憂，兼且興邦啓霸。及收鄴道，親施擒縱之方；載剋彭門，亦授指撝之略。英布集於垓下，必破項王；張飛會於漢中，果收蜀土。公之制勝，有類於斯。」事定册勳，寇寧飲至，論功稱最，校績殊多。至其年九月，乃奏授公武信軍節度使、光禄大夫、檢校司徒。至天復二季四月，就加同中書門下平章事、瑯琊郡開國侯、」食邑三千户。至天復七年八月，又加檢校太尉、兼侍中。寇恂秉鉞，是隆屏翰之威；韓信登壇，遂專征伐之任。尋值唐室傾陷，蜀國興隆，當九服之動摇，屬万民之推」戴。先皇帝爰順圖籙，光啓霸基，其年九月制命公守太保、兼侍中、軍城内外都指揮使。至武成元年四月，以公勳業逈高，年德俱茂，乃除授公[武]德軍」節度使，加開國護聖佐命功臣、開府儀同三司、檢校太尉、兼侍中，進封開國公，食邑四千户。政化溥宣於左蜀，親賢兼重於維城。至武成二年閏八月，就□檢校太」尉、兼中書令。罷鎮歸朝，有詔除授公檢校太師、守太傅、兼中書令，進封齊國公，兼加爵邑。至其年冬，授北路行營都統。又至永平五年十二月，進封樂[安]郡王。又」至通正元年，加守太師，食邑六千户，食實封一百户。帝師論道，統衆安邦，委寄益深，功名轉盛。至天漢元年六月，准宣充東北面都招討使。

至光天元年□月，准」詔充北路行營東西兩面都統。征伐岐隴，控扼梁洋，都統全軍，兩攻寇逆，收秦取鳳，皆効殊勳。料敵運籌，往無不剋，雖杜預之立功立事，孔明之七縱七擒，□以階也。」先皇帝晏駕之歲，有詔命公鎮撫南鄭，安緝褒梁，乃除授興元節度使、檢校太師、兼中書令，進封樂安王，食邑八千，食實封二百户。至乾德元年正月，□扶天佐」命匡聖保國□□□□□□万户，食實封四百户，准□於私第立戟。□□□功，克寧疆埸，三載徵拜，入秉鈞衡，申翊戴之訏謨，盡忠貞之□□。□□二年閏六」月，有詔徵拜公守侍中、封魏王、修奉太廟使、弘文館大學士、判度支，加食邑一万四千户，食實封六百户。自皇帝登臨大寶，益敬元勳，守侍中而封魏王，」食万户而尊一品，甲第輝華於朱邸，高門羅列於旌旗，比勳德則卓絶明時，言貴盛而宜鍾弈世。偶然遘疾，遽至弥留，舟航方濟於巨川，風燭□淪於夜壑。」以乾德五年七月十三日薨于龍池坊之私第，享年六十有六。哀軫宸衷，悲纏宮掖，搢紳感慟，朝野痛傷，遂輟朝七日。皇帝及太后、太妃親臨其喪，躬伸吊」祭；將相王侯，文武百官九品已上在京者，並就公宅申吊，竟日盡禮，示哀榮也。公薨背之日，甫及廣聖節，讌樂結絡，張陳已畢。聖上及國后聞公凶訃，」遽命徹罷，悲泣移時。則知衛君之痛惜柳莊，聞喪輟祭；齊后之驚失晏子，行哭趍車。寵遇之隆，雅符前志。嗚呼！賢愚共盡，牛山徒恨以霑巾；今古同途，□水競漂於塵」世。悠哉穹昊，殲我良人。然而士大夫之立身，耻當年而功不立，嫉殁世而名不稱，而公位極王侯，道尊將相，年逾耳順，德重朝庭，壽之与榮，不□不至矣。」聖上注念勳賢，增悲手足，特崇異禮，超越諸家。乃詔給班劒羽葆鼓吹旌旗儀衛，就宅册命，贈尚父、梁雍秦三州牧，謚曰景武，禮也。嗚呼！昔李靖佐命於唐朝，」謚加景武；子儀戡難於王室，册為尚父。斯乃封崇之盛事，贈謚之絶倫。惟公輔佐兩朝，忠貞一致，保衡聖代，經濟皇家，功庸遠繼於蕭□，德業迥侔於伊」吕。懿文雄武，稟孝資忠。外定群兇，執干戈而衛社稷；内凝庶績，調鼎鼐以冠台階。鎮重一時，巍峩千古，受兹贈謚，不亦宜乎。夫人秦國夫人張氏，□德咸脩，六禮作」嬪，絜沼沚而化被公宮，循法度而

輔成君子。同貴齊盛，偕老共榮，先公周歲而薨。聖上以公位高調鼎，悲軫鼓盆，特命典儀，榮加贈謚，乃詔俻頒禮式，就」宅册贈，謚為明德夫人，表殊恩也。惟公册尚父之榮，夫人謚明德之號，歷代雖存於典故，國朝未展於彝章，今特封崇，頗謂殊禮，時之貴重，莫有等倫。長子」承綽，左静遠第二軍使、檢校太保，曾充北路招討衙隊指揮使。能荷拚薪，術通傳釰，洎領軍而征寇，多懷惠以畏威。次子承肇，自左静遠第一軍使，聖上在東宫日，」改充衙隊、右龍捷第一軍使，賜忠貞佐命宣力功臣、開府儀同三司、檢校太尉、瑯琊郡開國公、食邑二千户、前彭州定戎軍團練使。永平年中，先皇帝親討不庭，駐」蹕利州，充駕前馬軍都指揮使，又充第三招討馬步都先鋒使，尋充第一招討副使。後以魏王統制師旅，鎮靖褒梁。方属安康帥臣擁兵跋扈，遂稟命征討，盪定」妖氛，餘兇咸至於乞降，元惡遂擒而生致，一方寧謐，千里晏安。前年秋，聖駕巡幸梁洋，充清道使。時方問罪歧隴，奉詔北征，復領師徒，鳳州應援。尋聞勝捷，却至」行宫。處家而克襲弓裘，守郡而致謌襦袴。護鑾輿之巡幸，梁漢著勤；駈虎旅以專征，安康遂剋。継立勳績，濟美德門。次子承遵，自右静遠第二軍使，聖上在東」宫日，改充衙隊、右龍捷第四軍使，賜懷忠秉義匡佐功臣、特進、檢校太傅、瑯琊郡開國公、食邑二千户。曾充北路行營都統衙隊指揮使，後任蜀州静塞軍團練使。堂」構是崇，幹蠱惟敏，材苞文武，器茂珪璋，統師旅而威惠兼行，專郡城而袴襦興詠。八龍三虎，並英秀於鯉庭；瓊樹瑶林，互芳於士苑。女一人，□右扈蹕軍使、守」嘉州團練使、檢校太傅顧在珣。節將名家，韜鈐襲武，華姻鏘鳳，貴族乘龍。尋承勳蔭之封，爰受夫人之号，封瑯琊郡夫人。蘭薰易歇，槿豔難□，享祚不融，盛年即」世。荀家伯仲，器能皆佐聖之英；謝氏閨門，才淑是宜家之主。惟龍捷太尉弟兄居喪禮制，殆臻毁瘠之情；營奉規儀，俻盡哀榮之節。孝敬遠踰於曾子，友于深類於」季方，播美閨門，增華令範。惟公質性淵重，多略寡辞，未嘗臧否於人倫，亦絶喜愠於氣色。周勃厚德，衆仰安劉；汲黯朴忠，時推直道。秉兹茂□，鎮靖群雄。加以雅好」文詞，□□□□，寫意必歌於樂府，沿情每著於詩篇，韻入管絃，題

于屋壁者，處處有之。今則龜長告吉，兆窀穸之有期；馬鬣成崗，儼川原而相□。乃以其年十一月六」日□□□□□□行葬于國門□□□靈池縣强宗鄉花嚴里龍䕶原，禮也。嗚呼！烟煴閒氣，得之者生享王侯；倚伏相推，失之者歿歸□莫。哀樂既拘於舒慘，榮」枯必□□□□。□□□以令終，亦□□□□□。蕭條隴樹，寒郊已黯於愁雲；蓊鬱佳城，宿草永緘於巖電。古今共此零落，奚言融□□□□□聞凶諱，但懷感泣。」無路傾輸■慙漏略，執牋簡而敢慆鋪舒，雖罄蕪詞，唯憂不稱。銀書金字，勒當代之功□；□□□□，□□□之陵谷。濡毫灑」□，□□銘云：」

天地覆燾，日月貞明。惟睿作聖，資□□□。□□□□，□□相生。能集邦彦，方□國□。其一。□□□□，□□□德。君□□□，□水相識。□□□□，□□□□日。開闢坤維，奄有」蜀域。其二。明离代照，聖敬日躋。永匪楚□，□□□□□。□□□□，□□□□。豐登稼穡，偃息鼓鼙。其三。□□□姓，田氏本□。□舜子孫，齊侯苗裔。□□□□，孟常恩惠。積德所」鍾，聯昌弈世。其四。先皇啓祚，淮水惟長。妙擇□□，□□□□。爰定父子，以固忠良。妻敬材智，劉氏□□。其五。惟公英雄，冠超今古。九序興文，□□□□。高用曹參，光陛鄧禹。」啓土稱王，普天為主。其六。威名益盛，勳績□□。□牧嚴道，載守眉陽。俗多襦袴，政美龔黄。□□□□，□著芬芳。其七。高祖膺圖，□□□戴。獄□□□，□民受賚。自公籌謀，創」基草昧。應乾之運，熙帝之載。其八。帝疇茂德，擁節遂寧。登壇仗鉞，戎政武經。禮以化俗，義以措刑。昭蘇遠近，怙泰生靈。其九。再登將壇，光臨□□。□□雄藩，允歸元老。蒨旆」□旌，彯纓羽葆。政勵四知，□□三考。其十。朝天帰闕，位正太師。都統万旅，鎮撫四維。邦計同議，軍事先咨。碩德重望，超越等夷。其十一。邊警□□，□禍梁漢。爰命元勳，都統夷」□。□□至止，妖□霧散。立戟旌門，登壇作翰。其十二。聖皇継位，思壯股肱。乃下明詔，調鼎是徵。大貂其冕，庶績斯凝。八政既頌，三壽作朋。其十三。□□和寧，微乖腠理。他扁針醫，」

□□祀。疾軫弥留，天無福祉。景命告終，奄然没齒。其十四。帝聞凶訃，感泣驚疑。太后興念，慘怛不怡。親臨其第，吊祭申悲。恩渥隆異，榮□□□。其十五。歛以衮章，賜其美謚。□」□羽旄，笳簫具備。賵賻既優，册贈殊異。以獎元勳，哀榮兼萃。其十六。孝孫令子，玉樹芝蘭。荀家叔季，張仲急難。各登熊軾，佇陟將壇。門庭□□，獨映朝端。其十七。緬惟明公，秉持」□操。多略寡辞，智深謀奥。道以義弘，善惟忠告。如山如淵，不嚚不傲。其十八。爰歸真宅，靖閉玄扃。崗巒鬱律，馬鬣龍形。創域於此，永安幽□。神祇護助，明德惟馨。其十九。邈矣悠」□，□□蒼昊。盖世最靈，閱川同道。魂歛新松，氣縈蔓草。金石刊銘，將齊劫浩。其二十。」

門吏前蜀州團練推官朝散大夫檢校□□刑部員外郎兼侍御史柱國賜□□袋裴光晉書

《成都出土歷代墓銘券文圖録綜釋》

前蜀〇〇六　晉暉墓誌

乾德五年十二月三日

【誌蓋】大蜀故前武泰軍節度使贈太師弘農王賜謚獻武晉公墓誌銘

【誌文】

大蜀故忠貞護國佐命功臣前武泰軍節度觀察處置等使開府儀同三司檢校太師兼中書令守黔州刺史上柱國弘農王食邑五千户贈」太師弘農王賜謚獻武晉公墓誌銘并序」

朝議大夫檢校尚書户部郎中行成都縣令兼御史中丞上柱國賜紫金魚袋嚴居貞撰」

昔高祖崗出玉山，不信相者，勸圖霸業，果得里人，追惟宿舊之元勳，最在册書之首紀，弼我萬乘，迨今兩朝，褒飾有終，殁存無愧。」太師諱暉，字光遠，弘農其望也。及甫以生焉，間五百年禎祥，扶億萬歲宗社，源流甚遠，枝派素繁。族譜半遺，爰因多難，徵尋盛事，聊以敘陳。文筆罄輸，積德式」光於照耀；歲華遷易，歷位乃極於人臣。

樹戟一門，傳芳累世。曾祖璋，左武衛長史，因家於許州之許昌縣。曾祖妣天水趙氏夫人。」祖弘祚，唐青州司馬、檢校左散騎常侍。祖妣清河張氏夫人。考和，忠武軍節度副使、檢校工部尚書，累追贈司空。乃[曾]乃考，皆以出逢昌運，贊偶」明朝，蟬聯之克嗣軒裳，豹變之各揚風彩。以文寶式陳於東序，以武威或列於西班，廕自先人，福垂後裔。妣樂安孫氏，追封楚國太夫人。朱紘雅韻，白」璧貞標，柔明之德顯彰，慎淑之風夙著，母儀不忒，婦道有光。」太師辰象垂休，山河鍾秀，鷟頷有封侯之相，龍章真間代之儀。節挺松筠，才兼文武，加以蘊深沉之器度，抱倜儻之襟懷，動合神明，静符禮律。真將帥之匡□」[皇]業，乃自生知；大英雄之經濟籌謀，迴從天授。自伸壯志，克顯宏圖，佩韊而鶚立軍戎，負羽而鷹揚宇宙。初為黄頭主將，便綰五百餘人，累静狼煙，疊清鴈塞。」□至起家許下，別國沛中，因同」□皇帝參從禄公，駐留南鄭。初領諸軍馬步使，旋授興州，宦官貂蟬，未赴之任。值」□宗皇帝幸蜀，俄乃歸京，時擁五都鋭師，來至三泉迎駕。自此主忠義都都知兵馬使并諸都都指畫使。遷檢校兵部尚書，割隸左神策軍，加五都營使，仍」授金州防禦使，亦如興州，未令赴任。為藉拱宸，直至再起鑾輿，不離扈從，充一百步外都斬斫使，悉委指蹤，千萬人中，獨司權握。復充寶鷄、河南諸軍」都塞使，遷檢校尚書右僕射。及大駕巡狩山南，與先皇同為先鋒使，部領四都，黑水、三泉等把截并修斜谷閣道等使。似[雪]之戈鋋齊至，如化之棧閣立」成。遂授懷忠耀武衛國功臣、兼集州刺史，遷光禄大夫、檢校司空、弘農縣開國男，食邑三百户。壬子歲夏內，又除遂州防禦使，遷特進、檢校司徒、食邑五百户。」先皇帝收蜀時，部領兵士，赴大玄城下，太尉韋公補充羅城外西北面都指畫使，先皇帝為東南面使。太師手提衆旅，軄長千夫，應呼吸而風從，展輔」佐以雲集。未離方義，山南節度使楊太師以管內方求岳牧，署請蓬州。翌日，除授巴州。又次遷閬苑。但是問俗之處，則喧謌袴之謠。」先皇帝親收梓潼，請充壕寨使。有功翊佐，料敵無疑，率先諸軍，再領武信。復移近地，牧守陽安，初只權知，續乃正授。又遷開府儀同三司、檢校太保、食邑七百」户。爰移清化，又刺

天彭，遷檢校太尉，加封爵户邑，仍賜開國護聖佐命功臣。當仄席求賢之時，尚耀武書勳之日，又遷依前開府儀同三司、檢校太尉、同中」書門下平章事、充武泰軍節度管内觀察處置等使，封開國公，食邑一千五百户。臨罷之日，爰以為政超異，群情請留，難改替除，是遷別拜，依前檢校太尉、[兼]」侍中，加食邑二千户。不逾數載，併陟殊榮，依前檢校太尉、兼中書令、食邑三千户。至乾德元年，封弘農郡王，食邑四千户，以至五千户。」太師出身入仕五六十年間，掌領兵權，踐履侯府，不可勝數，難以盡書，四塞無氛祲不平，百姓是瘡痍即愈。紫泥黄絹，無非寶篋」詔書；鈿軸花綾，盡是瑶函官告。將相之盛，勳賢罕儔。先皇帝重始末相隨，」今上念勤勞盡瘁，尚期別加於委寄，為擇迩近藩宣，疊昇韓信之壇，更佩酇侯之印。寧謂偶嬰美疢，無効良醫，俄逼風霜，遽成今古，莫問藏舟之壑，難追遊岱之魂。」上帝悲凉，不忍讀其遺表；舊交嗚咽，難勝報處絶絃。公竟以乾德五年歲次癸未六月四日薨于在京成都縣碧鷄坊之私第，享年七十有九。」明廷三日，為輟朝參；同曲四鄰，不違舂相，禮寺徵於舊典，有司式舉於盛儀。聖朝遂命册贈使中大夫守右諫議大夫上柱國賜紫金魚袋曹邦、副使」將仕郎守秘書省著作郎賜緋魚袋王昱賜謚曰獻武。以晦以顯，終地終天，俱榮涣汗之恩，共感褒崇之澤。公婚隴西郡夫人李氏，即刑部尚書嵩之□」也。傳芳天族，禀秀德門，贊帝師以賢明，處閨門以雍睦。夫人親弟景仁，在軍歷職，頗著勤勞。堂叔李坦，檢校左散騎常侍、前黔州司馬，娶羅氏。」堂弟李郃，檢校工部尚書，娶清化王太尉長女瑯琊王氏。表弟任全勖，並抱器能，皆精武略，肅睦布謙恭之道，縱横闡仁義之風。令子七人：」長曰匡晏，忠義第一軍使、金紫光禄大夫、檢校司空，婚故鐵林劉知温太尉女彭城夫人，兒孫寄哥。次曰匡議，忠義第二軍使、檢校尚書左僕射，婚左威」勝太尉長女瑯琊王氏。次曰匡順，金紫光禄大夫、檢校兵部尚書。次曰匡信，婚前武定副使女唐氏。次曰匡遇，婚故黔南陳侍中女。幼曰匡成，」次曰匡乂。皆山河間氣，文武全材，抱許國之忠貞，蘊安邦之經濟。或列三公之貴，或居端揆之榮，或方俟騰凌，或且敦詩禮。昔裴家諸驥，卞氏八龍，猶恐盛」榮，

無此倫比。絶漿茹戚，俱持禮制之中；叩地號天，各盡孝思之道。女一十四人：長適夔王太師，封趙國夫人。秋月凝光，春雲瑞彩，奉」華姻於朱邸，彰内助於親賢。夔王太師巨浸涵空，崇規鎮地，功參締構，業大匡扶，冠社稷之元臣，實磐維之間傑。分憂求瘼，妙施綏撫之能；仗鉞登壇，」克顯訓齊之令。次女適清河張氏，早亡，有外孫貴哥。次女適左雄勝第四軍使、金紫光禄大夫、檢校司空、兼御史大夫、上柱國解延朗，外孫長曰承嗣，」次曰什得、搔奴，外女孫喜喜、道道、小喜。次女適右龍捷第二軍使、光禄大夫、檢校太傅、瑯琊郡開國子、食邑五百、上柱國王承穀，封弘農郡夫人。」太傅則通王太師之長子也，器珎蔣器，材挺楚材，窮七略之玄深，洞六韜之奥妙。雲路方高於騰趠，鵬程即大於搏扶。次女適光禄大夫、檢校司徒、守左領」軍衛大將軍、開國子、食邑五百户王承宸，外孫翁奴、延壽。次女適左神武第三軍使、金紫光禄大夫、檢校司空、兼御史大夫、上柱國王承胤。」次女適譙氏，次女適毛氏，次女適胡氏，次女適右雲騎軍使韓彦能，早亡。小女四人：勝都、道遷、翁孫、果報。」並皆或玉潤未稱於品袟，或華堂早就於親姻，或尚在閨幃，年至幼小。」太師親兄思悰，故檢校兵部尚書，婚耿氏，有姪女一人第十二，適左親從第三軍副都張友珪尚書。親弟思武，故檢校尚書左僕射、前忠義第一軍」使，婚隴西李氏，有姪男一人匡文，娶姜氏。鴒原已喪，爵袟尚編，外氏諸姻，不復偹録。」太師功推第一，德播累朝，直氣凌雲，高情冠古。」門館將吏，勳舊勤勞，或已居節鉞之榮，或尚在趍參之内。故鳳州節度使、同平章事王宗魯，軍内都督虞候，表公之貴矣，睹王公之盛哉。散軍使魏昌能，」乃軍内判官，始開將幕，便列掾曹，頗懷通變之材，每仰機謀之略。外宅長男彦球，外宅次男弘道，第一軍都虞候康景紹，第二軍都虞候單全德，」先鋒兵馬使、充元隨都押衙、檢校尚書左僕射王文晟等，並皆强幹，各効勞能，或伸征戰之功，或展勤劬之積。悉偹送終之節，俱陳竭盡之心，涕泣嗚號，不任填咽。」□龜告叶吉，以乾德五年歲次癸未十二月辛丑朔三日癸卯歸窆于華陽縣積善鄉永寧里其原，禮也。晝翣露灑，銘旌粉書，陳儀注取象生時，」□鹵簿以光去日。發引占天街數

曲，置褅啓沿路諸筵，駢闐皆送往軒車，櫛比盡看來士庶。生而至貴，殁也極榮，斯盖臣也」□□以忠，君葬臣以礼。居貞叨因眷顧懿分，獲託戚里門闌，受」[太]師恩知，由此積歲，無以報生前恩德，何幸傳」□上指蹤。既沐諸龍遂以誌文見請，敢辭遵奉，唯愧荒蕪。其銘曰：」

□陽月陰，乾天坤地。覆載九有，生育萬彙。屏翰得人，寰區無事。動植咸寧，兵革斯弭。如此其來，以何而致。賴竭忠臣，弼明天子。」□心事上，皎日貿誠。疊膺重寄，累換高旌。是求理處，則安物情。狂暴必煞，惸獨遂生。弊訛釐革，教化興行。為豐軍食，能勸農耕。」□調雨順，國泰時清。餘粮棲畝，多稼冬成，牧十餘大郡，活百万疲甿。滿奉丹詔，徵還玉京，刻千字以[樹]碑，猶謙紀德；受一錢之送路，豈是沽名。」□馬琱鞍，雉裘金甲。昔受恩賜，今將進納。曾騎破虜，久著征遼。致其禄位，因此尊高。龍厩却歸，武庫復入。海嶽從安，干戈□□。」□賜渥澤，但是功臣，[覩][物]有懷賢之歎，援毫追悼往之真。勳銘鼎鼐，儀畫麒麟，刻盛烈於貞石，冀萬古而永存。」

■檢校左散騎常侍前涪州司馬徐遠書」

勾當修墳墓十[將]■

《成都出土歷代墓銘券文圖録綜釋》

《考古》一九八三年第十期

前蜀〇〇七　王君墓誌

□年十一月十五日

【誌蓋】失

【誌文】

■太廟事兼御史大夫上柱國賜紫金魚袋太原王公墓誌銘并序」

■柱國賜紫金魚袋房謂撰」

■仙傳有王子晉遊嵩高山，白日昇天，即其人也。時号王家，因以為氏。遠祖翦，秦時為」■十五代祖西晉龍驤將軍濬，有平吴之功，載于史册。派分周室，嵩山之羽化冲天；族」□□□，□□□□□□。■年，皇任信州刺史。祖弘儉，大中初，皇任漢州金堂縣令。政居尤最，吏服清通，訟庭」■[資]州銀山縣令。留心鵠箭，點額龍津，甘於侯府曳裾，屈就琴堂調軫。公則銀山之長子」■宅。其後進德修業，日就月將，天爵甚高，士風可法。若乃下幃發憤，閉户自强，披沙揀」■守君子之道，此則公之業文也。若乃貞固立事，孝悌承家，廉足分財，平逾宰社，効」■陋巷而自樂，此則公之慎行也。若乃有犯無隱，以公滅私，慕弘演納肝，壯朱雲折檻，」■纓之族，此則公之懷忠也。若乃去華務實，送往事居，風雨晦而不渝，朋友言而可」■里，此則公之守信也。恢張四教，輝暎九流，政事負冉季之能，詞藻得屈宋之體。」■果就弓招，非因薦託。禮優交辟，奏章尋達於堯階；道洽從知，贊畫迴彰於儉府。」■支使。廣明二年，僖宗皇帝巡幸蜀都，公選授巴州歸仁縣令。光啓二年，」■以幹敏有聞，就加試大理評事、兼監察御史。大順元年，授大理司直、兼殿中侍御史」■大蜀開國之歲」■流，以盛鵷鸞之列。武成二年，除宗正丞。通正元年，又除檢校尚書水部員外郎、守綿」■師，見推時彦。至於剸繁理劇，去弊除奸，投刃皆虚，當仁不讓。妙於盤錯，輕鄴縣之投」■晉國公代天理物，求賢審官，當爐冶而推至公，執鈞衡而録片善。捨築投竿之□景」■斯在，襟靈豁然，擢英俊之下僚，委宗廟之大事。光天元年，除朝議大夫、守宗正」■宇初構，神主俄遷，雖昭穆可觀，而制度或異。公力排羣議，獨案禮文，創便殿於」■蒸嘗，克遵舊典，所謂倫材。雅當舉職，難偕台庭，纔議於陟明」■議大夫、檢校户部尚書、守太僕卿、兼御史大夫、上柱國，依前知」■榮，尚阻懸車之請。一旦杯虵結疢，床蟻為妖，寒暑旁侵，膏肓易變。道飆莫駐，迴眸而」■一月五日啓手足于太廟之官舍，春秋七十一。翌日，遷於荷聖佛寺」■闕，以其月十五日葬于成都府成都縣廣平鄉茂荆里，禮也。夫人濮陽吴氏，吴」■風斯在。男廷祐，前吉王府長史。早窺豹略，妄擲鷄窻，班超之筆虚投，侯白之言非」■子

左贊善大夫、兼通事舍人、柱國、賜緋魚袋贊，誠明入仕，介潔修身，陳孔璋裁檄」■陸氏機雲，俱擅洛中才子。自公寢疾，至于送終，天倫之痛尤深，月旦之評永已，」■。公季弟前涪州司馬賁，歷職戎伍，染疾淪亡。親姪男九人：長曰廷規」■誨、廷矩、廷熙、廷乂、廷徽、廷璧、廷頊。姪女五人，並未出事。公義男永順」■□預[辦]吉凶，頗明窮達，半年前自修行狀，懇以誌文見託。殊不知謬漁經獵史，固」■荒虛殁後濡毫牽課而多慙漏略，乃為銘曰：」

■。翦平荆土，濬泛樓舡。勳閥之盛，典籍攸傳。其一。百代子孫，一時髦俊。」■世綱縈身，秋霜染鬢。其二。顯揚名實，雅稱階資。光陰暗度，筋力潛衰。」■驟困沉痾，奄歸大夜。方覩强明，豈期凋謝。其四。迅若湍流，倏如幻化。」■骨文王。定其優劣，寧足比方。其五。卜宅平原，開塋厚土。左倚龜城，」■形莫覩，刻貞石兮一勞，播徽猷兮萬古。」

■前興州司馬吴延昌書

後蜀

後蜀〇〇一　許仁傑墓誌　天成三年正月二十五日

【誌蓋】故臨潁郡許公墓誌銘

【誌文】

大唐故金紫光禄大夫檢校兵部尚書使持節維州諸軍事守維州刺史兼御史大夫上柱」國舊蜀明忠秉義彰勇功臣右神麾軍使開府儀同三司檢校太尉前守綿州刺史上柱國」臨潁郡開國公食邑一千五百户許公墓誌銘并序」

門吏前東川觀風判官朝散大夫檢校尚書刑部郎中兼侍御史柱國賜紫金魚袋毛文慶撰」

君子有生符間氣，出顯奇才，武洞兵機，文通儒術，資忠佐國，履孝承」家，貴襲鼎鍾，慶傳詩禮，榮華相繼，終始罔逾，生既有聞，死當不朽，於斯善也，不其偉歟。」公諱仁傑，字貫儀，京兆長安人也。高陽茂族，臨潁華宗，讓堯之芳躅惟新，仕晉之嘉猷不既，」則有長鬚顯譽，多力馳名。或孝感迴通，或陰陽洞曉，窮典墳之奧義，撫昆弟之深仁，子將聞」月旦之評，玄度得天然之實。固亦源流自遠，系譜相尋，寧侯繁書，並光信史，兼是十美，編于」本枝，略而言之，固足稱矣。」曾祖諱元甫，祖諱虔楚，」考諱宗播。維嵩協瑞，隱昴勝英，鷰頜標奇，虬鬚表異。風后五圖之要，本自生知；武侯八陣之」微，素推天授。控赤羽而曾銜石虎，挺青萍而嘗截水犀，潛資七德之文，盛佐三分之業，榮匡」霸主，顯立殊勳。傳家以仁孝為先，許國以公忠是務，隆于後裔，憬彼前脩，信重山河，

名光竹」帛。蜀扶天佐命忠烈功臣、前武德軍節度、梓綿龍劍普等州觀察處置等使、開府儀同三司、」檢校太師、兼中書令、梓州刺史、臨潁王、食邑九千户、食實封三百户、贈太師、謚忠廣公有子」六人，公即第三也。公嵇軀落落，張貌堂堂，谷雲之筆札兼能，郄縠之詩書具美。國華時」彦，公子王孫，纔登弱冠之年，便起雄飛之志。其諸茂實，此不繁書，並在外誌標紀。」公以唐中和四年十月十七日生於京兆府長安縣，即以天成二年太歲丁亥十二月戊寅」朔十六日癸巳薨于維州郡舍，享年四十有四。人情痛惜，物論悲傷，知者輟舂，聞之罷市。護」喪到府，奠祭盈門，平素交遊，内外親族，吊賻皆至，哀榮以光。公識量深沉，神機博達，大」事能断，長謀夙成，承蔭襲於當年，分寵榮於聖日。加以依仁游藝，好士禮賢。庾亮」樓中，不辜風月；孟嘗門下，長設車魚。非熊而早慶玉璜，癖馬而曾華金埒。累提郡印，頻綰兵」符，弈世功名，畢生富貴。恨春秋之正盛，痛金石之不堅，永嘆逝川，堪驚摧嶽。公之」母晉國太夫人李氏以星沉家寶，天喪國禎，誰吟陟屺之詩，翻誦及泉之賦。以至金昆玉」季，孺角童齡，共感浮生，咸增罔極。今則卜擇告吉，封樹叶宜，緬彼佳城，奄之幽室。即以三年」歲次戊子正月戊申朔二十五日壬申葬於成都府華陽縣普安鄉白土里東山，禮也。」命婦瑯瑘郡夫人王氏，義深齊體，情極厥躬，願偕老以無期，誓未亡而有節。男伯通、伯遇、女」唐五等，每聞庭訓，具稟門風，庶光必復之徵，冀荷不孤之美。愚也幸依門館，得撰誌文，多謝」蹤横，詎殫祖述，恭副揮毫之請，貴伸執紼之誠。既属辭焉，乃為銘曰：」

伊公子兮冠時英，履忠孝兮盡平生，經文緯武兮馳嘉名，承家立國兮藹餘聲。」鍾鳴鼎食兮慶傳榮，善始令終兮誰與京，表歸真于此室，庶勒石以為銘。

後蜀〇〇二　孟知祥妻福慶長公主李氏墓誌

長興三年十一月二十四日

【誌蓋】大唐福慶長公主墓誌

【誌文】

唐推忠再造致理功臣劍南兩川節度使管內營田觀風處置統押近界諸蠻兼西山八國雲南安撫制置等使開」府儀同三司檢校太尉兼中書令行成都尹上柱國清河郡開國公食邑一千五百户食實封一百户孟公夫人福」慶長公主墓誌銘并序」

攝東川節度判官判軍州等事金紫光禄大夫檢校刑部尚書兼御史大夫上柱國崔善奉命撰」

將仕郎前守秘書省秘書郎令狐嶠奉命書」

福慶長公主李氏，即後唐太祖武皇帝之長女，光聖神閔孝皇帝廟號莊宗之長姊，母曰貞簡」皇后。初，太祖代襲師壇，位尊侯伯，英姿偉量，惟孝與忠，居文公虎視之鄉，擁高祖龍潛之境。禮賢無」倦，納諫如流，務全尊奬之忠，雅罄匡扶之力。於是朝庭降制，册封晉王，莫不朱邸分華，維城益固，擢金柯」於盤石，茂玉葉於本枝。姬周之所重宗盟，麟趾之所推信厚，别顯親賢之命，載弘仁壽之鄉。長公主性稟」天和，榮分聖緒，四德純茂，六行兼脩，賢明雅契於典經，謙敬仍光於懿範。未笄而歸」我令公焉，時也靈龜入兆，威鳳和鳴，衿鞶當展於盛儀，秦晉迺洽於嘉禮。群仙奉職，百福延休，如賓之敬將崇，」中饋之儀允穆。加以位隆將相，德合天人，諒惟匡輔之名，遐暢恢弘之業。必欲永安王室，再紉皇綱，壯志未伸，」鑾輿播越。洎太祖即世，莊宗紹興，天命中缺於咸秦，神器潛移於鞏洛。八紘鼎沸，四海塵昏，贊成」一統之尊，光闡九重之貴。當疇功之際，以遂良為先，暫輟洪鈞，遠安全蜀。今上睠言碩德，繼有」渥恩，旌賢别舉其徽章，下詔顯開於湯沐。是以同光三年十一月封瓊華長公主，

天成三年十月三日進封」福慶長公主，皆寵報我令公德重三朝，勳高百揆，享育坤維之衆，控臨邊徼之虞者也。尔後義切尊周，誠」堅奉主，任土賦充庭之實，苞茅供縮酒之勤。不謂豐起鄰藩，猜生憸巧，每構沉舟之羽，多興投杼之疑。貢奉不通，」奏章不達，以至訓齊十乘，備禦四封。賴上玄之昭昭，成宇内之晏晏，軍民輯睦，稼穡豐登，咸安惠養之恩，更懋神明」之政。雖灾臨分野，而福蔭山河，轉禍亂為休徵，變憂勤為康悆。時論以為皇天無親，惟德是輔，《春秋》所謂在其」君之德也。况乃三時不害，四遠懷柔，崇衛侯大帛之冠，躡吴王不重之席，約恭儉以設教，行禮樂以律人。獸去珠還，」不獨傳於往古；政清事簡，實亦盛於當今。俄以長公主疾恙經時，藥石無驗，既牽脩短之分，難移殄瘁之期。長」興三年正月十三日長公主享年六十，薨于正寢，殯于咸宜之堂，禮也。嗚呼！人無定檢，數有恒程，雲衢已造於」仙階，世路徒哀於物化。我公乃制崇廬杖，饌徹膏梁〔粱〕，軒懸頓止於笙鏞，幃弈不施於組繡。於是法惟辯貴，禮」重送終，虔祝著龜，卜安陵兆。考青烏之妙術，詢金馬之名崗，長亭追控於牛頭，列宿上分於鶉首。曉登蘭坂，嗟」玉葉之彫零；遐眺雲軒，痛銀河之杳絶。然後繚墻周亘，飛閣紛綸，逶迤無異於蓮宫，偃蹇還同於梵宇，珎臺互構，廣」廡聯甍。鶱隧將封，歎懸黎之掩耀；鴈池斯窆，傷龍輴之韜光。長主有郎君二人：長曰貽範，官至銀青光禄大夫、檢」校左散騎常侍、守代州刺史、右威衛將軍同正、兼御史大夫、上柱國，早亡；次曰貽邕，官至銀青光禄大夫、檢校右散」騎常侍、守忻州長史、左威衛將軍同正、兼御史大夫、上柱國，早亡。皆學奥典墳，情敦孝愛，棣蕚得聯榮之寵，晨昏通不」匱之名，福善無徵，追思莫及。今有郎君三人：長曰貽矩，見任攝彭州刺史、銀青光禄大夫、檢校尚書左僕射、兼御史」大夫、上柱國；次曰貽鄴，見任左右牢城都指揮使、金紫光禄大夫、檢校尚書右僕射、兼御史大夫、上柱國；次曰仁贊，」見任節度行軍司馬、兼都揔轄義勝定遠兩川衙内馬步諸軍事、銀青光禄大夫、檢校尚書右僕射、兼御史大夫、上」柱國。小娘子二人：長曰久柱，次曰延意，並玉瑩珠明，敦詩説禮，宛是保家之主，居然經世之材，孝敬兼優，令

淑有」則。自長主薨變，涕泣無時，既彰孺慕之哀，不闕問安之禮。令公悲深念往，懼及傷生，徘徊永訣之情，」悵望幽扃之際。以長興三年十一月廿四日葬于成都縣會仙鄉，即良辰也。又以善叨依門館，粗熟」勳庸，令敘風徽，俾刊貞琰。况善才非穎邁，學謝淵深，固慙潤色之工，但以悲哀為主。敢為銘曰：」

銀潢緬邈，聖緒靈長。下降侯國，遐辭帝鄉。稽諸上古，顯忠遂良。彝倫攸敘，如珪如璋。其一。為善不同，」同臻于理。斯焉取斯，其歸一揆。五緯迭興，萬國錯峙。周流六虚，肇脩人紀。其二。舉不失德，工〔王〕化之基。」苴茅錫土，大旆高麾。治定制禮，其安易持。進退有度，事美一時。其三。恩降絲綸，邑封湯沐。咸與惟新，」宜其遐福。蓮盖蓤車，文茵暢轂。服冕乘軒，保天之禄。其四。龍戰于野，河出馬圖。誕膺天命，萬邦作孚。」心懸玉鏡，手握乾符。下民胥悦，八紘大酺。其五。天命有常，隟不留駟。夢豎成灾，秋霜夜墜。涉水泣珠，」莫不代匱。藥石無徵，邦國殄瘁。其六。庭懸丹旐，楹敞繐幃。易簀告謝，中外興悲。咸傷失儷，喪容累累。」樂止軒懸，薄言慕之。其七。爰祝蓍龜，謹其封樹。白日西沉，逝川東注。貴有常尊，禮亦異數。遠迩歎嗟，」諸侯贈賻。其八。馬鬣佳製，龍耳名崗。安貞之吉，至理馨香。愁雲慘霧，載飛載揚。窀穸之事，率由舊章。」其九。

鐫字節度隨軍陳德超

《成都出土歷代墓銘券文圖録綜釋》

後蜀〇〇三　高暉墓誌　長興三年十一月二十八日

【誌蓋】大唐故渤海高公墓誌

【誌文】

唐故北京留守押衙前左崇武軍使兼宣威軍使西川節度押衙銀青光禄大夫檢校工部尚書兼」御史大夫上柱國渤

海高公墓誌銘并序」

朝議郎檢校尚書祠部員外郎前□梁州録事參軍兼侍御史柱國賜緋魚袋崔昭象撰」

夫天地之間，其如橐籥，處四海之内，誰超生死。向百年中，焉定短脩。日落虞泉，宜有再中之分；川奔巨□，」終無却返之由。貴賤雖殊，後先而已。繇是尼父顯夢楹之豐兆，曾生啓手足之孝思，在乎人倫，宜遵軌範。」其有名揚位顯，列職居官，生值明時，享兹考壽，殁歸厚□，合紀行藏。欲使雲來，知門風之覆遠；俟其」桑海，不泯墜於聲光。雖竭荒蕪，莫得覼縷述行。按高氏係自一家，芃分八望，粤自齊宗卿傒之後也。傒曾」孫固，桀石以救人，曰：欲勇者，賞余餘勇。食邑於高，以邑為氏。又惠公孫蠆，字子尾，亦為高氏，於姜得姓，譜」□脩傳自遠，源流於今不絶。降自魏晉，迄至隋唐。襲武也，樹勳王室，仗鉞秉麾，出鎮山河，英賢繼出；居」文也，□天理地，入輔皇猷。是知勇冠關西，族稱山北，不可俻載，聊陳紀綱者歟。」尚書諱暉，字光遠。郡聯渤海，今為河東晉州人也。曾祖以性便雲水，志尚希夷，避世怡情，不叅禄位。」祖亮，皇任右神策軍衙前虞候、檢校太子賓客。」父行本，皇任朝散大夫、前行石州司馬、柱國。」公即故石州典午之令子也。」渤海公少而好奇，長負大志，處衆則謙和為最，居家則孝悌為先。瞻□無過，雄才穎脱，臨事不懼，好謀而」成。洎壯年，爰初入仕。歷和門而歲久，常以盡忠；□□校而時深，獨身許國。解弓在手，頻施汗馬之勞；霜」鍔懸腰，継破魚麗之陣。僖皇自蜀還京之載，例□溥見，首錫恩銜，俾加弄印。迩後」昭宗踐祚，復示寵徽，特轉貂蟬，旋□負荷。相次北都守職，隨從先晉王，充留守押衙、兼甲院軍使。久」從征伐，粗曉□虚，歷試艱危，出無不捷。」莊宗皇帝龍飛之後，凡是衛駕功臣，懋賞策勳，各膺睿渥，特」敕授銀青光禄大夫、檢校工部尚書、兼御史大夫、上柱國、充左崇武軍使。是歲也，」我府主中令選自國戚，出鎮坤維，舊沐」臺恩，並蒙録使。公於此際特署西川節度押衙、□監都作院使。况乃脩仁可重，積德弥高，□齊」松鶴之遐齡，永保門庭之餘慶。誰料遘侵□□，景慕桑榆，蛇影見於

□□，□□喧於枕側。偶因微恙，」莫起良毉，遽及蒼惶，俄隨風燭。以唐長興三年歲次壬辰三月癸未朔十日壬辰終於成都府華陽縣」菓菌坊之私第也，享年八十有一。有男一人□□，西川節度押衙、銀青光禄大夫、檢校左散騎常侍、兼御」史大夫、上柱國、充昭武軍主客馬步軍都押衙。□玉奇姿，隋□□□，□□氣槩，卓犖宏□。屺岵情傷，纏哀」義切，泣高柴三年之血，絶蔣詡七日之□。顯□令□，□□□□。有女一人，在河東，適劉氏。有孫子三人：兒」曰全義，女曰孃子、喜子。並皆岐嶷，骨秀神清。公娶清河郡夫人張氏，早馳婦德，□稱閨闈，爰俻三周，歸於」君子。昭明婦禮，肅穆親隣，久播母儀，每彰慈善。偕老之期必俟，如賓之敬何□，□悲矚壙之辰，永絶齊眉」之理。銜冤茹慕，墮睫潺湲，幸有子而承家，望夫形之空在。公生居禄位，壽享遐延，□操不□，倜儻自負，揚」名立事，善始令終。至於丘壠松楡，轜車旐纛，悉皆俻矣，後誰及乎。以其年十有一月二十八日葬於華陽縣」昇仙鄉暮二里，禮也。於戲！良木壞，泰山頹，蒿里迎歸，泉扃即掩。清風永□，想游岱之青容；長恨難裁，痛終」天之訣別。象奉哀托脩誌文，略銘曰：

渤海華枝，齊卿後裔。得姓於姜，出芳于世。公之世族，歷代所傳。公之」德行，弈葉相聯。勇冠開西，族稱山北。積善垂休，承家可則。轅門發跡，衙闈立身。忠孝事主，謙和奉親。履歷」官資，弥臻考壽。蒲柳相侵，膏肓莫□。音容眇邈，光景逝徂。莫駐風鬛，難留隟駒。陟岵情深，游魂何處。夕叶」杜鵑，朝晞薤露。形銷影絶，物是人非。翔鸞先去，彩鳳無依。佳城一閟兮封之蒼苔，貞珉万古兮藏之隧表。

《新中國出土墓誌・重慶》

後蜀〇〇四　崔有鄰墓誌

明德四年三月八日

《考古通訊》一九五五年第六期

【誌蓋】蜀故清河崔公墓誌銘

【誌文】

蜀故朝議大夫守太常少卿兼成都少尹柱國賜紫金魚袋崔公府君墓誌銘并序」

翰林學士中散大夫守尚書工部侍郎知制誥上柱國賜紫金魚袋劉曦度撰」

公諱有隣，字朋善，貝州清河人也。厥初生爲神農，所析姜姓，至周秦漢以降梁宋魏，皆夾輔公侯，蕃」衍盛大，弈業穹崇，迨至有唐，世習貴胄。昔南有顧陸，北有崔盧，推號甲族，無以加也。」曾祖皇唐淮南節度使諱從。祖河南壽安尉諱彦方。大父太子詹事諱敬嗣。」從父潭廣鄂三鎮節度使、四授中書門下侍郎、守侍中諱胤。曾祖母盧氏，燕國夫人。」祖母盧氏。妣盧氏，不幸短折，生一子名整，茂才擢第，平判入等，歷官殿院，賜緋。續婚滎陽鄭氏，」外祖皇唐丞相諱昌圖，府君即鄭夫人所出。其或繕甲治戎，愛民如子，三吴阜俗，百越」通賈，得柳莊社稷臣名，郄縠詩書將譽，即揚帥之政令也。次若南昌馳譽，北部收威，志在三清，門懸」五色，即壽安尉之問望也。有是授經胄子，贊道東宫，可憑寔類山濤，堪重頗同孔覇，乃大詹之懿範」也。矧乎視三足，肖一拳，詢庹啓沃，翼亮濟世，紫宸獻替，黄閣論道，扶危返政，去虐除邪。无何三百年」季有終，十八帝位有限，天不從願，時不載立，所謂曆數，乃歸於梁，斯大貂之茂績也。」公本高門大族，因谷改陵變，晚尚典誥，承祖德之業，履元和之惇，貞而有信，幹而無擾。不赴」調舉，一子出身，授京兆參軍，房陵、禹城、衛南、壽光令，在任以務滋稼穡，樹之風聲。雖羃羃煙深，不種」陶潛之柳；而遲遲風暖，爰開潘岳之花。自斟灌受徵，拜監察御史，觸邪挺直，辯訟明了。出職鄭巡，復」除殿院，錫緋，試小版、孟州廉判。次授祠部郎中，出職遂州節判。屬中原俶擾，」西蜀開霸，首拜中駕柱史判雜，賜紫。改成都少尹，奉常貳卿。臨事知機，當塗有斷，積功累行，祖仁本」義，守志道不矜其才，勤庶務罔怠於治。俾期播以美政，將惠勞人，忽斯降罰，偶嬰微恙，詎至弥懵。所」謂不融景命，中歲傾

喪，苟上天有鑒，豈賢者無祜。即于其年二月十一日薨于成都府成都縣石鏡」里私第，享年有六十。夫人盧氏，乃太子少詹虔之長女，技能彈絲捻竹，功有紉針執笄，止臻中壽而」殞。公有子二人：長曰明濟，未婚宦，儁乂敏健，耽味墳籍，穎晤辯惠，可繼德門；一子哥奴，年才齠齔。長」女適范陽盧延雍；第二適姑臧李椿，故右貂光憲之子；次適姑臧李致堯，故右揆燕之子；最小適河」東裴貫，故殿院紹昌之子。嗚呼！日月遄邁，興亡遞迭，昨非今是，倏往欻來，留去之間，前後而以。莫不」二子泣血，一女絕漿，隣為停舂，里為罷社。」天子悼耶，賢相嗟矣，贈之布帛，錫之金錢，用明追想。至當年三月八日卜穴于華陽縣」普安鄉欽仁里郊原，禮也。小子昔在故國求進，沐」府君解而餞之，擢第與未成名，俱同故譙國夏相幕中，首尾二紀，備諳履行。二子以將植松」梓，尚闕紀頌，睠斯相託，迺為銘曰：」

猗嗟崔氏，姜析源流。世習軒冕，代繼弓裘。出將入相，為伯為侯。家不絕嗣，」乃有二卿。性惟端慤，行也貞明。如何中壽，景命俄傾。在昔我里，交友惟良。」无悔无咎，有則有常。今聞代謝，圖茹悲傷。二子孤藐，一女號咷。」叩后地兮地深邃，訴青天兮天更高。卜丘墟而冀安宅兆，立銘紀而用報劬勞。」

馮翊党茂先書并篆額

陳延昌鐫」

大蜀明德四年太歲丁酉三月甲寅朔八日辛酉記

《惠州學院學報》二〇二〇年第五期

後蜀〇〇五　任君妻崔氏墓誌

廣政四年十一月十日

【誌蓋】失

【誌文】

故博陵郡君崔氏内誌銘并序」

前攝綿州西昌縣令尹弘輔譔并書」

若夫天地不能違寒暑之道，日月不能免虧盈之數，人處其中，寧逃生死。」郡君姓崔氏，其先博陵人也。本太嶽之胤，昔武王伐紂，吕尚實董其師，因」功賜履于齊，其子丁公娶于周而生元子曰季。季讓國，退居于崔邑，乃爲」氏焉，子孫蕃衍，歷代信史，靡不載敘。曾祖珪，任鄭州司馬。」祖鎬，任許州別駕。考宗涉，幼而有勇，長乃多謀，始以中原喪亂，」大駕播遷，從」前朝高祖武皇帝開基于邛蜀。高祖念其有闕張之舊，侍從之勞，」授中軍軍使。厥後久經戎役，亟立戰功，累遷檢校太傅，歷渝州刺史。」夫人類氏，鉅鹿郡夫人。」郡君即夫人之第三女也。性惟柔淑，心實聰悟，蘋蘩女職，不戒而知。及笄，」歸于内殿直軍使、光禄大夫、檢校司徒、左領衛大將軍同正、上柱」國、食邑五百户樂安任公。克行婦道，罔憚勤劬，事舅姑以孝，奉娣」姒以睦，雖見配偶而相敬如賓。國朝遵命婦之典，錫博陵郡君。無」何，良人即世，於是泣血攀號，殆將殞絶。然而撫綏孤幼，整肅後事，哀感有」度，喪祭無違。言可成箴，行堪作則，雖孟母擇鄰之智，陶親截髮之賢，無以」過也。不謂寢疾弗豫，大命有□，屢加針石，竟無見徵。廣政四季歲次辛丑」十一月三日殁于成都府成都縣書臺坊之第，春秋五十有六。以其月十」日葬于成都府華陽縣安養鄉白女里，附先塋之禮也。其任公勳緒名諱，」已見碑碣，此不具載。」郡君有一男三女：男光德，前梓綿龍劒普等州觀風」推官，早富詩書，久聞」孝悌，懷忠信以待聘，獲璧馬以從知；長女適雲旗第一軍使、金紫光禄大」夫、檢校司徒、兼御史大夫、上柱國王鈞；次女適銀青光禄大夫、行衛尉少」卿、上柱國趙崇祚；少女適比部郎中、知制誥、賜紫金魚袋韓保昇。並奄」鍾天罰，號慟無偯，俯餘弱喘，幾不勝喪。推官以弘輔傾盖相遇，一言道合，」七稔于兹矣，將内誌見託。不量荒

鄙，乃作銘云：」

崔氏之先，寔太嶽之胤兮。世濟其美，福及子孫兮。」挺生賢女，垂儀範兮。没而頌德，」示不朽兮。

武令昇鐫字

私人藏拓

後蜀〇〇六　張虔釗墓誌　廣政十一年九月十五日

【誌蓋】大蜀故贈太子太師賜謚温穆清河郡張公墓誌銘

【誌文】

大蜀故匡國奉聖叶力功臣北路行營都招討安撫使興元武定管界沿邊諸寨屯駐都指揮使左匡聖馬步都指揮使山南節度興鳳等」州管内觀風營田處置等使開府儀同三司檢校太師兼中書令行興元尹上柱國清河郡開國公食邑四千户食實封三百户贈太子太師」賜謚温穆清河張公墓誌銘并序」

前幕吏將仕郎守左拾遺賜紫金魚袋王文祐撰」

公諱虔釗，字化機。出黄帝軒轅之後，第五子揮始造弦弧剡矢，寔張羅網，以取禽獸，主祀弧星，代掌其職，因為氏焉，清河則其望也。」曾祖邁，後唐贈銀青光禄大夫、檢校左散騎常侍、兼御史大夫。祖榮，後唐贈銀青光禄大夫、檢校户部尚書、兼御史大夫。」顯考簡，後唐贈金紫光禄大夫、檢校尚書左僕射、兼御史大夫、上柱國；顯妣梁氏，後唐贈汧國太夫人。公則僕射之長」子也。將星儲粹，嵩嶽降神。吕光之戰陣排時，年雖尚幼；鄧艾之軍營畫處，志已不羣。爰值舊唐土崩，羣雄角立，九牧盡思於分裂，四方皆□於」戈鋋。公切慕功名，不事筆硯，奮衣私室，賈勇和門，彎弧則百步楊穿，跨馬則一條練去。未弱冠，以騎射出衆，安義丁相國一見而奇之，□」以

左右善射者七十餘人，署公為首領。洎武皇與莊宗龍濳汾水，虎據并州，遂置親衛左右突騎。非驍雄有異者，不可□□□」□首奉請求，便居將校，亟當大敵，頻立巨勳。天祐十七年，遂受制累遷右突騎軍使、銀青光禄大夫、檢校國子祭酒、兼御史中丞、□□□制」□慎清□，詔轉兼御史大夫。莊宗愈振軍聲，奄守河朔，須在董齊武士，環衛乘輿，爰擇威名，俾當委任。同光元年，轉□□右突」騎，守鬭□揮使、兼隨駕馬步軍都軍頭、檢校右散騎常侍。莊宗自奄有汴洛，混一車書，至同光二年，就加左散騎常侍，仍□□□拱衛功」臣。四年，就轉檢校工部尚□。□莊皇失邦，明宗應運，公早居侍衛，亟歷戰争，素彰汗馬之勞，果契雲龍之會。□□□年五月，」乃授隨駕親隨軍將都指揮使，檢校□部尚書、守遼州刺史。公既諳衣錦，方欲褰帷，盖權護駕之師，莫遂還鄉□□。□年秋，復轉」授檢校尚書左僕射、守春州刺史。明宗每以北面多虞，委公傳命，凡該利病，悉請施行，克洽人情，實符上旨。二年□月，就轉金紫」光禄大夫。九月，荐轉檢校司空，仍賜竭忠建策功臣。三年正月，移授鄭州刺史、充本州防禦使。四月，以義武軍節度使内聚逆黨，外結匈奴，黷武」窮兵，深溝高壘。僉曰：監護無出英才。乃授公充北面行營兵馬都監，禀命請行，奉辭討罪。公外則平□助之醜虜，内則斬旅拒」之渠魁，遂至馘耳者谷量，横尸者山積，一境之妖氛既静，九霄之瑞露爰臨。鳳既銜書，龍初上節，遂委鑿門之寄，以酬□□□功。四年二月，授光」禄大夫、檢校司徒、充横海軍節度使。長興初，轉授檢校太保、徐州大都督府長史、充武寧軍節度使。二年四月，轉授檢校太傅、行岐陽尹、充岐陽」節度使。三年七月，復轉授特進、依前檢校太傅、行興元尹、充山南西道節度、兼西面都部署、水陸轉運□□。四年□□，□同中書門下平章事、」兼西面諸州馬步軍都部署，仍賜耀忠匡定保節功臣。雞樹初栽，鳳池乍啓，土茅望重，將材□□，□□□□，□□□□。嗣君即位，就加檢校」太尉，弥仗統戎之術，就兼掌武之榮。無何，岐帥肆志不臣，朝庭下詔伐叛。方期澆湯沃□，□□□□，□□□□，□□□□。六軍束手，俱為助」紂之臣；萬旅投戈，盡作吠堯之黨。公剛腸愈勁，壯志

不迴，難屈節以事讎，固無心□□□。□□□□□□□□□□□樂安孫公則今」武信太師令公同歸命入覲。我高祖文皇帝倍弘禮遇，悉有頒宣，恩既殊□，□□□□□□□□□顧謂侍臣□，□朝方開疆宇，正急」英雄，得此二賢，若生兩翼。次日顯謂公曰：昔者陳平去項羽而歸漢，許攸□□□□□，□□□□之明，豈逭逃天之責，曷若即奮然壯」節，輸尔忠誠。忿崔杼負弑君之尤，未能進戮；思趙盾無出境之見，果受惡名。於是□□□□□□□□。□德元年七月，重授山南節度使，仍賜安」時順國全節功臣。洎文皇晏駕，」今上承祧，迺降白麻，荐加皇澤。二年正月，授檢校太尉、兼侍中、昭武軍節度使，仍賜匡國奉聖叶力功臣。二月，奉宣充右匡」聖馬步都指揮使。四年三月，轉充左匡聖馬步都指揮使。廣政元年正月，□□□中書令、充寧江軍節度使。四年二月，罷鎮寧江，加爵邑實封，」依前充左匡聖馬步都指揮使。六年，再授昭武軍節度使。七年，就加檢校□□。十年閏七月，轉授山南節度使、行興元尹、兼充山南武定管界」沿邊諸寨都指揮使。公自戎服出身，轅門歷事，以至三提郡印，九鎮藩宣，皆是將七德訓兵，約六條撫俗。或審其地利，或酌彼人情，無蠹」本之不除，有倖門而必塞。而况務弘簡静，議絶疵瑕，以至訟碑苔□，非所蕪没。再從平利，継往南梁，公方欲更扇仁風，重施善政。旋属晉」昌獻款，岐陽乞降，朝庭命公為北面行營都招討安撫使。公授鉞之日，釁鼓而行，逕自邊城，深入外境。無何，咸陽失於慎密，」洩此事宜，援兵尋至於鳳鳴，降帥黜成於猶豫。謀乖穀楚，計爽安秦，衆詞同議於班師，公意亦思於養勇。□則□之天水，迥彼山川，旋運」心機，更觀形勢。將欲重提萬旅，別整六師，必成電掃之功，以奉河清之運。旋以癸卯年中氣疢復作，肩乘言還，路遠三嗟，程遥千里。比冀却迴漢」上，別訪秦醫，事雖類於殲良，志未休於城郢。散開去日，將成韓信之前功；渭水迴時，何異武侯之故事。廣政十一年二月二十三日薨於興州之」公館，享年六十有六。乃歸山南僧舍，俻殯殮之具。遺章至闕，上為愕然，拉涕經旬，輟朝三日，頒宣賻賵，常數有加。都尉少卿匡弼、」供奉匡仁率一行元從將校扶護來歸，以不入都城，權

窆光夏門外亭臺之内也。皇上念切元臣，特加異禮，降使贈太子太師，賜謚温穆。」以其年九月十五日備本官儀衛葬于國之東郊華陽縣普安鄉白土里高原，禮也。公婚楚國夫人藥氏，夙推貞順，素号賢」明，既四德之聿修，則三從之何爽。有子二人：長曰匡弼，守衛尉少卿、駙馬都尉，尚金仙長公主；次曰匡堯，前利州别駕，娶今」太傅令公宋王之女。姪一人，曰匡仁，充西頭供奉官。長女出適東頭供奉官安匡裔，乃今山南元戎太保之子；小女幼雖落髮，年未勝喪。」並皆號則過傷，毁將滅性。爰自告□之際，終日絶漿；漸臨卜兆之辰，無時泣血。將刊貞石，乃属小才文祐也，依棲則十改年華，僭濫則四遷賓職，」方期退跡，忽忝登朝，勉就□資，實由餘蔭，固慙漏略，莫紀始終。嗚呼哀哉！掩袂拭面，謹再拜而銘曰：」

軒后垂裔，漢傑興宗。竹□茂盛，鍾鼎昌隆。迭生將相，間出英雄。後昆弈葉，受福無窮。其一。嵩嶽降神，將星儲粹。尚父韜奇，」黄公略異。斬馬刃快，穿楊鏃利。一舉摩霄，自此而致。其二。轅門賈勇，鶚上求知。當鋒効命，對敵忘危。岸虎方怒，秋鷹正飢。」勳名既立，漸陟階資。其三。雨露頻霑，絲綸繼被。武職既高，兵權荐委。秩峻小貂，官崇大起。戡定功成，忠貞譽美。其四。明宗應運，」迥作元臣。奄有万國，媚兹一人。三郡作牧，數載行春。端揆水土，兑澤惟新。其五。厥有中山，苞茅自絶。奉命討除，擁兵殄滅。」盡覆梟巢，尋平兔穴。鳳忽銜書，龍初上節。其六。滄溟作翰，海岱守方。岐稱西輔，漢号南梁。九州分野，五府封疆。皆弘德政，」克播聲光。其七。嗚□逆臣，入據中土。不可事讎，須謀擇主。乃以雄藩，來歸高祖。禮過優隆，特殊今古。其八。自天錫命，拱極趍朝。」文皇晏駕，」今上承祧。白麻累降，瑞節頻交。同心輔舜，竭節匡堯。其九。三撫名州，九鎮重地。綿谷兩居，襄國疊至。竹馬重迎，」壺漿再□。□□俄臨，出閞為帥。其十。授鉞而去，釁鼓前之。勢將取爾，兵已及岐。援軍既入，降將持疑。且謀養勇，須議班師。其十一。」敵境方□，□疢復有。秦緩難訪，武侯終壽。万乘震悼兮未已，六師咸慟兮弥久。盛儀一展兮歸玄堂，雄名千

古兮垂不朽。其十二。」

前攝興州長史王德瓆書并篆
鐫玉册官武令昇鐫字
《成都出土歷代墓銘券文圖録綜釋》

後蜀〇〇七　徐鐸内誌

廣政十五年四月

【誌蓋】大蜀故高平徐墓誌銘

【誌文】

故竭誠耀武功臣左匡聖步軍都指揮副使兼第二明義指揮使金紫光禄大夫檢校太保使持節彭州」諸軍事守彭州刺史兼御史大夫上柱國高平縣開國男食邑三百户徐公内誌」

公諱鐸，字宣武。本帝顓頊之裔，大業之苗。至伯翳左禹平土有功，舜賜嬴姓，其後始封於徐，即彭城，其」本望也。至後漢徐範八代孫績為高平太守，家于高平，故以高平為望也。公即績之苗裔矣。」曾祖諱承肇，皇任銀青光禄大夫、檢校刑部尚書、鎮州左都押衙。」祖諱令釗，皇任銀青光禄大夫、檢校國子祭酒、鎮州土客馬步使。」考諱宥德，皇任銀青光禄大夫、檢校工部尚書、守梓州別駕，妣廣平宋氏，公即其長子也。仕」後唐莊宗皇帝，同光初，補充左羽林効義指揮第二都軍使。及莊宗克平梁苑，以軍功，三年夏六」月除授銀青光禄大夫、檢校太子賓客，兼監察御史，仍賜忠義功臣，宣從興聖太子、令公入蜀。」高祖文帝作鎮成都，改補充劍南西川節左廂第五懷忠指揮使，[一]用是訓齊士伍，習練干戈，鬱有機謀，動」業始著。天成三年，奏加殿中侍御史。長興元年春二

[一]「節」下疑有脱文。

月，改轉充左廂第四宣威指揮使。明年，集州行營，大」顯殊功，還歸京輦。尋屬東川董相加兵，涉於鴈水，大戰椶橋，復立巨功，高祖褒其英勇，署」攝普州刺史。施仁布義，去弊除訛，百姓咸歸焉。四年，高祖真封，承制加檢校工部尚書，正守」普州刺史。明德元年，高祖龍飛，夏六月，就加檢校兵部尚書，依守普州刺史。〔一〕是歲，」高祖晏駕，今上踐祚，不忍改年。二年春，考秩未滿，復加檢校尚書右僕射，改轉使持節渝州」諸軍事、守渝州刺史，仍賜竭誠耀武功臣、峽路行營都指揮使，威振吴越，惠安夔萬。廣政元年春二月，改」轉充左匡聖步軍都指揮副使、兼第二明義指揮使、檢校尚書左僕射，赴聖主之憂勤，定邊疆」之烽燧。二年春三月，除授使持節渠州諸軍事、守渠州刺史，既正六條，雄歌五袴。六年春二月，加司空、使」持節眉州諸軍事、守眉州刺史，守子罕清廉，行國喬之惠愛。七年秋，就加金紫光禄大夫，依前檢校司空，」進封高平縣開國男，食邑三百户，增封示貴，列爵稱榮，望重世家，永隆宗祖。十年，奉宣充北路行」營，勢動關西，威加隴右。十年秋八月，加檢校司徒，九霄雨露，沛霑戰伐之勞；一品元勳，沐浴優隆之澤。十」三年夏五月，加檢校太保，尋奉」宣旨，補充峽路行營兼寧江軍管内沿邊諸寨屯駐都指揮使。十四年冬十月，除」授使持節彭州諸事、〔二〕守彭州刺史。」睿澤既降，梁柱已摧，空悲定遠之心，獨繼伏波之志。以其年十有二月廿二日薨于寧江軍屯駐官舍，春」秋六十有三。維廣政十五年歲次壬子四月丙戌朔　日葬于華陽縣普安鄉沙坎里之塋，禮也。」夫人清河縣君張氏。男十三人：長男思言，左驍鋭馬軍指揮第三都頭、銀青光禄大夫；次男殿直延楷；」次男延矩，前任鳳州長史；又次男延範，任源州别駕；又次男延瑫，前任眉州長史；又延禎，前源州長史；」次男延藴，前任興州長史；」餘二子年齡尚幼，

〔一〕「依」下疑脱「前」字。
〔二〕「諸」下疑脱「軍」字。

未有成立。」長女適弓箭殿直、銀青光祿大夫、檢校太子賓客扶風郡馬延超，」中女適殿前承旨太源〔原〕郡王崇遇，又中女適殿前承旨京兆郡黎紹美，又」中女適廣平郡焦重謌，餘二女方當稚齒，遽失所恃。」公之季弟審唐，比俟急難，先□于世，■並兢持仁子之道。」公發跡鎮州，起于蜀，輔翼」明主，親揔軍戎，拱衛兩朝，五持郡印，被堅執鋭，破敵摧兇，勳績勞能，俻于外誌。慮其風雨寖漬，文字」慮其磨滅，故以直書正事，秘於幽壤焉。」

鄉貢進士趙延齡撰

鐫字官武仁永刻字

《成都出土歷代墓銘券文圖録綜釋》

後蜀〇〇八　韋毅妻張道華墓誌

廣政十八年十月八日

【誌蓋】失

【誌文】

蜀故清河郡夫人張氏墓誌銘并序」

婭聟前源壁等州觀風判官將仕郎檢校尚書虞部員外郎兼監按御史賜緋魚袋羅濟撰」

賢妃助治於國，哲婦贊成其家，德教内脩，禮文外化，故《詩》紀鵲巢采蘩，美」后妃夫人之德也。有蜀將仕郎、檢校尚書水部員外郎、前守蜀州新津縣令、兼侍御史、賜緋魚」袋京兆韋公毅故夫人之謂與。張之氏，乃軒轅皇帝子揮為弓矢以張之，因而命」氏。《易》曰：弧矢之利，以威天下。自姬周炎漢，降及隋唐，代有其人，輝華簡策，此不云矣。」夫人曾王父諱遠，唐皇任萬州安邊指揮使。王父諱章，皇任萬州西廂都知兵馬使。」皇考諱

球，前蜀皇任左百捷第二軍使。弓裘奕世，韜略承家，將期烈岳之封，俄起逝川之歎。」夫人即揔戎次女也。前蜀嘉王太師仗節鎮江，奏公充掌記，」夫人字道華，年十六歸于記室。方及美職，獲偶嘉姻，匪唯其淑德茂才，可謂其」將門相族，克叶和鳴之兆，允符齊體之規。況稟秀星躔，分輝月冕，禮容閑雅，詞旨賢」明。澄澹而寶匣霜寒，肅穆而蘭蕣露冷。女功婦德，家法母儀，嚴整自持，慈裕無爽。閨門之」內，畏愛得中，已諧偕老之期，冀保宜家之道。嗚呼！脩短之數，今古同悲，瓊鍾謝響於清晨，」玉蕣飄英於厚夜。以廣政十七年甲寅歲寢疾，九月二十七日終于左綿私第，享年五十九。越明」年冬十月八日葬于成都府華陽縣星橋鄉清泉里，禮也。夫人有三子四女：長男令均，前」任眉州司户參軍，婚趙氏；次男令弼，前任祕書省祕書郎，婚王氏；季男令恭，前任綿州司户參軍，」婚仲氏；長女娉前遂州方義縣主簿王崿；二女娉銅山縣令王延昭；」夫人即世，三女、四女幼年，皆承慈訓，鬱有士風。遽此偏孤，愈增摧毀，宅兆有期於遠日，」音容已訣於終天。公撫存悼亡，感今懷昔，俾書世籍，以誌」玄堂。濟謬奉旨蹤，輒直紀敘。」銘曰：」賢妃哲婦，治國承家。興言設教，從儉去奢。受氏分封，肇自軒帝。弧矢威戎，冠裳奕世。」《詩》稱女德，《禮》載婦容。環珮肅肅，詞旨雍雍。幻化難窮，浮生若寄。命也有涯，人之不諱。」將歸真宅，乃啓玄堂。華陽故國，眠牛舊崗。迥野蕭條，寒泉嗚咽。万古千秋，悲風夕月。

《四川文物志》
北京大學圖書館藏拓

後蜀〇〇九　孫漢韶内誌

廣政十八年十二月六日

【誌蓋】大蜀故守太傅樂安郡王贈太尉梁州牧賜謚忠簡孫公内誌

【誌文】

大蜀故匡時翊聖推忠保大功臣武信軍節度遂合渝瀘昌等州管内觀風營田處置等使開府儀同三司守太」傅兼中書令使持節遂州諸軍事守遂州刺史上柱國樂安郡王食邑三千户食實封二伯户贈太尉梁州牧賜謚」忠簡孫公内誌」

門吏前遂合渝瀘昌等州觀風支使將仕郎兼監按御史賜緋魚袋王乂撰」

前攝保勝軍團練巡官將仕郎試秘書省秘書郎白守謙書并篆」

公諱漢韶，字享天，其先太原人也。昔周武王克商，成王定之，選建明德，以藩屏周，封康叔于衛。至武公子惠孫曾耳，」仕衛為卿，因以為氏。公即唐雲州別駕諱□之曾孫，嵐州使君、司徒諱昉之孫，」後唐振武軍節度使、贈太尉諱存進之長子。大昴傳精，洪□降氣，早親弓劍，素藴機謀。爰屬後唐高祖武皇」帝潛龍并汾，先太尉握兵輔翼，歲在庚申，遂内舉公，武皇録公充隨使軍將。天祐初，轉」充定海軍副兵馬使。三年，武皇猒代，莊宗嗣興。四年春，署公定安軍使，墨制授銀青」光禄大夫、檢校國子祭酒、兼御史中丞、上柱國。于時寶位未定，戎事方殷，公累歷艱危，繼伸勞効。至」癸酉，轉五院第五院軍使。丁丑，以功升第二院兼都知兵馬使，加檢校左散騎常侍、兼御史大夫。庚辰，遷牢城都指」揮使，授金紫光禄大夫、檢校兵部尚書。同光元年，莊宗克復梁朝，奄有區宇，以麟州蕃落背叛，命」公剪除。氛祲才消，絲綸荐至。三年冬十有二月，授公檢校尚書右僕射、守蔡州刺史。四年，」莊宗晏駕，明宗鼎新，改元天成。至二年秋八月，就加公竭忠建策興復功臣，超授檢校司空，依前守」蔡州刺史。向國輸忠，臨民布惠，士豊襦袴，境絶凶荒，千里無虞，一郡大理。三年春三月，除檢校司徒、充彰國軍節度」觀風留後，封樂安縣開國男，食邑三百户。四年春三月，天子以故林在乎彰國，薦其祖宗。公躬奉」詔書，修崇清廟，厥工才畢，寵澤爰覃，就加光禄大夫、檢校太保，依前充彰國軍節度觀風留後。其年夏」四

月，值太夫人凶變，俄返北京。哭即過哀，毀而幾滅，雖頻加起復，而終被縗麻。長興二年秋，服滿」朝參，尋奉宣充西面行營步軍都指揮使。三年春正月，除依前檢校太保，遥授昭武軍節度使、充西面行營」副都部署，遷封開國子，加食邑二百户。四年夏六月，移授武定軍節度使、兼西面諸州本城屯駐馬步軍副都部署，」封開國伯，加食邑二百户，改賜耀忠匡定保節功臣。更峻軍權，顯持龍節，師戎集睦，黎庶安康，舉中令以嚴明，致封」疆而肅静。明年春正月，就轉檢校太傅，遷封開國侯，加食邑三百。會明宗遺劒，嗣主承乾，」公方竭孝忠，欲匡運祚，而岐帥肆無君之志，堅簒立之心。公乃請行營都部署、山南節度使故温穆」張公，勁領鋭師，欲平患難。及軍情飜變，神器遷移，遂與故温穆張公遠貢表章，同歸明聖。」高祖文皇帝以公有太原之舊，禮遇加崇。明德元年秋七月，制賜公安時順國全節功臣，授永平軍」節度使，依前光禄大夫、檢校太傅，封開國公，加食五百户。是月，高祖登遐，」今上纂極。二年春正月，就加公開府儀同三司、同中書門下平章事，添食邑五百户，改賜匡國奉聖叶力功」臣。四年春三月，奉宣充右匡聖馬步軍都指揮使。廣政元年春正月，除昭武軍節度使，加食邑五百户，食實」封一伯户。二年春二月，上以公世為華族，家有名才，爰遵歸妹之文，遂展」降嬪之禮。秋七月，遽轉授公山南節度使。自秩滿歸朝，至七年春正月，復加檢校太尉、兼中書令，增」食邑五百户，食實封一伯户。其年夏六月，再授山南節度使。十年春正月，雄武帥臣，將山河而仗順；鳳集郡」守，據兵甲以携離。公奉命專征，籌謀制勝，洎成勳烈，益腆渥恩。秋七月，除武信軍節度使。旋」年轉左匡聖馬步軍都指揮使。十有三年春正月，公以聖主昭彰一德，表正萬邦，乃竭赤」誠，同獻徽號。册禮既餝，命數彌隆，就加公守太保，改賜匡時翊聖推忠保大功臣。十有四年春正」月，轉充捧聖控鶴都指揮使。十有七年春三月，再授武信軍節度使，加守太傅，依前兼中書令，封樂安郡王。旋年」賜肩輿出入，崇恩厚也。公歷仕數朝，久登貴位，□戎有截，事主無回，以至位正公台，爵」分王土。將覬長施宏略，永奉明時，何期忽染微痾，□成美疢，顧短長而有數，諒藥石以無

徵。以廣政十」有八年歲次乙卯秋八月丁酉朔十日丙午，未罷藩鎮，薨于成都縣武檐坊私第，享年七十有二。」上聞之出涕，輟朝七日，降使持節行禮，追贈太尉、梁州牧，賜謚忠簡。其年冬十有二月乙丑朔」六日庚午，以本官儀衛葬于華陽縣升仙鄉貿仙里之原，禮也。贈譙國夫人李氏，」公之夫人也，先公歿世。有子五人：長曰晏琮，懷忠秉義功臣、銀青光禄大夫、檢校司空、守右威衛大將軍、守」眉州刺史、兼御史大夫、駙馬都尉，尚蘭英長公主；次曰晏琦、晏珎，充東頭供奉官；幼曰晏珪、晏玫，未」仕。一女妻于武定軍節度使呂公之第二男、西頭供奉官宗祐。公巨績殊庸，備載外誌，惟慮土昏苔駁，」以昧厥文，別刻貞珉，兼藏閟室，故直書其事者矣。

蹇弘信刻字

《成都出土歷代墓銘券文圖録綜釋》

後蜀〇一〇　韋毅墓誌

廣政二十一年七月二十七日

【誌蓋】失

【誌文】

□□故蜀州新津縣令韋府君墓誌銘并序」

姪聳將仕郎檢校尚書虞部員外郎守彭州九隴縣令兼監按御史賜紫金魚袋羅濟撰」

韋之氏出顓頊大彭之後，夏封於豕韋，因以命氏。自楚太傅孟徙于魯，至玄孫賢為漢丞相，始居京兆之」杜陵。公族望高，洪源派遠，逮自魏晉，降及隋唐，相印兵符，鴻儒碩學，光昭世籍，輝映士林，此不備載矣。」府君諱毅，字致文。曾祖諱式，皇任晉州洪洞縣令，累贈尚書户部侍郎。祖諱宗立，皇任復」州刺史，贈右諫議大夫。父諱貽範，皇任尚書户部侍郎、同中書門下平章事、諸道鹽鐵轉運等使、」判度支。相國道在致君，才推命世，文章可

以經緯天地，器局可以苞括古今，負周召之雄圖，蘊┐房杜之遠略，屢平多難，亟拯横流，方濟殷舟，重安漢鼎，克盟帶礪，載耀旂常，功德被于生民，福慶鍾其┐華胤。相國有子六人、女二人。遭家不造，執親之喪，四海未寧，中原多事，遂扶侍┐先國太夫人孔氏入蜀，認鹿頭之王氣，出鶉首之危邦。┐王先主早託洪鈞，曲迴青眼，優容厚禮，改館加籩。旋属正位金行，開基玉壘，盛簪裾於霸國，選名器┐於相門。長兄欒，皇任東川節度副使。仲兄穀，皇任侍御史。┐次兄嘏，起家授簡州金水縣、廣都縣，賜緋魚袋，尋轉守禮部郎中、兼太常博士，賜紫金魚袋。┐今朝先皇帝鎮臨之初，首蒙拔擢，雲霄路穩，羽翮風高，踐履清華，便蕃貴盛。┐今上弥隆倚注，迴降絲綸，乃自大儀兼領彭郡，久懸衆望，即副具瞻。次弟宏，皇任源州┐觀風判官。季弟瞉，前守陵州録事參軍。長姊歸御史大夫劉公，封扶風郡夫人。次妹┐歸丞相趙國張公，封燕國夫人。┐府君即相國第四子也。風神爽秀，宇量弘深，負不羈之才，待不器之用。海鵬凌厲，一飛佇徹於天┐門；星驥騰驤，平步將追於日馭。起家授邛州蒲江縣令，罷調鵠箭，暫屈牛刀，彈緑綺以化民，製美錦以為┐政。嘉王太師爰自朱邸，出擁碧油，奏請充鎮江軍節度掌書記、檢校尚書水部員外郎，賜緋魚袋。渌水┐紅蓮，醞藉獨推於昔日；朱衣象笏，風流正是其少年。次任漢州綿竹縣令，吏畏嚴明，民感弘恕。次任閬州┐南部縣令，政優事簡，遠肅迩安，地征既集於常期，天爵佇旌於殊考。┐今朝文皇帝差攝蜀州新津縣令，載揚幹敏，咸伏公清，倉箱並實於軍儲，布帛皆豊於國用。次任閬州┐閬中縣令，次任録事參軍，錯節盤根，提綱振領，姧邪自息，惸獨咸蘇。次任眉州洪雅縣令，次再任新津縣┐令。每歎徒勞之職，孰縻不繫之舟，思起林泉，情忘簪組，閉關却掃，居常待終。廣政十九年丙辰八月二十┐四日寢疾終于綿州履善坊私第，春秋七十二。嗚呼！生也有涯，人之不諱。晦明迭代，脩短無恒。不得志於┐清朝，良可悲於終古。以府君之智謀宏遠，可以作明天子之股肱；以┐府君之言行端莊，可以作士大夫之標準。時不我與，天何言哉！夫人清河張氏，先┐府君即世。有三子、四女：長子令均，次曰令弼，次曰令彬；長女嫁岳池縣

主簿王嶬，次女嫁前銅山縣」令王延昭，並先殞逝，三女未字，四女嫁董氏。早承訓諭，各禀温恭，號噎銜哀，毁瘠過禮。二十一年戊午」歲七月二十七日自左綿扶護歸就華陽縣星橋鄉清泉里，祔于先夫人之塋，禮也。」彭牧尚書以手足凋零，肝心殞裂，津濟喪事，軫卹諸孤，既諧卜日之期，益痛終天之訣。濟幸聯」末戚，過忝殊慈，追攀徒感於生平，敘述實多於漏略，輒陳世德，用紀玄堂。銘曰：」顓頊其先，大彭之後。裔自夏封，氏因國受。間生碩德，來贊大君。盤盂頌美，竹帛書□。」詩禮傳家，軒裳弈世。漢鼎重調，殷舟克濟。道繫消長，時有汙隆。天命于改，家艱遽□。」負笈離秦，扶侍入蜀。脱免兵戈，蟬聯爵禄。淹留五紀，揚歷四朝。相門貴盛，士族清高。」沉玉波渾，摧蘭露重。智愚同塵，古今所痛。將□真宅，乃啓玄丘。荒郊草白，灌木煙秋。」錦水澄清，岷山浮翠。琴瑟道存，初終禮備。晦明脩短兮物數難逃，得喪悲懽兮人生揔定。」積善之家，必有餘慶。」

彭城郡劉鑄書

陳允胤鐫字

《博物館學刊》第六輯

後蜀〇一一　何承裕及妻鄭氏墓誌

廣政二十六年四月二十八日

【誌蓋】故何公墓誌銘并序

【誌文】

故左匡聖第一軍肅清指揮司徒何公并夫人鄭氏墓誌

夫勞生息死，亦有歸無，上古不能祛，大賢不能免，所以生有棟宇之制，殁有封樹之儀，以庇風霜，以全形體。今

則塋地已畢，並祔有期，故誌文永彰不朽。公諱承裕，字德豐，合州漢初縣萬安鄉人也。其先出自周成王母弟唐叔虞之後，歷代相沿，公侯不絕。祖諱貴文，不仕。考諱才通，官至渠州鄰山縣令。公即鄰山縣令之子也。幼聰晤，長幹蠱，善弓馬，好詩書。前樞密使王令公奏公押領義軍，巡捕郡境，除奸蕩寇，並立奇功。聖上累加賞勞，并宣補和溪鎮遏使、併合州七鎮巡檢。十一年，奉宣補充新明、漢初兩縣巡檢。十四年，奉詔賜本道錢。赴京朝見，宣補左匡聖肅清指揮使、銀青光祿大夫、兼御史大夫。又准宣赴廣武城行營，守塞成功，及瓜受代。二十一年，忽患風恙，醫不効，以二十六年正月四日棄代，春秋六十有三。里為輟舂，國有加贈。公婚雍氏，有男女九人：長曰漢求，第五曰漢威，幼年喪逝；次曰漢超，山南節度元隨押衙、合州回圖兼知疾務；〔一〕次曰漢宏，石鼓鎮將；次曰漢興、漢規，未仕；長女適范氏，第二女適陳氏，第三女適王氏。公聘鄭氏，有男二人：長曰漢宗，職主左護衛第二番殿直，官至銀青光祿大夫、檢校國子祭酒、兼殿中侍御史、上柱國；次曰漢氲，未仕。夫人鄭氏賢明知禮，婉順叶儀，有輔佐君子之規，有訓誡兒孫之道。以哀毀過禮，以當月廿三日終於喪次。聞見咨嗟，親屬悲惋，諸郎君實尸其禮，與弟妹等泣血毀形，情窮禮盡。以其年四月廿八日葬於京城華陽縣宋城鄉黃土里之原，夫人鄭合祔焉，禮也。山雲慘隴，日愁荒原，長眠於佳城福地，永安於□□玄寢，石非速朽，保無後艱矣。

廣政二十六年四月廿八日誌

《成華文史資料》第二輯

《金牛文史資料選輯》第四輯

〔一〕「疾」字疑訛。

後蜀〇一二　樊德鄰墓誌

葬年不詳

【誌蓋】失

【誌文】

■参軍樊府君墓誌銘并序」

■應制化因大師賜紫楚巒述」

■初名德鄰，入蜀方更名。其先上黨人也，因仕家長」■焉。昔仲山甫匡輔宣王，中興周道，食菜於樊，以為氏」■州司户參軍。祖諱良，守滑州長史。」■妣平昌孟氏。府君即司馬第二」■□□，肅肅有度，習吳通微書，盡得筆法。十五仕進」■點□。尋授登州司馬。皇唐末，與兄檢校」■中，僅及二紀。洎王氏開霸，歲在甲申，蜀使及」■南。既而裹足裂裳，間道歸蜀，與兄再會，且喜」■揚于王庭。尋授朝議郎、守太子洗馬，賜緋魚」■祖文皇帝龍躍坤維，擢君知青城縣事，俄改」■什邡令，加金紫，轉朝散大夫、檢校尚書水部郎中」■秩滿，又轉郫縣。政聲藹然，天書屢降，或」■欺。西門為政，民不敢欺，吾恥居季孟，末由也已。郫」■恩除授成都府司録參軍、兼御史中丞，餘如」■卒于龜城清賢坊之私第，春秋五十有」■華陽縣星橋鄉望鄉里高原，禮也。」■範，痛傷摧鯁，益異鄉之悲慟，撫孤弱」■郎。體府君筆札，綽有遺風，殞」■檢校户部尚書燕謂。次女三人」■悲哀摧慟。府君好釋氏教」■食，午後唯薦湯藥。始君之末疾」■生微恙。嗚呼！達人先覺，〔一〕知終者也。余之與」

〔一〕「覺」字係補刻。

■君之去就，亦可以式揚休列。銘曰：」
■芳問，孰敢與儔。開悟佛理，」■嘉猷。

雋字陳延昌

《成都出土歷代墓銘券文圖録綜釋》

南漢

南漢〇〇一　吴存鍔墓誌　乾亨元年十一月九日

【誌蓋】失

【誌文】

梁故嶺南東道清海軍隨使元從都押衙金紫光禄大夫檢校司空前使持節瀧州諸軍事守瀧州刺史御史大夫上柱国吴公誌墓銘并序」

鄉貢進士何松撰」

夫道著三才，人居中氣，遂有稟岳瀆英靈之粹，叶熊羆卜夢之祥，而乃符契一千，間挺五百，負乎才器，匡正国邦。緬考」史書，世濟貞懿，今於公而見之矣。公諱存鍔，字利樞。本出於秦雍，世贍於軒裳，或龍闕以昇班，或鳳翔而」授職。洎乎荐昌嗣胤，不絶簪裾，遂辭北京，適兹南海。高祖諱敬，皇前守左武衛長史。曾祖諱巨璘，」皇前鳳翔節度左押衙、右威衛將軍。考諱太楚，皇嶺南東道鹽鐵院都[巡]覆官、并南道十州巡檢務、試左武衛」兵曹參軍。寬雅洽衆，禮襛〔讓〕出群，綽藴機籌，洞該玄奥，博覽典實，以矜時人。時有默識者曰：此乃非凡人，其後裔必能盛哉。遂」娶扶風馬氏。公則參軍之長子也，幼服先訓，克習令德，惟忠惟孝，能武能文。年未弱冠，常言曰：我俻閲家譜，屢詳祖先，」俱列官資，予獨何晚。於是時也，乃唐朝中和之三載，遂

入職。其年，節度使鄭尚書值聖駕幸于西蜀，因遣公入奏，亟」遷[數]階。洎達行闕，却迴府庭，以公勤勞，復進數級，授秩殿中侍御史。逮龍紀之元載也，留後唐尚書統府事，亦進」數資，加御史中丞。景福、光啓、文德、大順之歲，公進奉相繼，節効殊尤，一載之間，不啻四五階也。于時景福三載，是」節度使陳相公鎮臨是府，賀[江]鎮劉太師聞公强幹，屢發牋簡，請公屬賀江，特委奏報之任，」不虧前勞，益申精至。逮乾寧、光化、天復之際，公由賀江從節度使南海王就府秉節制，凡厥貢奉，皆」仗於公，遂陟隨使押衙，仍上都邸務，押詣綱〔綱〕進奉到闕，恩旨加御史大夫、守勤州司馬。洎梁朝新革，時開平」元年，又加康州司馬、守勤州刺史。其年，加兵部尚書、守瀧州刺史。公詳明政事，招葺閭里，所治之郡，民俗若旱」歲而得膏雨也。於是南海王重公有妙術，以雷州獷猂之俗，雖累仗刺舉而罕帰化條，又委公臨之。由是纔」及郡齋，宛然率服。至于乾化[元]年也，又賫進奉入京，復加金紫光禄大夫、尚書右僕射、守瀧州刺史，赴任。乾化」五年，本府節度使南越王統軍府，思公舊勳，乃署元從都押衙，委賫進奉并邸務。至貞明三年丁丑」歲，梁朝以[公]為主竭忠，無不精切，乃加檢校司空。公位望愈高，撝執弥固，未嘗頃刻而踞傲也。奈何脩短之」□理□難明，以其年四月廿日遘疾，廿六日終于梁朝闕下，春秋六十九，閏十月十五日靈櫬自京歸于廣府故里。」公娶于黄氏，封江夏縣君。長子延魯，充客省軍將。次子亜子。延魯娶霍氏，有二女，長名胡娘，次名小胡。唯一女名娘珠，[早][嫁]」于陸氏。公即以其年十一月一日改号乾亨元年丁丑歲九日葬於南海縣，地名大水崗。嗚呼！生則立功立勳，懷才懷義，内睦閨閫，外揚名譽。終壽之日，凡預知己及其親戚，無不哀慟也。松謬以非才，濫當敘事，搜揚不盡，愧赧何言。

銘曰：」

乾坤覆物，英哲立勳。寧民治俗，匡国輔君。其一。禍福罔測，幽顯難明。歸于厚地，永卜佳城。其二。

《文物》一九九四年第八期

南漢〇〇二　李紓墓誌

大有元年八月十日

【誌蓋】失

【誌文】

大漢太中大夫守御史中丞兼尚書兵部侍郎上柱國賜紫金魚袋」隴西李府君墓誌銘并序」

集賢殿學士文林郎守尚書户部郎中史館修撰賜紫金魚袋薛絳撰」

龍梭顯雷澤之徵，鵲印示孝侯之貴，鍾兹嘉瑞，非英則賢，雅継伊人，惟」隴西府君而矣。公諱紓，字文達，唐朝申王追贈惠莊太子五代孫也。曾祖楧，朝散大夫、京兆興平縣令。祖翺，」朝散大夫、鳳嘉二州牧、宗正少卿、衡州刺史。父弘實，許州録事參軍，賜緋魚袋，贈工部郎中。母河東縣君柳氏，有淑」德而帰於許州府君。生三子，長曰巒，次曰絢，公則府君之季子也。公生叶豳詩之夢，幼有老」成之風，未弱冠，舉宗正寺明經。朞年，辟天德防禦推官、試秘書省校書郎。尋屬朔□搔擾，公舉家南遊。」聖上藩邸潛淵，廣招賓彥，首辟公為觀察支使、試大理評事。俄遷國子廣文博士，賜緋魚袋。次任諸道供軍」指揮判官。洎」我朝授命上玄，奄有中夏，拜給事中、判尚書刑部事，轉右諫議大夫、判太常寺事，加左諫議大夫、判匭使，遷御史中」丞、兼户部侍郎，尋轉兼兵部侍郎。公義路康莊，情田浸潤。玉蘊十德，居□瑩澈之容；松挺四時，藹有清凉之」韻。器貯達人之量，道弘君子之儒。策名高踵於蘭成，振舉□從於蓮幕，始芸香而踐位，遽椹服」以承榮。爰自赤雀啓符，黄龍瑞」我，汪洋」渥澤，揚歷階資，□□之簡色中威，棲日之烏群著美。舜諧而方咨注□，莊椿而忽歎凋零，劉楨初困於」卧漳，陶侃俄悲於吊鶴。以大有元年四月十四日薨於京師之里第，享年五十有三。」皇情軫悼，朝野纏哀，豈比夫秦[人]不相其春，鄭郊獨□其織。以其年八月十日窆于興王府咸康縣石子徑，」禮也。夫人馮翊嚴氏，禮叶鷄鳴

之則，孝□鯉躍之風。生一男二女，男景胤，左拾遺，天上石麟，謝家玉樹。侍」公之恙也，逾月不解其帶；洎公之薨也，一慟幾至於終，泣血寢苦，槁形骨立。長女適左補闕竇光裕，」人之師表，士之準繩。鵠節鳴弦，早擅貫心之譽；龍墀鏘珮，咸推造膝之謀。次女未及笄年，皆有父風，俱明女」則。初，公之□疾也，而謂其親族曰：余始自從知，驟登朝列，位既高矣，身亦貴焉。雖不享年，瞑目何」恨。據公之知□達命，其孰方之，焉得不慮谷變陵遷，聲沉響滅。愛聳不以絳才非金璧，譽愧鐵錢，再命為文，」乃為銘曰：」

英英府君，偉量難測。朱絲之絃，比公之□。虹氣之玉，配公之德。」令尹子文，喜慍無色。北宮文子，威儀可則。蓮府從事，栢臺莅官。粹容」嶽峙，雅操霜寒。禍福返掌，榮枯走丸。天不憖老，朝野含酸。人之云亡，」里巷汍瀾。鬱鬱蒿里，蕭蕭松塢。仙鶴指地，靈禽銜土。不□不樹，□□」如岵。瘞公貞魂，千古万古。

《漢風唐韻——五代南漢歷史與文化》

吳越

吳越〇〇一　熊允韶墓誌　開平二年二月十八日

【誌蓋】失

【誌文】

大梁豫章熊公墓銘并序

前秘書省校書郎孟標撰」

熊實楚姓，鬻子為周文王師，賢者之後，厥族昌大，世家豫」章，公即其胤也。公諱允韶。皇考珙，奉化永豊」西隘將、兼御史大夫，娶順陽范氏，有子五人，公居長嫡。率」性慊厚，鄉里婦其仁。好治生，家故饒。能自下躬畚鍤，與傭」僮互壠而殖，略無難色。蔬芼以時，菓藥必備，咸究其理。余」喜其高尚，數叩之，往往移日忘味。公少為吏，主隘事，非所」好，輒乞罷守衡門，怡怡如也。娶梁氏，生二子一女。長男楚賓，為」童時有成人風，大父常器之。娶丁氏，生二子，長曰廷讓，次」樓婆。楚賓弟楚卿，未冠；妹許嫁厲氏，未行。公弟允交，代」先君之職，兼御史大夫，敦信寬默，流輩目為長者。娶」故太守鍾公女，即今太守黄公亡夫人女姪也。次弟允謙，」有令問。庶弟允襃，次允夷。開平元年八月公遘疾，十二月二」十六日下世。即以明年戊辰二月十八日祔于先塋，礼也。公」先君善接士，凡四方寓遊者，必闖其門。余故熟公昆弟」間，因得序而編之。銘曰：」

彭孰為先，殤孰為後。人必有終，君得中壽。」平生播殖，圃鬱林秀。形氣何之，不復良覿。」玄堂今古，青山左右。風野啼螿，月荒號獸。」告奠開帷，移旌引柩。永託幽扃，歸泉無晝。

《寧波歷代碑碣墓誌匯編》

吴越〇〇二　□君墓誌

開平四年七月五日卒

【誌文】

■無瑕」■長懷」■染邪回以礼」■每施仁惻素」■物之心，有拯溺」■官禄，自樂高閑」■乃親朋之領袖，豈」■限，積德難延，攝養」■藥石無療，日就沉瘵，大夜」■以開平四年七月五日終于越」□餘姚縣上林鄉之私第也，享年」七十有六。公娶潁川陳氏，婦道雍」和，内則明敏，母儀可範，節德無」虧。育六人：長曰鄂，字亞□，娶鉅」鏕魏氏；次曰益，娶南陽□氏，」□□早逝；次曰玘、次曰郁，皆□□」■夭亡；次曰郢；幼曰■」■羣，風規秀茂，□□為」■邦。女三人：長適■」■任氏，乃仕族■」■幼曰嬌姑■」■範■。

《越窯瓷墓誌》

吴越〇〇三　俞君妻黄氏墓誌

開平四年九月二十九日

【誌文】

大梁越州餘姚縣上林鄉石仁里故俞府君亡妻江夏黄氏夫人慕〔墓〕誌銘并序

將仕郎前右金吾衛兵曹參軍柱國潘輻撰

夫人笄年適於府君，諱□，府君乃□□□當境之頂胄。夫人賢行衆推，儀範莫及，為鄉鄰之敬仰，是親眷之規模。

淑德有聞，貞姿無比，于婦道而舉桉莫闕，在母情而截髮寧虧。謂乃福祐延長，神明洞鑒，何圖事生不測，禍忽潛臨。以開平四年八月廿八日奄遭斯禍，夫人享年六十有八。男五人：漢球、漢璙、漢璋、漢超、漢瑫。弟兄皆謹乾立身，柔和處世，仁行有同于顔子，英賢□□豈讓于荀家。棣蕚花榮，誠堪衆仰，鶺鴒原上，實見風光。襟袍且虚，延納常切，既懷恩德，孰不欽崇。球有男一人，從質；璙二人，從誨、從安；璋四人，從厚、胡僧、團郎、新郎；超有女；瑫未婚。夫人女五人：長適□氏；次適馮氏；第三羅氏，不年〔幸〕先亡；第四袁氏；第五陸氏。□其婦禮嚴潔，孝道端□。夫人内外侄孫，人數衆多，□一一標記，以其□節合附玄宫。取□□年九月廿九日之於東窑嶼内，乃□□之地也。嗚呼！嗟電光之不駐，恨隙駒之難留，此乃謂子欲養而親不待□。□早□存念，過受慈憐，見此哀傷，□勝鯁塞。聊陳盛德，實愧荒蕪，□奉命而書，乃為銘曰：

淑德貞姿兮世所稀，慈憫温和兮衆乃知。魄散魂銷兮一去後，弟順兄恭兮萬代居。

《2007′中國·越窯高峰論壇論文集》

吴越〇〇四　羅素墓誌

乾化元年十一月四日

【誌文】

梁故襄陽郡羅府君墓誌銘并序」

府君世業霅水人也。〔一〕曾祖諱璋，祖𣈶，父興，用於代過吴江，」承含公之裔。有祖墓在湖州烏程縣南三牌鄉，西枕霅溪」之壖，清流激湍，映帶左右，石師石羊，碑碣尚存，秀」木森榮，迥然鬱茂。守官多在諸州，軒冕不絶，

〔一〕「世」字係補刻。

遠」祖行孝，有冬温枕席之榮。今古所傳，《唐書》具載，顯」譽千年之慶，揚名万代之賢，品膺功勳，分于枝派，」烈在譜焉。府君諱素，字秉忠。立性節操，韞義廣」平，鄉黨欽風，里閭仰重，親族山敬，外内諧和，言可並」於瓊瓌，志可偕於金石。華軒豁敞，盤筵而日醉良」賓，或藜杖而眺相雲，或巾而幽遊風月。習儒教而」勵嚴孫姪，奉釋氏而廣布焚脩。挺特奇姿，慷」慨異質，威而不猛，和而不剛，寔為倜儻之士矣。」乃因良媒，娶濟陽郡江氏。夫人四德咸臻，三從必」備，琴瑟不殆，機帚不虧，上事舅姑〔一〕，下憐兒女。」乃育三男三女：長子曰儔，娶余氏，生孫六人、女四」人，儔去開平二年歲次戊辰四月廿八日不幸夭喪。〔二〕次」曰元賞，綰節度正隨身職，娶朱氏，生孫六人、女三」人。小男曰元誨，娶杜氏，生孫人。諸院子孫各有登弱」冠之年，亦有孆稚之歲，悉皆丱角嗜學，敏捷筭」書，慈訓有威，孝敬無失，人數不一，難具述焉。長女」適何郎，不幸夭喪；次曰適方郎；小女適劉郎，悉」有外孫，並是高門良援矣。府君春秋雖迫，冀」保遐齡，何其穹蒼不祐，遽降罹殃，尋醫療而」疾瘵不瘳，禱神祇而膏肓不愈。去乾化元年歲次」辛未五月廿九日殁于私第，享年七十有九。復有墓在當」鄉石仁里使司保，緣先塋地無稱位，乃用金四拾緡買」得慈溪縣上林鄉石仁里白洋中保鮑法通地，崇」建合歡之塋域。其墳作甲向，〔三〕四至保見，並存契焉。以」當年十一月初四日甲申吉日葬于玄宮，歸袝於江氏」之側。孝男擗踊，孝女哀摧，廣修齋祭，竭力送焉，」灑淚血焉，断肝腸焉，哽咽恂恂焉，事親終焉。嗚呼！」石嶂陵雲，青松聳榦，下寒泉而沓沓，上冷霧而颼颼。」悲脩短兮人生兹世，嘆榮枯兮畢竟何休。道弘每慙」藝薄，管見而難剖勳猷，

〔一〕「姑」字係補刻。
〔二〕「辰」字係補刻。
〔三〕「墳」字係補刻。

奉雅旨而聊述鄙誠，」豈敢不遵於來命，言乖韻拙，赧無靡麗之詞，」輒課斯文，敬成銘曰：」

良公選地，郢匠爲墳。青龍直兆，」白虎常存。右殯江氏，左窆羅尊。」珠沉六魄，碧碎三魂。愁生白日，」恨起黄昏。金烏西邁，玉兔東奔。」蕭蕭竹徑，霧霧松門。年年昌盛，」子子孫孫。」

鄉貢明經翁道弘撰」

去天祐四年歲次丁卯改為梁朝開平元年」
至戊辰改當鄉歸餘姚縣管係」
府君廿五代之孫，故記之耳」
其〔辛〕未歲八月十五日改為乾化元年

《慈溪碑碣墓誌彙編》

吴越〇〇五　吴歆墓誌

乾化二年十一月十七日

【誌文】

唐故濮陽郡吴府君墓誌銘」

陳□□□述」

府君諱歆，不稱字，其先乃□□人也。」因官命氏，霸于漢魏之□，□譽垂」名，□而不録。曾祖諱□，祖諱」烈，考諱宥，並抗節不仕。公即孟」子也。公乃立性温恭，□□自剋，代」有其德，地不乏賢，鄉里推名，親姻」洽敬。嗚呼！神明昧□，疾疢俄嬰，捧」心告離，瞑目□□，以乾化元年辛未」歲冬十二月二日終于慈溪縣鳴鶴鄉」小山里之私第，享年六十二。娶江下〔夏〕黄」氏，育子二人，長曰球，次曰師；女一人，小字」僧娘，皆哀毁踰制。以其年」

歲在壬申十一月十七日卜筮」遇吉，歸葬于當鄉杜湖西」原，祔先塋，礼也。□□略」敘，罔愧蕪詞。銘曰：」东至吴，西至吴，南至吴，」北至吴。」賢門積芳，□□□□。」聲名□□，智□幽穴。」梃植既鋭，札翰徒□。」誌此貞石，千年万年。

《越窯瓷墓誌》

吴越〇〇六　屠瓌智墓誌　天寶五年

【誌蓋】失

【誌文】

吴越故忠義軍匡國功臣越州都指揮使前授常州刺史特贈武康節度使銀青光禄大夫檢校尚書右僕射開府儀同三司上柱國海鹽屠將軍墓誌銘[一]

皮光業撰

將軍姓屠氏，諱瓌智，字寶光。其先河東人，晉將軍屠擊之後也。大父某，避地於吴，家於瀫川之青山，遂世爲蘇州海鹽人。太夫人吴郡顧氏，夢抱璧有光，生將軍，遂以瓌智名焉。將軍生而姿貌偉傑，鷹揚虎視，少負勇畧，更善屬文。累舉不第，歷游名山，見疆宇幅裂，復還故鄉。吴越國王初起鄉兵拒黃巢，將軍從之，時時以籌畫進，遂

[一] 按誌文出自《（天啓）海鹽縣圖經》卷三屠氏墓，述及典章制度多有訛誤，如「忠義軍匡國功臣」「吴興刺史」等，提到「武康節度使」、錢鏐弟錢鎮等未見諸史籍。目前發現石刻材料，時吴越行用後梁年號，誌文所謂「天寶五年」，亦係孤例。誌題「屠將軍墓誌銘」云云，也不符合墓誌慣常書法，疑誌文曾經改寫，已非原貌。

與幕府謀議。董庶人昌僭號，將軍首勸討賊。昌誅，以功授指揮使。乾寧四年丁巳，同顧全武、王弟鎮自海道救嘉禾，生擒賊驍將楊勝、頓金等二十餘人。計功，將軍得中上，遥領常州刺史職。明年春，再遷越州指揮使。光化元年十一月，衢州刺史陳岌叛，將軍又同全武等討平之。三年，調守湖州，授制於同郡高公彦。天復二年壬戌，武勇都指揮使徐綰、許再思叛於府城，將及内城，刺史高公聞之，遣子渭與將軍同赴難。渭曰：今日不利。彦曰：赴急難，何以吉辰爲！將軍按劍曰：違主之命不忠，畏縮不前無勇，死忠死勇，丈夫分也。偕渭直抵靈隱山賊壘。賊勢甚盛，合圍數重。二人自朝戰至于日晡，身創百處，奮力一呼，手縛賊魁數人，即馬上刃之。矢盡援絶，為賊伏兵所害。王念將軍徒步從戎，卒死國難，以衣冠歸葬於開元府海鹽縣南三十六里澉川之青山德政鄉歸仁里開化村。今天寶五年，特贈忠義軍匡國功臣、武康節度使、銀青光禄大夫、檢校尚書右僕射、開府儀同三司、上柱國。將軍生於唐宣宗大中五年辛未，死事於昭宗天復二年壬戌八月庚寅，享年五十有二。娶錢氏，子三：長龍驤，授澉川鎮遏使，娶閩人氏。次子昱，節度使、銀青光禄大夫，娶都虞候、鎮遏使鄭公良女。三曰晟，吴興刺史高公掌書記判官，娶同里許氏。諸孫皆幼。公嘗有詠志詩曰：輕身都是義，徇主始為忠。至是竟符其讖云。初未有誌，至是龍驤屬余為之，而復系以銘。銘曰：

河山毓瑞，帶礪鍾英。徒步奮跡，赫聲濯靈。么麿叛梗，九首憑凌。磨牙王國，吮血蒼生。公怒飈發，撻伐擊膺。矢屠猰貐，以身殉君。功高盟府，猷壯干城。光啓前烈，垂裕後昆。忠孝纘襲，勳土褒旌。連崗崇窆，妥綏義冢。桓赳世選，焜耀貞珉。

《（天啓）海鹽縣圖經》卷三

《全唐文》卷八九八

吴越〇〇七　□君墓誌　乾化二年卒

【誌文】

■娶安定郡胡氏■洎亦弱冠之年夭逝，葬在」■孀姑相近。女一人，適隴西董」■罹乱，挈家寓居餘姚縣上林鄉」■山莊，荏苒卅餘載。時乾化二年歲」■未，忽縈小疾，俄然而逝」■預於莊東南」■。

《慈溪碑碣墓誌彙編》

吴越〇〇八　樂君妻徐氏墓誌　乾化四年八月三日

【誌蓋】失

【誌文】

梁故東海徐氏夫人墓誌銘并序

夫人即節度右押衙、鎮東軍副知客、銀青光禄大夫、檢校國子祭酒、右千牛衛將軍、[一]兼御史大夫樂君之冢婦也。夫人曾祖諱□。祖諱佑嚴。[二]父皞，見充鎮東軍觀察孔目官、檢校工部尚書。夫人以乾化四年七月六日遘疾奄逝，享年四十。以其年八月三日歸葬於鄞縣靈巖鄉金泉里，禮也。噫乎！夫人禀嫣然之姿態，實仙苑之桃李，自和鳴鸞鳳，益顯令德，而又柔順孝敬，以奉姑嫜，為六親庭闈之則，所謂神垂其祐，天憖其善。孰知一旦遽

[一]「右」，光緒《鎮海縣志》作「左」。

[二]「佑」，光緒《鎮海縣志》作「佐」。

罹凶釁，歸於窀穸。夫人育一男光途，年猶幼沖。悲乎偏露，所不忍睹。嗚呼！生也幻世，没兮歸人，聊紀馨香，〔一〕用標年紀。〔二〕銘曰：

君之容止，悉皆推先。君之行義，不辱移天。蘭既摧而玉折，日將遠兮時遷。永刊貞石，千年萬年。

《古誌石華》卷二五

《唐文拾遺》卷六七

光緒《鎮海縣志》卷三三

吴越〇〇九　余景初妻嚴氏墓誌

乾化四年十月十日

【誌文】

後梁故天水郡嚴氏夫人墓誌銘并序」

鄉貢明經翁延壽撰」

夫人世葉越州人也。曾祖忠，祖政，父成。」洎乎守官，多在諸州，公勳品廕，分于」枝派，仕族足有餘慶，具載于家譜焉。」夫人長自笄年，明閑禮則，三從必」備，四得〔德〕咸臻，舒孝義以事故〔姑〕嫜，習」温和以行鄉黨。家開東閤，濟寒士」於華軒；宅啓西門，念羈危於朱第。」爰自因良媒，匹於下邳郡余公，玉名景初。」曾祖諱　，祖諱能，父諱真。」公職綰節度同子將。幼即嗜學，長」藝超羣，於知己與耿直為規，處」家風與剛柔為則。寔謂

〔一〕「紀」，光緒《鎮海縣志》作「配」。

〔二〕「紀」，光緒《鎮海縣志》作「祀」。

巍巍」彦士，堂堂義夫，倜儻之材質」逾人，挺特之心園若海。紅筵恒展，」醁醑常斟，可謂威而不勇乎。」夫人婦儀嚴肅，舉案齊眉，事帚」四十餘年，〔一〕奉辰婚〔昏〕二十有載。乃育」五男三女：長曰德璋，取胡氏，生三孫。」次曰得言，娶陳氏，生三孫。次曰德元，」娶施氏。次曰德全。次曰德鄘。悉皆」丱歲從師，家傳儒素，敏捷書」筭，孝敬無虧。長女適孫郎，不」幸夭喪。次女二人，並在閨閤。」夫人椿未永，〔二〕可亞龜鶴之年，」何期忽縈斯疾，千般藥餌不」効，萬處祈禱不瘳。去乾化四年」歲次甲戌四月二十六日歿于私第，」享年五十有五。以於當年十月」十日癸酉金閈日葬於上林鄉」沈司兵保，歸袝于祖墓先塋之」側，其墳作乙向。孝男擗桶〔踊〕，孝女」哀摧，悲慟絶焉，灑淚血焉，断肝」腸焉，哽咽忡焉。嗚呼！〔三〕青山峭峭，白霧朦」朦。煙蘿蔽日，松栢悲風。奉命刊文，」敬成銘曰：」

貞心若礪，質堅如玉。婉娩風姿，威儀是則。」外內和柔，欽傳厥德。嚴氏夫人，魄逐朝雲。」泉臺作侶，逝水為隣。千年」幽墳兮星復紀，萬歲子孫」兮秋復春。

《越窯瓷墓誌》

吴越〇一〇　余備妻劉氏墓誌

乾化四年十一月二十八日

【誌文】

〔一〕此句疑有脱文。
〔二〕此句疑有脱文。
〔三〕「呼」字係補刻。

後梁故彭城郡劉氏夫人墓誌銘并」序

鄉貢明經翁延壽撰」

夫人世葉越州人也。洎乎守官，」多在諸州，公勳品麽，分于枝派，仕族」足有餘慶，具載于家譜焉。」夫人長自笄年，明閑禮則，三從必脩，」四德咸臻，舒孝義以事姑嫜，習溫」和以行鄉黨。家開東閤，濟寒士於華軒；」宅啓西門，念羈危於朱弟。爰自因良媒，」匹於下邳郡余公名備。曾祖諱達，」祖諱方，父諱積。公職縮節度隨」身。幼即嗜學，長藝超羣，於知己與」耿直為規，處家風與剛柔為則。寔謂」巍巍彥士，堂義夫，〔一〕倜儻之材質逾人，」挺特之心園若海，紅筵恒展，醁醑常斟，」可謂威而不勇乎。夫人婦儀嚴」肅，舉案齊眉，事機帚伍十餘年，」奉晨婚〔昏〕卅有載。乃育四男一女：長男名」文郅，娶方氏，生三孫，長孫名故，生女孫二人，巧娘。」次男文實，娶劉氏，生二孫，男孫伴郎，女名安娘。」又次男文敬，娶鄭氏，生一孫，名狗兒。又小男文雅。〔二〕」悉皆丱歲從師，家傳儒素，敏捷書筭，」孝敬無虧。長女一人，名曰喜娘，並在閨閤。」夫人椿齡未永之年，何期忽縈斯疾，」去乾化四年歲次甲戌正月十一日歿于私弟，享」年六十有四。以當年十一月廿八日庚申日木」成日葬於上林鄉吳嶼保當鄉張」岳邊，用絹十二疋買其地充為祖墓。」東至笆，從田祭大路并小流水溪邊緣」笆直上至插椎東邊埋石，直上至林」檀樹根埋石；西至從舊屋基嶎下埋」石處直上小梅樹根埋石，上取大栗樹東」邊根埋石為界，從埋石直上至檀樹」橫過埋三堆石為界；西北至又從屋上基」埋石，橫過歸東埋石，直下取石從田邊」大楊樹為界埋石。保人姓名如後：」保人石頂，年五十四；保人石祖，年七十；」保人張招，年七十五；見人石通。」其墳作壬向。

〔一〕此句疑脱一「堂」字。

〔二〕「小」字係補刻。

千年幽壙兮復紀，子孫万年秋復春。

吴越〇一一　王彦回墓誌

乾化五年閏二月二十九日

【誌蓋】失

【誌文】

梁故明州軍事押衙充勾押官銀青光禄大夫檢校太子賓客兼殿中侍御史王府君墓誌銘并序」

羅浮山布衣蔣鑒玄撰」

府君諱彦回，字仲顔，其先瑯琊人也。曾祖諱論，祖諱」伯儀，父諱璀，皆任性傲世，怡怡於雲水間，能禀天爵，不拘浮華之態。鄉黨之美，著于家諜。」府君少則有明慧之稱，長則有幹濟之術，爰自歷職」郡署，處繁任劇，靡不洞達其理，佐佑之績甚顯矣。一」旦俄遘沉痾，奄歸厚夜。噫乎！生為强有，殁兮本無，雖□」□以如斯，測常情則不尔。私室且贍，公權仍重，亦足以得」志，緬惟窀穸，又焉無眷戀。」府君以乾化四年十二月廿二日即世，享年五十五。以乾化五」年閏二月二十九日歸葬於鄞縣靈巖鄉金泉里，禮也。」府君娶東海徐氏，乃句章之華族，和鳴之道，柔順愛敬，」為親戚之所規仰。育男五人：長子充軍事駈使官、兼衙前十」將廷規，琳瑯其器，孝行胤嗣之善，尤可嘉矣，娶渤海吴氏。第」二子充衙前虞候廷範，娶盧江何氏。第三子廷暉，第四子」廷裕，第五子廷璋。育女二人：長女一適胡氏，一適楊氏。孫二人：」翁兒、婆子。女孫錢婆。嗚呼！榮落之期，閲彼定分；平生之事，」瞬息而已。松楸植於此，蔽于佳城，永安陵谷之變，幽冥」之幸也。銘曰：」

名利之競，熟能灰心。一此一彼，」以古以今。奈何不可移者脩短，不可戀者光陰。」悲乎人事，倏然昇沉。蕭蕭丘隴，」猿烏號吟。

光緒《鎮海縣志》卷三三
《唐文拾遺》卷四六
北京大學圖書館藏拓

吳越〇一二　吳氏墓誌

乾化五年十一月二十八日

【誌文】

羅德源□」

□□故渤海郡吳氏夫人墓誌□并序」

夫人其□冀州人也，曾諱，祖諱，父諱昇。晉□」■北公之裔□廿代之孫□」■越州餘姚上林當鄉烏石保」■軒冕■」■」夫人瓌■淑德彰」明，賢■性蘊幽情而■」■英風不墜。爰因」■」■墓在當鄉□嶴保，世代榮」■載家譜■松篁之雅操，以信」義爲隆機。琴瑟偕和廿餘載，誕男」有二，育無■府君寒□遽」□脩短■孀露」■堅志道，」三紀寒姿。長男曰暢，娶章」氏，育孫男二人、孫女二人，長孫曰可呈，娶居氏；」次孫曰可瓌，娶沈氏；」小孫男女等方當丱」歲；孫女適蔣郎。章氏新婦不幸早亡，」再娶王氏。次男曰京，娶孫氏，育孫」男□人、孫女三人，未□笄冠，次□嬰兒」■有外孫數人，並乃敏捷□」書，悉是高門□□矣。」夫人椿齡未永，轜輌邅迴，竟歎」朝霜，難藏夜壑。以乾化五年乙□秋八月」廿一日奄弃明時，終于私第，享年八十有一。」緣此年先塋不利而歸，乃用見緡」五貫文買得越州餘姚縣上林當鄉」親懿沈行全閭六保內地一片，辟方□」丈充塋域。以當年十一

月廿八甲申日□□」玄宫，其壙作壬向。乃鐫器皿，用□」不朽焉。敬于銘曰：」地方百尺，山厚三重。」右旋白虎，左轉青龍。」成兹宅□，永瘞其中。」□□星紀，益俟勛崇。

《慈溪碑碣墓誌彙編》

吴越〇一三　張儒墓誌

貞明二年□月

【誌蓋】失

【誌文】

梁故清河張府君墓誌銘并序

□□大夢，因果不同，石光火中，吁嗟莫及。府」君諱儒，清河人也。曾祖彦，祖岌，父寂之第二」□，□先文秀，不仕。府君傳習承家，爰自童蒙，」便諳藥性，常行施惠，不戀資財。吴門之士庶」依投，四海之明賢嚮慕。謂期積善有慶，皇天」匪視，倏尔小瘳，便至膏肓之疾。以貞明二年」三月九日終于私第，享年六十有三。利其年」□月廿□日窆于長洲縣武丘鄉大來里，買」得□□□。府君三娶：初丁氏，因乱離失所□，」女二人，□□朱娘，女曰高婆，聘朱氏。次娶□」氏，一女野荀，□聘朱氏。今羊氏，廿載矣。二女」嬰幼，抱泣靈前，遺腹未明，倍增號慟。恨琴瑟」之禮，舉目傷嗟，慮陵谷改移，乃為銘曰：」

懿哉府君，樂道安貧。知足常足，去也何因。」温温君子，誰可比倫。言滿天下，謂保松筠。」□洲之西，有賢有愚。千秋万古，誰不攀吁。

《蘇州博物館藏歷代碑誌》

吴越〇一四　魏靖墓誌

貞明三年十二月二十七日

【誌文】

梁故魏府君墓誌銘并序」

府君鉅鹿郡人也，前守節度正十將，」素無疾疢。父諱並尚以句章」適其性，鄞江逸其志，故名宦之」利，先祖因而寓焉。祖諱曉，王父諱」寵，亡府君諱靖。代習儒流，門」傳令範。府君從微仕宦，季子人」也。娶襄陽郡羅氏夫人，生一男曰庠，」娶北海郡戚氏。育二女，長適渤海郡」吴氏，先夭亡；次適北海郡戚氏男。」悉有書學，孝養無虧，鄉里所敬，」何以加焉。悲夫！梁木斯壞，風樹」不止。以貞明三年十月廿四日寢食」弃代于私第，享年七十二。而眠牛」告兆，龜筮叶祥，遂剋定當年十」二月廿七日壬申葬于餘縣上林鄉東」窑保。〔一〕乃緣祖墓不利，遂將見金」陸貫文買得當鄉羅錫地」片，東去西捌丈，南去北捌丈，」主保契驗分明。其墓方員山川」不食之地，安厝宅兆，敢傳為」記，用刊石為銘。銘曰：」

天覆無私，地載無倦。人生其間，如日之轉。」性自天縱，靈從自然。克有内則，彰乎□□。」山高不易，海廣長存。睦睦門閭，綿綿子孫。

《越窯瓷墓誌》

寧波市博物館藏

〔一〕「餘」下疑脱「姚」字。

吴越〇一五　司馬珂墓誌

貞明四年八月二十日

【誌文】

浙江西道蘇州華亭縣」海陵鄉亡人司馬公誌

公諱珂，」字欽玉。享年五十八，過在明州慈」溪縣鳴鶴鄉□北保居住。」維大梁貞明四年歲次戊寅六月廿三」甲子日□□當年七月十七日買」得同鄉人黃公友茗奥桑」園内地作墳。其地約南北八丈，」東西六丈，並小尺，四比並黃自至。」其年八月廿日庚申安葬。買」地人長子司馬敬瑫、次子敬臻、」次子希迢、長孫周老、公親弟師」益。公亡考諱志，其塋亦在」茗奥東，与公隔嶺。其誌」也□□保于百圖，子孫記之」所憑。時貞明四年八月廿」日，司馬敬瑫、敬臻、希迢」等故立爲墓誌記焉。

《慈溪碑碣墓誌彙編》

吴越〇一六　蕭章妻陸氏墓誌

貞明五年二月二十八日

【誌蓋】失

【誌文】

吴郡陸夫人墓誌〔一〕

時大梁貞明五年正月廿九日，上蒼降禍，終于此晨。夫人娶蘭陵郡蕭府君諱章，子七人，女二。二娘娶李氏，五

〔一〕此方墓誌係節録。

娘娶吴氏。于二月廿八葬于先府君同丙首壙，元買妙清院西地。哀子珂等立誌。

《金石録補》卷二三

吴越〇一七　劉珂墓誌

貞明五年四月九日

【誌蓋】失

【誌文】

梁故彭城郡劉府君墓誌并序」

使司醮祭師人從姪勞詳撰」

維貞明五年歲次己卯四月戊戌朔九日」丙午，孤子劉榮安葬皇考府君。府君諱」珂，年五旬奇七，家卜江浙。少小武職於員」門，昆季手足不忻於職任，守分於私第。公」娶秦都賈氏，育子二子，皆紹嗣於門風。長」子榮，婚于清河張氏；育于次子，猶居齠□」之中。公以温和立性，金玉居懷，而於衙」府班行，常抱松筠之操，繼以每施貞敏，□」保百年。嗚呼！逝水東傾，金烏西没，方伏枕」於旬月，俄奄質於長泉。眷屬妻兒，泣断肝」腸，悲情哀戀，擬駐喪車。其奈生死路殊，陰」陽永隔。而於鏡水卜吉兆以安居，石奇山」前，五雲溪畔，青松渌水，可立墳塚，乃取四」月九日，卜陵於此矣。其名〔銘〕曰：」仁藴金玉，德行施爲。材皃孤秀，松筠保持。」雍雍行業，穆穆貞姿。可保天壽，永蔭宗枝。」何徒一夢，忽猒三歸。魂靈西託，遊詠石奇。」千秋万歲，眷屬攀思。

會稽縣五雲鄉石奇村百姓潘從志地

《吴越國史跡遺存發現與研究學術研討會論文集》

吴越〇一八　楊諲仁墓誌　龍德元年十月九日

【誌文】

維大梁越州餘姚縣上林鄉故楊公誌銘」并序　　范陽盧德元撰」

麟鳳欲馭而羽足忽摧，拳跼島川，空」存大響，人亦有之，即公之謂也。公諱諲」仁，字思賢，望弘農人也。以晉朝石勒之」官，因斯過江，世祖流離，祢葉勳書而」不及。即震公之裔，廿四代孫。高祖諱平，曾」祖諱訓，考諱弼。公大墓姚墟隧于冶山鄉」陳山村，小墓即公之居側沈司兵保東南也。」公性操堅志，高尚不仕，棲翫雲林，慕仁材」良藝□□固當幟級轅門，光美閭里。」心懷慈睦，常供僧博施。皃善書紳，家延」鍾磬罇俎，□□鄉里楷模，親鄰敬推，每」聞洗耳，」下不飲牛。公齡筭有限，以貞明七年」辛巳歲三月得疾於私第，至十八日啓手足於」北墉，享年六十有九。婚琅琊王氏，婦德令淑，亦」其年三月十三日先次亡矣。嗣子一人，名栖岳，亦」抱疾私室，」三月廿六日亡逝■長孫」居雅，少喪，葬宅西南。次孫震皃，年尚幼稚。公育」義男槁益，一男苦桃。有親外孫陳栖岫，幼小養育。」並傳家事。長男栖岳婚王氏，早喪，葬烏」石保，買陳珣之地。公有嫡女五人，儔匹良門，」一女虞郎，一女羅郎，二女適後先次而亡，一女凌郎，」一女宋郎，一女王郎。公以辛巳歲十月日」穸窆于上林鄉石仁里沈司兵保皂莢⿱罒吅」之當禪院東隅壬首為禮也。公室婦王氏」同坰合墳。塋丘祖祢之地，東連山坑，西禪」院門，南山脚，北比大路。故長男栖岳墓在」公之墳右，去縣城五十里程。乃孝女孤孫泣」告，抑請爲文，存紀千古。嗚呼！乃爲銘。」

貞明七年至八月改爲龍德元年　十月九日」

長松悲風，兔魄盈缺。□□昇沉，」何生何滅。冥闢幽玄，永固斯穴。」野雲荒墟，榮枯傷切。赤孫紹祠，」千載無闕。

《慈溪碑碣墓誌彙編》

吴越〇一九　方積墓誌

龍德元年十一月三日

【誌文】

維梁故方府君墓」誌銘并序如後」

府君諱積，郡本汝州河南，因官」就地，息乃駐居句章，積有代矣，今」即鄞水人也。祖望，父巖，君外氏」姚家，並軒裳継族，世襲纓簪，而」府君冠冕編于譜諜。君以性惟惇」雅，志頗謙恭，在鄉利以濟人，居家」惠能待衆。言此上善，必保永年。何」期神不鑒賢，忽嬰疾恙，祝祈無効，」藥石罕靈，漸至沉綿，倏然泉夜。嗚」呼！風燭易滅，電影難留，俄尓之間，」奄成今古。乃貞明七年六月廿五日」終于私家，享年七十一。娶陳氏，有」子五人：長曰賓，次宗，次安，次全，次瓌，」並泣血主喪，沉羸毀瘠，睹斯孝行，古」難比焉。有女四人：長曰三娘，歸于萊」氏，先下世矣；次四娘，適馮氏；次八娘，」適鄭門；次十娘，適吴氏，悉哀嘵慟」絶，擗踊忘容。奈窀穸有期，卜窆從」吉，以龍德元年十一月三日安厝于」鳴鶴鄉大茗嶼保其山。東至馮胤；」西李仁厚；南至項瑗舊李墓，從梨」樹直上至馮界；北至官路。用賄帛」售得項瑗之山地，閡約断直，具」有契書保見焉。即新塋，礼也。」恐後時移代改，川陸互形，固刊」貞甓，紀其銘曰：」

吁哉府君，性惟惇實。」言保永壽，松椿並質。」何神不靈，殞我賢吉。」大茗藏魂，終天幽室。

《越窯瓷墓誌》

吴越〇二〇　任璉墓誌

龍德二年十月三日

羅表正撰」

【誌文】

■墓□銘

■晉時過於吴江，遨公之裔，承」度公之後，乃廿七□□孫。祖墓在青州千乘縣」任村，小墓在越□餘姚縣雙鴈鄉中埭。」祖諱　，翁諱□，父諱翼，並承上榮顯，品麽」功勳，守官多在諸州，皆性樂丘園，不上榮禄，」具載家譜焉。府君諱璉，稟性幽貞，志閑高」道，爵禄以位，中推休晷〔咎〕，向□下斵分，不以華飾為」榮，自然高尚。爰因良媲彭城郡鄒氏妻，育」男六人：三人不幸少夭；孟曰匡宥，娶扶風郡焦氏新」□，有孫男一人、孫女三人，方當丱角童雉之歲；仲曰」匡宷，季曰寮，並當弱冠，未因伉儷。各處苦廬，」俱存孝道矣。」□□膺少嶽之高輝，敦老萊之深智，遐齡未」□，□□辞帰。以貞明六年庚辰歲三月廿九日」■姚縣上林鄉使司北保之私舍。緣」■乃用見鐕四貫文於羅招遠」邊買得當鄉湖東保内地為墳。至龍德二年」十月初三己酉日安葬，其墳作丙向。乃製其文，用」彰不朽，敬為銘曰：」

六紀遐齡，五常英彦。幻世流空，浮生若浰。」兎膺縣輝，日宮月殿。任□桑田，此墳不變。

《越窯瓷墓誌》

吴越〇二一　卓從墓誌

龍德二年十月五日

【誌文】

梁故東都餘姚縣梅川鄉新涇保卓府君」墓誌銘并序」

府君者，望在徐州，彭城郡人也。晉代過江」之後，品蔭載在譜緣〔録〕。曾諱榮，府君諱從。」府君生也性識出群，道高不仕，不居闤闠，」蔚有令名。在府縣人悉欽承，於鎮幕則衆」皆仰慕。每於福力，常自齋脩。忽其風恙所」縈，經歲寢疾。何其祐明不祐，藥餌無徵，」以龍德二年歲次壬午孟秋之月初二日殁故」于所居，終乎私递〔弟〕，享年八十，奄弃而矣。始娶」吴興郡沈氏為琴瑟，乃育四男一女。長曰倫，娶」河間郡凌氏；次曰會，娶下邳郡丘氏，不幸早喪；」次曰彦，娶會稽郡鍾氏；次曰宗賞，娶瑯琊王」氏而尋壽終；女嫡范郎。其沈氏頗有□□之，」俄為中壽而逝。續娶齊氏，雖継室，育□□□。」男倫、彦兩院孫有登弱冠■」乃□嬰雉之歲。府君□祖墓在蘇■」華亭鄉招明里，乃因沈氏夫人喪日，用金於□□」王師實邊買梅川鄉何村上保山地壹片，〔一〕東至□□」鄉，西至王師實祖墓，南至張孜田，北至□□。保」人劉及。其墳並丙向，作合懽塚，〔二〕以卜當年冬十月」丁未朔初五辛亥日葬帰靈于玄宮。孝男孝」女，親執禮焉，廣備葬焉，〔三〕痛傷肝膈，哀就苦」廬，追慕何窮，悲慟無已。須從月以選良，敬」礼金仙，陳饌香積，用希陰騰，早望往生。故迁」金石為名，聊書歲月矣紀星祀。乃為銘曰：」府君皎結，立性温恭。生兮何樂，淚路何空。」不推令德，其衆皆崇。葬在三甲，記乎其中。其一。」蘊德居首，為衆所欽。慈人及物，孝義貯心。常脩行業，福力俱深。壽命八十，隨日西陰。

《越窯瓷墓誌》

〔一〕「買」字係補刻。
〔二〕「作」字係補刻。
〔三〕「焉」字係補刻。

吴越〇二二　羅曷妻劉氏墓誌

龍德二年十一月九日

張光遠述」

《越窯瓷墓誌》

【誌文】

梁故羅夫人劉氏墓誌銘」

夫人世祖彭城郡人，昔時過於吴江，乃」廿四代之孫女。翁諱寶，父諱瑒，並性」丘園，〔一〕不上榮禄，守官多在諸州，具載」家譜焉。」夫人令淑彰明，四德俱備，爰因良」媲，大歸于襄陽郡羅公。含公之裔，」昔過吴江，乃廿四代之孫，頃歲染疾而先」逝。公諱曷，祖諱携，先君諱介，並承」上榮顯，累得欽崇。小墓在當鄉」使司北保。夫人育男一人，曰公受，綰節」度正十將職，娶安定郡胡氏、方氏、周」氏、趙氏新婦。胡氏育孫一人，曰弘坦，娶」扶風郡馬氏新婦，育玄孫一人，方當丱」角之歲。方氏育孫女六人，長嫡楊郎，」次嫡何郎，四人方當齠齓，未從伉儷。周」氏、趙氏各育孫一人，童雉之歲。新婦」等並高門良援矣。」夫人八紀遐齡，五旬孀志，堅持素節，不」再從人，播芳譽於擇隣，布英風於鄉黨。」忽縈微恙，大運俄終，以龍德二年壬」午歲五月一十己丑日奄弃孝養，終」于餘姚縣上林鄉使司南保之私舍。」緣先塋不利而歸，男節度正十將公」受用錢五貫，於當鄉外表弟余文□」邊買得當鄉永殷保內地為丘墓。以」當年十一月初九乙酉日歸祔玄宫，其墳」首作乙向。乃製斯文，用彰不朽焉。」敬為銘曰：」

仙人垻下，鳴鶴池前。」山多朝勢，水足迴還。」靈窆此穴，瑞應陽間。」子孫昌盛，龜鶴齊年。

〔一〕此句疑有脫文。

吴越〇二三　張君妻黄氏墓誌　寶大元年五月二十四日

【誌文】

唐故清河張府君夫人江夏」郡黄氏墓誌銘并敘」

夫人不稱字，黄姓，實江夏」郡人也。父　，夫人第二女也。門惟」襲慶，命以垂祉，天賦温淑，」訓資詩礼。洎笄而歸于」清河公，公時之名賢，代有德，實」謂婚姻孔偕，世濟。其公早」喪，後娶吴郡陸府君之礼，」其公無子，□然早喪。其美。〔一〕」而事上以孝敬，馭下以仁慈，撫孤」愈慇，執禮罔忌，四德弗闕，九姻」具推，室家其宜，良難已矣。以寶」大元年四月十七日終于餘姚縣上林」鄉白洋之私第，享年七十有二。元」政夫人腹胤二子：孟曰師道，娶樵〔譙〕國」曹氏；仲曰弘坦，娶廣陵盛氏。師道」等執喪之礼，皆稟至性，殆甚毁」滅。以其當年夏五月廿四日護歸窆」于當鄉白洋新橋保西原之私第，新」立塋墳之也。慮以山崗遷變，誌于斯」文。銘曰：」賢門積慶，令淑私臻。」誨乃詩礼，平生念善。明德以歸，」托于良援。室家其宜，蘋蘩展薦。」已乎已乎，其山秀麗，因号白洋。

《越窯瓷墓誌》

吴越〇二四　危仔昌妻璩氏墓誌　寶大元年八月十八日

【誌蓋】失

〔一〕「世濟」至「其美」間文句疑有訛奪。

【誌文】

故淮南節度副使守信州刺史檢校太傅錢唐郡危公廬陵郡夫人璩氏墓誌銘」

夫人皇考諱慶，鎮南軍節度左押衙、充信州左廂都虞候。元昆諱悚，」檢校工部尚書、知信州事。夫人世代悉居貴溪邑。夫人爰生四子：」長男德圖，節度館驛巡官、富都監副知、朝散大夫、前守會稽縣令、侍御史、賜緋魚袋；」次男德昂，銀青光禄大夫、檢校左散騎常侍；次男德雄、德威，並修進士業。」夫人祖宗乃楚上大夫伯玉之裔也。夫人齊姜淑德，趙女芳姿，爰自初笄，疋」從良牧。莫不善調琴瑟，兼薦蘋蘩，内叶母儀，外彰婦道。一自」太傅中年薨背，夫人高節孤貞，比松桂之凌霜，任鉛華之沮色。於是」秉持家事，嚴訓子孫，故得令名不墜于弓裘，昭代永稱其賢彦。門風」之内，禮義俱全；棣蕚之中，文武將半。乃謂深山大澤，實生龍虵。長嫡巡」官，乃學継孋書，才兼夢筆，不唯文房獨秀，抑亦公道弥光。」大王殿下以故太傅自遠相依，洞明向背，避弋陽之兵火，就吴國之江山；」殿下以太傅希代英賢，濟時舟檝，錫於前席，辟以上賓。每侍」龍顔，長親鳳扆，既有始而有卒，皆福子而福孫。巡官傾蒙特」奏銀章，兼昇望邑，階高朝散，位列諸侯。尋以四明軍倅縻賢，継以富」都牢盆委任，故得五侯仰旨，郡彦趍風，能勵節而勵忠，乃盡」善而盡美。玉季常侍，早專武略，素討兵書，劒剕長鯨，弓穿」遠鴈，既著安邊之策，必齊定遠之名。嗚呼！夫人素所安寧，忽聞寢」疾。巡官以甘旨在意，仁孝関情，莫不遍選良醫，親調上藥。兼縻禪」客，廣演佛書，有福皆求，無神不禱。其奈命如風燭，界處膏肓，俄」没九泉，罔延貴壽。以甲申年春三月廿四日終于四明郡之西私第，春秋」五十有七。巡官棣蕚莫不哀同泣血，苦甚絶漿，歎懷橘之無因，恨」吐甘而難報。以其年八月癸酉朔十八日甲申窆于鄮山之南隅、鄞江之」東面、靈巖鄉黄牛嶺之源，礼也。乃為銘曰：」

光華不駐，浮生幾何。將歸大夜，遂有沉痾。」哀哀暮角，悠悠逝波。雲封棺槨，土食綺羅。嗚啼落日，猿嘯樛

柯。刻斯貞石，永鎮岷峨。

《寧波歷代碑碣墓誌匯編》

吴越〇二五　危德圖妻徐氏墓誌　寶大元年八月十八日

【誌蓋】失

【誌文】

節度館驛巡官富都監副知朝散大夫前守會稽縣令侍御史賜緋魚」袋錢唐郡危德圖東海郡夫人徐氏墓誌銘」

夫人皇考諱頗，檢校尚書左僕射、前守寶州刺史。夫人祖禰，乃下」榻之名裔也。夫人爰生四子三女，長昌〔曰〕道專，不幸早夭；次曰道榮，」次曰道英，並修進士業，而況儒林拔秀，學圃凝輝，代不之〔乏〕賢，家承」餘慶；次曰徐老，尚未成童。女三人，各猶綺歲。夫人芳姿婉娩，淑」德光明，早遇良媒，疋從君子，而乃閨門雍穆，琴瑟諧和，克遵」舉桉之規，益展如賓之禮。繇是生知孝敬，勤事公姑，罔虧甘脆之」儀，遠播馨香之譽。何期縈纏疾疢，綿歷歲時，寶鏡」慵開，珠簾罷卷。巡官以夫婦義重，枕簟情深，專訪名醫，勤求至藥。」凡於丸散，或自煎調，日往月來，莫之能愈。莫不金釵拆股，羅襪」生塵。倏尔一朝，俄隨大夜。悲夫！玉沉泥而曷覩，花落樹以難歸。以」寶大元年甲申歲夏五月八日終于鄞江子城西北上橋之私第，春」秋卅有四。嗚呼！生云逆旅，死曰歸人，古今之所難言，聖賢之所不免。」遂使夫君哽咽，恠莊叟之鼓盆；子息號咷，継長弘之泣血。所痛」者兒童尚幼，恩情忍拋，何倏短兮有期，歎繁華兮若夢。所喜」者四海搔擾，兩都謐寧，當夫人弃世之晨，遇」巡官在事之滌〔際〕。凶儀畢備，葬礼克全，以其年八月十八日甲申葬」于鄞江之東面鄮山之南隅靈巖鄉太白里明堂奥之源，礼也。于」時幡花歷乱於平原，皷吹喧騰於長道，悠悠逝水，去也無迴，」黯黯愁雲，凝而不散。

乃為銘曰：」

美玉云碎，綵雲飛颺。錦衾罷展，角枕堪傷。鉛華沮色，蘭麝銷香。」德璘〔隣〕孟母，名亞齊姜。一夢不返，大夜何長。霞殘落日，風悲白楊。」世事倏忽，泉臺渺茫。生兮若寄，没兮是常。窆于福地，萬代禎祥。

《吴越國史跡遺存發現與研究學術研討會論文集》

吴越〇二六　李邯墓誌

寶大元年八月二十八日

【誌文】

隴西郡李府君墓誌銘

府君世祖其」州，隴西郡人也。泊〔洎〕乎遠代守官，公勳蓋世，伍侯品廕，」載在譜焉。府君諱　，祖諱良，爺諱邯。代習」儒流，門傳令範，志棲雲水，不樂榮名。府君」端直為性，倜儻為心，言有珪璋，語無宿」諾。臨事必定，堅敬無迴，理〔里〕閭俱飲〔欽〕，實謂」人仁也。夫人長自笄年，四德咸備，温和作則，淑」令有聞，可比顏氏之猷，寔偕阮家之德。因□」良媲，歸於隴西郡李邯，琴瑟和鳴，齊眉」舉案。乃育二男，長曰文卿，次曰文德；女一人，未」登伉儷，四德早聞。孫有弱冠之年，亦」有孾稚之歲。」府君椿齡未永，可亞龜鶴之年，何」其以歲甲申六月初二日奄弃聖終于私」第，享年六有八，夫人六三。緣祖墓不利，」乃用金於餘姚縣上林鄉王明邊買得鳴」石保内山地一片，方圓伍丈大尺。其地東埋石，」取西埋石五丈大尺埋石為界，南埋石至」北五丈大尺，并兩邊栗樹王為界。其墳」作西向，以其年八月廿八日甲午吉晨護喪」歸葬為玄宮。孝男孝女親執礼焉，」廣備葬焉。嗚呼！玉兔東奔，金鳴〔烏〕西走，逝波難駐，」人生一旦。乃文曰：

堅杜鬱鬱，椂竹青青。玄堂寂寂，蔓草冥冥。」林岫蔥蒨，嵒壑迴屏。府君同歸逝水，永鎮覂塋。」山□兮其墳不

移，海渴〔竭〕浪兮記之星紀。」〔一〕

《越窯瓷墓誌》

吳越〇二七　朱行先墓誌　寶大元年十一月六日

【誌蓋】失

【誌文】

佐正匡國功臣故節度左押衙親衛第三都指揮使静海鎮遏使銀青光禄大夫檢校尚書右僕射御史上柱國朱府君墓誌銘并序〔二〕

進士謝鶚撰〔三〕

府君諱行先，字藴之，吴郡人也。曾祖憑，皇不仕。祖真，皇不仕。父敬端，皇不仕，妣陳留阮氏太夫人。揚名立身，光於祖宗者，惟府君耳。府君少親戎律，長習武經，有摧鋒破敵之堅，藴戡難濟時之策，猿臂燕頷，完備將才。〔四〕始隸職於建寧都，從高公彦，所在征討，累有功績。尋高太傅分符霅渚，府君亦隨於治所，太傅用為心膂，或隣境有寇，總握兵柄，仗劍前驅，無不望風瓦解，减竈之謀，投醪之義，備盡其妙。以是聞於聖聽，疊被寵嘉，薦歷珥貂，累陞八座，益為霅守所重。自渤海公厭世，高澧亂行，府君奮臂一呼，率衆歸國。時天下都元帥吴越國

〔一〕罐蓋上刻：「隴西郡　寶大元年歲次甲申八月廿八日甲午吉晨安葬，故記。」
〔二〕句上《（嘉靖）續澉水志》《（天啓）海鹽縣圖經》有「義忠國」三字，《（至元）嘉禾志》有「義忠」二字。
〔三〕「進士」，《（至元）嘉禾志》無。
〔四〕「完備」，《（至元）嘉禾志》作「宛是」。

王親統全師，撫寧郡縣，以有功者宜加爵賞，遂封協力勤王功臣，尋封佐正匡國功臣，加封右僕射，仍委之静海劇鎮。府君之屯細柳也，鉏耰荆棘，版築城壘，不日而就，不恃其寵，不勞於民。卒乘輯睦，鎮縣和同，商農工賈，不改其業。親載耒耜，遍植桑麻，以備祗奉使臣，供承南北。十五年内外無間言，蓋恩威並行，寬猛得所矣。以寶大元年夏四月得疾弗興，至秋七月二十三日終於静海鎮之官舍，享年七十有二。府君娶汝南周氏、隴西彭氏、清河張氏。三夫人皆肅雍和鳴，内外婉順。主喪祭者惟彭氏，張氏居其右焉。有子八人：長曰從訓，耽味雲泉，不樂仕宦，侍膳於周氏之側。次曰智紹，在方袍之下。次曰元晟，節度使正散將，為人温恭，尤尚儒雅，娶諸暨鎮遏使、楚牧韓章司徒愛女。次曰元杲，節度正散將、銀青光禄大夫、檢校太子賓客、兼監察御史，狀貌瑰偉，[一]智畧出衆，識量宏博，不拘小節，親族間咸曰有父風，娶聞人氏。次曰元昇，節度牙將，獷猂好勇，真將軍之器，娶鄭氏。次曰元寶，娶章氏。次曰元勝、元賨，未娶。皆堂堂之軀，或親弓馬，或閱詩書，分掌家事，無不幹濟。女三人：長適潁川氏西都軍將都知兵馬使明川羅□使陳師靖僕射之子　，先府君逝。次適清河氏建寧都虞候張全尚書之子　。次適上亭鎮遏使翁錫尚書之孫、節度討擊使上亭鎮遏使元昉之子繼貞。弟三人：行存、行勤、行忠。初府君之寢疾也，殿下遣中使三賜湯藥，[二]及啓手足，命侍臣持祭奠，厚加賻贈。内外親戚，莫不感泣，有以見君親之道，始終兩全矣。明州都使太傅奠贈尤異焉。府君世墓在湖州烏程縣，[三]不克歸葬，續致桑梓在開元府海鹽縣，以其年歲次甲申十一月乙未朔六日庚子厝於本縣德政鄉通福里澉墅村之原，禮也。鶚與府君幸同王事，備熟德美，洎有

[一]「瑰」，《（至元）嘉禾志》作「魁」。
[二]「三」下《（至元）嘉禾志》有「賛宣」二字。
[三]「府」字原闕，據《（至元）嘉禾志》《（嘉靖）續澉水志》《（天啓）海鹽縣圖經》補。

葬日，令子元晟、元杲泣血而拜，請予撰銘誌。堅免不從，遂命筆聊紀年代，安敢飾詞，乃摭實而為誌。銘曰：挺生英特，邈爾奇形。素蘊豹畧，能精武經。戈鋋再舉，氛祲廓清。從兹勇冠，大播家聲。〔一〕盛績既彰，威名遂振。静守謙敬，動知逆順。惟此侯王，賞其忠信。不有殊功，疇遷劇鎮。〔二〕匡吴志大，佐越功全。一人注意，百辟推賢。方務剖竹，宜分重權。孰謂梁木，俄隨逝川。〔三〕生作忠臣，没留遺策。眷彼令嗣，恭承帝澤。丹旐斯引，玄宫已闢。萬歲千秋，芳塵永隔。

《古誌石華》卷二五
《（至元）嘉禾志》卷二四

吴越〇二八　宋君墓誌

寶正元年八月二十七日

【誌蓋】失

【誌文】

■」

■考諱容□□」■門傳■」府君■」□□子■一人■」■悉皆孝敬□□□冠之」年，兼有嬰稚之歲。府君椿齡未永，可亞」鶴龜之年，何期歲次丙戌六月染疾，百」□無徵，禱祈不驗，去四■終于」私第，其年七十有九。夫人八十四，當年秋」八月廿七日辛亥吉辰護喪歸于餘姚」縣上□□里□緣祖墓不利，乃用金於親姪」宋綰□買得田際

〔一〕「大」，《（至元）嘉禾志》作「聿」。「家」，《（至元）嘉禾志》《（嘉靖）續澉水志》作「佳」。
〔二〕「疇」，《（至元）嘉禾志》《（嘉靖）續澉水志》作「那」。
〔三〕「隨」，原作「題」，據《（至元）嘉禾志》《（嘉靖）續澉水志》《（天啓）海鹽縣圖經》改。

下保作其塋墳，其」塚並是東甲首，卜新禮□諸孫號慟□」□□焉，廣偹葬焉。■東□」■」■。

《慈溪碑碣墓誌彙編》

吴越〇二九　房君妻□氏墓誌

寶正二年五月十七日卒

【誌蓋】失

【誌文】

■」

■雲間人也，曾祖□□」■崇□蓋□今英賢□」■立家□」■氏笄」年■室，亦□雲」間人也。曾祖■之□□」于房氏之家■」災■」公乃匪趍名利，不仕宦途■」樹□□□□金貫貭，瑞玉含■」波弘智海，□謂積德無驗，年光有期■」夜俄及。以寶正二年五月十七日終于明州慈溪■」私第也，享年七十有四。夫人慈惠可則■」儀夙□婦道□行也光德■。

《慈溪碑碣墓誌彙編》

吴越〇三〇　項嶠墓誌

寶正二年九月二十二日

【誌文】

吴越故項府君墓誌銘并序

府君諱嶠，其先下邳郡人也，其祖諱竦，翁諱汗，不仕。府君娶京兆杜氏，生九子，二子早喪。長曰仕忻，所娶魏氏，再娶駱氏；次曰仕賨，娶勞氏；三子早喪；四曰仕榮，娶方氏；五日仕殷，娶徐氏；六子早喪；小男仕

瓊，娶陳氏；長女以歸樓氏之門；小女以受倪氏財聘。府君享年七十有二，以寶正二年三月十六日綿疾終于私弟。府君立性端良，謙慈克讓，常依内典，孝悌得而稱焉。嗚呼！繡木有摧，静而難止，何其一朝卧疾，百藥無徵。俄抛眷屬，遽棄平生，魂歸大夜，魄散風雲。於年秋九月廿二日買得餘姚縣上林鄉東窑之里，墳居壬向，地枕上林湖之東南山川不植之地。慮恐其山谷改變，海岸崩頹，故鐫數行，將為記矣。銘曰：

君之不仕，處家而德。上下□□，内外和睦。常思廉儉，安□□□。温恭克讓，終身不辱。□□□□，魏公及相。

其地東至山脊分水，西至坑直上至松崗，南欏樹闗横過東分水，北至柿樹口□□□。

《2007'中國・越窯高峰論壇論文集》

吴越〇三一　洞山院住持費君墓誌

寶正三年六月十一日

【誌蓋】失

【誌文】

■墓銘」

夫□德□世，□用而皆合衆心；高士□謀，欲變道則盡之□」■在□□□□尚玄□□□□矣。師即」湖州德清縣人，俗姓費氏，受業乎徑山□□興国大師之弟子也。」□参□[至]旨卅餘秋，訪攬名山，化緣此境。靈緒鄉百姓倫及□」北爲□，至□立約四山，分水標界。檀越任綽、潘務、于師景等卅四人」聞跡，請置院住持，則開平二年矣。尔後暫迴龍開付院。」師[至]□□貞明七年二月内行道遇風，已遷變。當年檀」越主任贇、于行能共廿六人再請住。已今寶正三年戊」子歲六月甲戌朔[四]日丁丑師遷化也，甲子六十七，十一甲申」葬乎此山。小師從志、思紹、思宗，前二人皆[親]叔父，故爲記」耳。銘曰：

師終此院，□乎此山。周迴朝岳，勢若龍盤。」坐壬向丙，墳宜永安。四畔之青巒隱隱，一條之□□□□。」□□□□，奉□国□。聊述茲石，標乎歲宅。

梁吳越国明州靜海縣洞山院

《慈溪碑碣墓誌彙編》

吳越〇三二　虞脩墓誌

寶正五年十二月十三日

【誌蓋】失

【誌文】

吳越國故節度討擊副使銀青光祿大夫檢校太子賓客兼」侍御史會稽郡虞府君墓誌銘

下邳[皮]漢樞述」

府君諱脩，字表安。世祖貫東都餘姚縣。職係皇城，頃受」宣旨，充中吳府迴啚院副二，居于館娃，首涉二十餘載。曾祖悦，志」在溪[山]，用天道而分地利。祖憲，職係鄞江衙前揔管。皇考璋，翊戴」名高，股肱帝闕，迭受遷昇，贈兵部尚書、西班左監門衛將軍。府」君則璋之孟子也，風儀爽邁，器宇冲和，瑞玉絶瑕，寒松著韻。蘊其」行，行無二過；慎其言，言有三思。擇善而交，与朋立信，嘉譽播衆[多]」之口，端莊顯朝列之先。孝唯侍親，忠推奉國。自駐吳苑，累易」星灰，常施舉善之懷，每蘊掩瑕之德。未盡其美，禍訃忽侵，遘疾一」年，沉綿四大。秦醫併至，晉豎難駈，祝佛啓神，略無應効。維寶正五」年□次庚寅十一月廿一日啓于手足〔手足于〕吳縣吳門鄉私第，春秋五」□□□。[娶]東海徐氏，結髮至終，和鳴賢睦。育二男：長知遜，娶吳興」□□□新婦；次滿兒。二女：長官娘，適潁川陳氏；次劉師，方及笄釵。」府君孟仲十人，或受職本州，或榮居朝省，或嗣業處私，

不偹載」録。知遜等絶漿旬夕，號殞晨昏，禮制有規，毀不滅性。祖塋不利，水」陸程遥，以當年十二月十三日泣血護喪，祔窆于長洲縣[武]丘」鄉大來里壬首窀穸，逾月而葬，禮也。恐年代綿遠，坵谷遷頹。漢樞」宿受契憐，奉命直筆，標于歳時，紀斯終始，鐫在瑞珉，旌乎不朽。」銘曰：」

其一：德藴嘉猷，名推令望。濟濟儒風，滔[滔]海量。」禮自情田，福全心相。敦行斯人，遽嬰兹恙。」其二：颯颯松風，潺潺澗水。苦霧朝昏，愁煙夕起。」九原之坵，三讓之壘。千古万秋，佳原蒿里。」

立契用錢叁阡文買長洲縣武丘鄉宋瓊墩腳地壹段，東西」南北封方内各捌大步。

私人藏拓

吴越〇三三　普光大師塔銘

應順元年五月十九日

【誌額】吴越國故僧統大師塔銘

【誌文】

吴越國故僧統慧因普光大師塔銘并序

鎮海軍節度掌書記徐□□撰

■沙門□□書」

蓋聞道弘大覺，教演三乘，福濟羣生，化周沙界。法燈□須弥之廣，神河包巨海之波，玄微設喻於□□，宗旨互傳於心印。紹隆大教，代有翹[楚]□□歷劫增修，多生結習。」或託陰于軒裳鼎族，或降生于帝子王孫，□□不二之門，□入會三之理。其來也隨機□現，與聖合符；其往也轉化他方，歸真□有。□知法身□相，妙果菩提，去」住無常，古今一體。大師俗姓錢氏，法號令因，即今天下都元帥、吴越國王第十九子也。宿根净業，降慶王門，聪下

玉於庭中，耀随珠于掌上。禀訓而」□通六籍，操心而暗達三明，晨昏每□於□□，□□□□於友愛。爰□幼歲，便斷葷辛；及尔韶年，遍□惠悟。不觀戲翫，猷服綺紈，罔思□□之榮，□□真如之理。」我王方興正教，大轉法輪，遂捨□慈，得依釋氏，□□而期登妙覺，修真而不□喻城。於是年始十三，於梁乾化三年四月十日申請住持安國羅漢寺，以」釋迦降聖之日，對佛披剃，脱紫綬□章之□，挂□門三□之衣，雖云學藝從師，實乃天生智惠。即梁朝以我王匡守宗社，康濟生民，日盛桓文，勳高典册，能捨」□門，□□□□□大教，□□宗師於□□。即□□□當令而定比，遂□頒綸□，顯降□□，特賜法號，仍□命服。自是密持秘藏，静住祇園，不□□□，喻青蓮之出水；以」□□□，□□□之無□。當年於西都□□寺□□大□□□。梁朝恩命□法相大師，加賜三十□□，當年封安國羅漢寺主。詮題妙□，□□□□，常念《妙法蓮花經》，以為」□□□□□□□□神功□□□□□□□□□我王□巡錦里，□□行□，時值中春，□□慶誕，大師首登高座，講贊蓮經□□□□□□□□景仰，咸稱於法」□□□□□□□□□□□衆歸依。貞明元年上元夜，又於功臣堂講七寶陁羅尼經教，□□渺漫，智理縱横，演説精微，有□□□□機，□□□□安，不唯英雄側」□，□□□□傾□。加以遍披内典，兼著文章，所見一□□通，□□五行俱下，而又□□□□□，□□□宏，述作悉體於風騷，詞藻皆精於雅麗。□金□譽，可並芳猷；刻燭成」詩，□□敏速。二年，我王□□上□，廣度僧□，既啓号□□師主，頒加法戒都監，選練大德。三年，我王以釋迦真身寶塔□在□江，特建蓮宫，精崇鴈塔，」□以□□□，爰增百寶之莊嚴，□□□□都城永與軍民□□。□茲勝事，無出於□仁，兼授真身寶塔寺主。莫不愈精經論，兼潔香花，匡整教門，紀綱法律，悟道而非求」五□，□□而益勵三堅，梵釋傾□，□□□仰。六年，加授兩浙僧統。龍德三年，我王累功積德，冠古超今，大國褒崇，四方推戴，祇膺簡册，肇啓王圖，文武緇」□□□□□恩□以大師演□□□□□□□□□□□□□，改授吴越僧統，賜號慧因普光大師。梵刹增輝，僧徒□□，必冀永

為法主，長作教宗。孰」□□□□五□示相□□□□□□□□□□□□□□□□□□□□□□□□，□大□而廣增福力，告靈祇而希助陰功。湯藥醫治，宣傳駱驛，凡開禱祝，靡所不」聞，□□□□□□□□□□□□□□□□□□□□□□□□□□□□□□□□□□□方□釋迦順□涅槃，弥勒往生兜率，乃知前佛後佛，万論十□，殊途同歸，聖賢不易。」大師以寶大元年八月十三日夜召上足□□，付囑教門，親述遺章，□□□□□王父，尋命□弟云：吾常念《法華經》，攝心不倦，今欲集衆諷誦，益廣勝經。纔唱真經，端恭」合掌，□徹一卷，乃命鳴鐘，令具奉聞□以此夜三更，便□圓寂□□□□真身寶塔寺，享年二十有四。王父號慟，棠棣哀傷，風悲而佛日沉光，煙慘而慈雲」□色。兩都僧道痛咽酸辛，我王唯□香花，疊修勝善，□資妙果，益證□通。仍命遷□崗巒，卜營窀穸，遂於錦里功臣山南面峯巒營建塔院。以其年十二月九日」歸窆于塔□□□命□小師省緣、省善、省行、省勤、省貞、省□、省□、省超、省□、省希等十人焚修住持。大師幼離慈愛，不戀榮華，洞曉大乘，了傳佛性，□□方而示」□□萬念以□□□雙修□無□□所以不久□世者□□□果成□人天□□□赴□華，演隆法教，垂梵天之景福，蔭家國之延齡。□□職忝詞林，叨塵翰」苑，□奉□□，令撰塔銘。惟知不可思議，敘述莫□□□，□□□□，乃為銘曰：」

□興法教，大演真詮。福利羣品，三千大千。□□□□，□□□賢。□□□□，降生王室。河嶽靈氣，珪璋令質。願捨貴□，重明佛日。」博通典籍，洞曉玄微。辭榮捨愛，□□□□。□□□□，□□□衣。大戒圓明，衆欽道德。經論明敏，緇黃表則。勤志焚修，為民為國。」□□□□，□理教門。□□□□，□□□□。□□□□，□□□□。□述文章，□□□□。臨機□□，出人才□。梵刹紀綱，□門□□。」□□□□，□□□□。三□□□，五□□□。□□□□，□□□□。□力所運，□古超今。轉化他方，□□□□。」□□□□，□□□□。□□□□，□□□□。建塔□□，□□□□。山川

□□，龍天擁衛。垂蔭□基，千秋萬歲。」

■度押衙□□□□□都監□□□□□□□□□□□□□□□□□□□□□□□」奉王旨建立，時唐應順元年歲次甲午五月庚子朔十九日戊午建。節度塔知事□□小師省□記。

《兩浙金石志》卷四
北京大學圖書館藏拓

吴越〇三四　恭穆王后馬氏墓誌

天福四年十二月二十五日

【誌蓋】失

【誌文】

維天福四季歲在己亥冬」十有二月丁丑二十五日」辛酉，」吴越國恭穆王后扶風馬」氏窆于錢唐府安國縣慶」仙鄉長壽里封盂山，曰」康陵。東至金容，西至鳳亭，」南至寧善，北至會仙，上至」于天，下至于泉。永刊貞石，于萬祀年。

《五代吴越國康陵》

吴越〇三五　吴禹妻滕氏墓誌

天福六年五月二十五日

【誌蓋】失

【誌文】

吴越國故南陽郡滕氏夫人墓誌銘并序」

守錢唐府文學將仕郎秘書省校書郎周叔通奉命撰」

夫駿烏西邁，皎兔東懸，非傳禦氣之方，寧免逝波之嘆。┘夫人家傳清白，門慶簪裳，慶善有聞，枝派尤遠，已書家諜，無復更┘稱。曾祖諱綬。祖父諱躬，累贈職方郎中。祖妣吴郡陸氏。┘父携，户部侍郎、兼錢唐少尹、知府事，樹禹湯之霸國，致堯舜┘之明君。朝庭以威德有稱，┘聖上以公忠見重，位崇天府，力佐皇家。謙恭每聽於辭金，慶┘誕早聞於弄瓦。妣東海徐氏，壽山不峻，下土預歸。夫人乃┘侍郎之次女，唯貞唯潔，乃孝乃賢，傳婦道於曹家，授母儀於趙氏。┘姿容端麗，德行温柔，畫新月以眉長，綰輕雲而鬢薄。粧臺乍啓，照┘菡萏於菱花；畫閣初開，認嬋娟於桂殿。早歲以三星叶吉，百兩膺┘期，既偶良姻，遂歸吴氏，即前會稽縣令、大理評事、賜緋魚袋禹┘也。門連朝彦，家接國姻。官守會稽，功彰馴雉，牧曾權於麗水，民┘尚播於仁風。夫人自結絲蘿，頗和琴瑟，螽斯不起，奉祀無虧。本┘期偕老之稱，豈料沉痾之搆，日期痊差，寧慮膏肓。廷評以愛切┘齊眉，情希結髮，有神祇而皆禱，無藥餌以不施，精嚴每設於高僧，┘虔敬廣陳於法會。冀諧平復，無見沉綿，何期天命難移，泉関遽處。┘以天福六年正月寢疾，夏五月初九日終于會稽府德政坊之私┘弟也。用其年五月二十五日歸窆于山陰縣承務鄉謝墅村鴻漸┘里之源，礼也。好花易落，瑞露難停，滿堂之悲涕漣漣，闔宅之攀沿┘切切。孕子二人，長女纔方三歲，次男未及周星，猶居懷抱之中，已┘服縗麻之禮。万歲之香魂凈魄，杳絶音容；八年之繡閣羅幃，空遺┘蹤跡。叔通幸承尊旨，令敘芳猷，不度蕪才，謹為銘曰：┘

花明麗態，柳嫩長眉。恒修婦道，無失母儀。二：雍睦温和，貞賢令淑。義結絲蘿，譽光親族。三：┘三彭作禍，二豎挺災。遽辭人世，忽掩泉臺。四：承務鄉中，謝墅村際。永秘玄宫，千秋万歲。

《吴越國史跡遺存發現與研究學術研討會論文集》

吴越〇三六　李章墓誌

天福八年二月十八日

【誌蓋】失

【誌文】

吴越國故隴西李府君墓誌銘并序」

府君諱章，隴西人也。因祖裔南渡，是為吴人也。曾祖綽，」祖礼，考簡。府君即簡之嫡也。嗚呼！壯歲輳門，志」習武勇，頻經征討，奉國匡君，實有猛毅之譽也。而」乃堅强作性，氣義為懷，與朋友交，言而有信，不順時詭，不」納讒諂。勤奉三寶，晨頌真覺，謂其積善，合惠嘉祐。何」乃穹昊，遽萎哲人，盖浮世之壽已圓，致天年之限俄屆，固」難延續，將及遐永。以天福七年歲在壬寅三月十四日終于南」沙郭邑之私第，享春秋七十有九。娶彭城金氏，居喪尚未踰」月而亦淪逝。有男四人：長曰彦滔，不幸少夭，將及祥禫，娶吴郡」朱氏；次曰彦求，娶汝南周氏；次曰彦思，娶吴郡陸氏；次曰彦温，」未及婚媾，方就言定，亦以此歲府君未寢疾前殤夭。堪」痛如此，併至傾毁。育女二人：長曰伴獨，適渤海高氏；次曰張」婆，適彭城錢氏，早世。彦求等並扶柩泣血，臨棺絶漿，咸奉」府君之喪，以天福八年歲次癸卯二月十八日歸窆乎中吴軍」蘇州常熟縣東北卅六里敦行鄉崇善里梅李市北大坐」村，和買本鄉季孜地之原，礼也。其地封方内外東西廿步，」南北一十步。切恐陵遷谷改，里域更移，年月寢深，時代賖」往。人疑故事，不紀初終，聊刻翠珉，用為不朽。」銘曰：」

懿哉德人，義勇修身。交有忠信，」行無寃親。父子合室，三冤並鄰。」俱闕幽室，万古千春。

《新中國出土墓誌・江蘇壹》

吴越〇三七　李章妻金氏墓誌　天福八年二月十八日

【誌蓋】失

【誌文】

吴越國故彭城金夫人墓誌銘并序」粤以靈派胤嗣，盛族傳芳，[枝][裔]昌繁，備盈家諜。」夫人即炎漢之後裔也。曾祖澄，祖選，考岌，並不仕。」夫人乃岌之仲女也。嗚呼！蘭芬麗質，桂馥芳容。貞効龔」姜，令譽早聞於鄉黨；顔逾曹謝，德業已振於州閭。少別」嚴慈，歸乎隴西李府君之室。加以端莊作性，温惠為懷，家」門咸顯於賢能，懿戚皆欽於雅望。敦三從之禮敬，播十」善之佳猷。直合積慶高堂，承歡令室，其奈鸞悲隻影，」劍□[雙]鋒。一自府君傾淪，旬日夫人染瘵，徒設秦醫之術，」枉爇蘭寺之香。四七纔臨，遽遘長夜，莫不死生同穴，琴瑟」相依。聞者驚心，見而抆泣。以天福七年歲次壬寅閏三月十四日解手」足于私第，享春秋七十有三。有男四人，育女二人，存亡婚嫁，具在」府君銘誌紀録。哀孝等並茹荼枕凷，泣血絶漿，齋祭備」陳，哀禮俱足。以八年癸卯二月十八日歸窆于蘇州常熟縣東」北卅六里敦行鄉大坐村崇善里，和買季孜地，東西廿步，南北」一十步之原，礼也。切恐丘隴遷變，陵谷更移，標石刊銘，用為」不朽。其銘曰：」

芳顔婉麗兮德行堅貞，令譽馨香兮盡歆佳名。」生既結髮兮死亦同穴，天長地久兮共卧松扃。

《新中國出土墓誌·江蘇壹》

吴越〇三八　霍彦珣墓誌　天福八年九月二十一日

【誌蓋】失

【誌文】

故左軍討擊使管甲營田十將霍府君墓誌銘」

夫握兵主將，乃掌内之韜鈐；軍食屯田，斯國家之重務。非幹」濟之良能，何以邀其勳而集其事也。霍府君諱彦珣，字蘊」玉，嘉禾人也。自唐已來，代有爵秩。高祖曾，安閑守性，遁跡雲山。」祖度，延賞于家，樂終于業。皇考師德，有放曠之心，懷經濟之術，未」諧果敢，遽詶〔謝〕明時。府君即先人之長子也，生而倜儻，志在轅門，立」事立功，戎行超越。迨乎故曹司空信擢為武舉之士，故曹司空令」子典郡全吴，累署銜職。尋曹使君薨後，即投于吴越國」武肅王。主營田之務，公幹有方，課績盈溢，於長興四載改補」節度捴管。洎乎皇帝大行之後，」世宗嗣位，奬其宿舊，主務公忠，於天福四年加轉左軍討」擊使、管甲營田十將。府君年雖傳老，心蘊宏籌，未盡平」生，遽鍾天譴。不幸遘疾，終于私第，享年七十有一。有弟彦球，」襲慶鴒原，友于孝愛。府君娶于吴興沈氏。有子三人：長」曰仁禮，負荷承家，紹續于世，蒙國恩寵用，仍舊」本務主持；次曰仁福，同奉宗祧，克隆堂構；次曰鄴，奉」使青丘，没終于外。有孫及女，長幼九人。長孫承訓，禀」慶閨門，皆有問望。府君以天福八祀歲次癸卯九月廿一日」歸葬于吴縣胥臺鄉名社村石城里黄山東，去郭」一十八里，」禮也。慮以靈谷推變，年祀遷移，遂為銘曰：」

靈岫標奇，石城開穴。玉掩泉臺，墳孤秋月。」青松鬱鬱，白日沉沉。哲士逝矣，無適我心。

《吴越國史跡遺存發現與研究學術研討會論文集》

吴越〇三九　錢君義妻殷氏墓誌

開運二年六月二十日

【誌蓋】失

【誌文】

彭城錢君義亡妻殷氏夫人墓誌銘并序」

嗚呼！夜漏霄促，晨鍾曉催，仙珮喪而何尋，寶鏡缺」而難合。夫人其先汝南郡人也，門傳積善，世襲高」貞，祖代興隆，蔚為盛族。大父皇雅，不仕。祖皇度，中」吴羅城四面巡檢使，累充鎮遏使。父皇詮，金馬都」隊將。夫人即金馬之女也，幼敏惠，長柔順，四德昭」著，六親共欽。年二十，歸于彭城錢君義。君淑人也，」於家敦孝敬，處衆藴謙和。是以夫婦之儀，蘋蘩之」禮，慎選佳疋，庶皆推稱。而夫人又事上以恭勤，卹」下以慈愛，閨壼之内，焕然有光。而彩雲易銷，逝水」難駐，不幸以開運二年歲在乙巳五月二十九日」遘疾終于長洲平原私第，居炎涼三十一載。以其」年六月二十日附葬于常熟縣隱仙鄉翔鸞里，礼」也。有子二人：長曰吴八，年八歲；次曰鄭九，四歲。皆」自幼齡，悉彰儁敏。承德門之餘慶，固保令」名；育迅翮之摩霄，必昇鵬路。慮寒暑易改，桑田或」遷，請誌貞硍，乃為銘曰：」

婦道母儀，蘭薰蕙潔。婉尔芳華，倏尔夭折。」黯黯愁雲，遥遥素月。一誌松丘，千秋永訣。

《新中國出土墓誌·江蘇壹》

吴越〇四〇　袁從章墓誌

開運三年十二月二十八日

【誌蓋】失

【誌文】

大吴越国明州故汝南郡袁府君墓銘并序」

於戲！悲喜同源，一世而喻如風燭；短長繫分，百年而不異電光。」生死有期，賢愚共路。府君即盎公十九代孫

也，自後子孫苗裔之」盛，載于家譜，略而不書。府君諱從章，字瑞光，世之藉業在於甬」水。府君性樂雲山，不求禄仕。祖父諱偲，列考諱綬，皇妣吳氏，乃府君」是第三子也。府君青雲禀量，玉樹標儀，冲和含君子之風，淳朴蘊」吉人之行。幼明禮義，長識興亡，自樂天和，罔求爵禄。自入冬中，微似氣」發，寢食雖無所輟，寤寐終覺不調。發意開啓道場，請僧轉礼經」懺，二七日解散，設功德一百僧齋。自後疾疢不得痊退，都為大限有定，須」歸夜臺，於旦夕中終始分曉。乃一日委付家事，遺囑兒孫，言畢而」終，有同蟬蜕，必恐便歸兜率，不入幽冥。以開運三年十一月十六日啓手足于」鄞縣董孝鄉之私第，享年八十有一。有兄二人，長曰從瑋，充孔目院押衙、」勾檢徵科務。次兄從珪，弟從玘，並軍事押衙、充客司十將，不幸早逝。」弟從珣，在私。府君娶孫氏，中饋母儀，克敦懿範。有子三人：長曰繼榮，」充當直虞候，婚姜氏，有孫子四人；次曰繼能，職乃軍事押衙、充省勾院勾」□官，婚陸氏，有孫三人、女孫二人；次曰繼諲，繼職衙前十將、充通引官，婚何氏，有」□子二人、女孫一人。府君之子，各明詩訓，偕曉義方，或勾務重難，洞諳錢穀，或」□司密近，並熟衙儀。是謂令子令孫，有始有卒。女一人，歸于董氏。」□攉繼日，泣血以時，人之孝焉，無以加此。府君壽齡八十，榮樂一」生，滿眼兒孫，甘脆無闕。值井邑安康之日，當門庭昌盛之時，人」之福焉，無出其右。以其年十二月二十八日甲申歸葬于鄞縣」唐昌鄉沿江里通湖門外，啓新墳原，禮也。雲山色秀，江月澄明，青」烏傳万代之詳〔祥〕，玄鶴嗅九天之瑞。壽年霞永，門族清輝，厚福既加，」須揚令德。勒于貞石，乃而銘之：」

府君之德，恭儉温良。心敬神佛，門集縑箱。性便詩酒，」志好雲山。偃息物外，適樂人間。冰堅節行，雪瑩精神。」家惟積善，代不乏人。新墳特峻，丘壠相望。水清照月，」樹色凌霜。龍窠表瑞，馬跡呈祥。永安玄宅，地久天長。

吴越〇四一　□君墓誌

天福十□年卒

【誌蓋】失

【誌文】

■」■于」■未之有也，我宗即有唐」■性樂丘園，不拘仕宦。父諱」■□監司鹺務。府君即其第」■依憑，四方繫仰。伏自」■倍增，進納無怠，累職上軍[十]將」■疢一纏，沉痾莫愈。嗚呼！天福十」■于長洲縣武丘鄉之私第也。以」■十三日帰神柩于當縣陳公鄉」■首，從其礼也。府君娶吴郡」■徵，先帰長夜。有子二人，長曰[欣]」■氏□□二□男曰獰子，女曰六兒」■孝□□居□抱籌謀而奉主□[上]」■南陽□□□子一人曰客苟□□」■曰孩子。府君季兄郎，清嚴被□」■仰。自故曹使君剖竹之日，累□」■義飾躬，謙和處衆，心明吏道，行叶人」■自迴■府君不諱之日，承業等□」■哀□礼足。今恐日月綿遠，墳土□移」■」■無黨無偏，有仁有義。中外咸欽，」■不聞嗔恚。爰自在公，一心無二。」■穀粟盈倉，珠珎滿櫃。茂宛全吴，」■善莫我利。八十纔臨，百生遽弃。」■閇此玄寢，千年万歲。

《全唐文補編》

復旦大學圖書館藏拓

吴越〇四二　陳仕安妻王氏墓誌

乾祐元年十二月二十八日

【誌文】

南贍部州大漢吴越國」折〔浙〕江東道東府餘姚縣」上林鄉石仁理〔里〕嶼山保陳仕安」於當鄉華懷□邊買山

地」壹片，東至坑直上，西至壠頭」直上曲轉，至北小壠頭上至東」橫過埋石為界，南至華珪」養埋石為界。四至内□安葬」之王氏為□墓。」士男□□、次男回兒、三男□兒、」□男魏兒、□男滿兒，女八娘、九娘、」廿一娘、廿二娘■」■乾祐元年十二月」弍拾捌日□□，同賣人、」保人■」天生。

《越窯瓷墓誌》

吴越〇四三　元圖墓誌

廣順二年三月四日

【誌蓋】失

【誌文】

唐吴越國故昭信軍節度判官知明州軍事務兼鹽鐵富都監事朝議大夫檢校司農卿柱國賜紫金魚袋」錢唐郡元公墓誌銘并序

將仕郎試秘書省校書郎周含章撰」

公諱圖，字匡輔，其先弋陽人也。祖諱亘，守洪州別駕。父諱倡，檢校太師、守信」州刺史。官有世功，積善餘慶。太師有子二十一人，公則第十一子也。太師懲惡勸」善，深謀英断，豁達大度，為時所稱。開平年，初秉符信郡，繕甲兵而待敵，通貿貨」以請誠。逮乎群盗絲棼，隣封失守，有脣亡齒寒之顧，遂起家來投霸都。」太祖武肅王義重尋盟，禮加前席，遇同國士，言作良臣。笑郭隗之登臺，空能設筭；語」孫皓之歸命，乃是倒戈。不一紀間，太師薨變，諸子無改父道，以至三年。俄而辟菀徵才，戎」勳待立。奉楊秉之清白，慶積門庭；求甘茂之子孫，恩連兄弟。公本族危氏，」太祖改賜姓元。公首授鎮東軍節度館驛巡官、朝散大夫、守會稽縣令。銀魚茜服，正得意」於當年；墨綬銅章，自勵身於明代。洎貞明三年，吴興太守治郡，授軍事衙推。龍德七年，」改知富

都監事。不數年，復攝録事徵科務。迩後袘蘭牙之服，命列宿之官。成宗朝，」先君太師以漏澤焚黄，始加追贈。間歲，郡守余公太尉出捍閩府，公又亟遷少列，權緝百城。」尋遇太師侍中四明郡公擁紅旆油幢，建虎符龍節，涵天派而鳳池波潤，聳」皇枝而棠樹陰穠，静對融罇，穩開儉幕。公衷心翊贊，克己温恭，後得貢奉歸」朝，遷昭信軍節度判官、檢校司農卿。公歷五朝之禄仕，參十政之賓從，常敏於事而慎於」言，可以為人之標表。千尋翠巘，比令德以猶低；万頃洪瀾，等情田而尚狹。公之令季，蕭」張並價，曾閔齊名。闢埏埴之鑪，序倫彝品；奉唐虞之業，表正万邦。得不理家仁人，」王室是賴。及乎公之寢疾，針餌蟬聯，俄尔聞凶，如同墜手，可謂孝悌之至，通於抻〔神〕明。」公以廣順元年太歲辛亥十二月九日歸命于董孝鄉之私第，享齡六十有二。以壬子三月四日」宅窆于靈巖鄉明堂奥之墟，禮也。公母璩氏，早亡。少昏徐氏亦逝，復娶胡氏。母儀婦道，」家法雍嚴。有子十一人，長曰道榮，言忠信，行篤敬，謹身節用，以養父母。其餘皆學而好古，文」以餝身。必簪組無遺，青紫可拾。有女七人，貞明處子，婉淑早聞，將及宜家，必為良配。嗚呼！」人之生也，立德行，勵名節，來既集善，去必超生。公啓手啓足，信無滯矣。洎乎眠牛告吉，」埋玉興悲，恐谷變陵遷，名氏不立。孝子相顧，泣請刊銘。儒也雖在恩門，慮難措手，多」慚寡學，焉紀芳猷。靡敢免情，乃為銘曰：」

清白子孫，簪裾懋盛。賢哉元公，明時龜鏡。領袖鄉儒，宗師魯聖。」鮑謝交朋，曾顔季孟。焕尔家聲，靄然士行。吉人寡辞，君子無争。」立身揚名，冬温夏凊。外盡忠赤，内頤孝敬。氣量深沉，儀形高敻。」好爵雍容，嘉賓辟聘。履歷榮曹，優游善政。風月嬉陪，煙花賦詠。」儉幕通才，漳濱卧病。遽捨浮生，奄終天命。松迁鬱茂，丘封平正。」穩閈佳城，廕兹餘慶。

《寧波歷代碑碣墓誌彙編》

吴越〇四四　張車妻丁氏墓誌　　廣順二年五月二十六日

【誌蓋】失

【誌文】

吴越故濟陰郡丁氏夫人墓誌銘并序」

將仕郎試秘書省校書郎伍光遜撰」

夫人其先齊丁公之後，子孫因氏焉。洎乎晉魏板蕩□」遷，遂為會稽之贍人也。曾祖諱信，祖諱罕，父諱閔。或列職」軍衔，或韜光鄉里，悉以載于家諜，今皆略而不書。夫人□□」長女也，柔淑早彰，貞勤罕繼。既笄而字，遂適于□□□」張君諱車。少在轅門，累遷戎職，□□早辝□□□□□」圖。夫人志□三從，名光六族，蘭當風而□馥，松□□而□」堅。有子一人曰榮，髫年孤惸，從母訓誡，迨乎□之西上」朝□，遂掌國朝迴圖，累在餘姚轉運。以上□有羡，甄」奬酬勞，遂轉殿直都副將、銀青光禄大夫、檢校太子賓客、□」監□御史、上柱國。而孝行著聞，友朋敬慕。早歲□自□□」迎侍歸於□州，甘滑無違，晨昏不闕。榮養雖期於遐壽，□□」孰□於□□，而夫人忽遘纖痾，俄歸厚夜，以壬子廣順二年四」月十二日終于私第，享年七十有四。以其年五月廿六日□」葬于雲樓鄉臧墅湖山之原，禮也。女一人，早適贈侍中□□」事陳氏之門。嗚呼！夫人藴擇鄰之□範，有断織之賢□，□」日俄辝，清風永扇。時孤子衔哀，請予□誌，因刊翠琰，式」□□□。■」□□□□，□□□□□。淑德□□，□□□□。」□日俄辝，玄宫永閇。易謝西□，難□東逝。」□□貞珉，光于□□。

私人藏拓

吴越〇四五　鄒朗妻陸氏墓誌

廣順二年十一月十四日

【誌蓋】失

【誌文】

大吴越國故魯郡鄒府君夫人吴郡陸氏墓名〔銘〕并序」

洎〔洎〕乎大哉隱顯，孰究其原，未逃無去無來，皆」幻有生有滅。夫人以妍年歸乎鄒氏，即鄒」府君夫人也。曾祖誠，祖規，父朗。夫人陽臺」秀質，湘水仙姿，貞心芳翠竹紅蓮，賢鑒朗清」風白月，娀儀有序，瓊玉無瑕。育子三人：長」曰知建，不仕宦，娶乎虞氏；次曰知造，効職綰務營田；孨曰■」芳宗□娶乎徐氏。有女三人：一曰新娘，歸乎褚氏；二曰面時，歸乎」葛氏；三曰何斐，歸乎秦氏。孫男三人：長曰廷輦，次曰廷會，三曰廷俊。」夫人以廣順三〔二〕年歲在壬子九月十日癸亥」晦日寅時小疾遽縈，奄歸大夜，終於平原鄉」練塘市私第，享年六十有六。以其年十一月」十四日丙寅窆于感化鄉招靈里治塘村，買」地新建塋，礼也。」去家一十一里，其地東小頃子，南溝，北頃及」溝，詣西頃。後恐陵谷遷變，故刊貞石為銘。詞曰：」

夫人之生，靈德全并。夫人之逝，刑〔形〕影長閇。」崩崖断坡，新壠峩峩。哀哀令子，泣血如何。

《新中國出土墓誌·江蘇壹》

吴越〇四六　羊蟾墓誌

廣順三年十一月八日

【誌蓋】失

【誌文】

大吴越國將仕郎前守秀州嘉興縣主簿知縣事羊府君墓誌并序」

將仕郎試祕書省校書郎滕仁鑣撰」

公諱蟾，字中明。其先因姬而命氏，即晉大夫羊舌氏之裔也。其後軒裳繼世，代」有循行，在乎典□，不俟盡紀。」皇曾祖諱渭，歷任吉州録事參軍；皇曾祖妣河間凌氏夫人。」皇祖諱勝，歷任牢州刺史；皇祖妣濟陰郜氏夫人。」王父諱郇，應進士舉，任福州長樂縣令；祖妣鉅鹿魏氏夫人。」府君即先府君之長子也。」府君幼負奇特，生知文華，禮樂謙和，聿傳〔傳〕家範。年十歲，即修舉選。以」皇唐多事，修途有阻，乃遇我朝太祖武肅王底平吴越，開拓山河，高舉」弓旌，遍□英彦。是時」府君携其所志，造于國門。」太祖見而嘉之，而有錫賚焉。以至世宗文穆王紹承丕構，延納文儒，」開選試之場，擇賢才之士。」府君躬親明試，首中甲科，纔攀郄氏高枝，俄履梅仙上任。牓下，乃授錢唐府」餘杭縣尉。三年守職，百里和光，政既清而事不繁，公畢辦而民不撓，則知從政」之道哉。自罷苕溪，乃授秀州嘉興縣主簿、知縣事。雖提仇印，仍撫密琴，魯恭馴」雉之仁，可躋前躅；史起決波之惠，必挾後輈。肅然訟庭，後無継者。」府君性惟幽逸，不樂州縣，雖在公家，忽忽而不得志，常思梁竦途勞之嘆，慕元」亮歸去之吟。不俟考終，俄而解替，自適生平之志，乃為林谷之遊，密尔故山，樂」哉其道。府君三年而逝。府君有子七人、女五人，皆」先夫人之體也。長子蔚，娶汝南周氏，歷任錢唐府吴昌縣主簿。次曰藪，娶瑯」琊王氏。次曰藻，娶博陵崔氏。盡修舉選，所娶皆名家也。次曰恭，方任錢唐府」鹽官縣尉。次曰蓿，次曰蘋，次曰蓁。俱同鶚俊，盡得鳳毛，承家以孝悌所聞，立行」則温恭有素。各究一經奥旨，當期七學俱興，諒黄金之滿籯，無出於此也。長女」適富春孫氏，不幸短命；次適南陽滕氏；次三人尚在齠齔。若林下之風，閨中之」秀，可得八九矣。府君自退居山墅垂一紀，唯樂於詩酒，未嘗一日有輟」諷訟，著文集未俟編序，忽一日

染風恙，悉命諸子，付于家法，決無遺事。於是伏」枕就醫，藥雖出神入聖，厥無効焉。向謂天返其道，不福善人，以廣順三年癸丑」歲九月十九日薨于明州慈溪縣太平鄉之莊，享年六十有七。」府君平生兢持仕行，剛直志性，整肅門户，[篤]穆故舊，孤寡生姪，育過己子。自天」下離乱，唯我國儒家言行仕風，無有偕者。以其年十一月初八日帰于太平」鄉虞墅村大川里，祔先府君之塋，礼也。仁鏕幸將孱懦，早奉」門闌，況非玉潤之才，難紀冰清之德。遽承遺命，輒染斯文，嗚咽援毫，而為」銘曰：

用天之道，君子之風。知無不為，和而不同。握節守慎，」處謙固窮。靡不有初，鮮克有終。其二： 才逸任徐，志逾潛[竦]。」拋却宦名，不求榮寵。其三： 作尉苕水，駈雞嘉禾。可使從政，」衆聞弦歌。其四： 惟仁惟孝，惟君惟最。恤彼孤遺，篤[于]中外。」其五： [按]山坐壠，惟松与石。保子保孫，無窮無極。」其六： 日照泉紅，雲淡空碧。固護玄宮，万古不易。

《慈溪碑碣墓誌彙編》

吳越〇四七　俞讓墓誌

顯德元年十月十三日

【誌蓋】失

【誌文】

大吳越國匡時勵節功臣台州教練都知兵馬使羅城四面都巡檢使銀青光禄大夫檢校刑部尚書上驍衛將軍兼御史大夫上柱國俞讓墓誌

將仕郎秘書省秘書郎賜緋魚袋崔鐸撰

夫達邦家者，非仁與義，則外無能而處焉。將軍德行立身，遐齡鮐背，八十有三，本出冀州河間郡鄚縣都仁鄉平

相里。唐初龍驤將軍法才公任台州刺史，於今三十二代孫也。先考大夫諱亮，居常州無錫縣西一十七里。祖墓相繼數代，羊碣猶存。旋遇仕馬離鄉，乃投就浙東。壬午年，則服戎提戈，承事太祖武肅王定亂江東，隨郡牧駱團太保却復台州，營卜第宅於開元寺之街西。自天祐年中，吴越已來四五朝帝，累沐國恩，轉職授官，至叨優卹，仍加功臣，賜褐衫火珠腰帶并及金銀器皿者。將軍先娶太原王氏夫人，門閥簪裾，迥懷令問，育三男二女，年六十有八，早遇殂變。長男彦璋，上軍討擊副使、拱宸侍衛□副兵馬使、充台州水軍都將、銀青光禄大夫、檢校國子祭酒、兼御史大夫、上柱國，及宣賜褐衫粟面金火珠腰帶，先娶徐氏，年五十七，禍遘衰疾，□一孫仁安，娶黄氏，代父職，任副兵馬使、殿直都副將、充水軍都將、知省造舡務、銀青光禄大夫、檢校太子賓客、兼侍御史、上柱國。有女孫二人，長適潘仁□，少適孔仁福，俱從職掌。次中男彦珠第二，台州軍事押衙、充廂虞候。自丙申至辛亥年，疊蒙睿慈，遷轉職階，兼賜褐衫及粟面金火珠腰帶，充上軍兵馬使、衙内管當直都副兵馬使、銀青光禄大夫、檢校國子祭酒、兼御史大夫、上柱國。續至甲寅年，蒙聖恩宣差使賫制并朱記二枚，補充教練使、羅城四面巡檢使，審著勤勞，不起疢瘵，令代父員位。新婦蔣氏，閨户肅雍，育孫數人：一男仁昇，軍事押衙、勾當省内禮酒坊務、銀青光禄大夫、檢校太子賓客、兼監察御史。第二男仁福，軍事押衙、勾當東酒坊務、銀青光禄大夫、檢校太子賓客、兼監察御史、上柱國。第三男仁祚，軍事押衙、充當直都隊將、知省迴圖庫務、銀青光禄大夫、檢校太子賓客、兼監察御史、上柱國。餘孫即未守職。女孫三人，並適徐氏、盧氏，皆居將校將軍。次男彦迴第三，軍事押衙、充廂虞候、銀青光禄大夫、檢校太子賓客、兼監察御史、上柱國。嫡女二人：長適衙内副兵馬使吕氏，次適知省迴圖庫務盛氏。並列家風，文武不墜，子孫霸盛，禮士侍賢。在處輸機，濟益軍幕，崇構精宇，齋供高僧。樓艫應官，金湯匝郡，迴圖雖設於上方，上供曾計之巨万。嗚呼！奈何久淹風恙，壽終遐齡。尋乃録表奏聞，便蒙宣賜祭筵，兼頒賻贈等，光九族之顯榮。啓手足日，悲哽道途，吁嗟鄰里。以顯德元年甲寅十月十□日甲寅宅兆於

臨海縣興國鄉浮江嶼裏東山保，塋近先妻王氏夫人之墓，禮也。遂立其誌，故形斯文。銘曰：

功業智遠，力作義舟。艱歷富貴，榮協公侯。名于兩浙，家立丹丘。接下承上，肥馬輕裘。葬禮浮□，郡西十里。旌旆宛約，祭奠迤邐。親聚戚哀，慶積善美。勒石貞珉，人生已矣。

光緒《仙居志》卷二一

吴越〇四八　錢義光墓誌

顯德二年□月二十四日

【誌蓋】失

【誌文】

吴越國故上軍討擊使充中吴軍隨使當直厢虞候銀青光禄大夫檢校國子」祭酒兼御史中丞上柱國彭城錢府君墓誌銘并序」

中吴軍節度推官朝散郎檢校尚書水部郎中賜紫金魚袋黄楷撰」

府君諱義光，字普一，吴郡人也。祖諱録，皇任衙内諸都都指揮使、前睦州刺史、」贈特進、檢校太尉。祖母勃海郡君凌氏。父諱璉，皇任天龍軍鎮國右五都指揮」使兼皇城都巡檢使、檢校司徒。母馮翊郡方氏，即故前衢州刺史方太尉女也。」伯父諱仁瑗，皇任天龍軍鎮國都指揮使、東都安撫副使、檢校太保。府君乃皇」城司徒第三子也。兄弟五人：長兄義超，湖州隨使押衙，婚蘭溪鎮使徐司徒之」女，早亡。次兄義隆，上軍討擊使、充殿直都厢虞候、兼御史中丞，早亡，婚天龍軍」鎮國都指揮使張太傅之女。弟義忠，上軍衙前虞候、充殿直都隊將、兼監察御」史，見知台州白嶠場務，婚馬軍統軍使甄太尉女。次弟義保，係拱御都隊將，婚」上街金吾使袁司徒之女。府君有姊妹四人：一人適客省禮賓使、檢校司空蔣」延勳，即中尉、前睦州刺史蔣太尉之子也，不幸早亡。

一人適清河張師道司空，即」錢城鎮遏張太保子也。一人適彭城金仁皓司空，見充中吴軍隨使當直都虞候，」即理勝都指揮使、崑山鎮遏金司徒子也。一人適馮翊方承浩，即前衢州方太尉」孫也。姪女一人，乃長兄之女，適吴郡朱思義，即中吴隨使朱司空子也。」府君莫不温柔表德，端雅資身，叶多士之欽崇，作間時之英特。而況家傳岳牧，代」襲皇宗。向國推誠，惟忠惟直；於家立行，以孝以慈。内外親知，盡仰諧和之道；往」來賓侶，咸忻延納之心。而以職歷雄藩，恩覃鳳闕，素緣資蔭，靡墜門風。爰自」[中]吴軍隨使當直厢虞候賜褐，尋授上軍討擊使、銀青光禄大夫、檢校國子祭酒、」[兼][御]史中丞、上柱國。所謂更顯榮名，别居重用，繼德門之貴盛，為昭代之楷模。」豈啚忽構微痾，便歸大夜，何神祇之不祐，何藥餌之無徵，遽捨浮華，俄隔今古。滿」堂哀孝，徒扣地以號天；舉世知聞，但填膺而墮睫。府君初婚天龍軍鎮國諸都」都指揮使盛太尉第二女，不幸早亡，續娶盛氏第三女。有男六人：長曰繼榮，幼居」訓勗，方漸長成，學禮學詩，未仕未禄；次男五人，并女二人，各是年幼。府君於大」晉〔周〕顯德[二][年]□□□日啓[手]足終于蘇州吴縣利娃鄉安仁里之私第，享年三十」有九。以其年其月二十四日葬于蘇州吴縣祥鶴鄉安平里之原，禮也。銘曰：」簪纓繼代，孝悌承家。真金有韻，美玉無瑕。」瑞雅居先，温和表德。為衆楷模，間時英特。」鬪蟻興灾，疑虵結病。冥寞俄歸，短長斯定。」□□□□，悠悠蒿里。嗚呼哀哉，千年万祀。

《杭州學刊》二〇一八年第四期

吴越〇四九　李訶妻徐氏墓誌

顯德三年十月十四日

【誌蓋】失

【誌文】

吴越故東海徐太夫人墓誌

李潯撰

夫月滿則虧，日平則昃，盛衰之道，古今所同，〔一〕其有秀而不實者，得無痛乎？夫人徐氏，其先東海人也。粤以玄元降聖，盤條仙樹之端；洎唐后啓圖，析派天潢之側。龍飛鳳翥，殷鼎□壇，閥閲勳賢，無出其右。官諱訶，〔二〕任省營田隊。夫人媄渤海■吴皓僕射■宣賜褐裳之管，轄營田隊務，文華擅美，器宇弘深，夙嫻■悌之規，抗見熹之色，百行之美，實無闕焉。悲娶□□一卒九□三紀。何期隙駟難追，游波莫遏，享年五十有六，偶暫攝調□□□於顯德三年歲在丙辰九月庚寅朔五日甲□寢疾殞於吴縣令德鄉之私第也。□□夫人有子六人：長曰承嗣，効□衙内直番隊、充副將；次曰承寵，係營田甲將；次承鄴，營田副將；次五兒、滿兒，淡幼稚未効職員。有女三人：長曰十八娘，聘於金氏；次曰十九娘，在室，未從伉儷；次廿娘，捨棄俗華，以投金地於福田寺，慕貞堅，守緇門，精專戒行。子聟一人，金氏弘縮。新婦二人：長曰沈氏，次曰曹氏。嗚呼！封樹告期，龜筮叶吉，以十月庚申十四日癸酉窆於吴縣胥臺鄉尚書里闔閭城西，去衬五十餘里先祖塋之側，禮也。特恐天地長久，陵谷變遷，令嗣號訴，願勒貞石，以誌於墓。潯忝獲知音，得不涕泗揮毫，敘録其實而為之銘曰：

委質荒漢，〔三〕凝神上仙。遶遶三界，茫茫九泉。遠岫煙暝，高空月懸。聲沉永矣，松檟蕭然。

《古誌石華》卷二六

《吴都文粹續集》補遺卷上

〔一〕「所同」，《吴都文粹續集》作「而同也」。

〔二〕「訶」，《吴都文粹續集》作「軻」。

〔三〕「漢」，《吴都文粹續集》作「阡」。

【誌蓋】失

【誌文】

吴越國陳氏府君墓銘并序」

嗚呼！閔然來兮，人之生矣；倏而去兮，人之死焉。嘆之以逝」水投梭，傷之驚波若箭，斯乃浮生榮謝矣。」曾祖諱鄴，祖造，父歡□。府君陳氏，諱綰，職守衙内副兵馬」使。世集轅門，家傳勳□，輔佐每懷於忠赤，臨危俻顯於機鈐。」上台委之以腹心，□□頗諧於衆望。頃載官中奏薦，荐降」綵綸，遷之以金□□□□，衣之以褐裳軍号。官昇武職，兼列」將員，轄軍伍□□□□□外而咸懼。方當委任，更議陟遷，豈」期氣逐炎風，魂□□□。娶于張氏，以及四十來年，未嘗失夫」礼之儀，婦敬有齊□之德。何期戊午之歲，忽染微痾，至於四」月之中，沉綿床□。府君時春秋六十有一，遂於長洲縣平」原鄉終于私第。□子六人：長曰昭，娶于席氏；次曰皓，娶于張」氏。各乃聘其姻□，□瀝年華。次曰曉，次曰皎，次曰霸老，次曰」招哥，各在幼年，未偕納室。並乃連枝疊慶，棣蕚分榮，而乃進」修家聲紹續。〔一〕處子一娘、二娘，是以年當未盛，良伐無期，不幸」尊堂有兹喪逝。女孫么喜，已継宗祊，不更紀録。孤子乃攀號」永絶，五内分崩，泣血煩冤，無所追及。卜以當年五月廿二日」窆于長洲縣習義鄉東北之源，礼也。嗚呼！寂寂幽途，冥冥莫」覩。號天不憖，叩地無追。万歲千秋，無由覲侍。恐陵谷之遷」變，山源改移，故勒斯銘，用貽後代。乃為銘曰：」

〔一〕此句疑有脱文。

清譽早聞，夙彰令則。為仁貞幹，免其三惑。」秉志純和，心懷挺特。武德難偕，死生榮足。」□兮嘆兮，喪其玉德。万古千秋，永封陵谷。

《吴越國史跡遺存發現與研究學術研討會論文集》

吴越〇五一　錢云脩墓誌

建隆元年十一月一日

【誌蓋】失

【誌文】

吴越國蘇州中吴軍彭城故府君錢云脩墓誌[并][序]」

府君諱云脩，即先仁昭之長子也，乃中吴軍都押」衙之房弟矣。早以恩覃棣蕚，□□□□」本府衙前。其中骨肉婚姻，俻載」先人寢誌。」府君先娶陸氏，育男一人，曰君勝；後醮以□」氏，育女一人，尚未從人。嗚呼！以府君春秋」四十有六，不圖去建隆元年中秋八月遘以」小疾，纏綿偶尔，爰寘沉痾，十月二十一日終于□」府城平原鄉北胥里之私第。遂以當年歲次庚」申十一月丁酉朔窆于常熟縣隱仙鄉石城里」朱舍村興福寺嶺北，則於大墓南之原，礼也。」是慮剗巒改易，時序推遷，特録風標，刊」□[砥]石。因紀銘曰：」

□悌傳家，温良範則。早副提持，躬行不忒。」□何脩短，玆歸永夕。一往佳城，千秋□□。

《新中國出土墓誌·江蘇壹》

吴越〇五二　馬思邽妻聞氏三十娘墓誌

建隆三年十月一日

【誌文】

南贍部州大吴国折〔浙〕江東」道東府餘姚縣云柯鄉爺」父名□當第三十六郎女三十娘」子。長兄曰人賓，次

兄人項，中」兄人□，弟唐童。長姊第十七，」事潘夫。次姊，虞夫。中姊十九娘，范夫。」次姊二十二，事卓夫。上林鄉」東窯保馬思邽妻閭氏三十娘，」去庚申建隆二年六月初六日世。有」長男從政，娶羅氏。次男從鍇，小男」從暉，並未娶勾。長女二十三娘，□」郎。次女事張郎。中女，楊郎。小女，」王郎。又小女，許王郎。言定十月初一日乙酉日安葬記

《越窯瓷墓誌》

今於當」鄉金誘並男匡厚、匡時第邊」買得楊梅嶼嶺東新窯保」內北山脚下地一片，東西一十丈，南北一十」丈，於內下墳，永賣与院，長□安葬」□□共斷約平直價錢五阡文[七]十」□，其錢并地立契日交□並足。又」其地從賣，並不係門房上下六親，」並□私典貼之事。其地禾稅即」在金□內送納，亦不干買人之事。」從賣定後，亦各是情願，非相」□□，二家不得翻悔。如先悔人，」甘罰銀二兩，入不訟官使用」□[有]匹餘，許人私約。今恐口中」無信，故立此分支契為憑。」

壬戌建隆三年八月廿二日」□府印行首金誘契。」同賣男匡時、匡厚。」保人葉賨。人批行喪□癸」□並在金邊路金誘重批。」

吴越〇五三　鄒知建墓誌

建隆四年二月十九日

【誌蓋】失

【誌文】

吴越國蘇州常熟縣故鄒府君墓誌并序」

南沙興福寺講律僧歸則撰」

竊以電光人世，嗟聚散之斯須；泡幻浮生，嘆去來而」順剋也。故府君即魯郡先鄒五郎之長子也，」父諱朗，妣陸氏。府君弟二十三，諱知建，字繼昌。可」謂百行修身，如龍珠之無玷；五常立德，似卞玉之絕」瑕。府君前娶徐氏，中娶虞氏，早年俱殞；後娶彭氏，」方永鸞臺。府君有男三人：長曰廷輦，充練塘寨副將，」娶秦氏；次曰廷俊，未娉室人，慈父俄喪；小曰伴狗，方」始齠年，麻衣泣血。有女三人：長曰一娘，適陸氏；次二」娘，適俞氏；小三娘，在室。府君愛弟一人知造，共乳同」胞，榮家立業。府君房從俱霸，枝葉皆盛。府君享年五」十有二，以建隆四年癸亥歲正月十四日染疾終于練」塘市之私弟也。以其年二月十九日壬寅歸于去家」西北十二里感化鄉冶塘村考妣[及]□□虞氏玄宅」之丘林，礼也。其墓所即貴親徐求七[郎]邊鬻地□葬也。」嗚呼！皇天喪玉，白日瘞金，門前鞍馬雖嬌，世上之音容」莫覩。恐墳塋有改，故勒于石，淚染煙毫，乃為銘曰：」

府君之德，百行俱足。府君之逝，刑〔形〕影長閇。」冶塘鳳穴，魄對孤月。哀哀令子，號天泣血。

《吴越勝覽國際學術研討會論文集》

吴越〇五四　王仁鎬墓誌

乾德四年八月二十八日

【誌蓋】失

【誌文】

大宋故明州衙推王公墓銘序」

四明漁人申屠嶧述」

府君諱[仁]鎬，瑯琊人也。祖耕，湖州烏程」縣令。府君立性正直，行止孤高，郊外居」閑，桃源怡性。本軍令

公念其門閥，特」署州衙。府君平生精於《易》象，志誦蓮經，」七軸受持，晨夕不怠。由是近縈疾疢，百藥」無徵，以甲子年首秋抱疾，乾德四年四月」十六日俄終于林村溪北之私第，享年六」十有一。府君初婚茹氏、張氏，先往下泉。」有□弟仁鋭，適潁川陳氏。子三人：長曰居」遇，娶謝氏；次曰居進、居邈。女二人：長諾吴」興沈氏，次在室。府君以其年八月廿八」日窆于鄞縣崇儒鄉應嶴之原，礼也。」府君慶及子孫，廕延後嗣。嶧久承」怜念，不度斐詞，揮力銘誌。銘曰：」

卓犖風姿，行兼奇特。玉石慙□，」松篁讓德。慶延後嗣，福及孫兒。」烟埋壟草，露泣墳枝。千秋万古，」永閇泉扉。

《寧波歷代碑碣墓誌匯編》

吴越〇五五　俞君墓誌

開寶三年九月十三日

【誌文】

大吴國會稽府餘姚縣故俞氏府君勾押」墓銘并序

府君本望河澗〔間〕郡。父諱卿，祖儒，」曾祖　，継代効省瓷窯之職，並乃忠孝相」傳，慶榮後嗣，故府君充」省瓷窯都勾押之行首也。可乃五常立德，十」信為懷，一境欽崇，四遠仰慕，咸稱不可得也。」府君乃育男四人：長曰從絨，娶于余氏；」次曰從德，娶于夏氏；次曰從慶，娶于聞氏；」次曰從皓，充瓷窯勾押，娶于副使女蔡氏。」並乃處衆謙和，莅事明敏，用冰泉勵己，」出清皃以馳名。乃育女一人，長曰馬姑，適從」錢氏。可謂榮隆花蕚，慶襲高堂，」四男連敬於旨甘，一女俄從美彥，長孫承禮」等家逾五十來口。况府君不料三彭」遽隱，四大俄分，以開寶三年六月初一日」終于上林鄉石仁里湖表保之私第也，」府君年逾七十有三。嗟乎！來同電影，」去比幽途，窀穸既有良期，靈識固」須卜宅。即以當年九月十三日於當」鄉烏石保從宅一里已來自己分地，東

西」南北並自至，壬向，建新塋之禮也。慮以」年代浸遠，丘崗變更，固刊石為」銘，用彰不朽。詞曰：」浩浩塵劫，今古由同。一氣潛去，」万識歸空。其一。迢迢冥路，曾无再顧。」鬱鬱青松，奄茲壠墓。其二。坐彼山門，」禎祥莫論。千秋万歲，益子利孫。

《越窯瓷墓誌》

吴越〇五六　趙昭文及妻朱氏墓誌

開寶四年十一月十日

【誌蓋】失

【誌文】

大宋吴越國故登仕郎檢校尚書屯田員外郎知中吴軍榷轉運務兼迴圖榷酒等務官賜緋魚袋趙府君墓誌」銘并序

將仕郎守祕書省校書郎崔昌鼎撰」

夫趙氏者，自伯益之始，與秦同祖，至造父善御，幸於周穆王，有功封以趙城，子孫相承，因而為氏。至簡襄始大，列諸」侯，其後為秦所并。自茲枝蔓綿葩，源派游散，列官分職，隨方擇居，備諸國史，此難具載矣。」府君諱昭文，字文昌。其先天水雩川人也。曾祖諱嵩，祖諱恒，皆因廣明之祀，巨憝乱常，崐玉桂枝，莫就晉」庭之高第；萑墻蒿室，遂倂楚國之逸人。粵此忘憂，靡從招隱。洎顯考諱湜，守鴻臚卿，少則知書，長而勤學。公」門吏道，粗明柯憲之章；國澤民符，継藉緝寧之任。尋承上旨，入綰劇司，袂參河海之崇，步過雲霄之勢，揮暎」士林，莫如斯盛。妣施氏，封吴興縣君。育子四人，府君居長也。獨立垂訓，餘慶傳芳，務本則寧忘因心，」檢身則唯思剋己。節操有度，豈遺從儉之言；禮讓無虧，自守益謙之道。剛柔克濟，緩猛相須，矧四教之咸修，曷五常」之

未踐。愛人以德，擇善而交，下問則欲罷不能，容衆則用和為貴。松標落落，凌歲寒而可知；陂量汪汪，固澄撓而莫」測。宗親慕義，朋執推賢，忠恕之理不踰，喜慍之色未覩。令名日就，雅譽風馳，既成霧隱之章，遂奮溟摶之翼。因茲筮」仕，欲在宦途。以開運三年丙午歲十二月爰入選曹，便叨仙吏。自太子校書出守湖州安吉縣尉，袟當一命，政考二」秋，才由鴻漸之資，復忝鸞棲之任。以乾祐三年庚戌歲十二月轉祕書省校書郎，復守長興縣丞，貳于邑宰，粗辦賦」輿，遽承玉檢之華，乃服銀章之寵。至顯德二年乙卯歲二月，出守會稽府新昌縣令，宣揚王化，撫字生」民，耕桑勸而何媿邵陵，謳謡著而肯饒綿竹，及其解印，甚切去思。以戊午歲七月轉秘書省祕書郎，守明州奉化縣」令，以課最轉文林郎、檢校尚書水部員外郎。望高華省，袟預仙郎，雖不覆以青縑，亦免慙於白首。至明年九月，復守」台州黃巖縣令。闡絃歌之化，方涉二年；鍾荼蓼之憂，遽經三祀。毀瘠過制，孝道備焉。至建隆四年癸亥歲九月內，復」守錢唐府桐廬縣令，地當畿甸，路接江山。分百里之封，焉勞展驥；理千室之邑，可謂割鷄。逮乎考圓，絶其殿負。以乾」德五年丁卯歲十月，再守會稽府剡縣令。勾踐興王之國，將泰生靈；子猷訪戴之谿，復資綏撫。在聯翩於雨露，誠顯」耀於閨門。陶柳潘花，常處一同之位；韋珠荀玉，皆連五品之榮。以明年季夏復丁所恃，奔星歧路，泣血苫廬。營」奉之間，祭奠之式，奢儉中禮，哀慕無時。喪紀未終，徵命而起，以開珤二年己巳歲四月除中吴軍榷粜轉運」務官。至明季三月，復兼迴圖榷酒等務，日資拘檢，事屬繁難。當一載已來，數万繩增溢，經運斯入，」恩渥旁迴。今年三月又捧制書，以疇勞績，賜錢三百千文，仍轉登仕郎、屯田員外郎。便蕃慶澤，渙汗」恩波，貨泉均内帑之金，郎署超賜田之袟。君親所賴，朝野咸欽，而能志奉大邦，心同匪石，勠力無」怠，擘畫忘疲。既思而畫行，遂積憂而成疾。漸加美疢，難窮入髓之源；遍訪良醫，莫偶浣腸之士。嗚呼！薤露難駐，風燈」豈長，方易簀而未安，遂逝川而不返。以開寶四年歲次辛未八月八日辛未啓手足于闔閭城之公舍，春秋五十有」一矣。府君娶吴郡朱氏，江南盛族，浙右名家。爰以初笄，

契于鳴鳳，貞柔自得，唱和無偕，供祀則婦道備彰，訓」子則母儀顯著。育男三人、女二人：長曰承慶，來符吉夢，早示義方，勉學而何假軀肩，專志而自勤稽古，可謂謝氏之」千金也。娶彭城錢氏，即先中吴軍衙内指揮使、檢校司徒諱惲之長女，乃宣義王之孫也。次曰承衮，次曰承」禮，方當鼓篋從師，横經請益。長女曰十一娘，方問名于府衙推駱從吉，即先丹丘太守之華裔也。次曰喜兒，由在嬰」孩。自罹酷罰，咸切哀號，不入水漿，有越禮制。府君生自德門，慶逢昌運。有士列任，五升子賤之堂；」庶務分權，三易京房之律。曾無曠職，咸謂當仁，頡頏而鴻鵠排雲，炳焕而絲綸溢榻。禄厚家給，身立名成，坦然」而歸，亦何恨矣。以當年十一月十日壬寅卜吉于長洲縣武丘鄉大來里之原，禮也。莫不丘按青龍，塘臨白虎。瞰九」里金湯之壯，南指閶門；聽六時鍾磬之音，北連山寺。森然松栝，密尓人烟，良宜馬鬛之封，乃是牛眠之地。」嗣子扶杖，泣而言曰：竊慮時移歲改，谷變陵遷，將勒貞珉，須憑采筆。昌鼎名慙曲水，學謝涌泉，見知而況熟」芳猷，固讓而難違雅旨。遍徵遺行，深媿斐才，雖漏略以尤多，庶紀刊於不朽。辞非蔡氏，智乏楊脩，況無可」校之稱，曷播惟馨之美。謹為銘曰：」

粤趙之氏，惟周始封。寰宇幅裂，士庶雲從。樹本疏派，懋賞疇庸。世傳竹帛，勳銘鼎鍾。」有唐季秊，中原多事。儒墨將消，干戈攸寄。猗歟厥祖，翛然養志。林泉是悦，簪裾幾墜。」迨乎顯考，運偶昭時。遊忠踐義，閲禮敦詩。官崇九棘，位歷三司。起家聿盛，垂裕由兹。」令嗣蕃昌，閨門邕睦。筮以入仕，學而干禄。慶澤洪濛，恩波録續。梅福初資，仇香継躅。」才登芸閣，復佩銀章。三周星紀，五莅琴堂。柳茂彭澤，花滿河陽。咸成異績，顯陟仙郎。」爰屬家嚭，俄膺王命。牢籠之務，酤釀之柄。其道弥光，其身克正。當仁所推，鞅掌斯盛。」疾纏漳浦，釁結虵杯。不療膏肓，終夢瑙瑰。隟駒難絆，川波詎迴。反席未安，太山其頹。」卜以平原，營之幽域。雉堞東南，虎丘西北。松噴寒聲，雲含暝色。宜尓子孫，繩繩無極。

【誌陰】

天水府君自大宋開寶四年歲次辛未八月八」日終於姑蘇銅鹽之公舍，属時弗利，是卜葬」焉，崔生著銘，刊石斯在。尋令子珪求居」霸國，迎侍高堂，色養端莊，仕宦孝友，半紀之」内，一名已就。」吴郡太夫人常所加愛，弥切鍾厚，中外之給，寒暑」之備，而太夫人得以簡矣。繇是虔奉」皇覺，曾無餘暇，誦經礼拜，往往終日，料不可計其」數也。中間微似所恙，若其預知，七五日前，付後事」于令子。果以戊寅歲四月二日啓手足于寢室，享」年六十有二。以其年五月六日迎」府君之神柩同歸于錢唐縣履泰鄉陳埭村武城」里之原，礼也。懿夫其崇信也如彼，其感果也如此。」惟不染纏痾，安寢而往，其是之謂乎。且」西方内院之遊，亦何慮矣。嗚呼！育子堪嗣，雖殁何」恨。白雲黄壤，免懷異處之悲；然漆扃楸，已足雙棲」之願。其餘平生懿美，具載」府君序中。令子慮谷變陵遷，聊以年祀，鐫于銘側，」辭短理直，不繁述矣。

族姪黄傳慶記

《吴越勝覽》

吴越〇五七　羅坦墓誌

開寶七年閏十一月十七日

【誌文】

大吴越國浙江東道會稽府」餘姚縣上林窑□□□上軍同」散將都作頭襄陽羅三十七郎」墓記」

夫以年光□□□□世乃何長，縱榮」貴以高遷，且無常而終在。悲呼！生者」榮，死也哀，即我羅三十七郎諱坦。父諱受。父是」太祖肇啓，毁家為國之時，立肱股於上」林，与陸相公同置窑務。造梁皇太廟，紺宇」周圓。建西院□□□林，殿堂儼俗。祖朝納」職拜十將階□□作頭。羅三十七郎資次承」廕，同心共贊邦家，□省作頭，轉同散將。」五朝為國，□今□十□年，一生之官事不遭」千户，並無聲應継□公勳讚之莫及。慈」和

內外，亦善亦良，無是無非，唯清唯正。年」尊八十有七，癸酉歲五月十七日而終。趣〔娶〕兩室：」初昏馬氏，早年而終；次納朱氏。產一男、育二」女：長男■承宗訓，紹繼門風，性氣」紀綱，氣義忠直。長女十一娘，早托良媒，娉」當縣尹郎。次女十二娘，居室。嗚呼！風燈滅而何速，石」〔一〕火停以何忙，恨生死□□，乃無常須往。」剋定吉日，葬此原中，當鄉沈司兵裹」保及鹿田亭子西□永殷保界祖墓之」地，東至余德章山峯分水直下官路，西」至朱從蘊古路直上山峯，南至官路，北至」潘旭樣山峯分水為界。其墓墳有四」所：一墳故三十七郎婆金氏，一墳是父大郎十」將，一墳次室朱氏。四至已□相伏，万古准此」規繩，乃至海變桑田，此誌長存不朽。」三孫，二男一女。」銘曰：」

澗水潺潺，青松鬱鬱。穀將峯高，」官国山密。選此利□，兼得良日。」榮廕子孫，万代昌貴。」

峕甲戌開寶七年閏十一月十七」日辛酉，故記

《越窯瓷墓誌》

吴越〇五八　羊恭妻張氏墓誌

開寶九年十月十六日

【誌蓋】失

【誌文】

故鎮海軍大都督府鹽官縣尉羊少府妻張氏夫人」墓銘」

夫人祖諱　，父諱　。□□即今知大都督府事」太傅詹明之甥也。」夫人禀性柔和，立身貞嚴，自適羊氏，足見

〔一〕正反兩面刻字，「石」字以下刻於背面。

孝思，敬」奉舅姑，深教慈讓。先府君爰成伉儷，偕覩端莊，」為穆六親，修持四德，林下之清風益振，閨中之秀□」早聞。不幸府君早夫人而逝。有子一人曰令言。」女一人曰興子，鞠養之情可見，訓從之道遐聞，九月二十日」出適定海縣卓林公第二子也。夫人開寶九年五」月二十二日寢疾，二十九日薨于正室，以其年十月十六日」葬于慈溪縣太平鄉住居地西近側。嗚呼！死生之道，今」古無差，啓彼泉扃，永為卜宅。慮其桑田之變，陵谷」不分，故為□□，從曰：」

□宅是期，嘉城之測。夫人之穴，歸于文德。」□山之前，大塋之側。永安万祀，其儀不忒。

私人藏拓

吳越〇五九　童玠妻駱氏墓誌

葬年不詳

【誌蓋】失

【誌文】

大吳越國渤海郡縣君駱氏夫人■」

縣君夫人曾祖諱深，祖諱□，前杭州■」縣君夫人惠蘊和風，玉標清德，顯母■」彰，崔氏之芳猷益振。加以族傳■」價。分府千里，位列百城，顯□楷■」崇望，嚮以德風，遂求秦晉之■」金紫光祿大夫、檢校尚書左僕射■」國之深謀，挺匡君之大節■」帝王之鄉國，是祖祢之■」渥恩，累超官秩■」駱氏縣君誕生賢女，實謂瓌■」聖上擇姻，皇情選懿，進■」王親顯慶而家山榮盛，比謂■」司空寵踐郡符，別迎■」徽啓弗永，神而不祐，■」錢唐縣錢唐鄉之官舍，享年六十■」次曰彥怡，節度正十將，偕列朝■」雖未在朝，盡沾官爵。幼曰彥□■」文學周氏，前四載早亡；次適都虞候■」皇子大明宮使、金紫光祿大夫、檢■」婦。有女孫伴姐，男孫寧兒、興兒、千■」安

厝于安國縣唐興鄉之舊地■」玄夜山無依。□叨忝□□，才■」□命，令述其銘。文拙詞幽，難■」■撮嘉猷

■」銘曰：

■道□□柔，義同生死。」■貞姿玉□，積德□□。」■門族□基，□□□□。」■凋落而□，一□□□。

《晚唐錢寬夫婦墓》

吳越〇六〇　童玠墓誌

□年九月十八日

【誌蓋】失

【誌文】

吳越國故隨使左押衙東南面巡檢都知兵馬使金紫光禄大夫檢校尚書左僕射■」河南童府君墓誌銘

■守尚書吏部員外郎■」

昔漢楚争雄，良輔咸興於豊邑；洎吳越稱霸，賢臣盡出於錦鄉。異代■」府君其人也。府君諱玠，字瑩之。曾祖諱□國，唐婺州功曹參軍、■」度衙推、守金昌縣令。府君之生也，修身立德，滅私向公，直道事■」人之言，有君子之行。敬事而信，出門如見大賓；行己也恭，到處不欺■」軍前馬上，不顧危亡，既用之則行，乃得之自是。昔中和、文德之後，景福、乾■」前銜既以不存，此難俻録。尋受節度正兵馬使、銀青光禄大夫、檢校太■」大定全吳，選舊功臣，出提郡印，乃用良佐，共贊賢侯。於是府君■」雲城厢虞候，兼御史大夫。是時五馬初臨，百城未肅，乃有裨將，直犯■」府君奮威拒敵，視死如歸，戈舂逆豎之喉，劍断狂童之頸。果擒惡黨■」府君之勇之功，亦可尚矣。至光化二年夏五月，轉左押衙、權知子城使□事■」開平二年春三月，再轉南城巡檢使，僶俛從事，啓塞順時，不敢告勞■」國子祭酒。其年復領海門防遏使，無往不利，允當則歸。至于開平五載■」遷。及乎良

牧云亡，嗣子継位，府君又辛勤戮力，繾綣一心，公平可稱，風■屈平，慕膻合親於帝舜。遂則脱身虎口，歸□龍顔。国主乃■哉。與衆弃之，彼何人也。銜忿既雪，荷寵若驚。即乾化二年授節度押衙■常侍。既顯貂冠之貴，又專雉堞之權。道之將行，事無不濟。其五年加■實謂當仁。至貞明四年，復轉刑部尚書。落落良材，宜資廣厦；堂堂■兩耀，天建雄国，克壯丕圖，莫不内姓選於親，外姓選於舊，即■再媾国姻，別加天睠。龍德二年首夏，遷隨使押衙、金紫光禄大夫、檢■□恩。又轉右押衙、兼左僕射。聯偏雨露，重沓絲綸，自礼親而■□榮。又自其年，恰當中夏，別承聖旨，出鎮華亭。分国之憂，察□之■以時，緝綏得所，人懷畏愛，境絶逋逃，遂有政聲，潛達□聽。因歸■勑授蘇州別駕，□□鎮務，大洽人心。事既到頭，榮亦知足，遂抗章■□。尋遇堯洪大漲，禹力不支，因副急徵，得去本任，已還丹闕■□罔効。嗚呼！風燈易滅，年命如斯；朝露難停，人生若此。以■□官舍，享年六十有三。我聖上恩加勳舊，念及親姻，存■■令公台澤，侍中鈞慈，各有送霑。■於人間，生亦榮矣。其年九月十有八日歸靈于安國縣唐■渤海駱氏夫人，前台牧駱圓太傅女弟也，先一年即世。府君■生，益彰先見。松蘿有託，果諧同穴之期；琴瑟相和，免負晝■以久矣。次曰彦怡，節度正十將、充親從軍將、兼監察御史，娶婦羅氏。有■節度散十將。其次曰彦昇，懿父慈子，孝續莫大焉，兄友弟恭，咸和■保家之主。有女三人：長妻周氏，早年殂落。次適陳氏，近歲孀孤■宅使、左右上直都指揮使、金紫光禄大夫、檢校尚書左僕射、兼■帝子金柯，糅德温恭，常重於婦公。及期幽顯相殊，感傷甚至■昔莫問周旋。府君昆仲三人：兄曰瑜，弟曰璵，次曰達輝。鴈序聯榮，鴒原■府君相熟，覩胤子來情，既墮□以請銘，為濡毫而述■。銘曰：

天産哲人，時推偉德。生自帝鄉，榮承國戚。洞曉風雲，偹諳□□。■狂童作孽，公士挾輈。以德報德，雖休勿休。成功遂事，嫉惡如讎。■雉堞是□，貂冠擅寵。力□匡扶，術精擒縱。八座雙轉，二揆重遷。■自離□□，已涉朞年。女盡從人，男皆及事。舉族之榮，平生之□。■命如朝露何幾幾，身似浮雲今已已。翠琰書

傳當代名，■。

《晚唐錢寬夫婦墓》

吴越〇六一　楊從魯墓誌　葬年不詳

鄉貢明經沈津述」

【誌文】

後唐東都餘姚縣梅川鄉石仁里故弘」農楊氏墓誌名并序」

昔前周霸王，伏塞北之人臣；東晉興隆，」盛江南之氏族。尔後枝葉鬱茂，子孫滋繁，弘」農則郡望弥高，楊氏之根源遂闊。駿為」晉之太傅，事武帝而偏榮；國忠之以相唐，佐」玄宗而尤貴。流派不遠，門從非遼，嗣續」先賢，府君者矣。府君諱從魯。曾」祖諱業；祖諱位，婚劉氏。並樂丘」園，不求榮禄。府君有弟三人，一人名裕，」次名珪，次彦。一妹，事翁氏。府君性本優」閑，心唯特達，在閭里則父老仰慕，出郡」邑則官吏欽承，莫不衆羡風猷，遠嚮」聲價。嗚呼！神靈昧爽，殞弃賢明。以」七月廿日寢疾，未果醫療，便至膏肓。至」八月四日終于私室，享年七十有六。以當縣」梅川鄉何村保張師裕地之為墓，禮」也。其東至伍家墓樟樹，直上取山峯」為界；南至墈根，歸東及溪曲轉，直上」取五家墓；西至自前母塚邊，直上山」峯為界；北至山峯。府君婚吕」氏，有子四人：孟曰仁範，婚鄭氏；」仲曰仁規，婚葉氏；叔曰仁矩，婚馬氏；」季曰仁敓，未婚。一女媒娘，在室。並以」冤煩荼毒，哽咽悲號，至仁而四隣」助哀，極孝而親同感。〔一〕頻修齋供，唯」希早得往生；累造經文，以願

〔一〕此句疑脱一字。

離」苦解脱。是為孝子事親之終也。」嗚呼！人世難駐，玄壙是歸。黯黮」愁雲，灑連連之雨淚；朦朧野色，痛切」切之肝腸。又慮綿歷歲時，鎡錤變改，」固其雕誌，乃作銘云：」

東晉興霸，賢明過江。多少節鉞，」何限旌幢。各選勝地，共擇名邦。蠻夷遠伏，」戎狄來降。其一。姓氏芳茂，弘農本源。」其邦四海，罔是三邊。將來越国，漸至」梅川。不慕爵禄，樂在桑田。尋其上世，」氏族頗章。駿晉太傅，国中〔忠〕相唐。事君」諫諍，為人紀綱。蓋其枝葉，不遠門房。三。」疾疢倏來，决别何忽。十日纏綿，一朝蒼碎〔猝〕。」何期殞没。〔一〕兒女悲號，痛傷切骨。其四。」卜期俄至，將空尊靈。日值吉兆，時臨好星。」泉深土厚，松碧山青。千年万歲，堅在銛銘。

《越窯瓷墓誌》

吴越〇六二　唐君妻徐淑清墓誌

葬年不詳

唐室徐[孺]人墓誌[銘]■」

孺人諱淑清，字五□，姓徐氏，定之白沙令族女也。父士廉，」性温而孝敬，為鄉黨聞人。母丘氏，甬東著姓，家法不嚴而」肅。孺人年十餘而丘亡，祖母□□□[光]。十五及笄，既字，室」唐氏子。[繼]事舅姑，祭□□□皆□[於]礼也，未[以]為難也。迨」夫中年□□□□□密□□其□□□□□無不形於」■。

《寧波歷代碑碣墓誌彙編》

〔一〕此處疑有脱文。

閩

閩〇〇一　王福墓誌　乾化三年三月六日

【誌蓋】失

【誌文】

唐故泉州司馬銀青光禄大夫檢校刑部尚書兼御史大夫王公墓誌銘」

將仕郎前守萬年縣尉直弘文館楊贊圖撰」

公諱福，字慶臣，瑯琊人也。曾祖鋭，皇任光州司馬。祖泛，皇任蔡州録事」參軍。父居，皇任壽州司法參軍。公即司法長子也。淮水靈源，緱嶺仙胤，」抱倜儻之氣，禀諒直之方。柔而能圓，不形吐茹，謙以受益，容貌若虚，矧復戎」事政經，咸推該習。公頃以材略，實掌騎都，訓勵貔貅，董齊師旅。所謂圯橋」神授，隴右天資，得起翦之韜鈐，究孫吴之術略，謀無再計，智出萬全。烏號六」鈞，猿啼樹杪；虵矛丈八，氣冠軍中。既立勳勞，唯思簡静，醺酣美，〔一〕傲睨浮榮。處」家以和，訓子以義，傳稱守節，□其躂歟。公年雖躋高，素無疾疢，癸酉歲正」月十四日忽嬰風恙，醫砭靡効，竟以其夕終于泉州之私第，享年六十有九。」嶧陽桐仆，延津劒沉，冥數莫私，親

〔一〕此句疑脱一字。

履何驗。張氏夫人戴天之感，哀以禮聞。」嗣子三人：長曰澤，檢校國子祭酒、兼侍御史，茹毒枕凷，至性過人，貞金錚錚，」長於故□，承家之慶，代不乏人；次曰渭，次曰湍，齒雖幼沖，器皆穎茂，積善之」應，大《易》闡微。女三人，咸未笄年，皆行良配。親姪澄，才行雙美，真為仲容。門之」蕃昌，其在餘□。況公之□□□□，郡閭興悲，賵贈皆優，喪祭無闕。以其」年三月六日葬于南安縣唐安鄉招賢里，禮也。嗣子澤以贊圖寓跡歲久，稍」□□□□□□□□不得辭，乃作銘曰：」

□□□□，□□其美。穆若清風，昭然素履。如劍在匣，如錐透囊。」□□□□，□□□□。畏滿招損，逝川之防。始終其道，周旋有光。」□□□□，□□□□。□□□□，古今一致。

《福建文博》二〇〇五年第三期

閩〇〇二　王審知妻任内明墓誌

貞明四年八月二十日

【誌額】梁魏國尚賢夫人墓誌銘

【誌文】

梁忠勤守志興國功臣威武軍節度使太師守中書令食邑一万三千户食實封玖伯户閩王瑯琊王公」夫人魏國尚賢夫人樂安任氏墓誌銘并序」

福建管内鹽鐵發運副使新授太中大夫守右諫議大夫上柱國賜紫金魚袋京兆翁承贊撰并書兼篆額」

偉夫！瑞靄卿雲，所以表禎祥於家國；靈芝瓊蕖，所以彰圖諜於古今。其來也遠派長源，其立也隆基峻址，不有斯肇，其何以昌。」夫人諱内明，字昭華，樂安郡人也。昔黃帝以德命氏者十三族，夫人之族出於是焉。衣纓蟬聯，子孫亹曳，迨于炎漢，即安稱良二千石。魏即峻為」左丞相，立佐命大勳。洎齊梁間，廣其族者，挺生昉，位

登劇品，文章秀拔，冠絶一時。迄于唐，繼世者曰繕、曰説、曰偃，皆騰身月窟，飛步雲衢，是謂薰灼士林，昭晰」來裔，神仙瑶籍，代有其人。仙公敦往句，於閩之飛山得道，羽化昇騰。天寶六載，玄宗皇帝以仙公之上昇，詔改為昇山，山之祠宇存焉。矧西郊怡山，」昔王霸於此得仙。貞元中，祥雲晝見，仙樂喧空，應驗昭然，載諸方策。今」我王乃霸之後，夫人復任其姓，豈非神仙之退位，上帝俾二族之裔，同濟于閩之生靈乎？以理而孝，以應而詳，亦何異秦女蕭史，契神仙之疋偶耶。」夫人曾祖慶，祖超，皆藏羽隱鱗，粃糠簪笏。顯考暉，起家左羽林將軍，家于壽陽安豊邑，娶上黨羅氏。有子二人：彦温、彦章，皆歷宦途。夫人乃謝庭」擢秀，獨鍾其慶，設帨之辰，異香充室，氤氲竟夕，親戚咸以為必興必貴。齠齔之年，器度婉雅，及肅雍有聞，歸于茂族。主蘋蘩而敬睦六姻，執禮教而宣」明四德，親疎式序，長幼合儀。內助賢王，扶天立極，歷事四帝，光啓七閩。伐鼓貞師，援旗誓衆。忠孝撫俗，刑政無苛，仗豹韜龍節之權，坐鷄」樹鳳池之貴。寶鞭立指，剏金甌石壍之嚴；鐵馬不嘶，勸熱耨寒耕之利。士如挾纊，人絶間言，屯飛將而勇若孟賁，煦疲俗而仁始杜母。梯山航海，修職貢於」九重；翊舜匡堯，拜身榮於千乘。繇是被服帝寵，浸潤天波，列茆社以建封，峩豊碑而紀頌。凡厥勳德，爰迨家邦，夫人無不助彼」謩猷，資其政理。明廷以從爵之禮，命婦之榮，始封樂安縣君，次授樂安郡君，旋進封本郡夫人。而將相恩例，宜乎封國，乃進爾國夫人。仍歲之後，復改封吴」國。竟以蘊孝悌宜家之美，抱貞淑舉桉之賢，乃擇大國以封崇，正母儀之徽號，光于壼閫，顯彼君恩。俄別號授魏國尚賢夫人，捧詔而宛明寵辱，下堂而」親拜綸言。禮義神資，惠和天賦，釋氏乃摩耶降祉，道門即聖母分形。曉悟三乘，崇醮九籙，凡於檀施，莫不同賢王之行願，修梵果之因緣。」三十年間，集緇黄於戒懺；百億劫內，保來去之莊嚴。儒典經心，生慕螽斯之義；金文啓卷，靡勞師授之明。揭晝篋而周給孤惸，啓粧奩而均憐幼稚，慈愛形於」顔色，弘益及于公私，正德素風，鬱標女史。嗚呼！世之榮也若此，人之生也如浮。寒暑一侵，針砭罔効，迎毉召覡，禱盡百神，嘆命傷時，奄由二豎。以貞明

四年五」月二十一日薨於福府之正寢，享年五十有四。蘭摧九畹，芳華歘散於長空；蕣謝三冬，穠秀俄歸於大夜。由中及外，共聞涕泗之聲；巷議街談，莫遏追悲之歎。」賢王慟咽，舉室哀號。胤子五人：長曰延稟，檢校司徒、守建州刺史、御史大夫，娶清河張氏；次曰延翰，威武軍節度副使、管内都指揮使、特進、檢校太傅、江州刺」史、瑯琊郡開國侯、食邑一千五百户，娶博陵崔氏，封博陵郡夫人；次曰延鈞，威武軍衙内都指揮使、檢校太保、舒州刺史、瑯琊縣開國子、食邑七百户，娶大彭」劉氏；次曰延豐，威武軍節度羅墻都指揮使、檢校尚書右僕射；次曰延義，將仕郎、弘文館校書郎。各建功業，克紹弓裘，而皆寢苫泣血，迷謬過於曾參；調膳問」安，謹敬踰於閔損。女三人：長適隴西李敏，簪組名流，琳瑯雅望，任威武軍節度判官、檢校尚書右僕射；次適吴興錢傳珦，勳貴令嗣，杞梓全材，任鎮海軍節度」先鋒都指揮使、檢校太保、泗州防禦使；次初及笄，未卜從人。皆荼蓼銜哀，旦暮殞絶，飛走為之感動，風雲為之慘悽。夫人之生也，修檢令儀，束鍊高節，」語默有準，威德有程。至于霸府懿親，名藩咸式瞻戚屬式瞻軌範，〔一〕遥奉音容，益以謙柔，加之法度。夫人之殁也，三寶迎魂，千門罷市，凶庭闐隘，繐幌飄」揚。組繡金碧，日蹴奠筵，户牖簾櫳，宵凝香穗。柳營鹿苑，交醴酪於道途；邑屬巡封，執犧牲於庭宇。生榮殁盛，曠古無儔。且兩曜至明，猶聞薄蝕，五靈至瑞，不免」消沉，矧乎脩短之期，風燭之幻。以其年八月二十日卜宅于閩縣靈岫鄉懷賢里鳳池山任磎之原，禮也。峯攢華盖，地秀佳城，倚遠祖之仙祠，終于永古；諒靈」山之有待，藏彼貞魂。左龍右虎之雄，金匱明堂之壯，百神所護，一旦呈形，信開闢之來有所主也。」我王以梧桐半殞，右劒先沉，青烏占永訣之文，彩鳳絶和鳴之兆。慮陵谷之變遷，須存貞石；追松筠之節操，爰載斯文。承贊學愧縑緗，詞非藻麗。器能無」取，謬登仲寶之蓮；寤寐為勞，不夢丘遲之錦。强披蕪淺，虔奉崇嚴，跪染柔毫，謹為銘曰：」

〔一〕此句疑作「名藩戚屬，咸式瞻軌範」。

美璞輝山，祥金耀水。萃于德門，夫人之瑞。喬松之節，嶰竹之名。叢此挺拔，夫人之貞。良媛宜家，崇蘭香國。」邈彼殊祥，夫人之德。鏡鸞曉桂，月兔秋横。猗歟瑩澈，夫人之明。如賓之敬，齊眉之賢。異代同體，夫人之先。」氣娴心閑，外和内助。贊就勳庸，克光文武。載惟懿範，立乎令儀。左右肅肅，親戚熙熙。享彼封崇，靡矜桃李。」宜撰女箴，附于女史。魏國之榮，尚賢之號。德配閩王，顯於綸誥。處兹富貴，旁達苦空。動嚴齋戒，不著煩籠。」嗚呼逝水，奔流如是。白日西匿，洪波東指。堂撤錦帷，庭羅哀次。薤露興歌，行人墮淚。閩江之北，任磎之陽。」遠祖仙室，夫人壽堂。樹以松楸，忽焉今古。水咽山昏，煙愁霧苦。魂兮歸此，閟彼重泉。于嗟已矣，千年万年。」

光懿夫人先在懷賢里安葬，山崗不利，續至長興三年歲次壬辰九月庚辰朔十九日戊戌，迁奉歸寧碁里吉地。

天成元年歲次丙戌十二月甲申朔二十五日勑封謚號忠懿王。

《文物》一九九一年第五期

福州忠懿閩王祠藏石

閩〇〇三　王審知墓誌　同光四年二月十八日

【誌蓋】唐故威武軍節度使守中書令閩王墓誌

【誌文】

大唐故扶天匡國翊佐功臣威武軍節度觀察處置三司發運等使開府儀同三司守太師兼中書令福州大都督府長史食邑一万五千户食實封一千户閩王墓誌并序」

門吏福建管内鹽鐵發運副使太中大夫守右諫議大夫柱國賜紫金魚袋翁承贊撰」

夫二儀析理，英賢所以應乾坤；五岳參天，申甫所以鍾靈異。降乎昭代，復驗奇材。」閩王諱審知，字信通，姓王氏，其先瑯琊人也。緱山遠裔，淮水長源，自秦漢以穹崇，歷晉宋而忠烈，輝華閥閲，奐赫祖宗。曾祖諱友，則漢丞相安國君陵三十四代孫，贈尚書」左僕射。曾祖妣段氏，趙國太夫人，追封衛國太夫人。僕射貞元中守定城宰，善政及物，去任之日，遺愛遮道，因家于光州，故世為固始縣人。祖諱玉，累贈司空，倜」儻奇表，信義宏材。祖妣劉氏，燕國崇懿太夫人，追封昭德太夫人。顯考諱恁，累贈太師。皇妣隴西董氏，贈晉國內明太夫人，追封莊惠太夫人。恭懿賢淑，光于」閨閫。太師嗣子三人，皆卓異不群，時号王家三龍，王其季也。娶樂安任氏，累封魏國尚賢夫人，琴瑟諧和，肥家雍睦，不幸先王薨謝。其執箕箒、奉蒸嘗，」雖古之母儀，無以加也。王禀性殊異，非禮不言。少事孟仲，如晨夕之敬，於鄉黨恂恂然。周孔之書，無不該覽；韜鈐之術，尤所精至。與昆仲遊處，未嘗不以文武之道誡」勗焉。先太師特鍾愛，撫於膝下。有善相者聞三龍之稱，詣先太師之門，曰：富貴皆當一體也。季龍當位極人臣，非鄉里可拘其貴盛。然而龍攄虎變，真王者之行」藏；鷰頷虬鬚，乃將軍之氣皃。乾符末，天下方擾，民人奔競。三龍以孝思遠略，決為端居，晏如也。嘗謂昆季曰：曾參不一宿於外，況起兵之世乎？雖海內騷然，不萌他適。時秦宗」權據有淮西，以利啗四境，而固陵不從。宗權勢不可遏，席卷固陵，三龍於是奉版輿而南下。屬巢寇陷長安，益堅其志，蓋憂人之憂。光啓三年，抵于臨汀。為百姓壺漿塞路，遂」帥全師以赴人願。時孟龍侍中以閩之軍民無帥，請統雄鎮。王謂孟龍曰：《春秋》所以伐罪弔民，今闔府之來，其可違乎，宜徇而撫之。於是鼓行以濟其境。孟龍自」溫陵太守拜節制，仲龍代牧是州。凡部伍勞逸，王皆躬視，士未食不親匕筯，士未飲不近盃水。耕織無妨，謳謠滿路。所以建〔逮〕元昆亟登旄鉞，詔命」王副焉。後六年，侍中捐館舍，天子降璽書，授王金紫光禄大夫、刑部尚書、充威武軍節度觀察處置等使。當年兼三司發運使。自是顯七德，敦五常，政」和人和，示其略也。先長幼之序，次征討之條，寬猛酌中，德刑具舉，孜孜惕惕，夙

夜罔怠。戒以視聽，杜諸諂諛，堅執紀綱，動無凝滯。撫俗迺不嚴而理，教民且不令而行。鄰境附」庸之請，納款求盟；屬城叛義之徒，出師致討。顯分情偽，立辯安危。投者示疆場之區分，略不留意；逆者遣腹心而征戍，曾不緩期。西北洞穴之甿，昔聚陸梁之黨，齊民廢業，封」豕為妖，恃險憑凌，據巖旅拒。王迺先與指揮喻之向背，以懷土者計於耕織，伐叛者須用干戈。曾無順理之夫，果中平奸之術。三令五申，授之以玄女之法；一鼓再鼓，」指之以太公之謀。號令纔施，旗鼓齊震。有攀木緣崖之士，捨懸車束馬之勞，彎弧而兔伏麏驚，舉刃而冰銷瓦解。以此廟略，除定邊陲，化戰壘為田疇，諭編甿於禮義。而政出」湯仁，勞於禹足，示久安之基址，廓永逸之籌謀。刱築重城，遶廓四十餘里，露屋雲横，敵樓高峙，保軍民之樂業，鎮閩越之江山。而又戰艦千艘，每嚴刁斗，奇兵四出，克静烟塵。」古有島外巖崖，蹴成驚浪，往來舟檝，動致敗亡。王遥祝陰靈，立有玄感，一夕風雷暴作，霆電呈功，碎巨石於洪波，化安流於碧海。勑號甘棠港，至今來往蕃」商，略無疑恐。國家以閩越得人，可以均皇澤，可以律守臣，是以疊降渥恩，加尚書左僕射，尋拜中書門下平章事，封瑯琊郡開國侯，食邑一千户。天復初，恩降私第」門戟，加光禄大夫、檢校司空，進封開國公，食邑二千户。弥歲，加特進、司徒、太保，進封本郡王，食邑四千户，食實封一百户。天祐中，特勑建德政碑，立于府門西偏。開平初，」加開府儀同三司、檢校太尉。二年，兼中書令，進封瑯琊王，食邑五千户，實封二百户。三年夏，麻書遠降，檢校太師、守中書令，食邑七千户，實封五百户。仍建東西二私第」戟，賜號忠勤守志興國功臣。翌歲，勑封閩王。天子御正殿，親降簡册，自東上閤門，宣車輅冠劍，太常鼓吹，詔名卿乘軺，直抵南閩。至止之日，自江館陳儀」注，復展鹵簿，旌旗珂珮，文武導從，籠絡井邑，簫鼓相望二十里。抵登庸館展禮，王弁貂冠，被禮服劍履，受册命，乘輅車，坐公衙，以彰曠代之貴盛。雖郭尚父、渾令」公之恩澤，無以加也。其後，明庭以三代封崇隆盛，特勑建私廟，下太常，定禮儀，降祭服，置神主，命星使賜于府西立廟焉。同光三年春，加扶天匡國翊佐」功臣，食邑一万五千户，實封一千户。而勁直

之道，甲天下之藩服。旋加守太傅，正處庿堂，三表堅辭，主恩俞允，昇福州為大都督府，別署官員，以寵其忠孝謙明者矣。」且文武宏謀，釋道玄理，應機剖判，動合古人。以文即舉君使臣以禮、臣事君以忠之義。歲聲鹿鳴，廣設庠序。至于禮闈考藝，無不言文物之盛、俎豆之風。以武即舉重門擊柝，」以待暴客。整八陣之名，說六韜之要，示廉直之道，闢寬恕之關，使將將無欺，殺殺為止。蜀相之且耕且戰，恒在言前；晉師之入守出攻，不差料内。釋教乃早悟苦空，廣開檀施，」見三十三天之要路，弘八万四千之法門。集海内緇黄，啓秖園齋儭，佛庿遍廓，鴈塔干霄。鍾梵之音，遠近相接；人天之果，修設無時。老氏乃扣谷神之真寂，曉玄牝之機微。葺」王霸上昇之居，奏沖虚仙觀之額，顯于遠祖，迨彼系孫。仙鶴翔空，靈龜護井，踞怡山之一崗，類真源之三檜。體國而惟忠惟孝，律身而克儉克勤。玄甲輕車，受圯橋之秘」略；紅旌皂纛，法金櫃之神書。至于宴犒軍戎，迎待使命，絲簧喧耳，羅綺盈庭，聽視之間，湛如止水。仍歲慶誕之月，國恩飛詔，頒錫駿馬雕鞍，異羅宮錦。拜賜受」宣，莫不西望恭恭，手舞足蹈。公暇之際，必極勸農桑，懇卹耆耋。數千里略無曠土，三十年賣劍買牛。但聞讓畔之謠，莫有出征之役。江南雄鎮，歡好會盟；外域諸蕃，琛賮不絕。」其廩庾之豊盈，帑藏之殷實，雖魯肅之囷，銅山之冶，比之霸贍，彼乃虚言。而勞不坐乘，暑不張盖，民仰之如夏日之陰、冬日之陽。其代天理物，可以盖天下也；守志化俗，可以」仁天下也。豈鍾鼎盤盂之銘鏤，日月星辰之照臨，而能窮斯玄功正道者哉。且万靈擁衛，千聖護持，恒於寢膳之間，不失燮調之道。忽一日，告腠理不和，聲氣如綴，勉扶精爽，」弘達死生。以邦國之重難，付兹後事；指生平之勳德，何異儻來。中台坼而玄鑒如欺，大昴沉而衆星寝耀。同光三年十二月十二日薨於威武軍之使宅，享年六十有四。嗚呼！」社稷喪元勳之德，生靈失慈父之恩，連營比屋以皆號，牧豎樵童而出涕。且人倫大限，聖賢無改易之門；天道玄機，烏兔有薄蝕之運。今英王啓手足於富貴之際，傳」印綬於將相之材，身没名存，齊諸覆燾。嗣其世十有二人：長曰延翰，節度副使、管内都指揮使、特進、檢校太傅、江州刺史、

瑯琊郡開國公、食邑二千户，禀」遺令充節度觀察、三司發運留後。力侍湯藥，寢食俱忘，草土之中，絶漿在疚。而三軍百姓墻進衙門，奉王遺令，請主軍府事。拒而號慟，泣血毁傷，不得已而從之。授受」之日，中外怗然。真馬援之鬚眉，守泰初之禮樂，器重鎮俗，性直臨戎，寬厚居心，條貫由己。娶博陵崔氏，封博陵郡夫人。明潔珪璋，禮恭蘋藻，實軒冕之清門，配公王之」偉望。次曰延禀，檢校太保、建州刺史。恭守六條，肅清千里，鄰封納好，外户長閑。凶訃忽臨，殞絶移日。娶清河張氏，封清河縣君。正律閨門，柔奉箕箒。翌日，親奔星月，忍别」靈筵。次曰延鈞，節度行軍司馬、檢校太傅、舒州刺史、瑯琊郡開國伯、食邑七百户。居喪枕凷，執禮號天，竟以軍府事殷，元昆對泣，推挽撫衆，翊助竭心，友悌之情，古今無比。」娶彭城劉氏，封清遠縣主。霸圖令族，謝女芳華，以禮居喪，内助從政。次曰延豊，羅城都指揮使、檢校尚書右僕射。娶廣平宋氏。次曰延美，節度行軍都指揮使、檢校司徒、韶州」刺史。並追號過等，旦暮難居，哀哀在躬，不自支致。娶隴西李氏。次曰延保，右散騎常侍、洪州長史。次曰延武，右散騎常侍、光州長史。次曰延望，右散騎常侍、梧州司馬。次曰」延羲，右散騎常侍、饒州司馬。次曰延喜，右散騎常侍、易州司馬。次曰延政，右散騎常侍、絳州司馬。次曰延資，右散騎常侍、虔州司馬。或年踰弱冠，或慶及成人，皆號慕蒼黄，感」動飛走。雖賈家三虎，荀氏八龍，豈可同年而語哉。女七人：長封瑯琊郡君，適節度判官、檢校司空、柳州刺史李敏；次適水部員外郎張思齊；次封瑯琊郡君，適檢校太傅、睦州」刺史錢傳珦；次適觀察判官、尚書工部員外郎、封州刺史、賜緋魚袋余廷隱；三人未出適。令孫三人：長曰繼昌，將仕郎、檢校尚書工部員外郎、柱國、賜紫金魚袋；次曰繼真，將」仕郎、檢校尚書金部員外郎、賜紫金魚袋；次曰繼寶，守大理評事、賜緋魚袋。皆詩禮承顔，軒裳禀慶。五侯九伯，當自此而翱翔；万石千鍾，定由兹而興建。況」尊靈在殯，號慟滿堂，藩垣之奠酹無時，中外之牲牢結轍。至於桑門開士，霞帔道人，列校牙璋，内戚外屬，展祭而闐郛隘郭，發言而抆涕傷懷。峨豊碑於柳營，行人墮淚；掩」貞魂於蒿里，黄鳥興哀。

即以同光四年三月四日卜塋於閩縣靈岫鄉懷賢里仙宗山鳳池之原，魏國順正尚賢夫人塋域之東，禮也。合祔魂魄，並列園塋，左龍右虎」之崗，坤盤艮峙之壠，長平峭拔，万歲千秋。承贊才謝經綸，叠塵樽俎，捧至哀之見託，孰動德於生前，慮陵谷之變遷，敢編聯於貞石。謹為銘曰：」

天地凝精，岳瀆降靈。粤有雄傑，鎮于閩城。文同周召，武定韓彭。功存帶礪，政顯忠貞。于嗟逝水，忽然東傾。崇勳冠古，」遺德垂[名]。仙宗卜宅，合祔園塋。慶鍾奕世，代襲殊榮。因[而]禮葬，賵馬悲鳴。百身莫贖，万古傷情。」

同光四年歲次丙戌二月戊子朔十八日乙巳置

將仕郎前守河南府文學王倓書并篆盖

節度衙前虞候林歡鐫字」

忠懿王先在懷賢里安葬，山崗不利，長興三年歲次壬辰九月十九日戊」戌迁奉歸寧碁里吉地。天成元年十二月廿五日勅封忠懿王。

《文物》一九九一年第五期

福州忠懿閩王祠藏石

閩〇〇四　王延鈞妻劉華墓誌

長興元年七月二十一日

【誌額】唐故燕國明惠夫人彭城劉氏墓誌

【誌文】

唐扶天保大忠孝功臣威武軍節度使開府儀同三司檢校太師守中書令福州大都督府長史閩王夫人故燕國明惠夫

人彭城劉氏墓誌并序」

威武軍節度掌書記檢校右散騎常侍兼御史大夫賜紫金魚袋鄭昌士撰

承議郎檢校尚書水部郎中賜紫金魚袋王倓書并篆額」

昔周姜后脱簪之諫，則載籍稱焉；魯夫人在手之文，則《春秋》書也。固是善司彤管，妙掌青編，垂不朽之嘉名，示無窮之懿範。今有歷茲多代，紹彼貞」規，為邦國之殊祥，作人倫之具美，獨」燕國明惠夫人焉。夫[人]諱華，字德秀。其先世居彭城，洎乎晉祚中興，百官南渡，遂波流一派，而家于五羊，今為封州賀水人也。」曾祖諱安，其始則荷巾蕙帶，揖讓三徵；其終則鶴侶鴻儔，優遊万壑。大中、咸通之際，継有恩命而褒贈焉。祖諱謙，字內光。卓犖宏材，經綸偉望。」龍紀中，自諸衛將軍拜封州刺史，終於所任。皇考諱隱，字昭賢。起家世襲為封州刺史、檢校司徒，入署為清海軍節度行軍司馬。太尉齊公」寢疾之際，委以兵馬留後，遺表上聞，遂即真拜。後加中書令，進封南平王。儀形磊落，器度汪洋。初則標隼旆而駕熊車，後乃豎白旄而仗黃鉞，分」趙他之茅土，兼馬援之封疆。襦袴之謠，方騰闕下；棟梁之歎，遽覩民間。今燕國明惠夫人，即故南平王之仲女，太夫人嚴氏之所生也。」夫人婺宿淪精，素娥垂耀，誕慶雖陳於巾帨，儲休豈謝於熊羆，峻節可以敵松筠，温容可以喻瓊玖。加以風騷属思，徽軫留心，佛典常觀，仙書亦覽。」機梭有製，蘇家之錦繡斕斒；刀尺無虧，孟氏之衾裯闊大。年二十有二，適于瑯琊王氏」閩王，即」忠懿王之令嗣也。實謂潘楊茂族，秦晉名邦，今古雖殊，衣冠不異。其嘉慶也，則鸞鳳昭彰乎象象，星辰輝煥乎門庭，好仇合詠於周詩，嘉偶宜褒於」魯史。其禮教也，則入專箕箒，出具蘋蘩，事舅姑而唯孝唯忠，於伯叔而唯恭唯敬。其柔順也，或籌茲一事，或措彼一言，未常不宛轉遵承，雍容接對。」閩王以龍韜豹略，早継弓裘；鶚視鷹揚，亟隆勳業。涣汗而君恩帝澤，聯翩而駟騎星軺，首登齋戒之壇，次佩彤旅之錫。九州侯伯，雖無計以趍」風；八表英豪，長有心而迴席。言政理則龔黃避路，定旄傑則廉藺藏

鋒，以前修而孰可差肩，以後達而誰能比跡。夫人母儀夙著，婦道踰光，述」箴規而矻矻裨匡，披史籍而孜孜輔弼。漢祖以延鄉之賞，齊侯以石窌之封，亦不加夫人郡國之尊，亦不若夫人纓綏之盛。闔門共仰，內外咸」稱，可以兼束素於妍詞，可以混螽斯於雅韻。魚軒赫弈，既同踐於脩途；鶴筭延長，合共臻於遐壽。奚斯美疢，鍾我賢人。霜露不留，英華倏萃。享年」三十有四，長興元年龍集庚寅春三月寢疾，至五月一日終于府宅之皇堂。莫不痛切君王，悲纏左右，美櫝䰟詢於往制，頌琴俄委於幽裝。從親」至疎，人皆歎惜；自遐逮迩，誰不悽涼。嗚呼！夫人寢疾之辰，閩王搜訪良醫，煎調至藥，或清宵輟寢，或白晝停飡，仍聞服食之時，更切吞嘗之」勸。其次蓮宮杏觀，魚梵洪鍾，焚修之會聯翩，課誦之聲響亮。況復蕩狴牢而釋囚繫，寬賦斂而貸逋懸，蓋以救療之所殷勤，祈禱之所臻至。緊何陽」報，却昧陰功，禍福難原，精爽何往。閩王哀傷益甚，哽咽殊多。爰令彩繪之工，重寫平生之皃，一迴瞻矚，兩袖汍瀾。而又散以縑繒，分於乳藥，還」夫人未亡前弘願，度夫人已亡後真僧。是何恩愛之情，始終之義若此者也。夫人有令子四人、女二人：長子曰繼嚴，檢校尚書户部員」外郎，賜紫金魚袋。次曰繼鵬，泉州軍州副使、檢校尚書金部郎中，賜紫金魚袋。次曰繼韜，監察御史，賜緋魚袋。次曰繼恭，試大理評事，賜緋魚袋。莫」不骨器俱奇，年齡相次，或躭乎文籍，或閲以武經。豈唯兩驥雙珠，抑亦荆枝棣蕚。並皆絶漿忘味，泣血茹荼，信[乎]純孝至忠，是謂國珎家寶。女二人，」或已當成立，或猶在幼沖，號慟之聲，曉昏相續。然皆令淑，況盡韶穠，他日必慶王門，大光公族。夫人布惠流恩而宏遠，憐孤卹幼以劬勞，是」何方履中途，遽辝昭代。然則良緣勝果，早已栽培；六洞三清，不難歸去。閩王追思愈切，修薦弥堅，蓬山之方士何之，漢殿之香寃不返。爰遵禮」制，載考蓍龜，復土非遥，嘉城是閈。即以其年八月七日卜葬于閩縣靈山鄉寧基里楊坑原，禮也。得不以震兑區分，坎离推步，水向天門撲下，嗚咽」可聽；山從地户奔來，崛奇堪畫。何止福流藩閫，固應慶洽子孫，盖蓄至靈，獨標千古。閩王慮乎桑田或變，岸谷斯遷，闃然而地下黄埃，黯尔而」人間白日，

貞珉可勒，芳烈能存。昌士夙忝招弓，叨司載筆，莫不披文相質，覃思研機，固無愧於後人，誠有慙於昔者。敬為銘曰：」

二氣將分，三才具陳。紀諸岳瀆，揔乎星辰。禎祥所萃，宛属賢人。陰陽所配，信得其倫。其倫既得，其儀不忒。胤堯之後，」分漢之族。是曰穠華，誠為令德。桃李芳菲，芝蘭芬馥。六禮纔呈，三星継明。絲蘿永附，鸞鳳和鳴。顯彰嘉慶，克表光榮。」至忠純孝，丹心素誠。蘋蘩可採，箕箒罔怠。夫貴婦榮，婦敬夫愛。家國之寶，人倫之最。竹帛宜編，鼎彝合載。爰膺鳳詔，」遂陟魚軒。雖銜帝命，實荷王恩。唯族唯親，乃軍乃民。頌美之暇，嘉言復陳。陳曰良哉，我國之后。能贊能佐，時康俗阜。」仁加動植，澤至飛走。壽合延長，福宜豊厚。粒非龍虎，病入肌膚。莊盆遂皷，劉杖俄扶。令子哀疚，泣血茹荼。樓中鳳去，」鏡裏鸞孤。從高至卑，自遐并迩。痛惜殊多，悲凉莫止。愁寄洛川，恨流湘水。天道寧論，人生到此。十洲三島，絳闕丹田。」渺茫歸路，已矣終天。風月悽然，廢管遺絃。烟花悄然，殘香碎牋。考彼龜蔡，擇兹封樹。溪壑周環，崗巒克附。掩暎西來，」潺湲東注。草色方秋，松聲欲暮。嘉城鬱鬱，長夜冥冥。千年蒿里，万古松扃。含飀帶飀，走碧攢青。情誰不感，涕誰不零。」芳猷如此，貞規若彼。天地何窮，日月無已。慮乎陵谷，而有遷徙。嗚呼貞珉，可勒可紀。」

長興元年太歲庚寅七月壬戌朔二十有一日壬午置

威武軍節度衙前虞候林歡鐫字

《漢風唐韻——五代南漢歷史與文化》

閩〇〇五　王紹仙塚銘　通文四年三月八日

【誌額】兩街都監大德賜紫太原王君塚銘

【誌文】

大閩國故左右兩街都監大德賜紫王君塚銘并序

翰林兼監察御史林歡書并勒字篆額」

若夫大道無形，胤萬物而難窮造化；至靈罔測，經浩劫而莫究根源。故委天地初分之時，日月始環之際，則道生」於其先也。梁怡山沖虛觀王真君十五代孫，即兩街都監王君也。君諱紹仙，字應臣。幼年悟」道，深慕玄關，入庠則請授子書，歸家則切思冠褐。既祖風之斯在，遂滌志以從師。九歲詣都監蔣君門下出家，初」讀《道德經》，次授《大洞真經》，唱過一遍，讀更無差。十五歲，上表請脫白，住祖觀，儼香火以焚修，勤勤懇懇，不逮四」時。開平二年，詣三洞法師洞真先生戴君門下傳授經籙。太祖嘉之，詔入內庭，月三閧奏，皆霄于寢」殿之右。乾化四年，充表讚大德，玄綱大整，法會將隆，式遷授兩街都監大德。龍啓元年，」惠宗以其供奉之勤，恩賜紫衣，羽服而天香不散，霓裳而椹色爭研。」今上以仙裔傳家，賜其弟子德號，詔入內道場，賜紫。別降天書，充玉清宮監齋大德，得不自乎祖真之」垂庥也，大矣哉！通文二年，君累讓以供奉之繁，月三閧奏，乞別搜能，請致于雲泉。上優之而允不霄于」內庭，唯兩街之監臨也。君神彩卓異，氣皃孤清。鶴在松梢，始見棲依之所；月臨潭渚，方齋澄潔之姿。樂琴」酒以攄情，絕囂塵而入耳。三年冬十二月十一日會于親友，人悉樂然，君坐忽默爾，衆皆謂寐，叫而不應。即其日亥」時奄于道院，甲子六十有一。悲慟公卿，痛傷道俗。」教主兗國公怛悼莫已，追賻之禮，与學友以相肩。明年三月八日卜于院之坤吉地以秘焉。珽幼歲即与」君同詣戴君門下，頗熟道風，聊茲紀述，以為銘曰：

君之道德，歲華無惑。松竹四時，堪為比則。」祖風綿大，天上海內。仙裔斯興，名高方外。明庭供奉，衣染

檀霞。樂然世表，門徒千家。」夢幻堪驚，人之所有。默尔不言，駒馳隟走。石山之源，式安邃室。万古千秋，天地同畢。

《南方文物》二〇一〇年第三期

閩〇〇六　趙偓墓誌　顯德五年八月二十八日

【誌額】故天水趙府君墓銘

【誌文】

福州故節度巡官天水趙府君墓誌銘并序

將仕郎□秘書省□□□賜緋魚袋林□□□」

夫述職紀功，旌德垂於不朽；讃勳勒器，誌銘列於幽壤。有器合旌，有□斯列，□□」盛美，何列無窮。趙氏之源，造父之後獻駿，姬繆因賜趙城。降及叔武去周，至葉叔，」迨十有八世為晉正卿，而趙宗益興。始族分五望，獨秦公子嘉後之為西戎校尉，」世居天水，史謂秦卿天水，即秦卿之後也。洎漢魏迨隋唐，子孫蕃昌，衣冠不絶，起」家輔國，莫與等焉。倬哉天水一源，靡有異派。唐初，奉天令深子宗慶，守祕書監。監」子麟，除河南尹。尹子德倫，□□沁、絳二州。子叔隱，宏□及第。」府君諱偓，字堯真，即沁州五代孫也。曾大父諱□保，司封郎中。大父諱」文景，宰華州華陰。父諱居翰，守右拾遺。代居汝南，光啓中，避地入閩，宰于邵」武，因家于是。有子二人，府君即元昆也。幼乃嗜學，長則馳名。建牧以才贍族」優，虛襟側席。延納未久，而閩改圖，昇班守著作郎，出判泉州諸司公事，威聲豸凜，」清譽風行。罷職，入授中散大夫，除司農少卿。未

朞，上念臨汀要郡，以」府君富於贊畫，俾充軍事判官，通判軍州事。公私克理，中外咸欽。秩滿，授殿中監，」除吏部侍郎。率職清貞，掌選明直，人皆稱允，時謂得才。復加太中大夫，拜右諫議」大夫。屬吴之二年，授右散騎常侍、判録事院。元侯董藩，以軍府務繁，擇才簡理。」自是三逢節制，四署糺彈。革舊就新，利公及物，撫躬篤正，執法不回。聿啓初筵，辟」之前席，授節度巡官。燕射之禮無渝，籥舞之儀是敬，却從蓮幕，出理花城。首判福」清，後臨永泰。令長揔判鎮縣，自此始也。府君通經屬辭，為時之譽，有文集」數百首行於世。無何一旦醒然猒代，顯德五年六月十六日終于黄巷私第，春秋」七十有四。娶南陽縣君葉氏，令族也。有子五人：長曰昱，不仕；次炅，膳部員外郎，賜」緋；次昂，祕書省校書郎；次敬曇，司門郎中、觀察巡官，賜緋，尚福清公主瑯琊王氏；」次敬旻，太子校書。女二人：長適長汀令林紹蘧；次女處室。由是逝波不迴，□□是」期。以其年八月二十八日葬于閩縣感應鄉欽德里雙牌之源，禮也。慮深谷為陵，」莫存貞範；刻他山之石，爰勒鄙詞。其銘曰：

天水之派，始于秦卿。吏部之德，」承于沁城。星鍾岳誕，器碩才清。初筵曳組，弈世衣纓。四署糺察，□□□□。□□」劇邑，民康政成。令子爵寵，官業蹤横。帝女箕帚，門閥□□。□□□□，□□□□。」享年尚齒，璹夢兩楹。烏輪不駐，馬鬣將營。□□□□，□□□□。

《唐史論叢》第二十五輯
私人藏拓

閩〇〇七　薛廷璋及妻鄭氏墓誌

開寶七年十一月

【誌蓋】失

【誌文】

大宋平海軍節度使泉州故節度討擊使百丈鎮遏都指揮使銀青光祿大夫檢校刑部尚書兼御史大夫上柱國薛公墓誌記

前攝龍巖縣尉鄉貢寓士劉務本撰〔一〕

騎仕郎試太常寺奉禮郎黃元〔二〕

薛氏□□，初任姓奚仲，為夏禹掌車服，大夫封薛侯，以地為姓。奚仲生仲虺，輔弼於湯，頗有成績。洎生獻□□定惠，後遷分裔于閩，公其裔也。諱廷璋，字德華，其先河東人。曾祖諱述，大順二年擢明經第，除儒林郎、行□省常侍。祖諱鎔，舉明經下第。父諱時，不仕。娶潁川陳氏，生四子，公即長也。壯歲負宏略，里中識者謂他日將材。□□庚戌，遂捨危邦，就之有道。今府主太尉眷服來人，俾臨貔武。二年貳職于百丈鎮，託薦加鎮遏都指揮。專彼戎柄，甚著和門之德，十年之內，部下尤肅。大宋開寶七年方□凶於不幸攻疢，與滎陽鄭□同興歿於門蟻，其年三月一日自卯迨酉鄭氏相次終于百丈清源西里私第，享年五十，鄭氏芳年四十有□。邑之茂族，□叶采藻之風，稟齊眉之敬。無何幽蘭忽謝，與公權坫所居之前。嗚呼！鸞鳳之影雙沉，琴瑟之韻俱斷。嗣子一人，曰士儒，跨竹之歲，通經相府，未冠蜕麻，攝漳州龍巖縣尉。□往儒學，侯有嘉□。女五人：長適江夏黃仁雋，次納綵范陽盧崇德，皆未冠之年，曳藍袍竹簡；次納綵滎陽□□□□□，拾螢□功，彎弧待試；次二人未笄，俱尚柔行。公仲季三人：簡言少而好學，會平海軍釋褐，攝□□縣尉，尋□途□百丈打急指揮，遷右全勝訓戎金，繼元昆之稱；次珣言，竹簡之後，累仲昆之職，中道而衰，棣華□萎；□曰□□□□而特異，誓擁方袍。今藩后外□

〔一〕「鄉貢寓士」，疑為「鄉貢進士」之訛。

〔二〕「騎仕郎」，疑為「將仕郎」之訛。

付之百丈管界□僧龍也，龍虎得非奚仲之遠世貽□耶。公與鄭氏草草□逝，鄉人咸嗟。其年冬十一月改葬合祔，類平生之枕席，卜彼里吉□東山，禮也。滎陽鄭氏兄曰居敬，敏而好學，外通指掌之秘，素與愚相善，一旦以府君始末□為埋文，希傍敘骨肉懿德於幽壤之間。□而弗可，直而書之。其詞曰：

任氏厥分，立茲華裔。伯禹興湯，挺襄生惠。分枝于閩，傳馨遠世。遠世之孫，慶□和門。知歸有道，□我台恩。鄰鄉靜守，貔武開屯。一旦何之，東流草草。鸞鳳雙□，菱花空老。鐵馬誰驅，金雀塵鑠。鬱鬱佳城，重泉是扃。雲■。

《福建金石志》卷六

北漢

北漢〇〇一　段實及妻武氏墓誌　乾祐四年四月三日

【誌蓋】失

【誌文】

大漢故段府君墓誌銘并序」

若夫二儀交泰，爰分清濁之宗；□德遞遷，乃立君」臣之位。尔後羲皇出現，靈龜負圖，運動乾坤，然」彰□代，即是段府君之謂焉。君諱實，字歸真，本梁〔涼〕州」武威郡人也。承商契之胤緒，是李老君之苗裔。其孫段」干木有德行，為魏文侯之師，封於段地，因為氏矣。自後更」移盖影，分枝葉於八紘；弁轉星暉，派宗姻於九郡，即為汾」州西河人也。君大亮弘深，為人敦直，況經武略，善曉軍機。」後乃到家，罔虧辰省，節儉奉親，郡邑仰其規模，鄉黨欽其□譽。」何期四虵催逼，二鼠來侵，降疾縈身，救方靡効。遂去同光三年」四月十七日奄歸大夜，春秋五十有八。可謂松芳失色，百鳥悲鳴，」兒女停食，隣里號慟。夫人武氏，容儀婉約，婦道成家，中外叶和，□姻」所重。遂去乾祐四年歲次辛亥三月十二日寢疾歸於泉路，春秋」八十有三。即以其年四月壬辰朔三日甲午合葬於村西南二里。其地前」臨平案，後連子夏之高崗；東接文湖，西對万户之靈廟。長子」敬□、次子敬武、敬思等，並哀纏罔極，痛貫五情，絶漿不踰於曾□，」泣血寧虧於高氏。新婦嚴氏、任氏、李氏，本望長為指誨，不憚

□□，□□」□歸，攀哀頓絕。孫子奉榮、道焉、延遇，与父等將山銷海變，刼石更」移，刊石彫文，永彰萬代。

《三晉石刻大全·呂梁汾陽卷》

北漢〇〇二　張存方及妻劉氏神道銘

乾祐四年十一月十四日

【誌蓋】清河張府君神道之銘

【誌文】

故清河張府君神道之銘并序」

聞生養死葬，人子恒規，□□□安，先賢舊則。瞿曇設教，以生死為」能；静想沉思，豈能□俗，爰施死禮，因置荼毗，佛尚帰之，敢亡大體。」公之祖，本清河人也，漢丞相子房之一葉。得姓已遠，先載史書，□代修，〔一〕」不煩敘述。曾諱□，任鄜州鄜水縣令。祖諱滔，任石州方山縣令。並以字」人得譽，理俗多方，上應国租，下調甿俗，所有勳業，例編考書。遂於」太平鄉宿静里置薗業地宅，嗣承子孫尔。父諱存方，不仕，以禮樂修」身，文章深得適意。帰於吴境，肯悞清朝，墜鵲雖落□塵，扉敢欺」白日化。冀松椿保壽，金石齊年，豈期二豎忽狂，一災□降，時甲辰」歲二月二十日終堂上。夫人劉氏，嗣子廷鎬，前攝□州長史，名彰」半刺，行契三熊，仁孝為基，温恭叶稱。姉二人：長□扶風馬氏；」次曰，適昌黎郡韓氏，皆令族之門也。新婦郭氏，孫男沙沙，」孫女郭郎婦、敬郎婦，孫男新婦王氏，孫子梁七，女醜羅、小羅。」鍾玆大苦，無以自勝，泣淚過高柴，絶醬〔漿〕如子皐〔臯〕。生事既俻，葬」禮何逾，遂命郢匠龜師擇良時吉日修葬禮、立丘塋，應世」之所宜，物無具。於大漢乾祐四

〔一〕此句疑有脱文。

年十一月十四日遷靈闔祔于」本莊西北，禮也。是日雪霏霏，風颯颯，禽鳥迴遮，[煙]雲迴迊，」淚滴冰成，旌飛火熿。伏慮歲華差易，陵阜遷移，刊石」匠文，用彰厥後。銘曰：」

陽滅陰全，人之莫守。非但光榮，」無論繼後。但變為塵，勿能長久。」傳示佳聲，用彰厥後。

《三晉石刻大全・呂梁汾陽卷》

北漢〇〇三　劉恂墓誌

天會五年十一月十二日

【誌蓋】故防禦使彭城[劉][公]誌[一]

【誌文】

大漢故保安宣宣[二]力功臣前汾州防禦使金紫光祿大夫檢校■彭城縣開國男食邑三百户劉公墓誌銘并序」

忠武軍節度掌書記前代州防禦判官朝議郎檢校尚書□部員外郎賜緋魚袋閻煦撰」

竊聞麟鳳龜龍，合明時而應瑞；江河淮濟，緯下土以朝宗。一則以毛羽殊常，一則以源流有異，古今猶著美，簡册尚」恒存。而況神授英雄，天資間氣，拔龍泉而虎淪深谷，引烏□而鴈落長空。為一人股肱，作專城禎幹，恩加於物，功」濟於時，得不顯立豐碑，幽藏誌石，以防陵谷，永備高深焉。公本姓何，諱廷斌，代州崞縣薛安鄉蘇魯里人也。後蒙」惠宗皇帝賜姓更名，今諱恂，字仲諮焉。遐究所宗征厥□□，乃周文王之華裔，是唐叔虞之後

[一] 誌石另一面有「故防禦使彭城[劉][公]誌」九字，以替代誌蓋。另此誌係用舊誌改刻，誌石仍殘有「大□潞州大都督府衙内都指揮使故河内郡常公墓誌」，「字秀英，天福十二年病死，享年十八歲，乾祐元年安葬」等内容。參見陶正剛《北漢劉廷斌壁畫墓》，《中華文物學會》一九九六年刊。

[二] 誌題疑衍一「宣」字。

昆，食菜於韓，因邑命」氏，逃難去國，變姓為何。遠祖巖，因官到江東，營家於代州崞縣，今鄉貫是也。曾祖彥瓌，祖贇，父敬審，或果毅」無雙，時稱飛虎；或放曠不仕，世号卧龍。公即□□□□也。幼閑弧矢，□叶蓍龜。蒙安令公以鄉黨故舊，初」任河東都軍，使令驂從。及秉當京節制，相□轉資。洎乎移鎮徐宋二州，留司伊洛一任，咸加美職，頗越彝」倫。後蒙轉改，奏授西京隨使押衙、銀青光禄大夫、檢校太子賓客、殿中侍御史、雲騎尉。至令公薨背，窆靈柩畢」儀，繇是徑赴鴻都，筮仕先聖。蒙惠宗皇帝□當泉躍，疊降綸恩，命揔親軍，委以閑鎮。或擢昇職列，」賜以姓名，□□玉樹之芳枝，接銀河之巨派。去天福十二年九月内，潛龍御署授北京隨使押衙。至乾祐元年三月内，」御署授散員行首。至四月内，御署兼授鷹揚軍使。至二年八月中，蒙恩賜以國姓，兼改本名。至三年十月内，」御署授廳直弟二指揮使。爰自龍潛，疊膺重委；洎當鳳舉，継沐鴻私。去乾祐四年正月中，蒙惠宗皇帝宣授」檢校尚書左僕射。當年三月内，宣授護衛弟一指揮使、權都指揮使。至七年七月内，宣授保衛右廂都指揮使，并賜保」安宣力四字功臣，兼轉授銀青光禄大夫、檢校司空、兼御史大夫。□資□秩，継承先聖之恩；送往事居，疊荷新君之」澤。至乾祐八年九月内，蒙聖上宣授保衛左廂都指揮使，□□金紫光禄大夫、檢校司徒。至十二月内，兼授使持節虢州諸」軍事、虢州刺史，進封彭城縣開國男、食邑三百户。既提虎旅，兼授□符，爵邑進封，乾坤等惠。至九年五月内，聖上以軍」功益著，眷渥顯臨，除授使持節石州諸軍事、石州刺史，□遂行程，民歌來暮。至天會元年七月内，軍州官吏、僧道」百姓共欽德政，詣闕舉留。尋奉勑書，特加□飾。至天會二年三月内，密奉紫詔，入覲彤庭。僧道攀轅，耆老」卧轍，相隨□闕，再乞歸州。聖上以酬獎□□，諭□道廣，移授汾州防禦使。至四年二月，得替赴京，尋奉宣監押兵」□□□巡警。至四月内，昭義向化，大駕□征，奉宣充行營馬軍都監，監護貔貅，先臨澤潞，及抽迴兵士，乃後殿大」軍。至六月内，奉詔方離職□□驛□□奉宣東山四縣上下巡檢，出統雄師。狼煙既息，入朝鳳闕，虎旅咸寧，相次出入，不可偹紀。」至五年六月内，奉宣部領兵士文水縣□□。遽云夢奠，忽染沉痾，尋逼大期，□□遐壽，即以天會五年七

月廿七日歿於王」事，□也。公傾誠竭命，善始令終，聖上俯念忠勤，特加優異，尋命□□扶護至京西千佛院權窆，兼賜衣粮」服制，逐日祭奠酒飯。兼差散員都頭執□巡警，并營辦葬儀，並依法度，幽顯之恩厚矣，君臣之道美焉。夫人三人：初曰」郝氏，雖為始嫡，早已淪亡；次曰李氏，隴西縣君；次曰鄭氏，皆令淑有聞，雍和振譽，道光四德，禮備三從。有子四人：長曰延榮，」前汾州親事都頭；次曰延福，驍勇功臣、散指揮使；次曰延貴，西頭供奉官；季曰延德，前汾州衙内都虞候。已依高□，」未」過□期，皆孝悌秉節，文武通材，超荀氏之八龍，掩賈家之三虎。有女二人：長先適汾州司户參軍趙允熙，未帰家；幼在室，或能□婦道，」或善習箴規。孫男三人：喜哥、翁憐、重喜，年雖尚幼，志已英雄。孫女三人：伴姐、小伴、石姐，已閑箴訓，備習閨儀。新婦三人：陳氏、張氏、王」氏，咸遵禮法，備習婦儀。妹一人，適佐聖□廂都指揮使楊海万。咸曰勿久權儀，早期安厝，即以天會五年十一月十二日扶護窆于晉陽縣」桐珪鄉豐泉里勑置塋域，禮也。煦□散員僕射早忝獎知，令書實事，謹為銘曰：

漢祚興隆，天産英雄。有始有終，盡孝」盡忠。其一也。為聖王股肱，作郡城龜鏡。□仰風教，咸推善政。其一也。
掃盪狼煙，撫安白屋。捍難方切，大期何速。□□□兮□簡册，刊貞石兮備陵谷。

《晉陽古刻選·隋唐五代墓誌》

北漢〇〇四　李章及妻王氏墓誌

天會九年十月十三日

【誌蓋】失

【誌文】

大漢李府君墓誌銘并序」

落日西沉，逝川東注，光陰遠改，寒暑迢遷。覩浮世之榮枯，苦人」生之聚散，盛衰分定，熟能免哉。君章，其先

隴西人□。□商」皇之苗裔，桓公之胤宗，斯迺累葉芳榮，枝分里族，今為西河人矣。」曾、祖並以先塋禮葬，更不備載。君神姿迥秀，鳳綵孤標，英」明而似冰鏡無瑕，節操而如檜松有韻。況久親班烈，奉公而上下無私；」深達時機，處衆而高低和睦。去天會五年正月廿三日弃於夜臺，春」秋七十。夫人太原王氏，恭勤盡禮，儉節成家，雍穆風儀，賢和令德，聞」達而有方誡誨，敬順而有序尊卑。鄗何大限有期，沉没泉壤，去天」會八年八月十七日終於鸞室，春秋七十有七。君有嗣子四人：」長曰德，次進，智略宏深，籌謀高遠，執金任□，輔佐国王，勇猛」英雄，□雲間氣。次貴，可以武縱七擒之術，文功九流之才。弓□兩臂上，目」懸箭發也，天邊鴈落。次□。新婦魏氏，不終侍奉，早弃人倫。後取任氏，」次新婦任氏，新婦王氏，新婦田氏。出侍女任郎婦，姪女孟郎婦。孫男」五住、婆□、婆兒、休姑、聲娘、不怜、小怜。嗣子等各以禮皃束身，仁」風倫秀，明彰公理，行蘊丁蘭。嗟考妣而不盍始終，恨己身三牲不遂，」志在㝵心，願申葬禮。以天會九年十月十三日己酉葬於西南庚上」封塋，禮也。其塋東臨大泊，西壓長崗，前窺汾灣，後瞻子夏。是」日山川霧闇，原野變昏，楚挽臨途，哀聲響噎。俻慮時千代革，變」改桑田，故勒貞珉，以旌不朽。其詞曰：」

英賢一去泉臺客，神魂杳杳千秋隔。」明月夜夜照孤墳，唯有悲風慘松栢。

《三晉石刻大全・呂梁汾陽卷》

北漢〇〇五　張福墓誌

天會十年十一月十二日

【誌蓋】張府君誌

【誌文】

大漢故南陽郡張府君墓誌銘并序」

□夫陰陽罕測，變化無窮，大限有期，輪迴不息。或延或」折之命，出於自然；生事死葬之猷，古今同也。君迺姬」姓，黄帝之苗裔，累代霸都。其後相於漢朝，張良之緒也。」祖諱說，考□□，妣李氏。君諱福，為人潔素，懷玉石之」心誠；立性清高，□□寒之節操。隱身不仕，遜跡居常，道涉」先宗，德光後緒。□年五十，去天福五祀建辰之月，數終之日，限」歸玄夜。夫人李氏，興心耿介，禀行柔和，箴誨不群，規儀迥」著。君有男漢榮，施仁秉信，常懷剋己之心；重義輕金，素」蘊雅人之道。長女適王氏，次適王氏，新婦郭氏，並迺三從備」體，四德傳名，善睦家風，克明婦道。孫女適梁氏，次小妹、」迎兒。荆山揔玉，滄海皆珠，南國芳姿，東隣令彩。生事死」葬，古往今來。兆卜州之乾宮一里，買温誼地壹畒貳分，內」封此闕。東臨青龍之水，前有詞林；西接白虎之豈，後」□丘冢。四神俱備，八卦皆全，刊文而用記年華，□」石而以彰不泯。峕天會十年歲次丙寅十一月辛」卯朔十二日壬寅有是禮也。銘曰：

堂堂□□，」皎皎餘輝。露凝寒草，月照孤圍。青龍水流嗚噎，」白虎風助聲悲。植□栢而千年有准，刊誌石以万代□□。

《三晉石刻大全・呂梁汾陽卷》

北漢〇〇六　趙結墓誌

天會十一年十月二十九日

【誌蓋】失

【誌文】

大漢歿故趙府君墓誌銘并序」

若夫天成氣象，万物以通光；地禀坤儀，載群類而含」育。仁倫之道，寧越此焉。趙氏之先，起自秦州天水郡，」

趙文子之後，至下子孫，今即住汾州孝義縣懷義鄉麻」家莊，而立桑梓也。三世考妣，具載斯名，內外縈重，不復再言。」高祖諱讓，婆婆武氏。曾祖諱諗，婆婆傅氏。父諱幸實，」德亮寬弘，仁風迥遠，藝同李廣之雄，孝並謝安之清。」結君，〔一〕停停高悚，孤立不群，成家茂於六親，繼世永安於」九族。君夫人張氏，三從不闕，四德無虧，貞心而綾母難同，」浄意而孟家莫比。訓男忠，〔二〕誨女清廉，禮家勵節，熟得遐」彰。君嗣子三人：長曰重德，次重敢，次重興。忠貞繼代，孝」謹純深，恨虧曾子之心，有枕孟宗之志。新婦長曰郭氏，」次王氏。適女侯郎婦、張郎婦、楊郎婦、小楊郎婦、梁郎婦。」義全孝道，鋤魚笋於北堂；灑泣胷襟，同遷貶〔窆〕於陌上。孫男」長曰仁美，婆奴、大宗、小宗。孫女張郎婦、陳郎婦、胡女、小女。■」房叔：長曰守澄，敬豐、敬超、敬斌。以天會十一年歲次丁卯十」月丙辰朔廿九日甲申葬在莊前，立新營，禮也。其地四神咸備，」慮恐年大謝，海變桑田，刊石鐫文，以章千古。

《三晉石刻大全·呂梁汾陽卷》

北漢〇〇七　王太惠妃墓誌

天會十五年七月二十八日

【誌蓋】故太惠妃墓誌

【誌文】

大漢故齊國太夫人贈太惠妃墓誌銘并序」

朝散大夫行尚書工部員外郎知制誥柱國臣裴自成奉勑撰」

翰林待詔朝散大夫太子右贊善大夫臣達奚真奉勑書」

〔一〕「結君」，疑為「君結」之訛。

〔二〕此句疑脱一字。

辛未歲孟秋月十有三日，皇上恭臨便殿，遽詔詞臣，謂之曰：朕有」保母，夢奠殷楹，災罹晉豎，藥虧瞑眩，疾致弥留，俄從逝水之游，共悼終天之訣。」自當奄弃，恒切凄涼，乃興封樹之工，用報劬勞之慶。仍欲刊其遺烈，秘于」佳城，貴全北首之儀，豫擬東陵之變。於是臣俯伏承命，退而述云：粵」若婺女騰英，儼朝天極，常娥凝質，高步桂宮，仰在户以何偕，諒結縭而莫比，」徵斯盛事，雅屬貞規。夫人姓王氏，世為燕人，許史豪家，鼎鍾貴族。藴珪」璋之令德，嘉柔肅雍；挺芣苡之芳姿，婉娩淑慎。暨逢亨運，爰列掖庭，」夙宵伸奉上之勤，動静展逮下之惠。克扶内政，獨異中闈。求賢審官，志可」苻於卷耳；尊師重傅，禮甚洽於葛覃。雖位未正於四妃，且功寔超於十乱。洎皇上継登大寶，紹統中區，弥陳鷰翼之謀，務贊龍興之祚，懿範具標於」彤管，殊庸迥震於金鏞。皇上乃命出綸，俾行啓國，即於天會十二年授齊」國太夫人。顯拜分封之袟，盖酬鞠毓之恩。慈訓六宫，出處儀同於啓母，恭迎」萬乘，揖讓禮别其周姜。無何方偶休期，倏嬰美疢，不周之風既至，待晞之露」寧存。即去天會十五年七月一日薨於中寢，享年五十有七。蕙謝蘭殂，徒延」令跡，鍾鳴漏盡，莫復遺音，共切茹荼，咸停相杵。皇上輟視朝三日，即以其」年七月二十八日遷葬於晉陽縣晉安鄉，禮也。仍追贈太惠妃。素車白馬，嬪御」如雲，列樹豐碑，山川共古，既盡飾終之禮，宜傳不朽之辭。乃為銘曰：」

有邦媛兮，惟坤之靈。作傅母兮，炎漢之庭。令儀克苻兮四德，貞」操宛異兮三星。可同休兮天禄，宜永配兮地寧。豈疾在兮膏肓，致躬謝」兮窈冥。丹鳳已歸兮仙域，六珈空掩兮泉扃。

《考古與文物》二〇一八年第六期

附録

附録〇〇一　德妃伊氏玄堂誌

會同六年七月六日

【誌蓋】德妃墓誌

【誌文】

大契丹國故後唐德妃伊氏玄堂誌并銘

中散大夫守太子詹事賜紫金魚袋王曉撰」

述夫鳥飛出海，兔走沉山，暑往寒來，龜鶴可延於壽筭；風凄露結，松篁未免於凋傷。而况朝槿非堅，春蕣易」隕，既有成川之喻，寧逃過隙之悲。至若早陟公宫，旋昇帝闥，擅殊歡於綺閣，專厚寵於椒房，享天上之輝榮，極人間之」貴盛，是憑柔翰，聊紀芳猷。故後唐德妃伊氏，其先山陽人也。自古甲門，中朝右族，相殷負鼎，弼諧□廷於鴻勳；佐蜀乘軺，拜起」夙彰於令譽。瓠瓜難繫，橘柚多遷，遂世為晉陽人也。曾祖諱慎，奉義軍節度使、檢校尚書左僕射、南兖郡王，壯志凌雲，精誠」貫日。大曆年，哥舒晃乱常嶺[表]，建中年，梁崇義効逆襄陽，公親統王師，累膺朝寄，大震雷廷之勢，克平梟鏡之徒。」尋授守尚書左僕射，朝庭特獎勳勞，令書史册，追贈太子太保。祖諱宗，守太原府少尹，清貞著美，寬猛」適時，遷瀘州刺史，惠政如春，仁風偃草。考滿歸，簡授刑部尚書。烈考諱廣，光禄大夫、檢校司徒、上柱國、臨汾縣開」國伯、食邑七百户，又除忻州刺史，考滿又除汾州刺史。褰

帷布政，逐扇宣風，俗興多袴之謡，人有生麓之詠。乾寧年，」隨太祖武皇帝問罪幽薊，經陣不迴，莊皇帝追贈太保。德妃即公之女也，姑射殊姿，關雎令德，振佳名於南國，奪美」譽於東隣。惠敏非常，聰巧難継，婦儀克俻，女德無虧。玉管朱絲，逈得生知之妙；寶刀金尺，咸推神助之奇。而又別蘊智」謀，好攻詞術，世重解環之見，時成賦雪之辭。莊皇帝當在藩宣，聞其令淑，有慕姬姜之德，遂成牢巹之歡。自後」凡有出征，無不同邁。適值大燕背義，全晉興師，數載攻圍，一朝屠下。旋當振旅，爰義鍾恩，遂加燕國夫人。自此出」坐魚軒，入專虎幄，忘管絃而不聽，貴示忠規；服澣濯以去奢，潛修陰教。遂致莊皇帝雄圖漸熾，霸道弥隆，捨」恨懷來，弔民伐罪，悉平虵豕，方定寰區，復大唐之朝綱，獲有梁之神器。既畢郊燔之禮，爰修典册之儀，尋立為德妃。由」是服擬褘褕，位隆宮壼，虔修内則，克保和鳴，嬪嬙共仰於雍柔，嘗礿能臻於嚴潔。後以京師喪乱，主上崩殂，嗣後唐明」皇帝[素]受深恩，特頒睿澤，令帰汾晉，厚給俸資，雖家國殊前，而事體仍舊。德妃始願披戴，永弃榮華，霞帔星冠，」虔奉焚修之事；忘情滌慮，期帰清浄之門。爰因大晉帝石敬瑭方在并汾，忽遭攻伐，屢馳駟騎，上告」天庭，乞興貔虎之師，以救阽危之患。大駕親提鋭旅，徑解重圍，乃將德妃，來帰上國。於是特修宮苑，」俾遂優遊厚有，又特令充贍給，降鴻私而逈異，方故國以無殊。其奈疾起膏肓，風摧桃李，望明時」而難戀，指厚夜以俄帰。以會同五年十一月二十日薨於懷美州本宮之正寢，享年六十一。近貴奏聞，」皇情軫悼，爰頒詔命，俾創松楸。内密典喪，大臣蔵事，依中朝之軌式，表上國之哀榮。以會同六年」七月六日葬於州東三十里。慮以陵谷遷移，桑田改變，覬遺芳而不泯，勒貞石以長存。將敘德馨，謹為銘曰：」

相殷道著，仕蜀名揚。分茅播美，露冕騰芳。根深葉茂，源濬流長。珠生合浦，玉産崑崗。譽掩東隣，聲馳南國。」桃有慙容，蓮多愧色。克禀閨儀，尤彰女德。媛淑難偕，賢明可則。巧妙殊衆，聰惠無倫。苗飛似活，芳葉咸[春]。」撫絃調別，下筆辭新。重生謝女，終作虞嬪。閨範遐彰，藩侯來娉。鳳凰于飛，螽斯常詠。伐叛同征，

王妃克敬。」國号爰加，君恩愈盛。前殿龍化，後宫鶱飛。燔告纔畢，典册斯歸。榮居中壼，尊為正妃。適逢喪乱，遠別宫[闈]。」願捨榮華，誓思披戴。金湯見圍，鑾輿遠届。是逐車徒，北來朝拜。自達九重，旋經七載。宫苑深邃，俸給豐盈。」蘩霜隕蕚，急景凋英。堪嗟香魄，永閟松扃。叙生有之懿範，將琬琰以斯銘。」

弟鄧州節度副使、光禄大夫、檢校司徒、兼御史大夫、上柱国承傑；妹張郎婦、三十三娘子；姪男遒哥、税哥、塞哥、十一哥、顒哥；」妹聓金紫光禄大夫、檢校尚書左僕射、兼御史大夫、上柱国張繼員；外生張仁寶；道門判官劉知遠；元隨姨媪押衙軍將、」内□密梁□□；留住、榮哥、小女、女子、記記、阿李、師姨志堅；都押衙、銀青光禄大夫、檢校工部尚書、兼御史大夫、上柱国王敬珣；」知宅使、銀青光禄大夫、檢校兵部尚書、兼御史大夫、上柱国張彦頵；押衙張廷誨；軍將李從實；小底十一、趙九、三閏；廚使辛彦軍。

《考古》二〇一六年第三期

附録〇〇二　皇太妃安氏墓誌

天禄五年八月十七日

【誌蓋】失

【誌文】

嗣晉皇太妃墓誌銘」

太妃姓安氏，太原人也。」於天禄三年四月十六」日遇疾薨，壽享年六」十二。至五年八[月]庚寅」朔十七日丙午，[以]斯吉」辰，葬於此地。

《邊疆考古研究》第十六輯

附録〇〇三　皇太后李氏墓誌

天禄五年八月二十三日

【誌蓋】蓋素面無文字

【誌文】

嗣晉皇太后墓誌銘」

太后姓李氏，太原人也。」去天禄四年八月十三」日遇疾薨，壽享年五十」五。至五年辛亥歲八月」庚寅朔二十三日壬子，」以兹吉辰，葬於此地。

《邊疆考古研究》第十六輯

附録〇〇四　趙德鈞妻种氏墓誌

應曆八年四月十九日

【誌蓋】失

【誌文】

遼故盧龍軍節度使太師中書令北平王贈齊王天水趙公夫人故魏國太夫人贈秦國夫人种氏合祔」墓誌銘并序」

門吏翰林學士朝散大夫守尚書兵部員外郎知制誥柱國賜紫金魚袋劉京撰」

夫人姓种氏，其先河南人也。衮龍補職，仲山建緒於周詩；金虵上言，伯暉馳名於漢室。輝華簡册，雜沓英」豪，本大所以枝繁，源清于是流潔。曾祖諱敏，字繼儒，不仕。平居樂道，遵養怡神，王湛置《易》以何言，」姜肱圖形而不顧。大父諱覬仙，字道昇，唐衛州刺史、司徒。藹然素履，穆乃清風，拔薤抑其强宗，去」珠還於舊浦。烈考諱居爽，字遜明，滄州馬步軍都指撝使、左領衛大將軍同正、德州刺史、太保。拊」髀誓志，投傳成身。

仆表伸威，善禀將軍之令；褰帷布政，克揚太守之風。闢乃高門，資乎積慶。」夫人即太保之長女也。初從雉歲，蔚禀奇姿，蔡邕喜對南風，辛毗問以儲嗣，芳儀内備，淑聞外□。」齊王方負壯圖，志求嘉偶，執贄而言觀超乘，簪笄而爰奉結縭。中饋是司，雅得家人之道；外言匪入，顯遵」姆母之規。洎齊王附翼皇唐，策勳清廟，纔建牙於滄海，旋推轂於燕山。共瞻晝行，咸推内助，由河」南郡夫人封鄭國夫人。時齊王身居藩翰，手秉樞衡，千里封疆，四海瞻望，桴鼓不鳴於砥路，穿墉」息訟於棠陰。既詠鵲巢，實稽鳳兆，進封燕國夫人，從夫貴也。良人奄逝，失道俄歎於李陵；令嗣克」興，託足竟期於周顗。夫人從子是念，貽孫有懷，荷□但訴於天窮，詢禮豈聞於夜哭。長子樞密使、」中京留守、成德軍節度使、太師、守侍中、兼政事令、大丞相燕王延壽，道隆歸漢，志在霸秦。」大遼嗣聖皇帝執手相歡，付以大任。沃心議報，賜乃真封，終開襲爵之榮，遂被及親之寵。詔封魏」國太夫人，由子貴也。夫人生平之際，才鑒過人。周氏奉表，豈悋財産；憲英誡子，克保家門。及」大丞相纔賞指蹤，旋悲封篋。夫人追思堂構，□念庭蘭，詎割慈憐，難忘永歎。矧當暮齒，復結沉哀。」十載之間，五喪相繼。積變□□之狀，長懷孤苦之情。構疾弥留，俄臻大漸，於應曆七年五月二十二日薨」于燕京隗臺坊之私第，享年七十有四。」今皇帝聖情傷悼，賻□□加，□□□於重泉，俾追榮於大國，特贈秦國夫人，旌懿範也。即以來年四月十」九日祔於燕京薊北縣使相鄉勳賢里齊王之塋，禮也。有子三人：次曰延密，河陽軍節度使、起復雲」麾將軍、左金吾衛將軍同正、太尉。資忠許國，禀訓承家。侍疾憂深，居喪哀毁，念寒泉而增慟，痛幽隴以長」扃。次曰延希，左監門衛將軍、司徒，早卒。苗而不秀，徒興子雲之悲；逝者如斯，共結宣尼之歎。有女適歸德」軍節度使、太師、同政事門下平章事劉敏，封天水郡君，先夫人而終。陳平美儀，終調金鉉；劉氏令範，」空餘玉臺。有孫四人：長曰匡贊，河中護國軍節度使、太尉；次曰匡符，金吾衛將軍、司徒；次曰慈氏留。曾孫」福孫哥。皆鯉庭聞禮，鳳穴得毛，或開玉帳於遐方，或執金吾而早世。中帷友愛，足大門

閭。夫人玉性」含貞，蘭儀擢秀，爲女以賢著，爲婦以孝聞。至於衽席輔佐之勤，閨門訓誨之道，二南美化，本於小君，五原」善政，資于令教，備推邦媛，咸号母師。而覆燭難尋，藏舟不固，爰用西階之禮，徒追北堂之容。京，門吏」也。孝子太尉慮泯芳猷，俾揚實録。嗚呼！陶侃宅内，既觀客弔之言；劉瓛墓中，共表妻尊之美。詞曰：」夫尊而重，子貴之榮。典章寔在，湯沐攸膺。猗歟」夫人，夐集芳聲。生有餘美，壼德賢明。歿有餘訓，家風肅清。」追崇大國，祔葬」先塋。鄭鄉邵樹，桑水燕城。母儀婦道，永播斯銘。

河陽軍■

《北京市文物研究所藏墓誌拓片》

附録〇〇五　石重貴墓誌

保寧六年閏十月十一日

【誌蓋】失

【誌文】

大契丹國故晉王墓誌銘并序」

盧龍軍節度推官將仕郎守右拾遺牛藏用奉命撰」

王姓石氏，諱重貴。趙王勒之裔，」晉高祖之嗣也。天福七年」高祖崩，即」皇帝位於柩前，改元為開運。初」高祖之龍飛晉陽也，苦於清泰之兵，有懸釜析骸之窘，殆將不振。」大契丹嗣聖皇帝排大難而帝之於中夏，」高祖德之，誓以子道自居，世世不絶。至六載，」王惑於姦權之説，有大恩不報之義，乃弃約而息貢。」嗣聖皇帝再耀武於夷門，遂遷」王於遼左之東京。暨」天授皇帝徙居建州而城之，」天順皇帝策為」晉王，名其城為安晉焉。以」天贊皇帝保寧六年六月十八日遘疾薨於寢，享年六十有一。」皇上軫悼，賵賻加等，喪葬之事，一以官給，」

勑著作郎馮侃致祭，兼監護焉。」詔用王者之禮，以其年閏十月十一日葬於安晉城之坤原，」后馮氏祔焉。惟」王鍾日月之光，踐辰極之位，寬仁大度，齊聖廣淵，數載之間，兆民是賴。」然而運丁百六，身播國迍，盖曆數之永終，非德義之不足也。嗣子延煦，」右驍衛上將軍、檢校太師。棘人之毀，孺子之慕，懼遷陵谷，有同冥寞。」大丞相秦王懷」舊君之義，命幕吏直書其事，而誌於墓石。銘曰：」

律中應鍾，歲直奄茂。慘澹雲煙，蕭騷封樹。」逝水無迴，長夜不寤。万代千齡，晉主之墓。

《文物》二〇〇四年第十一期

附録〇〇六　劉繼文墓誌

乾亨三年十一月十五日

【誌蓋】失

【誌文】

彭城郡王劉公墓誌銘并[序]

文章大德賜紫沙門文秀撰并書」

詳夫聖凡異矣，生滅同焉，[丘]懷逝水之悲，聃起患身之嘆，高低貴賤，孰免斯歟，察□□於群[言]，□[興][亡]」於常道者也。公諱繼文，字敏素。本太原人也，出自彭城，河南等二十五望，並自陶唐之後，相次分派，」帝代絕多。降至伯翁高祖皇帝諱知遠，翊晉高祖為侍衛親軍。英才卓秀，器度[恢]弘，[忠]貞而玉」石比堅，謹節而松筠讓操。親承五賊，妙善六韜，內心腹而外爪牙，上匡扶而下邕穆。晉主以忠孝推功，除」授河東節度使、兼政事令。有弟彥崇，為內外馬步軍都指揮使、檢校太保。洎嗣晉失位，倏變天機，乍」展雄威，俄昇大器，改号為乾祐元年。自是家易為國，魚變成龍，玉葉遐敷，金枝迥秀。三光朗[耀]，四[海]」晏[清]，舜日高懸，堯風遠布。崇有

數子：承贇、承鈞、承錡、[承]鎬，贇即公之父也。元因詔命，令」坐徐州。至乾祐三年，高祖崩逝，少帝承翰才立，禍發簫墻。逆臣郭威僭行篡奪，徐州太子册而又」誅，可謂日月無光，乾坤失色。崇坐河東為北平王，一聞之而大怒，攘臂恨以發盟，切齒為讎，誓當□滅。」乃集貔貅万隊，士卒千群，振雷霆之威，吐風雲之氣，直欲生擒逆黨，活捉奸訛。其奈[天]數未時，攻討莫下，」將謀大事，須向天朝，遣使結歡，願為子父。時天授皇帝感其義焉，遣使宣恩，册為」大漢神武皇帝。至乾祐九季，武帝崩逝，次子承鈞既立，改号天會元年。威慴三邊，恩覃万姓，修德是」務，去佞為懷，陳大業於將來，流廣澤於當代。此即公之叔也。至天會六年，遣公入國，淹留七載，質」而未還。後十二年秋，帝染疾而逝。爰有府主繼恩，則鈞之長[子]也。大帝臨終之日，謂大丞相郭無為」等曰：朕之崩後，位付継恩，社稷紀綱，勿令交紊。為等奉勑，如日在懷。帝乃昇霞，臣扶長子即[位]，」公之堂兄也。嗣登九五，才滿三旬，為佞覇榮陰謀所滅。次子大内都點檢継元，亦公之堂兄也。運機謀策，剪」孽除妖，荐位登朝，重理綱政，册為大漢英武皇帝。公前右金吾衛將軍、金紫光禄大夫、檢校司空、上」柱國，我皇開睿澤，令衣錦還鄉，勑授竭忠匡運功臣、保義軍節度、陝虢等州觀察處置等使、大漢」國侍衛親軍馬步軍都指揮使，特進、檢校太尉、同政事門下平章事、陝州大都督府長史、上柱國、彭城郡」開國公、食邑三千户、食實封三百户。適至本國，未久之間，又加推功保祚功臣、開府儀同三司、檢校太師、兼中」書令、權代州防禦使，食邑五千户，食實封五百户。既蒙聖澤，統綰雄藩，百姓揚五袴之歌，三軍感」單醪之惠。洎乎趙氏犯闕，力乏計窮，帝念生靈，甘當授首。公乃見機而變，守節而[行]，駈轂振纓，」來帰上國，郭氏夫人并二子並皆阻隔。吾皇一見，撫念非常，愍其順國之忠，加以真王之澤，勑授佐命功臣、北」京留守、河東節度管内觀察處置等使，兼政事令、太原尹、上柱國、彭城郡王、知昭德軍節度事、食邑八千户、食[實]」封七百户。兼以昭義軍節度使、檢校太傅耿紹紀長女以妻之，即尚父、秦王韓氏之甥也。方雪太原之耻，將興廣□[之]」基，重整戈鋋，芟夷奸孽。奈何曦霜難保，石火易銷，倏染膏肓，俄帰

逝水，壽齡卅有二。帝罷朝而起嘆，市□□」以興悲。百姓聞之，如喪考妣。勅下宜、霸二州，共營葬礼。其耿氏夫人，念以同牢義重，合巹情深，絲羅□絶□□□，」琴瑟停歡於翡帳。兩兒阻[開]，一女才生，金枝冀續於前朝，玉葉期芳於後代。恐以時遷歲遠，骨腐名銷，■」旌不朽。文秀才非夢筆，孝愧面墻，奉命援毫，乃為銘曰：

天地大兮有成壞，□□□□□□□。」人至靈兮無定常，石至堅兮無恒在。既有身兮既有患，不無傷兮不無□。路[樹]□□□□□，」宿鳥暫聚而終散。武皇孫兮少皇子，朝北闕兮到於此。受國恩兮位至王，功未成□□□□。」國之讎兮未雪殃，魂之逝兮在他鄉。七帝相承何所問，三壟孤瘗塔山陽。」

公長子醜哥、次子善哥

[乾]亨三年歲次辛巳十一月乙未朔十五日己酉記」

匠人攝彰武軍長史■

《北京圖書館藏中國歷代石刻拓本匯編》第四十五册

遼寧省博物館藏石

附録〇〇七　盧價墓誌

建隆元年正月十四日

【誌蓋】大周故范陽盧公墓誌

【誌文】

大周故禮部尚書致仕盧公墓誌銘并序」

親姪朝議郎行左補闕充集賢殿修撰多遜撰并書」

公諱價，字待價。以己未歲正月十日抱疾薨于洛陽綏福里之私第，享年六十有八。越庚」申歲正月十四日，親

弟司封郎中、充弘文館直學士億奉公之神，踰洛而北，越孟津，歸」葬于懷州武縣名，下一字犯祖諱。縣期至鄉馮封里之先塋。既卜葬事，親姪左補闕、充集賢殿修撰多遜」為其誌文，則家世踐歷、事跡履行，皆可以盡載。公之曾祖晝，皇任齊州長史。祖得一，」皇任懷州河内縣令，追贈光禄少卿。考真啓，皇任河南鞏縣令，累追贈太子少師。自」顯祖而下，皆以仁義貞厚率其家，廉慎清白莅其仕，鍾其慶而良胤生焉。公以文章」才識顯其名，冠裳組紼貴其位，流其光而贈典斯在，即家世之懿令輝赫可知也。公始」從知於□陽，授□官。未幾，隨府於滄州，授推官，遷支使，又為河南府推官，登朝授監察御史，」後唐之命也。由監察改殿中侍御史、侍御史仍知雜事、户部員外郎知制誥、虞部郎中」知制誥、中書舍人、□部侍郎、禮部侍郎、刑部侍郎，晉氏之命也。由刑部改兵部侍郎，漢帝」之命也。隆周[改]曆，休命惟允，授吏部侍郎，實揔銓事，改西京副留守。既罷，以疾授」賓客分司，皆□其恩也。經數歲，以大禮部之秩為懸車之命，耀其貴也。歷階至金紫光禄」大夫，爵至開國子，食邑至七百户，其踐歷之綿久崇峻，又可知也。若夫節制藩閫，尹正都」邑，擇賓佐之才[者]以政事；提舉綱憲，振肅班朝，擇御史之才者以執法；朝廷之文，雅誥為重，」擇司言之才者以□策；邦家之務，會府為繁，擇貳卿之才者以重望。惟公始以政事」發其跡，又以執法揚其聲，七年莅司言之官，五任歷貳卿之秩。畢公洛郊之化，方佐保」釐；四皓商山之歌，俄從賓護。就閑請老，登為正卿，光于搢紳，罕其儔比。其事跡之華顯」昭著，又可知也。其少也，謹敬以事其長，長者於是稱之曰孝悌；其長也，仁惠以綏其少，少者」於是稱之曰慈愛。與人交游，必稱之曰信而遜；與人臨莅，必稱之曰寬而順，其履行之貞正休」令，又可知也。嗚呼！宦達貴仕，壽過耆年，名遂身退，雖古人無以尚也，於其生即無所恨矣。而」室無正寢，家無冢嗣，唯孤女一二人而已，皆又出適。一旦殞逝，幽院閴寂，骨肉相聚，為之嗚咽。」吁！豈皇天之無知乎，履行[如]是而所報之無全耶？嗚呼哀哉！」夫人崔氏，先卒於公未仕之年，尋遷於是塋，今啓而祔焉。有一兒一女，皆嬰孺不」育。側室王氏，奉箕箒垂三

[十]年。有三女：長適姑臧李獻誠，獻誠早亡；次適姑臧李克勤；次」適河東薛智周。噫！千載而□為不朽者斯文乎，直用敘述，誠曰無愧，含酸秉筆，睫淚」交落。謹為銘曰：」

天地氤氳兮造化其成，生為賢人兮為才為名。一朝殞逝兮邈乎英靈，」千年萬歲兮不知其程。長河湯湯兮太行青青，山河之間兮」公之故塋。葬於是兮誌於是，永世之後兮證信史之昭明。

《中國歷史文物》二〇〇九年第二期

附録〇〇八　韓通墓誌

建隆元年二月二日

【誌蓋】失

【誌文】

故檢校太尉同中書門下平章事使持節鄆濟等州觀察處置等使兼侍衛親軍馬步軍副都指揮使仍加食邑伍伯户食實封貳伯户[贈][中]書令韓公墓誌」

前鄉貢進士陳保衡撰」

崇蘭之馥，信有敗於商飆；瑞玉之華，忽無薦於清廟。靡不有此，曷致厥終。」我相公諱通，字仲達，太原人也。享年五十三，時耶命耶。歲在涒灘，月戒太簇，卜葬事于洛水之北平洛鄉杜澤村，」以隴西董氏、衛國蔣氏二夫人祔之，禮也。考祥誄德，宜屬辭人，僕乃不才，遽承哀託，况預下賓，豈遑退讓。敢取魯」史之文，直述往行，庶傳美於終古。惟韓氏之姓，華宗茂族，其來盛焉，若九曲洪河，千尋建木，不言知遠大矣。曾祖」諱塋，授太子太保。曾祖母京兆郡第五氏，封汧國夫人。祖授左驍衛將軍，贈太傅。祖母清河郡太君張氏，封衛國」夫人。父諱章，授左龍武軍大將軍，贈太子太師。母譙郡太夫人李氏，封陳國太夫人。嘻！山岳之厚，

植貞操之材，長」必為梁棟；賢哲之裔，産奇特之子，起必為公相。公即太師長子也。幼不好弄，則天付龍駒；長乃有謀，則神」傳英略。漢高祖起義河東，於軍伍之中見公，謂左右曰：此子有淵角之表。遂授」公銀青光禄大夫、檢校太子賓客，兼侍御史、充飛騎尉。天福七禩，轉檢校國子祭酒，兼御史中丞、驍騎尉，餘如故。」劒埋豐部，難掩光芒；璞在荆山，終逢聖鑒。八年，超授檢校尚書右僕射，仍改賜忠貞佐聖功臣，餘如故。雲方捧日，」漸窺舒卷之容；濟乃截溟，别展澄清之志。乾祐初，少帝嗣位，授檢校尚書右僕射。二年，轉檢校尚書左僕射、使持」節雷州刺史、兼御史大夫。應分選之命，酬征伐之勞，竭勇志以策勳，盪祆巢而絶跡。大周廣順元年，太祖自鄴中」起，以公混金璞玉，難拘瓦礫之間，附鳳攀龍，已極煙霄之上，轉金紫光禄大夫，超授檢校太保、使持節睦州諸」軍事、睦州刺史、充本州防禦使、兼御史大夫，封南陽縣開國男，食邑三百户，仍改賜輸忠翊戴功臣，餘如故。孟冬，」[授]檢校太保、使持節永州諸軍事、永州刺史、充本州防禦使、兼御史大夫。知豹略之精微，軍功衆[許]；奮鷹揚之志」氣，忠節自持。三年，進封南陽郡開國侯，加食邑七百户。仲夏，復授檢校太保、兼御史大夫、充保義軍節度觀察」留後，功臣如故。顯德元年，授檢校太保、陜州大都督府長史、兼御史大夫、充保義軍節度使、陜虢等州觀察處」置等使，仍加食邑三百户，功臣、散官如故。為明君之心腹，作聖代之爪牙。地接洛師，猶覩雄盛；津當陜服，」須藉龍韜。仲秋，授檢校太傅、使持節曹州諸軍事、曹州刺史、兼御史大夫、充彰信軍節度使、曹單等州觀」察處置等使，進封開國公，加食邑五百户，仍改賜推誠奉義翊戴功臣，散官如故。三年，」公授特進、檢校太尉、持節許州諸軍事、行許刺史、〔一〕兼御史大夫、充忠武軍節度使、許蔡等[州]觀察[處]」置等使，仍加食邑七百户，功臣如故。五年，授檢校太尉、使持節宋州諸

〔一〕「許」下疑脱「州」字。

軍事、行宋州刺史、兼御史大夫、充歸德」軍節度使、宋亳等州觀察處置等使、侍衛親軍馬步軍都虞候，功臣、勳封如故。傾摧八陣，戒嚴六」師。璧假酬勳，未為多得；商墟受命，所較幾何。六年，授檢校太尉、同中書門下平章事、行宋州節度使，散」官、勳封如故。鉟鉞壇場，分閫顯將軍之貴；鹽梅鼎鼐，持衡見丞相之尊。仲秋，授檢校太尉、同中書門下平」章事、使持節鄆濟等州觀察處置等使、兼侍衛親軍馬步軍副都指揮使，仍加食邑五百户，食實封貳伯」户，功臣如故。數地之英風凛物，臨民之利刃投虛，封土廓清，奸邪屏跡。五方異俗，更無晨飲之羊；千里同風，旋」止夜吠之犬。雖疊承鴻渥，未釋揔戎，嚴肅禁旅，撫察京都。值」今皇帝天命有属，人心所歸，雪刃前交，莫辯良善；雲師才定，已溺干戈。亦猶火炎崑崗，玉石俱毁。」聖上哀診〔軫〕忠赤，追念移時，乃命天人，用營葬事，兼贈中書令。長子鈞，二十二終，尚食副使。大小娘」子適彭城劉福祚，充西頭供奉官。二小娘年十三。保安年十一終，充節院使。三哥九歲終。三小娘子五歲，四小娘子四歲。」七哥三歲，授東頭供奉官。守諒、姪男守琉充東班弟二班都知。嗚呼哀哉！公之德不可得而備言，」公之行不可得而備録，雖有大位而不永遐齡。逝水驚波，闕長川而不返；白駒流影，過空隙而無迴。刻石」他山，聊伸識墓；披文異日，庶備變陵。銘曰：」

星辰之精，河岳之英。出為間傑，來扶聖明。器宇恢偉，」武略縱横。有典有則，唯忠唯貞。力負乾坤，手擎日月。」龍韜一受，狼煙四滅。佐邦棟梁，瑞時英哲。後擁旌旗，」前持鉟鉞。無名無功，君子之窮。有爵有位，君子之貴。」令善令德，余之紀兮。直筆直言，幸無愧兮。」

建隆元年庚申歲正月辛丑朔二月二日任〔壬〕申寄葬于河南縣平洛鄉杜澤村，記耳

《洛陽出土歷代墓誌輯繩》

附録〇〇九　智堅和尚塔銘

建隆元年二月九日

【誌蓋】失

【誌文】

洛京千佛禪院故院主和尚塔記」

噫！生兮究理，殞乎歸真，賢聖有以示同，貴賤」無以逃此。先和尚諱智堅，姓曹氏，即范陽」人也。志僻好山，雲遊届洛，慕空門離染，懷隻」履絶塵，遂礼本院從公以剃髮，至同光元年」受戒。凡一聞多悟而內净外嚴，為處直心，勸」人苦口，無私入己，有順於師。師之師謂以得」仁，因付院宇。洎天成初住，修持一院，華嚴可」觀，供養衆僧，勤勞莫並，檀越以之沽善，王侯」以是欽風。奈何春秋遞顔，日月催限，雖一真性」立而四大身非，緣畢東陲，果圓西去，時歲在戊」午仲秋月十二日遷化，享壽七十有九。徒弟號」悲，士庶抵掌，用荼毗之禮也。夏臺大王夙仰」其風，傷聆掩化，洒躅俸賄，樹鴈塔焉。門人」法倫等咸固遺風，共和進道。今雲愁水噎，」境是送終，地久天長，名傳不朽。時庚申歲」春二月辛未朔九月己卯敘記。」

法眷師叔智悟、智温，小師院主賜紫法倫，賜紫法寬、」法順、法照、法光、法朗、法廣、法澄、法新、法遵、法德、法美、法義。

《北京圖書館藏中國歷代石刻拓本匯編》第三十六册

附録〇一〇　張宗禮及妻田氏墓誌

建隆元年二月十四日

【誌蓋】失

【誌文】

宋故張府君墓誌銘并序」

粵以玄黄啓運，定生死於万化之元；形相纔分，遂陰陽」於二儀之上。逝波東注，兩曜西流，由同蟻之呈，〔一〕復見巡環」之理。厥有張氏之先，本貫清河郡，遠祖因官，今為潞府」人也，子孫興焉。祖諱　。府君諱宗礼，志善直道，性好欽」賢，懷風雲豁達之心，抱松竹堅貞之操。市存君子，行莫」大焉，四憐〔隣〕之德譽遐彰，九野之聲光遠著。遵儒奉釋，長」要十善之名；布義脩仁，不失五常之節。時年七十有八，去」顯德五年二月二十三日殁於私室。夫人田氏，德和九族，行」滿四憐〔隣〕，儀芳孟母之風，禮脩曹家之則。去乾祐元年五月亦」亡。育子七人，次四嗣子知遠、次六知柔、知朗，青貞令譽，」潔白名芳。抱禮義，播美前賢；懷仁孝道。〔二〕養親立志，常」深魚笋之思；共侍旨甘，罔代〔怠〕辰昏之敬。次四新婦崔氏，亡，」次婚王氏。次六新婦段氏，次七新婦王氏，儀容婉約，質態難」雙，鄰里欽風，皆傳孝道。府君見存夫人楊氏，三從畢脩，」四德無虧，育子恭勤，不慢於崔氏之則。府君四子亡。」孫男住兒、次小住兒、三兒、四兒，孫女姐兒、妹兒、什德、女哥、三姐。」次四知遠等寧孤乳抱之恩，永隔養親之奉，今則盡竭家財，」共脩葬事。以建隆元年二月十四日合祔於府西七里。其地」左觀紫府，右接彰〔漳〕河南，前望五龍，後倚三壠，四神共備，八卦咸」全。刊石銘文，乃為詞曰：

懿哉張氏，留派在兹。行存千古，」言出九思。運摧大智，天促人師。循環生滅，往而堪悲。

《新出宋代墓誌碑刻輯録·北宋卷》

〔一〕此句疑有脱文。

〔二〕此句疑有脱文。

附録〇一一　王守恩墓誌

建隆元年二月十四日

【誌蓋】失

【誌文】

故推誠奉義翊戴功臣開府儀同三司檢校太師右金吾衛上將軍上柱國許國公食邑五千户食實封一千三百户贈」太子太師太原王公墓誌銘并序

朝議大夫檢校尚書水部郎中行河南府司録參軍兼侍御史楊廷美撰」

皇周顯德二年十二月五日，開府儀同三司、右金吾衛上將軍、檢校太師、許國公王公薨于位。」皇上廢朝，搢紳泫涕，詔贈太子太師。維大宋建隆元年春二月十四日甲申遷葬于河南縣紫」宅鄉宣武管宋村，禮也。公之得姓，公之門閥，公之勳庸，公之胤嗣，有國史焉，有家諜焉，有豊碑」焉，有行狀焉，此不書，但敘歷任官秩，喪葬年辰而已。公諱守恩，字保信，太原人，故明宗皇帝佐」命元勳、太師、贈尚書令韓王之子也。體皃魁傑，器宇宏深，紹弓冶於德門，建功名於聖代。當」明宗九三潛躍，委質於和門；及九五飛翔，策勳於絳闕。始授東頭供奉官，相次授洛苑、六宅、尚食等」使，加金紫光禄大夫、檢校尚書左僕射。戊子歲，上有事于圜丘，昇壇之日，詔公與皇孫為夾侍使。尋」授左羽林軍將軍，未幾授宫苑使。庚寅歲，授遼州刺史，俾書錦於故鄉也。秩滿，授左武衛大將軍，爵開」國男，邑三百户。尋進爵開國子，邑五百户。晉高祖之有天下也，授檢校司空、大内皇城使。未朞，再牧于」遼。尋轉衛州刺史。丁先王憂，毀瘠過禮。起復授右千牛衛大將軍，爵開國伯，邑七百户。又轉左屯衛、」右領軍衛、左驍衛大將軍。累被寵靈，恪居官次，凡居委任，皆著勤勞。雖居拱極之班，每切奉親之孝，以」太夫人在潞州，上章寧覲。適遇犬戎咆哮，晉祚淩夷，天人合發於煞機，星緯誰當於帝座。區區少主，不」如

歸命之侯；嗷嗷蒼生，真比在庖之肉。時潞帥相國張公懼兹魁首，奔赴梁園，天假壯圖，請公巡警。乘」秋鵬鶚，方呈天外之姿；得水鮫龍，非復池中之物。公英雄奮發，機略潛生，推戴并汾，掃除兇醜。於是扼」天井，控壺關，蕃將懼公而靡旗，漢祖賴公而稱帝。境纔數舍，衆無一旅，六合塗炭而潞民以寧，盖」公之雄才廟筭也。即授公光禄大夫、檢校太保、昭義軍節度、澤潞等州觀察處置等使。相次授開國佐」命忠節功臣、潞州大都督府長史、特進、檢校太尉，進爵開國侯，食邑一千户。未幾，授静難軍節度、邠寧」慶衍等州觀察處置營田押蕃落等使、同中書門下平章事，進封開國公，邑二千户，實封五百户。丁」太夫人憂，孝將滅性。尋起復授鎮軍大將軍、右金吾衛上將軍員外置同正員，奪情之異數也。二年夏，」授永興軍節度使。尋授檢校太師、西京留守，尹正神都，保釐洛邑也。三年秋，躬趍象闕，入覲龍顔，授推」誠奉義翊戴功臣，進爵莒國公，增邑四千户，實封一千一百户，右領軍衛上將軍，處明廷而冠環衛也。」太祖皇帝應天順人，握圖御極，授右金吾衛上將軍，進爵許國公，增邑四千五百户，實封一千三百户，」隆寵澤也。世宗嗣位，授開府儀同三司，增邑五千户，彰覃慶也。方將再提虎印，重領雄藩，忽嬰二豎」之祆，俄夢兩楹之奠。即世之日，年五十四。公始從筮仕，迄至歸全，所錫功臣，自開國佐命忠節至推」誠奉義翊戴；所授官，自尚書右僕射、司空、太保、太尉至太師；所授階，自銀青、金紫，歷光禄、特進，至開府」儀同三司；所任職，自東頭供奉官，歷洛苑、六宅、尚食、宫苑、皇城等使，至同平章事；所受封爵，自開國男，」歷子、伯、侯，至許國公；所授勳，自柱國至上柱國；所食封，自三百户，歷五百、一千、二千、四千、四千五百，至」五千户；實封自五百户，歷一千一百，至一千三百户；所理郡：再牧遼，一臨衛；所臨鎮：潞、邠、雍、西京留守；」所授朝班，自左羽林軍，歷左武衛、右千牛衛、右屯衛、右領軍衛、左驍衛大將軍、右領衛、右金吾」衛上將軍；薨贈太子太師。嗚呼！公才兼文武，智實變通，契叶風雲，位崇將相，唐朝舊德，漢室」勳賢。既得志而復得時，雖非壽而且非夭，存殁之盛，其誰可侔，誠間世之偉人也。嗣子繼昌等承家有則，」

在疚得儀，虞深谷以為陵，刻徽猷而在石。銘曰：」
箕山之精，汾水之英。降我王公，為國之禎。輝華門閥，煜赫功名。世濟其美，莫之與京。」鱗翼早攀，風雲玄契。疊掌内司，累登環衛。嶦韡出牧，寬猛相濟。展我宏才，宜乎乱世。」天地之否，犬戎猖狂。資我王公，翼于漢皇。二儀再造，四維重張。三公袞冕，上將旂常。」節制雄權，保釐重寄。宣□惠和，忠肅恭懿。衛霍勳業，蕭曹名器。何用不臧，水舟陸驥。」雲藏北落，星坼中台。□□□□，交親盡哀。洛城之西，邙山之隈。斯為玄宅，魂兮歸來。

《千唐誌齋藏誌》

附録〇一二　苻彦能墓誌

建隆元年二月十四日

【誌蓋】故楚州苻公墓誌之銘

【誌文】

大周故楚州防禦使武都郡苻府君墓誌并序」

門吏前楚州防禦推官將仕郎試大理評事崔憲撰」

夫高明下覆，大星配賢者之風；川瀆宏流，百谷薦忠臣之象。良由長淮筮遠，青海功陰，華宗慶可久之基，」大族應莫京之兆者哉。府君諱彦能，字光義。代為陳人，公生於晉陽，家於彼，又為晉陽人也。」公之祖禰，自蒲氏而盛，代止秦主，生有其文，家諜國史，靡不詳焉。曾祖諱政，追封楚國公。」曾祖母劉氏，追封楚國太夫人。祖諱楚，追封鄭王。祖母李氏，追封秦國太夫人。父諱存審，事」唐莊宗為番漢揔管，累鎮至宣武軍節度使，贈齊王，唐史有傳，終葬於并州西南數里，豐碑在焉。」母郭氏，追封齊國太夫人。先王有八子，皆公侯貴盛，近代無

以比方，公即弟五子也。奇骨峻立，英」姿異常，廉慎忠貞，蓋天生也。自幼從先王摠領將士，為廳子都指揮使，出征入討，所在成功。又為昭義左」司馬，復歷兖州衙内都部署。洎歸閭里，而值晉室舉義，皇綱不經，應龍上飛，代馬南牧。」公罹彼禍難，搆乎迍蒙。及晉祖開基，以公忠幹不撓，孝悌無渝，授公洛州團練使。到任，善政及民，清」名莅俗。及徵公入覲，授左千牛衛大將軍，又授石州刺史。踰年，百姓詣闕舉請，朝庭特降勑書獎」諭。罷任非久，公之兄，今魏王也，任鄜州節度使，朝庭徵兵，將命上將，以公就鄜州巡檢使。時青州不軌，」六師出征，魏王奉命伐叛，公又為偏裨，首率驍雄，先下淄郡，以其功授淄州刺史。踰年，百姓詣」闕舉留，有勑俞允。青州既平，又授公懷州刺史。周載政成，百姓舉留。本藩聞奏，以政聲，又授公沂州刺」史。將行，父老遮留，公以王命已行，潛出他門，以即郵舍。時偶會同稱年，中原喪乱，改授公磁州刺史。」不逾月，又改授深州刺史。未行，而聞漢祖龍飛，公巡赴中牟而見，漢祖慰勞非常。及授公萊州」刺史，到郡異政。踰年，百姓舉請，特降勑書，厚加獎諭。洎得替赴闕，時高祖登極，授公耀州團」練使。公下車治理，踰年，萬户同詞，飛章上奏，請立德政碑。公乃陳貢封章，實有牢讓。朝庭特降」勑書，深加獎諭。明年，高祖以公戚里名賢，郡侯善譽，授洛京都巡檢使。自及京，盗竊屏跡。方肅庶務，」旋奉急徵，以河東外結戎虜，入寇邊陲，命公為先鋒都監。時世祖親征，公先率前茅，直抵高平之陣。及」賦〔賊〕破，嘉其功，又授公澤州防禦使。洎大駕還京，又授公耀州防禦使。數年，人惜如父母，吏畏若冰霜。百姓詣」永興、告河府，請具奏聞。朝庭又降勑書，再三獎諭，前後兩任，相承七載。世祖以山陽重地，降星使急徵，欲委」任也。將離郡，累日百姓詣衙，皆垂涕，截道攀留。公以君命迅速，乃潛謀單騎而出自他門。及越境，所在百姓遮留如」其初，本州具事敷奏。及朝見，又降勑書獎飾，尋授公楚州防禦使。公到郡，百姓大治。方旬月，無何天不祐善，遽」染沉痾，徵莫効於秦醫，夢已集於殷奠。即以顯德六年九月二十九日終於楚州公署，享年五十有六。公太后之叔也，」聖上以戚里之念，特降中使吊祭。

十一月，扶護神櫬至洛京。明年二月十四日，以并汾路阻，權葬于河南縣龍門鄉南王村，」匪遠天府，實曰佳城。公先婚故東平王女房氏，令範內則，鬱有名聞，先公而亡，葬於先王之墳側。又婚」今夫人王氏，累封太原郡夫人，則故天雄軍節度副使、司徒之女也，德行婉約，慈順昭彰，九族重其嚴明，六親推其賢智。」公有子五人：長曰昭遜，前耀州衙內指揮使、銀青光祿大夫、檢校工部尚書、兼御史大夫、上柱國，性實純和，言行端慤；次子」昭懿，前楚州衙內指揮使、銀青光祿大夫、檢校太子賓客、兼監察御史、武騎尉，文才富贍，賢識優通；次子昭度，前楚州」子城使、銀青光祿大夫、檢校太子賓客、兼監察御史、武騎尉，俊邁出群，風格有異；次子昭遂，前楚州子城副使，清而且秀，」幼而有貞；次子泥陽，美有令儀，善得天性。有女四人：長適扶風馬氏，今懷州使君即佳聟也；次女適故鳳州防禦使長」子史氏，早亡；次女即大漢故陳王夫人也，先薨；次女惠真，慕道出家為尼，精進大師，賜紫。公凡所歷任，皆有殊政，」以功勳德業，累轉授推誠翊戴功臣、光祿大夫、檢校太保、使持節楚州諸軍事、行楚州刺史、充本州防禦使、兼御史大夫、上柱」國、武都郡開國公，食邑二千一百户。公其生也，愛民如子，戴君若天；其沒也，播名於人，書勳於」國。嗚呼！身雖沒而名不朽，其是之謂乎。何仁德若斯，而降年不永，天道玄默，何所問焉。憲託跡門欄，十五餘載，」慘愴紀事，安敢言才。勳業穹崇，門族茂盛，片石難寫，荒文莫陳，且非婉而成章，固乃直書其事。詞曰：」

其一：顥氣含元，星辰配麗。有德者昌，非賢孰契。唯公挺生，為時經濟。大昴儲靈，前蹤可繼。」其二：德門令祀，源流乃遐。清白垂範，忠貞保家。國高胄貴，王謝宗華。披諜視譜，昭然可嘉。」其三：雲龍應期，弼扶英睿。出典符魚，入居環衛。疊擁兵旄，慮分民制。十二雄州，功名無際。」其四：化及疲瘵，以民為憂。迎彼并牧，挽斯鄧侯。飛章奏請，所在攀留。光前絕後，永播芳猷。」其五：天何冥冥，孰窮其至。道有長生，公無久視。高門立言，令子成器。不朽之名，竹帛難秘。」其六：白楊翠栢，悲聲慘人。龍門之下，伊水之濱。子儀留像，樂天有

真。清風朗月，孰非其隣。」其七：德業茂兮世家，功勳傳兮鼎鼐。思直史兮可書，何片石兮盡載。洛水為谷兮長流，嵩山為陵兮永對。」縱陵谷兮遷移，知斯文兮長在。

孫再遇鐫」

軍將董擇書」

却於大宋乙亥歲十一月四日從」魏王改葬洛陽縣陶村原，禮也。〔一〕

《洛陽新獲墓誌二〇一五》

附録〇一三　安審韜墓誌

建隆元年五月二日

【誌蓋】安定郡安府君墓誌銘

【誌文】

大宋故武寧軍節度副使光禄大夫檢校司徒兼御史大夫上柱國安定郡開國侯食邑一千户安府君墓誌銘并序」

鄉貢進士李擢撰

前攝寧州別駕張得中書」

府君諱審韜，字德隱，河東晉陽人也。炎漢有安城，因地為氏，沿革年祀，逮於皇唐啓公台，造區夏，」熾彼宗望，迄至于今，庸可德而偁焉。曾祖諱明，貞晦不仕，累贈太傅。烈考諱金全，仕」唐授振武軍節度使、檢校太傅、同中書門下平章事，累贈中書令。丹穴遠大，必生鸞凰。」先妣馬氏，封扶風郡太君。藍田膏腴，實出瑰寶，公即中

〔一〕此句係改葬時補刻。

令之弟三子也。友于七人：「故邢州節度使、太子太師致仕、贈侍中諱審暉，長兄也；故青州節度使、陳王、贈齊王諱審琦，次兄」也；故鄆州節度副使、檢校司徒審玉，弟也；故北京西宮使審寓，次弟也；故龍武大將軍、檢校司空」審卿，次弟也；見充東頭供奉官審霸，季弟也。猗歟帶□垂纓，將相袁安之後；珠衣玉食，公侯畢萬」之家。公始者侍行振武，充振武軍都知兵馬使。騏驥當塗，必騁殊軌，名動宸扆，遂授勝」州刺史。長興年，中令變故，公始於茹荼，終於泣血，殆將殞滅，聞者歔欷。釋服，授安」州行軍司馬。入闕，授右神武將軍。屬清泰北幸，軍於懷覃，授懷孟魏府邢等州轉運」副使。飛輓千里，盡竭一心。歷晉，改西京華清宮使。逾年，授河陽節度副使、知軍府事。自銀青」階，歷諸曹尚書，至是遷金紫，轉右揆，得替授貝州節度副使。未即任，改定州節度副使、知軍」府事，遷左揆。惟彼中山，迩乎燕薊，胡騎乘秋而入寇，居民避地以出奔，罹是之殃，無虛其歲。」公高張斥候，明習戰耕，暨於解龜，代馬不敢南牧，勇駭絶漠，勳書太常。俄屬太夫人疾終，」公去任居喪。未滿恒制，值皇漢撫運，比屋恩封，器公才能，遂墨冠絰，授同州節度」副使。偶河潼構乱，戎馬有征，遂命兼職充河府西面都壕寨使，加司空，增户封。逆壘才下，授」鄆州節度副使、權知軍府事。歲滿，授陝府節度副使。屬陝帥折公自陝治邠，念公之才，」恨不同席，遂上章乞請。答詔允俞，移授邠州節度副使，轉光禄階，加司徒，增爵邑。邠帥告薨，」復為徐帥。相國向公亦以甘棠曾貳政柄，乞授徐州副使。皇上依允，仕進瞻顒，加開國」侯，食邑一千户。公所履之邦，亟於仕任，不捨晝夜，期在小康，悉力忘疲，愛民成疢。舊治」別業，選勝三秦，乞訪針醫，至止咸鎬。掛冠彭澤，陶潛雖喜於歸來；卧疾漳濱，劉楨遂至於不」起。嗚呼哀哉！宋建隆元年二月四日捐館舍於第，享年五十七。公入官之後，惟理是」求，安人利人，盡善盡美。迨于合目，不爽操心，惟焚香稽首，如睹衆善。論者曰：斯吉人為善之」所應也。公娶郝氏，封縣君。四子一女：長曰守勳，早亡，永興子城使；次曰守一，西頭供奉官，先」娶趙氏，故房牧太保之女，早亡，後娶韋氏，故左丞之女；次曰守仁，殿直，

先娶楊氏，神武大將軍」之女，後娶皇甫氏，故華州節度使、太子太師致仕之女；次曰守壽；女曰同哥。孫男四人：繼能、翁奴、小奴、壽孫。」孫女二人：永興、永福。靈派疏源，洪河於焉貫海；本枝互蔭，蟠桃繇是窣雲，知公積善之所鍾」也。諸郎君以祖母太君卜葬邙山，遂親扈祥車，自雍徂洛，將銘神道，爰得佳城，於」河南縣平樂鄉朱陽村安而厝之，孝之終也。灌莽蕭蕭兮增悲，陰風獵獵兮載馳，崗蟠壠附」兮可奇，付子傳孫兮不疑。貞石是勒，終焉在兹。銘曰：

星辰之精，河嶽之靈。誕為忠藎，來翔帝庭。魏萬之後，必大層構。公之丞親，」皇家之祐。綿歷周翰，提携漢章。民受其賜，國知其昌。惟壽與功，二者兼得。」當代輝煌，後人仰則。邃玄堂兮有歸，播清芬錫兮罔極。

建隆元年五月二日葬」

《洛陽市文物考古研究院藏石集粹·墓誌篇》

附録〇一四　邊敏墓誌　　建隆元年十一月二十四日

【誌蓋】失

【誌文】

唐儒林郎試大理評事行幽都府路縣令邊府君墓誌銘

惟丙戌之歲仲商之月又十六日，嗚呼，我先伯父長官遘疾傾殂於故里，以其月二十四日攢塗於正寢。欲詢逾月之制，得以送終；繼逢逐鹿之秋，未遑安厝。緜聯歲序，可得而知。粤有朝議郎、試大理評事、前行鄭州鄭縣令、兼侍御史、賜緋魚袋慎奇，光禄大夫、守刑部尚書、行御史中丞、上柱國、陳留縣開國伯、食邑一千五百户歸讜，即長官之弟姪也，念深同氣，痛切嚴書，因感義於鶺鴒，遂撫心於霜露，特齎餘俸，卜葬先靈。乃謂諸姪孫曰：方今

海宇謐寧，三農告隙，俾營遠日之禮，貴就叶龜之吉。若非刊勒，莫紀聲容。其所誌銘，汝當論撰，罔遺其善，弗虛其美。魯仰奉明誨，難愧匪詞，追往質今，對揚實録，謹敘。長官姓邊諱敏，字德成，其先陳留人也。本枝百世，代不乏賢，或魚符而列職，或墨綬以聯芳。王父諱行存，順州司馬。神情磊落，間氣深沉，抱環〔瓌〕偉之奇才，藴中和之至德，爰鍾厥後，實曰俊明。烈考諱承遇，任丘令。孝治承家，温公秉性，莅事每勤於夙夜，臨民恒示於愛威。而教彼子孫，備有趨庭之訓；敬其祖禰，必勤薦享之儀。先妣太夫人太原郡王氏，天資益秀，婦道弥芳，含茲淑善之風，終啓繁昌之胤。恭惟長官英資倜儻，偉量恢弘，辭才則賈、馬無稱，孝敬乃曾、顔讓美。當未登顯仕，恒奉温凊，見喜色以問安，露憂容而侍疾。身能禮樂，性存典墳。爰從赴聘於招弓，便可分榮於宰字，擢爲高陽縣令。莅政之後，嘉問允彰。單父臨民，綽有七絲之詠；中牟作宰，不無三異之稱。及罷任之初，實以神念聰明，人思遺愛。自此明廷以慎擇楚材，選求碩德。以道能佐世，俾議僉諧；以恩徙於民，陳諸任使。暫戢鴛鵬之翼，難淹騏驥之蹤。洎解印高陽，〔一〕未及踰載，而除官路縣，復起頌聲，屏宣卧虎之威，廳集巢鳩之美。立言必雅，莫常顯己所長；用意絶私，未可屈人之短。大小之物〔務〕，罔不躬決。當是時也，世運阻艱，徵賦多迫。其或立功立事，克勤克業，有利於國，無害於民者，惟獨長官矣。至〔二〕聞望俱高，位禄已重，賦潘岳閑居之詠，起陶潛歸去之思，因罷厥官，却訪田里。豈謂景福未終，昊天不佑，碧落之孤雲易失，風窻之短焰難停。歷任三十年，享壽五十八。我伯母平昌郡孟氏，亦以不登遐壽，奄逝流光，貞魂諒合於延平，青骨同安於蒿里。有子四人：長日照，故幽都府永清縣令。松筠定操，金玉温身，方傳襲慶之榮，俄遘涉洹之夢。次日隱，前攝鄭州長史。

〔一〕「實以神念聰明」至「洎解印高陽」，以上五十八字據民國《高陽縣志》補。

〔二〕「當是時也」至「惟獨長官矣至」，以上三十七字據民國《高陽縣志》補。

仁義兼資，温恭有譽，守其祭祀，不怠厥初。次日延，徒以積慶韞光，未趨顯仕而没。幼子商裔，運州左都押衙。以職居鄉外，身列陪臣，空深怙恃之悲，莫奉松楸之禮。孫子六人：讓能、去非、光乂、霸孫、嵐孫、天留。并謙沖立志，詩禮飭身，咸懷踵慶之風，大有興宗之譽。孫女三人：義姐、王師、小姐。或訖有絲蘿，或年才齠齔，克著雍容之德，允符貞順之規。於戲！生而無過，殁而有後者，其爲長官乎。幼□□□，□□不歌，春杵不鳴。歸墟也□連車□，乃梁鄧之□；贈弔有□，則金張之系。以庚申年十一月廿四日安神於任丘縣長丘鄉孝慈里靖隧先墳之次，禮也。靈輀駕野，丹旐懸空，爰開烏兆之塋，實掩賢英之墓。恭承日照嚴旨，謹作銘云：

博哉貴胄，踵慶於門。山河其度，金玉其身。藴十善道，爲百里君。立功於國，流愛於民。豈期遘禍，一旦歸魂。委宅幽壤，慮謝音塵。爰刊琬琰，紀録其勤。日往月來兮良銘此地，付子孫兮傳揚萬春。

《續古文苑》卷一九

民國《高陽縣志》卷九

附録〇一五　藥元福墓誌

建隆元年十一月二十四日

【誌蓋】失

【誌文】

大宋故推誠奉義翊戴功臣彰信軍節度曹單等州觀察處置等使光禄大夫檢校太師使持節曹」州諸軍事行曹州刺史兼御史大夫上柱國河内郡開國公食邑一千五百户贈侍中藥公墓誌銘并序」

前彰信軍節度掌書記朝散大夫試大理司直兼殿中侍御史張謂撰」

維皇宋元年秋八月二十六日，公寢疾薨於藩守，享年七十七。天子聞訃，嗟痛久之，輟朝」兩日，遣使吊祭，贈侍

中，崇礼異也。不周山折，夜壑舟藏，既罷市以興哀，諒牧民之有惠。陵谷遽遷，勳」蹟聊書。公太原壽陽人也，
其先少皞之苗裔，世因職業，因賜氏焉。析派分流，始濫觴於一勺；傳枝易葉，」遂輝爀於華宗。簪紱冠緌，家
諜備載。曾王父道紀、王父規和，雲州左教練使、應州都知兵馬使，以」公貴，贈千牛衛將軍、金吾衛將軍。曾王
妣范氏、王父妣張氏，追封南陽縣君、清河縣君。列考紹言，檢」校工部尚書，累贈司徒。妣閻氏，追封河南郡太
夫人。公即是司徒令子也。嶽瀆孕靈，星辰鍾秀，幼不」好弄，長乃沉機，見鴻圖百六之初，有豹變九三之趣。
潛遊侯甸，起足下之程；竟歷和門，展轂中之術。」龍德中，履邢、鄆、鄧等州廳頭軍使。天成間，轉拱衛、威和等
指揮使。清泰末，又轉親從、馬鬭等都指揮」使。公倜儻有勇，果敢馳聲，累立戰功，亟承恩渥。天福初，授金紫
光禄大夫、檢校司空、行深州」刺史，兼進户封。相次兩移原州，首尾五年，周旋三任，每至罷秩，咸有去思。後
除千牛衛將軍，隨」駕澶淵，鬭敵醜虜。兵罷，授湊、威二州刺史，兼命統領師徒，剪除部落，開通靈武、青崗一
路，援取迴」鶻進奉諸番。未及歸朝，又有詔旨，令攻收雍州趙思綰，孤城欲拔，又改充鳳翔行營馬步軍都虞
候。」持矛盪寇，破川軍於石鼻關西；挑鞅攻城，陷逆壘於鳴鷄祠畔。歸闕，授淄州刺史。未幾徵還，屬以彭」
門遽敢跋扈，召公充行營兵馬都監，盡其力也。城下授檢校司徒、行陳州防禦使，仍進户封。袴襦纔詠，刁斗還
興，平陽告急於」闕庭，丹鳳四徵於將帥。詔充西北面行營都排陣使。重圍立解，群賊奔歸，劒戟方擬於銷」鎔，
洙泗復云於檮杌。又詔充行營馬步軍都虞候。慕容夙在戎行，服公武畧，杜門守杞，不」敢鬭敵。數月之間，盡
誅朋黨。制授建雄軍節度、晉慈隰等州觀察處置等使。北軍不起，畏黑」矟之威稜；東道仍開，延青錢之事業。
二年，移定國軍節度、同州管内觀察處置等使。旋召隨」駕攻討并門。師迴，改授保義軍節度、陝虢等州觀察處
置等使。六年在鎮，送迎無一日曾虧；」八面受敵，遐迩仰五申之令。」國家優寵，特移近藩。未及周星，以在
降恩渥，就加檢校太師，兼進國公、食邑。公從微至著，積行累」功，無夷險以不登，是艱難而皆歷。聲揚名遂，

冠古絶今，仁風喧六郡之中，惠愛布四鎮之内。」比期犀節，臨濟水以長居；不謂龍泉，躍平津而不返。公娶河南賀氏、弘農楊氏，先公而終。繼」室天水趙氏，皆閨庭積訓，蘭蕙争芳。石窌疏封，俱耀雍和之德；鵲巢著詠，弥光婉娩之容。」公五男一女：女適江夏黄氏；男長曰重遇，殿前散指揮使；次令珂，威州衙内指揮使；次可鈞，殿直；次」可勳，西頭供奉官；次可瓊，曹州衙内都指揮使。雲情鶴態，士林之趣俱高；趙璧隋珠，寶肆之光交」暎。四人早世，今唯可勳、可瓊護喪，自曹之洛，以其年十一月二十四日葬於洛陽北原金谷鄉，弘農」郡夫人袝焉，礼也。□□□深輟社，痛極絶漿，欲報劬勞，請雕琬琰。謭披砂雖學，凌瓦無功，徽猷」莫叙於佳城，實□□□□茂草。乃為銘曰：」

元后臨軒，凄□□陽。恬天有妬，疑神不明。坏我梁棟，毁我長城。」一念前事，皆□□生。南攻北討，東戰西征。無所不去，所去俱平。」實是心腹，真箇股肱。褰帷漸貴，登壇益榮。平陽著頌，馮翊流聲。」甘棠播美，陶丘積馨。方當重寄，俄忽云傾。柳翣動兮朝露泣，薤歌發」兮愁雲興。卜京洛之北，宅瀍澗之濱。此時魂魄雖歸地，萬古聲光不化塵。

《新出宋代墓誌碑刻輯録·北宋卷》

附録〇一六　藥元福妻楊氏墓誌

建隆元年十一月二十四日

【誌蓋】失

【誌文】

大宋故曹州節度使妻弘農郡夫人楊氏墓誌」

彰信軍節度掌書記朝散大夫試大理司直兼殿中侍御史張謭撰」

維周顯德六年秋八月二十八日夫人寢疾薨於陜州公署，享年五」十二。未乱，有告曰：一日不起，請權窆於東京舊墳之側，以俟吉期，别」卜安厝，貴近先人丘隴也。闔属禀其明恵，一以從之。夫人信都」饒陽人也，其先姬周貴緒，炎漢華宗，因其服冕，乘軒遂至，分葩散蕚，」清華之級，家諜詳焉。曾祖鳳，真定府功曹參軍，妣琅邪王氏。祖翥，景」城縣尉，妣汾陽郭氏。父顯，九門縣令，妣北海唐氏。夫人即是九門宰」之長女也。夫人天縱柔和，生懷聰惠。才高詠絮，何慙謝弈門風；性本」知音，不辱蔡邕家訓。洎礼成奠鴈，敬展齊眉，綏撫六親，儀範九族。采」蘩著頌，早光螓首之容；石窌疏封，更耀鵲巢之美。方期内贊，雅正未」详，何久禱以不靈，忽兩楹而遘禍。嗚呼！秦樓月照，空勞尋鸞鳳縱由；」峽口雲歸，無處問神仙消息。夫人五男一女：女適江夏黄氏；男長曰」重遇，殿前散指揮使；次令珂，威州衙内指揮使；次可鈞，殿直；次可勳，」西頭供奉官；次可瓊，曹州衙内都指揮使。四人早世，今唯可勳、可瓊」扶護侍中喪，自曹之洛，及梁發軔齊行，以其年十一月二」十四日祔葬於洛陽北原金谷鄉，礼也。可謂有終有始，生共樂於華」堂；不比不飛，殁同歸於幽壤。令珂新婦天水趙氏，可勳新婦清河張氏，」可瓊新婦潁川韓氏，並送葬焉。二子等痛極倚廬，情深泣血，恨劬勞」之罔報，請刊勒以伸哀。謌素乏苦辛，幸承假託，止期實録，不昧」佳城，乃爲銘曰：」

粤有令族，久而弥芳。寒來暑往，振響騰光。爰生淑態，」乃配忠良。孝稱九族，行謹五常。德高文母，賢過姬姜。」内爲贊輔，外播馨香。降年何促，忽云遘殃。載覩清晝，」永閇玄堂。風蕭蕭兮白楊暗，草凄凄兮古道荒。寂寂寥」寥兮何處覓，歲歲年年兮不可忘。

《秦晉豫新出墓誌蒐佚續編》

建隆元年十二月一日

【誌蓋】大宋扶風竇公墓誌銘

【誌文】

大宋故翰林學士正議大夫尚書禮部侍郎知制誥判太常寺事上柱國扶風縣開國男食邑三百户賜紫」金魚袋竇公墓誌銘并序

門生從表姪孫前鄉貢進士趙孚書」

公諱儼，字望之。梁貞明五年歲在己卯正月九日戊寅生於沂州臨沂縣。竇氏三望，河南其一，」先公松檟在洛，今為河南人也。粤若上帝凝命，少康誕發，稽夏德之垂休，乃竇姓之分派。本大枝茂，源長慶延，」歷載以來，貴胄相望。隆后族者三世，君臣流為美談；册廟勳者九人，簡書載其盛烈。大王父諱遜，薊州玉」田令；曾祖妣平氏。王父諱思敬，贈右補闕；祖妣夫人南陽宗氏，追封本望縣太君。烈考諱禹鈞，左諫議大」夫，贈尚書右丞；皇妣夫人博陵崔氏，累封清河郡太君。公即右丞第二子也。鍾祖考之善慶，稟乾坤」之粹靈，生而清奇，幼而穎晤。五歲嗜學，學若生知；兩髦攻文，文如宿習。庠序所歷，師資罕加，未嘗不駭彼見聞，」稱其博達者矣。十四隨侍先公，祇命西適，凡所經覽，必載詠言。伯氏奇之曰：此必吾家之英華，儒林之標」秀也。群居終日，怡樂在容，殆耳目之所營，非沿習而不取。是故三墳五典，九流百氏，開户牖而覩其奥，擷菁英」而味其旨。若乃晷緯盈縮之迹，禍福倚伏之數，八音之器，五禮之用，必能探洞幽微，窮極要妙者也。於是朝野」名士，鄉閭善人，推而歸之，如水走（音奏）下。晉天福四年秋，鄭郡上計，薦公偕焉。禮部張公一覽鄉書，謂所親曰：歲」貢茂才，一人而已。來春果以殊級，成其令名。滑帥史翰素知奇材，表為從事，解褐授義成軍節度推官。尋授著」作

佐郎、集賢校理。未幾，復為東郡記室，從勳臣之召也。以外艱去職。公素禀純孝，奄奪慈順，泣血在疚，」僅乎傷生。右丞公語之曰：吾且老矣，尔其勉之。自是溢米稍登，羸形殆濟。制闋，授左拾遺。拜命之日，封疏上」言朝庭之否臧，風教之妍醜，綱紀之踈密，刑政之重輕，俻於皂囊，奏之丹陛，思所以感遇而陳力也。漢乾祐元」年，加朝散大夫、史館修撰，秉直筆也。訓法斯設，善惡必書，其義皎而明，其言微以顯，可以著為令典、垂於無窮」者焉。又遷左補闕，勳柱國。周廣順元年，公之元兄由外制而登内署，命公以主客員外郎知制誥，補」元兄之闕位也，時人榮之。歲滿，轉膳部郎中。顯德初，拜中書舍人，進階中大夫，勳上柱國。出入掖垣，典司密命，」文章敏麗，義理敷暢。遵四禁而奉職，率一德而不愆，深嚴得人，中外稱美。遷太中大夫、集賢殿學士判院事，賜」三品章綬。二年秋八月，丁右丞公之憂於鄭郡，哀毁過制，一如執郡太君之喪。苴麻既除，霜露多感，眷戀」桑梓，徘徊阡陌，杳無禄仕之趣，永圖高尚之懷。無何，琴聲未成，綸言已出，徵命旋至，素心弗從。四年秋，復授前」職官。于時周世宗撫寧万邦，憂勤庶政，凡有位以釐事，必程材而效能。公曰：朝廷大經，禮樂而已。乃上疏請」修廢禮、舉壞樂，祖述其事，著於格言。書奏優奬，畢從其請。自唐末乱離，樂部廢缺，金石有在懸之器，律吕無成」文之音。公傾耳一聽，謬誤都革。於是享宴之大禮，祭祀之大事，宫商諧應，人神協和。則吴之中郎，唐之協律，」審樂之効，未足多也。又詔公撰集大周正樂、大周通禮。五年秋，召為翰林學士、判太常寺事，權知貢舉。懸科」取人，有國大柄，豈伊奔競之路，實為怨憎之府。以文學，以德行，以人地，以形要，以私謁，以偏見，紛擾場屋，俱俟」登顯，取捨之際，是非互興。自是六載之間，三黜其春官者矣。公乃察利病而振綱目，省閑繁而革訛謬，文章」經業，躬自程試，明練英俊，毫釐靡差。故得天子稱其公平，宰衡謂之允當。狀元高冕，即日召對，恩錫殊」厚，擢升右補闕，嘉其得士也。秋七月，加通議大夫，封扶風縣開國男，食邑三百户。」聖上闡統，睠注益隆，遷正議大夫、尚書禮部侍郎。建隆元年夏六月六日，内熱遘厲，寢疾七日，歸壽於東京浚」儀

縣表節坊之第，享年四十二。有詔賵贈，恩禮加等。公先娶夫人張氏，故兵部侍郎煦之女，先公十」三年而逝。再娶清河張氏，封本望縣君，故刑部員外郎處素之女，先公一年而逝。今夫人陳留邊氏，刑部尚」書歸讜之女。有子曰訢，生戊申之季冬，夭庚申之孟夏。有女一人，適太常丞和峴，故相國魯公之子也。嗚呼！」公之為臣則盡節効誠，立功立事，夙夜匪懈，風雨弗迷；為子則勤行禮經，順事顏色，率道祇訓，揚名顯」親；為弟以恭謹，為兄以友愛，以仁慈視兒姪，以忠信接僚友。學則該總万古，文則經緯兩儀。惟百行之靡愆，奚」中壽而不至。嗚呼命耶？嗚呼天耶？有文集七十八卷，貽厥家世，永昭德音。以其年冬十二月一日歸葬於西京」河南縣平樂鄉河内村，陪先公之原，夫人張氏祔焉，禮也。嗚呼！重泉不開，六親永訣，雖善祥之匪忱，惟」令德之無缺。季弟作誌，謹為銘曰：」

蒙山岌嶪，沂水潺湲。鞫是靈粹，生為臣賢。公之生兮秀而文，成大名兮播清芬。何强仕之未及，」哀短期之旋臻。邙山迤邐，洛水清泠。乃瞻阡陌，是啓疇塋。魂之斂兮不復來，閟英靈兮歸夜臺。」綿六親之永恨，誌幽礎以哀哉。

《新出宋代墓誌碑刻輯録·北宋卷》

附録〇一八　姜知述及妻孔氏墓誌

建隆三年十二月二十八日

【誌蓋】失

【誌文】

大宋故周金紫光禄大夫檢校尚書左僕射衛尉少卿致仕上柱□」姜公墓誌銘并序

前鄉貢進士郭峻撰并書」

公諱知述，字著文。其先神農之後，家諜具載，故不復書。本河陽人也，唐天□□，」禄山逆命，王師有征，厥後

徙家長安，遂為京兆人。自昭宗遷都于洛，至」莊皇朝乃改玄寢於河南縣金谷鄉尹村西北隅。惟曾祖暨祖父母值□」子年黃蔡乱華，失其墓所，故不得遷祔于斯。曾祖權，皇任左金吾衛士」曹參軍，曾祖母蘇氏。祖寧，皇任汾州別駕，贈貴州刺史。祖母孟氏，追封」平昌縣太君。烈考宗甫，皇任横州刺史，累贈至光禄卿。先妣康氏，累追」封至郡太夫人。繼母田氏、次繼母吴氏，累追封俱至郡太君。公即光禄」第二子也，明哲在躬，温良稟性，早挺賢人之操，咸推君子之風。□外迭」居，六十餘祀，自將仕郎至金紫階，自試銜至檢揆，始自夔户掾，綿歷官」秩，不可備甄。當任太原少尹，遇漢祖將興，御署石州刺史，後任河南少」尹，勳至上柱國。洎周太祖龍飛，公告老得請，授鴻少致仕，次轉衛少。」公既遂辞榮，方思養素，忽應奠楹之夢，難追遊岳之魂，於顯德五年歲在戊」午十月九日考終命于西京嘉善坊私第，享年八十五。以其年十一月二十六日葬」于尹村公逆修之域，祔烈考之西序，禮也。公兄知逢，皇任汴州別駕，娶孫氏。」弟知遠，皇任左武衛大將軍，娶趙氏。俱先公而亡，咸祔于烈考之西序。」公先娶魚氏，早亡，葬于公之塋東序。次娶魯國郡孔氏，進封任城縣君，即」梁乾化朝左威衛將軍孔可舉之女也。玉暎騰輝，蘭芬讓美，懿行光於女史，」有慈順於母儀。亡公之後，方以是芳猷，訓于令子。無何，至」大宋建隆三年歲在壬戌十二月四日以疾終于嘉善里之正寢，享年七十」三。以其月二十八日祔于公焉。有子三人：孟曰容哥，少夭；仲曰蟾，擢進士第，任」西京留守判官，娶李氏；季曰仁澤，前同州夏陽縣主簿，娶劉氏。有女三人：長適高」氏，次適朱氏，俱先公而亡；次前適故鄧州書記時文蔚，再適苗氏。有兒孫一人，名」翁壽。孫女四人：長曰婆嬌，適韓氏；次曰鶻哥，適李氏；次曰壽哥，適前進士郭峻；」次曰翁怜，尚幼。峻實非才，幸聯懿戚，恭承嘉命，聊敢直書。銘曰：」

皇天無親，惟德乃佑。所以賢淑，咸登眉壽。往矣神魂，」同歸北原。留是懿範，貽厥子孫。

《洛陽出土歷代墓誌輯繩》

附録〇一九　楊信墓誌

乾德二年十月十三日

【誌蓋】大宋故河中護國軍節度使相國恒農郡楊公墓誌

【誌文】

大宋故推誠奉義同德翊戴功臣河中護國軍節度管内觀察處置等使開府儀同三司檢校太師兼侍中行河中尹上柱國趙國公食邑七千三百户食實封貳阡」肆佰户贈中書令楊公墓誌銘并序

門吏前攝河中觀察推官鄉貢進士胡汀撰」

公諱信，字守真，其先太原人也。昔者周邦初啓，唐叔受封，至武公子伯僑為楊侯，因而命氏。如山之巉，如川之注，公侯」継出，譜系具存，此可略之也。曾祖諱澄，累追封齊國公。祖秘，累追封魏國公。皆以天爵，屈於人事，宜其集慶於子」孫矣。父諱光遠，平盧軍節度、淄青登萊等州觀察使、守太師、中書令、壽王，追贈尚書令、秦王。以大功膺大位，」一人殊禮，異姓為王，首齊魯之封，重寰區之望。王之夫人四人：張氏追封秦國太夫人，邢氏追封越國夫人，並以壽終；」宋氏封鄖國夫人，趙氏封楚國太夫人，有以夫榮，有因子貴故也。公即秦王之第二子，母曰楚國太夫人。將門出將，」賢世生賢，發軔不停，崇基自峻。清泰初，以廕授銀青光禄大夫、檢校太子賓客、兼殿中侍御史，歷振武、義武軍節院使。」至天福末，累加檢校司徒，蘭州刺史，歷宣武、西京、平盧軍衙内都指揮使。牙旗之下，凛若霏霜；刺部之資，俄膺恩澤。屬」秦王之喪也，開運元年，授右羽林軍將軍。屬虜寇京師，漢膺曆數，以公公王之後，孝義有聞，四年春正月，授檢校太」保、平盧軍節度使，封恒農縣開國子，食邑五伯户，即先秦王之舊地也。公復得所部之衆，仗節東歸，可為晝錦還鄉，」紅旌継世，雖榮華焜耀，恒顧慕傷悲。粵若治理不遑，夙夜方明，有制委政入朝，秋七月加檢校太傅，改授安州節度使，」進封恒農郡開國公，

賜忠貞佐聖功臣。公再持漢節，恭牧齊民，況鼎盛春秋，未嘗以嬉遊廢事，復能正其心施于人。」刑賞之柄，不欺不饒，頒天子之詔條，有循吏之風化。乾祐初，加特進、檢校太尉。二年，加檢校太師。入朝，換保大」軍節度使。公私用乂，其政如安。廣順元年，加同中書門下平章事，改賜推誠奉義同德翊戴功臣。顯德元年，加開府儀」同三司，進封杞國公。受代赴闕，又封韓國公。二年，授左衛上將軍。三年，周世宗親馭六師，□江淮為內地，」公得扈從，即授濠州城下副部署。惟濠也築壘方堅，依淮作險，公每提驍騎，直扣懸門。未幾，詔移寨於定縣，屬」寇盛來邀取，且不敵。公但提所部之衆，盡滅其黨，所為鼓疾雷之威，迎破竹之勢。捷音上訴，優詔獎之，改」授壽州城下北寨都部署，兼知行府事。又改授右羽林軍統軍、充淮南道行營都排陣使，仍莅壽州城下。時壽未拔，屯」軍積年，江南悉衆來援，城距淮僅十有五里，彼乃築夾道抵金山鹿寨而進，煙塵相應，鵝鸛屢張。公妙運力攻，前無」橫陣，每交兵刃，悉就誅擒，奪寨栅於山顛，熄舟航於水面，遂使首尾不救，中外莫通。前後七立奇功，皆頒恩詔。」革車再駕，壽人乞降，繫公之力也。以功授忠正軍節度使，仍詔移州於下蔡。公首膺寄任，力効撫綏，革其澆」浮，熙以淳化。井邑之制，依稀若舊，謀不煩於故絳，義可並於新豐。丁越國夫人憂，乞去任。不許，授起復鎮軍大將軍、左金」吾衛上將軍，依前莅政，又進封魯國公。聖上法内禪，正鴻名，星緯有彰，日華大霈。建隆元年，加侍中。」當年以上黨拒命，有詔赴闕隨駕，授澤州城下西面都部署。澤潞平，以功授護國軍節度使、河中尹。其」任益重，其政益優，聞於四方，可使取法。上郊祀，進封趙國公。以累功，通前加食邑七千三百户，食實封貳阡肆伯户。」二年夏四月，暴疾薨於位，享年四十四。天子聞之震悼，遣使吊祭，賵賻有加，特輟視朝三日，制贈中書」令。嗚呼！公英威外發，淳粹内融，長久必行於仁，造次不忘於禮。忠規有立，孝道居先，每儉於己而厚於人，□於民而□」於吏。至若軍師之略，載在圖史之中。三公之官，不謂不高也；重侯之爵，不謂不顯也。階崇一品，户計七千；五鎮旌旗，萬」家膏雨。盛德之美，近古為優。歷筭不長，上天難

問。初，公之捐館也，由中及外，號泣之聲達于四境，皆曰奪我庇廕，何」恨如之。即鄭人之喪國僑，荆渚之悲羊祜，未足多也。於是官吏、僧道、百姓等千餘人列狀乞留葬蒲城，立祠堂，揭碑表。」詔問稱奬，存殁□兹。重以祔于先塋，不便民欲，即以其年十月十三日遷葬于河南府新安縣穀川鄉磁澗里，俻哀榮」也。秀氣鬱盤，地形□異，兇藏於是，吉且從之。鄭國夫人、楚國太夫人傷慟之懷，朝夕增厚。夫人許國夫人白氏，即」故西京留守、太子太師致仕、晉國公之女也，顯焕清門，輔佐君子，肥家有煒，晝哭盡哀。兄弟一十一人：兄勳，鄭州防禦」使；弟祚，單州刺史、晉朝駙馬都尉；次曰訓，西頭供奉官；次曰休，萊州刺史；次幼並早世。弟四弟美，見任殿前散員指」揮使；次曰鎬，西頭供奉官；次曰矩，護國軍衙内副都指揮使；次曰規，護國軍節院使。姊妹一十一人：長姊適故淄州刺」史安廷金；次適故陳州防禦副使陸能，並早世。妹適護國軍節度掌書記房彦昇；次適前陜府節度副使孫璉；次適前」乾州衙内指揮使周承吉；次適壽州觀察判官丘温玉；次適殿直張守能；次未適人。姪斌，護國軍子城使；嶼，護國軍」親事都頭。其宗族之大也，搢紳之榮也。惟散員司徒次長于家，方継父兄，自有才力，握兵中禁，其用非輕。女一」人，先適莊宅副使武再承，早世。男一人，護國軍衙内都指揮使審玉，居盛德之後，逢念功之朝，本以材，飾以禮，乃門子」之良者。故加以孝謹淳深，茹慕增切，以汀受知門館，服義初終，周知□□之才，久假從軍之筆，俾其撰述，深愧□」蕪，謹涕泗而銘曰：

昔□帝世，厥啓洪源。惟周命氏，佐漢貽孫。角立傑出，□載書存。宗族浩大，必高其門。曾既遺榮，」祖亦無位。積德日融，為仁□至。考乃□封，公居將帥。齊魏追封，崇高一致。□□聚秀，惟公挺生。□□□□，□□龍旌。崇階極□，」入衛出征。戎機民政，河潤風聲。聖運穆清，良才鎮撫。移莅蒲津，□□□父。斯封□魏，斯民□鹽。□□淳熙，復使周溥。」春秋方盛，功業思張。未期托土，俄聞壞梁。恩銷黎首，哀動康莊。倏來留葬，碑表祠堂。列狀上聞，帝恩□□。詔問私家，」□□幽壤。歸旐不停，衆情安仰。河洛氣蒸，精䰟自爽。

哲人非永，惟天謂何。令名常在，其亡則郁。公之佐國，忠誠靡他。公之[治]內，」□姻克穌。矧以微才，依□□舊。行止從容，恩私優厚。見託斯銘，慙當大手。幽室一扃，天長地久。

前進奏官張継能書

《新出宋代墓誌碑刻輯録・北宋卷》

附録○二○　李元簡及妻路氏墓誌　乾德四年

【誌蓋】隴西郡李府君墓誌銘

【誌文】

故李氏墓誌銘」

夫積德累行之謂仁也，修身踐言之謂禮也，揚名立身之謂孝也，金石顯事之謂銘」也。厥有其由，良能在於今古；事而有作，載而述於家代。李氏之來，仙枝起系，星精在於」兩漢，天派正於後唐。弓開夜月之時，箭發藍田之上，劒擺秋星之際，詩顯河梁之間。苦縣賴鄉」柱史之後也，其先譙郡人，後世移家於齊，今為歷城人，略而書之。公諱元簡，邢州人也。行叶」分明，言泉温潤。玉之十德，包含貞静之姿；金邁當千，振舉珎奇之譽。武力愛匡於義勇，」非鬬兵亡命之心；文教每羨其賢良，非敗德踈賢之性。芝蘭菊蕊，馨香而自是春秋；」垂蕀昆石，磊落以不聞瑕纇。何圖禍斯構善，疾疢其人，賦命不長，壯齡前棄，以後唐」長興三年三月十三日終世。娶路氏，生女二人，子兩人。長曰思殷，亦有女，適鄭氏；有子璲，亡早，娶」向氏，生馬老。次曰思肇，有子德，娶元氏，生董哥；亦有女二人，長適於張，次適於劉。路氏名訓」六親，聲傳百行，皃芬芳於桃夭，仁動感於鵲巢。匪唯截髮之賢，而有斷織之誠。本垂枝於後，何寸」晷而不延；欲駐駕於前，彼光陰而又短。以後晉天福三年

正月八日終齊州，以日月未良，葬於别地。」殷、肇棣蕚連芳，鶺鴒共譽。孝思於内，動興祭祀之稱；仁致其中，静叶敦良之性。江海本優」閑之志，五湖之煙月為家；天壤從放蕩之名，四域遂雲鶴之趣。懷仁立節，白頭無濫之人；」問善親談，青眼有年之士。七十之瑾瑜不玷，千年之松栢耐寒，厥德聿修，盛事何紀。」殷娶閻氏，孝乃生知，禮唯天則。女容婦事，咸歸六行之間；妻道夫從，悉在四德之」上。思肇娶苗氏，行通先古，情皎群書，禮樂和而内則分明，賢譽正而敦良顯焕。是知表」直影正，夫既行而婦必從；火届水銷，陽欲倡而陰必和。有家有國者，其在此乎。殷、肇謂」德曰：夫生以禮事，死以葬從，襲上古之風，順中人之性，可不焕矣。德乃敬遵嚴命，躬」荷徽猷，法周公祔葬之心，合君子同穴之事。乃買地於段德悦，開平原之榛没，發大」璲之陶工，剋日繫時，制之必就。又以」父伯年躋壽域，情保天和，日去崦嵫，時皆夭閼，人居昏旭，誰若鵷鶵。預凶事於前，」置生堂於後，同時卜穴。如是丹儆於内，彩筆揮於鮮華；□□於外，灰粉匀於霜雪。」靁電合而章明，薜荔長而蓊鬱。天炎炎而火龍熾，豈憂驅馳；風發發以雲鵬」飛，無勞猛烈。信以為孝矣，信以為敬矣。乃命葬禮備喪事，發故如初也。至於行走」犬馬之性，咸舉於養；誠羽翼烏鳶之情，亦合其返哺。以宋乾德四年丙寅」歸葬。於是同日重葬璲之墳，禮也。南枕崇山，西臨谷澗，龍崮引而自勢，馬鬣封」而可觀。壯四野之丘陵，間一川之堆阜。皇天莫問，厚地難窮，千秋之奠不回，上壽之」稱永訣。直而述事，愧其不文。

銘曰：

悲清風兮思昔人，慘丘壟兮傷百神。」松楸黯黯寂無覩，塚墓纍纍將坰新。營葬若兹，刻其翠珉。

《濟南歷代墓誌銘》

濟南閔子騫祠藏石

附録〇二一　楊信妻白氏墓誌

乾德六年二月十九日

【誌蓋】失

【誌文】

大宋故護國軍節度使贈中書令弘農楊公許國夫人南陽白氏墓誌銘并序」

朝散郎前虢州湖城縣令王億撰」

夫人白氏，其先南陽人也。譜傳出於昌黎，即其姓焉。曾祖諱辯，累贈」太傅。曾祖母劉氏，累贈許國太夫人。祖諱君成，唐遼州刺史，累贈太師。」祖母武氏，累贈燕國太夫人。列考諱文珂，皇任西京留守，贈中書令。皇」妣魯國夫人張氏。夫人即中令之第九女也，護國軍節度使」中書令弘農楊公之室家也。」夫人温惠成性，徽柔作則，以孝侍父母，以順從夫，以慈教子，三從之」義著，四德之名彰。至於奉烝嘗，睦娣姒，撫親族，恤家人，十有七年，」禮無違者。中令自始及卒，待之如賓，肥家之道，不亦宜」乎。出嫁，封韓國夫人。」中令改鎮之年，封許國夫人，從夫貴也。嗚呼！天不憖遺，降年非永，」乾德五年孟夏十有四日疾暴作而薨於西都　里之私弟，」享年三十三。一女適　節度使武公之男再成，既嫁而逝。嗣子審」玉，東頭供奉官，克紹先訓，列位」庭臣，屯師西陲，集事帰闕。宅兆既卜，假告允諧，以」夫人薨之明年仲春十有九日葬於河南府新安縣穀川鄉磁澗里。」中令前室清河縣君張氏，　節度使　之女，不幸早亡，是」日同祔大塋，禮也。億非文學之贍，叨葭莩之親，摭實其詞，乃為銘」曰：

恭惟夫人女孝有儀，婦順母慈。三者具美，百行可知。降年」不永，天禄有期。窀穸於何，洛陽之西。壃里於何，邙山之谿。陰風蕭蕭，」蔓草凄凄。青松夜密，哀禽曉啼。親族悲凉，泉臺夢長。玉顏暗謝，同」穴且康。魂

隨逝波，骨閟玄堂。千齡万祀，不泯餘芳。

附録〇二二　張紹及妻程氏墓誌

乾德六年十月二十二日

【誌蓋】失

【誌文】

故唐帳前弟三軍使銀青光禄大夫檢校工部尚書兼御史大夫清河張□」墓誌銘并序」

前攝彰武軍節度推官張肅撰」

公諱紹，字昭文，河中人也。張氏之先，出黄帝軒轅之後。觀其天象，昭然弧矢」□星；驗彼手文，顯矣弓長之字，因為氏族，遂廣源流。儀、良懷命世之材，榮懸相」印；飛、耳抱干城之略，高佩兵符。暦代已來，華宗益茂。」[曾]祖諱弘積，皇任御苑判官、朝散郎、内府承〔丞〕。祖從，皇任直金鑾承旨、朝」請大夫、内給事，賜紫金魚袋。父諱居，皇任推誠保運致理功臣、樞密使、」驃騎大將軍、守右驍衛上將軍、知内侍省事、上柱國、開國伯，食邑七百户，親承」丹扆，密侍紫霄，掌大國之樞機，為明時之柱石。母平陽郡夫人」敬氏，邦媛馳名，家肥叶慶，中饋之賢既著，小君之号爰加。公即」驃騎第二子也。幼不好弄，長有盛名，每聞志在四方，未嘗掃其一室。蘇秦辯舌，」□侯腰金；梁竦壯心，終期廟食。」□唐莊宗朝仕□帳前第三軍使、銀青光禄大夫、檢校工部尚書、兼御史大夫，」雖居列校，實兼下僚。覆簣濫觴，然莫測高深之勢；摩霄逐日，而未伸遠大之程。」悲歌徒擊於玉壺，苦戰難封於金印。忽傷夢奠，俄歎壞梁，以同光癸未歲春三」月八日啓手足於洛陽私第，權殯於河中故里，享年三十有六。夫人廣平程氏，」生於清[白]之門，配於高明之室，琴瑟克諧於宮徵，芝蘭自溢於馨香，偕老何

乖，」同歸□□。以晉天福辛丑歲夏五月八日終於長安所居，享年四十有三。」男一□保澄，前攝鄭州別駕，執德能弘，當仁匪讓。才唯拔俗，林宗不處於斗筲；」而今適時，子貢徒稱其瑚璉。不有貽謀之慶，孰明積善之徵。孫女尚幼，煙昏藍」岫，十城之美玉方苗；日暖謝庭，九畹之幽蘭漸秀。卜乾德六年冬十月二十有」二日遷」先尚書，奉先夫人祔之，從大塋，禮也。嗚呼！已臨遠日，將掩重泉。寂寞几筵，莫致」問安之敬；哀哀惸獨，虔遵合葬之儀。肅學本面墻，才唯踏壁，幸叨宗派，早熟」門墉，見託斯文，寔無愧色。銘曰：」

軋軋轜車兮別故鄉，攸攸丹旐兮指玄堂。朝露淒清兮泣衰草，」晚風蕭索兮悲白楊。□貞珉兮慮陵遷谷變，紀徽猷兮同地久天長。」

鄉貢進士李鳳書

《大唐西市博物館藏墓誌》

附録〇二三　□公塔銘

開寶二年六月十八日

【誌蓋】失

【誌文】

故□□□禪□□法□□□□」

夫尊者□□□□□□□道消而□滿□順也。□歸窆」□□本貫□州□□□□不□□□□□□□□於崆峒」山，□戒於佛光寺。常談妙典，備達真宗，但傳法於人天，」固不事於居止。嘗寓泊於」京師等覺禪院，惟瓮牖蓆户、草薦土床而已。時」隰川太守隴西公方居禁職，益仰高風，朝謁之餘，」晨省之暇，不恒參礼，別受慈悲。或指迷塗，或密傳奥旨，既一」言之道合，諒曩劫以緣同。和尚享年八十一，去顯德三年八月十五日無」疾而終於是院。時以」□城亢旱，不許□□，□在諸」府□□□□□□」上台不阻，以伯父為名，

尋沐允從，甚契衆願。」京城之內，僧俗之中，送葬千餘人，威儀二三里。幡花翳日，香」火成雲，旬浹之間，號慟不已。烈焰既息，舍利仍多，」公獨收其靈骨，今特立塔於」□□□□□□禪院之上撰禄臺院山掌，置方塔一所。」開寶二年歲次己巳六月十八日入塔，永期歸敬，故刻石焉。」

前攝建雄軍節度推官駱仲珪述

□□□師□□□□□□嚴

□□□□嚴

《秦晋豫新出墓誌蒐佚續編》

附録〇二四　曲行殷墓誌

開寶三年正月十四日

【誌蓋】魯國曲公墓誌銘并序

【誌文】

故延州行軍金紫光禄大夫檢校司徒兼御史大夫上柱國魯國曲公墓誌銘并序」

鄉貢進士鄭悦撰」

夫嶽降沖靈，神滋間氣，始則會風雲而致用，終則騰竹帛以垂名。景行弥芳，茂來葉於不朽；令德愈峻，播休烈於無窮。以至翼」子貽孫，自家形國，克蕃洪緒，爰昭慶宗。資定乱者，慕李廣之英風；務封侯者，効班超之奮跡。諒為箕為裘之不墜，蓋乃文」乃武以相連。或熊軾隼旗，皆金昆玉季，苟非刊雲礎，則曷誌人英。公諱行殷，字德濬，幽州人也。禀鋭氣於析木，善武畧於」崆峒。壁立彝倫，行止不群於鄉黨；川凝偉量，周旋期利家邦。〔一〕况精六

〔一〕「利」下疑脱一字。

藝於躬，莫抑四方之志，遂離燕土，爰届并門，獲事主於」雄藩，乃盡節於列國。于時補充可〔嵜〕嵐軍使，奉上而公忠積譽，臨下而威愛儲休。礪智刃以剸煩，則事皆適中；瑩心鏡而燭物，則」理無不明，遂擢充北京綾錦使。龍泉切玉，故靡礙於奇鋒；牛鼎烹鷄，奚足勞於大器。方期君子之豹變，旋值」晉祖以龍翔，扈鑾馭而離太原，從翠華而抵京洛。附鳳之功勞著世，飛鴻之羽翼逢時，雖符竹以未封，俾分茅之往替，於」月授延州行軍。戴仁抱義，弼政化於六條；振緯張經，傒享荷於百禄。歷數載而承詔命，忽一旦以歸帝庭，未及」周星，復膺光澤，乃再授延州行軍。郊迎官吏，咸慶重來；路接軍民，争欽夙惠。廣仁人而騰懿望，宗理治以播通規。」良時而定遠誰封，賦命而流年莫與，倏灾纏晉豎，俄夢奠丘楹。日覩峩峩，先動云頹之歎；巖松落落，後興其壞之嗟。因寢疾」而歿於延州公署，享年五十有七。祖諱斐，字文熙。攄五色之龍章，折桂而嘗陪邦彦；摛九苞之鳳藻，依蓮而榮副賓階。」任平盧軍節度判官而終。父諱述，字顯忠。周文武之才，播仁風而作牧；洞經濟之畧，敷德化以行春。任順州刺史而薨。有男六」人：長曰行周，字餘慶。官列象雷，恒戴星而勤王事；時推偃草，能馴雉以洽編氓，任博平縣令而即世。次曰行誨，字希範。鑒洞」人倫，才豊王佐，祖勵翼而戴元后，矢昌言而裨聖謨。静難清氛，負長短縱横之術；興利除害，曉進退存亡之」機。唐帝用為虎臣，莊宗賴其雄畧，能宣智而宣力，遂賜姓以賜名。聯玉葉之輝華，榮兼九族；貫銀河之宗派，運」契千年。異寵□於一麾，初專博郡；分憂寄於四岳，旋刺忻州。洎鼎祚方新，明宗御極，諸侯受賜，本姓遂還，仍荐」被於綸恩，俄就遷於隰郡，遄驚不幸而薨於是州。次曰行筠，字秉操。抱龐統之逸才，袟推展驥；藴羅含之麗藻，任洽」題輿，為幽州别駕而亡。次曰行益，字德廣。瓌意琦行，奪敬康之公才；左方右圓，得弘羊之心計。自定州節度副使、兼黄」安銀冶都監，利國利民，公私聽命；令問令望，朝野傾風。授青白兩池榷鹽制置使，洎朝北闕，奄謝東京。公有」第曰行從，字福及。從職貝州，頗彰英幹，為有規矩，動克謙和，而夭亡於是。公有子四人：長曰彦饒，字智廣。强兵戰勝，」

素熟韜鈐，授律即戎，遠鎮藩閫，授河西軍節度、凉州管内觀察處置押蕃落等使。因染疾於凉府，乞就治於涇州，宋開寶」二年歲在己巳八月二日薨於是藩，享年五十有八。次曰彦朝，攝延州長史而亡。次曰彦瑶，攝延州司馬而卒。季曰彦韶，虎捷右第七」軍第四指揮使。智練殊時，音鍾駭俗，始則向天庭而歷職，中則委軍旅以治戎，自供奉官充虎捷指揮使，周顯德六年於」揚州屯駐而殁。公有女一人，出家於東京崇夏寺，師號曰精進，法名曰道堅。慈航遂意，超彼岸於無窮；惠日凝光，照法界」於至極。公有猶子二人，即故榷鹽制置司空之令子也。長曰彦璘，開封府隨使軍將副行首。澡行浴德，慎君子之樞機；」礪節砥名，作侯王之心腹。次曰彦貞，字永節，龍捷右第五軍第三指揮副指揮使。以勇列為業，期休命賞於止戈；」以射御為功，冀洪伐榮於仗鉞。公有猶女一人，即故隰州太保之令女也，適故侍御史清河張公諱詡，封陳留縣君。雖夫天之」早失，保婦道以弥高，心齊虹玉以無瑕，性比驪珠而絶纇。公之夫人河南縣君韓氏，洽三從而成懿範，俾六親以慕賢風。良」金奪貞，應難類其志；寒筠挺操，恐未如其心。宋乾德二年三月在博州寢疾而亡，今祔葬於鄭州滎陽縣高陽鄉敦義里」劉村北堙山豈大塋，禮也。噫！公之德行如是，遭遇如是，而禄不至於二千石也，良可痛惜哉。公有孫二人：長曰咸煦，字」仲熙，前攝滄州别駕；次曰咸素，字仲景，前攝齊州防禦推官，皆故虎捷司空之愛子也。家聞孝悌，麗金向比於奇琛；人仰」俊能，昆鐵即成於利器。將烈祖之茂績，特見託於誌詞，勉而搗毫，貴遵嘉命。銘曰：」

豫章之木，棟宇之材。大用勿及，良工可哀。河嶽之靈，公侯之氣。睿主雖逢，景命不至。」長天漫漫兮晝復晝，寒月亭亭兮愁更愁。傷令人之百行，葬英骨於千秋。」

開寶三年正月十四日建

《黄河・黄土・黄種人》二〇二〇年第十二期

附録〇二五　牛孝恭墓誌

開寶三年十月五日

【誌蓋】失

【誌文】

梁贈尚書右僕射隴西牛公墓誌」

唐季版蕩，君子道消，故有道之士，清以自潔，貞以自」正，謙以自牧，信以自持，遁以全其身，晦以藏其譽。及其亂」之已静，懷此行者，始用顯明，是故」我牛公諱孝恭於梁有尚書右僕射之贈。」僕射之先，彪炳簡牘，此不復書。僕射生鄆帥、太」師諱存節，居於青社，垂數十年。常以黄老之道淯汩」其迹，怡怡自得，有箕穎之操，是以亂世諸侯不識其為」賢人也。嘗撫太師背，謂之曰：治世吾不得見矣，吾」老矣，無能為也。尔有成家大門之志，當及其時。吾觀」朱公氣宇，雖不能大致和平，真定亂主也，尔盍依之，以」取富貴。太師曰：大人年尊，我不忍去。後數年，」僕射終，太師遂歸于梁祖，果如其言。嗚戲！」達識玄鑒，通於神明，何如是歟。葬於鄭州滎澤縣廣」武原。後以草竊凌犯，穴其玄宫，曾孫彰武軍戎副」夙夜惕厲，上乞改卜，躬扶靈柩，窆於西都河」南縣平樂鄉杜翟村原，實大宋開寶三載十月五日也。謹紀其一二，而為銘云：」

居亂世，知鹿死。全其道，」貽其子。懿多僕射，玄鑒如是。

《千唐誌齋藏誌》

附録〇二六　牛存節墓誌

開寶三年十月五日

【誌蓋】梁故贈太師牛公墓誌

【誌文】

梁故天平軍節度使鄆曹齊棣等州觀察處置等使檢校太尉同中書門下平章事贈」太師牛公墓誌」

公以梁太祖帝乾化五年夏六月十九日薨于鄆，輟朝三日，命兵部侍郎崔昭愿、都官」員外郎柳瑗簡册鹵簿，贈太師，謚曰威。貞明二年七月二十四日葬于鄭州滎澤縣廣武原，」鄭國夫人薛氏祔焉。詔命翰林學士盧文度撰碑詞以旌其墓。後以奸暴凌犯，毀其」泉堂。裔孫彰武軍戎副宗德以尊靈所居，遭是圮拆，夙宵怵惕，拜章」上聞。既得所請，遂卜其地，瀍水之陽，邙山之西，里曰杜翟，鄉曰平樂，蓋西都河南縣形勝之地」也。大啓松阡，如滎澤之舊制焉，以大宋開寶三年十月五日襄事於此。嗚呼！」太師之功業，焕乎簡策，彰於碑頌，此不盡書，但紀其勠歷，舉其大綱，則勳業功德於」斯可見矣。公諱存節，字贇臣。王父諱崇，不仕。考諱孝恭，累贈右僕射，妣李氏，追封越國」太夫人。僕射寓家青丘，多歷年所。公當唐季，始依故人諸葛爽，爽殂而歸。僕射常曰：吾觀朱」公氣宇，雖不能大致和平，真定乱主也，尔盍依之，以取富貴。公曰：大人年尊，我不忍去。未幾而僕」射終，服闋，遂歸于梁祖。一見器之，署宣武小將。文德元年，改滑州左右牢墻使，復轉」右都押衙、兼右廂馬步指揮使，加左散騎常侍。二年，遷宋州都教練使，仍充都候。景福元」年，改遏後都指揮使。乾寧元年，加檢校工部尚書。三年，又加右僕射。五年，授毫〔亳〕州刺史，尋總」領宣武左衙步軍，仍改宿州刺史。光化二年，復為左衙都將、兼馬步教練使。天復元年，授潞州」都指揮使，轉階金紫，加秩司空，知邢州事。天祐元年，授邢州團練使，加司徒。」太祖為元帥，署元帥府左都押衙。太祖受唐禪，以公為右千牛衛上將軍。其年秋，舉」全師上黨，以公為排陣使。開平二年春，改右龍虎統軍。夏四月，遷左龍虎統軍、六軍馬步都」指揮使，仍加爵邑。冬授絳州刺史。明年夏，除鄜州留後，改同州留後。俄拜特進、太保、忠武」軍節度，進封開國侯。乾化二年，加太傅，進國公，邑千户。明年春，加同平章事。十一月，加開府儀同三」司，增邑二千户，充天平軍帥。四年，加

淮南西北面招討使。五年春，進秩太尉，又增邑千户。公始遘微」恙，屬河外舉兵，詔統車徒屯陽留渡。公聞命而行，左右勸請，乃上表述羸茶之狀。不數日，許歸」舊鎮。方還府署，遂至弥留。是夜，大星墜于正寢之後，而公已薨矣，享年六十有三。公有子四人：長曰」知業，梁寧州刺史；次曰知讓，晉吏部郎中；次曰知謙；次曰知訓。長女度為尼，次女適清河張漢貂。嗚」□！公之大功通於神明者，則有解太尉宗奭孟津之圍，歲荒粮絶，以金帛易乾葚以餉軍，遂破李」罕之衆。畧地河北，以千三百人盡殺魏万二千之卒。擊朱宣於汶陽，獨率步兵破其西門，奪守其」濠，遂拔其城。青口之敗也，收督殘卒，下馬血戰，力捍追兵，翼安太祖。救高平郡之危也，禀」命馳往，馬不暇秣。比及郡郊，叛卒舉火應寇，將陷孤壘。公詰旦而入，敵勢漸熾，彼急攻，我則强」弩以敗之；彼穴地，我則開隧以拒之，是以并人焚禀而竄。邠隴之兵圍公於馮翊也，彼以郡中」水鹹困我，公曰：神道助順，必有其應。鑿井八十，鹵泉變甘，符契神速，何如是哉！謹為之銘曰：」

古人有言，不有危乱，安識忠臣。」忘軀報主，實難其人。人之所難，」公之所易。奮不顧身，逮終如始。」而今而後，孰嗣厥美。

《大唐西市博物館藏墓誌》

附録〇二七　牛知業及妻孟氏蕭氏墓誌

開寶三年十月五日

【誌蓋】失

【誌文】

梁故金紫光禄大夫檢校司空使持節寧州諸軍事寧州刺史兼御史大夫上柱國」漢贈右衛上將軍牛公墓誌」

公諱知業，字子英。曾祖諱崇，力行不仕。祖諱孝恭，梁贈右僕射。烈考」諱存節，字贊臣，梁天平軍帥，贈太

師。公即太師之長子也。公始以父任為殿」頭，以從太師征伐有功，時初立馬前都，充馬前第三都頭，稍轉控鶴」都虞候。太師授同州節度使，太祖召公謂曰：朕聞孝」於家則忠於國，尔常在我左右，我俻諳尔忠勤，以尔父子久別，想多鬱」戀。朕欲成孝敬而厚人倫，俾尔奉温凊而居職位，今授尔同州馬步」軍都指揮使。公于是舞蹈稱謝，感恩泣下，太祖撫背而遣」之。太師移鎮汶陽，轉補鄆州衙内都指揮使。太師招討東南，」詔公留統州事。無何，屯兵陽留，復命太師為招討，忽以疽發于背，」數日而終。時衙兵有青衫子都竊圖不軌，欲陷府城，公脱衰裳，披」金革，號令而攻，逆黨盡戮。飛奏上聞，優詔褒飾，授起復雲麾」將軍、使持節房州諸軍事、房州刺史。越二年，授右羽林統軍，俄充」関西行營步軍都指揮使，獨領衙隊千人，首下寧州。幕府」上功，授寧州刺史。當賊兵勢挫，城將不守，逆魁命其徒縱火，焚爇衙」署略盡。公之始至，出家財而構焉。未幾，以腳瘡請退，詔許歸」闕，肩輿即路。至于灞橋，漸覺羸頓，以其日終于公館，時龍德三年四」月六日也，享年四十四。初娶孟氏，早逝。生子曰宗嗣，東頭供奉官。後娶」蕭氏，封蘭陵縣君。生子曰宗德，累官至閤門使，出為永興軍節度」副使，今為彰武軍節度副使。次曰宗諫，累為令長。公以戎副在内職日，」贈右衛上將軍。始葬于鄭州滎澤縣廣武原，今以先墳為盗所」發，戎副敬卜吉地，遷而厝之，故公之墳亦隨而移，二夫人並用祔焉，」地則為西都河南縣平樂鄉杜翟村。時大宋開寶三年十月五日也。銘曰：」

太師之兆，左次之域。寧州府君，歸全之宅。」馥馥令名，綿綿殊績。陵谷有變，斯文不易。

《洛陽新獲墓誌》

附録〇二八　牛知讓墓誌

開寶三年十月五日

【誌蓋】失

【誌文】

晉故度支郎中牛公墓誌」

公諱知讓，梁贈右僕射諱孝恭之孫，梁天平軍節度」使、贈太師諱存節之第二子也。公幼好讀書，性敏悟，年方八」歲，太師遣公入貢，梁祖惜其俊邁，除太子春坊舍人，仍」錫之朱紱。洎唐莊宗朝，授孟懷等州觀察支使。」唐明宗帥汴，公為汴州支使，賜紫。明宗龍飛，授太」常丞。後晉祖鎮河陽軍，公授孟懷觀察判官。」晉祖統運，除尚書職方員外郎，復為成德軍節度判官。秩」滿，授度支郎中。將命汶陽，終于公館，享年四十三。公禀五行之」粹靈，佐二皇之聖治，得其時而不用，懷其[才]而不伸，苟不推於」命，則將何謂歟？積德有徵，後當昌矣。公始娶霍氏，東平中」令之猶女也，繼室以夫人堂妹焉。有子五人：長曰宗道，終鄭州原」武縣主簿；次曰宗慜，未仕而卒；次曰宗辯，蓬州户掾；次曰小椿，早」卒；次曰三椿，未仕。女二人：長適登州丁使君之子，卒；次許嫁而卒。公」先以二夫人祔而葬於鄭州滎澤縣廣武原，」大宋開寶三年十月五日從先塋移窆於西京河南縣平樂」鄉杜翟村原。銘曰：」

古人有言，有其才無其命，時也。嗚呼！」牛公有其才，有其時，不獲其用，抑亦命歟。雖不在其身，」將光於後歟？

《北京圖書館藏中國歷代石刻拓本匯編》第三十七册

附録〇二九　安崇禮及妻高氏墓誌

開寶四年十月二十三日

【誌蓋】失

【誌文】

大宋故鄭州衙内指揮使銀青光禄大夫檢校工部尚書兼御史大夫上柱國安君墓誌銘并序

鄉貢進士李象撰」

天地冲虛，散和氣於萬物；神化無執，鍾類聚於百靈。巢蓮有十朋之祥，在囿標一角之瑞，」羽儀見九包之質，蘂品麗三秀之奇。總是英華，誕生哲士，故能外積鄉曲之譽，內全和睦之稱，」進不務於矜名，退不至於隱跡，抱中庸之德，合自然之機，善始令終，貽厥無忝者，君實其人。君諱」崇禮，字同節，其先鴈門人也。銀青光禄大夫、檢校尚書右僕射諱弘璋，君之曾祖也。金紫」光禄大夫、檢校司空、兼御史大夫諱福遷，君之王父也。推忠致理佐命保國功臣、河中護國軍」節度、管內觀察處置等使、開府儀同三司、檢校太師、兼中書令、贈尚書令、行河中尹、上柱」國、汧國公、食邑二千五百户、食實封三百户諱重誨，君之孟父也。鄭州防禦使、金紫光禄大」夫、檢校司徒、兼御史大夫、上柱國諱重遇，君之烈考也。或志與道存，高卧昇平之世；或德從後顯，」恩霑冥寞之魂。或掌密於天樞，或作藩於侯國。世官世禄，則史册具詳；乃武乃文，則前誌可驗。」此得略而不書。始者堂序八人，君冠其長。風雲未集，咸懷濟物之心；羽翼將舒，俱負雄飛之」志。然而非奇屈之才，不可以當時用；非特達之選，不可以展大功。藏機在懷，有發必中。居一日，」孟父令公於猶子之愛，有擇賢之心。君方弱齡，神彩獨秀，群弟之佐在右，卓立之情甚高。因謂」鄭州司徒曰：垂積善之慶而保門望者，在此子矣。遂奏充鄭州衙內指揮使，加銀青光禄大夫、」檢校工部尚書、兼御史大夫、上柱國。資父事君，自家形國。君嚴而肅，貞固有幹事之能；清而通，」臨財念苟得之誡。未嘗不忖己而度物，捨短而從長。方欲飛奏天庭，賓于王國，展驥足於」東道，運鵬翼於南溟，無何風樹興悲，頓使雲衢失路。廣順元年，丁鄭州司徒之喪。罔極之哀，」僅乎滅性；禮制有節，宦情已闌。遂毓蔬灌園，掛冠不仕。或藥圃春暖，竹齋夏凉，或蘚徑秋吟，」桂堂冬燠，莫不履屨拽杖，携友延賓。緑盃盈巵，素琴横膝，俯接襟袂，厠雜緇黄，日居月諸，垂」數十載。嘗謂僚友曰：夫飾身者文，仲尼不曰遁世無悶；毓德者道，老聃不曰養素全真。吾今襲《大易》」之居貞，達玄元之返朴，而今而後，將欲慕大乘義，種未來因，不亦可乎？於是聞者知君以三教飾身，」百行為則，宜其享高門之慶，垂積世之勳，永踐福

庭，遐躋壽域。殊不知仙鄉素約，內院潛期，天」齡昧終吉之言，物理契無堅之喻，宛其而逝，命也何徵。於開寶四年正月十日寢疾終於延福里之私」第，享年五十七。嗚呼！君生而不群，稟天地之淳粹；長而莅事，冠今古之賢能。晚歲退居，得盈虛之」妙理；終年履道，達空寂之玄關。前所謂善始令終，貽厥無忝者，不其然乎。即以其年十月二十三日歸」葬于河南縣平樂鄉朱楊村之大營（塋），禮也。君婚高氏，早歲而亡，今卜祔焉，以盡敬也。琴調緑綺，久」聞別鶴之音；劍入平津，再合雙龍之氣。有子二人：長曰隱珪，授將仕郎、試秘書省秘書郎，婚安」陸副車清河張氏之女；次曰十哥。尺璧寸珠，俱是成家之寶；貞松建木，咸稱構厦之材。孫」女一人蘇姐，方在襁褓，慧晤之性，骨氣已殊。慶子謀孫，漸保莫京之繇；牛崗馬鬣，爰求」無愧之辭。將俻變遷，是茲刊勒。象幸因秋賦，泊寄伊川，見託為文，具存實録。謹為銘曰：」

天地之精，散為百靈。引而伸之，哲人誕生。天地之氣，」蓄乎萬彙。卷而懷之，哲人云逝。其生也榮，拖紫垂纓。」中道而弃，抱素含貞。其逝也寧，楸阜松坰。赫矣道業，」超然德馨。總彼徽譽，勒乎斯銘。庶俻陵谷，千秋萬齡。

《千唐誌齋藏誌》

附録〇三〇　吴廷祚墓誌

開寶五年二月二十三日

【誌蓋】失

【誌文】

大宋故推誠奉義同德翊戴功臣永興軍節度管內觀察處置等使特進檢校太尉同中書門下三品行京兆尹」上柱國濮陽郡開國公食邑三千七百户食實封壹阡貳伯户贈侍中吴公墓誌銘并序

新授將仕郎守華州下邽縣主簿宋瑺撰」

玉之為質也純粹，而德所以韞藏，十仞無以掩其光；松之為性也貞茂，而材所以綿貫，四時然後登其用。君子由」是混休戚，一窮通，知幾其神，以義為利。直道未振，懷韜略以傲王公；良時聿來，會風雲而圖富貴。克樹休烈，」公寔其人。公諱廷祚，字慶之，晉陽人也。粤以泰伯受封，因國命氏；延陵興讓，舉世推賢。酌貪泉者名盛於晉朝，」繼直史者道光於唐室，家諜具載，斯略述焉。曾祖湛，贈太子太保。曾祖母郝氏，追封莒國太夫人。」祖實，贈太子太傅。祖母張氏，追封燕國太夫人。烈考弘璋，贈太子太師。慈妣李氏，追封魯國」太夫人。夫德則有隣，世濟其美，慶靈所萃，挺生我公。公生之夕，空中有金戈鐵騎之聲狀，聞見者駭之。迨」公數歲，太夫人以此諭焉，且曰：汝當位致公侯，一家是賴。公聞斯言也，雖在平居，必自炯戒。是以武」精七德，遊心者保大定功；書讀百王，銘座者出忠入孝。有曾、顏之行，以專色養；非魯、衛之士，弗與交從。括囊自居，」殆將壯齒。時周太祖參帷幄之謀，功崇於佐漢；奮經綸之業，望峻於藩周。聞公之名，思得其用。公乃委質」於霸府，離邦去里，以漸功名；就列於陪臣，盡節効誠，以司委任。至於奉上以禮，作事以能，咸用得宜，未嘗誤」旨。太祖每勑戒其寮屬，必以公為標式。暨太祖天人叶德，曆數在躬，疇佐命之績，授公莊宅副使。」未再稔，轉内軍器庫使。不逾時，遷大内皇城使。得士者富，臻治世以攸宜；懋賞者功，蹈亨衢而無滯。莊鵬之翼，運」海而垂天；劉驥之蹤，一日而千里。俄值太祖登遐，事世宗，歷幼主，便蕃寵禄，時無與肩。自顯德初」加金紫階，洎爵邑功臣名號，充内客省使，由北院轉宣徽南院使，從顧命也。賁趾通班，逼身貴仕。乃心王室，為」畢命之臣；不離公門，勵戴君之節。旋授公樞密使，仍加進其官勳爵賦。密勿之地，非賢弗居；貞固之材，惟理是視。」出納休命，周旋令猷。道不虚行，動成丕績；政無留事，適著良能。属我后昌期鼎新，奄有大寶，湛恩波委，必先」偉人，授同中書門下二品。秩兼三事，方焕於登庸；任重十連，俄聞於命帥。乃授公持節秦州諸軍事、秦州刺史、雄」武軍節度、秦成階等州觀察處置押蕃落使。逾年，授行京兆尹、充永興軍節度、管内觀察處置等使。將

相之榮，於」斯為盛。故階自銀青至特進，官自右僕射至太尉，爵自開國男至開國公，功臣自四字至八字，食邑自三百户至」三千七百户，實封自貳伯户至壹阡貳伯户，前後司留務者三，知軍府者四。除昏墊之患，再治隄防；修職貢之勤，」兩覲郊祀。當出鎮於天水也，會獯戎効逆，為邊鄙之憂，公樹之以威，柔之以德，則汧隴之右，致其塵清矣。」及移藩於鎬京也，值稼穡薄稔，有生民之病，公撫之以政，教之以術，則關輔之內，恒其歲豐矣。人蘇其惠，」朝野以為美譚。庚午歲，以聖節入覲。明年夏四月二十五日遘疾薨于東京積善里之私弟，享年五」十四。上聞之震悼，輟視徹懸，憫勳舊也。翊日，贈侍中，詔中使監護喪事，賻贈經費，咸命」給之。以開寶五年春二月二十三日敕葬我公于河南府河南縣平樂鄉張陽村。惟公所尚者」慈，所篤者志，急務者文武，洞達者緇黃，捨此而言，蔑有好玩。接一介之士，必修其禮容；對」萬乘之君，不懾於詞氣。行為枝葉，映八凱於高陽；言有樞機，賤六奇於曲逆。復偶」聖世，方隆永圖，惜哉純臣，弗躋眉壽。尺有所短，太史氏之前聞；天不憖遺，魯哀公之深旨。禍福奚狀，群輿」悲之。公有兄二人：長曰廷斌，不仕；次曰廷誨，成德軍馬步軍都指揮使。弟二人：曰廷乂，終於贊善大夫；曰廷贊，」終於龍捷指揮使。美蜿蜒之髫齔，嘗謂五龍；較頡頏之羽翰，尤高一鶚。友愛之分，凡今鮮儔。許國夫人太」原郭氏，夙資懿德，雅有令儀。《詩》美宜家，克著尚柔之道；《禮》稱命婦，允成內助之功。有子六人：長曰光輔，左驍衛將」軍；次曰光載，東頭供奉官；次曰光範，永興軍中軍使；餘並幼沖。璧樹交輝，瑶芝競秀。情牽罔極，方罹風樹之哀；譽」在必聞，即盛箕裘之業。有女六人，長適西頭供奉官李延順，餘皆在室。有姪三人：曰光弼，永興軍衙內都虞候；曰」光圖，節院使；曰光濟，子城使。有孫三人，孫女一人，悉高門之積慶也。瑫本非造士，洊玷於甲科；嘗愧」効官，遠分於兑澤。洎退居下俚，受公之招弓；言適」上都，遇公之捐館。焚巢增歎，方失於從知；染翰無憀，遽承於見託。若為固讓，空愧好辭。勳績難忘，彼美□」書於青史；炎凉不駐，斯文聊志於玄堂。銘曰：」

大哉乾元，茫茫八埏，彼二儀之純氣，生千里之巨賢。卷其道也，豹藏玄霧；得其時也，魚」躍清泉。攀鱗兮附翼，左方兮右圓。名高兮台鉉，位重兮旌旗。内籌外畫兮，」聖王前膝；董逋恤隱兮，疲民息肩。流慶兮裔緒，增榮兮祖先。噫！猶斯之具美，」奚弗永其降年。公之達理兮，彭殤一致；公之盛德兮，忠孝兩全。惟大名之不朽，任陵谷之變遷。

《北京圖書館藏中國歷代石刻拓本匯編》第三十七册

附録〇三一　張昭遠墓誌

開寶五年四月十九日

【誌蓋】失

【誌文】

大宋特進吏部尚書致仕上柱國陳國公食邑三千五百户食實封五百户清」河張公墓誌并序

門生徵事郎前守濮州臨濮縣令盧敏撰」

府君諱昭遠，字濳夫，本河間人。昔者河朔三鎮雄據，遠祖仲則挾策干王武俊，」説忠義之事，不納，避禍遷於汶上。再以策謁營丘元戎李納，尋署東平從事，因」家濮州范縣。自後高祖諱仁儉，曾祖諱秀玠，祖諱楚平，考諱直。世習儒素，官皆」至邑長，備於家諜，不繁俱述。唯府君博覽群書，富於詞藻，器量宏廓，不」拘小節。至於周文漢史、道書釋典、天文地里、律暦醫牒揔三万九千三百一十」二卷，聚於私家，張茂先三十車，不相上下矣。府君始於賓佐，漸於蓬瀛，」歷於掄材，訖於冢宰，攝正計四十八任，見於告命，比張文瓘万石家，未為福壽」也。著述史傳、補注墳典都七百四十七卷，藏諸秘閣，張九齡集六典之文，尤難」比也。自晉漢已來，奉旨撰碑銘册譜、曲章歌詞共三十万八千餘言，覩」斯行狀，張燕公善一時之美，何足稱矣。古人重寸陰而輕尺璧，疾没世而名不」稱，故司馬談終身而

著書，左太沖十稔而作賦。」府君學《易》何須於艾服，誦《詩》本自於綺紈。顛沛之間，猶枕經而樂道；弥留之際，」尚執卷以討論。良史之材，碩儒之德，方策所記，幾何人哉。嗚呼！陵谷有遷，寒暑」相代，方迓肆筵之命，忽興負杖之歌。即於開寶五年正月十七日屬纊」於東京私第，享年七十九。府君娶黎陽郡夫人劇氏，先三年亡，」享年七十九。《禮》稱順偹，《詩》述和柔，恭上有舉桉之名，訓子彰断機之美。見在五」男，早揚珠樹之名；即世三女，悉著椒花之詠。秉等扶柩護神，自梁徂洛，門生執」紼，故吏引輀，東辭通濟渠，西望相宅地。素車白馬，忍聽薤露之歌；隴墜泉門，莫」過夜臺之恨。當年四月十九日於洛京河南府河南縣金谷鄉石樓里北邙原」与黎陽郡夫人祔葬於祖墳，禮也。敏慕肱有志，請益無因，乏曹娥之好辭，幸蔡」邕之無媿。謹為銘曰：」

昔日長安道，乘玉勒兮照地；如今洛陽原，引丹旐兮送終。」浩浩兮崑河逝水，蕭蕭兮嵩樹悲風。長天兮愁雲黯黯，」晚日兮啼鳥嚦嚦。鴻碩兮九流莫及，勳名兮千載不窮。」吉兆兮牛崗馬鬣，良辰兮蓍順龜從。安厝兮佳城鬱鬱，」吁永世之冥濛。」

男秉琮書

《秦晉豫新出墓誌蒐佚續編》

附録〇三二　苻彥琳墓誌

開寶五年十一月十六日

【誌蓋】失

【誌文】

故推誠奉義翊戴功臣開府儀同三司檢校太尉行左驍衛上將軍兼御史大夫」上柱國武都郡開國公食邑三千三百户食實封肆伯户贈太子太師苻君墓誌」

粵以昭回上列，羽儀居」帝座之傍；紫殿分班，環衛在彤墀之畔。其有」將門令緒，王族象賢，勳名光溢於簡編，德義備詳於譜」牒，況惟短漏，不敢具書。公諱彦琳，即」先王第六子也。幼而敏晤，長乃强明，才當壯室之年，便主偏」裨之事，從莊宗太子充衙隊都指揮使。洎平僞蜀，却返」明庭，旋昇水土之榮，遥領竹符之貴，階惟金紫，爵乃侯封。天福」初，罷牧濕川，歸朝舜殿，俄就執金之列，長親拱極之光。相次歷官」檢校太尉，階至開府，左驍衛上將軍。至正始五年五月中，〔一〕忽遘沉痾，」旋歸大夜。天恩曲被，賵賻有加，尋贈太子太師。至黄武五年歲」次壬申十一月丁巳朔十六日壬申權葬於河南府河南縣龍門鄉南」王村。〔二〕公有子四人：長曰昭文，進士及第，前太子中舍；次曰昭浦，東頭供」奉官、桂州知州、兼巡檢；次曰昭惠，宋州虞城縣尉；次曰昭吉，前攝金吾」衛長史。有女四人：長曰，適彭城劉氏；次曰，適周氏；次曰，適賈氏；次曰，」適馬家。兼東平郡夫人吕氏，扶護」靈櫬，掩畢玄宫，禮也。」

却於大□乙亥歲十一月四日從」魏王改葬洛陽縣陶村原，禮也。〔三〕

《北京圖書館藏中國歷代石刻拓本匯編》第三十七册

附録〇三三　竇儀墓誌

開寶五年十一月十七日

【誌蓋】大宋故贈左僕射竇公墓志銘

〔一〕「正始」兩字係剜改。蓋墓誌出土後，賈人剜改三國年號以射利。

〔二〕「黄武」兩字係剜改。五年歲次壬申十一月丁巳朔十六日壬申，據干支推算，當是開寶五年。

〔三〕此句係改葬時補刻。句中缺字，原當為「宋」字，係賈人有意抹去。

【誌文】

大宋故翰林學士中大夫守禮部尚書上柱國扶風縣開國男食邑三百户賜紫金魚袋贈左僕射」竇公墓誌銘并序」

朝請大夫行尚書左司員外郎知制誥充史館修撰判館事柱國賜紫金魚袋扈蒙撰」

天之瑞曰慶雲，曰甘露，余以為非天瑞也；國之寶曰河圖，曰汾鼎，余以為非國寶也。若有人負拔俗」之才，蘊超世之量，祥麟威鳳比其德，舜韶湯護齊其聲，孝以肥於家，文以華於國，優游清貫，終始令」名，斯可謂之天瑞矣，斯可謂之國寶矣。嗚乎！云誰之比，即故大宗伯、扶風竇公之謂也。」公諱儀，字可象。昔者大禹濬川，功濟於天下；少康自竇，姓著於古先，則公之洪源茂緒，從可知矣。近」世有自平陵遷於薊門者，故又為郡人焉。曾祖遜，皇嬀州司馬。祖思敬，皇薊州玉田」縣令，贈右補闕。考禹鈞，皇左諫議大夫，累贈尚書右丞。皆履道儲祉，含華葆光，《易》所謂」積善之家，《傳》所謂盛德之後。物畜而大，亶其然乎。公即右丞府君之長子，妣曰」清河郡太夫人崔氏。始娠之歲，文曲燦其祥光；載誕之辰，尼丘聳其瑞表。成童之後，識者多之。弱冠」有五，為鄉里所舉。於是提鴻筆，戰廣場，當時文士，無不辟易。是歲登進士第，解褐辟寧江軍記室，連」歷滑陜孟三鎮從事。由東平廉判，入為右補闕，遷禮部員外郎。周初，拜倉部員外郎、知制誥。未幾，召」為翰林學士，轉駕部郎中、給事中、禮部侍郎，並依前充學士。及丁外艱，終大制，」天子降璽書，復以禮部侍郎充端明殿學士，徵赴闕。會世宗皇帝南征淮甸，命」公判隨駕三司，以督糧運。洎革輅凱旋，申命公權西京留守、判河南府事。昔漢以蕭何調軍食，」帝業會昌；周以邵公尹洛宅，皇都用乂。兼而得之者，公也。尋拜兵部侍郎，仍加爵邑，疇其庸也。旋以」昊天有命，皇宋勃興，由中及外，遷虞事夏。若夫垂掌百工，堯仁所以光被；夷典三禮，舜」德於是升聞。故皇家之受命也，始以公為工部尚書，復以」公為禮部尚書，蓋有意乎跂二帝之徽猷，崇六卿之重位也。」皇上始行郊禮之歲，以慶澤周流，詔書填委，再召公為翰林學士。于時人具尔」瞻，方期於大用；天不憖

遺，奄遘於沉疴。即以乾德四年十一月二十一日薨于其第，享年五十有三。」優詔贈尚書左僕射。公先夫人渤海高氏，次隴西李氏，次河東呂氏，次魯郡曾氏，或王謝清」門，或潘楊舊好。然而雲中月亞，嗟桂影之難留；林下風凄，惜蕣華之先謝。唯會稽郡夫人孔氏，鬱為」邦媛，善佐夫賢，洎鍾荼蓼之哀，獨奉蘋蘩之祀。有子三人，雖屬妙齡，俱為令器。女一人，適滑州節度」推官閻眴。公之貴介弟曰儼，故翰林學士、禮部侍郎。次曰侃，起居郎。次曰偁，宋州節度判官。」次曰僖，右補闕。俱擅價於儒林，咸策名於貢部。昔堯年八凱，不登儁造之科；荀氏六龍，尚欠文章之」稱。豈比夫聯翩射策，次第升朝，塤篪合奏於宮懸，軒蓋交馳於魏闕者哉。故近代言弟兄之盛者，推」竇氏為首焉；聳公相之望者，謂我公為最焉。粵以開寶五年歲在壬申冬十一月十七日癸酉葬于」河南府河南縣平樂鄉河內村北邙原」先塋之次，遷四夫人之喪祔焉，禮也。惟公端厚直方，孝友恭肅，以雄文茂學，為入士之用；以宏」才敏識，為懋官之基。國初，權掌文衡，別立規制，禮闈之內，于今用為恒式焉。後乃兼判法寺，重定格」律，《刑統》既成，至今垂為大典焉。加以挺特立朝，公忠事國，璵璠千仞，超烈燄以無瑕；咸護九成，韻清」風而有節。夫如是，則得不謂之正人歟，得不謂之賢臣歟。惜乎有代天之才，而不執代天之柄；富經」邦之道，而不處經邦之位，斯國家之不幸耶，蒸黎之薄祐耶，於」公無闕事矣。余嘗兄事于公，公亦弟畜于我。逮茲為識，音志。尤覺銷魂，抆淚濡毫，勒銘於石。曰：」

公之名兮，光於國史。公之行兮，立為人紀。公之文兮，」搢紳推美。公之才兮，邦家是倚。所不足者，」不登乎相位而以矣。系曰：

出洛城兮瞻北邙，攢拱木兮盤高崗，」年之吉兮月之良，公安宅兮慶無疆。

鄉貢開元禮張正一書

《河洛墓刻拾零》

附録〇三四　王仁裕及妻楊氏歐陽氏墓誌　開寶七年閏十月十七日

【誌蓋】失

【誌文】

周通議大夫守太子少保上柱國太原縣開國伯食邑七百户賜紫金魚袋贈太子少師王公墓□□并序」

中散大夫責授太常少卿上柱國賜紫金魚袋李昉述」

公諱仁裕，字德輦。其先太原人，後世徙家秦隴，今為天水人也。洋州録事參軍諱約，公之大王父也。成州軍事判官、贈尚」書屯田員外郎諱義甫，公之王父也。階州軍事判官、贈太子少傅諱實，公之皇考也。追封河南郡太夫人元氏，公之皇妣也。」恒農楊氏，公之前夫人也；累封渤海郡夫人歐陽氏，公之後夫人也，並先公而殁。秦州觀察推官温、秦州倉曹參軍仁」魯，公之兄也。成州軍事判官傳珪、秦州長道縣令傳璞，公之子也。綿州西昌令全禧、秘書郎永錫，公之孫也。校書郎」党崇俊、殿中丞劉湘、河東薛継昇，公之聟也。噫！王氏之宗，其來遠矣，或以門閥顯，或以儒雅稱，代不乏賢，世濟其美。」公即少傅第三子也，生屬乱離，幼失怙恃，兄嫂所鞠，至於成人。既無師友之資，但以畋遊為事，二十有五，略未知書。」因夢開腹浣腸，復見西江碎石，其上皆有文字，夢中取而吞之，及覺，性遂開悟。因慷慨自勵，請授經於叔父，」詩書一覽，有如宿習。凡諸義理，必究精微，下筆成章，不加點竄。歲餘，著賦二十餘首，曲盡體物之妙，由是遠近所」重。秦帥隴西公継崇聞之，自山中辟為從事。尋屬王氏僭竊，奄有巴邛，土地山河，遂成暌隔。公因兹入蜀，連佐」大藩，歷比部郎中、中書舍人、樞密直學士。蜀後主好文工詩，偏所親狎，應制和答，殆無虚日。蜀亡入朝，特授秦州」節度判官，即公之鄉里也，良田

美宅，適我願兮。罷職歸漢陽别墅，有終焉之志，著歸山詩五百首以見其意。無」何，興元相國王公思同以舊知之故，逼而起之。洎居守鎬京，復贊留務。岐帥潞王之圖大舉也，潛使人會兵於王」公，王公猶豫未決，召公謀之。公曰：事君盡忠，事父盡孝，忠孝之道，奈何弃之？王公勃然而起曰：吾其効死矣！」於是戮岐陽之使。俄而王師倒戈，奉潞王為主，王公果死於難，幕吏悉罹其禍。潞王下令軍中曰：獲王某者，」無得殺！遂生致於麾下。潞王素知公名，喜見公面。公自陳曰：幕府渝盟，臣所贊也，請就鼎鑊，速死為幸！」潞王義而捨之，委以文翰之職。詔勑教令，咸出于手。到京為近臣所排，出為魏博支使，改汴州觀察判官。數月，」召入翰林充學士，旌前勞也。晉祚初啓，以本官都官郎中歸班，稍遷左司郎中，歷諫議大夫、給事中、左散騎常」侍。漢祖開基，拜户部侍郎，充學士承旨。明年，帶職知貢舉。制下之日，時論翕然，咸謂其俊造孤平，將得路矣。今」宫師、相國王公溥，觀光待試，負藝求伸。雖組繡之文，名已振矣；而廊廟之器，人未知之。公識王佐之才，有人倫」之鑒，擢以殊級，置於首科，五年之中，位至輔相，知人則哲，有如是乎。舉罷，轉户部尚書。明年，以疾解職，授兵」部尚書。周祖即位，除太子少保，尊名賢而寵宿德也。以周顯德三年七月十九日寢疾終於東京寶積坊」私第，享年七十有七。輟朝賻贈，悉從優禮，贈太子少師。卜其年八月一日權窆於開封縣持中村。以大宋開寶」七年閏十月十七日歸葬於秦州長道縣漢陽里，遷二夫人合祔焉。公禀天地和氣，負文章大名，信義著於」交朋，仁孝被於姻戚。閨門卒歲無聞詬詈之聲，僮僕終身不知鞭撻之苦，有以知其為人也。音律曆象，咸盡」精妙，每遇良辰美景，命儔嘯侶，前管絃而後琴筑，左筆硯而右壺觴，曠然高懷，世無与比。文集百餘卷，並」行於世，四方之□，相競傳寫。篇章賦詠，尤是所長，行路深閨，靡不諷誦。嗚呼！登二品之貴位，享八十之遐齡，官」以考終，孰可繼者？然而不秉大政，不康蒸民，於公之才，伸展未盡。裔孫永錫力護神柩，遷復家園，自

梁抵秦，」□二千里。英魂凛凛，隨逝水以何之；丹旐悠悠，望故鄉而長往。昉預生徒之列，受門館之恩，八花嘗綴於」□班，四□復叨於真秩，今居退黜，尚玷清華。食禄明庭，心敢忘於所自；勒文貞石，理不在於他人。援毫」而功德難周，抆淚而傷懷莫已。銘曰：」

□淮疏派兮緱山降神，星辰孕秀兮黼黻摛文。垂搢紳之令範兮，藹臺閣之清芬。」□事七朝兮享年八旬，立誠敦信兮積善累仁。誰之德兮，惟我丘門兮少師府君。」□□圖史兮播譽閨門，母儀婦禮兮絶世無倫，道著三從兮光生六姻。」事夫盡柔順之體兮，御下有慈愛之恩。誰之美兮，惟彼恒農與歐陽夫人。」少師之德兮既若彼，夫人之美兮又如此，萬祀千齡，令名無已。啓重阡於梁苑之野，」遂歸葬於漢陽之里，塵路迢迢，輴車靡靡。嗚呼哀哉，一代之哲人已矣！」

孫永錫自汴京扶護九喪，却歸鄉里，盤纏葬礼，買置墓田，一物已來，□□力辦，以俟他日，粗顯孝心。」

孫祐　孫聳博陵安平人崔起書在■字[一]

《隴南金石題壁萃編》

附録〇三五　安審琦妻曹氏墓誌

開寶七年十一月十日

【誌蓋】失

[一] 誌石邊側刻有：「大宋崇寧三年甲申歲四月十八日二代孫進士王□道重遷葬訖。」

【誌文】

大宋故齊王夫人曹氏墓誌銘并序」

前攝濮州軍事推官□傳出身麥叔度撰

鄉貢三傳司空恒書」

夫人鉅鹿曹氏，周朝故平盧軍節度使、守太師、兼中書令、陳王、贈尚書令、」追封齊王、謚曰恭惠安公之夫人也。嗚呼！曹氏之世德官爵，望族姻戚，已著乎國」史家諜而見存焉。今所敘者，直書夫人之事而已。」夫人性寬簡溫惠，蘊柔順之風，著賢明之德，治家化之以純厚，訓子導之以義方。是」故家人和善焉，自然而齊；諸子孝悌焉，自然而肅。夫人之德，誠如是也。乃至潔」蒸嘗，敬賓客，執中外之禮，酌凶吉之儀，事皆可規，動無不中。夫人之行，誠如是」也。今濮州太守，起復雲麾將軍、金紫光禄大夫、檢校司徒、濮州刺史、堤河使、知遼州軍州事、」巡檢、兼御史大大、上柱國名守忠，即夫人之子也。夫人始封鉅鹿郡君，從」夫貴也。洎太守典衛郡，進封鉅鹿郡太夫人，從子貴也。太守性寬厚恭謹，幼負令名，長有大」志。自歷居内職，亟守外邦，功多而不矜，位高而無慠，唯廉平莅事、儉約化人而已。是□四境之」中，千里之内，咸以父母賴之，襦袴謌之，則為臣事」主之節，為牧利人之道，餘可知也。加以至孝養親，虔誠奉」佛。當太守出刺漢郡也，夫人喜懼之歲，二年在政，三表聞」天，覲慰倚門，堅求侍膳。聖主以方委腹心，未之允也。」太守乃屏肉味，節蔬食，晝夜轉誦，看大藏經文一遍□徹。」太守至孝虔誠，又如此也。夫人寢疾之日，太守方典濮□，□館遼陽，聞問」之間，方寸尤亂，遂焚香燃臂，刺血書經，願夫人之疾愈也。嗚呼！壽既」遐，命已定，聖賢不能逃。夫人以開寶七年九月十七日薨於濮州之」公署，享年七十有五。卜當年十一月十日用大葬之礼葬」夫人於鄆州須城縣登庸鄉張歡里，祔」齊王之塋，禮也。太守聞哀之後，憂毀過礼，幾不勝喪。」聖主藉太守之才略英明，可以撫疲倦、禦邊寇也，從順變之文，降奪

情之」詔，起復授雲麾將軍、依前濮州刺史、堤河使、知遼州軍州事兼巡檢。既從」君命，難執親喪，裔兄前太子左贊善大夫名守鐵監視喪事，礼罔不」備。叔度幸以不才，託於太守之門下，承」命揮涕，銘于墓石。銘曰：」夫人居世兮令德何馨，母家訓子兮賢而復明。」鵲巢方構兮高風靡寧，夜舟難守兮頹波是傾。」□時与日兮宜祔□側，万年千古兮永安身靈。

《新出宋代墓誌碑刻輯録・北宋卷》

附録〇三六　孫漢筠墓誌　開寶八年五月一日

【誌蓋】失

【誌文】

大宋故推忠翊戴功臣光禄大夫檢校太保使持節和州諸軍事行和州刺史充本」州團練使兼御史大夫上柱國樂安郡開國侯食邑一千户孫公墓誌銘并序」

前鄉貢進士張賀撰」

漢宣帝嘗云：庶人安田里而無歎息，与我共理者，其惟良二千石乎。」故和州團練使樂安孫公，秩二千石，較其共理，則惟良矣。」公諱漢筠，其先出自周文王之子康叔，封于衛。至武公子□孫，為衛上卿，」因以氏焉。樂安即漢安定太守會宗之裔矣，近世徙□太原，今為太原人也。」皇考諱存進，後唐振武軍節度使、麟勝朔等州管内觀察處置營田押蕃」落等使、行營蕃漢馬步使、兼天雄軍馬步軍都指揮使、北面行營都招討」使、單于安北都護、使持節朔州諸軍事、守朔州刺史、特進、檢校太傅，追贈侍」中，追封魯國公。」皇妣京兆郡太夫人□氏。」公即侍中魯國公之第五子也，生而耿介，性不和俗。少為文士，經史子集，無」不畢覽，□若泉湧，筆無停綴。仕唐、晉朝，多在内職。

晉末授汜水關令使。漢」□□興軍節度副使。周初授控鶴左第一軍都指揮使、嘉州刺史。顯德元」年，出授磁州刺史。罷袟，監戎于鞏縣。周世宗既授綸旨，而復傳宣曰：卿牧民」有餘，管軍屈才。其嘉之如是。顯德五年，授冀州刺史。六年，自冀州遷授絳州」團練使。皇朝乾德二年，轉授和州團練使。公仕唐、晉、漢、周、」宋五朝，頗著勤績，益振能名，雖杜、邵、龔、黃，莫之能尚。乾德五年，在和寢疾，乞假」就醫，詔允赴闕。七月二日屆項縣而薨，享年六十七，是時喪發而權殯于西洛。」公娶隴西郡李氏，封隴西郡君，於開寶六年三月三日薨于蒲津之私弟。有子」晏明，今充前班殿直，見監渡于西蜀新津。有姪晏宣，西頭供奉官。以歲月」所利，宅兆是卜，即以開寶八年五月一日遷公与郡君合葬于西京洛陽縣」賢相鄉陶村原，禮也。公存揚善政，殁稱令名，在家則孝道彰，於國則忠節顯，」俻傳信史，不復更書。今以墳壠既營，松楸是植，千載之後，慮遷陵谷，故以誌之。銘曰：」作彼良臣，弼于大君。踰龔、黃之善政，超寇、鄧之洪勳。」其榮兮人之共覩，其哀兮世之共聞。卜泉石兮叶兆，」樹松楸兮拂雲。慮遷陵谷，用誌斯墳。

《千唐誌齋藏誌》

附録〇三七　苻彦卿妻張氏墓誌

太平興國二年二月卒

【誌蓋】失

【誌文】

大宋故鳳翔節度使守太師兼中書令魏王贈尚書令苻公妻故秦國太夫人清河郡張氏合祔墓誌銘并序」

鄉貢進士張頌撰

翰林待詔院祗應王正己書」

□夫垂象遐分，日月定虧盈之數；五行迭轉，陰陽有寒暑之權。扣希夷而苟誤長年，任賢哲而咸淪短景，則」有瑶池異稟，月館仙嬪，睦茂族於華居，扇清風於甲第。不期槿花易墜，薤露俄晞，驚魂於東浪流年，結恨」於西風落景者，其秦國太夫人之謂歟。夫人本清河郡人也。其祖自易篆成文，抽毫樹簡，□□□」分於巨派，青編備載於源流。唐祚三百年，説占文章之最；漢朝四百載，良居台輔之先，歷異代以□興，信□」宗之不墜。夫人則晉朝故慶州防禦使清河郡張公之孫女也，以其少孤，公為己子，乃天水郡趙夫人□」生也。天水夫人嘗言：時將降生，月當誕粹，玉兔曉沉於戶牖，靈虵夜遶於床帷。不踰頃□之間，已□□□□」慶，旌其異也。夫人玉虹異質，寶月祥姿，提携彰令淑之名，齠齔有肅雍之譽，□□□而奉禮，□□□□」無倫。威鳳九苞，宜翔天外；靈芝三秀，不合人間。果膺閨壼之勞，式兆鸞鳳之慶，時先王□□□□□□」禁庭。夫人貞順無儔，□□莫擬，内以寬謹接其下，外以純孝庇其親。清規別耀於□□，□□□□□□□。」天福年，先王因寵迎帝澤，榮耀侯藩，夫人顯有華資，罔登縣邑。特新異寵，□□□■」清河郡夫人。時不踰年，又進封夫人為沛郡夫人。次年十一月，晉太后内□□□□□□□□□□」榮耀清門，賜夫人霞帔冠子并服玩有加。至開運□年，先王始加使相，當年□□夫人□□□□□□」夫人。至漢乾祐元年，又進封夫人為魯國夫人。次年，漢太后以先王姪女德□□□，□□□□，□□□□」戚，禮盡好求。夫人外奉國姻，内肥家道，動遵禮法，無暇斯須。周廣順元年，夫人内□□□□，□□□□□，□」桂挺幽閑之操，蕙蘭襲清白之風，成蹊而桃李何言，逮下而螽蟴無妬。因預優□□□□□□□□」夫人為魏國夫人。二年冬，高祖以世宗適在初潛，未諧伉儷，以先王長女□□□□，□□□□，□□□」耀於皇家，果終垂於天睠。荐臻宫掖，愈盛門庭，因又進封夫人為晉國夫人。顯德□□□□□□□□□」方躬臨四海，將榮外戚，復隆優恩，又進封夫人為秦國夫人。盛矣哉！夫人動止蘭□，□□□□，□□□□」高下其物，不以富貴卑其人。累朝將相之家，異代金張之貴，輔先王則位居三□，□□□□□□□」皇姻。生民已來，未有如夫人貴盛者也。恭惟今聖上又特封夫人國號□加太■」哉。以至先王

擎天柱石，浴日波瀾，藴耿鄧之機謀，無妖不克；抱關張之智勇，有敵皆□。□□□□□□□，□」劍而披蓁刺虎，迄至位居台輔，名冠古今。靈椿八千，既盤根而發地；大鵬九萬，□□□□□□。□□□□□」藩方，襦袴屢蘇於凋弊，此亦夫人内助之德所及也。適自先王閲水興悲，頹山■」事靈筵，情深雖嘆於未亡，禮在常聞於晝哭。方而抱孫華宇，訓子高堂，■」不期大數有限，五福難追，非無三代之醫，竟寡十全之効。於太平興國二年二月■」年六十有二。聖上俯覽哀音，曲容奏記，爰念國戚，贈賜有加。恩及■」歿增華。先王此歿故秦國太夫人外，今號國太夫人已下，并賜六人■」先王美誌，此故不煩述也。夫人閬苑靈葭，蓬山遺緒，鶴駕幾翔於■」□福如春，逐年華而不竭；鴻恩似晝，隨日馭以長新。■」□人已下并□。長曰尚食使昭愿及新婦李氏，次曰六宅使昭□■」□日扶護故秦國太夫人靈柩於西京洛陽縣■」告逝。白馬悲鳴，松楸將□於佳城■」九千里雖遥，□數十五年終■文見■」芳猷，□為實録，無使天長地久□□□□□□谷變陵遷，兹■」當□異彩□□靈光誕生閨■」螽斯□□。鸞鳳和鳴，□□□封。□□□□，貞■」■日月■」■川□□□□有限■」■之東故□□李■。

《新出宋代墓誌碑刻輯録・北宋卷》

附録〇三八　吴廷祚妻郭氏墓誌

太平興國七年十月二十七日

河東薛暎撰」

【誌蓋】失

【誌文】

大宋故永興軍節度使贈中書令吴公夫人許國太夫人墓銘」

夫人姓郭氏，其先太原人也。自析派宗周，疏源炎漢，林宗淵默，雅蓄人倫之鑒；景純」博達，多識草木之名。俊賢代生，圭組相繼，赫弈圖諜，此得略諸。顯考殷，抱朴韜真，顯」仁藏用，不求聞達，高尚其事，果旌仁里，實慶德門。夫人天鍾粹和，生禀柔順，」不漸傅姆之訓，懸知禮法；恒賤組紃之飾，躬服節儉。洎玉笄輝首，歸我」相君，宜其家人，燕翼孫子。始先相國瞻烏有託，立推戴之勳，夫人鳴鳳成」占，盡勤勞之力，輔佐君子，夷險一致，以至綿歷數朝，周旋三紀。出秉髦鉞，入」當衡軸，為國柱石，作民父母。雖相君忠亮所致，亦資夫人內理之助」也。嗚呼！昊天不吊，中歲嫠居，當椒聊蕃衍之慶，有鳴鳩均養之德，孤惸忘亡，慈仁是」賴。景命不淑，寢疾弥留，於太平興國七年三月六日薨于積善里之第，享年五十七。」有子六人：長曰元輔，忠為令德，孝實克家，保榮□之世勳，懷文武之明略，屢權方鎮，」咸著能名，見任左神武軍大將軍；次□載，充東頭供奉官、閤門祗候；範，充右班殿直；」次曰扆，次曰元吉，次曰元□，並為進士。有女五人：長適供奉官李延順，次適都官員」外郎沈繼宗，次適供奉官□繼承，次適供奉官□繼隆，次在室。並芝蘭挺秀，交暎謝」庭，鸞鳳鏘音，和鳴齊偶。積善餘慶，昭然可知。今上光纂」寶圖，重舉茂典，相國加贈中書令，夫人追封許國太夫人。」神武太保，累遷大將軍；供奉司空，進位閤門舍人；殿直司空，補充右班殿直；諸子未」仕者，並修辭科。閨門之內，簪笏相輝。向匪慈訓並於擇鄰，賢行冠於却鮓，則何由及」此也。先是前夫人李氏早在參墟，已謝泉壤。屬劉氏盜□土宇，否隔」中朝，幽魂不歸，垂四十載。神武太保茹荼泣血，孝思承家，□□介使，遷致神柩。」以其年十月二十七日與許國太夫人同歸葬于河南府河南縣平樂鄉張陽」村，祔先相君塋域，禮也。噫！岸谷易變，舟壑難藏，宜勒貞珉，□□遺懿。銘曰：」

猗歟郭氏，與周同姓。紱冕所興，□緗遐暎。」誕生許國，蘭□玉姿。配坤之德，□□□師。」秉婦之道，作母之□。四者俻矣，□□□之。」輔佐相□，□□□臣。訓掖諸子，□□□仕。」移孝□忠，□青□紫。天道□□□

何茫■」素車丹□□□。□□□鄉，祔□□□□國，□□西□。」■人□歸北■雖富壽以同盡，」■芳。

翟彥襲刻字

《新出宋代墓誌碑刻輯録·北宋卷》

附録〇三九　馮繼業妻□氏墓誌

太平興國八年五月五日

【誌蓋】失

【誌文】

大宋故■」

■紫金魚袋宋白撰」

■」

稽列女■有舉桉之賢，為母未善若」乃挺閨■之道者，今見于」廣平郡■將，畫凌煙之像。」曾祖□■縣君。祖廣，皇任漢州刺史。」祖母張■水郡君。皆忠肅恭懿，貞專令淑，」王室知■于銅臺，族号金穴，椒花」柳絮□■此夫人之女功也。□□□戚，作嬪侯家，百」兩三星■此夫人之婦德也。石窌疏封，魚軒在御，詩」書禮樂■此夫人之母儀也。夫人之為命婦，稱小君，」輔佐全■□宗族推賢，旁則娣姒歡心，姪媵受賜。至于踈」屬賤隸■如鱗介之宗神龍，煦煦然若嬰兒之歸慈母。苟非」如坤之■燭幽，則焉有令問令望，如玉如金，若斯之盛歟。故」侍中公■之崇高，春露秋霜之威惠，斯乃」夫人柔■孟曰□，仲曰訥，並列紫庭；季曰諲，年少未仕。皆文武兼資，」忠良挺■曹氏，次適康氏，皆金張貴胄，簪組名臣。少為」皇子衛■璧麗天，永作皇家之慶。斯乃」夫人義方之教，善誘而成之也。於戲！焜燿既如此，昌熾又如是，雖先侯積善餘慶之祥，亦」夫人陰德陽報之驗也。宜其羅鍾列鼎，重裘累

茵，畫堂觀萬舞之容，玉斝上千金之壽，」子孫環繞，朝野稱榮，固其宜矣。噫！仙蓂易落，神蔡無靈，虚煎玉釜之香，已溘金莖之露。方嬰」美疢，遽盡遐齡。嗚呼哀哉！太平興國八年二月六日終于東京之甲第，享年五十二。」宮嬪置奠，國族興悲。即以其年五月五日勑葬于洛都，祔于」侍中之塋，禮也。異夫琴調淥水，正傷別鶴之音；劒躍平津，欻見雙龍之合。供奉等銜哀遠日，」追悼慈顔，將增彤管之華，願勒青山之石。以白早遊門下，偹籍家聲，見託摛詞，直書無愧。銘曰：」

素娥儲慶兮婺女降神，鵲巢之德兮鳲鳩之仁。柔儀懿範兮光于六親，」美譽嘉猷兮彰于一人。門聯戚里兮繡轂香輪，子列彤庭兮鳴珮紆紳。」邙山之址兮洛水之濱，千秋萬祀兮永播清塵。

《北京圖書館藏中國歷代石刻拓本匯編》第三十七册

附録〇四〇　藥繼能墓誌

太平興國九年四月二日

【誌蓋】大宋國故藥公墓誌銘

【誌文】

前磁州刺史藥公墓誌銘

姪男永圖撰」

公諱繼能，字國章，應州金城人也。大王父諱遷，皇贈右武衛將軍。王父諱通，皇贈左千」牛衛將軍。考諱彦稠，字衆先，後唐明宗朝任静難軍節度使。公即長子也，幼不好弄，抱」岐嶷之性，宛若天然。在明宗朝，考進補授東頭供奉官。公累歷任使，名達」帝聰。至晉朝，乃轉授閤門通事舍人。國家以犬戎未謐，出侍臣以綏之，乃建六」家店為軍，俾公以葺之，未數月而功告成。俄降制命為德清軍，顯雄盛也，仍就差公以」督之。至漢朝，轉

授東上閤門副使。國家内體通仁，外宣至令，睠彼閩越，使者須」仁，乃差公充越國加恩官告使。洎復命迴，值周祖龍興之後，乃從法駕届逆壘，除兖城」之患。俄改授内園使、充安州兵馬都監。公禀至道而化疲民，法王言而安甲士。及周世」宗嗣位之初，别降絲綸之命，尋改授左武衛將軍、充定州監護。未朞年而」宋祖俄興，乃赴闕。值國家除荆湖之患，定湘楚之姦，尋携制命，權」典全州。主上以愛物功深，察人義廣，以公典守之外，政積稍平，不數年而乃就」加充全州刺史，異常品也。次以嶺表未賓，俄興剪滅，乃下嶺表數十郡。旋移」誥命，俾公權守桂林。公戾止之後，以嶺徼疲俗，久隔皇化，公上禀清朝，下遵」法令，提簡執要，以綏是民。洎數歲，厥政俄立，忽降睿旨，抽赴闕庭。旋授公磁」州刺史，權知潞州軍府事。公以是郡接并薊之要衝，為猃胡之巨望，謹守之外，唯令是」從。至主上嗣統之四年，乃罷磁任赴闕。俄承睿渥，于辛巳年差充襄邑」縣兵馬都監。至太平興國九年歲次甲申二月一日壬午朔四日甲申寢疾終于襄邑」縣，享年六十九。嗚呼！雖壽數之有終，寔親属之無厭，痛號擢慟，長幼何依，嘆年光如逝」水之流，傷世道若張弓之急。公早娶彭城縣君劉氏，次娶清河縣君張氏，又次娶隴西」李氏。比其偕老之姻，先逐逝川之喪。即今長安縣君田氏，後眷也；天水趙氏、魯昌唐氏，」即陪侍也。公有一男，名曰玄保。有女八人，咸修禮則，盡播芳容。四女早歸於泉夜，五人」痛泣於窀穸。乃課就太平興國九年歲次甲申三月一日辛亥朔十三日癸亥自京東」襄邑縣扶護神櫬至西洛，次就當年四月一日辛巳朔二日壬午合葬于洛陽縣平洛」鄉杜澤里，附邙山之左、祖塋之前，特建是墳，禮也。嘻！以公負正直之氣，含寬善之風，上」則彰忠亮於君親，下則著信義於僚友，遠則澤滿於先代，近則慶流於後昆，茂烈編於」簡書，聲稱藹於時論，始終斯畢，今古可存。永圖以幼喪二親，長尋片善，非伯父有餘蔭之」力，曷丘門知問禮之因。覩兹喪祔之期，難遏鄙孱之思，聊紀于實，乃為銘曰：」

有功名兮世所親，掩泉夜兮脱無因。雖正直兮享禄位，俟英通兮作明神。」隧泉扉兮窆玄紼，葬佳城兮臧白

日。商之棺兮夏之塈，公之神兮安此室。」敞高門兮容列駟，生貴臣兮為令嗣。鍾其勳兮鼎其位，公之德兮昌永世。」[薤]露悲凉兮度遠山，䰟之來兮旌旐閑。縱萬祀兮谷變，庶清名之可攀。

《北京圖書館藏中國歷代石刻拓本匯編》第三十七冊

附録〇四一　孔行謹墓誌

太平興國九年十一月二十一日

【誌蓋】上望魯國郡孔公墓誌

【誌文】

漢故朝散大夫檢校工部尚書守大名府少尹賜紫金魚袋孔公墓誌銘」

公諱行謹，鄴都永濟縣人也。曾祖諱誼，祖諱端，俱高尚不仕。皇考諱昉，任德州」平原縣令，贈渝州刺史。母孫氏，贈樂安縣君。公兄弟四人：長諱佶，任襄州別駕；公即第二」子也；弟諱謙，豐財贍國臣、〔一〕租庸使；次弟諱立，不仕。姊妹四人，並適名族。公稟純」和之氣，挺孝友之心，勤稼穡以肥家，韜光華而遁世，輕其名位，以至耄年。始娶」劉氏，再娶趙氏，後娶張氏。有子二人：長諱彥，攝冀州司馬；次諱允。女二人：長」適焦氏；次適楊氏，即漢故樞密使、兼中書樞相之妻也，封魯國夫人。彥有子二人：」長曰繼忠，次曰遂良。允有子二人：長曰苻，次曰世堅。公以女適貴人，時當重位，家」風不墜，夙望猶存，奏授前官，强請就任。在周高祖潛龍幕下，半載有」餘，臨莅之間，精神不減。忽焉夢寐，不覺而終，時年八十三，即廣順三年十一月八」日不禄於府中私弟。平生積善，而有壽有宦；胤嗣送終，乃同心同德。歲」年既稔，時日惟良，太平興國九年十一月二十

〔一〕「國」下疑脱「功」字。

一日扶護神靈合葬於先」墳。新塚纍纍，喬林森森，佳城是啓，黄壤長歸，乃孫乃玄，莫不哀」慟。公長男惟彦，始娶馬氏，次娶郭氏。次男惟允，娶路氏。姪惟熙，早」亡，娶昝氏。姪惟素，娶劉氏。姪孫繼宗，娶路氏。姪孫繼恩、姪孫繼清，」並相次而亡，皆居淺土，今盡收葬合附，或入舊塋，或安新域，龍」壇得兆，馬鬣是封。見在枝葉甚繁，不復具録。銘曰：」

天生令德，代有奇人。志氣高上，脱略搢紳。勤耕力稼，益國利民。」去華務實，鄙惡求仁。安閑七紀，逍遥一身。命惟天賦，名非我親。」事与時會，官崇禄新。金璋紫綬，慶耀鄉鄰。鬢毛似雪，年壽[如]□。」善終令始，夫誰与倫。衣林宅穴，斬草披蓁。陵遷變谷，[海]□□□。」亞尹之墓，無難無屯。」

大宋太平興國九年歲次甲申十一月丙子■

《海岱考古》第十二輯

附録〇四二　錢俶墓誌

端拱二年正月十五日

【誌蓋】失

【誌文】

大宋故安時鎮國崇文耀武宣德守道中正功臣武勝軍節度鄧州管内觀察處置等使開府儀同三司[守]太師尚書令兼中書令[使][持]」節鄧州諸軍事鄧州刺史上柱國鄧王食邑九万七千户食實封壹萬陸阡玖伯户賜劍履上殿書詔不名追封秦國王墓誌銘并[序]」

金紫光禄大夫行鴻臚卿上柱國邯鄲縣開國伯食[邑]七百户慎知禮撰

鄧王府都押衙兼知表□□□守良□」

代天之工，必崇高而啓其緒；成物之務，惟光大以垂其式。戴元后，總群牧，開國承家，守宗廟祭祀者，崇高而有之，秉聰明正直，□」偉也；綏中國，遏四夷，興衰撥亂，息生民戰伐者，光大而有之，達進退存亡，其難乎。粵若高明下濟，駿極上昇，玄黄其□，素厚□凝，□□」身而及諸人，發于家而顯于國。致代天之用，用而克濟；宣成物之任，任而有終。迹賁丹青，聲融金石者，得之於聖朝矣。」王諱俶，字文德，彭城人也。唐季不嗣，我烈祖武肅王啓五諸侯霸，式遏寇虐，世位以德。我顯考文穆王率十連帥□，□□」王家，有志四方，克開厥後，世勳顯矣，盟府存焉。王以立賢之義而嗣基，以稽古之訓而為政。非六藉不任，非五常不履。敘人倫，□教化，」《詩》以導其源；申典故，發訓誓，《書》以體其要；共祭祀，分吉凶，《禮》以通其變；和神祇，平風俗，《樂》以中其節。動静施舍，不離聖賢之域者，《□易》以」幾其道；損益制度，不忘諸侯之職者，《春秋》以守其法。服膺而行，則罔弗詳俻。惟仁執心，以義應物，禮持慎脩之柄，智懸廣照之源，信以懷」之，美全用也。率性而動，固咸克終始。雖服色正朔因夏，而每殊於沿革；禮樂征伐尊」周，靡變於艱難。專征方國，纘戎祖考。俻車馬，繕甲兵，克勤小物，用戒戎作，四郊之俻有嚴于外；養民力，謹邦賦，因地之利，任土作貢，三」壤之共有勤于上。勝殘去殺，累仁恩於百年；保大定功，啓明聖於千載。」太祖神德皇帝有舜玄德，纘周鴻緒，威懷廣運，光靈肸響。顧我早攀鱗翼，濬合江河之順；遠傾肝膈，皎如日月之臨。元子奉於」贄生，大夫旅于庭實，將順匪解，同寅用光，朝饗敘班，爵命申錫，則推乃睠，皆越維常。緇衣二世，將賴武公之力；朱旗兩鎮，是」命伯禽為後。九服之異焉，四國無擬者，繇是南面，專委東夏。開寶甲戌中，江淮拒召，帷幄議兵，有事干戈，錫我鈇鉞。王祗承」天旨，肅將帝威，樓櫓合而足以長驅，鉦鐲嚴而先之大講。方叔伐鼓，整六師而東下；小白齊車，載遷主而西討。敷用七德，七」德有常；勤脩百役，百役咸舉。時雨相慶，捷月屢成，金既聲而敵奔，刃不血而兵戢。降主啓封於安樂，勳臣議爵於靈臺。既櫜武庫之」兵，始展明堂之覲，一之見太陽照為慶色，再之會湛

露酌為華滋，心朗德融，禮尊事極。頌太師無窮問，魯道有光；策相國第」一功，漢章斯舉。詔就國，耿驂駟之未久；會同軌，泣攀龍之不迴。」今聖上五讓纘於慶基，三揖迪於古訓，駿奔萬里，象魏載朝，山龍煥容，雲天需樂。入則伯舅以均禮，出則師老以聯恩。」朝廷於是尊賢，搢紳有以觀德。迹諸體望，軼彼古今。王惟曰：光華在辰，文思當宁，無外者三代之化，有道者萬方所歸。藩輔」固而寰宇寧，車書通而天地一。舉千乘之重，請藉有司；炳三台之明，願拱宸極。于再于三而伏奏，拜手稽首以昌言。」詔曰：錫山土田，啓國淮海，王其輔我，子也建侯。獻地何慙於隴西，徙家誠喜於関内。禮之異數，史不絕書，寒暑推移，雨露優渥。焫蕭配」祖，郊報屢嚴；行葦厚賢，井賦滋廣。王處盛彌儉，守溢惟沖。以疾罷朝，以告珎攝，恭德自懼，爰居匪寧。則曰：大元帥之任人臣，本於綏難；」明天子之育黎獻，方務止戈。西土既寧，竇憲不開於將幕；北辰已正，子儀亦解於兵符。表廢置之權，述昇平之遇，畢於克讓，三」乃曰俞。沔漢南邦，其稱甚偉；茅土錫祚，移命益尊。自誠而明者，寅畏之深；利有攸往者，優適之美。南陽故土，近地踈封，讓國重表於穰中，」爵王兼陟於許下。卧龍之野，荒龜即都，小大咸和，文武是式。三推帝藉，展慶華戎；一字王封，即真樊鄧。至於文昌之緫百」揆，紫微之受萬機，時敘二司，具瞻三紀。方將道合軒問，禮贊乾封，垂憲言於辟廱，颺康歌於衢室，福善虛應，遘疾彌時。」降單軺之侍毉，飛二星之中使，交馳驛路，咫尺帝音。君臣之間，始卒厚矣。嗚呼！動静相倚，吉凶靡常，徒致請於幣玉，終」有摧於棟梁。彼元化之涬溟，此人事之淒涼。端拱元年秋八月二十四日薨于府署，享年六十。」皇帝聞哀撤懸，悼往出涕。尊伊之設華冕，表霍之用黃腸，誄行於素旃，追終於玉册。特詔輟視朝七日，遣太中大夫、尚書工部侍郎」郭贄持節册命，追封秦國王，太常考謚曰忠懿。中常侍臨奠恤哀，大行人備物護葬。申命貴近，以專總督，喪所給者，詔加等焉。孟冬」十一日啓柩于鄧。墻柳帰載，萋萋野色；耆艾攀擁，哀哀路音。二十有五日館喪于京師之東墅。越二年正月十五日葬于河南府洛」陽縣賢相鄉陶公里，禮也。元妃孫氏，賢為女師，

化被王國。先朝肆覲，后車錫命，册妃之典，自王而始。禄鞠方茂，瑶華先秋。」繼室以楚國夫人俞氏。子八人：嗣安遠軍節度使、開府儀同三司、檢校太師、兼中書令、蕭國公惟濬，性受天和，美存世濟。文武二府，」侍膝為海内之榮；忠孝一家，匪躬存天下之式。生盡其養，喪過乎哀。次鎮國軍節度使、特進、檢校太師惟治，發揮符采，含吐英華，」殿大邦於雙油，廣崇教於三戟。次濰州團練使惟渲。次昭州刺史惟灝。次武衛將軍惟漕。次從釋，法名净照。次衙内都指揮使惟演。次」衙内指揮使惟濟。善有餘裕，秀發其華。友于閨門，見孔懷之兄弟；達於邦國，知必大之子孫。女七人：長適河東裴祚；次適錢塘元象」宗；次適汝南慎從吉；次適故富春孫誧，早亡；次適富春孫誘；餘則笄年而猶室處。皆苴麻泣血，欒棘變容，生而知之，禮無違者。」王禀奇骨之峻削，受正性於恬愉，體貌肅如，神氣穆若。語默存道，動静求仁，靡尚豫遊，頗遵儉素。愛人善愈於己能，聞人過率以情恕，」推誠於下，擢才不疑。儒雅自勤，名教胥樂，百家窮覽，六義研機。載笑載言，咸本事實；曰興曰比，動即編聯。所著詩為《政本集》，亦志在其」中矣。六書異體，五射名法，必有所尚，皆造其微。思輔仁壽之化，頗尊天竺之教，浮休内達，惻隱兼濟，魚鱉不夭，草木恐傷。終乎不自荒」寧，以克永世。大矣哉！當王位崇高，以聰明正直，盡人臣之能事；洎王功光大，以進退存亡，服聖人之格言，得不謂盡善盡美於斯」者乎？洪惟武肅王克慎厥始，文穆王克和厥中，洎王克成厥終，三后叶心，四方是則，語忠臣孝子者，百世可知也。嗚呼哀哉！清」洛旁注，碧嵩遥峙，丘壠前後，雲樹迆邐。風笳酸骨兮曉凝，霜籟断魂兮夕起，吊千古兮謂何，嘆九原兮已矣。若夫世族之始，命官之次，」則總列於廟碑，具存於國史。約莫京之德，恭述敘焉；申無愧之辭，泣為銘爾。銘曰：」

諸侯有土，孰為尊主。表率鷹揚，我祖之武。庶邦冢君，孰為世勳。奉成燕翼，我宗之文。以賢為嗣，文武不墜。」政刑交脩，干戈有備。惟聖建中，車書大同。玉帛奉職，圭瓚饗功。將命徂征，問儀請覲。光大成績，周旋

履順。」五瑞既輯，萬方載會。君子知微，聖人無外。全吴之墟，賦千乘車。獻為内地，恭乎顯諸。南鄧之野，錫五色社。」往即新邦，寵之優也。煌煌紫垣，三台拆裂。峩峩明堂，一柱摧折。君恩天地，臣心日月。存亡跡均，哀榮事絶。」有國有家兮世烈煇光，乃相乃侯兮慶祚靈長。身委道兮終萬化，葬偹物兮形四方。兆兹域兮泰筮有常，」垂斯文兮德音不忘。誌□孝之墓者，有秦國王。

《北京圖書館藏中國歷代石刻拓本匯編》第三十七册

疑　僞

疑僞〇〇一　宫人蘇英墓誌

大寶十年五月二十五日

【誌蓋】失

【誌文】

大漢宫人蘇氏墓誌銘」[一]

諱字英，蓋著作郎蘇君之季女也。」夫其瑶姿内照，蕙性外芳，體備幽」闲爾雅，動則礼節於中。既習於圖」史，尤工於音律。是故名揚閬苑，名播」王宫。無何美質早凋，享年不永，竟遭」夭歿，春秋廿有五焉。粤漢大寶十年」丁卯五月九日終于易華宫，即以其」月廿五日葬之於花田岡之南原。悲歟！」迺為其墓銘曰：

玉碎珠沉，風悲日昏。」問天無言，永絶芳音。淑德可紀，慧絶」伶倫。途人墮淚，丹旐千秋。

《藝觀畫刊》第二期

[一] 此誌上部刻有雙鶴，形制僅此一見。《北京大學圖書館藏歷代墓誌拓片目録》著録為僞誌。

存目　傳世文獻、敦煌文獻所存五代十國墓誌

羅給事（隱）墓誌　開平四年正月二十三日　《（萬曆）新城縣志》卷四

敕授河西應管内都僧統京城内外臨壇奉大德兼闡揚三教毗尼藏主賜紫沙門和尚（陰海晏）墓誌銘并序　長興四年卒　伯三七二〇

唐故河西歸義軍節度内親從都頭守常樂縣令銀青光禄大夫檢校國子祭酒兼御史大夫上柱國陰府君（善雄）墓誌銘并序　清泰四年八月二十日　伯二四八二

仰山光涌長老塔銘　昇元二年夏卒　《永樂大典》卷八七八二

前虔州雩都縣令包府君（詠）墓誌　昇元三年十一月六日　《徐公文集》卷一六

唐通和先生祖君（貫）墓誌銘　天福四年十一月十一日　《會稽掇英總集》卷一七

故平昌郡君孟氏墓銘　保大元年六月　《徐公文集》卷一七

晉故河西應管内外諸司馬步軍都指揮使銀青光禄大夫檢校工部尚書兼御史大夫上柱國豫章郡羅府君（盈達）墓誌銘并序　天福八年九月十六日　伯二四八二

故昭容吉氏墓誌　保大三年七月二日卒　《徐公文集》卷一七

唐故朝議大夫行尚書禮部郎中柱國賜紫金魚袋太原王君（坦）墓誌銘　保大四年二月五日　《徐公文集》

卷一五

大唐故中散大夫檢校司徒使持節泰州諸軍事兼泰州刺史御史大夫洛陽縣開國子賈宣公（潭）墓誌銘

保大六年九月二十一日卒　《徐公文集》卷一五

唐故泰州刺史陶公（敬宣）墓誌　保大八年四月十八日卒　《徐公文集》卷一五

唐故檢校司徒行右千牛衛將軍苗公（延禄）墓誌銘　保大九年十二月二十七日　《徐公文集》卷一六

唐故左諫議大夫翰林學士江君（文蔚）墓誌銘　保大十年九月十三日　《徐公文集》卷一五

周故南陽郡娘子張氏墓誌銘并序　廣順四年九月三十日　伯三五五六

唐故印府君墓誌　保大十四年四月卒　《徐公文集》卷一六

唐故鍾氏太夫人太原縣太君王氏墓銘　交泰元年二月十八日卒　《徐公文集》卷一七

唐故銀青光禄大夫檢校國子祭酒御史中丞包君（諤）墓誌　交泰元年二月卒　《徐公文集》卷一六

唐故太原府君（王承進）夫人彭城劉氏墓銘　顯德五年六月卒　《徐公文集》卷一七

唐故奉化軍節度判官通判吉州軍州事朝議大夫檢校尚書主客郎中驍騎尉賜紫金魚袋趙君（宣輔）墓誌銘

建隆三年二月　《徐公文集》卷一五

岐王（李仲宣）墓誌銘　乾德二年十月八日　《徐公文集》卷一七

唐故金紫光禄大夫檢校司徒行少府監河南方公（訥）墓誌銘　乾德四年正月十六日卒　《徐公文集》

卷一五

唐故常州團練判官檢校尚書左僕射劉君（鄗）墓誌　乾德四年六月卒　《徐公文集》卷一六

唐故客省使壽昌殿承宣金紫光禄大夫檢校太保使持節筠州諸軍事筠州刺史本州團練使汝南縣開國男周君（廷構）

墓誌銘　乾德五年正月

唐故文水縣君王氏（畹）夫人墓銘　《徐公文集》卷一五

唐故中書侍郎光政殿學士承旨昌黎韓公（熙載）墓銘　乾德六年九月二十三日　《徐公文集》卷一七

唐故左右静江軍都軍使忠義軍節度建州觀察處置等使留後光禄大夫檢校太尉右威衛大將軍臨潁縣開國子食邑五百户陳公（德成）墓誌銘　開寶三年九月　《徐公文集》卷一六

唐故朝請大夫守尚書刑部侍郎柱國賜紫金魚袋喬公（匡舜）墓誌銘　開寶五年九月　《徐公文集》卷一六

唐故隴西李氏（俛）夫人墓銘　開寶五年十月二十三日　《徐公文集》卷一六

　卒葬年不詳　《徐公文集》卷一七

圖書在版編目(CIP)數據

五代十國墓誌彙編/仇鹿鳴,夏婧輯校.--上海:上海古籍出版社,2022.8（2025.7重印）
（歷代碑誌彙編）
ISBN 978-7-5732-0290-1

Ⅰ.①五… Ⅱ.①仇… ②夏… Ⅲ.①墓誌-彙編-中國-五代十國時期 Ⅳ.①K877.45

中國版本圖書館CIP數據核字(2022)第092074號

國家古籍整理出版專項經費資助項目

歷代碑誌彙編
五代十國墓誌彙編
（全二册）
仇鹿鳴　夏婧　輯校

上海古籍出版社　出版發行
（上海市閔行區號景路159弄1—5號A座5F　郵政編碼201101）
(1) 網址：www.guji.com.cn
(2) E-mail：guji1@guji.com.cn
(3) 易文網網址：www.ewen.co
上海惠敦印務科技有限公司印刷
開本710×1000　1/16　印張54.5　插頁4　字數738,000
2022年8月第1版　2025年7月第3次印刷
ISBN 978-7-5732-0290-1

K·3157　定價：258.00圓
如有質量問題，請與承印公司聯繫

五代十國墓誌彙編

索　　引

國號、年號檢索表

數字爲起始頁碼

後梁

開平 1

乾化 16

貞明 30

龍德 50

晉・後唐

天祐 61

同光 95

天成 125

長興 158

應順 185

清泰 187

後晉

天福 210

開運 284

後晉 306

後漢

天福 311

乾祐 314

後漢 351

後周

廣順 353

顯德 377

後周 446

岐 448

吴 451

南唐 470

前蜀 506

後蜀 526

南漢 552

吴越 556

閩 624

北漢 642

附録 651

疑僞 726

人名索引

A

阿咄欲(仁裕可汗)　乾祐 019
阿李　附録 001
安重誨　清泰 010
　附録 029
安重榮(又名鐵胡)　開運 003
　顯德 017
安重胤　天福 016
* 安重遇(字繼榮)　顯德 006
　附録 029
* 安崇禮(字同節)　顯德 006
　附録 029
安崇文　顯德 006
安崇勳　顯德 006
安崇義　顯德 006
安崇貞　顯德 006
安崇智　顯德 006
安崇□　顯德 006
安從進　顯德 019
　顯德 039
安德昇　天福 016
安福遷　顯德 006
　附録 029
安韓留　天福 012
　天福 016
安弘璋　顯德 006
　附録 029
安繼能　附録 013
安金全　附録 013
安進通　天福 016
安敬實　天成 011
安匡裔　後蜀 006
安明　附録 013
安審霸　附録 013
安審暉　附録 013
安審琦　附録 013
　附録 035
安審卿　附録 013
* 安審韜(字德隱)　附録 013
安審信　顯德 003
安審寓　附録 013
安審玉　附録 013
安十哥　附録 029
安十三娘　天福 012
　天福 016
安十四娘　天福 012
　天福 016
安氏(苻君妻)　顯德 006
安氏(何君政妻)　天福 015
安氏(何君政媳)　天福 015
安氏(康琳妻)　顯德 006
安氏(李德鋒妻)　長興 006
安氏(李繼忠妻)　開運 013
安氏(李君妻)　顯德 006
安氏(羅延魯妻)　顯德 006
* 安氏(石敬瑭妃)　附録 002
安氏(王繼昌妻)　顯德 006
安氏(王行實妻)　天福 045
安氏(西方煦妻)　天福 043
安氏(張延翰妻)　顯德 006
安守鐵　附録 035
安守仁　附録 013
安守壽　附録 013
安守勳　附録 013
安守一　附録 013

安守忠 附録 035
安壽孫 附録 013
安思謙 後蜀 006
安蘇姐 附録 029
安廷金 附録 019
安同哥 附録 013
*安萬金(字寶山) 天福 012
天福 016
安翁奴 附録 013
安小奴 附録 013
安彦威 北漢 003
安隱珪 附録 029
安永福 附録 013
安永興 附録 013
安元超(又名延超) 天福 012
天福 016
安元福 天福 012
天福 016
安元進 天福 012
天福 016
安元審 天福 012
天福 016

B

白辯 附録 021
白居易 天成 015
白君成 附録 021
白全德 天成 015
白全立 天成 015
*白全周(字普美) 天成 015
白僧福 天成 015
白僧胡 天成 015
白氏(白全周女) 天成 015
白氏(郭君妻) 天成 015
白氏(何君妻) 開運 001
白氏(賀君妻) 天成 015
白氏(賈君妻) 天成 015
白氏(劉君妻) 天成 015
白氏(喬君妻) 天成 015
白氏(任君妻) 天成 015
*白氏(楊信妻) 附録 019
附録 021
白氏(趙君妻) 天成 015
白守謙 後蜀 009
*白萬金 開運 001
白文德 開運 001
白文珂 附録 019
附録 021
白文亮 天成 015
白友超 天成 015
白友進 天成 015
白友琅 天成 015
白友遇 天成 015
班氏(張守進妻) 同光 003
鮑法通 吴越 004
畢琮 天祐 002
畢� 天祐 002
畢浪猪 天祐 002
畢老妣 天祐 002
畢虔 天祐 002
畢全興 天祐 002
畢善德 天祐 002
畢氏(秦萬迴妻) 天祐 022
畢氏(趙睿宗妻) 同光 008
畢叔殷 天祐 002
畢唐興 天祐 002
畢武 天祐 002
畢喜 天祐 002
畢小興 天祐 002
畢星濳 天祐 002
畢瑶 南唐 014
畢趙八 天祐 002
畢宗 天祐 002
畢□ 天祐 002

邊霸孫 附録 014
邊承遇 附録 014
邊光乂 附録 014
邊歸讜 附録 014
附録 017
邊嵐孫 附録 014
邊魯 附録 014
＊邊敏(字德成) 附録 014
邊去非 附録 014
邊讓能 附録 014
邊日延 附録 014
邊日隱 附録 014
邊日照 附録 014
邊商裔 附録 014
邊慎奇 附録 014
邊氏(竇儼妻) 附録 017
邊氏(龐守真妻) 乾祐 002
邊天留 附録 014
邊王師 附録 014
邊小姐 附録 014
邊行存 附録 014
邊義姐 附録 014
邊真 乾化 010
卞道化 貞明 010
薄伴哥 廣順 013
薄伴姨 廣順 013
薄昌進 廣順 013
薄昌嗣 廣順 013
薄昌頊 廣順 013
薄醋茶 廣順 013
薄姐奴 廣順 013
＊薄可扶(字保用) 廣順 013
薄氏(潘超妻) 乾祐 009
薄吴八 廣順 013
薄吴九 廣順 013
薄吴七 廣順 013
薄吴十 廣順 013
卜氏(王處直妻) 同光 001

C

＊蔡君 天福 040
蔡茂辭 天祐 026
蔡明濟 天福 040
蔡仁□ 天福 040
蔡氏(韓仲舉妻) 天成 016
天成 017
蔡氏(李從曮妻) 顯德 036
蔡氏(宋榮妻) 貞明 005
蔡氏(俞從皓妻) 吴越 055
蔡氏(周延福妻) 吴 007
蔡廷若 天祐 016
蔡虚舟 天福 040
蔡振 天福 040
藏之 貞明 005
曹光業 同光 011
曹圭 吴越 038
吴越 041
曹邽 前蜀 006
曹珪 同光 011
曹晟 清泰 003
曹氏(安進通妻) 天福 016
＊曹氏(安審琦妻) 附録 035
曹氏(封準妻) 天福 028
曹氏(何敏妻) 天福 041
曹氏(江延義妻) 南唐 001
曹氏(李承寵妻) 吴越 049
曹氏(李克用后) 天祐 001
後蜀 002
曹氏(劉敬瑭妻) 天福 042
曹氏(劉思敬妻) 同光 007
曹氏(索自通妻) 顯德 037
＊曹氏(吴藹妻) 同光 011
曹氏(張師道妻) 吴越 023

曹廷隱 天成 002
曹信 吴越 038
曹延密 乾祐 011
曹用之 貞明 010
曹遇 乾祐 011
柴崇儒 南唐 016
柴克戎 南唐 016
柴榮(後周世宗) 顯德 031
附録 011
附録 019
附録 033
附録 036
附録 037
常令顗 廣順 010
常氏(陳邵貞妻) 顯德 014
常氏(郭弘簡妻) 天福 011
常氏(韓礼妻) 天福 046
常氏(田延瓌妻) 顯德 029
常氏(王弘裕妻) 天祐 025
常氏(王繼澄妻) 乾祐 017
常氏(張貴妻) 天成 014
常延徽 乾祐 011
超果 長興 016
超惠 長興 016
超明(俗姓陳,清演大師) 天福 019
超聖(俗姓陳,崇教大師) 天福 019
晁氏(薄昌嗣妻) 廣順 013
陳八娘 吴越 042
陳霸老 吴越 050
陳保衡 附録 008
陳成 顯德 014
陳德超 後蜀 002
陳德寧 南唐 022
陳二娘 吴越 050
陳皋 天福 019
陳恭 顯德 014
陳皓 吴越 050
陳洪進 閩 007
陳歡□ 吴越 050
陳回兒 吴越 042
陳岌 吴越 006
陳簡 天福 019
陳皎 吴越 050
陳敬思 乾祐 011
陳敬瑄 前蜀 005
陳九娘 吴越 042
陳君(陳師靖子) 吴越 027
陳璘 天福 019
陳令宣 吴 014
陳令□ 吴 014
陳令□ 吴 014
陳滿兒 吴越 042
陳庬兒 顯德 014
陳妙勝 天福 019
陳么喜 吴越 050
陳廿二娘 吴越 042
陳廿一娘 吴越 042
陳珮 南漢 001
陳七兒 顯德 014
陳栖岫 吴越 018
陳千 乾祐 002
陳邵斌 顯德 014
陳邵琮 顯德 014
陳邵通 顯德 014
陳邵貞 顯德 014
*陳審琦 天福 019
陳審瓊 天福 019
陳審球 天福 019
*陳晟 顯德 014
陳師靖 吴越 027
陳氏 乾祐 011
陳氏(方積妻) 吴越 019
陳氏(晉匡遇妻) 前蜀 006
陳氏(李從璋妻) 岐 001

陳氏(李克用后) 天祐001
陳氏(李廷規妻) 南唐005
陳氏(李行恭妻) 開運014
陳氏(劉匡業妻) 吴008
陳氏(劉恂媳) 北漢003
陳氏(劉貞妻) 天福032
陳氏(盧真啓妾) 乾化002
陳氏(牛慶妻) 廣順005
陳氏(秦君妻) 天祐022
陳氏(宋武妻) 貞明005
陳氏(王重師妻) 乾化006
陳氏(王君妻) 吴014
陳氏(王仁鋭妻) 吴越054
陳氏(吴譙妻) 顯德020
陳氏(項仕瓊妻) 吴越030
陳氏(薛時妻) 閩007
陳氏(余得言妻) 吴越009
陳氏(元弘實妻) 天祐018
陳氏(張君妻) 吴014
陳氏(張愿妻) 吴002
陳氏(□寔妻) 廣順002
陳氏(□君妻) 吴越002
陳仕安 吴越042
陳思讓 顯德019
陳素 南唐014
陳譚約 天福019
陳添兒 顯德014
*陳綰 吴越050
陳魏兒 吴越042
陳希聲 南唐006
陳曉 吴越050
陳敘為 南唐019
陳珣 吴越018
陳延昌 後蜀004
後蜀012
陳延福 乾祐011
陳延朗 天福019
陳搖羝 顯德014
陳一娘 吴越050
陳鄴 吴越050
陳祐 乾祐011
陳允胤 後蜀010
陳再寧 顯德014
陳再遇 顯德014
陳造 吴越050
陳招哥 吴越050
陳昭 吴越050
陳稹 乾祐011
陳致雍 南唐012
陳拙 天福032
陳宗實 前蜀002
陳□兒 吴越042
陳□忠 南唐019
陳□□ 吴越005
陳□□ 吴越042
成氏(賀再遇妻) 顯德001
成氏(秦仁晏妻) 顯德008
成氏(尚淑妻) 乾祐013
成氏(索萬進妻) 顯德037
成氏(王敬璋妻) 廣順003
程詗 貞明010
程祢 貞明010
程氏 乾化010
程氏(高仁超妻) 乾祐023
程氏(浩義伏妻) 天福006
程氏(李武妻) 開運008
程氏(李彦暉妻) 長興012
程氏(李元則妻) 天祐005
程氏(吕敬唐妻) 開運004
程氏(張珪妻) 天成014
程氏(張勸妻) 清泰010
程氏(張紹崇妻) 附録022
程氏(張沼妻) 清泰010
程氏(趙洪妻) 同光004

程彦暉 乾祐 011
＊程紫霄(字體元,九華大師,洞玄先生) 貞明 010
种覲仙 附録 004
种居爽 附録 004
种敏 附録 004
＊种氏(趙德鈞妻) 附録 004
重辯 乾祐 011
崇壽 南唐 020
崇昭 長興 016
＊儲德充(字繼美) 貞明 013
儲德雍 貞明 013
長興 009
長興 018
儲德源 貞明 013
儲弘 貞明 011
貞明 013
儲亮 貞明 011
貞明 013
儲柳柳 貞明 013
儲女女 貞明 013
儲仁愿 貞明 013
儲賞 貞明 011
貞明 013
＊儲氏(張繼昇妻) 貞明 011
天福 017
儲氏(張全義妻) 貞明 011
貞明 013
儲小猪 貞明 013
楚光祚 顯德 024
楚巒(化因大師) 後蜀 012
楚鑾 乾祐 012
詞超 乾祐 011
從徹 天福 047
從筏 天福 047
從頡 天福 047
從礱 天福 047
從收 天福 047
從顯 天福 047
從現 天福 047
從嶰 天福 047
從彦 天福 047
＊從意(俗姓楊) 天福 047
從賑 天福 047
從直 天福 047
崔安潛 貞明 008
龍德 005
崔邠 天成 019
崔昌鼎 吴越 056
崔稱 天成 007
崔承弼 天成 007
崔崇吉 龍德 004
崔重進 天福 030
崔重茂 天福 030
＊崔崇素(字遵禮) 龍德 004
龍德 005
崔從 龍德 005
後蜀 004
崔大鷩 天福 030
崔覿 天福 023
崔鐸 吴越 047
崔諤 天成 007
崔福哥 天福 030
崔鎬 後蜀 005
崔哥奴 後蜀 004
崔瓘 天成 019
崔珪 後蜀 005
崔沆 貞明 009
崔荷 天成 007
崔環 天福 029
崔惠通 乾化 010
崔敬嗣 後蜀 004
＊崔君 天福 030
崔君(崔琳子) 天福 023

崔匡　同光 011
＊崔琳(字藏美)　天福 023
崔劉五　天福 030
崔馬馬　天成 019
崔明濟　後蜀 004
崔柅　龍德 004
崔起　附録 034
崔謙　同光 017
崔去非　顯德 037
崔若拙　天成 011
崔善　後蜀 002
崔氏　乾祐 011
崔氏(崔琳女)　天福 023
崔氏(董君妻)　天福 023
崔氏(竇禹鈞妻)　附録 017
附録 033
崔氏(高仁裕妻)　清泰 011
崔氏(郭福妻)　天福 011
崔氏(李椿妻)　後蜀 004
崔氏(李歸妻)　貞明 006
崔氏(李延保妻)　顯德 015
崔氏(李穎妻)　龍德 004
崔氏(李元善妻)　長興 015
崔氏(李致堯妻)　後蜀 004
崔氏(盧程妻)　天成 019
崔氏(盧價妻)　附録 007
崔氏(盧麟妻)　龍德 004
崔氏(盧晃妻)　天成 007
崔氏(盧文度妻)　同光 002
崔氏(盧文度妻)　同光 002
崔氏(盧延雍妻)　後蜀 004
崔氏(盧知猷妻)　同光 002
崔氏(毛貞遠妻)　天福 035
崔氏(裴貫妻)　後蜀 004
崔氏(秦仁訓妻)　顯德 008
＊崔氏(權君妻)　天福 029
＊崔氏(任君妻)　後蜀 005
崔氏(王處直妻)　同光 001
崔氏(王繼能妻)　乾祐 017
崔氏(王繼勳妻)　南唐 012
崔氏(王君妻)　天福 023
崔氏(王仁遇妻)　吴 011
崔氏(王神貴妻)　天祐 024
崔氏(王舜妻)　乾祐 022
崔氏(王延翰妻)　閩 002
閩 003
崔氏(王彦瓊妻)　顯德 033
崔氏(謝鐸妻)　貞明 012
崔氏(楊君妻)　天福 030
崔氏(羊藻妻)　吴越 046
崔氏(張繼達妻)　長興 018
崔氏(張愿妻)　吴 002
崔氏(張知遠妻)　附録 010
崔氏(趙彦章妻)　顯德 017
崔氏(鄭泌妻)　貞明 006
崔氏(鄭煦妻)　乾祐 001
崔壽光　天成 019
崔叔律　天福 029
崔叔則　天成 007
崔太初　吴 011
崔体工　天成 019
崔萬貴　天福 030
崔希舉　貞明 003
崔憲　附録 012
崔憲　天福 023
崔小哥　天福 030
＊崔協(字司化)　同光 017
天成 019
崔虚己　乾祐 011
崔遜　顯德 002
崔延美　天成 007
崔延業　天成 007
崔檐夫　天成 019
崔罨皲　天福 030

崔彦方　後蜀 004
崔彦融　天成 019
崔彦珣　天福 030
崔彦昭　貞明 009
崔沂　貞明 006
崔以悦　天福 030
崔藝　天成 007
崔懌　清泰 011
崔隱　天福 023
崔胤　天成 013
　南唐 012
　後蜀 004
*崔有隣(字朋善)　後蜀 004
崔禹文　天福 038
*崔詹(字順之)　天成 007
崔昭象　後蜀 003
崔昭愿　附録 026
崔整　後蜀 004
崔旨　天福 023
崔支兒　天福 030
崔值　天成 007
崔棁　貞明 006
崔宗涉　後蜀 005

D

達奚真　北漢 007
*大愚(俗姓劉)　同光 014
大智　南唐 020
戴重讓　清泰 007
戴光被　清泰 007
戴光弼　清泰 007
戴光昱　清泰 007
戴光贊　清泰 007
戴懷超　清泰 007
戴懷德　清泰 007
戴懷傑　清泰 007
戴懷溥　清泰 007
戴懷衍　清泰 007
戴懷玉　清泰 007
戴懷昭　清泰 007
戴君(洞真先生)　閩 005
戴榮進　清泰 007
戴氏(宋彦筠妻)　顯德 039
戴思安　清泰 007
戴思瑾　清泰 007
戴思義　清泰 007
*戴思遠(字克寬)　清泰 007
戴政　清泰 007
道弘　吴 005
道堅(俗姓曲,精進)　附録 024
鄧子冲　南唐 014
迪氏(韓□妻)　天福 046
狄福謙　開平 003
第信　南唐 017
第五氏(韓瑩妻)　附録 008
丁閑　吴越 044
丁罕　吴越 044
丁會　顯德 015
　後蜀 006
丁氏　乾化 010
丁氏(熊楚賓妻)　吴越 001
*丁氏(張車妻)　吴越 044
丁氏(張儒妻)　吴越 013
丁信　吴越 044
丁拙　天福 039
董昌　吴越 006
董道隣　貞明 010
董道甄　貞明 010
董馮六　乾祐 016
董郭八　乾祐 016
董郭作　乾祐 016
*董君　乾祐 016
董鵬　開平 010
董慶　乾祐 016

董昪　乾祐 016
董氏(陳晟妻)　顯德 014
*董氏(韓通妻)　顯德 024
　附録 008
董氏(吕洪延妻)　開運 004
董氏(孟紹妻)　顯德 027
董氏(裴榮妻)　顯德 026
董氏(王恁妻)　閩 003
董氏(張宗妻)　開運 011
董吴七　乾祐 016
董小厮兒　乾祐 016
董賨　乾祐 016
董擇　附録 012
董璋　天福 008
　後蜀 007
董知謙　乾祐 016
董知榮　長興 003
竇偁　附録 033
竇道符　貞明 010
竇幹　天祐 020
竇光裕　南漢 002
竇郭□　天祐 020
竇回　天成 003
竇君(竇儀子)　附録 033
竇侃　附録 033
竇夢徵　龍德 002
竇十一娘　天祐 020
竇氏(竇真女)　天祐 020
竇氏(和峴妻)　附録 017
竇氏(孫拙妻)　天成 003
竇氏(閻晌妻)　附録 033
竇氏(張建容妻)　同光 003
竇思敬　附録 017
　附録 033
竇僖　附録 017
　附録 033
竇訢　附録 017
竇遜　附録 017
　附録 033
竇延嗣　天祐 020
竇延威　天祐 020
*竇儼(字望之)　後周 001
　附録 017
　附録 033
*竇儀(字可象)　後周 001
　附録 017
　附録 033
竇意　天祐 020
*竇禹鈞　後周 001
　附録 017
　附録 033
*竇真　天祐 020
獨孤損　乾化 008
*濆氏(李仁福妻)　天福 031
　廣順 008
*杜昌胤　南唐 002
杜重威　顯德 002
　顯德 039
杜道紀　貞明 010
杜昉　天福 007
杜光庭　貞明 008
*杜光乂(字啓之)　天福 007
杜讓能　天福 007
杜如晦　天福 007
杜氏(馮繼昭妻)　顯德 041
杜氏(羅元誨妻)　吴越 004
杜氏(秦定真女)　長興 002
杜氏(秦進舉妻)　長興 002
杜氏(項嶠妻)　吴越 030
杜廷　南唐 002
杜同文　天福 007
杜彦林　乾化 008
杜貞　南唐 002
杜□感　南唐 002

段伴哥 顯德 040
段汴姐 顯德 040
段道焉 北漢 001
段德悦 附録 020
段奉榮 北漢 001
段敬思 北漢 001
段敬武 北漢 001
段敬□ 北漢 001
段凝 天成 011
段詮 顯德 040
段融 前蜀 005
*段實(字歸真) 北漢 001
段氏(戴重讓妻) 清泰 007
段氏(韓儔妻) 後漢 001
段氏(賀武妻) 顯德 001
段氏(王友妻) 閩 003
段氏(西方懿妻) 天福 043
段氏(張知柔妻) 附録 010
段廷隱 貞明 007
*段延勳(字德高) 顯德 040
段延遇 北漢 001
段允恭 顯德 040
段允能 顯德 040
段允審 顯德 040
段貞 顯德 040
段震 顯德 040
頓金 吴越 006
遁熙 貞明 008

E

娥景稠 天福 035
天福 042

F

法澄 附録 009
法德 附録 009
法燈(俗姓毛) 長興 017
*法燈(周泰欽) 南唐 020
法光 附録 009
法廣 附録 009
法眷 附録 009
法寬 附録 009
法朗 附録 009
法倫 附録 009
法美 附録 009
法順 附録 009
法素 同光 019
法新 附録 009
法義 附録 009
法照 附録 009
法遵 附録 009
*樊德鄰 後蜀 012
樊良 後蜀 012
樊氏(樊德鄰女) 後蜀 012
樊氏(劉衡妻) 天福 048
范漢 南唐 008
范皎 南唐 008
范九娘 南唐 008
*范可□(玄真) 南唐 006
范六娘 南唐 008
范廿一娘 南唐 008
范婆女 南唐 008
范七娘 南唐 008
范仁通 南唐 008
范仁衛 南唐 008
范仁珣 南唐 008
范仁遇 南唐 008
范仁聿 南唐 008
范容 南唐 008
范三娘 南唐 008
范僧藝 南唐 008
范勝 南唐 008
范氏 乾化 010
范氏(王光贊妻) 廣順 003

范氏(熊珙妻) 吴越 001
范氏(欒道紀妻) 附録 015
范氏(張斌妻) 南唐 008
* 范韜 南唐 008
范文顯 南唐 008
范文祚 南唐 008
范五娘 南唐 008
范訓 南唐 008
范延光 開運 003
范詔郎 南唐 008
范鎮 南唐 008
范助郎 南唐 008
范鄒虞 南唐 008
方安 吴越 019
方八娘 吴越 019
方賓 吴越 019
方承浩 吴越 048
方瓌 吴越 019
方全 吴越 019
方三娘 吴越 019
方十娘 吴越 019
方氏(羅公受妻) 吴越 022
方氏(錢璉妻) 吴越 048
方氏(項仕榮妻) 吴越 030
方氏(余文郅妻) 吴越 010
方四娘 吴越 019
方望 吴越 019
方巖 吴越 019
* 方積 吴越 019
方宗 吴越 019
房謣 前蜀 007
房君 吴越 029
房濬 天成 001
房氏(苻彦能妻) 附録 012
房氏(孟紹妻) 顯德 027
房氏(張匡義妻) 乾祐 005
房遂 長興 004
房彦昇 附録 019
房知温 附録 012
* 費君(洞山院住持) 吴越 031
費氏(王處直妻) 同光 001
封成 天福 028
封翩 乾祐 008
封氏(封準女) 天福 028
封述 天福 028
封庭迅 天福 028
封庭隱 天福 028
封延暉 天福 028
* 封準 天福 028
馮澄 乾祐 011
馮醜兒 顯德 041
馮醜姐 顯德 041
馮大姐 顯德 041
馮大郎 吴 007
馮二姐 顯德 041
馮暉 乾祐 011
* 馮暉(字廣照) 顯德 041
馮惠明(寶懿大師) 顯德 041
馮繼洪 顯德 041
馮繼朗 顯德 041
馮繼勳 顯德 041
馮繼業 附録 039
馮繼玉 顯德 041
馮繼遠 顯德 041
馮繼昭 顯德 041
馮侃 附録 005
馮令豐 顯德 041
馮美 顯德 041
馮蒙 清泰 010
馮訥 附録 039
馮秦 吴 007
馮去非 顯德 038
馮三姐 顯德 041
馮賞 吴 007

馮捨慈(證惠大師) 顯德 041
馮師姑兒 顯德 041
馮氏(曹君妻) 附録 039
馮氏(高重誨妻) 乾祐 023
馮氏(國礹妻) 乾化 009
馮氏(康君妻) 附録 039
馮氏(李福德妻) 乾祐 018
馮氏(李福德妾) 乾祐 018
馮氏(李慶妻) 天福 022
馮氏(連思本妻) 顯德 035
馮氏(秦仁美妻) 顯德 008
馮氏(石重貴妻) 附録 005
馮氏(孫璉妻) 吴 003
馮氏(王君妻) 顯德 041
馮氏(王虔真妻) 顯德 018
馮氏(王行實妻) 天福 045
馮氏(張繼美妻) 長興 009
馮氏(張浚妻) 清泰 010
馮氏(張全恩妻) 同光 015
天福 017
* 馮氏(周融妻) 吴 007
馮四郎 吴 007
馮五郎 吴 007
馮習 長興 009
馮行實 乾祐 011
馮行襲 應順 001
馮宣 吴 007
馮延塞 顯德 041
馮胤 吴越 019
馮迎弟 顯德 041
馮於休 顯德 041
馮説 顯德 041
馮証 附録 039
奉明 同光 019
伏琛 貞明 010
貞明 011
貞明 013
苻楚 附録 012
苻存審 附録 012
苻泥陽 附録 012
苻氏(柴榮后) 附録 012
附録 037
苻氏(賈君妻) 附録 032
苻氏(康君妻) 廣順 001
苻氏(劉承勳妻) 附録 012
苻氏(劉君妻) 附録 032
苻氏(馬君妻) 附録 032
苻氏(馬令琮妻) 附録 012
苻氏(史君妻) 附録 012
苻氏(周君妻) 附録 032
苻習 天祐 028
* 苻彦琳 附録 032
* 苻彦能(字光義) 附録 012
苻彦卿 附録 012
附録 032
附録 037
苻昭度 附録 012
苻昭惠 附録 032
苻昭吉 附録 032
苻昭浦 附録 032
苻昭遂 附録 012
苻昭文 附録 032
苻昭遜 附録 012
苻昭懿 附録 012
苻昭願 附録 037
苻昭□ 附録 037
苻政 附録 012
傅審 乾祐 011
傅氏(郭元禎妻) 天祐 013
傅氏(李進妻) 乾祐 018
傅氏(李敏妻) 天祐 005
傅氏(趙諗妻) 北漢 006

G

干氏(秦宗妻) 天祐 022

高阿蘇 開平 004
高弼 顯德 039
高弁 開平 004
高重誨 乾祐 023
高重玘 乾祐 023
高重千 乾祐 023
*高洪謹 乾祐 023
*高暉(字光遠) 後蜀 003
*高繼蟾(字紹輝) 開平 004
高繼昇 顯德 039
高繼嚴 開平 004
高錦兒 乾祐 023
高朗昭 南唐 006
高李八 開平 004
高李七 開平 004
高澧 吴 004
吴越 027
高立 開平 004
高亮 後蜀 003
高留范 開運 014
高枚 清泰 011
高孃子 後蜀 003
高駢 清泰 011
高溥 長興 020
高虔禹 開平 004
高璆 清泰 011
高全義 後蜀 003
高任九 乾祐 023
高仁超 乾祐 023
高仁謙 乾祐 023
高仁裕 清泰 011
高紹廣 天福 037
高紹巒 天福 037
高紹綸 天福 037
高紹嵩 天福 037
高氏(安崇禮妻) 顯德 006
附録 029
高氏(竇儀妻) 附録 033
高氏(闞欽裕妻) 廣順 011
高氏(韓君妻) 乾祐 023
高氏(和君妻) 乾祐 023
高氏(和君妻) 乾祐 023
高氏(賈君妻) 乾祐 023
高氏(劉君妻) 後蜀 003
高氏(毛瑩妻) 天福 035
*高氏(任茂弘妻) 天祐 023
高氏(王弁妻) 天福 024
高氏(王瓌妻) 顯德 030
高氏(王延卿妻) 吴 011
高氏(閻湘妻) 清泰 011
高氏(元君妻) 乾祐 023
*高氏(張滌妻) 清泰 011
高氏(張季澄妻) 清泰 009
高氏(鍾□妻) 開平 011
高氏(周令武妻) 天福 033
高太 乾祐 023
高萬金 天福 037
高萬興 天福 037
高望兒 乾祐 023
高惟正 南唐 006
高渭 吴越 006
高喜孃 乾祐 023
高喜子 後蜀 003
高湘 貞明 009
高小福 乾祐 023
高行本 後蜀 003
高勳 附録 005
高彦 吴越 006
吴越 027
高楊六 乾祐 023
高楊五 乾祐 023
高元宗 乾祐 023
高越 南唐 024
高允貞 清泰 009

高章 開平 004
高□□ 後蜀 003
郜氏（羊勝妻） 吴越 046
哥舒晃 附録 001
葛從周 貞明 012
龍德 001
葛氏（顧彦浦妻） 應順 001
葛氏（張繼昇妻） 天福 017
耿紹紀 附録 006
耿氏（昝思悰妻） 前蜀 006
耿氏（劉繼文妻） 附録 006
弓氏（宋晟妻） 天祐 017
鞏信 乾祐 011
緱景 乾化 010
句氏（張君孫媳） 乾祐 004
苟氏（裴德孫媳） 開運 010
顧斌 應順 001
* 顧德昇（字□□） 應順 001
顧全武 吴越 006
顧氏（孫景球妻） 天福 025
顧氏（孫景球妻） 天福 025
顧氏（屠君妻） 吴越 006
顧翁憐 應順 001
顧渥 應順 001
顧彦朗 前蜀 004
顧彦浦 應順 001
顧詠 應順 001
顧在珣 前蜀 004
前蜀 005
關彬 廣順 011
關從誨 顯德 030
關鎬 廣順 011
關節 廣順 011
關浦 廣順 011
關玘 廣順 011
關謙 廣順 011
* 關欽裕（字貴德） 廣順 011
關瓊 廣順 011
關丘 廣順 011
關善留女 廣順 011
關式 廣順 011
關氏（李廷詮妻） 開運 008
關氏（孫君妻） 廣順 011
* 關氏（王萬榮妻） 後晉 002
關氏（張君妻） 廣順 011
關通 廣順 011
關望翁 廣順 011
關鉉 廣順 011
關勳 廣順 011
關胤 廣順 011
關永 廣順 011
關嶼 廣順 011
關遠 廣順 011
關趙留女 廣順 011
歸仁澤 天福 007
歸則 吴越 053
皈道 天福 009
郭弼 天福 013
* 郭福 天福 011
郭常住 天福 011
郭重 開運 002
郭崇韜 天成 002
清泰 006
後蜀 007
郭從實 長興 005
郭達 乾祐 011
郭逢吉 天福 013
郭韓七 天祐 013
郭漢温 天福 020
郭翰 天祐 013
* 郭洪鐸（字聲遠） 天福 013
郭弘簡 天福 011
郭弘素 天福 020
郭君 開平 011

郭峻　附録 018
郭留九　天祐 013
郭寧哥　天福 013
郭平哥　天福 020
郭婆連　長興 005
郭婆奴　長興 005
郭婆女　長興 005
郭玘　顯德 012
郭峭　廣順 008
郭瓊　乾祐 011
郭權　天福 020
郭仁魯　天福 020
郭鎔　開運 002
郭師簡　開運 002
郭師直　天福 020
郭十五　長興 005
郭什六　長興 005
*郭氏(陳君妻)　吴 014
郭氏(崔君妻)　天祐 013
郭氏(董君妻)　乾祐 016
郭氏(董慶妻)　乾祐 016
郭氏(苻存審妻)　附録 012
郭氏(關嶼妻)　廣順 011
郭氏(郭在巖女)　開運 002
郭氏(韓悦妻)　乾祐 010
郭氏(康君妻)　廣順 001
郭氏(孔彦妻)　附録 041
郭氏(李重□妻)　天祐 005
郭氏(李景蒙妻)　顯德 009
郭氏(李文靖妻)　長興 017
郭氏(李延年妻)　顯德 028
郭氏(李元發妻)　天祐 005
郭氏(李元約妻)　天祐 005
郭氏(李仲誨妻)　開運 002
郭氏(連存妻)　顯德 035
郭氏(劉光贊妻)　顯德 012
郭氏(劉繼文妻)　附録 006
*郭氏(路君妻)　天福 001
郭氏(潘君妻)　天福 013
郭氏(裴瓊妻)　顯德 026
郭氏(裴思會妻)　顯德 026
郭氏(孫君妻)　天祐 013
郭氏(王光乂妻)　廣順 003
郭氏(王繼榮妻)　顯德 033
郭氏(王君妻)　天祐 013
郭氏(王愿妻)　天福 020
*郭氏(吴廷祚妻)　附録 030
附録 038
郭氏(西方元太妻)　天福 043
郭氏(楊翥妻)　附録 016
郭氏(張逢妻)　乾祐 005
郭氏(張漢榮妻)　北漢 005
郭氏(張君妻)　天祐 013
郭氏(張君孫媳)　乾祐 004
郭氏(張匡美妻)　乾祐 005
郭氏(張仁嗣妻)　天福 020
顯德 025
郭氏(張廷鎬妻)　北漢 003
郭氏(張永德妻,晉國長公主)　顯德 038
郭氏(張真妻)　顯德 004
郭氏(趙結媳)　北漢 006
郭氏(趙溥妻)　顯德 002
郭氏(趙守瓊妻)　清泰 002
郭氏(周神旺妻)　天祐 014
郭順清　天福 013
郭思柔　乾祐 011
郭松　吴 010
郭堂哥　天福 020
郭天德　天祐 013
郭鐵牛兒　天福 020
郭庭美　天福 020
郭威(後周太祖)　顯德 002
顯德 003
顯德 019
顯德 023

顯德 039
顯德 041
附録 006
附録 008
附録 030
附録 037
附録 041
郭維贇 乾祐 007
郭偉 天福 013
郭無為 附録 006
郭痦 吴 014
郭小住 天福 011
郭孝豐(農) 開運 002
郭孝殷 開運 002
郭謝留 天祐 013
郭興 清泰 009
郭幸滿 長興 005
郭幸通 長興 005
郭幸璋 長興 005
郭秀 天福 011
郭勳 天福 013
*郭彦瓊(字隱光) 天福 020
郭彦温 乾祐 011
郭楊什 天祐 013
郭乂哥 天福 013
郭友順 長興 005
*郭元 長興 005
郭元弼 天福 020
郭元謹 天祐 013
郭元敬 天祐 013
郭元禎 天祐 013
郭在徽 開運 002
郭在微 開運 002
*郭在巖 開運 002
郭再榮 顯德 017
郭張八 天祐 013
郭貞 天祐 013
郭澂 吴 014
郭知密 天福 002
郭子儀 開運 002
郭□ 長興 005
郭□□ 長興 005
國醜多 乾化 009
國莒 乾化 009
國磷 乾化 009
國留住 乾化 009
國盧十 乾化 009
國璠 乾化 009
國仁顯 乾化 009
國仁裕 乾化 009
國膳 乾化 009
國瑭 乾化 009
國甜兒 乾化 009
國秃哥 乾化 009
國文通 乾化 009
*國礹 乾化 009
國磤 乾化 009
國岳 乾化 009
國積 乾化 009
國鄭奴 乾化 009

H

韓八師 顯德 024
韓保安 附録 008
韓保昇 後蜀 005
韓昌(又名國昌) 乾祐 010
後漢 001
韓重 同光 009
長興 017
*韓儔 後漢 001
韓琮 天福 046
韓大小娘子 附録 008
韓二小娘 附録 008
韓昉 開運 006

＊韓恭(字智謙)　乾化 005
天成 016
天成 017
韓桂　顯德 030
韓胡女　乾化 005
韓建　清泰 006
韓漸餘　天成 017
韓九師　顯德 024
韓君(韓通父)　附録 008
韓鈞　附録 008
韓匡嗣　附録 006
韓禮　天福 046
韓璉　天成 017
韓七哥　附録 008
韓三哥　附録 008
韓三小娘子　附録 008
韓迢　乾化 010
韓氏(蔡君妻)　乾祐 010
韓氏(韓恭女)　天成 017
韓氏(韓仲舉女)　天成 016
韓氏(雷文妻)　龍德 001
韓氏(李君妻)　天福 046
韓氏(李君妻)　天福 046
韓氏(李周妻)　顯德 015
韓氏(劉君妻)　乾祐 010
韓氏(裴虔妻)　顯德 026
韓氏(曲行殷妻)　附録 024
韓氏(權令詡妻)　天福 029
韓氏(任彦玦妻)　同光 016
韓氏(唐立妻)　天祐 027
韓氏(王佶妻)　廣順 012
韓氏(王君妻)　天成 017
韓氏(王君妻)　天福 046
韓氏(王行實妻)　廣順 016
韓氏(王彦贇妻)　長興 011
韓氏(邢德昭妻)　乾祐 019
韓氏(蘗可瓊妻)　附録 016
韓氏(朱元晟妻)　吴越 027
韓守琉　附録 008
韓守鈞　顯德 024
韓守諒　附録 008
韓守素　顯德 024
韓守勳　乾祐 010
韓思進　天福 046
韓思榮　天福 046
韓四小娘子　附録 008
韓廷誨　後漢 001
韓廷睿　乾祐 010
韓廷訓　乾祐 010
韓廷遜　乾祐 010
韓廷隱　乾祐 010
＊韓通(字仲達)　顯德 024
附録 008
韓武　天福 046
韓延密　天福 017
韓延遇　長興 009
韓彦能　前蜀 006
韓彦球　乾祐 011
韓彦昇　天成 017
韓瑩　附録 008
韓顒　乾祐 011
＊韓悦　乾祐 010
韓贇忠　乾祐 010
後漢 001
韓章　吴越 027
韓章　附録 008
韓震　乾祐 010
＊韓仲舉(字漢臣)　乾化 005
乾化 006
天成 016
天成 017
韓仲宣　乾化 005
天成 017
韓仲英　天成 017

韓仲昭 天成 017
* 韓□ 天福 046
郝初郎 天祐 003
郝德娘子 天祐 003
郝關七 天祐 003
郝謙 天祐 003
郝善德 天祐 003
郝氏(安審韜妻) 附録 013
郝氏(韓思榮妻) 天福 046
郝氏(劉恂妻) 北漢 003
郝氏(田延敏妻) 顯德 029
郝氏(吴湛妻) 附録 030
郝温 同光 019
郝宣 天祐 003
* 郝章 天祐 003
郝愸 天祐 003
浩福 天福 006
浩氏(畢君妻) 天福 006
浩氏(郭君妻) 天福 006
浩氏(李君妻) 天福 006
浩氏(劉君妻) 天福 006
浩氏(王君妻) 天福 006
浩氏(張君妻) 天福 006
浩氏(趙敬賞妻) 同光 008
浩天留 天福 006
* 浩義伏 天福 006
浩璋 天福 006
浩貞 天福 006
和和 天福 047
和凝 清泰 007
附録 017
和少微 同光 001
和氏(高重千妻) 乾祐 023
和氏(李思進妻) 開運 008
和氏(王琮妻) 天祐 010
和氏(趙美妻) 長興 014
和峴 附録 017
何才通 後蜀 011
* 何承裕(字德豐) 後蜀 011
何重度 天福 012
何重進 天福 015
何從榮 天福 015
* 何德璘(字光隱) 天福 041
何兜兒 天福 015
何貴文 後蜀 011
何海 天福 012
何憨哥 天福 015
何韓十九 天福 015
何漢超 後蜀 011
何漢規 後蜀 011
何漢宏 後蜀 011
何漢求 後蜀 011
何漢威 後蜀 011
何漢興 後蜀 011
何漢氳 後蜀 011
何漢宗 後蜀 011
何敬超 天福 015
何敬方 天福 015
何敬千 天福 015
何敬審 北漢 003
何敬文 天福 015
何敬周 天福 015
* 何君政 天福 015
何堪 南唐 014
何敏 天福 041
何紹倫 天福 041
何紹文 天福 041
* 何氏(安萬金妻) 天福 012
天福 016
何氏(安元超妻) 天福 012
何氏(畢瑶妻) 南唐 014
何氏(陳君妻) 後蜀 011
何氏(陳素妻) 南唐 014
何氏(范君妻) 後蜀 011

何氏(韓君妻) 天福 041
何氏(江弘□妻) 南唐 001
何氏(荆儔妻) 南唐 014
何氏(李叔卿妻) 開運 008
何氏(劉嗣妻) 南唐 014
何氏(權令詢妻) 天福 029
何氏(宋行段妻) 天祐 017
何氏(王德妻) 南唐 014
何氏(王君妻) 後蜀 011
何氏(王廷範妻) 吴越 011
何氏(袁繼諲妻) 吴越 040
何氏(□存妻) 廣順 002
何松 南唐 014
何遂隆 天福 041
何王七 天福 015
何小哥 天福 015
何小憨 天福 015
何小廝兒 天福 015
何小豬 天福 015
何脩 南唐 014
*何延徽(字庭詔) 南唐 014
何巖 北漢 003
何晏 天福 012
何彦瓌 北漢 003
何元通 貞明 010
何贇 北漢 003
何子嵒 天福 041
何□□ 南唐 014
紇干德覃 乾祐 002
賀必兒 顯德 001
賀德綸 天成 002
賀合德 顯德 001
賀朗然 南唐 006
賀六姐 顯德 001
賀氏(李君妻) 顯德 001
賀氏(論君妻) 顯德 001
賀氏(藥元福妻) 附録 015
賀五姐 顯德 001
*賀武 顯德 001
賀再榮 顯德 001
賀再遇 顯德 001
弘超 同光 019
弘粤 同光 019
弘昉 同光 019
弘皐 同光 019
弘惠 同光 019
弘鑒 同光 019
弘起 同光 019
弘遷 同光 019
弘讓 同光 019
弘深 同光 019
弘省 同光 019
弘史 同光 019
弘泰 同光 019
弘悟 同光 019
弘緒 同光 019
弘宣 同光 019
弘雅 同光 019
弘幽 同光 019
弘遇 同光 019
弘釗 同光 019
弘志 同光 019
侯霸榮 附録 006
侯建 同光 019
侯氏(孫繼昌妻) 乾化 004
侯氏(萬重慶妻) 天成 004
侯氏(萬弘玘妻) 天成 004
侯氏(閻少均妻) 開運 005
侯温 乾祐 011
胡裳吉 開平 006
胡仁傑 南唐 009
胡氏 乾化 010
胡氏(儲德充妻) 貞明 013
胡氏(李福德妾) 乾祐 018

胡氏(劉秘妻) 顯德 011
胡氏(羅公受妻) 吴越 022
胡氏(許童妻) 天成 006
胡氏(余德璋妻) 吴越 009
胡氏(元圖妻) 吴越 043
胡氏(□君妻) 吴越 007
胡氏(□庭規妻) 南唐 013
胡臺 天福 047
胡汀 附録 019
胡熙載 天福 027
胡子 天福 047
扈氏(王文誼妻) 廣順 016
扈載 顯德 021
黄巢 天祐 001
天福 016
吴越 006
黄傳慶 吴越 056
黄澹 南唐 008
黄公友 吴越 015
黄懷 南唐 008
黄績 南唐 008
黄進思 龍德 002
黄君 吴 007
黄楷 吴越 048
黄仁嶲 閩 007
黄仁用 南唐 008
黄三娘 南唐 008
黄晟 吴 012
黄氏(儲賞妻) 貞明 011
貞明 013
黄氏(范仁聿妻) 南唐 008
黄氏(何延徽妻) 南唐 014
黄氏(吴存鍔妻) 南漢 001
黄氏(吴歆妻) 吴越 005
黄氏(延重周妻) 天祐 006
黄氏(俞仁安妻) 吴越 047
* 黄氏(張君妻) 吴越 023
* 黄曉(字象初) 龍德 002
黄彦文 龍德 002
黄鄴 南唐 008
黄元 閩 007
* 黄□ 吴越 003
皇氏(崔重進妻) 天福 030
皇甫繼勳 南唐 019
皇甫立 附録 013
皇甫氏(安守仁妻) 附録 013
皇甫氏(王柔妻) 顯德 021
皇甫氏(張顇妻) 貞明 002
惠澄 天福 047
* 惠光 乾化 010
* 惠公 天福 009
惠寬 天福 009
惠進 後晉 002
惠圓 天福 019
惠真(董懷炟) 乾祐 016
惠真(俗姓苻,精進大師) 附録 012
* 晦機(俗姓張,超惠大師) 吴 013
霍八娘 長興 013
霍度 吴越 038
霍名 長興 013
霍七娘 長興 013
霍仁福 吴越 038
霍仁禮 吴越 038
霍卅娘 長興 013
霍師德 吴越 038
霍氏(牛知讓妻) 附録 028
霍氏(牛知讓妻) 附録 028
霍氏(龐令圖妻) 乾祐 002
霍氏(吴延魯妻) 南漢 001
霍四十娘 長興 013
霍滔 長興 013
霍巖 長興 013
霍儼 長興 013
霍彦球 吴越 038
霍彦威 天福 008
附録 028

* 霍彦珣(字藴玉) 吴越 038
霍鄴 吴越 038
霍雍 長興 013
* 霍則 長興 013
霍曾 吴越 038

J

吉昌胤 天福 020
吉氏(邢德昭妻) 乾祐 019
吉韜 乾祐 019
記記 附録 001
紀昌 開平 010
* 紀豐 開平 010
紀瓊 開平 010
紀審 開平 010
紀爽 開平 010
紀文建 開平 010
紀晏 開平 010
紀奏 開平 010
季孜 吴越 036
吴越 037
寂常 南唐 011
冀氏(段延勳妻) 顯德 040
冀氏(張寧妻) 長興 010
冀彦章 廣順 013
* 賈邠(字文美) 貞明 001
賈惠元 貞明 001
賈玘 貞明 003
賈嶸 貞明 001
賈氏(陳邵斌妻) 顯德 014
賈氏(陳邵琮妻) 顯德 014
賈氏(馮暉妻) 顯德 041
賈氏(李德釗妻) 長興 006
賈氏(李繼忠妻) 開運 013
賈氏(劉珂妻) 吴越 017
賈氏(潘襄妻) 乾祐 009
賈氏(裴思會妻) 顯德 026
賈氏(秦審言妻) 長興 002
賈氏(張庭美妻) 顯德 004
賈氏(張興順王妻) 天祐 011
賈洮 貞明 001
賈煒 天祐 019
賈位 貞明 001
賈文瑞(端) 乾祐 011
賈延密 乾祐 011
賈彦鐸 前蜀 002
賈顒 天成 001
賈知遠 天福 017
堅能(吕蕙) 天福 032
鑒琛 顯德 028
鑒律師 長興 016
蹇弘信 後蜀 009
江芳 南唐 001
江弘道 南唐 001
江弘裕 南唐 001
江弘智 南唐 001
江弘晊 南唐 001
江弘□ 南唐 001
江十四娘 南唐 001
江十五娘 南唐 001
江氏(羅素妻) 吴越 004
江添哥 南唐 001
* 江延穗(字義光) 南唐 001
江延義 南唐 001
姜蟾 附録 018
姜鶻哥 附録 018
姜寧 附録 018
姜婆嬌 附録 018
姜權 附録 018
姜仁澤 附録 018
姜容哥 附録 018
姜氏(高君妻) 附録 018
姜氏(郭濈妻) 吴 014
姜氏(晉匡文妻) 前蜀 006
姜氏(時文蔚妻,苗君妻) 附録 018

姜氏(閻寶妻) 開運 005
姜氏(袁繼榮妻) 吴越 040
＊姜氏(張全義妻) 貞明 003
同光 012
清泰 009
姜氏(朱君妻) 附録 018
姜壽哥 附録 018
姜翁怜 附録 018
姜翁壽 附録 018
姜知逢 附録 018
＊姜知述(字著文) 附録 018
姜知遠 附録 018
姜宗甫 附録 018
蔣建 南唐 025
蔣鑾玄 吴越 011
蔣氏(韓通妻) 附録 008
蔣氏(俞彦珠妻) 吴越 047
蔣延勳 吴越 048
焦重諤 後蜀 007
焦重福 天福 047
焦氏(闞嶼妻) 廣順 011
焦氏(劉文晟妻) 同光 007
焦氏(潘□妻) 乾祐 009
焦氏(任匡宥妻) 吴越 020
焦氏(趙瑩妻) 顯德 002
焦守珪 顯德 036
焦尊師 開運 012
介行恭 乾祐 011
金澄 吴越 037
金弘綰 吴越 049
金岌 吴越 037
金匡厚 吴越 052
金匡時 吴越 052
金仁皓 吴越 048
＊金氏(李章妻) 吴越 036
吴越 037
金氏(羅受妻) 吴越 057
金溇 吴越 052
金選 吴越 037
晉道遷 前蜀 006
晉第十二(張友珪妻) 前蜀 006
晉果報 前蜀 006
晉和 前蜀 006
晉弘道 前蜀 006
晉弘祚 前蜀 006
＊晉暉(字光遠) 前蜀 006
晉寄哥 前蜀 006
晉匡成 前蜀 006
晉匡順 前蜀 006
晉匡文 前蜀 006
晉匡信 前蜀 006
晉匡晏 前蜀 006
晉匡乂 前蜀 006
晉匡議 前蜀 006
晉匡遇 前蜀 006
晉勝都 前蜀 006
晉氏(胡君妻) 前蜀 006
晉氏(毛君妻) 前蜀 006
晉氏(裴簡妻) 顯德 026
晉氏(譙君妻) 前蜀 006
晉氏(王宗範妻) 前蜀 006
晉氏(解延朗妻) 前蜀 006
晉氏(張君妻) 前蜀 006
晉思悰 前蜀 006
晉思武 前蜀 006
晉翁孫 前蜀 006
晉彦球 前蜀 006
晉璋 前蜀 006
荆儔 南唐 014
景氏(張匡美妻) 乾祐 005
徑山□□興國大師 吴越 031
敬暉 天成 011
敬氏(張居翰妻) 天成 011
附録 022

净照 附録 042
*净照 南唐 017
居氏(□可呈妻) 吴越 012
麴氏(蘇弘靖妻) 同光 015
劇氏(張昭遠妻) 附録 031
巨氏(毛崇厚妻) 天福 035
覺常 同光 014
覺塵 同光 014
覺達 同光 014
覺豐 同光 014
覺瓌 同光 014
覺海 同光 014
覺寂 同光 014
覺降 同光 014
覺朗 同光 014
覺靈 同光 014
覺明 同光 014
覺儒 同光 014
覺實 同光 014
覺嵩 同光 014
覺通 同光 014
覺希 同光 014
覺姓〔性〕 同光 014
覺玄 同光 014
覺依 同光 014
覺瑩 同光 014
覺幽 同光 014
覺玉 同光 014
覺元 同光 014
覺賓 同光 014
覺照 同光 014
覺直 同光 014
覺智 同光 014
覺忠 同光 014
覺宗 同光 014
覺□ 同光 014
覺□ 同光 014
覺□ 同光 014
覺□ 同光 014
覺□ 同光 014
覺□ 同光 014
覺□ 同光 014
覺□ 同光 014
覺□ 同光 014

K

開氏(馬重晏妻) 廣順 015
康汴哥 天成 001
康蔡哥 天成 001
康長 顯德 031
康重俊 廣順 001
康琮 天成 001
康懷英 天成 001
天福 036
康懷正 顯德 031
康翽 顯德 017
康進德 廣順 001
康進欽 廣順 001
康景紹 前蜀 006
*康君 廣順 001
康君海 廣順 001
康琳 顯德 006
康婆兒 廣順 001
康晟 廣順 001
康十德 廣順 001
康氏(曹君妻) 廣順 001
康氏(何君政媳) 天福 015
康氏(何君政媳) 天福 015
康氏(李君妻) 廣順 001
康氏(劉彦融妻) 顯德 003
康氏(姜宗甫妻) 附録 018
康氏(史弘恕妻) 乾祐 008
康氏(袁彦進妻) 顯德 030
康氏(張君妻) 廣順 001

康守信 乾祐 011
康行儒 顯德 030
康延孝 天福 044
康晏崇 廣順 001
康晏琦 廣順 001
康晏瓊 廣順 001
康元信 廣順 001
康贊 天福 013
* 康贊美(字翊聖) 天成 001
可脩 前蜀 002
孔端 天祐 016
天祐 026
天成 002
附録 041
* 孔昉 天祐 016
天祐 026
天成 002
附録 041
孔苻 附録 041
孔佶 天祐 016
天祐 026
天成 002
附録 041
孔繼恩 附録 041
孔繼清 附録 041
孔繼忠 附録 041
孔繼宗 附録 041
* 孔謹(又名行謹) 天祐 016
天祐 026
附録 041
孔可舉 附録 018
* 孔立 天祐 016
天祐 026
附録 041
* 孔謙(字執柔) 天祐 016
天祐 026
天成 002
附録 041
孔仁福 吴越 047
孔世堅 附録 041
孔氏(竇儀妻) 附録 033
孔氏(高君妻) 天祐 026
附録 041
孔氏(郭君妻) 天祐 026
附録 041
孔氏(姜知述妻) 附録 018
孔氏(焦君妻) 附録 041
孔氏(李思鄯妻) 顯德 009
孔氏(秦千妻) 顯德 008
孔氏(蘇君妻) 天祐 026
附録 041
孔氏(韋貽范妻) 後蜀 010
孔氏(楊邠妻) 附録 041
孔氏(張君妻) 天祐 026
附録 041
孔遂良 附録 041
孔惟素 附録 041
孔惟熙 天成 002
附録 041
孔惟貞 天成 002
孔緯 貞明 008
天成 003
孔續 乾化 003
孔彦(又名惟彦) 附録 041
孔誼 天祐 016
天祐 026
天成 002
附録 041
孔允(又名惟允) 附録 041
孔□(孔立子或女) 天祐 016
孔□□(孔立女) 天祐 016
匡習(歸真大師) 天成 012
匡因 乾祐 011
匡肇 前蜀 002

L

勞氏（項仕贇妻）　吴越 030
雷公留　龍德 001
雷鍠　龍德 001
＊雷景從（字歸禮）　龍德 001
雷敬安　龍德 001
雷敬崇　龍德 001
雷敬存　龍德 001
雷敬暉　龍德 001
雷敬全　龍德 001
雷勍　龍德 001
雷球　龍德 001
雷詵　龍德 001
雷師因　乾化 010
雷氏（張珎妻）　天成 014
雷韜　龍德 001
雷文　龍德 001
雷彦稠　乾化 010
雷彦實　乾化 010
類氏（崔宗涉妻）　後蜀 005
黎紹美　後蜀 007
里皇迷訛移　乾祐 021
＊里氏（李彝謹妻）　乾祐 021
　廣順 008
李八姑兒　開運 014
李保殷　乾化 008
李寶　乾祐 011
李寶珍　天祐 001
李伴哥　顯德 028
李伴猧　吴越 036
＊李本　顯德 015
李蠙　長興 016
李不怜　北漢 004
李不□兒　顯德 015
李曹兒　顯德 015
李常住　乾祐 018
李常住　天祐 001
李陳八　天祐 005
李承寵　吴越 049
李承嗣　吴 010
李承嗣　吴越 049
李承鄴　吴越 049
李承義　顯德 037
李澄　顯德 015
李重安　天祐 005
＊李重吉（字保榮）　清泰 003
李重謹　天福 022
李重進　長興 007
李重俊　顯德 016
李重謙　清泰 003
李重遂　開運 007
李重泰　顯德 016
李重喜　乾祐 018
李重喜　天祐 001
李重興　開運 014
李重興　顯德 016
李重遇　前蜀 002
李重裕　開運 014
李重贇　天祐 005
＊李重直（字表正）　顯德 016
李重□　天祐 005
李寵留　顯德 028
李醜漢　天祐 005
李醜奴　長興 012
李椿　後蜀 004
李綽　吴越 036
李從昶　開運 006
李從厚（後唐閔帝）　清泰 003
李從珂（後唐末帝）　清泰 003
　清泰 010
　天福 024
　開運 003
　開運 005

開運 012
顯德 039
後蜀 006
後蜀 009
附録 034
李從實 附録 001
李從曮 天福 040
開運 006
顯德 036
李從璋 開運 012
顯德 016
李從昭 開運 006
李琮 開運 009
李賨 乾化 002
李楚 乾祐 020
李存霸 天祐 001
李存範 天祐 001
李存規 天祐 001
李存貴 天祐 001
李存紀 同光 001
李存進 後蜀 009
附録 036
李存矩 天祐 001
李存美 天祐 001
李存順 天祐 001
李存璲 天祐 001
李存勖(後唐莊宗) 天祐 001
天成 002
天成 011
天成 018
長興 003
長興 015
清泰 004
清泰 006
天福 005
天福 010
天福 013
天福 015
天福 023
天福 033
天福 037
開運 003
開運 005
開運 013
後晉 001
乾祐 008
廣順 001
廣順 009
廣順 014
顯德 019
顯德 039
後蜀 002
後蜀 003
後蜀 006
後蜀 007
後蜀 009
附録 001
李達 廣順 006
李大大 開運 008
李大客作 乾祐 018
李大留 乾祐 018
李大舒 天祐 001
李德 北漢 004
李德 附録 020
李德鋒 長興 006
*李德休(字表逸) 天成 019
長興 015
李德釗 長興 006
李德□ 長興 006
李德□ 長興 006
李董哥 附録 020
李都 貞明 009
李剬 天祐 005
李鐸 清泰 006

李昉 廣順 006
附録 034
李鳳 附録 022
李贇 龍德 004
龍德 005
李福 貞明 009
天成 003
天福 014
李福超 開運 014
*李福德 乾祐 018
李福榮 開運 014
李恭□ 顯德 015
李骨骨 天祐 001
李轂 廣順 011
李光琮 乾祐 021
廣順 008
李光進 前蜀 002
李光璉 乾祐 021
廣順 008
李光璘 乾祐 021
廣順 008
顯德 022
*李光嗣(字子□) 貞明 004
李光緯 天成 019
李光憲 後蜀 004
李光琇 乾祐 021
廣順 008
李光義 乾祐 021
廣順 008
李光遠 前蜀 002
李光愿 長興 015
李巋 貞明 006
李皈兒 天祐 005
李貴 北漢 004
李國昌 天祐 001
李韓五 乾祐 018
李韓奴 廣順 003
*李邯 吴越 026
李罕之 附録 026
李訶(軻) 吴越 049
李郃 前蜀 006
李黑廝兒 貞明 004
李黑子栝 乾祐 020
*李珩(字垂則) 龍德 004
龍德 005
李洪安 顯德 037
李弘 開運 014
李弘敏 吴 012
李弘實 南漢 002
李弘思 顯德 028
李胡女 乾祐 018
李胡子 顯德 009
李昈 廣順 006
李華 廣順 006
李瑝 乾化 005
李撝 南漢 002
*李會 前蜀 002
李惠清 開運 014
李惠通 開運 014
李季 乾祐 020
*李繼 長興 012
李繼崇 前蜀 001
附録 034
李繼儔 開運 013
李繼達 開運 013
李繼徽(原名楊崇本) 岐 001
李繼岌 天成 011
清泰 006
天福 039
後蜀 007
附録 032
李繼能 開運 013
李繼鎔 開運 013
李繼韜 開運 013

李繼暐 開運 006
李繼襲 開運 013
李繼遠 開運 013
李繼筠 同光 018
* 李繼忠(字化美) 開運 013
李季宗 開運 014
李寂 長興 017
李緘 廣順 001
李簡 吴越 036
李絳 長興 015
李瑾 廣順 006
李進 北漢 004
李進 乾祐 018
* 李景蒙 顯德 009
李景仁 前蜀 006
李景遏 南唐 015
李景胤 南漢 002
李璟(南唐元宗) 南唐 007
南唐 012
南唐 015
南唐 017
南唐 020
李敬貴 顯德 028
李敬怜 乾祐 018
李敬周 乾祐 002
李鈞 清泰 006
* 李君 乾化 007
李君 長興 006
李君 南唐 005
李君亮 天祐 014
* 李俊(又名重俊) 開運 012
李晙 廣順 006
李亢直 開平 009
李克勤 附録 007
李克脩 貞明 009
* 李克用(後唐太祖,字翼聖) 天祐 001
天福 006
天福 011
天福 044
開運 001
開運 003
開運 013
乾祐 006
顯德 019
吴 010
後蜀 002
後蜀 006
後蜀 009
附録 001
李匡禪 吴 010
李匡威 同光 013
李匡堯 天福 040
李匡祐 吴 010
李匡祚 吴 010
李廓 同光 018
李禮 吴越 036
* 李立 長興 007
李良 吴越 026
李令昭 天祐 001
李六姑 顯德 015
李巒 南漢 002
李鑾 清泰 006
李鸞 長興 020
李馬老 附録 020
李滿兒 吴越 049
* 李茂貞(字正臣) 同光 018
開運 006
顯德 036
岐 001
前蜀 001
李茂莊 同光 018
李美美 乾祐 018
李妹哥 顯德 009
李昧兒 顯德 028

李泌 貞明 008
李妙娘子 乾化 007
李敏 閩 002
閩 003
＊李敏 天祐 005
李明郎 乾祐 018
李慕勳 同光 013
李納 附録 031
李鬧哥 顯德 009
李廿娘 吳越 049
李寧 前蜀 002
＊李派塍 開平 009
李玭 貞明 004
李婆兒 北漢 004
李婆□ 北漢 004
李乞德 開運 008
李遷 廣順 006
李虔 乾化 010
李虔友 長興 012
李喬八 天祐 001
李欽魯 長興 015
李欽叡 開運 012
李欽贇 開運 012
李劤 乾化 010
李慶 乾祐 018
李慶 天福 022
李球 廣順 006
李全節 開運 013
李全朗 開運 013
李全明 開運 013
李全盛 開運 013
李全渥 開運 013
李全義 天祐 028
李全遇 開運 013
李全忠 同光 013
李讓 開運 008
＊李仁寶(字國珎) 開運 007
李仁福 天福 031
天福 035
天福 041
天福 042
開運 007
乾祐 021
廣順 008
顯德 022
李仁厚 吳越 019
李仁瑋 貞明 002
＊李仁釗(字顯之) 同光 013
李榮 顯德 004
李鎔 清泰 006
李如林 清泰 006
李三兒 天福 022
李三哥 顯德 009
李三女 長興 012
李僧哥 天祐 015
李善意 天祐 001
李上□ 長興 012
李神福 天福 022
李神奴 天祐 001
李審 貞明 004
李慎儀 龍德 004
清泰 003
清泰 011
李聲娘 北漢 004
李昪(南唐烈祖) 南唐 001
南唐 015
南唐 016
李晟 貞明 004
李十八娘 吳越 049
李十九娘 吳越 049
李十七娘 南唐 005
李十三娘 南唐 005
李十四娘 南唐 005
李十一姐 乾祐 018

李十一娘 南唐 005
*李實 開運 008
*李寔 天福 022
李氏 乾化 010
李氏 乾祐 011
李氏 乾祐 011
李氏(白萬金妻) 開運 001
李氏(比丘尼) 長興 006
李氏(畢虔妻) 天祐 002
李氏(陳晟妻) 顯德 014
李氏(崔君妻) 開運 009
李氏(崔君妻) 天福 030
李氏(崔琳妻) 天福 023
李氏(崔叔律妻) 天福 029
李氏(崔萬貴妻) 天福 030
李氏(竇光裕妻) 南漢 002
李氏(竇儀妻) 附録 033
李氏(竇真妻) 天祐 020
李氏(段敬思妻) 北漢 001
李氏(段延勳妻) 顯德 040
李氏(馮君妻) 顯德 015
李氏(苻楚妻) 附録 012
李氏(苻昭願妻) 附録 037
李氏(高君妻) 乾祐 023
李氏(顧彦浦妻) 應順 001
李氏(郭君妻) 同光 018
李氏(郭君妻) 開運 014
李氏(郭君妻) 乾祐 008
李氏(郭君妻) 顯德 015
李氏(郭元妻) 長興 005
*李氏(郭貞妻) 天祐 013
李氏(韓昉妻) 開運 006
*李氏(韓恭妻) 乾化 005
天成 017
李氏(韓君妻) 長興 007
李氏(韓守鈞妻) 顯德 024
李氏(韓章妻) 附録 008
李氏(郝章妻) 天祐 003
李氏(賈彦鐸妻) 前蜀 002
李氏(江芳妻) 南唐 001
李氏(江弘裕妻) 南唐 001
李氏(姜蟾妻) 附録 018
李氏(焦守珪妻) 顯德 036
李氏(晉暉妻) 前蜀 006
李氏(晉思武妻) 前蜀 006
李氏(藺君妻) 天祐 014
李氏(李重直女) 顯德 016
李氏(李從曮女) 顯德 036
李氏(李德休女) 長興 015
李氏(李光嗣女) 貞明 004
李氏(李邯女) 吴越 026
李氏(李會女) 前蜀 002
李氏(李君妻) 天福 031
李氏(李俊女) 開運 012
李氏(李紓女) 南漢 002
李氏(李彦璋女) 岐 001
李氏(梁君妻) 天福 031
李氏(梁君妻) 天福 031
李氏(劉暠后) 附録 037
李氏(劉敬瑭妻) 天福 042
李氏(劉君妻) 天福 031
李氏(劉君妻) 開運 008
李氏(劉君妻) 開運 014
李氏(劉君妻) 開運 014
李氏(劉君妻) 顯德 015
李氏(劉君妻) 附録 020
李氏(劉恂妻) 北漢 003
李氏(劉倚妻) 顯德 012
李氏(劉知遠后) 顯德 023
李氏(柳君妻) 同光 018
李氏(盧得一妻) 乾化 002
李氏(盧君妻) 同光 018
李氏(盧君妻) 同光 018
李氏(盧君妻) 開運 006

李氏(盧晝妻) 乾化 002
李氏(路敬章妻) 天福 001
李氏(路君妻) 同光 018
*李氏(毛璋妻) 長興 003
長興 017
李氏(孟弘敏妻) 天祐 019
李氏(孟君妻) 北漢 004
*李氏(孟知祥后,福慶長公主) 後蜀 002
李氏(米君妻) 乾祐 018
李氏(牛孝恭妻) 附録 026
李氏(牛延祚妻) 廣順 005
李氏(潘超妻) 乾祐 009
李氏(龐守訥妻) 乾祐 002
李氏(裴峻妻) 清泰 006
李氏(裴君妻) 同光 018
李氏(豈君妻) 開運 014
李氏(錢鏢妻) 吴 012
李氏(秦處謙妻) 南唐 025
李氏(秦君妻) 顯德 015
李氏(秦延超妻) 顯德 008
李氏(權令詵妻) 天福 029
李氏(任君妻) 天祐 014
李氏(任君妻) 長興 007
李氏(任君妻) 長興 007
李氏(任君妻) 北漢 004
李氏(任全立妻) 長興 008
李氏(商在吉妻) 清泰 004
李氏(申君妻) 顯德 015
李氏(申知誨妻) 天福 008
*李氏(石敬瑭后,永寧公主) 附録 003
附録 037
李氏(史弘度妻) 乾祐 008
李氏(史漶球妻) 乾祐 008
李氏(宋弁妻) 天祐 017
李氏(宋君妻,郭君妻) 開運 008
李氏(宋廷浩妻,義寧公主) 天福 005
李氏(宋吴七妻) 貞明 005
李氏(宋彦勳妻) 顯德 039
李氏(宋彦筠妻) 顯德 039
李氏(蘇君妻) 乾祐 021
廣順 008
李氏(孫漢韶妻) 後蜀 009
李氏(孫漢筠妻) 附録 036
李氏(孫瑝妻) 貞明 009
天成 003
李氏(孫景璘妻) 天福 025
李氏(孫景球妻) 天福 025
李氏(孫偓妻) 貞明 008
李氏(孫昭琬妻) 天福 025
李氏(王君妻) 天祐 021
李氏(王諶妻) 天祐 007
李氏(王崇遠妻) 同光 010
李氏(王處直妻) 同光 001
李氏(王德妻) 天祐 007
李氏(王進威妻) 廣順 003
李氏(王敬妻) 天祐 021
*李氏(王君妻) 前蜀 001
李氏(王鎔妻) 天祐 028
李氏(王師謹妻) 開平 002
李氏(王延福妻) 後晉 002
李氏(王延美妻) 閩 003
李氏(王彦珂妻) 天福 045
李氏(王彦球妻) 長興 011
李氏(王元方妻) 天祐 007
李氏(王忠誨妻) 前蜀 002
李氏(王宗播妻) 後蜀 001
李氏(王□妻) 天福 014
*李氏(吴藹妻) 天福 038
李氏(吴弘璋妻) 附録 030
李氏(吴廷祚妻) 附録 038
李氏(吴彦瑶妻) 長興 006
李氏(西方希顒妻) 天成 018
李氏(西方鄴妻) 天成 018
李氏(蕭渥妻) 顯德 036

李氏(謝君妻) 開運014

李氏(邢播妻) 同光006

李氏(許九言妻) 顯德036

李氏(許□妻) 天成006

李氏(薛勝妻) 乾化003

李氏(閻君妻) 乾祐018

李氏(楊敬千妻) 乾祐006

*李氏(楊君妻) 開平001

李氏(姚裕妻) 南唐004 南唐010

李氏(藥繼能妻) 附録040

李氏(野由君妻) 乾祐021 廣順008

李氏(尹君妻) 乾祐018

李氏(宇君妻) 開運014

*李氏(張春妻) 天成010

李氏(張福妻) 北漢005

李氏(張繼洪妻) 天成010

李氏(張繼遠妻) 天成010

*李氏(張季宣妻) 天福027

李氏(張進妻) 天福034

李氏(張居遜妻) 開運006

李氏(張君妻) 天祐007

李氏(張君妻) 開運014

李氏(張君妻) 乾祐008

李氏(張君妻) 顯德015

李氏(張君妻) 附録020

李氏(張朗妻) 天福039

李氏(張權妻) 乾化008

李氏(張爽妻) 乾化001

李氏(張唐妻) 長興010

李氏(張珎妻) 貞明007

李氏(張□妻) 北漢005

李氏(趙古妻) 長興014

李氏(趙敬良妻) 同光008

李氏(趙匡贊妻) 顯德036

李氏(趙諒妻) 同光008

李氏(趙璠妻) 同光008

李氏(趙延祚妻) 顯德036

李氏(鄭璩妻) 開平003

李氏(鄭君妻) 乾祐001

李氏(鄭君妻) 附録020

李氏(鄭衍妻) 乾祐001

*李氏(周承遂妻) 天祐014

李氏(□君妻) 顯德013

李氏(□君妻) 南唐025

李氏(□君媳) 南唐025

李守興 開運009

李守榮 開運009

李叔卿 開運008

*李紓(字文達) 南漢002

李愬 貞明004

李順姐 顯德009

李思澄 開運007

李思葛 天祐001

李思諫 貞明008 天福041 天福042

李思進 開運008

李思勍 吴010

李思鄯 顯德009

李思温 開運008

李思業 天祐019

李思殷 附録020

李思肇 附録020

李四留 顯德028

李嗣源(改名亶,後唐明宗) 天成002 天成011 長興015 應順001 清泰003 清泰010 天福003 天福008

天福 010
天福 016
天福 024
開運 003
開運 005
開運 012
後晉 001
乾祐 006
乾祐 022
顯德 016
顯德 019
顯德 025
後蜀 006
後蜀 009
附録 001
附録 028
李嗣昭 天祐 001
天成 011
開運 013
李崧 廣順 006
李嵩 前蜀 006
* 李娍(字惠容) 吴 010
李蘇哥 乾化 007
李遂顒 顯德 016
李遂貞 顯德 016
李璲 附録 020
李泰 開運 012
李壇護 南唐 005
李壇女 南唐 005
李潭峄 天祐 014
李坦 前蜀 006
* 李唐 乾祐 020
李濤 吴 006
李鐵 乾祐 018
李鐵兒 天祐 005
李廷規 南唐 005
李廷珪 開平 004
李廷戩 南唐 005
李廷詮 開運 008
李團兒 顯德 028
李外端 天祐 001
李外兒 開運 008
李王十 長興 012
李文德 吴越 026
李文靖 長興 017
李文卿 吴越 026
李汶 吴 012
李渥 天成 013
李五兒 吴越 049
李五哥 顯德 009
李五姐 顯德 015
李五住 北漢 004
李武 開運 008
李武六 顯德 015
李武四 顯德 015
李磎 貞明 008
李喜娘 乾祐 021
廣順 008
李喜娘兒 乾祐 018
李獻誠 附録 007
李象 附録 029
李小曹 顯德 015
李小瑃 天祐 001
李小兒 天福 022
李小哥 乾化 007
李小韓 乾祐 018
李小惠 天祐 001
李小姐 顯德 028
李小客作 乾祐 018
李小怜 北漢 004
李小閙 天祐 005
李小師 開運 014
李小師姑 開運 014
李小廝兒 開運 008
李小辭 天祐 001

李小黲 貞明 004
李小住 天祐 001
李曉 廣順 006
李信 乾祐 018
李興 開運 012
李行存 乾祐 011
*李行恭 開運 014
李行謹 長興 012
*李行思 顯德 028
李行同 天祐 014
李行直 長興 012
*李脩 天祐 015
李休姑 北漢 004
李眗 廣順 006
李項 乾祐 011
李儇(唐僖宗) 貞明 008
貞明 009
龍德 001
清泰 005
清泰 011
吴 010
前蜀 006
李翾 南漢 002
*李玄 清泰 005
李絢 南漢 002
李潯 吴越 049
李訓 乾祐 018
李燕 後蜀 004
李延安 岐 001
李延保 顯德 015
李延昌 岐 001
李延疇 岐 001
李延楚 岐 001
李延奉 岐 001
李延哥 顯德 028
李延厚 岐 001
李延輝 開平 006
李延會 岐 001
李延僅 岐 001
李延傴 岐 001
李延年 顯德 028
李延鍼 岐 001
李延卿 岐 001
李延賞 岐 001
李延諗 岐 001
李延晟 岐 001
李延實 岐 001
李延受 天祐 001
李延壽 開運 009
李延順 附録 030
附録 038
李延順 岐 001
李延叟 天福 038
李延威 岐 001
李延錫 岐 001
李延習 顯德 028
李延禧 南唐 005
李延新 岐 001
李延信 岐 001
李延扆 岐 001
李延瑀(原名劉萬子) 岐 001
李延真 岐 001
李延貞 顯德 028
李延遵 岐 001
李延祚 岐 001
李延祚 乾祐 020
李嵒 乾化 010
李彦崇 長興 012
李彦逢 岐 001
李彦珪 岐 001
李彦琥 岐 001
李彦暉 長興 012
李彦暉 乾祐 011
李彦逵 岐 001

李彥迺 岐 001
李彥謙 岐 001
李彥求 吳越 036
李彥昇 岐 001
李彥思 吳越 036
李彥滔 吳越 036
李彥温 吳越 036
李彥珣 開運 014
李彥穎 岐 001
李彥鉞 岐 001
*李彥璋(原名胡敬璋,字東美) 岐 001
李彥貞 開運 008
李彥貞 同光 013
李楊十 乾祐 018
李楊十一 乾祐 018
李瑶 同光 010
李曄(唐昭宗) 龍德 006
天祐 001
同光 001
天成 011
清泰 005
清泰 006
清泰 011
李椸 南漢 002
李彝超 天福 031
天福 042
廣順 008
*李彝謹(字令謙) 天福 031
乾祐 021
廣順 008
顯德 022
李彝瑨 長興 001
李彝璘 長興 001
李彝慜 長興 001
李彝嗣 長興 001
李彝温 天福 031
廣順 008
李彝殷 天福 031
天福 035
天福 041
天福 042
廣順 008
附録 009
李彝雍 長興 001
李彝玉 長興 001
李彝氲 天福 031
李彝震 長興 001
李益度 天祐 001
李穎 龍德 004
李永粲 顯德 036
李永幹 顯德 036
李永固 顯德 036
李永浩 顯德 036
李永吉 顯德 036
李永濟 顯德 036
李永勝 顯德 036
李永嗣 顯德 036
李永嵩 顯德 036
李永熙 顯德 036
李永義 顯德 036
李永載 顯德 036
李永忠 顯德 036
李幼公 龍德 004
李祐 前蜀 002
*李愚(字子晦) 清泰 006
天福 040
李裕 清泰 006
李元發 天祐 005
*李元簡 附録 020
李元謹 天祐 005
李元善 長興 015
李元温 乾化 005
李元温 天祐 005
李元裔 龍德 004

李元祐　天祐 005
李元裕　天祐 005
李元約　天祐 005
李元則　天祐 005
李元哲　天祐 005
李約　天福 038
李再明　乾祐 018
李擇　天成 019
　長興 015
李贍　清泰 006
李張婆　吳越 036
*李章　北漢 004
*李章　吳越 036
　吳越 037
李璋　長興 015
李璋　乾化 010
*李沼(字潤之)　廣順 006
李昭文　廣順 002
李昭遠　開平 006
李趙八　天祐 005
李趙九　天祐 005
李趙七　天祐 005
*李真　開運 009
李振　清泰 006
李政　前蜀 002
李芝　天福 021
李直　開運 012
李執儀　天祐 001
李知進　廣順 003
李知朗　顯德 015
李知顯　顯德 015
李知鄴　顯德 015
李知遠　乾祐 018
李知至　乾化 005
李志成　乾祐 011
李致堯　後蜀 004
李陟　長興 017
李仲方　吳 010
李仲誨　開運 002
李仲仟　吳 012
李周　乾祐 008
李周　顯德 015
李住住　天祐 001
李專美　龍德 005
李擢　附録 013
李自然　乾化 002
李佐　天福 022
李遵甫　清泰 006
李□　北漢 004
李□　天福 001
李□　天祐 005
李□　開平 009
李□度　開平 009
李□兒　長興 012
李□方　長興 012
李□府　長興 012
李□章　長興 012
李□真　天祐 005
李□□　天福 021
李□□　天福 038
栗氏(李寔妻)　天福 022
栗氏(牛唐妻)　顯德 007
栗氏(任謹妻)　同光 016
連重璠　顯德 035
連存　顯德 035
連胡醜　顯德 035
連三喜　顯德 035
連氏(李寔妻)　天福 022
連氏(李佐妻)　天福 022
連氏(申榮妻)　顯德 035
連氏(王彦球妻)　長興 011
連氏(王元真妻)　長興 011
連氏(張恭妻)　天成 014
*連思本　顯德 035

連小喜 顯德 035
廉氏(張進妻) 顯德 004
*梁重立(字顯英) 天祐 009
梁崇義 附録 001
梁德浚 天福 021
梁德乂 天福 021
梁德昭 天福 021
梁恩 天福 044
梁甫平 天祐 009
梁光弼 天福 044
*梁漢顒(字慕傑) 天福 044
梁弘武 天福 044
*梁瓌(字楚臣) 天福 021
梁繼璘 天福 044
梁繼玭 天福 044
梁繼珣 天福 044
梁璟 天福 044
梁六哥 天福 044
梁妹哥 天福 021
梁慶 天福 021
梁師智 乾化 010
梁實 天福 021
梁氏(曹君妻) 同光 011
梁氏(李君母) 乾化 007
梁氏(蘇証妻) 同光 015
梁氏(拓拔思□妻) 廣順 008
梁氏(王繼策妻) 乾祐 017
梁氏(王茂章妻) 吴 009
梁氏(熊允韜妻) 吴越 001
梁氏(張簡妻) 後蜀 006
*梁氏(張君妻) 顯德 038
梁氏(張師遇妻) 廣順 004
梁守徵 天福 044
梁思度 天祐 009
梁思恩 天祐 009
梁思景 天祐 009
梁鐵牛 天福 021
梁希幹 天祐 009
梁昭演 龍德 006
梁□□ 附録 001
廖衢 南唐 018
林歡 閩 003
閩 004
閩 005
林紹蘧 閩 006
林□□ 閩 006
令儼 天成 001
令狐嶠 後蜀 002
靈鑒 同光 014
凌氏(錢鍒妻) 吴越 048
凌氏(羊渭妻) 吴越 046
凌氏(卓偹妻) 吴越 021
留住 附録 001
劉安 閩 004
劉翱 開運 006
劉霸 廣順 010
劉霸 顯德 003
劉伴姐 北漢 003
劉賓 吴越 022
劉瑒 吴越 022
劉超 開運 014
劉承鎬 附録 006
劉承翰(改名承祐,後漢隱帝) 顯德 023
顯德 041
附録 006
劉承勳 附録 012
劉承錡 附録 006
劉承贇 附録 006
劉重喜 北漢 003
劉重遇 貞明 005
劉崇(又名彦崇,改名旻,北漢世祖)
北漢 003
附録 006
劉崇魯 貞明 008

劉醜哥 附録 006
劉楚 同光 005
劉達 乾祐 011
劉戴 廣順 012
劉道 天福 032
劉豆豆 天福 048
劉朏 天福 048
劉福郎 同光 007
劉福祚 附録 008
劉公兒 天福 048
劉珙 天福 017
劉厞厞 天福 048
劉光 天福 032
劉光程 顯德 011
* 劉光贊(字顯國) 顯德 012
劉規 顯德 011
* 劉珪(號至真) 天福 032
劉貴 廣順 010
劉暭 天福 044
* 劉衡 天福 048
劉弘濟 廣順 010
劉弘敬 天福 043
* 劉華(字德秀,王延鈞后) 閩 002
閩 003
閩 004
劉懷德 顯德 003
劉晦 廣順 006
劉及 吴越 021
劉繼恩(北漢景宗) 附録 006
* 劉繼文(字敏素) 附録 006
劉繼元(北漢惠宗) 北漢 007
附録 006
劉季述 清泰 006
劉建鋒 貞明 008
劉晉 天福 048
劉京 附録 004
劉景 乾化 010
* 劉敬瑭(字瑩夫) 天福 042
劉敬萬 乾祐 021
廣順 008
劉敬習 顯德 005
劉君(劉光贊子) 顯德 012
劉君(劉珂子) 吴越 017
劉君(劉秘子) 顯德 011
劉鈞(又名承鈞,北漢睿宗) 北漢 003
附録 006
* 劉珂 吴越 017
劉匡舜 吴 008
劉匡業 吴 008
劉匡禹 吴 008
劉匡遠 吴 008
劉匡祚 吴 008
劉勞詳 吴越 017
劉李八 天福 048
劉李七 天福 048
劉林甫 顯德 012
劉六姑 同光 007
劉夢苻 乾祐 021
* 劉密 顯德 005
* 劉秘(字太初) 顯德 011
劉敏 附録 004
劉妙哥 天福 048
劉蛹蛹 天福 048
劉女 顯德 005
* 劉琪(字潤之) 廣順 010
劉琪 天成 008
劉謙 閩 004
劉勤 顯德 012
劉清 顯德 003
劉全晏 同光 007
劉仁濟 廣順 010
劉仁濬 廣順 010
劉仁遇 天福 003
劉榮 吴越 017

劉若拙 開運 012
劉賽哥 天福 048
劉善哥 附録 006
劉審賓 天福 028
劉石姐 北漢 003
劉士清 天福 042
劉氏(安重遇妻) 顯德 006
劉氏(白辯妻) 附録 021
劉氏(白君妻) 天福 042
劉氏(白君妻) 顯德 012
劉氏(蔡君妻) 顯德 005
劉氏(曹君妻) 顯德 012
劉氏(段延勳妻) 顯德 040
劉氏(范漢妻) 南唐 008
劉氏(苻政妻) 附録 012
劉氏(高君妻) 顯德 012
劉氏(顧德昇妻) 應順 001
劉氏(郭幸璋妻) 長興 005
劉氏(郭彦瓊妻) 天福 020
劉氏(郭友順妻) 長興 005
劉氏(何重度妻) 天福 012
劉氏(姜仁澤妻) 附録 018
劉氏(晉匡晏妻) 前蜀 006
劉氏(柯君妻) 吴 008
劉氏(孔謹妻) 附録 041
劉氏(孔謙妻) 天成 002
劉氏(李重吉妻) 清泰 003
劉氏(李從珂后) 清泰 003
劉氏(李君妻) 顯德 005
劉氏(李克用后) 天祐 001
*劉氏(李茂貞妻) 同光 018
開運 006
劉氏(李球妻) 廣順 006
劉氏(李延禧妻) 南唐 005
劉氏(李知鄴妻) 顯德 015
劉氏(劉繼文女) 附録 006
劉氏(劉密女) 顯德 005
劉氏(劉恂女) 北漢 003
劉氏(盧文進妻) 南唐 007
*劉氏(羅曷妻) 吴越 022
劉氏(羅倫妻) 乾祐 007
劉氏(羅紹威妻) 天福 003
劉氏(吕行安妻) 開運 004
劉氏(馬德妻) 廣順 015
劉氏(孟君妻) 天福 042
劉氏(孟佺妻) 顯德 027
劉氏(潘超妻) 乾祐 009
劉氏(潘君妻) 乾祐 009
劉氏(裴德妻) 開運 010
劉氏(裴楊六妻) 開運 010
劉氏(秦恭妻) 天祐 022
劉氏(秦思謹妻) 顯德 008
劉氏(曲君妻) 顯德 012
劉氏(曲述妻) 顯德 010
劉氏(曲詢妻) 顯德 010
劉氏(商元建妻) 清泰 004
劉氏(商在吉妻) 清泰 004
劉氏(宋彦筠妻) 顯德 039
劉氏(孫莒妻) 乾化 004
劉氏(王君妻) 顯德 005
劉氏(王君妻) 顯德 011
劉氏(王璆妻) 廣順 012
劉氏(王饒妻) 顯德 021
劉氏(王延浩妻) 吴 011
劉氏(王彦澄妻) 天福 045
劉氏(王彦瓊妻) 天福 045
劉氏(王玉妻) 閩 003
劉氏(武君妻) 顯德 005
劉氏(西方元景妻) 天福 043
*劉氏(西方再通妻) 天成 018
天福 043
劉氏(夏魯巖妻) 乾祐 003
劉氏(謝彦璋妻) 貞明 012
劉氏(邢德昭妻) 乾祐 019

劉氏(閻弘祚妻) 開運005
劉氏(閻希逐妻) 開運005
劉氏(楊海萬妻) 北漢003
劉氏(楊位妻) 吴越061
劉氏(蘗繼能妻) 附録040
*劉氏(余備妻) 吴越010
劉氏(余文實妻) 吴越010
劉氏(張存方妻) 北漢002
劉氏(張君妻) 天福042
劉氏(張君妻) 顯德003
劉氏(張匡義妻) 乾祐005
劉氏(張思恭妻) 南唐016
劉氏(張斑妻) 清泰010
劉氏(張鄴妻) 廣順004
劉氏(張穎妻) 顯德038
劉氏(趙鳳妻) 顯德017
劉氏(趙居晦妻) 顯德002
劉氏(趙美妻) 長興014
劉氏(趙允熙妻) 北漢003
劉氏(鍾君妻) 吴008
劉氏(□君妻) 顯德013
劉守光 天祐015
天成011
天福013
天福033
劉思冲 開運006
劉思厚 乾祐011
*劉思敬 同光007
劉思温 天成014
劉思逸 天成006
劉嗣 南唐014
劉遂清 天成008
劉瑭 乾祐011
劉瑭賓 同光007
劉瑭暉 同光007
劉瑭股 同光007
劉陁奴 天福048
劉温 乾祐011
劉文晟 同光007
劉文遇 乾祐011
劉翁憐 北漢003
劉五姑 同光007
劉五娘 天福048
劉務本 閩007
劉曦度 後蜀004
劉襲吉 同光011
劉喜哥 北漢003
劉湘 附録034
劉小伴 北漢003
劉謝留 同光007
劉信 天福043
*劉恂(原名何廷斌,字仲諮) 北漢003
劉珣 乾祐019
劉鄩 天成002
天成008
天福036
乾祐003
劉訓 清泰010
劉嚴老 吴008
劉延德 北漢003
劉延福 北漢003
劉延貴 北漢003
劉延榮 北漢003
劉巖 南漢001
劉龑 南漢002
劉彦顒 天福042
劉彦能 天福042
*劉彦融(字子明) 顯德003
劉彦柔 天福042
劉彦温 乾祐011
劉彦温 天福042
劉晏 顯德003
劉楊七 天福048
劉宜哥 顯德011

劉倚 顯德 012
劉弈 顯德 011
劉奕 顯德 012
劉隱 閩 004
南漢 001
劉應 顯德 041
劉雍七 天福 048
劉祐之 顯德 011
劉羽 長興 003
劉垣 天福 048
劉約 廣順 010
劉岳 開運 006
劉允濟 廣順 010
劉允實 天福 020
劉蘊 開運 005
劉賫 顯德 005
劉贊 前蜀 001
劉璋 乾化 010
劉昭 天福 048
劉貞 天福 032
劉禎 天福 042
劉知温 前蜀 006
劉知遠 附録 001
劉知遠(改名暠,後漢高祖) 顯德 017
顯德 023
顯德 041
附録 006
附録 008
附録 012
附録 018
劉知遠 清泰 003
劉志恒 同光 007
劉志清 同光 007
劉志忠 同光 007
劉贇 吴 004
劉鑄 後蜀 010
劉準 乾化 003
劉宗 乾化 010
劉宗周 天福 042
柳氏(韓彦昇妻) 天成 017
柳氏(李弘實妻) 南漢 002
柳氏(蘇滌妻) 顯德 023
柳氏(□光祚妻) 廣順 002
柳遜 開平 009
柳瑗 附録 026
婁氏(張傕妻) 乾祐 012
盧程 天成 019
盧崇德 閩 007
盧詞 同光 017
盧從顥 南唐 024
盧從吉 南唐 007
盧從謙 南唐 024
盧從業 南唐 007
盧從胤 南唐 007
南唐 024
盧從筠 南唐 024
盧從昭 南唐 007
盧得一 乾化 002
附録 007
盧德元 吴越 018
盧多遜 附録 007
盧鐸 龍德 004
盧藩 貞明 004
盧服 同光 017
盧沆 同光 017
天成 019
*盧價(字待價) 長興 021
附録 007
盧簡能 同光 002
盧麟 龍德 004
盧綸 同光 002
盧冕 天成 007
盧敏 附録 031
盧丕 貞明 009

盧虔 後蜀 004
盧汝弼 天祐 001
盧三備 乾化 002
盧十二女 乾化 002
盧十一女 乾化 002
盧氏(崔從妻) 後蜀 004
盧氏(崔敬嗣妻) 後蜀 004
盧氏(崔謙妻) 同光 017
盧氏(崔壽光妻) 天成 019
*盧氏(崔協妻) 同光 017
天成 019
盧氏(崔彦方妻) 後蜀 004
盧氏(崔有隣妻) 後蜀 004
盧氏(崔詹妻) 天成 007
盧氏(高越妻) 南唐 007
南唐 024
盧氏(康贊美妻) 天成 001
盧氏(李重直乳母) 顯德 016
盧氏(李蕡妻) 龍德 004
盧氏(李絳妻) 長興 015
盧氏(李景遏妃) 南唐 015
盧氏(李克勤妻) 附録 007
盧氏(李亢直妻) 開平 009
盧氏(李獻誠妻) 附録 007
盧氏(李璋妻) 長興 015
盧氏(李□度妻) 開平 009
盧氏(盧沆女) 同光 017
盧氏(盧文進女) 南唐 007
南唐 024
盧氏(宋端妻) 同光 018
盧氏(蘇沖妻) 顯德 023
盧氏(孫揆妻) 貞明 009
盧氏(王寧妻) 同光 010
盧氏(吴涓妻) 顯德 020
盧氏(徐延勛妻) 南唐 007
南唐 024
盧氏(薛貽矩妻) 乾化 003
盧氏(薛智周妻) 附録 007
盧氏(張敬儒妻) 長興 009
長興 018
盧四科 乾化 002
盧庭彦 天成 001
*盧文度(字子澄) 同光 002
附録 026
盧文涣 乾化 002
盧文紀 同光 002
*盧文進 南唐 007
南唐 024
盧延雍 後蜀 004
盧億 附録 007
盧泳 天祐 019
盧瑗 乾化 002
*盧真啓(字子光) 乾化 002
附録 007
盧知猷 同光 002
盧質 天祐 028
盧晝 乾化 002
附録 007
盧躅 乾化 003
魯氏(王仁遇妻) 吴 011
陸誠 吴越 045
陸規 吴越 045
陸君 吴越 023
陸朗 吴越 045
陸能 附録 019
陸氏(崔琳妻) 天福 023
陸氏(李俊妻) 開運 012
陸氏(李彦思妻) 吴越 036
陸氏(倪漢章妻) 南唐 021
陸氏(錢云脩妻) 吴越 051
陸氏(滕躬妻) 吴越 035
*陸氏(蕭章妻) 吴越 016
陸氏(袁繼能妻) 吴越 040
陸氏(張康妻) 吴 002

*陸氏(鄒朗妻) 吳越 045
吳越 053
陸㝗 天成 013
天福 008
路敬温 天福 001
路敬章 天福 001
路君 天福 001
路氏(孔繼宗妻) 附録 041
路氏(孔允妻) 附録 041
路氏(李元簡妻) 附録 020
路氏(王行實妻) 廣順 016
逯氏(張逄妻) 乾祐 005
欒氏(李德休妾) 長興 015
吕憨兒 開運 004
吕和五 開運 004
吕洪延 開運 004
吕懷恪 吴 012
吕環 天福 032
吕繼旻 天福 032
吕敬思 乾祐 011
吕敬唐 開運 004
吕蘭 天福 032
吕滿堂 開運 004
吕七哥 天福 032
吕氏 乾祐 001
吕氏(竇儀妻) 附録 033
吕氏(苻彦琳妻) 附録 032
吕氏(高繼蟾妻) 開平 004
吕氏(羅弘信妻) 天福 003
吕氏(楊從魯妻) 吳越 061
吕氏(張□□妻) 南唐 016
吕温 乾祐 011
吕五哥 天福 032
*吕行安 開運 004
吕頊 乾祐 011
吕彦柔 乾祐 011
吕知遇 天福 032
吕芝 天福 032
吕宗祐 後蜀 009
羅表正 吳越 020
羅朝納 吳越 057
羅儔 吳越 004
羅德源 吳越 012
羅鐸 乾祐 007
羅曷 吳越 022
羅弘信 天福 003
羅濟 後蜀 008
後蜀 010
羅諫 乾祐 007
羅介 吳越 022
羅君(羅儔子) 吳越 004
羅君(羅公受子) 吳越 022
羅君(羅受子) 吳越 057
羅君(羅元誨子) 吳越 004
羅君(羅元賞子) 吳越 004
羅倫 乾祐 007
羅讓 天福 003
羅紹威 天福 003
羅十二娘 吳越 057
羅十舅 吴 004
羅十一娘 吳越 057
羅氏(方君妻) 吳越 004
羅氏(郭維贇妻) 乾祐 007
羅氏(郝君妻) 天福 003
羅氏(何君妻) 吳越 004
羅氏(何君妻) 吳越 022
羅氏(李坦妻) 前蜀 006
羅氏(劉君妻) 吳越 004
羅氏(婁君妻) 天福 003
羅氏(羅儔女) 吳越 004
羅氏(羅公受女) 吳越 022
羅氏(羅元賞女) 吳越 004
羅氏(羅周輔女) 乾祐 007
羅氏(羅周敬女) 天福 003

羅氏(馬從政妻) 吴越 052
羅氏(任暉妻) 閩 002
羅氏(童彦怡妻) 吴越 059
羅氏(魏靖妻) 吴越 014
羅氏(楊君妻) 吴越 022
羅氏(俞錢妻) 乾祐 007
*羅氏(張珎母) 吴 004
羅守素 乾祐 007
羅受(又名羅公受) 吴越 022
吴越 057
羅□ 吴越 004
*羅素(字秉忠) 吴越 004
*羅坦(又名羅弘坦) 吴越 022
吴越 057
羅廷規 天福 003
羅團哥 乾祐 007
羅錫 吴越 014
羅携 吴越 022
羅興 吴越 004
羅延魯 顯德 006
羅延賞 天福 003
羅延緒 天福 003
羅延宗 天福 003
羅延□ 天福 003
羅元誨 吴越 004
羅元賞 吴越 004
羅璋 吴越 004
羅招遠 吴越 020
*羅周輔(字國華) 乾祐 007
羅周翰 天福 003
*羅周敬(字尚素) 天福 003
羅周胤 天福 003
駱從吉 吴越 056
駱深 吴越 060
*駱氏(童玠妻) 吴越 059
吴越 060
駱氏(項仕忻妻) 吴越 030
駱團 吴越 047
駱圓 吴越 059
駱仲珪 附録 023
駱□ 吴越 060

M

麻洪進 顯德 034
麻洪千 顯德 034
麻再遇 顯德 034
麻周 顯德 034
馬伴弟 南唐 009
馬綵綵 廣順 015
馬常九 廣順 015
馬誠 廣順 015
馬重進 廣順 015
馬重訓 廣順 015
馬重晏 廣順 015
*馬從徽(字順美) 廣順 009
馬從暉 吴越 052
馬從鍇 吴越 052
馬從政 吴越 052
馬道生 南唐 009
馬德 廣順 015
馬二十三娘 吴越 052
馬範(又名希範,馬楚文昭王) 南唐 009
*馬光贊(字保圖) 南唐 009
馬合住 廣順 015
馬繼敏 廣順 009
馬繼業 廣順 009
馬建 乾化 010
*馬君 廣順 015
馬君(馬希萼子) 南唐 009
馬綾綾 廣順 015
馬令琮 附録 012
馬令圖 天福 034
馬乞女 廣順 015
馬僧兒 廣順 015

馬紹宏 廣順 009
馬氏(安金全妻) 附録 013
馬氏(比丘尼) 廣順 009
馬氏(常君妻) 廣順 015
馬氏(馮繼遠妻) 顯德 041
馬氏(高洪謹妻) 乾祐 023
馬氏(韓君妻) 廣順 009
馬氏(孔彦妻) 附録 041
馬氏(李重裕妻) 開運 014
馬氏(李福德妾) 乾祐 018
馬氏(李君妻) 廣順 009
馬氏(李寔妻) 天福 022
馬氏(李延保妻) 顯德 015
馬氏(羅坦妻) 吴越 022
吴越 057
馬氏(馬從徽女) 廣順 009
馬氏(牛君妻) 廣順 015
*馬氏(錢元瓘后) 吴越 034
馬氏(申君妻) 廣順 015
馬氏(任景述妻) 天福 036
馬氏(王君妻) 吴越 052
馬氏(王君妻) 吴越 052
馬氏(吴太楚妻) 南漢 001
馬氏(楊君妻) 廣順 015
馬氏(楊君妻) 吴越 052
馬氏(楊仁矩妻) 吴越 061
馬氏(元君妻) 廣順 015
馬氏(張君妻) 廣順 015
馬氏(張君妻) 吴越 052
馬氏(張匡美妻) 乾祐 005
馬氏(張巒妻) 天福 039
馬氏(張榮妻) 開運 011
馬氏(張惟岳妻) 天福 034
馬氏(張彦存妻) 開運 011
馬氏(□匡範妻) 廣順 002
馬守禎 廣順 015
馬思邽 吴越 052
馬唐贇 廣順 015
馬五姐 廣順 015
馬希萼 南唐 009
馬小錦 廣順 015
馬小住 廣順 015
馬延超 後蜀 007
馬延義 乾祐 011
馬延昭 乾祐 011
馬藥叉 南唐 009
馬殷(馬楚武穆王) 貞明 008
清泰 010
南唐 009
馬元 南唐 009
馬禎 南唐 009
馬周 廣順 009
馬住兒 廣順 015
麥叔度 附録 035
毛崇厚 天福 035
毛婆姐 長興 017
毛讓 長興 003
毛十二哥 長興 017
毛庭翰(又名廷翰) 長興 003
長興 017
毛庭誨(又名廷誨) 長興 003
長興 017
毛庭魯(又名廷魯) 長興 003
長興 017
毛庭美(又名廷美) 長興 003
長興 017
毛庭蘊 長興 017
毛文璨 天福 035
毛文徽 前蜀 003
毛文慶 後蜀 001
毛文贍 天福 035
*毛汶(字延泳) 天福 031
天福 035
毛言 長興 003

毛瑩 天福 035
＊毛璋(字玉華) 長興 003
長興 017
毛貞遠 天福 035
門氏(高元宗妻) 乾祐 023
孟標 吴越 001
孟昶(又名仁贊,後蜀末帝) 後蜀 002
後蜀 006
後蜀 009
後蜀 010
孟呈 顯德 027
＊孟弘敏(字修遠) 天祐 019
孟久柱 後蜀 002
孟居業 開運 006
＊孟璠 吴 001
孟平 天祐 019
孟佺 顯德 027
孟仁浦 龍德 006
＊孟紹 顯德 027
孟氏(邊敏妻) 附録 014
孟氏(戴思遠妻) 清泰 007
孟氏(樊德鄰母) 後蜀 012
孟氏(郭君妻) 顯德 027
孟氏(賈焯妻) 天祐 019
孟氏(姜寧妻) 附録 018
孟氏(李重直妻) 顯德 016
孟氏(李思業妻) 天祐 019
孟氏(劉君妻) 顯德 027
孟氏(孟弘敏女) 天祐 019
孟氏(牛知業妻) 附録 027
孟氏(孫君妻) 顯德 027
孟氏(孫君妻) 顯德 027
孟氏(孫晏琮妻,蘭英長公主) 後蜀 009
孟氏(閻寶妻) 開運 005
孟氏(楊璋妻) 天祐 019
孟氏(張匡弼妻,金仙長公主) 後蜀 006
孟守謙 天祐 019
孟守振 天祐 019
孟文德 天祐 019
孟緒 天祐 019
孟延意 後蜀 002
孟貽範 後蜀 002
孟貽矩 後蜀 002
孟貽鄴 後蜀 002
孟貽邕 後蜀 002
孟裕 乾化 010
孟知祥(後蜀高祖) 天福 037
後蜀 002
後蜀 003
後蜀 006
後蜀 007
後蜀 009
後蜀 010
孟佐 顯德 027
米氏(安萬金妻) 天福 016
弭彦卿 乾化 004
苗氏(李思肇妻) 附録 020
苗氏(李□妻) 天祐 005
苗氏(丘審言妻) 天祐 004
妙惠(俗姓王,嚴因大師) 天福 024
乾祐 014
妙威(俗姓李) 乾祐 018
＊明惠(顔舉) 長興 016
明真 同光 014
慕容氏(李君妻) 顯德 009
慕容彦超 附録 015
穆霸孫 開平 008
穆二十六娘子 開平 008
＊穆君弘(字仁壽) 開平 008
穆美娘子 開平 008
穆憫娘子 開平 008
穆奴子 開平 008
穆悟娘子 開平 008
穆玄恪 開平 008

穆玄嵩 開平 008
穆彦章 乾祐 015

N

倪漢章 南唐 021
倪氏(畢宗妻) 天祐 002
* 倪氏(戚恭妻) 南唐 021
倪章 天成 006
聶和 長興 006
聶亮 長興 006
* 聶慕閨(李君妻) 長興 006
聶師道(逍遥大師,問政先生) 南唐 006
聶氏(張匡凝妻) 乾祐 005
牛藏用 附録 005
牛重遷 乾祐 011
* 牛崇 天福 004
牛崇 附録 026
附録 027
* 牛存節(字贊臣) 附録 025
附録 026
附録 027
附録 028
牛大姐 廣順 005
牛二姐 廣順 005
牛佛保 天福 004
牛洪實 廣順 005
牛胡娘兒 廣順 005
牛暉 乾祐 011
* 牛慶 廣順 005
牛三椿 附録 028
牛僧哥 天福 004
牛氏(丁君妻) 附録 028
牛氏(傅君妻) 天福 004
牛氏(紀豐妻) 開平 010
牛氏(李重興妻) 開運 014
牛氏(李繼媳) 長興 012
牛氏(李□兒妻) 長興 012
牛氏(栗君妻) 顯德 007
牛氏(牛存節女) 附録 026
牛氏(牛知讓女) 附録 028
牛氏(王君妻) 顯德 007
牛氏(王佐妻) 開平 002
牛氏(張漢貂妻) 附録 026
牛氏(張庭誼妻) 顯德 004
牛守謙 天福 004
牛守貞 天福 004
牛四姐 顯德 007
牛唐 顯德 007
牛渥 天成 015
天福 035
天福 042
牛武 天福 004
牛小椿 附録 028
牛小廝兒 顯德 007
* 牛孝恭 附録 025
附録 026
附録 027
附録 028
牛行 乾祐 011
牛勳 天福 004
牛延私 天福 004
牛延韜 天福 004
牛延藴 天福 004
牛延祚 廣順 005
牛贇思 乾祐 011
* 牛則 顯德 007
牛張五 廣順 005
牛昭 乾化 007
牛知謙 附録 026
* 牛知讓 附録 026
附録 028
牛知訓 附録 026
* 牛知業(字子英) 龍德 006
附録 026

附録 027
牛郅　天福 004
牛宗辯　附録 028
牛宗道　附録 028
牛宗德　附録 025
附録 026
附録 027
牛宗愍　附録 028
牛宗嗣　附録 027
牛宗諫　附録 027
紐延遇　乾祐 011
女子　附録 001

O

歐陽暉　南唐 005
歐陽氏(王仁裕妻)　附録 034
歐陽壽　南唐 015

P

潘超　乾祐 009
潘從志　吴越 017
潘輻　吴越 003
潘環　天福 013
天福 026
潘礭　天福 026
*潘景厚(字敦美)　天福 026
潘君　吴 007
潘君(潘環子)　天福 013
潘琦　天福 026
潘仁□　吴越 047
潘氏　乾化 010
潘氏(盖君妻)　乾祐 009
潘氏(牛君妻)　乾祐 009
潘氏(裴君妻)　乾祐 009
潘氏(秦仁緒妻)　顯德 008
潘氏(王君妻)　乾祐 009
潘太　乾祐 009
潘務　吴越 031
潘襄　乾祐 009
潘嚴　天福 026
潘延韞　乾祐 009
*潘庸　乾祐 009
潘□　乾祐 009
龐姤子　乾祐 002
龐和　乾祐 002
龐令謹　乾祐 002
龐令佺　乾祐 002
*龐令圖　乾祐 002
龐七姐　乾祐 002
龐師古　龍德 001
龐氏(高君妻)　乾祐 002
龐氏(李君妻)　乾祐 002
龐氏(龐令圖女)　乾祐 002
龐氏(裴審虔妻)　開運 010
龐氏(王君妻)　乾祐 002
龐氏(張君妻)　乾祐 002
龐氏(張君妻)　乾祐 002
龐守訥　乾祐 002
龐守素　乾祐 002
龐守真　乾祐 002
龐守貞　乾祐 002
龐緯　同光 013
龐□　乾祐 002
裴八兒　顯德 026
裴伴叔　開運 010
裴郴　貞明 014
裴醜牢　開平 005
*裴德　開運 010
裴仏奴　開運 010
裴福兒　顯德 026
裴杲　顯德 026
裴貫　後蜀 004
裴光晉　前蜀 004
前蜀 005

裴皞 開平 005
裴暉 顯德 026
*裴簡 顯德 026
裴京兒 顯德 026
裴敬思 同光 009
裴九兒 顯德 026
裴峻 清泰 006
裴礪 乾化 003
裴六兒 顯德 026
裴七兒 顯德 026
裴虔 顯德 026
裴虔餘 開平 005
裴瓊 顯德 026
裴榮 顯德 026
裴三兒 顯德 026
裴三姐兒 顯德 026
裴紹昌 後蜀 004
裴審虔 開運 010
裴師姑 顯德 026
裴氏(程君妻) 顯德 026
裴氏(高仁謙妻) 乾祐 023
裴氏(郭在巖妻) 開運 002
裴氏(梁君妻) 顯德 026
裴氏(劉敬習妻) 顯德 005
裴氏(劉君妻) 顯德 026
裴氏(羅周輔妻) 乾祐 007
裴氏(王君妻) 顯德 026
裴氏(王師礼妻) 顯德 018
裴氏(吴毗妻) 同光 011
裴氏(薛廷望妻) 乾化 003
裴氏(趙君妻) 顯德 026
裴氏(趙裕妻) 清泰 002
裴守貞 顯德 026
裴思會 顯德 026
裴蘇兒 顯德 018
裴素 顯德 026
裴喜喜 顯德 026
裴小奴 開平 005
裴延琛 開運 010
裴延周 顯德 026
裴延祚 開運 010
裴彦柔 乾祐 011
裴楊六 開運 010
裴夷直 開平 005
裴殷裕 開平 003
*裴筠(字東美) 開平 005
裴知裕 開平 003
裴贊 天成 003
天成 013
裴自成 北漢 007
裴祚 附録 042
彭氏(王仁遇妻) 吴 011
彭氏(朱行先妻) 吴越 027
彭氏(鄒知建妻) 吴越 053
彭□ 南唐 013
皮光業 吴越 006
皮漢樞 吴越 032
平氏(竇遜妻) 附録 017
繁氏(任允貞妻) 天成 009
破丑氏(李光琇妻) 乾祐 021
*破丑氏(李仁寶妻) 長興 001
破丑氏(拓拔重建妻) 廣順 008
*普光大師(令因,俗姓錢) 吴越 033

Q

戚承皋 南唐 021
戚承玘 南唐 021
戚恭 南唐 021
戚士衡 南唐 021
戚氏(孫君妻) 南唐 021
戚氏(魏庠妻) 吴越 014
戚再誠 南唐 021
齊氏(劉陁奴妻) 天福 048
齊氏(卓從妻) 吴越 021

祁氏(李光嗣妻)　貞明 004
* 祁氏(李彝謹妻)　廣順 008
　顯德 022
祁□□　顯德 022
錢鏢　吴 012
* 錢俶(字文德,吴越忠懿王)　附録 042
錢傳珦　閩 002
　閩 003
錢光隱　吴 007
錢繼榮　吴越 048
錢君勝　吴越 051
錢君義　吴越 039
錢寬　吴 012
錢匡霸　吴 012
* 錢匡道(字佐明)　吴 012
錢匡德　吴 012
錢匡晋　吴 012
錢匡禮　吴 012
錢匡時　吴 012
錢匡義　吴 012
錢朗　貞明 008
錢璉　吴越 048
錢鏐(吴越武肅王)　吴 012
　吴越 006
　吴越 024
　吴越 027
　吴越 033
　吴越 038
　吴越 043
　吴越 046
　吴越 047
　吴越 059
　附録 042
錢銶　吴越 048
錢仁瑗　吴越 048
錢仁昭　吴越 051
錢氏(方承浩妻)　吴越 048
錢氏(黄君妻)　吴 012
錢氏(蔣延勳妻)　吴越 048
錢氏(金仁皓妻)　吴越 048
錢氏(李弘敏妻)　吴 012
錢氏(吕懷恪妻)　吴 012
錢氏(裴祚妻)　附録 042
錢氏(錢鏢女)　吴 012
錢氏(錢俶女)　附録 042
錢氏(錢義光女)　吴越 048
錢氏(錢云脩女)　吴越 051
錢氏(慎從吉妻)　附録 042
錢氏(孫誧妻)　附録 042
錢氏(孫誘妻)　附録 042
錢氏(屠瓌智妻)　吴越 006
錢氏(徐景遜妻)　吴 012
錢氏(元象宗妻)　附録 042
錢氏(張師道妻)　吴越 048
錢氏(趙承慶妻)　吴越 056
錢氏(周君妻)　吴 012
錢氏(朱思義妻)　吴越 048
錢惟灝　附録 042
錢惟濟　附録 042
錢惟溍　附録 042
錢惟濬　附録 042
錢惟渲　附録 042
錢惟演　附録 042
錢惟治　附録 042
錢吴八　吴越 039
錢晏　南唐 015
錢億　吴越 043
錢義保　吴越 048
錢義超　吴越 048
* 錢義光(字普一)　吴越 048
錢義隆　吴越 048
錢義忠　吴越 048
錢元瓘(吴越文穆王)　吴 012
　附録 042

錢元璙 吴越 056
*錢云脩 吴越 051
錢惲 吴越 056
錢鎮 吴越 006
錢鄭九 吴越 039
錢宙 吴 012
强道 天福 014
喬氏(李真妻) 開運 009
欽緣 同光 019
秦阿保 天祐 022
秦阿歸 天祐 022
秦阿六 顯德 008
秦阿七 顯德 008
秦阿三 顯德 008
秦阿四 顯德 008
秦阿五 顯德 008
秦阿兹 顯德 008
秦阿□ 顯德 008
秦八姐 顯德 008
秦賓 顯德 008
秦伯來姐 顯德 008
秦伯喜 顯德 008
秦處謙 南唐 025
秦大姐 顯德 008
秦大勝 顯德 008
秦定真 長興 002
秦二哥 顯德 008
秦二姐 顯德 008
秦恭 天祐 022
秦姑 顯德 008
秦轂鹿車 顯德 008
秦光鄴 貞明 014
秦韓留 顯德 008
秦黑兒 顯德 008
秦暉 天祐 022
*秦進舉 長興 002
秦九姐 顯德 008
*秦君 貞明 014
*秦君 天祐 022
*秦君 顯德 008
秦君捷 長興 002
秦老姑 顯德 008
秦留九 顯德 008
秦妹子 顯德 008
秦牛兒 天祐 022
秦女子 顯德 008
秦千 顯德 008
秦仁美 顯德 008
秦仁壽 顯德 008
秦仁協 顯德 008
秦仁緒 顯德 008
秦仁訓 顯德 008
秦仁晏 顯德 008
秦仁乂 顯德 008
秦三姐 顯德 008
秦審言 長興 002
秦勝兒 顯德 008
秦十哥 顯德 008
秦十姐 顯德 008
秦氏(白全周妻) 天成 015
秦氏(田延美妻) 顯德 029
秦氏(王君妻) 顯德 008
秦氏(王良覬妻) 廣順 016
秦氏(鄒廷輋妻) 吴越 053
秦四姐 顯德 008
秦思謹 顯德 008
秦思温 顯德 008
秦思貞 顯德 008
秦萬迴 天祐 022
秦王哥 顯德 008
秦五姐 顯德 008
秦小保 天祐 022
秦小勝 顯德 008
秦小招翁 顯德 008

秦興兒 顯德 008
秦言 顯德 008
秦延超 顯德 008
秦延卿 顯德 008
秦延嗣 顯德 008
秦迎兒 顯德 008
秦迎哥 顯德 008
秦章 顯德 008
秦招翁 顯德 008
秦逷 天祐 022
秦宗 天祐 022
秦宗權 閩 003
秦□暉 天祐 022
秦□威 天祐 022
丘福哥 天祐 004
* 丘禮 天祐 004
丘平 天祐 004
丘審言 天祐 004
丘氏(徐士廉妻) 吴越 062
丘氏(卓會妻) 吴越 021
丘萬友 天祐 004
丘温玉 附録 019
丘志 天祐 004
曲斐 附録 024
曲氏(曲詢女) 顯德 010
曲氏(王君妻) 顯德 010
曲氏(王允貞妻) 天福 010
曲氏(張翊妻) 附録 024
曲述 顯德 010
附録 024
曲咸恕 顯德 010
曲咸素 附録 024
曲咸煦 附録 024
曲行從 附録 024
曲行誨 附録 024
曲行益 附録 024
* 曲行殷(字德濬) 附録 024
曲行筠 附録 024
曲行周 顯德 010
附録 024
* 曲詢(字叔謀) 顯德 010
曲彦朝 附録 024
曲彦璘 附録 024
曲彦饒 附録 024
曲彦韶 附録 024
曲彦瑶 附録 024
曲彦貞 附録 024
曲□□ 顯德 010
璩慶 吴越 024
璩氏(陳晟妻) 顯德 014
璩氏(高重玘妻) 乾祐 023
* 璩氏(危仔昌妻) 吴越 024
吴越 043
璩悚 吴越 024
權醜漢 天福 029
權君 天福 029
權令諤 天福 029
權令詵 天福 029
權令詡 天福 029
權令詢 清泰 003
天福 029
權令諲 天福 029
權誼 天福 029

R

任本 龍德 003
任超 閩 002
任綽 吴越 031
任從實 長興 008
任存閏 天福 036
任敦 閩 002
任幹 同光 016
任公慶 長興 008
* 任遘(字逢吉) 龍德 003

任光德 後蜀 005
任光嗣 貞明 002
任珪 天福 036
任洪文 長興 008
任圜 天祐 023
任暉 閩 002
任回 天祐 023
任繼崇 天福 036
*任謹 同光 016
*任景述(字美宣) 天福 036
任敬芝 長興 005
任囧 天祐 023
*任君 長興 008
任君 後蜀 005
任君(任匡宥子) 吳越 020
任鈞 天成 009
任匡宲 吳越 020
任匡宥 吳越 020
任璉 龍德 003
*任璉 吳越 020
任寮 吳越 020
任茂弘 天祐 023
*任內明(字昭華) 閩 002
閩 003
任婆心 長興 008
任千嬌 天福 036
任慶 閩 002
任全立 長興 008
任全勛 前蜀 006
任繕 閩 002
任神保 天成 009
任勝嬌 天福 036
任師進 乾化 010
任氏(段敬武妻) 北漢 001
任氏(郭幸滿妻) 長興 005
任氏(郭□妻) 長興 005
任氏(韓保昇妻) 後蜀 005
任氏(李德妻) 北漢 004
任氏(李進妻) 北漢 004
任氏(李𠜾妻) 天祐 005
任氏(龐令謹妻) 乾祐 002
任氏(任匡宥女) 吳越 020
任氏(任茂弘女) 天祐 023
任氏(王鈞妻) 後蜀 005
任氏(宋政妻) 天祐 017
任氏(苑君妻) 同光 016
任氏(張誠妻) 同光 012
清泰 009
天福 017
任氏(張居詠妻) 南唐 016
任氏(張君孫媳) 天成 014
任氏(趙崇祚妻) 後蜀 005
任四寶 同光 016
任濤 天成 009
任添嬌 天福 036
任圖 天祐 023
任團 天祐 023
任賢奴 天成 009
任小勝 天福 036
任小心 長興 008
任興 同光 016
任偃 閩 002
任彥回 同光 016
任彥玦 同光 016
任彥温 閩 002
任彥章 閩 002
任業 乾化 005
任翼 吳越 020
任說 閩 002
任贇 吳越 031
*任允貞(字表則) 天成 009
任藻 龍德 003
任造 龍德 003
任增嬌 天福 036

任□ 天祐 028
任□ 吴越 020
榮哥 附録 001
茹氏(王仁鎬妻) 吴越 054
阮氏(朱敬端妻) 吴越 027
芮德雄 南唐 010
閏閏 天福 047

S

三兒 天福 047
三哥 天福 047
三閏 附録 001
桑氏(張君孫媳) 天成 014
桑坦 顯德 002
桑維翰 顯德 002
單全德 前蜀 006
單氏(張幹妻) 天福 039
商守蕁 清泰 004
商守密 清泰 004
商守殷 清泰 004
商守遠 清泰 004
商咸唐 清泰 004
商元建 清泰 004
商在本 清泰 004
*商在吉 清泰 004
*尚洪遷(又名弘遷) 乾祐 013
尚進榮 乾祐 013
尚虔煦 開平 004
尚慶 乾祐 013
尚氏(康君妻) 乾祐 013
尚氏(劉君妻) 乾祐 013
尚氏(尚洪遷女) 乾祐 013
尚氏(孫君妻) 乾祐 013
尚氏(王君妻) 乾祐 013
尚氏(張進妻) 天福 034
尚氏(趙君妻) 乾祐 013
尚守恩 乾祐 013
尚守忠 乾祐 013
尚淑 乾祐 013
尚彦從 乾祐 013
尚□□ 乾祐 013
紹伯 天福 047
紹澄 天福 047
紹讀 天福 047
紹貴 天福 047
紹鑒 天福 047
紹逵 天福 047
紹密 天福 047
紹明 天福 047
紹琪 天福 047
紹清 天福 047
紹衣 天福 047
紹英 天福 047
紹筠 天福 047
紹貞 天福 047
紹臻 天福 047
紹宗 天福 047
紹□ 天福 047
紹□ 天福 047
折從阮 附録 013
申崇 天福 010
*申鄂(字秀封) 天福 008
申固清 天福 008
申光遜 長興 018
申弘雅 天福 008
申甫 天福 048
申榮 顯德 035
申氏(馬重訓妻) 廣順 015
申氏(馬君妻) 廣順 015
申氏(張忠妻) 天成 014
申屠嶧 吴越 054
申文炳 清泰 010
天福 008
申文緯 天福 008

申知誨 天福 008
神海 南唐 020
沈繼宗 附録 038
沈津 吴越 061
沈璠 乾化 010
沈氏(白全周妻) 天成 015
沈氏(霍彦珣妻) 吴越 038
沈氏(李承嗣妻) 吴越 049
沈氏(鄭廷規妻) 開平 003
沈氏(卓從妻) 吴越 021
沈氏(□可瓌妻) 吴越 012
沈廷威 開平 003
沈行全 吴越 012
愼從吉 附録 042
愼知禮 附録 042
省超 吴越 033
省乾 南唐 020
省勤 吴越 033
省善 吴越 033
省希 吴越 033
省行 吴越 033
省緣 吴越 033
省貞 吴越 033
省□ 吴越 033
省□ 吴越 033
省□ 吴越 033
盛氏(錢義光妻) 吴越 048
盛氏(錢義光妻) 吴越 048
盛氏(張弘坦妻) 吴越 023
盛延丕 開平 004
施氏(余德元妻) 吴越 009
施氏(趙湜妻) 吴越 056
師道 乾化 010
師德 乾化 010
師定 乾化 010
師厚 乾化 010
師户 乾化 010
師惠 乾化 010
師會 乾化 010
師堅 乾化 010
師進 乾化 010
師來 乾化 010
師連 乾化 010
師明 乾化 010
師全 乾化 010
師佺 乾化 010
師受 乾化 010
師順 乾化 010
師思 乾化 010
師太 乾化 010
師文 乾化 010
師汶 乾化 010
師賢 乾化 010
師信 乾化 010
師迅 乾化 010
師言 乾化 010
師因 乾化 010
師智 乾化 010
十一 附録 001
*石昂(字敖曹) 後晉 003
石昌能 開平 006
石昌業 開平 006
*石重貴(後晉出帝) 開運 003
開運 012
開運 013
顯德 002
顯德 039
顯德 041
附録 005
石寵寵 顯德 019
石醜漢 開平 006
石大寶 開平 006
石頂 吴越 010
石公山 顯德 019

石歸鄉 顯德 019
石懷德 顯德 019
石懷密 顯德 019
石懷義 顯德 019
石懷忠 顯德 019
石戩 開平 006
石金俊 顯德 019
石敬瑭(後晉高祖) 天福 024
天福 036
天福 039
開運 003
開運 012
開運 013
乾祐 006
乾祐 013
乾祐 019
顯德 002
顯德 019
顯德 039
顯德 041
附録 001
附録 005
附録 006
附録 028
石九哥 顯德 019
石朗 開平 006
石美美 顯德 019
石婆兒 顯德 019
石鐃 開平 006
石仁贇 顯德 019
石三留 顯德 019
石審 後晉 003
石審貞 顯德 019
石盛 開平 006
石氏(儲弘妻) 貞明 011
貞明 013
石氏(耿君妻) 顯德 019
石氏(王君妻) 顯德 019
石氏(朱温后) 開平 006
石氏(□君妻) 顯德 013
石通 吴越 010
石惟忠 顯德 031
石喜喜 顯德 019
石喜子 顯德 019
石小寶 開平 006
石小廝兒 顯德 019
石延煦 附録 005
* 石彦辭(字匡臣) 開平 006
石祖 吴越 010
石瞻瞻 顯德 019
石貞 開平 006
時文蔚 附録 018
史弘度 乾祐 008
史弘恕 乾祐 008
* 史滮球(字瑞光) 乾祐 008
史匡翰 附録 017
史氏(安元進妻) 天福 012
史氏(馬從徽妻) 廣順 009
史延密 乾祐 011
史延通 乾祐 011
史益 乾祐 008
史禕 乾祐 008
史� 乾祐 008
史□ 附録 006
守澄 乾祐 011
守嚴 乾祐 011
* 思道 乾祐 011
思遠 乾化 003
司空恒 附録 035
司空圖 貞明 009
司馬敬瑫 吴越 015
司馬敬臻 吴越 015
* 司馬珂(字欽玉) 吴越 015
司馬師益 吴越 015

司馬氏(郭庭美妻)　天福 020
司馬希迢　吴越 015
司馬志　吴越 015
司馬周老　吴越 015
司馬□　天福 020
四郎　天福 047
宋白　附録 039
宋弁　天祐 017
宋曹八　清泰 008
宋乘兒　天祐 017
宋崇義　顯德 039
宋大昭　天祐 017
宋璫　附録 030
宋端　同光 018
　前蜀 001
*宋鐸　貞明 005
宋胡胡　天福 005
宋績　顯德 039
宋繼光　貞明 005
宋姜三　清泰 008
宋姜四　清泰 008
宋姜五　清泰 008
宋敬福　清泰 008
宋敬璋　清泰 008
*宋君　天祐 017
*宋君　清泰 008
*宋君(宋容子)　吴越 028
宋可言　顯德 039
宋癩子　天祐 017
宋留住　清泰 008
宋彭彭　天福 005
宋清姑　天祐 017
宋瓊　吴越 032
宋容　吴越 028
宋儒　天祐 017
宋晟　天祐 017
宋師師　天祐 017
宋石十　天福 005
宋適侯　天祐 017
宋適寧　天祐 017
宋適王　天祐 017
宋適楊　天祐 017
宋適□　天祐 017
宋氏(白文亮妻)　天成 015
宋氏(浩天留妻)　天福 006
宋氏(李璟后)　南唐 015
宋氏(李仁釗妻)　同光 013
宋氏(李行思妻)　顯德 028
宋氏(羅讓妻)　天福 003
宋氏(裴德孫媳)　開運 010
宋氏(石盛妻)　開平 006
宋氏(石彦辭妻)　開平 006
宋氏(王延豐妻)　閩 003
宋氏(王延禎妻)　南唐 012
宋氏(王元貴妻)　天祐 007
宋氏(王在璋妻)　乾祐 015
宋氏(徐宥德妻)　後蜀 007
宋氏(楊敏妻)　顯德 030
宋氏(楊光遠妻)　附録 019
宋氏(張珽妻)　清泰 010
宋鐔　同光 018
*宋廷浩(字漢源)　天福 005
宋綰　吴越 028
宋吴七　貞明 005
宋武　貞明 005
宋喜娘子　天福 005
宋喜喜　天福 005
宋憲　天祐 017
宋小哥　貞明 005
宋小姑　天祐 017
宋小眲　天祐 017
宋小喜子　天福 005
宋行段　天祐 017
宋行謹　天祐 017
宋勛　天祐 017

宋延朗	天福 005
宋延韜	天福 005
宋彦勳	顯德 039
*宋彦筠	顯德 039
宋瑶	天福 005
宋義	天祐 017
宋榮	貞明 005
宋元賽	天成 002
宋章	顯德 039
宋真	天福 005
宋政	天祐 017
宋住師	天祐 017
宋住住	天福 005
宋最醜	天福 005
宋□	貞明 005
宋□□	天福 009
蘇波斯	顯德 023
蘇崇吉	顯德 023
蘇冲	顯德 023
蘇滌	顯德 023
蘇二哥	顯德 023
*蘇逢吉	顯德 023
蘇黑哥	顯德 023
蘇弘靖	同光 015
蘇君	疑僞 001
蘇濬卿	同光 015
蘇名棁	天成 013
蘇詮	乾祐 011
蘇三哥	顯德 023
蘇氏(姜權妻)	附録 018
蘇氏(雷景從妻)	龍德 001
蘇氏(李光璡妻)	乾祐 021
蘇氏(梁重立妻)	天祐 009
*蘇氏(劉琪妻)	天成 008
蘇氏(蘇逢吉女)	顯德 023
蘇氏(張荷妻)	乾化 008
*蘇氏(張君妻)	同光 015
蘇畋	開運 003
蘇晏	顯德 023
*蘇英	疑僞 001
蘇悦	顯德 023
蘇藴	乾化 008
蘇証	同光 015
遂氏(□慶妻)	南唐 013
孫誧	附録 042
孫璨	貞明 008
孫重理	天福 025
孫儔	吴 003
孫儲	貞明 008
孫二姐	乾化 004
孫昉	後蜀 009
孫福	開運 006
孫葢(益)	乾祐 011
孫公乂	貞明 009
	天成 003
*孫公贍	乾化 004
孫遘	貞明 008
孫漢衡	貞明 008
*孫漢韶(字享天)	後蜀 006
	後蜀 009
*孫漢筠	附録 036
孫胡兒	天福 025
孫瑝	貞明 009
	天成 003
孫會	貞明 009
	天成 003
孫會娘	天福 025
孫惠兒	吴 003
孫繼昌	乾化 004
孫霽	吴 009
孫嘉之	貞明 008
孫漸能	乾祐 011
孫建	乾祐 020
孫建崇	天福 018

孫建高　天福 018
孫建興　天福 018
孫建勳　天福 018
孫建鄴　天福 018
孫景璘　天福 025
孫景球　天福 025
孫景商　貞明 008
孫莒　乾化 004
孫鈞　天祐 026
＊孫揆(字聖圭)　貞明 009
孫璉　附録 019
孫璉　吴 003
孫迺　吴 003
＊孫璠　天福 018
孫溥　貞明 008
孫起　貞明 008
孫三姐　乾化 004
孫實　乾祐 020
孫氏(姜知逢妻)　附録 018
孫氏(晉和妻)　前蜀 006
孫氏(孔昉妻)　天祐 016
天祐 026
天成 002
附録 041
孫氏(孔惟素妻)　附録 041
孫氏(李德□妻)　長興 006
孫氏(李訓妻)　乾祐 018
孫氏(弭彦卿妻)　乾化 004
孫氏(馬唐贇妻)　廣順 015
孫氏(馬希蕁妻)　南唐 009
孫氏(潘君妻)　乾祐 009
孫氏(錢俶妻)　附録 042
孫氏(宋行謹妻)　天祐 017
孫氏(孫璠女)　天福 018
孫氏(王全武妻)　乾化 004
孫氏(王仕妻)　長興 019
孫氏(元弘紹妻)　天祐 018
孫氏(袁從章妻)　吴越 040
孫氏(趙鳳妻)　顯德 017
孫氏(□京妻)　吴越 012
＊孫思暢　天福 025
孫嗣堅　天福 025
孫態兒　吴 003
孫遜　貞明 008
孫通兒　吴 003
孫媧娘子　乾化 004
＊孫偓(字龍光)　貞明 008
孫峴　南唐 003
孫小僧　天福 025
孫珝　貞明 008
孫延福　乾化 004
孫延支(艾)　乾祐 011
孫延祚　乾化 004
＊孫彦思　吴 003
孫晏琮　後蜀 009
孫晏珪　後蜀 009
孫晏玫　後蜀 009
孫晏明　附録 036
孫晏琦　後蜀 009
孫晏宣　附録 036
孫晏珎　後蜀 009
孫貽慶　貞明 009
孫誘　附録 042
孫遹　貞明 008
孫岳　天成 002
孫再遇　附録 012
孫造　貞明 008
孫招哥　乾化 004
孫昭翰　天福 025
孫昭敏　天福 025
孫昭琬　天福 025
孫沼　天成 008
孫知密　乾化 004
孫智榮　吴 003

孫晝 天成 003
*孫拙(字幾玄) 貞明 009
天成 003
孫□ 後蜀 009
孫□丕 南唐 001
索繼昭 顯德 037
索景蕘 顯德 037
索氏(白君妻) 顯德 037
索氏(史君妻) 顯德 037
索氏(索萬進女) 顯德 037
索氏(王瓊妻) 乾祐 017
*索萬進(字德翔) 顯德 037
索延昌 顯德 037
索延勖 顯德 037
索自通 顯德 037

T

譚用之 乾祐 005
唐鴻 同光 012
唐君 天祐 027
唐立 天祐 027
唐十六 天祐 027
唐氏(晉匡信妻) 前蜀 006
唐氏(李會妻) 前蜀 002
唐氏(楊顯妻) 附録 016
唐氏(藥繼能妾) 附録 040
唐通 前蜀 002
唐小哥 天祐 027
唐□□ 天祐 027
陶敬宣 吴 010
陶君(陶敬宣子) 吴 010
陶氏(陶敬宣女) 吴 010
陶雅 吴 010
滕躬 吴越 035
滕仁鏸 吴越 046
*滕氏(吴禹妻) 吴越 035
滕綬 吴越 035
滕携 吴越 035
田超 天祐 015
田大姐 顯德 029
田鳳 乾祐 020
田姐兒 顯德 029
田鈞 顯德 029
田令孜 前蜀 005
*田仁訓 顯德 029
田三姐 顯德 029
田審志 顯德 029
田拾得 顯德 029
田氏 乾化 010
田氏(畢宗妻) 天祐 002
田氏(薄可扶妻) 廣順 013
田氏(崔重茂妻) 天福 030
田氏(闞謙妻) 廣順 011
田氏(郭友順妻) 長興 005
田氏(郭元敬妻) 天祐 013
田氏(姜宗甫妻) 附録 018
田氏(李□妻) 北漢 004
田氏(李從璋妻) 開運 012
顯德 016
田氏(連重瑨妻) 顯德 035
田氏(梁光弼妻) 天福 044
田氏(劉清妻) 顯德 003
田氏(宋□妻) 貞明 005
*田氏(王建立妻) 天福 024
乾祐 014
附録 011
田氏(藥繼能妻) 附録 040
田氏(張邵妻) 顯德 025
田氏(張希讓妻) 乾祐 014
田氏(張宗禮妻) 附録 010
田翁留 顯德 029
田喜哥 顯德 035
田延寶 顯德 029
田延瓌 顯德 029

田延美 顯德 029
田延敏 顯德 029
田遥兒 顯德 029
田悦悦 顯德 029
田□璋 乾祐 014
童□國 吴越 059
童伴姐 吴越 060
童達輝 吴越 059
*童玠(字瑩之) 吴越 059
吴越 060
童寧兒 吴越 060
童氏(陳君妻) 吴越 059
童氏(童彦怡女) 吴越 059
童氏(周君妻) 吴越 059
吴越 060
童興兒 吴越 060
童彦昇 吴越 059
吴越 060
童彦怡 吴越 059
吴越 060
童瑜 吴越 059
童璵 吴越 059
*屠瓌智(字寶光) 吴越 006
屠君(屠瓌智父) 吴越 006
屠君(屠瓌智子) 吴越 006
屠晟 吴越 006
屠昱 吴越 006
拓拔重建 廣順 008
拓拔副葉 開運 007
拓拔氏(里皇迷訛移妻) 乾祐 021
拓拔思□ 廣順 008
拓拔思誎 岐 001

W

*萬重慶 天成 004
萬弘珂 天成 004
萬弘玘 天成 004
萬敬崇 天成 004
萬敬珣 天成 004
萬寧 天成 004
萬万合 天成 004
萬喜哥 天成 004
萬遥喜 天成 004
*汪氏(李濤妻) 吴 006
王黯 乾化 006
王豹 天成 018
王弁 天福 024
王邠 同光 001
王伯儀 吴越 011
王倉 天成 013
王昌 乾化 010
王潮 閩 003
王郴 同光 001
*王諶 天祐 007
王成允 乾祐 019
王承綽 前蜀 004
前蜀 005
王承穀 前蜀 006
王承扆 前蜀 006
王承胤 前蜀 006
王承肇 前蜀 004
前蜀 005
王承遵 前蜀 004
前蜀 005
王澄 閩 001
*王儔 天福 010
王儔 乾祐 022
*王重立(字霸元) 廣順 012
王重師 乾化 006
天成 016
天成 017
王崇遇 後蜀 007
王崇遠 同光 010
王處存 同光 001

	開運 003
王處回	後蜀 011
*王處直(字允明)	天祐 015
	同光 001
	長興 015
	開運 003
王傳珪	附録 034
王傳璞	附録 034
王傳憲	南唐 012
王傳勖	南唐 012
王春春	長興 011
*王琮	天祐 010
王琮	顯德 033
王道源	天祐 001
王德	天祐 007
王德	南唐 014
王德成	廣順 007
王德璿	後蜀 006
王定	天福 014
王都	同光 001
	天福 013
	後蜀 006
王崿	後蜀 008
	後蜀 010
王二哥	乾祐 022
王瓌	顯德 030
王泛	閩 001
王昉	天祐 025
王渢	天成 013
王豐	乾祐 020
王佛護	天祐 010
*王福(字慶臣)	閩 001
王福郎	天祐 025
王福順	天福 045
王郜	同光 001
王耕	吴越 054
王公亭	天祐 024
王郟	同光 001
王寡言	天成 013
王關兒	天祐 010
王瓘	吴越 011
王光乂	廣順 003
王光乂	乾祐 022
王光贊	廣順 003
王歸鄉	廣順 016
王珪	乾祐 022
王海	天祐 010
王憨兒	天祐 025
王鄩	同光 001
王紇兜	乾祐 017
王黑櫳	長興 011
王黑猪	長興 011
王合子	開運 003
王弘儉	前蜀 007
*王弘實	顯德 033
王洪	乾化 010
*王弘裕(字廣美)	天祐 025
王岵	天成 013
王祜	附録 034
王華	開平 002
王花兒	廣順 016
王懷遷	天福 037
王涣	天祐 025
王暉	長興 016
王佶	廣順 012
王繼安	乾祐 014
王繼實	閩 003
王繼昌	附録 011
王繼昌	顯德 006
王繼昌	閩 003
王繼澄	乾祐 017
王繼恩	顯德 033
王繼恭	閩 004
王繼朗	乾祐 014

王繼璘 顯德 033
王繼倫 乾祐 014
王繼美 乾祐 014
王繼能 乾祐 017
王繼鵬 閩 004
王繼全 乾祐 014
王繼榮 天福 024
乾祐 014
王繼榮 乾祐 017
王繼榮 顯德 033
王繼昇 乾祐 014
王繼韜 閩 004
王繼勳 乾祐 014
＊王繼勳 南唐 012
王繼嚴 閩 004
王繼業 乾祐 014
王繼真 閩 003
王季哥 廣順 003
王緘 附録 012
王建(前蜀高祖) 天成 013
前蜀 002
前蜀 004
前蜀 005
前蜀 006
後蜀 005
後蜀 010
＊王建立(字延續) 天福 024
乾祐 014
附録 011
王建榮 吴 011
王建業 吴 011
王進 天成 006
＊王進威 廣順 003
王進喜 乾祐 014
王近貴 長興 019
王近澄 長興 019
王景崇 天祐 028
王景良 顯德 018
王敬 天祐 021
王敬崇 天祐 024
王敬能 天祐 024
王敬全 廣順 003
王敬思 乾祐 011
王敬珣 附録 001
王敬璋 廣順 003
王敬仲 天成 013
王敬銖 天祐 024
王炅 天成 013
王居 閩 001
王居吉 長興 020
王居進 吴越 054
王居邈 吴越 054
王居遇 吴越 054
王居貞 長興 020
＊王君 天祐 021
＊王君 前蜀 007
王君(王重立弟) 廣順 012
王君(王重師子) 天成 017
王君(王逵子) 乾祐 022
王君(王宗裕子) 前蜀 001
王鈞 後蜀 005
＊王鍇(字鈞化) 天成 013
王逵 乾祐 022
王萊哥 廣順 003
王勞謙 長興 020
王李八 廣順 016
王李七 開平 002
王禮 乾祐 011
王良覲 廣順 016
王寮 同光 001
王林 長興 011
王鏻 天福 029
王令温 顯德 010
顯德 041

王劉六 廣順 016
王麄 長興 020
王洛喜 乾祐 014
王馬留 乾祐 017
王馬六 乾祐 017
王馬三 乾祐 017
王馬四 乾祐 017
王馬五 乾祐 017
王茂章 吴 009
王秘 長興 020
王明 天祐 010
王明 吴越 026
王南華 天成 013
王南金 天成 013
王南勝 天成 013
王南史 天成 013
王南薰 天成 013
王牛兒 天福 045
王恁 閩 003
王寧 同光 010
王凝 天成 013
王牛八 天祐 007
王牛九 天祐 007
王牛十二 天祐 007
王牛十一 天祐 007
王牛什 天祐 007
王奴子 天福 010
* 王璠(字大珪) 同光 010
王胮兒 廣順 016
王鵬 乾祐 014
王倗 天福 041
王玭 顯德 024
王婆子 吴越 011
王溥 天成 013
附録 034
王乞住 長興 011
王謙 廣順 016
王騫 貞明 009
天成 003
王錢婆 吴越 011
王虔 天福 044
王虔福 天祐 010
王虔章 天祐 010
* 王虔真 顯德 018
王虔貞 天祐 010
王卿 南唐 005
王清 長興 011
王瓊 天成 013
* 王瓊 乾祐 017
王瓊娘子 天福 010
王秋 天福 024
王球 乾化 010
王璆 廣順 012
王全武 乾化 004
王全禧 附録 034
王全義 同光 001
王權 天成 007
王饒 顯德 021
* 王仁鎬 吴越 054
王仁建 天祐 024
王仁俊 同光 001
王仁魯 附録 034
王仁鋭 吴越 054
* 王仁遇(字望卿) 吴 011
* 王仁裕(字德輦) 附録 034
王融 吴 011
* 王鎔 天祐 028
* 王柔(字來遠) 顯德 021
王鋭 閩 001
王汭 天成 018
王三哥 廣順 003
王三姐 廣順 016
王三姐哥 乾祐 015
王僧住 天福 045

王山　天祐 010
王紹鼎　天祐 028
*王紹仙(字應臣)　閩 005
王諗　吴 009
*王神貴　天祐 024
王審邽　南唐 012
　閩 003
王審琪　天祐 025
王審瓊　天祐 025
*王審知(字信通,閩太祖)　南唐 012
　閩 002
　閩 003
　閩 004
　閩 005
王昇　天成 013
王師謹　開平 002
王師禮　顯德 018
王師虔　開平 002
王師實　吴越 021
王實　附録 034
王十二娘　吴 011
王十六娘　吴 011
王十三娘　吴 011
王十四娘　吴 011
王十五娘　吴 011
王十一娘　吴 011
*王仕　長興 019
王氏　天福 044
王氏(安萬金妻)　天福 016
王氏(安元審妻)　天福 012
王氏(畢琮妻)　天祐 002
王氏(畢武妻)　天祐 002
王氏(邊承遇妻)　附録 014
王氏(常君妻)　顯德 018
王氏(戴思遠妻)　清泰 007
*王氏(陳仕安妻)　吴越 042
王氏(党崇俊妻)　附録 034
王氏(董賨妻)　乾祐 016
王氏(杜君妻)　乾祐 017
王氏(樊君妻)　天祐 010
王氏(馮暉妻)　顯德 041
王氏(苻彦能妻)　附録 012
*王氏(高君妻)　天福 037
王氏(高溥妻)　長興 020
王氏(顧在珣妻)　前蜀 004
　前蜀 005
王氏(關瓊妻)　廣順 011
王氏(郭秀妻)　天福 011
王氏(韓君妻)　乾祐 022
王氏(韓君妻)　顯德 033
王氏(韓武妻)　天福 046
*王氏(韓仲舉妻)　乾化 005
　乾化 006
　天成 016
　天成 017
王氏(浩福妻)　天福 006
王氏(何子嵒妻)　天福 041
王氏(賀武妻)　顯德 001
王氏(賀再榮妻)　顯德 001
王氏(胡君妻)　吴越 011
王氏(霍儼妻)　長興 013
王氏(賈君妻)　天福 045
王氏(晉匡議妻)　前蜀 006
王氏(康晟妻)　廣順 001
王氏(孔謙妻)　天成 002
王氏(李存紀妻)　同光 001
王氏(李亶淑妃)　後晉 002
王氏(李郃妻)　前蜀 006
王氏(李貴妻)　北漢 004
王氏(李繼媳)　長興 012
王氏(李繼崇妻,普慈公主)　前蜀 001
王氏(李君妻)　乾化 007
*王氏(李君妻)　南唐 005
王氏(李敏妻)　閩 002

閩 003
王氏(李實妻) 開運 008
王氏(李守興妻) 開運 009
王氏(李思温妻) 開運 008
王氏(李唐妻) 乾祐 020
王氏(李信妻) 乾祐 018
王氏(李脩妻) 天祐 015
王氏(李延貞妻) 顯德 028
王氏(李彦崇妻) 長興 012
王氏(李彦貞妻) 開運 008
王氏(李元裕妻) 天祐 005
王氏(李章妻) 北漢 004
王氏(梁瓌妻) 天福 021
王氏(梁慶妻) 天福 021
王氏(劉光贊妻) 顯德 012
王氏(劉匡祚妻) 吴 008
王氏(劉瑭殷妻) 同光 007
王氏(劉湘妻) 附録 034
王氏(劉恂媳) 北漢 003
王氏(羅弘信妻) 天福 003
王氏(羅諫妻) 乾祐 007
*王氏(麻周妻) 顯德 034
王氏(馬重進妻) 廣順 015
王氏(馬光贊妻) 南唐 009
王氏(穆玄嵩妻) 開平 008
王氏(盧價妾) 附録 007
王氏(盧瑗妻) 乾化 002
王氏(苗君妻) 廣順 016
王氏(穆彦章妻) 乾祐 015
王氏(牛君妻) 廣順 016
王氏(牛則妻) 顯德 007
王氏(潘君妻) 長興 020
王氏(潘庸妻) 乾祐 009
王氏(錢傳珦妻) 閩 002
閩 003
王氏(秦定真妻) 長興 002
王氏(秦延嗣妻) 顯德 008
王氏(任公慶妻) 長興 008
王氏(任謹妻) 同光 016
王氏(任景述妻) 天福 036
王氏(任彦回妻) 同光 016
王氏(尚洪遷妻) 乾祐 013
王氏(沈君妻) 吴越 054
王氏(宋績妻) 顯德 039
王氏(宋君妻) 廣順 016
王氏(宋憲妻) 天祐 017
王氏(孫迺妻) 吴 003
王氏(孫知密妻) 乾化 004
*王氏(北漢太惠妃) 北漢 007
王氏(田仁訓妻) 顯德 029
王氏(王處直女) 同光 001
王氏(王福女) 閩 001
王氏(王光乂女) 乾祐 022
王氏(王繼勳女) 南唐 012
王氏(王建立孫) 乾祐 014
王氏(王仁鎬女) 吴越 054
王氏(王審知女) 閩 002
閩 003
王氏(王審知女) 閩 003
王氏(王賨女) 前蜀 007
王氏(王言女) 天成 012
王氏(王延鈞女) 閩 004
王氏(王禹女) 長興 020
王氏(韋令裼妻) 後蜀 008
王氏(武敏妻) 廣順 014
王氏(蕭符妻) 龍德 006
顯德 031
*王氏(謝君妻) 南唐 018
王氏(謝仁規妻) 天成 012
王氏(徐延佳妻) 南唐 011
王氏(許君妻) 乾祐 022
王氏(許仁傑妻) 後蜀 001
王氏(許童妻) 天成 006
王氏(薛鋼妻) 天成 013

王氏(薛繼昇妻) 附録 034
王氏(延四四妻) 天祐 006
王氏(楊鳳妻) 附録 016
王氏(楊君妻) 吴越 011
王氏(楊栖岳妻) 吴越 018
王氏(楊諲仁妻) 吴越 018
王氏(楊廷顔妻) 開運 003
王氏(楊行密后) 吴 008
王氏(羊藪妻) 吴越 046
王氏(姚崇妻) 南唐 003
王氏(姚嗣駢妻) 南唐 003
王氏(于敬德妻) 天祐 012
王氏(余廷隱妻) 閩 003
王氏(俞讓妻) 吴越 047
王氏(袁繼忠妻) 顯德 030
王氏(袁宗慶妻) 顯德 030
王氏(翟君妻) 天福 045
王氏(張安妻) 天成 014
王氏(張承遇妻) 天成 012
王氏(張暉妻) 顯德 004
王氏(張敬習妻) 天祐 011
王氏(張君妻) 長興 020
王氏(張君妻) 天福 010
王氏(張君妻) 顯德 018
王氏(張仁嗣妻) 顯德 025
王氏(張沙沙妻) 北漢 002
王氏(張思齊妻) 閩 003
王氏(張廷裕妻) 顯德 032
王氏(張知朗妻) 附録 010
王氏(張知遠妻) 附録 010
王氏(趙結媳) 北漢 006
王氏(趙敬福妻) 同光 008
王氏(趙敬曇妻,福清公主) 閩 006
王氏(趙君妻) 乾祐 017
王氏(趙師實妻) 同光 008
* 王氏(趙思虔妻) 吴 009
王氏(趙行章妻) 同光 008
王氏(趙殷圖妻) 開運 003
王氏(趙貞妻) 顯德 017
王氏(周紹弼妻) 同光 001
王氏(卓宗賞妻) 吴越 021
王氏(□暢妻) 吴越 012
* 王守恩(字保信) 天福 024
乾祐 014
附録 011
王守恭 天祐 025
王守凝 乾祐 022
王守謙 天祐 025
王璹 廣順 014
王順 顯德 021
* 王舜(字匡時) 乾祐 022
王思同 天福 036
附録 034
王思温 乾祐 011
王思殷 天福 037
王四兒 廣順 016
王四哥 長興 020
王四姐 廣順 003
王四姐 廣順 016
* 王素 長興 011
王覃 廣順 009
王倓 閩 003
閩 004
王坦 廣順 012
王坦 吴 011
王洮 天福 014
王韜 天成 013
王廷璧 前蜀 007
王廷範 吴越 011
王廷規 前蜀 007
王廷規 吴越 011
王廷翰 天福 044
王廷浩 南唐 010
王廷徽 前蜀 007

王廷暉 吴越 011
王廷誨 乾祐 022
王廷誨 前蜀 007
王廷矩 前蜀 007
王廷浦 乾祐 022
王廷讓 乾祐 022
王廷熙 前蜀 007
王廷頊 前蜀 007
王廷訓 乾祐 022
王廷乂 前蜀 007
*王廷胤(字紹基) 開運 003
王廷祐 前蜀 007
王廷裕 開運 003
王廷裕 天福 032
王廷裕 吴越 011
王廷璋 吴越 011
王湍 閩 001
王退 天成 013
王萬榮 後晉 002
王萬宇 南唐 006
王渭 閩 001
王文祜 後蜀 006
王文晟 前蜀 006
王文通 乾祐 011
王文秀 天福 005
王文誼 廣順 016
王温 附録 034
王温 乾化 010
王温 乾祐 011
王翁兒 吴越 011
王翁奴 前蜀 006
王翁喜 吴 011
王五 南唐 003
王吴九 天祐 021
王吴七 天祐 021
王武俊 附録 031
王希朋 同光 014
王喜 天福 024
王喜郎 天祐 025
王仙哥 天福 010
王諴 南唐 018
王現 同光 010
王憲璋 乾化 010
王小虫 長興 020
王小姑兒 廣順 003
王小憨 天祐 025
王小黑 天成 012
*王小娘子 天福 002
王小女子 廣順 016
王小廝兒 天成 012
王小廝兒 廣順 003
王小猪 長興 011
王小住 長興 011
王曉 附録 001
王信 長興 019
王行豐 開平 002
*王行實 天福 045
*王行實 廣順 016
王行信 開平 002
王行瑜 天祐 001
王秀 開平 002
王虚中 天福 034
開運 005
乾祐 003
王蕢 前蜀 007
王珣 天祐 025
王郇 同光 001
王勳己 長興 003
王言 天成 012
王延保 閩 003
王延禀 閩 002
閩 003
閩 006
王延豐 閩 002

閩 003
王延福 後晉 002
王延福 天成 012
王延瓌 天成 012
王延翰 閩 002
閩 003
王延浩 吴 011
王延鈞(又名鏻,閩太宗) 閩 002
閩 003
閩 004
閩 005
王延鍇 同光 010
王延美 天成 012
王延美 閩 003
王延密 廣順 016
王延卿 吴 011
王延壽 天成 012
王延壽 前蜀 006
王延嗣 廣順 016
王延望 閩 003
王延武 閩 003
王延喜 閩 003
王延羲 閩 002
閩 003
王延昭 後蜀 008
後蜀 010
王延禎 南唐 012
王延政 閩 003
王延資 閩 003
王衍(前蜀末帝) 前蜀 004
前蜀 005
附録 034
王巘 天福 014
王彦澄 天福 045
* 王彦回(字仲顔) 吴越 011
王彦珂 天福 045
王彦琦 廣順 003
王彦瓊 天福 045
王彦瓊 顯德 033
王彦球 長興 011
王彦瑭 乾祐 011
王彦温 乾祐 011
王彦珣 顯德 033
王彦贇 長興 011
王彦章 天成 002
天成 011
王彦珠 長興 011
王晏 天成 013
王晏 廣順 002
王晏 廣順 012
王鄴 開運 003
王彝訓 顯德 016
王倚 長興 020
王億 附録 021
王乂 後蜀 009
王義甫 附録 034
王懿 天成 013
王翊 天成 013
王永順 前蜀 007
王永錫 附録 034
王友 閩 003
王禹 同光 015
* 王禹(字端己) 長興 020
王庾 長興 020
王玉 南唐 012
閩 003
王玗 廣順 007
王昱 天成 013
王昱 前蜀 006
王鬱 貞明 003
同光 012
王瑜 天祐 025
王郁 同光 001
王裕 吴 009

王瑀　吴 011
王允光　天福 010
王允義　天福 010
王允貞　天福 010
王元重　長興 011
王元貴　天祐 007
王元逵　天祐 028
王元謹　長興 011
王元遷　天祐 007
王元順　天祐 007
*王元直(字德和)　廣順 003
王元真　長興 011
王元方　天祐 007
王愿　天福 020
王約　附録 034
王筠　廣順 007
*王在璋　乾祐 015
王贊　前蜀 007
王瓚　天成 002
王澤　閩 001
王張九　天祐 025
王張七　廣順 016
王張十　天祐 025
王昭敏　開運 003
王昭素　開運 003
王昭煦　開運 003
王昭懿　開運 003
王昭懿　顯德 023
王震　顯德 034
王正己　附録 037
王鄭□　長興 019
王陟　清泰 011
王忠誨　前蜀 002
王仲周　天福 014
王周　乾祐 020
王猪猪　廣順 016
王鄑　同光 001
王宗　開運 003
王宗播　前蜀 003
　後蜀 001
王宗範　前蜀 006
王宗佶　前蜀 007
*王宗侃(字德怡)　前蜀 004
　前蜀 005
王宗魯　前蜀 006
王宗壽　後蜀 010
王宗壽　天成 013
王宗裕　前蜀 001
　前蜀 006
*王佐　開平 002
王妻　天祐 007
*王□(字化文)　天福 014
王□道　附録 034
王□兒　天祐 007
王□兒　天祐 010
王□兒　天祐 021
王□嗣　南唐 012
危道榮(後改元姓)　吴越 025
　吴越 043
危道英(後改元姓)　吴越 025
危道專(後改元姓)　吴越 025
危德昂　吴越 024
危德威　吴越 024
危德興(危德輿)　吴 008
危德雄　吴越 024
危亘　吴越 043
危光毅　南唐 008
危全諷　南唐 008
危十一娘　南唐 008
危仔昌(又名仔倡、倡)　吴越 024
　吴越 043
韋保乂　貞明 009
韋嘏　後蜀 010
韋宏　後蜀 010

韋縠 後蜀 010
韋焕 南唐 010
韋彀 後蜀 010
韋可封 天成 002
韋令弼 後蜀 008
後蜀 010
韋令恭(又名令彬) 後蜀 008
後蜀 010
韋令均 後蜀 008
後蜀 010
韋欒 後蜀 010
韋式 後蜀 010
韋氏(安守一妻) 附録 013
韋氏(董君妻) 後蜀 008
後蜀 010
韋氏(郭重妻) 開運 002
韋氏(劉君妻) 後蜀 010
韋氏(王崿妻) 後蜀 008
後蜀 010
韋氏(王延昭妻) 後蜀 008
後蜀 010
韋氏(韋毅女) 後蜀 008
後蜀 010
韋氏(薛存誠妻) 乾化 003
韋氏(張君妻) 後蜀 010
韋咸貞 應順 001
*韋毅(字致文) 後蜀 008
後蜀 010
韋貽范 後蜀 010
韋昭度 前蜀 005
前蜀 006
韋昭序 天成 013
韋宗立 後蜀 010
尉思進 乾祐 011
尉廷密 乾祐 011
魏並尚 吴越 014
魏昌能 前蜀 006
魏承規 吴 005
魏承嗣 吴 005
魏寵 吴越 014
魏僅 吴 005
*魏靖 吴越 014
魏平 吴 005
魏氏(郭元謹妻) 天祐 013
魏氏(李德妻) 北漢 004
魏氏(李元哲妻) 天祐 005
魏氏(戚君妻) 吴越 014
魏氏(孫公贍妻) 乾化 004
魏氏(吴君妻) 吴越 014
魏氏(項仕忻妻) 吴越 030
魏氏(羊郇妻) 吴越 046
魏氏(左環妻) 同光 009
魏氏(□鄂妻) 吴越 002
魏蘇婆 吴 005
魏庠 吴越 014
魏曉 吴越 014
魏延祚 乾祐 001
魏懿和 長興 021
*魏贇 吴 005
魏□ 吴 005
衛崇遠 龍德 006
衛存 天福 034
衛思温 乾祐 011
衛氏(裴簡妻) 顯德 026
衛氏(姚嗣駢妻) 南唐 003
衛氏(姚嗣駢妻) 南唐 003
衛氏(王春春妻) 長興 011
衛氏(王文誼妻) 廣順 016
温瑄 貞明 001
温氏(賈洮妻) 貞明 001
温氏(裴思會妻) 顯德 026
温氏(王君妻) 乾祐 022
温氏(趙孺妻) 顯德 002
温誼 北漢 005

文相 南唐 020
文秀 附録 006
聞二十二娘 吴越 052
聞六 吴越 012
聞人賓 吴越 052
聞人項 吴越 052
聞人□ 吴越 052
* 聞三十娘 吴越 052
聞十八娘 吴越 052
聞十九娘 吴越 052
聞十七娘 吴越 052
聞氏(俞從慶妻) 吴越 055
聞唐童 吴越 052
聞□當 吴越 052
聞人氏(屠君妻) 吴越 006
聞人氏(朱元杲妻) 吴越 027
翁承贊 閩 002
閩 003
翁道弘 吴越 004
翁繼貞 吴越 027
翁錫 吴越 027
翁延壽 吴越 009
吴越 010
翁元昉 吴越 027
巫氏(李繼媳) 長興 012
烏允忠 乾祐 019
烏昭遠 乾祐 019
吴藹 同光 011
長興 009
天福 038
吴婢婢 同光 011
吴璨 顯德 020
吴澄 龍德 001
吴虿子 南漢 001
* 吴存鍔(字利樞) 南漢 001
吴光弼 附録 030
吴光範(又名範) 附録 030
附録 038
吴光輔(又名元輔) 附録 030
附録 038
吴光濟 附録 030
吴光權 乾祐 011
吴光圖 附録 030
吴光載(又名□載) 附録 030
附録 038
吴弘璋 附録 030
吴洪武 乾祐 011
吴胡娘 南漢 001
吴敬 南漢 001
吴巨璘 南漢 001
吴攄 同光 011
* 吴涓 顯德 020
吴君(吴廷祚孫) 附録 030
吴君(吴禹子) 吴越 035
吴烈 吴越 005
吴盧八 天福 038
吴娘珠 南漢 001
吴毗 同光 011
* 吴譙 顯德 020
吴球 吴越 005
吴仁謙 乾祐 011
吴仁緒 乾祐 011
吴儒 顯德 020
吴僧娘 吴越 005
吴善郎 顯德 020
吴昇 吴越 012
吴師 吴越 005
吴實 附録 030
吴氏(姜宗甫妻) 附録 018
吴氏(李延順妻) 附録 030
附録 038
吴氏(梁漢顒妾) 天福 044
吴氏(劉襲吉妻) 同光 011
吴氏(秦思温妻) 顯德 008

吴氏(沈繼宗妻) 附録 038
吴氏(王君妻) 前蜀 007
吴氏(王廷規妻) 吴越 011
吴氏(吴廷祚女) 附録 030
吴氏(吴廷祚孫女) 附録 030
吴氏(吴禹女) 吴越 035
吴氏(元弘審妻) 天祐 018
吴氏(袁綬妻) 吴越 040
吴氏(張繼美妻) 長興 009
吴氏(趙塋妻) 顯德 002
吴氏(□繼承妻) 附録 038
吴氏(□繼隆妻) 附録 038
* 吴氏(□君妻) 吴越 012
吴璹 顯德 020
吴太楚 南漢 001
吴廷斌 附録 030
吴廷誨 附録 030
吴廷乂 附録 030
吴廷贇 附録 030
吴廷藻 天成 011
* 吴廷祚(字慶之) 附録 030
附録 038
吴小胡 南漢 001
* 吴歆 吴越 005
吴延昌 前蜀 007
吴延魯 南漢 001
吴彦瑶 長興 006
吴扆 附録 038
吴泳 顯德 020
吴宥 吴越 005
吴禹 吴越 035
吴元吉 附録 038
吴元□ 附録 038
吴湛 附録 030
吴昭嗣(又名馮七) 同光 011
天福 038
吴貞□ 南唐 017
吴仲舉 貞明 013
吴□ 吴越 005
吴□□ 乾祐 011
武儔 廣順 014
武令昇 後蜀 005
後蜀 006
* 武敏(字德美) 廣順 014
武清 廣順 014
武仁永 後蜀 007
武若訥 廣順 014
武若拙 廣順 014
武氏 乾祐 011
武氏(白君成妻) 附録 021
武氏(段實妻) 北漢 001
武氏(郭元妻) 長興 005
武氏(李重進妻) 長興 007
武氏(劉君妻) 廣順 014
武氏(劉密妻) 顯德 005
武氏(丘禮妻) 天祐 004
武氏(任洪文妻) 長興 008
武氏(蘇逢吉妻) 顯德 023
武氏(王儔妻) 天福 010
武氏(王君妻) 廣順 014
武氏(趙敬安妻) 同光 008
武氏(趙讓妻) 北漢 006
武守珪 廣順 014
武行德 附録 021
武再承(又名再成) 附録 019
附録 021
武昭 廣順 014
伍光遜 吴越 044
伍又玄 貞明 010

X

西方常茂 天成 018
西方峯 天福 043
西方合得 天福 043

西方繼恩 天成 018
西方妹妹 天成 018
西方榮哥 天成 018
西方氏(蔡君妻) 天福 043
西方氏(李君妻) 天福 043
西方氏(牛君妻) 天福 043
西方氏(張君妻) 天福 043
西方氏(張君妻) 天福 043
西方四哥 天成 018
西方王哥 天成 018
西方偉 天福 043
西方吳留 天成 018
西方希顒 天成 018
西方小姐 天成 018
西方煦 天福 043
*西方鄴(字德勤) 天成 018
天福 040
天福 043
西方懿 天福 043
西方元簡 天成 018
西方元景(又名景) 天成 018
天福 043
西方元太(又名太) 天成 018
天福 043
西方再通 天成 018
天福 043
西方□ 天福 043
西方□哥 天福 043
郄漢賓 南唐 019
郄氏(劉李七妻) 天福 048
郄氏(孫思暢妻) 天福 025
席氏(陳昭妻) 吴越 050
夏存 乾祐 003
夏光鋭 乾祐 003
*夏光遜 乾祐 003
夏光懿 乾祐 003
夏光胤 乾祐 003
夏光贊 乾祐 003
夏光祚 乾祐 003
夏君(夏光遜子) 乾祐 003
夏魯奇 天成 009
天福 008
乾祐 003
夏魯巖 乾祐 003
夏氏(安君妻) 乾祐 003
夏氏(夏光遜女) 乾祐 003
夏氏(俞從德妻) 吴越 055
夏相 乾祐 003
夏鄴 吴 007
夏侯孜 後蜀 004
相里金 廣順 003
向氏(李璲妻) 附録 020
向訓 附録 013
項汗 吴越 030
項君(項嶠子) 吴越 030
*項嶠 吴越 030
項氏(陳君妻) 吴越 030
項氏(樓君妻) 吴越 030
項仕瓊 吴越 030
項仕榮 吴越 030
項仕忻 吴越 030
項仕股 吴越 030
項仕贇 吴越 030
項竦 吴越 030
項瑗 吴越 019
蕭處珪 龍德 006
蕭處鈞 龍德 006
蕭處謙 龍德 006
*蕭處仁(字正己) 龍德 006
顯德 031
*蕭符(字瑞文) 龍德 006
顯德 031
蕭濬 龍德 006
顯德 031

蕭珂 吴越 016
蕭沔 龍德 006
蕭蘧 龍德 006
蕭士明 顯德 031
蕭氏(康懷正妻) 顯德 031
蕭氏(梁昭演妻) 龍德 006
蕭氏(孟仁浦妻) 龍德 006
蕭氏(牛知業妻) 龍德 006
附録 027
蕭氏(裴筠妻) 開平 005
蕭氏(衛崇遠妻) 龍德 006
蕭氏(薛存誠妻) 乾化 003
蕭守彬 顯德 031
蕭守勳 顯德 031
蕭渥 顯德 036
蕭希甫 天成 002
蕭元 龍德 006
顯德 031
蕭章 吴越 016
小兒 天福 047
小兒 天福 047
小見 天福 047
小女 附録 001
小山 天福 047
謝鐸 貞明 012
謝鶚 吴越 027
謝高高 貞明 012
謝光弼 南唐 018
謝光符 南唐 018
謝光襲 南唐 018
謝光業 南唐 018
謝景瑭 乾祐 011
謝君 南唐 018
謝慶哥 貞明 012
謝仁規 天成 012
謝氏 乾祐 011
謝氏(韓漸餘妻) 天成 017
謝氏(李君妻) 南唐 018
謝氏(廖君妻) 南唐 018
謝氏(王居遇妻) 吴越 054
謝氏(王君妻) 南唐 018
謝舜恭 貞明 012
謝舜卿 貞明 012
*謝彦璋(字光遠) 貞明 012
謝貽謀 貞明 004
解承嗣 前蜀 006
解道道 前蜀 006
解搔奴 前蜀 006
解什得 前蜀 006
解氏(王仁建妻) 天祐 024
解氏(張繼業妻) 同光 012
清泰 009
解氏(張君孫媳) 天成 014
解喜喜 前蜀 006
解小喜 前蜀 006
解延朗 前蜀 006
辛彦軍 附録 001
興兒 天福 047
行堅 乾化 010
*行鈞(俗姓閻) 同光 019
行□ 南唐 017
*邢汴(字迥派) 天祐 008
*邢播(字楊芳) 同光 006
*邢德昭(字乂遠) 乾祐 019
邢朗 乾祐 019
邢諒 天祐 008
邢輦 天祐 008
邢瓊 天祐 008
邢仁寶 乾祐 019
邢仁矩 乾祐 019
邢仁鄴 乾祐 019
邢氏(靳君妻) 天祐 008
邢氏(李君妻) 天祐 008
邢氏(王行豐妻) 開平 002

邢氏(烏允忠妻) 乾祐 019
邢氏(楊光遠妻) 附録 019
邢氏(張君妻) 天祐 008
邢氏(趙敬儒妻) 同光 008
邢恕 同光 006
邢滔 同光 006
邢循 同光 006
邢岩 天祐 008
邢演 同光 006
邢儀 天祐 008
邢佚 天祐 008
邢玗 同光 006
邢真 同光 006
邢震 天祐 008
* 杏氏(李景遏乳母) 南唐 015
熊楚賓 吴越 001
熊楚卿 吴越 001
熊珙 吴越 001
熊樓婆 吴越 001
熊氏(厲君妻) 吴越 001
熊廷讓 吴越 001
熊允褒 吴越 001
熊允交 吴越 001
熊允謙 吴越 001
* 熊允韜 吴越 001
熊允衷 吴越 001
虛受 同光 019
徐承誨 南唐 011
徐承朗 南唐 011
徐承煦 南唐 011
徐承議 南唐 011
徐承隱 南唐 011
徐承肇 後蜀 007
* 徐鐸(字宣武) 後蜀 007
徐皞 吴越 008
徐景遜 吴 012
徐匡祐 南唐 011
徐匡祚 南唐 011
徐令釗 後蜀 007
徐頔 吴越 025
徐欽 南唐 011
徐求 吴越 053
徐球 南唐 023
徐容 南唐 023
徐審唐 後蜀 007
徐十郎 南唐 011
徐士廉 吴越 062
徐氏(范容妻) 南唐 008
徐氏(韓仲宣妻) 乾化 005
天成 017
徐氏(焦重謬妻) 後蜀 007
徐氏(康行儒妻) 顯德 030
徐氏(黎紹美妻) 後蜀 007
* 徐氏(李訶妻) 吴越 049
徐氏(羅周敬妻) 天福 003
徐氏(馬延超妻) 後蜀 007
徐氏(錢義超妻) 吴越 048
徐氏(滕携妻) 吴越 035
徐氏(王崇遇妻) 後蜀 007
徐氏(王彦回妻) 吴越 011
徐氏(項仕殷妻) 吴越 030
徐氏(徐鐸女) 後蜀 007
徐氏(徐延佳女) 南唐 011
徐氏(徐延佳孫) 南唐 011
徐氏(閻寶妻) 開運 005
徐氏(姚承鈞妻) 南唐 010
* 徐氏(姚彦洪妻) 南唐 023
徐氏(俞彦璋妻) 吴越 047
徐氏(虞脩妻) 吴越 032
* 徐氏(元圖妻) 吴越 025
吴越 043
* 徐氏(樂君妻) 吴越 008
徐氏(張君妻) 乾祐 002
徐氏(鄒芳宗妻) 吴越 045

徐氏(鄒知建妻) 吴越 053
徐守 南唐 011
徐守素 長興 018
*徐淑清(字五□) 吴越 062
徐思言 後蜀 007
徐縮 吴越 006
徐温(南唐義祖) 吴 010
吴 011
南唐 001
南唐 016
*徐延佳 南唐 011
徐延範 後蜀 007
徐延楷 後蜀 007
徐延矩 後蜀 007
徐延瓊 天福 003
徐延瑫 後蜀 007
徐延勛 南唐 024
徐延藴 後蜀 007
徐延禎 後蜀 007
徐彦若 開平 005
貞明 008
閩 004
徐佑嚴(佐嚴) 吴越 008
徐宥德 後蜀 007
徐遇 南唐 011
徐諭 南唐 011
徐遠 前蜀 006
徐知誥 吴 012
徐知諫 吴 012
徐宗 南唐 023
徐□ 吴越 008
徐□□ 吴越 033
許伯通 後蜀 001
許伯遇 後蜀 001
許承誨 前蜀 003
許承韜 前蜀 003
許承瑶 前蜀 003
許承釗 前蜀 003
許楚 前蜀 003
許度 天成 006
許九言 顯德 036
*許璠(字韜光) 前蜀 003
許虔楚 後蜀 001
許蒨 前蜀 003
*許仁傑(字貫儀) 後蜀 001
許十二娘 前蜀 003
許十一娘 前蜀 003
許氏(儲亮妻) 貞明 011
貞明 013
許氏(戴榮進妻) 清泰 007
許氏(江弘道妻) 南唐 001
許氏(李知遠妻) 乾祐 018
許氏(潘君妻) 乾祐 009
許氏(孫延祚妻) 乾化 004
許氏(屠晟妻) 吴越 006
許氏(王弘實妻) 顯德 033
許思厚 乾祐 011
許唐五 後蜀 001
*許童(字幼知) 天成 006
許霧 天成 006
許元甫 後蜀 001
許再思 吴越 006
玄廣 長興 016
玄寂 長興 016
玄誠 長興 016
玄静 長興 016
玄相 長興 016
玄□ 長興 016
玄□ 長興 016
玄□ 長興 016
玄□ 長興 016
玄□ 長興 016
玄□ 長興 016
玄□ 長興 016
玄□ 長興 016
玄□ 長興 016

玄□ 長興 016
玄□ 長興 016
薛存誠 乾化 003
薛鋼 天成 013
薛光序 同光 018
薛懷讓 廣順 011
薛繼昇 附録 034
薛簡言 閩 007
薛絳 南漢 002
薛鎔 閩 007
薛勝 乾化 003
薛時 閩 007
薛士儒 閩 007
薛氏 乾祐 011
薛氏(黄仁嶲妻) 閩 007
薛氏(盧崇德妻) 閩 007
薛氏(牛存節妻) 附録 026
薛氏(王師虔妻) 開平 002
薛氏(薛暵女) 乾化 003
薛氏(袁殷妻) 顯德 030
薛氏(張奉林妻) 後晉 001
薛氏(鄭廷範妻) 開平 003
薛述 閩 007
薛廷珪 乾化 003
薛廷望 乾化 003
*薛廷璋(字德華) 閩 007
薛温 乾祐 011
薛珣言 閩 007
薛延希 乾祐 011
*薛貽矩(字熙用) 乾化 003
薛引弟 同光 005
薛暵 附録 038
薛暵 乾化 003
薛章 乾化 010
*薛昭序 同光 005
薛智周 附録 007
荀氏(任濤妻) 天成 009
荀氏(張殷妻) 天成 014

Y

燕諤 後蜀 012
嚴成 吴越 009
*嚴彦銖(字信玉) 長興 004
嚴弘進 長興 004
嚴弘朗 長興 004
嚴居貞 前蜀 006
嚴氏(段敬□妻) 北漢 001
嚴氏(李紓妻) 南漢 002
嚴氏(劉隱妻) 閩 004
嚴氏(嚴彦銖女) 長興 004
*嚴氏(余景初妻) 吴越 009
嚴濤 長興 004
嚴政 吴越 009
嚴忠 吴越 009
延重會 天祐 006
延重立 天祐 006
延重周 天祐 006
延存 天祐 006
延恭 天祐 006
*延君 天祐 006
延四四 天祐 006
顔氏(張廷裕妻) 顯德 032
顔子逢 乾化 005
乾化 006
顔銖 貞明 007
閻寶 開運 005
閻斌 天成 018
閻光遠 清泰 011
閻弘鐸 開運 005
閻弘爣 開運 005
閻弘佶 開運 005
閻弘矩 開運 005
閻弘魯 開運 005
閻弘倫 開運 005

閻弘讓　開運 005
閻弘儒　開運 005
閻弘威　開運 005
閻弘遇　開運 005
＊閻弘祚(字德餘)　開運 005
閻詮　乾祐 011
閻少均　開運 005
閻氏　乾化 010
閻氏(陳君妻)　開運 005
閻氏(李思殷妻)　附録 020
閻氏(李延習妻)　顯德 028
閻氏(宋君妻)　天祐 017
閻氏(王君妻)　開運 005
閻氏(王元順妻)　天祐 007
閻氏(閻弘祚女)　開運 005
閻氏(藥紹言妻)　附録 015
閻壽之　開運 005
閻希遜　開運 005
閻希贇　開運 005
閻湘　清泰 011
閻昫　附録 033
閻煦　北漢 003
閻佐　開運 005
楊伴姐　乾祐 006
楊保孫　顯德 030
楊弼　吴越 018
楊斌　附録 019
楊邠　附録 041
楊詗　乾祐 011
楊澄　附録 019
＊楊從魯　吴越 061
楊從溥　天福 035
天福 042
乾祐 021
廣順 008
楊德綸　吴 011
楊鳳　附録 016
楊槁益　吴越 018
楊鎬　附録 019
楊觀昌　開平 006
楊觀光　天成 008
楊光遠　附録 019
楊規　附録 019
楊珪　吴越 061
楊海萬　北漢 003
＊楊洪　清泰 001
楊弘礪　清泰 005
楊弘正　清泰 007
楊祜　開平 007
楊環　龍德 001
楊暉　乾祐 011
＊楊敬千(又名千,字表忠)　乾祐 006
楊居雅　吴越 018
楊矩　附録 019
＊楊君　開平 007
楊君(楊洪子)　清泰 001
楊苦桃　吴越 018
楊匡翼(玄德大師,智明先生)　南唐 006
楊礼　乾化 009
楊璘　廣順 010
楊隆演(吴宣王)　吴 012
南唐 022
楊羅羅　乾祐 006
楊媒娘　吴越 061
楊美　附録 019
楊密　同光 014
楊秘　附録 019
楊敏　顯德 030
楊敏昇　開運 012
後晉 002
楊凝式　長興 015
清泰 009
天福 017
楊牛兒　乾祐 006

楊平 吴越 018
楊溥(吴睿帝) 南唐 003
楊栖岳 吴越 018
*楊諲仁(字思賢) 吴越 018
楊潛 天成 009
楊仁範 吴越 061
楊仁廣 乾祐 006
楊仁規 吴越 061
楊仁珪 乾祐 006
楊仁矩 吴越 061
楊仁玘 乾祐 006
楊仁□ 吴越 061
楊仁壽 乾祐 006
楊仁璲 乾祐 006
楊仁勳 乾祐 006
楊仁誼 乾祐 006
楊仁遇 乾祐 006
楊三和 乾祐 006
楊山驢 乾祐 006
楊涉 乾化 008
楊審玉 附録 019
附録 021
楊勝 吴越 006
楊師厚 天成 002
前蜀 006
楊師逡 乾化 010
楊氏(安守仁妻) 附録 013
楊氏(安廷金妻) 附録 019
楊氏(陳邵通妻) 顯德 014
楊氏(崔柅妾) 龍德 005
楊氏(崔隱妻) 天福 023
楊氏(董昇妻) 乾祐 016
楊氏(房彦昇妻) 附録 019
楊氏(郭元弼妻) 天福 020
楊氏(何遂隆妻) 天福 041
楊氏(侯君妻) 乾祐 006
楊氏(康君妻) 廣順 001
楊氏(李楚妻) 乾祐 020
楊氏(李德□妻) 長興 006
楊氏(李光義妻) 乾祐 021
楊氏(李寂妻) 長興 017
楊氏(李敏妻) 天祐 005
楊氏(李嗣昭妻) 同光 014
開運 013
楊氏(梁德昭妻) 天福 021
楊氏(淩君妻) 吴越 018
*楊氏(劉君妻,尋陽長公主) 吴 008
楊氏(劉琪妻) 廣順 010
楊氏(劉琪妻) 廣順 010
楊氏(劉瑭殷妻) 同光 007
楊氏(劉禎妻) 天福 042
楊氏(陸能妻) 附録 019
楊氏(羅君妻) 吴越 018
楊氏(牛崇妻) 天福 004
楊氏(丘温玉妻) 附録 019
楊氏(宋君妻) 吴越 018
楊氏(宋義妻) 天祐 017
楊氏(孫璉妻) 附録 019
楊氏(王君妻) 吴越 018
楊氏(王璠妻) 同光 010
楊氏(王仁裕妻) 附録 034
楊氏(王彦珣妻) 顯德 033
楊氏(王彦珠妻) 長興 011
楊氏(王元遷妻) 天祐 007
楊氏(翁君妻) 吴越 061
楊氏(武再承妻) 附録 019
附録 021
楊氏(延重立妻) 天祐 006
楊氏(楊敬千女) 乾祐 006
楊氏(楊信妹) 附録 019
*楊氏(藥元福妻) 附録 015
附録 016
楊氏(虞君妻) 吴越 018
楊氏(袁繼文妻) 顯德 030

楊氏(袁彦進妻) 顯德 030
楊氏(張從玫妻) 天成 011
楊氏(張進妻) 天福 034
楊氏(張立妻) 顯德 004
楊氏(張守能妻) 附録 019
楊氏(張爽妻) 乾化 001
楊氏(張思恭妻) 南唐 016
楊氏(張宗禮妻) 附録 010
楊氏(周承吉妻) 附録 019
楊收 貞明 007
楊守亮 岐 001
楊思厚 乾祐 011
楊思蘊 乾祐 011
楊泰 清泰 001
楊廷美 附録 011
楊廷顏 開運 003
楊位 吴越 061
楊温 乾祐 011
楊温 顯德 032
楊文鋭 乾祐 011
楊渥(吴景王) 吴 010
楊希儉 天成 011
楊希娘子 開平 001
楊顯 附録 016
楊小和 乾祐 006
*楊信(字守真) 附録 019
附録 021
楊行密(吴武忠王) 吴 005
吴 008
吴 010
吴 011
楊行周 乾祐 011
楊休 附録 019
楊勳 附録 019
楊訓 吴越 018
楊訓 附録 019
楊延義 乾祐 011
楊彦 吴越 061
楊業 吴越 061
楊一娘子 清泰 001
楊嶼 附録 019
楊裕 吴越 061
楊約 乾祐 006
楊贇 天成 008
楊贇 顯德 032
楊贇圖 閩 001
楊贇禹 清泰 006
楊璋 天祐 019
楊震兒 吴越 018
楊知至 貞明 009
楊翥 附録 016
楊祚 附録 019
揚氏(馬誠妻) 廣順 015
羊恭 吴越 046
吴越 058
羊令言 吴越 058
羊蘋 吴越 046
羊勝 吴越 046
羊氏(孫君妻) 吴越 046
羊氏(滕君妻) 吴越 046
羊氏(羊蟾女) 吴越 046
羊氏(張儒妻) 吴越 013
羊藪 吴越 046
羊蔚 吴越 046
羊渭 吴越 046
羊興子 吴越 058
羊蓿 吴越 046
羊郇 吴越 046
羊藻 吴越 046
*羊蟾(字中明) 吴越 046
羊蓁 吴越 046
姚暢 南唐 003
姚承道 南唐 003
姚承鏸 南唐 023

姚承鉅　南唐 023
＊姚承鈞（字子平）　南唐 010
姚承禮　南唐 003
姚承欽　南唐 023
姚承泰　南唐 003
姚承釗　南唐 010
姚承智　南唐 003
姚承祚　南唐 003
姚承□　南唐 003
姚崇　南唐 003
姚崇休　天祐 023
＊姚鍔（字子明）　南唐 004
姚鎬　南唐 003
姚珪　南唐 004
　南唐 010
姚繼文　南唐 010
姚驥　南唐 003
姚君（姚鍔子）　南唐 004
姚君（姚彦洪子）　南唐 023
姚匡裕（又名裕）　南唐 004
　南唐 010
姚慮　南唐 017
姚乾光　岐 001
姚駥　南唐 003
姚勝哥　南唐 010
姚氏　乾化 010
姚氏（陳君妻）　南唐 023
姚氏（程君妻）　南唐 023
姚氏（方巖妻）　吴越 019
姚氏（李君妻）　南唐 003
姚氏（李君妻）　南唐 010
姚氏（孫峴妻）　南唐 003
姚氏（王君妻）　南唐 023
姚氏（王五妻）　南唐 003
姚氏（席君妻）　南唐 023
姚氏（姚承鈞女）　南唐 010
姚氏（姚嗣駢女）　南唐 003
姚氏（姚彦洪女）　南唐 023
姚氏（張夔妻）　吴 002
姚順哥　南唐 010
＊姚嗣駢（字霸臣）　南唐 003
姚王拏　南唐 010
姚馴　南唐 003
姚彦洪　南唐 004
　南唐 023
姚制　南唐 004
　南唐 010
姚□　南唐 003
姚□　南唐 003
姚□□　南唐 003
藥重遇　附録 015
　附録 016
藥道紀　附録 015
藥規和　附録 015
＊藥繼能（字國章）　附録 040
藥可鈞　附録 015
　附録 016
藥可瓊　附録 015
　附録 016
藥可勳　附録 015
　附録 016
藥令珂　附録 015
　附録 016
藥遷　附録 040
藥紹言　附録 015
藥氏（黄君妻）　附録 015
　附録 016
藥氏（劉宗周妻）　天福 042
藥氏（藥繼能女）　附録 040
藥氏（張虔釗妻）　後蜀 006
藥通　附録 040
藥玄保　附録 040
藥彦稠　附録 040
藥彦思　乾祐 011

藥永圖 附録 040
*藥元福 附録 015
附録 016
耶律德光（遼太宗） 顯德 002
顯德 017
附録 004
附録 005
耶律璟（遼穆宗） 附録 004
附録 005
耶律阮（遼世宗） 顯德 002
附録 005
附録 006
耶律賢（遼景宗） 附録 005
葉藏質 貞明 010
葉氏（楊仁規妻） 吴越 061
葉氏（趙偓妻） 閩 006
葉嶢 長興 017
葉賛 吴越 052
葉雲 南唐 008
伊承傑 附録 001
伊廣 附録 001
伊敬厚 天福 047
伊遒哥 附録 001
伊顒哥 附録 001
伊塞哥 附録 001
伊三十三娘子 附録 001
伊慎 附録 001
伊十一哥 附録 001
*伊氏（李存勖德妃） 附録 001
伊氏（西方鄴妻） 天成 018
天福 043
伊氏（張繼員妻） 附録 001
伊税哥 附録 001
伊宗 附録 001
義顯 南唐 017
義宗 南唐 017
殷度 吴越 039
殷鵬 天福 003
殷詮 吴越 039
殷氏（李武四妻） 顯德 015
*殷氏（錢君義妻） 吴越 039
殷氏（周延寶妻） 吴 007
殷希甫 開運 002
殷雅 吴越 039
尹待舉 吴 007
尹皓 顯德 015
尹弘輔 後蜀 005
尹克鶴 廣順 013
尹氏（秦思貞妻） 顯德 008
尹氏（西方□妻） 天福 043
尹氏（元璋妻） 天祐 018
穎至 天福 029
穎贊 顯德 006
雍氏（何承裕妻） 後蜀 011
游氏（李讓妻） 開運 008
于琮 貞明 008
于兢 天成 007
于敬德 天祐 012
于敬武 天祐 012
于君德 天祐 012
于盛兒 天祐 012
于師景 吴越 031
于氏（王君妻） 天祐 012
于翁兒 天祐 012
于賢 天祐 012
于彦威 天祐 012
*于元□ 天祐 012
于行能 吴越 031
余安 吴越 043
余安娘 吴越 010
余伴郎 吴越 010
余備 吴越 010
余達 吴越 010
余得言 吴越 009

余德鄖 吴越 009
余德全 吴越 009
余德元 吴越 009
余德璋 吴越 009
余方 吴越 010
余狗兒 吴越 010
余故 吴越 010
余景初 吴越 009
余君(余得言子) 吴越 009
余君(余德璋子) 吴越 009
余能 吴越 009
余巧娘 吴越 010
余氏(羅儔妻) 吴越 004
余氏(孫君妻) 吴越 009
余氏(余景初女) 吴越 009
余氏(俞從緘妻) 吴越 055
余廷隱 閩 003
余文敬 吴越 010
余文實 吴越 010
余文雅 吴越 010
余文郅 吴越 010
余文□ 吴越 022
余渥 天福 020
余喜娘 吴越 010
余真 吴越 009
余稹 吴越 010
魚崇遠 開運 006
魚氏(姜知述妻) 附録 018
庾氏 廣順 016
俞承禮 吴越 055
俞從安 吴越 003
俞從德 吴越 055
俞從皓 吴越 055
俞從厚 吴越 003
俞從誨 吴越 003
俞從緘 吴越 055
俞從慶 吴越 055
俞從質 吴越 003
俞法才 吴越 047
俞漢超 吴越 003
俞漢璙 吴越 003
俞漢球 吴越 003
俞漢瑶 吴越 003
俞漢璋 吴越 003
俞胡僧 吴越 003
俞錢 乾祐 007
俞君 吴越 003
*俞君 吴越 055
俞馬姑 吴越 055
俞卿 吴越 055
*俞讓 吴越 047
俞仁安 吴越 047
俞仁福 吴越 047
俞仁昇 吴越 047
俞仁祚 吴越 047
俞儒 吴越 055
俞氏(馮君妻) 吴越 003
俞氏(孔仁福妻) 吴越 047
俞氏(盧君妻) 吴越 047
俞氏(陸君妻) 吴越 003
俞氏(吕君妻) 吴越 047
俞氏(羅君妻) 吴越 003
俞氏(潘仁□妻) 吴越 047
俞氏(錢俶妻) 附録 042
俞氏(盛君妻) 吴越 047
俞氏(徐君妻) 吴越 047
俞氏(俞漢超女) 吴越 003
俞氏(袁君妻) 吴越 003
俞氏(□君妻) 吴越 003
俞團郎 吴越 003
俞新郎 吴越 003
俞彦迴 吴越 047
俞彦璋 吴越 047
俞彦珠 吴越 047

虞官娘 吴越 032
虞劉師 吴越 032
虞滿兒 吴越 032
虞氏(鄒知建妻) 吴越 045
吴越 053
虞憲 吴越 032
* 虞脩(字表安) 吴越 032
虞悦 吴越 032
虞璋 吴越 032
虞知遜 吴越 032
宇文氏(張濛妻) 貞明 002
元弘紹 天祐 018
元弘審 天祐 018
元弘實 天祐 018
元留留 天祐 018
元僧留 天祐 018
元氏(李德妻) 附録 020
元氏(秦君妻) 長興 002
* 元氏(石金俊妻) 顯德 019
元氏(王實妻) 附録 034
元氏(元圖女) 吴越 025
吴越 043
* 元圖(原名危德圖,字匡輔) 吴越 024
吴越 025
吴越 043
元象宗 附録 042
元徐老 吴越 025
元延暉 天祐 018
元延勳 天祐 018
* 元璋 天祐 018
元震 吴 012
袁偲 吴越 040
袁從珪 吴越 040
袁從玘 吴越 040
袁從瑋 吴越 040
袁從珦 吴越 040
* 袁從章(字瑞光) 吴越 040
袁繼能 吴越 040
袁繼榮 吴越 040
袁繼文 顯德 030
袁繼諲 吴越 040
袁繼忠 顯德 030
袁君(袁繼能子) 吴越 040
袁君(袁繼榮子) 吴越 040
袁君(袁繼諲子) 吴越 040
袁璠 顯德 030
袁氏(董君妻) 吴越 040
袁氏(錢義保妻) 吴越 048
袁氏(袁繼能女) 吴越 040
袁氏(袁繼諲女) 吴越 040
袁綬 吴越 040
袁四哥 顯德 030
* 袁彦進 顯德 030
袁殷 顯德 030
袁住哥 顯德 030
袁宗慶 顯德 030
苑六兒 同光 016
樂光途 吴越 008
樂君 吴越 008
樂氏(王元重妻) 長興 011

Z

昝氏(孔惟熙妻) 附録 041
曾氏(竇儀妻) 附録 033
翟攻 顯德 006
翟氏 乾化 010
翟彦襲 附録 038
詹明 吴越 058
張安 乾祐 012
張安 天成 014
張保澄 附録 022
張保全 天成 005
張斌 南唐 008
張秉琮 附録 031

張才	乾祐 012
張昌孫	貞明 010
張常住	天祐 011
張朝哥	天成 010
張車	吳越 044
張澈	長興 021
張誠	同光 012
	長興 009
	長興 018
	清泰 009
	天福 017
張程五	乾祐 005
張承遇	天成 012
張重	乾祐 011
張重遇	乾祐 011
張重積	天成 014
張崇	顯德 018
張崇吉	貞明 012
張崇遠	天福 034
張醜羅	北漢 002
張處厚	天成 011
張處瑾	天祐 028
張處球	天祐 028
張處素	附録 017
張楚	天福 039
張楚平	附録 031
*張春	天成 010
張春遇	天成 014
張從賓	顯德 039
張從恩	乾祐 014
	顯德 011
	附録 011
張從玫	天成 011
	附録 022
張從義	同光 003
*張存方	北漢 002
*張道華	後蜀 008
	後蜀 010
張得中	附録 013
張德兒	同光 003
張滌	清泰 011
張讀	貞明 008
張諤	附録 015
	附録 016
*張逢	乾祐 005
張逢	乾祐 011
*張奉林	後晉 001
*張福	北漢 005
張符	吳 002
張幹	天福 039
張高婆	吳越 013
張格	天成 013
	後蜀 010
張公礼	天成 014
張公順	天成 014
張恭	天成 014
張恭美	清泰 011
張恭胤	清泰 011
張光義	天福 039
張光胤	乾祐 002
張光遠	吳越 022
張光振	顯德 025
張珪	天成 014
張瓌	清泰 010
張貴	天成 014
張貴哥	前蜀 006
張郭僧	清泰 011
張韓五	天成 014
張漢貂	附録 026
張漢榮	北漢 005
張沆	天福 008
張和進	南唐 008
*張荷(字克之)	乾化 008
張賀	附録 036

張黑女 天成 014
張弘 廣順 007
張弘楚 天成 014
張弘進 乾祐 011
張弘坦 吴越 023
張弘信 乾祐 011
張弘積 天成 011
附録 022
張厚 乾化 010
張厚賓 後晉 001
張厚殷 後晉 001
張胡子 吴 002
張環 清泰 010
張暉 乾祐 011
張暉 顯德 004
張籍 貞明 007
張岌 吴越 013
*張繼達(曾名昌遠) 長興 009
長興 018
張繼洪 天成 010
*張繼美(字光緒) 長興 009
長興 018
張繼能 附録 019
*張繼昇(曾名昌耀,字德素) 貞明 011
天福 017
*張繼業(曾名昌業,字光緒) 貞明 003
同光 012
清泰 009
天福 027
張繼員 附録 001
張繼遠 天成 010
張繼祚 同光 012
清泰 009
*張季澄(字德清) 貞明 003
同光 012
清泰 009
張季從 貞明 011
張季弘 天福 017
張季康(又名牙牙) 長興 009
長興 018
張季鸞 同光 012
清泰 009
張季榮 同光 012
張季昇 同光 012
張季宣 同光 012
天福 027
張季荀 同光 012
張洎 南唐 017
張價 乾化 008
張簡 後蜀 006
張簡如 吴 003
張建容 同光 003
張嬌兒 同光 015
張姐兒 附録 010
張金臺 長興 021
張謹敬 天成 014
*張進 天福 034
張進 顯德 004
張景厚 乾祐 011
張敬賓 同光 003
張敬千 後晉 001
張敬儒 長興 009
長興 018
張敬嗣 同光 003
張敬習 天祐 011
張九娘 南唐 008
*張居翰(字德卿) 天成 011
附録 022
張居遜 開運 006
張居詠 南唐 016
*張傕(字巨卿) 乾祐 012
*張君 天成 014
*張君 乾祐 004
*張君 顯德 032

* 張君 顯德 038
張君 吳越 023
張君(張恭美子) 清泰 011
張君(張恭胤子) 清泰 011
張君(張全子) 吳越 027
張君(張全恩子) 同光 015
張君(張權子) 乾化 008
張君(張仁嗣子) 顯德 025
張君(張爽子) 乾化 001
張君(張思恭子) 南唐 016
張君(張廷礪子) 清泰 011
張君(張珽子) 清泰 010
張君(張昭遠子) 附録 031
張顏 貞明 002
張浚 清泰 010
張濬 貞明 009
天成 013
張儁 乾化 008
* 張康(字德堯) 吳 002
張珂 岐 001
張恪 貞明 002
張寬 貞明 007
張匡弼 後蜀 006
張匡濟 南唐 025
張匡美 乾祐 005
張匡凝 乾祐 005
張匡仁 後蜀 006
張匡堯 後蜀 006
張匡義 乾祐 005
張夔 吳 002
* 張朗(字德明) 天福 039
張立 乾化 010
張立 顯德 004
張礪 清泰 006
張璉 同光 012
長興 009
長興 018
天福 017
張璉 天福 034
張梁七 北漢 002
張麟 天福 034
張留六 天成 014
張留五 天成 014
張留住 天成 014
張劉奴 同光 015
張巒 天福 039
張綸娘子 長興 021
張邁 後蜀 006
張滿兒 同光 003
張妹兒 天成 010
張妹兒 附録 010
* 張濛(字子潤) 貞明 002
張祢 天祐 011
張鬧哥 天成 010
張泥猪 天成 014
張寧 長興 010
張女哥 天成 014
張女哥 附録 010
張璠 廣順 002
張普進 乾祐 011
張遷 前蜀 004
張虔暉 天成 014
* 張虔釗(字化機) 後蜀 006
後蜀 009
張峭 開平 008
張清 長興 010
張慶 天成 005
張球 後蜀 008
張全 吳越 027
張全恩 同光 015
長興 020
天福 017
張全義(又名宗奭) 貞明 002
貞明 003

貞明 007
貞明 010
同光 009
同光 010
同光 012
同光 015
長興 009
長興 018
長興 020
清泰 009
天福 018
天福 027
附録 026
張權 乾化 008
張勸 清泰 010
張然 天成 014
張仁寶 附録 001
張仁儉 附録 031
張仁密 乾祐 011
*張仁嗣(字廣鋭) 天福 020
顯德 025
張仁遇 乾祐 011
*張榮 開運 011
張榮 後蜀 006
張榮 吴越 044
張榮子 天成 010
張溶 北漢 002
張柔 乾祐 011
張儒 乾祐 011
*張儒 吴越 013
張潤 天成 005
張閏歌 顯德 004
張三超 長興 021
張三程 乾祐 005
張三兒 附録 010
張三姐 附録 010
張僧住 天祐 011
張沙沙 北漢 002
張少卿 長興 001
*張紹(又名紹崇,字昭文) 附録 022
張紹斌 顯德 038
張紹崇 天成 011
張紹節 顯德 030
張紹璘 顯德 038
張紹榮 乾祐 011
張紹鄴 顯德 038
張紹隱 天成 011
張邵 顯德 025
張審 乾祐 011
張師道 吴越 023
張師道 吴越 048
張師古 長興 017
張師朗 乾化 010
張師訓 顯德 038
張師遇 廣順 004
張師裕 吴越 061
張十兒 長興 021
張十二娘 天成 010
張十二娘 廣順 004
張十六 天祐 011
張十七 天成 005
張十三娘 廣順 004
張十一娘 天成 010
張十一娘 廣順 004
張實 天福 044
張實 吴 002
張什德 附録 010
張氏 乾化 010
張氏 乾化 010
張氏 乾祐 011
張氏(安君妻) 後晉 001
張氏(安匡裔妻) 後蜀 006
張氏(安萬金妻) 天福 016
張氏(安隱珪妻) 附録 029

張氏(安元福妻) 天福 012
張氏(白君妻) 後晉 001
張氏(白文珂妻) 附録 021
張氏(蔡君妻) 天福 040
張氏(蔡虚舟妻) 天福 040
張氏(蔡振妻) 天福 040
張氏(柴崇儒妻) 南唐 016
張氏(陳皋妻) 天福 019
張氏(陳皓妻) 吴越 050
張氏(陳君妻) 吴越 044
張氏(陳綰妻) 吴越 050
張氏(儲德雍妻) 長興 009
長興 018
張氏(崔君妻) 天福 030
張氏(董君妻) 天祐 011
張氏(竇儼妻) 附録 017
張氏(竇儼妻) 附録 017
張氏(竇真妻) 天祐 020
張氏(段廷隱妻) 貞明 007
* 張氏(苻彦卿妻) 附録 037
張氏(高暉妻) 後蜀 003
張氏(高太妻) 乾祐 023
張氏(谷君妻) 清泰 010
張氏(關彬妻) 廣順 011
張氏(關勳妻) 廣順 011
張氏(郭君妻) 北漢 002
張氏(張君孫媳) 乾祐 004
張氏(郭權妻) 天福 020
張氏(郭師直妻) 天福 020
張氏(郭友順妻) 長興 005
張氏(韓恭妻) 天成 017
張氏(韓君妻) 北漢 002
張氏(韓君妻) 附録 008
張氏(韓武妻) 天福 046
張氏(韓武妻) 天福 046
張氏(郝君妻) 乾祐 012
張氏(郝章妻) 天祐 003
張氏(何德璘妻) 天福 041
張氏(何君妻) 乾祐 005
張氏(侯君妻) 廣順 007
張氏(華君妻) 天福 034
張氏(晉弘祚妻) 前蜀 006
張氏(敬君妻) 北漢 002
張氏(孔謹妻) 附録 041
張氏(李澄妻) 顯德 015
張氏(李君妻) 天福 034
張氏(李俊妻) 開運 012
張氏(李延祚妻) 乾祐 020
張氏(李愚妻) 清泰 006
張氏(李元祐妻) 天祐 005
張氏(李瞻妻) 清泰 006
張氏(李沼妻) 廣順 006
張氏(李陟妻) 長興 017
張氏(梁漢顒妻) 天福 044
張氏(梁漢顒妾) 天福 044
張氏(梁君妻) 北漢 005
張氏(梁六哥妳子) 天福 044
張氏(劉君妻) 同光 003
張氏(劉君妻) 同光 003
張氏(劉君妻) 乾祐 005
張氏(劉君妻) 顯德 032
張氏(劉榮妻) 吴越 017
張氏(劉恂媳) 北漢 003
張氏(羅鐸妻) 乾祐 007
張氏(馬君妻) 北漢 002
張氏(馬守禎妻) 廣順 015
張氏(毛汶妻) 天福 035
張氏(孟君妻) 顯德 004
張氏(孟君妻) 顯德 032
張氏(米君妻) 同光 003
張氏(明君妻) 吴 002
張氏(穆君弘妻) 開平 008
張氏(牛洪實妻) 廣順 005
張氏(牛君妻) 天福 017

張氏(潘超妻) 乾祐 009
張氏(潘超妻) 乾祐 009
張氏(龐君妻) 顯德 038
張氏(錢義隆妻) 吴越 048
張氏(秦君妻) 天祐 022
張氏(秦仁乂妻) 顯德 008
張氏(秦遐妻) 天祐 022
張氏(任神保妻) 天成 009
張氏(商在吉妻) 清泰 004
張氏(尚慶妻) 乾祐 013
張氏(申文炳妻) 清泰 010
天福 008
張氏(施君妻) 吴 004
張氏(宋崇義妻) 顯德 039
張氏(宋君妻) 清泰 008
張氏(宋鐔妻) 同光 018
張氏(宋彦筠妻) 顯德 039
張氏(宋章妻) 顯德 039
張氏(蘇君妻) 清泰 010
張氏(蘇君妻) 顯德 038
張氏(孫璠妻) 天福 018
張氏(萬弘珂妻) 天成 004
張氏(王琮妻) 天祐 010
張氏(王福妻) 閩 001
張氏(王弘實妻) 顯德 033
張氏(王繼恩妻) 顯德 033
張氏(王君妻) 貞明 002
張氏(王君妻) 天祐 021
張氏(王君妻) 同光 003
張氏(王君妻) 後晉 001
張氏(王君妻) 吴 002
張氏(王君妻) 北漢 005
張氏(王君妻) 北漢 005
張氏(王婁妻) 天祐 007
張氏(王虔貞妻) 天祐 010
張氏(王清妻) 長興 011
張氏(王仁鎬妻) 吴越 054
張氏(王舜妻) 乾祐 022
張氏(王坦妻) 廣順 012
張氏(王廷胤妻) 開運 003
張氏(王現妻) 同光 010
張氏(王行信妻) 開平 002
* 張氏(王言妻) 天成 012
張氏(王延禀妻) 閩 002
閩 003
* 張氏(王玗妻) 廣順 007
張氏(王禹妻) 長興 020
張氏(王庾妻) 長興 020
張氏(王元真妻) 長興 011
張氏(王允義妻) 天福 010
張氏(王陟妻) 清泰 011
* 張氏(王宗侃妻) 前蜀 004
前蜀 005
張氏(魏贇妻) 吴 005
張氏(吴君妻) 天福 039
張氏(吴實妻) 附録 030
張氏(西方常茂妻) 天成 018
張氏(西方偉妻) 天福 043
張氏(夏存妻) 乾祐 003
張氏(夏光遜妻) 乾祐 003
張氏(蕭處仁妻) 顯德 031
張氏(蕭處仁妻) 顯德 031
張氏(蕭處仁妻) 顯德 031
張氏(徐鐸妻) 後蜀 007
張氏(薛君妻) 後晉 001
張氏(薛君妻) 後晉 001
張氏(延君妻) 天祐 006
張氏(閻佐妻) 開運 005
張氏(楊光遠妻) 附録 019
張氏(楊君妻) 後晉 001
* 張氏(楊信妻) 附録 021
* 張氏(羊恭妻) 吴越 058
張氏(欒規和妻) 附録 015
張氏(欒繼能妻) 附録 040

張氏(藥可勳妻)	附録 016
張氏(尹君妻)	天福 039
張氏(俞君妻)	廣順 007
張氏(袁璠妻)	顯德 030
張氏(張保澄女)	附録 022
張氏(張逢女)	乾祐 005
張氏(張恭胤女)	清泰 011
張氏(張繼達女)	長興 018
張氏(張繼美女)	長興 009
張氏(張繼昇女)	天福 017
張氏(張進女)	天福 034
張氏(張康女)	吴 002
張氏(張虔釗女)	後蜀 006
張氏(張仁嗣女)	顯德 025
張氏(張守進女)	同光 003
張氏(張爽女)	乾化 001
張氏(張思恭女)	南唐 016
張氏(張昭遠女)	附録 031
張氏(趙結妻)	北漢 006
張氏(趙僧璠妻)	長興 014
張氏(趙守殷妻)	清泰 002
張氏(周君妻)	乾祐 012
張氏(周佺妻)	天福 033
張氏(朱行先妻)	吴越 027
張氏(朱友謙妻)	顯德 036
張氏(□廣妻)	附録 039
張氏(□君妻)	天福 039
張氏(□殷妻)	廣順 002
*張守進	同光 003
張守能	附録 019
張叔真	顯德 025
張樞	同光 009
*張爽(字居明)	乾化 001
張思霸	天成 014
張思存	天成 014
*張思恭(字□元)	南唐 016
張思厚	乾祐 011

張思玫	乾祐 011
張思齊	閩 003
張思虔	天成 014
張思瓊	天成 014
張思柔	乾祐 011
張思旬	天成 014
張思益	乾祐 011
張斯干	長興 021
張四兒	附録 010
張四哥	長興 009
張四哥	長興 018
張四哥	乾祐 005
張頌	附録 037
張肅	附録 022
張歲哥	天福 017
*張唐(字温玉)	長興 010
張鐵哥	同光 015
張庭美	顯德 004
張庭誼	顯德 004
張廷鎬	北漢 002
張廷誨	附録 001
張廷礪	清泰 011
張廷煦	乾祐 011
張廷胤	天福 033
張廷裕	顯德 032
*張珽(字美宗)	清泰 010
張望哥	天成 010
張惟岳	天福 034
張緯	貞明 002
張韡	乾化 008
張未名	長興 021
張温	天成 014
張温	開運 012
張温	顯德 018
*張文寶(字敬玄)	天成 019
	長興 021
張文禮	乾祐 011

張文用 顯德 025
張吾六 顯德 004
張吾七 顯德 004
張吴十六 開運 011
張吴十七 天祐 011
張武 乾化 010
張希崇 顯德 041
張希讓 乾祐 014
張仙貴 天成 014
張顯先 前蜀 004
張小程 乾祐 005
張小哥 長興 009
張小羅 北漢 002
張小妹 北漢 005
張小楊 長興 021
張小住 天成 014
張小住兒 附録 010
張新 乾祐 012
張信 吴 002
張興順王 天祐 011
張行實 乾祐 011
張修本 吴 002
張秀琼 附録 031
張詡 附録 024
張煦 附録 017
張璿 清泰 010
張雅 乾祐 011
張延超 長興 010
張延貴 天成 011
張延福 乾祐 011
張延翰 長興 010
張延翰 顯德 006
張延吉 天成 011
張延朗 清泰 010
張延嗣 長興 010
張延義 乾祐 011
張延祚 長興 010
張彦 吴越 013
張彦存 開運 011
張彦暉 乾祐 011
張彦暉 開運 011
張彦頵 附録 001
張彦韜 後晉 001
張彦威 同光 009
張彦詔 後晉 001
張晏(又名漸之) 貞明 007
張楊留 乾祐 004
張瑶 貞明 002
張野荀 吴越 013
張液 乾化 008
*張鄴 廣順 004
張顗 長興 021
張益 廣順 007
張懿 貞明 002
張殷 天成 014
張胤 乾祐 012
張迎兒 北漢 005
張穎 顯德 038
張顒 乾祐 011
張永德 顯德 038
張友珪 前蜀 006
張遇 乾祐 011
張元豐 乾祐 005
張元吉 清泰 009
張遠 後蜀 008
張愿 吴 002
張説 北漢 005
張筠 天福 036
張組 前蜀 004
張曾兒 天成 014
張章 後蜀 008
張招 吴越 010
*張昭遠(字濳夫) 附録 031
張沼 清泰 010

張趙五 長興 009
* 張真 顯德 004
* 張珎(字希玉) 貞明 007
張珎 天成 014
張珎(小名三官) 吳 004
* 張稹 天成 005
張震 貞明 007
張正一 附録 033
張政 廣順 004
張知朗 附録 010
張知魯 天成 005
張知浦 天成 005
張知柔 附録 010
張知柔 乾祐 011
張知巡 天成 005
張知晏 天成 005
張知遠 應順 001
張知遠 乾祐 011
張知遠 附録 010
張知章 廣順 007
張直 附録 031
張志賓 乾祐 005
張中庸 南唐 016
張忠 天成 014
張仲則 附録 031
張宙 吳 002
張朱娘 吳越 013
張鑄 乾祐 012
張住兒 附録 010
張壯丹 天成 010
張準 乾化 008
張濯 廣順 011
張孜 吳越 021
張自璘 天成 005
張宗 開運 011
* 張宗諫(字仁讜) 天祐 011
* 張宗禮 附録 010
張冣 吳越 013
張遵誨 天成 011
天福 036
張□ 北漢 002
張□ 北漢 005
張□ 長興 010
張□哥 天福 039
張□哥 天福 039
張□哥 顯德 032
張□娘 南唐 008
張□□ 南唐 016
張□□ 顯德 032
章琛 南唐 008
章六娘 南唐 008
章十二娘 南唐 008
章氏(朱元寶妻) 吳越 027
章氏(□暢妻) 吳越 012
党崇俊 附録 034
党茂先 後蜀 004
長孫氏(劉五娘妻) 天福 048
趙昂 閩 006
趙霸孫 顯德 017
趙長壽 同光 008
趙超 長興 014
趙陳八 吳 009
趙承衮 吳越 056
趙承禮 吳越 056
趙承慶 吳越 056
趙重德 北漢 006
趙重敢 北漢 006
趙重興 北漢 006
趙崇祚 後蜀 005
趙慈氏留 附録 004
趙大宗 北漢 006
趙德鈞 附録 004
趙德倫 閩 006
趙二十五 顯德 017

趙逢 顯德 019
趙鳳 清泰 006
* 趙鳳(字國祥) 顯德 017
趙福孫哥 附録 004
趙孚 附録 017
趙高五 同光 008
趙羔兒 吴 009
趙古 長興 014
趙光逢 清泰 006
趙光義(宋太宗) 附録 040
附録 042
趙珪 吴越 056
趙罕 同光 004
趙恒 吴越 056
* 趙洪(字浩川) 同光 004
趙弘進 乾祐 011
趙弘遇 乾祐 011
趙胡兒 長興 014
趙胡女 北漢 006
趙胡三 長興 014
趙胡四 長興 014
* 趙結 北漢 006
趙敬安 同光 008
趙敬斌 北漢 006
趙敬超 北漢 006
趙敬豐 北漢 006
趙敬福 同光 008
趙敬良 同光 008
趙敬旻 閩 006
趙敬儒 同光 008
趙敬賞 同光 008
趙敬曇 閩 006
趙炅 閩 006
趙九 附録 001
趙居翰 閩 006
趙居晦 顯德 002
趙匡符 附録 004
趙匡胤(宋太祖) 附録 015
附録 019
附録 030
附録 033
附録 042
趙匡贊 顯德 036
附録 004
趙李九 長興 014
趙諒 同光 008
趙麟 閩 006
趙璘 顯德 017
趙羅姐 顯德 017
趙買 同光 008
* 趙美 長興 014
趙蒙 長興 021
趙明郎 同光 008
趙璠 同光 008
趙婆奴 北漢 006
趙婆怜 清泰 002
趙普 天福 016
趙溥 顯德 002
趙遷 乾祐 011
趙青兒 同光 008
趙讓 北漢 006
趙仁美 北漢 006
趙榮 同光 012
趙榮姐 顯德 017
趙孺 顯德 002
* 趙睿宗 同光 008
趙三女 長興 014
趙三猪 同光 008
趙僧寶 同光 008
趙僧環 長興 014
趙僧璠 長興 014
趙深 閩 006
趙諗 北漢 006
趙師實 同光 008

趙十一娘 吴越 056
趙湜 吴越 056
趙氏(安守一妻) 附録 013
趙氏(安萬金妻) 天福 016
*趙氏(畢剅妻) 天祐 002
趙氏(薄昌嗣妻) 廣順 013
趙氏(陳君妻) 北漢 006
趙氏(崔彦珣妻) 天福 030
趙氏(闞君妻) 後晉 002
趙氏(闞通妻) 廣順 011
趙氏(郭師直妻) 天福 020
趙氏(郭友順妻) 長興 005
趙氏(韓思進妻) 天福 046
趙氏(賀君妻) 顯德 001
趙氏(侯君妻) 北漢 006
趙氏(霍則妻) 長興 013
趙氏(紀文建妻) 開平 010
趙氏(姜知遠妻) 附録 018
趙氏(晉璋妻) 前蜀 006
趙氏(孔謹妻) 附録 041
趙氏(孔立妻) 天祐 016
趙氏(李知顯妻) 顯德 015
趙氏(梁漢顒妻) 天福 044
趙氏(梁君妻) 北漢 006
趙氏(梁實妻) 天福 021
趙氏(林紹蘧妻) 閩 006
趙氏(令狐君妻) 清泰 002
趙氏(劉敏妻) 附録 004
趙氏(劉全晏妻) 同光 007
趙氏(劉贇妻) 顯德 005
趙氏(羅公受妻) 吴越 022
趙氏(孟佺妻) 顯德 027
趙氏(潘超妻) 乾祐 009
趙氏(潘超妻) 乾祐 009
趙氏(秦延卿妻) 顯德 008
趙氏(桑坦妻) 顯德 002
趙氏(申鄂妻) 天福 008
趙氏(宋君妻) 同光 018
趙氏(蘇濬卿妻) 同光 015
趙氏(孫思暢妻) 天福 025
趙氏(王君妻) 清泰 002
趙氏(王卿妻) 南唐 005
趙氏(王瑀妻) 吴 011
趙氏(韋令均妻) 後蜀 008
趙氏(邢播妻) 同光 006
趙氏(延重會妻) 天祐 006
趙氏(楊光遠妻) 附録 019
趙氏(楊君妻) 北漢 006
趙氏(楊君妻) 北漢 006
趙氏(藥繼能妾) 附録 040
趙氏(藥令珂妻) 附録 016
趙氏(藥元福妻) 附録 015
趙氏(于元□妻) 天祐 012
趙氏(張從義妻) 同光 003
趙氏(張敬習妻) 天祐 011
趙氏(張君妻) 顯德 032
趙氏(張君妻) 北漢 006
趙氏(張君妻) 北漢 006
趙氏(張君妻) 附録 037
趙氏(張廷裕妻) 顯德 032
趙氏(張顗妻) 長興 021
趙氏(張宗誎妻) 天祐 011
趙氏(趙偓女) 閩 006
趙守澄 北漢 006
趙守瓊 清泰 002
趙守殷 清泰 002
趙叔隱 閩 006
趙思柔 乾祐 011
趙思謙 同光 004
趙思虔 吴 009
趙思綰 附録 015
趙嵩 吴越 056
趙素 顯德 017
趙廷隱 後蜀 006

趙萬郎 同光 008
趙萬友 同光 008
趙文景 閩 006
* 趙偓(字堯真) 閩 006
趙喜兒 吴越 056
趙喜哥 顯德 017
趙仙姑 長興 014
趙咸明 顯德 017
趙咸雍 顯德 017
趙顯郎 同光 008
趙小胡 長興 014
趙小女 北漢 006
趙小宗 北漢 006
趙興姐 顯德 017
趙行章 同光 008
趙邢九 同光 008
趙幸實 北漢 006
趙延福 乾祐 011
趙延齡 後蜀 007
趙延密 附録 004
趙延壽 附録 004
趙延希 附録 004
趙延祚 顯德 036
趙彦暉 乾祐 011
趙彦能 同光 009
趙彦章 顯德 017
趙譯 顯德 017
趙易從 顯德 002
趙易禄 顯德 002
趙易則 顯德 002
趙易知 顯德 002
趙翼 顯德 017
趙殷圖 開運 003
趙迎兒 清泰 002
趙迎新 顯德 017
* 趙瑩(字光圖) 顯德 002
* 趙裕 清泰 002
趙昱 閩 006
趙允熙 北漢 003
趙在禮 顯德 003
* 趙昭文(字文昌) 吴越 056
趙貞 顯德 017
趙知平 顯德 020
趙衆 顯德 010
趙宗慶 閩 006
趙□保 閩 006
趙□□ 同光 008
趙□□ 廣順 003
甄氏(錢義忠妻) 吴越 048
甄氏(王弘實妻) 顯德 033
鄭播 開平 003
鄭伯茂 乾祐 001
鄭昌士 閩 004
鄭昌圖 後蜀 004
鄭承遠 南唐 005
鄭崇龜 乾化 002
鄭慈 貞明 006
鄭福 貞明 001
鄭琯 開平 003
鄭光廷 長興 021
鄭罕 開平 003
鄭胡子 開平 003
鄭居敬 閩 007
鄭彀 天成 013
* 鄭君 乾祐 001
鄭俊 開平 003
鄭里哥 開平 003
鄭良 吴越 006
鄭摟哥 乾祐 001
鄭泌 貞明 006
鄭鵬 天成 019
鄭婆心 乾祐 001
* 鄭琪(字□秀) 貞明 006
鄭綦 乾祐 001

鄭棨 貞明 009
*鄭璩(字右玉) 開平 003
鄭詮 開平 003
鄭孺約 乾化 002
鄭山甫 貞明 001
鄭氏(褚君妻) 乾祐 001
鄭氏(崔承弼妻) 天成 007
鄭氏(崔敬嗣妻) 後蜀 004
鄭氏(崔彦融妻) 同光 017
天成 019
鄭氏(狄福謙妻) 開平 003
鄭氏(杜光乂母) 天福 007
鄭氏(韓璉妻) 天成 017
鄭氏(何承裕妻) 後蜀 011
鄭氏(賈邠妻) 貞明 001
鄭氏(孔謙妻) 天成 002
鄭氏(李從璋妻) 岐 001
鄭氏(李德休妻) 長興 015
鄭氏(劉李八妻) 天福 048
鄭氏(劉全晏妻) 同光 007
鄭氏(劉士清妻) 天福 042
鄭氏(劉恂妻) 北漢 003
鄭氏(盧沆妻) 同光 017
天成 019
鄭氏(盧真啓妻) 乾化 002
鄭氏(盧躅妻) 乾化 003
鄭氏(龐□妻) 乾祐 002
鄭氏(裴知裕妻) 開平 003
鄭氏(沈君妻) 開平 003
鄭氏(蘇逢吉妻) 顯德 023
鄭氏(蘇悦妻) 顯德 023
鄭氏(孫漢衡妻) 貞明 008
鄭氏(孫偓妻) 貞明 008
鄭氏(屠昱妻) 吴越 006
鄭氏(王寡言妻) 天成 013
鄭氏(王繼勳妻) 南唐 012
鄭氏(王君妻) 乾祐 001
鄭氏(王君妻) 乾祐 001
鄭氏(王允光妻) 天福 010
鄭氏(夏相妻) 乾祐 003
鄭氏(薛廷璋妻) 閩 007
鄭氏(楊仁範妻) 吴越 061
鄭氏(余文敬妻) 吴越 010
鄭氏(張文寶妻) 長興 021
鄭氏(趙買妻) 同光 008
鄭氏(朱元昇妻) 吴越 027
鄭畋 長興 015
鄭廷範 開平 003
鄭廷規 開平 003
鄭廷傑 開平 003
鄭廷憲 開平 003
鄭廷休 開平 003
鄭續 南漢 001
鄭煦 乾祐 001
鄭延卿 同光 004
鄭衍 乾祐 001
鄭藝 天成 013
鄭胤哥 開平 003
鄭羽客 貞明 006
鄭悦 附録 024
鄭翟八 乾祐 001
鄭贇 南唐 008
鄭助 同光 017
天成 019
鄭撰 天成 013
鄭□□ 乾祐 001
志德 乾祐 011
志堅 附録 001
智超(俗姓王,妙果大師) 天福 024
乾祐 014
智貴 南唐 019
*智堅(俗姓曹) 附録 009
智康 南唐 019
智朗(俗姓羅) 乾祐 007
智明(俗姓李) 乾祐 018
*智實 南唐 019

智氏(陳□忠妻)　南唐 019
智氏(皇甫繼勳妻)　南唐 019
*智氏(李立妻)　長興 007
智氏(郄漢賓妻)　南唐 019
智温　附録 009
智悟　附録 009
智嚴(俗姓宋)　天福 005
智昭　南唐 019
鍾傳　南唐 014
鍾景玄　開平 011
鍾君(鍾□孫)　開平 011
鍾氏(程君妻)　開平 011
鍾氏(熊允交妻)　吴越 001
鍾氏(趙素妻)　顯德 017
鍾氏(鍾□孫女)　開平 011
鍾氏(卓彦妻)　吴越 021
鍾氏(□君妻)　開平 011
鍾泰章　吴 011
鍾小哥　開平 011
鍾知進　開平 011
鍾知仁　開平 011
鍾知□　開平 011
*鍾□　開平 011
仲氏(韋令恭妻)　後蜀 008
周霸崇　天福 033
周霸明　天福 033
周霸能　天福 033
周霸欽　天福 033
周霸饒　天福 033
周本　吴 011
　吴 012
周不弱兒　天福 033
周不羨兒　天福 033
周蔡娘子　天福 033
周承吉　附録 019
周承遂　天祐 014
周冲　南唐 008
周德威　天成 002
　天福 024
周蕚　前蜀 004
周觀音留　天祐 014
周含章(又名儒)　吴越 043
*周令武(字允和)　天福 033
周盧兒　吴 007
周妹妹　天福 033
周佺　天福 033
周融　吴 007
周紹弼　同光 001
周神旺　天祐 014
周十三娘(黄君妻)　吴 007
周十四娘(潘君妻)　吴 007
周氏　乾化 010
周氏(薄昌項妻)　廣順 013
周氏(蔡君妻)　天福 040
周氏(陳審琦妻)　天福 019
周氏(苻君妻)　天福 033
周氏(江延穗妻)　南唐 001
周氏(江延穗妻)　南唐 001
周氏(李君妻)　天福 033
周氏(李彦求妻)　吴越 036
周氏(羅公受妻)　吴越 022
周氏(孟呈妻)　顯德 027
周氏(龐令圖妻)　乾祐 002
周氏(王重立妻)　廣順 012
周氏(王繼璘妻)　顯德 033
周氏(王守恩妻)　天福 024
周氏(王廷胤妻)　開運 003
周氏(邢汴妻)　天祐 008
周氏(羊蔚妻)　吴越 046
周氏(朱行先妻)　吴越 027
周叔通　吴越 035
周穗　天成 006
周陶堅　吴 007
周温　乾祐 011
周渥　天成 016
　天成 017
周詢　天福 033
周延寶　吴 007

周延範　廣順 006
周延福　吴 007
周延英　貞明 014
周彦珪　吴 007
周彦珠　吴 007
周曜　南唐 008
諸葛爽　龍德 001
　附録 026
朱從訓　吴越 027
朱達　乾祐 011
朱德孫　吴 002
朱光輅　乾祐 011
朱敬端　吴越 027
朱憑　吴越 027
朱朴　貞明 008
朱氏(陳君妻)　吴越 027
朱氏(戴思遠妻)　清泰 007
朱氏(戴政妻)　清泰 007
朱氏(李承嗣妻)　吴 010
* 朱氏(李從曮妻,高平縣主)　顯德 036
朱氏(李彦滔妻)　吴越 036
朱氏(李知朗妻)　顯德 015
朱氏(梁德浚妻)　天福 021
朱氏(羅坦妻)　吴越 057
朱氏(羅元賞妻)　吴越 004
朱氏(羅周敬妻,普安公主)　天福 003
朱氏(王舜妻)　乾祐 022
朱氏(翁繼貞妻)　吴越 027
朱氏(姚鍔妻)　南唐 004
朱氏(張君妻)　吴越 027
朱氏(張璉妻)　同光 012
　天福 017
朱氏(趙昭文妻)　吴越 056
朱氏(鄭播妻)　開平 003
朱氏(智實妻)　南唐 019
朱守殷　清泰 003
　天福 040
　乾祐 006
朱思義　吴越 048
朱温(後梁太祖)　開平 003
　開平 011
　乾化 003
　乾化 006
　貞明 002
　貞明 005
　貞明 012
　龍德 001
　龍德 006
　天祐 001
　同光 001
　同光 013
　天成 013
　天福 034
　天福 037
　顯德 036
　附録 025
　附録 026
　附録 027
　附録 028
朱行存　吴越 027
朱行勤　吴越 027
* 朱行先(字藴之)　吴越 027
朱行忠　吴越 027
朱宣　附録 026
朱延著　南唐 023
朱元寶　吴越 027
朱元杲　吴越 027
朱元勝　吴越 027
朱元昇　吴越 027
朱元晟　吴越 027
朱元贇　吴越 027
朱友珪　顯德 036
朱友謙　乾化 001
　顯德 036
朱友璋　天福 008
朱友貞(後梁末帝)　貞明 012
　龍德 006
　清泰 006

天福 003

朱真 吴越 027

朱智紹 吴越 027

祝翔 天福 032

莊氏(張楚妻) 天福 039

卓俻 吴越 021

* 卓從 吴越 021

卓會 吴越 021

卓林 吴越 058

卓榮 吴越 021

卓氏 乾化 010

卓氏(范君妻) 吴越 021

卓獸 乾化 010

卓彦 吴越 021

卓宗賞 吴越 021

子朋 南唐 017

宗氏(竇思敬妻) 附録 017

宗氏(何君政孫媳) 天福 015

鄒伴狗 吴越 053

鄒二娘 吴越 053

鄒芳宗 吴越 045

鄒何婓 吴越 045

鄒朗 吴越 045
吴越 053

鄒面時 吴越 045

鄒三娘 吴越 053

鄒氏(任璉妻) 吴越 020

鄒廷會 吴越 045

鄒廷俊 吴越 045
吴越 053

鄒廷輩 吴越 045
吴越 053

鄒新娘 吴越 045

鄒一娘 吴越 053

* 鄒知建(字繼昌) 吴越 045
吴越 053

鄒知造 吴越 045
吴越 053

最要 天福 047

左澄 同光 009

左華 顯德 034
顯德 040

* 左環(字表仁) 同光 009

左繼真 同光 009

左師唐 同光 009

左氏(崔環妻) 天福 029

左氏(權誼妻) 天福 029

左氏(裴敬思妻) 同光 009

左氏(張彦威妻) 同光 009

左氏(趙彦能妻) 同光 009

左庭訓 同光 009

左文仲 同光 009

左昭迪 同光 009

左昭遠 同光 009

佐氏(楊保孫妻) 顯德 030

闕姓

□不憐 顯德 013

□不秋 顯德 013

□暢 吴越 012

□承業 吴越 041

□慈消 廣順 002

□從□ 乾祐 013

□琮 天祐 027

□存 廣順 002

□大姐 廣順 002

□大奴 廣順 002

□德 南唐 017

□德扶 顯德 022

□鄂 吴越 002

* □公 附録 023

□光祚 廣順 002

□廣 附録 039

□孩子 吴越 041

□會哥 廣順 002

□繼承 附録 038

□繼隆 附録 038

□洎 吴越 007
□嬌姑 吴越 002
□京 吴越 012
* □君 顯德 013
* □君 南唐 025
* □君 吴越 002
* □君 吴越 007
* □君 吴越 041
□可呈 吴越 012
□可瓌 吴越 012
□客苟 吴越 041
□匡範 廣順 002
□匡濟 南唐 013
□匡澤 南唐 013
□郰 吴越 041
□六兒 吴越 041
□獰子 吴越 041
□婆嫌 廣順 002
□玘 吴越 002
□强 南唐 013
□慶 南唐 013
□三哥 廣順 002
□善娘 清泰 005
□寔 廣順 002
□十二娘 南唐 025
□十三娘子 南唐 013
□十四娘子 南唐 013
□氏(董君妻) 吴越 007
□氏(杜昌胤妻) 南唐 002
* □氏(房君妻) 吴越 029
* □氏(馮繼業妻) 附録 039
□氏(蔣君妻) 吴越 012
□氏(孔立妻) 天祐 016
□氏(李本母) 顯德 015
□氏(李存進妻) 附録 036
□氏(李繼妻) 長興 012
□氏(李繼媳) 長興 012
* □氏(盧文進妻) 南唐 007
南唐 024
□氏(錢云脩妻) 吴越 051
□氏(任君妻) 吴越 002
* □氏(唐君妻) 天祐 027
□氏(王素妻) 長興 011
□氏(王延密妻) 廣順 016
□氏(西方峯妻) 天福 043
* □氏(楊隆演后) 南唐 022
□氏(虞知遜妻) 吴越 032
□氏(張儒妻) 吴越 013
□氏(□益妻) 吴越 002
□守良 附録 042
□思危 顯德 027
* □庭規(字正謀) 南唐 013
□珽 閩 005
□文秉 南唐 022
□憲 乾祐 006
□欣 吴越 041
□行誨 天成 002
□延昇 長興 009
□彦□ 南唐 025
□彦洪 南唐 025
□彦濮 南唐 025
□彦潛 南唐 025
□彦溶 南唐 025
□曄 同光 002
□意 長興 016
□益 吴越 002
* □殷(字得臣) 廣順 002
□郢 吴越 002
□永興 顯德 013
□用 天祐 027
□愚 乾祐 013
□郁 吴越 002
□震 天福 019
□志鵬 天福 024
□□姑 顯德 013